Essentials of Statistics for Business & Economics

핵심 경영경제 통계학

10e

Cengage

Essentials of Statistics for Business and Economics, 10th Edition

David R. Anderson
Dennis J. Sweeney
James J. Cochran
Jeffrey D. Camm
Jeffrey W. Ohlmann
Michael J. Fry
Thomas A. Williams

ISBN-13: 979-11-6858-210-1

Cengage Learning Korea Ltd.
14F YTN Newsquare 76 Sangamsan-ro
Mapo-gu Seoul 03926 Korea
Tel: (82) 1533 7053
Fax: (82) 2 330 7001

Cengage is a leading provider of customized learning solutions with employees residing in nearly 40 different countries and sales in more than 125 countries around the world. Find your local representative at: **www.cengage.com**.

To learn more about Cengage Solutions, visit **www.cengageasia.com**.

Printed in Korea
Print Number: 01 Print Year: 2024

10e

Essentials of Statistics for Business & Economics

핵심 경영경제 통계학

Camm Cochran Fry Ohlmann Anderson Sweeney Williams 지음

권영훈 권형구 김성수 성지미 송운경 이웅 최향미 옮김

정독 DEEP READING

Cengage

Australia • Brazil • Canada • Mexico • Singapore • United Kingdom • United States

역자소개

권영훈 경남대학교 경영학부

권형구 국민대학교 재무금융 · 회계학부

김성수 경북대학교 경영학부

성지미 한국기술교육대학교 산업경영학부

송운경 한국항공대학교 경영학부

이웅 국민대학교 AI빅데이터MBA

최향미 충남대학교 경영학부

Essentials of Statistics for Business & Economics

핵심 경영경제 통계학 10e

발행일 2024년 3월 20일
지은이 Camm Cochran Fry Ohlmann Anderson Sweeney Williams
엮은이 권영훈 권형구 김성수 성지미 송운경 이웅 최향미
펴낸이 김중용
편 집 심성보
펴낸곳 도서출판 정독
경기도 고양시 일산서구 하이파크로 113, 102-204
등록 제406-2014-000093호

전 화 031)924-7203 팩 스 02)718-8554
홈페이지 www.jeongdok.co.kr 이메일 admin@jeongdok.co.kr
ISBN 979-11-6858-210-1 93310

정 가 39,000원

머리말

본 역서는 미국의 유명 교수진인 Jeffrey D. Camm, James J. Cochran, Michael J. Fry, Jeffrey W. Ohlmann, David R. Anderson, Dennis J. Sweeney 그리고 Thomas A. Williams가 저술한 「*Essentials of Statistics for Business & Economics*」 10판을 번역한 것이다.

원저는 미국을 비롯한 여러 나라의 대학교에서 교재로 절찬리에 사용되고 있다. 본 역자들은 2008년 원저 4판을 처음 번역한 이후 많은 부분을 보완, 수정해서 이번에 다시 개정판 역서를 출간하게 되었다.

우리는 정보화 시대에 살고 있으므로 방대한 양의 정보에 노출되어 있으며, 급변하는 주변 환경은 신속한 의사결정을 요구한다. 따라서 제한된 정보를 활용하여 짧은 시간 내에 효과적인 의사결정을 하기 위해서는 필요한 자료를 수집하고 분석할 수 있는 통계적 능력을 함양할 필요가 있다.

한편 우리는 일상생활에서 무의식 중에 이미 많은 통계수치를 접하고 있다. 예를 들어 주가지수, GNP, 선거후보자 선호도, 실업률, 일기예보, 환율이 있다. 경제, 사회 등 여러 분야에서 발표되는 이와 같은 수치들은 통계와 밀접하게 관련되어 있다.

통계학은 모든 학문의 기초가 되는 중요한 과목으로 대부분의 대학교에서 기초필수 과목으로 지정되어 있다. 그러나 많은 학생들이 통계학이란 공부하기 어렵고 수식이 많이 나오는 복잡한 과목이라는 선입견을 가지고 있는 듯하다. 이는 통계학의 기본원리를 논리적으로 이해하려고 하기보다는 여러 수식을 단순암기식으로 학습하기 때문인 것으로 보인다.

본 교재는 경영학, 경제학 등 인문학 분야의 전공자들도 쉽게 이해할 수 있도록 통계에 관한 기초개념과 통계적 의사결정의 기본 원리를 쉽게 단계별로 설명하고 있다.

특히 통계학을 처음 접하는 독자들에게 너무 방대한 내용의 수록으로 인한 거부감을 줄여주고자 기초통계학의 입문서인 본 교재는 꼭 알아야 할 부분을 중심으로 총 15개의 장(chapter)으로 구성되었다. 또한 복잡한 공식 도출과정을 생략하고, 시각적으로 편안할 수 있도록 그림, 그래프, 도표를 많이 삽입하였으며, 풍부한 예제에 많은 지면을 할애하였다. 연습문제 짝수 번호에 대한 해답을 도서출판 정독 홈페이지 자료실에 올려놓음으로써 학생들이 스스로 복습하는 데 도움이 되도록 하였다.

원서 10판에서 눈에 띄는 변화는,

첫째, Microsoft® Excel을 활용한 통계분석 적용에서 컴퓨터 소프트웨어의 역할을 강조하고 있다. Excel은 통계 소프트웨어 패키지는 아니지만 폭넓은 가용성과 사용으로 인해 통계 기능을 이해하는 데 도움이 되며 Excel 절차는 부록에 제공되었다.

둘째, 새로운 사례를 추가하여 자료 집합(data set)을 분석하고, 학생들에게 더 복잡한 문제를 해결할 수 있도록 함으로써 분석 결과를 기반으로 보고서를 작성할 기회를 제공하고 있다. 전체 사례 수는 41개로 7장에서 표본 비율의 표본 분포에 관한 사례, 8장에서 모집단 비율의 구간 추정에 관한 사례, 가설에 대한 사례추가 및 모집단 비율에 대한 검증이 9장에 추가되었다.

셋째, The Wall Street Journal, USA Today, The Financial Times 등에서 활용하는 실제 데이터와 참조 소스를 기반으로 800개 이상의 예제와 연습문제를 제시하고 있다. 이를 통해 비즈니스 및 경제에서 통계의 적용을 체감할 수 있다.

마지막으로, 이 개정판 역서가 완성되기까지 많은 지원과 성원을 보내주신 도서출판 정독의 김중용 대표님을 비롯한 출판사 관계자분들께 진심으로 감사드린다.

2024년 2월

역자 일동

저자에 대하여

Jeffrey D. Camm은 Wake Forest 대학교 경영대학의 Inmar 회장이면서 분석학 부학장이다. Ohio Cincinnati에서 태어나, Xavier 대학교에서 이학사를 Clemson 대학에서 박사학위를 취득했다. Cincinnati 대학을 거쳐 현재는 Wake Forest 대학의 교수이다. Stanford 대학에서 방문학자와 Dartmouth 대학 Tuck 경영대학원에서 방문교수를 역임하였다.

Camm 박사는 운영과 마케팅 분야 현안에 적용 가능한 45개 이상의 논문을 발표했다. 과학, 경영 과학, 운영 연구, 인터페이스 및 기타 전문 분야에서 출판 및 저널에 논문을 기고하였다. 또한, Cincinnati 대학에서 강의 최우수교수로 Dornoff Fellow에 선정되었고 2006년 INFORMS 교육상을 수상했다. 확고한 신념의 소유자로 수많은 기업과 정부 기관의 운영관리에 대한 컨설턴트로 활동하고 있다. 2005년부터 2010년까지 적용분석학의 INFORMS 저널의 편집위원장을 역임했다. 2017년에는 INFORMS Fellow로 선정되었다.

James J. Cochran은 Alabama 대학의 응용통계학 교수이자 부학장이다. Ohio Dayton에서 태어나 Wright State 대학에서 학사, 석사, M.B.A. 학위를 Cincinnati 대학에서 박사학위를 취득하였다. 2014년부터 Alabama 대학교에 재직했으며 Stanford, Talca, South Africa 대학 그리고 Leonard de Vinci 대학의 방문학자로 활동하고 있다.

운영 연구 및 통계 방법 개발 및 적용에 관한 45편 이상의 논문을 발표하였고 Management Science와 The American Statistician 외에도 INFORMS 저널 등 유수한 저널에 많은 연구결과를 발표하였다. 운용 연구 실습분야에서 2008 INFORM을 수상하고, 통계 교육 분야에서 2010 Mu Sigma Rho를 수상하였다. 2005년 International Statistics Institute, 2011년 American Statistical Association의 펠로우로 선정되었다. 그 외에도 2014년, 2015년 American Statistical Association에서 Founders Award와 Karl E. Peace Award를 수상하였다. 더불어 2017년 동 협회로부터 Waller Distinguished Teaching Career Award를 수상하고 INFORMS의 펠로우가 되었으며 2018년 INFORMS 회장상을 받았다.

실제 문제에 대한 적용의 질을 향상하기 위한 수단으로서 효과적 통계 및 운영 연구 교육을 강력하게 옹호하는 Cochran 교수는 우루과이 몬테비데오, 남아프리카 케이프타운, 콜롬비아 카르타헤나, 인도 자이푸르, 아르헨티나 부에노스아이레스 등에서 교수 효과성 워크숍을 조직하고 의장을 맡았다. 수많은 기업과 비영리 단체에서 운영 연구 컨설턴트로 활동했으며 2006년부터 2012년까지 교육에 관한 INFOMS Transactions의 편집장을 역임했으며, INFOMS Journal of Applied Analytics, International Transactions in Operational Research 및 Significant의 편집 위원회를 맡고 있다.

Michael J. Fry는 Cincinnati 대학의 Carl H. Lindner 경영대학의 운영, 비즈니스 분석, 정보 시스템 교수이자 비즈니스 분석 센터의 학술 책임자이다. Texas Killeen에서 태어난 그는 Texas A&M 대학에서 학사, 미시간 대학에서 석사와 박사 학위를 받았다. 2002년부터 Cincinnati 대학에 재직하고 있으며 전임 학과장이었고 Lindner 연구원으로 위촉되었다. 그는 또한 Cornell 대학의 Samuel Curtis Johnson 경영대학원과 British Columbia 대학의 Sauder 경영대학원에서 초빙 교수로 재직하고 있다.

Fry 교수는 Operations Research, M&SOM, Transportation Science, Naval Research Logistics, IISE Transactions, Critical Care Medicine 및 INFOMS Journal of Applied Analytics 등에 25개 이상의 연구 논문을 발표했다. 연구 관심사는 공급망 분석, 스포츠 분석 및 공공 정책 운용 분야에 정량적 관리 방법을 적용하는 것이다. 자신의 연구를 위해 Dell, Inc., Starbucks Coffee Company, Great American Insurance Group, Cincinnati 소방서, Ohio 주 선거 위원회, Cincinnati Bengals 및 Cincinnati 동물원을 포함하여 다양한 조직과 협력했다. 운영 연구 실무 분야에서 Daniel H. Wagner상의 최종 후보로 지명되었으며, Cincinnati 대학에서 연구와 교수의 우수성을 모두 인정받았다.

Jeffrey W. Ohlmann은 Iowa 대학의 Tipie 경영대학의 경영과학 부교수이자 Huneke 연구원이다. Nebraska의 Valentine에서 태어난 그는 Nebraska대학에서 학사, Michigan 대학에서 석사와 박사 학위를 취득했다. 2003년부터 Iowa 대학에 재직하고 있다.

의사결정 문제의 모델링과 해결에 관한 연구로 Operations Research, Mathematics of Operations Research, INFORMS Journal on Computing 등과 같은 저명한 저널에 24편 이상의 논문을 게재하였다. 그는 Transfreight, LeanCor, Cargill, the Hamilton County Board of Elections, and three National Football League franchises와 같은 기업들과 협업하였다. 산업과 밀접한 연관을 갖는 그의 연구로 George B. Dantzig 학위 논문상을 수상했고, 운영 연구 실무의 탁월성에 대한 Daniel H. Wagner상의 최종 후보자로 인정받았다.

David R. Anderson은 Cincinnati 경영대학의 정량분석 명예교수이다. North Dakota의 Grand Forks에서 태어난 그는 Purdue 대학에서 학사, 석사, 박사 학위를 받았다. 정량분석 및 운영관리 학과장과 Cincinnati 대학의 경영대학 부학장을 역임했으며 대학의 최초 Executive Program 코디네이터였다.

Cincinnati 대학에서 통계학 입문 과정뿐만 아니라 대학원 수준의 회귀분석, 다변량 분석, 경영 과학을 가르쳤다. 더불어 워싱턴 D.C.의 노동부에서 통계학 과정을 가르쳤다. 강의에서의 탁월함과 학생 단체에 대한 봉사 측면에서 수상의 영광을 누렸다. 통계학, 경영학, 선형 프로그래밍, 생산 및 운영관리 분야에서 10권의 교과서를 공동 집필했으며 표본 추출 및 통계 방법 분야에서 탁월한 컨설턴트이다.

Dennis J. Sweeney는 정량분석 명예교수이자 Cincinnati 대학의 생산성 향상 센터 설립자이다. Iowa와 Des Moines에서 태어난 그는 Drake 대학에서 학사(B.S.와 B.A.) 학위를 받았고, Indiana 대학에서 M.B.A.와 D.B.A. 학위를 받았다. Procter & Gamble의 경영과학 그룹에서 일했고, Duke University에서 초빙 교수로 1년을 보냈다. 정량분석 학과장과 Cincinnati대학 경영대 부학장을 역임했다. 경영과학과 통계 분야에서 30개 이상의 기사와 논문을 발표했다. National Science Foundation, IBM, Procter & Gamble, Federated Department Stores, Kroger, Cincinnati Gas & Electric 등에서 연구자금을 지원했고, 이 연구는 경영 과학, 운영 연구, 수학 프로그래밍, 의사결정 과학 및 기타 저널에 게재되었다. 통계, 경영과학, 선형 프로그래밍 및 생산 및 운영관리 분야에서 10개의 교과서를 공동 집필했다.

Thomas A. Williams는 Rochester 공과대학 경영대학 경영과학 전공 명예교수이다. New York Elmira에서 태어난 그는 Clarkson 대학에서 경영학 학사 학위를 받았다. 그는 Rensselaer Polytechnic 대학원에서 석사와 박사 학위를 받았다.

RIT의 경영대학 근무 전, Cincinnati 대학 경영대에서 교수로 7년 동안 재직했으며, 그곳에서 정보 시스템 학부 프로그램을 개발하고 코디네이터를 역임했다. RIT에서 그는 의사결정 과학부의 초대 학부장이었다. 회귀분석과 의사결정 분석 대학원 과정과 경영과학 그리고 통계학을 강의하였으며 경영과학, 통계학, 생산과 운영관리, 수학 분야의 11개 교재의 공동저자이다.

수많은 포춘지 선정 500대 기업의 컨설턴트였으며 데이터 분석의 사용으로부터 대규모 회귀모형 개발에 이르기까지 다양한 프로젝트를 수행하였다.

Brief Contents

Contents

DATA *file*과 연습문제 짝수번 해답은 도서출판 정독 홈페이지(www.jeongdok.co.kr) 자료실에서 내려받으실 수 있습니다.

Chapter 1

자료와 통계

Contents

실생활에서 보는 통계

Bloomberg Businessweek*

New York, New York

Bloomberg Businessweek는 세계에서 가장 폭넓게 읽히고 있는 비즈니스 잡지의 하나로 최근 이슈에 관한 특집 기사를 포함하여 국제 비즈니스, 경제분석, 정보처리, 과학과 기술에 관한 기사를 제공한다. 특집 기사와 고정 섹션에 있는 정보로 독자들은 현재의 변화를 주시할 수 있으며, 비즈니스와 경제 상황에 이러한 변화가 미치는 효과를 평가할 수 있다.

Bloomberg Businessweek에서 다루는 이슈 대부분은 현재 관심을 끌고 있는 주제에 관하여 기사를 제공한다. 종종 심층 기사는 통계적 사실을 포함하며, 독자들이 비즈니스와 경제 정보를 이해하는 데 도움이 된다. 기사와 보고서의 예를 들자면 기업이 중요한 업무를 클라우드 컴퓨팅으로 옮기는 데 따르는 영향, 미국 우체국이 직면한 위기, 부채 위기가 생각보다 왜 더 심각한지를 포함한다. 추가로 주간으로 발행되는 Bloomberg Businessweek는 생산지표, 주가, 뮤추얼펀드 그리고 이자율과 같은 경제 상황에 관한 다양한 통계를 제공한다.

Bloomberg Businessweek는 또한 자체 비즈니스를 관리하기 위해 통계와 통계 정보를 활용한다. 예를 들어 구독자에 관한 연차조사는 회사가 구독자의 인구통계학적 특성, 구독자의 구매방식과 생활방식 등과 같은 구독 형태를 파악할 수 있게 해준다. Bloomberg Businessweek의 경영자들은 구독자와 광고주에게 더 좋은 서비스를 제공하기 위해 구독자에 관한 조사로부터 얻은 통계적 요약정보를 활용한다. 최근 북아메리카 지역의 구독자들을 조사한 결과, Bloomberg Businessweek 구독자의 64%는 직장에서 컴퓨터를 구매하는 데 관여하고 있는 것으로 나타났다. 이러한 통계 정보는 Bloomberg Businessweek의 경영자들에게 구독자들이 컴퓨터 관련 기사에 얼마나 관심을 둘지 알게 해준다. 또한, 이러한 조사결과는 잠재적인 광고주들이 이용하기도 한다. 직장에서 컴퓨터 구매에 관련된 구독자의 비율이 높다는 사실은 컴퓨터 제조업자들이 Bloomberg Businessweek에 광고하는 것을 긍정적으로 검토하도록 할 것이다.

Bloomberg Businessweek uses statistical facts and summaries in many of its articles. AP Images/Weng lei-Imaginechina

이 장에서는 통계적 분석이 가능한 자료의 유형에 관해 토의하고, 자료를 어떻게 획득할 것인가를 설명한다. 아울러 자료를 의미 있고 이해하기 쉬운 통계 정보로 변환하는 방법인 기술통계와 통계적 추론을 소개한다.

* 저자들은 본 통계의 사례를 제공해 준 Businessweek의 전 연구 책임자인 Charlene Trentham에게 감사드린다.

우리는 웹사이트, 신문과 잡지 기사에서 종종 다음과 같은 종류의 글을 볼 수 있다.

- 2020년 2월 기준 미국인은 평균적으로 근무 시간의 5%를 재택으로 사용한다. 5월에는 코로나19 팬데믹으로 인한 봉쇄 조치가 확산하면서 그 비율이 60%로 확대되었으며, 이는 다른 국가에서도 반영된 추세이다(The Economist, 2021년 10월 20일).
- S&P 500, Nasdaq, Dow는 10월에 각각 6.9%, 7.3%, 5.9%의 월간 상승률로 마감했

다(The Wall Street Journal, 2021년 10월 30～31일).

- 한 연구에 의하면 밀레니얼 세대 게임의 71%, 그리고 이 인구 집단은 게임 콘텐츠에 매달 112달러를 지출한다[Harvard Business Review(온라인), 2021년 11월 5일].
- 임대 목적으로 건축된 단독 주택인 내장형 임대 주택의 수는 2019년부터 2020년까지 30% 증가했다(The New York Times, 2021년 10월 24일).
- 온라인 구매는 2020년 전 세계 소매 매출의 18%를 차지했는데, 이는 2018년의 약 절반에서 증가한 수치이다(MIT Sloan Management Review, 2020년 가을).
- NFL(National Football League) 정규 시즌 경기의 평균 관중 수는 2020시즌 1,540만 명으로 2019년 시즌 평균 1,650만 명보다 감소했다(Forbes, 2021년 1월 8일).

앞서 서술한 숫자로 표현된 사실(5%, 60%, 6.9%, 7.3%, 5.9%, 71%, $112, 30%, 18%, 1,540만, 1,650만)을 통계라고 부른다. 이 사용법에서 통계라는 용어는 다양한 비즈니스 및 경제 상황을 이해하는 데 도움이 되는 평균, 중앙값, 백분율, 최댓값과 같은 수치적 사실을 나타낸다. 그러나 보다시피 **통계학(statistics)**이라는 분야는 이러한 숫자로 표현된 사실보다 훨씬 더 많은 것을 내포한다. 폭넓은 의미에서 통계학은 자료를 수집, 분석, 표현, 해석하는 기술이자 과학이다. 특히 비즈니스와 경제에서 자료를 수집하고, 분석하고, 표현하고, 해석하는 과정에서 추출된 정보는 경영자와 의사결정자들이 비즈니스와 경제 환경을 더 잘 이해하고, 더 많은 정보를 이용하여 더 나은 의사결정을 할 수 있도록 도와준다. 이 교재에서는 비즈니스와 경제적 의사결정을 위한 통계의 활용을 강조한다.

1.1절에서는 비즈니스와 경제에서 통계가 응용된 몇 가지 예제를 다룬다. 1.2절에서 자료(data)라는 용어를 정의하고, 자료집합(data set)의 개념을 소개한다. 또한 변수(variables)와 관찰값(observations)과 같은 주요 용어를 소개하며, 정량적 자료와 범주형 자료의 차이를 논의하고, 횡단면 자료와 시계열 자료의 차이를 설명한다. 1.3절에서는 자료를 수집하는 방법을 설명하는데, 기존의 자료를 수집하는 방법, 새로운 자료를 얻기 위한 통계 조사나 실험적 연구 방법을 설명한다. 기술통계를 작성하는 방법과 통계적 추론에 사용되는 자료의 이용방법은 1.4절과 1.5절에 기술하였다. 1장의 마지막 네 부분은 비즈니스 분석과 통계의 역할, 빅데이터와 데이터 마이닝의 소개, 통계분석에서 컴퓨터의 역할과 통계 실무에 대한 윤리 규정 토론으로 구성되어 있다.

1.1 비즈니스와 경제에서의 응용

오늘날의 글로벌 비즈니스와 경제 환경에서는 누구라도 막대한 양의 통계 정보에 접근할 수 있다. 최고의 성공적 경영자들과 의사결정자들은 정보를 이해하고, 이 정보를 어떻게 효과적으로 사용할지 알고 있다. 이 절에서는 비즈니스와 경제에서 사용되고 있는 통계의 몇 가지 예를 설명한다.

회계

회계법인은 고객에 대해 회계감사를 할 때 통계적 표본추출 절차를 활용한다. 예를 들어 회계법인 고객의 대차대조표상에 나타난 외상 매출금 총액이 실제 외상 매출금 총액을 올바르게 나타내는지 아닌지를 결정하기 원한다고 가정해 보자. 일반적으로 모든 외상 매출전표들을 모두 조사하고 타당성을 검토하려면 많은 시간과 비용이 소요된다. 이런 상황에서 이루어지는 흔한 관행으로 회계사들은 표본이라 불리는 외상 매출전표의 일부를 선택한다. 회계사는 표본으로 선정된 매출전표가 장부에 정확하게 기재되어 있는지를 검토한 후 고객의 대차대조표상의 외상 매출금 총액이 적정한지를 판단하게 된다.

재무

재무 분석가는 그들의 투자처를 발굴하기 위해 다양한 통계 정보를 활용한다. 주식의 경우 분석가는 주가수익률, 배당률과 같은 다양한 재무 자료를 검토한다. 재무 분석가는 주식시장의 평균 주가와 개별 주식의 주가를 비교함으로써 개별 주식의 주가가 과대 혹은 과소평가된 것인지 아닌지를 정한다. 예를 들어 2021년 S&P500 기업의 평균 배당수익률은 1.29%였고 같은 기간 Microsoft 평균 배당수익률은 0.81%였다. 이 경우 배당수익률에 대한 통계정보는 S&P500 기업의 평균 배당수익률보다 Microsoft의 배당수익률이 낮다는 것을 보여준다. Microsoft에 대한 이런저런 정보는 분석가가 이를 바탕으로 Microsoft 주식을 살 것인지, 팔 것인지 혹은 보유할 것인지를 추천하는 데 도움이 된다.

마케팅

소매점의 계산대에 있는 전자 스캐너는 마케팅 정보로 활용하기 위하여 다양한 자료를 수집한다. 예를 들어 The Nielsen Company(미국의 정보, 자료 및 시장 측정회사) and IRI (미국의 리서치회사)와 같은 정보제공 회사는 식료품점으로부터 판매 시점의 스캐너 자료를 사들이고, 자료를 처리하며, 제조업자에게 통계적 요약정보를 판매한다. 제조업자는 이런 유형의 판매 정보를 획득하기 위하여 제품당 수십만 달러를 지출한다. 또한 제조업자는 특별한 가격을 책정하거나 매장 내의 진열과 같은 판매촉진 활동을 위해서 자료와 통계적 요약정보를 구매한다. 브랜드 관리자는 판매 촉진 활동과 판매 사이의 관계를 잘 이해하기 위하여 스캐너 통계자료와 촉진 활동 통계자료를 비교한다. 이러한 분석 활동은 여러 가지 제품 판매를 위한 향후 마케팅 전략을 수립하는 데 유용하다.

생산 및 제조

오늘날 품질의 중요성 때문에 통계를 이용한 품질관리는 생산활동에서 매우 중요한 분야로 주목받고 있다. 생산 공정의 산출물을 모니터링하기 위하여 다양한 통계적 품질관리 차트를 활용하고 있다. 특히 x-막대차트는 평균 산출물을 모니터링하기 위하여 사용할 수 있다. 예를 들어 기계장치가 용기에 12온스의 청량음료를 채운다고 가정해 보자.

주기적으로 작업자는 용기의 표본을 선택하고, 그 표본의 평균 온스(ounces)를 계산한다. 그 평균값인 x-막대값은 x-막대차트상에 표시된다. 차트의 관리 상한선보다 위에 평균값이 높게 나타나면 용기를 과다하게 채우는 것이고, 차트의 관리 하한선보다 아래에 표시된 평균값은 용기를 적게 채우는 것을 의미한다. x-막대값이 상한과 하한 사이에 있으면 공정이 '관리 상태에 있다'고 하고, 생산을 계속한다. x-막대차트를 올바르게 해석하고 활용하면, 언제 생산 공정을 교정해야 하는지에 대한 의사결정에 도움이 된다.

경제

경제학자들은 종종 경제의 미래를 전망하고 예측하는데, 이때 다양한 통계 정보를 이용한다. 예를 들어 물가상승률을 예측할 때 경제학자들은 생산자 물가지수(PPI), 실업률 그리고 제조 설비 가동률과 같은 지표에 관한 통계 정보를 활용한다. 종종 이러한 통계 지표는 자동화된 물가상승률 예측모델의 구성요소가 되기도 한다.

정보 시스템

정보 시스템 관리자는 조직의 컴퓨터 네트워크의 일상적 운영을 담당한다. 다양한 통계 정보는 관리자가 근거리 통신망(LAN), 광역 통신망(WAN), 네트워크 세그먼트, 인트라넷 및 기타 데이터 통신 시스템을 포함한 컴퓨터 네트워크의 성능을 평가하는 데 도움이 된다. 시스템의 평균 사용자 수, 시스템 구성요소가 다운된 시간 비율, 하루 중 다양한 시간대에 활용되는 대역폭 비율 등의 통계는 시스템 관리자가 컴퓨터 네트워크를 더 잘 이해하고 관리하는 데 도움이 되는 통계 정보의 예이다.

이 절에서 설명한 것과 같은 통계의 응용은 이 교재에서 다루는 핵심 내용이다. 앞의 예들은 통계가 어떻게 실무적으로 활용되는지를 개괄적으로 보여주고 있다. 여기에서 제시된 예들을 보충하기 위하여 각 장 도입부에 그 장에서 다룰 통계적 지식과 관련된 실무 사례를 소개하는 '실생활에서 보는 통계'를 제시하였다. '실생활에서 보는 통계' 부분은 다양한 비즈니스와 경제 상황에서 통계 활용의 중요성을 보여준다.

1.2 자료

자료(data)는 설명과 해석을 위하여 수집되고 분석되며, 요약되는 사실과 수치를 말한다. 연구를 위해 특별히 수집된 모든 자료는 연구 목적의 자료집합(data set)이라 한다. 표 1.1은 세계무역기구(WTO) 60개 회원국에 대한 정보가 포함된 자료집합이다. WTO는 자유로운 국제무역 흐름을 독려하고 무역 분쟁 해결을 위한 포럼을 제공한다.

요소, 변수 그리고 관찰값

요소(elements)는 자료가 수집되는 대상을 말한다. 표 1.1에 자료집합에서 각 국가가 요소이며, 요소의 이름은 첫 번째 열에 나타나 있다. 60개 국가로 구성된 자료집합은 60개 요소를 포함한다.

변수(variable)는 요소가 가진 특성을 의미한다. 표 1.1의 자료집합은 다음과 같은 4개의 변수를 가지고 있다.

- WTO 지위: 해당 국가의 WTO 지위는 회원국이거나 준회원(observer)국가일 수 있다.
- 1인당 국내총생산(GDP)($): 국가에서 생산된 모든 상품 및 서비스의 총 시장 가치($)를 해당 국가의 인구수로 나눈 값이다. 이는 일반적으로 국가의 경제 생산성을 비교하는 데 사용된다.
- 피치 등급(Fitch Rating): 피치 그룹이 평가한 국가의 신용등급으로, 신용등급의 범위는 최고 AAA에서 최저 F까지이며 + 또는 −로 수정될 수 있다.
- 피치 전망(Fitch Outlook): 향후 2년 동안 신용등급이 움직일 가능성이 있는 방향을 나타낸다. 전망은 부정, 안정 혹은 긍정으로 구분될 수 있다.

연구의 모든 요소에 대한 각 변수에 대해 수집된 측정값이 데이터를 제공한다. 특정 요소에 대해 얻은 일련의 측정값을 **관측값(observation)**이라고 한다.

표 1.1을 참조하면 첫 번째 관찰(아르메니아)에 회원국(member), 4,267, B1 및 안정(stable)이라는 측정값이 포함되어 있음을 알 수 있다. 두 번째 관찰(호주)에는 다음 측정값이 포함된다: 회원국, 51,812, AAA 및 부정(negative) 등. 60개의 요소로 구성된 자료집합에는 60개의 관측치가 포함되어 있다.

측정척도

자료를 수집하기 위해서는 명목척도, 서열척도, 등간척도, 비율척도 중 하나의 척도가 필요하다. 이러한 측정척도는 자료 속에 포함된 정보의 양을 결정하며, 가장 적합한 자료 요약 방법과 통계분석 방법을 결정한다.

어떤 변수의 값이 레이블이나 이름과 같은 자료로 요소의 속성을 식별하려고 한다면 이러한 측정척도는 **명목척도(nominal scale)**이다. 예를 들어 표 1.1의 자료에서 WTO 지위(status) 변수에서 어떤 국가는 회원국(member)이고 어떤 국가는 준회원국(observer)으로 구분되어 있는데 이는 국가별 지위 범주(status category)를 구별하기 위해 사용한 레이블이므로 명목척도다. 측정척도가 명목척도면 레이블뿐만 아니라 숫자 코드를 이용할 수 있다. 예를 들어 자료 수집을 쉽게 하고 컴퓨터에 입력할 자료를 준비하기 위해 1은 회원국(member), 2는 준회원국으로 구분하여 WTO 상태 변수에 숫자 코드를 사용할 수 있다. 자료가 수치로 나타난다고 할지라도 측정척도는 명목척도이다.

만약 어떤 변수를 측정한 자료가 명목 자료의 속성을 가지고 있으면서 동시에 순서 또는 순위로서 의미가 있다면, 이러한 측정척도를 **서열척도(ordinal scale)**라 부른다. 예를 들어 표 1.1의 자료를 참조하면 피치(Fitch) 신용 등급의 측정척도는 AAA에서 F까지

DATA*file* Nations

표 1.1 세계무역기구(WTO) 60개 회원국의 자료집합

국가	WTO 지위	1인당 GDP($)	피치 등급	피치 전망
Armenia	Member	4,267	B+	Stable
Australia	Member	51,812	AAA	Negative
Austria	Member	48,328	AA+	Stable
Azerbaijan	Observer	4,214	BB+	Stable
Bahrain	Member	28,608	B+	Stable
Belgium	Member	44,594	AA−	Negative
Brazil	Member	6,797	BB−	Negative
Bulgaria	Member	9,976	BBB	Positive
Canada	Member	43,258	AA+	Stable
Cape Verde	Member	43,258	B−	Stable
Chile	Member	13,232	A−	Stable
China	Member	10,500	A+	Stable
Colombia	Member	5,333	BBB−	Negative
CoStable Rica	Member	12,077	B	Negative
Croatia	Member	13,828	BBB−	Stable
Cyprus	Member	26,624	BBB−	Stable
Czech Republic	Member	22,932	AA−	Stable
Denmark	Member	61,063	AAA	Stable
Ecuador	Member	5,600	B−	Stable
Egypt	Member	5,600	B+	Stable
El Salvador	Member	3,799	B−	Negative
Estonia	Member	23,027	AA−	Stable
France	Member	39,030	AA	Negative
Georgia	Member	4,279	BB	Negative
Germany	Member	46,208	AAA	Stable
Hungary	Member	15,899	BBB	Stable
Iceland	Member	59,270	A	Negative
Ireland	Member	85,268	A+	Stable
Israel	Member	43,611	A+	Stable
Italy	Member	31,676	BBB−	Stable
Japan	Member	39,539	A	Negative
Kazakhstan	Member	9,056	BBB	Stable
Kenya	Member	1,838	B+	Negative
Latvia	Member	17,620	A−	Stable
Iraq	Observer	4,157	B−	Stable
Lithuania	Member	19,998	A	Stable
Malaysia	Member	10,402	BBB+	Stable
Mexico	Member	8,347	BBB−	Stable
Peru	Member	6,127	BBB+	Stable
Philippines	Member	3,299	BBB	Negative
Poland	Member	15,656	A−	Stable
Portugal	Member	22,437	BBB	Positive
South Korea	Member	1,805	AA−	Stable

Romania	Member	12,896	BBB−	Negative
Russia	Member	12,896	BBB	Stable
Rwanda	Member	798	B+	Stable
Serbia	Observer	7,666	BB+	Stable
Singapore	Member	59,798	AAA	Stable
Slovakia	Member	19,157	A	Negative
Slovenia	Member	25,517	A	Stable
South Africa	Member	5,091	BB−	Negative
Spain	Member	27,063	A−	Stable
Sweden	Member	52,259	AAA	Stable
Switzerland	Member	87,097	AAA	Stable
Thailand	Member	7,189	BBB+	Stable
Turkey	Member	8,538	BB−	Stable
United Kingdom	Member	40,285	AA−	Negative
Uruguay	Member	15,438	BBB−	Negative
United States	Member	63,544	AAA	Negative
Vietnam	Member	2,786	BB	Positive

의 등급 레이블이면서, 가장 높은 신용 등급인 AAA에서 가장 낮은 신용 등급인 F까지 순위가 지정될 수 있는 순서를 갖는다. 등급을 나타내는 문자는 명목 자료와 유사한 레이블을 제공하지만 신용 등급을 기준으로 자료의 순위를 매기거나 순서를 지정할 수도 있으므로 측정척도가 순서형이 된다. 또한, 서열자료는 교내 석차처럼 숫자 코드를 활용할 수 있다.

어떤 변수를 측정한 자료가 서열척도의 속성이 있으면서 동시에 측정된 값과 값 사이의 간격이 일정한 측정 단위로 표현되어 있다면, 이러한 측정척도를 **등간척도(interval scale)**라고 한다. 등간척도로 측정한 자료는 항상 숫자로 나타낸다. 미국의 대학진학 적성시험인 SAT 점수는 등간척도로 측정한 자료의 좋은 예이다. 예를 들어 SAT 수학 점수가 각각 620점, 550점 그리고 470점인 세 명의 학생들에게 가장 높은 성적을 받은 학생부터 가장 낮은 성적을 받은 학생까지 수학 과목에서 등급과 순위를 부여할 수 있다. 게다가 획득한 점수의 차이는 의미가 있다. 예를 들어 학생 1은 학생 2보다 70점(620−550=70)을 더 많이 획득했지만, 학생 2는 학생 3보다 80점(550−470=80)을 더 많이 획득했다.

만약 한 변수를 측정한 자료가 등간척도의 속성과 더불어 두 개 측정값의 비율 또한 의미가 있다면, 이러한 측정척도를 **비율척도(ratio scale)**라고 한다. 거리, 높이, 무게, 시간과 같은 변수들은 비율척도를 사용한다. 이 척도에서는 '0' 값이 그 변수에 대해 아무것도 존재하지 않는 상태를 나타낸다. 자동차 가격을 생각해 보자. 가격이 '0' 값을 가질 경우, 자동차 구매에 비용이 전혀 안 들거나 공짜라는 사실을 나타낸다. 나아가, 만약에 첫 번째 자동차 구매에 30,000달러의 비용이 들었고 두 번째 자동차 구매에 15,000달러의 비용이 들었다면 둘 사이의 비율은 의미있는 속성을 갖게 되는데, 첫 번째 자동차의 가격이 두 번째 자동차의 가격에 비해 2배(30,000달러/15,000달러 = 2) 더 비싸다는 것을 보여준다.

범주형 자료와 정량적 자료

자료는 범주형 자료와 정량적 자료로 분류할 수 있다. **범주형 자료(categorical data)**는 특정 범주로 묶을 수 있는 자료를 말하며, 명목 또는 서열척도로 측정한다. **정량적 자료(quantitative data)**란 수량을 나타내는 수치를 사용하는 자료를 뜻하며, 등간척도나 비율척도 중 하나를 사용하여 수집한다.

범주형 변수(categorical variable)는 범주형 자료를 가진 변수를 말하며, **정량적 변수(quantitative variable)**는 정량적 자료를 가진 변수를 뜻한다.* 특정 변수에 적합한 통계분석은 그 변수가 범주형 변수인지 혹은 정량적 변수인지에 달려 있다. 만약 변수가 범주형 변수라면, 통계분석은 다소 제한된다. 같은 범주에 속하는 관찰값의 수를 세어 보거나 각 범주에 속한 관찰값의 수가 전체 요소에서 차지하는 비율을 계산함으로써 범주형 자료를 요약할 수 있다. 그러나 범주형 자료가 숫자 코드를 사용한 때에는 덧셈, 뺄셈, 곱셈, 나눗셈과 같은 산술연산은 의미가 없다.

산술연산은 종종 정량적 변수에 의미를 부여한다. 예를 들어 정량적 변수의 자료는 더해질 수 있으며, 그때 평균값을 계산하기 위해서 관찰값의 수로 더한 값을 나눌 수도 있다. 이러한 평균은 대개 의미가 있으며 쉽게 해석된다. 일반적으로 자료가 정량적 자료일 때, 더 많은 통계분석 방법을 적용할 수 있다.

횡단면 자료와 시계열 자료

통계분석의 목적 달성을 위해 횡단면 자료와 시계열 자료의 구별은 중요하다. **횡단면 자료(cross-sectional data)**는 시간 축에서 같은 시점 혹은 거의 같은 시점에서 수집한 자료이다. 표 1.1의 자료는 같은 시점의 60개 WTO 국가에 대한 5개 변수를 나타내고 있으므로 횡단면 자료이다. **시계열 자료(time series data)**는 각기 다른 시간에 걸쳐 수집된 자료이다. 예를 들어, 그림 1.1의 시계열 자료는 2015년부터 2021년까지 미국 갤런당 보통 휘발유 평균 가격을 보여준다. 이 기간에 2016년 2월 갤런당 최저 가격이 1.68달러였다. 2020년 11월 이래 기록 마지막 달인 2021년 10월에는 보통 휘발유 평균 가격은 최고로 갤런당 3.19달러로 상승했다.

시계열 자료 그래프는 경영과 경제 출판물에서 자주 볼 수 있다. 그래프는 분석가가 과거에 어떤 일이 발생했는지, 시간이 흐름에 따라 어떤 동향이 나타나는지 등을 이해하는 것을 돕는다. 시계열 자료는 그림 1.2와 같이 다양한 형태의 그래프로 표현할 수 있

---

* 자료를 요약하는데 적합한 통계적 방법은 범주형 자료와 정량적 자료에 따라 다르다.

다. 적은 연구의 노력에도 그래프는 항상 쉽게 이해하고 해석할 수 있다.

예를 들어 그림 1.2의 패널 (A)는 2011년부터 2021년까지 다우존스 산업평균지수를 보여주는 그래프이다. 2020년 1분기에 해당하는 1월부터 3월까지 COVID-19의 범세계적 팬데믹이 상당한 수준의 지수 하방 요인으로 작용하던 대불황 이후, 지수는 상승추세를 보여준다. 2020년 3월(a value of 21,917)부터 시장은 2020년 하반기와 2021년 전반에 걸쳐 반등하여 2021년 10월에 36,000선을 돌파했다.

패널 (B) 그래프는 2011년부터 2020년까지 McDonald's Inc.의 순이익을 보여준다. 2011년부터 2013년까지 비교적 안정적이었지만 순이익은 2017년부터 2019년 기간 다시 상승하기 이전인 2014년부터 2016년까지 낮은 수준으로 하락했다. 순이익은 COVID-19 팬데믹으로 2019년 60억 3천만 달러에서 2020년 47억 3천만 달러로 감소했다.

패널 (C)는 1년 동안 플로리다 남부 호텔 객실 이용률에 대한 시계열을 보여준다. 남부 플로리다의 기후가 관광객에게 매력적인 2월과 3월에 가장 높은 객실 이용률(95% 및 98%)을 나타내고 있다. 실제로 매년 1월부터 4월의 기간 플로리다 남부 호텔은 전형적으로 높은 객실 점유율을 나타내고 있다. 반면, 가장 낮은 점유율 50%를 나타내는 9월을 포함하여, 8월에서 10월까지는 낮은 객실 점유율을 보여준다. 이 기간 점유율이 낮은 것은 높은 기온과 허리케인이 주된 요인이다.

그림 1.1 갤런당 보통 휘발유 미국 평균 가격

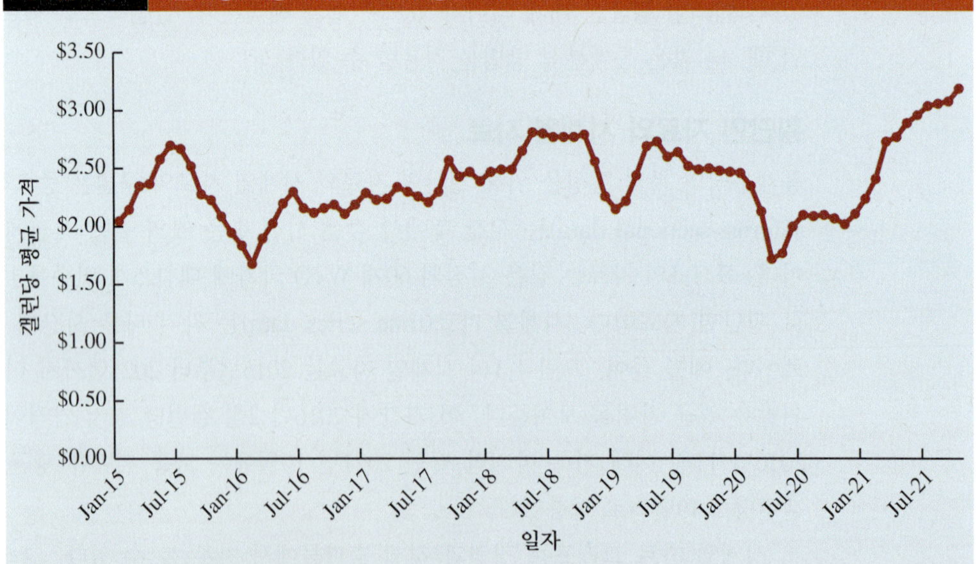

출처: 미국 에너지부, 에너지정보국

그림 1.2 시계열 자료의 예

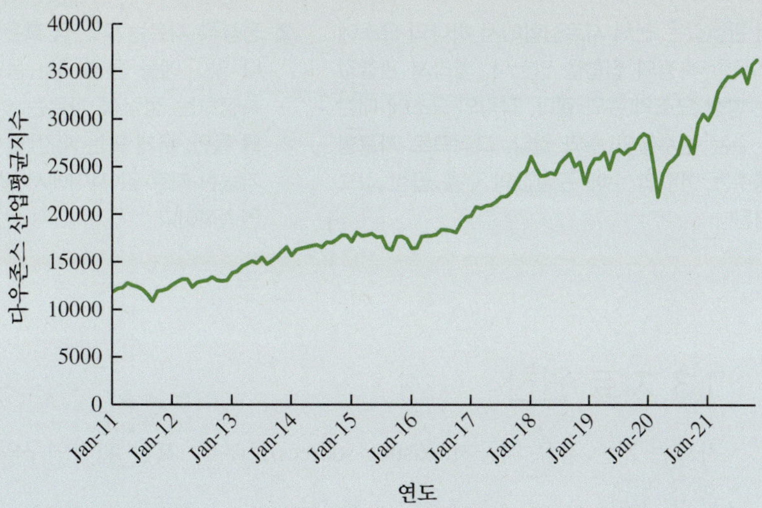

(A) 다우존스 산업평균지수

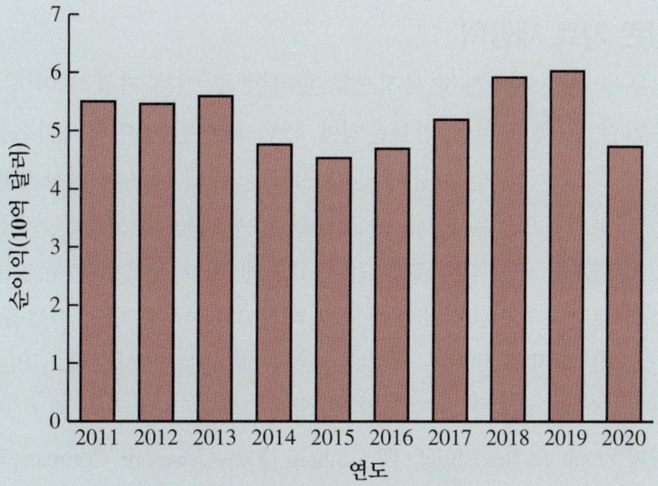

(B) 맥도날드의 순이익

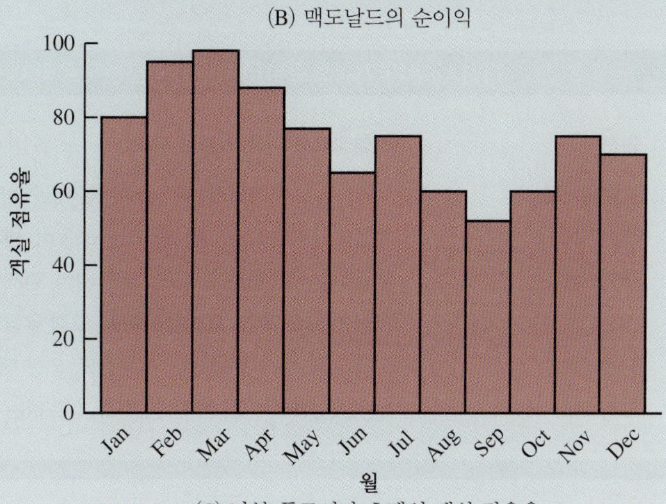

(C) 남부 플로리다 호텔의 객실 점유율

주석 및 코멘트

1. 한 개의 관찰값은 전체 자료집합에서 하나의 요소에 대해 획득한 측정의 집합을 말한다. 따라서 관찰값의 수는 항상 요소의 수와 같다. 각각의 요소에 대한 측정의 수는 변수들의 수와 같다. 그러므로 자료항목의 총수는 변수의 수에 관찰값의 수를 곱한 값으로 결정된다.
2. 정량적 자료는 이산적 혹은 연속적 자료이다. '얼마나 많이(예를 들면, 5분 동안 전화를 받은 횟수)'를 측정하는 정량적 자료는 이산적이다. '얼마만큼(예를 들면, 무게 또는 시간)'을 측정하는 정량적 자료는 가능한 자료 값 사이에서 발생하는 분리가 없으므로 연속적이다.

1.3 자료 원천

자료는 기존 자료 제공처(existing sources)로부터, 혹은 관찰연구와 실험적 연구로부터 얻을 수 있다.

기존 자료 제공처

경우에 따라서는 특정 목적으로 활용할 수 있는 자료가 이미 존재하기도 한다. 기업들은 종업원, 고객 그리고 업무운영에 관한 다양한 데이터베이스를 보존하고 있다. 종업원의 급여, 나이, 근무연수 등에 관한 자료는 대개 내부의 인사기록으로부터 얻을 수 있다. 다른 내부기록으로는 판매, 광고지출, 유통비용, 재고수준, 생산량 등에 관한 자료들이 있을 수 있다. 또한 대부분 기업은 고객에 대한 상세한 자료를 보존하고 있다. 표 1.2는 기업의 내부기록으로부터 공통으로 이용 가능한 몇 개의 자료들을 보여주고 있다.

자료 수집과 유지를 전문으로 하는 기관들은 상당량의 비즈니스 및 경제 자료를 이용할 수 있게 해준다. 기업들은 임대계약이나 구매를 통해 이러한 외부 자료를 사용할 수 있다. Dun & Bradstreet, Bloomberg, Dow Jones & Company의 세 회사는 고객에게 광범

표 1.2 기업 내부의 기록으로부터 이용 가능한 자료의 예

원천	전형적으로 이용 가능한 자료
종업원기록	이름, 주소, 사회보장번호, 급여, 휴가일수, 병가일수, 보너스
생산기록	부품이나 제품번호, 생산량, 직접 노동비, 원재료 비용
재고기록	부품이나 제품번호, 보유량, 발주 시점, 경제적 주문량, 할인 일정
판매기록	제품번호, 판매량, 지역별 판매량, 고객 유형별 판매량
신용기록	고객이름, 주소, 전화번호, 신용한도, 외상 매출금 잔액
고객 프로파일	나이, 성, 소득수준, 가족 수, 주소, 선호하는 것

위한 비즈니스 데이터베이스 서비스를 제공한다. Nielsen과 IRI는 광고주와 제품 제조업자에게 판매할 자료를 수집하고 처리하는 사업으로 성공한 회사이다.

또한 자료는 다양한 산업협회와 특별한 이해집단으로부터도 얻을 수 있다. 미국의 여행산업협회(Travel Industry Association of America)는 관광객의 수와 주(states)별 여행경비 지출과 같은 여행 관련 정보를 제공한다. 이러한 자료는 여행사와 여행 산업 종사자들에게 유용한 자료가 될 수 있다. 경영대학원 협의회는 경영대학별 시험점수, 학생 특성 그리고 경영대학원 교육 프로그램 등에 관한 자료를 제공하고 있다. 이러한 유형의 원천으로부터 얻을 수 있는 자료는 일정한 자격을 갖춘 사용자들이 적당한 비용을 지급하고 이용할 수 있도록 하고 있다.

인터넷은 자료와 통계 정보의 원천으로 그 중요성이 계속 커지고 있다. 거의 모든 기업이 판매, 종업원 수, 제품번호, 제품가격 그리고 제품명세서 등에 관한 자료뿐만 아니라 회사에 대한 일반적인 정보를 제공하는 웹사이트를 운영하고 있다. 게다가 Google, Yahoo 등 많은 기업이 인터넷을 통해 이용 가능한 정보를 생산하는데 특화되어있다. 이에 따라 사람들은 주식시세, 식당 음식값, 급여수준 등 거의 무한대의 다양한 정보에 접근할 수 있게 되었다. 트위터와 같은 일부 소셜 미디어 회사는 개발자가 사용자가 생성한 대량의 데이터에 액세스할 수 있도록 하는 응용 프로그램 프로그래밍 인터페이스(API)를 제공한다. 이러한 데이터는 기존 고객과 잠재 고객이 자사 제품에 대해 어떻게 느끼는지 더 자세히 알고 싶어하는 회사에 매우 중요할 수 있다.

정부기관은 현존하는 자료의 또 다른 중요한 원천이다. 예를 들어, 미국 정부에 의해 2009년에 출시된 웹사이트 DATA.GOV는 일반인이 미국 연방 정부에서 수집한 자료에 더 쉽게 접근할 수 있도록 한다. DATA.GOV 웹사이트에는 다양한 미국 연방 부처 및 기관의 150,000개 이상의 자료집합이 포함되어 있지만 자체 웹사이트와 자료 저장소를 유지 관리하는 다른 연방 기관도 많다. 표 1.3에는 선택된 정부 기관과 이들이 제공하는 일부 자료가 나열되어 있다. 그림 1.3은 DATA.GOV 웹사이트의 홈 페이지를 보여주고 있

표 1.3 일부 정부기관으로부터 이용 가능한 자료의 예

정부기관	이용 가능한 자료
인구조사국	인구 수, 가구 수, 가구소득
연방준비이사회	통화 공급, 할부 신용, 환율, 할인율 관련자료
행정관리예산국	세입, 지출, 연방정부 부채 관련자료
상무부	기업 활동, 산업별 출하량, 산업별 수익 수준, 성장 및 쇠퇴산업 관련자료
노동통계국	개인 소비, 시간당 소득, 실업률, 안전 기록, 국제통계
DATA.GOV	농업, 소비자, 교육, 건강과 제조 자료를 포함하여 15만 개 이상의 자료 집합을 보유

그림 1.3 DATA.GOV 홈페이지

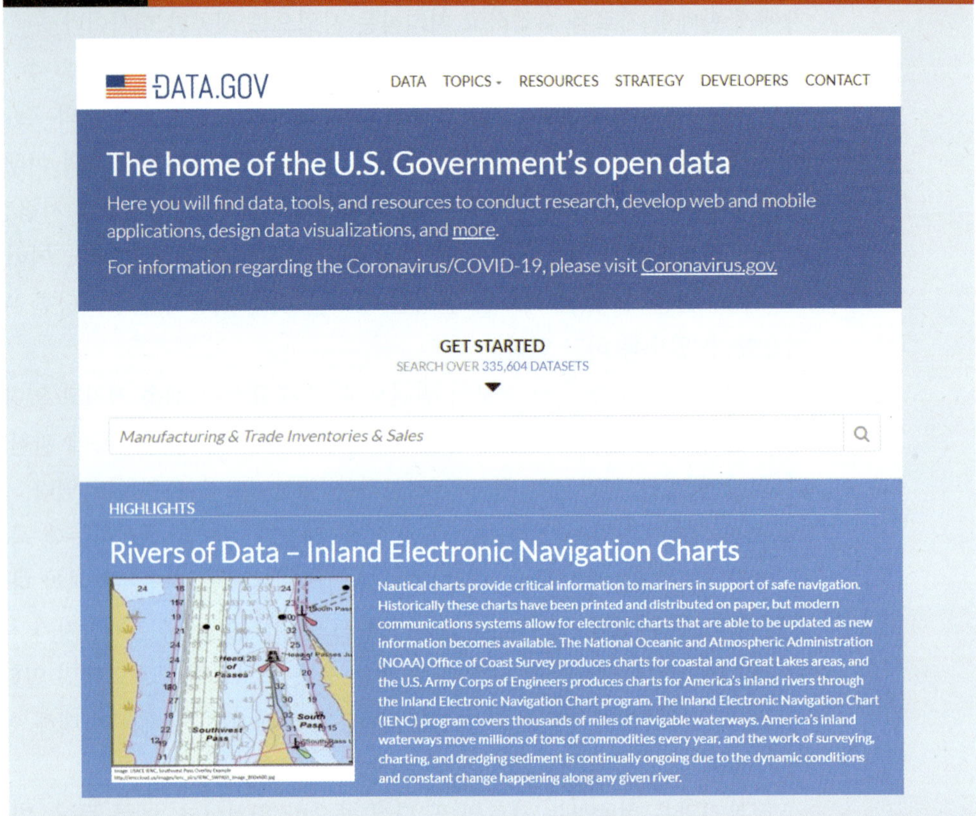

U.S. BUREAU OF LABOR STATISTICS HOMEPAGE

다. 현재 많은 주 및 지방 정부에서도 자료집합을 온라인으로 제공하고 있다. 예를 들어, 캘리포니아 주와 텍사스 주는 각각 data.ca.gov 및 data.texas.gov에서 개방형 데이터 포털을 유지 관리한다. 뉴욕시의 공개자료 웹사이트는 opendata.cityofnewyork.us이고, 오하이오주 신시내티시는 data.cincinnati-oh.gov이다.

관찰연구

관찰연구에서는 단순히 특정 상황에서 무슨 일이 일어나고 있는지 관찰하고, 하나 이상의 관심 변수에 대한 자료를 기록하고, 결과 자료에 대한 통계분석을 수행한다. 예를 들어, 연구자들은 고객이 쇼핑에 소비하는 시간, 고객의 성별, 지출 금액 등과 같은 변수에 대한 자료를 수집하기 위해 Walmart에 입장하는 무작위로 선택된 고객 그룹을 관찰할 수 있다. 자료의 통계분석은 고객의 쇼핑 시간 그리고 성별과 같은 요소가 지출 금액에 어떤 영향을 미치는지 경영진의 결정에 도움이 될 수 있다.

관찰연구의 다른 예를 들자면, 연구자들이 Fortune 500대 기업의 CEO 성별과 ROE(자본 수익률)로 측정한 기업 실적의 관계를 조사하는 데 관심이 있다고 가정해 보자. 자료를 얻기 위해 연구진은 기업 샘플을 선택하고 각 기업의 CEO 성별과 ROE를 기록했다. 자료에 대한 통계분석은 회사 실적과 CEO 성별 간의 관계를 파악하는 데 도움이 될 수 있다. 기업의 표본에서 연구진이 CEO의 성별 혹은 각 기업의 ROE를 통제할 수가 없으므로 이는 관찰연구에 해당한다.

설문조사와 여론조사는 일반적으로 사용되는 관찰연구의 두 가지 예이다. 이러한 형태의 연구를 통한 자료로 쉽게 응답자의 의견을 관찰할 수 있다. 예를 들어, 뉴욕주 의회는 교량 건설과 고속도로 수리를 위한 기금모금을 위한 휘발유세 인상에 대해 주민들이 이를 지지할지 반대할지 묻는 전화 설문조사를 의뢰했다. 설문조사 결과에 대한 통계분석은 주 의회가 휘발유세 인상에 대한 법안을 발의할지를 결정하는 데 도움이 될 것이다.

실험

관찰연구와 실험의 주된 차이는 실험은 통제된 조건에서 수행된다는 것이다. 결과적으로 잘 설계된 실험을 통해 얻은 자료는 기존 자료 제공처나 관찰연구를 통해 얻은 자료에 비해 더 많은 정보를 제공할 수 있는 경우가 많다. 예를 들어 제약회사는 새로 개발한 신약이 혈압에 어떤 영향을 미칠 것인가를 알아보기 위한 실험에 관심이 있을 것이다. 신약이 혈압에 어떻게 영향을 주는지 자료를 획득하기 위해 연구진은 개인들을 표본으로 선택한다. 선택된 개인들을 몇 개의 집단으로 나누고 집단별로 신약의 투여량을 다르게 조절한다. 실험에서 신약 투여량을 통제하는 것이다. 집단별로 신약의 투여 전과 후의 혈압을 측정하여 자료를 수집한다. 통계적 분석은 새로운 신약이 혈압에 어떤 영향을 미치는가를 알 수 있게 해준다.

실험연구는 우선 관심이 있는 하나의 변수를 정의하여야 한다. 그 다음 관심 있는 변수에 영향을 미칠 수 있는 하나 또는 그 이상의 다른 변수들을 정의하고 통제하여야 한다. 이를 통해 다른 변수들이 관심 있는 변수에 어떠한 영향을 미치는가에 대한 자료를 얻을 수 있다.

시간과 비용 문제

의사결정에 필요한 자료와 통계분석을 이용하기 원하는 사람은 자료를 얻는 데 요구되는 시간과 비용을 고려하여 자료 수집 방법을 결정해야 한다. 자료가 가능한 한 짧은 시간 안에 획득되어야만 할 때는 현존하는 자료 원천을 활용하는 것이 바람직하다. 만약에 중요한 자료를 현존하는 원천으로부터 쉽게 이용할 수 없다면, 자료를 획득하는 데 드는 추가적인 시간과 비용을 고려해야 한다. 이 경우 의사결정자들은 통계적 분석이 의사결정에 어느 정도 이바지할지를 생각해 봐야 한다. 자료 획득과 통계분석에 드는 비용은 의사결정 과정에 통계 정보를 이용함으로써 절약할 수 있는 비용을 초과해서는 안 된다.

자료 획득 오류

경영자들은 통계 연구에서 자료 오류의 가능성을 항상 염두에 두어야 한다. 오류가 있는 자료를 사용하는 것은 자료를 사용하지 않는 것보다 더 나쁠 수 있다. 자료 획득에서 생기는 오류는 획득된 자료가 사실과 다르거나 올바른 절차를 통해 얻을 수 있는 실제값과 측정된 값이 다를 경우에 발생한다. 이러한 오류는 다양한 방식으로 발생할 수 있다. 예를 들면, 인터뷰하는 사람이 기록을 잘못할 수 있다. 24세를 42세로 적는다거나, 인터뷰에 응하는 사람이 질문을 잘못 이해하고 대답하는 경우를 말한다.

오류가 발생하지 않도록 하기 위해서는 자료를 수집하고 기록하는 데 많은 노력을 기울여야 한다. 자료의 일관성을 검토하기 위해서 특수한 절차를 사용할 수도 있다. 예를 들면, 근무 경험은 20년인데 나이가 22세로 나타난 응답자의 자료에 대해서는 정확성을 다시 검토해야 한다. 오류일 가능성이 높은 소위 이상값(outlier)이라 불리는 예외적으로 아주 큰 값이나 아주 작은 값에 대해서도 검토하여야 한다.

자료 획득 과정에서 오류는 빈번하게 발생한다. 아무거나 사용하기 편한 자료를 이용하거나, 조심성 없이 획득된 자료를 무턱대고 사용하는 것은 오도된 정보와 나쁜 의사결정을 초래한다. 따라서 정확한 자료를 수집하기 위한 절차를 준수해야 신뢰성 있고 가치 있는 의사결정을 위한 정보를 얻을 수 있다.

1.4 기술통계

신문과 잡지, 업무 보고서, 여러 출판물 등에 담겨 있는 통계 정보를 살펴보면, 자료가 대개 요약되어 있고 독자들이 이해하기 쉽도록 표현되어 있다. 자료의 요약은 표, 도표, 수치 형식으로 이루어지는데, 이를 **기술통계(descriptive statistics)**라고 한다.

WTO에 참여하는 60개국에 대한 자료를 나타내는 표 1.1을 살펴보자. 기술통계 방법들은 이런 자료집합에 대해 요약된 정보를 제공하는 데 사용된다. 예를 들어, 향후 2년 동안 국가의 신용등급이 어떻게 움직일지 그 방향을 나타내는 변수인 피치 전망(Fitch Outlook)을 고려해보자. 신용평가기관인 피치가 부여하는 등급은 부정적, 안정적 또는 긍정적으로 기록된다. 표 1.4를 통해 피치 전망 등급을 받은 국가 수를 보여주는 자료의 표를 확인할 수 있다. 같은 자료를 사용하여 도표 형식으로 요약한 자료를 막대그래프라고 하는데 그림 1.4에 표시하였다. 이러한 유형의 요약을 사용하면 자료를 더 쉽게 해석할 수 있다. 표 1.4와 그림 1.4를 참조하면 대부분 피치 전망 신용등급이 안정적이며 65%에 해당하는 국가가 해당 등급을 갖고 있음을 알 수 있으며, 긍정적 전망(5%)보다 부정적 전망(30%)을 보이는 국가가 더 많음을 알 수 있다.

표 1.1에 나열된 정량적 변수인 1인당 GDP를 도표 형식으로 요약한 이 자료를 히스토그램이라고 하며, 이것은 그림 1.5에 잘 나타나 있다. 히스토그램을 사용하면 60개 국

표 1.4 60개국 피치 신용등급 전망의 도수 및 백분율 도수

피치 전망	도수	백분율도수
긍정적	3	5.0
안정적	39	65.0
부정적	18	30.0

그림 1.4 60개국 피치 신용등급 전망 막대그래프

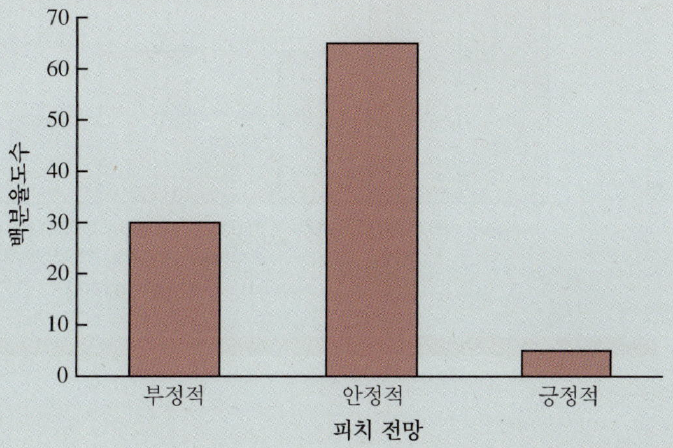

가의 1인당 GDP 범위는 0달러에서 90,000달러이며, 0달러에서 10,000달러 범위에 집중되어 있음을 쉽게 알 수 있다. 1인당 GDP가 70,000달러에서 79,999달러인 국가는 없으며, 1인당 GDP가 80,000달러를 넘는 국가는 두 곳이다.

표 형식과 도표 형식으로 표현한 것과 더불어 수치적 기술통계도 자료를 요약하는 데 사용된다. 대표적으로 많이 쓰이는 수치적 기술통계에는 평균이 있다. 표 1.1의 60개국의 1인당 GDP 자료를 활용해서 60개국 전체의 1인당 GDP를 합산하고 총합을 60으로 나누어 평균을 계산할 수 있다. 그렇게 1인당 평균 GDP를 계산하면 23,704달러이다. 평균은 자료의 중심 경향 혹은 중심 위치에 대한 척도를 제공한다.

기술통계를 작성 및 제시하는 효율적인 방법들은 매우 많다.

그림 1.5 25개 뮤추얼펀드의 순자산가치 히스토그램

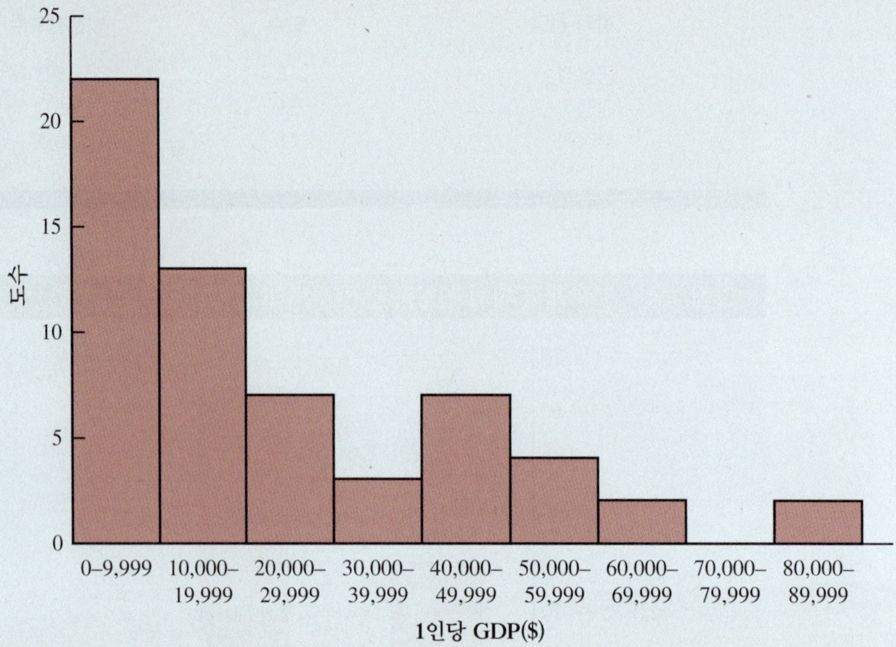

1.5 통계적 추론

개인, 회사, 유권자, 가정, 제품, 고객 등과 같이 매우 많은 수의 요소들로 이루어진 정보가 실제 상황에서 자주 필요하다. 이 경우 시간, 비용 그리고 다른 기타 이유 때문에 자료는 전체 집단의 일부만을 대상으로 수집할 수밖에 없다. 여기서 자료 수집의 대상이 되는 전체 집단을 **모집단(population)**이라고 하며, 자료가 수집된 일부 작은 집단을 **표본(sample)**이라고 한다. 공식적으로는 다음과 같이 정의한다.

모집단

모집단은 한 연구에서 관심거리가 되는 모든 요소의 집합이다.

표본

표본은 모집단의 부분집합이다.

전체 모집단의 자료를 수집하여 조사하는 행위를 **전수조사(census)***라고 한다. 표본에 대한 자료를 수집하여 조사하는 행위는 **표본조사(sample survey)**라고 한다. 통계학에서는 **통계적 추론(statistical inference)**이라고 하는 절차를 통해 표본 집단의 자료를 이용하여 모집단의 특성을 추정하거나 모집단에 대한 가설을 검정한다. 이러한 통계적 추론 기법은 통계학이 고안하고 발전시킨 가장 중요한 이론적 성과물이다.

통계적 추론의 예로, 로저스 산업(Rogers Industries)에서 수행한 연구를 보도록 하자. 로저스 산업은 노트북 컴퓨터 및 태블릿과 같은 충전식 전자 제품에 사용되는 리튬 배터리를 제조한다. 제품의 배터리 수명을 늘리기 위해 로저스는 더 오래 지속되고 사용하기에 더 안전한 새로운 고체 리튬 배터리를 개발했다. 여기서 모집단은 새로운 전고체 기술(solid-state technology)을 사용하여 생산할 수 있는 모든 리튬 배터리로 정의된다. 새로운 배터리의 장점을 평가하기 위해 전고체 기술을 사용한 200개의 배터리를 생산한 후 성능을 실험하였다. 이 표본으로부터 수집된 자료는 통제된 조건에서 재충전이 필요하기 전까지 각 배터리가 지속된 시간이다. 표 1.5를 보도록 하자.

표 1.5 로저스 산업 사례에서 배터리 200개 표본의 충전까지 잔여 시간

DATA*file* Rogers

Battery Life (hours)									
19.49	18.18	18.65	19.45	19.89	18.94	17.72	18.35	18.66	18.23
19.08	19.92	19.01	18.84	17.73	19.70	18.37	18.69	19.98	18.80
19.11	18.26	19.05	17.89	19.61	18.52	18.10	19.08	18.27	18.29
19.55	18.81	18.68	17.43	20.34	17.73	17.66	18.52	19.90	19.33
18.81	19.12	18.39	19.27	19.43	19.29	19.11	18.96	19.65	18.20
19.18	20.07	18.54	18.37	18.13	18.29	19.11	20.22	18.07	18.91
18.44	19.04	18.88	19.51	18.84	20.98	18.82	19.40	19.00	17.53
18.74	19.04	18.35	19.01	17.54	18.14	19.82	19.23	19.20	20.02
20.14	17.75	18.50	19.85	18.93	19.07	18.83	18.54	17.85	18.51
18.74	18.74	19.06	19.00	18.77	19.12	19.58	18.75	18.67	20.71
18.35	19.42	19.42	19.41	19.85	18.23	18.31	18.44	17.61	19.21
17.71	18.04	19.53	18.87	19.11	19.28	18.55	18.58	17.33	18.75
18.52	19.06	18.54	18.41	19.86	17.24	18.32	19.27	18.34	18.89
18.78	18.88	18.67	18.19	19.07	20.12	17.69	17.92	19.49	19.52
19.91	18.46	18.98	19.18	19.01	18.79	17.90	18.43	18.35	19.02
18.06	19.11	19.40	18.71	18.91	18.95	18.51	19.27	20.39	19.72
17.48	17.49	19.29	18.49	17.93	19.42	19.19	19.46	18.56	18.41
18.24	17.83	18.28	19.51	18.17	18.64	18.57	18.65	18.61	17.97
18.73	19.32	19.37	18.60	19.16	19.44	18.28	19.20	17.88	18.90
19.66	19.00	18.43	19.54	19.15	18.62	19.64	18.87	18.31	19.54

* 미국 정부의 전수조사는 10년마다 이루어지지만, 시장조사 회사는 매일 표본조사를 한다.

그림 1.6 로저스 산업 사례에서 통계적 추론절차

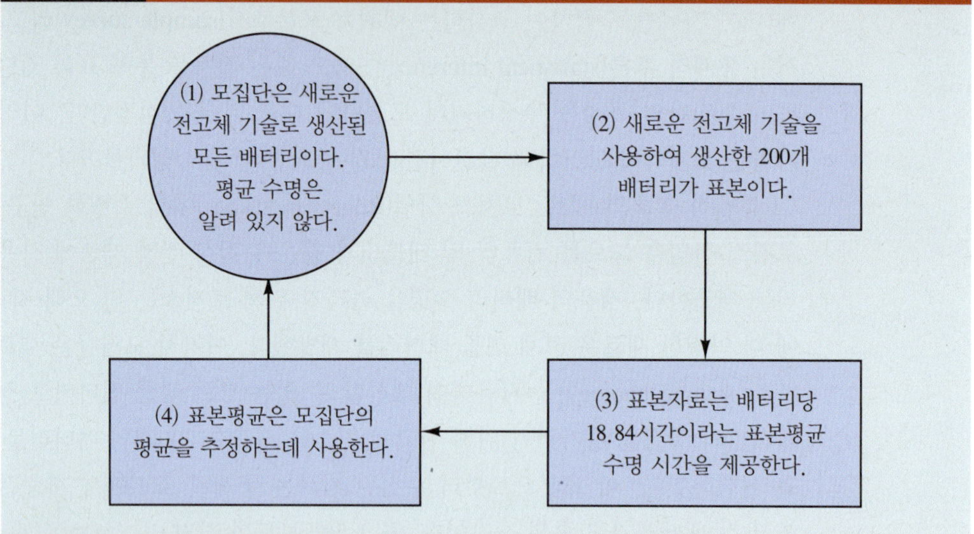

로저스 산업은 새로운 전고체 기술을 적용하여 생산한 모든 배터리, 즉 모집단의 평균 배터리 지속시간을 추론하기 위해 표본을 사용한다고 가정하자. 표 1.5에서 200개의 값을 더한 후 다시 그 합계를 200으로 나누게 되면 18.84시간이라는 배터리의 평균 유효 사용시간이 나오게 된다. 이러한 표본평균을 이용하여 모집단의 배터리 평균 수명이 18.84시간이라는 추정을 하게 된다. 그림 1.6은 로저스 산업의 통계적 추론에 대한 절차를 도표 형식으로 요약하여 보여주고 있다.

관심거리인 모집단의 특성을 추정하기 위해서 표본을 사용할 때마다, 추정치의 우수성과 정확성에 대한 평가를 같이 제시하는 경우가 많다. 로저스 산업의 사례에서 새로운 배터리에 대한 평균 수명의 점추정값이 18.84시간이고 오차의 한계는 ±0.68시간이라고 말할 수도 있다. 따라서 평균 배터리 수명의 구간 추정값은 18.16시간에서 19.52시간이다. 또한 모집단의 평균을 포함하는 구간은 18.16시간에서 19.52시간이라는 것에 대하여 어느 정도 확신할 수 있는가를 통계적으로 구할 수도 있다.

1.6 분석

사용 가능한 자료의 급격한 증가, 보다 비용효과적(cost-effective)인 자료의 저장, 더욱 빨라진 컴퓨터 처리 그리고 고객 및 비즈니스 운영을 이해하는 데 자료가 매우 가치가 있다는 관리자 인식으로 이를 기초로 하는 의사결정이 급격히 증가했다. 분석은 광범위한 기술을 바탕으로 자료를 기반으로 하는 분야라고 할 수 있다.

분석(Analytics)은 더 나은 결정을 내리기 위해 자료를 통찰력으로 전환하는 과학적

과정이며, 대체적 접근법에 비해 자료를 활용한 혹은 사실을 기초로 하는 의사결정에 활용되는 객관적인 접근으로 간주된다. 분석 도구는 자료로부터 통찰력을 창출하고, 계획을 더 정확하게 예측하는 능력을 향상시키고, 위험을 정량화하고, 분석을 통해 더 나은 대안을 도출함으로써 의사결정에 도움이 될 수 있다. 분석에는 간단한 보고서부터 가장 진보된 최적화 기법(최선의 과정을 찾기 위한 알고리즘)까지 다양한 기법(techniques)을 포함할 수 있다. 분석은 일반적으로 기술 분석, 예측 분석 그리고 처방 분석의 세 가지 범주로 구성된다.

기술 분석(Descriptive analytics)은 과거에 발생한 일을 설명하는 일련의 분석적 기법을 포함한다. 이러한 유형에 해당하는 기법의 예로는 데이터 쿼리, 보고서, 기술통계, 데이터 시각화, 데이터 대시보드 및 기본 what-if 스프레드시트 모델이 있다.

예측 분석(Predictive analytics)은 과거 자료로 구성된 모델을 사용하여 미래를 예측하거나 한 변수가 다른 변수에 미치는 영향을 평가하는 분석 기법으로 구성된다. 예를 들어, 제품 판매에 대한 과거 자료를 사용하여 미래 판매를 예측하는 수학적 모델을 구축할 수 있다. 이러한 모델은 과거 성장 및 계절적 패턴을 기반으로 제품 판매의 성장 궤적 및 계절성과 같은 요인을 설명할 수 있다. 소매점의 POS 스캐너 자료는 포장 식품 제조업체에서 쿠폰이나 판매 이벤트와 관련된 단위 판매 증가를 추정하는 데 사용될 수 있다. 설문조사 자료와 과거 구매 행동은 신제품의 시장 점유율을 예측하는 데 사용될 수 있다. 이러한 것들이 예측 분석의 예이다. 선형회귀분석, 시계열 분석 및 예측 모델은 예측 분석 범주에 속한다. 이러한 기법은 본 교재 뒷부분에서 소개될 것이다. 위험을 더 잘 이해하기 위해 확률 및 컴퓨터를 활용한 통계 프로그램을 사용하는 시뮬레이션도 예측 분석 범주에 속한다.

처방 분석(prescriptive analytics)은 기술 분석 또는 예측 분석과 크게 다르다. 처방 분석의 차이점은 처방 모델이 취할 수 있는 최선의 조치를 산출한다는 것이다. 즉, 처방 모델의 결과는 최선의 의사결정이다. 따라서 처방 분석은 최선의 조처를 하는 일련의 분석 기법이다. 일련의 제약 조건에 따라 일부 목표를 최대화하거나 최소화하는 솔루션을 생성하는 최적화 모델은 처방 모델 범주에 속한다. 항공 산업에서 수익경영은 처방 모델의 한 예이다. 항공 업계는 기업의 수익을 극대화하기 이하여 과거의 구매 자료를 모델의 투입 요소로 하여 모든 비행기에 걸쳐 가격 전략을 추구할 것을 권장한다.

통계학 연구는 분석과 어떤 관련이 있을까? 대부분의 기술 분석 및 예측 분석 기법은 확률과 통계에서 비롯된다. 여기에는 기술통계, 데이터 시각화, 확률 및 확률 분포, 표본 추출 및 회귀분석 및 시계열 예측을 포함한 예측 모델링이 포함된다. 이러한 기법 각각에 관해서 본 교재에서 설명을 제시한다. 자료를 기반으로 의사결정에서 분석의 활용이 증가함에 따라 분석가와 관리자가 통계 및 자료 분석을 이해하는 것이 그 어느 때보다 중요해졌다. 기업은 자료를 기반으로 하는 의사결정을 위하여 기술과 예측 모델을 어떻게 활용할 것인지를 알고 있는 자료에 정통한 관리자를 더욱 선호하고 있다.

본 장의 시작 부분에서 분석에 관한 관심을 불러일으키는 요인 중 하나로 자료의 가용성 증가를 언급했다. 다음 장에서는 이용 가능한 자료의 폭발적 증가와 이것이 통계 연구와 어떤 관련이 있는지 논의한다.

1.7 빅데이터 및 데이터 마이닝

대부분 조직은 인터넷, 전자 카드 판독기, 바코드 스캐너, 판매 시점 정보 관리 시스템(POS: point-of sale) 등으로부터 매일 대량의 자료를 획득한다. 주문 입력과 결제 처리에 터치스크린 모니터를 활용하는 작은 지방 식당에서도 수집한 자료의 양이 상당할 수 있다. 대형 소매 기업이 수집한 방대한 양의 자료를 개념화하거나 수익성 개선을 위해 효과적으로 자료를 활용하는 방법을 알아내는 것은 쉬운 일이 아니다. 예를 들어 월마트(Walmart)와 같은 대형 소매상은 매일 2~3천만 건의 거래 기록을 획득하고, Orange S.A. 그리고 AT&T와 같은 통신사에서는 하루에 3억 건 이상의 전화 기록이 발생하고, 비자(Visa)는 초당 6,800건, 하루당 약 6억 건의 지급거래를 처리한다.

기업이 자료를 수집하는 엄청난 양과 속도 외에도 더욱 복잡한 유형의 자료가 가능하며 이는 비즈니스에 큰 가치를 더한다는 것이 입증되고 있다. 트위터와 같은 소셜 미디어에서 회사의 제품이나 서비스에 대해 언급되는 내용이 모니터링 되면서 텍스트 자료가 수집되고 있다. 오디오 자료는 서비스 통화를 통해 수집되는데 서비스 통화 중에 종종 "본 통화는 품질관리를 위해 모니터링될 수 있습니다"라는 말을 상기해보자. 비디오 자료는 매장 내 비디오카메라를 통해 수집되며 이를 통해 쇼핑 행동을 분석한다. 이러한 비전통적인 소스에서 생성된 정보를 분석하는 것은 분석 가능한 자료로 이를 변환하는 복잡한 과정을 거쳐야 하는 어려움이 있다.

이제 크기가 방대하고 더욱 복잡한 자료집합을 **빅데이터(big data)**라고 부른다. 비록 빅데이터에 대한 보편적 정의는 없는 것 같지만, 상당수의 사람은 일반적으로 사용 가능한 소프트웨어로 합리적인 시간 내에 관리, 처리, 분석할 수 없는 자료집합으로 간주한다. 많은 데이터 분석가는 데이터의 세 가지 V(볼륨, 속도, 다양성)를 참조하여 빅데이터를 정의한다. 볼륨은 사용 가능한 자료의 양을 나타낸다 (일반적인 측정 단위는 현재 테라바이트, 즉 1,012바이트). 속도는 자료가 수집되고 처리되는 속도를 나타내며, 다양성은 서로 다른 자료 유형을 나타낸다.

데이터 웨어하우징(data warehousing)이라는 용어는 데이터를 캡처, 저장 및 유지 관리하는 프로세스를 나타내는 데 사용된다. 컴퓨팅 성능과 자료 수집 도구는 이제 매우 많은 양의 데이터를 몇 초 만에 저장하고 검색할 수 있는 수준에 도달했다. 웨어하우스에 있는 자료에 대한 분석은 조직의 새로운 전략과 더 높은 수익으로 결과가 이어질 수 있다. 예를 들어 GE(General Electric)는 비행기가 이착륙할 때마다 항공기 엔진의 센서에서 대량의 자료를 캡처한다. 이러한 자료를 캡처함으로써 GE는 고객에게 중요한 서비스를 제공할 수 있다. GE는 엔진 성능을 모니터링하고 서비스가 필요하거나 문제 발생 가능성이 있을 때 이를 고객에게 이를 알릴 수 있다.

데이터 마이닝(data mining)은 대용량 데이터베이스에서 유용한 의사결정 정보를 개발하는 방법을 다룬다. 통계, 수학, 컴퓨터 과학에서의 절차를 복합적으로 활용하는 분석가는 웨어하우스에서 '자료(data)를 발굴(mine)'하고 이를 유용한 정보로 변환하기 때문에 데이터 마이닝이라고 부른다. 이 분야의 선도자인 Kurt Thearling 박사는 데이터 마이닝에 대해 "대규모 데이터베이스로부터 예측 정보를 자동으로 추출하는 것"이라고 정의했다. Thearling 박사의 정의에서 핵심어는 '자동'과 '예측'이다. 가장 효율적인 데이터 마이닝 시스템은 사용자가 매우 보편적이거나 애매한 질문(query)을 하더라도 자동으로 자료에서 정보를 추출해 낼 수 있다. 그리고 데이터 마이닝 소프트웨어는 과거에 수기로 숨겨진 예측 정보 발굴하던 과정을 자동화했다.

데이터 마이닝은 소매상, 금융기관, 통신사업자 등과 같이 고객에 집중하는 기업에 의해 주로 활용된다. 데이터 마이닝은 소매상, 예를 들면 아마존(Amazon)이 이미 특정 상품을 구매한 고객이 또 사들일 것 같은 한 개 이상의 관련 상품을 결정하는 데 훌륭히 활용된 적이 있다. 그래서 고객이 기업 웹사이트에 로그인하고 제품을 구매하면, 웹사이트는 고객이 구매할 것 같은 추가 상품을 알림창(pop-up)으로 알려준다. 또 데이터 마이닝은 특정한 쇼핑에서 20달러 이상 구매할 가능성이 있는 고객을 구별하는 데 활용되기도 한다. 이 고객을 대상으로 스페셜 이메일이나 쿠폰집을 보내 할인 기간이 끝나기 전에 다시 쇼핑하도록 유인하게 된다.

데이터 마이닝은 다중 회귀, 로지스틱 회귀, 상관관계와 같은 통계적 방법론에 아주 많이 의존하는 기술이다. 그러나 이러한 모든 방법론과 인공지능과 기계학습(자신의 동작을 스스로 개선할 수 있는 슈퍼컴퓨터의 능력)과 같은 컴퓨터 과학 기술을 창의적으로 통합할 때, 데이터 마이닝을 효율적으로 할 수 있다. 오라클(Oracle)과 테라데이타(Teradata), SAS 등은 상당한 시간과 돈을 투자하여 상업적인 데이터 마이닝 소프트웨어 패키지를 개발하고 판매한다. 본 교재에서 소개하는 통계적 개념은 데이터 마이닝 소프트웨어 패키지를 사용하기 위한 통계 방법론과 도출한 통계적 정보를 좀 더 잘 이해하는 데 도움이 될 것이다.*

통계 모델은 데이터 마이닝에서 예측 모델을 개발하는 데 중요한 역할을 하므로 통계적 모형을 개발하는데 있어서 통계 전문가가 다루는 많은 문제들 역시 데이터 마이닝에

* 데이터 마이닝에서의 통계 방법론은 데이터 안에서 관계를 발견하고 미래의 결과를 예측한다는 점에서 매우 중요하다. 하지만 데이터 마이닝 전체를 아우르고 데이터 마이닝의 통계기법을 사용하는 것은 본 교재의 범위를 벗어난다.

적용 가능하다. 예를 들면, 통계적 연구의 주제인 모델의 신뢰성에 대한 통계적 평가방법은 데이터 마이닝에서도 유용하게 활용된다. 특정 자료 표본에 적합한 통계 모델이 항상 다른 자료에도 적합한 것은 아니다. 모델 신뢰도를 통계적으로 평가하는 일반적인 방법의 하나로 표본 자료를 학습 자료(training data)와 실험자료(test data)로 분류하는 방법이 있다. 학습 자료를 사용하여 개발한 모델이 정확하게 실험자료의 값을 예측해낸다면, 이 모델은 신뢰할 수 있는 모델이라고 말할 수 있다. 종래의 통계에 비해 데이터 마이닝이 가진 장점 중 하나는 많은 양의 자료가 존재하기 때문에 데이터 마이닝 소프트웨어가 자료를 구분하여 연습 자료를 위해 개발된 모델의 신뢰성을 다른 자료를 이용해 측정할 수 있다는 것이다. 이러한 점에서 자료의 구분은 데이터 마이닝이 모델과 상관관계를 설정하고 다른 새로운 자료를 이용하여 설정한 모델과 상관관계가 유효하며 되풀이될 수 있는지 신속하게 모니터할 수 있도록 해준다. 다른 한편으로 데이터 마이닝 응용에서 주의해야 할 점은 너무나 많은 자료가 존재하기 때문에 모델의 과잉 맞춤현상이 나타나 잘못된 연관관계나 인과관계를 결론 내릴 수 있다는 것이다. 이런 함정을 피하기 위해서는 조심스러운 데이터 마이닝 결과해석과 추가 실험이 필요하다.

1.8 컴퓨터와 통계분석

통계 전문가는 통계 계산 및 분석을 수행하기 위하여 컴퓨터 소프트웨어를 사용한다. 예를 들면, 로저스 산업의 예(표 1.5 참조)에서 200개의 배터리가 재충전될 때까지의 평균 시간을 계산하는 것은 컴퓨터가 없다면 상당히 지루한 작업이 될 것이다. 장 마지막에 있는 부록은 각 장에서 제시한 통계적 기법들을 구현할 수 있도록 Microsoft Excel을 사용하는 단계별 절차를 보여줄 것이다.

이전 장에서 언급한 것처럼 빅데이터를 처리하기 위해서는 특별한 데이터 조작 및 분석 도구가 필요하다. Hadoop과 같은 대규모 자료집합의 분산 처리(distributed processing)를 위한 오픈소스 소프트웨어, R, Python과 같은 오픈소스 프로그래밍 언어, SAS, SPSS와 같은 상용 패키지가 빅데이터 처리를 위해 사용된다.

1.9 통계 실무에서의 윤리지침

어떤 일을 하던 우리는 항상 윤리적인 행동을 지향해야 한다. 자료를 수집, 분석, 제시, 해석하는 데 통계가 중요한 역할을 하므로 통계에서 윤리적 문제가 발생한다. 통계 연구에서 비윤리적인 행위는 부적절한 표본추출이나 자료 분석, 오해의 소지가 있는 그래프의 작성, 부적절한 통계요약, 통계결과의 편향된 해석 등 다양한 형태로 나타난다.

통계 작업을 할 때 자료를 수집하고, 분석, 구술 발표, 그리고 발견한 정보를 담아 서면 보고서를 작성하기까지 공정하고, 철저하고, 객관적이고 중립적인 자세를 유지해야 한다. 또한 통계 사용자로서 다른 연구자의 비윤리적인 통계 행위의 가능성을 염두에 두어야 한다. 미디어에 통계가 나왔을 때 약간은 회의적인 태도로 정보를 바라보는 시각이 필요하며 소개된 통계의 정보처뿐만 아니라 통계의 목적 및 객관성까지도 항상 고려해야 한다.

미국의 통계와 통계 연구자를 위한 전문 기관인 미국통계협회(ASA: American Statistical Association)는 '통계 작업을 위한 윤리 지침(Ethical Guidelines for Statistical Practice)'*이라는 보고서를 발행하여 통계 실무자들이 윤리적인 결정을 내리고 학생들에게 책임감 있게 통계 작업을 수행하도록 가르칠 수 있게 하였다.

이 보고서는 전문적 성실성과 책임; 자료와 방법의 정체성(integrity); 이해관계자에 대한 책임; 연구 주제 자료 주제 또는 통계 실무에 의해 직접적인 영향을 받는 객체에 대한 책임; 여러 분야의 팀 구성원에 대한 책임; 동료 통계 실무자나 전문가에 대한 책임; 통계 실무에 있어서 리더, 감독자, 멘토의 책임; 그리고 잠재적 위법 행위에 관한 책임과 같이 8가지 원칙으로 구성된 지침을 포함하고 있다.

전문가적 정체성 및 책임 분야의 윤리적 지침 중 하나는 윤리적 통계 전문가는 통계 실무의 결과를 사전 결정하려 하거나 결과에 영향을 주려고 하는 것에 대해 반대하고 자료를 선택적으로 해석하라는 압력에 저항하는 것이다. 예를 통해 생각해 보자. 1.5장에서 새로운 전자고체 기술로 제조된 200개의 리튬 배터리 표본을 포함하여 로저스 산업에서 수행한 통계 연구에 대해 논의했다. 표본의 평균 배터리 수명 18.84시간은 새로운 전자고체 기술로 생산된 모든 리튬 배터리의 평균 수명에 대한 추정치를 제공했다. 그러나 로저스 산업이 해당 표본을 선택하였기 때문에 그렇게 추정할 수 있는 것이고 다른 표본의 경우 또 다른 평균 수명을 나타낼 수 있다고 가정하는 것은 합리적이다.

로저스의 경영진이 표본 결과를 통해 새로운 배터리가 재충전될 때까지의 평균 20시간 이상이라는 주장을 지지할 수 있기를 희망한다고 하자. 더 나아가 로저스의 경영진이 20시간 이상의 표본평균을 얻을 때까지 새로운 고체 기술을 사용하여 200개의 배터리 표본을 생산하고 검사를 반복 수행하기로 하였다고 가정하자. 만약 이 연구가 충분히 반복된다면 오로지 우연으로 로저스 산업의 주장을 지지할 수 있는 바람직한 표본 결과가 발생할 수 있다. 이때 고객은 신제품에 대해 실제보다 더 낫다고 잘못 인식하게 된다. 명백하게 이러한 종류의 행태는 비윤리적이며 실제로 통계의 총체적인 남용 사례다.

책임, 출판 그리고 증명 부문에서의 여러 윤리 지침은 자료를 다루는 문제와 관련되어 있다. 예를 들어 통계 연구자는 연구에서 고려된 모든 자료의 출처를 확인하고 실제로 사용된 표본을 설명해야 한다. 로저스 산업의 연구에서 원래 표본 배터리 200개에 대한 평균 배터리 수명은 18.84시간으로 이는 경영진이 기대했던 20시간 이상에 미치지 못하는 시간이다. 이제 결과에서 평균 배터리 수명이 18.84시간임을 검토한 후, 재충전까지

* 미국통계협회 "통계 실무에 대한 윤리적 지침", 1999.

18시간 이하가 남은 모든 관찰 결과를 제조 공정에서 초기 결함이 나타났다는 이유로 전량 폐기했다. 재충전까지 18시간 이하가 남은 배터리를 모두 폐기한 후, 남아 있는 표본 배터리의 평균 수명이 22시간으로 나타났다. 당신은 새로운 전고체 배터리의 배터리 수명이 22시간이라는 로저스의 주장이 의심스럽지 않은가?

단순히 새 배터리의 평균 수명을 22시간으로 만들기 위해 배터리가 수명이 18시간 이하인 배터리를 폐기했다면, 이것이 비윤리적이라는 사실은 의심할 여지가 없다. 그러나 폐기한 배터리가 제조 공정에서 초기 결함이 나타나 분석에 포함하지 않았더라도, 이 연구를 수행한 통계 전문가는 고려한 모든 자료와 실제로 사용한 표본을 어떻게 얻었는지 설명을 해야 할 의무가 있다. 그렇지 않으면 잠재적인 오류를 범하는 것이며 회사와 통계 전문가 모두에게 비윤리적인 행위에 관한 책임이 있다.

미국통계협회 보고서 중 공유된 가치 부분에 관한 지침에는 통계 실무자가 미리 결정한 결과에 따라 편향된 통계 작업을 하려는 어떠한 의도도 가져서는 안 된다고 언급하고 있다. 이 같은 비윤리적인 관습은 주장을 지지하기 위해 대표적이지 않은 표본을 사용할 때 종종 발견된다. 예를 들면, 많은 지역에서는 식당에서의 흡연을 금지하고 있다. 그렇지만 담배 산업에서 로비활동을 하는 사람이 식당 흡연을 선호하는 사람의 비율을 추정하기 위하여 흡연이 허용된 식당에 있는 사람들을 대상으로 인터뷰한다고 가정해 보자. 인터뷰에 응한 90%의 사람들이 식당 흡연을 선호한다는 표본 결과가 나타날 것이다. 이와 같은 결과를 근거로 로비스트(lobbyist)는 식당에서 식사하는 모든 사람의 90%가 식당 안에서 흡연하는 것을 선호한다고 주장할 것이다. 이럴 때 우리는 흡연을 허용하는 식당에서 식사하는 사람들만을 표본으로 선택한 결과는 편향되었다고 주장할 수 있다. 만약 이 연구에서 마지막 결과만을 보고한다면, 이 연구가 흡연을 허용하는 식당을 찾은 사람만을 표본으로 삼았다는 세부사항에 대해 잘 모르는 독자들에게 오도할 수 있다.

미국통계협회 보고서의 범위는 포괄적이며, 통계 전문가뿐만 아니라 통계 정보를 소비하는 사람에게도 적용될 수 있는 윤리 지침을 포함한다. 본 교재는 계속 통계 연구를 할 때에 윤리적 문제에 대한 더 나은 관점을 확보하고, 실무에서 통계를 사용할 때 윤리적 규범의 충족에 대하여 어떻게 보증할 것인지를 결정하기 위한 배경지식을 얻을 수 있도록 이 보고서를 읽는 것을 강권한다.

요약

통계는 자료를 수집하고 분석하고 표현하고 해석하는 방법이며 과학이다. 경영과 경제를 전공하는 거의 모든 대학생은 통계 과목을 이수해야 한다. 이 장의 앞부분에서는 경영과 경제 분야에서 통계 활용의 전형적인 예를 제시하였다.

자료는 수집 및 분석이 되는 사실과 숫자로 구성된다. 네 가지 측정척도는 명목, 서열, 등간, 비율척도이다. 자료가 한 요소의 속성을 확인하기 위해 레이블이나 이름을 사용하였다면, 그 변수에 대한 측정척도는 명목척도가 된다. 자료가 명목척도의 속성을 지니고 자료의 순서나 등급이 의미가 있을 때, 서열척도라고 한다. 자료가 서열척도의 속성을 지니고 값의 간격이 일정한 단위로 표현되면 등간척도라고 한다. 마지막으로 등간척도의 모든 속성을 지니면서 두 값의 비율이 의미가 있을 때, 비율척도라고 한다.

통계 분석 목적에 따라 자료는 범주형 자료와 정량적 자료로 구분할 수 있다. 범주형 자료는 각 요소의 속성을 구별하는 데 레이블이나 이름을 사용한다. 범주형 자료는 명목척도나 서열척도를 사용하고 수치형식이나 문자 또는 기호일 수 있다. 정량적 자료는 양과 수를 나타내는 수치 형식의 값이다. 정량적 자료는 측정척도가 등간 또는 비율이 된다. 만약 자료가 정량적이라면, 일반적인 산술 연산이 의미가 있다. 그러므로 정량적 자료에 사용된 통계적 계산 방법을 범주형 자료에 항상 적용할 수 있는 것은 아니다.

1장의 4절과 5절에서 우리는 기술통계 및 통계적 추론을 소개하였다. 기술통계는 자료를 요약하기 위해 사용하는 표 형식, 도표 형식 그리고 수치적인 방법이다. 통계적 추론의 절차는 추정하거나 모집단의 특성에 대하여 가설을 검정하기 위해서 표본으로부터 자료를 수집하는 것이다. 본 장의 마지막 네 절에서는 상대적으로 새로운 분석 분야, 데이터 마이닝, 및 빅데이터, 상대적으로 새로운 분야에 대한 정보를 제공하며, 통계적 활용에서의 윤리 지침을 간략히 소개한다.

용어

관찰값(Observation) 특정 요소에 대하여 수집된 측정의 집합.

기술분석(Descriptive Analytics) 과거에 일어난 일을 설명하는 분석 기법이다.

기술통계(Descriptive statistics) 표 형식, 도표 형식 혹은 수치 형식으로 된 자료의 요약.

데이터 마이닝(Data mining) 엄청난 규모의 데이터베이스에서 유용한 정보를 추출하고자 통계와 컴퓨터 공학의 절차를 사용하는 프로세스.

등간척도(Interval scale) 자료가 서열자료의 속성을 가지며 두 값 사이가 일정한 측정 단위로 표현될 때 그 변수에 대한 측정척도. 등간자료는 늘 수치로 표현된다.

명목척도(Nominal scale) 어떤 자료가 요소의 속성을 나타내기 위해 레이블이나 이름을 사용할 때, 그 변수에 대한 측정척도. 명목자료는 수치이거나 아닐 수 있다.

모집단(Population) 특정 연구에서 관심의 대상이 되는 모든 요소의 집합.

범주형 자료(Categorical data) 각 요소의 속성을 확인하기 위해 사용하는 레이블 또는 이름으로 범주형 자료는 명목척도와 서열척도 둘 중 하나를 사용하며 숫자이거나 숫자가 아닐 수 있다.

변수(Variable) 관심의 대상이 되는 요소들의 속성.

분석학(Analytics) 보다 나은 의사결정을 내리기 위해 자료를 통찰력으로 변환하는 과학적 절차이다.

비율척도(Ratio scale) 자료가 등간척도의 속성을 모두 가지며 두 값 사이의 비율이 의미가 있을 때 그 변수에 대한 측정척도를 말하며, 비율척도는 언제나 수치형식이다.

빅데이터(Big Data) 일반적으로 사용되는 소프트웨어로는 합리적인 시간 내에 관리, 처리 혹은 분석할 수 없는 자료 집합이다. 빅데이터의 특징은 대용량(대용량 자료), 빠른 속도(빠른 수집과 처리) 혹은 다양성(비디오, 오디오 그리고 텍스트와 같은 비전통적 자료가 포함될 수 있음)이다.

서열척도(Ordinal scale) 어떤 자료가 명목자료의 속성을 가지고, 순서와 계급이 의미가 있을 때 그 변수에 대한 측정척도. 서열자료는 수치이거나 아닐 수 있다.

시계열 자료(Time series data) 여러 차례 시간 주기를 두고 수집된 자료.

예측 분석(Predictive Analytics) 과거 자료로 구성된 모델을 활용하여 미래를 예측하거나 한 변수가 다른 변수에 미치는 영향을 평가하는 분석 기법이다.

요소(Elements) 자료 수집의 대상이 되는 객체.

자료(Data) 표현과 해석을 위해 수집, 분석 그리고 요약된 사실(fact)과 숫자(figure).

자료집합(Data set) 특정 연구에서 수집된 모든 자료.

전수조사 또는 인구조사(Census) 전체 모집단의 자료를 수집하는 조사.

정량적 변수(Quantitative variable) 정량적 자료를 가지는 변수.

정량적 자료(Quantitative data) 어떤 실체에 대한 수와 양을 재기 위한 수치로 정량적 자료는 등간 혹은 비율척도를 사용하여 얻는다.

통계적 추론(Statistical inference) 모수의 특성을 표본추출하여 추정하거나 가설을 검정하는 절차.

통계학(Statistics) 자료를 수집, 분석, 표현 및 해석하는 기술(art)이자 과학.

표본(Sample) 모집단의 부분집합.

표본조사(Sample survey) 표본의 자료를 수집하는 조사.

횡단면 자료(Cross-sectional data) 시간상으로 같은 시점이나 비슷한 시점에서 수집된 자료.

보충문제

1. **월스트리트 저널 구독자 특성.** 월스트리트저널(WSJ) 구독자 설문조사에서 구독자 특성과 관심분야에 대해 46개의 질문을 제시했다. 다음 질문이 범주형 자료인지 혹은 정량적 자료인지 설명하시오.

   a. 당신의 나이는 몇 살입니까?

   b. 기혼인가요?

   c. 월스트리트 저널을 처음 읽기 시기는 언제입니까?
   고등학교, 대학, 초기경력, 중기경력, 최근경력 혹은 은퇴 후?

   d. 현재 직장이나 직위에서 재직기간은 얼마나 되나요?

e. 다음 구매 시 어떤 유형의 차량을 염두에 두고 있습니까?

9가지 응답 범주에는 세단, 스포츠카, SUV, 미니밴 등을 포함

2. **태블릿 컴퓨터 비교.** 태블릿 PC 비교는 태블릿 컴퓨터에 대한 다양한 정보를 제공한다. 소비자는 회사 웹사이트를 통해 비용, 운영 체계 유형, 디스플레이 크기, 배터리 수명 그리고 CPU 제조업체 등과 같은 정보를 통하여 다양한 태블릿을 쉽게 비교할 수 있다.

표 1.6에는 태블릿 컴퓨터 10대의 표본이 제시되어 있다 (태블릿 PC 비교 웹사이트).

a. 이 자료집합에는 몇 개의 요소가 있습니까?

b. 이 자료집합에는 몇 개의 변수가 있습니까?

c. 어떤 변수가 범주형 변수이고 어떤 변수가 양적 변수입니까?

d. 각 변수에는 어떤 유형의 측정척도가 사용됩니까?

3. **태블릿 PC: 비용, CPU와 운영 체제.** 표 1.6을 참조하시오.

a. 태블릿의 평균 비용은 얼마입니까?

b. Windows 운영 체제가 탑재된 태블릿의 평균 비용과 Android 운영 체제가 탑재된 태블릿의 평균 비용을 비교하세요.

c. TI OMAP에서 제조한 CPU를 사용하는 태블릿의 비율은 얼마나 됩니까?

d. Android 운영 체계를 사용하는 태블릿의 비율은 얼마나 됩니까?

e. 귀하의 새 차량에 대한 전반적 평가는 어떻습니까? (1점 단위의 1~10점 척도, 1점은 받아들이기 어려운 상태, 10점은 매우 예외적으로 우수함)

표 1.6 태블릿 컴퓨터 10대에 대한 제품 정보

태블릿 비용($)	운용체계	디스플레이 규격(인치)	배터리 수명 (시간)	CPU	제조사
Acer Iconia W510	599	Windows	10.1	8.5	Intel
Amazon Kindle Fire HD	299	Android	8.9	9	TI OMAP
Apple iPad 4	499	iOS	9.7	11	Apple
HP Envy X2	860	Windows	11.6	8	Intel
Lenovo ThinkPad Tablet	668	Windows	10.1	10.5	Intel
Microsoft Surface Pro	899	Windows	10.6	4	Intel
Motorola Droid XYboard	530	Android	10.1	9	TI OMAP
Samsung Ativ Smart PC	590	Windows	11.6	7	Intel
Samsung Galaxy Tab	525	Android	10.1	10	Nvidia
Sony Tablet S	360	Android	9.4	8	Nvidia

4. **휴대폰 비교.** 표 1.7은 소비자 보고서에서 8개 전화기에 대한 자료를 제시하고 있다. 휴대폰의 전반적 품질을 측정하는 척도의 범위는 0부터 100까지이다. 음성 품질은 나쁨, 보통, 좋음, 매우 좋음, 탁월함의 5점 척도 등급으로 구성된다. 통화 시간은 휴대폰이 완충되었을 때 때 사용할 수 있는 시간에 대한 제조업체가 제시한 주장이다.
   a. 자료 집합에는 몇 개의 요소가 포함되어 있습니까?
   b. 가격, 전반적 점수, 음성 품질, 통화 시간 변수 중 어떤 변수가 범주형 변수이고 어떤 변수가 정량적 변수인가요?
   c. 각 변수에 어떤 측정척도가 사용됩니까?

표 1.7 8개 핸드폰의 자료

브랜드	모델	가격($)	전반적 점수	음성 품질	통화 시간
AT&T	CL84100	60	73	Excellent	7
AT&T	TL92271	80	70	Very Good	7
Panasonic	4773B	100	78	Very Good	13
Panasonic	6592T	70	72	Very Good	13
Uniden	D2997	45	70	Very Good	10
Uniden	D1788	80	73	Very Good	7
Vtech	DS6521	60	72	Excellent	7
Vtech	CS6649	50	72	Very Good	7

5. **전화 자료 요약.** 표 1.7의 자료집합을 참조하시오.
   a. 전화기 평균가격은 얼마인가요?
   b. 평균 대화시간은 얼마나 되나요?
   c. 뛰어남을 나타내는 통화품질의 비율은 얼마나 되나요?

6. **신규 차량 구매 소비자에 대한 설문조사.** J.D. Power and Associates는 최근 신규 차량을 구매한 소비자에게 차량 품질에 대한 설문을 조사하였다. 초기 품질 설문조사에서 J.D. Power는 다음과 같은 질문을 했다.
   a. 차량은 구매인가요, 아니면 리스입니까?
   b. 구매 차량의 가격은?
   c. 차량 외관에 대한 전반적 매력은? (받아들일 수 없음, 평균, 탁월 또는 매우 예외적)
   d. 갤런당 평균 마일 수는?
   e. 신규 차량에 대해 1에서 10까지의 척도로 평가를 한다면 당신의 평가점수는? (1-to 10-point scale with 1 Unacceptable and 10 Truly Exceptional) (1 ~ 10점 척도, 1점은 받아들이기 어려운 상태, 10점은 매우 예외적으로 우수함)

   각 질문이 범주형 혹은 정량 자료인지 제시하시오.

7. **항공사 고객 만족.** 많은 서비스 회사는 그들의 고객에 대한 후속 설문조사를 통해 자료를 수집한다. 예를 들어, 고객 감성을 확인하기 위해 Delta Air Lines는 비행 직후 고객에게 이메일을 송부한다. 여러 질문 중 Delta는 다음과 같은 질문을 한다.

다른 분들에게 Delta Air Lines을 어떻게 추천할 의향이 있으신가요?

여기서 가능한 응답은?

확실히 추천하겠다	추천할 것 같다	추천할 수도 혹은 안 할 수도 있다	추천하지 않을 것 같다	추천을 전혀 하지 않을 것이다
○	○	○	○	○

이 정보를 사용하여 다음 질문에 답하시오.

a. 본 예에서 Delta가 수집한 자료는 범주형 혹은 정량형 자료 중 무엇인가?

b. 어떤 측정척도가 사용되었는가?

8. **독자 설문조사.** 테네시주 내슈빌에 있는 온라인 신문 The Tennessean은 다양한 현안에 대한 독자 의견을 얻기 위해 매일 여론조사를 시행한다. 최근 여론조사에서 762명의 독자가 다음과 같은 질문에 응답했다. "주 소득세를 금지하는 헌법 개정안에 대한 투표를 시행한다면 이 법안이 통과되길 원하는가?"

가능한 응답은 "예, 아니요 또는 모르겠다"이다(The Tennessean 웹사이트).

a. 설문조사의 표본규모는?

b. 자료는 범주형 혹은 정량형 자료 중 무엇인가?

c. 이 질문에 대한 자료 요약으로 평균이나 백분율을 사용하는 것이 더 합리적인가?

d. 응답자 중 67%가 "예, 통과되기를 원합니다"라고 답했다. 이러한 응답을 제공한 개인은 모두 몇 명인가?

9. **대학 교육을 이수한 근로자.** 미국 인구조사국 자료를 기초로 하는 Pew Research의 연구에 따르면 대학 교육을 받은 25～29세 근로자 비율이 사상 최고치를 기록했다. 연구에 의하면 2016년 학사 학위 이상의 25～29세 근로자 비율은 40%였다. 2000년에는 이 비율이 32%, 1985년에는 25%, 1964년에는 단지 16%에 불과했다(Pew Research 웹사이트).

a. Pew가 자료를 보유하고 있는 각각의 4년 기간 연구 대상 모집단은?

b. 각 응답자에게 제기된 질문은 무엇인가?

c. 질문에 대한 응답은 범주형 혹은 정량적 자료 중 무엇인가?

10. **운전 중 휴대 전화 사용.** 교통통계국 옴니버스 가구 조사는 매년 시행되며 해당 내용은 미국 교통국의 중요한 정보로 활용된다. 인터뷰 대상자에게 설문 중 "자동차 운전자는 운전 중에 휴대 전화로 통화하는 것이 허용되어야 한다"라는 항목에 답하도록

하였다. 이에 대한 응답으로는 매우 동의함, 다소 동의함, 다소 동의하지 않음, 매우 동의하지 않음. 이렇게 4가지 답변이었다. 매우 동의한다는 응답자는 44명, 다소 동의는 130명, 다소 동의하지 않음이 165명 그리고 매우 동의하지 않는다는 응답자는 741명이었다(교통국 웹사이트).

a. 본 질문에 대한 응답은 범주형 혹은 정량적 자료 중 무엇인가?

b. 본 응답에 대한 요약으로 평균이나 백분율을 사용하는 것이 더 합리적인가?

c. 응답자 중 몇 퍼센트가 자동차 운전자가 운전 중에 휴대 전화로 통화할 수 있도록 허용하는 데 강력하게 동의하는가?

d. 운전 중 운전자 휴대 전화 통화에 대하여 지지 혹은 반대에서 어떤 결과를 나타내고 있는가?

11. **조만간 무인 자동차 출시 예상.** 18세 이상 성인 1,503명의 무작위 표본을 활용한 Gallup 여론조사가 2018년 4월에 실시되었다. 조사에 따르면 대다수의 미국인(53%)은 향후 10년 이내에 무인 자동차가 일반화될 것이라고 답했다. 질문은 다음과 같다.

> 기술을 사용하여 운전하고 운전자가 필요하지 않은 완전 자동화된 "무인 자동차"에 대해 귀하가 듣거나 읽은 내용을 바탕으로, 무인 자동차가 언제쯤 일반적으로 사용되리라 생각하는가[미국]?

그림 1.7 무인 자동차 설문 결과에 대한 히스토그램

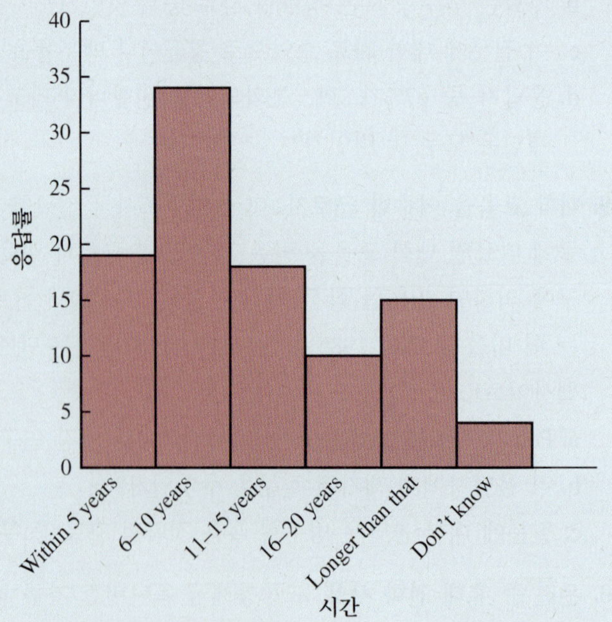

그림 1.7은 서로 다른 시간대에서 전체 응답 백분율을 나타내는 히스토그램을 통해 설문조사 결과를 요약한 것이다.

a. 설문조사 질문에 대한 응답은 범주형 혹은 정량적 자료 중 무엇인가?

b. 응답자 중 몇 명이 향후 10년 이내에 무인 자동차가 일반화될 것으로 예상하는가?

c. 응답자 중 몇 명이 향후 16～20년 범위에서 무인 자동차가 일반화될 것으로 예상하는가?

12. 하와이 방문객 설문조사. 하와이 방문자 관리국은 하와이 방문자에 대한 자료를 수집한다. 다음 질문은 하와이 입국 비행기에서 승객들에게 배포된 설문 16개 질문 중 하나이다.

- 이번 하와이 여행은 나의 첫 번째, 두 번째, 세 번째, 네 번째 등입니다.
- 이번 여행의 주된 이유는 다음과 같습니다. (휴가, 컨벤션, 신혼여행 등 10개의 범주)
- 내가 묵을 곳은: (호텔, 아파트, 친척, 캠핑 등 11개의 범주)
- 하와이에 머무를 총일수

본 정보를 활용하여 다음의 질문에 답하시오.

a. 연구 대상이 되는 모집단의 규모는?

b. 설문을 사용하는 것이 입국 항공기 승객에 접근하는 좋은 조사 방법일까?

c. 네 가지 각각의 질문에 대하여 범주형 자료를 제공할지 정량적 자료를 제공할지에 대해 의견을 제시하시오.

13. 넷플릭스 가입자. 그림 1.8은 2011년부터 2020년까지 Netflix 가입자 수를 나타내는 막대그래프이다(nscreenmedia.com).

a. 관심의 대상이 되는 변수는 무엇인가?

b. 자료는 범주형 혹은 정량적 자료 중 무엇인가?

c. 자료는 시계열 혹은 횡단면 중 무엇인가?

d. 시간 경과에 따른 Netflix 가입자의 추세에 관해 설명하시오.

그림 1.8 넷플릭스 가입자(백만)

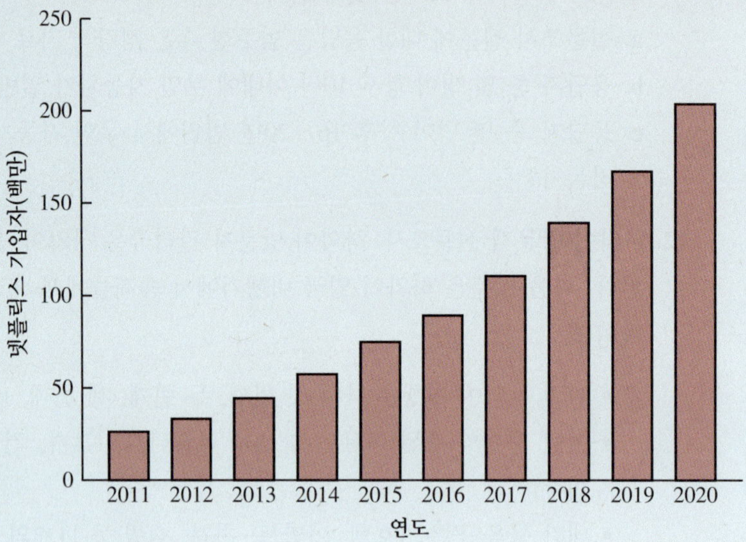

14. 렌트카 차량 규모. 다음 자료는 4년 동안 Hertz, Avis, Dollar 등 3개 렌트카 회사에서 서비스 중인 렌트카 수(천 단위)를 보여준다(Auto Rental News 웹사이트).

	Cars in Service (1000s)			
Company	**Year 1**	**Year 2**	**Year 3**	**Year 4**
Hertz	327	311	286	290
Dollar	167	140	106	108
Avis	204	220	300	270

a. 각 회사에서 운행 중인 렌터카 수를 표시하는 1~4년차 시계열 그래프를 구성하라. 같은 그래프에 세 회사 모두의 시계열을 표시하라.

b. 시장 점유율에서 어느 회사가 가장 앞서는지 그리고 시간이 지남에 따라 시장 점유율이 어떻게 변하고 있는지 설명하시오.

c. 4년 동안 운행 중인 렌트카를 표시하는 막대그래프를 그리시오. 해당 그래프는 횡단면 혹은 시계열 자료 중 무엇을 기반으로 하는가?

15. 전 세계 로봇 공급. 국제로봇 연맹은 매년 전 세계 산업용 로봇 공급량을 추정한다. 그림 1.9는 2015년부터 2021년까지 전 세계 산업용 로봇 공급량 추정치를 보여준다.

a. 관심 변수는 무엇인가?

b. 자료는 정량 혹은 범주형 중 무엇인가?

c. 자료는 횡단면 혹은 시계열 중 무엇인가?

그림 1.9 산업 로봇 공급 추정치(1,000대)

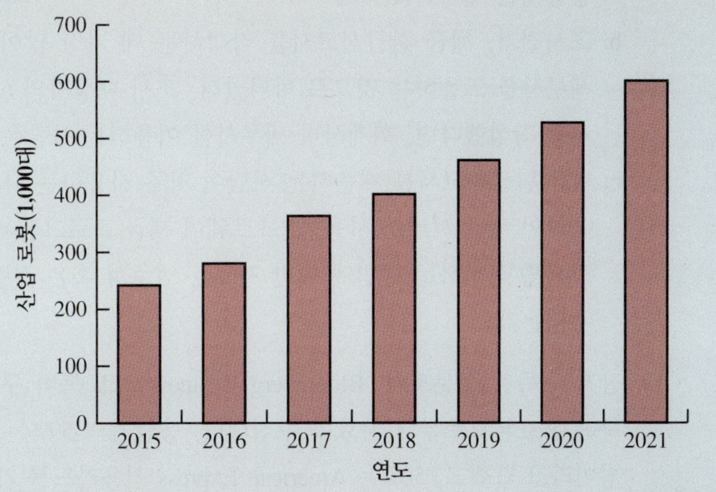

16. **운동화 판매.** Skechers U.S.A., Inc.는 캘리포니아주 맨해튼 비치에 본사를 둔 기능성 신발 회사이다. 4년간 스케쳐스의 판매 수익은 다음과 같다.

Year 1	Sales ($ billion)
Year 1	2.30
Year 2	3.15
Year 3	3.56
Year 4	4.16

본 정보를 사용하여 다음 질문에 답하시오.

a. 횡단면 혹은 시계열 자료 중 어디에 해당하는가?

b. 그림 1.2 B와 유사하게 막대그래프를 구성하라.

c. 지난 4년 동안 Skecher의 매출에 대해 어떤 변화가 있었다고 설명할 수 있는가?

17. **급여 인상의 결정.** 한 대기업의 관리자는 능력 있는 부하 직원이 타 회사로 이동하는 것을 방지하기 위해 급여 10,000달러 인상을 제안했다. 그러한 급여 인상이 적절한지를 결정하기 위해 어떤 내부 및 외부 자료 원천을 사용할 수 있겠는가?

18. **세금 조사.** 온라인 세금 준비 및 전자 신고 서비스인 CompleteTax를 대신하여 Opinion Research Corporation이 1,021명의 성인(18세 이상)을 대상으로 무작위 전화 설문조사를 실시했다. 설문조사 결과, 설문조사 대상자 중 684명이 세금을 전자적으로 신고할 계획인 것으로 나타났다(CompleteTax Tax Prep Survey).

a. 전자적으로 세금을 신고하는 모든 납세자 비율을 추정하는 데 사용할 수 있는 기술통계를 제시하라.

b. 조사결과, 세금 환급신고서를 작성하는 데 가장 많이 사용되는 방법은 회계사나 세무사를 고용하는 것으로 나타났다. 조사 대상자의 60%가 이렇게 세금 환급신고서를 작성했다면, 회계사나 세무사를 이용하는 사람은 몇 명이나 될까?

c. 세금 환급신고서를 제출하는 사람이 자주 사용하는 다른 방법으로는 매뉴얼 준비, 온라인 세금 서비스 사용, 소프트웨어 세금 프로그램 사용 등이 있다. 세금 환급신고서를 작성하는 방법에 대한 자료는 범주형 혹은 정량적 방법 중 어느 것으로 간주되는가?

19. 잡지 구독자 설문조사. Bloomberg Businessweek 북미 구독자 연구에서는 2,861명의 구독자 표본으로부터 자료를 수집했다. 응답자의 59%는 연간 소득이 75,000달러 이상이라고 답했고, 50%는 American Express 신용카드를 가지고 있다고 답했다.

a. 본 연구에서 관심을 두는 모집단은 몇 명인가?

b. 연 소득은 범주형 혹은 양적변수 중 무엇인가?

c. American Express 카드를 보유한다는 것은 범주형 혹은 양적변수 중 무엇인가?

d. 본 연구가 횡단면 혹은 시계열 자료를 포함하고 있는가?

e. 설문조사를 바탕으로 Bloomberg Businessweek가 내릴 수 있는 통계적 추론을 설명하라.

20. 투자 관리자 설문조사. 131명의 투자 관리자를 대상으로 한 Barron의 Big Money 조사에서 다음과 같은 사실이 밝혀졌다.

- 43%의 관리자는 스스로에 대해 주식시장을 낙관적 혹은 매우 낙관적으로 생각하고 있다.
- 향후 12개월간 주식의 평균 기대수익률은 11.2%였다.
- 21% 관리자는 향후 12개월 시장을 주도할 가능성이 가장 큰 부문으로 헬스케어를 뽑았다.
- 기술주와 통신주가 지속 가능한 성장을 재개하는 데 걸리는 시간을 추정하라는 질문에 관리자의 평균 응답은 2.5년이었다.

본 정보를 사용하여 다음 질문에 답하십시오.

a. 두 가지 기술통계를 인용하라.

b. 향후 12개월 동안 예상되는 주식의 평균 수익률과 관련하여 모든 투자 관리자의 모집단에 대해 추론하라.

c. 기술주와 통신주가 지속 가능한 성장을 재개하는 데 걸리는 시간에 대해 추론하라.

21. 암 연구. 7년간의 의학 연구에 의하면 임신 중 어머니가 DES 약물을 복용한 여성 인구의 경우 임신 중 어머니가 DES 약물을 복용하지 않은 여성의 인구보다 암으로 이어질 수 있는 조직 이상이 발생할 가능성이 2배나 높았다.

a. 이 연구에서는 두 모집단을 비교했다. 모집단은 무엇인가?

b. 자료는 설문조사 혹은 실험을 통한 자료 중 어느 것에 해당한다고 생각하는가?

c. 임신 중 어머니가 DES 약물을 복용한 여성 인구의 경우, 3980명의 여성을 대상으로 한 표본에서 63명이 암으로 이어질 수 있는 조직 이상이 발생한 것으로 나타났다. 이 모집단의 1,000명 중 조직 이상이 있는 여성 인구를 추정하는 데 사용할 수 있는 기술통계를 제시하라.

d. 임신 중 어머니가 DES 약물을 복용하지 않은 여성의 인구의 경우 조직 이상이 있을 것으로 예상되는 여성의 수는 1,000명 중 몇 명인가?

e. 의학 연구에서는 상대적으로 큰 표본(본 사례에서는 3,980명)을 사용하는 경우가 많은데 그 이유가 무엇인가?

22. 왜 이사를 하는가. Better Homes and Gardens Real Estate LLC가 실시한 조사에 따르면 미국 주택 소유자 5명 중 1명은 자신의 동네나 지역사회가 자신의 생활방식에 적합하지 않기 때문에 집에서 이사했거나 이사하고 싶어 하는 것으로 나타났다(Better Homes and Gardens Real Estate 웹사이트). 조사응답자들이 다음 거주하고자 하는 주택을 검색할 때 우선순위에는 차량 이용 출퇴근 용이성, 보건의료 및 치안에 대한 접근성, 가족 친화적 이웃, 소매점 이용 가능성, 문화 활동 이용 접근성, 대중교통 접근성 그리고 야간 유흥 및 레스토랑 접근성 등이 포함된다. 콜로라도주 덴버에 있는 부동산 중개업소가 현재 그 중개업소에 매물로 나와 있는 집을 가진 고객들의 생활방식 우선순위를 결정하기 위해 비슷한 연구를 수행하기 위해 당신을 고용했다고 가정해 보자.

a. 당신이 실시할 설문조사의 모집단은 어느 정도 규모인가?

b. 본 연구를 위한 자료를 어떻게 수집할 것인가?

23. 암호화폐 투자. Pew Research Center는 이슈, 태도, 트렌드에 대한 정보를 제공하는 비 정파적 여론조사 기관이다. 미국 성인 10,371명을 대상으로 한 여론조사에서 Pew는 조사 대상자의 16%가 암호화폐로 알려진 디지털 화폐를 사용, 투자 또는 거래한 적이 있는 것을 확인하였다. 설문에 응답한 사람 중 남성 22%, 여성 10%가 암호화폐를 사용, 투자 혹은 거래한 적이 있다고 답했다.

a. 통계의 16%는 어떤 모집단을 지칭하는가?

b. 통계의 10%는 어떤 모집단을 지칭하는가?

c. 결과를 도출하기 위해 Pew 연구원들은 전수조사 혹은 표본조사 중 어떤 조사 방법을 택했을 것으로 생각하는지 설명하라.

24. **중간고사 성적.** 중간고사 성적에 대한 5명 표본 학생의 성적은 72, 65, 82, 90, 76이다. 다음 설명 중 옳은 것은 무엇이며, 지나치게 일반화되어 문제를 제기해야 하는 항목은 무엇인가?

a. 5명 학생 표본의 중간고사 성적 평균은 77점이다.

b. 시험을 본 모든 학생의 중간고사 성적 평균은 77점이다.

c. 시험에 응시한 모든 학생의 평균 중간고사 성적은 77점으로 추정된다.

d. 본 시험을 치르는 학생의 반 이상이 70점에서 85점 사이의 점수를 받을 것이다.

e. 다른 5명의 학생이 표본에 포함된다면, 그들의 성적은 65점에서 90점 사이가 될 것이다.

25. **소형(Compact) SUV 비교.** 컨슈머 리포트(Consumer Reports)는 소비자를 위해 제품을 평가한다. 소형 SUV 파일에는 표 1.8에서와 같이 2018년형 모델 라인에서 15대의 소형 스포츠 유틸리티 차량(SUV)에 대한 자료가 포함되어 있다(Consumer Reports 웹사이트):

제조 — 제조사

모델 — 모델명

전체 점수 — 자료 집합의 측정값을 포함하여 다양한 측정값을 기반으로 부여된다.

권장 — 컨슈머 리포트(Consumer Reports)에서 해당 차량을 권장하는지 여부

소유자 만족도 — 차량을 재구매하고자 하는 차량 소유자의 비율을 바탕으로 하는 5점 척도의 만족도(− −, −, 0, +, + +)

갤런당 총 마일(연비) — 150마일 시험 주행 시 사용된 갤런당 마일 수

가속(0 ~ 60초) — 엔진 공회전 상태에서 정지 상태에서 차량이 시속 60마일에 도달하는 데 걸리는 시간(초)

a. 자료 집합에는 몇 개의 변수가 있는가?

b. 어떤 변수가 범주형이고 어떤 변수가 정량적인가?

c. 15대의 차량 중 몇 퍼센트가 추천됩니까?

d. 15대의 차량 전체에서 갤런당 주행거리 평균은 얼마인가?

e. 소유자 만족도를 위해 그림 1.4와 유사한 막대그래프를 작성하라.

f. 다음 등간을 사용하여 가속도의 빈도 분포를 표시하라: 7.0 – 7.9, 8.0 – 8.9, 9.0 – 9.9, 그리고 10.0 – 10.9. 그림 1.5와 유사한 히스토그램을 구성하라.

DATA *file* CompactSUV

표 1.8 15대의 소형 스포츠 유틸리티 차량에 대한 소비자 보고서 자료 집합

제조사	모델명	종합점수	추천 여부	오너 만족도	연비(갤런당 마일)	초당 가속 (0～60)
Subaru	Forester	84	Yes	+	26	8.7
Honda	CRV	83	Yes	+ +	27	8.6
Toyota	Rav4	81	Yes	+ +	24	9.3
Nissan	Rogue	73	Yes	+	24	9.5
Mazda	CX-5	71	Yes	+ +	24	8.6
Kia	Sportage	71	Yes	+	23	9.6
Ford	Escape	69	Yes	0	23	10.1
Volkswagen	Tiguan Limited	67	No	0	21	8.5
Volkswagen	Tiguan	65	No	+	25	10.3
Mitsubishi	Outlander	63	No	0	24	10.0
Chevrolet	Equinox	63	No	0	31	10.1
Hyundai	Tucson	57	No	0	26	8.4
GMC	Terrain	57	No	0	22	7.2
Jeep	Cherokee	55	No	–	22	10.9
Jeep	Compass	50	No	0	24	9.8

Chapter 2

기술통계: 표와 그래프로 나타내기

Contents

실생활에서 보는 통계

Colgate – Palmolive Company*

뉴욕주, 뉴욕

Colgate – Palmolive Company는 1806년 뉴욕에서 자그마한 비누/양초 가게로 시작하여 오늘날 전 세계 200여 국가에 34,000명 이상의 직원을 두고 있다. Colgate, Palmolive, and Softsoap 등의 상표로 잘 알려져 있지만, 이외에도 Irish Spring, Ajax, Fabuloso, Hill's Pet Nutrition, Tom's of Main 제품을 판매한다.

Colgate – Palmolive Company는 가정용 세제제품에 대한 품질보증의 일환으로 통계를 사용한다. 연구대상의 일례로 한 박스에 들어 있는 세제량에 대한 소비자의 만족도가 있다. 같은 무게의 세제를 각 박스의 사이즈에 맞게 넣었음에도 불구하고 세제 가루의 밀도에 따라 부피에 차이가 나게 된다. 예를 들어 가루의 밀도가 높은 경우, 특정 무게의 박스를 채우는 데 비교적 작은 부피의 세제로도 충분하게 채울 수 있게 되어 결과적으로 소비자가 세제박스를 열어보았을 때 박스가 덜 찬 느낌을 주게 된다.

이러한 문제를 해결하기 위해 가루의 밀도에 대한 허용범위가 만들어졌다. 주기적으로 통계적 표본을 취해 각 가루표본의 밀도를 측정했다. 그리고 생산관리자가 이상적인 품질보증 내역범위 내로 밀도를 유지하기 위해 필요한 경우 조치를 취할 수 있도록 요약 자료를 제공한다.

일주일에 걸쳐 구해진 150개 표본의 밀도에 대한 도수 분포와 히스토그램이 표와 그림에 나타나있다. 도수분포와 히스토그램에서 밀도 값이 0.40 초과할 경우 허용범위를 벗어나고 있음을, 밀도가 0.40 이하인 경우에는 생산이 품질지침서를 잘 따르고 있다는 것을 보여준다. 이 통계 요약을 보는 관리자들은 질 높은 세제 생산 공정에 만족할 것이다.

이 장에서는 도수분포, 막대그래프, 히스토그램, 줄기-잎 그림, 교차제표 등과 같은 기술통계의 표와 도표 작성법에 대해 알아보도록 한다. 이러한 방법들을 쓰는 목적은 자료를 요약하여 이를 쉽게 이해하고 해석하도록 하는 데 있다.

The Colgate-Palmolive Company uses statistical summaries to help maintain the quality of its products.
Kurt Brady/Alamy Stock Photo

밀도 자료에 대한 도수분포

밀도	빈도
0.29 – 0.30	30
0.31 – 0.32	75
0.33 – 0.34	32
0.35 – 0.36	9
0.37 – 0.38	3
0.39 – 0.40	1
계	150

밀도 자료에 대한 히스토그램

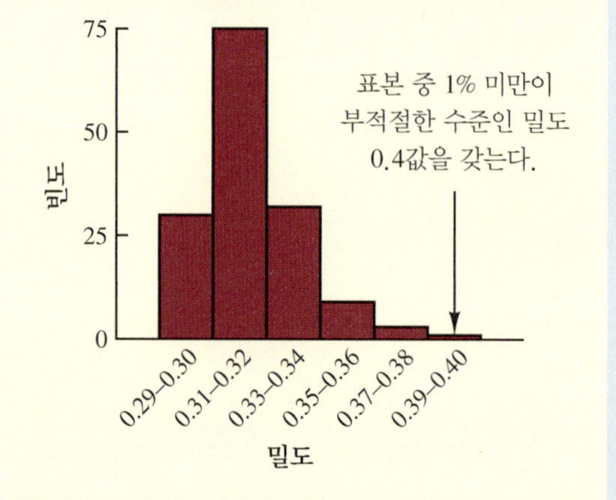

* 저자들은 이 사례를 제공해 준 Colgate – Palmolive Company의 품질 보증 관리자인 William R. Fowle에게 감사드린다.

자료는 **범주형 자료(Categorical data)**와 **정량적 자료(Quantitative data)**로 구분할 수 있다. 정량적 자료(Quantitative data)는 항목의 유형을 구분하기 위해 라벨이나 이름을 사용한다. 정량적 자료는 수와 양이 얼마나 되는지 나타내는 수적인 값이다. 이 장에서는 일반적으로 범주형 자료와 정량적 자료를 요약할 때 사용하는 표와 그래프 기법을 소개하려고 한다. 표나 그래프 자료는 연례보고서, 신문기사, 연구논문 등에서 찾을 수 있다. 거의 대부분의 사람들은 이런 유형의 자료에 노출되므로 이러한 표시물이 어떻게 작성되고 해석해야 하는지 이해하는 것은 중요한 사안이다. 먼저 단일 변수에 초점을 맞추어 자료를 요약하기 위한 표와 그래프 기법을 살펴볼 것이다. 그런 다음 두 변수의 데이터를 요약하면서 두 변수 간의 관계를 나타내는 방법에 대해 논할 것이다. 데이터 시각화는 종종 그래픽 표시를 사용하여 데이터 세트에 관한 정보를 요약하고 제시하는 데 사용되는 용어이다. 마지막 부분에서는 두 변수 사이에 상관관계가 있을 때 사용하는 자료 요약 방법을 소개할 것이다.

통계 소프트웨어 패키지는 데이터를 요약하고 시각적 프레젠테이션을 준비하는 데 광범위한 기능을 제공한다. 이번 장의 부록에서는 시중에 널리 사용되는 Excel 소프트웨어가 데이터를 요약하고 그래픽 표시물을 생성하는 데 어떻게 사용될 수 있는지를 보여준다.

2.1 범주형 변수에 대한 데이터 요약

도수분포

표와 그래픽 표시가 범주형 데이터를 요약하는 데 어떻게 사용될 수 있는지에 대한 논의를 **도수분포(frequency distribution)**의 정의로 시작하고자 한다.

> **도수분포**
>
> 도수분포는 겹치지 않게 계급을 여럿으로 나누어 각 계급별 요소들의 빈도를 표로 요약해서 보여주는 것을 말한다.

다음의 예시를 통해 범주형 자료를 위한 도수분포의 작성과 해석을 설명한다. 코카콜라(Coke Classic), 다이어트 콜라(Diet Coke), 닥터 페퍼(Dr. Pepper), 펩시(Pepsi), 스프라이트(Sprite) 등 다섯 가지 유명한 탄산음료가 있다. 표 2.1은 탄산음료 구입 표본 50개이다.

이런 자료를 위한 도수분포를 만들기 위해서 표 2.1에 제시된 각 탄산음료의 관측 회수를 세어야 한다. 코카콜라는 19회, 다이어트 콜라는 8회, 닥터 페퍼는 5회, 펩시는 13회, 스프라이트는 5회로 조사되었다. 관측 회수를 도수분포로 요약한 것이 표 2.2이다.

도수분포는 판매된 50개의 탄산음료가 어떻게 분포되었는지에 대한 요약 정보를 제

DATA*file* SoftDrink

표 2.1 50개의 탄산음료 구입 표본

Coca-Cola	Coca-Cola	Coca-Cola	Sprite	Coca-Cola
Diet Coke	Dr. Pepper	Diet Coke	Dr. Pepper	Diet Coke
Pepsi	Sprite	Coca-Cola	Pepsi	Pepsi
Diet Coke	Coca-Cola	Sprite	Diet Coke	Pepsi
Coca-Cola	Diet Coke	Pepsi	Pepsi	Pepsi
Coca-Cola	Coca-Cola	Coca-Cola	Coca-Cola	Pepsi
Dr. Pepper	Coca-Cola	Coca-Cola	Coca-Cola	Coca-Cola
Diet Coke	Sprite	Coca-Cola	Coca-Cola	Dr. Pepper
Pepsi	Coca-Cola	Pepsi	Pepsi	Pepsi
Pepsi	Diet Coke	Coca-Cola	Dr. Pepper	Sprite

표 2.2 탄산음료 구매에 대한 도수분포

Soft Drink	Frequency
Coca-Cola	19
Diet Coke	8
Dr. Pepper	5
Pepsi	13
Sprite	5
계	50

공한다. 요약 정보는 표 2.1과 같은 원본 자료보다 더 많은 통찰력을 제공한다. 도수분포를 보면 코카콜라가 1위, 펩시가 2위, 다이어트 콜라가 3위, 스프라이트와 닥터 페퍼가 공동 4위임을 쉽게 알수 있다. 도수분포는 5가지 최대 판매 탄산음료의 인기에 관한 정보를 요약해 준다.

상대도수분포와 백분율 도수분포

도수분포는 겹치지 않게 나눈 계급별 항목의 빈도를 보여준다. 하지만 우리는 종종 각 계급별 항목의 비율 또는 백분율에 관심을 갖는다. 계급의 상대도수는 계급에 속한 항목의 비율과 같다. n개의 관찰값을 갖는 자료집합에 대한 각 계급의 상대도수를 구하는 공식은 다음과 같다.

$$\text{계급의 상대도수} = \frac{\text{계급의 빈도}}{n} \tag{2.1}$$

상대도수분포(relative frequency distribution)는 각 계급에 대한 상대도수를 보여주는 자료의 요약표이다. **백분율 도수분포(percent frequency distribution)**는 각 계급에 대한

표 2.3 탄산음료 구매에 대한 상대도수분포와 백분율 도수분포

탄산음료	상대도수	백분율도수
Coca-Cola	0.38	38
Diet Coke	0.16	16
Dr. Pepper	0.10	10
Pepsi	0.26	26
Sprite	0.10	10
계	1.00	100

자료의 백분율도수를 요약한다. 표 2.3은 탄산음료 자료에 대한 상대도수분포와 백부율 도수분포를 보여준다. 표 2.3을 보면, 코카콜라의 상대도수가 19/50 = 0.38, 다이어트 콜라의 상대도수가 8/50 = 0.16 등임을 알 수 있다. 백분율 도수분포로부터 38%가 코카콜라를 구입하였고 16%가 다이어트 콜라를 구입하였다는 것 등을 알 수 있다. 또한 38% + 26% + 16% = 80%가 상위 3개 탄산음료를 구입한 것을 알 수 있다.

막대차트와 파이차트

막대차트(bar chart)는 범주형 자료의 도수분포, 상대도수분포, 백분율 도수분포 등을 요약해서 설명하기 위한 그래픽 표시이다. 차트의 한 축(통상적으로 가로축)에 계급의 이름을 표기한다. 도수분포, 상대도수분포, 백분율 도수분포의 크기(scale)는 그래프의 다른 한 축(보통 세로축)에 쓴다. 그리고 각 계급 이름 위에 일정 너비의 막대를 그리고 계급의 도수분포, 상대도수, 백분율도수에 도달할 때까지 막대의 길이를 늘려준다. 각 계급이 분리되어 있다는 것을 강조하기 위해서 범주형 자료를 위한 막대는 반드시 분리되

그림 2.1 탄산음료 구입에 대한 막대그래프

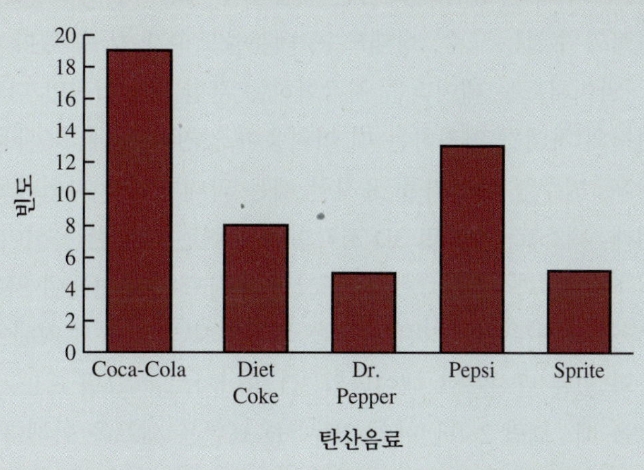

그림 2.2 탄산음료 구입에 대한 막대그래프(정렬)

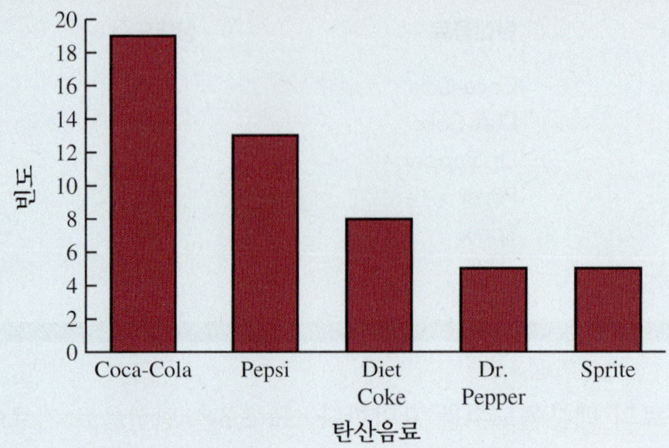

어 있어야 한다. 그림 2.1은 50개 탄산음료 구입에 대한 도수분포의 막대그래프를 보여준다. 그래픽 자료가 어떻게 코카콜라, 펩시, 다이어트 콜라 등이 가장 선호되는 브랜드임을 보여주는지 주목해야 한다. 그림 2.2에 나와 있는 것처럼 정렬된 막대차트를 만들어서 브랜드 선호도를 더욱 명확하게 할 수 있다. 여기서는 탄산음료의 범주를 정렬하여 가장 높은 빈도가 왼쪽에 있고 가장 낮은 빈도가 오른쪽에 있도록 하였다.

파이차트(pie chart)는 범주형 자료의 도수분포, 상대도수분포, 백분율 도수분포 등을 요약해서 설명하기 위한 또 다른 그래프 도구이다. 파이차트를 작성하기 위해서 우선 자료의 모든 것을 대표하는 원을 그린다. 그리고 원을 각 계급의 상대도수와 대응하는 면적 또는 부분으로 나누기 위해서 상대도수를 사용한다.

예를 들어서 코카콜라의 상대도수가 0.38일 때, 원은 360도이므로 '코카콜라' 면적의 각도는 0.38(360) = 136.8도가 된다. 다이어트 콜라 면적의 각도는 0.16(360) = 57.6도이다. 이와 같은 방법으로 다른 계급들을 계산하면, 그림 2.3의 파이차트가 만들어진다. 각 면적의 수치는 도수, 상대도수, 백분율도수가 될 수 있다.

파이차트는 데이터를 시각화하는 흔한 방법이지만 다수의 데이터 시각화 전문가들은 면적의 차이를 인지하는 데 어려움이 있기 때문에 그 사용을 권장하지 않는다. 대부분의 경우, 범주형 데이터를 표시할 때는 막대차트가 파이차트보다 우수하다다. 색상, 음영, 범례, 텍스트 폰트 및 3D 시각화와 관련된 다양한 옵션이 있어 막대 및 파이차트의 시각적 외관을 향상시킬 수 있다. 그러나 차트의 옵션들이 차트의 가독성을 향상시키지 못할 수 있기 때문에 이러한 옵션을 과용하지 않도록 주의해야 한다. 예를 들어, 그림 2.4에 나와 있는 탄산음료 데이터의 3D 파이차트를 그림 2.1~2.3에 나와 있는 차트와 비교해 봤을 때, 그림 2.4에 나와 있는 3D 표현은 새로운 이해를 제공하지 않는다. 오히려 그림

2.4에서의 범례 사용은 차트와 범례 사이를 여러 차례 확인을 강제시켜 그래프의 가독성을 떨어뜨린다. 대부분의 독자는 어떤 탄산음료가 가장 높은 빈도를 가지고 있는지 명확하게 인지할 수 있기 때문에 그림 2.2에 나와 있는 정렬된 막대차트를 더 쉽게 해석할 수 있다.

일반적으로 파이차트는 데이터의 비교를 위해 백분율을 제시하는 것은 가장 좋은 방법이 아니다. 이후 2.5절에서 효과적인 시각적 표시를 만들기 위한 추가 지침을 제공한다.

그림 2.3 탄산음료 구입에 대한 파이차트

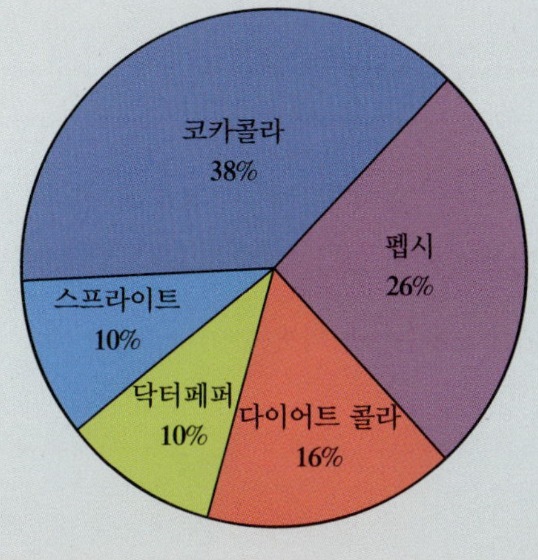

그림 2.4 탄산음료 구입에 대한 파이차트(3D)

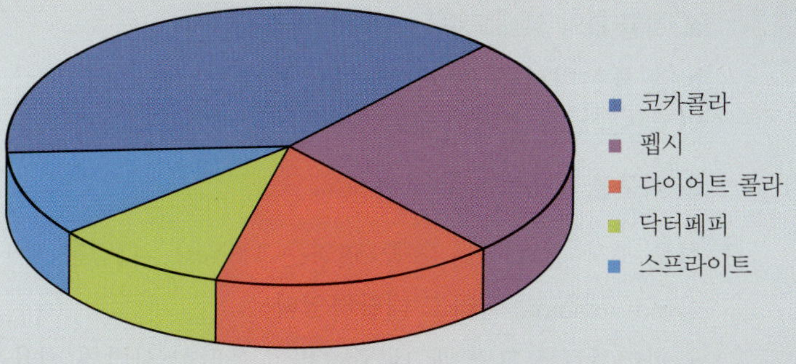

주석 및 코멘트

1. 이 장의 탄산음료 구입 사례에서 보듯이 일반적으로 도수분포에서 계급의 수는 자료에서 찾을 수 있는 분류 유형의 수와 같다. 자료는 총 5개의 탄산음료를 포함하고 있으며, 도수분포의 계급을 나눌 때 각각 하나씩 정의하였다. 자료가 모든 탄산음료를 포함하고 있다면 소량 구입한 것까지 상당히 많은 유형을 필요로 할 것이다. 대다수의 통계학자들은 빈도수가 낮은 계급들을 묶어서 '기타'라고 부르는 계급의 통합을 추천한다. 계급의 도수가 5% 이하일 경우 종종 이런 방식으로 처리한다.
2. 어떠한 도수분포라도 도수의 총합은 항상 관찰값의 숫자와 일치해야 한다. 어떤 상대도수분포라도 상대도수의 총합은 항상 1.00이 되어야 하며, 백분율 도수분포의 백분율의 총합은 100과 같다.

연습문제

기본문제

1. 3개의 보기(A, B, C)를 가진 질문이 있다. 120개의 응답 표본 중 60명은 A, 24명은 B, 36명은 C를 골랐다. 도수분포와 상대도수분포를 보이시오.

2. 다음은 상대도수분포의 일부이다.

계급	상대도수
A	0.22
B	0.18
C	0.40
D	

a. 계급 D의 상대도수는 얼마인가?

b. 총 표본의 수가 200이다. 계급 D의 빈도는 얼마인가?

c. 도수분포를 구하시오.

d. 백분율 도수분포를 구하시오.

3. 설문 조사 결과 응답자 중 58명은 '네(Yes)', 42명은 '아니오(No)', 20명은 '잘 모르겠음(no – opinion)'이라고 대답하였다.

a. 파이차트를 그릴 때 '네(Yes)'라고 응답한 사람의 비율은 몇 도(degree)인가?

b. '아니오(No)'라고 응답한 사람의 비율을 파이차트로 나타낸다면 몇 도(degree)인가?

c. 파이차트를 그리시오.

d. 막대차트를 그리시오.

적용문제

4. 가장 많이 방문한 웹사이트. 최근 보고서에 따르면, 상위 다섯 개의 영어 웹사이트는 google.com(GOOG), facebook.com(FB), youtube.com(YT), yahoo.com(YAH), 그리고 wikipedia.com(WIKI)이다. 50명의 인터넷 사용자를 대상으로 한 표본에서 가장 많이 방문한 웹사이트는 다음 표와 같다.

DATA *file* **Websites**

YAH	WIKI	YT	WIKI	GOOG
YT	YAH	GOOG	GOOG	GOOG
WIKI	GOOG	YAH	YAH	YAH
YAH	YT	GOOG	YT	YAH
GOOG	FB	FB	WIKI	GOOG
GOOG	GOOG	FB	FB	WIKI
FB	YAH	YT	YAH	YAH
YT	GOOG	YAH	FB	FB
WIKI	GOOG	YAH	WIKI	WIKI
YAH	YT	GOOG	GOOG	WIKI

a. 이 데이터는 범주형 자료인가, 정량적 데이터인가?

b. 도수 및 백분율 도수분포를 구하시오.

c. 이 샘플을 기반으로 살펴볼 때, 어떤 웹사이트가 인터넷 사용자가 가장 자주 방문하는 웹사이트인가? 두 번째는 어떤 웹사이트인가?

5. 여아들의 가장 인기 있는 이름. 2021년에 미국에서 태어난 여아들을 위한 가장 인기 있는 이름은 Olivia, Emma, Amelia, Ava, Sophia, Charlotte이다(www.babycenter.com). 다음은 이들 이름을 가진 2021년생 50명을 골라 추출한 표본이다.

DATA *file* **BabyNames2021**

Olivia	Sophia	Sophia	Sophia	Olivia
Emma	Charlotte	Emma	Ava	Emma
Amelia	Emma	Olivia	Sophia	Ava
Ava	Emma	Emma	Ava	Olivia
Sophia	Amelia	Ava	Sophia	Ava
Sophia	Ava	Charlotte	Emma	Olivia
Ava	Emma	Emma	Olivia	Charlotte
Charlotte	Charlotte	Emma	Emma	Amelia
Amelia	Charlotte	Sophia	Amelia	Emma
Charlotte	Ava	Olivia	Ava	Amelia

데이터를 정리하여 다음 항목을 작성하시오.

a. 상대도수분포와 백분율 도수분포

b. 막대차트

c. 정렬된 막대차트

d. 파이차트

e. 주어진 데이터를 기반으로 여아들의 가장 일반적인 세 가지 이름은 무엇인가? 이를 가장 명확하게 보여주는 차트 유형은 무엇인가?

6. **최고 평가를 받은 텔레비전 쇼.** Nielsen Media Research는 최고 평가를 받은 텔레비전 쇼를 조사하였다. 다음 데이터는 텔레비전 방송 역사상 최고 평가를 받은 25개의 쇼를 생성한 텔레비전 방송사이다.

DATA*file* TVNetworks

CBS	CBS	NBC	FOX	CBS
CBS	NBC	NBC	NBC	ABC
ABC	NBC	ABC	ABC	NBC
CBS	NBC	CBS	ABC	NBC
NBC	CBS	CBS	ABC	CBS

a. 데이터에 대한 도수분포, 백분율 도수분포 및 막대차트를 구하시오.

b. 최고의 평가를 받은 텔레비전 쇼를 제공하는 데 가장 성공적인 방송사는 어느 곳인가? ABC, CBS 및 NBC의 성과를 비교하시오.

7. **항공사 고객 만족도 조사.** 많은 항공사가 비행 경험과 관련된 고객 만족도 데이터를 수집하기 위해 조사를 실시한다. 비행을 완료한 고객들은 예약 프로세스, 체크인 프로세스, 수하물 정책, 게이트 지역의 청결도, 승무원 서비스, 음식/음료 선택, 정시 도착 등을 포함한 다양한 요소를 평가하는 이메일을 받는다. 5점 척도(우수(E), 매우 좋음(V), 좋음(G), 보통(F), 나쁨(P))를 사용하여 고객 평가를 기록하는 데 사용된다고 가정해 보자. 사우스캐롤라이나주 마틀비치에서 조지아주 애틀랜타로 가는 델타 항공의 승객이 "이 비행에 대한 전반적인 경험을 기반으로 항공사를 평가하십시오"라는 질문에 대한 다음과 같은 샘플 평가가 제공되었다고 가정해 보자.

DATA*file* AirSurvey

E	E	G	V	V	E	V	V	V	E
E	G	V	E	E	V	E	E	E	V
V	V	V	F	V	E	V	E	G	E
G	E	V	E	V	E	V	V	V	V
E	E	V	V	E	P	E	V	P	V

a. 백분율 도수분포 및 막대차트를 사용하여 데이터를 요약하시오. 데이터 요약을 통해 델타 항공의 전반적인 고객 만족도에 대해 어떤 내용을 알 수 있나?

b. 온라인 설문지를 통해 응답자는 기대에 미치지 못한 비행 요소를 나타낼 수 있다. 델타항공에 대한 전체적인 고객 만족도를 향상시키는 방법을 모색하는 관리자에게 유용한 정보가 되었는가? 설명하시오.

8. **야구 명예의 전당 포지션.** 다음은 뉴욕 쿠퍼스타운에 위치한 야구 명예의 전당의 55명의 회원에 대한 샘플 데이터이다. 각 관찰값은 명예의 전당에 오른 선수들의 우선적 수비 위치(position)를 나타낸다: 투수(P, pitcher), 포수(H, catcher), 1루수(1, 1st base), 2루수(2, 2nd base), 3루수(3, 3rd base), 유격수(S, shortsop), 좌익수(L, left field), 중견수(C, center field), 우익수(R, right field).

DATA *file* BaseballHall

L	P	C	H	2	P	R	1	S	S	1	L	P	R	P
P	P	P	R	C	S	L	R	P	C	C	P	P	R	P
2	3	P	H	L	P	1	C	P	P	P	S	1	L	R
R	1	2	H	S	3	H	2	L	P					

a. 도수분포와 상대도수분포를 활용하여 자료를 요약하시오.

b. 명예의 전당에 가장 많이 오른 포지션은 무엇인가?

c. 명예의 전당에 가장 적게 오른 포지션은 무엇인가?

d. 외야수(L, C, R) 중에서 명예의 전당에 가장 많이 오른 수비 위치는?

e. 내야수(1, 2, 3, S)와 외야수(L, C, R)를 비교하시오.

9. **연간 수여된 학위.** 미국 내 고등교육 기관에서는 2018년 현재 연간 약 190만 개의 학사 학위와 75만 8천 개 이상의 석사 학위가 수여되고 있다(국립교육통계센터 웹사이트 기준). 교육부는 졸업자들의 전공을 다음과 같은 카테고리로 나누어 구분하고 있다: 비즈니스(B), 컴퓨터 과학 및 공학(CSE), 교육(E), 인문학(H), 자연과학 및 수학(NSM), 사회 및 행동 과학(SBS), 기타(O). 다음은 졸업자 100명의 추출 표본이다.

DATA *file* Majors

학사 학위 전공

SBS	H	H	H	E	B	O	SBS	NSM	CSE
O	B	B	O	O	H	B	O	SBS	O
H	CSE	CSE	O	CSE	B	H	O	O	SBS
SBS	SBS	B	H	NSM	B	B	O	SBS	SBS
B	H	SBS	O	B	B	O	O	B	O
O	H	SBS	H	CSE	CSE	B	E	CSE	SBS
SBS	NSM	NSM	CSE	H	H	E	E	SBS	CSE
NSM	NSM	SBS	O	H	H	B	SBS	SBS	NSM
H	B	B	O	O	O	NSM	H	E	B
E	B	O	B	B	B	O	O	O	O

석사 학위 전공

O	O	B	O	B	E	B	H	E	B
O	E	SBS	B	CSE	H	B	E	E	O
O	B	B	O	E	CSE	NSM	O	B	E
H	H	B	E	SBS	E	E	B	O	E
SBS	B	B	CSE	H	B	B	CSE	SBS	B
CSE	B	E	CSE	B	E	CSE	O	E	O
B	O	E	O	B	NSM	H	E	B	E
B	E	B	O	E	E	H	O	O	O
CSE	O	O	H	B	O	B	E	CSE	O
E	O	SBS	E	E	O	SBS	B	B	O

a. 각 학위별 전공의 백분율 도수분포를 작성하시오.

b. 각 학위별 전공에 대한 막대차트를 작성하시오.

c. 각 학위별로 가장 낮은 백분율 전공은 무엇인가?

d. 각 학위별로 가장 높은 백분율 전공은 무엇인가?

e. 학사 학위에서 석사 학위로 취득하는 가운데 가장 큰 백분율 증가를 갖는 전공은 무엇인가?

DATA *file* HotelRatings

10. 온라인 호텔 평가. TripAdvisor는 전 세계의 다양한 호텔에 대한 평가를 제공하는 많은 온라인 웹사이트 중 하나이다. Lakeview Hotel에서 제공한 649명의 손님의 평가자료는 HotelRatings 파일에서 찾을 수 있다. 응답 선택항목은 훌륭함(Excellent), 매우 좋음(Very Good), 평균(Average), 나쁨(Poor), 최악(Terrible)이다.

Rating	Frequency
Excellent	807
Very Good	521
Average	200
Poor	107
Terrible	44

a. 도수분포를 작성하시오.

b. 백분율 도수분포를 작성하시오.

c. 백분율 도수분포에 대한 막대차트를 작성하시오.

d. 손님들이 Sheraton Anaheim Hotel에서의 숙박을 어떻게 평가하는지에 대한 의견을 제시하시오.

e. Timber Hotel에서 숙박한 1679명의 손님의 평가에 대한 도수분포를 다음과 같이 가정해 보자. Timber Hotel의 평가를 Lakeview Lodge 결과와 비교하시오.

2.2 정량적 변수에 대한 데이터 요약

도수분포

2.1절에서 정의한 바와 같이 도수분포는 여러 개의 중복되지 않는 범주 또는 계급에서의 관측치를 보여주는 제표(tabular) 형태의 자료라고 할 수 있다. 도수분포는 범주형 뿐만 아니라 정량적 자료로도 표현될 수 있다. 하지만 정량적 자료를 사용하여 도수분포를 작성하고자 할 때에는 각 계급이 서로 겹치지 않도록 주의를 기울여야 한다.

표 2.4에서 사용된 정량적 자료의 예를 보도록 하자. 이 자료는 소규모 공인 회계법인(public accounting firm)인 Sanderson and Clifford에서 20명의 고객을 표본으로 하여 연말 감사를 마치기 위해 필요한 소요 일수를 나타낸 것이다. 정량적 자료를 사용해 계급을 정의하는 것은 다음과 같이 세 가지 절차로 나타낼 수 있다.

1. 중복되지 않는 계급의 수를 정한다.
2. 각 계급의 크기를 정한다.
3. 계급의 한계를 정한다.

계급의 수 계급은 자료의 범위를 설정하여 여러 개의 그룹으로 나눈 것이다. 보통 계급의 수는 5개에서 20개 사이로 설정하는 것이 바람직하다. 그리고 자료의 관찰치의 수가 작을 경우에는 5개나 6개의 계급으로 자료를 요약하는 것이 바람직하다. 자료의 관찰치의 수가 클 경우에는 그보다 더 큰 계급 수를 설정하면 되지만, 작은 관찰값의 수로 큰 계급 수를 설정하는 것은 바람직하지 않다. 표 2.4 자료의 관찰치의 수가 대체로 작기 때문에($n = 20$) 여기서는 5개의 계급으로 설정하였다.

계급의 크기 정량적 자료를 사용하여 도수분포를 작성하기 위한 두 번째 단계는 계급의 크기를 결정하는 일이다. 이때 각각 계급의 크기는 서로 동일하도록 설정하는 것이 바람직하다. 그렇다면 계급의 크기와 계급의 수의 설정은 서로 독립적이지 않게 된다. 계급의 수가 많을수록 계급의 크기는 작아지며, 계급의 수가 적을수록 계급의 크기는 커진다. 적당한 계급의 크기를 결정하기 위해선 먼저 가장 큰 자료의 값과 가장 작은 자료의 값을

DATA*file* Audit

표 2.4 연말 감사(일)

12	14	19	18
15	15	18	17
20	27	22	23
22	21	33	28
14	18	16	13

확인한다. 그리고 이미 설정된 계급의 수를 가지고 다음과 같은 표현식을 사용하여 계급의 크기를 정할 수 있다.

$$\text{적정 계급 크기} = \frac{\text{자료의 최댓값} - \text{자료의 최솟값}}{\text{계급의 수}} \tag{2.2}$$

식 (2.2)로부터 주어진 적정 계급 크기는 작성하는 사람의 판단에 따라서 반올림, 버림, 내림 등을 적용하여 그 값을 구하면 된다. 예를 들면, 적정 계급 크기가 9.28일 경우에는 10으로 값의 올림을 사용하면 좋다. 10이라는 값은 도수분포를 표현하는 데 더 직관적이기 때문이다.

연말 감사기간에 포함된 자료에서 최댓값은 33이고 최솟값은 12임을 확인할 수 있다. 감사기간의 자료를 요약하기 위해 5개의 계급을 사용했다면 적정 계급의 크기는 식 (2.2)를 통해 (33−12)/5 = 4.2임을 알 수 있다. 그리고 4.2를 올림하게 되면 계급의 크기는 5가 된다.

실제로 계급의 수와 적정 계급의 크기는 시행과 오류를 통해서 정해지게 된다. 일단 가능한 계급의 수가 정해지면 식 (2.2)를 통하여 적정 계급의 크기를 구할 수 있다. 각기 다른 계급 수마다 이와 같은 과정이 반복될 수 있다. 결국 분석자는 최적의 도수분포를 제공할 수 있도록 적정한 계급 수와 계급 크기를 잘 조합할 수 있는 판단력을 가져야 한다.

표 2.4의 감사기간 자료에서 5개의 계급 수를 결정했다면 그 다음 단계는 각 계급의 경계를 설정하는 것이다.

계급한계 계급한계는 각각의 자료 관찰치들이 각 계급 하나에 한 개씩 소속될 수 있도록 정해져야 한다. 계급하한(lower class limit)은 계급에 배정된 자료 중 가장 작은 값을 말한다. 계급상한(upper class limit)은 배정된 자료 중 값이 가장 큰 것을 말한다. 범주형 자료의 도수분포를 작성할 때에는 계급한계를 설정할 필요가 없다. 왜냐하면 각각의 자료 항목들이 자연적으로 각 구간에 맞게 떨어지기 때문이다. 그러나 표 2.4의 감사기간 자료와 같은 정량적 자료에서는 각 자료의 값이 어느 곳에 속해야 하는지 결정하는 작업이 필요하다.

표 2.4의 감사기간 자료에서 첫 계급의 계급하한은 10일, 계급상한은 14일로 설정하였다. 이 구간은 표 2.5과 같이 10−14로 표기한다. 그 다음 계급의 계급하한은 15일, 계급상한은 19일로 설정하였다. 이와 같은 방법으로 총 5개의 계급하한과 계급상한을 차례대로 구하였다. 10−14, 15−19, 20−24, 25−29, 30−34. 가장 큰 자료값인 33일은 30−34 계급에 속하게 된다. 인접한 계급의 하한값의 차이는 계급의 크기가 된다. 첫 두 계급의 하한값은 각각 10, 15이며 계급의 크기는 15−10 = 5가 된다.

결정된 계급의 수, 계급의 크기, 계급의 한계를 통하여 도수분포는 각 계급에 소속된

표 2.5 감사기간에 대한 도수분포

감사기간(일)	빈도
10–14	4
15–19	8
20–24	5
25–29	2
30–34	1
계	20

자료값의 개수를 계산하여 구한다.

예를 들어 표 2.4의 자료는 네 개의 값 12, 14, 14. 13이 10–14 계급에 속하게 된다. 따라서 10–14 계급에 대한 빈도수는 4가 된다. 15–19, 20–24, 25–29, 30–34의 계급에 대한 계산을 계속하면 표 2.5과 같은 도수분포를 구할 수 있다. 작성된 도수분포에서 다음과 같은 관찰을 할 수 있다.

1. 15–19일수의 계급에서 가장 많은 감사기간의 빈도수를 보인다. 이 계급에 소속된 도수는 총 20개 중 8개이다.
2. 30일 이상은 하나의 도수를 나타내고 있다.

도수분포의 해석은 사람의 이해관계에 따라 다양할 수 있다. 이렇듯 도수분포의 값은 체계화되어 있지 않은 원본 자료의 형태에서는 쉽게 관찰할 수 없는 시사점을 제공한다.

계급 중간점 어떤 상황에서는 정량적 자료를 사용한 도수분포에서 계급의 중간점이 필요할 때가 있다. **계급 중간점(class midpoint)**은 계급상한과 계급하한의 중간값을 취하여 구할 수 있다. 감사기간 자료에서 다섯 개 계급의 중간점은 각각 12, 17, 22, 27, 32가 된다.

표 2.6 감사기간 자료에 대한 상대도수분포와 백분율 도수분포

감사기간(일)	상대도수	백분율도수
10–14	0.20	20
15–19	0.40	40
20–24	0.25	25
25–29	0.10	10
30–34	0.05	5
계	1.00	100

상대도수분포와 백분율 도수분포

이 절에서는 정량적 자료에 대한 상대도수분포와 백분율 도수분포를 범주형 자료에서의 방법과 같이 정의하도록 하겠다. 첫째, 상대도수는 계급에 소속된 관찰값의 비율이라는 것을 다시 상기하기 바란다. n을 관찰값의 총 개수라고 하면,

$$\text{계급의 상대도수} = \frac{\text{계급의 도수}}{n}$$

계급의 백분율도수는 상대도수에 100을 곱한 값이다.

표 2.5의 계급 빈도수와 관찰값의 총 개수, 즉 $n = 20$이라는 것을 바탕으로 표 2.6은 감사기간 자료에 대한 상대도수분포와 백분율 도수분포를 나타내고 있다. 감사의 0.40 혹은 40%가 14일에서 19일 정도 걸리는 것으로 나타났다. 감사의 0.05 또는 5%만이 30일 혹은 그 이상의 일수가 소요되는 것으로 나타났다. 또한 추가적인 해석과 시사점을 표 2.6로부터 도출할 수 있다.

점그림

자료를 가장 단순하게 도표 형식으로 요약한 것 중 하나가 **점그림(dot plot)**이다. 수평축은 자료의 범위를 나타낸다. 각각의 자료값은 수평축 위에 점으로 표현된다. 그림 2.5는 표 2.4의 감사기간 자료에 대한 점그림을 보여주고 있다. 수평축의 18이라는 숫자 위에 세 개의 점은 18일이 소요된 감사기간이 3번이 발생했음을 나타내고 있다. 점그림은 자료를 상세히 보여줄 뿐만 아니라 두 개 혹은 그 이상의 변수들에 대한 자료의 분포를 비교하는 데 유용하다.

그림 2.5 감사기간에 대한 점그림

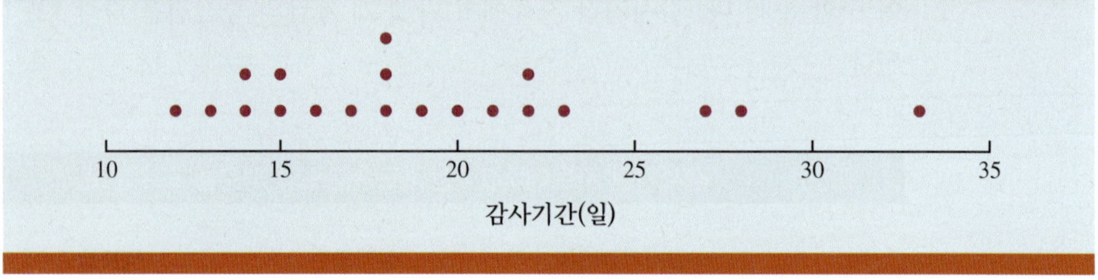

히스토그램

정량적 자료에 대한 일반적인 도표 형식의 표현방식이 **히스토그램(histogram)**이다. 이러한 도표 형식의 요약은 사전에 요약된 자료인 도수, 상대도수, 백분율 도수를 이용하여 작성될 수 있다. 히스토그램을 작성할 때는 해당 변수를 수평축에, 도수, 상대도수, 백분율 도수를 수직축에 놓는다. 각 계급의 도수, 상대도수, 백분율 상대도수는 수평축 위의

그림 2.6 감사기간 자료에 대한 히스토그램

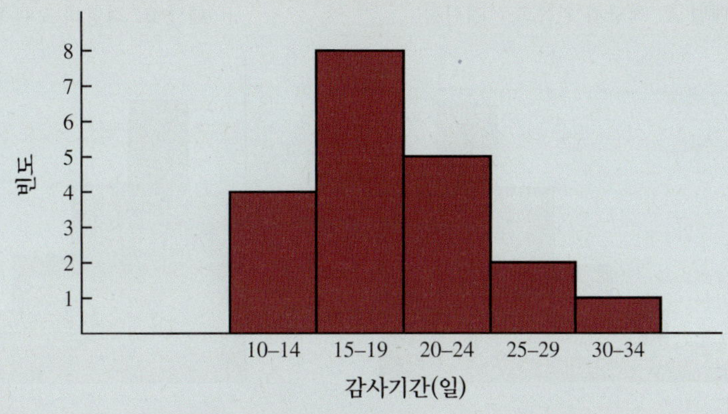

계급한계로 사각형을 그리는데 그 사각형의 높이는 각 계급에 해당하는 도수, 상대도수, 백분율 상대도수를 기반으로 한다.

그림 2.6은 감사기간 자료에 대한 히스토그램이다. 가장 큰 도수를 가지는 계급이 15−19 계급 위에 사각형으로 그려진 것을 주목하자. 이 사각형의 높이는 그 계급의 도수가 8이라는 것을 보여주고 있다. 이 자료의 상대도수분포 또는 백분율 상대도수분포에 대한 히스토그램은 수직축이 상대도수나 백분율 상대도수로 표기된다는점을 제외하고는 그림 2.4의 히스토그램과 동일하게 보인다.

그림 2.6에서 볼 수 있듯이 히스토그램의 인접한 사각형은 서로가 맞닿아 있다. 막대 그래프와는 다르게 히스토그램은 인접한 계급의 막대끼리 구분이 없다. 감사기간 자료의 각 계급들이 10−14, 15−19, 20−24, 25−29, 30−34로 기술되기 때문에, 계급 사이에 14에서 15, 19에서 20, 24에서 25, 그리고 29에서 30과 같이 한 단위에 대한 공간이 필요한 것처럼 보인다. 이러한 공간은 히스토그램 작성 시 제거된다. 감사기간 자료에 대한 히스토그램에서 계급 간의 공백을 제거하는 것은 첫 번째 계급의 하한값과 마지막 계급의 상한값 사이에 모든 값이 가능하다는 것을 보여주는데 도움이 된다.

히스토그램을 사용하는 가장 중요한 이유 중 하나는 분포의 모양과 형태에 관한 정보를 제공하는 데 있다. 그림 2.7는 상대도수분포를 가지고 작성한 네 종류의 히스토그램이다. 패널 A는 적당히 왼쪽으로 경사진 자료의 집합에 대한 히스토그램을 나타낸다. 히스토그램에서 꼬리가 왼쪽으로 멀리 확장되었으면 왼쪽으로 경사가 졌다고 말한다. 이런 히스토그램은 일반적으로 100% 이상의 점수가 없는 상태에서 대부분의 점수가 70% 이상이고 오직 소수의 낮은 시험점수의 분포를 나타낸다. 패널 B는 적당히 오른쪽으로 경사가 진 자료의 집합에 대한 히스토그램을 나타낸다. 마찬가지로 꼬리가 오른쪽으로 멀리 확장되었으면 오른쪽으로 경사가 졌다고 말한다. 이러한 종류의 일반적인 자료의 예로는 집값을 들 수 있다. 소수의 매우 값비싼 집들은 우측꼬리의 경사를 만든다.

그림 2.7 다른 왜도를 가진 히스토그램

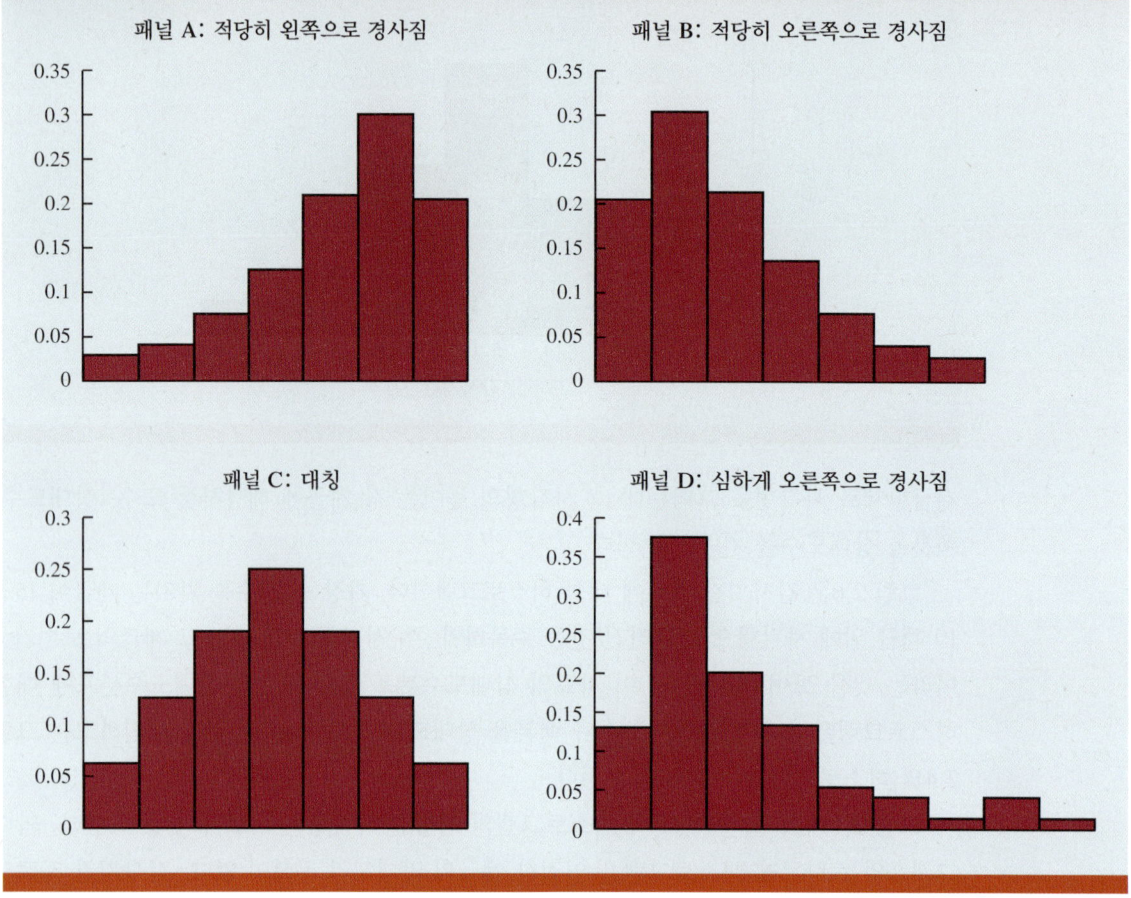

패널 C는 대칭적인 히스토그램을 보여준다. 대칭적인 히스토그램에서는 좌측꼬리의 모양과 우측꼬리의 모양이 거울에 어느 한쪽을 비추었을 때와 같이 동일한 모양으로 나타난다. 실제 상황에서 발견되는 자료들의 히스토그램은 절대로 완벽하게 대칭적이지는 않다. 하지만 많은 상황에서 히스토그램은 근사적으로 대칭적인 형태를 보이기도 한다. 사람들의 SAT 점수, 키 또는 몸무게 등의 자료들이 근사적으로 대칭적인 히스토그램을 보여준다. 패널 D는 오른쪽으로 심하게 기운 히스토그램을 보여주고 있다. 이러한 히스토그램은 의류 상점에서 고객이 구매한 양을 토대로 작성한 자료로부터 그려질 수 있다. 실제 경영이나 경제 상황에서의 자료들은 자주 오른쪽으로 기운 히스토그램을 가진다. 예를 들면 집값, 봉급, 구매량 등과 같은 자료로부터 얻어진 히스토그램은 오른쪽으로 기울게 된다.

누적분포

도수분포의 한 종류로 정량적 자료에 대한 또 다른 표 형식의 요약 자료를 제공하는 누적

표 2.7 감사기간 자료에 대한 누적도수분포, 누적상대도수분포, 누적백분율 도수분포

감사기간(일)	누적도수	누적상대도수	누적백분율도수
14 이하	4	0.20	20
19 이하	12	0.60	60
24 이하	17	0.85	85
29 이하	19	0.95	95
34 이하	20	1.00	100

도수분포(cumulative frequency distribution)가 있다. 누적도수분포는 도수분포에서 보여주는 계급의 수, 계급의 크기, 계급의 한계를 토대로 작성한다. 하지만 누적도수분포는 각 계급의 도수를 보여주는 것이 아니라 각 계급의 상한한계와 같거나 그보다 작은 값을 가지는 자료의 항목 수를 나타낸다. 표 2.7에 두 번째 세로열은 감사기간 자료에 대한 누적도수분포를 나타낸다. 어떻게 누적도수가 정해지는지 이해하기 위해 '24와 같거나 그보다 작은' 계급에 대해 생각해 보자. 이 계급의 누적도수는 단순히 24와 같거나 그보다 작은 자료의 값을 가지는 모든 계급의 빈도수를 합한 값이다. 표 2.5의 도수분포에서 10−14, 15−19 그리고 20−24의 각 계급에 대한 도수의 합은 24보다 작거나 같은 값을 합한, 즉 $4 + 8 + 5 = 17$로 표현된다. 따라서 이 계급의 누적도수는 17이 된다. 또한 표 2.7의 누적도수분포는 4개의 감사기간이 14일 혹은 그보다 작은 일수에 종료가 되었으며, 19개의 감사는 29일 또는 그보다 작은 일수에 종료가 되었음을 보여주고 있다.

마지막으로 **누적상대도수분포(cumulative relative frequency distribution)**는 각 계급의 상한값과 같거나 그보다 작은 값을 가지는 자료의 항목 비율을 보여주고 **누적백분율 도수분포(cumulative percent frequency distribution)**는 그 항목을 백분율로 보여준다. 누적상대도수분포는 상대도수분포에서 상대도수를 합하거나 누적도수를 해당 총 항목 수로 나누어 계산한다. 전자의 방식을 보면 표 2.7에서 둘째 열의 누적도수를 총 항목 수 ($n = 20$)로 나눈 것이 셋째 세로 열의 누적상대도수임을 알 수 있다. 누적백분율 상대도수는 다시 그 상대도수에 100을 곱한 값이 된다. 누적상대도수분포와 누적백분율 상대도수분포에서 24일 또는 그보다 작은 일수에 종료된 감사가 0.85 또는 85%, 29일 또는 그보다 작은 일수에 종료된 감사가 0.95 혹은 95%가 됨을 알 수 있다.

줄기−잎 그림

줄기−잎 그림은 자료의 분포의 순위 및 형태를 동시에 보여주기 위해 사용되는 그래픽 표시이다. 줄기−잎 그림의 사용을 설명하기 위해서 표 2.8의 자료를 사용하기로 하자. 이 자료는 Haskens Manufacturing이 인력 선발을 위해 최근 인터뷰한 50명에게 실시한 150문항으로 구성된 적성 검사 결과이다. 데이터는 정확하게 대답한 질문의 수를 나타낸다.

DATA *file* AptitudeTest

표 2.8 적성검사에서 정답을 맞힌 문항의 수

112	72	69	97	107
73	92	76	86	73
126	128	118	127	124
82	104	132	134	83
92	108	96	100	92
115	76	91	102	81
95	141	81	80	106
84	119	113	98	75
68	98	115	106	95
100	85	94	106	119

줄기 - 잎 그림을 그리기 위해서는 수직선의 왼쪽에 각 자료의 앞자리 숫자를 정렬해야 한다. 수직선의 오른쪽에는 각 자료의 마지막 자리 숫자를 적는다. 표 2.8의 첫 번째 줄(112, 72, 69, 97, 107) 자료를 바탕으로, 다음과 같이 줄기 - 잎 그림에 그려 넣는다.

줄기	잎
6	9
7	2
8	
9	7
10	7
11	2
12	
13	
14	

예를 들어 112라는 자료가 있다면 앞자리 11은 선의 왼쪽에, 마지막 자릿수는 선의 오른쪽에 적는다. 이와 유사하게 72의 앞자리 7은 선의 왼쪽에 끝자리 2는 선의 오른쪽에 둔다. 각 자료값의 마지막 자릿수를 계속해서 앞자리에 맞춰 오른쪽에 넣으면 다음의 결과가 나온다.

줄기	잎
6	9 8
7	2 3 6 3 6 5
8	6 2 3 1 1 0 4 5
9	7 2 2 6 2 1 5 8 8 5 4
10	7 4 8 0 2 6 6 0 6
11	2 8 5 9 3 5 9
12	6 8 7 4
13	2 4
14	1

이러한 자료 정렬방식을 이용하면 각 줄의 자릿수를 간단히 순서대로 정리할 수 있다. 다음은 줄기 - 잎 그림이 완성된 상태이다.

```
 6 | 8 9
 7 | 2 3 3 5 6 6
 8 | 0 1 1 2 3 4 5 6
 9 | 1 2 2 2 4 5 5 6 7 8 8
10 | 0 0 2 4 6 6 6 7 8
11 | 2 3 5 5 8 9 9
12 | 4 6 7 8
13 | 2 4
14 | 1
```

수직선 왼쪽의 수(6, 7, 8, 9, 10, 11, 12, 13, 14)를 줄기(stem)라고 하고, 수직선의 오른쪽에 위치한 각 숫자들을 잎(leaf)이라고 한다. 첫 줄을 예로 들면, 6은 줄기고 8과 9는 잎이다.

```
6 | 8 9
```

이것은 자료값 2개의 앞자리가 모두 6임을 알 수 있다. 잎은 자료값이 68과 69임을 보여준다. 유사하게 둘째 줄은 6개 자료의 앞자리 숫자가 7임을 알 수 있다. 잎은 각 자료의 값이 72, 73, 73, 75, 76, 76임을 나타낸다.

```
7 | 2 3 3 5 6 6
```

줄기 - 잎 그림이 나타내는 모양에 집중하기 위해서 각 줄기의 잎을 직사각형 테두리로 둘러보았다. 실행 결과는 다음과 같다.

```
 6 | 8 9 |
 7 | 2 3 3 5 6 6 |
 8 | 0 1 1 2 3 4 5 6 |
 9 | 1 2 2 2 4 5 5 6 7 8 8 |
10 | 0 0 2 4 6 6 6 7 8 |
11 | 2 3 5 5 8 9 9 |
12 | 4 6 7 8 |
13 | 2 4 |
14 | 1 |
```

이 페이지를 반시계 방향으로 돌리면 자료의 그림을 볼 수 있는데 이는 60−69, 70−79, 80−89의 계급을 갖는 히스토그램과 유사하다.

줄기 - 잎 그림이 히스토그램과 유사한 정보를 제공하지만 두 가지 우수한 장점이 있다.

1. 줄기 - 잎 그림은 손으로 그리기 쉽다.
2. 줄기 - 잎 그림은 실제 자료를 보여주기 때문에 계급 구간 안에서 줄기 - 잎 그림이 히스토그램보다 더 많은 정보를 제공한다.

도수분포나 히스토그램에 정확한 개수의 계급이 없었던 것과 마찬가지로 줄기 - 잎 그림에서도 정확한 개수의 줄기나 열이 존재하지 않는다. 만약 줄기 - 잎 그림이 자료를 너무 간략하게 나타냈다고 생각한다면 각 앞 자릿수마다 두 개 이상의 줄기를 사용해서 더 자세히 표현할 수도 있다. 예를 들어 각 앞 자릿수마다 두 개의 줄기를 사용한다면 끝 자릿수가 0, 1, 2, 3, 4인 자료는 첫 줄에 배치하고, 끝 자릿수가 5, 6, 7, 8, 9인 자료는 둘째 줄에 놓는다.

이러한 방식으로 줄기 - 잎 그림을 확장하여 나타내면 다음과 같다.*

```
 6 | 8 9
 7 | 2 3 3
 7 | 5 6 6
 8 | 0 1 1 2 3 4
 8 | 5 6
 9 | 1 2 2 2 4
 9 | 5 5 6 7 8 8
10 | 0 0 2 4
10 | 6 6 6 7 8
11 | 2 3
11 | 5 5 8 9 9
12 | 4
12 | 6 7 8
13 | 2 4
13 |
14 | 1
```

72, 73, 73을 살펴보면 이들은 0−4 범위의 잎이므로 7의 값을 갖는 줄기의 첫째 줄에 나열한다. 75, 76, 76 값은 5−9 범위의 잎을 가지므로 7의 값을 갖는 줄기의 둘째 줄에 나열한다. 늘어난 줄기 - 잎 그림은 65−69, 70−74, 75−59 등의 구간을 갖는 도수분포와 유사하다.

앞의 예제는 세 자리 자료를 위한 줄기 - 잎 그림을 보여주었다. 세 자리 이상의 자료를 위한 줄기 - 잎 그림도 가능하다. 예를 들면, 다음 자료는 15주 동안 패스트푸드 식당에서 판매한 햄버거의 수이다.

* 확장형 줄기 - 잎 그림에서 동일한 줄기값을 두 번 쓸 경우, 첫 번째 줄기값은 0 - 4 사이의 잎값을, 두 번째 줄기값은 5 - 9 사이의 잎값을 나열한다.

1565	1852	1644	1766	1888	1912	2044	1812
1790	1679	2008	1852	1967	1954	1733	

이 자료를 줄기 – 잎 그림으로 나타내면 다음과 같다.

Leaf unit = 10

줄기	잎
15	6
16	4 7
17	3 6 9
18	1 5 5 8
19	1 5 6
20	0 4

각 잎을 구성하는 데는 단 한 자릿수가 쓰였고 그림을 구성하는 데는 각 자료의 첫 세 자릿수가 사용되었음에 주의하라. 그림의 위쪽에 '잎의 단위 = 10'이라고 명시한다. 이 그림에서 첫째줄기와 그것을 구성하는 잎, 즉 15와 6이 갖는 값의 의미를 해석해 보자. 두 숫자를 결합하면, 우리는 156이라는 값을 얻을 수 있다. 원래 자료값의 근사치를 구하기 위해서는 반드시 이 숫자에 잎의 단위인 10을 곱해야 한다. 그래서 156 × 10 = 1,560으로 줄기 – 잎 그림에 사용된 원래 자료값의 근사치이다. 비록 늘어난 줄기 – 잎 그림에서부터 정확한 자료값을 재구성하는 것이 불가능할지라도 근삿값은 단 하나의 자릿수만을 사용함으로써 여러 자릿수로 이루어진 자료를 처리할 수 있다. 줄기 – 잎 그림에서 잎의 단위가 나타나 있지 않다면 잎의 단위는 1이라고 가정한다.*

주석 및 코멘트

1. 막대그래프와 히스토그램은 본질적으로 같다. 둘 다 도수분포 자료를 그래프로 나타낸 것이다. 히스토그램은 단지 막대 사이에 구분이 없는 막대그래프이다. 몇몇 이산적 자료는 막대 사이의 분리가 적절하다. 재학 중인 대학생의 수강강좌 수를 고려해보자. 이 자료는 오직 양의 정수로만 이루어지며 1.5, 2.73 등과 같은 중간치는 불가능하다. 표 2.4의 감사 기간 자료와 같이 연속적인 정량적 자료의 경우에는 막대 사이의 구분은 적절하지 않다.

2. 자료의 정확도에 따라 정량적 자료 계급의 적절한 한계값이 정해진다. 표 2.4의 감사기간 자료의 예를 들면, 한계값으로 정수값이 쓰였다. 만약 자료가 가장 근사한 소수점 첫째 자리로 반올림되어 나타내어지면(12.3, 14.4 등), 1/10일 단위로 한계를 표현할 수 있다. 이 경우에는 첫 번째 계급이 10.0–14.9가 될 것이 다. 만약 자료가 가장 근사한 소수점 둘째 자리로 반올림되어 나타내어지면(12.34, 14.45 등) 1/100일 단위로 한계를 표현할 수 있다. 이 경우 첫 번째 계급은 10.00–14.99이다.

* 줄기 – 잎 그림에서 잎은 항상 한 자릿수로 나타낸다. 잎의 숫자의 단위를 표시하여야 원래 자료의 값을 알 수 있다. 숫자의 단위는 100, 10, 1, 0.1 등으로 표현된다.

3. 개방형 계급은 계급하한이나 계급상한만 필요하다. 표 2.4의 감사기간 자료에서 58과 65일의 두 가지 감사기간이 있다고 가정하자. 35−39, 40−44, 45−49 등과 같이 계급의 크기가 5인 계급을 계속 만드는 것보다 간단하게 '35 이상'의 개방형 계급을 만드는 것이 낫다. 이 계급은 도수가 두 개다. 대부분의 개방형 계급은 분포의 상한 끝에 나타난다. 가끔 개방형 계급은 분포의 하한 끝에 나타나기도 하며, 때때로 양쪽 끝에 나타나기도 한다.
4. 누적도수분포의 마지막 기입값은 항상 총 관측수와 같다. 누적상대도수분포의 최종 기입값은 항상 1.00과 같고 누적백분율 도수분포의 최종 기입값은 항상 100이 된다.

연습문제

기본문제

DATA *file* Frequency

11. 다음과 같은 자료가 있다.

14	21	23	21	16
19	22	25	16	16
24	24	25	19	16
19	18	19	21	12
16	17	18	23	25
20	23	16	20	19
24	26	15	22	24
20	22	24	22	20

a. 12−14, 15−17, 18−20, 21−23, 24−26과 같이 계급을 나누고 도수분포를 구하시오.

b. 문항 (a)에서 제시한 계급을 바탕으로 상대도수분포와 백분율 도수분포를 구하시오.

12. 다음과 같은 도수분포가 있다.

계급	빈도
10−19	10
20−29	14
30−39	17
40−49	7
50−59	2

누적도수분포와 누적상대도수분포를 구하시오.

13. 문제 12의 히스토그램과 누적분포 그래프를 그리시오.

14. 다음과 같은 자료가 있다.

8.9 10.2 11.5 7.8 10.0 12.2 13.5 14.1 10.0 12.2
6.8 9.5 11.5 11.2 14.9 7.5 10.0 6.0 15.8 11.5

a. 점그림을 그리시오.

b. 도수분포를 구하시오.

c. 백분율 도수분포를 구하시오.

15. 다음 데이터를 줄기-잎 그림으로 나타내시오

11.3 9.6 10.4 7.5 8.3 10.5 10.0
9.3 8.1 7.7 7.5 8.4 6.3 8.8

16. 다음 데이터를 줄기-잎 그림으로 나타내시오. 잎의 단위는 10을 사용하시오.

1161 1206 1478 1300 1604 1725 1361 1422
1221 1378 1623 1426 1557 1730 1706 1689

적용문제

DATA *file* PatientWaiting

17. 환자 대기 시간. 어느 한 병원 사무국에서 응급 진료를 위해 내원한 환자들의 대기 시간을 연구하였다. 다음 자료는 한 달 동안 수집한 분 단위의 대기 시간 자료이다.

2 5 10 12 4 4 5 17 11 8 9 8 12 21 6 8 7 13 18 3

0−4, 5−9와 같이 계급을 나누고 다음 지시사항을 따르시오.

a. 도수분포를 구하시오.

b. 상대도수분포를 구하시오.

c. 누적도수분포를 구하시오.

d. 누적상대도수분포를 구하시오.

e. 대기 시간이 9분 이내인 응급 진료 환자의 비율이 어떻게 되는가?

DATA *file* NBAPlayerPts

18. NBA 총 선수 평가. CBSSports.com은 다양한 공격 및 수비 통계를 기반으로 미국 프로 농구(NBA) 선수를 평가하기 위한 총 선수 평가 시스템을 개발하였다. 다음 데이터는 NBA 시즌의 일부 기간 동안(CBSSports.com 웹사이트 기준) 가장 높은 평가를 받은 50명의 선수들의 평균 게임당 득점(PPG)이다.

27.0 28.8 26.4 27.1 22.9 28.4 19.2 21.0 20.8 17.6
21.1 19.2 21.2 15.5 17.2 16.7 17.6 18.5 18.3 18.3
23.3 16.4 18.9 16.5 17.0 11.7 15.7 18.0 17.7 14.6
15.7 17.2 18.2 17.5 13.6 16.3 16.2 13.6 17.1 16.7
17.0 17.3 17.5 14.0 16.9 16.3 15.1 12.3 18.7 14.6

a. 도수분포를 구하시오.

b. 상대도수분포를 구하시오.

c. 누적도수분포를 구하시오.

d. 게임당 평균 득점에 대한 히스토그램을 작성하시오.

e. 데이터가 치우쳐 보이나? 이에 대해 설명하시오.

f. 선수 중 몇 퍼센트가 게임당 평균 20점 이상을 기록하였는가?

19. **미국의 가장 분주한 컨테이너 항구.** 컨테이너 항구에서 처리되는 화물 양은 종종 20피트 표준 화물 컨테이너 단위(TEU)로 측정된다. 다음은 2020년 기준 미국에서 가장 분주했던 30개 컨테이너 항구 목록이다(물류 관리).

DATA *file* ContainerPorts

Container Port	TEUs Processed(1000s)
Baltimore, MD	525
Boston, MA	165
Charleston, SC	1,174
Chester, PA	125
Everett, WA	32
Freeport, TX	51
Gulfport, MS	86
Houston, TX	1,996
Jacksonville, FL	237
Long Beach, CA	4,288
Los Angeles, CA	4,999
Miami, FL	737
Mobile, AL	251
New Orleans, LA	316
Newark, NJ	4,600
Norfolk, VA	1,285
Oakland, CA	1,102
Philadelphia, PA	389
Port Everglades, FL	499
Port Hueneme, CA	90
Port Manatee, FL	53
San Diego, CA	74
San Juan, PR	296
Savannah, GA	2,431
Seattle, WA	1,429
Tacoma, WA	1,316
Tampa, FL	76
West Palm Beach, FL	139
Wilmington, DE	205
Wilmington, NC	131

a. TEU 처리량 기준으로 가장 분주한 컨테이너 항구는 어디인가? TEU 처리량 기준으로 가장 한가한 컨테이너 항구는 어디인가?

b. 500의 간격(0 – 499, 500 – 999, 1000 – 1499 등)을 사용하여 데이터의 도수분포를 작성하시오.

c. 히스토그램을 작성하고 해석하시오.

DATA *file* CEOTime

20. **CEO의 회의 시간.** 런던 경제 대학과 하버드 비즈니스 스쿨은 최고경영자(CEO)들이 시간을 어떻게 보내는지에 대한 연구를 수행하였다. 해당 연구에서는 CEO들이 회의에서 많은 시간을 보내는데, 여기에는 회의 전화, 업무 식사 및 공개 행사를 포함된다. 아래의 데이터는 25명의 CEO를 대상으로 한 주당 회의 시간을 나타낸다.

14	15	18	23	15
19	20	13	15	23
23	21	15	20	21
16	15	18	18	19
19	22	23	21	12

a. 주당 회의 시간 중 가장 적게 소요된 시간은 어느 정도인가? 가장 많은 시간은 얼마인가?

b. 데이터에 대해 두 시간 간격으로 도수 분포 및 백분율 도수 분포를 작성하시오.

c. 히스토그램을 작성하고 분포의 모양에 대해 논하시오.

DATA *file* StatePrecipitation

21. **주별 평균 연간 강수량.** 다음 표는 미국 50개 주에 대한 연평균 강수량 자료이다.

State	Inches	State	Inches
Alabama	58.3	Montana	15.3
Alaska	22.5	Nebraska	23.6
Arizona	13.6	Nevada	9.5
Arkansas	50.6	New Hampshire	43.4
California	22.2	New Jersey	47.1
Colorado	15.9	New Mexico	14.6
Connecticut	50.3	New York	41.8
Delaware	45.7	North Carolina	50.3
Florida	54.5	North Dakota	17.8
Georgia	50.7	Ohio	39.1
Hawaii	63.7	Oklahoma	36.5
Idaho	18.9	Oregon	27.4
Illinois	39.2	Pennsylvania	42.9
Indiana	41.7	Rhode Island	47.9
Iowa	34.0	South Carolina	49.8
Kansas	28.9	South Dakota	20.1
Kentucky	48.9	Tennessee	54.2

Louisiana	60.1	Texas	28.9
Maine	42.2	Utah	12.2
Maryland	44.5	Vermont	42.7
Massachusetts	47.7	Virginia	44.3
Michigan	32.8	Washington	38.4
Minnesota	27.3	West Virginia	45.2
Mississippi	59.0	Wisconsin	32.6
Missouri	42.2	Wyoming	12.9

다음 항목으로 데이터를 요약하시오

a. 도수분포(계급 0 – 4.99, 5 – 9.99, 10 – 14.99, 15 – 19.99 등).

b. 상대도수분포.

c. 누적도수분포.

d. 누적상대도수분포.

e. a ~ d 분포는 여러 주의 평균 연간 강수량에 대해 무엇을 알려주는가?

f. 히스토그램을 작성하고 분포의 형태에 대해 논하시오.

g. 주별로 최소 연간 강수량은 얼마이며, 어느 주에서 최솟값이 발생하였는가?

22. 미국 최고 프랜차이즈. Entrepreneur 매거진은 성장률, 지점 수, 창업 비용 및 재무 안정성과 같은 성과 지표를 사용하여 프랜차이즈를 순위를 매긴다. 미국에서 20개의 프랜차이즈의 지점 수는 다음과 같다(The World Almanac).

DATA*file* Franchise

Franchise	No. U.S. Locations	Franchise	No. U.S. Locations
Hampton Inn	1,864	Jan-Pro Franchising Intl. Inc.	12,394
ampm	3,183	Hardee's	1,901
McDonald's	32,805	Pizza Hut Inc.	13,281
7-Eleven Inc.	37,496	Kumon Math & Reading Centers	25,199
Supercuts	2,130	Dunkin' Donuts	9,947
Days Inn	1,877	KFC Corp.	16,224
Vanguard Cleaning Systems	2,155	Jazzercise Inc.	7,683
Servpro	1,572	Anytime Fitness	1,618
Subway	34,871	Matco Tools	1,431
Denny's Inc.	1,668	Stratus Building Solutions	5,018

다음 질문에 대해 0 – 4999, 5000 – 9999, 10,000 – 14,999 등의 계급을 사용하여 답하시오.

a. 최고 순위 프랜차이즈의 미국 지점 수에 대한 도수분포와 백분율 도수분포를 작성하시오.

b. 데이터의 히스토그램을 작성하시오.

c. 데이터 분포의 형태에 대해 논하시오.

23. 주식 시장 지수 변화율. 다음 데이터는 전 세계 30개 주식 시장 지수의 전년 대비 증감률(YTD % Change)을 보여준다(The Wall Street Journal).

DATA*file* MarketIndexes

Country	Index	YTD % Change
Australia	S&P/ASX200	10.2
Belgium	Bel-20	12.6
Brazil	São Paulo Bovespa	−14.4
Canada	S&P/TSX Comp	2.6
Chile	Santiago IPSA	−16.3
China	Shanghai Composite	−9.3
Eurozone	EURO Stoxx	10.0
France	CAC 40	11.8
Germany	DAX	10.6
Hong Kong	Hang Seng	−3.5
India	S&P BSE Sensex	−4.7
Israel	Tel Aviv	1.3
Italy	FTSE MIB	6.6
Japan	Nikkei	31.4
Mexico	IPC All-Share	−6.4
Netherlands	AEX	9.3
Singapore	Straits Times	−2.5
South Korea	Kospi	−6.4
Spain	IBEX 35	6.4
Sweden	SX All Share	13.8
Switzerland	Swiss Market	17.4
Taiwan	Weighted	2.3
U.K.	FTSE 100	10.1
U.S.	S&P 500	16.6
U.S.	DJIA	14.5
U.S.	Dow Jones Utility	6.6
U.S.	Nasdaq 100	17.4
U.S.	Nasdaq Composite	21.1
World	DJ Global ex U.S.	4.2
World	DJ Global Index	9.9

a. 가장 큰 양(positive)의 값의 YTD % 변화를 보이는 지수는 무엇인가?

b. −20에서 40까지의 간격이 5인 계급을 사용하여 데이터에 대한 도수분포를 작성하시오.

c. 히스토그램을 작성하시오. 히스토그램에 대해 히스토그램의 형태를 포함해 논하시오.

d. 월스트리트 저널이나 다른 미디어 소스를 사용하여 최근 주식 시장 변화율을 검색해 보시오. 가장 큰 증가를 보인 지수와 가장 작은 감소를 보이는 지수는 무엇인가? 해당 데이터를 요약하시오.

DATA*file* EngineeringSalary

24. **공과대학 졸업생 급여.** "EngineeringSalary" 파일에는 19개의 공과대학 졸업생의 초봉 중앙값과 중간 경력 급여 중앙값(졸업 후 10년 측정)이 포함되어 있다(The Wall Street Journal). 초봉 중간값 및 경력 연봉 중앙값에 대한 줄기 - 잎 그림을 작성하시오. 관찰된 차이점에 대해 의견을 제시하시오.

25. **최고 연봉을 제공하는 대학 학위.** 매년 America.edu는 미국에서 가장 연봉이 높은 대학 학위를 순위 매긴다. 다음 데이터는 중간 경력 연봉이 가장 높은 20개 대학 학위에 대한 초봉 중앙값, 중기 경력 연봉 중앙값 및 초봉에서 경력 연봉까지의 증가율을 보여준다(America.edu 웹사이트).

DATA*file* BestPayingDegrees

Degree	Starting Salary	Mid-Career Salary	% Increase
Aerospace engineering	59,400	108,000	82
Applied mathematics	56,400	101,000	79
Biomedical engineering	54,800	101,000	84
Chemical engineering	64,800	108,000	67
Civil engineering	53,500	93,400	75
Computer engineering	61,200	87,700	43
Computer science	56,200	97,700	74
Construction management	50,400	87,000	73
Economics	48,800	97,800	100
Electrical engineering	60,800	104,000	71
Finance	47,500	91,500	93
Government	41,500	88,300	113
Information systems	49,300	87,100	77
Management info. systems	50,900	90,300	77
Mathematics	46,400	88,300	90
Nuclear engineering	63,900	104,000	63
Petroleum engineering	93,000	157,000	69
Physics	50,700	99,600	96
Software engineering	56,700	91,300	61
Statistics	50,000	93,400	87

a. 계급 간격을 10으로 사용하여 초봉 증가율에 대한 히스토그램을 작성하시오

b. 분포의 형태에 대한 의견을 제시하시오.

c. 초봉의 증가율에 대한 줄기 - 잎 그림을 작성하시오.

d. 히스토그램과 비교하여 줄기 - 잎 그림의 주요 이점은 무엇인가?

26. **마라톤 선수 연령.** Flying Pig는 1년에 한 번씩 오하이오 주 신시내티에서 개최되는 마라톤(26.2마일) 경주이다. 다음 데이터는 40명의 마라톤 선수 연령 샘플이다.

DATA*file* Marathon

49	33	40	37	56
44	46	57	55	32
50	52	43	64	40
46	24	30	37	43
31	43	50	36	61
27	44	35	31	43
52	43	66	31	50
72	26	59	21	47

a. 늘어난 형태의 줄기 – 잎 그림을 작성하시오.

b. 가장 많은 선수가 속하는 연령층은 어디인가?

c. 어떤 연령이 가장 빈번하게 나타나는가?

2.3 테이블을 활용한 두 변수의 자료 요약

지금까지 우리는 단일 범주형 또는 정량적 변수에 대한 데이터를 요약하기 위해 표와 도표에 초점을 두고 설명하였다. 종종 관리자나 의사결정권자는 두 변수 간 혹은 다수의 변수 간의 관계를 이해하기 위해 자료 요약이 필요로 한다. 이번 절에서는 두 변수에 대한 데이터의 표 요약하는 방법을 소개하도록 하고자 한다.

교차제표

교차제표(crosstabulations)는 두 변수에 대한 자료를 표 형식으로 요약한 것이다. 두 변수 모두 범주형 또는 정량적일 수 있지만, 한 변수가 범주형이고 다른 변수가 정량적인 경우도 교차제표에서는 흔히 사용된다. Zagat의 레스토랑 리뷰에서 얻은 데이터를 기반으로 한 다음과 같은 상황을 고려하여 후자의 경우를 설명하고자 한다. 데이터는 품질 등급과 식사비에 대한 자료로서 LA 지역에 위치한 300개 레스토랑의 표본을 통하여 얻어졌다. 표 2.9는 처음 10개의 레스토랑을 보여 주고 있다. 품질 등급은 우수함(Good), 매우 우수함(Very Good), 훌륭함(Excellent) 등 세 가지로 나눈 질적 변수이고 식사비는 10달러에서 49달러까지의 범위를 갖는 정량적 변수이다.

DATA*file* Restaurant

이 적용 사례에 대한 자료의 교차제표는 표 2.10에 나타나 있다. 테이블의 왼쪽과 상단의 라벨은 두 변수에 대한 범주(계급)을 정의한다.

왼쪽과 상단의 라벨은 두 변수에 대한 등급을 정의한다. 왼쪽 행의 라벨(Good, Very Good, Excellent)은 품질 등급 변수의 세 가지 분류에 대응된다. 상단 위쪽 라벨(10–19달러, 20–29달러, 30–39달러, 40–49달러)은 식사비 변수의 네 가지 분류에 대응된다. 각각의 레스토랑은 품질 등급과 식사비 데이터를 제공하기 때문에 각 레스토랑은 교차표의

DATA *file*

표 2.9 LA 지역 레스토랑 300개의 품질 등급과 식사비

레스토랑	품질 등급	식사비(달러)
1	Good	18
2	Very Good	22
3	Good	28
4	Excellent	38
5	Very Good	33
6	Good	28
7	Very Good	19
8	Very Good	11
9	Very Good	23
10	Good	13
.	.	.
.	.	.
.	.	.

표 2.10 LA 지역 레스토랑 300개의 품질 등급과 식사비에 대한 교차제표

	식사비(달러)				
품질등급	10–19	20–29	30–39	40–49	계
Good	42	40	2	0	84
Very Good	34	64	46	6	150
Excellent	2	14	28	22	66
Total	78	118	76	28	300

한 행과 한 열에서 나타나는 셀과 연관되어 있다. 예를 들면, 5번 레스토랑의 품질은 매우 우수함(very good), 식사비는 33달러인 것을 확인할 수 있다. 이 레스토랑은 표 2.10의 둘째 행과 셋째 열이 교차하는 셀에 속하게 된다. 교차제표를 작성할 때 우리는 단순히 교차제표의 각 셀에 소속된 레스토랑의 수를 세면 된다.

표 2.10에 제시된 교차제표에는 식사비 변수에 네 가지 계급이 이용되었지만, 품질 등급과 식사비의 교차제표는 식사비 변수에 대해 더 적거나 더 많은 계급을 사용하여 작성될 수 있다. 교차제표에서 정량적 변수의 데이터를 그룹화하는 방법을 결정하는 문제는 정량적 변수의 도수분포 작성시 계급의 수를 결정하는 문제와 유사하다. 제시된 사례에서는 식사비의 네 가지 계급이 품질 등급과 식사비 간의 관계를 나타내기에 적합한 계급수로 간주한다.

표 2.10 표본에서 가장 많은 수의 레스토랑은 매우 우수함(Very Good) 등급의 품질과 20–29달러 사이의 식사비를 가지는 것을 볼 수 있다. 오직 두 개의 레스토랑이 훌륭함

(Excellent) 등급과 20−29달러 사이의 식사비를 가진다. 다른 도수들에 대해서도 비슷한 해석이 가능하다. 또한 교차제표의 마지막 열과 행은 품질 등급과 식사비 각각에 대한 도수분포를 제공한다. 마지막 열의 도수분포로부터 우리는 84개의 우수함(Good) 등급, 150개의 매우 우수함(Very Good)등급 그리고 66개의 훌륭함(Excellent) 등급을 가지는 레스토랑의 자료를 볼 수 있다. 유사하게 마지막 행은 식사비에 대한 도수분포를 보여주고 있다.

교차제표의 오른쪽 주변 합계를 열 합계로 나누면 상대도수 및 백분율도수를 구할 수 있다. 백분율 도수분포에서 우리는 레스토랑의 28%가 우수함(Good) 등급, 50%가 매우 우수함(Very Good) 등급, 22%가 훌륭함(Excellent) 등급인 것을 볼 수 있다.

품질등급	상대도수	백분율도수
Good	0.28	28
Very Good	0.05	50
Exellent	0.22	22
계	1.00	100

교차제표 맨 아래의 행 총합을 그 행의 합계로 나누면 식사비에 대한 상대도수 및 백분율 도수분포가 된다.

식사비(달러)	상대도수	백분율도수
$10−19	0.26	26
$20−29	0.39	39
$30−39	0.25	25
$40−49	0.09	9
Total	1.00	100

백분율 도수분포에서 식사비는 가장 낮은 가격 계급(10−19달러)에서 26%, 그다음 계급에서는 39%로 나타나고 있음을 알 수 있다. 나머지 계급들도 마찬가지로 살펴보기 바란다.

교차제표의 주변값들로부터 구해진 도수 및 상대도수분포는 개별적으로 각 변수들에 대한 정보를 제공해 주지만 변수들 간의 관계에 대해서는 말해주지 않는다. 교차제표의 진정한 가치야말로 변수 간의 관계에 대하여 밝히는 것이다. 표 2.10에 나타난 교차제표는 높은 가격의 식사비는 높은 품질과 관련되어 있고, 낮은 식사비는 낮은 품질과 관련되어 있음을 보여준다.

교차제표에 기입되어 있는 값을 행 백분율 또는 열 백분율로 치환하는 것은 두 변수의 관계를 더 파악할 수 있도록 해준다. 행 백분율에서 표 2.10의 각 도수를 해당 행의 총계로 나누어 준 결과값이 표 2.11에 잘 나타나 있다. 표 2.11의 각 행은 품질 등급 범주

표 2.11 각 품질 등급 범주에 대한 행 백분율

	식사비(달러)				
품질등급	10-19	20-29	30-39	40-49	계
Good	50.0	47.6	2.4	.0	100
Very Good	22.7	42.7	30.6	4.0	100
Excellent	3.0	21.2	42.4	33.4	100

중 하나에 대한 백분율 도수분포를 나타낸다. 우수함(Good) 등급을 가지는 레스토랑 중에서 우리는 덜 비싼 식사비가 가장 높은 비율을 차지하고 있음을 알 수 있다(50%는 10-19달러의 식사비, 47.6%는 20-29달러의 식사비를 가짐). 훌륭함(Excellent) 등급을 가지는 레스토랑 중에서는, 좀 더 비싼 식사비가 가장 높은 비율을 차지하고 있다(42.4%는 30-39달러의 식사비, 33.4%는 40-49달러의 식사비를 나타냄). 따라서 우리는 식사비가 비쌀수록 음식의 품질이 더 높다는 것을 알 수 있다.

교차제표는 두 변수의 관계를 살펴보는 데 많이 사용되고 있다. 많은 통계적 연구의 최종 보고서에서 실제로 수많은 교차제표를 사용하고 있다. 교차제표는 두 변수가 모두 범주형이거나 두 변수가 모두 정량적일 때도 사용될 수 있다. 예시된 LA 지역 레스토랑 조사에 대한 교차제표는 하나의 질적 변수(품질 등급)와 하나의 정량적 변수(식사비)를 기초로 작성되었다. 하지만 정량적 변수를 사용할 때는 우선 변수값에 대한 계급부터 만들어야 한다. 예를 들면 레스토랑의 사례에서 우리는 식사비를 네 가지 계급으로 구분하였다(10-19, 20-29, 30-39, 40-49달러).

심슨의 역설

두 개 혹은 그 이상의 교차제표에 나온 자료를 합쳐 두 변수가 어떻게 연관되었는지를 보여주는 요약 교차제표를 만들고자 한다. 이러한 경우 두 변수 이상의 종합(aggregated) 교차제표에서 도출된 결론이 데이터가 각각의 자료를 따로 봤을 때와 정반대의 결론이 나올 수도 있다. 합동 교차제표와 분리된 교차제표 자료를 바탕으로 반전된 결론을 내면 이를 심슨의 역설(Simpson's paradox)이라고 한다. 심슨의 역설을 설명하기 위해 두 법원에 있는 두 판사의 판결에 대한 분석을 예로 살펴보도록 하자.

Ron Luckett 판사와 Dennis Kendall 판사는 지난 3년 동안 민사법원과 지방법원에서 재판장을 맡아 왔다. 두 판사가 판결을 내린 사건 중 몇 건은 재심에 회부되었다. 그중 대부분은 항소법원에서 일심재판의 결과를 받아들였지만 어떤 사건은 재판결과가 번복되었다. 각 판사에 대해 평결(유지 또는 번복)과 법원의 종류(민사 또는 지방)라는 두 변수를 가지고 교차제표를 완성했다. 그러고 나서 두 교차제표에 법원의 종류 자료를 합쳐 하나의 통일된 교차제표를 만들었다고 가정해 보자. 합쳐진 교차제표는 평결(유지 또는 번복)과 판사(Luckett 또는 Kendall)라는 두 가지 변수를 포함한다. 이 교차제표는 각 판사에 대해 몇 건의 평결이 유지되었으며 몇 건이 번복되었는지 보여준다. 다음 교차제표는 각 건수에 대한 백분율을 괄호 안에 보여준다.

	판사		
평결	Luckett	Kendall	계
유지	129(86%)	110(88%)	239
번복	21(14%)	15(12%)	36
계(%)	150(100%)	125(100%)	275

백분율을 살펴보면 Luckett 판사의 경우 약 86%의 평결이 유지된 데 비해 Kendall 판사의 경우 88%의 평결이 유지되었다. 따라서 Kendall 판사의 평결이 더 많이 유지되었으므로 Kendall 판사가 더 훌륭하게 직무를 수행했다고 결론을 내릴 수 있을 것이다. 바로 이 결론에서 문제가 발생한다.

다음 교차제표는 각 법원에서 Luckett 판사와 Kendall 판사가 재판한 사건을 보여준다. 각 값에 따른 백분율 역시 괄호 안에 표기되었다.

	Luckett 판사		
평결	민사법원	지방법원	계
유지	29(91%)	100(85%)	129
번복	3(9%)	18(15%)	21
계(%)	32(100%)	118(100%)	150

	Kendall 판사		
평결	민사법원	지방법원	계
유지	90(90%)	20(80%)	110
번복	10(10%)	5(20%)	15
계(%)	100(100%)	25(100%)	125

Luckett 판사에 대한 교차제표와 백분율을 보면 Luckett 판사의 경우 민사법원에서 91%, 지방법원에서 85%의 사건의 평결이 유지되었다. Kendall 판사의 경우 민사법원에서 90%, 지방법원에서 80%의 사건의 평결이 유지되었다. 따라서 이 자료를 분리한다면 Luckett 판사가 Kendall 판사에 비해 두 법원 모두에서 더 좋은 성적을 내고 있음을 알 수 있다. 이 결론은 두 법원의 자료를 합쳐 만든 처음의 교차제표를 보고 도달한 결론과 모순된다. 이렇게 종합 교차제표와 이를 분리한 교차제표를 바탕으로 결론이 반전이 되면 이를 심슨의 역설이라고 설명한다.

처음의 교차제표는 두 법원에 대한 각각의 교차제표에 나타난 자료를 합쳐 만들어졌다. 두 판사 모두 민사법원에서보다 지방법원에서의 평결이 번복된 경우의 백분율이 훨씬 높았다. Luckett 판사는 지방법원에서 사건을 재판한 비율이 훨씬 높았기에 통합 자료가 Kendall 판사에게 유리하게 작용하였다. 하지만 두 법원에 대한 교차제표를 따로따로 보았을 때, Luckett 판사가 확연히 더 좋은 성적을 보여준다. 따라서 처음 교차제표의 경우 법원의 종류가 두 판사의 성적을 평가하기 위한 무시할 수 없는 숨겨진 변수로 작용함을 알 수 있다.

심슨의 역설이 생겨날 수 있기 때문에 통합 자료를 사용하여 결론을 도출할 때 특별히 주의를 기울여야 한다. 통합 자료를 포함한 교차제표에 나타난 두 변수의 관계에 대해 어떠한 결론을 내리기 전에, 결과에 영향을 미칠 만한 숨겨진 변수가 존재하는지부터 살펴보아야 한다. 심슨의 역설에 대한 가능성 때문에 분리되어 있는 교차제표 혹은 종합 교차제표 중 어느 것을 보느냐에 따라 결론 및 해석이 달라질 수 있다는 것을 깨달아야 한다. 결론을 내리기 전에 종합 교차제표와 분리된 교차제표의 형태 사이에서 더 나은 통찰과 결론을 얻기 위한 노력을 기울일 필요가 있다. 특히 교차제표가 합동 자료일 경우에는 숨겨진 변수로 인하여 결과에 영향을 미치는지, 다시 말하면 분리하거나 합쳐지지 않은 교차제표의 결과가 달라지거나 더 나은 통찰과 결론이 가능한지 면밀히 살펴보아야 한다.

연습문제

기본문제

27. 다음은 두 범주형 변수 *x*와 *y*를 포함하는 30개의 관찰값이다. 범주 *x*는 A, B, C를 포함하고 범주 *y*는 1과 2의 값을 가진다.

DATA *file* Crosstab

관찰값	x	y	관찰값	x	y
1	B	1	16	B	2
2	B	1	17	C	1
3	C	1	18	B	1
4	B	2	19	C	1
5	C	1	20	B	1
6	B	2	21	C	2
7	C	1	22	B	1
8	A	2	23	C	2
9	B	1	24	A	1
10	A	1	25	B	1
11	B	1	26	C	2
12	C	1	27	C	2
13	C	2	28	A	1
14	C	2	29	B	1
15	A	2	30	B	2

a. *x*가 열이고, *y*가 행인 교차제표를 구하시오.

b. 열에 대한 백분율을 계산하시오.

c. 행에 대한 백분율을 계산하시오.

d. x와 y 간에는 어떠한 관계가 있는가?

28. 다음은 관찰은 두 개의 정량적 변수 x와 y에 대한 관찰값이다.

DATA *file* Crosstab2

관찰값	x	y	관찰값	x	y
1	28	72	11	13	98
2	17	99	12	84	21
3	52	58	13	59	32
4	79	34	14	17	81
5	37	60	15	70	34
6	71	22	16	47	64
7	37	77	17	35	68
8	27	85	18	62	67
9	64	45	19	30	39
10	53	47	20	43	28

a. x를 행 변수로, y를 열 변수로 사용하여 데이터에 대한 교차제표를 작성하시오. x의 경우 10 – 29, 30 – 49 등의 계급을, y의 경우 40 – 59, 60 – 79 등의 계급을 사용하시오.

b. 행에 대한 백분율을 계산하시오.

c. 열에 대한 백분율을 계산하시오.

d. x와 y 간에는 어떠한 관계가 있는가?

적용문제

29. **자동차 제조사별 데이토나 500 우승자의 평균 속도.** 데이토나 500(Daytona 500)은 플로리다 주 데이토나 비치에 있는 데이토나 국제 스피드웨이에서 매년 개최되는 500마일의 자동차 경주대회이다. 다음 교차제표는 자동차 제조사별 25년 간 25명의 우승자의 평균 속도를 보여준다(The World Almanac).

	평균속도(mile/hour)					
제조사	130 – 139.9	140 – 149.9	150 – 159.9	160 – 169.9	170 – 179.9	계
Buick	1					1
Chevrolet	3	5	4	3	1	16
Dodge		2				2
Ford	2	1	2	1		6
Total	6	8	6	4	1	25

a. 행에 대한 백분율을 계산하시오.

b. Chevrolet로 우승한 드라이버 중 몇 퍼센트가 평균 시속 150마일 이상의 속도로 우승했는가?

c. 열에 대한 백분율을 계산하시오.

d. 160 ~ 169.9 mile/hour 평균 속도 구간에서 쉐보레가 우승한 비율은 무엇인가?

30. 연도별 데이토나 500 우승자의 평균 속도. 다음 교차제표는 Daytona 500 자동차 경주(The World Almanac)에서 연도별 우승자의 25명에 대한 평균 속도를 보여준다.

	연도					
평균속도	**1988-1992**	**1993-1997**	**1998-2002**	**2003-2007**	**2008-2012**	**계**
130-139.9	1			2	3	6
140-149.9	2	2	1	2	1	8
150-159.9		3	1	1	1	6
160-169.9	2		2			4
170-179.9			1			1
계	5	5	5	5	5	25

a. 행에 대한 백분율을 계산하시오.

b. 평균 우승 속도와 연도 사이의 뚜렷하게 보이는 관계는 무엇인가? 이 관계의 원인은 무엇인가?

31. 도서관 세금징수 투표 결과. 인근 두 지방자치단체인 웨스트민스터(Westminster)와 사우스빌(Southville)은 이 두 지방자치단체 사이에 위치한 도서관에 자금을 제공하기 위해 공동으로 세금 징수 갱신에 대한 투표를 실시하였다. 도서관 세금징수에 대한 투표 결과는 다음과 같이 요약되었다.

웨스트민스터(Westminster)

	투표 결과	
정당소속	**찬성**	**반대**
공화당	100	400
민주당	250	250

사우스빌(Southville)

	투표 결과	
정당소속	**찬성**	**반대**
공화당	10	90
민주당	390	510

a. 웨스트민스터와 사우스빌을 행 레이블로, 찬성과 반대를 열 레이블로 하는 교차제표를 작성하시오. 도서관 세금징수에 대해 찬성 투표율이 가장 높은 자치단체는 어디인가?

b. 두 개의 초기 교차제표를 참조하시오. 공화당원의 경우 도서관 세금징수에 대해 찬성을 한 유권자 비율이 더 높은 자치단체(웨스트민스터 또는 사우스빌)는 어디인가?

c. 두 개의 초기 교차제표를 참조하시오. 민주당의 경우 도서관 세금징수에 대해 찬성을 한 유권자 비율이 더 높은 자치단체(웨스트민스터 또는 사우스빌)는 어디인가?

d. 웨스트민스터 대 사우스빌의 투표 선호도에 대해 어떤 결론을 내릴 수 있는가? (a)에서 도출한 결론이 (b)와 (c)에서 도출한 결론과 일치하는가? 어떠한 뚜렷한 모순점이 있는지 설명하시오.

32. **가계 소득 수준.** 다음 교차제표는 미국 네 개 지역에서 각 소득 수준에 해당하는 가구 수(천 세대)를 보여준다(미국 인구 통계국 웹사이트).

	가계 소득수준							
지역	$15,000 미만	$15,000 to $24,999	$25,000 to $34,999	$35,000 to $49,999	$50,000 to $74,999	$75,000 to $99,999	$100,000 이상	가구 수 (천 세대)
Northeast	2,733	2,244	2,264	2,807	3,699	2,486	5,246	21,479
Midwest	3,273	3,326	3,056	3,767	5,044	3,183	4,742	26,391
South	6,235	5,657	5,038	6,476	7,730	4,813	7,660	43,609
West	3,086	2,796	2,644	3,557	4,804	3,066	6,104	26,057
계	15,327	14,023	13,002	16,607	21,277	13,548	23,752	117,536

a. 열에 대한 백분율을 계산하고, 각 지역의 가구의 소득에 대한 백분율 도수분포를 구하시오.

b. 서부 지역에서 소득 수준이 50,000달러 이상인 가구의 비율은 얼마인가? 남부 지역에서 소득 수준이 50,000달러 이상인 가구의 비율은 얼마인가?

c. 각 지역의 가구에에 대한 백분율 도수 히스토그램을 작성하시오. 결과에서 지역과 소득 수준 사이의 어떤 관계가 나타나는지 확인이 되는가?

d. 열에 대한 백분율을 계산하시오. 열에 대한 백분율은 어떤 정보를 제공하는가?

e. 가계 소득이 100,000달러 이상인 가구 중 남부 지역 출신은 몇 퍼센트인가? 남부 지역 가구 중 몇 퍼센트가 가계 소득이 100,000달러 이상인가? 이 두 백분율이 다른 이유는 무엇인가?

33. **세계에서 가장 가치 있는 브랜드.** 매년 Forbes는 세계에서 가장 가치 있는 브랜드 순위를 매긴다. 2013년 Forbes 목록에 포함된 82개 브랜드에 대한 데이터 중 일부가 표 2.12에 나와 있다. 데이터 세트에는 다음에 나열된 변수가 포함된다.

표 2.12 가장 가치 있는 브랜드 82개에 대한 데이터

DATA *file* BrandValue

브랜드	산업	브랜드 가치 (10억 달러)	1년 가치 변화(%)	브랜드 수익 (10억 달러)
Accenture	기타	9.7	10	30.4
Adidas	기타	8.4	23	14.5
Allianz	금융서비스	6.9	5	130.8
Amazon.Com	Technology	14.7	44	60.6
.	.	.	.	.
.	.	.	.	.
.	.	.	.	.
Heinz	소비재	5.6	2	4.4
Hermès	자동차 및 럭셔리	9.3	20	4.5
.	.	.	.	.
.	.	.	.	.
.	.	.	.	.
Wells Fargo	금융서비스	9	−14	91.2
Zara	기타	9.4	11	13.5

출처: Data from Forbes, 2014.

브랜드: 브랜드 이름

산업: 자동차 및 럭셔리, 소비재, 금융 서비스, 기타, 기술로 라벨이 지정된 브랜드와 관련된 산업 유형

브랜드 가치(10억 달러): 브랜드에 대한 다양한 재무 정보를 기반으로 Forbes가 개발한 수십억 달러 단위로 브랜드 가치를 측정한 것

1년 가치 변화(%): 전년도 대비 브랜드 가치의 변화율(%)

브랜드 수익(10억 달러): 브랜드의 총 수익(10억 달러)

a. 산업(행) 및 브랜드 가치(10억 달러)에 대한 데이터 교차제표를 작성하시오. 브랜드 가치(10억 달러)에 0~10, 10~20, 20~30, 30~40, 40~50, 50~60 계급을 사용하시오.

b. 산업 데이터에 대한 도수분포를 작성하시오.

c. 브랜드 가치(10억 달러)에 대한 데이터의 도수분포를 작성하시오.

d. 교차제표는 (b)와 (c)의 도수분포 작성에 어떠한 도움이 되는가?

e. 산업 유형과 브랜드 가치에 대해 어떤 결론을 내릴 수 있는가?

34. **세계에서 가장 가치 있는 브랜드의 수익.** 표 2.12를 참조하시오.

a. 산업(행) 및 브랜드 수익(10억 달러)에 대한 데이터의 교차제표를 작성하시오. 브랜드 수익(10억 달러)에 대해 0에서 시작하는 25 간격의 계급을 사용하시오.

b. 브랜드 수익(10억 달러) 데이터에 대한 도수분포를 작성하시오.

c. 산업 유형과 브랜드 수익에 대해 어떤 결론을 내릴 수 있는가?

d. 산업(행) 및 1년 가치 변화(%)에 대한 데이터의 교차제표를 작성하시오. 1년 가치 변화(%)에 대해 –60에서 시작하는 20 간격의 계급을 사용하시오.

e. 1년 가치변화(%) 자료에 대한 도수분포를 작성하시오.

f. 산업 유형과 1년 간의 가치 변화에 대해 어떤 결론을 내릴 수 있는가?

35. **자동차 연료 효율.** 미국 에너지부의 연비 가이드에서는 자동차와 트럭의 연비 데이터를 제공한다(Fuel Economy 웹사이트). 341대의 소형, 중형, 대형 자동차에 대한 2018년 데이터의 일부가 표 2.13에 제시되어 있다. 해당 데이터에는 아래 나열된 변수가 포함되어 있다.

크기: 소형, 중형, 대형
배기량: 엔진 크기(리터)
실린더: 엔진의 실린더 수
구동 방식: 전륜(A), 전륜(F), 후륜(R)
연료 유형: 프리미엄(P) 또는 일반(R) 연료
City MPG: 도시 주행에 대한 연비 등급(마일/갤런)
Hwy MPG: 고속도로 주행에 대한 연비 등급(마일/갤런)

전체 데이터 세트는 FuelData2018 파일에 포함되어 있다.

DATA*file* FuelData2018

표 2.13 자동차 341대의 연비 데이터

차	크기	배기량	실린더	구동 방식	연료 유형	City MPG	Hwy MPG
1	Compact	1.4	4	F	R	27	40
2	Compact	1.4	4	F	R	27	35
3	Compact	1.4	4	F	R	28	38
.	.	.	.	.	.	.	.
.	.	.	.	.	.	.	.
.	.	.	.	.	.	.	.
190	Compact	2.5	4	F	R	27	36
191	Large	2.5	4	F	R	22	30
192	Midsize	2.5	4	F	R	21	32
.	.	.	.	.	.	.	.
.	.	.	.	.	.	.	.
.	.	.	.	.	.	.	.
339	Large	6.0	12	R	P	13	21
340	Large	6.0	12	R	P	13	22
341	Large	6.0	12	R	P	13	20

a. 크기(행)와 Hwy MPG(열)에 대한 데이터의 교차제표를 작성하시오. Hwy MPG에는 계급 20 – 24, 25 – 29, 30 – 34, 35 – 39, 40 – 44를 사용하시오.

b. 크기와 Hwy MPG의 관계에 대해 설명하시오.

c. 구동 방식(행)과 City MPG(열) 데이터의 교차제표를 작성하시오. City MPG에는 계급 10 – 14, 15 – 19, 20 – 24, 25 – 29, 30 – 34를 사용하시오.

d. 구동 방식과 City MPG의 관계에 대해 설명하시오.

e. 연료 유형(행) 및 City MPG(열)에 대한 데이터의 교차제표를 작성하시오. City MPG에는 계급 10 – 14, 15 – 19, 20 – 24, 25 – 29, 30 – 34를 사용하시오.

f. 연료 유형과 도시 MPG 간의 관계에 대해 설명하시오.

2.4 그래프를 활용한 두 변수의 자료 요약

이전 절에서는 교차제표를 사용하여 두 변수에 대해 데이터를 요약하고 변수 간의 관계를 드러내는 데 어떻게 사용될 수 있는지를 보여주었다. 대부분의 경우, 데이터의 패턴과 추세를 인식하는 데는 그래픽 표시물이 더 유용하다.

이 절에서는 두 변수 간의 관계를 탐색하기 위한 다양한 그래픽 표시방법을 소개하고자 한다. 창의적인 방식으로 데이터를 표시하면 강력한 통찰력을 얻을 수 있으며 시각적 비교, 대조 및 패턴 인식능력을 기반으로 "직관적 추론"을 할 수 있게 된다. 우선 산점도와 추세선에 대한 논의부터 시작하겠다.

산점도와 추세선

산점도(scatter diagram)는 두 정량적 변수 사이의 관계를 그래프로 표현한 것이며 **추세선(trendline)**은 그 관계의 근삿값을 보여주는 선이다. 예를 들어 샌프란시스코에 있는 스테레오 및 음향기구 상점의 광고와 판매 관계를 살펴보자. 지난 3개월간 10차례에 걸쳐 이 상점에서는 매출신장을 위해 주말 TV 광고를 내보냈다. 매니저는 광고가 방송된 횟수와 그 다음 주 동안의 상점 매출 사이에 상관관계가 존재하는지 알아보려 한다. 표 2.14는 10주 동안의 표본 자료와 100달러 단위의 매출을 나타낸 것이다.

그림 2.8은 표 2.14에 나와 있는 자료에 대한 산점도와 추세선을 보여준다. 광고가 방송된 횟수(x)는 가로축, 매출(y)는 세로축으로 표현하였다. 첫째 주의 경우 $x = 2$이고 $y = 50$이다. 이 좌표를 나타내는 점을 산점도에 표시하고 나머지 아홉 주에 대한 좌표를 모두 나타내었다. 광고가 한 번 방송된 주가 두 번, 광고가 두 번 방송된 주 역시 두 번, 이런 식으로 진행된다.

그림 2.8의 완성된 산점도*에 따르면 광고가 방송된 횟수와 매출 사이에는 정의 관계

---

* 추세선의 식은 $y = 4.95x + 36.15$이다. 추세선의 기울기는 4.95이며 y축 절편은 36.15이다. 추세선의 기울기와 절편의 해석은 12장 단순회귀분석에서 자세히 논의된다.

DATA*file* Electronics

표 2.14 스테레오 및 음향기구 상점의 표본 자료

주(Week)	광고횟수(x)	매출액(y)
1	2	50
2	5	57
3	1	41
4	3	54
5	4	54
6	1	38
7	5	63
8	3	48
9	4	59
10	2	46

그림 2.8 스테레오 및 음향기구 상점의 산점도와 추세선

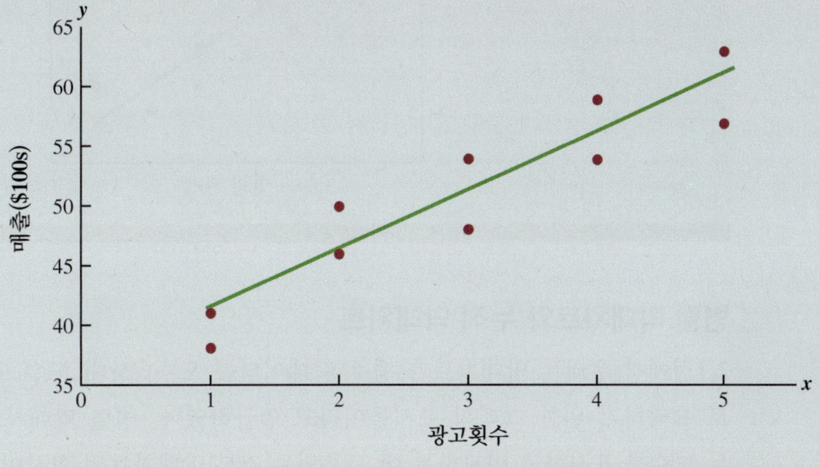

가 존재한다. 높은 매출은 여러 번에 걸친 광고 방송과 연관되어 있다. 이 관계는 완벽히 비례하지 않기 때문에 모든 점이 일직선상에 나타나지 않는다. 하지만 점의 일반적인 패턴과 추세선을 살펴보면 전반적인 관계는 정의 방향임을 알 수 있다.

몇 가지 일반적인 산점도 유형과 그것이 나타내는 관계의 종류가 그림 2.9에 나타나 있다.

왼쪽 위의 유형이 지금의 광고 방송횟수와 매출의 예가 보여주는 것과 비슷한 정의 관계를 나타낸다. 오른쪽 위의 유형은 변수들 사이에 특정한 관계가 존재하지 않는 산점도이다. 아래쪽은 x가 증가함에 따라 y가 감소하는 역의 관계를 보여준다.

그림 2.9 산점도에 의한 상관관계 유형

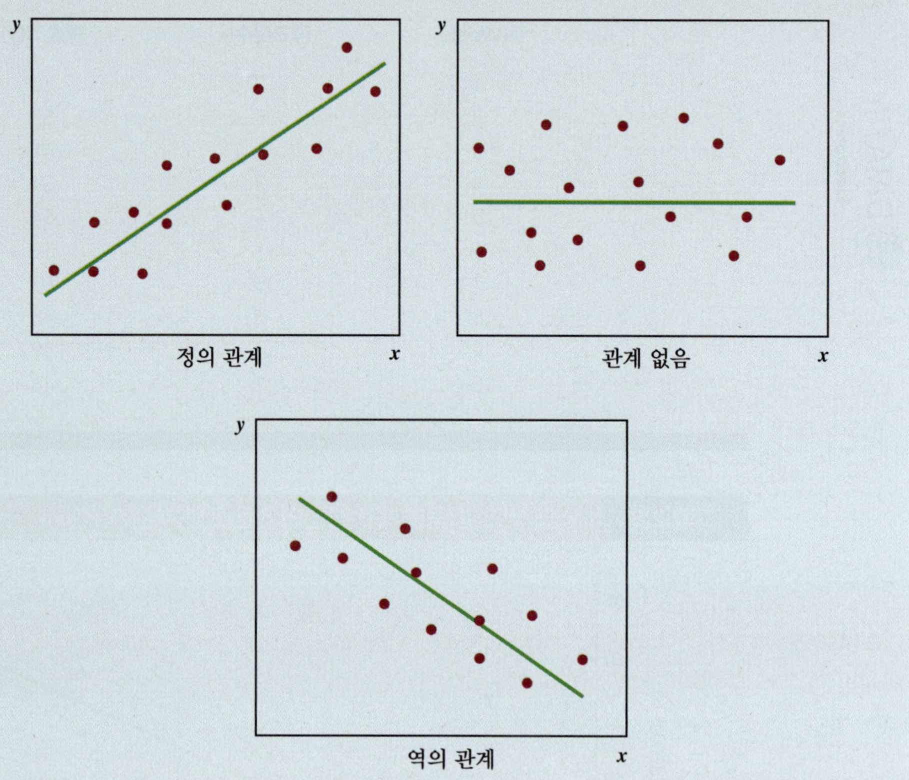

병렬 막대차트와 누적 막대차트

2.1절에서 우리는 막대차트가 범주형 데이터를 도수, 상대 도수 또는 백분율 도수 분포로 요약하기 위한 그래픽 표시물이라고 언급하였다. 병렬 막대차트와 누적 막대차트는 두 변수를 표시하고 비교하는 데 사용되는 기본 막대차트의 확장이라 볼 수 있다. 동일한 차트에 두 개의 변수를 표시함으로써 변수 간의 관계를 더 잘 이해할 수 있게 된다.

병렬 막대차트(side-by-side bar chart)는 동일한 표시물에 여러 막대차트를 나타내기 위한 그래픽 디스플레이이다. 병렬 차트 적성법을 설명하기 위해 로스앤젤레스 지역에 위치한 300개 레스토랑 표본에 대한 품질 등급과 식사비 데이터와 관련된 적용 사례문제를 상기시켜 보자. 품질 등급은 좋음, 매우 좋음, 우수 등급으로 구성된 범주형 변수이다. 식사비는 \$10~\$49 범위의 정량적 변수이다.

표 2.10에 표시된 교차제표는 식사비 데이터를 \$10-19, \$20-29, \$30-39, \$40-49의 네 계급으로 그룹화되었음을 보여준다. 이러한 계급을 사용하여 병렬 막대차트를 구성해 보자.

그림 2.10은 레스토랑 데이터의 병렬 막대차트를 보여준다. 각 막대의 색상은 품질

그림 2.10 평가 등급 및 식사비 자료에 대한 병렬 막대차트

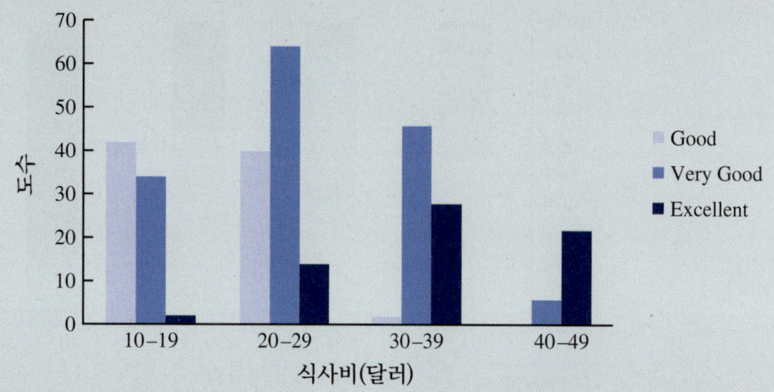

등급을 나타낸다(연한 파란색 = 좋음, 중간 파란색 = 매우 좋음, 진한 파란색 = 우수). 각 막대는 품질 등급 별 각각의 식사비 범주에 대한 도수를 수직 축의 해당 지점까지 연장하여 작성한다. 각각의 식사비 계급의 품질 등급 도수를 서로 인접하게 배치함으로써 특정 식사비 범주가 어떻게 평가되었는지 빠르게 확인할 수 있다. 가장 낮은 식사 가격 범주($10 ~ 19)에서는 대부분 우수함(Good) 및 매우 우수함(Very Good) 등급을 받았지만 훌륭함(Excellent) 등급은 거의 없음을 알 수 있다. 그러나 가장 높은 가격 범주($40 ~ 49)에서는 매우 다른 결과를 보여준다. 이 식사비 범주는 대부분 훌륭함(Excellent) 평가를 받았고 일부는 매우 우수함(Very Good) 평가를 받았지만 우수함(Good) 평가는 없었다.

그림 2.10은 또한 식사비와 품질 등급 사이의 관계를 잘 보여준다. 가격이 증가함에 따라(왼쪽에서 오른쪽으로) 연한 파란색 막대의 높이가 감소하고 진한 파란색 막대의 높이가 일반적으로 증가한다는 것을 볼 수 있다. 이는 가격이 올라갈수록 평가 등급이 좋아지는 경향이 있다는 것을 나타낸다. 예상한 대로 매우 우수함(Very Good) 등급은 차트의 중간 가격 범주에서 두드러지게 나타난다.

누적 막대차트는 동일한 표시물에 두 변수를 나타내고 비교하는 또 다른 방법이다.

표 2.15 식사비용 범주에 대한 열 백분율

	식사비(달러)			
평가 등급	**10 – 19**	**20 – 29**	**30 – 39**	**40 – 49**
Good	53.8%	33.9%	2.6%	0.0%
Very Good	43.6	54.2	60.5	21.4
Excellent	2.6	11.9	36.8	78.6
계	100.0%	100.0%	100.0%	100.0%

그림 2.11 품질 등급 및 식사 비용 데이터에 대한 누적 막대차트

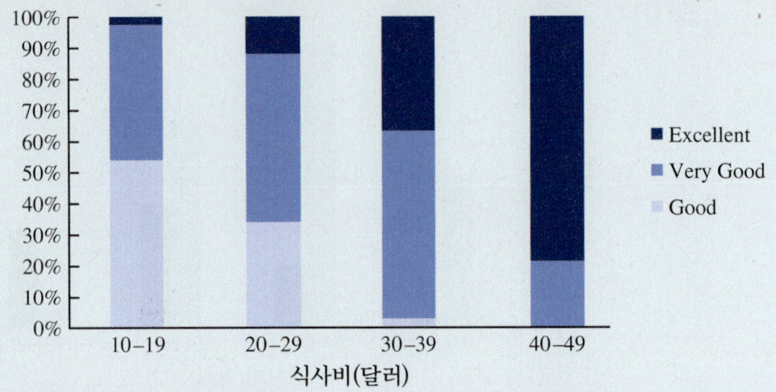

누적 막대차트(Stacked Bar Chart)는 각 막대를 서로 다른 색상으로 나누어 파이차트와 유사한 방식으로 각 계급의 상대 도수를 표시하는 차트이다. 누적 막대차트를 설명하기 위해 표 2.10에 표시된 교차제표에 요약된 품질 등급과 식사비 데이터를 사용하도록 하겠다.

Table 2.10의 도수 데이터를 각 열의 총합으로 나누어 열 백분율로 변환할 수 있다. 예를 들어, 식사 가격이 10～19달러 범위인 78개 레스토랑 중 42곳이 우수함(Good) 평가를 받았다. 즉, 78개 음식점 중 (42/78)100, 즉 53.8%가 우수함(Good) 평가를 받았다는 뜻이다. 표 2.15에는 각 식사 비용 범주에 대한 열에 대한 비율이 표시되어 있다. 표 2.15의 데이터를 사용하여 그림 2.11에 표시된 누적 막대차트를 작성하였다. 누적 막대차트는 백분율을 기반으로 하기 때문에 그림 2.11은 그림 2.10보다 변수 간의 관계를 훨씬 더 명확하게 보여준다. 저가 범주($10～19)에서 고가 범주($40～49)로 이동할수록 연한 파란색 막대의 길이가 줄어들고 진한 파란색 막대의 길이가 늘어나는 것을 볼 수 있다.

주석 및 코멘트

1. 시계열은 연속적인 시점에서 측정된 변수에 대한 관측지의 집합이다. 가로축에 시간의 값을, 세로축에 시계열 값을 표시한 산점도를 시계열도라고 한다. 우리는 17장에서 시계열 도표와 시계열 데이터를 분석하는 방법에 대해 다룰 것이다.
2. 누적 막대차트를 사용하여 도수 백분율 대신 도수를 표시할 수도 있다. 이 경우 각 막대의 다양한 색상의 세그먼트는 백분율 기여도가 아니라 해당 막대의 합계에 대한 기여도를 나타낸다.

연습문제

기본문제

36. 다음 20개의 관찰값은 두 개의 정량적 변수 x와 y에 대한 것이다.

DATA *file* Scatter

관찰값	x	y	관찰값	x	y
1	−22	22	11	−37	48
2	−33	49	12	34	−29
3	2	8	13	9	−18
4	29	−16	14	−33	31
5	−13	10	15	20	−16
6	21	−28	16	−3	14
7	−13	27	17	−15	18
8	−23	35	18	12	17
9	14	25	19	−20	−11
10	3	23	20	−7	−22

a. x와 y 간의 관계에 대한 산점도를 작성하시오.

b. x와 y 간에 어떤 관계가 있는지, 있다면 무엇인지 설명하시오.

37. 다음은 두 개의 범주형 변수에 대한 데이터이다. 첫 번째 변수 x는 A, B, C, D 값을 가질 수 있다. 두 번째 변수 y는 I 또는 II 값을 가질 수 있다. 다음 표에는 각 조합이 발생하는 빈도를 보여준다.

	y	
x	I	II
A	143	857
B	200	800
C	321	679
D	420	580

a. 수평축에 x가 있는 병렬 막대차트를 작성하시오.

b. x와 y 간의 관계에 대해 논하시오.

38. 다음 교차제표는 두 범주형 변수 x와 y에 대한 데이터를 요약합니다. 변수 x는 낮음(low), 중간(medium), 높음(high) 값을 가질 수 있으며, 변수 y는 예(yes) 또는 아니오(no) 값을 가질 수 있다.

	y		
x	Yes	No	Total
Low	20	10	30
Medium	15	35	50
High	20	5	25
Total	55	50	105

a. 행에 대한 백분율을 계산하시오.

b. 수평축에 x가 있는 백분율 도수에 대한 누적 막대차트를 작성하시오.

적용문제

DATA*file* MPG

39. 주행 속도와 연료 효율성. 중형 자동차의 주행 속도(마일/시간)와 연료 효율(마일/갤런)에 대한 연구 결과는 다음과 같다.

주행 속도	30	50	40	55	30	25	60	25	50	55
연료 효율성	28	25	25	23	30	32	21	35	26	25

a. 가로축을 주행속도, 세로축을 연비로 하여 산점도를 작성하시오.

b. 두 변수 사이의 관계에 대해 설명하시오.

DATA*file* Snow

40. 저온과 강설량. Snow 파일에는 미국 주요 51개 주요 도시에 대한 30년간의 기온과 강설량 데이터가 포함되어 있다. 예를 들어, 오하이오주 콜럼버스의 평균 최저 기온은 화씨 44도이고 연평균 강설량은 27.5인치이다.

a. 가로축을 연평균 최저기온, 세로축을 연평균 강설량으로 하여 산점도를 작성하시오.

b. 이 두 변수 사이에 어떤 관계가 있는 것으로 보이는가?

c. 산점도를 기반으로 특이한 위치에 놓인 데이터에 대해 설명하시오.

41. 고혈압과 심장병. 많은 사람들은 중년이 되기 이전 심장 상태에 대해 걱정하기 시작한다. 많은 연구에서는 혈압과 같은 위험 요인을 조기에 모니터링하는 것이 매우 유익할 수 있음을 보여준다(The Wall Street Journal). 정상 이상의 혈압, 즉 고혈압을 가지는 것은 심장병의 주요 위험 요인 중 하나이다. 다양한 연령과 성별의 개인들로 구성된 대규모 표본을 선택되었고 각 개인의 혈압이 측정되어 고혈압 여부를 확인했다고 가정해 보자. 표본 데이터에 대해 다음 표는 고혈압 환자의 비율을 보여준다.

DATA*file* Hypertension

나이	남성	여성
20 – 34	11.00%	9.00%
35 – 44	24.00%	19.00%
45 – 54	39.00%	37.00%
55 – 64	57.00%	56.00%
65 – 74	62.00%	64.00%
75 +	73.30%	79.00%

a. 가로 축에 연령, 세로 축에 고혈압 환자의 비율, 성별에 따른 병렬 막대차트를 작성하시오.

b. (a)에서 작성된 디스플레이는 고혈압과 연령에 대해 무엇을 나타내는가?

c. 성별에 따른 차이에 대해 논하시오.

42. **4K TV.** 4K TV는 이미지를 표시하기 위해 1080 디스플레이 TV보다 약 4배 많은 픽셀을 포함하고 있으며, 훨씬 더 높은 화질을 제공한다. 다음 설문조사 결과는 연령에 따른 4K TV 보유율과 1080 TV 및 기타 유형의 TV 보유율을 보여준다.

DATA*file* Televisions

연령대	4K TV(%)	1080 TV(%)	기타(%)
18 – 24	49	46	5
25 – 34	58	35	7
35 – 44	44	45	11
45 – 54	28	58	14
55 – 64	22	59	19
65 +	11	45	44

a. 텔레비전 소유 유형 데이터에 대한 누적 막대차트를 작성하시오. 가로축에는 연령 범주를 변수로 사용하시오.

b. 연령과 텔레비전 소유 사이의 관계에 대해 논하시오.

c. 이번 설문조사가 10년 뒤에 실시된다면 결과가 어떻게 달라질 것으로 예상되나?

43. **매장 관리자 시간 연구.** 야외 장비 소매업체의 노스웨스트(Northwest) 지역 관리자는 세 개의 매장 위치에서 매니저들이 시간을 어떻게 사용하는지 확인하기 위해 연구를 실시하였다. 결과 요약은 다음 표와 같다.

DATA*file* ManagerTime

	관리자의 일주일 근무 시간 비율			
매장 위치	**회의**	**보고서**	**고객응대**	**유휴**
Bend	18	11	52	19
Portland	52	11	24	13
Seattle	32	17	37	14

a. 가로축에는 매장 위치를, 세로축에는 각 작업에 소요된 시간의 비율을 표시하는 누적 막대형 차트를 작성하시오.

b. 가로축에 매장 위치를, 수평으로 나란히 놓인 각 작업에 소요된 시간의 백분율을 사용하여 병렬 막대차트를 작성하시오.

c. 이러한 데이터는 어떤 유형의 막대차트(누적형 또는 병렬형)가 선호되는가? 그 이유는 무엇인가?

2.5 데이터 시각화: 효과적인 그래픽 디스플레이 생성을 위한 모범 사례

데이터 시각화는 데이터에 대한 정보를 요약하고 제시하기 위해 그래픽 디스플레이를 사용하는 것이다. 데이터 시각화의 목표는 데이터에 대한 핵심 정보를 최대한 효과적이고 명확하게 전달하는 것이다. 이번 절에서는 효과적인 그래픽 디스플레이를 작성하는 지침을 제공하고, 연구 목적에 따라 적절한 유형의 디스플레이를 선택하는 방법을 논할 것이다. 데이터 대시보드의 사용을 설명하고, Cincinnati Zoo and Botanical Garden이 데이터 시각화 기술을 활용하여 의사결정을 개선하는 방법을 보여준다.

효과적인 그래픽 디스플레이 생성

표 2.16에 제시된 데이터는 지난 해 동안 Gustin Chemical이 미국의 영업 지역별로 실제 매출액과 매출액의 예상 또는 계획 값을 나타낸다. 여기서 주의해야 할 점은 두 개의 정량적 변수(예상 매출과 실제 매출)와 하나의 범주형 변수(영업 지역)가 있다는 것이다.

표 2.16 영업지역별 예상 매출액과 실제매출액(1,000달러)

영업지역	예상 매출액	실제 매출액
Northeast	540	447
Northwest	420	447
Southeast	575	556
Southwest	360	341

그림 2.12 예상 매출액과 실제 매출액에 대한 병렬 막대차트

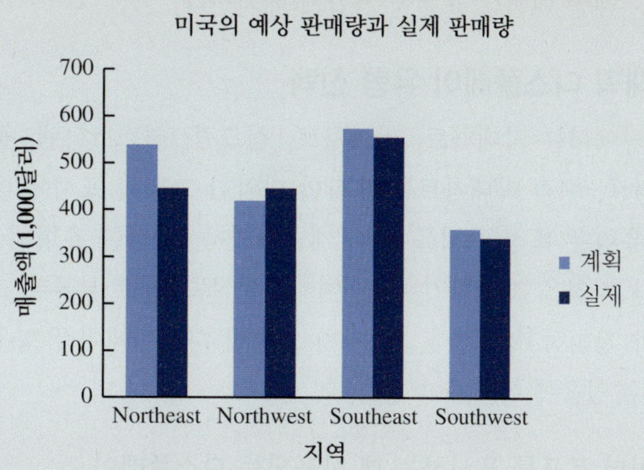

Gustin Chemical의 경영진이 각 영업 지역의 계획된 판매 실적을 시각화하는 동시에 지역 전체의 판매 성과를 시각화할 수 있는 그래픽 디스플레이를 개발한다고 가정해 보자.

그림 2.12는 계획 매출 데이터와 실제 매출 데이터에 대한 병렬 막대차트이다. 이 막대차트를 통해 특정 지역은 물론 지역 전체의 계획 매출량과 실제 매출량을 쉽게 비교할 수 있다. 이 그래픽 디스플레이는 간단하고 제목이 포함되어 있으며, 레이블이 지정되어 있고 두 유형의 매출을 구별하기 위해 색상을 사용하고 있다. 여기에서는 차트가 독자의 주의를 산만하게 하는 것을 방지하기 위해 다양한 파란색 음영이 사용되었다. 또한 세로축의 눈금은 0부터 시작된다. 네 개의 영업 지역은 구분을 명확히 하기 위해 공란으로 분리되어 있으며, 각 지역 내에서 계획 매출값과 실제 매출값을 나란히 놓아 쉽게 비교할 수 있도록 되어 있다. 그림 2.12의 병렬 막대 막대차트를 보면 남서부 지역이 계획 매출액과 실제 매출액 모두 가장 낮고 북서부 지역이 계획 매출액을 약간 초과했음을 알 수 있다.

효과적인 그래픽 디스플레이를 만드는 것은 과학적인 측면뿐만 아니라 예술적인 측면도 중요하다. 아래에 나열된 일반적인 지침을 통해 디스플레이는 데이터의 주요 정보를 효과적으로 전달할 가능성을 높일 수 있다.

- 디스플레이에 명확하고 간결한 제목을 지정한다.
- 디스플레이를 간단하게 유지하시오. 2차원이 충분한 경우에는 3차원을 사용하지 않는다.
- 각 축에 명확한 라벨을 붙이고 측정 단위를 제공한다.
- 범주를 구분하기 위해 색상을 사용하는 경우 색상이 뚜렷하면서도 산만하지 않은지 확인한다.

- 여러 색상이나 선 종류를 사용하는 경우 범례를 사용하여 사용 방법을 정의하고 범례를 데이터 표현에 가깝게 배치한다.

그래픽 디스플레이 유형 선택

이 장에서는 막대차트, 파이차트, 점그림, 히스토그램, 줄기-잎 그림, 산점도, 병렬 막대차트, 누적 막대차트를 포함한 다양한 그래픽 표시에 대해 논하였다. 각각의 디스플레이 유형은 특정 목적을 위해 개발되었다. 적절한 유형의 그래픽 디스플레이를 선택하기 위한 지침을 제공하기 위해 여기서는 목적별로 분류된 그래픽 디스플레이 유형에 대해 요약 정리하고자 한다. 몇 가지 그래픽 디스플레이 유형은 여러 목적에 효과적으로 사용될 수 있음에 유의해야 한다.

데이터 분포를 표시하는 데 사용되는 디스플레이

- 막대차트–범주형 데이터의 도수 분포와 상대 도수 분포를 표시하는 데 사용됨.
- 파이차트–범주형 데이터의 상대 도수와 백분율 도수를 표시하는 데 사용됨. 일반적으로 막대차트보다 선호되지 않음.
- 점그림–전체 데이터 범위에 대한 정량적 데이터의 분포를 표시하는 데 사용됨.
- 히스토그램–일련의 계급에 대한 정량적 데이터의 도수 분포를 표시하는 데 사용됨.
- 줄기-잎 그림–정량적 데이터의 순위와 분포 형태를 모두 표시하는 데 사용됨.

비교를 위해 사용되는 디스플레이

- 병렬 막대차트–두 변수를 비교하는 데 사용됨.
- 누적 막대차트–두 범주형 변수의 상대 도수 또는 백분율 도수를 비교하는 데 사용됨.

관계를 나타내는 디스플레이

- 산점도–두 정량적 변수 간의 관계를 보여주는 데 사용됨.
- 추세선–산점도에서 데이터 관계를 대략적으로 계산하는 데 사용됨.

데이터 대시보드

가장 널리 사용되는 데이터 시각화 도구 중 하나는 데이터 대시보드이다. 자동차를 운전한다면 이미 데이터 대시보드의 개념에 익숙할 것이다. 자동차에서는 차량을 운전할 때 중요한 주요 정보를 제공하는 게이지 및 기타 시각적 디스플레이가 자동차 대시보드에 포함되어 있다. 예를 들어, 차의 속도, 연료 수준, 엔진 온도, 오일 수준을 표시하는 데 사용되는 게이지는 자동차의 안전하고 효율적인 운영을 보장하기 위한 중요한 정보이다. 일부 신차에서는 이 정보가 전면 유리에 시각적으로 표시되어 운전자에게 더욱 효과적인 정보를 제공하고 있다. 데이터 대시보드는 경영 의사결정과 유사한 역할을 한다.

데이터 대시보드는 회사나 조직의 성과를 모니터링하는 데 사용되는 정보를 구성하고 제시하는 시각적 디스플레이 세트이다. 이는 읽기 쉽고 이해하기 쉬우며 해석하기 쉬운 방식으로 구성되어야 한다. 자동차의 속도, 연료 수준, 엔진 온도, 오일 수준이 자동차에서 모니터링하는 데 중요한 정보인 것처럼 모든 비즈니스에는 회사의 성과를 평가하기 위해 모니터링해야 하는 핵심성과지표(KPI)가 있다. KPI의 예로는 재고량, 일일 매출, 정시 납품 비율, 분기별 매출 등이 있다. 데이터 대시보드는 사용자에게 중요한 KPI에 대한 요약 정보(잠재적으로 다양한 소스로부터)를 적시에 제공해야 하며, 사용자에게 지나치게 부담스럽지 않게 알려주어야 한다.*

그림 2.13 Grogan Oil 정보기술 콜센터 데이터 대시보드

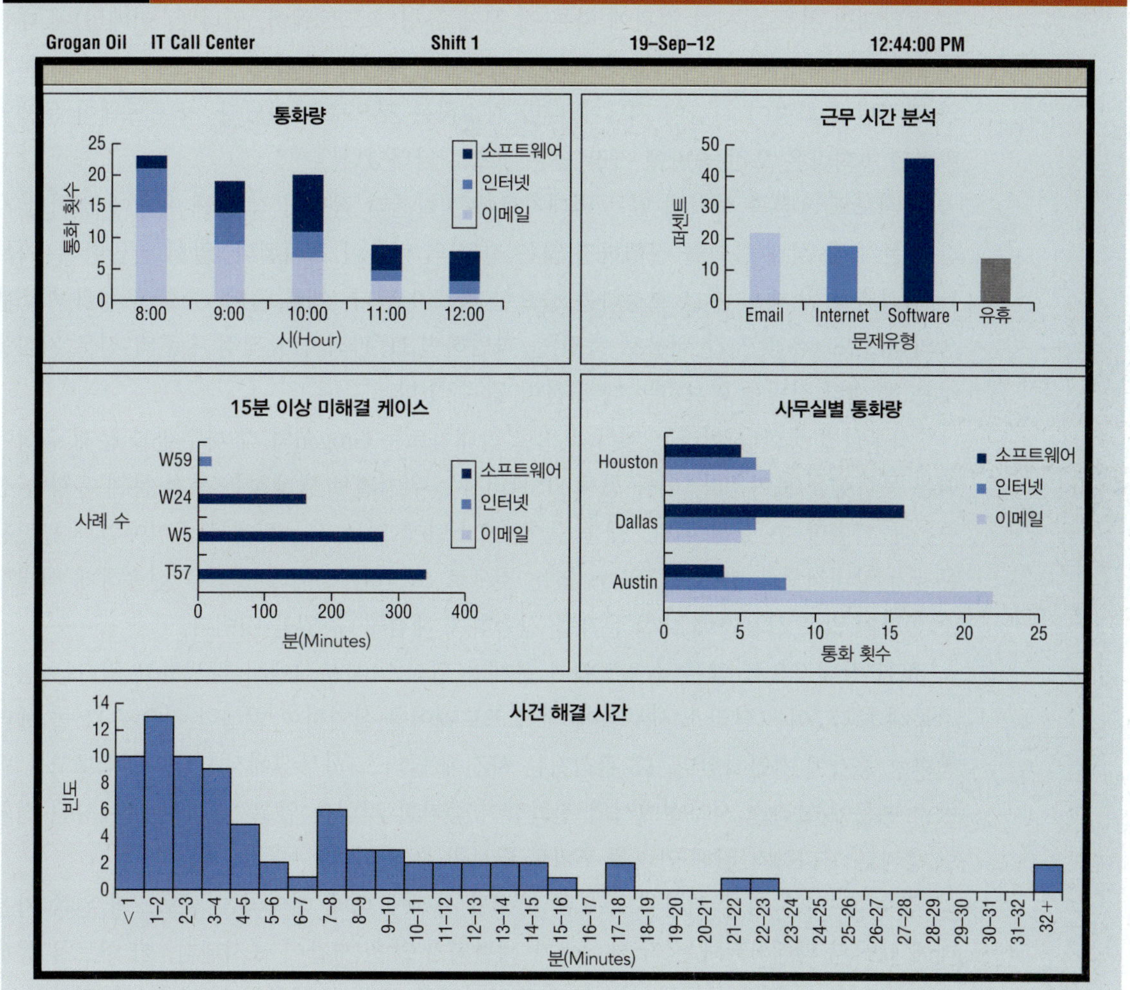

* KPI는 KPM(핵심 성과 메트릭스)이라고도 한다.

의사결정에서 데이터 대시보드를 사용하는 예를 들기 위해 Grogan Oil Company와 관련된 응용 사례를 살펴보도록 하겠다. Grogan은 텍사스의 오스틴(본사), 휴스턴, 달라스 3개 도시에 사무실을 두고 있다. Grogan의 정보 기술(IT) 콜 센터는 오스틴 사무실에 위치하고 있으며, 소프트웨어, 인터넷 및 이메일과 관련된 컴퓨터 문제를 겪고 있는 직원의 애로사항을 지원한다. 예를 들어, 댈러스에 있는 Grogan 직원이 컴퓨터 소프트웨어 문제를 겪으면 도움을 얻기 위해 IT 콜 센터에 전화를 걸 수 있다.

그림 2.13에 표시된 데이터 대시보드는 콜센터의 성과를 모니터링하기 위해 개발되었다. 이 데이터 대시보드는 콜 센터의 주요 성과 지표(KPI)를 모니터링하기 위해 여러 디스플레이를 결합하고 있다.

제시된 데이터는 오전 8시에 시작된 현재 근무조에 대한 자료이다. 왼쪽 상단에 있는 누적 막대형 차트는 시간 경과에 따른 각 문제 유형(소프트웨어, 인터넷, 이메일)에 대한 통화량을 보여준다. 이 차트는 근무 시간 중 시작 시간에 통화량이 많으며, 이메일 문제와 관련된 통화량이 시간이 지남에 따라 감소하는 것으로 나타났다. 소프트웨어 문제와 관련된 통화량은 오전 중반에 가장 높은 것으로 나타났다.

대시보드 오른쪽 상단에 있는 막대차트에는 콜센터 직원이 각 문제 유형에 소비한 시간 또는 유휴 상태(통화를 진행하지 않은 시간)의 비율이 표시된다. 앞서 언급한 두 차트는 최적의 직원 배치 수를 결정하는 중요한 지표가 된다. 예를 들어, 통화 구성과 시스템상의 피로도 (유휴 시간 비율로 측정)를 파악하면 IT 관리자가 적정 수준의 전문 지식을 갖춘 콜 센터 직원을 확보하는 데 도움이 될 수 있다.

“사무실별 통화량”이라는 제목의 병렬 막대차트는 Grogan의 각 사무실별 문제 유형에 따른 통화량을 보여준다. 이를 통해 IT 관리자는 위치별로 발생하는 특정 문제 유형을 신속하게 식별할 수 있게 된다. 예를 들어, 오스틴에 있는 사무실에서는 이메일과 관련된 문제가 상대적으로 많이 보고되고 있는 것으로 보인다. 문제의 원인을 신속하게 식별할 수 있다면 많은 사용자에 대한 문제를 신속하게 해결될 수 있을 것이다.

또한 상대적으로 많은 소프트웨어 문제가 달라스 사무실에서 발생하고 있다는 점에 주목해 보자. 이는 달라스 사무실에 새 소프트웨어를 설치하여 발생한 것으로 IT 콜 센터 통화량 증가에 기인하였다. IT 관리자는 사전에 달라스 사무실에서 이에 대해 보고를 받았기 때문에 달라스 사무실에서의 전화량이 증가할 것임을 알고 있었으며, 예상된 전화량 증가를 처리하기 위해 인력을 추가로 확보할 수 있었다.

접수 후 15분 이상 시간이 소요된 미해결 사례에 대해 데이터 대시보드의 왼쪽 가운데에 표시된 막대차트에는 각 케이스가 해결되지 않은 시간이 표시된다. 이 차트를 통해 Grogan은 주요 문제 사례를 신속하게 모니터링하고 추가 자원의 필요여부를 결정할 수 있다. 최악의 경우인 T57은 300분 넘게 해결되지 않고 남아 있는 상황이다. 마지막으로 하단의 히스토그램은 현재 근무조에 의해 해결된 사례에 대한 문제 해결 시간의 분포를 보여준다.

Grogan Oil 데이터 대시보드는 운영 수준에서의 대시보드 사용을 보여준다. 데이터 대시보드는 실시간으로 업데이트되며 직원 수준과 같은 운영 결정에 사용된다. 데이터 대시보드는 전술적, 전략적 관리 수준에서도 사용될 수 있다. 예를 들어 물류 관리자는 타사 운송업체의 정시 성과 및 비용에 대한 KPI를 모니터링을 할 수 있다. 이는 운송 방식과 운송사 선택과 같은 전술적 결정에 도움이 될 수 있다. 가장 높은 수준에서의 전략적 대시보드는 최고 경영진이 보다 종합적인 재무, 서비스 수준 및 용량 이용 정보를 모니터링하여 회사의 재무 상태를 신속하게 평가할 수 있도록 한다.

이전에 설명한 데이터 시각화를 위한 지침은 전체 대시보드뿐만 아니라 데이터 대시보드의 개별 차트에도 적용된다. 이러한 지침 외에도 화면 스크롤의 필요성을 최소화하고, 불필요한 색상이나 3D 디스플레이 사용을 피하며, 차트 사이에 테두리를 사용하여 가독성을 높이는 것이 중요하다. 개별 차트와 마찬가지로 간단하게 작성하는 것이 더 좋다.

실제 데이터 시각화: 신시내티 동식물원(Cincinnati Zoo and Botanical Garden)*

오하이오주 신시내티에 위치한 신시내티 동식물원은 미국에서 두 번째로 오래된 동물원이다. 데이터 중심의 의사결정을 통해 의사결정을 개선하고자 하는 목적으로 경영진은 비즈니스의 다양한 측면을 연결하고 비기술 관리자 및 임원들에게 데이터를 더 잘 이해할 수 있는 직관적인 방법 제공을 결정하였다. 여기서 발생하는 어려운 점은 동물원이 붐비는 경우에는 관리자들이 손님들과 상호 작용하며 운영을 점검하며 문제가 발생하기 전에 문제를 예상해야 한다는 것이다. 따라서 실시간으로 어떤 일이 일어나고 있는지 모니터링할 수 있는 능력이 무엇을 해야 할지 결정하는 데 있어서 핵심적인 요소였다. 동물원 경영진은 문제를 해결하기 위해 데이터 시각화 전략이 필요하다고 결론내렸다.

사용의 용이성, 실시간 업데이트 기능 및 iPad 호환성 때문에 Cincinnati Zoo는 IBM의 Cognos 고급 데이터 시각화 소프트웨어를 사용하여 데이터 시각화 전략을 구현하기로 결정했다. 이 소프트웨어를 사용하여 Cincinnati Zoo는 동물원 관리자가 다음과 같은 핵심 성과 지표를 추적할 수 있도록 그림 2.14에 표시된 데이터 대시보드를 개발하였다.

- 품목 분석(동물원 내 위치별 판매량 및 판매액)
- 지리 분석(당일 방문객이 동물원에서 시간을 보내는 장소를 지도와 디스플레이를 사용하여 표시)
- 고객 지출
- 캐셔 매출실적
- 날씨 패턴 대비 판매 및 방문 데이터
- 동물원 로열티 보상 프로그램 성과

---

* 저자들은 이 응용 프로그램을 제공한 신시내티 동식물원의 전직 John Lucas에게 감사드린다.

그림 2.14 신시내티 동물원의 데이터 대시보드

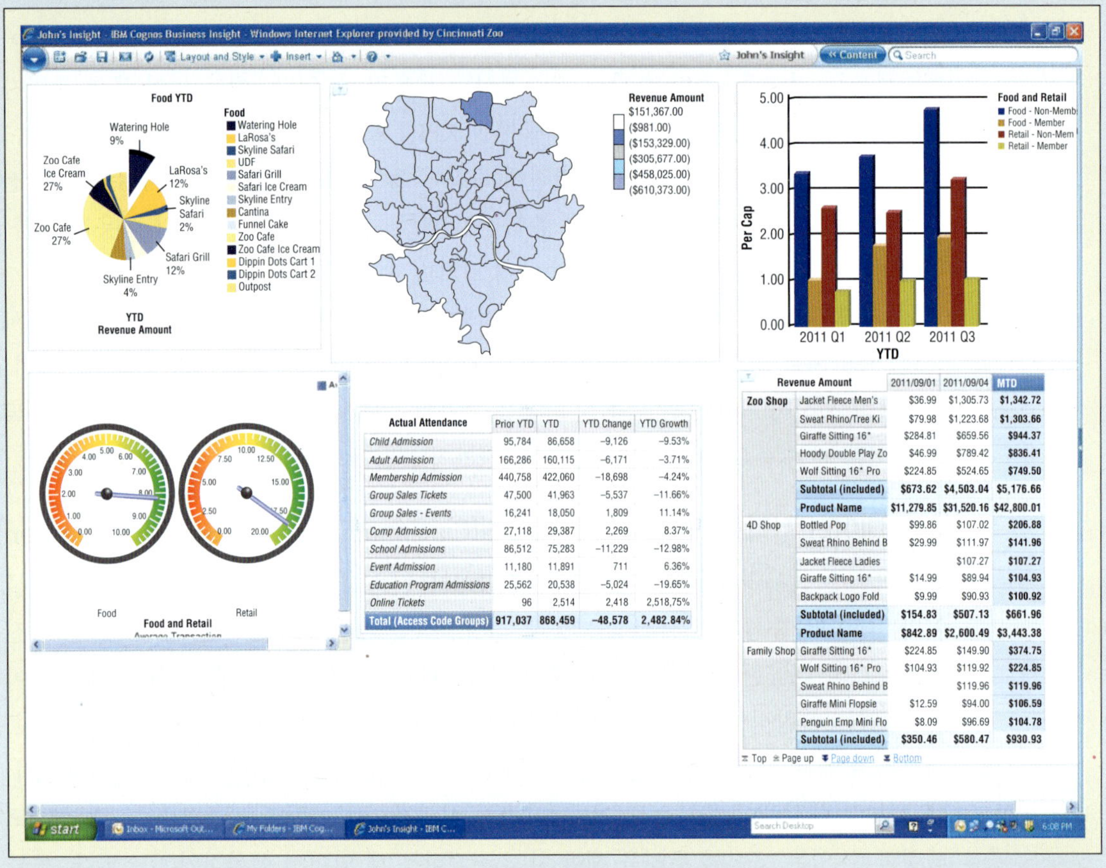

또한 동물원 관리자가 현장에 있어도 실시간으로 발생하는 상황을 보고 예측할 수 있도록 iPad 모바일 애플리케이션도 개발되었습니다. 그림 2.15에 표시된 Cincinnati Zoo의 iPad 데이터 대시보드는 관리자에게 다음과 같은 정보에 액세스할 수 있도록 한다:

- 동물원에 오는 손님의 "유형"을 포함한 실시간 출석 데이터
- 동물원 내에서 가장 빨리 팔리는 아이템을 보여주는 실시간 분석
- 동물원 방문객이 있는 곳을 실시간 지리적으로 표현

그림 2.14 및 2.15에 표시된 데이터에 액세스하면 동물원 관리자들은 직원 수 결정, 날씨 및 기타 조건에 기반한 재고 항목 결정, 인구통계학을 기반으로 광고를 보다 효율적으로 타겟팅하는 방법에 대한 더 나은 결정을 내릴 수 있었다.

데이터 시각화가 동물원에 미친 영향은 상당했다. 사용 첫해에 이 시스템은 500,000 달러 이상의 매출 성장, 동물원 방문 증가, 고객 서비스 향상 및 마케팅 비용 절감을 이끌어냈다.

그림 2.15 신시내티 동물원 iPad 데이터 대시보드

주석 및 코멘트

1. 데이터 시각화를 위해 다양한 소프트웨어 옵션을 사용할 수 있다. 가장 널리 사용되는 패키지로는 Excel, JMP, Power BI, R, SAS Visual Analytics, Spotfire, Tableau가 있다.
2. 지리 데이터 시각화를 위한 매우 강력한 도구는 지리정보시스템(GIS)이다. GIS는 지도 상에 색상, 기호, 텍스트를 사용하여 변수가 지리적으로 어떻게 분포되어 있는지 이해를 돕는다. 예를 들어, 새로운 유통센터를 찾는 데 관심이 있는 기업은 제품 수요가 미국 전역에서 어떻게 변하는지를 파악하고 싶을 것이다. GIS를 사용하면 빨간색 지역은 수요가 높고 파란색은 수요가 낮으며 제품이 판매되지 않는 지역은 색상이 표시되지 않을 수 있다. 빨간색(수요가 많은) 지역에 가까운 위치는 추가 고려 대상이 될 수 있다.

요약

적은 양의 데이터라도 직접적으로 해석하기 어려울 수 있습니다. 표 및 그래픽 디스플레이는 데이터를 요약하고 표시하여 패턴을 드러내고 데이터를 더 쉽게 해석할 수 있도록 도와줄 수 있다.

그림 2.16 자료 요약을 위한 표와 그래프

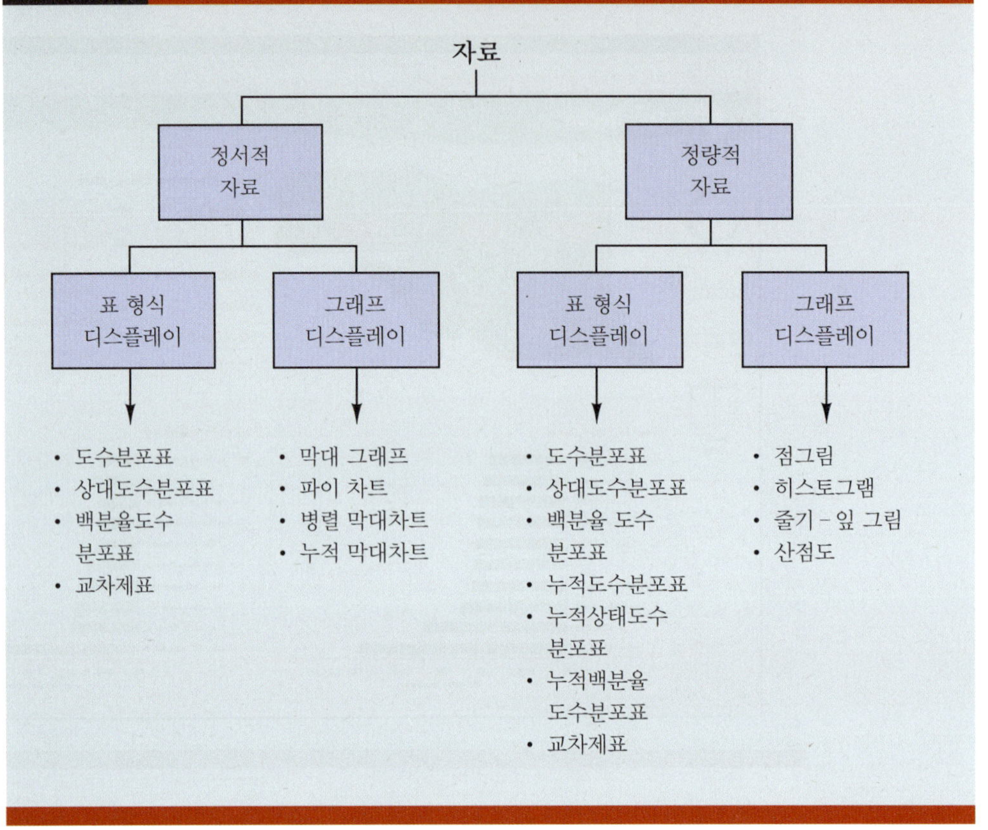

단일 범주형 변수에 대한 데이터를 요약하기 위해 도수분포, 상대도수분포, 백분율 도수분포, 막대차트 및 파이차트가 표와 그래픽 디스플레이로 제시되었다. 단일 정량변수에 대한 데이터를 요약하는 방법으로 도수분포, 상대도수분포, 백분율 도수분포, 히스토그램, 누적도수분포, 누적상대도수분포, 누적백분율 도수분포, 줄기-잎 그림을 소개하였다.

두 변수에 대한 자료를 요약하는 표 형식의 교차제표와 두 정량적 변수에 대한 자료 요약을 위한 그래픽 디스플레이로 산점도를 소개하였다. 또한 병렬 막대차트와 누적 막대차트가 기본 막대차트의 확장으로서 두 범주형 변수를 표시하고 비교하는 데 사용될 수 있음을 보여주었다. 효과적인 그래픽 디스플레이를 생성하는 지침과 가장 적절한 디스플레이 유형을 선택하는 방법에 대한 내용도 소개하였다. 데이터 대시보드는 읽기, 이해 및 해석이 용이한 방식으로 기업의 성과를 모니터링하는 데 사용되는 정보를 체계화하고 제공하는 일련의 시각적 디스플레이를 개발할 수 있는 방법을 설명하기 위해 소개하였다. 그림 2.16은 이 장에 제시된 표 형식 및 그래픽 방법을 요약한 것이다.

대규모 데이터를 처리할 경우 컴퓨터 소프트웨어 패키지가 데이터의 표와 그래픽 디스플레이를 작성하는 데 필수적이다. 부록에서는 Excel이 이러한 목적으로 어떻게 사용될 수 있는지를 보여준다.

용어

계급 중간점(Class midpoint) 계급상한과 계급하한의 중간값으로 구할 수 있다.

교차제표(Crosstabulation) 두 변수에 대한 자료를 표 형식으로 요약한 것이다. 한 변수는 행을 대표하는 계급이고, 다른 한 변수는 열을 대표하는 계급이다.

누적도수분포(Cumulative frequency distribution) 각 계급의 상한값과 같거나 그보다 작은 값을 가지는 자료값의 수를 보여주는 정량적 자료의 표 요약이다.

누적 막대차트(Stacked bar chart) 각 막대를 서로 다른 색상의 직사각형 조각으로 나누어 파이차트와 유사한 방식으로 각 계급의 상대 도수를 표시하는 막대차트이다.

누적백분율 도수분포(Cumulative percent frequency distribution) 각 계급의 상한값과 같거나 그보다 작은 값을 가지는 자료값의 백분율을 보여주는 정량적 자료의 표 요약이다.

누적상대도수분포(Cumulative relative frequency distribution) 각 계급의 상한값과 같거나 그보다 작은 값을 가지는 자료값의 면적 또는 부분을 보여주는 정량적 자료의 표 요약이다.

데이터 대시보드(Data dashboard) 기업 또는 조직의 성과를 모니터링하는 데 사용되는 정보를 읽기, 이해 및 해석하기 쉬운 방식으로 구성하고 제공하는 시각적 디스플레이 세트이다.

데이터 시각화(Data visualization) 데이터 세트에 대한 정보를 요약하고 제시하기 위해 그래픽 디스플레이를 사용하는 것을 설명하는 데 사용되는 용어이다.

도수분포(Frequency distribution) 겹치지 않게 계급이나 범주를 여럿으로 나누어 각 계급별 항목의 빈도를 표로 요약해서 보여준다.

막대그래프(Bar chart) 범주형 자료의 도수분포, 상대도수분포, 백분율 도수분포 등을 요약해서 설명하는 그래픽 도구이다.

백분율 도수분포(Percent frequency distribution) 중복되지 않는 여러 계급의 각각에 대한 관측치의 백분율을 요약표로 보여준다.

범주형 자료(Categorical data) 항목의 유형을 구분하기 위해 표식 또는 이름을 사용한다.

병렬 막대차트(Side-by-side bar chart) 동일한 디스플레이에 여러 막대차트를 표시하기 위한 그래픽 디스플레이이다.

산점도(Scatter diagram) 두 정량적 변수 사이의 관계를 그래프로 표시한 것이다. 한 변수는 수평축을 나타내고 다른 한 변수는 수직축을 나타낸다.

심슨의 역설(Simpson's paradox) 각각의 교차제표에서 이끌어낸 결론과 자료를 하나의 교차제표로 통합해서 나타내었을 때의 결론이 정반대 되는 경우이다.

점그림(Dot plot) 수평축에 있는 각 자료값 위에 찍힌 점의 수로 자료를 요약하는 그래픽 기법이다.

정량적 자료(Quantitative data) 수와 양이 얼마나 되는지 나타내는 수적인 값이다.

줄기-잎 그림(Stem-and-leaf display) 데이터 분포의 순위 순서와 모양을 동시에 표시하는 데 사용되는 그래픽 디스플레이이다.

추세선(Trendline) 두 변수 사이의 근삿값을 보여주는 선이다.

파이차트(Pie chart) 각 계급의 상대도수에 대응하도록 원을 부분으로 나누어서 자료를 나타내는 그래픽 기법이다.

히스토그램(Histogram) 수평축에 계급 구간을 놓고 수직축에는 도수, 상대도수, 백분율 도수를 놓아서 범주형 자료의 도수분포, 상대도수분포, 백분율 도수분포를 나타내는 그래픽 기법이다.

핵심공식

상대도수

$$\frac{\text{계급의 빈도}}{\text{관찰값의 개수}(n)} \tag{2.1}$$

적정 계급의 크기

$$\frac{\text{자료의 최댓값} - \text{자료의 최솟값}}{\text{계급의 수}} \tag{2.2}$$

보충문제

44. SAT 점수. SAT는 일부 대학에서 입학 결정에 사용하는 표준화된 시험이다. 2021년에는 약 100만 명의 고등학생이 SAT에 응시하였다. 2021년 버전의 SAT는 증거 기반 읽기 및 쓰기, 수학의 두 부분으로 구성된. SAT의 만점 종합 점수는 1600점이다. 종합 SAT의 SAT 점수 샘플은 다음과 같다.

DATA*file* SAT2021

740	1380	1260	940	1110
1210	600	1080	910	960
1310	850	800	920	1110
820	1270	1040	870	1160
1200	1080	1120	750	1040
900	1060	1420	1180	1030

a. 도수분포와 히스토그램을 작성하시오. 첫 번째 계급을 600부터 시작하고 계급너비는 100을 사용하시오.

b. 분포 형태에 대해 설명하시오.

c. 표와 그래픽 요약을 기반으로 SAT 점수에 대해 어떤 관측이 가능한가?

DATA*file* MedianHousehold

45. 중위 가계 소득. MedianHousehold 파일에는 각 50개 주별로 두 명의 소득원을 가진 가족의 중위 가계 소득이 포함되어 있다(American Community Survey).

a. 중위 가계 소득의 도수와 백분율 도수분포를 작성하시오. 65.0에서 첫 번째 계급을 시작하고 계급너비를 5로 사용하시오.

b. 히스토그램을 작성하시오

c. 분포 형태에 대해 설명하시오.

d. 두 명의 소득원 가구의 중위소득이 가장 높은 주는 어디인가?

e. 중위 소득이 가장 낮은 주는 어디인가?

DATA*file* Population2012

46. 미국 통계국의 자료는 각 주의 인구수(백만 명)를 제공한다(World Almanac, 2006년).

주	인구	주	인구	주	인구
Alabama	4.8	Louisiana	4.5	Ohio	11.5
Alaska	0.7	Maine	1.3	Oklahoma	3.8
Arizona	6.4	Maryland	5.8	Oregon	4.3
Arkansas	2.9	Massachusetts	6.5	Pennsylvania	12.7
California	37.3	Michigan	9.9	Rhode Island	1.0
Colorado	5.0	Minnesota	5.3	South Carolina	4.6
Connecticut	3.6	Mississippi	3.0	South Dakota	0.8
Delaware	0.9	Missouri	6.0	Tennessee	6.3
Florida	18.8	Montana	0.9	Texas	25.1
Georgia	9.7	Nebraska	1.8	Utah	2.8
Hawaii	1.4	Nevada	2.7	Vermont	0.6
Idaho	1.6	New Hampshire	1.3	Virginia	8.0
Illinois	12.8	New Jersey	8.8	Washington	6.7
Indiana	6.5	New Mexico	2.0	West Virginia	1.9
Iowa	3.0	New York	19.4	Wisconsin	5.7
Kansas	2.9	North Carolina	9.5	Wyoming	0.6
Kentucky	4.3	North Dakota	0.7		

a. 도수분포, 백분율 도수분포, 히스토그램을 작성하라. 단, 계급의 크기는 250만 명으로 하시오.

b. 분포의 모양에 대하여 논하시오.

c. 50개 주의 인구에 대하여 어떤 관찰 결과를 발견할 수 있는가?

DATA *file* StartUps

47. **스타트업 회사 자금.** 월스트리트저널(Wall Street Journal)에 따르면 스타트업 회사의 자금 조달 능력은 성공의 핵심이다. 아래는 50개 스타트업 회사가 모금한 자금(단위: 수백만 달러)이다.

81	61	103	166	168
80	51	130	77	78
69	119	81	60	20
73	50	110	21	60
192	18	54	49	63
91	272	58	54	40
47	24	57	78	78
154	72	38	131	52
48	118	40	49	55
54	112	129	156	31

a. 줄기-잎 그림을 작성하시오.

b. 줄기-잎 그림에 대한 의견을 제시하시오.

DATA *file* BBB

48. **BBB에 보고된 소비자 불만.** 소비자 불만은 종종 Better Business Bureau(BBB)에 보고된다. BBB에 가장 많은 불만 사항이 보고된 업종은 은행, 케이블 및 위성 텔레비전 회사, 채권회사, 휴대폰 제공업체, 신차 대리점이다(USA Today). 200건의 불만에 대한 샘플 결과는 파일 BBB에 포함되어 있다.

a. 업계별 불만에 대한 도수와 비율을 구하시오.

b. 백분율 도수분포의 막대차트를 작성하시오.

c. 불만사항이 가장 많은 업종은 무엇입니까?

d. 불만에 대한 백분율 도수분포에 대한 의견을 제시하시오.

49. **주가 변동성.** "베타"라는 용어는 주식의 가격 변동성을 주식 시장 전체 대비 측정하는 것을 의미한다. 베타가 1이면 주식 가격이 시장과 정확히 동일하게 움직인다는 것을 의미한다. 베타 1.6은 주식시장이 1% 상승하면 주가가 1.6% 상승한다는 의미이다. 베타가 클수록 주가의 변동성이 커진다는 의미가 된다. 다우존스 산업평균을 이루는 기업들의 주식에 대한 베타 값은 표 2.17에 나와 있다(Yahoo Finance).

a. 도수분포와 백분율 도수분포를 작성하시오.

b. 히스토그램을 작성하시오

c. 분포 형태에 대해 설명하시오.

d. 베타가 가장 높은 주식은 무엇인가? 베타가 가장 낮은 것은 무엇인가?

DATA*file* StocksBeta

표 2.17 다우존스 산업평균 기업들의 베타

Company	Beta	Company	Beta
American Express Company	1.24	3M Company	1.23
The Boeing Company	0.99	Merck & Co. Inc.	0.56
Caterpillar Inc.	1.2	Microsoft Corporation	0.69
Cisco Systems, Inc.	1.36	Nike, Inc.	0.47
Chevron Corporation	1.11	Pfizer Inc.	0.72
Dow, Inc.	1.36	The Procter & Gamble Company	0.73
The Walt Disney Company	0.97	AT&T, Inc.	0.18
The Goldman Sachs Group, Inc.	1.79	The Travelers Companies, Inc.	0.86
The Home Depot, Inc.	1.22	UnitedHealth Group Incorporated	0.88
International Business Machines Corporation	0.92	United Technologies Corporation	1.22
Intel Corporation	0.9	Visa Inc.	0.82
Johnson & Johnson	0.84	Verizon Communications Inc.	0.04
JPMorgan Chase & Co.	1.84	Walgreens Boots Alliance	0.81
The Coca-Cola Company	0.68	Walmart Stores Inc.	0.26
McDonald's Corp.	0.62	Exxon Mobil Corporation	1.1

50. 교육 수준과 가계 소득. 미국 인구조사국은 미국 국민과 경제에 관한 정량적 데이터의 주요 소스 역할을 한다. 다음 교차제표는 고등학교 학위 이상 교육을 받은 가장의 교육 수준별 가구 수(1,000대)와 가계 소득을 보여준다(미국 인구 조사국 웹사이트).

	가계 소득				
교육수준	$25,000 이하	$25,000 to $49,999	$50,000 to $99,999	$100,000 이상	계
High School Graduate	9,880	9,970	9,441	3,482	32,773
Bachelor's Degree	2,484	4,164	7,666	7,817	22,131
Master's Degree	685	1,205	3,019	4,094	9,003
Doctoral Degree	79	160	422	1,076	1,737
계	13,128	15,499	20,548	16,469	65,644

a. 교육 수준 변수에 대한 백분율 도수분포를 작성하시오. 석사 또는 박사학위를 소지한 가장의 비율은 얼마나 되는가?

b. 가계 소득 변수에 대한 백분율 도수분포를 작성하시오. 가구 중 몇 퍼센트가 50,000달러 이상의 소득을 가지고 있는가?

c. 교차제표의 항목을 열에 대한 백분율로 변환하시오. 가계 소득이 25,000달러 미만인 가구의 교육 수준과 가계 소득이 100,000달러 이상인 가구의 교육 수준을 비교

하시오. 열에 대한 백분율 표시된 교차제표를 검토할 때 다른 관심 항목에 대해 의견을 제시하시오.

51. 소프트볼 선수의 평균 타율. 웨스턴 대학은 내년도 여성 소프트볼 장학금이 하나만 남아 있다. 웨스턴 대학에서 고려하고 있는 최종 두 명의 선수는 Allison Fealey과 Emily Janson이다. 코칭 스태프는 속도와 방어 기술에서는 두 선수가 거의 동일하다는 결론을 내렸다. 따라서 최종 의사결정은 선수의 평균 타율로 정하려고 한다. 각 선수의 3학년과 4학년 때의 대한 타격 실력의 교차제표는 아래는 같다.

	Allison Fealey	
결과	3학년	4학년
안타	15	75
무안타	25	175
총 타석	40	250

	Emily Janson	
결과	3학년	4학년
안타	70	35
무안타	130	85
총 타석	200	120

선수의 평균 타율은 선수의 안타 수를 총 타석수로 나눈 것이다. 평균 타율은 소수점 셋째 자리까지의 수를 10진수로 표시하였다(예: .456 → 456).

a. 각 선수의 3학년 및 4학년 때의 평균 타율을 계산하시오. 이 분석 결과에서 어떤 선수가 장학금을 받아야 하는가?

b. 저학년과 고학년에 대한 자료를 아래와 같은 하나의 교차제표로 통합하시오.

	선수	
결과	Fealey	Janson
안타		
무안타		
총 타석		

합쳐진 2년 동안에 대한 각 선수의 평균 타율을 구하시오. 이 분석을 통하여 어떤 선수가 장학금을 받아야 하는가? 설명하시오.

c. (a)번과 (b)번에서 내린 장학금 추천에 대한 결정은 일관성이 있는가? 어떤 명백한 비일관성이 있는지 설명하라.

DATA*file* FortuneBest100

52. 일하기 가장 좋은 장소. Fortune 잡지는 매년 최고의 회사 100곳을 선정하는 조사를 발표한다. FortuneBest100 파일의 데이터에는 회사의 순위, 회사 이름, 회사 규모, 정규직 직원의 증가율이 포함되어 있다. 이는 98개의 Fortune 100 회사 중 백분율 증가율 데이터가 있는 회사들에 대한 것입니다(Fortune 잡지 웹사이트). "순위" 열에는

Fortune 100대 기업 목록에서 회사의 순위를 나타내며, '규모' 열에는 회사가 소규모 회사(직원 수 2,500명 미만), 중견 기업(직원 수 2,500~10,000명) 또는 대기업(직원 수 10,000명 이상)인지 나타낸다. '성장률(%)' 열에는 정규직 직원의 증가율이 백분율로 표시된다.

a. 일자리 증가(%)을 행 변수로, 규모를 열 변수로 사용하여 교차제표를 작성하시오. 성장률(%)에 대해 −10에서 70까지 10만큼 증가하는 계급을 사용하시오.

b. 일자리 증가(%)에 대한 도수분포와 규모에 대한 도수분포를 작성하시오.

c. (a)에서 작성한 교차제표를 사용하여 열 백분율을 나타내는 교차제표를 작성하시오.

d. (a)에서 작성한 교차제표를 사용하여 행 백분율을 나타내는 교차제표를 작성하시오

e. 정규직 직원의 일자리 증가율과 회사 규모 간의 관계에 대해 설명하시오.

53. **대학 설립 연도와 비용.** 표 2.18은 103개 사립대학의 표본 데이터 일부이다. 전체 데이터는 Colleges 파일에 포함되어 있다. 데이터에는 단과대학 또는 종합대학의 이름, 기관 설립 연도, 가장 최근 학년의 등록금 및 수수료(숙식비 제외), 풀타임으로 처음으로 학사 학위를 취득하려는 학부생 중 6년 이내에 학위를 취득한 비율이 포함되어 있다(The World Almanac).

a. 행 변수로 설립연도를, 열 변수로 수업료를 사용하여 교차제표를 작성하시오. 설립연도는 1,600에서 2,000까지 50씩 증가하는 계급을 사용하시오. 수업료 및 수수료의 경우 1에서 45,000까지 5,000씩 증가시켜 사용하시오.

b. (a)의 교차제표에 대한 행 백분율을 계산하시오.

c. 설립연도와 수업료 및 비용 사이에 어떤 관계가 있는가?

54. **대학의 설립 연도와 졸업 비율.** 표 2.18에 있는 데이터를 참조하시오.

DATA*file* **Colleges**

표 2.18 사립대학 표본 데이터

학교	설립연도	등록금 및 수수료	% 학부생 졸업
American University	1893	$36,697	79.00
Baylor University	1845	$29,754	70.00
Belmont University	1951	$23,680	68.00
.	.	.	.
.	.	.	.
.	.	.	.
Wofford College	1854	$31,710	82.00
Xavier University	1831	$29,970	79.00
Yale University	1701	$38,300	98.00

a. 설립 연도를 행 변수로 하고 학부생 졸업비율을 열 변수로 하는 교차제표를 작성하시오. 설립 연도는 1600에서 2000까지 50씩 증가하는 계급을 사용하시오. 학부생 졸업비율의 경우 35%에서 100%까지 5%씩 증가하는 계급을 사용하시오.

b. (a)의 교차제표에 대한 행 백분율을 계산하시오.

c. 변수 간의 관계에 대해 설명하시오.

55. 대학 설립 연도와 비용. 표 2.18의 데이터를 참조하시오.

a. 설립 연도와 수업료 및 비용 간의 관계를 보여주는 산점도를 작성하시오.

b. 변수 간의 관계에 대해 설명하시오.

56. 대학 비용과 졸업률. 표 2.18의 데이터를 참조하시오.

a. 수업료 및 수수료와 졸업률 간의 관계를 보여주는 산점도를 작성하시오.

b. 변수 간의 관계에 대해 설명하시오.

57. 전기 자동차 판매. 전기 충전식 자동차 판매는 전 세계적으로 증가하고 있다. 아래 표는 미국 에너지부에서 수집한 2013년과 2015년 세계 주요 시장의 전기 충전식 차량 판매에 관한 데이터를 나타낸다(아르곤 국립 연구소에서 편집한 데이터, 미국 에너지부 웹사이트).

DATA *file* ElectricVehicles

Region	2013	2015
China	15,004	214,283
Western Europe	71,233	184,500
United States	97,102	115,262
Japan	28,716	46,339
Canada	931	5,284

a. 연도를 수평축으로 하는 병렬 막대차트를 작성하시오. 차트 상의 추세에 대해 설명하시오.

b. 위의 표를 각 연도에 대한 백분율로 변환하시오. 연도를 수평축으로 하는 누적 막대차트를 작성하시오.

c. (a) 또는 (b) 중 어느 쪽이 더 통찰력이 있는가? 설명하시오.

58. 동물원 방문객 유형 및 입장객 수. 동물원은 방문객을 회원, 학교, 일반의 세 가지 범주로 분류하였다. 회원 범주는 동물원을 지원하기 위해 연회비를 지불하는 방문객을 의미한다. 회원은 상품 및 동물원에서 계획한 여행에 대한 할인과 같은 특정 혜택을 받는다. 학교 범주에는 영유아 돌봄시설 및 초등학교, 중고등 학교의 선생님과 학생이 포함되어 있으며, 일반적으로 할인된 요금을 받는다. 일반 카테고리에는 다른 모

든 방문자가 포함된다. 동물원은 최근 입장객 수의 감소에 대해 우려하고 있다. 입장객 수와 멤버십을 더 잘 이해하기 위해 동물원 직원이 수집한 데이터는 다음과 같다.

DATA *file* Zoo

	방문객 수			
방문자 범주	Year 1	Year 2	Year 3	Year 4
일반	153,713	158,704	163,433	169,106
회원	115,523	104,795	98,437	81,217
학교	82,885	79,876	81,970	81,290
합계	352,121	343,375	343,840	331,613

a. 시간 경과에 따른 총 입장객 수에 대한 막대차트를 작성하시오. 데이터의 추세에 대해 설명하시오.

b. 수평축에 연도를 변수로 하여 방문자 범주별 입장객 수를 병렬 막대형 차트로 작성하시오.

c. (a) 차트와 (b) 차트를 기반으로 동물원 입장객 수에 대해 어떤 일이 일어나고 있는지 설명하시오.

사례연구 1: 펠리컨 상점

National Clothing의 사업부인 펠리컨 상점(Pelican Stores)은 전국에서 운영 중인 여성 의류 상점 체인점이다. 최근 이 체인은 다른 National Clothing 상점들의 고객들에게 할인쿠폰을 발송하는 판촉 행사를 진행하고 있다. 하루 동안 매장에서 신용카드를 사용한 100명 고객에 대해 거래 자료를 수집하였고, 행사가 진행되는 동안 자료는 PelicanStores 파일에 기록되었다. 표 2.19에 자료의 일부분을 제시하였다. 지불방식 중 전용카드(Proprietary Card)는 'National Clothing 충전 카드'를 사용한 것이다. 고객 중 할인쿠폰을 사용한 고객은 판촉(promotional) 고객으로, 할인쿠폰을 사용하지 않은 고객은 일반(Regular) 고객으로 분류하였다. 판촉 쿠폰은 펠리컨 상점의 일반 고객에 보내지지 않았다. 따라서 경영진은 고객이 판촉 쿠폰을 제시한 판매는 별도의 판매로 간주한다. 물론 펠리컨 상점은 판촉 고객이 계속해서 자신의 상점에서 쇼핑을 하기를 원한다. 표 2.19에 보이는 대부분의 변수는 그 뜻이 분명하지만 다음의 두 가지는 좀 더 명확히 하였다.

항목 수　구입한 항목의 총 개수

판매액　신용카드에 청구된 총 금액(달러)

펠리컨 상점의 경영진은 그들의 고객층이 누구인지 알고 싶어 하며, 할인쿠폰을 이용한 판촉 행사를 평가하기 위해서 이 표본 자료를 사용하고자 한다.

DATA*file* PelicanStores

표 2.19 펠리컨 상점의 신용카드 구매 고객 표본 100명에 대한 자료

고객	고객유형	항목 수	판매액	지불방법	성별	기혼여부	나이
1	Regular	1	39.50	Discover	Male	Married	32
2	Promotional	1	102.40	Proprietary Card	Female	Married	36
3	Regular	1	22.50	Proprietary Card	Female	Married	32
4	Promotional	5	100.40	Proprietary Card	Female	Married	28
5	Regular	2	54.00	MasterCard	Female	Married	34
.	.	.	.	.	.	.	.
.	.	.	.	.	.	.	.
.	.	.	.	.	.	.	.
96	Regular	1	39.50	MasterCard	Female	Married	44
97	Promotional	9	253.00	Proprietary Card	Female	Married	30
98	Promotional	10	287.59	Proprietary Card	Female	Married	52
99	Promotional	2	47.60	Proprietary Card	Female	Married	30
100	Promotional	1	28.44	Proprietary Card	Female	Married	44

경영보고서

경영팀의 고객 정보 구축을 지원하고 판촉 행사를 평가하기 위해서 기술통계의 표와 그래프 기법을 사용하여 보고서를 작성하시오. 적어도 이 보고서에는 다음 사항이 필히 포함되어야 한다.

1. 핵심 변수들에 대한 백분율 도수분포
2. 지불 방법에 따른 고객 구매 횟수에 대한 백분율 막대그래프 또는 파이차트
3. 고객 유형(일반 고객과 판촉 고객)과 판매액의 교차제표, 유사점이나 차이점에 대한 설명
4. 판매액과 고객의 연령 간의 관계를 보여주는 산점도

사례연구 2: 영화관 개봉

영화산업은 경쟁이 치열한 산업이다. 50개 이상의 스튜디오에서 매년 극장 개봉을 위해 수백 편의 새 영화를 제작하며, 각 영화의 재정적 성공 여부는 상당히 차이가 크다. 영화의 성공을 측정하는 데 사용되는 일반적인 변수로는 개봉 주말 총 매출(백만 달러), 총 매출(백만 달러), 영화가 상영된 극장 수, 영화가 개봉된 주 수가 있다. 2016년 극장에서 개봉된 상위 100편의 영화에 대한 데이터는 Movies2016 파일에 포함되어 있다(Box Office Mojo 웹사이트). 표 2.20은 이 파일에서 추출한 10편의 영화 데이터를 보여준다.

DATA*file* Movies2016

표 2.20 2016년 극장 개봉 영화 10편의 데이터

영화 제목	개봉 주 매출 (백만 달러)	총 매출 (백만 달러)	극장 수	개봉 주
Rogue One: A Star Wars Story	155.08	532.18	4,157	20
Finding Dory	135.06	486.30	4,305	25
Captain America: Civil War	179.14	408.08	4,226	20
The Secret Life of Pets	104.35	368.38	4,381	25
The Jungle Book	103.26	364.00	4,144	24
Deadpool	132.43	363.07	3,856	18
Zootopia	75.06	341.27	3,959	22
Batman v Superman: Dawn of Justice	166.01	330.36	4,256	12
Suicide Squad	133.68	325.10	4,255	14
Sing	35.26	270.40	4,029	20

경영보고서

기술 통계의 표와 그래픽 방법을 사용하여 변수들이 어떻게 영화의 성공에 기여하는지 파악하시오. 보고서에 다음 내용을 포함하여 작성하시오.

1. 네 가지 변수 각각에 대한 표 및 그래픽 요약과 함께 각 요약이 극장에 개봉되는 영화에 대해 알려주는 내용에 대한 논의.
2. 총 매출과 개봉 주말 총 매출 간의 관계를 보여주는 산점도 작성 및 논의
3. 총 매출과 극장 수 사이의 관계를 보여주는 산점도 작성 및 논의
4. 총 매출과 개봉 주 수 간의 관계를 보여주는 산점도 작성 및 논의

사례연구 3: 퀸 시티(Queen City)

오하이오 주의 세 번째로 큰 도시인 신시내티(Cincinnati), 별명 "퀸 시티(Queen City)"는 약 30만 명 이상의 인구를 가지고 있으며, 신시내티 대도시권은 약 220만 명의 인구를 보유하고 있다. 이 도시는 시장과 9명으로 구성된 시의회에 의해 통치된다. 시의 일상적인 운영을 책임지는 시 관리자는 시장과 시의회에 업무보고를 한다. 시 관리자는 최근 도시 운영 효율성 향상을 목표로 성과 및 데이터 분석실을 신설하였다. 이 새 사무실의 첫 번째 업무 중 하나는 전년도 지출을 검토하는 것이다. QueenCity 파일에는 다음을 포함하여 전년도 지출에 대한 데이터가 포함되어 있다.

부서 : 지출이 발생한 부서 번호
부서 설명: 지출이 발생한 부서 이름
카테고리: 지출의 범주

표 2.21 퀸시티의 연간 지출(처음 4개 항목)

부서	부서 설명	범주	기금	지출
121	Department of Human Resources	Fringe Benefits	050 – General Fund	$ 7,085.21
121	Department of Human Resources	Fringe Benefits	050 – General Fund	$102,678.64
121	Department of Human Resources	Fringe Benefits	050 – General Fund	$ 79,112.85
121	Department of Human Resources	Contractual Services	050 – General Fund	$ 3,572.50

기금: 지출이 청구된 기금
지출: 지출의 금액

DATA*file* QueenCity

표 2.21은 해당 연도의 5,427개 지출 중 처음 네 건의 항목을 보여준다. 시 관리자는 이 데이터를 사용하여 시 예산이 어떻게 지출되는지 더 잘 이해하고 싶어한다.

경영보고서

시 관리자가 시의 자금지출 방식을 더 잘 이해할 수 있도록 기술 통계의 표 및 그래픽 방법을 사용하여 보고서를 작성하시오. 보고서에는 다음이 포함되어야 한다.

1. 범주별 지출액과 해당 범주별 총 지출 비율을 보여주는 표 또는 그래픽 디스플레이.
2. 부서별 지출액과 부서별 총 지출 비율을 보여주는 표. 1% 미만의 지출을 갖는 모든 부서를 "기타"라는 범주로 통합하시오.
3. 기금별 지출액과 기금별 지출총액 대비 비율을 나타내는 표. 1% 미만의 지출을 갖는 모근 기금을 "기타"라는 범주로 통하시오.

사례연구 4: Cut-Rate Machining, Inc.

Cut-Rate Machining, Inc.의 1교대 감독인 Jon Weideman은 드릴 머신을 구입할 공급업체를 결정하려고 한다. 그는 다음 네 가지 업체로 선택을 좁혔다: The Hole–Maker, Inc. (HM); Shafts & Slips, Inc. (SS); Judge's Jigs, (JJ); Drill–for–Bits, Inc. (DB). 업체들은 비슷한 가격에 유사한 기능을 갖춘 기계를 제공하므로 기계의 효율성이 유일한 선택 기준이 된다. Jon Weideman은 테스트를 위해 각 공급업체에 기계 한 대를 인디애나주 리치몬드 제조 시설로 배송하도록 요청했다. 그는 기계를 사용하기 전에 두 시간 동안 예열한 후 오전 8시에 네 대의 기계를 모두 가동시켰다. 직원은 배송된 각 기계를 사용하여 2시간 동안 두께 25cm의 스테인리스 강판에 직경 3cm의 구멍을 뚫고, 각 기계로 뚫은 구멍의 너비를 측정하고 기록한다. Mr. Weideman의 데이터 수집 결과는 표 2.22에 제시되었다.

표 2.22 Drill-For-Bits, Inc의 공급업체 선택을 위해 수집된 데이터

교대	시간대	직원	공급 업체	측정된 폭(cm)	교대	시간대	직원	공급 업체	측정된 폭(cm)
1	10:00 a.m. – noon	Ms. Arnes	HM	3.50	1	2:00 p.m. – 4:00 p.m.	Ms. Arnes	JJ	2.66
1	10:00 a.m. – noon	Ms. Arnes	HM	3.13	1	2:00 p.m. – 4:00 p.m.	Ms. Arnes	JJ	2.54
1	10:00 a.m. – noon	Ms. Arnes	HM	3.39	1	2:00 p.m. – 4:00 p.m.	Ms. Arnes	JJ	2.61
1	10:00 a.m. – noon	Ms. Arnes	HM	3.08	1	2:00 p.m. – 4:00 p.m.	Ms. Arnes	JJ	2.57
1	10:00 a.m. – noon	Ms. Arnes	HM	3.22	1	2:00 p.m. – 4:00 p.m.	Ms. Arnes	JJ	2.71
1	10:00 a.m. – noon	Ms. Arnes	HM	3.45	1	2:00 p.m. – 4:00 p.m.	Ms. Arnes	JJ	2.55
1	10:00 a.m. – noon	Ms. Arnes	HM	3.32	1	2:00 p.m. – 4:00 p.m.	Ms. Arnes	JJ	2.59
1	10:00 a.m. – noon	Ms. Arnes	HM	3.61	1	2:00 p.m. – 4:00 p.m.	Ms. Arnes	JJ	2.69
1	10:00 a.m. – noon	Ms. Arnes	HM	3.10	1	2:00 p.m. – 4:00 p.m.	Ms. Arnes	JJ	2.52
1	10:00 a.m. – noon	Ms. Arnes	HM	3.03	1	2:00 p.m. – 4:00 p.m.	Ms. Arnes	JJ	2.57
1	10:00 a.m. – noon	Ms. Arnes	HM	3.67	1	2:00 p.m. – 4:00 p.m.	Ms. Arnes	JJ	2.63
1	10:00 a.m. – noon	Ms. Arnes	HM	3.59	1	2:00 p.m. – 4:00 p.m.	Ms. Arnes	JJ	2.60
1	10:00 a.m. – noon	Ms. Arnes	HM	3.33	1	2:00 p.m. – 4:00 p.m.	Ms. Arnes	JJ	2.58
1	10:00 a.m. – noon	Ms. Arnes	HM	3.02	1	2:00 p.m. – 4:00 p.m.	Ms. Arnes	JJ	2.61
1	10:00 a.m. – noon	Ms. Arnes	HM	3.55	1	2:00 p.m. – 4:00 p.m.	Ms. Arnes	JJ	2.55
1	10:00 a.m. – noon	Ms. Arnes	HM	3.00	1	2:00 p.m. – 4:00 p.m.	Ms. Arnes	JJ	2.62
1	noon – 2:00 p.m.	Ms. Arnes	SS	2.48	2	4:00 p.m. – 6:00 p.m.	Ms. Silver	DB	4.22
1	noon – 2:00 p.m.	Ms. Arnes	SS	2.72	2	4:00 p.m. – 6:00 p.m.	Ms. Silver	DB	2.68
1	noon – 2:00 p.m.	Ms. Arnes	SS	2.99	2	4:00 p.m. – 6:00 p.m.	Ms. Silver	DB	2.45
1	noon – 2:00 p.m.	Ms. Arnes	SS	2.68	2	4:00 p.m. – 6:00 p.m.	Ms. Silver	DB	1.84
1	noon – 2:00 p.m.	Ms. Arnes	SS	2.75	2	4:00 p.m. – 6:00 p.m.	Ms. Silver	DB	2.11
1	noon – 2:00 p.m.	Ms. Arnes	SS	2.42	2	4:00 p.m. – 6:00 p.m.	Ms. Silver	DB	3.95
1	noon – 2:00 p.m.	Ms. Arnes	SS	2.92	2	4:00 p.m. – 6:00 p.m.	Ms. Silver	DB	2.46
1	noon – 2:00 p.m.	Ms. Arnes	SS	2.68	2	4:00 p.m. – 6:00 p.m.	Ms. Silver	DB	3.79
1	noon – 2:00 p.m.	Ms. Arnes	SS	2.98	2	4:00 p.m. – 6:00 p.m.	Ms. Silver	DB	3.91
1	noon – 2:00 p.m.	Ms. Arnes	SS	2.50	2	4:00 p.m. – 6:00 p.m.	Ms. Silver	DB	2.22
1	noon – 2:00 p.m.	Ms. Arnes	SS	2.45	2	4:00 p.m. – 6:00 p.m.	Ms. Silver	DB	2.42
1	noon – 2:00 p.m.	Ms. Arnes	SS	2.99	2	4:00 p.m. – 6:00 p.m.	Ms. Silver	DB	2.09
1	noon – 2:00 p.m.	Ms. Arnes	SS	2.31	2	4:00 p.m. – 6:00 p.m.	Ms. Silver	DB	3.33
1	noon – 2:00 p.m.	Ms. Arnes	SS	2.42	2	4:00 p.m. – 6:00 p.m.	Ms. Silver	DB	4.07
1	noon – 2:00 p.m.	Ms. Arnes	SS	2.91	2	4:00 p.m. – 6:00 p.m.	Ms. Silver	DB	2.54
1	noon – 2:00 p.m.	Ms. Arnes	SS	2.83	2	4:00 p.m. – 6:00 p.m.	Ms. Silver	DB	3.96

이 결과를 기반으로 어떤 공급 업체에게 새 기계를 구매할 것을 제안하겠는가?

경영보고서

DATA *file* CutRate

그래픽 방식의 기술 통계량을 사용하여 각 공급업체의 효과를 조사한다. 보고서에 다음 사항을 포함시키시오.

1. 측정된 각 구멍의 너비(cm)에 대한 산점도
2. 산점도를 기반으로 한 각 업체의 효과에 대한 논의 및 수용 가능한 조건
3. 공급업체를 평가하기 위해 사용된 방법에 대해 발생할 수 있는 오류 원인에 대한 논의

Chapter 2 부록

엑셀을 활용한 표와 그래프 작성

엑셀은 자료의 요약표와 그래프를 그리는 데 다양한 기능을 제공한다. 이 부록에서는 도수분포, 막대그래프, 파이차트, 히스토그램, 산점도, 교차제표 등을 엑셀로 구현하는 방법을 보여준다. 여기서 엑셀의 자료 분석에 가장 강력한 도구인 차트 도구, 피벗차트 보고서, 피벗테이블에 대하여 설명할 것이다.

Excel에서 파일 열기

Excel을 실행하고 다음 단계에 따라 표와 그래프 작성을 위한 해당 파일을 연다.*

단계 1: 리본(Ribbon)의 'File' 탭을 클릭한다.

단계 2: 'Open'을 선택한다.

단계 3: 'Browse'를 선택한다.

단계 4: 'Open' 대화 상자가 나타나면 원하는 파일이 포함된 폴더로 이동하여 파일을 선택하고 'Open'을 클릭한다.

범주형 자료에 대한 도수분포와 막대그래프

이번 에서는 Excel이 제공하는 추천 차트 도구를 사용하여 범주형 자료에 대한 도수분포와 막대그래프를 어떻게 작성하는지 보여줄 것이다. 표 2.1의 탄산음료 구매 데이터와 SoftDrink 파일에 포함된 데이터를 사용하여 단계별로 보여주고자 한다.

DATA*file* SoftDrink

단계 1: 데이터에서 셀 일부를 선택한다(셀 A1:A51).

단계 2: 리본(Ribbon)의 'Insert' 탭을 클릭한다.

단계 3: Charts 그룹에서 'Recommended Charts'를 클릭하면 막대차트의 미리보기가 나타난다.

단계 4: 'OK'를 클릭하면 막대차트가 새 워크시트에 나타난다.

그림 Excel 2.1의 워크시트에는 위 단계를 걸쳐 생성된 50개의 탄산음료 구매에 대한 막대차트가 작성된다. 또한 Excel이 막대차트를 작성하기 위해 생성한 도수 분포 및 PivotTable 필드 대화 상자도 표시된다. 따라서 Excel의 추천 차트 도구를 사용하면 막대차트와 도수분포를 동시에 생성할 수 있다.

---

* Excel은 Open 메뉴에서 최근에 사용된 파일 목록을 표시한다.

그림 Excel 2.1 Excel의 추천 차트 도구를 사용하여 작성된 탄산음료 구매의 막대차트*

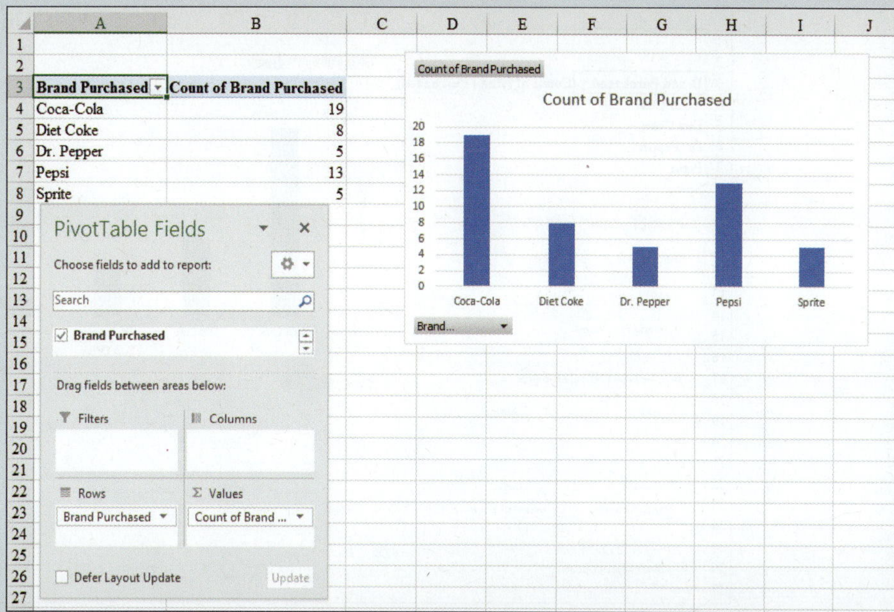

막대차트는 쉽게 편집되며 다른 차트 제목과 축 제목을 추가할 수 있다. 예를 들어 "탄산음료 구매의 막대차트"를 차트 제목으로 사용하고 수평축 제목에 "탄산음료", 수직축 제목에 "도수"를 삽입하고 싶다고 가정해 보다.

단계 1: Chart Title을 클릭하고 "Bar Chart of Soft Drink Purchases"로 변경한다.

단계 2: Chart Elements 버튼 [+]을 클릭한다(차트의 오른쪽 상단에 위치).

단계 3: 차트 요소 목록이 나타나면:

Axis Titles의 check box을 선택한다(축 제목의 자리 표시자(placeholder) 생성).

단계 4: 수평축 축 Axis Title을 클릭하고 "Soft Drink"로 변경한다.

단계 5: 수직축 Axis Title 클릭하고 "Frequency"로 대체합니다.

편집된 막대차트는 그림 Excel 2.2와 같다.

다른 유형의 차트를 작성하려면 차트를 선택하고 (차트의 아무 곳이나 클릭) 리본(Ribbon)에 위치한 세 개의 탭(PivotChart Analyze, Design, Format)을 나타낸다. 'Design' 탭을 클릭하고 'Change Chart Type' 옵션을 선택하여 'Change Chart Type' 대화 상자를 나타낼 수 있다. 이 대화 상자를 사용하면 선 차트와 산점도 차트를 포함하여 여러 다른 차트 유형으로 변경할 수 있다.

---

* 원하는 경우 차트에서 필드 버튼을 제거하려면 버튼 중 하나를 마우스 오른쪽 버튼으로 클릭하고 '차트에서 모든 필드 버튼 숨기기(Hide All Field Buttons on Chart)'를 선택하시오.

그림 Excel 2.2 Excel의 추천 차트 도구를 사용하여 작성된 탄산음료 구매에 대한 편집 막대차트

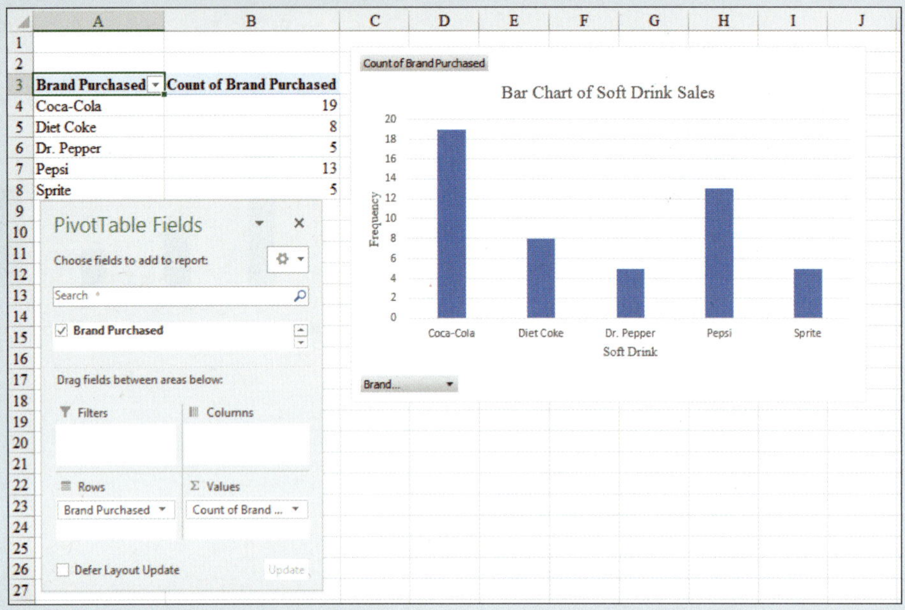

Frequency Distribution and Histogram for Quantitative Data

엑셀의 피벗테이블 보고서는 정량적 자료에 대한 도수분포를 작성하는 것 이외에도 여러 방법으로 자료를 빠르게 요약할 수 있는 대화형 도구이다. 일단 피벗테이블 보고서를 사용하여 도수분포를 작성하고 나면 엑셀의 차트도구를 사용하여 해당하는 히스토그램을 바로 작성할 수 있다. 또한 엑셀의 피벗테이블 보고서를 사용하면 도수분포와 히스토그램을 동시에 작성할 수 있다. 표 2.4의 감사기간 자료를 이용하여 단계별로 보여줄 것이다. 엑셀 워크시트에는 A1:A21 셀에 'Audit Time'이라는 제목과 20개의 감사기간의 값이 입력되어 있다. 다음과 같은 단계를 통하여 엑셀의 피벗차트 보고서를 사용한 감사기간의 자료에 대한 도수분포와 히스토그램의 작성법을 보여줄 것이다. 각각의 관련된 단계를 설명할 때 그림 Excel 2.3을 참고하라.*

DATA*file* **Audit**

단계 1: Ribbon에서 'Insert' 탭을 클릭한다.
단계 2: 'Charts' 그룹에서 'PivotTable'을 클릭한다.
단계 3: options 하위 메뉴가 나타나면 'PivotChart'를 선택한다.
단계 4: 'Create PivotChart' 대화상자가 나타나면,
'Select a table or range'를 선택한다.

---

* 이 부록의 다음 절에서 엑셀의 피벗테이블 보고서를 사용하여 교차제표를 작성하는 방법을 보여줄 것이다.

그림 Excel 2.3 Excel의 PivotChart 보고서를 사용하여 작성된 감사 시간 데이터에 대한 도수분포와 히스토그램

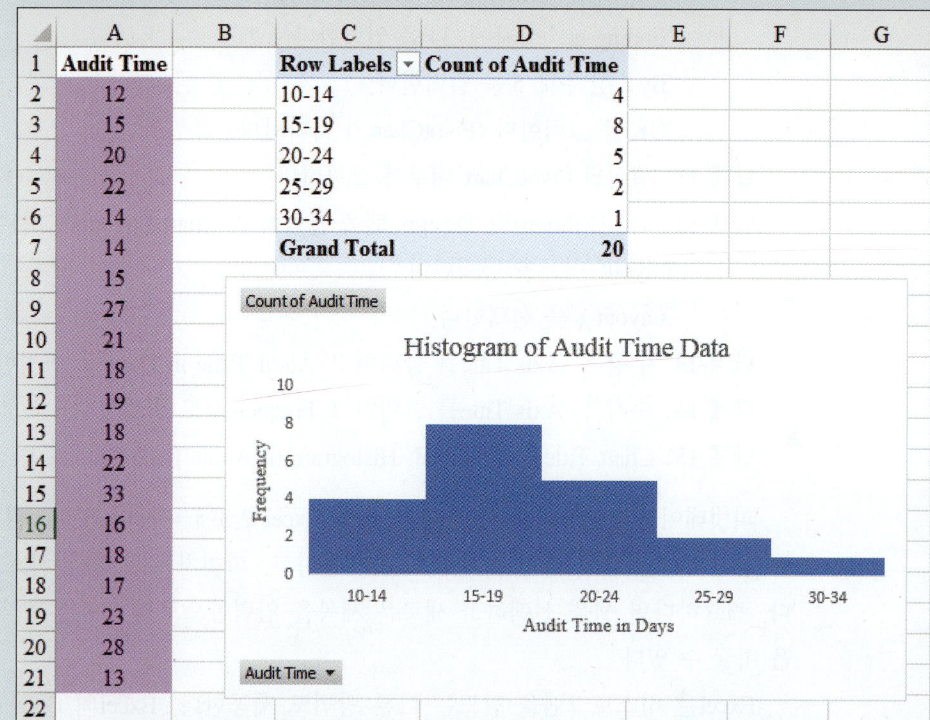

'Table/Range' 상자 안에 A1:A21를 입력한다.

피벗차트 위치 선택에서 'Existing Worksheet'를 선택한다.

'Location' 상자에 C1을 입력한다.

'OK'를 클릭한다.

단계 5: PivotChart Fields 작업 창에서 Choose Fields to add to report를 선택한다.

'Audit Time' 필드를 'Axis (Categories)' 영역으로 드래그한다.

'Audit Time' 필드를 'Values' 영역으로 드래그한다.

단계 6: 'Values' 영역에서 'Sum of Audit Time'을 클릭하고 options 목록에서 'Value Field Settings'를 선택한다.

단계 7: 'Value Field Settings' 대화 상자가 나타나면,

'Summarize value field by'에서 'Count'를 선택한다.

'OK'를 클릭한다.

단계 8: PivotChart Fields 목록을 오른쪽 상단에 있는 닫기(☒)를 클릭하여 닫는다.

단계 9: C2 셀이나 감사 시간이 포함된 피벗 테이블 보고서의 다른 셀을 마우스 오른

쪽 버튼으로 클릭한다. options 목록이 나타나면 Group을 선택한다.

단계 10: Grouping 대화 상자가 나타나면,

'Starting at:' 상자에 '10'을 입력한다.

'Ending at:' 상자에 '34'를 입력한다.

'By:' 상자에 '5'를 입력한다.

'OK'를 클릭한다 (PivotChart가 나타난다).

단계 11: 생성된 PivotChart 내부를 클릭한다.

단계 12: 리본(Ribbon)의 'Design' 탭을 클릭하고 'Chart Layouts' 그룹에서 'Quick Layout' 버튼을 클릭한다.

'Layout 8'을 선택한다.

단계 13: 수평축 Axis Title를 클릭하고 'Audit Time in Days'로 변경한다.

단계 14: 수직축 Axis Title를 클릭하고 'Frequency'로 변경한다.

단계 15: Chart Title을 클릭하고 'Histogram of Audit Time Data'로 변경한다.

피벗테이블과 피벗차트의 결과가 그림 Excel 2.3에 나타나 있다. 피벗테이블 보고서는 감사기간 자료에 대한 도수분포를 제공하고, 피벗차트는 해당 히스토그램을 제공한다. 필요하다면 셀을 선택하고 새로운 제목을 입력함으로써 도수분포의 특정 셀의 제목을 바꿀 수 있다.

Excel은 히스토그램을 만드는 다른 방법도 제공한다. Excel의 Data Analysis ToolPak은 Excel에서 데이터를 분석하는 데 사용할 수 있는 다양한 도구를 제공하며 그중에는 히스토그램을 생성하는 도구도 포함되어 있다. Data Analysis ToolPak은 Excel의 표준 구성요소로 제공되지만 기본적으로 활성화되어 있지 않을 수 있다. Excel에서 Data Analysis ToolPak 추가 기능을 활성화시키려면 아래 단계를 따르면 된다.

단계 1: 리본(Ribbon)의 'File' 탭을 클릭하고 'Options'를 선택한다.

단계 2: Excel Options 대화 상자가 열리면 'Add-ins'를 클릭한다.

Excel Options 대화 상자의 하단에 있는 'Manage: Excel Add-ins' 부분에서 'Go...'를 클릭한다.

'Analysis ToolPak' 확인란을 선택한다.

'OK'를 클릭한다.

다음은 Data Analysis ToolPak을 사용하여 감사 시간 데이터에 대한 히스토그램을 만드는 방법을 설명하고자 한다.

단계 1: 리본(Ribbon)의 'Data' 탭을 클릭한다.

단계 2: 'Analyze' 그룹에서 'Data Analysis'를 클릭한다.

단계 3: 'Data Analysis' 대화 상자가 열리면, 'Analysis Tools' 목록에서 'Histogram'을

그림 Excel 2.4 Excel의 데이터 분석 도구를 사용하여 Excel에서 작성된 도수분포와 히스토그램

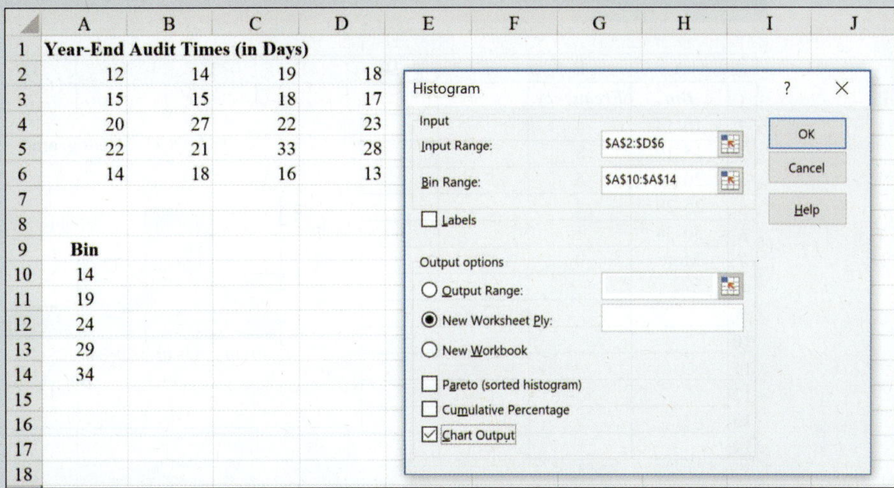

선택하고 'OK'를 클릭한다.

'Input Range:' 상자에 'A2:D6'을 입력한다.

'Bin Range:' 상자에 'A10:A14'를 입력한다.

'Output Options:' 하위에서 'New Worksheet Ply:'를 선택한다.

'Chart Output' 확인란을 선택한다(그림 Excel 2.4 참조).

'OK'를 클릭한다.

Excel에서 생성된 해당 데이터의 히스토그램은 그림 Excel 2.5에 나타나 있다. 그림 Excel 2.5에서는 셀 A2:A6에 표시된 값을 입력하여 열 A의 빈 범위를 수정하여 엑셀이 작성한 차트에 빈별 하한값과 상한값이 모두 표시되도록 하였다. 또한 Excel에서 히스토그램의 열 사이의 간격을 제거하여 히스토그램을 전통적인 형식에 맞추었다. Excel에서 히스토그램의 열 간 간격을 제거하려면 다음 단계를 따르면 된다.*

단계 1: 히스토그램에서 열 중 하나를 마우스 오른쪽 버튼으로 클릭한다.

'Format Data Series...'를 선택한다.

단계 2: 'Format Data Series' 작업 창이 열리면 'Series Options' 버튼 을 클릭하고, 'Gap Width'를 0%로 설정한다.

최근 버전의 Excel에서는 히스토그램 차트를 사용하여 히스토그램을 만들 수도 있다. 리본(Ribbon)의 'Insert' 탭을 클릭하고 'Charts' 그룹에서 'Insert Statistic Chart' 를 클릭

* Excel에서 셀 A2에 있는 "10 – 14" 텍스트를 입력하려면 '10 – 14'와 같이 입력한다. 작은따옴표(')는 Excel에서는 숫자나 날짜 값이 아닌 텍스트로 처리된다.

그림 Excel 2.5 Excel에서 데이터 분석 도구를 사용하여 생성된 감사 시간 데이터에 대한 히스토그램과 도수분포

Bin	Frequency
10–14	4
15–19	8
20–24	5
25–29	2
30–34	1
More	0

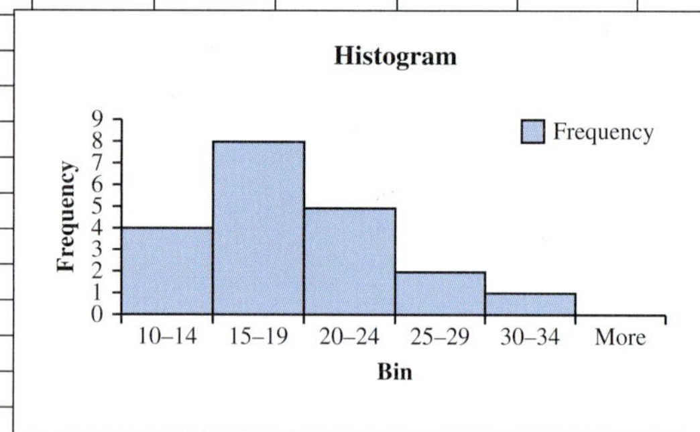

한 다음 'Histogram'을 선택하여 작성한다. Excel은 히스토그램의 bin 수와 bin 크기를 자동으로 설정한다. 이 값들은 'Format Axis'를 사용하여 변경할 수 있지만, Excel에서 히스토그램을 생성하기 위해 위에서 사용된 두 가지 접근 방식보다 기능이 더 제한적이다.

교차제표

엑셀의 피벗테이블 보고서는 자료에서 두 개 이상의 변수를 동시에 요약할 수 있는 최고의 방법을 제공한다. 엑셀의 피벗테이블 보고서를 사용하여 로스엔젤리스 소재 300개 레스토랑의 표본에 대한 품질 등급 그리고 식사비의 교차제표를 작성하는 방법을 보여줄 것이다. 그림 Excel 2.6과 같이 워크시트의 A1:C1 셀에 각각 '레스토랑(Restaurant)', '품질 등급(Quality Rating)', '음식비(Meal Price, 달러)'의 이름이 입력되어 있는 Restaurant이라는 이름의 파일 자료를 사용할 것이다. 표본에 대한 각 레스토랑의 자료는 B2:C301 셀에 입력되어 있다.

교차제표를 생성하기 위한 피벗테이블 보고서를 사용하기 위하여 3가지 종류의 작업이 필요하다. 피벗테이블 필드 목록과 피벗테이블 보고서 초기화면 출력, 피벗테이블 필드 목록 설정, 피벗테이블 보고서 마무리, 이러한 작업은 다음과 같다.

피벗테이블 필드 목록과 피벗테이블 보고서 초기화면 출력: 초기 피벗 테이블 필드 목록 및 피벗 테이블 보고서를 표시하려면 세 단계가 필요하다.

DATA *file* Restaurant

단계 1: Ribbon에서 'Insert' 탭을 클릭한다.

단계 2: 'Tables' 그룹에서 'PivotTable' 위의 아이콘을 클릭한다.

단계 3: PivotTable 만들기 대화상자가 나타나면:

'Select a table or range'를 선택한다.

그림 Excel 2.6 레스토랑 자료가 포함된 엑셀 워크시트(주: 12~291행은 생략됨)

	A	B	C
1	Restaurant	Quality Rating	Meal Price ($)
2	1	Good	18
3	2	Very Good	22
4	3	Good	28
5	4	Excellent	38
6	5	Very Good	33
7	6	Good	28
8	7	Very Good	19
9	8	Very Good	11
10	9	Very Good	23
11	10	Good	13
292	291	Very Good	23
293	292	Very Good	24
294	293	Excellent	45
295	294	Good	14
296	295	Good	18
297	296	Good	17
298	297	Good	16
299	298	Good	15
300	299	Very Good	38
301	300	Very Good	31

'Table/Range' 상자 안에 A1:C301를 입력한다.

PivotTable Report에서 'New Worksheet'를 선택한다.

'OK'를 클릭한다.

피벗테이블 필드 목록과 피벗테이블 보고서의 초기화면을 출력한 결과는 그림 Excel 2.7과 같다.

피벗테이블 필드 목록 설정하기: 엑셀에서는 그림 Excel 2.6의 각각 3개의 열(이름은 각각 'Restaurant', 'Quality Rating', 'Meal Price')을 필드로 간주한다. 피벗테이블 보고서 목록 창 안에 있는 필드는 행, 열 또는 값을 나타내기 위해 선택할 수 있다. 다음 단계에서는 품질 등급(Quality Rating) 필드를 행에, 음식비(Meal Price, 달러) 필드는 열에 할당시킨 피벗테이블 필드 목록을 어떻게 작성하는지 알아볼 것이다.

단계 4: PivotTable Fields 작업 창에서:

'Quality Rating' 필드를 'Rows' 영역으로 드래그한다.

'Meal Price ($)' 필드를 'Columns' 영역으로 드래그한다.

'Restaurant' 필드를 'Values' 영역으로 드래그한다.

단계 5: 'Values' 영역에서 'Sum of Restaurant'를 클릭한다.

단계 6: options 목록이 나타나면 'Value Field Settings'를 선택한다.

그림 Excel 2.7 레스토랑 데이터에 대한 초기 피벗 테이블 필드 목록 및 피벗 테이블 필드 보고서

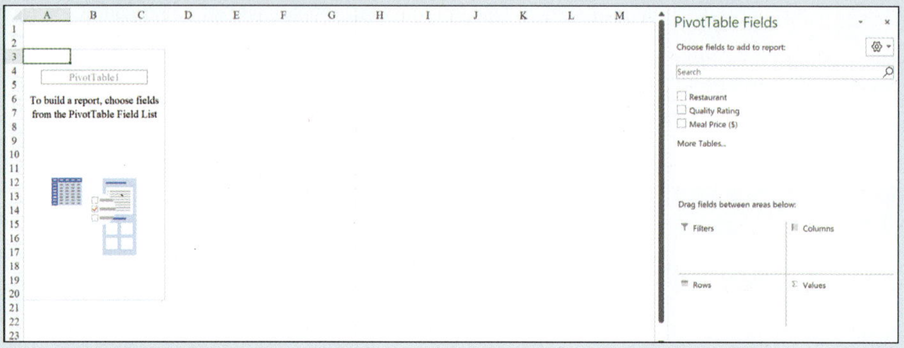

단계 7: 'Value Field Settings' 대화 상자가 나타나면,
'Summarize value field by'에서 'Count'를 선택한다.
'OK'를 클릭한다.

그림 Excel 2.8은 현재 화면에 출력된 완성된 피벗테이블 필드 목록과 피벗테이블 워크시트의 일부분을 나타내고 있다.

피벗테이블 보고서 마무리: 피벗테이블 보고서를 완성하기 위해서는 음식비를 타나내는 열을 그룹화해야 하고 품질 등급에 대한 열 레이블을 올바른 순서로 바꾸어야 한다. 이 단계를 완성하기 위해 아래의 절차를 거친다.

그림 Excel 2.8 완성된 레스토랑 자료에 대한 피벗테이블 보고서 목록과 피벗테이블 보고서의 일부분 (열 H:AJ는 감춰짐)

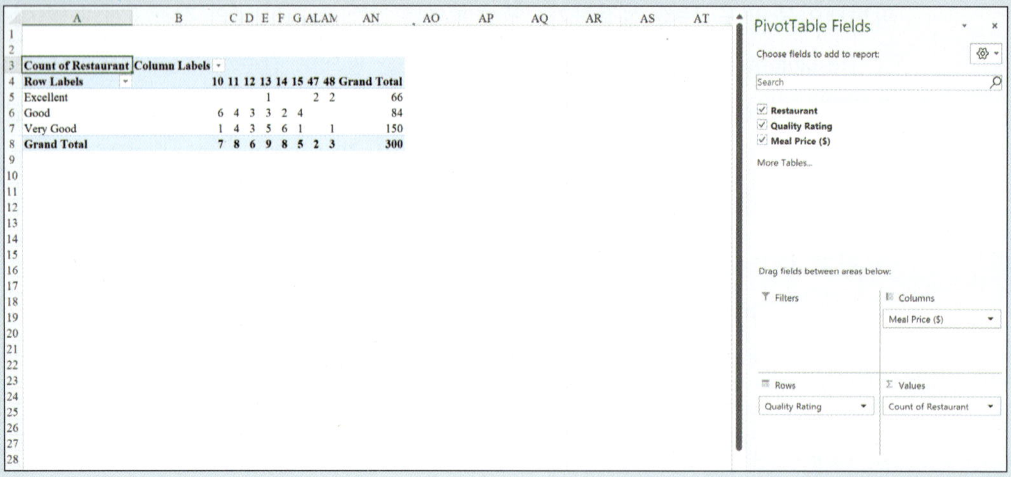

그림 Excel 2.9 레스토랑 데이터에 대한 최종 피벗 테이블 보고서

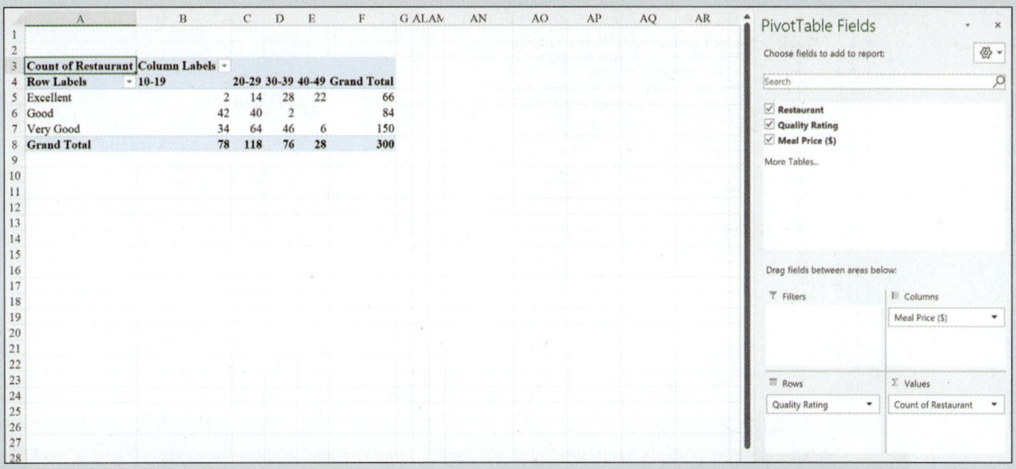

단계 8: 셀 B4 또는 식사값을 포함하는 아무 셀의 오른쪽 버튼을 클릭한다.

단계 9: options 목록이 나타나면 'Group'을 선택한다.

단계 10: Grouping 대화 상자가 나타나면,

'Starting at:' 상자에 '10'을 입력한다.

'Ending at:' 상자에 '49'를 입력한다.

'By:' 상자에 '10'을 입력한다.

'OK'를 클릭한다.

단계 11: 셀 A5의 "Excellent"에서 마우스 오른쪽 버튼을 클릭한다.

단계 12: 'Move'를 선택하고 'Move "Excellent" to End'를 클릭한다.

그림 Excel 2.9는 최종적인 피벗테이블 보고서를 보여주고 있다. 표 2.10에서 나타난 교차제표와 같은 정보를 제공하고 있다는 것을 눈여겨보라

산점도

표 2.12에 나와 있는 샌프란시스코 전자 제품 매장 데이터에 대한 산점도와 추세선을 작성하기 위하여 엑셀 차트 도구를 사용할 것이다. 이를 위한 작업을 단계별로 기술할 때 그림 Excel 2.10과 Excel 2.11을 참고하라. 또한 워크시트의 A1:C1셀에 주(week), 광고수(No. of Commercials), 판매액(Sales Volume)의 목록이 담긴 Electronics 파일의 자료를 사용할 것이다. 10주 간의 각 자료가 B2:C11셀에 기입되어 있다. 자료에 대한 산점도를 작성하기 위해 엑셀의 차트 도구를 어떻게 사용해야 하는지 아래와 같은 단계로 기술하고자 한다.

그림 Excel 2.10 Excel의 차트 도구를 이용하여 작성한 샌프란시스코 전자 제품 매장에 대한 산점도

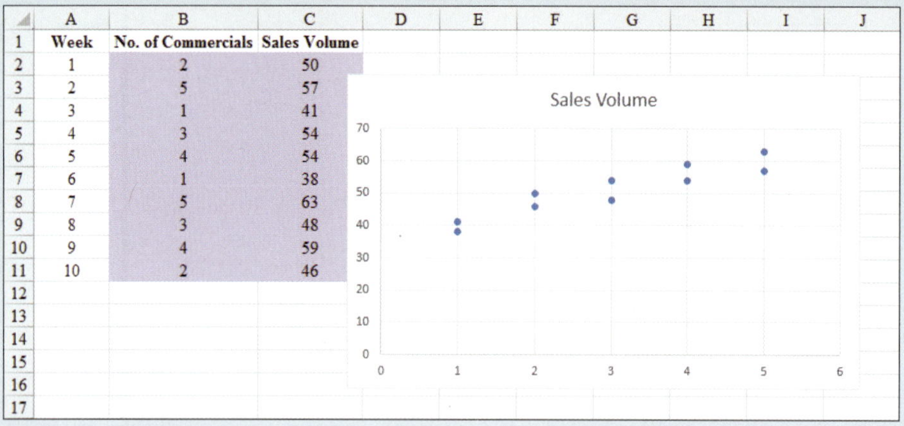

	A	B	C
1	Week	No. of Commercials	Sales Volume
2	1	2	50
3	2	5	57
4	3	1	41
5	4	3	54
6	5	4	54
7	6	1	38
8	7	5	63
9	8	3	48
10	9	4	59
11	10	2	46

DATA*file* Electronics

단계 1: B1:C11 셀을 선택한다.

단계 2: 리본(Ribbon)에서 Insert 탭을 클릭한다.

단계 3: Charts group에서 Insert Scatter (X, Y) 또는 Bubble Chart 를 클릭한다.

단계 4: 산점도 서브타입 목록이 나타나면, 왼쪽 상단에 있는 Scatter를 클릭한다.

그림 Excel 2.10의 워크시트는 위 단계를 거쳐 생성된 산점도를 보여준다. 산점도는 쉽게 편집할 수 있어며 다른 차트 제목 표시, 축 제목 추가, 추세선을 표시할 수 있다. 예를 들어 차트 제목으로 "샌프란시스코 전자제품 매장의 사점도"을 사용하고 수평축 제목에 "광고 수"를, 추직축 제목으로 "판매액($100s)"을 삽입한다고 가정해 보겠다.

단계 1: Chart Title을 클릭하고 "스테레오 및 음향 장비 매장의 산점도"로 변경한다.

단계 2: Chart Elements 버튼 [+](차트 오른쪽 상단에 위치)을 클릭한다.

단계 3: 차트 요소 목록이 나타나면:

Axis Titles을 선택한다(축 제목에 대한 자리 표시자(placeholder) 생성)

Gridlines을 선택 취소한다(차트에서 눈금선을 제거).

Trendline을 선택한다.

단계 4: 가로 축 제목 Axis Title을 클릭하고 이를 광고 수로 변경한다.

단계 5: 세로 축 제목 자리 표시자(placeholder)을 클릭하고 이를 Sales($100s)로 바꿉니다.

단계 6: 추세선을 점선에서 실선으로 변경하려면 추세선을 마우스 오른쪽 버튼으로 클릭하고

Format Trendline 옵션을 선택한다.

단계 7: Format Trendline 작업창에서:

그림 Excel 2.11 엑셀 차트 도구를 이용하여 작성한 샌프란시스코 전자 제품 매장에 대한 산점도와 추세선

	A	B	C
1	Week	No. of Commercials	Sales Volume
2	1	2	50
3	2	5	57
4	3	1	41
5	4	3	54
6	5	4	54
7	6	1	38
8	7	5	63
9	8	3	48
10	9	4	59
11	10	2	46

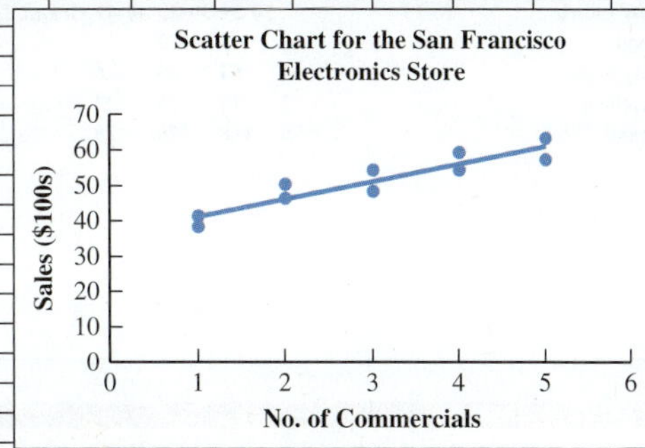

Fill & Line 옵션을 선택한다.

Dash type 상자에서 Solid를 선택한다. Format Trendline 작업창을 닫는다.

편집된 산점도와 추세선은 그림 Excel 2.11에 나와 있다.

Excel의 차트 버튼(Chart Buttons)은 사용자가 차트를 빠르게 수정하고 서식을 지정할 수 있게 한다. 차트를 클릭하여 활성화할 때마다 차트 옆에 세 개의 버튼이 나타난다. 차트 요소(Chart Elements) 버튼 [+]을 클릭하면 축, 축 제목, 차트 제목, 데이터 레이블, 추세선 등을 빠르게 추가하고 제거할 수 있는 체크박스 목록이 나타난다. 차트 스타일(Chart Styles) 버튼 [🖌]을 클릭하면 사용자가 차트의 모양을 빠르게 변경할 수 있는 여러 사전 형식 스타일 중에서 선택할 수 있다. 차트 필터 버튼을 클릭하면 사용자가 차트에 포함할 데이터를 선택할 수 있습니다. 차트 필터(Chart Filter) 버튼 [▼]은 추가 데이터 분석을 수행하는 데 특히 유용하다.

병렬 막대차트(Side-by-side Bar Chart)

Excel의 권장 차트 도구를 사용하여 표 2.9에 제시된 레스토랑 데이터에 대해 병렬 막대차트를 작성할 수 있다. 데이터는 Restaurant 파일에서 찾을 수 있다. 그림 Excel 2.9와 같이 피벗 테이블이 이미 생성되었다고 가정해 보자. 다음 단계를 거쳐 피벗 테이블 결과를 병렬 막대차트를 만들 수 있다.

DATA*file* Restaurant

단계 1: 피벗 테이블에서 아무 셀이나 선택한다.

단계 2: 리본(Ribbon)의 Insert 탭을 클릭한다.

단계 3: Charts group에서 Recommended Charts를 클릭한다.

그림 Excel 2.12 레스토랑 데이터에 대한 병렬 막대차트

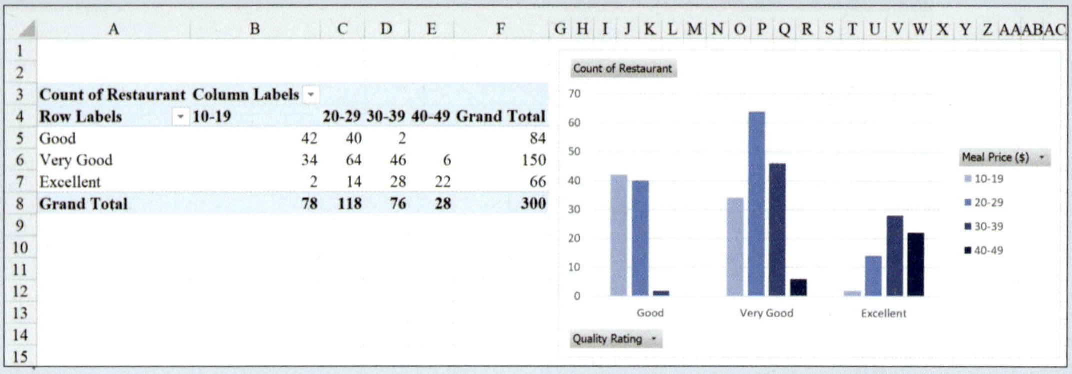

단계 4: 차트가 나타나면 OK를 클릭하여 추천된 차트 유형을 선택할 수 있다(또는 Insert Chart 대화 상자 왼쪽에 나열된 다른 차트 유형 중 하나를 선택하여 다른 차트 유형을 미리 볼 수 있다.)

Excel에서 생성된 기본 차트는 일부 독자가 산만하다고 생각할 수 있는 밝은 색상이 사용된다. 따라서 그림 Excel 2.12에 표시된 차트를 생성하려면 각 막대를 마우스 오른쪽 버튼으로 클릭하고 Fill을 원하는 색상으로 변경한다. 그림 Excel 2.12의 워크시트에는 이러한 단계를 거쳐 생성된 병렬 막대차트를 보여준다. 수평축은 식사 가격이 아닌 평가 등급이므로 그림 2.10에 제시된 차트와 동일하지 않다. 그러나 다음 단계를 적용시켜면 그림 2.10의 차트와 일치하도록 손쉽게 변경할 수 있다.

단계 1: 차트를 클릭합니다.

단계 2: 리본에서 Design 탭을 클릭한다.

단계 3: Data group에서 Switch Row/Column을 클릭한다.

막대의 색상을 수정하여 색상을 변경하면 그림 Excel 2.13과 같이 새 차트가 나타난다. 다음 단계를 거치면 그림 Excel 2.13에 표시된 것처럼 병렬 막대차트를 쉽게 편집하여 축 제목을 표시할 수 있다.

단계 1: 차트를 클릭한다.

단계 2: 차트 요소(Chart Elements) 버튼 [+](차트의 우측 상단에 위치)을 클릭한다.

단계 3: 차트 요소 목록이 나타나면:

Axis title을 선택한다(축 제목에 대한 자리 표시자(placeholder) 생성).

단계 4: 수평축 Axis title placeholder를 클릭하고 Meal Price ($)로 변경한다.

단계 5: 수직축 Axis title placeholder를 클릭하고 Frequency로 변경한다.

그림 Excel 2.13 레스토랑 데이터에 대한 편집된 병렬 막대차트

Count of Restaurant	Column Labels			
Row Labels	Good	Very Good	Excellent	Grand Total
10-19	42	34	2	78
20-29	40	64	14	118
30-39	2	46	28	76
40-49		6	22	28
Grand Total	84	150	66	300

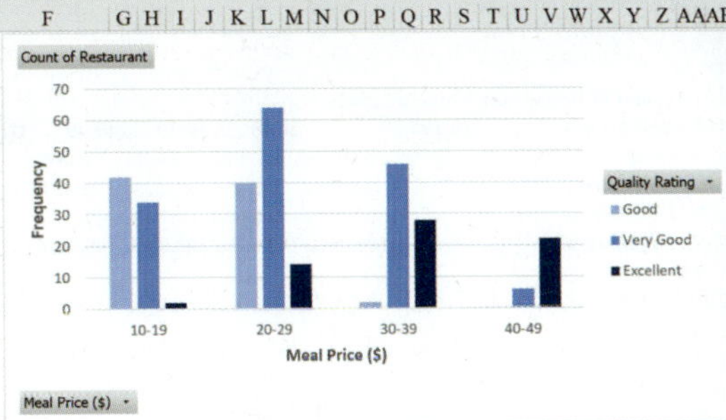

막대의 색상은 막대를 마우스 오른쪽 버튼으로 클릭하고 Fill 옵션에서 원하는 색상을 선택하여 변경할 수 있다.

누적 막대차트(Stacked Bar Chart)

DATA*file* Restaurant

Excel의 권장 차트 도구를 사용하여 표 2.9에 표시된 레스토랑 데이터에 대한 누적 막대차트를 장성할 수 있다. 데이터는 Restaurant. 파일에서 찾을 수 있다. 다음 단계에서는 표 2.15에 표시된 열 합계의 백분율을 기반으로 한 피벗 차트를 생성 방법을 보여준다. 그림 Excel 2.9와 같이 이미 피벗 테이블이 생성되었다고 가정해 보자.

단계 1: 피벗 테이블에서 아무 셀이나 선택한다.

단계 2: 마우스 오른쪽 버튼을 클릭하고 Show Values As를 선택한다.

단계 3: Show Values As 드롭다운 메뉴에서 % of Column Total을 선택한다.

그림 Excel 2.14의 워크시트에는 열 합계의 백분율을 보여주는 새로운 피벗 테이블이 나타난다.

다음 단계를 통해 피벗 테이블의 요소의 누적 막대차트를 생성할 수 있다.

단계 1: 피벗 테이블의 어떤 셀이든 선택합니다.

단계 2: 리본(Ribbon)에서 Insert 탭을 클릭한다.

단계 3: Charts group에서 Recommended Charts를 클릭한다.

단계 4: 막대차트가 나타나면 표시된 막대차트 중 세 번째 옵션(100% Stacked Column)을 선택하고 OK를 클릭한다.

그림 Excel 2.14의 워크시트는 생성된 누적 막대차트가 보여준다. 수평축은 식사 가격이 아닌 평가 등급이므로 그림 2.11에 표시된 차트와는 동일하지 않다. 그러나 다음 단계를 통해 그림 2.11의 차트와 일치하도록 손쉽게 변경할 수 있다.

그림 Excel 2.14 레스토랑 데이터에 대한 누적 막대차트

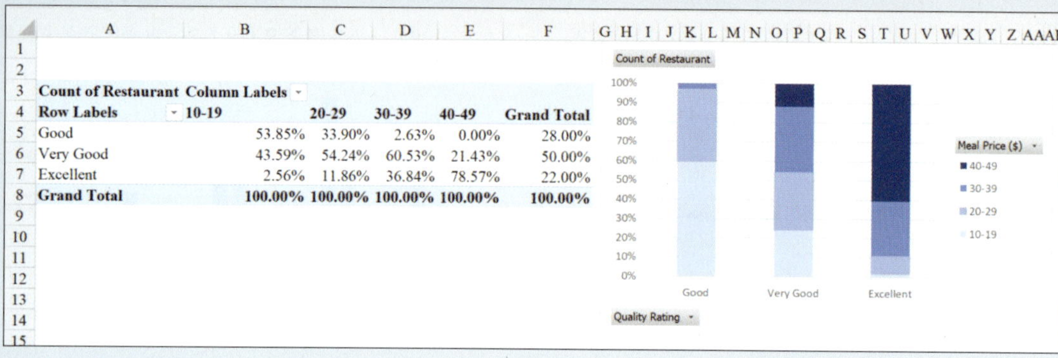

Count of Restaurant	Column Labels				
Row Labels	10-19	20-29	30-39	40-49	Grand Total
Good	53.85%	33.90%	2.63%	0.00%	28.00%
Very Good	43.59%	54.24%	60.53%	21.43%	50.00%
Excellent	2.56%	11.86%	36.84%	78.57%	22.00%
Grand Total	100.00%	100.00%	100.00%	100.00%	100.00%

단계 1: 차트를 클릭합니다.

단계 2: 리본에서 Design 탭을 클릭한다.

단계 3: Data group에서 Switch Row/Column을 클릭한다.

누적 막대의 각 부분을 마우스 오른쪽 버튼으로 클릭하고 색상을 파란색 음영으로 변경하여 막대차트 색상을 편집하면 그림 Excel 2.15와 같이 새 차트가 나타난다. 또한 다음 단계를 통해 누적 막대차트를 쉽게 편집하여 그림 Excel 2.15와 같이 수평축 제목을 나타낼 수 있다.

단계 1: 차트를 클릭한다.

단계 2: 차트 요소(Chart Elements) 버튼 [+](차트의 우측 상단에 위치)을 클릭한다.

단계 3: 차트 요소 목록이 나타나면:

Axis Titles을 선택한다(축 제목에 대한 자리 표시자(placeholder) 생성).

단계 4: 수평축 Axis Titles placeholder를 클릭하고 Restaurant Quality로 변경한다.

단계 5: 수직축 Axis Titles placeholder를 클릭하고 Delete 키를 누른다.

그림 Excel 2.15 레스토랑 데이터에 대한 편집된 누적 막대차트

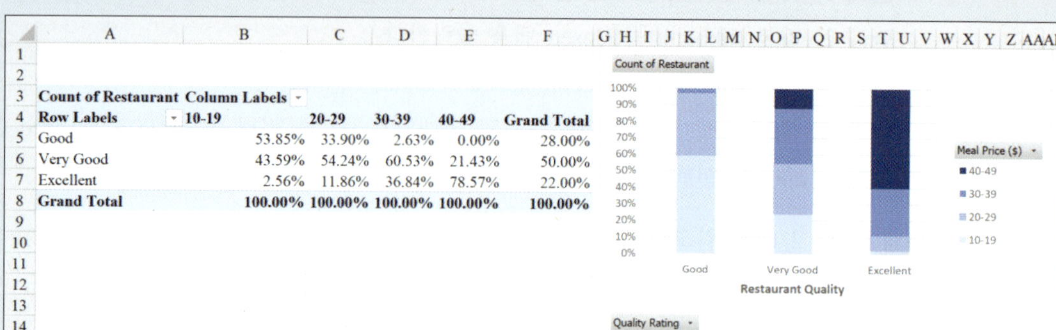

Count of Restaurant	Column Labels				
Row Labels	10-19	20-29	30-39	40-49	Grand Total
Good	53.85%	33.90%	2.63%	0.00%	28.00%
Very Good	43.59%	54.24%	60.53%	21.43%	50.00%
Excellent	2.56%	11.86%	36.84%	78.57%	22.00%
Grand Total	100.00%	100.00%	100.00%	100.00%	100.00%

Chapter 3

기술통계: 수치척도

Contents

실생활에서 보는 통계

Small Fry Design*

캘리포니아주, 산타나

1997년에 설립된 Small Fry Design은 유아용품을 수입하고 디자인하는 장난감회사이다. 이 회사는 테디베어와 모빌, 음악에 따라 움직이는 장난감, 딸랑이 장난감, 유아용 담요 그리고 색상과 질감, 소리에 중점을 두고 제작한 고급 장난감들을 생산한다. 이 제품들의 디자인은 미국에서 이뤄지고 실제 제작은 중국에서 한다.

Small Fry Design은 유아용품 소매상들과 아동용품 및 아동복 매장, 선물가게, 고급 백화점 그리고 주요 통신 판매업체들을 대상으로 한 독립적인 판매담당을 따로 두고 있다. 한때 Small Fry Design의 제품은 미국 전역의 1,000개 이상의 소매점에서 유통되었다.

현금 흐름 관리는 이 회사의 일상 업무에서 매우 중요한 활동 중 하나이다. 현재와 미래의 채무 이행에 충분한 현금 유입을 확보하는 것은 사업의 성공 여부를 판단하는 기준이 될 수 있다. 현금 흐름 관리의 주요 요소는 매출채권의 분석과 관리이다. 미수된 송장의 달러 가치와 평균 기간을 측정함으로써 사용가능한 현금을 예상할 수 있고 매출채권의 지위 변화를 관리할 수 있다. 회사는 다음의 목표를 설정한다. 미수된 송장의 평균 기간은 45일을 초과해서는 안 된다. 그리고 60일 이상된 송장의 달러 가치는 모든 매출 채권의 달러 가치의 5%를 초과해서는 안된다.

매출채권에 관하여 최근 정리한 것을 보면 미수된 송장의 평균 기간에 대한 기술통계량은 다음과 같다.

평균	40일
중앙값	35일
최빈값	31일

Small Fry Design used descriptive statistics to monitor its accounts receivable and incoming cash flow.
출처: Robert Dant/Alamy Stock Photo

이 통계를 해석해 보면 송장의 평균 기간은 40일임을 알 수 있다. 중앙값은 송장의 절반이 35일 이상 미수된 채로 남아 있음을 보여준다. 최빈값인 31일은 송장의 기간들 중 가장 많이 나타나는 기간으로, 미수된 송장의 일반적 기간이 31일임을 의미한다. 통계적 요약은 또한 모든 매출채권 중 오직 3%의 달러 가치가 60일 이상 남았음을 보여준다. 통계정보에 기초하여 보면 매출채권과 유입되는 현금이 잘 관리되고 있음을 보여준다.

이 장에서는 Small Fry Design에서 사용한 통계 측정 도구들을 활용하고 해석하는 방법을 배울 것이다. 평균, 중앙값, 최빈값에 더하여 범위, 분산, 표준편차, 백분위수, 상관분석과 같은 다른 기술통계에 대해서도 배울 것이다. 이러한 수학적 도구들은 자료를 이해하고 해석하는데 도움이 될 것이다.

* 저자들은 이 사례를 제공해 준 Small Fry Design 사장과 John A. McCarthy에게 감사드린다.

2장에서는 자료를 요약하는 데 사용되는 표와 그림 자료들을 살펴봤다. 이 장에서는 자료를 정리하기 위한 부가적인 대안들을 제공하는 몇몇 수학적 측정도구를 제시한다.

하나의 변수를 구성하는 자료들의 집합에 수치적 요약 척도를 개발하는 것부터 시작할 것이다. 자료들의 집합이 하나 이상의 변수를 포함하고 있을 때에도 각각의 변수에 대해서 동일한 수치적 척도가 따로따로 계산될 수 있다. 다만 두 가지 변수가 있는 경우에는 변수 간의 관련성에 대한 척도가 추가적으로 제시될 것이다.

위치(location)와 산포도(dispersion), 형태(shape) 그리고 연관성(association)에 관한 수치적척도가 소개된다. 만약 수치적 척도들이 표본으로 추출된 자료로부터 계산되었다면 이를 **표본통계량(sample statistic)**이라고 한다. 반면 척도들이 모집단의 자료들로부터 도출되었다면, 이를 **모집단 모수(population parameter)**라고 한다. 통계적 추론에서 표본통계량은 모집단의 모수에 대응하는 **점추정치(point estimator)**이라 한다.*

Excel 소프트웨어를 사용하여 이 장에서 배울 수치적 척도들을 계산하는 방법을 부록에 제시하였다.

3.1 위치척도

평균

가장 중요한 위치척도는 **평균(mean)**이다. 평균은 자료의 중심 위치척도를 제공한다. 표본으로부터 계산된 평균치를 $\bar{x}$로, 모집단으로부터 계산된 평균치를 그리스 문자 μ로 표시한다.**

통계 수식에서 일반적으로 변수 x의 첫 번째 관찰값을 x_1, 두 번째 관찰값을 x_2, i의 첫 번째 관찰값을 x_i로 나타낸다. n개의 관찰값을 가진 표본으로부터의 표본평균을 계산하는 공식은 다음과 같다.***

표본평균*

$$\bar{x} = \frac{\Sigma x_i}{n} \tag{3.1}$$

위 식에서 분자는 n개의 관찰값의 합이다.**** 즉

$$\Sigma x_i = x_1 + x_2 + \cdots + x_n$$

표본평균의 계산을 예를 들어 설명하기 위해서 5개 대학으로부터 추출한 학급 크기 자료를 제시하면 다음과 같다.

46 54 42 46 32

각 학급의 학생 수를 x_1, x_2 , x_3 , x_4, x_5로 표시하면

$$x_1 = 46 \qquad x_2 = 54 \qquad x_3 = 42 \qquad x_4 = 46 \qquad x_5 = 32$$

---

* 7장에서 점추정의 과정에 관하여 더 구체적으로 다룰 것이다.

** 평균은 때때로 산술이라고도 불린다.

*** 표본평균 x는 표본통계량이다.

**** 그리스 문자 Σ("시그마"로 발음)는 합계를 나타내는 데 사용된다.

이 때 표본평균을 계산하면 다음과 같다.

$$\bar{x} = \frac{\Sigma x_i}{n} = \frac{x_1 + x_2 + x_3 + x_4 + x_5}{5} = \frac{46 + 54 + 42 + 46 + 32}{5} = 44$$

학급 크기의 표본평균은 44명이다.

평균을 시각적으로 제시하고 극단값이 어떻게 영향을 미칠 수 있는지 알아보기 위해 그림 3.1에 제시된 학급 규모 데이터에 대한 점 그림(dot plot)을 살펴보자. 점 그림을 생성하는 데 사용되는 수평축을 각 점들이 동일한 고정 가중치를 갖는 길고 좁은 보드로 가정하면 평균은 균형을 맞추기 위해 보드 아래에 지지점 또는 피벗 포인트를 배치하는 지점이다.

이는 놀이터의 시소가 작동하는 원리와 동일하다. 차이점은 시소는 중간에서 회전하여 한쪽 끝이 올라가면 다른 쪽 끝이 내려간다는 점뿐이다. 점 그림에서는 점의 위치를 기준으로 회전 중심을 찾는다. 가장 큰 값을 54에서 114로 늘리면 균형에 어떤 일이 일어나는지 생각해 보자. 균형을 다시 설정하려면 새 그래프 아래의 지지점을 양의 방향으로 이동해야 한다. 지지점을 얼마나 멀리 이동해야 하는지 결정하기 위해서는 수정된 학급 규모 데이터에 대한 표본평균을 계산하면 된다.

$$\bar{x} = \frac{\Sigma x_i}{n} = \frac{x_1 + x_2 + x_3 + x_4 + x_5}{5} = \frac{46 + 114 + 42 + 46 + 32}{5} = \frac{280}{5} = 56$$

따라서 수정된 학급 규모 데이터의 평균은 12명의 학생이 증가한 56명이다. 즉, 새로운 점 그림에서 균형을 이루려면 균형점을 오른쪽으로 12단위 이동해야 한다.

표본평균 계산에 대한 또 다른 예시를 살펴보자. 대학 취업 지원 사무실이 경영대학원 졸업생에게 월 급여정보를 요청하는 설문지를 보냈다고 가정해 보자. 표 3.1은 수집된 데이터를 보여준다. 12명의 경영대학 졸업생 표본의 월 평균 급여는 다음과 같이 계산된다.

$$\bar{x} = \frac{\Sigma x_i}{n} = \frac{x_1 + x_2 + \cdots + x_{12}}{12}$$

그림 3.1 교실 크기 데이터의 점그림에 대한 균형 중심으로서의 평균

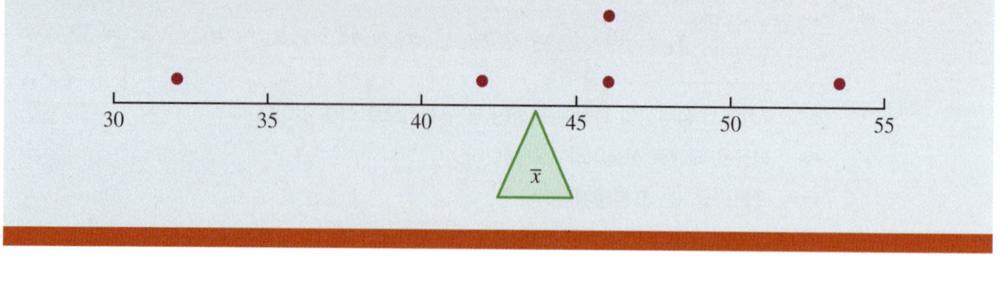

DATA*file* StartingSalaries

표 3.1 경영대학원 졸업생 12명의 초임 월 급여

졸업생	초임 월 급여(달러)	졸업생	초임 월 급여(달러)
1	5,850	7	5,890
2	5,950	8	6,130
3	6,050	9	5,940
4	5,880	10	6,325
5	5,755	11	5,920
6	5,710	12	5,880

$$= \frac{5{,}850 + 5{,}950 + \cdots + 5{,}880}{12}$$

$$= \frac{71{,}280}{12} = 5{,}940$$

식 (3.1)은 n개의 자료가 있을 때 평균을 계산하는 방법을 나타낸다. 모수의 평균을 계산하기 위한 식도 같은 형태이다. 다만 전체 모집단에서 계산된다는 것을 나타내기 위해 다른 기호를 사용한다. 모집단의 관측 수는 N이라고 표시하고 모집단 평균은 μ로 표시하면 다음과 같다.

모집단 평균*

$$\mu = \frac{\Sigma x_i}{N} \tag{3.2}$$

가중평균

표본평균과 모집단 평균에 대한 공식에서 각 x_i에는 동일한 중요도 또는 가중치가 부여된다. 예를 들어, 예를 들어 표본평균에 대한 공식은 다음과 같이 나타낼 수 있다:

$$\bar{x} = \frac{\Sigma x_i}{n} = \frac{1}{n}\left(\sum x_i\right) = \frac{1}{n}(x_1 + x_2 + \cdots + x_n) = \frac{1}{n}(x_1) + \frac{1}{n}(x_2) + \cdots + \frac{1}{n}(x_n)$$

위 식은 표본의 각 관측치가 $1/n$의 가중치를 받는다는 것을 보여준다. 위 방법이 가장 일반적이지만, 경우에 따라 각 관측치에 상대적인 중요성을 반영하는 가중치를 부여하여 평균을 계산하기도 한다. 이 방식으로 계산된 평균을 가중평균이라고 한다. **가중평균(weighted meam)**은 다음과 같이 계산된다:

---

* 표본평균 $\bar{x}$는 모집단 평균의 점추정치이며 그리스 문자 μ("mu"로 발음)로 표시된다.

가중평균

$$\bar{x} = \frac{\Sigma w_i x_i}{\Sigma w_i} \tag{3.3}$$

w_i = 관측치 i의 가중치

표본자료일 경우 식 (3.3)를 통해 가중표본평균을 구할 수 있다. 데이터가 모집단에서 나온 경우는 x 대신 μ를 사용하여 식 (3.3)을 통해 가중모집단 평균을 구할 수 있다.

가중평균이 필요한 예를 들어보자. 지난 3개월간의 5개 원료의 구매에 관한 자료가 다음과같다.

구매목록	파운드당 가격	파운드
1	3.00	1,200
2	3.40	500
3	2.80	2,750
4	2.90	1,000
5	3.25	800

파운드당 원료의 가격은 2.80달러에서 3.40달러의 범위에 있고, 주문한 원료량은 500파운드에서 2,750파운드의 범위로 다양함을 알 수 있다. 관리자가 원료의 파운드당 평균가격에 관하여 알기를 원한다고 가정하자. 주문한 양이 다양하기 때문에 가중평균을 구하기 위한 식을 사용하여야 한다. 5개 원료의 파운드당 가격에 관한 자료를 보면 $x_1 = 3.00$, $x_2 = 3.40$, $x_3 = 2.80$, $x_4 = 2.90$, $x_5 = 3.25$임을 알 수 있다. 파운드당 가격의 가중평균은 주문한 양을 각 가격의 가중치로 부여함으로써 구할 수 있다. 가중치는 $w_1 = 1{,}200$, $w_2 = 500$, $w_3 = 2{,}750$, $w_4 = 1{,}000$, $w_5 = 800$이 된다. 식 (3.3)을 이용하여 가중평균을 구하면 다음과 같다.

$$\begin{aligned}\bar{x} &= \frac{1{,}200(3.00) + 500(3.40) + 2{,}750(2.80) + 1{,}000(2.90) + 800(3.25)}{1{,}200 + 500 + 2{,}750 + 1{,}000 + 800} \\ &= \frac{18{,}500}{6{,}250} = 2.96\end{aligned}$$

이를 통해 원료의 1파운드당 구매가격 가중평균은 2.96달러임을 알 수 있다. 식 (3.3)의 가중 평균 공식 대신 식 (3.1)을 사용하면 잘못된 결과를 얻을 수 있음을 기억해야 한다. 이 경우 5개 원료의 파운드당 가격 평균은 $(3.00 + 3.40 + 2.80 + 2.90 + 3.25)/5 = 15.35/5 = 3.07$달러이고 이는 실제 평균보다 과대평가하게 된다.

상황에 따라 가중평균을 사용할 것인지를 결정할 수 있다. 대학생에게 잘 알려져 있는 예로 학점을 들어보자. 이 경우에 일반적으로 사용되는 자료값은 A등급 4, B등급 3, C등급 2, D등급 1, 그리고 F등급 0이다.

가중치는 각각의 등급에 해당하는 학점수가 된다. 다른 가중평균의 계산에서 파운드나 달러 등과 같은 양적인 요소가 가중치로 빈번하게 사용된다. 어떤 경우에서든 평균을 결정하는 데 있어서 각각의 관측치가 가지는 중요도를 가장 잘 반영할 수 있는 가중치를 선택하는 것이 중요하다.

중앙값

중앙값(median)은 변수의 중심 위치를 측정하는 또 다른 척도이다. 중앙값은 자료가 순서대로(가장 작은 값부터 가장 큰 값까지) 배열되어 있을 때 중앙에 있는 값을 의미한다. 자료의 수가 수일 경우 중앙의 값이 중앙값이 된다. 그러나 자료의 수가 짝수일 경우 중앙의 값이 하나가 아니라 둘이 된다. 이 경우 중앙값은 중앙의 두 자료의 평균값이 된다. 중앙값의 개념을 다시 정리하면 다음과 같다.

중앙값

자료를 순서대로 배열할 것(가장 작은 값부터 가장 큰 값까지)

(a) 자료의 수가 홀수일 경우 중앙값은 중앙값이다.

(b) 자료의 수가 짝수일 경우 중앙값은 두 개 중앙값의 평균이다.

위 정의를 적용하여 5개 대학 표본에서의 학급 크기의 중앙값을 계산해 보자. 자료를 값의순서대로 배열하면 다음과 같다.

32 42 46 46 54

$n = 5$이기 때문에 중앙값은 중앙의 값이 되어 46명이 학급 크기의 중앙값이 된다. 이 자료가 46을 두 개 포함하고 있지만 순서대로 배열하는 데 있어서 각각의 자료들은 분리되어 따로 취급된다.

표 3.1의 12명의 경영대학원 졸업생의 첫 월급의 중앙값을 구해보자. 먼저 자료들을 크기 순서대로 배열해 보면 다음과 같다.

$$5710 \quad 5755 \quad 5850 \quad 5880 \quad 5880 \quad \underbrace{5890 \quad 5920}_{\text{두 개의 중앙값}} \quad 5940 \quad 5950 \quad 6050 \quad 6130 \quad 6325$$

$n = 12$로 짝수이기 때문에 중앙의 두 개 값인 5,890과 5,920의 평균값을 중앙값으로 한다.

$$\text{중앙값} = \frac{5890 + 5920}{2} = 5905$$

중앙값을 계산하는 데 사용되는 절차는 관측치가 홀수인지 짝수인지에 따라 달라진다. 이제 12명의 경영대학 졸업생의 월 급여를 사용하여 보다 개념적이고 시각적인 접근 방식으로 설명하자 한다. 이전과 마찬가지로 데이터를 오름차순으로 정렬하는 것으로 시작한다.

5710 5755 5850 5880 5880 5890 5920 5940 5950 6050 6130 6325

데이터가 오름차순으로 정렬된 후, 극단적으로 높은 값과 낮은 값의 쌍을 계속해서 제거하는 과정을 더 이상의 쌍을 제거할 수 없을 때까지 진행한다. 예를 들어, 가장 낮은 관측치(5710)과 가장 높은 관측치(6325)을 제거한 후에는 10개의 관측치로 이루어진 새로운 데이터 세트가 얻어진다.

~~5710~~ 5755 5850 5880 5880 5890 5920 5940 5950 6050 6130 ~~6325~~

그런 다음 남아 있는 다음으로 낮은 값(5755)과 다음으로 높은 값(6130)을 제거하여 새로운 데이터 세트를 생성한다. 결과적으로 8개의 관측치로 이루어진 새로운 데이터 세트가 생성된다.

~~5710~~ ~~5755~~ 5850 5880 5880 5890 5920 5940 5950 6050 ~~6130~~ ~~6325~~

이 과정을 계속하면 다음과 같은 결과를 얻을 수 있다.

~~5710~~ ~~5755~~ ~~5850~~ 5880 5880 5890 5920 5940 5950 ~~6050~~ ~~6130~~ ~~6325~~

~~5710~~ ~~5755~~ ~~5850~~ ~~5880~~ 5880 5890 5920 5940 ~~5950~~ ~~6050~~ ~~6130~~ ~~6325~~

~~5710~~ ~~5755~~ ~~5850~~ ~~5880~~ ~~5880~~ 5890 5920 ~~5940~~ ~~5950~~ ~~6050~~ ~~6130~~ ~~6325~~

중앙값은 나머지 두 값의 평균이다. 관측치 수가 짝수인 경우 트리밍 프로세스로 인해 항상 두 개의 값이 남게 되며 이 값들의 평균이 중앙값이 된다. 관측치가 홀수인 경우 트리밍 프로세스는 항상 하나의 최종값을 생성하며 이 값은 중앙값이 된다. 따라서 이 방법은 관측치 수가 홀수이든 짝수이든 상관없이 작동된다.

평균이 중심 위치를 측정하는 데 더 일반적으로 사용되는 측정 지표이지만, 일부 상황에서는 중앙값이 선호된다. 평균은 극단적으로 작거나 큰 데이터 값에 영향을 받는다. 예를 들어, 가장 높은 급여를 받는 졸업생(표 3.1 참조)의 월급이 15,000달러라고 가정해 보자.* 표 3.1의 최고 월급을 6,325달러에서 15,000달러로 변경하고 평균을 다시 계산하면 표본평균이 5,940달러에서 6,663달러로 변경된다. 그러나 5,890달러와 5,920달러가 여전히 중간 두 값이기 때문에 5,905달러의 중앙값은 변경되지 않는다. 극단적으로 높은 월급이 포함된 경우, 중앙값은 평균보다 중심 위치의 더 나은 측정 지표를 제공한다. 데

* 몇몇 극단적으로 큰 소득이나 자산 가치는 평균을 부풀릴 수 있기 때문에 중앙값은 연간 소득 및 부동산 가치 데이터에 대해 가장 자주 보고되는 위치 측정값이다. 이러한 경우 중앙값은 중심 위치를 나타내는 기본 척도이다.

이터 세트에 극단값이 포함될 때는 중앙값이 중심 위치를 측정하는 데 일반적으로 선호되는 경우가 많다.

기하평균

기하평균(geometric mean)은 n개 값의 곱의 n번째 근을 구하여 계산되는 위치 측정값이다. 기하평균에 대한 일반적인 공식인 $\bar{x}_g$는 다음과 같다.

기하평균

$$\bar{x}_g = \sqrt[n]{(x_1)(x_2)\cdots(x_n)} = [(x_1)(x_2)\cdots(x_n)]^{1/n} \quad \textbf{(3.4)}$$

기하평균은 재무 데이터의 성장률을 분석할 때 자주 사용된다. 이러한 상황에서는 산술 평균 또는 평균값이 잘못된 결과를 제공할 수 있다.

기하평균의 사용을 설명하기 위해 표 3.2를 살펴보겠다. 해당 표는 최근 10년간의 상호펀드의 연간 수익률 또는 성장률을 보여준다. 1년차에 펀드에 투자한 100달러가 10년차에는 얼마나 가치가 있을지 계산하고자 한다. 우선 1년차 펀드의 잔고를 계산해보자. 1년차의 연간 수익률이 −22.1%인 경우, 1년차 종료 시 펀드 잔고는 다음과 같다.*

$$\$100 - 0.221(\$100) = \$100(1 - 0.221) = \$100(0.779) = \$77.90$$

표 3.2에서는 1년차 **성장 요인(growth factor)**이 0.779이다. 1년 말의 잔고는 1년차 시작 시에 해당 펀드에 투자한 금액에 1년차의 성장 요소를 곱하여 계산할 수 있다: $100(0.779) = $77.90.

표 3.2 뮤추얼 펀드 데이터의 연간 수익률과 성장 요인

DATA*file* MutualFund

연차	수익률	성장요인
1	−22.1	0.779
2	28.7	1.287
3	10.9	1.109
4	4.9	1.049
5	15.8	1.158
6	5.5	1.055
7	−37.0	0.630
8	26.5	1.265
9	15.1	1.151
10	2.1	1.021

* 각 연도의 성장 인자는 1에 해당 연간 수익률의 0.01을 곱한 값을 더한 값이다. 성장계수가 1보다 작으면 마이너스 성장을 나타내고, 1보다 큰 성장 인자는 긍정적인 성장을 나타낸다. 성장 인자는 0보다 작을 수 없다.

1년 말의 펀드 잔고인 77.90달러은 2년차의 시작 잔고가 된다. 따라서 2년차 연간 수익률이 28.7%이면 2년차 말의 잔고는 다음과 같다.

$$\$77.90 + 0.287(\$77.90) = \$77.90(1 + 0.287) = \$77.90(1.287) = \$100.2573$$

1.287은 2년차 성장 인자이다. 77.90달러를 100달러(0.779)로 대체하면 2년차 말의 펀드 잔고는 다음과 같다.

$$\$100(0.779)(1.287) = \$100.2573$$

즉, 2년차 말 잔고는 1년차 초기 투자금에 처음 두 성장 요인을 곱한 금액이 된다.

이 결과는 10년 말의 잔고가 초기 투자금을 10개의 성장 요소의 곱으로 계산된다는 일반적인 규칙으로 일반화될 수 있다.

$$\$100[(0.779)(1.287)(1.109)(1.049)(1.158)(1.055)(0.630)(1.265)(1.151)(1.021)] =$$
$$\$100(1.334493) = \$133.4493$$

따라서 1년차에 해당 펀드에 100달러를 투자한 경우, 10년차 말에 133.4493달러가 될 것이다. 10개의 성장 인자의 곱은 1.334493이다. 따라서 초기 투자금에 1.334493을 곱하여 10년차 말 잔액을 계산할 수 있다.* 예를 들어, 1년 초에 2,500달러의 초기 투자는 10년 말에 2,500달러(1.334493) 또는 약 3,336달러가 될 것이다.

10년 동안 이 투자의 평균 연간 수익률 또는 평균 성장률은 얼마인가? 이 질문에 답하기 위해 10개의 성장 요소의 기하평균을 사용할 수 있다. 10개의 성장 요소의 곱이 1.334493이기 때문에, 기하평균은 1.334493의 10제곱근 또는 다음과 같다.

$$\bar{x}_g = \sqrt[10]{1.334493} = 1.029275$$

기하평균은 연간 수익률이 평균 연간 성장률로 (1.029275 − 1)100% 또는 2.9275% 성장했음을 알려준다. 즉, 연평균 성장률이 2.9275%인 경우, 1년차에 해당 펀드에 100달러를 투자했다면 10년 후에는 $\$100(1.029275)^{10} = \$133.4493$이 된다.**

반면, 연간 수익률의 산술 평균은 투자의 평균 연간 성장률을 제공하지 않는다. 표 3.2의 10년 연간 수익률의 합은 50.4이다. 따라서 연간 수익률의 산술 평균은 50.4/10 = 5.04%이다. 중개인은 펀드에 투자하도록 당신을 설득할 수 있기 위해 평균 연간 수익률이 5.04%라고 주장할 수 있다. 그러나 이런 주장은 그냥 혼란스럽게 하는 것뿐만 아니라 부정확하다. 5.04%의 평균 연간 수익률은 평균 성장 요소가 실제로 1.0504임을 의미한

---

* *n* 제곱근은 Excel의 POWER 함수를 사용하여 계산할 수 있다. 예를 들어, Excel을 사용하면 1.334493의 10 제곱근은 다음과 같이 계산된다:
=POWER(1.334493, 1/10) = 1.029275

** Excel에서는 GEOMEAN 함수를 사용하여 일련의 성장 인자에서 직접 기하평균을 계산할 수 있다.

다. 따라서 평균 성장 요소가 실제로 1.0504라면, 1년차에 해당 펀드에 100달러를 투자한 경우 10년 후에는 $\$100(1.0504)^{10} = \$163.51$이 되어야 한다. 그러나 표 3.2의 10개 연간 수익률을 사용하여 초기 $100 투자는 10년 후에 $133.45가 됨을 보여준다. 중개인의 주장인 평균 연간 수익률 5.04%는 이 상호펀드의 실제 성장을 지나치게 과장한 것이다. 이 문제의 핵심은 표본평균이 가산적인 과정에만 적절하다는 것이다. 성장률을 비롯 관련 응용 프로그램과 같은 곱셈 프로세스의 경우 기하평균이 위치의 적절한 척도이다.

금융, 투자, 은행과 관련된 문제에 기하평균의 응용은 일반적이지만, 여러 연속 기간 동안의 평균 변화율을 결정하려는 경우에는 언제나 기하평균을 적용해야 한다.

다른 기하평균 응용사례로는 생물종의 개체수, 작물 수확량, 오염 수준, 출생률 및 사망률의 변화가 있다. 또한 기하평균은 어떤 길이의 연속적인 기간 동안 발생하는 변화에 적용될 수 있다. 연간 변화뿐만 아니라 기하평균은 종종 분기, 월, 주, 며칠 동안의 평균 변화율을 찾는 데 적용된다.

최빈값

위치 측정의 세 번째 도구는 **최빈값(mode)**이다. 최빈값을 정의하면 다음과 같다.

> **최빈값**
>
> 가장 빈번하게 발생하는 값

최빈값을 설명하기 위해 5개 학급 크기 자료를 예로 들어보자. 한 번 이상 나타나는 값은 46밖에 없다. 이를 최빈값이라고 한다. 앞서 제시된 경영대학원 졸업생들의 첫 월급 표본을 생각해 보자. 한 번 이상 발생한 값은 5,880달러이다. 이 값이 가장 자주 발생했기 때문에 이 값이 최빈값이다.

가장 빈번하게 발생하는 값이 두 개이거나 세 개 이상일 경우도 있다. 이러한 경우 한 개 이상의 최빈값이 존재한다. 만약 자료가 두 개의 최빈값을 가진다면 이를 두고 bimodal이라고 한다. 세 개 이상의 최빈값이 존재할 경우에는 multimodal이라고 한다. multimodal의 경우 최빈값은 거의 보고되지 않는다. 왜냐하면 세 개 이상의 최빈값을 제시하는 것은 자료의 분포를 설명하는 데 별로 도움이 되지 않기 때문이다.

백분위수

백분위수(percentile)는 자료가 가장 작은 수부터 가장 큰 수까지 어떻게 퍼져 있는지에 관한 정보를 제공해 준다. n개의 관측치를 포함하는 데이터의 경우, p번째 백분위수는 자료를 두 부분으로 나눈다. 즉, 관측치의 약 p퍼센트는 p번째 백분위수보다 더 작은 값을 가지고 관측치의 약$(100-p)$%는 p번째 백분위수보다 더 큰 값을 가진다.

대학들은 입학시험 점수를 백분위수를 사용하여 보고하기도 한다. 예를 들어 지원자가 입학 시험에서 수학을 630점을 받았다고 가정해 보자. 이 점수만으로는 이 학생이 같은 시험을 친 다른 학생들과 비교하여 어떤 성과를 나타냈는지 상대적 위치를 알기가 어려울 것이다. 그러나 630점이 제82백분위수와 일치한다면 이를 통해 약 82%의 학생들이 이 학생보다 하위에 있고, 약 18%의 학생들이 이 학생보다 상위에 있음을 알 수 있다.

n개의 관측치가 포함된 데이터의 p번째 백분위수를 계산하려면 먼저 데이터를 오름차순(가장 작은 값에서 가장 큰 값으로)으로 정렬해야 한다. 가장 작은 값은 위치 1에 있고, 다음으로 가장 작은 값은 위치 2에 있는 식이다. p번째 백분위수의 위치인 L_p는 다음 식*을 사용하여 계산된다:

p번째 백분위수의 위치**

$$L_p = \frac{p}{100}(n + 1) \tag{3.5}$$

p번째 백분위수의 위치를 찾으면 p번째 백분위수를 계산하는 데 필요한 정보를 얻게 된다. p번째 백분위수의 계산을 설명하기 위해 표 3.1의 초봉 데이터에서 80번째 백분위수를 계산해 보겠다. 먼저 12개의 초봉 표본을 오름차순으로 정렬한다.

	5710	5755	5850	5880	5880	5890	5920	5940	5950	6050	6130	6325
위치	1	2	3	4	5	6	7	8	9	10	11	12

정렬된 데이터에서 각 관측값의 위치는 해당 값 바로 아래에 표시된다. 예를 들어, 가장 작은 값 (5710)은 위치 1에 있으며, 그 다음으로 작은 값 (5755)은 위치 2에 있다. 식 (3.5)를 $p = 80$ 및 $n = 12$로 사용하여 80번째 백분위수의 위치는 다음과 같다:

$$L_{80} = \frac{p}{100}(n + 1) = \left(\frac{80}{100}\right)(12 + 1) = 10.4$$

$L_{80} = 10.4$의 해석은 80번째 백분위수가 위치 10의 값과 위치 11의 값 사이의 40% 지점에 있다는 것이다. 즉, 80번째 백분위수는 위치 10의 값 (6050)에 위치 11의 값 (6130)과 위치 10의 값 (6050)의 차이의 0.4배를 더한 값이다. 따라서 80번째 백분위수는 다음과 같다:

---

* 식 (3.5)는 작은 데이터 세트에 대한 극단적인 백분위수 값을 찾는 데 사용할 수 없다. 특히, 이 방정식은 $p < 100/(n+1)$ 또는 $p > 100n/(n+1)$에는 적용되지 않는다.

** 표본 데이터를 사용하여 p번째 백분위수의 위치를 계산하는 데 여러 프로시저를 사용할 수 있다. 특히 대규모 데이터의 경우 유사한 값을 제공한다. 여기에서 보여주는 절차는 Excel의 PERCENTILE.EXC 함수와 기타 여러 통계 소프트웨어 패키지에서 사용되는 절차이다.

$$80\text{번째 백분위수} = 6050 + 0.4(6130 - 6050) = 6050 + 0.4(80) = 6082$$

초봉 데이터에 관해서 50번째 백분위수(제50백분위수)를 계산해보자. $p = 50$이고, $n = 12$일 때, 50번째 백분위수의 위치는

$$L_{50} = \frac{p}{100}(n + 1) = \left(\frac{50}{100}\right)(12 + 1) = 6.5$$

$L_{50} = 6.5$이므로, 50번째 백분위수는 위치 6(5890)과 위치 7(5920) 사이의 50%에 해당한다. 따라서, 50번째 백분위수는

$$50\text{번째 백분위수} = 5890 + 0.5(5920 - 5890) = 5890 + 0.5(30) = 5905$$

50번째 백분위수(제50백분위수)가 중앙값도 된다는 점에 주목하자.

사분위수

자료를 네 부분으로 나누는 것이 유용할 경우가 있다. 이 경우 각 부분은 관측치의 1/4이나 25%를 포함한다. 이 때 자료를 나누는 점을 **사분위수(quartiles)**라고 하고 구체적으로 다음과 같이 정의할 수 있다.*

Q_1 = 제1사분위수 또는 제25백분위수
Q_2 = 제2사분위수 또는 제50백분위수(또는 중앙값)
Q_3 = 제3사분위수 또는 제75백분위수

사분위수는 특정 백분위수이므로 백분위수 계산 절차를 사용하여 사분위수를 계산할 수 있다.

사분위수 계산을 설명하기 위해 표 3.1 월급 데이터에 대한 사분위수를 계산하고자 한다. 앞서 월급 데이터의 50번째 백분위수가 5,905임을 밝혔다. 따라서 제2사분위수(중앙값)는 $Q_3 = 5905$이다. Q_1과 Q_3를 계산하기 위해서 제25백분위수와 제75백분위수를 구하는 방법을 사용해야 한다. 이를 계산하면 다음과 같다.**

Q_1을 구하기 위해서는,

$$L_{25} = \frac{p}{100}(n + 1) = \left(\frac{25}{100}\right)(12 + 1) = 3.25$$

제1사분위수 또는 25번째 백분위수는 위치 3의 값(5850)과 위치 4의 값(5880) 사이의 0.25지점에 있다. 따라서,

---

* 사분위수는 단순히 특정 백분위수이다; 따라서 백분위수 계산을 위한 과정이 사분위수 계산을 위해 직접 적용될 수 있다.

** 여기에 설명된 사분위수 계산 방법은 Excel 함수 QUARTILE.EXC에 사용된 방법과 일치한다.

$$Q_1 = 5850 + 0.25(5880 - 5850) = 5850 + 0.25(30) = 5857.5$$

Q_3을 구하기 위해서는,

$$L_{75} = \frac{p}{100}(n + 1) = \left(\frac{75}{100}\right)(12 + 1) = 9.75$$

제3사분위수 또는 75번째 백분위수는 위치 9의 값 (5950)과 위치 10의 값 (6050) 사이의 0.75 지점에 있다. 따라서,

$$Q_3 = 5950 + 0.75(6050 - 5950) = 5950 + 0.75(100) = 6025$$

사분위수는 월급 자료를 네 부분으로 나눈다. 각각의 부분은 관측치의 25%를 차지한다.

데이터의 25%	데이터의 25%	데이터의 25%	데이터의 25%
5710 5755 5850	5880 5880 5890	5920 5940 5950	6050 6130 6325

$Q_1 = 5857.5$　　$Q_2 = 5905$ (중앙값)　　$Q_3 = 6025$

사분위수는 제25백분위수, 제50백분위수, 제75백분위수로 정의할 수 있다. 이와 같이 사분위수를 백분위수 구하는 방법과 같은 방법으로 계산할 수 있다. 그러나 사분위수를 계산하기 위해 다른 방법도 사용할 수 있고, 사분위수를 나타내는 실제값은 계산 방법에 따라 약간씩 다르게 나올 수도 있다. 그렇지만 사분위수를 계산하는 모든 방법들의 목표는 관측치의 수가 동일한 네 부분으로 데이터를 나누는 데 있다.

주석 및 코멘트

1. 자료가 지나치게 크거나 작은 값을 가지고 있을 때 자료의 중심 위치를 측정하기 위해서는 평균보다는 중앙값을 사용하는 것이 훨씬 좋다. 그리고 이 경우에는 또 다른 척도인 절사평균(trimmed mean)을 사용할 수 있다. 절사평균은 해당 자료의 가장 작은 값과 가장 큰 값의 비율을 삭제한 후, 남아 있는 값들의 평균을 계산하여 구할 수 있다. 예를 들어 5% 절사평균은 자료에서 가장 작은 값 5%와 가장 큰 값 5%를 제거한 후, 남아 있는 값들의 평균을 계산하여 얻을 수 있다. 앞서 제시된 12개의 월급 자료를 사용하여 계산해 보면 0.05(12) = 0.6이 된다. 이 값을 1로 반올림하는 것은 5%의 절사평균을 계산할 때 가장 작은 값과 가장 큰 값을 제거한 다음 나머지 10개의 값의 평균을 계산하는 것을 의미한다. 월급 데이터의 경우, 5% 절사평균은 5924.50이다.
2. 일반적으로 사용되는 기타 백분위수로는 5분위수(20번째, 40번째, 60번째, 80번째 백분위수)와 10분위수(10번째, 20번째, 30번째, 40번째, 50번째, 60번째, 70번째, 80번째, 90번째 백분위수)가 있다.

연습문제

기본문제

1. 10, 20, 12, 17, 16으로 구성되어 있는 자료가 있다. 평균과 중앙값을 구하시오.

2. 10, 20, 21, 17, 16, 12로 구성되어 있는 자료가 있다. 평균과 중앙값을 구하시오.

3. 다음의 자료와 가중치를 참고하여 문제에 답하시오.

x_i	가중치(w_i)
3.2	6
2.0	3
2.5	2
5.0	8

a. 표본평균을 구하시오.
b. 표본분산과 표본표준편차를 구하시오.

4. 다음 데이터에서 다섯 기간 동안의 평균 성장률은 얼마인가?

기간	수익률(%)
1	−6.0
2	−8.0
3	−4.0
4	2.0
5	5.4

5. 데이터 값이 27, 25, 20, 15, 30, 34, 28, 25인 표본에서 20번째, 25번째, 65번째, 75번째 백분위수를 계산하시오.

6. 데이터 값이 53, 55, 70, 58, 64, 57, 53, 69, 57, 68, 53인 표본에서 평균, 중앙값, 최빈값을 계산하시오.

적용문제

7. **eICU 대기 시간.** 병원에서 집중 치료 서비스를 제공할 수 있는 중환자실 의사와 간호사가 심각하게 부족하다. 이 부족을 해결하기 위해 애틀랜타의 Emory 병원과 같은 많은 병원들이 eICU(electronic intensive – care units)을 사용하여 환자에게 치료를 제

공하고 있다(Emory University News Center). eICU는 전자 모니터링 도구와 영상과 오디오를 통한 양방향 통신을 사용하여 원거리 병원의 훈련된 의사와 간호사로 구성된 중앙 집중식 직원이 인력이 부족한 원격 병원의 환자에게 중요한 치료 서비스를 제공할 수 있다. 이러한 eICU에서 추적하는 가장 중요한 지표 중 하나는 환자가 eICU 직원과의 첫 번째 비디오 상호 작용을 기다려야 하는 시간이다. 다음은 eICU 직원과 첫 번째 비디오 상호 작용까지의 40명 환자 대기 시간 표본이다.

DATA*file* eICU

대기 시간(분)			
40	46	49	44
45	45	38	51
42	46	41	45
49	41	48	42
49	40	42	43
43	42	41	41
55	43	42	40
42	40	49	43
44	45	61	37
40	37	39	43

a. 이 40명 환자의 평균 대기 시간을 계산하시오.

b. 대기 시간 중앙값과 비교하시오.

c. 최빈값을 계산하시오.

d. 제1사분위수와 제3사분위수를 계산하시오.

8. **중간 관리자 급여.** 조지아주 애틀랜타에 있는 회사에 근무하는 관리자의 급여를 전국의 중간 관리자의 급여와 비교하기 위해 중간 관리자에 대한 독립적인 연구가 수행되었다고 가정해 보자. 다음 데이터는 애틀랜타 지역 회사에 고용된 중간 수준 관리자 15명의 표본에 대한 급여(천 달러)를 보여준다.

108 83 106 73 53 85 80 63 67 75 124 55 93 118 77

a. 15명의 중간 관리자 표본의 평균 급여을 계산하시오. 전국적으로 기업에서 근무하는 중간 관리자들의 평균 급여가 85,000달러라고 가정하여 애틀랜타 지역의 중간 관리자들의 평균 급여와 비교하시오.

b. 애틀랜타 지역의 관리자들의 평균 연봉을 계산하고, (a)에서 계산한 애틀랜타 지역 관리자의 중앙값과 어떻게 그리고 왜 다른지 설명하시오.

c. 애틀랜타 지역의 중간 관리자들의 급여에 대한 제1사분위수와 제3사분위수를 계산하시오.

DATA *file* AdvertisingSpend

9. **광고비 지출.** 어느 회사가 광고에 가장 많은 돈을 지출하는가? Business Insider는 광고비 지출이 가장 많은 회사 목록을 관리한다. 2014년에 Procter & Gamble은 50억 달러를 지출하여 가장 많은 지출을 하였고, 2위는 30억 8천만 달러를 지출한 Comcast였다(Business Insider 웹사이트). 상위 12개 기업과 광고비 지출 금액은 다음과 같다.

회사	광고비(수십억 달러)	회사	광고비(수십억 달러)
Procter & Gamble	5.00	American Express	2.19
Comcast	3.08	General Motors	2.15
AT&T	2.91	Toyota	2.09
Ford	2.56	Fiat Chrysler	1.97
Verizon	2.44	Walt Disney Company	1.96
L'Oreal	2.34	JPMorgan	1.88

a. 광고에 지출되는 금액의 평균을 구하시오.
b. 광고에 지출되는 금액의 중앙값을 구하시오.
c. 1사분위와 3사분위수를 구하시오.

DATA *file* JacketRatings

10. **Hardshell Jacket 등급.** OutdoorGearLab은 등반, 캠핑, 산악 등산 및 배낭 여행에 사용되는 야외 용품을 테스트하는 기관이다. 다음 데이터는 각자의 통기성, 내구성, 다용도성, 기능, 이동성 및 무게에 기반한 하드셸 재킷의 등급을 보여준다. 등급 범위는 0(최저)에서 100(최고)까지이다.

42	66	67	71	78	62	61	76	71	67
61	64	61	54	83	63	68	69	81	53

a. 평균, 중앙값, 최빈값을 계산하시오.
b. 1사분위수와 3사분위수를 계산하시오.
c. 90백분위수를 계산하고 해석하시오.

DATA *file* WatchingVideo

11. **전자기기에서 동영상 시청에 소요된 시간.** Nielsen은 2020년에 소비자들이 기기에서 동영상을 시청하는 데 평균 5시간 43분을 소비했다고 추정했다. 동영상 시청에 사용된 기기에는 텔레비전, 컴퓨터, 스마트폰 및 태블릿이 포함된다. 다음 데이터는 18~29세의 28명 소비자와 30~45세의 33명의 표본에 대해 하루 동안 기기에서 동영상 시청에 소요된 시간을 나타낸다.
a. 18세-29세 소비자가 동영상을 시청한 시간의 평균과 중앙값을 계산하시오.
b. 30세-45세 소비자가 동영상을 시청한 시간의 평균과 중앙값을 계산하시오.
c. 18세-29세 소비자와 30세-45세 소비자에 대한 동영상 시청 시간의 80번째 백분

DATA*file* WatchingVideo

위수를 계산하시오.

d. 18세 – 29세 소비자의 평균, 중간값 및 80번째 백분위수 값을 30세 – 45세 소비자의 해당 값들과 비교하시오. 이 비교를 통해 무엇을 추론할 수 있는가?

동영상 시청 시간

소비자 (18～29세)	소비자 (30～45세)	소비자 (18～29세)	소비자 (30～45세)
5.2	4.8	6.4	7.1
4.7	5.1	3.8	3.2
6.8	5.8	7.5	4.9
5.2	6.2	5.2	5.7
4.1	2.8	4.9	5.1
6.3	3.1	6.7	6.1
7.2	7.5	6.1	4.7
5.1	3.8	6.1	4.6
6.9	4.4	7.2	5.8
4.9	7.2	5.9	5.9
5.5	6.1	5.8	6.1
5.7	5.2		4.2
6.2	5.4		4.8
6.4	6.8		6.3
8.2	7.1		5.7
3.9	2.1		5.1
5.8	6.2		

12. **온라인 멀티플레이어 게임 다운로드.** 새로운 온라인 멀티플레이어 서바이벌 게임의 제작자는 최신 게임의 월별 다운로드 수를 검토하고 있다. 다음 표는 금년과 전년도의 월별 다운로드 횟수를 보여준다(단위: 천 회).

a. 전년도 다운로드 횟수에 대한 평균, 중앙값, 최빈값을 계산하시오.

b. 금년 다운로드 횟수에 대한 평균, 중앙값, 최빈값을 계산하시오.

c. 전년도 다운로드에 대한 제1사분위수와 제3사분위수를 계산하시오.

d. 금년 다운로드에 대한 제1사분위수와 제3사분위수를 계산하시오.

e. 작년과 금년에 대해 계산된 값들을 비교하시오. 전년도와 비교하여 해당 연도의 게임 다운로드에 대해 알려주는 것은 무엇인가?

DATA*file* OnlineGame

월	다운로드 횟수	월	다운로드 횟수
February	33.0	January	37.0
March	34.0	February	37.0
April	34.0	March	37.0
May	32.0	April	38.0
June	32.0	May	37.0
July	35.0	June	36.0
August	34.0	July	37.0
September	37.0	August	35.0
October	37.0	September	33.0
November	35.0	October	32.0
December	33.0		

13. **자동차 연비.** 자동차가 달린 거리와 휘발유 소비 간의 관계를 알기 위하여 13개의 자동차를 도시와 고속도로에서 300마일씩 달리도록 실험을 하였다. 다음 자료는 1갤런당 주행거리를 나타낸다. 평균과 중앙값, 최빈값을 사용하여 도시와 고속도로에서의 결과에 나타난 차이점을 설명하시오.

도시: 16.2 16.7 15.9 14.4 13.2 15.3 16.8 16.0 16.1 15.3 15.2 15.3 16.2

고속도로: 19.4 20.6 18.3 18.6 19.2 17.4 17.2 18.6 19.0 21.1 19.4 18.5 18.7

DATA*file* UnemploymentRates

14. **주별 실업률.** 미국 노동 통계국은 각 주의 실업률에 관한 데이터를 수집한다. UnemploymentRates 파일에 포함된 데이터는 2년 연속 모든 주의 실업률을 보여준다. 전년도 실업률 데이터와 금년 실업률 데이터에 대해 제1사분위수, 중앙값, 제3사분위수를 계산하여 두 해 동안 주별 실업률의 변화에 대한 통계를 비교하시오. 이 통계는 지난 2년 동안 주 전역의 실업률 변화에 대해 무엇을 시사하는가?

15. **자동차 유가.** 자동차 용품 업체 Martinez는 캘리포니아에 여덟 개의 도시에 소매점을 두고 있다. 특정 제품에 대해 부과하는 가격은 각 도시마다 다르며 이는 경쟁 조건의 차이 때문이다. 예를 들어, 각 도시에서의 자동차 오일에 대해 부과하는 가격은 다음과 같다. 여기에는 각 도시에서 지난 분기에 Martinez Auto가 판매 수도 나타나 있다.

도시	가격($)	판매(건)	도시	가격($)	판매(건)
Bakersfield	34.99	501	Sacramento	40.99	715
Los Angeles	38.99	1,425	San Diego	38.59	1,088
Modesto	36.00	294	San Francisco	39.59	1,644
Oakland	33.59	882	San Jose	37.99	819

지난 분기 동안 제품의 건당 평균 판매 가격을 계산하시오.

16. **학점 평균 계산.** 대학생들의 학점 평균은 가중 평균 계산을 기반으로 산출된다. 대부분의 대학에서는 성적이 다음과 같이 부여된다. A (4), B (3), C (2), D (1), F (0). 주립 대학의 한 학생은 60 학점의 과정을 이수한 후 A 9학점, B 15학점, C 33학점, D 3 학점을 받았다.

   a. 학생의 학점 평균을 계산하시오.

   b. 주립대학교 학생들은 경영대학에 입학하려면 처음 60 학점의 과정에서 평균 2.5학점을 유지해야 한다. 이 학생은 입학 가능한가?

17. **뮤추얼 펀드 수익률.** 다음 표는 뮤추얼 펀드의 네 가지 범주에 대한 총 수익률과 펀드 수를 보여준다.

펀드 종류	펀드 수	총 수익률(%)
Domestic Equity	9,191	4.65
International Equity	2,621	18.15
Specialty Stock	1,419	11.36
Hybrid	2,900	6.75

   a. 펀드의 수를 가중치로 사용하여 펀드들의 가중 평균 총수익률을 계산하시오.

   b. (a)의 가중평균 총수익률을 계산할 때 '펀드 수'를 가중치로 사용하는 데 어려움이 있는가? (a)에서 가중 평균 총수익률을 계산하는 데 사용될 수 있는 다른 가중치는 무엇이 있는지 논의하시오.

   c. 이 펀드 그룹에 10,000달러를 투자하자 하고자 한다. 투자를 다양화하기 위해 2,000달러를 국내 주식 펀드에, 4,000달러를 국제 주식 펀드에, 3,000달러를 특별 주식 펀드에, 1,000달러를 혼합형 펀드에 투자했다고 가정해 보다. 포트폴리오의 기대수익률은 얼마인가?

18. **경영대학 순위.** U.S. News & World Report와 같은 잡지에서는 경영 대학 석사 프로그램을 조사를 바탕으로 미국의 경영대학을 순위로 매긴다. 이 순위는 경영대학원 학장 및 기업 채용 담당자를 대상으로 한 설문조사의 일부를 기반으로 한다. 설문 조사 응답자는 석사 과정의 전반적인 학문적 수준을 1점 "최저"부터 5점 "뛰어남"까지 평가하도록 요청받는다. 아래의 응답 표본을 사용하여 경영대학 학장과 기업 채용 담당자의 가중 평균 점수를 계산하고, 이에 대해 논의하시오.

등급 평가	경영대학 학장	기업 채용 담당자
5	44	31
4	66	34
3	60	43
2	10	12
1	0	0

19. **수익 증가율.** Corning Supplies의 연간 수익은 2014년에 5.5%, 2015년에 1.1%, 2016년에 −3.5%, 2017년에 −1.1%, 2018년에는 1.8%이다. 이 기간 동안 평균 연간 성장률은 얼마인가?

20. **뮤추얼 펀드 비교.** 1년차 초에 Stivers 뮤추얼 펀드에 10,000달러, Trippi 뮤추얼 펀드에 5,000달러를 투자했다고 가정해 보자. 다음 연도 말의 각 투자 가치는 아래 표에 나와 있다. 어떤 펀드가 더 좋은 성과를 보였는가?

연도	Stivers 가치(달러)	Trippi 가치(달러)
1	11,000	5,600
2	12,000	6,300
3	13,000	6,900
4	14,000	7,600
5	15,000	8,500
6	16,000	9,200
7	17,000	9,900
8	18,000	10,600

21. **자산 성장률.** 자산 가치가 9년에 걸쳐 5,000달러에서 3,500달러로 감소하면 9년 동안 자산 가치의 연평균 성장률은 얼마인가?

22. **회사 가치 증가율.** 현재 회사 가치는 2,500만 달러이다. 6년 전 회사 가치가 1,000만 달러였다면 지난 6년간 회사의 연평균 성장률은 얼마인가?

3.2 변동성척도

위치를 측정하는 것 외에도 변동과 산포도를 측정해야 할 때가 있다. 예를 들어 당신이 대형 제조업체를 담당하는 구매 담당자이고, 두 개의 다른 공급자에게 규칙적으로 주문을 해야 한다고 가정해 보자. 몇 개월이 지난 후 두 공급자에게 주문하여 물품을 받기까

그림 3.2 주문관련 업무를 완료하는 데까지 걸리는 시간을 보여주는 경험적 자료

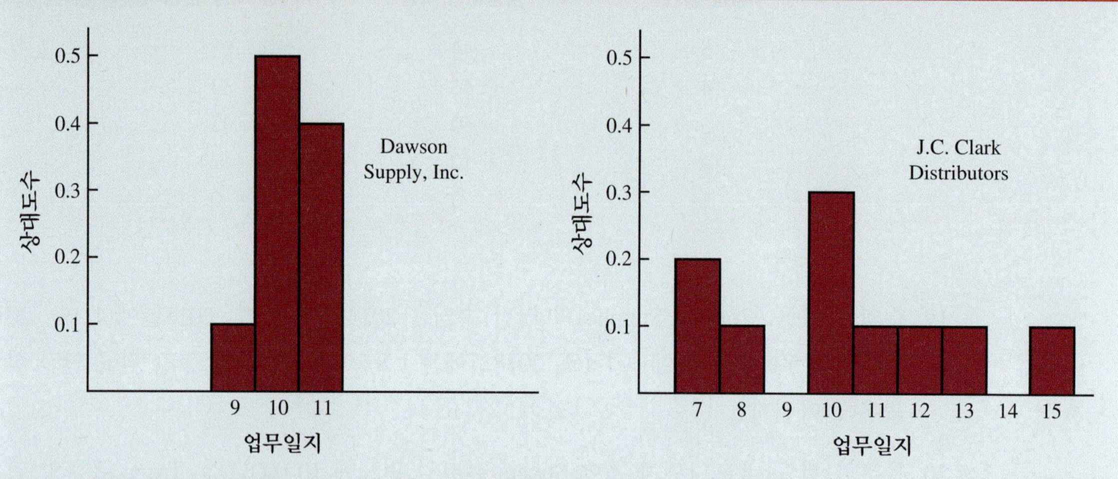

지 평균 10일이 걸린다는 것을 알게 되었다. 공급자로부터 주문을 모두 받을 때까지의 업무일수를 요약한 히스토그램이 그림 3.2에 제시되어 있다. 두 공급자에게 물품을 받을 때까지 걸리는 시간이 평균 10일이라고 하지만 두 공급자 모두 제 날짜에 물품을 공급하는 데 있어서 동일한 신뢰도를 가진다고 할 수 있는가? 히스토그램에서 제시된 산포도나 변동을 살펴보자. 어떤 공급자가 더 좋은가?*

대부분의 회사들이 물품을 제 때에 받는 것은 매우 중요하다. J.C. Clark Distributiors가 보여주는 7일이나 8일의 배달기간이 좋아 보일 수 있다. 그러나 배달기간이 13일에서 15일이 되면 노동력 사용과 물품 생산에 있어서 스케줄을 맞추기가 어려워질 수 있다. 이 예는 제조업체를 선택하는 데 있어서 배달기간의 길이보다는 그 변동성을 더 중요하게 고려해야 할 상황을 잘 보여준다. 대부분의 구매 담당자들에게 더 낮은 변동성을 가지는 Dawson Supply, Inc.가 더 적절한 공급자가 될 것이다.

본 절에서는 일반적으로 사용되는 변동성 척도에 대해 살펴보고자 한다.

범위

변동성을 측정하는 가장 단순한 척도는 **범위(range)**이다.

범위

$$범위 = 최댓값 - 최솟값$$

* 배달시간의 변동성은 생산과정의 불확실성을 야기한다. 여기에서의 방법들은 변동성을 측정하고 이해하는데 도움을 준다.

앞서 제시되었던 표 3.1의 경영대학원 졸업생의 평균 월급자료를 살펴보도록 하자. 그 중 가장 큰 값은 6,325였고, 가장 작은 값은 5,710이었다. 여기에서 범위를 구하면 6,325 −5,710 = 615가 된다.

범위가 변동성을 계산하는 가장 쉬운 척도임에도 이것 하나만으로 척도로 사용되는 경우는 거의 없다. 그 이유가 범위는 오직 두 개의 관측치에 기초하여 구해지고 특이값의 영향을 많이 받기 때문이다. 가령 경영대학원 졸업생 중 한명의 월급이 15,000달러라고 해보자. 이 경우에 범위는 615가 아니라 15,000 − 5,710 = 9290이 된다. 이 큰 값이 자료의 변동성을 잘 나타낸다고 할 수 없다. 왜냐하면 12명의 경영대학원 졸업생 첫 월급자료 중 11개가 5,710과 6,130 사이에 몰려있기 때문이다.

사분위수 범위

특이값에 대한 의존성을 극복한 변동성 측정도구는 **사분위수 범위(interquartile range; IQR)**이다. 이 변동성 측정도구는 제3사분위수인 Q_3과 제1사분위수인 Q_1 간의 차이를 의미한다. 즉, 사분위수 범위는 자료의 중앙 50%의 범위를 의미한다.

사분위수 범위

$$\text{IQR} = Q_3 = Q_1 \tag{3.6}$$

경영대학원 졸업생의 월급자료에서 제3사분위수는 $Q_3 = 6{,}025$이고, 제1사분위수는 $Q_1 = 5{,}857.5$이다. 이와 같이 사분위수 범위는 6,025 − 5,857.5 = 167.5이다.

분산

분산(variance)은 모든 자료를 사용하여 구하는 변동성척도이다. 분산은 각 관찰값(x_i)과 평균값 간의 차이에 기초하여 구해진다. 각각의 x_i와 평균값(표본평균 $\bar{x}$, 모집단 평균 μ) 간의 차이를 편차라고 한다. 예를 들어 평균에 대한 편차는 $(x_i - \bar{x})$로 구하고 모집단 평균의 경우에는 $(x_i - \mu)$로 구할 수 있다. 분산을 계산할 때는 이렇게 구한 편차에 제곱을 해 준다.

모집단의 자료에서 구한 편차의 제곱값의 평균은 모집단 분산이라고 한다. 모집단 분산은 그리스 기호인 σ^2로 표현한다. N개의 관측치와 모집단 평균인 μ를 이용하여 모집단 분산의 정의를 내리면 다음과 같다.

모집단 분산

$$\sigma^2 = \frac{\Sigma(x_i - \mu)^2}{N} \tag{3.7}$$

대부분의 통계에서 자료들은 표본과 관련하여 분석된다. 표본분산을 계산하고 모집단 분산 σ^2을 추정하기 위해 이 표본분산을 사용하기도 한다. 편차제곱의 합계를 n이 아닌 $n-1$로 나누는데 이에 대한 자세한 설명은 생략하기로 한다. 이를 통해 구해진 표본분산은 모집단 분산에 대해 불편 추정량을 제공한다. 이에 따라 표본분산 s^2을 정의하면 다음과 같다.

표본분산*

$$s^2 = \frac{\Sigma(x_i - \bar{x})^2}{n - 1} \tag{3.8}$$

표본분산 계산의 예로, 3.1절에서 제시되었던 5개 대학 학급 크기 자료를 사용할 수 있다. 표 3.3에 편차와 편차제곱을 계산한 값이 나타나 있다. 편차제곱의 합은 $\Sigma(x_i - \bar{x})^2 = 256$이다. 이와 함께 $n-1=4$ 값을 사용하여 표본분산을 구하면 다음과 같다.

$$s^2 = \frac{\Sigma(x_i - \bar{x})^2}{n - 1} = \frac{256}{4} = 64$$

표본분산의 단위에 주의할 필요가 있다. 왜냐하면 분산 계산에 있어서 합쳐진 값들은 제곱값이므로 표본분산의 단위 역시 제곱값이기 때문이다. 예를 들어 학급 크기의 표본분산은 $s^2 = 64$이고 그 단위는 학생 수가 (명)이므로 64(명)^{2}이 된다. 변수가 kg단위로 측정되었다면 그 분산의 단위는 kg^{2}이다. 이 제곱값이 분산값에 대한 직관적 이해와 해석을 어렵게 한다. 분산은 변수의 변동성을 측정하는 데 있어서 유용한 척도이다.** 변수들 중에서 가장 큰 분산값은 가장 큰 변동성을 보여준다.

표 3.3 학급 크기 자료의 편차와 편차제곱의 계산

학급당 학생수 (x_i)	평균 학급 크기 ($\bar{x}$)	편차값 ($x_i-\bar{x}$)	편차제곱값 $(x_i-\bar{x})^2$
46	44	2	4
54	44	10	100
42	44	−2	4
46	44	2	4
32	44	−12	144
		0	256
		$\Sigma(x_i-\bar{x})$	$\Sigma(x_i-\bar{x})^2$

* 표본분산 s^2은 모분산 σ^2의 추정치이다.

** 분산은 두 개 혹은 그 이상의 변수들의 변동성을 비교하는데 유용하다.

표 3.4 첫 월급 자료에서의 표본분산

월급 (x_i)	표본평균 ($\bar{x}$)	편차값 ($x_i-\bar{x}$)	편차제곱값 $(x_i-\bar{x})^2$
5,850	5,940	−90	8,100
5,950	5,940	10	100
6,050	5,940	110	12,100
5,880	5,940	−60	3,600
5,755	5,940	−185	34,225
5,710	5,940	−230	52,900
5,890	5,940	−50	2,500
6,130	5,940	190	36,100
5,940	5,940	0	0
6,325	5,940	385	148,225
5,920	5,940	−20	400
5,880	5,940	−60	3,600
		0	301,850
		$\Sigma(x_i-\bar{x})$	$\Sigma(x_i-\bar{x})^2$

식 (3.8)을 사용하여,

$$s^2 = \frac{\Sigma(x_i - \bar{x})^2}{n-1} = \frac{301,850}{11} = 27,440.91$$

표본분산을 계산하는 다른 예로 표 3.1에서 제시되었던 12명의 경영대학원 졸업생의 첫 월급 자료를 살펴보자. 3.1절에서 월급의 표본평균으로 5,940을 구하였다. 표본분산을 계산($s^2 = 27,440.91$)한 결과가 표 3.4에서 제시되어 있다.

표 3.3와 표 3.4에서 편차의 합과 편차제곱의 합을 볼 수 있다. 어떤 자료에서도 편차의 합계는 항상 0이 된다. 표 3.3와 표 3.4에서 $\sum(x_i - \bar{x})^2 = 0$임을 볼 수 있다. (−) 편차값과 (+) 편차값이 서로 상쇄되어 편차들의 합계는 항상 0이 된다.

표준편차

표준편차(standard deviation)는 분산에 제곱근을 취한 값이다. 표본분산과 모집단 분산을 표현하는 데 있어서 표본표준편차를 s로, 모집단의 표준편차를 σ로 하였다. 표준편차는 분산에서 도출된다.*

표준편차*

$$\text{표본표준편차} = s = \sqrt{s^2} \tag{3.9}$$

$$\text{모집단 표준편차} = \sigma = \sqrt{\sigma^2} \tag{3.10}$$

* 표본표준편차 s는 모표준편차 σ의 추정치이다.

앞서 예로 사용된 5개 대학 학급 규모에 대한 자료의 표본분산은 $s^2 = 64$였다. 여기에서 표본표준편차는 $s = \sqrt{64} = 8$이 된다. 경영대학원 졸업생의 월급 자료에서 표본표준편차를 구해보면 $s = \sqrt{27,440.91} = 165.65$가 된다.*

분산 대신 표준편차를 사용함으로써 얻는 점은 무엇인가? 분산의 단위는 측정 자료의 단위를 제곱한 것이다. 예를 들어 경영대학원 졸업생들의 첫 월급 자료에서 표본분산을 구하면 $s^2 = 27,440.91$이었다. 표준편차는 분산에 제곱근을 취해 계산한 것이기 때문에 달러 제곱인 분산의 단위는 표준편차로 전환되면 그 단위가 측정단위인 달러와 동일하게 된다. 즉, 첫 월급 자료에서의 표준편차는 165.65달러가 된다. 표준편차는 원래 자료의 단위와 동일한 단위로 측정된다. 이러한 이유로 원래 자료와 동일한 단위로 측정되는 평균이나 다른 통계량과 비교하기가 용이해진다.

변동계수

어떤 상황에서는 표준편차가 평균과 비교하여 얼마나 큰지를 나타내는 기술통계량에 관심을 가지게 된다. 이 척도는 **변동계수(coefficient of variation)**라고 하고 보통 비율로 표현한다.**

변동계수

$$\left(\frac{\text{표준편차}}{\text{평균}} \times 100\right)\% \tag{3.11}$$

학급 크기에 관한 자료에서 표본평균인 44와 표본표준편차인 8을 구할 수 있다. 이를 바탕으로 변동계수를 구하면 $[(8/44) \times 100]\% = 18.2\%$가 된다. 다시 말하면 변동계수는 표본표준편차가 표본평균의 18.2%가 된다는 것을 의미한다. 첫 월급 자료에서 표본평균인 5,940과 표본표준편차인 165.65를 통해 변동계수를 구하면 $[(165.65/5,940) \times 100]\% = 2.8\%$가 된다. 그리고 이는 표본표준편차가 표본평균의 2.8%가 된다는 것을 의미한다. 일반적으로 변동계수는 다른 표준편차와 다른 평균값을 가지는 변수들의 변동성을 비교하는 데 유용한 통계량이다.

---

* 표준편차는 자료와 같은 단위로 측정되기 때문에 분산보다 더 해석하기가 쉽다.

** 변동계수는 변동의 상대적 크기이다. 곧 평균에 대비한 표준편차의 크기를 측정한다.

주석 및 코멘트

1. 통계 소프트웨어와 스프레드시트를 이용하여 이 장에서 제시한 기술통계량들을 구할 수 있다. 자료들을 워크시트에 입력한 후 원하는 결과를 구하기 위하여 간단한 명령을 입력할 수있다. 이 장의 3개의 부록에서 Excel을 기술통계량을 구하는 데 어떻게 사용할 수 있는지 제시한다.
2. 표준편차로 종종 주식과 주식펀드투자를 할 때 투자의 위험성을 측정 사용하기도 한다. 표준편차의 크기로 장기적인 평균 수익에 대한 월별 수익의 변동폭이 어느 정도인지를 파악할 수 있다.
3. 표본평균 x값과 편차제곱값 $(x_i-\bar{x})^2$을 반올림하게 되면 분산과 표준편차를 계산할 때 오차가 발생할 수 있다. 반올림 오차를 줄이기 위해 가능한 경우 최종 분산이나 표준편차 값만 반올림하는 것이 좋다.
4. 표본분산을 계산하기 위한 또 다른 식은 다음과 같다.

$$s^2 = \frac{\Sigma x_i^2 - n\bar{x}^2}{n-1}$$

여기서 $\Sigma x_i^2 = x_1^2 + x_2^2 + \cdots + x_n^2$이다.

5. 평균절대오차(MAE)는 변동성의 또 다른 척도이다. 평균에 대한 관측치 편차의 절댓값을 합산하고 이 합계를 관측치 수로 나누면 계산된다. 크기가 n인 표본의 경우 MAE는 다음과 같이 계산된다.

$$\text{MAE} = \frac{\Sigma|x_i - \bar{x}|}{n}$$

3.1절에 제시된 학급 규모 데이터의 경우, $\bar{x} = 44$, $\Sigma|x_i - \bar{x}| = 28$, MAE = 28/5 = 5.6이 된다. 17장에서 MAE와 기타 변동성 측정에 대해 자세히 설명하고자 한다.

연습문제

기본문제

23. 10, 20, 12, 17, 16이라는 자료가 있다고 가정하고 자료의 범위와 사분위수 범위를 구하시오.

24. 10, 20, 12, 17, 16이라는 자료가 있다고 가정하고 분산과 표준편차를 구하시오.

25. 27, 25, 20, 15, 30, 34, 28, 25라는 자료가 있다고 가정하고 범위와 사분위수 범위, 분산, 표준편차를 구하시오.

적용문제

26. **무연 휘발유 가격.** 미국 전역의 90,000개 이상의 주유소 및 편의점에서 수집한 데이터에 따르면 무연 휘발유 갤런당 평균 가격은 3.28달러였다(MSN Auto 웹사이트). 다음 데이터는 샌프란시스코에 위치한 20개의 주유소와 편의점 표본의 갤런당 가격(달러)을 보여준다.

DATA*file* SFGasPrices

3.59	3.59	4.79	3.56	3.55	3.71	3.65	3.60	3.75	3.56
3.57	3.59	3.55	3.99	4.15	3.66	3.63	3.73	3.61	3.57

a. 표본 데이터를 사용하여 샌프란시스코의 무연 휘발유 갤런당 평균 가격을 구하시오.

b. 표본표준편차를 계산하시오.

c. 표본 데이터의 갤런당 평균 가격을 전국 평균 가격과 비교하시오. 샌프란시스코의 생활 비용에 대해 어떤 결론을 내릴 수 있는가?

27. **왕복 항공권 가격.** 다음 표는 미국의 주요 14개 도시에서 애틀랜타와 솔트레이크시티로 가는 왕복 항공권 가격을 보여준다.

DATA*file* **Flights**

	왕복 항공료(달러)	
출발 도시	**Atlanta**	**Salt Lake City**
Cincinnati	340.10	570.10
New York	321.60	354.60
Chicago	291.60	465.60
Denver	339.60	219.60
Los Angeles	359.60	311.60
Seattle	384.60	297.60
Detroit	309.60	471.60
Philadelphia	415.60	618.40
Washington, D.C.	293.60	513.60
Miami	249.60	523.20
San Francisco	539.60	381.60
Las Vegas	455.60	159.60
Phoenix	359.60	267.60
Dallas	333.90	458.60

a. 애틀랜타행 왕복 항공권의 평균 가격과 솔트레이크시티행 왕복 항공권의 평균 가격을 계산하시오. 애틀랜타는 솔트레이크시티보다 비행기 요금이 더 저렴한가? 그렇다면 이 차이를 무엇으로 설명할 수 있는가?

b. 두 표본에 대한 범위, 분산, 표준편차를 계산하시오. 이 정보는 이 두 도시로의 항공권 가격에 대해 어떤 정보를 제공하는가?

28. **연간 판매액.** Varatta Enterprises는 산업용 배관 밸브를 판매한다. 다음 표에는 최근 회계연도 동안 조직 내 여러 영업사원의 연간 매출액이 나열되어 있다.

a. 연간 매출액에 대한 평균, 분산, 표준편차를 계산하시오.

b. 전년도 연간 평균 판매액이 300,000달러이었고 표준편차는 95,000달러였다. 최근 회계연도와이전 회계연도의 연간 판매액 간의 차이에 대해 논의하시오.

DATA*file* VarattaSales

영업사원	판매액(1,000달러)	영업사원	판매액(1,000달러)
Joseph	147	Wei	465
Jennifer	232	Samantha	410
Phillip	547	Erin	298
Stanley	328	Dominic	321
Luke	295	Charlie	190
Lexie	194	Amol	211
Margaret	368	Lenisa	413

29. 공기질 지수. Los Angeles Times는 남부 캘리포니아 지역의 곳곳에서 공기의 질에 대한 자료를 정기적으로 보고한다. 포모나 지역의 공기의 질에 대한 표본자료는 다음과 같다: 28, 42, 58, 48, 45,55, 60, 49, 50.

a. 범위와 사분위수 범위를 비교하시오.

b. 표본분산과 표본표준편차를 비교하시오.

c. 애너하임의 공기의 질에 대한 자료에서 평균은 48.5였고, 표본분산은 136, 표본표준편차는 11.66이었다. 이 기초통계량에 기반하여 포모나와 애너하임의 공기의 질을 비교해 보시오.

30. 배송 서비스의 신뢰성. 다음 자료는 Dawson Supply, Inc.와 J.C. Clark Distributors가 주문받은 상품을 배달하는데 걸리는 일수를 히스토그램으로 그리는 데 사용되었다(그림 3.2 참고). 범위와 표준편차를 사용하여 Dawson Supply사가 더 안정적인 배달 시간을 제공한다는 이전의 주장을 뒷받침해 보시오.

Dawson Supply 배달 일 수:	11	10	9	10	11	11	10	11	10	10
Clark Distributors 배달 일 수:	8	10	13	7	10	11	10	7	15	12

31. 휴대폰 지출. 2016년 소비자 지출 조사에 따르면 미국인들은 연간 휴대전화 서비스에 평균 1,124달러를 지출한다(미국 노동통계국 웹사이트). 휴대전화 소비가 연령 그룹에 따라 차이가 있는지 여부를 확인하고자 한다. 이에 세 연령 그룹(18～34세, 35～44세, 45세 이상)에 대해 10명의 소비자 표본이 선택되었다. 표본의 각 개인의 연간 지출액(달러)은 아래 표에 나와 있다.

a. 세 가지 표본 각각에 대한 평균, 분산, 표준편차를 계산하시오.

b. 이 데이터를 기반으로 어떤 관찰을 할 수 있는가?

DATA*file* CellPhoneExpenses

연간지출(달러)		
18 – 34세	35 – 44세	45세 이상
1,355	969	1,135
115	434	956
1,456	1,792	400
2,045	1,500	1,374
1,621	1,277	1,244
994	1,056	825
1,937	1,922	763
1,200	1,350	1,192
1,567	1,586	1,305
1,390	1,415	1,510

DATA*file* Advertising

32. **기업별 광고비 지출.** Advertising Age는 매년 가장 많은 광고비를 지출하는 100개 기업을 리스트로 작성한다. 소비재 기업 Procter & Gamble은 매년 수십억 달러를 지출하며 종종 목록의 1위를 차지했다. Advertising 파일에 있는 데이터를 사용하여 다음 문제를 해결하시오. 파일에는 자동차 부문 20개 기업, 백화점 부문 20개 기업 표본의 연간 광고비가 포함되어 있다.
    a. 부문별 평균 광고 비용은 얼마인가?
    b. 부문별 표준편차는 얼마인가?
    c. 부문별 광고 비용의 범위는 얼마인가?
    d. 부문별 사분위수 범위는 무인가?
    e. 이 표본과 (a) ~ (d)의 답변을 바탕으로 자동차 회사와 백화점 회사 간의 광고 지출 차이에 대해 설명하시오.

DATA*file* Stream

33. **하천 배출률.** 강이나 하천에 흐르는 물의 양은 일반적으로 cfs(Cubic Foot Per Second, ft^3/s) 단위로 측정된 방류량으로 측정된다. 유량이 변하지 않는 것처럼 보일 때 하천의 동일한 지점에서 유량을 측정하여 두 가지 측정 도구를 비교한다고 가정하자. Stream 파일에는 아래와 같이 각 기기(A와 B)에 대해 기록된 12개의 배출률 결과가 포함되어 있다.

    기기 A 측정값(cfs): 720 750 760 740 760 810 710 690 750 770 730 740
    기기 B 측정값(cfs): 710 820 710 790 840 820 780 770 710 830 720 730

    a. 기기 A 와 기기 B의 배출률에 대한 평균과 표준편차를 계산하시오.
    b. 두 기기의 평균과 표준편차를 비교하시오. 이 비교를 통해 무엇을 알 수 있나?

34. **러닝 타임의 일관성.** 다음 자료는 대학 육상팀의 1/4마일 경주선수와 1마일 경주선수의 기록이다(단위: 분).

1/4마일 경주선수:	0.92	0.98	1.04	0.90	0.99
1마일 경주선수:	4.52	4.35	4.60	4.70	4.50

이 자료를 보고 코치는 1/4마일 경주선수는 일관성 있는 속도를 낼 것을 언급하였다. 자료에서 변동성에 대한 설명을 하기 위해 표준편차와 변동계수를 사용하시오. 변동계수를 사용하여 코치의 지도가 적절한지 알아보시오.

3.3 분포형태, 상대적 위치, 극단값의 척도

지금까지 자료의 위치와 변동성을 측정하는 몇몇 척도들에 대해서 알아보았다. 여기에 더하여, 분포의 형태를 측정하는 것 또한 중요하다. 2장에서 히스토그램을 통해 분포의 형태를 시각적으로 파악하였다. 분포형태를 측정하는 중요한 척도의 하나로 **왜도(skewness)**가 있다.

분포형태

그림 3.3에 상대도수의 분포를 보여주는 히스토그램이 4개 주어져 있다.* 패널 A와 B의 히스토그램은 약간 비대칭되어 있다. 패널 A는 왼쪽으로 기울어져 있다. 이의 왜도는 −0.85이다. 패널 B의 히스토그램은 오른쪽으로 기울어져 있다. 이의 왜도는 +0.85이다. 패널 C의 히스토그램은 정대칭이고 이의 왜도는 0이다. 패널 D의 히스토그램은 오른쪽으로 극도로 기울어져 있다. 이 경우 왜도는 1.62이다. 왜도를 구하는 계산식은 조금 복잡하다.** 그러나 통계 프로그램을 사용하면 왜도를 쉽게 구할 수 있다. 왼쪽으로 기울어져 있는 자료의 왜도는 마이너스값을 가진다. 오른쪽으로 기울어진 형태를 지닌 자료의 왜도는 플러스값을 가진다. 만약 자료가 정대칭의 형태를 가진다면 왜도는 0이다.

정대칭 분포에서 평균과 중앙값은 동일하다. 자료가 양(+)의 방향으로 기울어져 있다면 평균은 일반적으로 중앙값보다 크다. 자료가 음(−)의 방향으로 기울어져 있다면 일반적으로 평균은 중앙값보다 작다. 패널 D의 히스토그램을 그리기 위해 사용된 자료는 여성복 매장에서의 소비자의 구매량이다. 평균 구매량은 77.60달러이고, 구매량의 중앙값은 59.70달러이다. 상대적으로 몇몇 많은 구매량이 평균을 증가시키는 경향이 있는 반면, 중앙값은 큰 구매량에 영향을 받지 않음을 알 수 있다. 자료가 극도로 기울어져 있을 경우 중앙값은 더욱 더 선호되는 위치에 대한 척도이다.

---

* Excel 함수 SKEW를 사용하여 데이터의 왜도를 계산할 수 있다.

** 표본자료에 대한 왜도 공식: 왜도 $= \frac{n}{(n-1)(n-2)} \sum \left(\frac{x_i - \bar{x}}{s} \right)^3$

그림 3.3 네 가지 히스토그램에서의 왜도

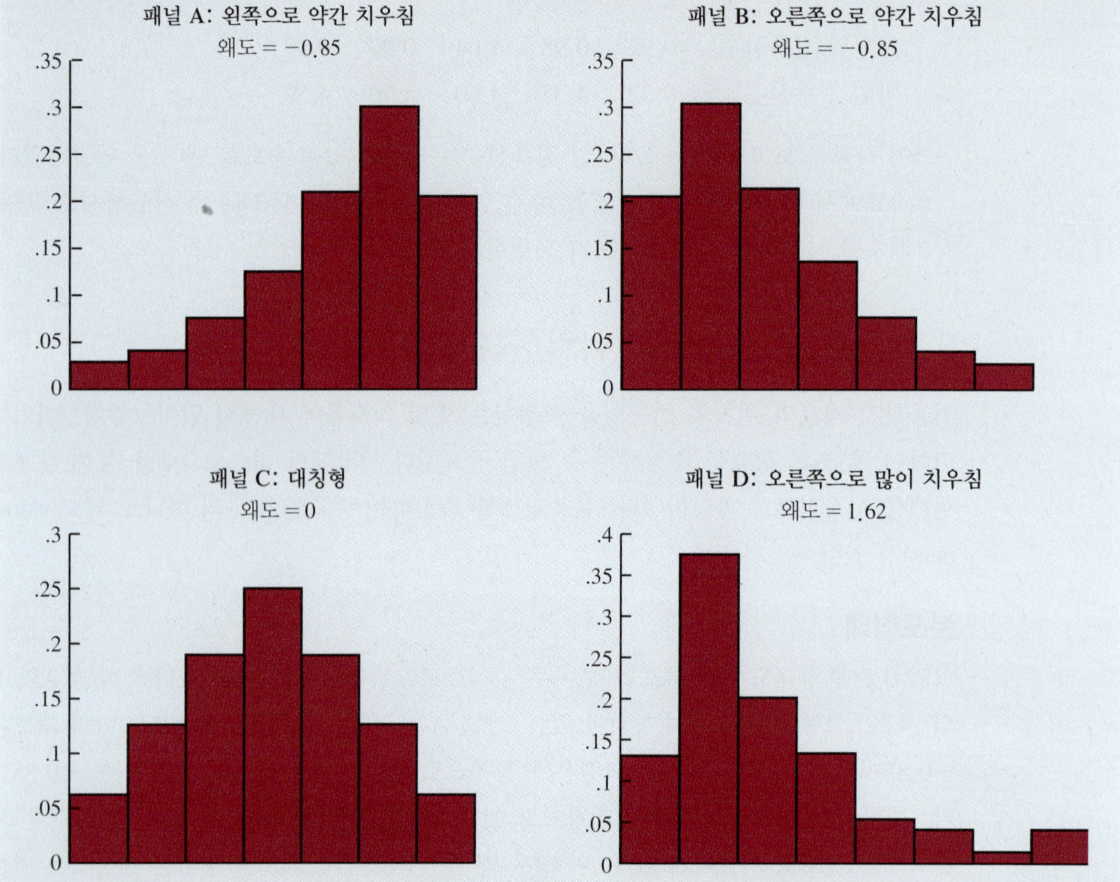

z-값

위치와 변동성, 형태에 대한 척도에 더하여 수집된 자료에서 특정 자료의 상대적 위치를 구하고자 할 때가 있다. 상대적 위치를 측정하면 어떤 특정값이 평균으로부터 얼마나 멀리 떨어져 있는가를 알 수 있다.

평균과 표준편차 두 가지를 이용하여 관찰값을 상대적 위치도 구할 수 있다. x_1, x_2, x_3 ⋯ x_n로 표시할 수 있는 n개의 관측치 표본이 있다고 가정해 보자. 그리고 표본평균인 $\bar{x}$와 표본표준편차인 s는 이미 계산되어 있다고 가정해 보자. 각각의 x_i 값과 연관하여 **z-값(z-score)**이라고 하는 다른 값을 계산한다. 다음 식은 각각의 x_i에 대해 z-값을 어떻게 계산하는지 보여준다.

z-값

$$z_i = \frac{x_i - \bar{x}}{s} \tag{3.12}$$

$z_i = x_i$의 z-값, $\bar{x}$ = 표본평균, s = 표본표준편차

z-값은 표준화된 값이라고도 한다. z-값 z_i는 표준편차의 크기를 1로 보았을 때 표본평균으로부터의 x_i에 대한 표준편차값이라 할 수 있다. 예를 들어 $z_1 = 1.2$라는 것은 x_1이 표본평균보다 표준편차의 1.2배만큼 크다는 것을 뜻한다. 유사하게 $z_2 = -0.5$라면 x_2가 표준편차의 0.5나 1/2배만큼 작음을 의미한다. 0보다 큰 z-값은 평균보다 큰 값을 가진 관측치에서 나타나고, 0보다 작은 z-값은 평균보다 작은 값을 가진 관찰값에서 나타난다. 0인 z-값은 관찰값이 평균과 동일함을 의미한다.

관측치의 z-값은 자료에서 특정 관측치의 상대적 위치를 측정하는 척도로 사용된다. 두 개의 다른 자료에서 같은 z-값을 가진 관측치들은 평균으로부터 같은 크기의 표준편차 위치에 있다는 점에서 같은 상대 위치를 가진다고 할 수 있다.

학급 크기 자료에 대한 z-값은 3.1절의 표 3.5에 나타나 있다. 이전의 계산 결과들을 다시 보면 표본평균 $\bar{x} = 44$이었고, 표본표준편차 $s = 8$이었다. 5번째 관측치에서의 -1.50인 z-값은 이 관측치가 평균으로부터 가장 멀리 있다는 것을 보여준다. 이는 1.50 표준편차만큼 평균보다 작음을 의미한다. 그림 3.4는 학급 크기 자료에 대한 z-점수를 나타낸 점그림이다.

체비세프의 정리

체비세프의 정리(Chebyshev's theorem)는 평균값에서 특정 표준편차 크기의 범위 안에 있어야 하는 값들의 비율에 관하여 알게 해 준다

체비세프의 정리

적어도 $(1-1/z^2)$의 자료들이 평균에서 z 표준편차 크기의 범위 안에 있어야 한다. 그리고 이 때의 z는 1보다 더 큰 값이다.

- 자료들 중 적어도 0.75나 75%는 평균에서 $z = 2$ 표준편차만큼의 범위 안에 있어야 한다.
- 자료들 중 적어도 0.89나 89%는 평균에서 $z = 3$ 표준편차만큼의 범위 안에 있어야 한다.
- 자료들 중 적어도 0.94나 94%는 평균에서 $z = 4$ 표준편차만큼의 범위 안에 있어야 한다.

표 3.5 학급 크기 자료에서의 z-값

학급 크기 (x_i)	평균에 대한 편차값 ($x_i-\bar{x}$)	z-값 $\left(\frac{(x_i-\bar{x})^2}{s}\right)$
46	2	2/8 = 0.25
54	10	10/8 = 1.25
42	−2	−2/8 = −0.25
46	2	2/8 = 0.25
32	−12	−12/8 = −1.50

그림 3.4 학급 크기 데이터와 z-점수에 대한 점그림

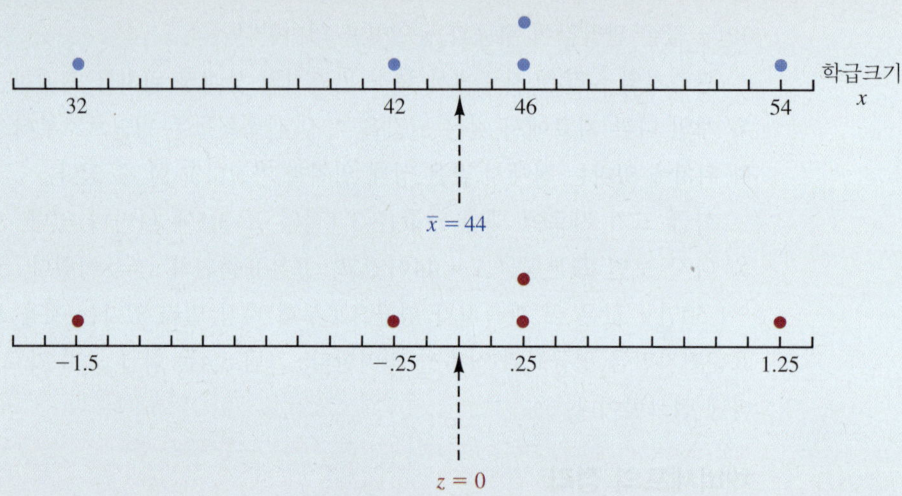

예를 들어 100명의 경영대학원 학생의 중간고사 점수의 평균이 70점이고 표준편차가 5라고 해보자. 얼마나 많은 학생이 60점과 80점 사이에 있는가? 얼마나 많은 학생이 58점과 82점 사이의 점수를 받았는가?

60점과 80점 사이의 학생을 구하기 위하여 60점이 평균 아래 2 표준편차라는 것과 80점이 평균 위 2 표준편차라는 점을 참고한다. 체비세프의 정리를 사용하여 적어도 0.75나 관측의 75%는 평균에서 2 표준편차 범위 내에 있는 값이어야 한다. 이를 통해 적어도 학생의 75%는 60점과 80점 사이의 점수를 받았다.

58점과 82점 사이의 학생을 구하기 위해서 $(58-70)/5=-2.4$가 58이 평균 아래 2.4 표준편차를 가진다는 점과 $(82-70)/5=+2.4$는 82가 평균보다 2.4 표준편차 위에 있음을 나타낸다. $z=2.4$일 때 체비세프 정리를 이용하면 다음과 같다.*

* 체비세프의 정리는 z값이 1보다 클 것을 요구한다; 그러나 z값이 정수일 필요는 없다.

그림 3.5 1, 2, 3 표준편차 내에서 데이터 값의 백분율을 갖는 세제 상자 무게의 종형 분포

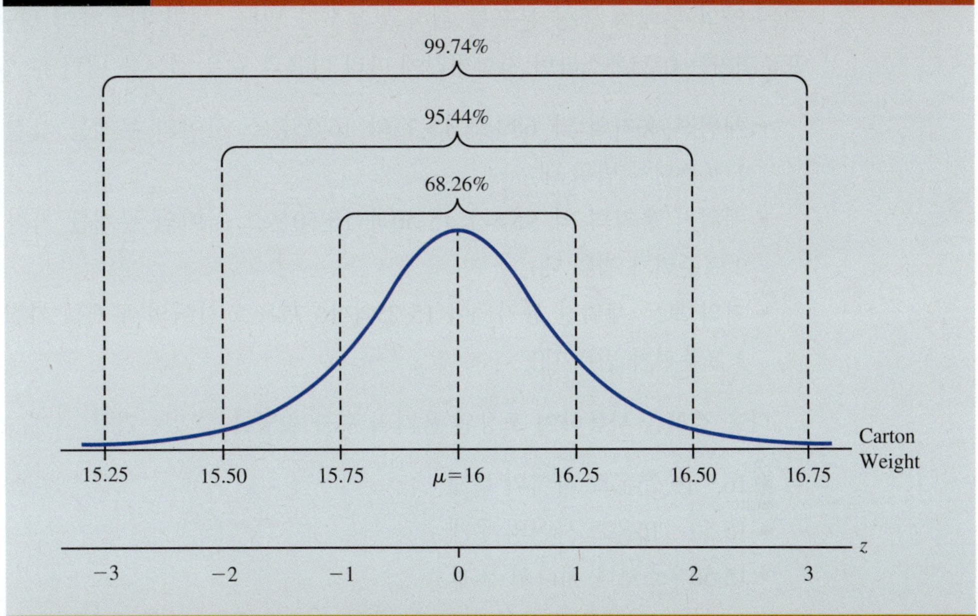

$$\left(1-\frac{1}{z^2}\right)=\left(1-\frac{1}{(2.4)^2}\right)=0.826$$

적어도 학생의 82.6%가 58점과 82점 사이에 있다.

경험법칙

체비세프 정리의 이점 중 하나는 자료의 분포형태와 상관없이 어떤 자료에도 적용이 가능하다는 점이다. 실제로 그림 3.3에 나오는 어떤 분포에서든 사용할 수 있다. 그러나 실제 많은 경우에 자료들은 그림 3.5에서와 같이 정대칭의 산 형태이거나 종형 분포를 보여준다. 자료가 대략 이러한 형태를 보일 것으로 생각되면 평균의 특정 표준편차 안에 있어야 하는 자료값들의 비율을 결정하는 데 **경험법칙(empirical rule)**을 사용할 수 있다.

경험법칙*

종형 분포를 가지는 자료일 경우

- 약 68%의 자료값이 평균의 1 표준편차 안에 있을 것이다.
- 약 95%의 자료값이 평균의 2 표준편차 안에 있을 것이다.
- 대부분의 자료값이 평균의 3 표준편차 안에 있을 것이다.

---

* 경험법칙은 6장에서 논의될 정규확률분포에 기초한다. 정규분포는 이 책에서 광범위하게 사용된다.

예를 들어 액체 세제가 제품 생산 공정에서 용기에 자동으로 채워진다고 하자. 채워지는 양의 무게는 종형 분포를 취하는 경우가 많다. 채워지는 양의 평균이 16온스이고 표준편차는 0.25온스라면 경험법칙에 따라 다음과 같은 결론을 내릴 수 있다.

- 채워진 용기의 약 68%가 15.75와 16.25온스 사이의 무게를 가질 것이다(평균의 1 표준편차 범위 내).
- 채워진 용기의 약 95%가 15.50과 16.50온스 사이의 무게를 가질 것이다(평균의 2 표준편차 범위 내).
- 거의 모든 채워진 용기들이 15.25와 16.75온스 사이의 무게를 가질 것이다(평균의 3 표준편차 범위 내).

다음 정보를 사용하여 포장된 용기의 수를 설명할 수 있는가?*

- 16 ~ 16.25온스 사이의 무게
- 15.50 ~ 16온스 사이의 무게
- 15.50온스보다 적다의 무게
- 15.50 ~ 16.25온스 사이의 무게

정규분포가 평균에 대해 대칭임을 인식하면 이전 목록의 각 질문에 답할 수 있다.

- 무게가 15.75 ~ 16.25 사이인 채워진 용기의 비율은 약 68%이고 평균 16이 15.75 ~ 16.25 사이의 중간점이므로 무게가 16 ~ 16.25온스인 채워진 상자의 비율은 약 (68%)/2 또는 약 34%이다.
- 무게가 15.50 ~ 16.50 사이인 채워진 용기의 비율은 약 95%이고 평균 16이 15.50 ~ 16.50 사이의 중간점이므로, 15.50 ~ 16온스 사이의 채워진 용기의 비율은 약 (95%)/2 또는 약 47.5%이다.
- 위 과정을 통해 무게가 15.50 ~ 16온스 사이인 용기의 비율이 약 47.5%인 것으로 확인되었으며, 분포가 평균에 대해 대칭이기 때문에 채워진 용기의 50%가 16온스 미만이라는 것도 알수 있다. 따라서 무게가 15.50온스 미만으로 포장된 용기의 비율은 약 50% − 47.5% 또는 약 2.5%이다.
- 앞서 약 47.5%의 용기는 15.50 ~ 16온스 사이에 있을 것이고, 약 34%의 용기는 16 ~ 16.25온스 사이에 있을 것이라고 추정했다. 따라서 무게가 15.50 ~ 16.25온스 사이인 채워진 용기의 비율은 약 47.5% + 34% 또는 약 81.5%가 된다.

6장에서는 이러한 유형의 질문에 대한 답을 찾기 위해 정수가 아닌 z 값을 사용하는 방법을 소개하고자 한다.

---

* 그림 3.5를 사용하여 네 가지 질문에 답할 수 있다.

극단값 찾기

때때로 어떤 자료들은 그 안에 특출나게 큰 값이나 작은 값을 하나 또는 그 이상 포함하고 있는 경우가 있다. 이러한 값들을 **극단값(outlier)**이라고 한다. 경험이 많은 통계학자들은 극단값을 정의하기 위해 노력하였고 각각의 극단값들을 신중히 다루었다. 극단값은 부정확하게 기록된 자료일지도 모른다. 만약 그렇다면 향후 분석에 앞서 이를 고쳐야 한다. 또한 극단값은 부정확하게 관측되어 자료에 포함된 값 중 하나일 수도 있다. 만약 그렇다면 이를 제거하면 된다. 마지막으로 극단값은 정확하게 기록된 특별한 자료값으로 자료에 제대로 포함된 값일 수 있다. 이러한 경우에는 이를 남겨 두어야 한다.

표준화된 값(z-값)은 극단값을 정의하는 데 사용할 수 있다. 경험법칙을 종형 분포의 자료를분석하는 데 사용하여 대부분의 자료값들이 평균의 3 표준편차 범위 내에 있었다는 결론을 상기해 보자. 극단값을 구별해 내기 위해 z-값을 이용하면 -3보다 작거나 $+3$보다 큰 z-값으로 갖는 자료들을 극단값으로 하면 된다. 그러한 자료들은 이후에 정확성 여부를 검토하고 그 값들을 자료 내에 계속 둘 것인지를 결정할 수 있을 것이다.

표 3.5의 학급 크기 자료에서의 z-값을 보도록 하자. z-값이 -1.50인 5번째 학급 크기 값이 평균으로부터 가장 멀리 있음을 보여 주었다. 여기에서는 모든 자료의 표준화 값이 극단값을 찾는 기준치인 -3과 $+3$의 범위 내에 있다. 그러므로 이 경우 z-값으로 학급 크기 자료에 극단값이 존재한다는 점을 제시할 수 없다.

극단값을 식별하는 또 다른 방법은 제1사분위수(Q_1)와 제3사분위수(Q_3)의 값 및 사분위 범위(IQR)를 기반으로 한다. 이 방법은 먼저 다음과 같은 하한과 상한을 계산한다.

$$\text{하한} = Q_1 - 1.5(\text{IQR})$$
$$\text{상한} = Q_3 + 1.5(\text{IQR})$$

값이 하한값보다 작거나 상한값보다 큰 경우 관측치는 극단값으로 분류된다. 표 3.1의 월급데이터의 경우, $Q_1 = 5857.5$, $Q_3 = 6025$, IQR $= 167.5$이며, 하한값과 상한값은 다음과 같다:

$$\text{하한} = Q_1 - 1.5(\text{IQR}) = 5857.5 - 1.5(167.5) = 5606.25$$
$$\text{상한} = Q_3 + 1.5(\text{IQR}) = 6025 + 1.5(167.5) = 6276.25$$

표 3.1의 자료를 살펴보면 초임이 하한인 5,606.25보다 작은 관측치는 없다. 그런데 상한인 6,276.25보다 큰 6,325가 있다. 따라서 6,325는 이 대안적인 접근법으로 찾아낸 극단값이 된다.

주석 및 코멘트

1. 체비세프의 정리는 어떤 자료에 대해서도 적용할 수 있고, 평균의 특정 표준편차값의 범위 내에 있는 자료들의 최소 개수를 언급하는 데에도 사용할 수 있다. 만일 자료가 대략 종형을 가진다면 더 많은 것을 알 수 있다. 예를 들어 경험법칙을 통해 우리는 대략 95%의 자료들이 평균의 2 표준편차 범위 내에 있다는 것을 알 수 있었다. 그리고 체비세프의 정리 또한 적어도 75%의 자료값들이 그 범위 내에 있음을 보여 주었다.
2. 자료를 분석하기에 앞서 통계학자들은 보통 자료의 타당성을 확보하기 위해 다양한 점검을 한다. 방대한 자료를 분석하는 연구에서는 자료값들을 기록하거나 컴퓨터에 입력할 때 종종 오류가 발생한다. 극단값들을 검토하는 것은 자료의 타당성 점검을 위해 사용하는 하나의 도구이다.

연습문제

기본문제

35. 10, 20, 12, 17, 16이라는 값이 있다. 각각의 z-값을 계산하시오.

36. 평균이 500이고 표준편차가 100인 자료가 있다. 다음 값들의 z-값을 구하시오. 520, 650, 500, 450, 280.

37. 평균이 30이고 표준편차가 5인 자료가 있다. 체비세프의 정리를 이용하여 다음 범위 내에 있는 자료의 비율을 구하시오.

a. 20～40

b. 15～45

c. 22～38

d. 18～42

e. 12～48

38. 평균이 30이고 표준편차가 5인 자료가 종형 분포를 나타낸다고 한다. 경험법칙을 사용하여 다음 범위 내에 있는 자료의 비율을 구하시오.

a. 20～40

b. 15～45

c. 25～35

적용문제

39. 1일 수면시간. 전국적인 조사를 한 결과 성인의 하루 평균 수면시간은 6.9시간이었다. 표준편차가 1.2시간이라고 가정하고 다음의 문제에 답하시오.

a. 체비세프의 정리를 이용하여 평균 수면시간이 4.5시간에서 9.3시간 사이에 있는

사람들의 비율을 계산하시오.

b. 체비세프의 정리를 이용하여 평균 수면시간이 3.9시간에서 9.9시간 사이에 있는 사람들의 비율을 계산하시오.

c. 이 자료가 종형 분포를 한다고 가정해 보자. 경험법칙을 사용하여 평균 수면시간이 4.5시간에서 9.3시간 사이에 있는 사람들의 비율을 계산하시오. 이 결과를 문항 (a)에서 체비세프의 정리를 통해 얻은 결과와 비교하시오.

40. 갤런당 휘발유 가격. 미국에서 보통 등급의 휘발유 갤런당 평균 소매 가격이 3.43달러이며 표준편차가 0.10달러라고 가정하고, 이 자료가 종형 분포를 한다고 가정하자. 다음 문제에 답하시오.

a. 갤런당 3.33달러에서 3.53달러 사이의 가격으로 팔리는 휘발유의 비율을 구하시오.

b. 갤런당 3.33달러에서 3.63달러 사이의 가격으로 팔리는 휘발유의 비율을 구하시오.

c. 갤런당 3.63달러 이상 팔리는 휘발유의 비율을 구하시오.

41. GMAT 시험 점수. 경영 대학원 입학 시험(GMAT)은 많은 대학에서 경영학 대학원 입학 평가의 일부로 사용하는 표준화된 시험이다. 평균 GMAT 점수는 547이다(Magoosh 웹사이트). GMAT 점수가 표준편차 100의 종형 분포를 한다고 가정하자.

a. GMAT 점수 중 647 이상인 비율은 얼마인가?

b. GMAT 점수 중 747 이상인 비율은 얼마인가?

c. GMAT 점수 중 447에서 547 사이인 비율은 얼마인가?

d. GMAT 점수 중 347에서 647 사이인 비율은 얼마인가?

42. 뒷뜰 구조물의 비용. 캘리포니아의 많은 가구들이 사무실과 아트 스튜디오, 취미 장소, 부가적인 장소로 창고를 사용하고 있다. 뒤뜰을 상황에 맞게 바꾸는 데 드는 평균 비용은 가격이 3,100달러이다. 표준편차는 1,200달러로 가정하고 다음 문제에 답하시오.

a. 뒤뜰 개조비용이 2,300달러일 때 z-값을 구하시오.

b. 뒤뜰 개조비용이 4,900달러일 때 z-값을 구하시오.

c. 문항 (a)와 (b)에서 구한 z-값을 해석하시오. 둘 중 무엇이 극단값에 해당한다고 할 수 있는가.

d. 캘리포니아주 올버니에서 뒤뜰에 사무실을 만드는 데 드는 비용이 13,000달러라면, 이 경우 극단값에 해당한다고 할 수 있는가? 설명하시오.

43. 최고의 거주지. 매년 Money 매거진은 '미국에서 살기 좋은 최고의 장소' 목록을 발표한다. 이 목록은 가격 적절성, 교육 성과, 편리성, 안전성 및 삶의 질을 기반으로 한다. 아래 목록은 2017년 미국 각 주에서 Moneymagazine이 선정한 최고 도시의 가계 소득 중앙값이다(Money 잡지 웹사이트).

DATA *file* BestCities

도시	가계 소득 중앙값(달러)	도시	가계 소득 중앙값(달러)
Pelham, AL	66,772	Bozeman, MT	79,131
Juneau, AK	84,101	Papillion, NE	54,230
Paradise Valley, AZ	138,192	Sparks, NV	66,872
Fayetteville, AR	40,835	Nashua, NH	73,885
Monterey Park, CA	57,419	North Arlington, NJ	58,982
Lone Tree, CO	116,761	Rio Rancho, NM	88,693
Manchester, CT	64,828	Valley Stream, NY	54,579
Hockessin, DE	115,124	Concord, NC	71,866
St. Augustine, FL	47,748	Dickinson, ND	43,054
Vinings, GA	73,103	Wooster, OH	66,714
Kapaa, HI	62,546	Mustang, OK	58,785
Meridian, ID	62,899	Beaverton, OR	117,438
Schaumburg, IL	73,824	Lower Merion, PA	63,414
Fishers, IN	87,043	Warwick, RI	57,480
Council Bluffs, IA	46,844	Mauldin, SC	47,788
Lenexa, KS	76,505	Rapid City, SD	82,334
Georgetown, KY	58,709	Franklin, TN	104,524
Bossier City, LA	47,051	Allen, TX	54,515
South Portland, ME	56,472	Orem, UT	69,181
Rockville, MD	100,158	Colchester, VT	112,722
Waltham, MA	75,106	Reston, VA	128,484
Farmington Hills, MI	71,154	Mercer Island, WA	38,060
Woodbury, MN	99,657	Morgantown, WV	74,983
Olive Branch, MS	62,958	New Berlin, WI	56,593
St. Peters, MO	57,728	Cheyenne, WY	49,303

a. 가계 소득 데이터의 평균과 중앙값을 계산하시오.

b. 이 데이터의 평균값과 중앙값을 비교하시오. 이것은 가구 소득 데이터의 분포에 대해 어떤 특징을 나타내는가?

c. 가계 소득 데이터의 범위와 표준편차를 계산하시오.

d. 가계 소득 데이터에 대한 제1사분위수와 제3사분위수를 계산하시오.

e. 이 데이터에 극단값이 있는가? 이는 데이터에 대해 무엇을 시사하는가?

44. **NCAA 농구 경기 점수.** 10개의 NCAA 대학 농구 게임의 점수 자료가 다음에 제시되어 있다.

DATA *file* NCAA

이긴 팀	점수	진 팀	점수	점수차
Arizona	90	Oregon	66	24
Duke	85	Georgetown	66	19
Florida State	75	Wake Forest	70	5
Kansas	78	Colorado	57	21
Kentucky	71	Notre Dame	63	8
Louisville	65	Tennessee	62	3
Oklahoma State	72	Texas	66	6
Purdue	76	Michigan State	70	6
Stanford	77	Southern Cal	67	10
Wisconsin	76	Illinois	56	20

a. 이긴 팀의 점수 자료에서 평균과 표준편차를 구하시오.

b. NCAA 게임에서 이긴 팀의 점수 분포가 종형 분포를 한다고 가정해 보자. 문항 (a)에서 도출한 평균과 표준편차를 이용하여, 점수가 84점 이상인 이긴 팀이 전체 NCAA 게임에서 얼마만큼의 비율을 가지는지 구하시오. 이긴 팀의 점수가 90점 이상인 경우가 전체 CAA 게임에서 얼마만큼의 비율을 가지는지 구하시오.

c. 이긴 팀과 진 팀의 점수차 자료에서 평균과 표준편차를 구하시오. 이 자료에서 극단값이 존재하는가? 설명하시오.

45. **학교에서의 Apple iPad 사용.** 뉴욕타임즈는 애플이 학생들이 사용할 수 있도록 학군에 특별히 판매되는 새로운 아이패드를 공개했다고 보도했다(The New York Times 웹사이트). 9.7인치 아이패드는 공립학교의 구글 크롬북에서 시장 점유율을 빼앗기 위해 더 빠른 프로세서와 상대적으로 저렴한 가격대를 갖출 예정이다. 다음 데이터는 미국 18개 공립 학군의 표본에서 현재 Apple iPad를 사용하고 있는 학생의 백분율을 나타낸다고 가정한다.

DATA *file* iPads

15 22 12 21 26 18 42 29 64 20 15 22 18 24 27 24 26 19

a. 현재 Apple iPad를 사용하는 학생들의 평균과 중앙값 비율을 계산하시오.

b. 이 데이터에 대한 제1사분위수와 제3사분위수를 비교하시오.

c. 이 데이터의 범위와 사분위 범위를 계산하시오.

d. 이 데이터의 분산과 표준편차를 계산하시오.

e. 이 데이터에 극단값이 있는가?

f. 계산된 값에 기반으로 공립학교 지역에서 iPad를 사용하는 학생들의 비율에 대해 어떤 결론을 내릴 수 있는가?

3.4 다섯수치요약과 상자그림

요약 통계와 요약 통계에 기반한 그리기 쉬운 그래프는 대량의 데이터를 신속하게 요약하는 데 사용할 수 있다. 이 절에서는 데이터의 여러 특성을 식별하기 위해 다섯수치요약과 상자 그림을 어떻게 작성할 수 있는지 보여주고자 한다.

다섯수치요약

다섯수치요약(five-number summary)에서는 자료를 요약하기 위해 다음의 다섯 개의 수치를 사용한다.

1. 최솟값
2. 제1사분위수(Q_1)
3. 중앙값(Q_3)
4. 제3사분위수(Q_3)
5. 최댓값

다섯수치요약 방법은 표 3.1에서 제시되었던 12명의 경영대학원 졸업생의 첫 월급 자료를 다시 사용하여 이를 살펴보자. 데이터를 오름차순으로 정렬하면 다음과 같은 결과를 얻을 수 있다.

5710 5755 5850 5880 5880 5890 5920 5940 5950 6050 6130 6325

가장 작은 값은 5710이고 가장 큰 값은 6325이다. 중앙값, 제1사분위수, 제3사분위수는 3.1절에서 이미 계산되었다($Q_1 = 5857.5$, $Q_3 = 5905$, $Q_3 = 6025$). 따라서 첫 월급 자료에서 도출되는 다섯수치요약은 다음과 같다.

5710 5857.5 5905 6025 6325

다섯수치요약은 표본의 첫 급여가 5710에서 6325 사이에 있으며 중앙값이 5905임을 나타낸다. 제1사분위수와 제3사분위수는 첫 급여의 약 50%가 5857.5에서 6025 사이에 있음을 보여준다.

상자그림

상자그림(box plot)은 다섯수치요약에 기초를 두고 자료를 도식화하여 요약한 것이다. 상자그림을 작성하는 데 있어서 중요한 점은 사분위수 범위($IQR = Q_3 - Q_1$)를 계산하는 것이다. 그림 3.6는 첫 월급 자료를 상자그림으로 도식화한 것이다. 다음은 상자그림을 그리는 단계이다.*

---

* 상자그림은 극단값을 확인하는 또 다른 방법을 제공한다. 그러나 그것이 −3보다 작거나 혹은 +3보다 큰 z값을 가지는 수치 같은 것을 반드시 확인하는 것은 아니다. 한쪽 혹은 양쪽의 방법이 사용 될 수 있다.

그림 3.6 첫 월급에 관한 자료에 대한 상자그림(상·하한선 표시)

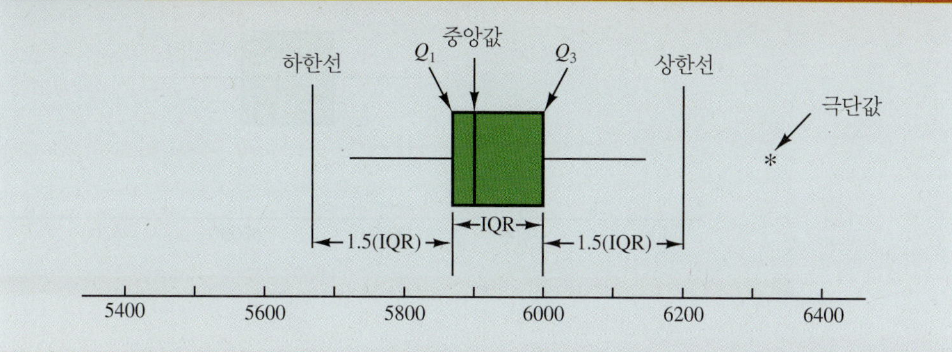

1. 상자의 양 끝에 제1사분위수와 제3사분위수가 위치한다. 첫 월급 자료에서 $Q_1 = 5{,}857.5$였고 $Q_3 = 6{,}025$이었다. 이 상자는 자료의 중앙부분 50%를 포함한다.
2. 상자 안에 수직선을 중앙값 위치에 그린다(첫 월급 자료에서는 5,905).
3. 사분위수 범위($IQR = Q_3 - Q_1$)를 사용하여 상한선과 하한선을 그린다. 상자그림의 한계는 제1사분위수에서 사분위수 범위(IQR)를 1.5배 한 값을 뺀 값과 제3사분위수에서 사분위수 범위(IQR)를 1.5배 한 값을 더한 값 사이이다. 월급 자료에서 $IQR = Q_3 - Q_1 = 6{,}025 - 5{,}857.5 = 167.5$이다. 따라서 하한은 $5{,}857.5 - 1.5(167.5) = 5{,}606.25$이고, 상한은 $6{,}025 + 1.5(167.5) = 6{,}276.25$이다. 이 범위 밖의 자료는 극단값이라고 할 수 있다.
4. 그림 3.6의 상자 양쪽 끝에서 연장된 실선은 콧수염선(whiskers)이라고 한다. 콧수염선은 상자의 양쪽 끝에서부터 3단계에서 구한 한계선 안의 최솟값과 최댓값까지 그린다. 이를 통해 월급 자료값의 콧수염선 끝은 5,710과 6,130임을 구할 수 있다.
5. 마지막으로 각 극단값의 위치를 *로 표현하면 된다. 그림 3.6에서 하나의 극단값인 6,325를 볼 수 있다.

그림 3.6에서 상한선과 하한선의 위치를 보여주는 선을 볼 수 있다. 이 선은 한계선이 어떻게 계산되고 위치하는지를 보여주기 위해 그린 것이다. 한계선은 항상 계산할 수 있지만 일반적으로 상자그림에서 한계선들은 그리지 않는다. 그림 3.7은 월급 자료의 일반적인 상자그림을 그린 것이다.

상자그림을 사용한 비교 분석

상자그림을 사용하면 두 개 이상의 그룹에 대한 그래픽 요약을 제공하고 그룹 간의 시각적 비교를 용이하게 할 수도 있습니다. 예를 들어 취업지원센터에서 회계, 재무, 정보 시스템, 경영, 마케팅 등 졸업생 전공별 월급을 비교하기 위한 연구를 수행한다고 가정해 보자. 최근 경영대학원 졸업생 111명의 새로운 표본에 대한 전공 및 급여 데이터는 Ma-

그림 3.7 첫 월급에 관한 자료의 상자그림

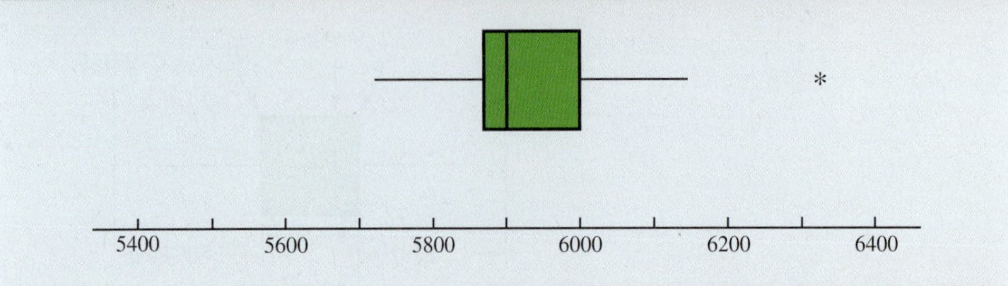

jorSalaries 파일에 제시되며 그림 3.8은 각 전공에 해당하는 상자그림을 보여준다. 전공은 횡축에 나타나있고 각 상자그림은 대응하는 전공 위에 수직적으로 보여진다. 이러한 방식의 상자 진열은 2개 혹은 그 이상의 그룹을 비교하는 데 훌륭한 그래프 방식이다.

그림 3.8의 상자그림을 사용하면서 전공에 따른 첫 월급을 어떻게 관찰할 수 있는가?*

- 회계전공자가 더 높은 월급을 받는다. 경영과 마케팅전공자는 더 낮은 월급을 받는다.
- 중앙값들에 따르면 회계와 정보시스템 전공자가 비슷한 그리고 높은 중앙값을 갖는다.
- 회계, 재무, 마케팅 전공자에 있어서 별도의 높은 월급을 받는 경우가 있다.

이러한 상자그림을 기반으로 추가적인 해석을 생각해 볼 수 있는가?

DATA *file* MajorSalaries

그림 3.8 전공에 따른 첫 월급의 상자그림

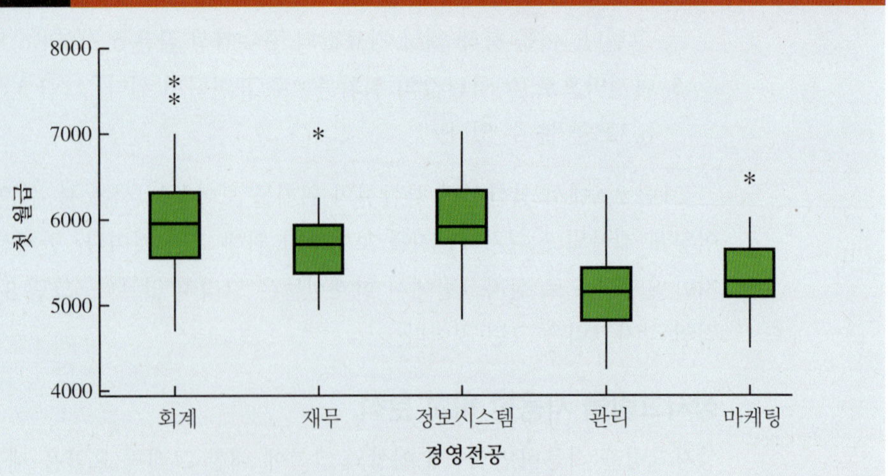

* 이 장의 마지막 부록에서는 Excel을 사용하여 상자그림을 작성하는 방법을 보여준다.

연습문제

기본문제

46. 27, 25, 20, 15, 30, 34, 28, 25의 자료가 있다. 다섯수치요약을 구하시오.

47. 위 자료를 통해 상자그림을 그리시오.

48. 다음 자료의 다섯수치요약과 상자그림을 구하시오. 5, 15, 18, 10, 8, 12, 16, 10, 6.

49. 어떤 자료에서 제1사분위수는 42이고 제3사분위수는 50이다. 상자그림의 상한선과 하한선을 구하시오. 자료값 65는 극단값에 해당하는가?

적용문제

DATA*file* WebpageClicks

50. **A/B 테스트과 클릭 수.** A/B 테스트는 고객이 선호하는 버전을 결정하기 위해 제품의 두 버전을 비교하는 방법이다. A/B 테스팅은 종종 웹페이지 디자인에서 사용되며, 웹페이지 디자인에서 두 가지 가능한 웹사이트 디자인 중 하나를 무작위로 제시한 후 특정 링크의 클릭 수와 같은 각 웹페이지의 성능 지표를 측정한다. 한 회사가 두 가지 버전의 웹페이지(버전 A와 버전 B)에 대해 A/B 테스트를 수행한다고 가정해보자. 회사는 매일 각 웹페이지 버전에서 발생하는 클릭 수를 측정하고 이 데이터는 WebpageClicks 파일에 포함되어 있다.

a. 웹페이지 버전 A와 버전 B의 일일 평균 클릭수와 중앙값을 계산하시오. 어느 버전이 하루에 더 많은 클릭수를 생성하는 것으로 보이는가?

b. 버전 A와 버전 B에서 생성된 일일 클릭 수에 대한 다섯수치요약을 구하시오.

c. 버전 A와 버전 B에서 생성된 일일 클릭 수에 대한 상자그림을 작성하시오. 버전 A에서 생성된 일일 클릭 수에 대한 극단값이 있는가? 버전 B에서 생성된 일일 클릭수에 극단값이 있는가?

51. **제약 회사의 매출.** 다음은 21개의 제약 회사에 대한 연간 매출로 단위는 백만 달러이다.

a. 다섯수치요약을 구하시오.

b. 하한과 상한을 계산하시오.

c. 데이터에 극단값이 포함되어 있는가?

d. 존슨앤드존슨(Johnson & Johnson)의 매출은 141억 3,800만 달러로 목록에서 가장 크다. 데이터 입력 오류가 발생하여 매출이 41,138백만 달러로 입력되었다고 가정해보자. (c)에서의 극단값 감지 방법은 이 문제를 식별하고 데이터 입력 오류를 수정할 수 있는가?

e. 상자그림을 작성하시오.

DATA*file* PharmacySales

연간 매출(백만 달러)					
8,408	1,374	1,872	8,879	2,459	11,413
608	14,138	6,452	1,850	2,818	1,356
10,498	7,478	4,019	4,341	739	2,127
3,653	5,794	8,305			

52. **휴대폰 회사 고객 만족도.** Consumer Reports는 미국 대도시에서 AT&T, Sprint, T-Mobile, 그리고 Verizon의 휴대폰 서비스에 대한 전반적 소비자 만족도를 발표하였다. 각 서비스에 대한 평가는 전체 소비자 만족도를 반영하는데 비용, 연결문제, 끊김, 통화방해, 소비자 보호 등의 요소를 고려한다. 만족도 범위는 0부터 100까지로 나타나 있는데 0은 완전 불만족, 100은 완전 만족을 말한다. 4개 휴대폰 회사의 20개 대도시에서의 서비스에 대한 평가가 다음 표에 나타나 있다.

DATA*file* CellService

	만족도 점수			
대도시 지역	AT&T	Sprint	T-Mobile	Verizon
Atlanta	70	66	71	79
Boston	69	64	74	76
Chicago	71	65	70	77
Dallas	75	65	74	78
Denver	71	67	73	77
Detroit	73	65	77	79
Jacksonville	73	64	75	81
Las Vegas	72	68	74	81
Los Angeles	66	65	68	78
Miami	68	69	73	80
Minneapolis	68	66	75	77
Philadelphia	72	66	71	78
Phoenix	68	66	76	81
San Antonio	75	65	75	80
San Diego	69	68	72	79
San Francisco	66	69	73	75
Seattle	68	67	74	77
St. Louis	74	66	74	79
Tampa	73	63	73	79
Washington	72	68	71	76

a. T-Mobile의 경우 평가의 중앙값은?

b. T-Mobile의 다섯수치요약을 계산하시오.

c. T-Mobile 평가에서 특별한 예외의 경우가 있는가? 설명하시오.

d. 다른 3개의 휴대폰 회사에 대하여 위 문제 b. 와 c.의 질문을 가지고 답하시오.

e. 한 그래프에 4개 휴대폰 회사의 상자그림을 그리시오. 상자그림의 비교가 4회사의 서비스에 대하여 무엇을 말하는지 설명하시오. 전반적 소비자 만족도에서 Consumer Reports는 어느 회사의 서비스가 가장 좋다고 추천하는가?

DATA*file* NFLWeightHeight

53. **NFL 선수 체중과 키.** 미국 풋볼 리그(NFL)의 미국 풋볼 선수들은 각 포지션별로 고도로 전문화되어 있다. 한 포지션에서 뛰는 선수들은 다른 포지션에서 플레이하는 경우는 매우 드물다. NFL에는 디펜스 태클(DT)과 쿼터백(QB)이라는 특정 포지션이 있다. NFLWeightHeight 파일에는 NFL에서 포지션별 선수들의 체중과 키에 관한 데이터가 포함되어 있다(NFL.com). 이 데이터를 사용하여 다음 질문에 답하시오.

a. DT의 체중에 대한 다섯수치요약과 QB의 체중에 대한 다섯수치요약을 작성하시오. 어떤 포지션의 선수가 더 무게가 많이 나가는 경향이 있는가?

b. NFL에서 DT와 QB의 체중 분포를 보여주는 대조 상자그림을 작성하시오. DT의 체중에는 극단값이 있는가? QB의 체중에는 극단값이 있는가?

c. DT의 키에 대한 다섯수치요약과 QB의 키에 대한 다섯수치요약을 작성하시오. 어떤 포지션의 선수가 더 키가 큰 경향을 보이는가가?

d. NFL에서 DT와 QB의 키 분포를 보여주는 대조 상자그림을 작성하시오. DT의 키에는 극단값이 존재하는가? QB의 키에는 극단값이 존재하는가?

e. b에서의 상자그림과 d에서의 상자그림을 비교하시오. DT와 QB의 체중 분포와 DT와 QB의 키 분포 간의 차이에 대해 어떤 추론을 할 수 있는가?

DATA*file* BorderCrossings

54. **미국 국경 통행량.** 교통 통계국(Bureau of Transportation Statistics)은 미국-캐나다 및 미국-멕시코 국경을 따라 입국항을 통과하는 모든 국경 통행량을 추적한다. BorderCrossings 파일의 데이터는 8월 한 달 동안 가장 붐비는 50개 입국항에서 개인 차량이 통과한 횟수(1,000 단위로 반올림)에 대해 가장 최근에 발표된 수치를 보여준다(미국 교통부 웹사이트).

a. 입국항의 평균 통행량과 중앙값은 무엇인가?

b. 제1사분위수와 제3사분위수는 무엇인가?

c. 다섯수치요약을 작성하시오.

d. 데이터에 극단값이 존재하는가? 상자그림을 작성하시오.

3.5 두 변수 간의 관련성 측정

지금까지 하나의 변수에 대한 자료를 요약하기 위해 산술적 방법을 사용하는 것에 대해 살펴보았다. 그러나 관리자나 의사결정자는 때때로 두 변수의 관계에 대해 알고 싶은 경우가 생긴다. 이 절에서는 두 변수 간의 관계에 대한 기술통계로써 공분산과 상관관계에 대해 알아보고자 한다.

먼저 2.4절에서 제시되었던 샌프란시스코의 전자제품 매장에 관한 자료를 다시 한번 사용하고자 한다. 매장 관리자는 주말 동안의 텔레비전 광고 횟수와 그 다음주 동안의 영업실적 간의 관계에 대해 알고자 한다. 표 3.6에 매출액이 나타나 있다. 각 주에 하나씩 총 10($n = 10$)개의 관측치가 나타나 있다. 그림 3.9의 산점도는 두 변수 간의 관계가 양(+)의 관계임을 보여준다. 즉, 광고 수가 많을수록 매출액이 오른다는 것을 보여준다. 산점도는 둘 간의 대략적인 관계를 직선으로 보여준다. 다음은 두 변수 간의 직선 관계를 측정하는 도구로 **공분산(covariance)**을 보고자 한다.

DATA *file* Electronics

표 3.6 샌프란시스코 전자제품 매장의 표본자료

주	광고횟수	판매액(백 달러)
1	2	50
2	5	57
3	1	41
4	3	54
5	4	54
6	1	38
7	5	63
8	3	48
9	4	59
10	2	46

그림 3.9 전자제품 매장에서 도출된 자료의 산점도

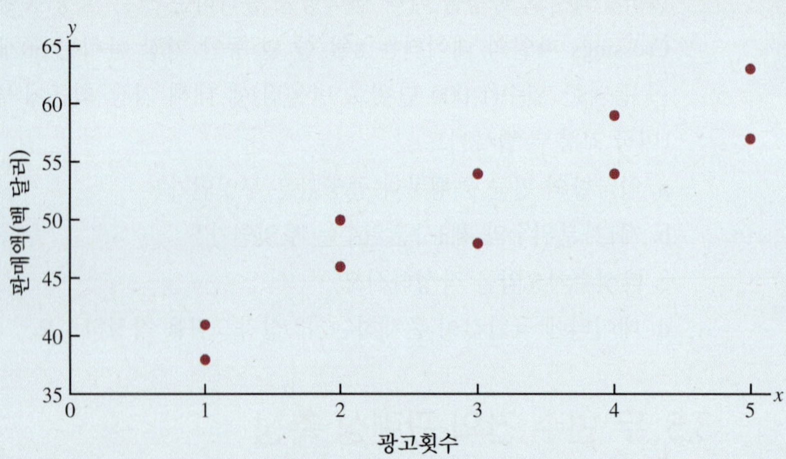

공분산

표본수가 n이고 관측치가 (x_1, y_1), (x_2, y_2) 등일 때 공분산을 다음과 같이 구할 수 있다.

표본공분산

$$s_{xy} = \frac{\Sigma(x_i - \bar{x})(y_i - \bar{y})}{n - 1} \tag{3.13}$$

이 식은 x_i와 y_i가 짝을 이룬다. y_i에서 표본평균 $\bar{y}$를 뺀 값과 x_i에서 표본평균 $\bar{x}$를 뺀 값을 곱한 후 이 값들을 더한다. 이 합을 $n-1$로 나눈다.

전자제품 매장자료에서 광고횟수 x와 매출액 y 간의 선형 관련성을 측정하기 위해서 식 (3.13)을 사용하여 표본공분산을 구하였다. 표 3.7은 $(x_i-\bar{x})(y_i-\bar{y})$를 계산한 값이다. 여기에서 $x = 30/10 = 3$이고, $y = 510/10 = 51$이다. 식 (3.13)을 사용하여 표본공분산을 구하면 다음과 같다.

$$s_{xy} = \frac{\Sigma(x_i - \bar{x})(y_i - \bar{y})}{n - 1} = \frac{99}{9} = 11$$

모집단의 크기가 N일 경우 공분산을 계산하는 식은 식 (3.13)과 유사하다. 그러나 전체 집단에 대해 구하는 값이므로 표시를 조금 다르게 한다.

모집단 공분산

$$\sigma_{xy} = \frac{\Sigma(x_i - \mu_x)(y_i - \mu_y)}{N} \tag{3.14}$$

표 3.7 표본공분산의 계산

	x_i	y_i	$x_i-\bar{x}$	$y_i-\bar{y}$	$(x_i-\bar{x})(y_i-\bar{y})$
	2	50	−1	−1	1
	5	57	2	6	12
	1	41	−2	−10	20
	3	54	0	3	0
	4	54	1	3	3
	1	38	−2	−13	26
	5	63	2	12	24
	3	48	0	−3	0
	4	59	1	8	8
	2	46	−1	−5	5
계	30	510	0	0	99

$$s_{xy} = \frac{\Sigma(x_i - \bar{x})(y_i - \bar{y})}{n - 1} = \frac{99}{10 - 1} = 11$$

식 (3.14)에서 변수 x의 모집단 평균을 표현하기 위해 μ_x를 사용하였고, 변수 y의 모집단 평균을 표현하기 위해 μ_y를 사용하였다. 모집단 공분산은 σ_{xy}크기가 N개의 모집단을 기초로 계산되었다.

공분산의 해석

표본공분산을 해석하는 법을 살펴보기 위해 그림 3.10를 보자. 이는 그림 3.9의 산점도와 같다. 점선으로 표현된 수직선은 $\bar{x}=3$에 그었고, 점선 수평선은 $\bar{y}=51$인 곳에 그었다. 이 선들은 그래프를 4분면으로 나눈다. 제1사분면 위의 점은 x_i가 $\bar{x}$보다 크고 y_i가 $\bar{y}$보다 큰 경우이다. 제2사분면 위의 점은 x_i가 $\bar{x}$보다 작고 y_i가 $\bar{y}$보다 큰 경우이다. 이와 같이 $(x_i-\bar{x})(y_i-\bar{y})$값은 제1사분면에서는 (+)값을 가지고, 제2사분면에서는 (−)값을 가지며, 제3사분면에서는 (+)값을, 제4사분면에서는 (−)값을 가짐을 알 수 있다.

만약 s_{xy}가 (+)값이라면 s_{xy}에 가장 큰 영향을 미치는 점들이 제1사분면과 제3사분면에 있다. s_{xy}가 (+)값이라는 것은 x와 y가 양(+)의 선형 관련성을 가진다는 것을 의미한다.* 즉, x값이 증가하면 y값도 증가한다. 그러나 만약 s_{xy}가 (−)라면 x와 y가 음(−)의 선형 관련성을 가진다는 것을 의미한다. 즉, x값이 증가하면 y값은 감소한다. 마지막으로 만약 점들이 모든 4분면에 고루 분포되어 있다면 s_{xy}는 0에 가까운 값을 가진다. 그리고 x와 y는 아무런 선형 관련성도 가지지 않음을 의미한다. 그림 3.11은 s_{xy}값에 따른 세 가지 다른 유형의 산점도를 보여준다.

그림 3.10을 다시 보면 전자제품 매장 자료의 산점도가 그림 3.11의 맨 위에 있는 형태와 비슷하다는 것을 알 수 있다. 예상대로 이 경우 표본공분산은 $s_{xy}=11$로 양(+)의

그림 3.10 전자제품 매장 자료를 바탕으로 작성된 분리된 산점도

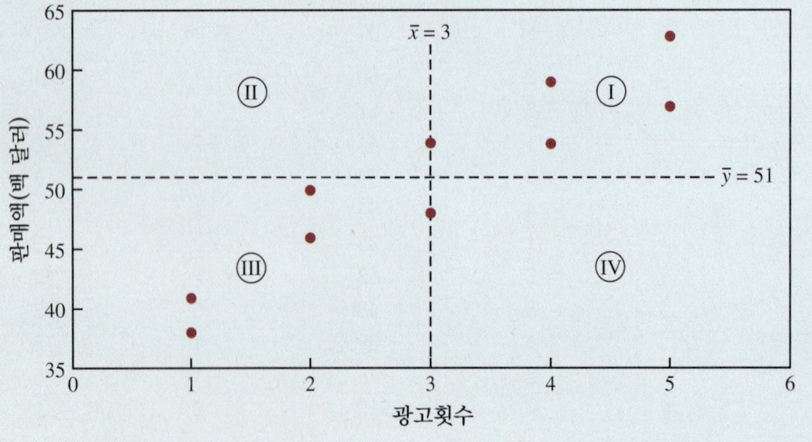

---

* 공분산은 두 변수 간의 선형관계를 측정한다.

그림 3.11 표본공분산의 해석

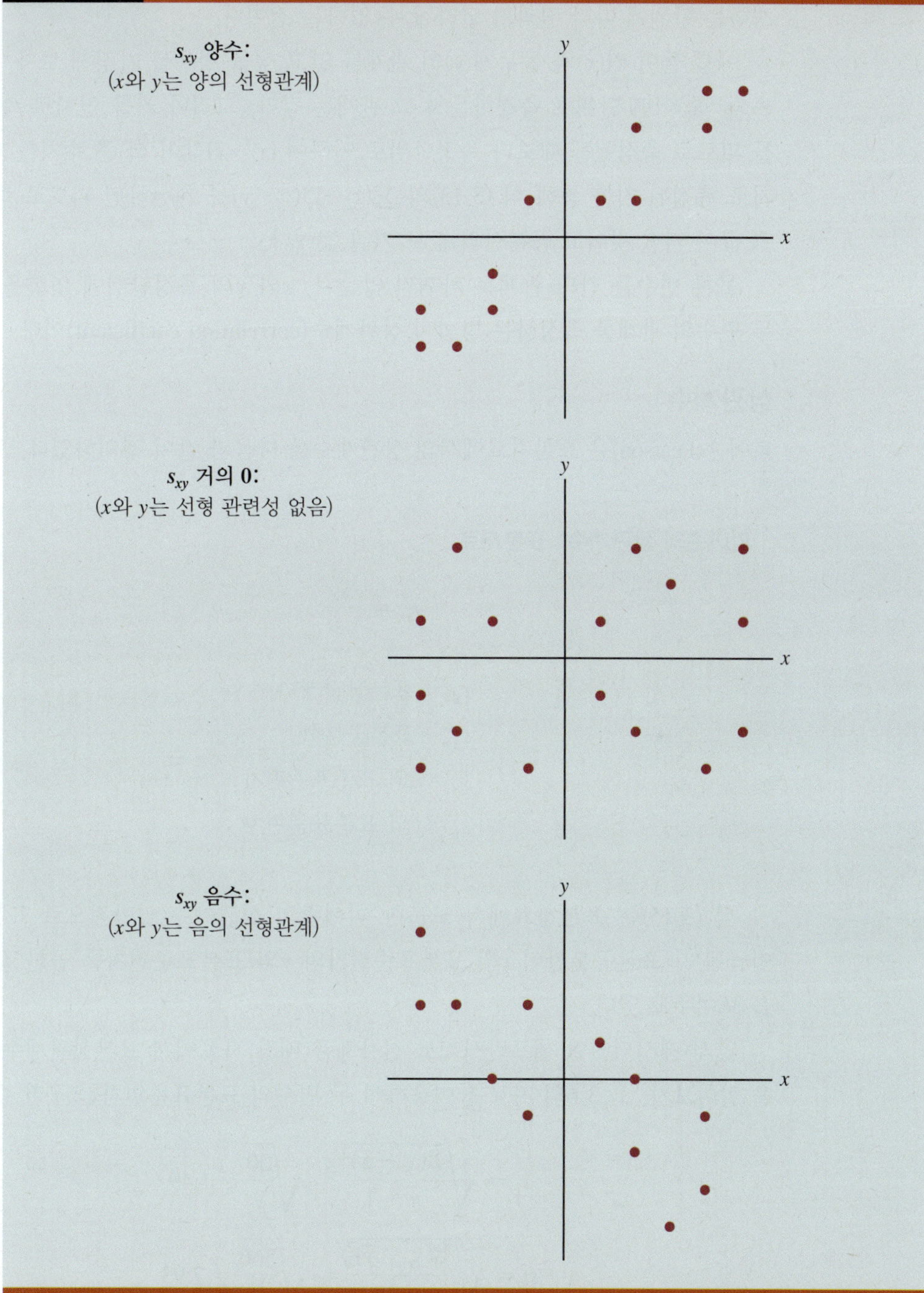

선형 관련성을 나타낸다.

공분산 값이 양(+)으로 클수록 그 양(+)의 관계가 더욱 밀접하고, 그 값이 음(−)으로 클수록 그 음(−)의 부적인 관계가 더욱 밀접하다는 것을 알 수 있다. 그러나 선형 연관성의 정도를 측정하는 도구로 공분산을 사용하는 것의 문제점은 공분산이 x와 y를 측정하는 단위에 따라 결과가 달라질 수 있다는 점이다.

예를 들어 키(x)와 몸무게(y)의 관계를 알고 싶을 경우를 가정해 보자. 키를 인치나 피트 둘 중 어떤 단위로 측정하든지 그 관계는 같다. 그러나 키를 인치로 측정하는 것은 이를 피트로 측정했을 때보다 측정단위로 인하여 $(x_i - \bar{x})$값이 더 큰 수치를 가지게 한다. 인치로 측정된 키를 통해 식 (3.13)의 $\sum(x_i - \bar{x})(y_i - \bar{y})$를 계산하면 피트로 측정했을 때보다 그 값이 커질 것이고 공분산의 값도 커질 것이다.

물론 변수들 간의 관계는 바뀌지 않는다. x와 y의 측정단위에 영향을 받지 않으면서 두 변수의 관계를 측정하는 방법이 상관계수(correlation coefficient)이다.

상관계수

피어슨(Pearson)은 표본자료에서의 상관계수를 다음과 같이 정의하였다.

피어슨의 상관계수: 표본자료

$$r_{xy} = \frac{s_{xy}}{s_x s_y} \tag{3.15}$$

r_{xy} = 표본상관계수
s_{xy} = 표본공분산
s_x = x의 표준표준편차
s_y = y의 표준표준편차

식 (3.15)는 표본자료에서 도출한 피어슨의 상관계수(일반적으로 표본상관계수라고 언급됨)가 표본공분산이 x의 표본표준편차와 y의 표본표준편차를 곱한 값으로 나누어짐을 보여주고 있다.

앞서 제시되었던 샌프란시스코 전자제품 매장 자료에서 표본상관계수를 구하는 방법을 알아보자. 표 3.6의 자료를 이용하여 두 변수의 표본표준편차를 구할 수 있다.

$$s_x = \sqrt{\frac{\Sigma(x_i - \bar{x})^2}{n-1}} = \sqrt{\frac{20}{9}} = 1.49$$

$$s_y = \sqrt{\frac{\Sigma(y_i - \bar{y})^2}{n-1}} = \sqrt{\frac{566}{9}} = 7.93$$

$s_{xy} = 11$이기 때문에 표본상관계수는 다음과 같다.

$$r_{xy} = \frac{s_{xy}}{s_x s_y} = \frac{11}{(1.49)(7.93)} = 0.93$$

모집단에서 상관계수 ρ_{xy}를 계산하는 식은 다음과 같다.

피어슨의 상관계수: 모집단*

$$\rho_{xy} = \frac{\sigma_{xy}}{\sigma_x \sigma_y} \tag{3.16}$$

ρ_{xy} = 모집단 상관계수
σ_{xy} = 모집단 공분산
σ_x = x의 모집단 표준편차
σ_y = y의 모집단 표준편차

표본상관계수인 r_{xy}는 모집단 상관계수인 ρ_{xy}를 측정할 수 있게 해준다.

상관계수의 해석

단순하게 설명하기 위해서 먼저 완벽한 양(+)의 선형관계를 가지는 자료가 있다고 가정해 보자. 그림 3.12의 산점도는 다음 자료에 근거한 x와 y의 관계를 나타낸다.

x_i	y_i
5	10
10	30
15	50

세 점을 연결하여 그린 직선은 x와 y의 완벽한 양(+)의 선형관계를 보여준다. 표본상관계수를 구하기 위한 식 (3.15)를 적용하기 위해서 먼저 s_{xy}와 s_x, s_y를 계산해야 한다. 필요한 계산 결과들이 표 3.8에 제시되어 있다. 그 표의 결과들을 이용하여 다음과 같은 결과를 얻을 수 있다.

$$s_{xy} = \frac{\Sigma(x_i - \bar{x})(y_i - \bar{y})}{n-1} = \frac{200}{2} = 100$$

$$s_x = \sqrt{\frac{\Sigma(x_i - \bar{x})^2}{n-1}} = \sqrt{\frac{50}{2}} = 5$$

$$s_y = \sqrt{\frac{\Sigma(y_i - \bar{y})^2}{n-1}} = \sqrt{\frac{800}{2}} = 20$$

$$r_{xy} = \frac{s_{xy}}{s_x s_y} = \frac{100}{5(20)} = 1$$

표본상관계수의 값이 1이 됨을 알 수 있다.

일반적으로 자료에 속한 모든 점들이 양(+)의 방향으로 경사진 직선으로 그려질 경

* 표본상관계수 r_{xy}는 모집단 상관계수 ρ_{xy}의 측정치이다.

그림 3.12 완벽한 양(+)의 선형관계를 나타내는 산점도

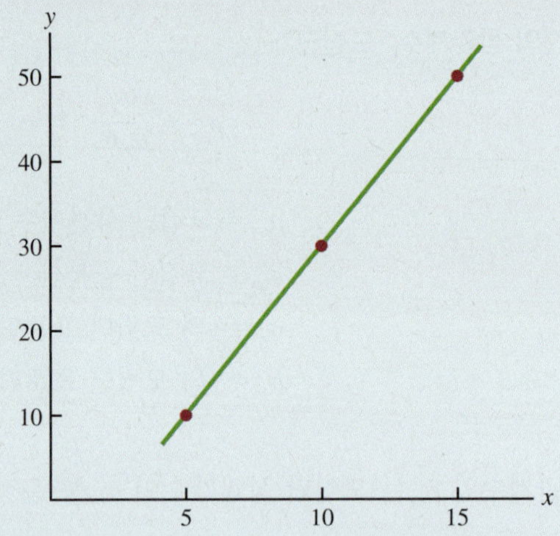

표 3.8 표본상관계수의 계산에 사용된 수치

	x_i	y_i	$x_i-\bar{x}$	$(x_i-\bar{x})^2$	$y_i-\bar{y}$	$(y_i-\bar{y})^2$	$(x_i-\bar{x})(y_i-\bar{y})$
	5	10	−5	25	−20	400	100
	10	30	0	0	0	0	0
	15	50	5	25	20	400	100
계	30	90	0	50	0	800	200
	$\bar{x}=10$	$\bar{y}=30$					

우 표본상관계수의 값은 +1이 된다. +1인 표본상관계수는 x와 y의 완벽한 양(+)의 선형관계를 의미한다고 할 수 있다. 이에 비하여 만약 자료에 속한 모든 점들이 음(−)의 방향으로 경사를 가진 직선일 경우 표본상관계수의 값은 −1이 된다. −1인 표본상관계수는 x와 y의 완벽한 음(−)의 선형관계를 의미한다.*

이번에는 어떤 자료에서 x와 y가 양(+)의 선형관계를 가지지만 그것이 완벽하지 않은 경우를 생각해 보자. r_{xy}값은 1보다 작을 것이고 이는 산점도 내의 점들이 모두 직선상에 있지 않음을 의미한다. 점들이 완벽한 양(+)의 선형관계에서 멀어지면 멀어질수록 r_{xy}값은 더 작아질 것이다. r_{xy}값이 0과 같아지면 이는 x와 y에 아무런 선형관계가 없음을 의미하며, 0에 가까워질수록 선형관계가 약해진다는 것을 의미한다.

앞서 제시되었던 스테레오 음향기기 매장의 자료에서 $r_{xy}=0.93$이었던 것을 상기해

* 상관계수는 −1부터 +1까지 분포한다. −1이나 +1에 가까운 수치는 강력한 선형관계를 표시한다. 상관값이 0에 가까울수록 상관관계가 약하다.

보자. 이를 통해 광고횟수와 매출액 간에 강한 양(+)의 상관관계가 있음을 알 수 있다. 더 구체적으로 광고횟수가 증가할수록 매출액이 증가함을 알 수 있다.

상관관계는 변수들 간의 선형 연관성을 측정하는 것이지 인과관계를 측정하는 것을 의미하지는 않는다. 두 변수 간의 높은 상관관계는 하나의 변수가 변화할 때 다른 변수를 변화시키게 한다는 것을 의미하지 않는다. 예를 들어 식당의 일반적인 식사가격과 음식 질과의 관계가 양(+)의 상관관계를 가진다는 것을 알 수 있다. 그렇지만 식당의 식사가격을 인상하면 반드시 식사의 질이 향상된다고 할 수는 없다.

주석 및 코멘트

1. 상관계수는 두 정량 변수 사이의 선형 관계의 강도만을 측정하기 때문에 두 변수 간의 관계가 비선형일 때에도 상관 계수가 거의 0에 가까워질 수 있다. 예를 들어, 다음 산점도는 작은 소매점이 환경 제어(난방 및 냉방)에 소비한 금액과 100일 동안의 일일 최고 기온 간의 관계를 보여준다. 이 데이터의 표본 상관계수는 r_{xy} = −0.007이며 두 변수 사이에 선형 관계가 없음을 나타낸다. 그러나 산점도는 비선형 관계에 대한 강력한 시각적 증거를 제공한다. 즉, 일일 최고 기온이 증가함에 따라 환경 제어에 소비된 금액이 먼저 낮아지고 난방이 덜 필요해지면 다시 증가함을 볼 수 있다.

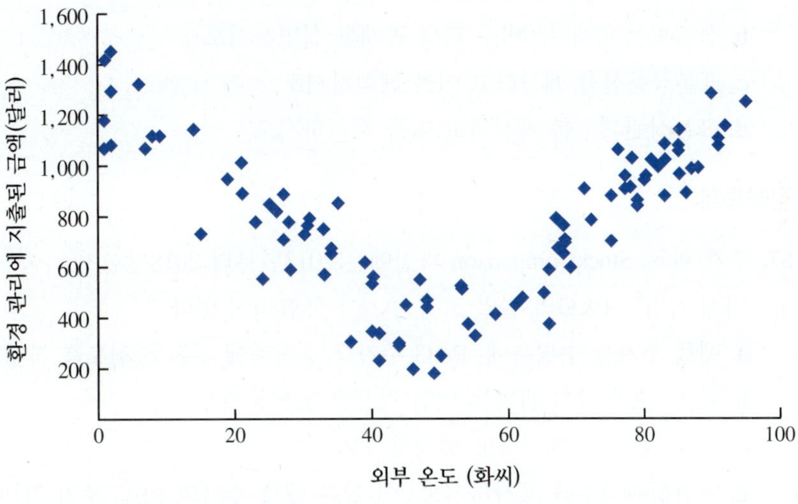

2. 상관계수는 두 정량 변수 간의 관계를 평가하는 데 유용하지만, 변수 중 하나 이상이 명목변수 또는 서열 변수일 경우 Spearman 상관계수와 같은 다른 측정값을 사용하여 두 변수 간의 관계를 평가할 수 있다. 이 부분은 18장에서 Spearman 상관계수의 사용에 대해서 다루고자 한다.

연습문제

기본문제

55. 두 변수에 대해서 5개의 관측치를 얻었다.

x_i	4	6	11	3	16
y_i	50	50	40	60	30

a. 이 자료를 가지고 산점도를 그리시오.
b. 문항 (a)에서 그린 산점도를 통해 두 변수 간의 관계가 어떠한지 설명하시오.
c. 표본공분산을 계산하고 이를 해석하시오.
d. 표본상관계수를 계산하고 이를 해석하시오.

56. 두 변수에 대해서 5개의 관측치를 얻었다.

x_i	6	11	15	21	27
y_i	6	9	6	17	12

a. 이 자료를 가지고 산점도를 그리시오.
b. 산점도를 통해 두 변수 간의 관계를 설명하시오.
c. 표본공분산을 계산하고 이를 해석하시오.
d. 표본상관계수를 계산하고 이를 해석하시오.

적용문제

DATA*file* StockComparison

57. 주가 비교. StockComparison 파일에는 2013년부터 2018년까지 기술 기업인 애플과 소비재 기업인 P&G의 월별 조정 주가가 포함되어 있다.
a. 애플 주가를 수평축에, P&G 주가를 수직축에 두는 산점도를 작성하시오.
b. 이 두 주가 간의 관계는 어떤 것으로 보이는가?
c. 표본공분산을 계산하고 해석하시오.
d. 표본상관계수를 계산하시오. 이 값은 애플 주가와 P&G 주가 간의 관계에 대해 무엇을 나타내는가?

58. 주행 속도와 연비. 중형차의 운행 속도와 연비 마일에 관한 연구를 하는 부서에서 다음 자료를 보고하였다. 표본상관계수를 구하고 이를 해석하시오.

속도(시간당 마일)	30	50	40	55	30	25	60	25	50	55
갤런당 마일	28	25	25	23	30	32	21	35	26	25

DATA*file* SmokeDetectors

59. **연기 감지기 사용과 사망률.** 지난 40년 동안 미국의 주택 중 연기 감지기 비율은 꾸준히 증가해 2015년 현재 약 96% 수준을 유지하고 있다(National Fire Protection Association 웹사이트). 집 연기 감지기 사용이 증가함에 따라 가정 화재로 인한 사망률은 어떻게 변화했을까? SmokeDetectors 파일에는 연기 감지기 보유 추정 비율과 인구 백만 명당 추정 가정 화재 사망자에 대한 17년간의 데이터가 포함되어 있다.

a. 연기 감지기 사용과 가정 화재로 인한 사망 간에는 양의 관계 또는 음의 관계가 있다고 예상하는가? 그 이유는 무엇인가?

b. 상관 계수를 계산하시오. 연기 감지기 사용과 가정 화재로 인한 사망 간에는 양의 상관 관계가 있는가 음의 상관 관계가 있는가? 설명하시오.

c. 인구 백만 명당 사망률과 연기 감지기가 설치된 주택의 비율에 대한 산점도를 작성하시오.

DATA*file* NasdaqDow

60. **나스닥 종합지수와 다우존스 산업평균지수 비교.** 나스닥 종합지수는 많은 기술 기반 기업을 포함해 약 3,500개 기업의 주가를 기준으로 한 주식 시장 지수이다. 다우존스 산업평균지수는 30개 대기업을 기반으로 한다. NasdaqDow 파일은 2021년 각 주식 지수에 대한 일일 백분율 수익률을 제공한다.

a. 나스닥의 백분율 수익률과 다우존스의 백분율 수익률에 대한 산점도를 작성하시오.

b. 각 지수에 대한 표본평균과 표준편차를 계산하시오.

c. 표본상관계수를 계산하시오.

d. 이 두 지수의 유사점과 차이점에 대해 논하시오.

DATA*file* BestPrivateColleges

61. **최고의 사립대학.** 키플링거의 최고 가치의 사립대학 목록에서 30개 대학의 무작위 표본이 파일 BestPrivateColleges(Kiplinger 웹사이트)에 제공되었다. Admit Rate(%)이라는 변수는 해당 대학에 지원하여 합격한 학생의 비율을 나타내고, 4-yr Grad. Rate(%)라는 변수는 입학한 학생 중 4년 안에 졸업한 학생의 백분율을 나타낸다.

a. 합격률(%)를 독립변수로 하는 산점도를 작성하시오. 산점도는 두 변수 간의 관계에 대해 어떤 정보를 제공하는가?

b. 표본상관계수를 계산하시오. 표본상관계수의 값은 Admit Rate(%)와 4-yr Grad. Rate(%) 간의 관계에 대해 무엇을 나타내는가?

3.6 데이터 대시보드: 효율성 향상을 위한 수치 측정값 추가

제2.5절에서는 데이터 시각화에 대한 소개하였다. 데이터 시각화는 그래픽 디스플레이를 사용하여 데이터 집합에 대한 정보를 요약하고 제시하는 용어로 사용된다. 데이터 시각화의 목표는 데이터에 관한 주요 정보를 가능한 효과적이고 명확하게 전달하는 것이다. 가장 널리 사용되는 데이터 시각화 도구 중 하나는 성능을 모니터링하는 데 사용되는 정보를 구성하고 표시하는 시각적 디스플레이 세트인 데이터 대시보드이다. 데이터 대시보드는 읽기, 이해 및 해석하기 쉬운 방식으로 구성되어 있다. 이 절에서는 데이터 대시보드의 논의를 확장하여 수치 측정값의 추가가 디스플레이의 전반적인 효과를 어떻게 향상시킬 수 있는지를 보여준다.

주요 성과 지표(KPIs)의 평균 및 표준편차와 같은 수치 측정값을 데이터 대시보드에 추가하는 것은 중요하다. 수치 측정은 종종 KPI를 평가하는 기준이나 목표를 제공하기 때문이다. 또한 수치 측정값을 디스플레이 구성 요소로 포함하는 그래픽 디스플레이도 데이터 대시보드에 자주 포함된다. 데이터 대시보드의 목적은 쉽게 읽고, 이해하고, 해석할 수 있는 방식으로 KPI에 대한 정보를 제공하는 것임을 유념해야 한다. 수치 측정과 수치 측정을 활용하는 그래프를 추가하면 이러한 목표를 달성하는 데 도움이 될 수 있다.

그림 3.13 초기 Grogan Oil 정보기술(IT) 콜센터 데이터 대시보드

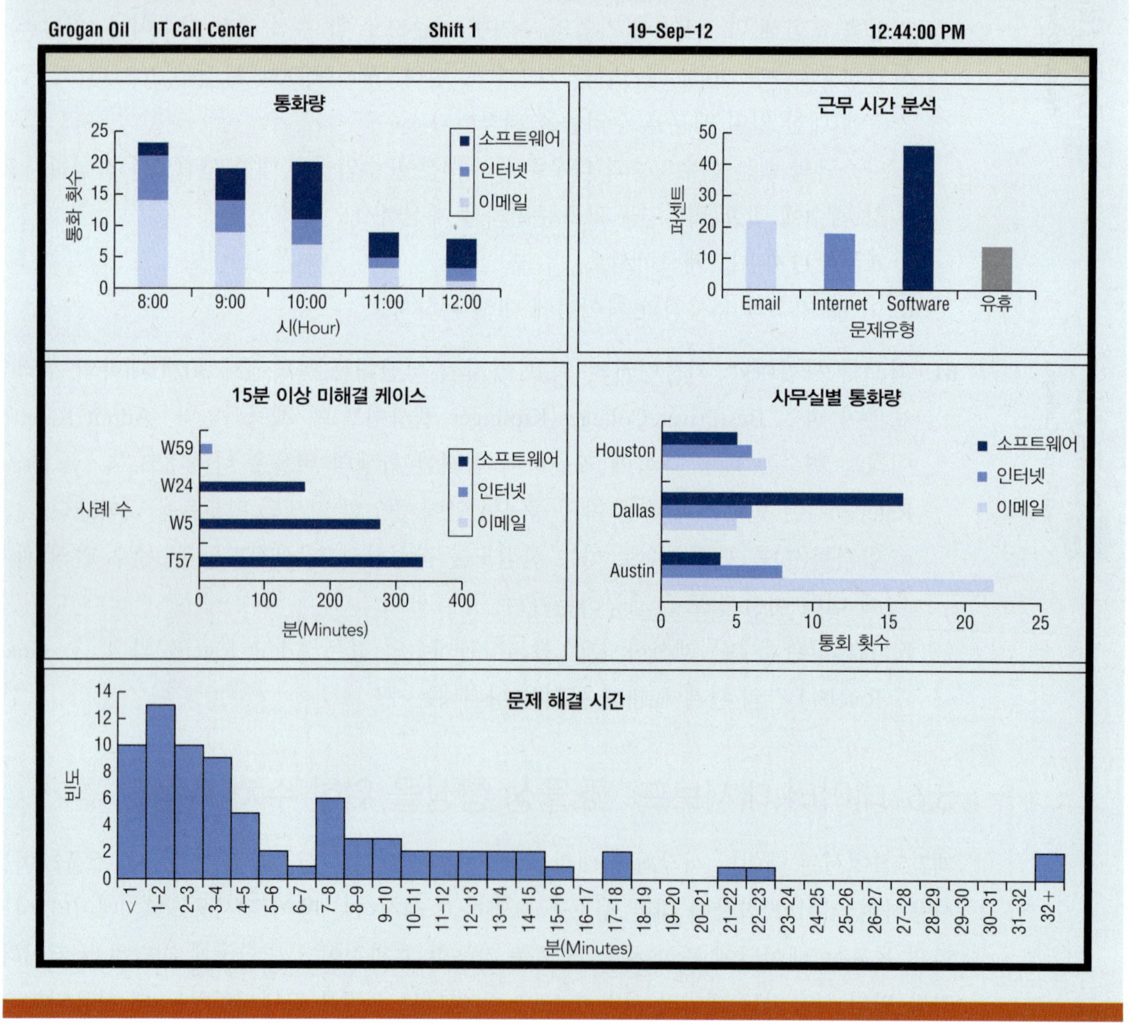

수치 측정을 데이터 대시보드에서 사용하는 방법을 설명하기 위해 2.5절에서 데이터 대시보드 개념을 소개할 때 사용한 Grogan Oil Company 프로그램을 사용하고자 한다. Grogan Oil은 텍사스의 세 도시에 사무실을 두고 있다. 오스틴 사무실에 위치한 Grogan의 정보 기술(IT) 콜센터는 세 사무실 직원의 컴퓨터 관련 문제(소프트웨어, 인터넷, 이메일)에 관한 전화를 처리한다. 그림 3.13은 Grogan이 콜 센터의 성과를 모니터링하기 위해 개발한 데이터 대시보드를 보여준다. 이 대시보드의 주요 구성 요소는 다음과 같다:

- 대시보드의 좌측 상단에 있는 누적 막대차트는 각 유형의 문제(소프트웨어, 인터넷, 이메일)에 대한 통화량을 시간에 따라 보여준다.
- 대시보드의 우측 상단에 있는 막대차트는 콜센터 직원이 각 문제 유형에 소비한 시간 또는 유휴(통화 중이 아닌) 시간의 비율을 보여준다.
- 접수된 지 15분이 넘은 각 미해결 사례에 대해 대시보드 좌측 가운데 부분에 표시되는 막대차트에는 각 사례가 해결되지 않은 시간이 표시된다.
- 대시보드의 우측 중앙의 막대차트는 각 문제 유형(휴스턴, 댈러스, 오스틴)별로 각 사무실의 통화량을 보여준다.
- 대시보드 하단의 히스토그램은 현재 근무조에 대해 해결된 모든 케이스에 대한 케이스 해결 시간을 보여준다.

콜 센터의 성과에 대한 추가 통찰력을 얻기 위해 Grogan의 IT 관리자는 현재 대시보드를 확장하여 각 문제 유형(이메일, 인터넷, 소프트웨어)에 대한 수신된 통화를 해결하는 데 소요된 시간에 대한 상자그림을 추가하였다. 또한 대시보드의 좌측 하단에 개별 사례를 해결하는 데 소요된 시간을 보여주는 그래프가 추가되었다. 마지막으로 IT 관리자는 각 문제 유형 및 교대의 처음 몇 시간에 대한 요약 통계 표시를 추가했다. 업데이트된 대시보드는 그림 3.14에 나와 있다.

IT 콜센터는 문제 해결을 위한 평균 시간을 10분으로 목표 성과 수준 또는 벤치마크를 설정했다. 센터에서는 사건 해결에 소요되는 시간이 15분을 초과하는 것은 바람직하지 않다고 판단했다. 이러한 벤치마크를 반영하기 위해 문제 해결 시간을 나타내는 그래프와 각 문제 유형별로 수신된 통화를 해결하는 데 소요된 시간의 상자그림에는 평균 목표 값인 10분에 대한 검은 수평선과 최대 허용 수준인 15분에 대한 빨간 수평선이 추가되었다.

그림 3.14 대시보드의 요약 통계는 이메일 문제 해결 평균 시간이 5.8분, 인터넷 문제 해결 평균 시간 3.0분, 소프트웨어 문제 해결 평균 시간 5.4분이다. 따라서 각 사례 유형을 해결하는 데 걸리는 평균 시간은 목표 평균(10분)보다 더 나은 것으로 나타난다.

상자그림을 살펴보면 이메일 문제와 관련된 상자가 다른 두 가지 유형의 사례와 관련된 상자보다 "큰" 것을 볼 수 있다. 요약 통계에서도 이메일 관련 문제를 해결하는 시간

그림 3.14 업데이트된 Grogan Oil 정보 기술 콜센터 데이터 대시보드

Grogan Oil IT Call Center Shift 1 19–Sep–12 12:44:00 PM

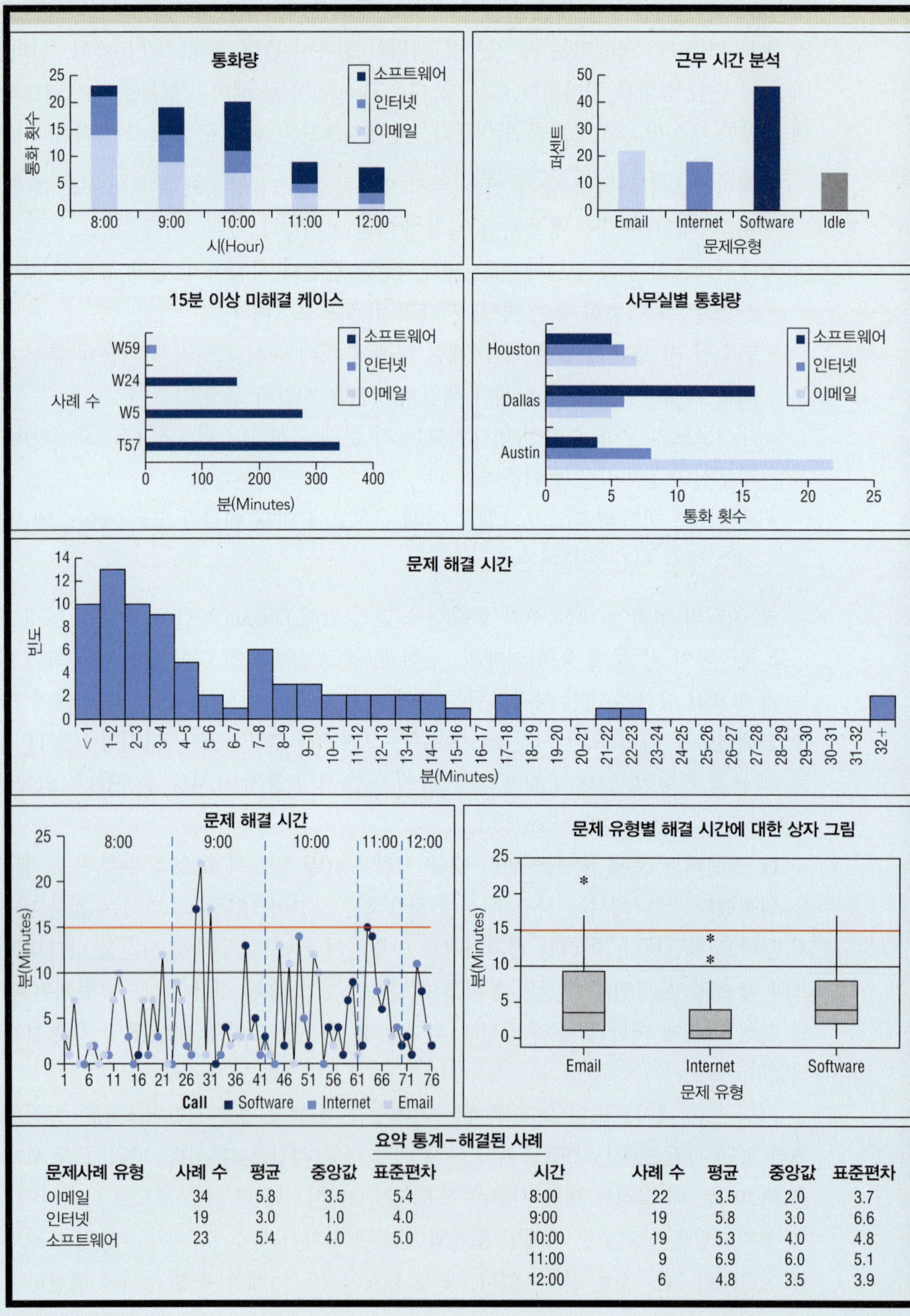

요약 통계–해결된 사례

문제사례 유형	사례 수	평균	중앙값	표준편차
이메일	34	5.8	3.5	5.4
인터넷	19	3.0	1.0	4.0
소프트웨어	23	5.4	4.0	5.0

시간	사례 수	평균	중앙값	표준편차
8:00	22	3.5	2.0	3.7
9:00	19	5.8	3.0	6.6
10:00	19	5.3	4.0	4.8
11:00	9	6.9	6.0	5.1
12:00	6	4.8	3.5	3.9

의 표준편차가 다른 유형의 사례를 해결하는 시간의 표준편차보다 크다는 것을 알 수 있다. 두 개의 새로운 그래프에서 이메일 관련 문제사례를 자세히 살펴볼 수 있다. 이메일 문제사례에 대한 상자그림에는 15분을 초과하는 수염과 15분을 훨씬 초과하는 극단값이 있다. 개별 문제 해결 시간 그래프(대시보드 왼쪽 하단)는 9시 전후로 이메일 문제에 대한 2건의 통화가 목표 최대 해결 시간(15분)보다 오래 걸렸기 때문임을 보여준다. 이 분석을 통해 IT 콜 센터 관리자는 인터넷이나 소프트웨어관련 문제보다 이메일관련 문제 해결 시간이 더 가변적인 이유를 추가로 조사하게 될 수 있다. 또한 이 분석을 바탕으로 IT 관리자는 이러한 분석 결과를 바탕으로 문제 해결에 15분 이상 소요된 두 이메일 사례의 문제 해결 시간이 비정상적으로 길어진 상황에 대한 조사를 할 수 있다.

개별 문제사례 해결 시간 그래프를 보면 근무 초기 시간 동안 접수된 대부분의 전화가 상대적으로 빠르게 해결되었음을 알 수 있다. 또한 이 그래프는 시간이 흐름에 따라 사례 해결 시간이 서서히 증가하는 것을 보여준다. 이는 교대 근무 후반에 복잡한 문제가 발생하는 경향이 있거나 시간이 지남에 따라 축적되는 통화 대기 목록으로 인한 것일 수 있다. 요약 통계에 따르면 9:00에 제출된 문제사례는 해결하는 데 가장 오래 걸린다고 하지만 개별 문제사례 해결 시간 그래프에 따르면 해당 시간 동안 시간이 많이 소요되는 이메일 사례 2건과 소프트웨어 관련 사례 1건으로 인해 9:00 시간 동안 사례 해결 시간이 다른 시간보다 더 긴 것으로 나타났다. 전반적으로 보고된 문제사례는 일반적으로 15분 이내에 해결되었다.

Grogan Oil 데이터 대시보드와 같은 대시보드는 대화형인 경우가 많다. 예를 들어, 관리자가 마우스나 터치스크린 모니터를 사용해 디스플레이 위에 커서를 놓거나 디스플레이의 어떤 항목을 가리킬 때, 문제 해결 시간, 전화 수신 시간, 문제를 보고한 개인 그리고/또는 위치가 나타날 수 있다. 개별 항목을 클릭하면 사용자가 개별 사례 수준에서 새로운 수준의 분석을 수행할 수도 있다.*

요약

이 장에서는 자료의 위치, 변동성, 분포형태를 보기 위해 몇몇 기술통계량을 알아보았다. 2장에서 제시된 표와 그래프와는 달리 이 장에서는 자료를 수치화하여 요약하였다. 표본에서 이러한 값들을 도출할 때 이를 표본통계량이라고 하였다. 모집단에서 이러한 값들을 얻을 때에는 모집단 모수라고 하였다. 표본통계량과 모집단 모수에 사용된 몇몇 표시들을 보면 다음과 같다.**

* 드릴다운은 사용자가 좀 더 상세한 수준에서 정보와 분석에 액세스할 수 있도록 하는 대화형 데이터 대시보드의 기능을 말한다.

** 통계적 추론에 있어서, 표본통계량은 모수의 점추정치이다.

	표본통계량	모집단 모수
평균	$\bar{x}$	μ
분산	s^2	σ^2
표준편차	s	σ
공분산	s_{xy}	σ_{xy}
상관관계	r_{xy}	ρ_{xy}

위치를 측정할 때 평균과 중앙값, 최빈값, 가중평균, 기하평균, 백분위수 및 사분위를 사용하였다. 그 다음으로 자료의 변동성과 산포도를 측정하는 도구로 범위와 사분위수 범위, 분산, 표준편차, 변동계수를 살펴보았다. 자료의 분포형태를 측정하기 위한 척도로 왜도를 소개하였다. (−)값은 자료가 왼쪽으로 기울어져 있음을 의미하였고, (+)값은 자료가 오른쪽으로 기울어져 있음을 의미하였다. 다음으로 자료의 분포에 대해 더 많은 정보를 얻고 극단값을 가려내기 위해 체비세프의 정리와 경험법칙에서 평균과 표준편차가 어떻게 사용될 수 있는지에 관하여 살펴보았다.

3.4절에서는 다섯수치요약을 살펴보았고 자료의 위치와 변동성, 분포의 형태에 대한 정보를동시에 제공하는 상자그림에 대해서 알아보았다. 3.5절에서는 두 변수 간의 관련성을 알기 위한 공분산과 상관계수에 대해 알아보았다. 마지막 절에서 수치적인 측정 항목을 추가함으로써 데이터 대시보드의 효과를 향상시킬 수 있는 방법을 살펴보았다.

이러한 기술통계량들은 통계 소프트웨어 프로그램과 스프레드시트를 통해 구할 수 있다. 이장의 끝부분 부록에 엑셀을 사용하여 이 장에서 소개된 기술통계량을 구하는 방법을 제시하였다.

용어

가중평균(Weighted mean) 각 관측치의 중요도를 반영하여 가중치를 부여한 후 얻은 평균이다.

경험법칙(Empirical rule) 종형 분포를 가지는 자료에서 평균으로부터 1 표준편차, 2 표준편차, 3 표준편차만큼 떨어진 범위 안에 있어야 하는 자료값의 비율을 계산할 때 사용하는 방법이다.

공분산(Covariance) 두 변수 간의 선형 관련성을 측정하는 도구이며 (+)값은 양의 관계를, (−)값은 음의 관계를 의미한다.

극단값(Outlier) 특출나게 작거나 큰 자료값.

기하 평균(Geometric mean) n개의 값의 곱의 n제곱근을 구하여 계산되는 위치 측정값이다.

다섯수치요약(Five-number summary) 자료를 요약하는 위해 다섯 가지 수치를 사용하는 기술: 최솟값, 제1사분위수, 중앙값, 제3사분위수, 최댓값.

모집단 모수(Population parameter) 모집단에서 도출된 척도로 사용된 산술값(예: 모집단 평균 μ, 모집단 분산 σ^2, 모집단 표준편차 σ).

범위(Range) 변동성의 척도이며 최댓값에서 최솟값을 뺀 값이다.

변동계수(Coefficient of variation) 평균을 표준편차로 나눈 값에 100을 곱하여 구한 상대적 변동성의 척도.

분산(Variance) 평균과 각 자료와의 편차를 제곱한 값의 평균. 변동성의 척도.

사분위수(Quartiles) 제25백분위수와 제50백분위수, 제75백분위수는 제1사분위수, 제2사분위수(중앙값), 제3사분위수와 같다. 사분위수는 자료를 네 부분으로 나누는 데 사용할 수 있다. 이때 각 부분은 자료의 약 25%를 포함한다.

사분위수 범위(Interquartile range; IQR) 변동성의 척도, 제3사분위수와 제1사분위수의 차이.

상관계수(Correlation coefficient) −1에서 +1 사이의 값을 가지는 두 변수간의 선형 관련성을 측정하는 척도이며 그 값이 +1에 가까울수록 강한 양(+)적 관계를 의미하고, −1에 가까울수록 강한 음(−)적 관계를 의미한다. 그 값이 0에 가까우면 두 변수 간의 선형 관련성이 약함을 의미한다.

상자그림(Box plot) 다섯수치요약에 기초하여 자료를 도식화한 것이다.

성장 요인(Growth Factor) 일정 기간 동안의 백분율 증가에 1을 더한 값이다. 성장 요인이 1보다 작으면 마이너스 성장을 나타내고 1보다 크면 플러스 성장을 나타낸다. 성장 요인은 0보다 작을 수 없다.

왜도(Skewness) 자료의 분포형태 척도. 왼쪽으로 기울어진 분포를 가진 자료는 (−)값의 왜도를 가지고 정대칭 분포를 보이는 경우 왜도는 0이며, 자료가 오른쪽으로 기울어져 분포되어 있으면 (+)왜도를 가진다.

점추정치(Point estimator) 모수 파라미터와 일치하는 값을 추정하기 위해 사용된 $\bar{x}$와 s^2, s와 같은 표본통계량 평균(Mean) 자료값을 합한 값을 관측치의 수로 나누어 계산한 중심위치척도.

중앙값(Median) 자료가 크기 순서대로 배열되었을 때 중앙에 있는 값으로써 중심 위치 척도.

체비세프 정리(Chebyshev's theorem) 평균에서 특정 표준편차 수의 범위 내에 있어야 하는 자료값들의 비율을 구하는 정리.

최빈값(Mode) 가장 높은 빈도로 나타나는 값으로서 위치척도.

평균(Mean) 자료 값을 합산하고 관측치 수로 나누어 계산한 중심 위치척도.

표본통계량(Sample statistic) 표본자료에서 도출된 척도로 사용된 산술값(예: 표본평균

$\bar{x}$, 표본분산 s^2, 표본표준편차 s).

표준편차(Standard deviation) 분산에 제곱근을 취해 도출해 낸 변동성척도.

p번째 백분위수(pth percentile) 관측치의 약 p%가 p번째 백분위수보다 작고 관측치의 약 $(100-p)$%가 p번째 백분위수보다 크도록 데이터를 두 부분으로 나누는 값.

z-값(z-Score) $(x_i-\bar{x})$값을 표준편차 s로 나눈 값. z-값은 표준화된 값이라고도 하며 평균으로부터 x_i까지의 표준편차값이라고도 한다.

핵심공식

표준평균

$$\bar{x} = \frac{\Sigma x_i}{n} \tag{3.1}$$

모집단평균

$$\mu = \frac{\Sigma x_i}{N} \tag{3.2}$$

가중평균

$$\bar{x} = \frac{\Sigma w_i x_i}{\Sigma w_i} \tag{3.3}$$

기하평균

$$\bar{x}_g = \sqrt[n]{(x_1)(x_2)\cdots(x_n)} = [(x_1)(x_2)\cdots(x_n)]^{1/n} \tag{3.4}$$

p번째 백분위수의 위치

$$L_p = \frac{p}{100}(n+1) \tag{3.5}$$

사분위수 범위

$$\text{IQR} = Q_3 - Q_1 \tag{3.6}$$

모집단 분산

$$\sigma^2 = \frac{\Sigma(x_i - \mu)^2}{N} \tag{3.7}$$

표준분산

$$s^2 = \frac{\Sigma(x_i - \bar{x})^2}{n-1} \tag{3.8}$$

표준편차

$$\text{표본표준편차} = s = \sqrt{s^2} \tag{3.9}$$

$$\text{모집단 표준편차} = \sigma = \sqrt{\sigma^2} \tag{3.10}$$

변동계수

$$\left(\frac{\text{표준편차}}{\text{평균}} \times 100\right)\% \tag{3.11}$$

z-값

$$z_i = \frac{x_i - \bar{x}}{s} \tag{3.12}$$

표본공분산

$$s_{xy} = \frac{\Sigma(x_i - \bar{x})(y_i - \bar{y})}{n - 1} \tag{3.13}$$

모집단 공분산

$$\sigma_{xy} = \frac{\Sigma(x_i - \mu_x)(y_i - \mu_y)}{N} \tag{3.14}$$

피어슨의 적률 상관계수: 표본집단

$$r_{xy} = \frac{s_{xy}}{s_x s_y} \tag{3.15}$$

피어슨의 적률 상관계수: 모집단

$$\rho_{xy} = \frac{\sigma_{xy}}{\sigma_x \sigma_y} \tag{3.16}$$

보충문제

62. 미국인의 외식. 미국인들은 일주일에 여러 번 외식하는 경향이 있다. 지난주 20가구 표본이 외식한 횟수는 다음과 같다.

6	1	5	3	7	3	0	3	1	3
4	1	2	4	1	0	5	6	3	1

a. 평균과 중앙값을 구하시오.

b. 제1사분위수와 제3사분위수를 구하시오.

c. 범위와 사분위수 범위를 구하시오.

d. 분산과 표준편차를 구하시오.

e. 자료의 왜도는 0.34였다. 이 자료는 어떠한 분포형태를 나타내고 있는가? 예상했던 형태인가? 왜 그렇게 예상했는지 설명하시오.

f. 자료에 극단값이 존재하는가?

DATA*file* Coaches

63. **NCAA 대학 축구 감독 급여.** 2017년 USA Today 기사에 따르면 NCAA 축구 감독의 급여는 최근 몇 년간 계속해서 인상되었다(USA Today). 23개 학교의 전 축구감독과 새 축구 감독의 급여는 Coaches 파일에 주어져 있다.

a. 전 축구 감독과 새 축구 감독의 연간 기본 급여의 중앙값을 계산하시오.

b. 전 축구 감독과 새 축구 감독의 급여 범위를 계산하시오.

c. 전 축구 감독과 새 축구 감독의 급여에 대한 표준편차를 계산하시오.

d. (a)~(c)에 대한 답변을 바탕으로 학교가 새로운 축구 감독에게 지급하는 연봉과 이전 축구 감독에게 지급한 연봉 사이의 차이점에 대해 설명하시오.

64. **진료실 대기 시간.** El Paso 진료실에서 환자의 평균 대기 시간은 29분이 조금 넘는데, 이는 전국 평균인 21분을 훨씬 웃도는 수치이다. 긴 환자 대기 시간 문제를 해결하기 위해 일부 병원에서는 대기 추적 시스템을 사용하여 환자에게 예상 대기 시간을 알리고 있다. 환자는 이 정보를 바탕으로 도착 시간을 조정하고 대기실에서 보내는 시간을 줄일 수 있다. 다음 데이터는 대기 추적 시스템이 없는 진료실에서 환자의 대기 시간(분)과 대기 추적 시스템이 있는 진료실에서의 환자 대기 시간(분) 표본이다.

DATA*file* WaitTracking

대기 추적 시스템 미적용	대기 추적 시스템 적용
24	31
67	11
17	14
20	18
31	12
44	37
12	9
23	13
16	12
37	15

a. 대기 추적 시스템이 있는 진료실의 환자 대기 시간의 평균과 중앙값은 무엇인가? 대기 추적 시스템이 없는 진료실의 환자 대기 시간의 평균과 중앙값은 무엇인가?

b. 대기 추적 시스템이 있는 진료실의 환자 대기 시간의 분산과 표준편차는 무엇인가? 대기 추적 시스템이 없는 진료실의 환자 대기 시간의 분산과 표준편차는 무엇인가?

c. 대기 추적 시스템이 있는 진료실은 대기 추적 시스템이 없는 진료실보다 환자 대

기 시간이 더 짧은가? 설명하시오.

d. 대기 추적 시스템이 없는 진료실만 고려할 때, 표본에서 열 번째 환자의 z-값은 무엇인가?

e. 대기 추적 시스템이 있는 진료실만 고려할 때, 표본에서 여섯 번째 환자의 z-값은 무엇인가? 이 z-값은 (d)에서 계산한 z-점수와 어떻게 비교되나?

f. z-값에 따라 자료를 해석하였을 때 대기 추적 시스템이 없는 진료실의 표본에는 극단값이 포함되어 있는가? z-값에 따라 자료를 해석하였을 때 대기 추적 시스템이 있는 진료실의 표본에는 극단값이 포함되어 있는가?

DATA *file* Sleep

65. 근로자 생산성과 불면증. 수면 재단(Sleep Foundation)의 2022년 기사에 따르면, 미국 근로자의 수면 부족으로 인해 연간 1,360억 달러 이상의 생산성 손실이 발생하고 있다. 다음 데이터는 최근 20명의 근로자를 대상으로 한 하룻밤 동안의 수면 시간을 나타낸다.

6	5	10	5	6	9	9	5	9	5
8	7	8	6	9	8	9	6	10	8

a. 표본의 평균 수면 시간은 얼마인가?

b. 분산은 얼마인가? 표준편차는 얼마인가?

DATA *file* Smartphone

66. 스마트폰 사용. 다음은 50명의 스마트폰 사용자를 대상으로 한 달 동안 스마트폰을 통해 다른 사람과 상호 작용하는 데 소비한 시간(분)을 나타내는 자료이다.

353	458	404	394	416
437	430	369	448	430
431	469	446	387	445
354	468	422	402	360
444	424	441	357	435
461	407	470	413	351
464	374	417	460	352
445	387	468	368	430
384	367	436	390	464
405	372	401	388	367

a. 표본에서 다른 사람들과 상호 작용하는 데 소요된 평균 시간은 얼마인가? 연구에서 보고된 평균과 비교하면 어떠한가?

b. 표준편차는 얼마인가?

c. 자료에는 극단값이 포함되어 있는가?

DATA*file* Transportation

67. **직장 통근 방법.** 대중교통과 자가용은 직원들이 사용할 수 있는 두 가지 출퇴근 수단이다. 다음은 각각의 수단을 이용하였을 때 걸리는 시간에 관한 표본자료이다(단위: 분).

대중교통:	28	29	32	37	33	25	29	32	41	34
자가용:	29	31	33	32	34	30	31	32	35	33

a. 각 수단을 이용하는 데 걸리는 평균 시간을 구하시오.

b. 각 수단을 이용하는 데 걸리는 시간의 표준편차를 구하시오.

c. 문항 (a)와 (b)의 결과를 보았을 때 어느 교통수단을 이용하는 것이 더 좋은지 설명하시오.

d. 각각의 상자그림을 그려보시오. 상자그림을 비교함으로써 문항 (c)의 결과를 뒷받침할 수 있는가?

68. **가구 소득.** 다음은 14개의 가구 소득(1,000달러)을 나타내는 표본이다. 이 표본을 바탕으로 다음 질문에 답하시오.

49.4	52.4	53.4	51.3	52.1	48.7	52.1
52.2	64.5	51.6	46.5	52.9	52.5	51.2

a. 표본의 중앙값은 얼마인가?

b. 이전 조사에 따르면 5년 전의 중위 연간 가구 소득은 55,000달러였다. 5년에 걸친 가구소득 중앙값의 % 상승률은 얼마인가?

c. 제1사분위수와 제3사분위수를 계산하시오.

d. 다섯수치요약을 제공하시오.

e. z-값에 따라 자료를 해석하였을 때 극단값이 있었는가? 제1사분위수와 제3사분위수, 사분범위 값을 사용하여 극단값을 감지하는 방법은 동일한 결과를 제공하는가?

DATA*file* FoodIndustry

69. **레스토랑 체인점의 매장별 매출.** FoodIndustry 파일에 포함된 데이터에는 회사/체인 이름, 매장당 평균 매출(1,000달러), 47개 레스토랑 체인의 식품 부문 산업이 표시된다(Quick Service Restaurant Magazine 웹사이트).

a. 47개 레스토랑 체인의 매장당 평균 매출은 얼마인가?

b. 제1사분위수와 제3사분위수는 무엇인가? 사분위수에 대한 당신의 해석은?

c. 판매 수준에 대한 상자그림을 작성하고, 결과를 왜곡시킬 수 있는 극단값이 있는지 논의하시오.

d. 각 세그먼트별 매장당 평균 매출액을 보여주는 도수분포를 작성하시오. 얻어진 결과에 대한 의견을 제시하시오.

70. **최고의 호텔.** Travel + Leisure 잡지는 세계에서 가장 좋은 호텔 500개를 매년 발표하였다. 이 잡지는 각 호텔에 대한 점수를 짧은 설명과 함께 제공하는데 곧 호텔의 크기, 호감도, 2인실의 1박 요금 등을 포함한다. 미국의 가장 상위 호텔 12개에 대한 표본이 다음과 같다.

DATA*file* Travel

호텔	위치	방 수	요금/1박
Boulders Resort & Spa	Phoenix, AZ	220	499
Disney's Wilderness Lodge	Orlando, FL	727	340
Four Seasons Hotel Beverly Hills	Los Angeles, CA	285	585
Four Seasons Hotel	Boston, MA	273	495
Hay-Adams	Washington, DC	145	495
Inn on Biltmore Estate	Asheville, NC	213	279
Loews Ventana Canyon Resort	Phoenix, AZ	398	279
Mauna Lani Bay Hotel	Island of Hawaii	343	455
Montage Laguna Beach	Laguna Beach, CA	250	595
Sofitel Water Tower	Chicago, IL	414	367
St. Regis Monarch Beach	Dana Point, CA	400	675
The Broadmoor	Colorado Springs, CO	700	420

a. 평균 방 수는?

b. 2인실의 1박당 평균 요금은?

c. 방수를 수평축에 1박당 요금을 수직축에 표시하여 산점도를 그리시오. 방 수와 1박당 요금 사이에 어떤 관계가 보이는가? 설명하시오.

d. 표본상관계수는? 이 수치는 방 수와 1박당 요금간의 관계에 대해 무엇을 말하는가? 이런 설명이 합리적인가? 설명하시오.

71. **다우 존스 산업평균지수 기업의 시가총액과 매출.** 상장회사의 시가총액은 회사의 기존 주식 수와 주당 가격을 곱하여 계산된다. 아래 표는 다우 존스 산업평균 지수(DJI)에 포함된 30개 기업의 시가총액과 2020 회계연도의 매출(단위: 10억 달러)을 나타낸다(Google Finance 웹사이트). 이 표의 데이터를 사용하여 다음 질문에 답하시오.

a. DJI에 포함된 30개 기업의 시가총액과 2020 회계연도의 매출에 대한 평균과 표준편차를 계산하시오.

b. 시가총액과 2020 회계연도 매출에 대한 변동계수를 계산하시오. 어떤 변수의 변동계수가 더 높은가?

c. 시가총액 값에 대한 상자그림을 작성하시오. 시가총액 값에 극단값이 존재하는가?

d. 2020 회계연도 매출 값에 대한 상자그림을 작성하시오. 2020 회계연도 매출 값에 극단값이 있는가? 그렇다면 2020 회계연도 매출 값의 극단값을 보인 기업이 시가총액 값의 극단값을 보인 기업과 동일한가?

e. 시가총액과 2020 회계연도 매출에 대한 표본상관계수를 계산하시오. 이 표본상관계수 값이 시가총액과 2020 회계연도 매출에 대해 무엇을 나타내는가?

DATA *file* MarketCapRevenue

회사	시가총액(10억 달러)	2020 회계연도 매출(10억 달러)
3M	102	32.2
American Express	130	36.1
Amgen	126	25.4
Apple	2,950	274.3
Boeing	119	58.2
Caterpillar	111	41.7
Chevron	228	94.5
Cisco	267	49.8
Coca-Cola	253	33
Dow	41	39
Goldman Sachs	130	44.6
Home Depot	421	132.1
Honeywell	142	32.7
IBM	118	73.6
Intel	210	77.9
Johnson & Johnson	445	82.6
JPMorgan Chase	466	123
McDonald's	200	19.2
Merck	192	48
Microsoft	2,560	44.3
Nike	264	37.4
P&G	392	76.1
Salesforce	252	17.1
Travelers	38	32
UnitedHealth	469	257
Verizon	218	23.9
Visa	458	21.8
Walgreens Boots Alliance	44	34.4
Walmart	389	141.7
Walt Disney	277	65.4

72. MLB 팀 승률. 메이저 야구팀의 봄 훈련 기록이 각 팀이 정규 시즌에 어떻게 경기할 것인가를 보여 주는가? 지난 6년 동안 봄 훈련기간 동안의 팀의 우승 비율과 정규시즌의 우승비율 간의 상관계수는 0.18이다. 2008년 시즌에서 14개 American League 팀들의 우승 비율은 다음과 같다.

a. 봄 훈련과 정규 시즌의 우승비율 간의 상관계수는?

b. 봄 훈련의 팀 성적이 정규 시즌에 그 팀이 어떻게 경기할 것인가에 미치는 영향에 대한 당신의 생각은? 이런 일이 일어나는 이유는? 설명하시오.

DATA *file* SpringTraining

팀	봄 훈련	정규 시즌	팀	봄 훈련	정규 시즌
Baltimore Orioles	0.407	0.422	Minnesota Twins	0.500	0.540
Boston Red Sox	0.429	0.586	New York Yankees	0.577	0.549
Chicago White Sox	0.417	0.546	Oakland A's	0.692	0.466
Cleveland Indians	0.569	0.500	Seattle Mariners	0.500	0.377
Detroit Tigers	0.569	0.457	Tampa Bay Rays	0.731	0.599
Kansas City Royals	0.533	0.463	Texas Rangers	0.643	0.488
Los Angeles Angels	0.724	0.617	Toronto Blue Jays	0.448	0.531

73. **MMF 만기일.** MMF의 만기일에 관한 다섯 개의 자료가 제시되어 있다. 그리고 펀드에 투자된 달러 액수가 나타나 있다. 가중평균을 사용하여 남은 일수 평균을 구하시오.

만기까지 남은 일 수	달러 가치(백만 달러)
20	20
12	30
7	10
5	15
6	10

74. **자동차 속도.** 시속 55마일이 제한속도인 도로를 달리는 자동차들은 경찰의 속도 탐지 시스템에 의해 그 속도가 검사된다. 다음은 속도의 빈도 도수분포이다.

속도(마일/시)	도수
45–49	10
50–54	40
55–59	150
60–64	175
65–69	75
70–74	15
75–79	10
계	475

a. 속도의 평균을 구하시오.

b. 분산과 표준편차를 구하시오.

75. **파나마 철도회사 주식의 연간 수익률.** 파나마 철도회사(Panama Railroad Company)는 대서양과 태평양 사이를 빠르고 쉽게 이동할 수 있도록 지협을 가로지르는 철도를 건설하기 위해 1850년에 설립되었다. 다음 표는 1853년부터 1880년까지 파나마 철도회사 주식의 연간 수익률을 나타낸다.

DATA*file* PanamaRailroad

연도	파나마 철도회사 주식수익률(%)
1853	−1
1854	−9
1855	19
1856	2
1857	3
1858	36
1859	21
1860	16
1861	−5
1862	43
1863	44
1864	48
1865	7
1866	11
1867	23
1868	20
1869	−11
1870	−51
1871	−42
1872	39
1873	42
1874	12
1875	26
1876	9
1877	−6
1878	25
1879	31
1880	30

a. 주식의 연간 수익률에 대한 그래프를 작성하시오. 뉴욕 증권 거래소는 1853년부터 1880년까지 연간 평균 수익률이 8.4%이다. 그래프에서 파나마 철도회사 주식이 뉴욕 증권 거래소보다 나은 성과를 냈는지 알 수 있는가?

b. 1853년부터 1880년까지 파나마 철도회사 주식의 연평균 수익률을 계산하시오. 이 기간 동안 주식이 뉴욕 증권 거래소보다 나은 성과를 거두었는가?

사례연구 1: 펠리컨 상점

펠리컨 상점은 전국적으로 체인점을 가진 여성복 전문 매장이며 National Clothing의 계열이다. 이 체인점은 최근 여타 National Clothing 상점들의 고객들에게 할인쿠폰을 보내는 판촉 활동을 했다. PelicanStores 파일에는 판촉활동이 진행되는 하루 동안 펠리컨 상점에서 100개의 상점 내 신용카드 거래에 대한 자료가 포함되어 있다. 표 3.9는 자료의 일부분이다. 독점적인 카드 지불 방법은 National Clothing 지불 카드를 사용한 지불을 의미한

DATA *file* PelicanStores

표 3.9 펠리컨 상점에서 100개의 신용카드 구매 건에 관한 표본자료

고객	고객 유형	품목	순판매액(달러)	지불 방법	성별	결혼 여부	나이
1	Regular	1	39.50	Discover	No	Married	32
2	Promotional	1	102.40	Proprietary Card	Yes	Married	36
3	Regular	1	22.50	Proprietary Card	Yes	Married	32
4	Promotional	5	100.40	Proprietary Card	Yes	Married	28
5	Regular	2	54.00	MasterCard	Yes	Married	34
6	Regular	1	44.50	MasterCard	Yes	Married	44
7	Promotional	2	78.00	Proprietary Card	Yes	Married	30
8	Regular	1	22.50	Visa	Yes	Married	40
9	Promotional	2	56.52	Proprietary Card	Yes	Married	46
10	Regular	1	44.50	Proprietary Card	Yes	Married	36
.	.	.	.	.	.	.	.
.	.	.	.	.	.	.	.
.	.	.	.	.	.	.	.
96	Regular	1	39.50	MasterCard	Yes	Married	44
97	Promotional	9	253.00	Proprietary Card	Yes	Married	30
98	Promotional	10	287.59	Proprietary Card	Yes	Married	52
99	Promotional	2	47.60	Proprietary Card	Yes	Married	30
100	Promotional	1	28.44	Proprietary Card	Yes	Married	44

다. 할인쿠폰을 사용해서 구매한 고객은 판촉활동 고객이라고 하고 그렇지 않은 고객은 일반 고객이라고 하자. 판촉활동 쿠폰이 정규의 펠리컨 상점 고객들에게 보내어지지 않았으므로, 관리자는 판촉활동 쿠폰을 제시하고 구입한 사람들에게 판 금액은 이 활동이 없었으면 일어나지 않았을 것이라고 가정한다. 물론 펠리컨 상점은 판촉활동으로 고객들이 계속 구입을 할 것이라고 기대한다.

표 3.9에 나타난 변수들은 대부분 스스로 그 의미를 설명해 주고 있지만, 2개의 변수는 설명이 필요하다.

품목 구매된 항목의 총수
순판매액 신용카드로 판매한 총금액(달러)

펠리컨 상점의 경영팀은 이 표본자료를 통해 고객들의 기본 성향을 파악하고 할인쿠폰에 의한 판촉활동을 평가하고자 한다.

경영보고서 작성

자료를 요약하기 위해 이 장에서 배운 기술통계량을 구하는 방법을 사용하고 이를 통해 발견한 점을 설명하시오. 이 보고서에는 최소한 다음 사항이 포함되어야 한다.

1. 순판매액에 대한 기술통계량과 다양한 계층의 고객에 따른 순판매액의 기술통계량.

2. 나이와 순판매액 간의 관계에 대한 기술통계량.

사례연구 2: 영화관 개봉

영화 산업은 경쟁이 치열한 비즈니스이다. 50개 이상의 스튜디오가 매년 수백 편의 새로운 영화를 생산해 내며 각 영화의 재무적 성공률은 크게 다르게 나타난다. 영화의 성공을 계측하는 데 사용되는 일반적인 변수로는 개봉 첫 주의 총매출액(백만 달러), 총매출액(백만 달러), 영화가 상영된 극장 수, 영화의 상영 기간이 있다. 2016년에 개봉한 상위 100개 영화에 대한 자료는 Movies2016 파일에 포함되어 있다(Box Office Mojo 웹사이트). 표 3.10은 그 파일에 있는 10개의 영화에 대한 자료를 보여준다.

경영보고서 작성

이 장에서 제시된 기술통계량의 수치적 방법을 사용하여 이 변수들이 어떻게 영화의 성공을 판단하는데 기여할 수 있는지 알아보시오. 당신의 보고서에 다음의 내용을 포함하시오.

1. 기술통계량이 영화 산업에 대하여 무엇을 말하는지에 대한 논의와 더불어 4개의 변수에 대한 기술통계량들.
2. 혹 어떤 영화들이 아주 좋은 성과를 나타낸 예외적인 경우라고 할 수 있겠는가? 설명하시오.
3. 총매출액과 각 여타 변수들 간의 관계를 보여주는 기술 통계량들. 그리고 설명하시오.

DATA*file* Movies2016

표 3.10 2016년 극장 개봉 영화 10편에 대한 성과 자료

영화	개봉 총매출액 (백만 달러)	총매출액 (백만 달러)	상영관 수	개봉 주 수
Rogue One: A Star Wars Story	155.08	532.18	4,157	20
Finding Dory	135.06	486.30	4,305	25
Captain America: Civil War	179.14	408.08	4,226	20
The Secret Life of Pets	104.35	368.38	4,381	25
The Jungle Book	103.26	364.00	4,144	24
Deadpool	132.43	363.07	3,856	18
Zootopia	75.06	341.27	3,959	22
Batman v Superman: Dawn of Justice	166.01	330.36	4,256	12
Suicide Squad	133.68	325.10	4,255	14
Sing	35.26	270.40	4,029	20

사례연구 3: 아시아-태평양지역 경영대학원

대학 경영학 학위를 취득하는 노력은 현재 국제적인 차원으로 확대되고 있다. 조사에 따르면 많은 아시아인들이 기업 성공을 위해 경영학 석사(MBA) 학위를 선택하고 있는 것으로 나타났다. 그 결과, 아시아 태평양 지역 학교의 MBA 과정 지원자 수가 계속 증가하고 있다.

이 지역 전역에서 수천 명의 아시아인들이 이론적인 비즈니스 자격을 얻기 위해 일시적으로 경력을 중단하고 2년을 보내려는 의지를 보이고 있다. 이들 교육 과정은 매우 까다롭기로 악명 높으며 경제학, 은행, 마케팅, 행동과학, 노동관계, 의사결정, 전략적 사고, 비즈니스 법 등이 포함되어 있다. 표 3.11의 자료는 아시아-태평양 지역의 주요 경영대학원의 특징 중 일부를 보여준다.

경영보고서 작성

기술통계 방법을 사용하여 표 3.11의 데이터를 요약하고 결과에 대해 토론하시오.

1. 데이터의 각 변수에 대한 요약을 포함하시오. 최댓값과 최솟값, 적절한 평균 및 비율을 기반으로 한 의견과 해석을 추가하시오. 이러한 기술 통계가 아시아-태평양 경영대학원에 대해 어떤 새로운 통찰력을 제공하는가?
2. 데이터를 요약하여 다음을 비교하시오.
   a. 현지인과 외국인 등록금 간의 차이.
   b. 근무 경험이 필요한 학교와 필요하지 않은 학교 간의 평균 초봉 차이.
   c. 영어 시험이 필요한 학교와 필요하지 않은 학교 간의 초봉 차이.
3. 초봉은 등록금과 관련이 있어 보이는가?
4. 표 3.11의 데이터를 다른 사람에게 전달하는 데 도움이 되는 추가 그래픽 및 수치 요약을 제시하시오.

사례연구 4: Heavenly 초콜릿 웹사이트 거래

Heaven 초콜릿은 우수한 품질의 초콜릿을 공장에서 생산하고 뉴욕의 Saratoga Springs에 위치한 소매점에서 판매한다. 2년 전에 이 회사는 웹사이트를 개발하고 인터넷을 통하여 제품을 판매하기 시작하였다. 웹사이트 판매는 회사의 기대를 초과하였고 관리자들은 판매를 증대시키려는 전략을 고려하고 있다. 웹사이트 고객에 대하여 보다 더 알아보기 위하여 전 달의 거래에서 50개의 Heavenly 초콜릿 거래 표본이 추출되었다. HeavenlyChocolates 파일에는 각 거래가 일어난 요일, 고객이 사용한 browser 형태, 웹사이트에서 사용한 시간, 읽어 본 웹사이트 페이지 수, 50명 고객 각각의 사용금액 등의 자료가 포함되어 있다. 이 자료의 일부분이 표 3.12에 나타나 있다.

표 3.11 25개 아시아-태평양 경영대학원 자료

경영대학원	풀타임 등록자	교수당 학생 수	현지인 등록금($)	외국인 등록금($)	나이	외국인 비율(%)	GMAT	영어 테스트	업무 경험	초봉 ($)
Melbourne Business School	200	5	24,420	29,600	28	47	Yes	No	Yes	71,400
University of New South Wales (Sydney)	228	4	19,993	32,582	29	28	Yes	No	Yes	65,200
Indian Institute of Management (Ahmedabad)	392	5	4300	4300	22	0	No	No	No	7100
Chinese University of Hong Kong	90	5	11,140	11,140	29	10	Yes	No	No	31,000
International University of Japan (Niigata)	126	4	33,060	33,060	28	60	Yes	Yes	No	87,000
Asian Institute of Management (Manila)	389	5	7,562	9000	25	50	Yes	No	Yes	22,800
Indian Institute of Management (Bangalore)	380	5	3935	16,000	23	1	Yes	No	No	7500
National University of Singapore	147	6	6146	7170	29	51	Yes	Yes	Yes	43,300
Indian Institute of Management (Calcutta)	463	8	2880	16,000	23	0	No	No	No	7400
Australian National University (Canberra)	42	2	20,300	20,300	30	80	Yes	Yes	Yes	46,600
Nanyang Technological University (Singapore)	50	5	8500	8500	32	20	Yes	No	Yes	49,300
University of Queensland (Brisbane)	138	17	16,000	22,800	32	26	No	No	Yes	49,600
Hong Kong University of Science and Technology	60	2	11,513	11,513	26	37	Yes	No	Yes	34,000
Macquarie Graduate School of Management (Sydney)	12	8	17,172	19,778	34	27	No	No	Yes	60,100
Chulalongkorn University (Bangkok)	200	7	17,355	17,355	25	6	Yes	No	Yes	17,600
Monash Mt. Eliza Business School (Melbourne)	350	13	16,200	22,500	30	30	Yes	Yes	Yes	52,500
Asian Institute of Management (Bangkok)	300	10	18,200	18,200	29	90	No	Yes	Yes	25,000
University of Adelaide	20	19	16,426	23,100	30	10	No	No	Yes	66,000
Massey University (Palmerston North, New Zealand)	30	15	13,106	21,625	37	35	No	Yes	Yes	41,400
Royal Melbourne Institute of Technology Business Graduate School	30	7	13,880	17,765	32	30	No	Yes	Yes	48,900
Jamnalal Bajaj Institute of Management Studies (Mumbai)	240	9	1000	1000	24	0	No	No	Yes	7000
Curtin Institute of Technology (Perth)	98	15	9,475	19,097	29	43	Yes	No	Yes	55,000
Lahore University of Management Sciences	70	14	11,250	26,300	23	2.5	No	No	No	7500
Universiti Sains Malaysia (Penang)	30	5	2,260	2260	32	15	No	Yes	Yes	16,000
De La Salle University (Manila)	44	17	3300	3600	28	3.5	Yes	No	Yes	13,100

Heavenly 초콜릿은 온라인 쇼핑을 하는 경우 많은 시간을 소비하고 많은 페이지를 읽는 소비자가 웹사이트를 방문할 경우 더 돈을 많이 쓰는지 알아보기 위하여 표본자료를 사용하고자 한다. 이 회사는 또 판매금액에 요일과 browser 유형이 어떤 영향을 미치는지 알아보고자 한다.

경영보고서 작성

Heavenly 초콜릿 웹사이트를 방문하는 고객에 대하여 알아보기 위해 기술통계량의 방법을 사용하시오. 당신의 보고서에 다음 항목들을 포함하시오.

1. 쇼핑하는 사람들이 웹사이트에서 사용한 시간, 읽어 본 페이지의 수, 평균 거래금액에 대한 그래프와 수치적 요약을 하시오. 이 수치적 요약으로부터 Heavenly 초콜릿 온라인 고객들에 대하여 당신이 알게 된 것들에 대한 설명하시오.
2. 각 요일 거래에 대한 빈도, 총사용금액, 평균 금액에 대한 요약을 하시오. 요일에 대하여 살펴볼 때 Heavenly 초콜릿의 사업에 대하여 당신은 어떤 관찰을 할 수 있는가? 설명하시오.
3. 각 브라우저 유형에 대한 빈도, 총사용금액, 거래당 평균 금액에 대하여 요약하시오. 브라우저 유형을 기반으로 한 Heavenly 초콜릿 사업에 대해 어떤 관측을 할 수 있는가?
4. 웹사이트에서 사용한 시간과 사용금액 간의 관계에 대하여 알아보기 위해 표본상관계수를 계산하고 산점도를 그리시오. 웹사이트에서 사용한 시간을 횡축에 나타내시오. 설명하시오.

DATA *file* HeavenlyChocolates

표 3.12 50개 Heavenly 초콜릿 웹사이트 거래의 표본

고객	요일	브라우저	시간(분)	읽은 페이지 수	사용금액(달러)
1	Mon	Chrome	12.0	4	54.52
2	Wed	Other	19.5	6	94.90
3	Mon	Chrome	8.5	4	26.68
4	Tue	Firefox	11.4	2	44.73
5	Wed	Chrome	11.3	4	66.27
6	Sat	Firefox	10.5	6	67.80
7	Sun	Chrome	11.4	2	36.04
.	.	.	.	.	.
.	.	.	.	.	.
.	.	.	.	.	.
48	Fri	Chrome	9.7	5	103.15
49	Mon	Other	7.3	6	52.15
50	Fri	Chrome	13.4	3	98.75

5. 읽어 본 웹사이트 페이지 수와 사용금액 간의 관계에 대하여 알아보기 위하여 표본상관계수를 계산하고 산점도를 그리시오. 웹사이트에서 사용한 시간을 횡축에 나타내시오. 설명하시오.
6. 웹사이트에서 사용한 시간과 읽어 본 페이지 수 간의 관계에 대하여 알아보기 위하여 표본상관계수를 계산하고 산점도를 그리시오. 웹사이트에서 사용한 시간을 횡축에 나타내시오. 설명하시오.

사례연구 5: 아프리카 코끼리 개체수

한때 수백만 마리의 코끼리가 아프리카 전역을 돌아다녔지만 1980년대 중반까지 아프리카 국가의 코끼리 개체수는 밀렵으로 인해 급격히 줄어들었다. 코끼리는 아프리카 생태계에 중요한 역할을 한다. 사바나에서 코끼리는 관목을 줄여 초식동물에게 유리한 환경을 조성하기도 한다. 또한 많은 식물 종의 씨앗은 발아 전에 코끼리의 소화관을 통과해야만 한다.

현재 코끼리의 분포상태는 대륙에 따라 크게 다르다. 일부 국가에서는 코끼리 개체수를 효과적으로 보호하기 위해 강력한 조치를 취했다. 예를 들어, 케냐는 상아의 불법적 거래의 증가를 막기 위한 시도로 밀렵꾼들로부터 압수한 5톤 이상의 코끼리 상아를 폐기했다(Associated Press, 2011년 7월 20일). 다른 나라에서는 고기와 상아를 얻기 위한 밀

DATA*file* AfricanElephants

표 3.13 1979년, 1989년, 2007년, 2012년 아프리카 국가들의 코끼리 개체수

	코끼리 개체수			
국가	1979	1989	2007	2012
Angola	12,400	12,400	2,530	2,530
Botswana	20,000	51,000	175,487	175,454
Cameroon	16,200	21,200	15,387	14,049
Cen African Rep	63,000	19,000	3,334	2,285
Chad	15,000	3,100	6,435	3,004
Congo	10,800	70,000	22,102	49,248
Dem Rep of Congo	377,700	85,000	23,714	13,674
Gabon	13,400	76,000	70,637	77,252
Kenya	65,000	19,000	31,636	36,260
Mozambique	54,800	18,600	26,088	26,513
Somalia	24,300	6,000	70	70
Tanzania	316,300	80,000	167,003	117,456
Zambia	150,000	41,000	29,231	21,589
Zimbabwe	30,000	43,000	99,107	100,291

렵, 서식지 손실, 인간과의 갈등으로 인해 코끼리 개체수가 여전히 위험에 처해 있다. 표 3.13은 1979년, 1989년, 2007년, 2012년에 아프리카 내 여러 국가의 코끼리 개체수를 보여준다(ElephantDatabase.org 웹사이트).

데이비드 셸드릭 야생동물 재단(David Sheldrick Wildlife Trust)은 케냐의 차보 이스트 국립공원 소장(Warden of Tsavo East National Park)을 설립하고 해당 국가의 야생동물 보존 및 관리부의 기획 담당자였던 박물학자 데이비드 레슬리 윌리엄 셸드릭(David Leslie William Sheldrick)을 기리기 위해 1977년에 설립되었다. 셰드릭 재단의 경영진은 이 자료들이 1979년 이래 여러 아프리카 국가들의 코끼리 개체수에 대해 무엇을 나타내는지 알아보고자 한다.

경영보고서 작성

기술 통계의 방법을 사용하여 데이터를 요약하고 1979년 이후 아프리카 국가의 코끼리 개체수 변화에 대한 의견을 제시하시오. 보고서에는 다음 항목들을 포함하시오.

1. 1979년부터 1989년까지 10년 동안 각 국가의 코끼리 개체수의 연평균 변화와 10년 동안 코끼리 개체수의 가장 큰 변화를 보인 국가에 대한 논의.
2. 1989년부터 2007년까지 각 국가의 코끼리 개체수의 연평균 변화와 18년 동안 코끼리 개체수의 가장 큰 변화를 보인 국가에 대한 논의.
3. 2007년부터 2012년까지 각 국가의 코끼리 개체수의 연평균 변화와 5년 동안 코끼리 개체수의 가장 큰 변화를 보인 국가에 대한 논의.
4. 1, 2, 3번의 결과를 비교하고 이 비교에서 도출할 수 있는 결론에 대해 논의. 분석을 뒷받침하기 위해 1979년, 1989년, 2007년, 2012년의 코끼리 개체수 분포를 시각화하기 위한 상자그림을 작성하시오.

Chapter 3 부록

엑셀을 활용한 기술통계량

엑셀을 이 장에서 배운 기술통계량을 도출하는 데 사용할 수 있다. 여기에서는 하나의 변수와 관련하여 자료의 위치와 변동성을 측정하는 몇몇 척도들을 엑셀을 통해 구하는 방법과 두 변수 간의 관련성을 측정하는 도구로써 공분산과 상관계수를 엑셀을 통해 구하는 방법을 살펴보고자 한다.

엑셀 함수 이용하기

DATA *file* StartingSalaries

엑셀은 평균과 중앙값, 최빈값, 표본분산, 표본표준편차를 계산하는 기능을 한다. 표 3.1에 제시된 첫 월급 자료의 평균과 중앙값, 최빈값, 표본분산, 표본표준편차를 StartingSalaries 파일을 사용하여 계산함으로써 엑셀의 함수를 사용하는 것을 설명하고자 한다. 그림 Excel 3.1에는 이러한 과정들이 포함되어 있다.

엑셀의 AVERAGE 기능은 다음 공식을 E1셀에 입력하여 평균을 계산할 때 사용할 수 있다.

= AVERAGE(B2:B13)

그림 Excel 3.1 평균, 중앙값, 최빈값, 분산, 표준편차 계산하기 위한 엑셀함수 사용

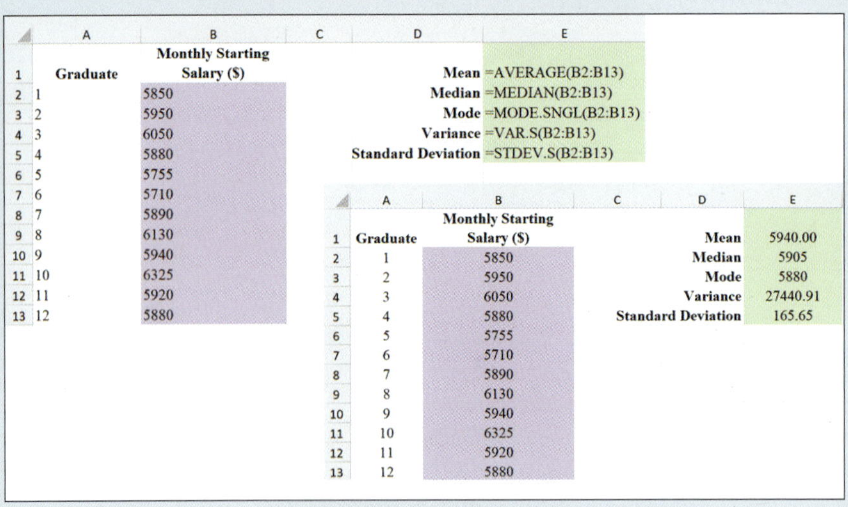

	A	B	C	D	E
1	Graduate	Monthly Starting Salary ($)		Mean	=AVERAGE(B2:B13)
2	1	5850		Median	=MEDIAN(B2:B13)
3	2	5950		Mode	=MODE.SNGL(B2:B13)
4	3	6050		Variance	=VAR.S(B2:B13)
5	4	5880		Standard Deviation	=STDEV.S(B2:B13)
6	5	5755			
7	6	5710			
8	7	5890			
9	8	6130			
10	9	5940			
11	10	6325			
12	11	5920			
13	12	5880			

	A	B	C	D	E
1	Graduate	Monthly Starting Salary ($)		Mean	5940.00
2	1	5850		Median	5905
3	2	5950		Mode	5880
4	3	6050		Variance	27440.91
5	4	5880		Standard Deviation	165.65
6	5	5755			
7	6	5710			
8	7	5890			
9	8	6130			
10	9	5940			
11	10	6325			
12	11	5920			
13	12	5880			

그림 Excel 3.2 공분산과 상관관계를 계산하기 위한 엑셀 함수 사용

	A	B	C	D	E	F	G
1	Week	Commercials	Sales Volume		Sample Covariance	=COVARIANCE.S(B2:B11,C2:C11)	
2	1	2	50		Sample Correlation	=CORREL(B2:B11,C2:C11)	
3	2	5	57				
4	3	1	41				
5	4	3	54				
6	5	4	54				
7	6	1	38				
8	7	5	63				
9	8	3	48				
10	9	4	59				
11	10	2	46				
12							

	A	B	C	D	E	F	G
1	Week	Commercials	Sales Volume		Sample Covariance	11	
2	1	2	50		Sample Correlation	0.9305	
3	2	5	57				
4	3	1	41				
5	4	3	54				
6	5	4	54				
7	6	1	38				
8	7	5	63				
9	8	3	48				
10	9	4	59				
11	10	2	46				
12							

이와 비슷하게 =MEDIAN(B2:B13), =MODE(B2:B13), =VAR(B2:B13), =STDEV(B2:B13) 공식들을 E2에서 E5셀까지 입력한다. 이는 중앙값과 최빈값, 분산, 표준편차를 구하는 공식이다. 제시된 워크시트에 나타난 엑셀 기능을 이용하여 계산한 값들은 앞서 이 장에서 계산한 값과 동일하다.*

DATA *file* Electronics

엑셀은 또한 공분산과 상관계수를 계산하는 데에도 사용할 수 있다. 여기에서는 앞서 표 3.6에서 제시되었던 전자제품 매장에 관한 자료의 표본공분산과 표본상관계수를 계산하기 위해 이러한 기능들이 어떻게 사용되는지를 보여주려고 한다. 그림 Excel 3.2는 이 과정을 모두 보여주고 있다.

엑셀의 표본공분산 함수인 COVARIANCE.S를 사용하면 F1 셀에 다음 수식을 입력하여 표본공분산을 계산할 수 있다.

=COVARIANCE.S(B2:B11,C2:C11)

이와 비슷하게 표본상관계수를 구하기 위해 F2셀에 '=CORREL(B2:B11,C2: C11)' 식을 입력하면 된다. 제시된 워크시트는 엑셀기능을 사용하여 계산한 값들을 보여 주고 있다. 표본공분산(11)의 값은 방정식(3.13)을 사용하여 계산된 값과 동일하다. 그리고 표본상관계수(0.93)의 값은 식 (3.15)을 이용하여 계산한 것과 동일하다.

엑셀의 기술통계량 도구사용

이미 살펴본 대로 엑셀은 자료의 기술통계량을 계산하는 통계기능을 제공하고 있다. 이러한 기능들은 하나의 통계량을 계산하기 위해 사용할 수 있다(예: 평균, 분산). 또한 엑셀은 다양한 종류의 자료분석 도구를 제공한다. 엑셀은 또한 데이터 분석 도구에서 다양

* 모집단 데이터의 분산, 표준편차, 공분산을 계산하려면 동일한 단계를 따르되 VAR.P, STDEV.P 및 COVANCE.P 함수를 사용한다.

한 기능을 제공한다. 데이터 분석 도구는 엑셀에서 데이터를 분석하는 데 사용할 수 있는 다양한 도구를 제공한다. 엑셀에서 데이터 분석 도구 추가 기능을 활성화하려면 아래 단계를 따르면 된다.*

단계 1: 리본(Ribbon)에서 파일(File) 탭을 클릭하고 옵션(Options)을 선택한다.

단계 2: Excel Options 대화상자가 열리면 Add-ins을 클릭한다.
Excel Options 대화상자 하단에 있는 "Manage: Excel Add-ins" 부분에서 Go...를 클릭한다.
Analysis ToolPak에 대한 체크 박스를 선택한다.
OK를 클릭한다.

엑셀의 데이터 분석 도구팩(Data Analysis ToolPak)에 포함된 도구 중 하나는 '기술 통계(Descriptive Statistics)'라고 불리며, 사용자가 한 번에 다양한 기술 통계를 계산할 수 있게 해준다. 여기에서는 표 3.1의 초봉 데이터에 대한 기술 통계를 계산하는 방법을 보여준다.

단계 1: 리본(Ribbon)에서 Data 탭을 클릭한다.

단계 2: Analyze 그룹에서 Data Analysis를 클릭한다.

단계 3: Data Analysis 대화상자가 나타나면:
Descriptive Statistics를 선택한다.
OK를 클릭한다.

단계 4: Descriptive Statistics 대화상자가 나타나면:
Input Range: 상자에 B1:B13를 입력한다.
Grouped By에 Columns를 선택한다.
Labels in frirst row에 대한 체크 박스를 선택한다.
Output options 영역에서 Output Range를 선택하고 Output Range: 상자에 D1을 입력하며 Summary statistics에 대한 체크 박스를 선택한다.
OK를 클릭한다.

그림 Excel 3.3의 셀 D1:E15는 엑셀에서 제공하는 기술 통계를 보여준다. 엑셀에서 제공하는 기술 통계에는 이 장에서 다룬 모든 내용이 포함되어 있다. 기술통계 도구의 출력 결과는 고정적이다. 예를 들어 그림 Excel 3.3에서 B2:B13 범위의 데이터 값이 변경되더라도 E3:E15 셀의 기술 통계 결과는 변하지 않는다. 변경이 필요한 경우 기술통계 도구를 다시 실행해야 한다.

---

* 여기서는 히스토그램을 생성하기 위해 2장 부록에 있는 엑셀의 Data Analysis ToolPak을 사용하도록 한다.

상자그림

엑셀의 통계 차트 삽입을 사용하여 파일 StartingSalaries에 포함된 첫 월급 데이터에 대한 상자그림을 생성할 수 있다. 데이터는 셀 B2:B13에 포함되어 있다.

다음은 엑셀의 "Insert Statistic Chart"를 사용하여 감사 시간 데이터의 히스토그램을 작성하는 방법을 설명한다.*

DATA *file* StartingSalaries

단계 1: 데이터 세트에서 셀을 선택한다(B2:B13).

단계 2: 리본(Ribbon)에서 삽입(Insert) 탭을 클릭한다.

단계 3: 차트 그룹에서 "Insert Statistic Chart" 를 클릭한 다음 "Box and Whisker"

그림 Excel 3.3 엑셀의 기술통계 도구 출력 결과물

	A	B	C	D	E
1	Graduate	Monthly Starting Salary ($)		*Monthly Starting Salary ($)*	
2	1	5850			
3	2	5950		Mean	5940
4	3	6050		Standard Error	47.8199
5	4	5880		Median	5905
6	5	5755		Mode	5880
7	6	5710		Standard Deviation	165.65
8	7	5890		Sample Variance	27440.9
9	8	6130		Kurtosis	1.72
10	9	5940		Skewness	1.09
11	10	6325		Range	615
12	11	5920		Minimum	5710
13	12	5880		Maximum	6325
14				Sum	71280
15				Count	12

그림 Excel 3.4 첫 월급 데이터에 대해 엑셀로 작성된 상자그림

	A	B
1	Graduate	Monthly Starting Salary ($)
2	1	5850
3	2	5950
4	3	6050
5	4	5880
6	5	5755
7	6	5710
8	7	5890
9	8	6130
10	9	5940
11	10	6325
12	11	5920
13	12	5880
14		

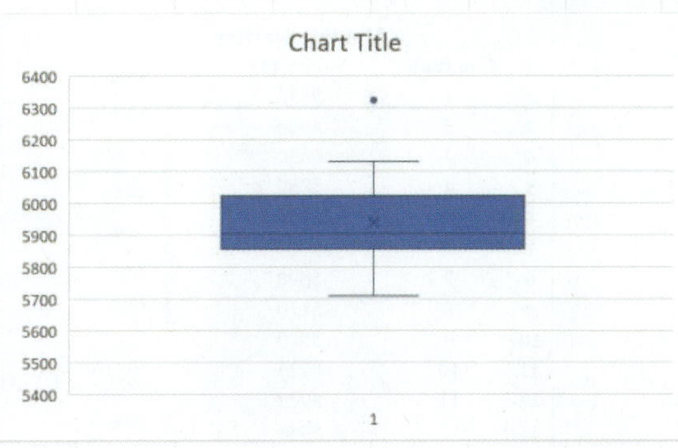

* 엑셀에서 상자그림은 상자수염그림이라고 한다. 또한 엑셀에서 상자그림은 수평이 아닌 수직이다.

를 선택한다.

상자그림은 Excel 3.4와 같이 나타난다. 다음 단계를 사용하여 상자그림을 편집할 수 있다.

단계 1: Chart Title을 클릭하고 Delete 키를 누른다.

단계 2: 수평 축 아래의 1을 클릭하고 Delete 키를 누른다.

단계 3: 차트의 우측 상단에 위치한 "Chart Elements" 버튼 [+]을 클릭한다.

단계 4: 차트 요소 목록이 나타나면:

Axis Titles를 클릭하여 축 제목의 자리를 만든다.

수평 Axis Title을 클릭하고 Delete 키를 누른다.

수직 Axis Title 자리 표시자를 클릭하고 "Monthly Starting Salary ($)"로 바꾼다.

단계 5: 차트에서 수평 선을 클릭하고 Delete 키를 누른다.

단계 6: 수직 축을 마우스 오른쪽 버튼으로 클릭하고 "Format Axis..."를 선택한다.

단계 7: Format Axis 작업 창에서 Tick Marks를 선택하고 드롭다운 메뉴에서 Major type을 Inside로 선택한다.

상자그림 생성물은 그림 Excel 3.5에 나타나 있다.

Excel의 상자수염그림에는 여러 다른 옵션이 있다. 이러한 옵션을 활용하려면 차트의 상자 부분을 마우스 오른쪽 버튼으로 클릭하고 "Format Data Series..."을 선택하면 "Format Data Series" 작업창이 나타난다. 이를 통해 차트에 무엇을 표시할지를 선택할 수 있다. 예를 들어 평균 표시 여부, 극단값 표기, 모든 점에 대한 표시 여부 등을 조절할 수 있다.

그림 Excel 3.5 첫 월급 데이터에 대해 엑셀에서 작성된 편집된 상자그림

	A	B
1	Graduate	Monthly Starting Salary ($)
2	1	5850
3	2	5950
4	3	6050
5	4	5880
6	5	5755
7	6	5710
8	7	5890
9	8	6130
10	9	5940
11	10	6325
12	11	5920
13	12	5880
14		

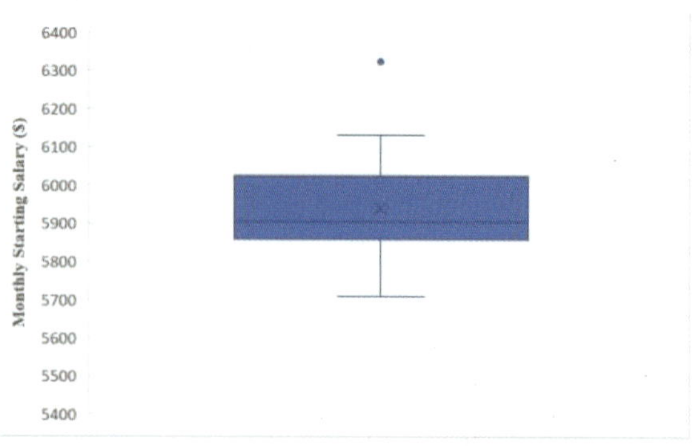

비교 상자그림

엑셀의 "Insert Statistic Chart"를 사용하여 MajorSalaries 파일의 데이터를 사용하여 비교 상자그림을 작성할 수 있다.

다음은 엑셀의 "Insert Statistical Chart"를 사용하여 전공별 월급의 상자그림을 작성하는 방법에 대한 단계이다.

DATA *file* MajorSalaries

단계 1: 데이터 세트에서 셀을 선택한다(A2:B112).

단계 2: 리본(Ribbon)에서 삽입(Insert) 탭을 클릭한다.

단계 3: Charts 그룹에서 "Insert Statistic Chart" 를 클릭한 다음 "Box and Whisker" 를 선택한다.

비교 상자그림의 결과물은 그림 Excel 3.6에 나타나 있다. 다음은 비교 상자그림을 편집하는 데 사용할 수 있는 단계이다.

단계 1: Charts title을 클릭하고 "Comparative Analysis of Monthly Starting Salary by Major"로 바꾼다.

단계 2: 전공을 왼쪽에서 오른쪽으로 알파벳순으로 나열하려면:
데이터 세트에서 셀을 선택한다 (A1:B112).
리본(Ribbon)에서 Data 탭을 클릭한다.
Sort & Filter 그룹에서 Sort를 선택한다.
Sort 대화 상자에서 Sort by 드롭다운 메뉴에서 Major를 선택한다.
Sort 대화 상자에서 Order 드롭다운 메뉴에서 A to Z를 선택한다.
OK를 클릭한다.

그림 Excel 3.6 엑셀의 상자수염그림 도구를 이용한 전공별 첫 월급 비교 상자그림 작성

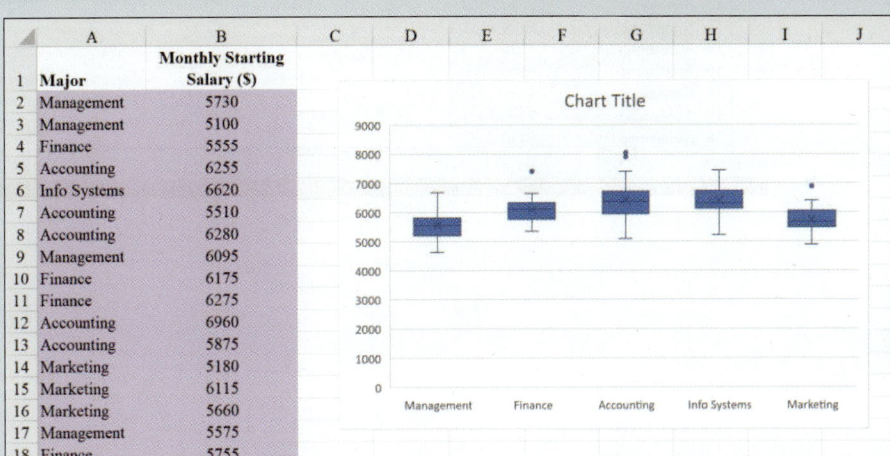

단계 3: 차트 어느 부분에 관계없이 클릭한 다음 "Chart Elements" 버튼 [+](차트 우측 상단에 위치)을 클릭한다.

단계 4: 차트 요소 목록이 나타나면:

Axis Titles를 클릭하여 축 제목의 자리를 만든다.

수평 Axis Title 자리 표시자를 클릭하고 "Major"로 교체한다.

수직 Axis Title 자리 표시자를 클릭하고 "Monthly Starting Salary ($)"로 교체한다.

단계 5: 차트에서 수평 선을 클릭하고 Delete 키를 누른다.

단계 6: 수직 축을 마우스 오른쪽 버튼으로 클릭하고 "Format Axis…"를 선택한다.

단계 7: Format Axis 작업 창에서:

Axis Options를 선택하고 Minimum에 4000을 입력한다.

Tick Marks를 선택하고 드롭다운 메뉴에서 Major type을 Inside로 선택한다.

비교 상자그림 결과물은 그림 Excel 3.7에 나타나 있다.

그림 Excel 3.7 전공별 첫 월급에 대해 엑셀로 작성된 편집 비교 상자그림

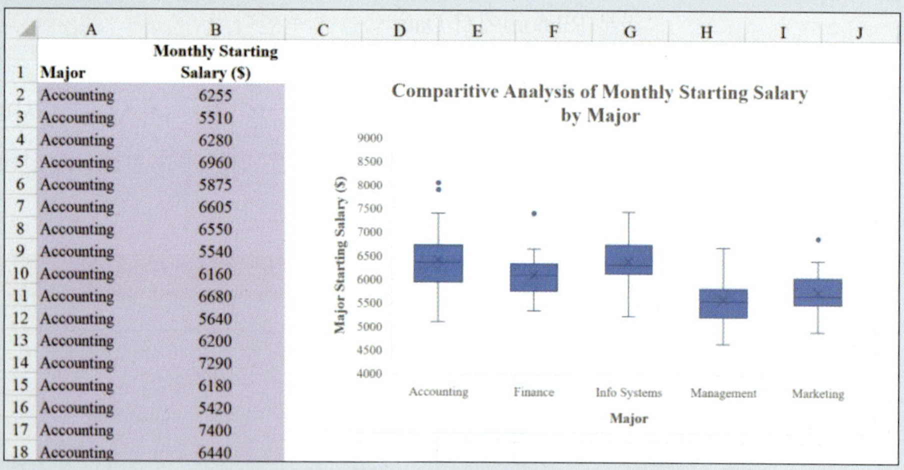

Chapter 4

확률이론

Contents

실생활에서 보는 통계

미국항공우주국*

워싱턴 디씨

미국항공우주국, NASA는, 미국의 민간 우주 프로그램과 항공 우주 리서치를 책임지고 있는 정부기관이다. NASA는 유인 우주탐험으로 유명하며, 사명선언문은 "지식, 교육, 혁신, 경제 활력, 지구 수호 향상을 위한 과학, 기술, 항공 우주 탐험 진보에 힘쓰는 것"이다. 17,000명이 넘는 직원이 근무하는 NASA는 국제 우주 정거장 관리, 허블 망원경을 통한 태양계 너머의 탐험, 달과 화성에 우주인을 보내는 미래를 계획하는 등 여러 다른 우주 관련 임무를 관장한다.

NASA의 주요 임무는 우주탐험이나, 전 세계 여러 나라와 조직에서 그 전문적인 능력의 도움을 필요로 할 때가 있다. 칠레 코피아포의 산호세 구리 금 광산이 붕괴해 2000피트 아래 33명의 광부들이 고립되었을 때가 바로 그런 상황이었다. 광부들을 빠르게 지상으로 구출하는 것도 중요했지만, 최대한 많은 광부들을 구출하기 위해 구출 과정의 계획과 실행이 잘 이루어지는 것도 매우 중요했다.

칠레 정부는 NASA에 구출작전을 짜는 것을 도와달라고 요청했다. 이에 NASA는 차량 디자인과 오랜시간 갇혀있는 상황에 전문성을 가진 엔지니어, 물리학자, 심리학자로 구성된 네 명의 팀을 급파했다.

여러 구출 방법의 성공과 실패확률은 관계자들마다 생각하는 바가 달랐다. 이 유일무이한 구조 상황에 사용할 수 있는 과거데이터는 없었기 때문에, NASA 과학자들은 우주인들이 장단기 우주 임무를 마치고 돌아올 때 겪는 비슷한 상황을 참고해 다양한 구출 방법의 성공과 실패확률 추정치를 주관적으로 계산하였다. 나사가 제공한 확률 추정치는 정부관계자가 구출 방법을 결정하는 데 방향을 제시하였으며, 구출을 위한 기구가 올라올 때 광부들이 어떻게 하면 살아남을 수 있는지에 대한 통찰력을 제공하였다.

NASA scientists worked with the Chilean government to save all 33 miners trapped more than 2000 feet underground.

출처: JUAN MABROMATA/AFP/Getty Images

NASA팀의 자문을 받은 칠레 정부 관계자가 짠 구출 방법은 높이 약 4미터 무게 약 420킬로그램의 강철로 만든 구조 캡슐을 만들어, 이 캡슐 사용해 광부를 한 명씩 끌어 올리는 것이었다. 고립된 광부들은 갇힌 지 68일 만에 모두 구조되었다.

이 장에서는 우리는 확률과 여러 상황에서 확률을 어떻게 계산하고 해석하는지에 대해 배우게 될 것이다. 확률을 부여하는 데 있어 주관적인 확률뿐 아니라, 고전적인 확률과 상대도수 확률도 학습할 것이다. 확률, 조건부 확률, 베이즈 정리의 기본적인 관계도 다룰 것이다.

* 저자들은 실생활에서 보는 통계를 제공해준 NASA의 Michael Duncan 박사와 Clinton Cragg에게 감사한다.

경영자들은 종종 다음과 같은 불확실성의 분석을 근거로 하여 결정을 내린다.

1. 만약 제품의 가격을 내리면 매출이 감소될 가능성이 얼마나 될까?
2. 새로운 조립방법이 생산성을 향상시킬 가능성이 얼마나 될까?
3. 프로젝트가 제 시간에 끝날 가능성이 얼마나 될까?
4. 새로운 투자가 수익을 낼 가능성이 얼마나 될까?

그림 4.1 사건의 발생 가능성에 대한 척도의 확률

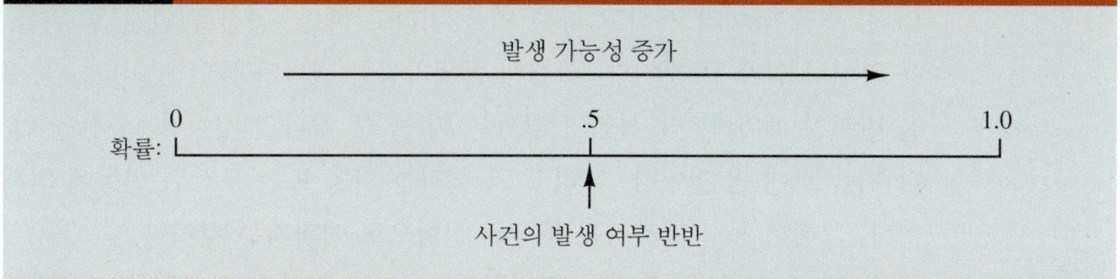

확률(probalility)*이란 어떤 사건이 발생할 가능성에 대한 수치적 척도이다. 따라서 위에 열거한 네 사건에 관련된 불확실성이 어느 정도인지에 대한 척도로 확률을 사용할 수 있다. 만약 확률을 알고 있다면 각 사건의 발생 가능성을 알 수 있다.

확률값에는 항상 0과 1 사이의 값을 부여한다. 어떤 사건의 확률이 0에 가까우면 그 사건은 거의 일어날 가능성이 없음을 의미하며 1에 가까우면 거의 확실히 발생함을 말한다. 0과 1 사이의 확률은 어떤 사건이 일어날 가능성의 정도를 나타낸다. 예를 들면 '내일 비 옴'이라는 사건에 대해 기상청에서 "비가 올 확률이 0에 가깝다."고 예보했다면 이는 내일 비가 올 가능성이 거의 없다는 것을 의미하며 대신 "비가 올 확률이 0.90"이라고 예보했다면 내일 비가 올 가능성이 상당히 높으며, 그 확률이 0.50이면 비가 올 가능성과 오지 않을 가능성이 반반으로 같다고 이해하면 된다. 그림 4.1은 확률이 어떤 사건의 발생 가능성에 대한 수치적 척도로 어떻게 관련되어 사용되는지를 보여주고 있다.

4.1 실험, 계산법칙, 확률의 부여

확률에서, 실험은 다음과 같은 특징을 가지고 있다:

1. 실험의 결과가 명확하게 정의되어 있으며, 발생가능한 결과의 목록을 실험 전에도 알 수 있는 경우가 꽤 있다.
2. 동일한 실험을 여러 번 반복할 때, 각 실험에서는 발생가능한 결과 중 단 하나의 결과만 발생한다.
3. 각 실험의 결과는 확률로 정해진다.

우리는 이런 실험을 **무작위 실험(random experiments)**이라 한다.

무작위 실험

무작위 실험이란 잘 정의된 실험 결과를 생성하는 과정이다. 실험을 하거나 반복할 때, 나오는 결과값은 완전히 결정된다.

---

* 1650년대에 Pierre de Fermat와 Blaise Pascal 사이의 편지들에서 기원하는 확률에 관한 초기 작업의 것들.

무작위 실험의 주요 특징을 설명하기 위해, '동전 던지는' 실험을 생각해 보자. 동전의 한 면을 앞이라고 하고 다른 면을 뒤라고 하면, 동전을 던진 후 위를 향하고 있는 면은 앞이나 뒤가 될 것이다. 실험의 발생가능한 결과가 둘인 것이다: 앞, 또는 뒤. 이 실험을 반복할 때마다, 각 실험의 결과는 이 둘 중 하나일 것이다. 동전을 던질 때마다, 앞이나 뒤를 보게 될 것이다. 그리고 그 결과는 확률 또는 무작위 변동에 의해서만 결정될 것이다. 그래서 동전 던지기는 무작위 실험으로 여겨지는 것이다.

발생가능한 모든 결과를 열거하면, 우리는 무작위 실험의 **표본공간(sample space)**을 확인하게 된다.

표본공간
어떤 실험에서의 표본공간이란 그 실험에서 발생 가능한 모든 실험 결과들의 집합을 말한다.

실험 결과는 그것이 표본공간의 원소이고 실험을 통해 그 원소를 발견해 간다는 의미에서 **표본점(sample point)***이라고 하기도 한다.

앞에서의 '동전 던지는' 실험을 생각해 보자. 동전에서 앞면과 뒷면이 각각 실험 결과 또는 표본점이 된다. S를 표본공간이라 하면 집합기호를 사용하여 표본공간을 다음과 같이 나타낼 수 있다.

$$S = \{\text{앞, 뒤}\}$$

동전을 던지는 무작위 실험은 두 가지 실험 결과(표본점)과 있다. 두 가지 이상의 실험결과가 있는 무작위 실험의 예를 들면, 주사위 던지기를 생각해 볼 수 있겠다. 주사위 던지기의 발생가능한 실험결과는, 위를 향하는 면의 숫자가 되는데, 여섯 개의 표본점이 이 실험의 표본공간에 속하게 된다.

$$S = \{1, 2, 3, 4, 5, 6\}$$

계산법칙, 조합, 순열

확률을 부여하려면 실험 결과(표본점)를 확인하고 그 개수를 세어 파악하는 것이 반드시 필요하다. 이를 위해 활용되는 세 가지 계산법칙에 대해 살펴보기로 한다.

다단계 실험 첫 번째의 계산법칙은 다단계 실험에 적용된다. 동전 두 개를 던지는 실험을 생각해 보자. 이 경우 실험 결과를 던져진 두 동전의 윗면에 나타난 면으로 정의하면

---

* 실험의 결과들은 또한 표본점으로 일컬어진다.

실험 결과는 몇 개일까? 이처럼 동전 2개를 동시에 던지는 실험은 1단계로 첫 번째 동전을 던지는 실험, 2단계로 두 번째 동전을 던지는 실험으로 구성된 2단계 실험으로 간주될 수 있다. H는 동전의 앞면 T는 동전의 뒷면을 나타내고 (H, T)는 첫 번째 동전에서 앞면, 두 번째 동전에서 뒷면이 나온 실험 결과를 나타낸다고 하자. 이러한 기호를 사용하여 동전 2개를 던지는 실험의 표본공간을 나타내면 다음과 같다.

$$S = \{(H, H), (H, T), (T, H), (T, T)\}$$

이와 같이 하여 이 경우에는 가능한 모든 실험 결과가 네 개임을 쉽게 파악할 수 있다.

다단계 실험에 대한 계산법칙은 실험 결과를 일일이 모두 열거할 필요 없이 실험 결과의 개수를 간단히 파악하는 데 이용할 수 있다.

다단계 실험에 대한 계산법칙

만일 실험이 첫 번째 단계에서 n_1개의 가능한 결과, 두 번째 단계에서 n_2개의 가능한 결과, 등등으로 계속되는 k단계의 연속적인 것으로 정의된다면, 실험의 총결과 수는 $(n_1)(n_2)\ldots(n_k)$로 주어진다.

첫 번째 하나의 동전을 던지고($n_1 = 2$) 나중에 다른 또 하나의 동전을 던지는($n_2 = 2$) 동전 2개를 던지는 실험에서, 우리는 계산 법칙에 따라 (2)(2) = 4개의 별도의 실험 결과가 가능한 것을 보게 된다. 이미 보았듯이, 그것들은 S = {(H,H), (H,T), (T,H), (T,T)}이다. 동전 6개를 실험하는 경우는 (2)(2)(2)(2)(2)(2) = 64가 된다.

그림 4.2 동전 2개를 던지는 실험에 대한 계통도

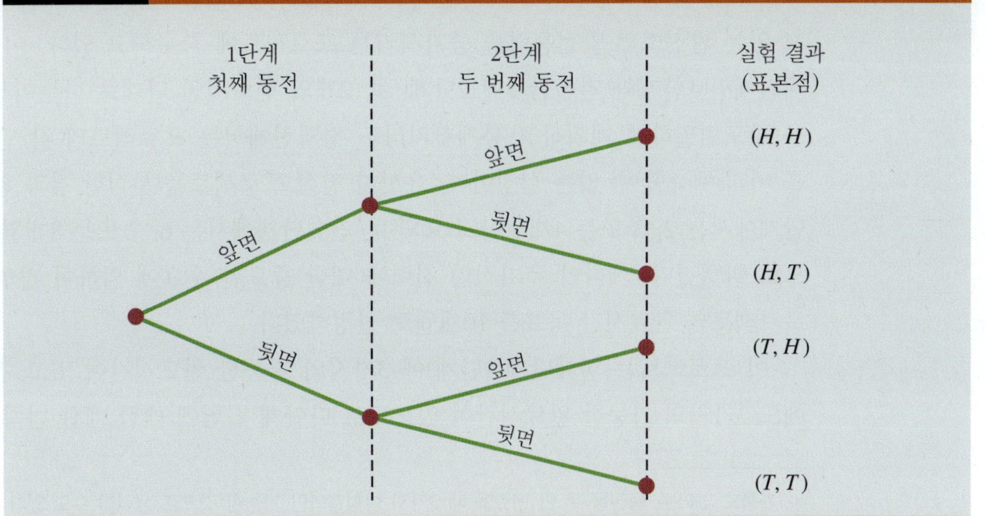

표 4.1 KP&L사 프로젝트에 대한 실험 결과(표본점)

완료시간			
1단계 설계	2단계 건설	실험 결과 기호	총프로젝트 완료시간(개월)
2	6	(2, 6)	8
2	7	(2, 7)	9
2	8	(2, 8)	10
3	6	(3, 6)	9
3	7	(3, 7)	10
3	8	(3, 8)	11
4	6	(4, 6)	10
4	7	(4, 7)	11
4	8	(4, 8)	12

계통도(tree diagram)*는 다단계 실험의 결과를 쉽게 파악하는 데 도움을 주는 그래프를 말한다. 그림 4.2는 동전 2개를 던지는 실험에 대한 계통도이다. 각 단계의 순서는 나무의 밑둥에서 가지를 따라 왼쪽에서 오른쪽으로 진행한다.

1단계는 첫 번째 동전 던짐을, 2단계는 두 번째 동전 던짐을 나타내며 각 단계마다 앞면이냐 뒷면이냐라는 두 가지 가능한 결과가 있다. 1단계의 각 가능한 결과마다 2단계의 각 가능한 결과와 가지로 연결되어 있다. 나뭇가지의 오른쪽 끝 각점은 실험 결과에 대응된다. 나무의 제일 왼쪽 마디에서 제일 오른쪽 마디까지의 각 경로가 하나의 실험 결과의 순서에 대응된다.

그러면 이 다단계 계산법칙을 Kentucky Power & Light(KP&L)사의 용량 확장 프로젝트에 어떻게 활용할 수 있는지 살펴보기로 한다. KP&L사는 켄터키 북부지방에 위치하고 있는 발전소의 발전용량을 증가시키는 프로젝트에 착수하고 있다. 이 프로젝트는 설계단계인 1단계와 건설단계인 2단계, 즉 2개의 연속적인 단계로 나누어진다. 비록 일정을 주도면밀하게 계획하고 통제할지라도 경영진에서는 프로젝트의 각 단계의 완료시간을 미리 예측할 수 없는 실정이다. 유사한 건설 프로젝트를 분석한 결과 완료시간은 설계단계에서는 2, 3 또는 4개월이 소요되며, 건설단계에서는 6, 7 또는 8개월이 소요되는 것으로 밝혀졌다. 게다가 추가적인 전력에 대한 중요한 수요에 의하여 경영진에서는 전체 프로젝트의 완료시간 목표를 10개월로 설정하였다.

이 프로젝트는 설계단계(1단계)에 3가지의 가능한 완료시간이 있고 건설단계(2단계)에도 3가지의 가능한 완료시간이 있으므로 다단계 실험에 대한 계산 법칙을 적용하면 총

---

* 계통도 없이는, 동전을 두 번 던졌을 때 3가지 실험결과만 가능한 것으로 생각할 수도 있다: 0개의 앞면, 1개의 앞면, 2개의 앞면.

그림 4.3 KP&L사 프로젝트에 대한 계통도

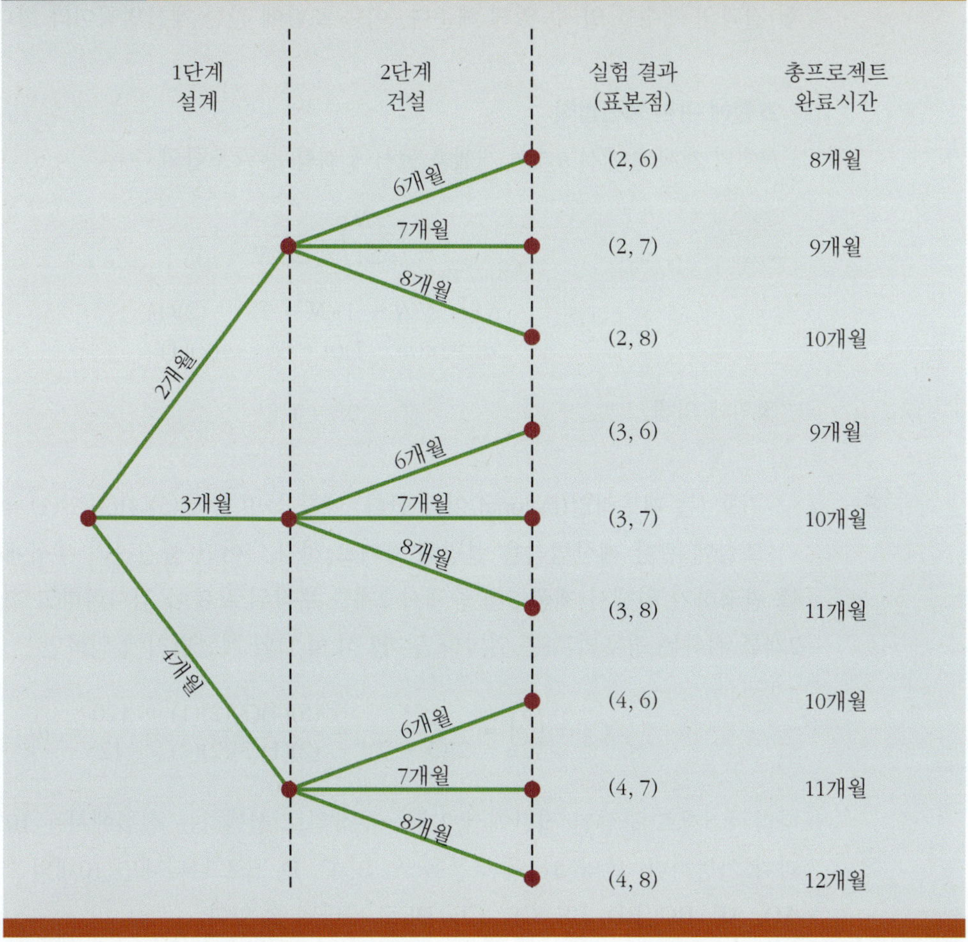

(3)(3) = 9개의 실험 결과를 생각할 수 있다. 실험 결과는 두 숫자를 순서에 따라 나열하여 표시할 수 있다. 예를 들어 (2, 6)은 설계단계에는 2개월이 걸리며 건설단계에는 6개월이 소요되어 전체 프로젝트의 완료시간이 총 2 + 6 = 8개월이 됨을 나타낸다. 표 4.1에 KP&L사 문제에 대한 총 9개의 실험 결과가 요약되어 있다. 그림 4.3의 계통도에서 이 9개의 실험결과(표본점)를 확인할 수 있다.

계산 법칙과 계통도를 통해 프로젝트 관리자는 모든 실험 결과와 가능한 프로젝트 완료시간을 파악할 수 있다. 그림 4.3에서 이 프로젝트가 8개월에서 12개월 사이에 완료될 수 있으며 9개의 실험 결과 중에서 6개가 완료시간이 10개월 이내임을 알 수 있다. 비록 모든 실험 결과를 파악할 수 있어 유용하긴 하지만 프로젝트가 경영진에서 요구하는 10개월 이내에 완료될 확률을 산정하기 이전에 먼저 각 실험 결과에 확률값을 어떻게 부여할지 고민해 볼 필요가 있다.

조합 두 번째 유용한 계산법칙은 n개의 개체를 N개(보통 $N \geq n$)의 개체 중에서 뽑는 실험 결과의 개수를 알 수 있게 해준다. 이를 조합에 관한 계산법칙이라 한다.

조합에 관한 계산법칙

N개의 개체 중에서 n개의 개체를 동시에 취할 경우 조합의 수는

$$C_n^N = \binom{N}{n} = \frac{N!}{n!(N-n)!} \tag{4.1}$$

$$N! = N(N-1)(N-2)\cdots(2)(1)$$
$$n! = n(n-1)(n-2)\cdots(2)(1)$$

정의에 의해 $$0! = 1$$

기호 !는 팩토리얼(factorial)이라 한다. 예를 들면 5! = (5)(4)(3)(2)(1) = 120이다.

조합에 관한 계산법칙을 설명해 보기로 하자.* 어떤 품질관리 부서에서 불량품 여부를 판정하기 위해서 제품 5개 중에서 2개를 무작위로 뽑아 검사한다고 할 때 5개 중에서 2개를 취하는 경우의 수는 얼마나 될까? 식 (4.1)의 계산법칙에 의하면

$$C_2^5 = \binom{5}{2} = \frac{5!}{2!(5-2)!} = \frac{(5)(4)(3)(2)(1)}{(2)(1)(3)(2)(1)} = \frac{120}{12} = 10$$

따라서 5개로 구성된 집단에서 2개를 무작위로 선택하는 실험에서는 10가지의 실험 결과가 가능하다. 만약 5개의 부품을 A, B, C, D, E로 나타내면 10개의 조합은 AB, AC, AD, AE, BC, BD, BE, CD, CE, DE로 나타낼 수 있다.

또 다른 예로, 플로리다주의 복권추첨에서는 매주 53개의 정수 중에서 6개의 정수를 임의로 선택하여 주별 복권당첨자를 결정하고 있다. 조합에 관한 계산법칙 식 (4.1)을 여기에 적용하면 서로 다른 53개의 정수 중에서 6개의 서로 다른 정수를 선택하는 경우의 수는

$$\binom{53}{6} = \frac{53!}{6!(53-6)!} = \frac{53!}{6!47!} = \frac{(53)(52)(51)(50)(49)(48)}{(6)(5)(4)(3)(2)(1)} = 22{,}957{,}480$$

이다. 조합에 관한 계산법칙에 따르면 거의 2천 3백만 가지의 실험 결과가 복권 추첨에서 가능한 것을 보여주고 있다. 따라서 각 개인이 복권을 한 장 구입하여 당첨될 확률은 22,957,480분의 1이 되는 것이다.**

---

* 크기 N인 유한모집단으로부터 표본을 추출할 때, 조합에 관한 계산법칙은 추출될 수 있는 크기 n의 서로 다른 표본의 숫자를 찾기 위하여 사용된다.

** 조합에 관한 계산법칙은 복권에 당첨될 확률이 아주 적음을 보여준다.

순열 세 번째 유용하게 사용되는 계산법칙은 순열에 관한 계산법칙이다. 이는 n개의 개체를 뽑히는 순서를 고려하여 N개의 개체 중에서 뽑는 실험 결과의 개수를 알 수 있게 해준다. 여기에서 비록 뽑힌 개체가 서로 같을지라도 뽑힌 순서가 다르면 서로 다른 실험 결과로 간주한다.

순열에 관한 계산법칙

N개의 개체 중에서 n개의 개체를 동시에 취할 경우 순열의 수는

$$P_n^N = n!\binom{N}{n} = \frac{N!}{(N-n)!} \tag{4.2}$$

순열에 관한 계산법칙은 조합의 계산법칙과 밀접하게 관련되어 있다. 그렇지만 같은 개체 수에 대한 순열의 수가 조합의 수보다 많게 되는데 그 이유는 n개를 뽑을 때 조합 하나에 대해 순서를 생각하면 $n!$개의 서로 다른 순열이 가능하기 때문이다.

예를 들면, 앞에서의 품질관리 부서의 예에서 5개의 부품 중에서 2개를 검사할 때 순열의 수는 얼마가 될까? 식 (4.2)에서의 계산법칙에 의하면 $N=5$이고 $n=2$일 때 순열의 수는

$$P_2^5 = \frac{5!}{(5-2)!} = \frac{5!}{3!} = \frac{(5)(4)(3)(2)(1)}{(3)(2)(1)} = \frac{120}{6} = 20$$

즉, 순서를 고려할 경우 5개 중에서 2개를 임의로 선택하는 실험 결과는 모두 20개 가능한 것이다. 각 부품을 A, B, C, D, E로 표시하면 20개의 순열은 AB, BA, AC, CA, AD, DA, AE, EA, BC, CB, BD, DB, BE, EB, CD, DC, CE, EC, DE, ED가 된다.

확률의 부여

그러면 실험 결과에 대해 확률이 어떻게 부여되는지 살펴보기로 하자. 자주 사용되는 방법으로 고전적 방법, 상대도수 방법, 주관적 방법 세 가지가 있다. 어떤 방법을 막론하고 확률을 부여함에 있어서는 두 가지의 기본 요구조건이 충족되어야 한다

확률 부여에 관한 기본 요구조건

1. 각 실험 결과에 부여되는 확률은 모두 0과 1 사이에 있어야 한다. E_i를 i번째 실험 결과라 하고 $P(E_i)$를 E_i가 발생할 확률이라 하면 이 요구조건은 다음과 같다.

$$0 \le P(E_i) \le 1 \text{ for all } i \tag{4.3}$$

2. 모든 실험 결과에 대한 확률의 합은 1.0이 되어야 한다. 실험 결과가 n까지라면 이 요구조건은 다음 수식으로 표현된다.

$$P(E_1) + P(E_2) + \cdots + P(E_n) = 1 \tag{4.4}$$

확률 부여에 있어서 **고전적 방법(classical method)**은 모든 실험 결과의 발생 가능성이 동일할 경우에 적합한 방법이다. 실험 결과가 n가지일 때 확률 $1/n$이 각 실험 결과에 부여된다. 이 방법을 적용할 경우 위의 두 가지 기본 요구조건이 자동적으로 충족된다.

예를 들면 공정한 동전을 던지는 실험을 생각해 보자. 이 때 두 실험 결과 앞면과 뒷면이 서로 같은 발생 가능성을 가진다. 따라서 앞면이 나올 확률은 1/2 또는 0.50이 되며 마찬가지로 뒷면이 나올 확률도 1/2 또는 0.50이 된다.

이번엔, 주사위를 굴리는 실험을 생각해 보자. 이 경우에도 6가지 실험 결과의 발생 가능성이 동일하다고 보는 것이 합당하다. 따라서 각 실험 결과의 발생확률에 1/6이 부여된다. $P(1)$을 점 1개가 주사위 윗면에 나타날 확률이라 하면 $P(1) = 1/6$이 되고, 마찬가지로 하여 $P(2) = 1/6$, $P(3) = 1/6$, $P(4) = 1/6$, $P(5) = 1/6$, $P(6) = 1/6$이 된다. 이 확률들도 식 (4.3)과 (4.4)에서 말하고 있는 각 결과의 확률이 0 이상 1 이하가 되어야 하고 그 합이 1.0이 되어야 한다는 두 가지 기본 요구조건을 잘 만족하고 있다.

확률 부여에 있어서 **상대도수 방법(relative frequency method)**은 실험을 여러 번 반복했을 때 특정 실험 결과가 발생한 비율을 추정할 수 있는 자료를 이용할 때에 적합한 방법이다. 이에 대한 예로 어느 지방병원의 X-선 부서에서 촬영을 기다리고 있는 환자들을 조사하는 경우를 생각해 보기로 한다. 촬영 기사가 20일 동안 아침 9시에 촬영을 기다리고 있는 환자의 수를 관찰한 결과 다음과 같은 결과를 얻었다.

대기자 수	발생일수
0	2
1	5
2	6
3	4
4	3
	계 20

이 자료를 보면 20일 중 2일은 대기 환자가 한 명도 없었으며 1명이 대기한 경우는 5일이었음을 알 수 있다. 상대도수 방법을 적용하면 대기 환자가 한 명도 없을 확률은 $2/20 = 0.10$이고 1명이 있을 확률은 $5/20 = 0.25$, 2명은 $6/20 = 0.30$, 3명은 $4/20 = 0.20$, 4명은 $3/20 = 0.15$가 된다.

고전적 방법과 마찬가지로 상대도수 방법도 식 (4.3)과 (4.4)의 기본 요구조건을 자동적으로 충족하고 있다.

주관적 방법(subjective method)은 실험 결과가 동일한 발생 가능성을 한다고 가정할 수 없거나 현실적으로 확률을 추정할 수 있는 관련 자료가 거의 없는 경우에 적합한 방법이다. 주관적 방법에 의해서 확률을 부여할 경우에는 객관적 자료가 없으므로 우리의 경험이나 직관 등 가능한 모든 정보에 의해 확률을 추정하게 된다. 이용 가능한 모든 정보를 고려하여 어떤 실험 결과의 발생에 대한 확신의 정도를 0과 1 사이 확률값으로 나타낸다. 주관적 확률은 그 사람의 확신의 정도이므로 개인적인 견해라 볼 수 있다. 그래서 동일한 실험 결과에 대해서 확률의 추정치가 사람마다 달라질 수 있다.

주관적 방법에서는 식 (4.3)과 (4.4)의 기본 요구조건을 충족하는지 추가적인 주의가 필요하다. 개인의 확신의 정도와 상관없이 각 실험 결과의 확률값은 모두 0과 1 사이에 있어야 하고 가능한 모든 실험 결과들의 확률을 합하면 1.0이 되어야 한다.

톰과 주디 엘스번드가 어떤 고객에게 주택을 구입하라는 요청을 한 경우를 생각해 보자. 두 가지 결과가 가능하다.

$$E_1 = \text{요청이 받아들여짐}$$
$$E_2 = \text{요청이 거절됨}$$

주디는 그들의 요청이 받아들여질 확률이 0.80이 되리라고 믿고 있다. 즉, $P(E_1) = 0.80$으로 $P(E_2) = 0.20$으로 추정하고 있다. 그렇지만 톰은 $P(E_1) = 0.60$으로 $P(E_2) = 0.40$로 추정하고 있다. E_1에 대한 톰의 확률 추정치를 보면 그들의 요청이 받아들여질 것이냐에 대해서 주디보다 톰이 더 비관적으로 전망하고 있음을 알 수 있다.

톰과 주디 두 사람 모두 확률 부여에 대한 기본 요구조건을 모두 만족하는 확률을 부여하고 있다. 다만 두 사람의 추정치가 서로 다른 것은 바로 주관적 방법에 있어서는 개인적 특성이 확률 추정에 그대로 반영된다는 점을 보여주는 것이다.*

기업 경영 현실에서는 고전적 방법이나 상대도수 방법이 가능한 상황임에도 불구하고 경영자들은 자신들의 주관적 확률 추정치를 적용하기를 원할 수도 있다. 이러한 경우 가장 적합한 확률 추정치로 종종 고전적 방법이나 상대도수 방법에 의한 확률 추정치에 주관적 방법에 의한 추정치를 결합하여 구하기도 한다.

KP&L사 프로젝트에 대한 확률

KP&L사의 프로젝트에 대한 추가적인 분석을 위해 표 4.1에 주어진 9가지의 실험 결과의 확률을 추정할 필요가 있다. 과거의 경험과 직관적인 판단에 근거하여 경영진에서는 각 실험 결과가 발생 가능성이 동일하지 않다는 결론에 이르렀다. 따라서 확률 추정을 위해 고전적 방법을 적용할 수는 없었다. 그래서 경영진에서는 지난 3년간 KP&L사에서 수행한 유사한 프로젝트들의 완료시간에 대해 살펴보기로 하였다. 40개의 유사한 프로젝트에 대해 분석한 결과가 표 4.2에 요약되어 있다.

---

* 베이즈정리(섹션 4.5 참조)는 주관적으로 결정된 사전 확률과 여타 다른 방법으로 획득한 확률을 결합하여 개정된 혹은 사후의 확률을 얻는 방법을 제공한다.

표 4.2 40개의 KP&L사 프로젝트 완료시간에 대한 결과

완료시간(개월) 1단계 설계	2단계 건설	표본점	완료시간을 갖는 과거 프로젝트 수
2	6	(2, 6)	6
2	7	(2, 7)	6
2	8	(2, 8)	2
3	6	(3, 6)	4
3	7	(3, 7)	8
3	8	(3, 8)	2
4	6	(4, 6)	2
4	7	(4, 7)	4
4	8	(4, 8)	6
		계	40

조사결과를 살펴본 후 경영진에서는 상대도수 방법에 의해 확률을 부여하기로 하였다. 주관적 확률 추정치를 구할 수도 있었지만 지금의 프로젝트가 과거에 수행했던 40개 프로젝트와 유사했으므로 상대도수 방법이 가장 적절한 방법이라고 판단하였다.

표 4.2에 주어진 자료에 의해 확률을 계산함에 있어서 1단계에서 2개월이 걸리고 2단계에서 6개월이 걸린 결과 (2, 6)은 40번의 프로젝트 수행 중에서 6번 발생했음을 알 수 있다. 상대도수 방법에 의해 이 결과에 확률을 부과하면 6/40 = 0.15가 된다. 마찬가지로 결과 (2, 7)도 40개 프로젝트 중에서 6번 발생하였으므로 확률 0.15가 부여된다. 이와 같이 하여 KP&L사 프로젝트의 표본점에 대한 확률을 표 4.3과 같이 부여할 수 있다. 여기에서 $P(2, 6)$은 표본점 (2, 6)의 확률을, $P(2, 7)$은 표본점 (2, 7)의 확률을 의미한다.

표 4.3 상대도수 방법에 의한 KP&L사 프로젝트에 대한 확률 부여치

표본점	프로젝트 완료시간	표본점의 확률
(2, 6)	8 months	$P(2, 6) = 6/40 = 0.15$
(2, 7)	9 months	$P(2, 7) = 6/40 = 0.15$
(2, 8)	10 months	$P(2, 8) = 2/40 = 0.05$
(3, 6)	9 months	$P(3, 6) = 4/40 = 0.10$
(3, 7)	10 months	$P(3, 7) = 8/40 = 0.20$
(3, 8)	11 months	$P(3, 8) = 2/40 = 0.05$
(4, 6)	10 months	$P(4, 6) = 2/40 = 0.05$
(4, 7)	11 months	$P(4, 7) = 4/40 = 0.10$
(4, 8)	12 months	$P(4, 8) = 6/40 = 0.15$
		계 1.00

주석 및 코멘트

1. 통계학에서의 실험은 자연과학에서의 실험과 개념적으로 다소 다르다. 자연과학에서는 인과관계를 파악하기 위해서 과학자들이 보통 실험실이나 통제된 환경에서 실험을 수행한다. 통계학적인 실험이란 확률이 결과를 결정한다. 그래서 실험이 똑같은 방식으로 반복된다 할지라도 전혀 다른 결과가 일어날 수 있다. 이처럼 결과에 대한 확률의 영향 때문에 통계학에서의 실험을 때때로 무작위 실험(random experiments) 이라 하기도 한다.
2. 크기가 N인 모집단에서 무작위로 표본을 뽑고 다시 대체하지 않는다면, n 표본을 선택하는 경우의 수를 계산할 때 조합을 사용한다.

연습문제

기본문제

1. 세 단계에 걸쳐서 이루어지는 어떤 실험이 있다고 하자. 첫 번째 단계에서는 3가지 결과가 가능하며 두 번째 단계에서는 2가지, 세 번째 단계에서는 4가지가 가능하다고 하면 전체 실험의 실험 결과는 몇 가지인가?

2. 6개로 구성된 집단에서 서로 다른 세 개를 뽑아내는 방법은 총 몇 가지가 있는가? 영어 대문자 A, B, C, D, E, F로 각 개체를 나타낼 때 서로 다른 3개 개체의 조합을 열거해 보시오.

3. 6개 중에서 세 개를 뽑을 경우 순열의 수는 얼마인가? 영어 대문자 A, B, C, D, E, F로 각 개체를 나타낼 때 B가 포함된 순열과 D가 포함된 순열, F가 포함된 순열을 각각 열거하시오.

4. 동전을 세 번 던지는 실험을 생각해 보자.

a. 이 실험에 대한 계통도를 그려 보시오.

b. 실험 결과들을 열거해 보시오.

c. 각 실험 결과에 대한 확률은 얼마인가?

5. 발생 가능성이 동일한 다섯 가지 결과(E_1, E_2, E_3, E_4, E_5)를 가지는 실험에 대해 각 결과에 대한 확률을 부여해 보시오. 식 (4.3)과 (4.4)의 요구조건이 만족되는지 보이시오. 어느 방법이 확률 부여에 사용되었는가?

6. 세 가지 결과가 발생하는 실험을 50회 반복하여 E_1이 20회, E_2가 13회, E_3가 17회 발생하였다면 각 결과에 대해 확률을 부여해 보시오. 어떤 방법이 적합한가?

7. 어떤 의사결정자가 다음과 같이 네 가지 실험 결과에 대해 주관적으로 확률을 부여하였다. $P(E_1) = 0.10$, $P(E_2) = 0.15$, $P(E_3) = 0.40$, $P(E_4) = 0.20$ 이러한 확률 부여는 타당한가? 그 이유를 설명하시오.

적용문제

8. **지역 변경.** Milford시에서는 도시계획지역의 변경은 계획위원회의 검토와 시의회의 최종 결정으로 두 단계에 걸쳐 이루어진다. 1단계에서는 계획위원회에서 시의회로 요청된 도시계획지역 변경안에 대한 긍정적인 건의서를 작성하거나 아니면 부정적인 건의서를 작성한다. 2단계에서는 시의회에서 계획위원회의 건의서를 검토한 후 변경안을 승인할지 아니면 승인하지 않을지에 대해 표결에 들어간다. 어떤 주상복합 아파트 개발업자가 계획지역 변경을 신청하였다고 가정해 보자.
신청절차를 통계적 실험의 하나로 간주한다.
   a. 이 실험의 경우 표본점의 수가 얼마나 되는가?
   b. 이 실험에 대한 계통도를 그려 보시오.

9. **은행 계정 추출법.** 단순 무작위 추출법에서는 모집단의 특성에 대한 추론에 사용할 자료를 얻기 위해 크기 N인 모집단으로부터 크기 n인 표본을 취한다. 50개 은행 계정에서 모집단에 대해 알기 위해 4개의 계정을 무작위 표본으로 취할 때 서로 다른 무작위 표본의 수가 얼마가 되는가?

DATA*file* CodeChurn

10. **코드 이탈.** 코드이탈(code churn)이란 소프트웨어 엔지니어와 컴퓨터 프로그래머 효율성과 생산성의 척도로 통상적으로 사용되는 측정치다. 프로그래머의 코드 중 몇 퍼센트가 단기에 수정되어야 하는지를 측정한다. 코트이탈률이 높은 프로그래머는 실수나 비효율적인 프로그래밍 기술 때문에 더 자주 코드를 다시 써야 하는 것이다. 다음 표는 10명의 컴퓨터 프로그래머의 표본 정보를 보여주고있다.

프로그래머	Total Lines of Code	Number of Lines of Code
Liwei	23,789	4,589
Andrew	17,962	2,780
Jaime	31,025	12,080
Sherae	26,050	3,780
Binny	19,586	1,890
Roger	24,786	4,005
Dong-Gil	24,030	5,785
Alex	14,780	1,052
Jay	30,875	3,872
Vivek	21,546	4,125

   a. 위 데이터를 사용하여 상대도수 방법론으로 각 프로그래머별로 무작위로 고른 코드가 다시 작성되어야 할 확률을 계산하시오.
   b. Liwei의 코드를 무작위로 골랐다면, 그 코드가 다시 작성되어야 할 확률은 얼마인가?

c. Sherae의 코드를 무작위로 골랐다면, 그 코드가 다시 작성될 필요가 없을 확률은 얼마인가?

d. 무작위로 고른 코드가 다시 작성되어야 할 확률이 가장 낮은 프로그래머는 누구인가? 무작위로 고른 코드가 다시 작성되어야 할 확률이 가장 높은 프로그래머는 누구인가?

11. **틱톡 사용자 나이.** 2020년 기준 미국 틱톡 사용자 중 10세에서 29세 나이에 해당하는 사용자가 거의 반쯤 될 것이라고 추정된다(statista.com). 아래의 결괏값은 미국 무작위 표본으로 선택된 사람들에게 보낸 틱톡 사용 관련 설문조사에서 수집된 것이다.

나이	틱톡 사용자	틱톡 비사용자
10 – 19	36	44
20 – 29	87	52
30 – 39	42	89
40 +	44	138
Total:	209	323

a. 설문조사 결과를 바탕으로, 설문 응답자가 틱톡을 사용할 확률을 구하시오.

b. 각 연령대가 틱톡을 사용할 확률은 어떻게 되는가?
응답자가 틱톡사용자일 확률이 가장 높은 연령대는 무엇인가?

12. **치약 포장 디자인.** 치약을 생산하는 어떤 회사에서 5가지의 다른 치약 포장 디자인을 검토하고 있다. 모든 디자인들이 소비자들에게 선택될 확률이 동일하다고 가정하면 각 포장 디자인의 선택 확률이 얼마인가? 그렇지만 100명의 소비자들에게 자기가 선호하는 디자인을 선택하도록 하는 실험을 하여 실제로 다음과 같은 자료가 얻어졌다면, 이 자료가 각 포장 디자인이 소비자들에게 선택될 확률이 비슷하다는 견해를 뒷받침한다고 볼 수 있는가? 그 이유를 설명해 보시오.

디자인	선호 횟수
1	5
2	15
3	30
4	40
5	10

13. **파워볼 복권.** 파워볼 복권은 미국 45개주와 디씨, 푸에르토 리코, 그리고 버진 아일랜드에서 일주일에 두 번 추첨을 한다. 참가자는 복권 한 장을 2달러에 사며 1부터 69까지의 숫자 중 다섯 개를 선택하고 추가로 1부터 26까지 숫자 중 하나를 선택하여야 한다. 각 추첨의 당첨번호는 복권 관리자가 1부터 69까지 써있는 흰 공 69개가 들은 통에서 흰 공 다섯 개를 뽑고, 1부터 26까지 써있는 붉은 공 26개가 들은 통에서 붉은 공 하나를 뽑아 결정된다. 파워볼 잭팟에 당첨되기 위해서는 참가자의 흰 공 선택번호 다섯 개가 순서와 상관없이 뽑힌 흰 공 번호와 일치하여야 하며, 붉은 공 선택번호 하나도 뽑힌 붉은 공 번호와 일치하여야 한다. 흰 공 번호 4-8-19-27-34 붉은 공 번호 10은 15억 8천만 달러의 기록적 잭팟 당첨자를 탄생시켰다(파워볼 웹사이트).

   a. 파워볼 복권 당첨번호의 경우의 수를 계산하시오(힌트: 2단계의 무작위 실험을 가정하시오. 흰 공 다섯개 숫자를 선택한 후, 붉은 공 하나의 숫자를 선택하시오).

   b. 2달러 주고 산 복권이 파워볼 복권에 당첨될 확률은 얼마인가?

4.2 사건과 확률

이 장의 도입부에서 사건이라는 용어를 마치 일상용어처럼 사용하였다. 그리고 4.1절에서 통계적 실험의 개념과 실험 결과 또는 표본점이라는 용어를 공부하였다. 사건과 표본점은 확률을 공부하는 데 있어서 기초가 되는 개념이다. 여기에서 표본점과 관련시켜 **사건(event)**에 대한 공식적인 정의를 내리고자 한다. 그렇게 함으로써 사건의 확률을 결정하는 기초를 마련할 수 있다.

사건

사건은 표본점들의 집합이다.

예를 들어 앞의 KP&L사의 프로젝트 문제로 돌아가서 이 프로젝트의 관리자가 모든 프로젝트가 10개월 이내에 완료되느냐는 사건에 관심이 있다고 생각해 보자. 표 4.3에 의하면 6개의 표본점 (2, 6), (2, 7), (2, 8), (3, 6), (3, 7), (4, 6)이 10개월 이내에 완료됨을 알 수 있다. C를 프로젝트가 10개월 이내에 완료된다는 사건이라 하면

$$C = \{(2, 6), (2, 7), (2, 8), (3, 6), (3, 7), (4, 6)\}$$

로 표현할 수 있다. 이 6개의 표본점 중에서 어느 하나가 실험 결과로 발생하면 사건 C가 일어났다고 말한다.

그 외에 KP&L사의 프로젝트 관리자에게 관심이 있는 사건으로 다음 두 가지가 있다고 하자.

L = 프로젝트가 10개월보다 빨리 끝날 사건

M = 프로젝프가 10개월보다 더 늦게 끝날 사건

표 4.3에 있는 정보를 사용하면 이 사건들은 다음과 같은 표본점으로 구성되어 있음을 알 수 있다.

$$L = \{(2, 6), (2, 7), (3, 6)\}$$
$$M = \{(3, 8), (4, 7), (4, 8)\}$$

그 외에도 다양한 사건을 정의할 수 있다. 어느 경우에서도 사건은 실험에 대한 표본점들의 집합으로 나타낼 수 있다.

표 4.3에서의 표본점들에 대한 확률이 주어지면 KP&L사의 프로젝트 관리자가 관심을 가지고 있는 사건들에 대한 확률을 계산하기 위해 다음의 정의를 사용하면 된다.

사건의 확률

사건의 확률은 그 사건에 속하는 표본점들의 확률의 합과 같다.

이 정의를 사용하여 특정 사건을 구성하는 표본점(실험 결과)들의 확률을 더함으로써 그 사건의 확률을 계산한다. 여기에서 프로젝트가 10개월 이내에 완료될 확률을 구해보게 되면, 사건 $C = \{(2, 6), (2, 7), (2, 8), (3, 6), (3, 7), (4, 6)\}$이므로 사건 C의 확률 $P(C)$는 다음과 같다.

$$P(C) = P(2, 6) + P(2, 7) + P(2, 8) + P(3, 6) + P(3, 7) + P(4, 6)$$

표 4.3에 주어진 표본점들에 대한 확률을 참조하면 다음과 같다.

$$P(C) = 0.15 + 0.15 + 0.05 + 0.10 + 0.20 + 0.05 = 0.70$$

마찬가지로

$$\begin{aligned} P(L) &= P(2, 6) + P(2, 7) + P(3, 6) \\ &= 0.15 + 0.15 + 0.10 = 0.40 \end{aligned}$$

$$\begin{aligned} P(M) &= P(3, 8) + P(4, 7) + P(4, 8) \\ &= 0.05 + 0.10 + 0.15 = 0.30 \end{aligned}$$

으로 계산하면 된다.

이러한 계산 결과에 의해 KP&L사의 경영진에게 프로젝트가 10개월 이내에 끝날 확률이 0.70이며 10개월보다 빨리 끝날 확률은 0.40, 10개월보다 더 늦게 끝날 확률은 0.30이라고 말해 줄 수 있다. 그 외에 KP&L사의 경영진이 관심이 있는 사건에 대한 확률도 이 같은 절차를 그대로 적용하면 구할 수 있다.

실험의 모든 표본점들과 그것들의 확률을 구할 수 있다면 언제든지 이 정의를 이용하여 사건의 확률을 계산할 수 있다. 그렇지만 불가능하진 않으나 표본점이 너무 많아서 그것들을 모두 명시하고 또 그것들의 확률들을 다 찾아내는 것이 매우 성가신 경우가 있을 수 있다. 이 장의 나머지 절에서는 모든 표본점들의 확률을 알지 않고도 사건의 확률을 계산하는 데 이용할 수 있는 기초적인 확률 간의 관계에 대해 더 공부하게 된다.

주석 및 코멘트

1. 표본공간 S도 사건의 일종이다. 왜냐하면 표본공간은 모든 표본점을 다 포함하고 있고 확률 1을 가지고 있기 때문이다. 즉, $P(S) = 1$이다.
2. 고전적 방법에서는 확률을 부여함에 있어서 모든 실험 결과의 발생 가능성이 동일하다는 가정을 하고 있다. 이 경우 어떤 사건의 확률은 그 사건에 속한 실험 결과의 수를 모든 실험 결과의 수로 나누어 구하면 된다.

연습문제

기본문제

14. 어떤 실험의 발생 가능성이 동일한 4개의 결과(E_1, E_2, E_3, E_4)를 가진다고 한다.

a. E_2가 발생할 확률은 얼마인가?

b. 어떤 두 가지 결과 중에서 어느 하나(예: E_1 , E_3)가 발생할 확률은 얼마인가?

c. 어떤 세 가지 결과 중에서 어느 하나(예: E_1, E_2, E_4)가 발생할 확률은 얼마인가?

15. 52장의 카드 한 벌에서 카드 한 장을 선택하는 실험에 대해 생각해 보자. 각 카드는 확률 1/52를 갖는 표본점으로 간주할 수 있다.

a. 에이스 카드가 선택된 사건에 속한 표본점들을 열거하시오.

b. 클럽 카드가 선택된 사건에 속한 표본점들을 열거하시오.

c. 사람 얼굴이 있는 카드(J, Q, K카드)가 선택된 사건에 속한 표본점들을 열거하시오.

d. 문항 (a), (b), (c)에 있는 사건의 확률을 구해 보시오.

16. 주사위 2개를 굴리는 실험을 생각해 보자. 두 주사위의 윗면에 나타난 점의 합을 구해 보았을 때 다음 물음에 답하시오.

a. 가능한 표본점의 수는 몇 개인가?(힌트: 다단계 실험에 관한 계산법칙을 사용)

b. 위의 표본점들을 모두 나열해 보시오.

c. 눈의 합이 7이 될 확률은 얼마인가?

d. 눈의 합이 9 이상일 확률은 얼마인가?

e. 눈의 합이 짝수일 경우는 6가지(2, 4, 6, 8, 10, 12)이고 홀수일 경우는 5가지(3, 5,

7, 9, 11)로 나타나 눈의 합이 짝수일 경우가 더 많이 나타난다고 할 수 있다. 이 견해에 동의하는가? 동의한다면 그 이유를 설명해 보시오.

f. 위의 확률들을 부여하기 위해 확률 부여의 어느 방법을 사용하면 좋은가?

적용문제

17. **KP&L 프로젝트 예산 초과.** 표 4.2와 표 4.3에 주어진 표본점들과 표본점 확률들을 참조한다.

a. 설계단계(1단계)에서는 완료하는 데 4개월이 걸리면 예산을 초과하게 된다고 한다. 설계단계에서 예산을 초과하는 사건의 표본점들을 열거해 보시오.

b. 설계단계가 예산을 초과할 확률은 얼마인가?

c. 건설단계(2단계)에서는 완료하는 데 8개월이 걸리면 예산을 초과하게 된다고 한다. 건설단계에서 예산을 초과하는 사건의 표본점들을 열거해 보시오.

d. 건설단계가 예산을 초과할 확률은 얼마인가?

e. 두 단계 모두 예산을 초과할 확률은 얼마인가?

18. **기업 본사 위치.** 매년 Fortune지는 미국에서 가장 큰 500대 기업을 발표한다. 이 500대 기업의 본사는 38개 주에 위치한다. 다음의 표는 500대 기업의 본사가 가장 많이 위치한 8개 주를 나타내고 있다(Money/CNN website).

주	기업	주	기업
California	53	Ohio	28
Illinois	32	Pennsylvania	23
New Jersey	21	Texas	52
New York	50	Virginia	24

500대 기업 중 하나를 무작위로 골랐을 때 다음의 경우들을 계산하시오.

a. 캘리포니아에 본사가 있을 확률

b. 캘리포니아, 뉴욕, 혹은 텍사스에 본사가 있을 확률

c. 표에 있는 8개 주에 본사가 있을 확률

19. **NCAA 농구 우승.** NCAA 농구에서 한 번이라도 우승한 대학 농구팀은 15개뿐이다. 그 15개 팀은 다음의 표에 현재 소속된 NCAA 컨퍼런스와 우승 횟수와 같이 나타나 있다. 60번의 NCAA 우승팀 중 하나를 임의로 선택했을 때 다음의 경우들을 계산하시오.

DATA *file* NCAABasketball

College	Current NCAA	Number of NCAA
UCLA	Pac-12	11
Kentucky	SEC	8
North Carolina	ACC	6
Duke	ACC	5
Indiana	Big Ten	5
Kansas	Big 12	4
UConn	Big East	4
Villanova	Big East	3
Cincinnati	American	2
Florida	SEC	2
Louisville	ACC	2
Michigan State	Big Ten	2
NC State	ACC	2
Oklahoma State	Big 12	2
San Francisco	West Coast	2
		Total: 60

a. 우승팀이 UCLA일 확률

b. 우승팀이 Big Ten에 소속되어 있을 확률

c. 우승팀이 NCC에 소속되어 있을 확률

d. 우승팀이 Big Ten이나 NCC에 소속되어 있을 확률

20. **경제적 독립의 나이.** 다음 표는 944명의 청소년들의 "몇 살에 경제적으로 독립할 것으로 생각하는가"라는 질문에 대한 응답 결과이다.

나이	응답수
16～20	191
21～24	467
25～27	244
28 이상	42

14세에서 18세 사이의 청소년을 임의로 선택했다.

a. 각 급간별로 경제적 독립확률을 계산하시오.

b. 25세 이전 경제적 독립확률은 얼마인가?

c. 24세 이후 경제적 독립확률은 얼마인가?

d. 이 결과에 따르면, 청소년들이 생각하는 경제적 독립의 나이는 비현실적인가?

21. **고정된 물체와 치명적 충돌.** 미국 고속도로 안전협회(NHTSA)는 미국 교통부를 위해 교통안전 관련 데이터를 수집한다. 협회 데이터에 따르면, 2016년 치명적인 충돌

10,426건은 고정된 물체에 충돌한 결과이다. 다음 표는 충돌과 관련 더 자세한 정보를 제공하고 있다.

고정된 물체	충돌
Pole/post	1,416
Culvert/curb/ditch	2,516
Shrubbery/tree	2,585
Guardrail	896
Embankment	947
Bridge	231
Other/unknown	1,835

이 모집단에서 임의로 충돌을 선택하였다고 할 때,

a. 기둥에 부딪쳤을 확률은?

b. 가드레일에 부딪쳤을 확률은?

c. 치명적인 충돌과 가장 관계 없는 고정된 물체는? 이 물체와 부딪쳤을 확률은?

d. 치명적인 충돌과 가장 관련이 높은 고정된 물체는? 이 물체와 부딪쳤을 확률은?

4.3 확률의 기본관계

여집합

어떤 사건 A가 주어졌을 때 사건 **A의 여집합(complement of A)**이란 표본공간의 모든 표본점들 중에서 사건 A에 속하지 않은 표본점들로 구성된 사건을 말한다. A의 여집합은 A^c로 나타낸다. 그림 4.4는 여집합의 개념을 벤다이어그램으로 설명한 것이다. 전체 사각형은 실험이 가능한 모든 표본점들을 포함하고 있는 표본공간이다. 원은 사건 A를 나타내며 표본점들 중에서 오직 사건 A에 속하는 것들만 포함하고 있다. 사각형 중에서 색칠된 부분은 사건 A에 있지 않는 모든 표본점들을 포함하고 있으며 이는 바로 사건 A의 여집합이 된다.

그림 4.4 색칠된 부분이 사건 A의 여집합

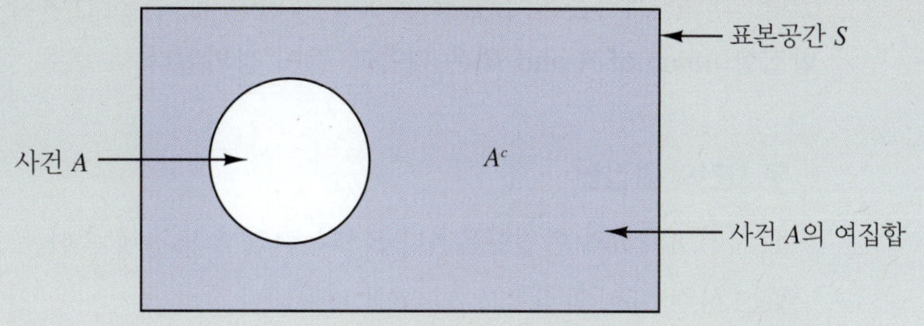

확률을 적용함에 있어서 어떠한 경우이든지 사건 A가 발생하거나 아니면 A의 여집합 Ac 둘 중에 하나는 반드시 발생한다. 따라서

$$P(A) + P(A^c) = 1$$

$P(A)$에 대해서 위 식을 정리하면 다음 식을 얻을 수 있다.

여집합을 이용한 확률 계산

$$P(A) = 1 - P(A^c) \quad \textbf{(4.5)}$$

식 (4.5)에서 어떤 사건의 여집합의 확률 $P(A^c)$를 알면 그 사건의 확률은 쉽게 구할 수 있음을 보여주고 있다.

예를 들면, 어느 회사의 판매부장이 판매보고서를 검토한 후 새롭게 접촉한 고객의 80%가 제품 구매를 하지 않는 것을 알게 되었다. A를 새로운 고객이 제품을 구매할 사건이라 할 때는 제품을 구매하지 않을 사건이 된다. 판매부장이 파악한 사실은 $P(A^c) = 0.80$이다.

식 (4.5)를 이용하면

$$P(A) = 1 - P(A^c) = 1 - 0.80 = 0.20$$

이 됨을 알 수 있다. 결론적으로 새로운 고객을 접촉했을 때 그 고객이 제품을 구매할 확률이 0.20이 된다. 다른 예로, 구매 담당자가 공급자 측에서 불량이 없는 물품을 보낼 확률이 0.90이 된다고 하는 것은 보낸 물품이 불량품을 포함할 확률이 $1-0.90=0.10$이 됨을 의미하는 것이다.

덧셈법칙

덧셈법칙은 두 사건 중 적어도 하나의 사건이 발생할 확률을 알고자 할 때 유용하게 사용된다. 다시 말해, 사건 A와 사건 B 두 사건에 대해서 사건 A가 발생하거나 사건 B가 발생하거나 또는 둘 다 발생할 확률을 알고자 하는 경우이다.

덧셈법칙을 설명하기 전에 먼저 사건들의 조합에 대한 두 가지 개념을 알아볼 필요가 있다. 그 두 개념은 합집합과 교집합 개념이다. 두 사건 A와 B가 주어졌을 때 **A와 B의 합집합(union of A and B)**은 다음과 같이 정의된다.

두 사건의 합집합

두 사건 A와 B의 합집합은 A나 B 또는 A와 B 모두에 속하는 모든 표본점들을 포함하고 있는 사건이다. 합집합은 $A \cup B$로 나타낸다.

그림 4.5 색칠된 부분이 사건 A와 B의 합집합

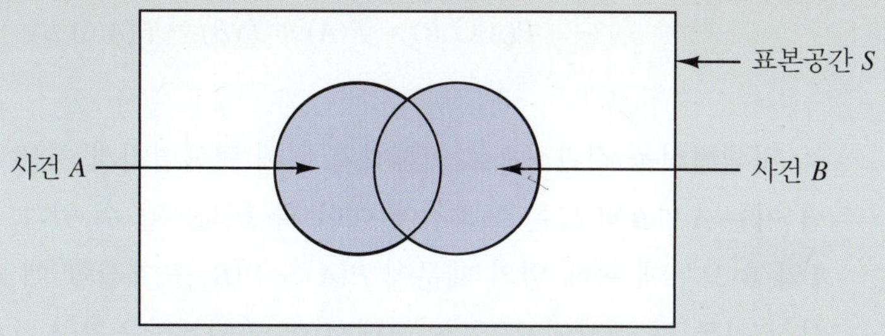

그림 4.5에 있는 벤다이어그램에 사건 A와 B의 합집합이 그려져 있다. 두 원에 사건 A와 B의 모든 표본점들이 포함되어 있다. 두 원이 겹치는 것은 표본점들 중에 A와 B 양쪽 모두 포함된 것들이 있음을 보여 주는 것이다.

A와 B의 교집합(Intersection of A and B)은 다음과 같이 정의된다.

두 사건의 교집합

두 사건 A와 B가 주어졌을 때 A와 B의 교집합은 A와 B 양쪽 모두에 속하는 표본점들의 사건이다. 교집합은 $A \cap B$로 나타낸다.

그림 4.6에 있는 벤다이어그램에 사건 A와 B의 교집합이 그려져 있다. 두 원이 겹치는 부분이 교집합을 나타내고 있고 사건 A와 B 양쪽 모두에 속하는 모든 표본점들이 포함되어 있다.

여기에서 덧셈법칙을 알아보기로 한다. **덧셈법칙(addition law)**은 사건 A나 B 또는 양쪽 모두가 발생할 확률을 계산할 때 사용되는 방법이다. 다시 말해서 덧셈법칙은 두 사건의 합집합의 확률을 계산할 때 사용된다. 덧셈법칙은 다음과 같다.

그림 4.6 색칠된 부분이 사건 A와 B의 교집합

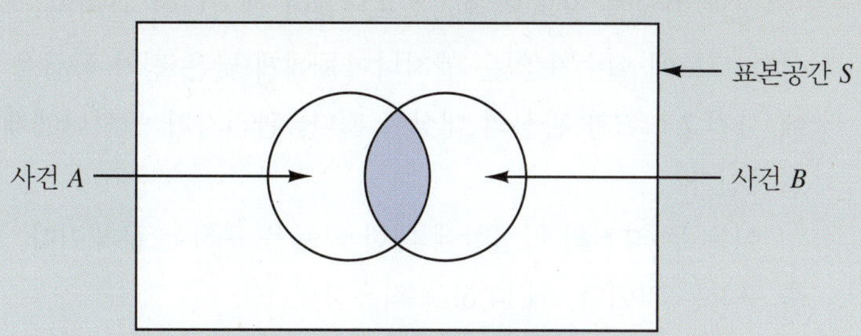

덧셈법칙

$$P(A \cup B) = P(A) + P(B) - P(A \cap B) \tag{4.6}$$

덧셈법칙을 직관적으로 이해하기 위해 덧셈법칙의 처음 두 항 $P(A) + P(B)$를 살펴보면 이는 $A \cup B$의 모든 표본점에 대한 확률임을 알 수 있다. 그렇지만 $A \cap B$의 표본점은 A와 B 모두에 속해 있기 때문에 $P(A) + P(B)$를 계산할 때 $A \cap B$에 속한 각 표본점들은 사실상 두 번 계산되게 된다. 그래서 이 과잉계산을 $P(A \cap B)$를 빼버림으로써 바로잡는 것이다.

덧셈법칙을 적용하는 예로 온라인 은행에서 근무하는 50명의 소프트웨어 엔지니어를 생각해 보기로 한다. 소프트웨어 엔지니어는 온라인 은행 운영에 필요한 코드를 작성해야하고, 작성된 코드는 실수가 있는지 정확한지를 확인하기 위한 품질보증검사를 거쳐야 한다. 때때로 어떤 소프트웨어 엔지니어는 코드를 늦게 작성하거나 실수가 있는 코드를 작성해 품질보증검사를 통과하지 못한다. 성과 평가 기간이 끝난 후, 소프트웨어 엔지니어 관리자는 50명의 엔지니어 중 5명은 코드를 늦게 작성하였고, 6명은 코드 작성에 실수가 있었으며, 2명은 코드를 늦게 작성하였을 뿐 아니라 코드 작성에 실수가 있었다는 사실을 알게 되었다.

L = 코드 작성이 늦은 사건
E = 작성된 코드에 실수가 있는 사건

이라고 하면, 상대도수 정보에 의하여 다음 확률을 계산할 수 있다.

$$P(L) = \frac{5}{50} = 0.10$$

$$P(E) = \frac{6}{50} = 0.12$$

$$P(L \cap E) = \frac{2}{50} = 0.04$$

성과 자료를 살펴본 후, 소프트웨어 엔지니어 관리자는 늦게 코드를 작성하거나 작성한 코드에 실수가 있는 엔지니어들에게 낮은 평가 등급을 주기로 결정하였다. 이 경우에 사건 $L \cup E$가 관심의 대상이 된다. 관리자가 엔지니에게 낮은 평가등급을 줄 확률을 얼마인가?

이는 두 사건의 합집합에 대한 확률을 구하는 문제이다. 구체적으로 말하면 $P(L \cup E)$를 구하는 것이다. 식 (4.6)을 적용하면

$$P(L \cup E) = P(L) + P(E) - P(L \cap E)$$

$$P(L \cup E) = 0.10 + 0.12 - 0.04 = 0.18$$

이 된다. 임의로 선택한 작업자가 열등등급을 받을 확률은 0.18임을 알 수 있다.

덧셈법칙에 대한 다른 예로 큰 병원의 인사관리자가 근래에 수행한 조사에 대해 생각해 보기로 한다. 이 조사에서 2년 이내에 이직하는 종업원 중에서 30%는 이직의 주된 사유가 급여에 대한 불만이었고, 20%는 주어진 업무에 대한 불만이었으며, 12%는 급여와 업무 둘 다 불만인 것으로 나타났다. 이 병원의 종업원이 급여에 대한 불만, 업무에 대한 불만, 또는 둘 다에 대한 불만으로 2년 이내에 이직할 확률은 얼마인가?

S = 급여로 인해 종업원이 이직할 사건

W = 업무로 인해 종업원이 이직할 사건

이라 하면 $P(S) = 0.30$, $P(W) = 0.20$, $P(S \cap W) = 0.12$이므로 덧셈법칙에 관한 식 (4.6)을 적용

$$P(S \cup W) = P(S) + P(W) - P(S \cap W) = 0.30 + 0.20 - 0.12 = 0.38$$

따라서 이 회사의 어떤 종업원이 급여나 업무의 사유로 이직할 확률은 0.38이 됨을 알 수 있다.

덧셈법칙에 대한 결론을 내리기 전에 **상호 배타적 사건(mutually exclusive events)**에 대해 발생하는 특수한 경우를 생각해 보기로 한다.

상호 배타적 사건

공통으로 가지고 있는 표본점이 하나도 없는 두 사건을 상호 배타적 사건이라 한다.

사건 A가 발생할 때 사건 B가 일어나지 않으면 이 두 사건은 상호 배타적이라 한다. 따라서 두 사건 A와 B가 상호 배타적이기 위한 요구조건은 그것들의 교집합이 표본점을 하나도 갖지 않는 것이다. 그림 4.7에서 벤다이어그램으로 상호 배타적인 두 사건 A와 B

그림 4.7 상호 배타적 사건

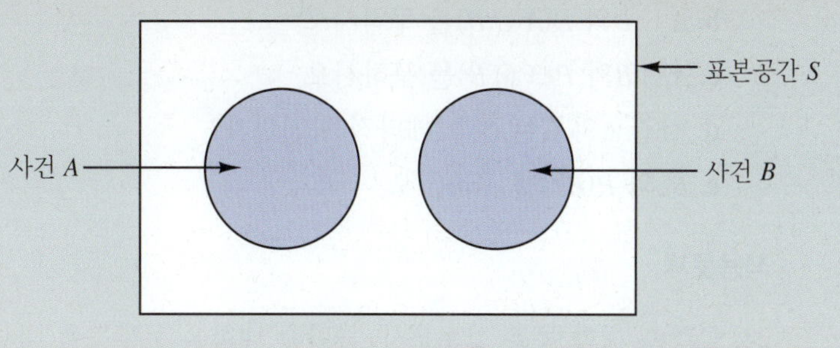

를 보여주고 있다. 이 경우 $P(A \cap B) = 0$이 되고 덧셈법칙은 다음과 같이 된다.

상호 배타적 사건에 대한 덧셈법칙

$$P(A \cup B) = P(A) + P(B)$$

연습문제

기본문제

22. 발생 가능성이 동일한 실험 결과 E_1, E_2, E_3, E_4, E_5 5개로 구성된 표본공간이 있다고 하자.

$$A = \{E_1, E_2\}$$
$$B = \{E_3, E_4\}$$
$$C = \{E_2, E_3, E_5\}$$

a. $P(A)$, $P(B)$, $P(C)$를 구하시오.

b. $P(A \cup B)$를 구하시오. A와 B는 상호 배타적 사건인가?

c. A^C와 C^C, $P(A^C)$, $P(C^C)$를 구하시오.

d. $A \cup B^C$, $P(A \cup B^C)$를 구하시오.

e. $P(B \cup C)$를 구하시오.

23. 표본공간 $S = \{E_1, E_2, E_3, E_4, E_5, E_6, E_7\}$가 있다고 가정하자. 여기에서 E_1, E_2, ⋯, E_7은 표본점이다. 다음과 같은 확률 부여가 적용된다. $P(E_1) = 0.05$, $P(E_2) = 0.20$, $P(E_3) = 0.20$, $P(E_4) = 0.25$, $P(E_5) = 0.15$, $P(E_6) = 0.10$, $P(E_7) = 0.05$

$$A = \{E_1, E_4, E_6\}$$
$$B = \{E_2, E_4, E_7\}$$
$$C = \{E_2, E_3, E_5, E_7\}$$

a. $P(A)$와 $P(B)$, $P(C)$를 구하시오.

b. $A \cup B$와 $P(A \cup B)$를 구하시오.

c. $A \cap B$와 $P(A \cap B)$를 구하시오.

d. 사건 A와 C는 상호 배타적 사건인가?

e. B^C와 $P(B^C)$를 구하시오.

적용문제

24. 클락슨 대학 동문 설문조사. 클락슨 대학은 동문들을 대상으로 그들이 클락슨 대학에

대해서 어떻게 생각하는지에 대해 알고자 조사를 실시하였다. 그 조사의 한 부분은 응답자들에게 클락슨에서의 모든 경험이 그들의 기대 이하였는지, 기대를 만족시켰는지, 또는 기대 이상이었는지에 대해 물어보는 것이었다. 그 결과 4%의 응답자들은 무응답이었고, 26%는 기대 이하라고 대답하였으며, 65%는 기대를 만족시켰다고 대답한 것으로 나타났다.

a. 임의로 동문들을 선택하였을 때 그 동문이 기대 이상이었다고 대답할 확률은 얼마인가?

b. 임의로 동문들을 선택하였을 때, 그 동문이 기대를 만족시켰거나 기대 이상이었다고 대답할 확률은 얼마인가?

25. **페이스북과 링크드인을 이용하는 미국인들.** 2018년 퓨 리서치 센터(Pew Research Center)는 미국의 소셜 미디어 플랫폼 사용에 대한 설문조사를 진행하였다. 조사결과, 임의로 선택한 미국인이 페이스북(facebook)을 사용할 확률은 0.68, 임의로 선택한 미국인이 링크드인(linkedin)을 사용할 확률은 0.25였으며, 임의로 선택한 미국인이 페이스북과 링크드인을 동시에 사용할 확률은 0.22였다.

a. 임의로 선택한 미국인이 페이스북이나 링크드인을 사용할 확률은 얼마인가?

b. 임의로 선택한 미국인이 두 소셜 미디어 플랫폼 모두 사용하지 않을 확률은 얼마인가?

26. **모닝스타 뮤추얼 펀드 평가.** Morningstar Investment Research가 제공하는 뮤추얼펀드에 관한 정보에는 뮤추얼펀드의 종류(Domestic Equity, International Equity, 혹은 Fixed Equity)와 펀드에 대한 Morningstar의 평가가 담겨 있다. 이 평가는 별 1개(가장 낮음)로부터 별 5개(가장 높음)까지 표현되어 있다. 25개의 뮤추얼펀드 표본이 Morningstar Funds 500에 선택되었다(2008년). 다음의 자료가 나타났다.

- 16개의 뮤추얼펀드는 Domestic Equity 펀드였다.
- 13개의 뮤추얼펀드는 별 3개 혹은 그 미만으로 평가되었다.
- Domestic Equity 펀드 중 7개는 별 4개로 평가되었다.
- Domestic Equity 펀드 중 2개는 별 5개로 평가되었다.

뮤추얼펀드와 그 투자 전략에 대하여 더 알아보기 위하여 25개 뮤추얼펀드 중에서 한 개를 임의로 선택한다고 하자.

a. Domestic Equity 펀드를 선택할 확률은?

b. 별 4개 혹은 5개로 평가받은 펀드를 선택할 확률은?

c. Domestic Equity 펀드이면서 동시에 별 4개 혹은 5개로 평가받은 펀드를 선택할 확률은?

d. Domestic Equity 펀드 혹은 별 4개나 별 5개로 평가받은 펀드를 선택할 확률은?

27. 미드이스턴 대학 학생. 미국 교육통계국에 따르면, 2019년에 수여된 학사학위 중 거의 20%가 경영학사 학위였다. 미드이스턴 대학(Mideastern University) 학생 중 24%가 경영학을 전공한다고 한다. 미드이스턴 대학 학생들은 기숙사에 살거나 통학을 한다. 미드이스턴 대학 학생 중 38%가 통학을 하는 것으로 알려져 있다. 또한, 59.5%의 학생이 경영학 전공자이거나, 기숙사에 사는 것으로 알려져 있다.

- **a.** 임의로 선택한 미드이스턴 대학 학생이 기숙사에 살 확률은?
- **b.** 임의로 선택한 미드이스턴 대학 학생이 경영학을 전공하는 동시에 기숙사에 살 확률은?
- **c.** 미드이스턴 대학교에서 경영학을 전공하는 학생과 통학을 하는 학생은 상호배타적인 사건인가? 설명하시오.

28. 차 렌탈 관련 설문조사. 잡지 구독자를 대상으로 한 조사에서 지난 12개월간 45.8%가 사업 목적으로 차를 빌렸고 54%가 개인적인 이유로 차를 빌렸으며, 30%가 사업상의 이유뿐만 아니라 개인적인 이유로 차를 빌렸다고 한 것으로 나타났다.

- **a.** 응답자가 사업상 이유나 개인적인 이유로 지난 12개월간 차를 빌렸을 확률을 구하시오.
- **b.** 응답자가 사업상의 이유나 개인적인 이유로 차를 빌리지 않았을 확률을 구하시오.

29. 아이비리그 대학 입학. 좋은 성적을 가진 고등학교 3학년 학생들이 좋은 대학에 더 많이 지원한다. 받을 수 있는 학생 수가 비교적 일정한 편이어서 몇몇 대학들은 많은 조기 지원자들을 거절한다. 최근의 입학 허가를 고려할 때 Ivy League 대학이 조기 입학을 위한 2,851통의 지원서를 받았다. 이 그룹의 경우 1,033명의 학생을 조기 입학 허가하고, 854명을 불합격 처리하였으며, 나중에 추가로 고려하기 위해 정기 입학 심사 대상에 964명을 이관시켰다. 과거에 이 대학은 정규 입학 심사에서 조기 입학 지원자 그룹에서 이관되어 온 학생 중 18%를 합격시켰다. 조기에 입학 허가된 학생과 정규 심사과정에서 입학 허가된 학생의 총 수는 2,375명이다. E, R, D를 각각 조기에 신청하여서 조기 입학 허가를 받은 경우, 조기 입학이 거절된 경우, 정규 입학 대상으로 이관된 경우라고 하자.

- **a.** 위의 자료를 이용하여, $P(E)$, $P(R)$, $P(D)$를 구하시오.
- **b.** 사건 E와 D는 상호 배타적 사건인가? $P(E \cap D)$를 구하시오.
- **c.** 입학 허가된 2,375명의 학생 중에서 임의로 아무나 골랐을 때, 그 학생이 조기 입학전형을 통해 합격한 학생일 확률을 구하시오.
- **d.** 한 학생이 이 대학의 조기 입학전형에 지원하였다고 가정해 보자. 그 학생이 조기 입학전형에서 합격하거나 또는 정규전형으로 이관되어 나중에 정규전형에서 합격할 확률을 구하시오.

4.4 조건부확률

종종 사건의 확률이 이미 일어난 사건과 관련되어 영향을 받는 경우가 있다. 사건 A의 확률을 $P(A)$라고 가정해 보자. 만약 우리가 새로운 정보를 얻어 이미 일어난 관련되어 있는 사건 B에 대해 알게 된다면 사건 A의 새로운 확률을 계산하여 이 정보를 이용하기를 원할 것이다. 사건 A의 새로운 확률을 **조건부확률(conditional probability)**이라고 하고 이를 $P(A \mid B)$라고 표현한다. 여기에서 '$\mid$'표시는 사건 B가 일어났을 경우에 사건 A의 확률을 구하려는 것을 의미한다. 이에 따라 $P(A \mid B)$는 B가 일어난 경우에 A가 일어날 확률이라고 한다.

조건부확률의 적용을 설명하기 위해 미 동부 지역의 주요 도시 경찰의 남성 경찰관과 여성 경찰관의 승진 상황을 예로 들어 보겠다. 경찰인력은 1,200명으로 구성되어 있고 이 중 960명이 남자이고 240명이 여자이다. 지난 2년간 324명의 경찰관이 승진을 하였다. 남자 경찰관과 여자 경찰관의 승진에 관한 구체적인 내용은 표 4.4에 제시되어 있다.

승진 관련 기록을 검토한 여성 경찰관 위원회가 288명의 남성 경찰관이 승진한 반면, 여성 경찰관은 36명밖에 승진하지 못하였다는 사실에 기초하여 차별이 있었음을 제기하였다. 경찰 행정부는 여성 경찰관의 승진이 상대적으로 낮은 것은 차별 때문이 아니라 여성 경찰관의 수가 남성 경찰관의 수보다 적기 때문이라고 하였다. 여기에서 조건부확률이 이 차별 고발을 분석하는 데 어떻게 사용되는지 보도록 하자.

M = 남자 경찰관인 사건
F = 여자 경찰관인 사건
A = 승진한 경찰관 사건
A^c = 승진하지 못한 경찰관 사건

자료값들을 총 1,200명의 경찰관으로 나누어 다음과 같은 확률값을 구할 수 있다.

$P(M \cap A) = 288/1,200 = 0.24$ = 임의로 선택한 경찰관이 남자이고 승진한 확률
$P(M \cap A^c) = 672/1,200 = 0.56$ = 임의로 선택한 경찰관이 남자이고 승진하지 못한 확률
$P(F \cap A) = 36/1,200 = 0.03$ = 임의로 선택한 경찰관이 여자이고 승진한 확률

표 4.4 지난 2년간 경찰관의 승진 상황

	남	여	계
승진함	288	36	324
승진 못함	672	204	876
계	960	240	1,200

$$P(F \cap A^c) = 204/1,200 = 0.17 = \text{임의로 선택한 경찰관이 여자이고 승진하지 못한 확률}$$

각각의 값들이 두 사건 간의 교집합의 확률을 보여주기 때문에 이 확률들을 **결합확률(joint probabilities)**이라고 한다. 표 4.5는 경찰관의 승진 상황에 대한 확률 정보를 요약한 것으로 결합확률표라고 할 수 있다.

결합확률표의 가장자리에 있는 값들은 각 사건의 확률들을 분리하여 보여준다. $P(M) = 0.80$, $P(F) = 0.20$, $P(A) = 0.27$, $P(A^c) = 0.73$이다. 이 확률들을 **한계확률(marginal probabilities)**이라고 하는데 이는 그 위치가 결합확률표의 주변에 위치하고 있기 때문이다. 한계확률은 결합확률표의 같은 줄에 있는 결합확률들을 더해서 구할 수 있다. 예를 들어, 승진한 경찰관의 한계확률을 구하면 $P(A) = P(M \cap A) + P(F \cap A) = 0.24 + 0.03 = 0.27$이 된다. 한계확률값으로부터 경찰 인력의 80%가 남자이고 20%가 여자임을 알 수 있다. 모든 경찰관 중 27%가 승진을 하였고 73%가 승진하지 못하였음을 알 수 있다.

경찰관이 남자인 경우에 그 경찰관이 승진했을 확률을 계산하여 조건부확률 분석을 시작해 보자. 앞서 조건부확률을 표시할 때 $P(A \mid M)$을 결정하고자 하였다. $P(A \mid M)$를 계산하기 위해서 먼저 이 표시가 단순히 사건 M이 일어났다는 조건이 주어진 상태에서 사건 A의 확률을 생각하는 것을 의미한다고 하였다. 따라서 이 경우 $P(A \mid M)$는 960명의 남자 경찰관의 승진에 관하여만 생각하면 된다는 것을 의미한다. 960명의 남자 경찰관 중 288명이 승진을 하였다. 이에 따라 경찰관이 남자인 승진했을 확률은 $288/960 = 0.30$이 된다. 즉, 남자 경찰관의 경우 지난 2년간 30%의 승진할 기회가 주어졌다는 것을 의미한다.

이 과정을 쉽게 적용할 수 있다. 왜냐하면 표 4.4의 값들은 각 분류에서의 경찰관의 수를 나타내기 때문이다. 그러면 이제 조건부확률이 표 4.4의 빈도 자료가 아닌 관련된 사건들의 확률로부터 직접 구해질 수 있는지에 대해 살펴보고자 한다.

앞서 $P(A \mid M) = 288/960$임을 알게 되었다. 이제 이 값의 분모, 분자를 각각 이 연구에서의 총 경찰관 수인 1,200으로 나눠보자.

표 4.5 승진에 관한 결합확률표

결합확률은 표의 중앙에 나타남

	남	여	계
승진함(A)	0.24	0.03	0.27
승진 못함(A^c)	0.56	0.17	0.73
계	0.80	0.20	1.00

한계확률은 표의 주변에 나타남

$$P(A \mid M) = \frac{288}{960} = \frac{288/1200}{960/1200} = \frac{0.24}{0.80} = 0.30$$

이를 통해 조건부확률 $P(A \mid M)$을 0.24/0.80으로 계산할 수 있음을 알 수 있다. 결합확률표(표 4.5 참조)를 살펴보도록 하자. 이 표에서 0.24는 A와 M의 결합확률이며, $P(A \cap M) = 0.24$이다. 그리고 0.80은 표에서 임의로 선택한 경찰관이 남자인 한계확률을 의미하며 $P(M) = 0.80$이다. 이에 따라 조건부확률 $P(A \mid M)$은 한계확률인 $P(M)$에서의 결합확률인 $P(A \mid M)$의 비율로 계산할 수 있다.

$$P(A \mid M) = \frac{P(A \cap M)}{P(M)} = \frac{0.24}{0.80} = 0.30$$

조건부확률을 한계확률에 대한 결합확률의 비율로 구할 수 있다는 사실에서 두 사건 A, B와 관련된 조건부확률을 계산하는 일반적인 공식을 다음과 같이 도출할 수 있다.

조건부확률

$$P(A \mid B) = \frac{P(A \cap B)}{P(B)} \tag{4.7}$$

또는

$$P(B \mid A) = \frac{P(A \cap B)}{P(A)} \tag{4.8}$$

그림 4.8의 벤다이어그램은 조건부확률의 직관적 이해에 유용하다. 오른쪽의 원은 일어난 사건 B를 의미한다. 사건 A를 덮는 원 부분은 사건 $(A \cap B)$로 표현한다. 일단 사건 B가 일어나면 사건 A를 관찰할 수 있는 유일한 방법은 일어난 사건 $(A \cap B)$에서 보는 것이다. $P(A \cap B)/P(B)$는 사건 B가 이미 일어난 경우에 사건 A가 일어날 조건부확률을 알게 해준다.

앞서 언급한 여성 경찰관에 대한 차별 문제로 돌아가 보자. 표 4.5의 첫 번째 열의 한계확률은 경찰관의 승진확률이 $P(A) = 0.27$이라는 것을 보여준다(경찰관이 남자이든 여자이든 상관없이). 그러나 이 경우에서 중요한 것은 2개의 조건부확률인 $P(A \mid M)$과 $P(A \mid F)$이다. 경찰관이 남자인 경우에 승진확률이 얼마인가, 경찰관이 여자인 경우에 승진확률이 얼마인가 하는 문제가 중요하다. 만약 이 두 조건부확률이 동일하다면 남자와 여자에 대한 승진 기회가 동일한 것이 되기 때문에 차별 논쟁은 이유가 없게 된다. 그러나 이 두 조건부확률에 차이가 있다면 승진 결정에 있어 남녀가 다르게 취급받고 있다고 주장하는 입장의 근거가 될 것이다.

앞서 이미 $P(A \mid M) = 0.30$임을 알았다. 경찰관이 여자인 경우 승진할 확률을 구하기 위해서 표 4.5의 확률값과 식 (4.7)의 조건부확률의 기본 관계를 이용해 보자. 이를 표현하

그림 4.8 조건부확률 $P(A|B) = P(A \cap B)/P(B)$

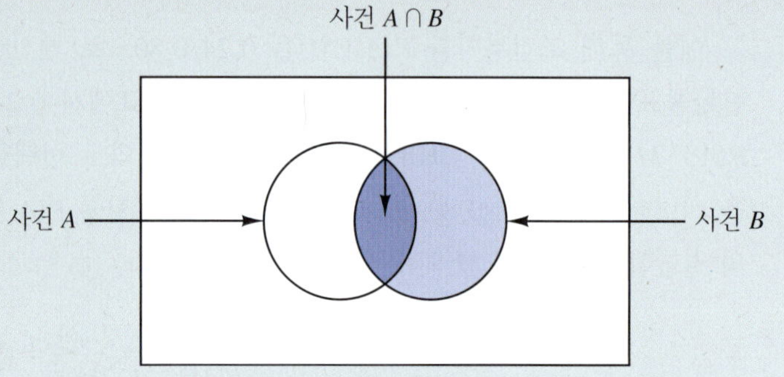

면 $P(A \mid F)$이다. 식 (4.7)에서 B를 F로 대체하여 다음 식을 도출하여 값을 구할 수 있다.

$$P(A \mid F) = \frac{P(A \cap F)}{P(F)} = \frac{0.03}{0.20} = 0.15$$

어떠한 결론을 내릴 수 있는가? 경찰관이 남자인 경우에 승진할 확률은 0.30으로 경찰관이 여자인 경우 승진할 확률인 0.15의 두 배였다. 비록 조건부확률의 사용 그 자체로 이 경우 차별이 존재한다는 것을 증명해 주지는 않지만 조건부확률값은 여자 경찰관들의 주장을 지지한다.

독립사건

앞의 설명을 통해 $P(A) = 0.27$, $P(A \mid M) = 0.30$, $P(A \mid F) = 0.15$임을 알게 되었다. 승진확률(사건 A)은 경찰관이 여자인지 남자인지에 의해 영향을 받는다는 것을 볼 수 있었다. 특히 $P(A \mid M) \neq P(A)$이기 때문에 사건 A와 B는 종속사건이라고 할 수 있다. 사건 A(승진)의 확률이 사건 M(경찰관이 남자인 경우)이 있다는 것을 알게 됨으로써 영향을 받는다는 것이다. 이와 유사하게 $P(A \mid F) \neq P(A)$를 통해 사건 A와 F가 종속사건이라고 할 수 있다. 그러나 사건 A의 확률이 사건 M의 존재로 인해 변화하지 않는다면 즉, $P(A \mid M) = P(A)$라면 사건 A와 M은 **독립사건(independent events)**이라고 할 수 있다. 이에 따라 두 사건의 독립에 대해 다음과 같은 정의를 내릴 수 있다.

독립사건

다음의 경우 두 사건 A와 B는 서로 독립이다.

$$P(A \mid B) = P(A) \quad \textbf{(4.9)}$$

또는

$$P(B \mid A) = P(B) \tag{4.10}$$

그렇지 않을 경우 두 사건은 서로 종속이다.

곱셈법칙

확률에 대한 덧셈법칙은 두 사건의 합집합에 대한 확률의 계산에 사용되는 반면, 곱셈법칙은 두 사건의 교집합에 대한 확률의 계산에 사용된다. 곱셈법칙은 조건부확률에 기반을 두고 있다. 식 (4.7)과 (4.8)을 $P(A \cap B)$에 관해서 정리하면 **곱셈법칙(multiplication law)**을 얻을 수 있다.

곱셈법칙

$$P(A \cap B) = P(B)P(A \mid B) \tag{4.11}$$

또는

$$P(A \cap B) = P(A)P(B \mid A) \tag{4.12}$$

곱셈법칙의 사용을 설명하기 위한 예로, 초고속인터넷, 케이블 TV, 전화 서비스를 제공하고 있는 통신회사를 생각해보기로 한다. 특정 지역 가구의 84%가 초고속 인터넷을 사용하고 있다고 한다. H를 가구가 초고속 인터넷을 사용할 사건이라 하면, $P(H) = 0.84$가 된다. 또한, 초고속 인터넷을 이미 사용하는 가구가 케이블 TV를 볼 확률(사건 C)은, 즉 $P(C \mid H)$는, 0.75라고 한다. 한 가구에서 초고속 인터넷을 사용하며 케이블 TV도 볼 확률은 얼마인가? 곱셈법칙을 사용하여 $P(C \cap H)$를 구하면 다음과 같다.

$$P(C \cap H) = P(H)P(C \mid H) = 0.84(0.75) = 0.63$$

즉, 전체가구의 63%가 초고속인터넷과 케이블 TV를 같이 사용하고 있는 것을 알 수 있다.

이 절을 마치기 전에 특별한 경우로 사건들이 서로 독립인 경우의 곱셈법칙에 대해서 생각해 보기로 한다. 사건 A와 B에 대해서 $P(A \mid B) = P(A)$ 또는 $P(B \mid A) = P(B)$이 성립하면 두 사건이 서로 독립이었음을 상기해 보자. 특별히 서로 독립인 사건들에 대해서 식 (4.11)과 식 (4.12)를 다시 써보면 곱셈법칙이 다음과 같이 된다.

독립사건에 대한 곱셈법칙

$$P(A \cap B) = P(A)P(B) \tag{4.13}$$

서로 독립인 두 사건의 곱 사건에 대한 확률은 단순히 각각의 확률을 서로 곱해 주기만 하면 되는 것이다. 또 독립인 사건에 대한 곱셈법칙은 두 사건 A와 B가 서로 독립인지 여부를 판단하는 방법이 될 수 있음에 주목하자. $P(A \cap B) = P(A)P(B)$이면 두 사건 A와 B가 서로 독립이며, 반면에 $P(A \cap B) \neq P(A)P(B)$이면 A와 B는 서로 종속이 된다.

독립사건에 대한 곱셈법칙의 적용 예로 어떤 주유소 관리자의 업무와 관련된 문제를 생각해 보기로 한다. 그의 과거 경험에 의하면 휘발유를 구매하는 고객 중에서 80%가 신용카드로 결제함을 알게 되었다. 이 때 다음에 도착할 고객 2명이 모두 신용카드로 대금을 결제할 확률은 얼마인가?

A = 첫 번째 고객이 신용카드로 결제할 사건
B = 두 번째 고객이 신용카드로 결제할 사건

2명 모두 신용카드로 결제할 사건은 $A \cap B$이 된다. 다른 정보가 더 없다면 두 사건 A와 B가 서로 독립이라고 가정하는 것이 합당하다 할 수 있다. 따라서

$$P(A \cap B) = P(A)P(B) = (0.80)(0.80) = 0.64$$

이 절을 요약하면 사건들이 종종 서로 관련성을 가지고 있어서 어떤 사건이 발생한 여부가 다른 사건의 발생 가능성에 영향을 미칠 때 확률의 계산, 즉 조건부확률에 대해 관심을 가지고 살펴보았다. 그러한 경우 사건들이 종속되었다고 말하고 식 (4.7)과 (4.8)을 이용하여 사건들의 확률을 구하였다. 만약 두 사건이 서로 관련성이 없다면 서로 독립이라 하며, 이 경우에는 어떤 사건의 발생 여부가 다른 사건의 발생확률에 아무런 영향을 미치지 않는다.

주석 및 코멘트

상호배타적인 사건과 독립적인 사건의 개념을 혼동하면 안되도록 해야한다. 0이 아닌 확률을 가진 두 사건이 동시에 상호배타적이며 독립적일 수는 없다. 상호배타적인 사건 하나가 일어나면, 다른 사건은 일어날 수 없고, 다른 사건이 일어날 확률이 0이 된다. 그렇기 때문에 상호배타적인 사건은 종속적이다.

연습문제

기본문제

30. $P(A) = 0.50$, $P(B) = 0.60$, $P(A \cap B) = 0.40$인 사건 A와 B가 있다.

a. $P(A \mid B)$를 구하시오.

b. $P(B \mid A)$를 구하시오.

c. A와 B는 독립인가? 그 이유를 설명하시오.

31. A와 B 두 사건이 존재한다고 가정하자. 그리고 두 사건은 상호 배타적 사건이다. $P(A) = 0.30$, $P(B) = 0.40$이라고 가정하고 다음의 문제에 답하시오.

a. $P(A \cap B)$를 구하시오.

b. $P(A \mid B)$를 구하시오.

c. 통계학 교실에서 학생들이 상호 배타적 사건의 개념과 독립사건의 개념이 동일하고 사건이 상호 배타적이라면, 그 사건들은 서로 독립적인 것임에 틀림이 없다는 사실에 대해 논쟁을 벌였다. 이 의견에 동의하는가? 이 문제에서 확률 정보를 사용하여 당신의 주장을 뒷받침하시오.

d. 도출된 결과를 통해 상호 배타적 사건과 독립사건에 관한 일반적인 결론을 내리시오.

적용문제

32. **가족과 함께 생활.** 다음은 미국에서 18세에서 34세 인구를 대상으로 "가족과 함께 살고 있습니까?"를 설문조사한 결과이다.

	네	아니오	합계
남	106	141	247
녀	92	161	253
합계	198	302	500

a. 이 자료에 대한 결합확률표를 작성하고 다음의 문제들에 대하여 답하시오.

b. 한계확률은 얼마인가?

c. 미국에서 사는 18에서 34세의 남자라면, 가족과 함께 살 확률은 얼마인가?

d. 미국에 사는 18 ~ 34세 여자라면 가족과 함께 살 확률은 얼마인가?

e. 미국에 사는 18 ~ 34세가 가족과 함께 살 확률은 얼마인가?

f. 만약에 미국의 18 ~ 34세 인구 중 49.4%가 남자라면, 표본이 잘 모집된 것으로 보이는가? 그 이유는?

33. **MBA 진학 의도.** 다음은 GMAT 시험을 본 학생들에게 학부전공과 MBA를 전일제 또는 기간제로 다닐 생각인지를 물어본 결과이다.

		학부전공			
		경영학	공학	이외	합계
등록유형	**전일제**	352	197	251	800
	기간제	150	161	194	505
	합계	502	358	445	130

a. 결합확률분포표를 작성하시오.

b. 학부전공(경영학, 공학, 이외)의 한계확률을 사용하여, 어떤 학부 전공이 가장 MBA 학생이 될 가능성이 큰지를 이야기하시오.

c. 어떤 학생이 전일제 학생일 경우, 학부에서 공학을 전공했을 확률을 계산하시오.

d. 어떤 학생이 학부에서 경영을 전공했을 경우 그 학생이 전일제로 MBA를 다니려고 할 확률을 구하시오.

e. A를 학생이 전일제 MBA를 다니고자 할 사건, B를 학생이 경영학을 전공했을 사건이라고 한다면, A와 B는 독립적인가? 답변의 근거를 제시하시오.

34. **항공사의 정시도착 성과.** 미국 교통부는 주요 미국 공항의 항공사별 정시도착률을 보고한다. Jetblue, United와 US Airways는 보스턴 로간 공항의 C터미널을 함께 쓰고 있다. Jetblue의 정시도착률은 76.8%, United는 71.5%, US Airways는 82.2%라고 한다. C터미널에 도착하는 비행기 중 30%가 Jetblue, 32%가 United, 38%가 US Airways가 운항한다고 한다.

a. 자료에 따라 3개의 행(항공사들)과 2개의 열(정시도착, 지연)로 된 확률표를 작성하시오.

b. C터미널 20 게이트에 1,382편이 도착한다고 할 때, 1,382편이 정시도착할 확률은?

c. 1,382편이 어떤 항공사 운항편일 확률이 가장 높은가? 그 항공사 운항편일 확률이 얼마인가?

d. 1,382편이 지연도착한다고 하면, 1,382편은 어느 항공사 소속일 가능성이 가장 높은가? 그 항공사 소속일 확률은 얼마인가?

35. **스포츠 팬의 연령 범위.** 2019년 설문조사에 따르면, 18세에서 29세 젊은 팬들에게는 농구(NBA)가 가장 인기가 있으며 30세 이상 팬들에게는 야구(MLB)와 미식축구(NFL)가 가장 인기 있는 것으로 나타났다. 미국 성인 2,500명을 임의로 선택해 NBA, MLB, NFL 중 가장 좋아하는 스포츠를 조사한 결과는 다음과 같다.

	가장 좋아하는 스포츠 리그		
나이	NBA	MLB	NFL
18 – 29	230	120	240
30 – 54	180	260	665
55 +	160	225	420

a. 결합확률표를 만들고 다음 문제들에 대하여 답하시오.

b. 각각 스포츠(NBA, MLB, NFL)의 한계확률을 계산하시오.

c. 응답자가 18 ~ 29세일 때, MLB를 가장 좋아할 확률은?

d. 응답자가 55세 이상일 때, MLB를 가장 좋아할 확률은?

e. 응답자가 MLB를 가장 좋아한다고 했다면, 응답자가 18～29세일 확률은?

f. 응답자가 NFL을 가장 좋아한다고 했다면, 18～29세, 30～54세, 55세 이상 중 어떤 나이대일 확률이 가장 높은가? 응답자가 각각 나이대에 속할 확률은 얼마인가?

36. **NBA 자유투 성공률.** NBA 농구선수가 93%의 자유투 성공률을 보인다고 한다. 경기 후반, 이 농구선수가 반칙을 당해, 자유투 2번을 던질 기회를 얻었다.

a. 그가 두 번 다 성공할 확률은?

b. 적어도 한 개는 성공할 확률은?

c. 6판 동일

d. 농구 경기 후반에, 시간을 지연시키기 위해 의도적으로 상대팀 선수에게 반칙을 하기도 한다. 보통은 상대팀 선수 중 가장 자유투를 못 던지는 선수에게 반칙을 하는 전략을 택한다. 가장 자유투를 못 던지는 선수의 자유투 성공률이 58%라고 할 때, 그 경우 자유투를 두 번 던질 때 (a) (b) (c)를 다시 계산하고, 58% 자유투 성공률을 가진 선수에게 의도적으로 반칙을 하는 것이 93% 자유투 성공률을 가진 선수에게 의도적으로 반칙을 하는 것보다 나은 전략임을 보이시오.

37. **전자기기 없이 살기.** 2018년 Pew 리서치 센터의 설문조사에 따르면 핸드폰 없이 사는 것보다 텔레비전 없이 사는 것이 가능하다고 대답한 미국인들이 더 많다. 다음 표는 핸드폰과 텔레비전 없이 사는 것이 가능한가에 대한 미국인들의 답변의 결합확률표이다.

		텔레비전 없이 살기 가능		
		예	아니오	합계
휴대폰 없이 살기 가능	예	0.31	0.17	0.48
	아니오	0.38	0.14	0.52
		0.69	0.31	

a. 응답자가 핸드폰 없이 살 수 있는 확률은?

b. 핸드폰 없이 살 수 있는 응답자가 텔레비전도 없이 살 수 있는 확률은?

c. 핸드폰 없이 살 수 없는 응답자가 텔레비전 없이 살 수 있는 확률은?

d. 응답자가 텔레비전 없이 살 수 있을 확률이 핸드폰 없이 살 수 있으면 더 높은가 아니면 핸드폰 없이 살 수 없으면 더 높은가?

38. **학자금 대출 상환.** 워싱턴 DC에 있는 고등교육정책기관은 6년 전에 만기가 돌아오기 시작한 180만 명 대학생 학자금 대출 상환 현황을 조사하였다. 그 결과 학자금 대출

의 50%는 대체로 만족스럽게 상환되었으며, 50%는 체납된 것으로 나타났다. 다음의 결합확률표는 학자금대출상환 현황과 학위 취득 여부를 보여준다.

		학위취득		
		예	아니오	
학자금 대출 현황	양호	0.26	0.24	0.50
	체납	0.16	0.34	0.50
		0.42	0.58	

a. 학자금 대출을 받은 학생이 학위를 취득할 확률은 얼마인가?

b. 학자금 대출을 받은 학생이 학위를 취득하지 못할 확률은 얼마인가?

c. 학생이 학위를 취득했을 때, 그 학생이 체납된 학자금 대출이 있을 확률은 얼마인가?

d. 학생이 학위를 취득하지 못했을 때, 그 학생이 체납된 학자금 대출이 있을 확률은 얼마인가?

e. 학자금 대출이 있는 학생이 학위 없이 학업을 중단하는 것의 영향은 무엇인가?

4.5 베이즈 정리

조건부확률을 공부함에 있어서 새로운 정보가 주어져 추정된 확률을 개정하는 것은 확률분석의 중요단계에 접어든 것을 의미한다. 종종 관심 있는 특별한 사건에 대해 확률을 추정할 경우 초기확률 또는 **사전확률(prior probability)**에서부터 시작한다. 그 다음에는 표본이나 특별 보고서, 제품 테스트 등으로 사건에 대한 추가의 정보를 얻고, 이 새로운 정보에 의해 개정된 확률을 계산하여 사전확률을 **사후확률(posterior probability)**로 갱신하게 된다. **베이즈 정리(Bayes' theorem)**는 이 확률 계산에 필요한 수단을 제공한다. 이러한 확률 개정단계가 그림 4.9에 설명되어 있다.

베이즈 정리의 적용 예로 서로 다른 두 공급자로부터 부품을 납품받는 제조업체를 생각해 보기로 한다. A_1을 부품이 공급자 1로부터 조달될 사건이라 하고 A_2를 공급자 2로부터 조달될 사건이라 하자. 현재 부품의 65%는 공급자 1로부터 납품받으며 나머지 35%는 공급자 2로부터 납품받고 있다. 그래서 $P(A_1) = 0.65$이고 $P(A_2) = 0.35$이다.

구매한 부품의 품질 수준은 공급자에 따라 다르다. 두 공급자에 대한 품질 등급의 과거 자료는 표 4.6과 같다. 만약에 G를 부품이 양품일 사건이라 하고 B를 부품이 불량일 사건이라고 하면 표 4.6의 정보에 의해 다음의 조건부확률을 얻을 수 있다.

$$P(G \mid A_1) = 0.98 \quad P(B \mid A_1) = 0.02$$
$$P(G \mid A_2) = 0.95 \quad P(B \mid A_2) = 0.05$$

그림 4.9 베이즈 정리에 의한 확률의 개정

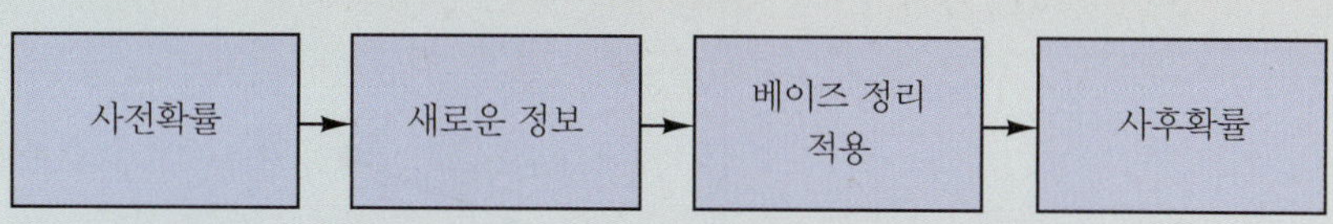

표 4.6 두 공급자의 품질 수준에 관한 자료

	양품 비율(%)	불량품 비율(%)
공급자 1	98	2
공급자 2	95	5

그림 4.10의 계통도에서 이 회사가 두 공급자로부터 부품을 받고 양품인지 불량품인지를 발견하는 과정을 2단계 실험으로 그려 보이고 있다. 네 가지의 실험 결과가 가능함을 알 수 있다. 여기에서 두 결과는 양품이고 나머지 두 결과는 불량품이다.

각각의 실험 결과는 두 사건의 교집합이다. 그래서 각각의 확률을 계산하기 위해 곱셈법칙을 사용할 수 있다. 예를 들면

$$P(A_1, G) = P(A_1 \cap G) = P(A_1)P(G \mid A_1)$$

이러한 결합확률을 계산하는 과정이 확률나무라고 하는 그림 4.11에 그려져 있다. 나무의 왼쪽에서 오른쪽으로 진행하며, 1단계에서 각 가지에 있는 확률은 사전확률이고, 2

그림 4.10 두 공급자 예에 대한 계통도

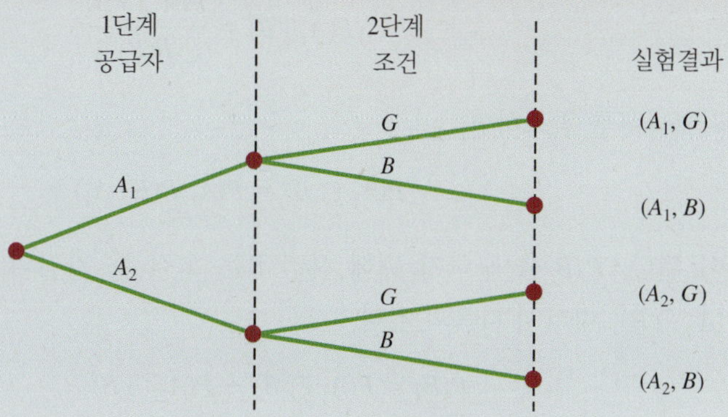

주석: 1단계는 두 공급자 중 어느 공급자로부터 납품된 것인가를 보여주고
2단계는 부품의 불량 여부를 보여준다.

그림 4.11 두 공급자 예에 대한 확률나무

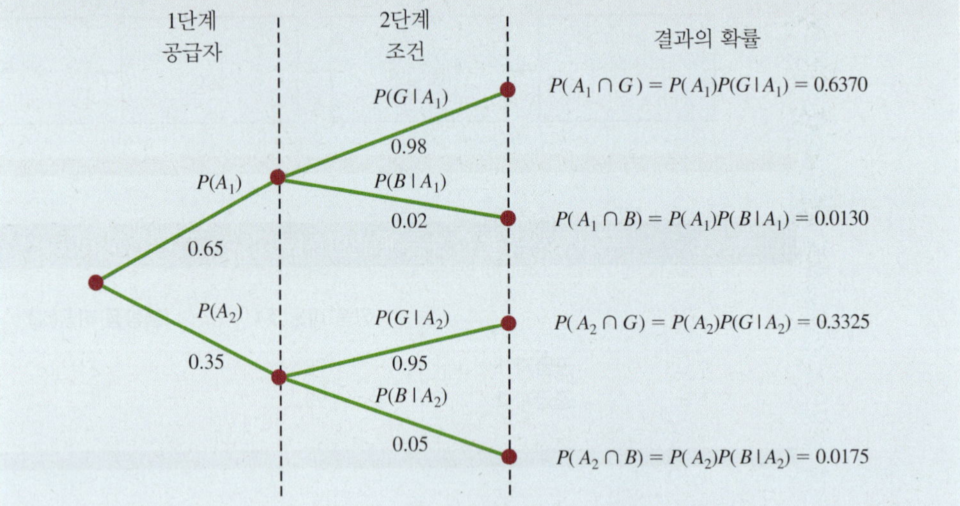

단계의 각 가지에 있는 확률은 조건부확률이다. 각 실험 결과의 확률을 알기 위해서는 단순히 실험 결과에 이르는 가지 위의 확률들을 곱하기만 하면 된다. 이러한 결합확률들이 그림 4.11에 맨 마지막 가지에 나타나 있다.

두 공급자로부터 납품된 부품들이 그 회사의 제조공정에 사용되고 불량품을 공정에 사용하면 기계가 부서진다고 가정해 보자. 부품이 불량이라는 정보가 주어졌을 때 그 부품이 공급자 1과 공급자 2로부터 납품되었을 각각의 확률은 얼마인가? 그림 4.11의 확률나무에 주어진 정보를 가지고 베이즈 정리를 이용하면 이 질문에 답할 수 있다.

B를 부품이 불량일 사건이라고 하면 위의 확률은 사후확률 $P(A_1 \mid B)$와 $P(A_2 \mid B)$를 구하는 것이다. 조건부확률의 법칙으로부터 다음과 같은 사실을 알 수 있다.

$$P(A_1 \mid B) = \frac{P(A_1 \cap B)}{P(B)} \tag{4.14}$$

확률나무를 참조하면,

$$P(A_1 \cap B) = P(A_1)P(B \mid A_1) \tag{4.15}$$

이 된다. $P(B)$를 구하기 위해 사건 B는 오직 두 가지의 경우로 발생한다. $(A_1 \cap B)$와 $(A_2 \cap B)$. 따라서 다음과 같다.

$$\begin{aligned} P(B) &= P(A_1 \cap B) + P(A_2 \cap B) \\ &= P(A_1)P(B \mid A_1) + P(A_2)P(B \mid A_2) \end{aligned} \tag{4.16}$$

식 (4.15)과 (4.16)을 식 (4.14)에 대입하고 $P(A_2 \mid B)$에 대해서 동일한 과정을 적용하면 두 사건에 대한 베이즈 정리를 얻을 수 있다.

베이즈 정리(두 사건의 경우)*

$$P(A_1 \mid B) = \frac{P(A_1)P(B \mid A_1)}{P(A_1)P(B \mid A_1) + P(A_2)P(B \mid A_2)} \quad \textbf{(4.17)}$$

$$P(A_2 \mid B) = \frac{P(A_2)P(B \mid A_2)}{P(A_1)P(B \mid A_1) + P(A_2)P(B \mid A_2)} \quad \textbf{(4.18)}$$

식 (4.17)과 이 예에서 주어진 확률값들을 사용하면,

$$\begin{aligned} P(A_1 \mid B) &= \frac{P(A_1)P(B \mid A_1)}{P(A_1)P(B \mid A_1) + P(A_2)P(B \mid A_2)} \\ &= \frac{(0.65)(0.02)}{(0.65)(0.02) + (0.35)(0.05)} = \frac{0.0130}{0.0130 + 0.0175} \\ &= \frac{0.0130}{0.0305} = 0.4262 \end{aligned}$$

그리고 식 (4.18)에 의하여 $P(A_2 \mid B)$를 구할 수 있다.

$$\begin{aligned} P(A_2 | B) &= \frac{(0.35)(0.05)}{(0.65)(0.02) + (0.35)(0.05)} \\ &= \frac{0.0175}{0.0130 + 0.0175} = \frac{0.0175}{0.0305} = 0.5738 \end{aligned}$$

이 예에서 어떤 부품을 임의로 선택했을 때 그 부품이 공급자 1로부터 납품될 확률을 0.65로부터 시작하였다. 그렇지만 그 부품이 불량품이라는 정보가 주어지면 그 부품이 공급자 1로부터 납품될 확률이 0.4262로 낮아진다. 또한 그 부품이 불량이면 그 부품이 공급자 2로부터 납품되었을 확률이 50%보다 크게 된다. 즉, $P(A_2 \mid B) = 0.5738$이다.

베이즈 정리는 서로 배타적이며 모든 사건의 합집합이 전체 표본공간이 되는 사건들의 사후확률을 구할 때 적용된다.** n개의 서로 배타적인 사건 $A_1, A_2, \cdots, A_n$에 대해서 이들의 합집합이 전체 표본공간이 되면 사후확률 $P(A_i \mid B)$는 다음과 같이 계산한다.

베이즈 정리

$$P(A_i \mid B) = \frac{P(A_i)P(B \mid A_i)}{P(A_1)P(B \mid A_1) + P(A_2)P(B \mid A_2) + \cdots + P(A_n)P(B \mid A_n)} \quad \textbf{(4.19)}$$

* 장로교의 교역자였던 Thomas Bayes(1702-1761) 목사는 오늘날 이용되고 있는 베이즈 정리를 위한 독창적 작업을 한 것으로 알려져 있다.

** 사건들의 합집합이 전체 표본공간이 되는 경우, 이 사건들은 집합적으로 전체를 소진시킨다고 한다.

사전확률 $P(A_1)$, $P(A_2)$, ⋯, $P(A_n)$과 조건부확률 $P(B \mid A_1)$, $P(B \mid A_2)$, ⋯ , $P(B \mid A_n)$이 주어지면 식 (4.19)에 의해 사건 A_1, A_2, ⋯, A_n들의 사후확률을 계산할 수 있다.

표에 의한 방법

표에 의한 방법이 베이즈 정리 계산에 매우 유용하다. 부품 공급자 문제에 대한 이 방법이 표 4.7에 주어져 있다. 계산 절차는 다음과 같다.

단계 1. 다음 3개의 열을 준비한다.
제1열: 사후확률이 필요한 상호 배타적 사건 A_i
제2열: 이 사건들의 사전확률 $P(A_i)$
제3열: 각 사건이 주어진 경우 새로운 정보 B의 조건부확률 $P(B \mid A_i)$

단계 2. 제4열에서 곱셈법칙을 사용하여 각 사건과 새로운 정보 B에 대한 결합확률 $P(A_i \cap B)$를 계산한다. 이 결합확률은 제2열의 사전확률과 제3열의 조건부확률을 곱하면 된다. 즉, $P(A_i \cap B) = P(A_i)P(B \mid A_i)$.

단계 3. 제4열에 결합확률을 합한다. 이 합이 새로운 정보 B에 대한 확률 $P(B)$가 된다. 표 4.7에서 부품이 공급자 1로부터 왔고 불량일 확률은 0.0130이고 공급자 2로부터 왔고 불량일 확률은 0.0175이다. 이 두 경우가 불량품이 얻어질 수 있는 유일한 두 경우이므로 그 합 0.0130 + .0175 = 0.0305는 두 공급자로부터 공급된 부품 전체에서 불량품이 발견될 확률이다.

단계 4. 제5열에서 조건부확률의 기본 관계식을 사용하여 사후확률을 계산한다.

$$P(A_i \mid B) = \frac{P(A_i \cap B)}{P(B)}$$

결합확률 $P(A_i \cap B)$는 제4열에 있고 확률 $P(B)$는 제4열의 합이다.

표 4.7 두 공급자 문제에서 표에 의한 방법을 통한 베이즈 정리의 계산법

(1) 사건 A_i	(2) 사전확률 $P(A_i)$	(3) 조건부확률 $P(B \mid Ai)$	(4) 결합확률 $P(A_i \cap B)$	(5) 사후확률 $P(A_i \mid B)$
A_1	0.65	0.02	0.0130	0.0130/0.0305 = 0.4262
A_2	0.35	0.05	0.0175	0.0175/0.0305 = 0.5738
	1.00		$P(B)$ = 0.0305	1.0000

주석 및 코멘트

1. 베이즈 정리는 의사결정 분석에서 많이 사용된다. 의사결정자는 주관적인 추정치로 사전확률을 제시하기도 한다. 표본 정보가 획득되고 사후확률이 가장 좋은 결정을 선택하는 데 사용하기 위해 계산된다. 의사결정분석에 사용되는 베이즈 정리를 19장에서 더 탐구해본다.
2. 어떤 사건과 그것의 여집합은 상호 배타적이다. 그리고 그들의 합집합은 전체 표본공간이 된다. 이에 따라 베이즈 정리는 사건과 여집합의 사후확률을 계산하는데 항상 적용가능하다.

연습문제

기본문제

39. 사건 A_1과 A_2의 사전확률은 $P(A_1)=0.40$, $P(A_2)=0.60$이다. 그리고 $P(A_1 \cap A_2)=0$이다. $P(B \mid A_1)=0.20$이고 $P(B \mid A_2)=0.05$라고 가정하고 다음 문제에 답하시오.

a. A_1과 A_2는 상호 배타적인가? 이에 관하여 설명하시오.

b. $P(A_1 \cap B)$와 $P(A_1 \cap B)$를 구하시오.

c. $P(B)$를 구하시오.

d. 베이즈의 정리를 사용하여 $P(A_1 \mid B)$와 $P(A_2 \mid B)$를 구하시오.

40. 사건 A_1과 A_2, A_3의 사전확률을 구하면 $P(A_1)=0.20$, $P(A_2)=0.50$, $P(A_3)=0.30$이다. 사건 A_1과 A_2, A_3에서 사건 B가 발생할 조건부확률은 $P(B \mid A_1)=0.50$, $P(B \mid A_2)=0.40$, $P(B \mid A_3)=0.30$이다.

a. $P(B \cap A_1)$과 $P(B \cap A_2)$, $P(B \cap A_3)$을 구하시오.

b. 식 (4.19)의 베이즈 정리를 이용하여 사후확률 $P(A_2 \mid B)$를 구하시오.

c. $P(A_1 \mid B)$와 $P(A_2 \mid B)$를 구하기 위한 베이즈의 정리를 적용함에 있어서 표와 같은 도식화 기법을 사용하시오.

적용문제

41. 자문회사 제안서 입찰. 한 자문회사가 큰 연구 프로젝트에 제안서를 제출하였다. 회사의 관리자는 처음에 그 프로젝트를 맡을 확률을 50:50으로 보았다. 그렇지만 그 제안서를 제출받은 기관이 추가 정보를 계속 요구하였다. 과거의 경험에 따르면 성공적인 제안서에 대하여는 75%, 비성공적인 제안서에 대하여는 40%의 확률이었으므로 그 기관은 추가정보를 요구하였다.

a. 성공적인 제안서의 사전 확률은 얼마인가(추가정보 요청 이전)?

b. 제안서가 결국에는 성공하리라고 보고 추가정보 요청의 조건확률은 얼마인가?

c. 추가정보 요청이 왔다고 보고 제안서가 성공할 사후확률을 계산하시오.

42. 신용카드 대금 연체. 지역 은행은 몇몇 신용카드를 회수하기 위해 은행의 신용카드 정책에 관하여 검토하였다. 과거 카드 소지자의 약 5%가 카드대금을 납부하지 않았고, 은행은 이득을 볼 수 없었다. 이에 따라 경영층은 어떤 특정 카드 소지자가 카드대금을 납부하지 않을 사전확률을 0.05로 설정하였다. 은행은 또한 카드대금을 납부한 고객 중에서 이후에 1회 이상 카드대금을 연체할 확률이 0.20임을 알아냈다. 물론 카드대금을 납부하지 않은 고객이 이후에 1회 이상 카드대금을 연체할 확률은 1이다.

a. 1회 이상 카드대금 연체 경험이 있는 고객들에 대해 그 고객이 카드대금을 납부하지 않을 사후확률을 구하시오.

b. 은행은 고객이 카드대금을 납부하지 않을 확률이 0.20보다 높을 경우 해당 카드를 회수하려고 한다. 은행은 고객이 카드대금을 1회 연체할 경우 그 카드를 회수해야 하는가? 그 이유를 설명하시오.

43. 전립선 암 검사. 에스콰이어 잡지의 2018년 기사에 따르면, 70세 이상의 남성의 약 70%가량이 전립선에 암세포가 생긴다고 한다. 미국 남성암 중 전립선암은 피부암 다음으로 많이 발생한다. 전립선암 진단을 위해서는 전립선 특정 항원(PSA) 검사를 많이 한다. 그러나 이 검사는 높은 거짓양성률(암이 없는 데도 암이 있다는 결과가 나오는)을 보이는 것으로 알려져 있다. 검사 전 암을 가지고 있는 남성환자 비율은 0.02라고 한다. 검사의 거짓양성률은 0.75이고, 거짓음성률(암이 있는데도 암이 없다는 결과가 나오는)은 0.20이다.

a. PSA 검사가 양성이면, 남성환자가 전립선암에 걸렸을 확률은 얼마인가?

b. PSA 검사가 음성이면, 남성환자가 전립선암에 걸렸을 확률은 얼마인가?

c. 나이가 들수록, 전립선암에 걸릴 확률은 높아진다. 남성환자의 전확률이 0.02가 아닌 0.3이라 하자. PSA 검사가 양성이면, 남성환자가 전립선암에 걸렸을 확률은 얼마인가? PSA 검사가 음성이면, 남성환자가 전립선암에 걸렸을 확률은 얼마인가?

d. 위의 (a), (b), (c) 결과를 바탕으로 PSA 검사에 대해 내릴 수 있는 결론은 무엇인가?

44. 코로나19 검사. 2021년 코로나 기간 동안 미국에서는 하루에 150만 건 이상의 코로나 검사가 수행되었다. 많은 회사, 학교, 정부 기관에서 코로나 검사 음성 결과를 확인해야만 건물에 올 수 있게 하였다. 어떤 코로나19 검사의 거짓음성률(코로나 걸린 사람이 코로나 바이러스가 없는 결과가 나올 때)이 0.1이고, 코로나에 걸리지 않은 사람은 항상 음성인 결과가 나온다고 한다. 임의로 선택된 사람이 코로나에 걸렸을 확률은 0.05이라 할 때 다음의 질문에 답하시오.

a. 검사 결과가 음성으로 나온 사람이, 코로나에 걸렸을 확률은 얼마인가?

b. 어떤 학교에서 2,500명 학생이 코로나 검사 결과 음성으로 확인되었다고 발표했다. 음성결과가 나온 2,500명의 학생 중, 몇 명이 코로나에 걸렸을 것이라고 생각되는가?

c. 코로나가 기승을 부려, 임의로 선택된 사람이 코로나 걸렸을 확률이 0.2라고 한다. 이럴 경우, 검사 결과가 음성으로 나온 사람이, 코로나에 걸렸을 확률은 얼마인가? (a)의 결과와 다른 점을 설명해보시오.

45. **건강보험 미가입 미국인.** 미국 질병관리청 안에 있는 보건통계청은 건강보험이 있는 미국 성인들 숫자를 추적하고 있다. 이 기관에 따르면, 미국 건강보험 미가입률은 다음과 같다: 18세 이하 5.1%, 18～64세 12.4%, 65세 이상 1.1%. 미국인 중 약 22.8%가 18세 이하이며, 18～64세가 61.4%이다.

a. 임의로 선택된 성인이 65세 이상일 확률은?

b. 한 미국인이 건강보험 미가입자일 경우, 65세 이상일 확률은 얼마인가?

요약

이 장에서는 기본적인 확률 개념과 의사결정에 유용한 정보를 제공하는 데 확률 분석이 어떻게 사용될 수 있는지에 관하여 살펴보았다. 확률이 어떤 사건이 발생할 가능성에 대한 수치적 척도로서 어떻게 해석될 수 있는지에 관하여도 알아보았다. 그리고 사건의 확률이 사건을 구성하는 실험 결과의 확률을 모두 합하거나 확률의 덧셈법칙과 조건부확률, 확률의 곱셈법칙에 의해 도출된 관계를 사용하여 계산될 수 있음을 보았다. 부가적인 정보가 제공되는 상황에서는 베이즈의 정리를 통해 수정된 확률이나 사후확률을 구하여 이를 이용할 수 있었다.

용어

결합확률(Joint probability) 두 사건이 함께 일어날 확률. 두 사건 간의 교집합 확률.

계통도(Tree diagram) 다단계 실험을 시각적으로 보여 주는 그림.

고전적 방법(Classical method) 모든 실험 결과가 동일하게 발생할 가능성이 있을 때 적절한 확률 부여 방법

곱셈법칙(Multiplication law) 두 사건의 교집합의 확률을 구하기 위해 사용되는 확률 법칙. 이는 $P(A \cap B) = P(B)P(A \mid B)$ 또는 $P(A \cap B) = P(A)P(B \mid A)$으로 표현할 수 있다. 독립사건일 경우에는 $P(A \cap B) = P(A)P(B)$로 표현된다.

덧셈법칙(Addition law) 두 사건의 합집합의 확률을 계산하는 데 사용되는 확률 법칙. 이를 식으로 표현하면, $P(A \cup B) = P(A) + P(B) - P(A \cap B)$이다. 상호 배타적 사건에서는 $P(A \cap B) = 0$이 되고 이 경우 덧셈법칙에 의해 $P(A \cup B) = P(A) + P(B)$가 된다.

독립사건(Independent events) 두 사건 A, B가 $P(A \mid B) = P(A)$ 또는 $P(B \mid A) = P(B)$를 만족하는 경우. 두 사건이 상호 아무런 연관이 없는 경우.

베이즈 정리(Bayes' Theorem) 사후확률을 구하는 데 사용되는 방법.

벤다이어그램(Venn diagram) 직사각형 모양의 표본공간 안에 있는 사건과 그 표본공간 내의 원형으로 표현되는 사건을 포함한 연산과 표본공간을 상징적으로 보여주는 도식.

사건(Event) 표본점들의 집합.

사전확률(Prior probabilities) 처음에 추정한 사건의 확률.

사후확률(Posterior probabilities) 부가적 정보에 기초하여 개정된 사건의 확률.

상대도수 방법(Relative frequency method) 실험을 무수히 반복했을 때 실험 결과가 발생할 비율을 추정하는 데 필요한 자료가 있는 경우에 적합한 확률 부여 방법.

상호 배타적 사건(Mutually exclusive events) 공통적으로 가진 표본점이 없는 사건. 교집합이 없어서 $P(A \cap B) = 0$이 된다.

실험(Experiment) 명확히 정의된 결과를 생성하는 과정.

조건부확률(Conditional probability) 다른 사건이 이미 일어난 경우에 어떤 사건이 일어날 확률. B가 일어났을 경우 A가 일어날 확률은 $P(A \mid B) = P(A \cap B)/P(B)$이다.

주관적 방법(Subjective method) 확률을 구하는 데 있어 경험이나 직관에 기초하는 방법.

표본공간(Sample space) 모든 실험 결과의 집합.

표본점(Sample point) 표본공간의 한 요소. 표본점은 하나의 실험 결과를 나타낸다.

한계확률(Marginal probability) 결합확률의 가장자리에 나타나는 확률값으로 각 사건에 대한 확률이 분리되어 주어진다.

확률(Probability) 어떤 사건이 발생할 가능성을 측정하는 수치.

확률 부여에 관한 기본 요구조건(Basic requirements for assigning probabilities) 확률을 부여할 때 두 가지 요구조건이 필요하다. (1) 각각의 실험 결과를 E_i라 할 때 $0 \le P(E_i) \le 1$이어야 한다. (2) $P(E_1) + P(E_2) + \cdots + P(E_n) = 1.0$이어야 한다.

A와 B의 교집합(Intersection of A and B) A, B 모두가 속해 있는 표본점들을 포함하는 사건. $A \cap B$로 표현.

A와 B의 합집합(Union of A and B) A, B 또는 둘 모두가 속해 있는 모든 표본점들을 포함하는 사건. $A \cup B$로 표현.

A의 여집합(Complement of A) A에 속하지 않는 모든 표본점들로 구성된 집합.

핵심공식

조합에 관한 계산법칙

$$C_x^n = \binom{n}{x} = \frac{n!}{x!(n-x)!} \tag{4.1}$$

순열에 관한 계산법칙

$$P_x^n = x!\binom{n}{x} = \frac{n!}{(n-x)!} \tag{4.2}$$

여집합을 사용한 확률 계산

$$P(A) = 1 - P(A^c) \tag{4.5}$$

덧셈법칙

$$P(A \cup B) = P(A) + P(B) - P(A \cap B) \tag{4.6}$$

조건부 확률

$$P(A \mid B) = \frac{P(A \cap B)}{P(B)} \tag{4.7}$$

$$P(B \mid A) = \frac{P(A \cap B)}{P(A)} \tag{4.8}$$

곱셈법칙

$$P(A \cap B) = P(B)P(A \mid B) \tag{4.11}$$

$$P(A \cap B) = P(A)P(B \mid A) \tag{4.12}$$

독립사건에 대한 곱셈법칙

$$P(A \cap B) = P(A)P(B) \tag{4.13}$$

베이즈 정리

$$P(A_i \mid B) = \frac{P(A_i)P(B \mid A_i)}{P(A_1)P(B \mid A_1) + P(A_2)P(B \mid A_2) + \cdots + P(A_n)P(B \mid A_n)} \tag{4.19}$$

보충문제

46. 휴가 중 긴장이 풀릴 때 까지 걸리는 시간. USA Today가 프린세스 크루즈에 탄 18세 이상 성인을 대상으로 휴가가 시작한 지 며칠이 지나야 진정으로 긴장이 풀어지는 것을 느끼냐고 설문조사를 했다. 답변은 다음과 같다: 1일 이하 422명, 2일 181명, 3일 80명, 4일 이상 121명, 긴장이 절대 풀어지지 않음 201명.

a. 설문조사에 참여한 응답자는 몇 명인가?

b. 가장 비율이 높은 응답은 무엇인가? 그 응답의 비율은 얼마인가?

c. 휴가 중 긴장이 절대 풀어지지 않는다고 답한 응답자의 비율은 얼마인가?

d. 긴장이 풀리는 데 2일 이상이 걸린다고 답한 사람들의 비율은 얼마인가?

47. **금융관리자 투자.** 금융 관리자가 새로 두 개의 — 석유산업과 지방채에 — 투자를 하였다. 1년 후, 투자결과는 성공과 실패로 정해진다. 투자가 무작위 실험이라고 가정한다.

a. 이 실험에서 표본점은 몇 개인가?

b. 계통도를 그리고 표본점을 나열하시오.

c. O = 석유산업 투자가 성공한 사건, M = 지방채 투자가 성공한 사건이라 한다. O와 M의 표본점을 구하시오.

d. O와 M 합집합에 포함되는 표본점을 나열하시오.

e. O와 M 교집합에 포함되는 표본점을 나열하시오.

f. O와 M은 상호배타적인가? 설명하시오

48. **텔레비전 프로그램 관련 의견.** 1,364명에게 텔레비전 프로그램 관련 의견을 피력하기 위해 소셜 미디어를 사용하는지를 물은 결과이다.

	텔레비전 프로그램 관련 의견을 피력하기 위해 소셜 미디어를 사용	텔레비전 프로그램 관련 의견을 피력하기 위해 소셜 미디어를 사용하지 않음
여자	395	291
남자	323	355

a. 응답자가 여성일 확률은?

b. 응답자가 여성일 때, 텔레비전 프로그램 관련 의견을 피력하기 위해 소셜 미디어를 사용할 조건부 확률은 얼마인가?

c. F를 응답자가 여성일 사건, A를 응답자가 텔레비전 프로그램 관련 의견을 피력하기 위해 소셜 미디어를 사용할 사건이라 한다. F와 A 사건은 독립적인가?

49. **치료가 원인이 된 부상.** 뉴욕주 입원환자 31,000명을 조사한 결과, 4%의 입원환자가 치료가 원인이 된 부상을 입는다. 치료가 원인이 된 부상환자 중 1/7이 사망에 이르며, 1/4은 과실에서 비롯된다. 과실 사건 7.5건당 한 건의 소송이 제기되고, 소송은 2건당 한 건이 보상을 받는다.

a. 입원환자가 과실로 치료가 원인이 된 부상을 입을 확률은 얼마인가?

b. 입원환자가 치료가 원인이 된 부상으로 사망할 확률은 얼마인가?

c. 입원환자가 과실사건으로 소송을 제기해 보상을 받을 확률은 얼마인가?

50. **새 텔레비전 쇼프로그램에 대한 시청자 반응.** 다음의 표는 새 텔레비전 쇼프로그램의 시청자 반응을 나타낸다.

a. 임의의 시청자가 새 쇼를 평균 혹은 그 이상으로 평가할 확률은?

b. 임의의 시청자가 새 쇼를 평균 이하 혹은 더 나쁘게 평가할 확률은?

Rating	Frequency
Poor	4
Below average	8
Average	11
Above average	14
Excellent	13

51. **최종학력 최고수준과 가구당 소득.** 미국 인구조사국은 미국의 인구와 경제에 관한 계량적인 데이터를 제공하는 주요 기관이다. 다음의 표는 가장의 최종학력에 따른 가구당 소득, 해당하는 가구 숫자(천단위)를 나타냈다. 가장이 고등학교 이상의 학력을 가진 가구만 포함되었다.

	가구당 소득				
최종학력	$25,000 이하	$25,000 – 49,999	$50,000 – 99,999	$100,000 이상	합계
고졸	9,880	9,970	9,441	3,482	32,773
대졸	2,484	4,164	7,666	7,817	22,131
석사	685	1,205	3,019	4,094	9,003
박사	79	160	422	1,076	1,737
합계	13,128	15,499	20,548	16,469	65,644

a. 결합확률표를 만드시오.

b. 가장이 석사 혹은 그 이상의 학력을 가질 확률은 얼마인가?

c. 고등학교 학위를 가진 가장이 100,000달러 이상의 소득을 올릴 확률은 얼마인가?

d. 25,000달러보다 낮은 소득을 올릴 확률은?

e. 학사학위를 소지한 가장의 가구가 25,000달러보다 낮은 소득을 올릴 확률은?

f. 가구당 소득은 교육 수준과 독립적인가?

52. **MBA 입학자 설문조사.** MBA의 입학지원자에 관한 조사에서 학생 2,018명에 관한 자료가 다음에 제시되어 있다.

a. 임의로 선택된 MBA 학생 중에서 학생들의 나이와 둘 이상의 학교에 지원했는지 여부를 포함한 실험에서의 결합확률을 구하시오.

b. 임의로 선택된 지원자가 23세 이하일 확률은 얼마인가?

c. 임의로 선택된 지원자가 27세 이상일 확률은 얼마인가?

d. 임의로 선택된 지원자가 둘 이상의 학교에 지원했을 확률은 얼마인가?

		둘 이상의 학교에 지원했는지 여부	
		네	아니오
연령 집단	23세 이하	207	201
	24-26세	299	379
	27-30세	185	268
	31-35세	66	193
	36세 이상	51	169

53. **MBA 입학자 설문조사.** 문제 52번의 자료를 바탕으로 다음 문제에 답하시오.

a. 둘 이상의 학교에 지원한 학생이면서 나이가 24~26세일 확률은 얼마인가?

b. 36세 이상이면서 둘 이상의 학교에 지원한 학생일 확률은 얼마인가?

c. 24~26세이거나 둘 이상의 학교에 지원한 학생일 확률은 얼마인가?

d. 어떤 사람이 오직 하나의 학교에만 지원하였다고 가정하자. 그 사람이 31세 이상일 확률은 얼마인가?

e. 지원하는 학교의 수는 나이와 상관이 없는가? 설명하시오.

54. **인터넷 사이트의 사용자 정보 수집.** Pew 인터넷과 아메리칸 생명은 인터넷 사용자들이 검색엔진과 다른 웹사이트들이 사용자 정보를 수집하고 검색결과나 타깃 광고를 위해 그 정보를 사용하는 것에 대해 어떻게 생각하는지에 대한 여러 질문을 포함한 설문조사를 행하였다. "검색엔진이 당신이 검색하는 것을 추적해, 당신의 앞으로의 검색결과를 개인화하는데 사용한다면, 어떻게 생각하십니까?"라는 질문에 응답자는 "사생활 침해기 때문에 괜찮지 않음" 혹은 "개인정보를 수집한다고 해도 괜찮음"으로 답할 수 있다. 연령별 답변의 빈도수가 아래 테이블에 제시되어 있다.

나이	괜찮지 않다	괜찮다
18-29	0.1485	0.0604
30-49	0.2273	0.0907
50+	0.4008	0.0723

1. 응답자가 괜찮지 않다라는 답변을 할 확률은?

2. 30~49 연령대 응답자가 괜찮다고 답변할 확률은?

3. 괜찮지 않다고 답한 응답자가 50세 이상일 확률은?

4. 답변은 응답자 연령과 독립적인가? 왜 그런가 혹은 왜 그렇지 않나?

5. 18~29세 응답자와 50세 이상 응답자의 답변이 다른가?

55. **광고와 제품구매.** 어떤 회사가 자기 회사의 비누 중 하나에 대해 텔레비전 광고를 하고 있다. 이와 관련하여 행해진 조사에 기초하여 다음의 사건에 대해 확률이 구해졌다.

B = 상품을 구입한 사람

S = 광고를 보고 이를 생각해 낸 사람

$B \cap S$ = 상품을 구입하고 광고를 생각해 낸 사람

구해진 확률은 $P(B) = 0.20$, $P(S) = 0.40$, $P(B \cap S) = 0.12$이다.

a. 광고를 보고 이를 생각해 낸 사람들 중에 상품을 구입한 사람의 확률은 얼마인가? 광고를 보는 것이 상품을 구입할 사람의 확률을 높이는가? 의사결정자로서 광고를 계속할 것을 추천할 것인가?

b. 이 회사의 비누를 사지 않은 사람이 이 회사의 경쟁 회사로부터 비누를 구입했다고 가정하자. 이를 통해 이 회사의 시장 점유율을 추정해 보시오. 광고를 계속해서 하는 것이 회사의 시장 점유율을 높일 것이라고 예상하는가? 그 이유를 설명하시오.

c. 회사는 다른 광고도 검토하였고 이에 대하여 다음과 같은 값을 구하였다. $P(S) = 0.30$, $P(B \cap S) = 0.10$이다. 이 광고의 $P(B \mid S)$값을 구하시오. 어떤 광고가 소비자의 구매에 더 큰 영향을 끼쳤는가?

56. **집이 팔릴 때까지 걸리는 시간.** Cooper Realty는 뉴욕 알바니(Albany)에 위치한 주택을 전문적으로 소개하는 작은 부동산 업체이다. 최근 이 회사는 그들이 소개하는 주택이 팔릴 때까지 걸리는 시간에 대해 알고자 한다. 지난해 이 회사가 판 800개 주택에 관한 분석 자료는 다음과 같다.

		팔릴 때까지 목록에 제시되어 있는 일수			
		30일 이하	31 – 90일	90일 이상	합계
처음 제시된 가격	150,000달러 이하	50	40	10	100
	150,000 – $199,999달러	20	150	80	250
	200,000 – 250,000달러	20	280	100	400
	250,000달러 이상	10	30	10	50
	Total	100	500	200	800

a. A를 주택이 팔릴 때까지 제시되어 있는 일수가 90일 이상인 경우라고 하고 A의 확률을 구하시오.

b. B를 처음 제시된 가격이 150,000달러 이하인 경우라고 하고 B의 확률을 구하시오.

c. $A \cap B$의 확률을 구하시오.

d. 처음 제시된 가격이 150,000달러 이하인 경우에 계약이 성립되었다면 Cooper Realty가 파는 데 91일 이상 걸릴 확률을 구하시오.

e. A와 B는 독립적인가?

57. **업무 수행이 불가한 사고.** 한 회사가 텍사스 브라운스필에서 일어난 업무를 수행할 수 없는 사고 숫자를 조사하고 있다. 작년 6%의 종업원이 업무를 수행할 수 없는 사고를 경험하였다. 경영진은 특별 안전 프로그램이 올해 사고율을 5%로 감소시킬 것이라고 생각한다. 작년에 사고를 겪은 종업원 중 15%가 올해도 사고를 겪을 것이라고 예상된다.

a. 종업원 중 몇 퍼센트가 작년과 올해 모두 사고를 겪는가?

b. 종업원 중 몇 퍼센트가 작년과 올해 적어도 한 번은 사고를 겪는가?

58. **군대 가는 학군단 학생.** 사우스이스턴 오하이오대학은 학창생활 중 리더십 함양과 군사 훈련을 받을 수 있는 학군단을 운영한다. 학군단에 참가한 많은 학생들은 졸업 후 군대를 가지만, 모든 학생들이 그런 것은 아니다. 사우스이스턴 오하이오대를 졸업한 학생 중 6%가 군대에 간다고 한다. 졸업 후 군대에 간 학생 중 87%가 학군단 출신이다. 사우스이스턴 오하이오대 졸업한 학생 중 군대에 가지 않은 학생의 4%가 학군단 출신이다.

a. 사우스이스턴대학교 학군단인 학생인데, 졸업 후 군대에 갈 확률은?

b. 사우스이스턴대학교 학군단 학생이 아닌데, 졸업 후 군대에 갈 확률은?

c. 사우스이스턴대학 학생이 15,000이라면, 대략 몇 명이 학군단 소속인가?

59. **알라스카에서 석유 찾기.** 석유 회사가 알래스카에 있는 땅에 대한 옵션을 샀다. 사전 지리 조사에서 다음과 같은 사전확률이 제시되었다.

$$P(\text{고급 석유}) = 0.50$$
$$P(\text{중급 석유}) = 0.20$$
$$P(\text{석유 없음}) = 0.30$$

a. 석유를 발견할 확률은 얼마인가?

b. 첫 번째 유전에서 200피트를 파 내려간 후 지면 검사가 행해졌다. 이 검사에 의해 확인된 특정 유형의 토양을 발견할 확률은 다음과 같다.

$$P(\text{토양} \mid \text{고급 석유}) = 0.20$$
$$P(\text{토양} \mid \text{중급 석유}) = 0.80$$
$$P(\text{토양} \mid \text{석유 없음}) = 0.20$$

회사는 토양 조사를 어떻게 해석해야 하는가?

수정된 확률은 얼마이며 석유를 발견할 새로운 확률은 얼마인가?

60. **스팸 이메일 필터.** Forbes의 조사에 따르면 스팸 이메일에서 가장 많이 보이는 단어는 쉬핑! 오늘! 여기! 가능! 그리고 손끝!이었다. 많은 스팸 필터는 스팸을 햄(스팸이 아닌 이메일)과 구별하는 데 베이즈 정리를 사용한다. 이메일 주소 하나에, 10개 이메일 중 하나가 스팸이고, 스팸에서 가장 많이 보이는 단어를 포함하는 스팸 이메일의 비율은 다음과 같다.

쉬핑!	0.051
오늘!	0.045
여기!	0.034
가능!	0.014
손끝!	0.014

같은 단어를 포함한 햄 이메일의 비율은 다음과 같다.

쉬핑!	0.0015
오늘!	0.0022
여기!	0.0022
가능!	0.0041
손끝!	0.0011

위의 정보와 베이즈 정리를 사용하여 다음을 답하시오.

a. 이메일이 쉬핑!이란 단어를 포함하고 있으면, 스팸일 확률은 얼마인가? 햄일 확률은 얼마인가? 쉬핑!이란 단어를 포함한 이메일은 스팸으로 분류되어야 하는가?

b. 이메일이 오늘!이란 단어를 포함하고 있으면, 스팸일 확률은 얼마인가? 이메일이 여기!란 단어를 포함하고 있으면, 스팸일 확률은 얼마인가? 둘 중 어느 단어가 스팸 이메일의 강력한 지표인가?

c. 이메일이 가능!이란 단어를 포함하고 있으면, 스팸일 확률은 얼마인가? 이메일이 손끝!이란 단어를 포함하고 있으면, 스팸일 확률은 얼마인가? 둘 중 어느 단어가 스팸 이메일의 강력한 지표인가?

d. b와 c의 결과에서 베이즈 정리를 스팸 필터가 잘 작동하도록 사용할 수 있는 어떤 통찰력을 얻을 수 있는가?

사례연구 1: Hamilton County 판사

Hamilton County의 판사들은 일 년에 수천 건의 소송을 담당한다. 엄청나게 많은 소송들에 대해 평결이 내려진다. 그 중 몇몇 소송들은 항소가 되고, 원심이 파기되기도 한다. Cincinnati Enquirer의 크리스틴 델구찌는 지난 3년간 해밀턴 카운티의 판사들에 의해 다

DATA*file* Judge

표 4.8 Hamilton county 법원의 총처리소송과 항소된 소송, 파기된 소송

Common Pleas Court

판사	총처리소송	항소된 소송	파기된 소송
Fred Cartolano	3,037	137	12
Thomas Crush	3,372	119	10
Patrick Dinkelacker	1,258	44	8
Timothy Hogan	1,954	60	7
Robert Kraft	3,138	127	7
William Mathews	2,264	91	18
William Morrissey	3,032	121	22
Norbert Nadel	2,959	131	20
Arthur Ney, Jr.	3,219	125	14
Richard Niehaus	3,353	137	16
Thomas Nurre	3,000	121	6
John O'Connor	2,969	129	12
Robert Ruehlman	3,205	145	18
J. Howard Sundermann	955	60	10
Ann Marie Tracey	3,141	127	13
Ralph Winkler	3,089	88	6
계	43,945	1,762	199

가정법원

판사	총처리소송	항소된 소송	파기된 소송
Penelope Cunningham	2,729	7	1
Patrick Dinkelacker	6,001	19	4
Deborah Gaines	8,799	48	9
Ronald Panioto	12,970	32	3
계	30,499	106	17

지방법원

판사	총처리소송	항소된 소송	파기된 소송
Mike Allen	6,149	43	4
Nadine Allen	7,812	34	6
Timothy Black	7,954	41	6
David Davis	7,736	43	5
Leslie Isaiah Gaines	5,282	35	13
Karla Grady	5,253	6	0
Deidra Hair	2,532	5	0
Dennis Helmick	7,900	29	5
Timothy Hogan	2,308	13	2
James Patrick Kenney	2,798	6	1
Joseph Luebbers	4,698	25	8
William Mallory	8,277	38	9
Melba Marsh	8,219	34	7
Beth Mattingly	2,971	13	1
Albert Mestemaker	4,975	28	9
Mark Painter	2,239	7	3
Jack Rosen	7,790	41	13
Mark Schweikert	5,403	33	6
David Stockdale	5,371	22	4
John A. West	2,797	4	2
계	108,464	500	104

뤄진 소송들에 관하여 조사를 실시하였다. 표 4.8에 나타난 자료는 민사법원과 가정법원, 지방법원의 38명의 판사들에 의해 다뤄진 182,908개 소송의 결과이다. 2명의 판사(Dinkelacker와 Hogan)는 총 3년의 기간 동안 같은 법원에서 일하지 않았다.

이 조사의 목적은 판사들의 업무 성과를 평가하는 데 있다. 항소는 종종 판사들의 실수로 발생하기도 하기 때문에 어떤 판사가 제대로 판결을 잘 내리고 있는지 또 어떤 판사가 실수를 많이 하는지에 대해 알고자 이 조사를 실시하였다. 자신이 이 조사에 보조로 참가하였다고 가정하고, 이 판사들의 순위를 매기는 데 자신이 가진 확률과 조건부확률에 관한 지식을 사용하시오. 당신은 또한 다른 법정에서 다뤄지는 소송들의 항소 가능성과 파기 가능성을 분석할 수도 있을 것이다.

경영보고서 작성

판사의 순위에 관한 보고서를 준비하시오. 그리고 세 군데의 법원에서 소송들의 항소 가능성과 파기 가능성에 관한 분석을 하시오. 보고서에는 최소한 다음 사항이 포함되어야 한다.

1. 세 법원에서 소송이 항소될 확률과 파기될 확률
2. 각 판사들의 담당 소송이 항소될 확률
3. 각 판사들의 담당 소송이 파기될 확률
4. 각 판사들의 담당 소송이 항소된 후 파기될 확률
5. 각각의 법원에 속한 판사들의 순위를 매기시오. 이에 사용한 기준을 제시하고, 순위를 매기게 된 합리적 이유를 제시하시오.

사례연구 2: Rob's Market

Rob's Market(RM)은 미국 남서쪽에 위치한 지역 식료품 가게이다. RM의 비즈니스 인테리전스를 맡은 데이빗 화이트는 RM 로열티 카드(할인을 받기 위해 고객이 계산대에서 스캔해야 하는 카드)를 사용하는 고객의 소비 행동에 관한 연구를 시작하고 싶다. 로열티 카드의 사용을 통해 RM은 고객의 쇼핑 목록, 판매시점(point of sale) 정보관리 데이터를 얻을 수 있다. 데이빗은 어떤 상품들이 같이 구매되었는지를 알면 가격정책, 진열전략에 도움이 될 뿐 아니라 매출을 더 잘 이해하고 여러 다른 쿠폰 할인의 효과도 알 수 있을 것이라고 생각한다.

DATA*file* MarketBasket

이런 분석은 여러 소비자가 쇼핑할 때 어떤 물건을 샀는지를 연구하기에 시장 바구니 분석(market basket analysis)이라고 알려져 있다.

데이빗은 시험적으로 빵, 잼, 땅콩버터와 관련한 소비자의 구매행동을 조사하고 싶다. RM의 정보기술 그룹은 데이빗의 요청에 따라 일주일간 1,000명의 소비자의 구매 정보를 제공하였다. 데이터는 MarketBasket 파일에 있으며, 각각의 소비자 관련 다음의 변수를 제공한다.

- 빵: 밀빵, 흰빵, 그리고 없음
- 잼: 포도, 딸기, 그리고 없음
- 땅콩버터: 크리미, 내추럴, 그리고 없음

변수는 데이터의 왼쪽에서 오른쪽으로 한 소비자가 한 줄로 나타난다. 예를 들어 데이터의 첫 번째 정보는

흰빵 포도 없음

이며 이는 이 소비자가 흰빵, 포도잼을 사고 땅콩버터는 사지 않은 것을 의미한다.

두 번째 정보는

흰빵 딸기 없음

이며 2번 소비자가 흰빵, 딸기잼을 사고 땅콩버터는 사지 않았다는 뜻이다. 6번째 정보는

없음 없음 없음

인데, 6번째 소비자가 빵, 잼, 땅콩버터를 사지 않았다는 뜻이다. 다른 정보도 비슷하게 해석된다. 데이빗은 RM 고객의 이 세 가지 제품과 관련한 행동을 더 잘 이해하기 위해 이 데이터를 사용하여 우선적으로 알아보고싶다.

경영보고서 작성

RM 로열티 카드를 사용하는 소비자의 구매행동에 대한 통찰력을 제공하는 보고서를 작성하시오. 적어도 다음과 같은 예측치는 포함되어야 한다.

1. 소비자가 셋 중 아무 것도 구매하지 않았을 확률(빵, 잼, 땅콩버터)
2. 소비자가 흰빵을 샀을 확률
3. 소비자가 밀빵을 샀을 확률
4. 소비자가 흰빵을 샀을 때, 소비자가 포도잼을 살 확률
5. 소비자가 흰빵을 샀을 때, 소비자가 딸기잼을 살 확률
6. 소비자가 흰빵을 샀을 때, 소비자가 크리미한 땅콩버터를 살 확률
7. 소비자가 흰빵을 샀을 때, 소비자가 내추럴한 땅콩버터를 살 확률
8. 소비자가 밀빵을 샀을 때, 소비자가 크리미한 땅콩버터를 살 확률
9. 소비자가 밀빵을 샀을 때, 소비자가 내추럴한 땅콩버터를 살 확률
10. 소비자가 흰빵, 포도잼, 그리고 크리미 땅콩버터를 샀을 확률

Chapter 5

이산확률분포

Contents

실생활에서 보는 통계

유권자의 투표대기시간*

역사적으로, 미국 선거에서 대부분 사람들은 선거구 투표소(a precinct polling location)라고 알려진 특정 장소에 직접 와서 투표를 하였다. 점차 우편투표 유권자가 늘어났는데, 캘리포니아, 콜로라도, 하와이, 네바다, 오리건, 유타, 버몬트, 워싱턴 등 주에서는 우편투표가 우선적 투표방법이 되었다. 그러나 이들 주 이외의 대부분 지역에서는 여전히 많은 유권자들이 직접 투표를 하고 있다. 최근 선거에서 직접 투표하러 온 일부 유권자들은 엄청나게 긴 대기 시간을 경험했는데, 투표 줄에서 오래 기다릴 수 없는 유권자의 선거권을 잠재적으로 박탈할 수 있다는 우려를 낳았다.

통계학자들은 선거구 투표소 도착시간과 유권자 대기시간을 추정하는 선거모형을 개발했다. 이 모형은 대기열 이론 분야의 수학 방정식을 사용하여 유권자의 대기시간을 추정하는 것으로, 대기시간은 선거구 투표소에 사용가능한 투표기 또는 투표소 수, 선거 투표용지 길이, 유권자 도착률 등 다양한 요인에 따라 달라진다.

유권자 도착에 대해 수집된 데이터는 유권자 도착이 포아송분포(Poisson distribution)로 알려진 확률분포를 따른다는 것을 보여준다. 통계학자는 포아송 분포의 속성을 사용하여 특정 기간 동안 도착하는 유권자 수에 대한 확률을 계산할 수 있다. 예를 들어, 'x = 1분 동안 특정 선거구 투표소에 도착하는 유권자 수'라 하자. 이 위치에 1분 동안 평균 2명의 유권자가 도착한다면, 다음은 1분 동안 도착하는 유권자 수에 대한 확률을 보여준다.

x	확률
0	0.1353
1	0.2707
2	0.2707
3	0.1804
4	0.0902
5명 이상	0.0527

통계학자들은 이러한 확률을 모델에 대한 입력으로 사용하여 대기열 이론을 사용하여 각 선거구 투표소에서 유권자 대기시간을 추정한다. 그런 다음 통계학자는 유권자 대기시간을 제어하기 위해 각 선거구 투표소에 배치할 투표 기계 또는 투표소 수에 대한 권장 사항을 제시할 수 있다.

본 장에서는 선거구에 도착한 유권자 수 모형과 같은 이산확률분포를 다룬다. 포아송분포 외에도 이항분포와 초기하분포에 대해 배우고, 이러한 분포를 사용하여 유용한 확률 정보를 제공하는 방법을 배운다.

* Muer Yang, Michael J. Fry, Ted Allen, and W. David Kelton의 연구를 기초로 한다.

본 장에서는 확률변수와 확률분포의 개념을 도입하여 확률 공부를 확장한다. 확률변수와 확률분포는 데이터의 모집단에 대한 모형이다. 확률변수라고 불리는 값은 데이터의 값을 나타내며, 확률분포는 각 데이터 값의 확률 또는 각 데이터 값이나 데이터 값의 집합의 확률을 계산하는 규칙을 제공한다.

본 장의 초점은 이산형 데이터에 대한 확률분포, 즉 이산형 확률분포에 있으며, 두 가지 유형의 이산확률분포를 소개한다. 첫 유형은 확률변수 값에 대한 열과 각 확률변수의 확률에 대한 열로 이루어진 두 개의 열이 있는 테이블이다. 우리는 그러한 분포에 대한 확률을 할당하고자 4장에서 소개한 실험결과에 확률을 할당하는 규칙을 사용할 수 있다는 것으로 알게 될 것이다. 둘째 유형은 특별한 수학함수를 사용하여 확률변수의 각 값에 대한 확률을 계산하는데, 본 장에서는, 실제로 널리 사용되는 세 가지 확률분포, 즉 이항분포, 포아송분포, 초기하분포를 보여준다.

5.1 확률변수

확률변수는 수치를 사용하여 실험 결과를 나타내는 방법을 제공한다. 확률변수는 수치로 나타낼 수 있어야 한다.*

확률변수

확률변수는 하나의 실험에서 나타나는 결과를 수치로 나타내는 것이다.

실제 하나의 확률변수는 실험에서 일어날 수 있는 각각의 결과에 대해 하나의 수치를 연관시키는 것이다. 확률변수의 특정값은 실험 결과에 의존하는데 확률변수가 가정하는 수치에 따라 이산 또는 연속확률변수로 구분된다.

이산확률변수

유한한 개수의 값을 갖거나 0, 1, 2, …와 같이 무한수열의 값을 가지는 확률변수를 **이산확률변수(discrete random variable)**라 한다. 4개 부문으로 구성된 공인회계사(CPA) 시험을 치르는 회계사의 실험을 예로 들어보자. 확률변수를 x = 공인회계사 시험 4개 부문 중 합격한 부문의 개수라고 정의하자. 그러면 확률변수 x가 가질 수 있는 값은 0, 1, 2, 3, 또는 4이고 개수가 유한하므로 이 확률변수는 이산확률변수이다.

또 다른 이산확률변수의 예로 톨게이트 자동차의 실험을 보자. 먼저 확률변수를 x = 하루 동안 톨게이트를 지나는 차량의 수라고 정의하면 확률변수 x가 취할 수 있는 값은 0, 1, 2, … 일련의 정수가 될 것이다. 확률변수 x는 이러한 무한수열 중 하나의 값을 가질 것이므로 이 확률변수 역시 이산확률변수가 된다.

많은 실험 결과가 수치로 자연스럽게 표현될 수는 있지만 그렇지 못한 경우도 있다. 설문 응답자에게 최근 한 텔레비전 광고에 나온 말귀의 수를 생각하라고 한 설문 조사를 예로 들어보자. 이 실험 결과는 두 가지 가능성이 있는데 하나는 설문 응답자가 말귀의 수를 기억하지 못하는 경우이고 다른 하나는 기억하는 경우이다. 실험 결과를 수치로 정리하되 말귀를 기억하면 $x = 0$, 그렇지 못하면 $x = 1$로 확률변수 x를 정의할 수 있다. 이러한 확률변수의 수치는 5와 10을 쓸 수도 있다는 점에서 자의적이지만 확률변수의 정의로 받아들여질 수 있다. x는 실험 결과를 수치로 나타내는 방법을 제공하기 때문에 하나의 확률변수이다.

표 5.1은 몇 가지 이산확률변수의 예를 보여주고 있다. 각 예에서 이산확률변수는 유한한 개수의 값이거나 0, 1, 2, …와 같은 무한수열의 값을 취한다는 점에 주목하여야 한다. 이 장에서는 이러한 종류의 확률변수에 대해 자세히 알아볼 것이다.

---

* 4장에서 실험(experiment)과 이와 관련된 실험결과(experimental outcome)의 개념을 이야기했다.

표 5.1 이산확률변수의 예

실험	확률변수(x)	확률변수가 취할 수 있는 값
동전 1개 던지기	동전 앞면의 개수	1(앞면이면), 0(뒷면이면)
주사위 1개 던지기	주사위 눈의 수	1, 2, 3, 4, 5, 6
5명의 고객과 연락	주문한 고객의 수	0, 1, 2, 3, 4, 5
하루 동안 의원 운영	도착한 진료 고객의 수	0, 1, 2, 3,...
고객에게 두 상품을 소개	고객의 선택 상품	0 고객이 어떤 상품도 선택 않음 1 고객이 상품 1을 선택 2 고객이 상품 2를 선택

연속확률변수

일정한 구간 또는 구간들의 집합에서 어떠한 값이라도 취할 수 있는 확률변수를 **연속확률변수(continuous random variables)**라고 한다. 시간, 무게, 거리, 온도 등 측정단위에 기초한 실험 결과는 연속확률변수로 기술할 수 있다. 대규모 보험회사의 보험금 신청부서에 걸려오는 전화통화를 감독하는 실험을 예로 들어보자. 확률변수를 x = 연속적으로 걸려오는 전화 통화 사이의 분 단위의 시간이라고 정의하자. 이 확률변수는 $x \geq 0$인 구간의 어떠한 값을 가질 것이다. 실제로 1.26분, 2.751분, 4.3333분 등 무한한 개수의 값이 확률변수 x의 값으로 가능할 것이다. 조지아주 아틀랜타시 북쪽 I-75 고속도로(interstate highway)의 90마일 구간을 또 다른 예로 들어보자. 아틀랜타시에 위치한 응급차서비스에 대하여 확률변수를 x = 정해진 고속도로 구간에서 발생하는 다음 교통사고 지점까지의 거리(마일)로 정의하자. 이 경우 x는 $0 \leq x \leq 90$ 구간의 어떤 값을 취하는 연속확률변수가 된다. 연속확률변수의 또 다른 예는 표 5.2에 나열하였다. 각 예에서 일정 구간에서 어떤 값을 가질 수 있는 확률변수를 기술하고 있음에 주목하여야 한다.

표 5.2 연속확률변수의 예

실험	확률변수 (x)	확률변수가 취할 수 있는 값
고객의 웹방문	고객이 웹에 머무는 시간(분)	$x \geq 0$
음료수 병 채우기 (최대 12.1온스)	병에 채운 물의 양(온스)	$0 \leq x \leq 12.1$
새로운 화학공정 시험	바람직한 반응이 발생하는 온도 (최소 60도, 최대 100도)	$60 \leq x \leq 100$
주식에 1천만 원 투자	1년 후 투자의 가치	$x \geq 0$

주석 및 코멘트

한 확률변수가 이산적인지 연속적인지를 결정하는 방식 중 하나는 확률변수의 값을 일직선 상의 점들로 생각하는 것이다. 확률변수의 값을 나타내는 두 점을 고른다. 만약 이 두 점 사이에 일직선의 모든 구간이 확률변수의 다른 값들을 나타낸다면 이 확률변수는 연속적이다.

연습문제

기본문제

01. 동전 한 개를 두 번 던지는 실험을 생각해 보자.

a. 실험 결과를 나열해 보시오.

b. 동전을 두 번 던졌을 때 앞면이 나오는 경우의 수를 확률변수로 정의하시오.

c. 실험 결과로 나타날 수 있는 각 경우를 확률변수값으로 나타내 보시오.

d. 확률변수가 이산확률변수인지 연속확률변수인지 답해 보시오.

02. 제품을 조립하는 한 명의 근로자에 대한 실험을 생각해 보자.

a. 제품을 조립하는 데 걸리는 시간의 단위를 분으로 하여 확률변수로 정의하시오.

b. 확률변수가 어떤 값을 가질 것으로 가정되는가?

c. 확률변수는 이산확률변수인가? 연속확률변수인가?

적용문제

03. 세 명의 학생이 브룩우드 연구소(Brookwood Institute)에서 여름방학 동안 일을 하기 위해 인터뷰를 할 예정이다. 인터뷰를 하고 나면 합격인지 불합격인지의 결과를 알게 된다. 실험 결과는 세 명에 대한 인터뷰의 합격 또는 불합격으로 정의된다.

a. 실험 결과를 나열해 보시오.

b. 일자리를 얻게 될 경우의 수를 확률변수로 정의하시오. 확률변수는 연속변수인가?

c. 실험 결과로 나타날 수 있는 각 경우를 확률변수의 값으로 나타내 보시오.

04. 11월 미국의 실업률은 8.7%였다(미국 노동부 홈페이지, 2010년 1월 10일). 인구조사국(Census Bureau)은 북동쪽 지역의 9개의 주를 추가하였다. 관심이 있는 확률변수는 북동쪽지역의 주에서 실업률이 8.7% 미만인 주가 몇 개인가 하는 것이다. 확률변수가 취할 수 있는 변수는 무엇인가?

05. 혈액유형을 분석하기 위해 실험실 담당자는 두 가지 절차를 수행하고자 한다. 첫 번째 절차에서는 단계가 2개로 설정되었고 두 번째 절차에서는 단계가 3개로 설정되었다.

a. 혈액분석을 하면 나오게 되는 실험 결과를 나열하여 보시오.

b. 두 가지 절차를 통해 나오게 되는 결과의 수를 확률변수로 나타낸다면 각 실험 결과로 얻게 될 경우를 확률변수의 값으로 나타내 보시오.

06. 다음에 실험과 확률변수가 나열되어 있다. 각 경우에 대해 확률변수가 어떤 값을 가지는지와 그 확률변수가 이산확률변수인지 연속확률변수인지 말해 보시오.

실험	확률변수(x)
a. 문항이 20개인 시험을 치르다.	정답 수
b. 톨게이트에 도착하는 자동차를 1시간 동안 관찰	톨게이트에 도착하는 자동차의 수
c. 50개의 세금환불 회계장부	실수로 환불된 수
d. 근로자의 일에 대한 관찰	8시간 근무시간 중 일하지 않는 시간의 수
e. 배에 적재한 물건의 무게	파운드로 나타나는 수

5.2 이산확률분포

하나의 확률변수에 대한 **확률분포(probability distribution)**는 확률변수의 값들에 대해 확률이 어떻게 배분되는가를 보여준다. 이산확률변수 x의 **확률함수(probability function)**는 $f(x)$로 표현하는데, 확률변수가 가지는 각 값의 확률을 나타낸다. 확률을 할당하는 고전적, 주관적, 상대빈도 방법을 사용하여 이산확률분포를 도출할 수 있다. 이 방법을 적용하면 이산확률분포표를 얻게 되는데, 표 형식으로 제공되는 확률분포이다.

확률변수의 값에 확률을 할당하는 고전적 방법은 확률변수가 동일하게 나타나는 확률변수의 값을 생성하는 실험결과에 적용할 수 있다. 예를 들어, 주사위 하나를 던지는 실험을 생각하자. 주사위의 숫자는 1, 2, 3, 4, 5, 6 중 하나이며, 각 결과의 확률은 모두 같다. 따라서 확률변수 x = 주사위 하나를 던져 얻는 숫자, $f(x)$ = 확률변수 x의 확률이라고 하면, 표 5.3을 얻을 수 있다.

표 5.3 주사위 하나를 던져 얻는 숫자의 확률분포

주사위의 숫자 x	x의 확률 f(x)
1	1/6
2	1/6
3	1/6
4	1/6
5	1/6
6	1/6

확률을 할당하는 주관적 방법 역시 확률변수의 값과 이와 관련된 확률로 이뤄진 표를 얻게 된다. 주관적 방법에서는 확률분포를 도출하는 개인이 최선의 판단을 가지고 각 확률변수에 확률을 할당한다. 따라서 고전적 방법으로 도출한 확률분포와 달리, 사람마다 다른 확률분포를 도출할 것이다.

확률변수의 값에 확률을 할당하는 상대빈도 방법은 충분히 많은 데이터를 사용할 수 있을 때 적용가능하다. 데이터를 모집단으로 취급한 후 실험결과에 확률을 할당하는 상대빈도 방법을 이용한다. 상대빈도 방법으로 얻은 이산확률분포는 **실증적(또는 경험적) 이산분포(empirical discrete distribution)**라 부른다. 오늘날 사용가능한 데이터(예를 들어, 스캐너 데이터, 신용카드 데이터 등)가 상당히 많으므로 실제 이러한 유형의 확률분포가 점점 널리 사용되고 있다. 자동차 대리점의 자동차 판매를 예로 들어보자.

상대빈도 방법을 이용하여, 뉴욕주 사라토가시의 디카를로 자동차 대리점(DiCarlo Motors)에서 하루에 판매되는 자동차 수에 대한 확률분포를 도출하자. 지난 300일간 운영한 판매 자료를 보면 1대도 판매하지 못한 날이 54일, 1대 판매한 날이 117일, 2대 판매한 날이 72일, 3대 판매한 날은 42일, 4대 판매한 날은 12일, 5대 판매한 날은 3일로 나타난다. 실험으로 이 공장의 가동일 하루를 생각하고 확률변수 x = 이 날에 판매된 자동차의 수로 정의하자. 과거 자료를 볼 때 x는 0, 1, 2, 3, 4, 또는 5의 값을 갖는 확률변수임을 알 수 있다. 확률함수 $f(0)$는 0대의 자동차를 판매할 확률 $f(1)$는 1대의 자동차를 판매할 확률 등을 알려 준다. 과거 자료가 300일 중 54일은 0대를 판매한 것으로 나타나므로 $f(0)$에 $54/300 = 0.18$의 값을 줄 수 있는데, 이는 임의의 하루에 0대의 자동차가 판매될 확률을 나타낸다. 마찬가지로 300일 중 117일은 1대를 판매한 것으로 나타나므로, $f(1)$에 $117/300 = 0.39$의 값을 줄 수 있으며, 이는 임의의 하루에 1대의 자동차가 판매될 확률을 나타낸다. 확률변수의 다른 값에 대해서도 이런 방식을 적용하면 표 5.4에서 보듯 $f(2)$, $f(3)$, $f(4)$, $f(5)$의 값, 즉 디카를로 자동차공장에서 하루에 판매되는 자동차 수의 확률분포를 보여준다.

확률변수와 확률분포를 정의하고 일단 확률분포가 알려지면 의사결정자가 관심을 가질 수 있는 다양한 상황에 대한 확률을 찾기가 쉽다는 장점이 있다. 예를 들어 디카를로 자동차공장의 확률분포를 이용하면 표 5.4에서 보듯 개연성이 가장 높은 하루 판매량은 1이며 이의 확률은 $f(1) = 0.39$임을 알 수 있다. 또한 하루에 3대 이상을 판매할 확률은 $f(3) + f(4) + f(5) = 0.14 + 0.04 + 0.01 = 0.19$임을 알 수 있다. 이러한 확률들은 의사결정자가 묻는 다른 확률들과 함께 디카를로 자동차공장에서 자동차를 판매하는 과정을 이해하는 데 도움이 된다.

이산확률변수의 확률함수는 다음 두 조건을 만족시켜야 한다.

이산확률함수의 요구조건

$$f(x) \geq 0 \qquad \textbf{(5.1)}$$

$$\Sigma f(x) = 1 \qquad \textbf{(5.2)}$$

표 5.4는 확률변수 x의 확률값들은 x의 모든 값에 대하여 $f(x)$가 0 이상이라는 식 (5.1)을 만족시키고 있으며, 추가로 모든 확률들의 합은 1이므로 식 (5.2)가 충족되고 있다. 따라서 디카를로 자동차공장의 확률함수는 타당한 이산확률함수이다.

확률함수는 그림으로도 나타낼 수 있는데 그림 5.1에서 디카를로 자동차공장에 대한 확률변수 x의 값은 수평축에, 이들 값에 대한 확률은 수직축에 나타낼 수 있다.

표와 그림 외에 확률분포를 나타내기 위하여 모든 x의 값에 대한 확률함수 $f(x)$에 해

표 5.4 디카를로 자동차공장의 하루 자동차 판매량의 확률분포

x	f(x)
0	0.18
1	0.39
2	0.24
3	0.14
4	0.04
5	0.01
계	1.00

그림 5.1 디카를로 자동차공장의 하루 자동차 판매량의 확률분포에 대한 그래프

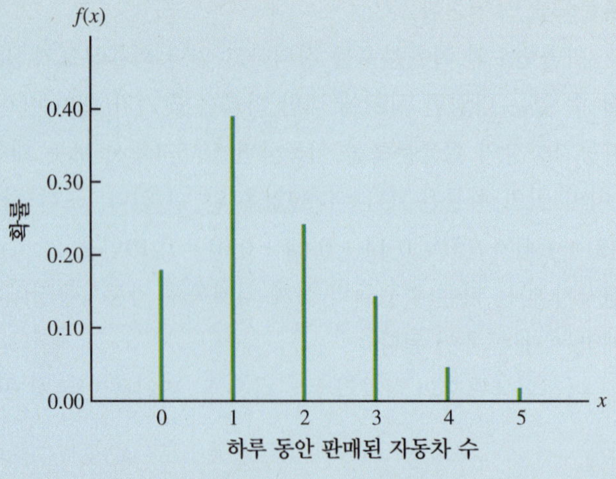

당하는 식(formula)이 사용되는 경우도 더러 있다. 식으로 표시할 수 있는 가장 단순한 이산확률함수의 예는 **이산균일 확률분포(discrete uniform probability distribution)**인데 이의 확률함수는 식 (5.3)과 같이 정의된다.

이산균일 확률함수

$$f(x) = 1/n \quad \textbf{(5.3)}$$

n = 확률변수가 가질 수 있는 값의 개수

예를 들어 주사위 하나를 던지는 실험을 생각하고 확률변수 x를 주사위를 던졌을 때 나타나는 주사위 눈의 수라고 하자. 이 실험에서 확률변수가 가지는 값의 개수는 $x = 1, 2, 3, 4, 5, 6$, 즉 $n = 6$개이다. 따라서 이 이산균일확률변수에 대한 확률함수는

$$f(x) = 1/6 \qquad x = 1, 2, 3, 4, 5, 6$$

어느 정도 광범위하게 사용되는 이산확률분포들은 식으로 구체화되어 있는데 가장 중요한 세 가지 경우는 이항, 포아송, 초기하분포이며 이 장 뒷부분에서 이들 분포에 대해 설명한다.

연습문제

기본문제

07. 확률변수 x의 확률분포는 다음과 같다.

x	f(x)
20	0.20
25	0.15
30	0.25
35	0.40

a. 이러한 확률분포는 타당한가? 설명하시오.

b. $x = 30$일 확률은 얼마인가?

c. x가 25 이하일 확률은 얼마인가?

d. x가 30보다 클 확률은 얼마인가?

적용문제

08. 수술실 사용. 20일 동안 탬파 종합병원에서 사용된 수술실의 수를 자료로 모았다. 수술실이 1개 사용된 경우는 3일, 수술실이 2개가 사용된 경우는 5일, 수술실이 3개 사용된 경우는 8일, 수술실 4개가 모두 사용된 경우는 4일이었다.

a. 사용된 수술실의 개수에 따른 확률분포를 빈도표로 만드시오.

b. 확률분포를 그림으로 나타내 보시오.

c. 확률분포가 이산확률분포의 타당성 조건을 충족시키는지를 보이시오.

09. 직원 유지. 직원 유지는 많은 회사의 주요 관심사이다. 미국인을 대상으로 한 설문조사에서 현재 고용주와 얼마나 오랫동안 일했는지 물었다(노동통계국 웹사이트). 5년 전에 졸업한 2,000명의 대학 졸업자 표본의 결과를 다음 예에서 살펴보자.

현재 고용주와 근무한 기간(년)	응답 표본 수
1	506
2	390
3	310
4	218
5	576

x를 응답자가 현재 고용주와 근무한 기간(연)을 나타내는 확률변수라 하자

a. 데이터를 사용하여 x에 대한 경험적 이산확률분포를 만드세요.

b. 확률분포가 유효한 이산확률분포의 조건을 충족하는지 밝히시오

c. 응답자가 현재 고용주와 3년 이상 근무한 확률은 얼마인가?

10. IS 관리자의 직무만족도. IS(Information Systems)회사의 임원 및 중간관리자를 표본으로 하여 직무만족도 점수에 응답하게 하였고 다음 표는 응답한 빈도를 보여준다. 점수는 '매우 불만족'인 경우의 1점에서 '매우 만족'인 경우 5점까지이다.

직무만족 점수	IS사의 임원(%)	IS사의 중간관리자(%)
1	5	4
2	9	10
3	3	12
4	42	46
5	41	28

a. 임원의 직무만족 점수에 대한 확률분포를 구하시오.

b. 중간관리자의 직무만족 점수에 대한 확률분포를 구하시오.

c. 임원이 직무만족 점수 4 또는 5에 응답할 확률은 얼마인가?

d. 중간관리자가 '매우 만족'에 응답할 확률은 얼마인가?

e. 임원과 중간관리자의 직무만족도를 전반적으로 비교하여 보시오.

11. 기계오작동서비스. 한 기술자가 Phoenix 지역의 회사에 메일을 보내는 기계를 제공하고 있다. 오작동의 유형에 따라 서비스 요청은 1시간, 2시간, 3시간, 4시간이 걸린다. 오작동의 유형은 거의 동일한 빈도로 발생한다.

a. 서비스 요청이 지속되는 시간에 대한 확률분포를 구하시오.

b. 확률분포를 그래프로 나타내시오.

c. 확률분포가 이산확률분포 함수의 조건을 만족시키고 있는지를 보이시오.

d. 요청이 세 시간 걸릴 확률은 얼마인가?

e. 서비스 요청이 방금 접수되었는데 오작동의 유형이 파악되지 않았다. 현재 오후 3시인데 서비스 기술자는 일반적으로 오후 5시에 퇴근을 한다. 기술자가 오늘 초과근무로 일하게 될 시간의 확률은 얼마인가?

12. 신규 케이블 가입. 스펙트럼(Spectrum)은 수백만 명의 고객에게 케이블 TV와 인터넷 서비스를 제공한다. 스펙트럼의 경영진이 다음과 같이 뉴욕주의 내년 신규 가입자 수에 대한 확률분포를 주관적으로 평가한다고 가정하자.

x	$f(x)$
100,000	0.10
200,000	0.20
300,000	0.25
400,000	0.30
500,000	0.10
600,000	0.05

a. 확률함수가 타당한가? 설명하시오.

b. 스펙트럼의 신규 가입자가 400,000명 이상일 확률은 얼마인가?

c. 스펙트럼의 신규 가입자가 200,000명 이하일 확률은 얼마인가?

13. 토마토 잎의 곤충. 식물학자들은 토마토 식물을 공격하는 특정 유형의 곤충을 연구하고 있다. 식물학자들은 온실에 있는 토마토 잎당 곤충 수를 세는 연구를 수행했다. 그들은 토마토 잎에 있는 곤충의 수가 1개, 2개, 3개 또는 4개라는 것을 발견했다. 그들은 또한 다음 확률함수가 토마토 잎에 있는 곤충 수의 확률을 설명한다는 것을 확인했다.

$$f(x) = \frac{x}{10}, \qquad x = 1,\ 2,\ 3 \text{ 또는 } 4$$

a. 토마토 잎에 있는 곤충의 수는 이산확률변수인가, 연속확률변수인가?

b. 이 확률함수는 타당한가? 설명하시오.

c. 식물학자가 토마토 잎에서 정확히 한 마리의 곤충을 발견할 확률은 얼마인가?

d. 식물학자가 토마토 잎에서 정확히 네 마리의 곤충을 발견할 확률은 얼마인가?

e. 식물학자가 토마토 잎에서 세 마리 미만의 곤충을 발견할 확률은 얼마인가?

14. MRA회사의 예상수익. 다음 표에는 MRA 회사가 설립 첫해에 예상하는 이윤에 대한 확률분포가 부분적으로 제시되어 있다(음으로 된 수치는 손실을 의미한다).

x	f(x)
−100	0.10
0	0.20
50	0.30
100	0.25
150	0.10
200	

a. $f(200)$에 대한 적절한 값은 얼마인가? 설명해 보시오.

b. MRA가 이득을 보게 될 확률은 얼마인가?

c. MRA가 최소 100,000달러를 벌어들일 확률은 얼마인가?

5.3 기댓값과 분산

기댓값

확률변수의 **기댓값(expected value)** 또는 평균은 확률변수의 중앙값을 나타내는 척도 중 하나이다. 이산확률변수의 기댓값을 구하는 공식은 다음 식 (5.4)와 같다.

이산확률변수의 기댓값

$$E(x) = \mu = \Sigma x f(x) \qquad \textbf{(5.4)}$$

$E(x)$와 μ 모두 확률변수의 기댓값을 나타내는 데 사용된다.

식 (5.4)는 이산확률변수의 기댓값을 계산하기 위해서는 확률변수의 각 값과 이 값을 가질 확률을 곱한 후 이들을 모두 더해야 함을 나타낸다. 이전 절에 보였던 디카를로 자동차공장의 자동차 판매의 예를 사용하여 하루에 판매되는 자동차 수의 기댓값을 구하는

표 5.5 디카를로 자동차의 하루 자동차 판매량의 기댓값 계산

x	$f(x)$	$xf(x)$
0	0.18	0(0.18) = 0.00
1	0.39	1(0.39) = 0.39
2	0.24	2(0.24) = 0.48
3	0.14	3(0.14) = 0.42
4	0.04	4(0.04) = 0.16
5	0.01	5(0.01) = 0.05
		1.50

$$E(x) = \mu = \Sigma xf(x)$$

과정을 표 5.5와 같이 요약할 수 있다. $xf(x)$열에 있는 모든 값의 합으로부터 기댓값이 하루에 자동차 1.50대임을 알 수 있다. 따라서 어떤 날 하루에 팔릴 수 있는 자동차는 0, 1, 2, 3, 4, 5대이지만 세월이 감에 따라 디카를로 자동차는 하루에 평균 1.50대의 자동차를 판매할 것으로 기대하게 될 것이다. 한 달 30일 가동을 한다면 하루 자동차 판매의 기댓값이 1.50대이므로 한달 평균 자동차 판매는 30(1.50) = 45대로 예상할 수 있다.

분산

기댓값은 확률변수의 중앙값 또는 평균값을 나타내는데, 더러는 변동성(variability)이나 이산성(dispersion)을 측정할 필요가 있다. 3장에서 자료의 변동성을 나타내기 위하여 **분산(variance)**을 사용한 것과 마찬가지로 확률변수의 값들의 변동성을 나타내기 위해 분산이라는 개념을 쓴다. 이산확률변수의 분산을 구하는 공식은 다음 식 (5.5)와 같다.

이산확률변수의 분산

$$Var(x) = \sigma^2 = \Sigma(x - \mu)^2 f(x) \tag{5.5}$$

식 (5.5)에서 보듯, 분산 공식에서 핵심 부분은 확률변수의 특정값이 기댓값 또는 평균 μ로부터 얼마나 떨어져 있는가를 측정하는 편차(deviation) $x-\mu$이다. 확률변수의 분산을 계산하자면 먼저 편차를 제곱하고 이에 해당하는 확률함수의 값으로 가중평균하여야 한다. 모든 확률변수의 값에 대한 가중제곱편차의 합이 바로 분산이다. 두 가지 기호 Var(x)나 σ^2모두 확률변수의 분산을 나타내는 데 사용된다.

디카를로 자동차에서 하루에 판매되는 자동차 대수의 확률분포에 대한 분산을 계산하는 과정을 표 5.6과 같이 요약할 수 있다. **표준편차(standard deviation)** σ는 분산의 양의 제곱근으로 정의된다. 따라서 하루 중 판매되는 자동차 대수의 표준편차는

$$\sigma = \sqrt{1.25} = 1.118$$

표 5.6 디카를로 자동차의 하루 자동차 판매량의 분산 계산

x	$x - \mu$	$(x - \mu)^2$	f(x)	$(x - \mu)^2 f(x)$
0	0 − 1.50 = −1.50	2.25	0.18	2.25(0.18) = 0.4050
1	1 − 1.50 = −0.50	0.25	0.39	0.25(0.39) = 0.0975
2	2 − 1.50 = 0.50	0.25	0.24	0.25(0.24) = 0.0600
3	3 − 1.50 = 1.50	2.25	0.14	2.25(0.14) = 0.3150
4	4 − 1.50 = 2.50	6.25	0.04	6.25(0.04) = 0.2500
5	5 − 1.50 = 3.50	12.25	0.01	12.25(0.01) = 0.1225
				1.2500

$\sigma^2 = \Sigma(x - \mu)^2 f(x)$

이다. 표준편차는 확률변수와 동일한 단위(여기 예에서는 $\sigma = 1.118$대)로 측정되며 확률변수의 변동성을 표현하는 것으로 해석할 수 있는 반면, 분산 σ^2은 제곱 단위로 측정되며 해석이 다소 어렵다.

연습문제

기본문제

15. 다음 표에 확률변수 x의 확률분포가 제시되어 있다.

x	f(x)
3	0.25
6	0.50
9	0.25

a. x의 기댓값 $E(x)$를 계산하시오.

b. x의 분산 σ^2를 계산하시오.

c. x의 표준편차 σ를 계산하시오.

16. 다음 표에 확률변수 y의 확률분포가 제시되어 있다.

y	f(y)
2	0.20
4	0.30
7	0.40
8	0.10

a. $E(y)$를 계산하시오.

b. $Var(y)$와 σ를 계산하시오.

적용문제

17. **재무제표 감사.** 내부 감사인은 공개신고에 앞서 대차대조표, 손익계산서, 현금 흐름표와 같은 조직의 재무제표를 검토한다. 감사인은 재무제표가 조직의 재무 상태를 정확하게 나타내고 재무제표가 허용된 회계 원칙을 따르고 있는지 확인하려고 한다. 감사자가 발견한 많은 오류는 쉽게 수정될 수 있는 사소한 오류이다. 그러나 일부 오류는 심각하여 수정하는 데 상당한 시간이 필요하다. 567개의 공개 회사의 재무제표에 대한 감사를 한다고 가정하자. InternalAudit 파일에는 "심각한" 것으로 분류된 567개 상장 기업 각각의 내부 감사 중에 발견된 오류의 수가 포함되어 있다. InternalAudit 파일의 데이터를 사용하여 다음 질문에 답하시오

DATA*file* InternalAudit

a. 이들 567개 공기업에 대한 내부 감사 중 발견된 심각한 오류 수에 대한 경험적 이산확률분포를 만드시오.

b. 회사의 재무제표에 심각한 오류가 없을 확률은 얼마인가?

c. 회사의 재무제표에 4개 이상의 심각한 오류가 있을 확률은 얼마인가?

d. 회사 재무제표에서 예상되는 심각한 오류 수는 얼마인가?

e. 회사 재무제표의 심각한 오류 수에는 어떤 차이가 있나?

f. 회사 재무제표의 심각한 오류 수의 표준편차는 얼마인가?

18. **급수 중단.** 지난 3개월 동안 자가 거주 주택 및 임차 주택에서 6시간 이상 급수 중단이 발생한 횟수에 대한 다음 자료를 수집하였다.

	세대 수(1000s)	
급수중단 횟수	자가 거주 주택	임차 주택
0	439	394
1	1,100	760
2	249	221
3	98	92
4회 이상	120	111

a. 확률변수 x = 지난 3개월 동안 자가 거주 주택에서 6시간 이상 급수 중단 횟수라 정의하고 확률변수에 대한 확률분포를 만드시오(x = 4는 4회 이상).

b. x의 기댓값과 분산은 각각 얼마인가?

c. 확률변수 y = 지난 3개월 동안 임차 주택에서 6시간 이상 급수 중단 횟수라 정의하고 확률변수에 대한 확률분포를 만드시오(y = 4는 4회 이상).

d. y의 기댓값과 분산은 각각 얼마인가?

e. 자가 거주 주택과 임차 주택에서 보고된 급수 중단 건수를 비교하면 어떤 점을 관찰할 수 있는가?

19. 세무회계 신규 고객. 2017년 미국 의회에서 통과된 새로운 법안은 세금 신고자 수에 영향을 미치는 세법을 변경했으며, 이로 인해 많은 사람들이 회계사에게 세금 관련 조언을 구해야 했다(The New York Times). Backen and Hayes LLC는 뉴욕주의 회계 법인이다. 회계법인은 다가오는 세금 시즌에 대한 세금 자문 수요 증가를 지원하기 위해 추가로 회계사를 고용해야 할 수도 있다고 생각한다. Backen and Hayes LLC는 확률변수 x = 세금 관련 조언을 구하는 신규 고객 수이라 정의하고 다음과 같은 확률분포를 만들었다.

x	$f(x)$
20	0.05
25	0.20
30	0.25
35	0.15
40	0.15
45	0.10
50	0.10

a. 이것은 타당한 확률분포인가? 설명하시오.

b. Backen and Hayes LLC가 40명 이상의 신규 고객을 확보할 확률은 얼마인가?

c. Backen and Hayes LLC가 35명 미만의 신규 고객을 확보할 확률은 얼마인가?

d. x의 기댓값, 분산, 표준편차는 각각 얼마인가?

20. 자동차 보험금 지급. 뉴턴 자동차 보험회사에서 자동차 충돌사고가 났을 때 보상해 주는 금액의 확률분포가 다음에 제시되어 있다.

지불금액(달러)	확률
0	0.85
500	0.04
1,000	0.04
3,000	0.03
5,000	0.02
8,000	0.01
10,000	0.01

a. 회사가 순익분기 상태가 유지되도록 충돌사고 보험료를 지불하려는 결정을 한다면 사고보험료 기댓값은 얼마인가?

b. 보험회사는 자동차 충돌사고를 보상하기 위해 연간 520달러를 보험료로 받고 있다. 보험계약에 따른 보험계약자의 기댓값은 얼마인가?(힌트: 회사가 지불하게 될 금액에서 보험료를 계산한다.) 보험계약자가 기댓값을 알고 나서 왜 충돌사고 보험을 구입하겠는가?

21. **IS 관리자의 직무만족도.** IS(information systems)회사의 임원 및 중간관리자를 표본으로 하여 매우 불만족인 경우 1점에서 매우 만족인 경우 5점까지 응답하게 하여 직무만족도 점수를 확률분포로 나타낸 표가 다음에 제시되어 있다.

	확률	
직무만족도 점수	IS 임원	IS 중간관리자
1	0.05	0.04
2	0.09	0.10
3	0.03	0.12
4	0.42	0.46
5	0.41	0.28

a. 임원의 직무만족도 점수의 기댓값은 얼마인가?

b. 중간관리자의 직무만족도 점수의 기댓값은 얼마인가?

c. 임원과 중간관리자의 직무만족도의 분산을 계산하시오.

d. 두 집단의 직무만족도 점수의 확률분포에 대한 표준편차를 계산하시오.

e. 임원과 중간관리자 두 집단의 직무만족도를 전반적으로 비교하여 보시오.

22. **캐롤라이나 산업생산물 수요.** 캐롤라이나 산업의 생산물에 대한 수요는 매월 달라진다. 지난 2년간의 자료를 근거로 하여 작성한 회사의 월별 수요에 대한 확률분포가 다음에 제시되어 있다.

수요	확률
300	0.20
400	0.30
500	0.35
600	0.15

a. 만약 회사가 월별 수요의 기댓값을 근거로 하여 월별 주문을 결정한다면 이 제품에 대한 캐롤라이나의 월별 주문량은 얼마인가?

b. 1단위를 생산하면 수입은 70달러이고 비용은 50달러이다. 문항 (a)에서 답한 주문량과 실제 주문량이 300단위일 경우 회사의 이득 또는 손실은 얼마일까?

23. 커피 소비. Gallup은 연간 소비 습관 설문조사에서 18세 이상의 성인 1,014명을 무작위로 표본추출하여 전화 인터뷰를 실시했다. 질문 중 하나는 "커피를 마시면 하루 평균 몇 잔을 마시나요?"였다. 다음 표는 인터뷰에서 얻은 결과를 보여준다(Gallup 웹사이트).

하루에 마시는 커피 잔 수	응답 수
0	365
1	264
2	193
3	91
4 이상	101

확률변수 x = 하루에 마시는 커피 잔 수로 정의하고, $x = 4$는 4잔 이상이다.

a. x에 대한 확률분포를 만드시오.

b. x의 기댓값은 얼마인가?

c. x의 분산은 얼마인가?

d. 평균적으로 하루에 적어도 한 잔의 커피를 마시는 성인에게만 관심이 있다고 가정하자. 이 집단에 대해 확률변수 y = 하루에 마시는 커피 잔 수라 정의하자. y의 기댓값을 계산하고 이를 x의 기댓값과 비교하시오.

24. 컴퓨터 회사의 확장. J. R. Ryland 컴퓨터회사는 새로운 컴퓨터의 생산을 위해 공장을 확장할 계획을 가지고 있다. 회사의 대표자는 회사확장을 중간크기로 할 것인지 대규모로 할 것인지를 결정해야 한다. 새로운 상품에 대한 수요가 불확실하기 때문에 수요는 낮은 정도, 중간 정도, 높은 정도의 세 가지로 예상하였다. 수요에 대한 확률 예상은 각각 0.20, 0.50, 0.30이다. 연간이윤을 기본단위 1,000달러로 하는 x와 y라고 한다면, 회사에서는 중간 규모와 대규모 크기로 확장을 하는 경우에 대해 다음 표에 제시된 이윤을 예측할 수 있다.

		중간 규모로 확장할 경우 이윤		대규모로 확장할 경우 이윤	
		x	$f(x)$	y	$f(y)$
상품수요	낮음	50	0.20	0	0.20
	중간	150	0.50	100	0.50
	높음	200	0.30	300	0.30

a. 두 가지 확장규모에 따른 이윤에 대한 기댓값을 계산해 보시오. 이윤을 극대화하기 위한 목적을 충족하기 위해 어느 쪽이 선호되는가?

b. 두 가지 확장규모에 따른 이윤의 분산을 계산해 보시오. 위험이나 불확실성을 최소화하기 위한 목적을 충족하기 위해 어느 쪽이 선호되는가?

5.4 이변량 분포, 공분산, 금융포트폴리오

두 개의 확률변수가 있는 확률분포를 **이변량 확률분포(bivariate probability distribution)** 라 부른다. 이변량 확률분포를 이야기할 때, 이변량 실험을 생각하는 것이 쓸모가 있다. 이변량 실험의 각 결과는 두 개의 값으로 구성되는데, 각 확률변수에 하나씩의 값이 주어진다. 예를 들어, 한 쌍의 주사위를 굴리는 이변량 실험을 생각해 보자. 실험 결과는 두 가지 값, 즉 첫 번째 주사위에서 얻은 숫자와 두 번째 주사위에서 얻은 숫자로 구성된다. 또 다른 예로, 1년 동안 금융시장을 관찰하고 주식형 펀드와 채권형 펀드의 수익률을 기록하는 실험을 생각해 보자. 이 실험 결과 역시 두 가지 확률변수, 즉 주식 펀드의 수익률과 채권 펀드의 수익률에 대한 값을 제공한다. 이변량 확률분포를 다룰 때, 두 확률변수 사이의 관계에 관심이 있는 경우가 많다. 이 절에서는 이변량분포를 소개하고, 공분산과 상관계수를 이용하여 두 확률변수 사이의 선형관계를 측정하는 방법을 보여준다. 또한 이변량 확률분포를 이용하여 금융 포트폴리오를 구성하고 분석하는 방법도 살펴본다.

경험적 이변량 이산확률분포

이전 절(5.2)에서 뉴욕주 사라토가의 디카를로(DiCarlo Motors) 자동차 대리점의 일일 판매량 자료로부터 경험적 이산확률분포를 구하였다. 디카를로는 뉴욕주의 또 다른 지역인 제네바(Geneva)에도 대리점을 두고 있다. 표 5.7은 300일 동안 각 대리점에서 판매된 자동차 수를 보여준다. 맨 아래 행의 숫자들은 이전 절(5.2)에서 사라토가 대리점에서 일일 판매량에 대한 경험적 확률분포를 구하는 데 사용한 빈도이다. 맨 오른쪽 열의 숫자들은 제네바 대리점의 일일 판매량의 빈도이다. 표의 각 셀의 숫자는 사라토가 대리점이 열에

표 5.7 300일에 걸친 디카를로의 사라토가와 제네바 대리점의 자동차 판매량

	사라토가 대리점						
제네바 대리점	**0**	**1**	**2**	**3**	**4**	**5**	**전체**
0	21	30	24	9	2	0	86
1	21	36	33	18	2	1	111
2	9	42	9	12	3	2	77
3	3	9	6	3	5	0	26
전체	54	117	72	42	12	3	300

표시된 판매량을 달성했을 때, 제네바 대리점의 행에 표시된 판매량을 달성한 날의 수를 나타낸다. 예를 들어, 1로 표시된 제네바 대리점 행과 2로 표시된 사라토가 열의 '33'은 300일 중 33일 동안 제네바 대리점은 자동차를 한 대 판매했고 사라토가 대리점은 두 대의 자동차를 판매했다는 것을 나타낸다.

디카를로의 두 대리점에서 하루 판매한 자동차 수를 기록하는 이변량 실험을 생각하자. 먼저 두 개 확률변수를

x = 제네바 대리점에서 판매한 자동차 수

y = 사라토가 대리점에서 판매한 자동차 수

라고 정의하자. 그리고 나서 표 5.7의 모든 빈도를 전체 관측치 수(300)로 나누어 두 디카를로 대리점의 자동차 판매에 대한 경험적 이변량 이산확률분포를 구할 수 있다. 표 5.8이 바로 이로부터 얻은 이변량 이산확률분포이다. 맨 아래 행에 있는 확률은 사라토가 대리점의 한계분포를 보여주고, 맨 오른쪽 열에 있는 확률은 제네바 대리점의 한계분포를 보여준다.

표의 각 셀에 있는 확률은 두 대리점의 판매량에 대한 이변량확률분포이며, 이변량확률을 결합확률(joint probability)이라 한다. 표에서 보듯, 제네바에서는 하루에 자동차 0대를 팔고, 사라토가에서는 1대를 판매할 결합확률은 $f(x, y) = f(0, 1) = 0.1000$이고, 제네바에서 1대, 사라토가에서 4대를 판매할 결합확률은 $f(1, 4) = 0.0067$이다. 각 실험결과에 대해 하나의 이변량확률이 있다는 점에 주목해야 한다. 즉 x의 가능한 값이 4개이고, y의 가능한 값은 6개이므로 총24개($= 4 \times 6$개)의 실험결과와 각각에 대한 이변량확률이 있다.

디카를로 두 대리점의 총 판매량에 대한 확률분포와 총 판매량의 기댓값 및 분산을 알고 싶다고 하자. 새로운 확률변수를 디카를로 두 대리점의 총 판매량으로 정의하면,

표 5.8 1일 자동차 판매량의 경험적 이변량 이산확률분포: 디카를로의 뉴욕주 사라토가와 제네바 대리점

	사라토가 대리점						
제네바 대리점	**0**	**1**	**2**	**3**	**4**	**5**	**전체**
0	0.0700	0.1000	0.0800	0.0300	0.0067	0.0000	0.2867
1	0.0700	0.1200	0.1100	0.0600	0.0067	0.0033	0.3700
2	0.0300	0.1400	0.0300	0.0400	0.0100	0.0067	0.2567
3	0.0100	0.0300	0.0200	0.0100	0.0167	0.0000	0.0867
전체	0.1800	0.3900	0.2400	0.1400	0.0400	0.0100	1.0000

표 5.9 디카를로 자동차의 일 판매량의 기댓값과 분산의 계산

s	$f(s)$	$sf(s)$	$s - E(s)$	$(s - E(s))^2$	$(s - E(s))^2 f(s)$
0	0.0700	0.0000	−2.6433	6.9872	0.4891
1	0.1700	0.1700	−1.6433	2.7005	0.4591
2	0.2300	0.4600	−.6433	0.4139	0.0952
3	0.2900	0.8700	0.3567	0.1272	0.0369
4	0.1267	0.5067	1.3567	1.8405	0.2331
5	0.0667	0.3333	2.3567	5.5539	0.3703
6	0.0233	0.1400	3.3567	11.2672	0.2629
7	0.0233	0.1633	4.3567	18.9805	0.4429
8	0.0000	0.0000	5.3567	28.6939	0.0000
		$E(s) = 2.6433$			$Var(s) = 2.3895$

$$s = x + y$$

이다. 표 5.8의 이변량 확률분포를 이용하면,

$$f(s=0) = 0.0700$$
$$f(s=1) = 0.0700 + 0.1000 = 0.1700$$
$$f(s=2) = 0.0300 + 0.1200 + 0.0800 = 0.2300$$
$$\cdots$$

라는 것을 알 수 있다. 이런 방식으로 모든 s의 가능한 값에 대한 확률분포를 구하고, 기댓값과 분산을 구할 수 있다. 표 5.9에서 보듯, 기댓값은 $E(s) = 2.6433$, 분산은 $\text{Var}(s) = 2.3895$이다.

이변량 확률분포를 얻으면, 두 확률변수 사이의 관계를 알고 싶다. 공분산(covariance) 또는 상관계수(correlation coefficient)는 두 확률변수 사이의 연관성을 나타내는 적절한 척도이다. 두 확률변수 x와 y 사이의 공분산은

확률변수 x와 y의 공분산

$$\sigma_{xy} = [Var(x + y) - Var(x) - Var(y)]/2 \tag{5.6}$$
$$\sigma_{xy} = \sum_{i,j} [x_i - E(x_i)][y_j - E(y_j)]f(x_i, y_j)$$

이다. 이미 $\text{Var}(s) = \text{Var}(x+y)$를 계산했고, 이전 절(5.2)에서 $\text{Var}(y)$를 계산했다. 이제 식 (5.6)을 사용하여 x와 y의 공분산을 계산하자면, $\text{Var}(x)$를 계산해야 한다. x에 대한 확률분포(표 5.8의 맨 오른쪽 열)를 이용하여, 표 5.10에서와 같이, $E(x)$와 $\text{Var}(x)$를 계산한다.

이제 식 (5.6)을 사용하여 두 확률변수 x와 y의 공분산을 계산한다.

표 5.10 디카를로 제네바 대리점의 일 판매량의 기댓값과 분산의 계산

x	$f(x)$	$xf(x)$	$x - E(x)$	$[(x - E(x)]^2$	$[x - E(x)]^2 f(x)$
0	0.2867	0.0000	−1.1435	1.3076	0.3749
1	0.3700	0.3700	−.1435	0.0206	0.0076
2	0.2567	0.5134	0.8565	0.7336	0.1883
3	0.0867	0.2601	1.8565	3.447	0.2988
		$E(x) = $ **1.1435**			$Var(x) = $ **0.8696**

$$\sigma_{xy} = [Var(x + y) - Var(x) - Var(y)]/2 = (2.3895 - 0.8696 - 1.25)/2 = 0.1350$$

공분산 0.1350은 두 대리점의 자동차 판매량 사이에 양(+)의 관계가 있다는 것을 나타낸다. 이러한 관계가 얼마나 강한지 나타내고자 식 (5.7)의 상관관계를 사용한다.

확률변수 x와 y 사이의 상관관계

$$\rho_{xy} = \frac{\sigma_{xy}}{\sigma_x \sigma_y} \tag{5.7}$$

식 (5.7)에서 보듯, 두 확률변수의 상관계수는 두 확률변수의 공분산을 각 확률변수의 표준편차의 곱으로 나눈 값이다.

디카를로 두 대리점의 자동차 판매량의 상관계수를 계산하자. 먼저 두 대리점의 자동차 판매량의 분산의 제곱근으로부터 표준편차를 구한다. 즉,

$$\sigma_x = \sqrt{0.8696} = 0.9325$$

$$\sigma_y = \sqrt{1.25} = 1.1180$$

이다. 두 확률변수 사이의 선형관계의 척도로서 상관계수는 다음과 같다.

$$\rho_{xy} = \frac{\sigma_{xy}}{\sigma_x \sigma_y} = \frac{0.1350}{(0.9325)(1.1180)} = 0.1295$$

상관계수는 두 확률변수 사이의 선형관계의 척도이다. 상관계수가 +1에 가까울수록 강한 정(+)의 선형관계를, −1에 가까울수록 강한 부(−)의 선형관계를, 0에 가까울수록 선형관계가 없다는 것을 나타낸다. 상관계수 0.1295는 디카를로의 두 대리점의 자동차 판매량인 두 확률변수 간에 약한 정(+)의 관계가 있다는 것을 나타낸다.

금융포트폴리오 적용

이제 우리가 배운 내용이 위험과 수익의 적절한 균형을 제공하는 금융 포트폴리오를 구성

표 5.11 대형주식펀드에 투자할 때의 수익률 *x*와 장기국채펀드에 투자할 때의 수익률 *y*의 확률분포

경제시나리오	이변량확률분포 $f(x,y)$	대형주식펀드 투자수익률(x)	장기국채펀드 투자수익률(y)
불경기	0.10	−40	30
저성장	0.25	5	5
안정성장	0.50	15	4
고성장	0.15	30	2

하는 데 어떻게 유용할 수 있는지 살펴보자. 금융분석가는 내년에 가능한 4가지 경제 시나리오를 고려하고 있으며, 각각 주어진 대형주식펀드에 투자할 때의 수익률 x와 장기국채펀드에 투자할 때의 수익률 y를 보여주는 확률분포를 개발했다. 이들 x와 y에 대한 이변량 확률분포는 표 5.11과 같다. 표 5.11은 각 실험 결과(여기서는 경제시나리오)에 대한 별도의 행이 있는 단순한 목록이다. 각 행에는 실험결과에 대한 결합 확률과 각 확률변수에 대한 값이 포함된다. 결합 확률은 4개뿐이므로 표 5.11에 사용된 표 형식은 (4)(6) = 24개 결합 확률이 있는 디카를로 자동차 대리점의 예에서 사용한 것보다 더 간단하다.

단일 확률변수의 기댓값을 계산하기 위해 이전 절(5.3)의 공식을 사용하면, 대형주식펀드 투자에 대한 기대수익률, $E(x)$, 와 장기채권펀드 투자에 대한 기대수익률, $E(y)$를 계산할 수 있다.

$$E(x) = 0.10(-40) + 0.25(5) + 0.5(15) + 0.15(30) = 9.25$$
$$E(y) = 0.10(30) + 0.25(5) + 0.5(4) + 0.15(2) = 6.55$$

이 정보를 사용하면 대형주식펀드에 투자하는 것이 더 나은 투자라는 결론을 내릴 수 있다. 기대수익률이 9.25%로 더 높다. 그러나 금융분석가는 투자자들이 투자와 관련된 위험도 고려할 것을 권장한다. 수익률의 표준편차는 종종 위험을 측정하는 데 사용된다. 표준편차를 계산하려면 먼저 분산을 계산해야 한다. 단일 확률변수의 분산을 계산하기 위해 이전 절(5.3)의 공식을 사용하여, 대형주식펀드와 장기채권펀드 투자에 대한 수익률의 분산을 계산할 수 있다.

$$Var(x) = 0.1(-40-9.25)^2 + 0.25(5-9.25)^2 + 0.50(15-9.25)^2 + 0.15(30-9.25)^2 = 328.1875$$
$$Var(y) = 0.1(30-6.55)^2 + 0.25(5-6.55)^2 + 0.50(4-6.55)^2 + 0.15(2-6.55)^2 = 61.9475$$

주식펀드 투자 수익의 표준편차는 $\sigma_x = \sqrt{328.1875} = 18.1159\%$이며, 채권펀드 투자 수익의 표준편차는 $\sigma_y = \sqrt{61.9475} = 7.8707\%$이다. 따라서 채권펀드에 투자하는 것이 덜 위험하다는 결론을 내릴 수 있다. 표준편차가 더 작다. 우리는 주식펀드가 더 큰 기대수익을 제공한다는 것을 이미 살펴보았다. 따라서 주식펀드와 채권펀드 중 어느 하나에

투자할지 여부는 위험과 수익에 대한 태도에 따라 달라진다. 공격적인 투자자는 더 높은 기대수익률 때문에 주식펀드를 선택할 수도 있다. 보수적인 투자자는 위험이 낮기 때문에 채권펀드를 선택할 수도 있다. 그러나 다른 옵션이 있다. 주식펀드와 채권펀드로 구성된 포트폴리오에 투자할 가능성은 어떤가?

대형주식펀드에만 투자하는 것, 장기국채펀드에만 투자하는 것, 주식펀드와 채권펀드에 균등하게 자금을 분배하는 것(각각 1/2씩)이라는 세 가지 대안을 상정해 보자. 우리는 이미 주식펀드와 채권펀드에만 투자할 경우의 기댓값과 표준편차를 계산해 보았다. 이제 세 번째 대안, 즉 대형주식펀드와 장기국채펀드에 동일 금액을 투자하여 포트폴리오를 구성하는 방법을 살펴보자. 이 포트폴리오를 평가하기 위해 먼저 예상 수익률을 계산한다. 이전에 x를 주식펀드 투자의 수익률로 정의했고, y를 채권펀드 투자의 수익률로 정의했으므로 포트폴리오의 수익률은 $r = 0.5x + 0.5y$입니다. 절반은 주식펀드에 투자하고 절반은 채권펀드에 투자한 포트폴리오의 기대수익을 찾기 위해 $E(r) = E(0.5x + 0.5y)$를 계산한다. $0.5x + 0.5y$라는 표현은 확률변수 x와 y의 선형조합이라는 의미이다. 식 (5.8)은 $E(x)$와 $E(y)$를 이미 알고 있을 때 확률변수 x와 y의 선형 조합의 기댓값을 계산하는 쉬운 방법을 제공한다. 식 (5.8)에서 a는 선형결합의 x의 계수를 나타내고, b는 선형결합의 y의 계수를 나타낸다.

확률변수 *x*와 *y*의 선형결합의 기댓값

$$E(ax + by) = aE(x) + bE(y) \tag{5.8}$$

이미 $E(x) = 9.25$, $E(y) = 6.55$를 계산하였으므로, 식 (5.8)을 사용하여 포트폴리오의 기댓값을 계산할 수 있다.

$$E(0.5x + 0.5y) = 0.5E(x) + 0.5E(y) = 0.5(9.25) + 0.5(6.55) = 7.9$$

포트폴리오 투자에 대한 기대수익률은 7.9%이다. 100달러를 투자하면 \$100(0.079) = \$7.90의 수익을 기대할 수 있다. 1,000달러를 투자하면 \$1,000(0.079) = \$79.00의 수익을 기대할 수 있다. 하지만 위험은 어떤가? 앞서 언급했듯이, 금융분석가는 표준편차를 위험 척도로 사용하는 경우가 많다.

우리 포트폴리오는 두 확률변수의 선형결합이므로 포트폴리오 위험을 평가하려면 두 확률변수의 선형결합의 분산과 표준편차를 계산할 수 있어야 한다. 두 확률변수 사이의 공분산이 알려지면, 식 (5.9)에 주어진 공식을 사용하여 두 확률변수의 선형결합의 분산을 계산할 수 있다.

확률변수 x와 y의 선형결합의 분산

$$Var(ax + by) = a^2Var(x) + b^2Var(y) + 2ab\sigma_{xy} \tag{5.9}$$

σ_{xy} : x와 y의 공분산

식 (5.9)에서 우리는, 두 확률변수의 선형결합의 분산, 즉 포트폴리오의 분산을 계산하자면 각 확률변수의 분산과 두 확률변수 간의 공분산이 모두 필요하다는 것을 알 수 있다.

우리는 이미 각 확률변수의 분산을 개별적으로 계산했다: Var(x) = 328.1875, Var(y) = 61.9475. 또한 Var(x + y) = 119.46임을 알 수 있다. 따라서 식 (5.6)을 사용하면, 확률변수 x와 y의 공분산은 다음과 같다.

$$\sigma_{xy} = [Var(x + y) - Var(x) - Var(y)]/2 = [119.46 - 328.1875 - 61.9475]/2 = -135.3375$$

이와 같이 x와 y 사이의 음(−)의 공분산은 x가 평균보다 높을 때 y는 평균보다 낮고 그 반대의 경향이 있음을 의미한다. 이제 식 (5.9)를 사용하여 포트폴리오의 수익률의 분산을 계산할 수 있다.

$$Var(0.5x + 0.5y) = 0.5^2(328.1875) + 0.5^2(61.9475) + 2(0.5)(0.5)(-135.3375) = 29.865$$

그러면 우리 포트폴리오의 표준편차는 $\sigma_{0.5x+0.5y} = \sqrt{29.865} = 5.4650\%$이다. 이는 주식펀드에 50%, 채권펀드에 50%를 투자하는 포트폴리오의 위험도를 측정한 것이다.

아마도 이제 주식펀드에만 투자하는 것, 채권펀드에만 투자하는 것, 투자 금액을 주식펀드와 채권펀드에 균등하게 나누어 포트폴리오를 구성하는 세 가지 투자 방법을 비교할 수 있다. 표 5.12는 세 가지 대안 각각에 대한 기대 수익, 분산 및 표준편차를 보여준다.

어떤 대안을 선호하나? 주식펀드에 100% 투자할 때 기대수익률이 가장 높지만 위험도 가장 크다. 표준편차는 18.1159%이다. 채권펀드에 100% 투자하면 기대수익률은 낮지만 위험은 훨씬 적다. 주식형 펀드에 50%, 채권형 펀드에 50% 포트폴리오 투자를 하면 주식펀드와 채권펀드의 중간 정도의 기대수익률을 얻을 수 있다. 그러나 개별 펀드 중 하나에 100% 투자하는 것보다 위험이 적다는 점에 유의해야 한다. 실제로 채권 펀드에만

표 5.12 세 대안에 대한 기댓값, 분산, 표준편차

투자 대안	기대수익률(%)	수익률의 분산	수익률의 표준편차(%)
100% 주식펀드	9.25	328.1875	18.1159
100% 채권펀드	6.55	61.9475	7.8707
포트폴리오(각각 50%)	7.90	29.8650	5.4650

투자하는 것보다 수익률은 높고 리스크도 적다(표준편차가 작다). 따라서 우리는 포트폴리오에 투자하는 선택이 채권펀드에만 투자하는 선택보다 낫다고 말할 수 있다.

주식펀드에 투자할지 포트폴리오에 투자할지 여부는 위험에 대한 태도에 따라 달라진다. 주식펀드가 기대수익률이 더 높다. 그러나 포트폴리오는 위험이 훨씬 적고 상당히 좋은 수익을 제공한다. 많은 사람들이 그것을 선택할 것이다. 포트폴리오 위험을 개별 펀드 중 하나에만 투자하는 위험보다 훨씬 작게 만드는 것은 주식과 채권 펀드 간의 음의 공분산이다.

방금 수행한 포트폴리오 분석은 주식펀드에 50%, 채권펀드에 50%를 투자하는 것이었다. 다른 포트폴리오의 기대수익률과 차이는 어떻게 계산할까? 식 (5.8)과 (5.9)를 사용하면 이러한 계산을 쉽게 할 수 있다.

주식펀드에 25%, 채권펀드에 75%를 투자하여 포트폴리오를 구성한다고 가정해 보자. 이 포트폴리오의 기대 가치와 분산은 얼마일까? 이 포트폴리오의 수익률은 $r = 0.25x + 0.75y$이므로 식 (5.8)을 사용하여 이 포트폴리오의 기대수익률을 얻을 수 있다.

$$E(0.25x + 0.75y) = 0.25E(x) + 0.75E(y) = 0.25(9.25) + 0.75(6.55) = 7.225$$

마찬가지로 식 (5.9)를 이용하여 포트폴리오의 분산은

$$\begin{aligned} Var(0.25x + 0.75y) &= (0.25)^2 Var(x) + (0.75)^2\, Var(y) + 2(0.25)(0.75)\sigma_{xy} \\ &= 0.0625(328.1875) + (0.5625)(61.9475) + (0.375)(-135.3375) \\ &= 4.6056 \end{aligned}$$

이고, 새로운 포트폴리오의 표준편차는 $\sigma_{0.25x+0.75y} = \sqrt{4.6056} = 2.1461$이다.

요약

본 절에서는 이변량 이산확률분포를 소개했다. 이러한 분포에는 두 개의 확률변수가 포함되므로 변수 간의 연관성 척도에 관심이 있는 경우가 많다. 공분산과 상관계수는 우리가 소개하고 계산 방법을 보여준 두 가지 측정값이다. 1 또는 −1에 가까운 상관계수는 두 확률변수 간의 강한 상관관계를 나타내고, 0에 가까운 상관계수는 두 확률변수 간의 약한 상관관계를 나타낸다. 두 확률변수가 독립이면 공분산과 상관계수는 0이 된다.

또한 확률 변수의 선형 조합의 기댓값과 분산을 계산하는 방법도 보여주었다. 통계적 관점에서 금융 포트폴리오는 확률 변수의 선형 조합이다. 실제로는 가중 평균이라고 하는 특별한 종류의 선형 조합이다. 계수는 음수가 아니며 1에 추가된다. 우리가 제시한 포트폴리오 예는 주식펀드와 채권펀드에 대한 투자로 구성된 포트폴리오에 대한 기대 가치와 분산을 계산하는 방법을 보여주었다. 동일한 방법론을 사용하여 두 가지 금융 자산으로 구성된 포트폴리오의 기대 가치와 차이를 계산할 수 있다. 이는 투자 대안을 다양화함

으로써 포트폴리오 위험을 줄이는 이론의 대부분의 기초가 되는 포트폴리오 분산에 대한 개별 무작위 변수 간의 공분산 효과이다.

주석 및 코멘트

1. 식 (5.8)과 (5.9)는 3개 이상의 확률변수에 대한 확장과 함께 금융 포트폴리오 구축 및 분석의 핵심 구성요소이다.
2. 두 확률변수의 선형결합의 기댓값과 분산을 계산하기 위한 식 (5.8)과 (5.9)는 세 개 이상의 확률변수로 확장될 수 있다. 식 (5.8)의 확장은 간단하다. 각각의 추가 확률변수에 대해 하나 이상의 항이 추가된다. 식 (5.9)의 확장은 모든 확률변수의 한 쌍 사이의 공분산에 대해 별도의 항이 필요하기 때문에 더 복잡하다. 우리는 이러한 확장을 더 고급 부문에 맡긴다.
3. 식 (5.9)의 공분산 항은 왜 음의 상관관계를 갖는 확률변수들(투자 대안들)이 분산을 감소시켜 포트폴리오의 위험을 감소시키는지를 보여준다.

연습문제

기본문제

25. 아래에 확률 변수 x와 y에 대한 이변량 분포가 나와 있다.

$f(x, y)$	x	y
0.2	50	80
0.5	30	50
0.3	40	60

a. x와 y의 기댓값과 분산을 계산하시오.

b. $x + y$의 확률분포는 무엇인가?

c. (b)의 결과를 이용하여 $E(x + y)$와 $\text{Var}(x + y)$를 계산하시오

d. x와 y에 대한 공분산과 상관관계를 계산하시오. x와 y는 양의 관련이 있나, 음의 관련이 있나, 아니면 관련이 없나?

e. x와 y의 합의 분산이 개별 분산의 합보다 더 큰가, 더 작은가, 아니면 같은가? 왜 그런가?

26. 어떤 사람이 포트폴리오 구성에 관심이 있다. 2개 종목을 고려 중이다.

x = 주식 1에 대한 투자에 대한 백분율 수익률

y = 주식 2에 대한 투자에 대한 백분율 수익률

이라 가정하자. 주식 1의 기대수익률과 분산은 $E(x) = 8.45\%$, $\text{Var}(x) = 25$이다. 주식

2의 기대수익률과 분산은 $E(y) = 3.20\%$, $\text{Var}(y) = 1$이다. 수익률 간 공분산은 $\sigma_{xy} = -3$이다.

a. 주식 1에 대한 투자와 주식 2에 대한 투자의 표준편차는 얼마인가? 위험 측정으로 표준편차를 사용한다면, 어느 주식이 더 위험한 투자인가?

b. 주식 1에 500달러를 투자한 사람의 기대수익률과 표준편차는 달러 단위로 얼마인가?

c. 각 주식에 50%를 투자하여 포트폴리오를 구성하는 사람의 기대수익률과 표준편차는 얼마인가?

d. 주식 1에 70%, 주식 2에 30%를 투자하여 포트폴리오를 구성하는 사람의 기대수익률과 표준편차는 얼마인가?

e. x와 y에 대한 상관 계수를 계산하고 두 주식의 수익률 간의 관계에 대해 설명하시오.

적용문제

27. **밴쿠버 레스토랑 등급.** 브리티시 컬럼비아 주 밴쿠버 상공회의소는 수도권 지역의 300개 레스토랑을 대상으로 평가를 실시했다. 각 레스토랑은 일반적인 식사가격(1점 최저 가격 ~ 3점 최고 가격)과 품질(1점 최저 품질 ~ 3점 최고 품질)에 대해 3점 척도 등급을 받았다. 등급 데이터의 교차 분석표는 아래와 같다. 42개 레스토랑은 품질 1점, 식사가격 1점을 받았으며, 39개 레스토랑은 품질 1점, 식사가격 2점을 받았다. 48개 레스토랑은 품질과 식사가격 모두에서 최고 등급인 3점을 받았다.

	식사가격(y)			
품질(x)	1	2	3	Total
1	42	39	3	84
2	33	63	54	150
3	3	15	48	66
합계	78	117	105	300

a. 이 캐나다 도시에서 무작위로 선택된 레스토랑의 품질과 식사가격에 대한 이변량 확률분포는 무엇인가? x = 품질 평가, y = 식사가격이라고 가정한다

b. 품질 x에 대한 기댓값과 분산은 얼마인가?

c. 식사가격 y에 대한 기댓값과 분산은 얼마인가?

d. $\text{Var}(x + y) = 1.6691$이다. x와 y의 공분산은 얼마인가? 품질과 식사가격의 관계에 대해 무엇을 말할 수 있는가? 이것이 당신이 기대하는 것인가?

e. 품질과 식사가격 사이의 상관계수는 얼마인가? 관계는 어느 정도 강한가? 이 도시에서 품질도 좋고 저렴한 레스토랑을 찾을 가능성이 있다고 생각하는가? 그 이유

는 무엇인가?

28. 프린터 제조 비용. PortaCom은 고품질 휴대용 프린터를 위한 디자인을 개발했다. 제조 비용의 두 가지 주요 구성 요소는 직접 노동력과 부품이다. 테스트 기간 동안 회사는 프로토타입을 개발하고 새 프린터에 대한 광범위한 제품 테스트를 수행했다. PortaCom의 엔지니어들은 제조 비용에 대해 아래 표시된 이변량 확률분포를 구축하였다. 프린터당 부품 비용(달러)은 확률변수 x, 프린터당 직접 인건비(달러)는 확률변수 y로 표시한다. 경영진은 이 확률 분포를 사용하여 제조 비용을 추정하려고 한다.

	직접 인건비(y)			
부품비용(x)	43	45	48	Total
85	0.05	0.2	0.2	0.45
95	0.25	0.2	0.1	0.55
합계	0.30	0.4	0.3	1.00

a. 직접 인건비의 한계분포를 표시하고 기댓값, 분산 및 표준편차를 계산하시오

b. 부품 비용의 한계분포를 표시하고 기댓값, 분산 및 표준편차를 계산하시오

c. 단위당 총제조원가는 직접인건비와 부품비를 합산한 금액이다. 단위당 총 제조 비용에 대한 확률분포를 만드시오.

d. 단위당 총 제조 비용의 기댓값, 분산, 표준편차를 계산하시오.

e. 직접 인건비와 부품 비용은 독립적인가? 그 이유는 무엇인가? 그렇지 않다고 결론을 내리면 직접 노무비와 부품비용 사이에는 어떤 관계가 있나?

f. PortaCom은 제품 출시를 위해 1,500대의 프린터를 생산했다. 총 제조 비용은 $198,350였다. 그게 당신이 예상하는 것과 일치하는가? 만약 그 수치가 더 높거나 낮다면, 그 원인이 무엇이라고 생각하는가?

29. 주식 및 채권 투자. Vanguard Group은 2021년 기준 약 7조 달러의 자산을 보유한 세계 최대 투자회사 중 하나다. Vanguard는 주식, 채권, 연금 및 기타 다양한 형태의 투자자금을 제공한다. Vanguard는 주식과 채권이 제공하는 수익률 간의 평균 상관관계를 -0.32로 추정한다(Vanguard Research Report, 2021년 9월). Vanguard가 제공하는 특정 주가 지수펀드의 기대수익률은 4.78%, 표준편차는 18.04%이고, Vanguard가 제공하는 투자 등급 채권펀드의 기대수익률은 5.33%, 표준편차는 2.65%라고 가정한다.

a. 제공된 정보에 따르면, 이 주가지수펀드와 투자등급 채권펀드 간 공분산은 얼마인가?

b. 주가지수펀드에 60% 투자하고 투자등급 채권펀드에 40%를 투자한 포트폴리오의 기대수익률과 표준편차는 얼마인가?

c. 주가지수펀드 40%, 투자등급 채권펀드 60%로 구성된 포트폴리오의 기대수익률과 표준편차는 얼마인가?

d. (b) 또는 (c)의 포트폴리오 중 기대수익률이 가장 높은 포트폴리오는 무엇인가? 표준편차가 가장 낮은 포트폴리오는 무엇인가?

e. 어떤 포트폴리오에 투자하고 싶은가? 선택한 포트폴리오가 특정 연도에 다른 포트폴리오보다 더 나은 성과를 보장하는가?

30. **주식 및 채권 투자(재검토).** 문제 29에 설명된 주가지수 펀드와 투자등급 채권 펀드 외에도 Vanguard가 부동산펀드에 투자할 수 있는 기능도 제공한다고 가정하자. 부동산펀드의 기대수익률은 11.98%, 표준편차는 25.76%이다. 주가지수펀드와 부동산펀드의 상관관계는 0.64, 투자등급채권펀드와 부동산펀드의 상관관계는 20.19이다.

a. 제공된 정보에 따르면 주가지수펀드와 부동산펀드의 공분산은 얼마인가? 투자등급채권펀드와 부동산펀드의 공분산은 얼마인가?

b. 주가지수펀드 50%, 부동산펀드 50%로 구성된 포트폴리오의 기대수익률과 표준편차는 얼마인가?

c. 투자등급 채권형 펀드 50%, 부동산 펀드 50%로 구성된 포트폴리오의 기대수익률과 표준편차는 얼마인가?

d. 문제 29에 설명된 포트폴리오와 이 문제의 (b) 및 (c)의 포트폴리오를 고려하자. 보수적인 투자자에게 가장 적합한 포트폴리오는 무엇인가? 공격적인 투자자에게 가장 적합한 포트폴리오는 무엇인가?

5.5 이항확률분포

이항확률분포는 적용되는 예가 많은 이산확률분포 중 하나로 이항실험의 다단계실험과 관련이 있다.

이항실험

이항실험(binomial experiment)은 다음 네 가지 속성을 가진다.

이항실험의 속성

1. 실험은 n개의 연속된 동일한 시행으로 구성된다.
2. 각 시행에서 두 개의 결과가 가능하다. 결과 중 하나는 성공(success), 다른 하나는 실패(failure)라고 부른다.
3. 성공 확률을 p로 표시하는데 이 확률은 시행에 따라 변하지 않는다. 따라서 실패 확률 $1-p$ 역시 시행에 따라 변하지 않는다.
4. 각 시행은 독립적이다.

속성 2, 3, 4가 성립하는 시행은 베르누이 시행(Bernoulli process)[*]으로 생성되는 시행이라 하고, 이에 속성 1이 추가되면 이항실험이라 한다. 그림 5.2는 8차례의 시행으로 나타나는 이항실험의 성공과 실패의 배열 중 가능한 하나의 예를 보여주고 있다.

이항실험에서 관심사는 n차례의 시행에서 발생하는 성공 시행의 수이다. n차례의 시행 중 성공의 수를 x로 표시하면, x가 가질 수 있는 값은 0, 1, 2, ..., n이 되며, 이 값의 개수가 유한하기 때문에 x는 하나의 이산확률변수이다. 이 확률변수와 관련된 확률분포를 **이항확률분포(binomial probability distribution)**라 부른다. 예를 들어 하나의 동전을 다섯 차례 던지는데, 던질 때마다 동전의 앞면이 나타나는지 뒷면이 나타나는지 관찰하는 실험을 생각해 보자. 다섯 번 던졌을 때 앞면이 나타나는 횟수를 세려고 한다. 이러한 실험이 이항실험의 속성들을 보일 것인가? 관심사가 되는 확률변수는 무엇인가?

1. 실험은 다섯 차례의 동일한 시행으로 구성되어 있다. 각 시행은 하나의 동전을 던지는 것이다.
2. 각 시행에서 앞면과 뒷면 두 개의 결과가 나타날 수 있다. 앞면을 성공, 뒷면을 실패로 정할 수 있다.
3. 앞면이 나올 확률 $p = 0.5$와 뒷면이 나올 확률 $1-p = 0.5$는 각 시행에서 동일하다.
4. 어떤 하나의 시행에서 나타난 결과가 다른 시행에서 나타난 결과에 영향을 받지 않으므로 각 시행(여기에서는 동전 던지기)은 독립적이다.

따라서 이항실험의 속성들을 모두 만족시킨다. 관심대상인 확률변수는 x = (다섯 차례의 시행에서 나타나는 앞면의 수)이며, 이 경우 x는 0, 1, 2, 3, 4, 또는 5의 값을 가진다.

다른 예를 들어 무작위로 추출된 10가구를 방문하는 보험설계사를 생각해 보자. 각 방문과 관련된 결과는 해당 가구에서 보험상품을 사면 성공, 그렇지 않으면 실패로 나뉜다. 과거 경험으로 볼 때 보험설계사는 무작위로 추출된 가구가 보험상품을 살 확률이 0.10이라는 것을 알고 있다. 이항실험의 속성을 만족시키는지 검토하면

그림 5.2 8번 시행으로 구성된 이항실험에서 가능한 하나의 성공과 실패의 배열

성질 1: 실험에서는 8번의 시도를 하였다.
성질 2: 각 시도에서 성공(S)과
실패(F)라는 결과를 얻게 된다.

Trials →	1	2	3	4	5	6	7	8
Outcomes →	S	F	F	S	S	F	S	S

[*] 자코브 베르누이: (1654-1705), 스위스 베르누이 집안의 첫 번째 수학자. 이항정리와 순열조합이론을 포함하는 확률론을 출간하였다.

1. 이 실험은 열 차례의 동일한 시행으로 구성되어 있다. 여기에서 각 시행은 한 가구를 방문하는 것이다.
2. 각 시행에서 두 가지 결과가 가능하다. 각 가구는 보험을 사거나 사지 않는다.
3. 보험을 살 확률 $p = 0.10$과 그렇지 않을 확률 $1-p = 0.90$은 모든 가구에 대해 동일한 것으로 가정된다.
4. 대상이 되는 가구가 무작위로 추출되었기 때문에 모든 시행은 독립적이다.

네 가지 속성 또는 가정이 만족되기 때문에 이 예는 이항실험의 하나이다. 관심대상인 확률변수는 10가구 방문 중 보험상품 판매량이며 이 경우 x는 0, 1, 2, 3, 4, 5, 6, 7, 8, 9 그리고 10의 값을 갖는다.

이항실험의 속성 3은 정상성 가정(stationarity assumption)이라 불리는데 속성 4의 독립시행과 혼동되기도 한다. 이 두 가지 속성이 어떻게 다른지 보기 위해 보험설계사의 예를 다시 이용하자. 만약 하루 중 시간이 지남에 따라 보험설계사가 지쳐서 열의를 잃기 시작한다면 성공(보험을 판매할) 확률은 열 번째 가구를 방문할 때 0.05로 떨어질 것이다. 이러한 경우에 속성 3은 만족되지 않아 이항실험이라 할 수 없게 된다. 각 가구의 보험구매 결정이 독립적이라는 속성 4가 만족되더라도 속성 3이 만족되지 않으면 이항실험이 되지 않는 것이다.

이항실험을 포함된 적용에서, n회의 시행 중 x회 성공할 확률을 계산하는 데 소위 이항확률함수(binomial probability function)라는 특별한 수학식이 활용된다. 4장에 소개한 확률개념을 사용하여 이 수학식이 어떻게 도출되는지 예제를 가지고 살펴보자.

마틴 옷가게 문제

마틴 옷가게(Martin Clothing Store)에 들어가는 다음 세 고객의 구매결정을 생각해 보자.*
가게관리인은 어떤 한 고객이 옷을 구매할 확률을 과거 경험에 따라 0.30으로 추정한다. 그렇다면 다음 방문하는 세 고객 중 두 사람이 옷을 구매할 확률은 얼마인가?

계통도(그림 5.3)를 이용하면 각각 구매결정을 하는 세 명의 고객을 관찰할 때 여덟 개의 결과가 가능하다는 것을 알 수 있다. S를 성공(구매), F를 실패(구매하지 않음)로 나타내면, 3회 시행에서 2회 성공을 포함하는 실험 결과가 관심사이다. 그 다음에는 연속된 3회의 구매결정을 포함하는 실험이 이항실험이라는 것을 증명한다. 이항실험의 네 가지 요건(속성)을 검토하면

1. 이 실험은 가게에 들어가는 세 고객 각각이 하나의 시행을 한다고 볼 수 있다는 점에서 동일한 시행의 3회 연속으로 표현할 수 있다.
2. 각 시행에서 두 가지 결과−고객이 구매(성공) 또는 고객이 불매(실패)−가 가능하다.

---

* 4장에서 소개한 공식은 n개 개체에서 x를 선택하는 조합의 수를 결정하는 것이다. 이항실험에서의 공식은 n회 시행에서 x회 성공하게 되는 실험결과의 수를 제공하여 준다.

그림 5.3 마틴 옷가게 문제에 대한 계통도

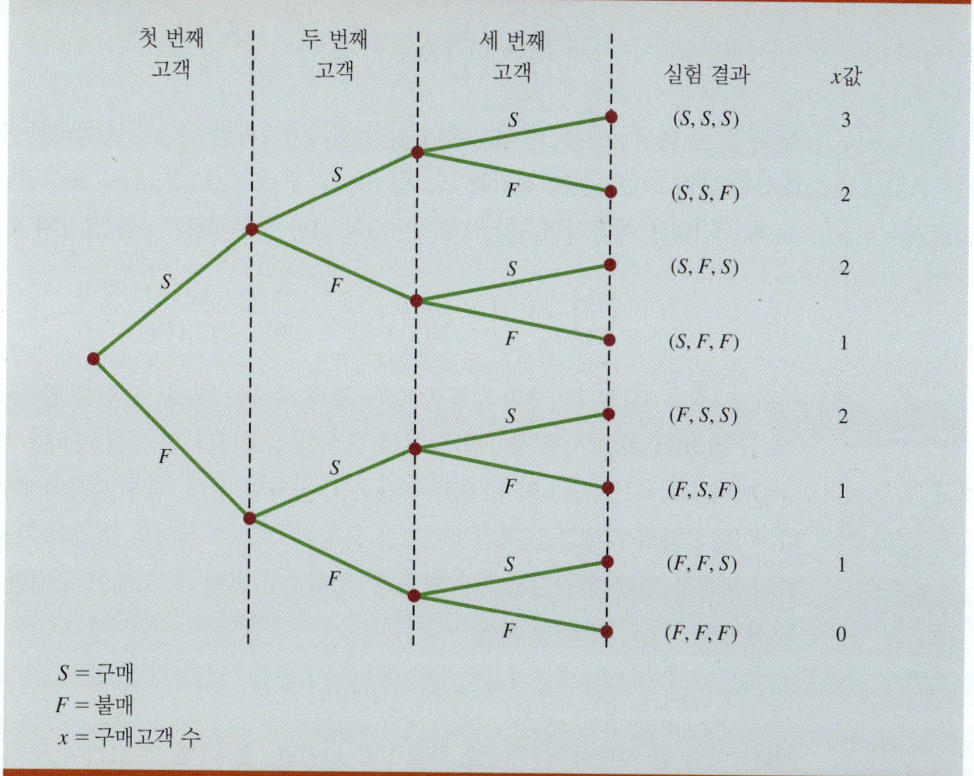

3. 고객이 구매할 확률은 0.30, 불매할 확률은 0.70으로 모든 고객에게 동일한 것으로 가정된다.
4. 각 고객의 구매결정은 다른 고객의 구매결정과는 독립적이다(무관하다).

따라서 이항실험의 속성들을 만족시키고 있다.

n회 시행 중 정확히 x회 성공할 실험 결과의 수는 다음 식에 따라 계산할 수 있다.

n회 시행 중 x회 성공할 시험 결과의 수

$$\binom{n}{x} = \frac{n!}{x!(n-x)!} \quad \textbf{(5.10)}$$

$$n! = n(n-1)(n-2)\cdots(2)(1)$$

$$0! = 1$$

다시 세 고객의 구매결정을 포함하는 마틴 옷가게 실험으로 돌아가자. 식 (5.10)을 사용하면 두 명이 구매하는 실험 결과의 수 즉 $n = 3$회 시행 중 $x = 2$회 성공할 방법의 수를

구할 수 있다. 식 (5.10)으로부터

$$\binom{n}{x} = \binom{3}{2} = \frac{3!}{2!(3-2)!} = \frac{(3)(2)(1)}{(2)(1)(1)} = \frac{6}{2} = 3$$

을 얻을 수 있다. 식 (5.10)은 3개의 실험 결과가 2회의 성공을 포함하는 것으로 그림 5.3에서와 같이 3개의 실험 결과는 (S, S, F), (S, F, S), (F, S, S)로 표시된다.

식 (5.10)을 이용하여 3회 시행에서 3회 성공(구매)하는 실험 결과의 수를 구해보면

$$\binom{n}{x} = \binom{3}{3} = \frac{3!}{3!(3-3)!} = \frac{3!}{3!0!} = \frac{(3)(2)(1)}{3(2)(1)(1)} = \frac{6}{6} = 1$$

이며, 그림 5.3으로부터 3회 성공할 실험 결과 하나는 (S, S, S)임을 알 수 있다.

식 (5.10)은 n회 시행 중 x회 성공에 필요한 실험 결과의 수를 구하는 데 사용될 수 있다. 만약 n회 시행 중 x회 성공할 확률을 구하자면 실험 결과 각각의 확률을 알아야 한다. 이항실험의 시행들은 독립적이므로 특정한 성공과 실패의 순열의 확률은 각 시행 결과의 확률을 단순히 곱함으로써 얻을 수 있다. 첫 번째 두 고객이 구매하고 마지막 고객은 불매할 즉 (S, S, F)일 확률은

$$(p)(p)(1-p)$$

이다. 어떤 한 시행에서 구매할 확률이 0.30이면, 첫 번째 두 고객이 구매하고 마지막 고객은 불매할 확률은

$$(0.30)(0.30)(0.70) = (0.30)^2(0.70) = 0.063$$

이다. 다른 두 실험 결과 역시 2회의 성공과 1회의 실패를 포함한다. 2회의 성공을 포함하는 이 세 가지 실험 결과에 대한 확률은 다음과 같이 구해진다.

시행결과				
첫 번째 고객	**두 번째 고객**	**세 번째 고객**	**실험 결과**	**실험 결과 확률**
구매	구매	불매	(S, S, F)	$(p)(p)(1-p) = p^2(1-p)$ $= (0.30)^2(0.70) = 0.063$
구매	불매	구매	(S, F, S)	$(p)(1-p)(p) = p^2(1-p)$ $= (0.30)^2(0.70) = 0.063$
불매	구매	구매	(F, S, S)	$(1-p)(p)(p) = p^2(1-p)$ $= (0.30)^2(0.70) = 0.063$

2회 성공이 있는 세 가지 실험 결과 모두 정확히 같은 확률을 가지는 것을 알 수 있다. 일반적으로 이러한 사실이 성립된다. 어떠한 이항실험에서든 n회 시행 중 x회 성공을 가져오는 모든 순열의 시행결과들이 나타날 확률은 동일하다. n회 시행 중 x회 성공

을 가져오는 일련의 시행들 각각의 확률은

$$\begin{matrix} n\text{회 시행 중 }x\text{의 성공을} \\ \text{가져오는 일련의 시행들} \\ \text{각각의 확률} \end{matrix} = p^x(1-p)^{(n-x)} \tag{5.11}$$

이다. 마틴 옷가게 문제에서 이 수식을 이용하면 두 성공을 갖는 실험 결과들의 확률은 $p^2(1-p)^{(3-2)} = p^2(1-p)^1 = (0.30)^2\ (0.70)^1 = 0.063$임을 알 수 있다.

식 (5.10)은 x회 성공하는 이항실험 결과의 수를 나타내고 식 (5.11)은 x회 성공을 포함하는 각 순열의 확률을 나타내므로, 이 두 식을 조합하면 다음 **이항확률함수(binomial probability function)**를 구할 수 있다.

이항확률함수

$$f(x) = \binom{n}{x} p^x(1-p)^{(n-x)} \tag{5.12}$$

$x =$ 성공 횟수
$p =$ 시행에서 성공할 확률
$n =$ 시행 횟수
$f(x) = n$회 시행 중 x회 성공 확률

$$\binom{n}{x} = \frac{n!}{x!(n-x)!}$$

마틴 옷가게 예에서 모든 고객이 불매할 확률, 한 고객만 구매할 확률, 두 고객만 구매할 확률, 모든 고객이 구매할 확률을 구해 보자. 표 5.13에 구매하는 고객 수의 확률분포가 요약되어 있으며, 그림 5.4는 이러한 확률분포의 그래프를 보여준다.

표 5.13 구매 고객 수의 확률분포

x	$f(x)$
0	$\frac{3!}{0!3!}(0.30)^0(0.70)^3 = 0.343$
1	$\frac{3!}{1!2!}(0.30)^1(0.70)^2 = 0.441$
2	$\frac{3!}{2!1!}(0.30)^2(0.70)^1 = 0.189$
3	$\frac{3!}{3!0!}(0.30)^3(0.70)^0 = 0.027$
	1.000

그림 5.4 구매 고객 수의 확률분포에 대한 그래프

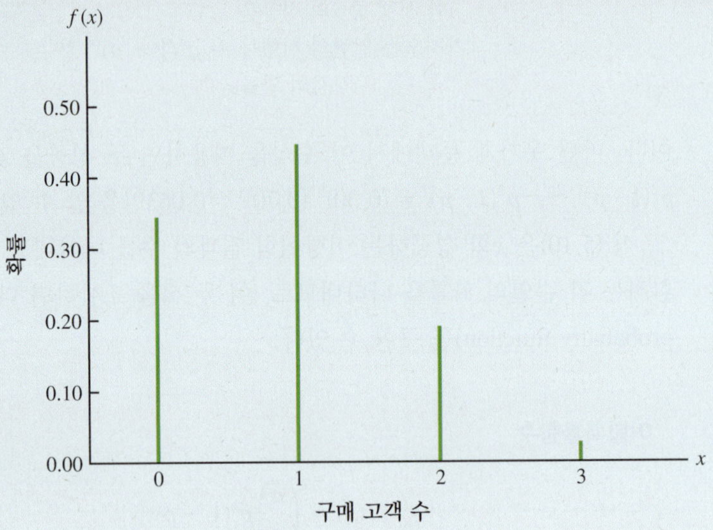

마틴 옷가게 문제를 3명 대신에 10명의 고객으로 변경하여도 여전히 식 (5.12)의 이항확률함수를 적용할 수 있다. $n = 10$, $x = 4$, $p = 0.30$인 이항실험을 예로 들면, 10명의 고객 중 딱 4명이 구매할 확률은 다음과 같다.

$$f(4) = \frac{10!}{4!6!}(0.30)^4(0.70)^6 = 0.2001$$

이항확률표의 이용

이항실험에서 n회 시행 중 x회 성공할 확률을 구하기 위한 확률표가 개발되어 왔다. 이 확률표는 일반적으로 사용하기 편하고 식 (5.12)보다 빠른데, 부록 B의 Table 5에 이러한 이항확률표를 보였다. 표 5.14는 이러한 이항확률표의 일부를 보여주고 있다. 이 표를 사용하려면, 먼저 이항실험에서 n, x, p값을 정해야 한다. 표 5.14의 맨 윗줄에 있는 예에서 보듯 $n = 10$이고 $p = 0.40$인 이항실험에서 $x = 3$회 성공 확률은 0.2150이다. 식 (5.12)를 이용하여 이항확률함수를 직접 사용하여 얻은 확률과 동일한 것을 볼 수 있다.

이제 표 5.14를 이용하여 마틴 옷가게 문제에서 10회 시행 중 4회 성공할 확률을 구해보자. $n = 10$, $x = 4$, $p = 0.30$인 이항확률표에서 직접 $f(4) = 0.2001$이라는 값을 구할 수 있다.

이항확률표가 상대적으로 사용하기 쉽기는 하지만 이항실험에서 일어날 수 있는 모든 n과 p의 값을 보여주는 확률표를 갖는다는 것은 불가능하다. 하지만 오늘날의 계산기는 식 (5.12)를 이용하여 원하는 확률을 구할 수 있다. 특히 시행횟수가 너무 크지만 않으면 이제 어렵지 않은 일이다. 연습문제에서는 특별히 이항확률표를 이용하라는 지시가 없는

표 5.14 이항확률표(일부 특정값에 대한) 예: $n = 10$, $x = 3$, $p = 0.40$; $f(3) = 0.2150$

						p					
n	*x*	**0.05**	**0.10**	**0.15**	**0.20**	**0.25**	**0.30**	**0.35**	**0.40**	**0.45**	**0.50**
9	0	0.6302	0.3874	0.2316	0.1342	0.0751	0.0404	0.0207	0.0101	0.0046	0.0020
	1	0.2985	0.3874	0.3679	0.3020	0.2253	0.1556	0.1004	0.0605	0.0339	0.0176
	2	0.0629	0.1722	0.2597	0.3020	0.3003	0.2668	0.2162	0.1612	0.1110	0.0703
	3	0.0077	0.0446	0.1069	0.1762	0.2336	0.2668	0.2716	0.2508	0.2119	0.1641
	4	0.0006	0.0074	0.0283	0.0661	0.1168	0.1715	0.2194	0.2508	0.2600	0.2461
	5	0.0000	0.0008	0.0050	0.0165	0.0389	0.0735	0.1181	0.1672	0.2128	0.2461
	6	0.0000	0.0001	0.0006	0.0028	0.0087	0.0210	0.0424	0.0743	0.1160	0.1641
	7	0.0000	0.0000	0.0000	0.0003	0.0012	0.0039	0.0098	0.0212	0.0407	0.0703
	8	0.0000	0.0000	0.0000	0.0000	0.0001	0.0004	0.0013	0.0035	0.0083	0.0176
	9	0.0000	0.0000	0.0000	0.0000	0.0000	0.0000	0.0001	0.0003	0.0008	0.0020
10	0	0.5987	0.3487	0.1969	0.1074	0.0563	0.0282	0.0135	0.0060	0.0025	0.0010
	1	0.3151	0.3874	0.3474	0.2684	0.1877	0.1211	0.0725	0.0403	0.0207	0.0098
	2	0.0746	0.1937	0.2759	0.3020	0.2816	0.2335	0.1757	0.1209	0.0763	0.0439
	3	0.0105	0.0574	0.1298	0.2013	0.2503	0.2668	0.2522	**0.2150**	0.1665	0.1172
	4	0.0010	0.0112	0.0401	0.0881	0.1460	0.2001	0.2377	0.2508	0.2384	0.2051
	5	0.0001	0.0015	0.0085	0.0264	0.0584	0.1029	0.1536	0.2007	0.2340	0.2461
	6	0.0000	0.0001	0.0012	0.0055	0.0162	0.0368	0.0689	0.1115	0.1596	0.2051
	7	0.0000	0.0000	0.0001	0.0008	0.0031	0.0090	0.0212	0.0425	0.0746	0.1172
	8	0.0000	0.0000	0.0000	0.0001	0.0004	0.0014	0.0043	0.0106	0.0229	0.0439
	9	0.0000	0.0000	0.0000	0.0000	0.0000	0.0001	0.0005	0.0016	0.0042	0.0098
	10	0.0000	0.0000	0.0000	0.0000	0.0000	0.0000	0.0000	0.0001	0.0003	0.0010

한 식 (5.12)를 이용하여 이항확률을 계산하는 연습을 하게 된다.

통계 소프트웨어 패키지에는 이항확률을 계산하는 기능이 있다. $n = 10$, $p = 0.30$인 마틴 옷가게 예를 생각해 보자. 그림 5.5는 가능한 모든 x의 값에 대한 이항확률을 JMP로 구한 결과를 보여주고 있다. 이러한 값들이 표 5.14에서 $p = 0.30$인 행의 수치들과 동일한 것을 알 수 있다. 장의 부록에는 널리 사용되는 Excel을 사용하여 이항확률을 구하는 방법에 대한 단계별 지침이 있다.

이항분포의 기댓값과 분산

5.3절에서 이산확률변수의 기댓값과 분산을 구하는 공식을 소개하였다. 확률변수가 시행횟수 n과 성공 확률 p를 갖는 이항분포를 따르는 특수한 경우에 기댓값과 분산의 일반 공식은 다음과 같이 간단하게 표현된다.

이항분포의 기댓값과 분산

$$E(x) = \mu = np \tag{5.13}$$

$$Var(x) = \sigma^2 = np(1 - p) \tag{5.14}$$

그림 5.5 마틴 옷가게에 대한 이항확률을 보여주는 JMP 출력

x	P(X = x)
0	0.0282475249
1	0.121060821
2	0.2334744405
3	0.266827932
4	0.200120949
5	0.1029193425
6	0.036756909
7	0.009001692
8	0.0014467005
9	0.000137781
10	0.0000059049

마틴 옷가게 문제에서 세 명의 고객을 고려할 경우, 식 (5.13)을 이용하여 구매 고객 수의 기댓값을 계산하면

$$E(x) = np = 3(0.30) = 0.9$$

명이다. 다음달에 마틴 옷가게에 1,000명이 방문할 것이라고 가정하자. 그러면 몇 명이 구매를 할 것인가? 답은 $\mu = np = (1,000)(0.3) = 300$명이다. 따라서 판매량의 기댓값을 늘리기 위해 마틴 옷가게는 방문 고객 수를 늘리거나 각 고객이 방문하여 구매할 확률을 높여야 한다.

세 명의 고객을 고려하는 마틴 옷가게 문제에서 구매 고객 수의 분산과 표준편차는

$$\sigma^2 = np(1 - p) = 3(0.3)(0.7) = 0.63$$
$$\sigma = \sqrt{0.63} = 0.79$$

이다. 1,000명의 고객에 대한 구매 고객 수의 분산과 표분편차는

$$\sigma^2 = np(1 - p) = 1000(0.3)(0.7) = 210$$
$$\sigma = \sqrt{210} = 14.49$$

가 된다.

주석 및 코멘트

1. 부록 B의 이항확률표는 $p = 0.95$까지의 p에 대해서만 값을 보여주고 있다. $p = 0.50$보다 큰 확률에 대해서는 이러한 확률표를 사용할 수 없는 것처럼 보인다. 그러나 $n-x$회 실패 확률이 곧 x회 성공 확률과 같다는 사실을 이용하면 이 확률표를 사용할 수 있다. 성공 확률이 $p = 0.50$보다 클 경우, 대신하여 $n-x$회 실패할 확률을 계산하면 된다. $p > 0.50$일 때 실패 확률 $1-p$는 0.50보다 작다.

2. 일부 문헌에서는 이항확률표를 누적 형식으로 제공한다. 이러한 표에서는 n회 시행에서 x회 성공 확률을 찾기 위해서는 뺄셈을 하여야 한다. 즉, $f(2) = P(x \leq 2) - P(x \leq 1)$. 이 책의 표에서는 이 확률을 직접 제공하고 있다. 이로부터 누적확률을 계산하기 위해서는 개별확률을 단순히 더하면 된다. 예를 들어 $P(x \leq 2)$를 계산하자면 확률표를 이용하여 $f(0) + f(1) + f(2)$의 덧셈을 한다.

연습문제

기본문제

31. 2개 시행, $p = 0.4$을 가정한 이항실험에 답하시오.

a. 이 실험을 계통도로 나타내시오(그림 5.3 참조).

b. 한 번 성공할 확률, $f(1)$을 계산하시오.

c. $f(0)$을 계산하시오.

d. $f(2)$를 계산하시오.

e. 적어도 1번은 성공할 확률을 계산하시오.

f. 기댓값, 분산, 표준편차를 계산하시오.

32. $n = 10$과 $p = 0.10$을 가정한 이항실험에 답하시오.

a. $f(0)$을 계산하시오.

b. $f(2)$를 계산하시오.

c. $P(x \leq 2)$를 계산하시오.

d. $P(x \geq 1)$를 계산하시오.

e. $E(x)$를 계산하시오.

f. $\text{Var}(x)$와 σ를 계산하시오.

33. $n = 20$과 $p = 0.70$을 가정한 이항실험에 답하시오.

a. $f(12)$를 계산하시오.

b. $f(16)$을 계산하시오.

c. $P(x \geq 16)$를 계산하시오.

d. $P(x \leq 15)$를 계산하시오.

e. $E(x)$를 계산하시오.

f. $\text{Var}(x)$와 σ를 계산하시오.

적용문제

34. 스마트 스피커를 통해 뉴스 듣기. 스마트 스피커는 사용자가 음성 명령을 통해 스피커와 상호 작용할 수 있는 인터넷 지원 스피커이다. Amazon, Google 및 Sonos는 가

장 인기 있는 스마트 스피커를 생산하는 회사다. Nielsen의 2018년 조사에 따르면, 스마트 스피커 사용자의 68%가 스마트 스피커를 통해 정기적으로 뉴스를 듣는 것으로 추정한다(Nielsen 웹사이트). 8명의 스마트 스피커 사용자가 인터뷰 대상으로 무작위로 선택되었다고 가정하자. 이는 이항실험으로 간주할 수 있다.

a. 스마트 스피커 사용자 8명 중 자신의 스마트 스피커를 통해 뉴스를 듣는 사람이 아무도 없을 확률은 얼마인가?

b. 스마트 스피커 사용자 8명 모두가 자신의 스마트 스피커를 통해 뉴스를 들을 확률은 얼마인가?

c. 스마트 스피커 사용자 8명 중 5명이 스마트 스피커를 통해 뉴스를 들을 확률은 얼마인가?

d. 스마트 스피커 사용자 8명 중 6명 이상이 스마트 스피커를 통해 뉴스를 들을 확률은 얼마인가?

35. **메디케어 서비스 항소.** 메디케어 및 의료 서비스 센터는 입원 및 기타 파트 A 메디케어 서비스에 대한 항소가 295,000건에 달했다고 보고했다. 이 그룹의 경우 1차 항소의 40%가 성공했다(The Wall Street Journal). 메디케어 항소 사무실에서 방금 10건의 1차 항소를 접수했다고 가정하자.

a. 어떤 항소도 성공하지 못할 확률은 얼마인가?

b. 항소 중 정확히 하나가 성공할 확률은 얼마인가?

c. 항소 중 적어도 두 건이 성공할 확률은 얼마인가?

d. 항소의 절반 이상이 성공할 확률은 얼마인가

36. **결함 부품의 수.** 새로운 기계가 정상적으로 기능을 한다면 생산하여야 할 품목에 3% 정도만이 결함이 있을 것이다. 새로운 기계에서 생산된 두 개의 부분을 임의로 선정하여 결함부분의 수를 찾아보고자 한다.

a. 이러한 상황이 이항실험에 해당하는 조건인지를 설명하시오.

b. 두 번의 시도를 하는 실험을 계통도로 나타내시오(그림 5.3 참조).

c. 결함이 1개인 경우는 몇 개의 실험 결과에서 나타나는가?

d. 결함이 없는 경우, 1개인 경우, 2개인 경우의 확률을 계산하시오.

37. **미국인들의 은퇴 위한 저축.** 미국인들은 은퇴를 위해 저축을 한다. Bankrate.com의 2018년 설문 조사에 따르면, 미국 성인의 20%는 은퇴를 위해 아무 것도 저축하지 않는다(CNBC 웹사이트). 미국의 성인 15명을 무작위로 선택했다고 가정하자.

a. 성인 15명을 선택하는 것은 이항실험인가? 설명하시오.

b. 선택된 성인 모두가 은퇴를 위해 아무것도 저축하지 않을 확률은 얼마인가?

c. 선택된 성인 중 정확히 5명이 은퇴를 위해 아무것도 저축하지 않을 확률은 얼마

인가?

d. 선택된 성인 중 최소한 한 명이 은퇴를 위해 저축한 돈이 전혀 없을 확률은 얼마인가?

38. **미사일 공격 감지.** 군사용 레이다와 미사일 방어체제는 적군의 공격을 경고하기 위해 고안된 것이다. 이러한 체제에 대해 방어체제가 적의 공격을 알아채고 경고를 발동하는가에 대해 얼마나 믿을 만한가를 질문하게 된다. 1개의 방어체제가 미사일공격을 감지할 확률을 0.90이라 하자. 이산확률분포를 가정하고 다음 질문에 답하시오.

a. 1개의 방어체제가 공격을 감지할 확률은 얼마인가?

b. 만약 2개의 방어체제가 같은 지역에 설치되어 독립적으로 작동한다면, 적어도 1개의 방어체제가 공격을 감지할 확률은 얼마인가?

c. 만약 3개의 방어체제가 설치된다면 적어도 1개의 방어체제가 공격을 감지할 확률은 얼마인가?

d. 당신은 여러 개의 방어체제를 사용하는 것을 추천할 것인가? 이유를 설명하시오.

39. **반려견 사료 마케팅 포커스 그룹.** 미국 수의학 협회(AVMA)에 따르면, 미국 가구의 38.4%가 개를 반려견으로 키우고 있다(AVMA 웹사이트). 반려견 사료를 판매하는 회사가 새로운 반려견 사료 마케팅 캠페인에 대한 의견을 수집하기 위해 포커스 그룹을 구축하려고 한다고 가정하자. 회사는 무작위로 선택된 25개 가구에 연락하여 사람들이 포커스 그룹에 참여하도록 초대할 계획이다.

a. 25가구 중 10가구가 개를 반려견으로 키울 확률은 얼마인가?

b. 25가구 중 2가구 이하가 개를 반려견으로 키울 확률은 얼마인가?

c. 25가구 표본에서 개를 반려견으로 키우는 가구 수의 기댓값은 얼마인가?

d. 25가구 표본에서 개를 반려견으로 키우는 가구 수의 분산과 표준편차는 얼마인가?

40. **가계 소득 기여.** 퓨리서치센터(Pew Research Center)가 실시한 연구에 따르면, 부모와 함께 사는 18～34세 청소년 중 75%가 가계비에 기여한다고 응답했다(월스트리트저널). 부모와 함께 살고 있는 18～34세 청소년 중 15명의 무작위 표본을 선택하여 그들이 가계비에 기여하는지 묻는다고 가정하자.

a. 부모와 함께 살고 있는 18～34세 15명의 선발은 이항실험인가? 설명하시오.

b. 표본에서 부모와 함께 살고 있는 15명의 18～34세 청소년 중 누구도 가계비에 기여하지 않는 것으로 나타나면, Pew Research 연구 결과에 의문을 제기할 것인가? 설명하시오.

c. 부모와 함께 살고 있는 18～34세 15명 중 최소 10명이 가계비에 기여할 확률은 얼마인가?

41. 통계개론 과목 수강취소. 한 대학은 통계개론 과목을 이수하지 않고 중도에 수강을 취소하는 학생이 20%라는 것을 발견하였다. 20명의 학생이 이 과목을 신청하였다고 하자.

a. 2명 이하의 학생이 수강취소할 확률을 계산하시오.

b. 4명의 학생이 수강취소할 확률을 계산하시오.

c. 3명보다 많은 학생이 수강취소할 확률을 계산하시오.

d. 수강취소한 학생은 몇 명인지를 계산하시오.

42. 국가 실태 설문조사. Gallup 여론조사에 따르면 미국인 중 30%가 미국의 상황에 만족하는 것으로 나타났다(Gallup 웹사이트). 20명의 미국인 표본이 국가 상태에 대한 연구의 일부로 선택되었다고 가정하자. 표본에 포함된 미국인들에게 미국의 현재 상황에 만족하는지 질문하였다.

a. 설문조사에 참여한 미국인 20명 중 정확히 4명이 미국의 현재 상황에 만족할 확률은 얼마인가?

b. 설문조사에 참여한 미국인 중 최소 2명 이상이 미국의 상황에 만족할 확률은 얼마인가?

c. 미국인 20명의 표본 중 미국의 상황에 만족할 것으로 기대되는 미국인은 몇 명인가?

d. 20명의 미국인 표본 중 미국의 상황에 만족할 것으로 기대되는 미국인 수의 분산과 표준편차를 계산하시오.

43. 이메일 추적. 2017년 Wired 잡지 기사에 따르면, 수신된 이메일의 40%는 이메일 발신자에게 이메일이 언제, 어디서, 어떤 유형의 장치에서 열렸는지 알 수 있는 소프트웨어를 사용하여 추적된다(Wired 잡지 웹사이트). 수신된 이메일 50개를 무작위로 선택한다고 가정하자.

a. 추적될 것으로 기대되는 이메일은 몇 개인가?

b. 추적될 것으로 기대되는 이메일 수의 분산과 표준편차는 얼마인가?

5.6 포아송 확률분포

이 절에서는 일정한 시간 또는 공간 구간에서 발생하는 사건의 횟수를 추정하는 데 유용한 이산확률변수를 살펴본다. 예를 들어 관심 확률변수는 한 시간에 자동차 세차장에 도착하는 자동차의 수, 고속도로 10마일에 요구되는 보수 횟수, 수도관 100마일의 누수지점의 수 등이다. 다음 두 속성을 만족시키면 사건발생 횟수는 **포아송 확률분포(Poisson probability distribution)**[*]를 갖는 확률변수이다.

---

* 포아송 확률분포는 대기선에 있는 상황에서 무작위 도착을 모형화하는데 사용되기도 한다.

포아송 실험의 속성

1. 동일한 길이를 가진 두 구간에서 사건발생 확률은 동일하다.
2. 어떤 구간의 사건발생이나 사건불발은 다른 어떠한 구간에서의 사건발생 또는 사건불발과는 무관하다.

포아송 확률함수(Poisson probability function)는 식 (5.15)로 정의된다.

포아송* 확률함수

$$f(x) = \frac{\mu^x e^{-\mu}}{x!} \tag{5.15}$$

$f(x)$ = 한 구간에서 x건의 사건발생 확률

μ = 한 구간에서 사건발생 건수의 기댓값 또는 평균

$e \approx 2.71828$

포아송 확률분포가 어떻게 응용되는지 특정한 예를 보기 전에 사건발생 횟수 x는 상한이 없음에 주목하여야 한다. 즉, 이 이산확률변수는 무한한 연속값($x = 0, 1, 2, \ldots$)을 갖는 것으로 가정하는 것과 마찬가지이다.

시간 구간과 관련된 예제

주중 아침 15분 동안에 은행 창구(자동차에서 은행거래를 하는 창구)에 도착하는 고객 수를 생각해 보자. 한 고객이 도착하는 확률은 동일한 길이를 갖는 두 시간 구간에 대해 동일하고 어떤 시간 구간에 고객이 오는가 오지 않는가가 다른 시간 구간에 고객이 오는지 오지 않는지와 무관하다고 가정하면 포아송 확률함수를 적용할 수 있다. 그러한 가정들이 성립하고 과거자료를 분석했을 때 15분 동안에 도착하는 고객 수의 평균이 10명이라고 하자. 그러면 다음 확률함수

$$f(x) = \frac{10^x e^{-10}}{x!}$$

를 적용할 수 있다. 여기서 확률변수 x = 어떤 15분 동안 도착하는 고객 수이다.

만약 15분 동안 딱 5명의 고객이 도착할 확률을 알고자 한다면, $x = 5$를 대입하여

* 시메옹 포아송(Simeon Poisson)은 1802년부터 1808년까지 파리에 있는 에콜 폴리테크니크(Ecole Polytechnique)에서 수학을 가르쳤다. 1837년 『민형사상 판결의 확률에 대한 연구』라는 저서를 출간하였는데, 이 책에 는 후에 포아송 확률분포로 알려지게 되는 확률에 대한 논의가 포함되어 있다.

표 5.15 포아송 확률표(일부) 예: $\mu = 10$, $x = 5$; $f(5) = 0.0378$

	μ									
x	**9.1**	**9.2**	**9.3**	**9.4**	**9.5**	**9.6**	**9.7**	**9.8**	**9.9**	**10**
0	0.0001	0.0001	0.0001	0.0001	0.0001	0.0001	0.0001	0.0001	0.0001	0.0000
1	0.0010	0.0009	0.0009	0.0008	0.0007	0.0007	0.0006	0.0005	0.0005	0.0005
2	0.0046	0.0043	0.0040	0.0037	0.0034	0.0031	0.0029	0.0027	0.0025	0.0023
3	0.0140	0.0131	0.0123	0.0115	0.0107	0.0100	0.0093	0.0087	0.0081	0.0076
4	0.0319	0.0302	0.0285	0.0269	0.0254	0.0240	0.0226	0.0213	0.0201	0.0189
5	0.0581	0.0555	0.0530	0.0506	0.0483	0.0460	0.0439	0.0418	0.0398	**0.0378**
6	0.0881	0.0851	0.0822	0.0793	0.0764	0.0736	0.0709	0.0682	0.0656	0.0631
7	0.1145	0.1118	0.1091	0.1064	0.1037	0.1010	0.0982	0.0955	0.0928	0.0901
8	0.1302	0.1286	0.1269	0.1251	0.1232	0.1212	0.1191	0.1170	0.1148	0.1126
9	0.1317	0.1315	0.1311	0.1306	0.1300	0.1293	0.1284	0.1274	0.1263	0.1251
10	0.1198	0.1210	0.1219	0.1228	0.1235	0.1241	0.1245	0.1249	0.1250	0.1251
11	0.0991	0.1012	0.1031	0.1049	0.1067	0.1083	0.1098	0.1112	0.1125	0.1137
12	0.0752	0.0776	0.0799	0.0822	0.0844	0.0866	0.0888	0.0908	0.0928	0.0948
13	0.0526	0.0549	0.0572	0.0594	0.0617	0.0640	0.0662	0.0685	0.0707	0.0729
14	0.0342	0.0361	0.0380	0.0399	0.0419	0.0439	0.0459	0.0479	0.0500	0.0521
15	0.0208	0.0221	0.0235	0.0250	0.0265	0.0281	0.0297	0.0313	0.0330	0.0347
16	0.0118	0.0127	0.0137	0.0147	0.0157	0.0168	0.0180	0.0192	0.0204	0.0217
17	0.0063	0.0069	0.0075	0.0081	0.0088	0.0095	0.0103	0.0111	0.0119	0.0128
18	0.0032	0.0035	0.0039	0.0042	0.0046	0.0051	0.0055	0.0060	0.0065	0.0071
19	0.0015	0.0017	0.0019	0.0021	0.0023	0.0026	0.0028	0.0031	0.0034	0.0037
20	0.0007	0.0008	0.0009	0.0010	0.0011	0.0012	0.0014	0.0015	0.0017	0.0019
21	0.0003	0.0003	0.0004	0.0004	0.0005	0.0006	0.0006	0.0007	0.0008	0.0009
22	0.0001	0.0001	0.0002	0.0002	0.0002	0.0002	0.0003	0.0003	0.0004	0.0004
23	0.0000	0.0001	0.0001	0.0001	0.0001	0.0001	0.0001	0.0001	0.0002	0.0002
24	0.0000	0.0000	0.0000	0.0000	0.0000	0.0000	0.0000	0.0001	0.0001	0.0001

$$\text{15분 동안 딱 5명의 고객이 도착할 확률} = f(5) = \frac{10^5 e^{-10}}{5!} = 0.0378$$

을 얻을 수 있다. 이 확률은 확률함수에 $\mu = 10$과 $x = 5$를 대입해 얻어지지만, 종종 포아송 확률분포에 대한 확률표를 참조하는 것이 더 편하다. 이 확률표는 μ과 x의 특정값에 대한 확률을 보여주는 것으로, 부록 B의 Table 7과 같으며 편의상 표 5.15가 표의 일부를 제시하였다. 포아송확률표를 이용하자면 μ과 x의 값만 알면 된다. 표 5.15로부터 15분 동안에 5명이 도착할 확률은 $x = 5$에 해당하는 열과 $\mu = 10$에 해당하는 행이 교차하는 값을 찾으면 되고 $f(5) = 0.0378$임을 알 수 있다.

이전의 예에서 포아송 분포의 평균은 15분 동안에 $\mu = 10$명이다. 포아송 확률분포의 속성 중 하나는 분포의 평균과 분산이 동일하다는 점이다. 따라서 15분 동안 도착하는 고객 수의 분산은 $\sigma^2 = 10$이며, 따라서 표준편차는 $\sigma = \sqrt{10} = 3.16$이다.

이 예에서는 15분을 고려하였지만 다른 시간 구간에도 적용할 수 있다. 가령 3분 동안에 1명이 도착할 확률을 계산하려 한다고 하자. 15분 동안에 도착하는 고객 수의 기댓값이 10명이므로 10/15 = 2/3은 1분 동안에 도착하는 고객 수의 기댓값이 되며, 3분 동안에 도착하는 고객 수의 기댓값은 (2/3)(3분) = 2명이 될 것이다. 따라서 $\mu = 2$일 때 3분 동안에 x명이 도착할 확률은 다음 포아송 확률함수

$$f(x) = \frac{2^x e^{-2}}{x!}$$

를 따르게 된다. 3분 동안 1명의 고객이 도착할 확률은 다음과 같이 계산된다.

$$\text{3분 동안 딱 1명의 고객이 도착할 확률} = f(1) = \frac{2^1 e^{-2}}{1!} = 0.2707$$

이전에 15분 동안 5명이 도착할 확률을 계산한 적이 있는데 확률은 0.0378이었다. 여기에서 3분 동안 1명이 도착할 확률은 0.2707로 앞의 확률과 같지 않다는 점에 주목해야 한다. 상이한 시간 구간에 대한 포아송확률을 계산할 때에는 먼저 평균 도착률을 관심 대상인 시간 구간으로 전환한 다음 확률을 계산하여야 한다.

길이나 거리 구간과 관련된 예제

포아송 확률분포가 유용한 시간 구간을 포함하지 않는 문제를 예로 들어보자. 고속도로 재포장 한 달 후 발생하는 중요한 결함에 관심이 있다고 하자. 이 문제에서는 고속도로에서 동일한 거리를 가진 어떤 두 구간에서 결함이 발생할 확률은 동일하고 한 구간에서 결함 발생 여부가 다른 구간의 결함 발생 여부와 독립적이라고(무관하다고) 가정할 수 있으므로 포아송 확률분포를 적용할 수 있다.

고속도로 재포장 한 달 후 주요 결함이 1마일당 평균 2개 발생한 것을 알고 있다고 가정하고, 고속도로 3마일 구간에서 주요 결함이 하나도 발생하지 않을 확률을 알아보자. 3마일의 거리를 가진 구간에 관심이 있으므로 고속도로 3마일 구간에서 기대되는 주요 결함의 수는 μ = (2개 결함/1마일)(3마일) = 6이 된다. 식 (5.15)를 이용하면 결함이 없을 확률은 $f(0) = 6^0 e^{-6}/0! = 0.0025$가 된다. 따라서 3마일 구간에서 결함이 전혀 없을 것 같지는 않음을 알 수 있다. 사실 이 문제는 고속도로 3마일 구간에서 적어도 하나 이상의 주요 결함이 발생할 확률이 $1 - 0.0025 = 0.9975$라는 것을 보여준다.

연습문제

기본문제

44. $\mu = 3$인 포아송 확률분포를 생각해 보자.

a. 포아송 확률함수를 써 보시오.

b. $f(2)$를 계산하시오.

c. $f(1)$을 계산하시오.

d. $P(x \geq 2)$를 계산하시오.

45. 1회에 평균 2번 발생하는 포아송 확률분포를 생각해 보자.

a. 포아송 확률함수를 적어 보시오.

b. 3회면 몇 번 발생할 것으로 예상되는가?

c. 3회에 걸쳐 발생할 x의 확률을 계산하기 위한 포아송 확률함수를 적어 보시오.

d. 1회에 2번 발생할 확률을 계산하시오.

e. 3회에 걸쳐 6번 발생할 확률을 계산하시오.

f. 2회에 걸쳐 5번 발생할 확률을 계산하시오.

적용문제

46. Regional Airways 통화. 예약부서에 Regional Airways에 대한 전화가 시간당 48번 온다고 한다.

a. 5분 동안 3번의 전화가 올 확률은 얼마인가?

b. 15분 동안 10번의 전화가 올 확률은 얼마인가?

c. 현재 대기상태에 있는 전화는 없다. 만약 상담원이 현재 받고 있는 전화를 5분 후에 끝내게 된다면 몇 명의 사람들이 기다리게 될 것인가? 아무도 기다리지 않을 확률은 얼마인가?

d. 만약 현재 진행 중인 전화 상담이 없다면 상담원이 다른 전화에 방해받지 않고 3분 동안 전화 상담을 할 수 있는 확률은 얼마인가?

47. 컴퓨터 코드 오류. Steve McDonnell이 쓴 Code Complete라는 책에서는 컴퓨터 프로그램에 전달된 코드 1,000줄당 15~50개의 오류가 있다고 추정한다. 특정 소프트웨어 패키지의 경우 오류율이 코드 1,000줄당 25개이고, 코드 1,000줄당 오류 수는 포아송분포를 따른다고 가정한다.

a. 250줄의 코드가 포함된 이 컴퓨터 패키지의 코드 부분에 오류가 없을 확률은 얼마인가?

b. 1,000줄의 코드에 정확히 30개의 오류가 있을 확률은 얼마인가?

c. 100줄의 코드에서 3개 이상의 오류가 발생할 확률은 얼마인가?

d. 25,000줄 코드에서 예상되는 오류의 수는 얼마인가?

48. 뉴욕시 자동차 사고. 뉴욕시에서는 1년 동안 월요일부터 금요일, 오후 3시에서 오후 6시 사이에 총 11,232건의 자동차 사고가 발생했다(뉴욕주 자동차부 웹사이트). 이는

시간당 평균 14.4건의 사고에 해당하는데, 자동차 사고 발생건수는 포아송분포를 따른다고 가정하고 다음 질문에 답하시오.

a. 15분 동안 사고가 발생하지 않을 확률은 얼마인가?

b. 15분 동안 최소 한 번의 사고가 발생할 확률은 얼마인가?

c. 15분 동안 4번 이상의 사고가 발생할 확률은 얼마인가?

49. **공항 승객 검색 시설.** 주요 국제공항의 탑승자 검색대에 탑승자들은 임의적·독립적으로 도착한다. 1분당 평균 도착자의 수는 10명이다.

a. 1분 동안 1명도 도착하지 않을 확률을 계산하시오.

b. 1분 동안 3명 이하의 탑승자가 나타날 확률을 계산하시오.

c. 15초 동안 1명도 도착하지 않을 확률을 계산하시오.

d. 15초 동안 적어도 1명이 도착할 확률을 계산하시오.

50. **콜로라도의 토네이도.** 국립해양대기청(NOAA)에 따르면, 콜로라도 주에는 매년 6월 평균 18개의 토네이도가 발생한다(NOAA 웹사이트). 콜로라도에서 발생하는 토네이도의 수가 포아송분포를 따른다고 가정하고 다음 질문에 답하시오. (참고: 6월은 30일입니다.)

a. 하루 평균 토네이도 수는 몇 개인가?

b. 하루 동안 토네이도가 발생하지 않을 확률은 얼마인가?

c. 하루에 정확히 한 번의 토네이도가 발생할 확률은 얼마인가?

d. 하루에 두 번 이상의 토네이도가 발생할 확률은 얼마인가?

51. **이메일 수신.** 기술 시장 조사 기관인 Radicati Group이 2017년 실시한 조사에 따르면, 미국 직장인들은 하루 평균 121통의 이메일을 받는다(Entrepreneur 잡지 웹사이트). 시간당 수신된 이메일 수가 포아송분포를 따르고 시간당 수신된 평균 이메일 수가 5개라 가정하자.

a. 한 시간 동안 이메일을 전혀 받지 않을 확률은 얼마인가?

b. 한 시간 동안 최소 3개의 이메일을 받을 확률은 얼마인가?

c. 15분 동안 받을 것으로 예상되는 이메일 수는 몇 개인가?

d. 15분 동안 이메일을 전혀 수신하지 않을 확률은 얼마인가?

5.7 초기하 확률분포

초기하 확률분포(hypergeometric probability distribution)는 이항분포와 밀접하게 관련되어 있다. 두 확률분포는 단지 두 가지 점에서만 다르다. 초기하분포에서는 시행이 독립적이지 않고 성공 확률이 시행에 따라 변한다.

통상 초기하분포에서 r은 N개의 모집단에 포함된 '성공' 요소의 수를, $N-r$은 모집단에 포함된 '실패' 요소의 수를 표시한다. **초기하 확률함수(hypergeometric probability function)**는 n 요소를 대체 없이 무작위로 추출할 때 x개의 성공 요소와 $n-x$개의 실패 요소를 추출할 확률을 계산하는 데 이용된다. 이러한 결과가 나타나자면 모집단의 r개 성공 요소 중 x개의 성공 요소를, $N-r$개의 실패 요소 중 $n-x$개의 실패 요소를 추출하여야 한다. 다음 초기하 확률함수 $f(x)$는 표본규모가 n개인 표본에서 x개의 성공 표본을 얻을 확률을 나타낸다.

초기하 확률함수

$$f(x) = \frac{\binom{r}{x}\binom{N-r}{n-x}}{\binom{N}{n}} \tag{5.16}$$

x = 성공 횟수

n = 시행 횟수

$f(x)$ = n회 시행 중 x회 성공 확률

N = 모집단 요소의 수

r = 모집단 중 성공 요소의 수

여기에서 $\binom{N}{n}$는 N개의 모집단 중 n개의 표본을 선택하는 방법의 개수를, $\binom{r}{x}$은 모집단에 있는 r개의 성공 중 x개의 성공을 선택하는 방법의 개수를, $\binom{N-r}{n-x}$는 모집단의 $N-r$개의 실패 중 $n-x$개의 실패를 선택할 방법의 개수를 나타낸다는 점에 주목하여야 한다.

식 (5.16)과 관련된 계산의 예로 다음 품질관리 문제를 생각해 보자. 온타리오 전기회사에서 생산한 전기퓨즈가 12단위씩 상자로 포장되어 있다. 품질검사관이 검사를 위하여 한 상자 12개 퓨즈 중 3개를 무작위로 추출한다. 그 상자에 5개의 불량퓨즈가 들어 있다면 선택된 3개 퓨즈 중 하나가 불량품일 확률은 어떻게 되는가? 이 예에서 $n=3$, $N=12$이다. 그 상자의 불량퓨즈가 $r=5$개일 때 불량퓨즈 $x=1$개를 발견할 확률은

$$f(1) = \frac{\binom{5}{1}\binom{7}{2}}{\binom{12}{3}} = \frac{\left(\frac{5!}{1!4!}\right)\left(\frac{7!}{2!5!}\right)}{\left(\frac{12!}{3!9!}\right)} = \frac{(5)(21)}{220} = 0.4773$$

이다. 이제 적어도 1개 이상의 불량퓨즈를 발견할 확률을 알고 싶어 한다. 이러한 문제에 답하기 위한 가장 간단한 방법은 먼저 검사관이 불량퓨즈를 하나도 발견하지 않을 확률

을 계산하는 것이다. 즉 $x = 0$일 확률은

$$f(0) = \frac{\binom{5}{0}\binom{7}{3}}{\binom{12}{3}} = \frac{\left(\frac{5!}{0!5!}\right)\left(\frac{7!}{3!4!}\right)}{\left(\frac{12!}{3!9!}\right)} = \frac{(1)(35)}{220} = 0.1591$$

이다. 불량퓨즈가 없을 확률은 $f(0) = 0.1591$이므로 적어도 한 개 이상의 불량퓨즈를 발견할 확률은 $1 - 0.1592 = 0.8409$가 될 것이다. 따라서 검사관이 적어도 하나 이상의 불량퓨즈를 발견할 확률은 상당히 높다.

초기하분포의 평균과 분산은 다음과 같다.

$$E(x) = \mu = n\left(\frac{r}{N}\right) \qquad \textbf{(5.17)}$$

$$Var(x) = \sigma^2 = n\left(\frac{r}{N}\right)\left(1 - \frac{r}{N}\right)\left(\frac{N-n}{N-1}\right) \qquad \textbf{(5.18)}$$

직전의 예에서 $n = 3$, $r = 5$, $N = 12$이므로 불량퓨즈 수의 평균과 분산은

$$\mu = n\left(\frac{r}{N}\right) = 3\left(\frac{5}{12}\right) = 1.25$$

$$\sigma^2 = n\left(\frac{r}{N}\right)\left(1 - \frac{r}{N}\right)\left(\frac{N-n}{N-1}\right) = 3\left(\frac{5}{12}\right)\left(1 - \frac{5}{12}\right)\left(\frac{12-3}{12-1}\right) = 0.60$$

이다. 표준편차는 $\sigma = \sqrt{0.60} = 0.77$이다.

주석 및 코멘트

n회 시행하는 초기하분포를 고려해 보자. $p = (r/N)$은 첫 시행에서 성공할 확률을 나타낸다. 만약 모집단이 크다면 식 (5.18)에서 $(N-n)/(N-1)$은 1에 접근할 것이다. 그 결과 기댓값과 분산은 각각 $E(x) = np$, $Var(x) = np(1-p)$가 될 것이다. 이는 식 (5.13)와 (5.14)에서 이항분포의 기댓값과 분산을 계산하는 데 사용한 식과 동일하다는 점에 주목하여야 한다. 모집단 규모가 크면 초기하분포는 n개 시행 중 성공 확률이 $p = (r/N)$인 이항분포에 근사하게 된다.

연습문제

기본문제

52. $N = 10$이고 $r = 3$인 경우를 가정하고 다음의 경우에 대해 초기하확률을 계산하시오.

a. $n = 4,\ x = 1$

b. $n = 2,\ x = 2$

c. $n = 2,\ x = 0$

d. $n = 4,\ x = 2$

e. $n = 4,\ x = 4$

53. $N = 15$이고 $r = 4$인 경우를 가정하고 $n = 10$에 대해 $x = 3$의 확률은 얼마인가?

적용문제

54. **온라인 홀리데이 쇼핑.** 점점 더 많은 쇼핑객들이 Amazon과 같은 회사에서 온라인으로 홀리데이 쇼핑을 하는 것을 선호한다. 10명의 쇼핑객 그룹이 있다고 가정하자. 7명은 홀리데이 쇼핑을 온라인으로 하는 것을 선호하고, 3명은 홀리데이 쇼핑을 매장에서 하는 것을 선호한다. 경제가 쇼핑 행동에 어떤 영향을 미쳤는지에 대한 심층적인 연구를 위해 10명의 쇼핑객 중 3명의 무작위 표본을 선택했다.
   a. 정확히 2명이 온라인 쇼핑을 선호할 확률은 얼마인가?
   b. 대다수(2명 또는 3명)가 온라인 쇼핑을 선호할 확률은 얼마인가?

55. **블랙잭.** 블랙잭 또는 흔히 말하는 21은 라스베가스 카지노에서 인기 있는 도박게임이다. 경기자는 두 장의 카드를 받는다. 그림카드(잭, 퀸, 킹)와 10은 10점이다. 에이스는 1점 또는 11점이다. 52개 카드덱에는 10점짜리(잭, 퀸, 킹과 10) 16장과 4장의 에이스가 포함되어 있다.
   a. 두 장이 에이스이거나 10점짜리일 확률은 얼마인가?
   b. 두 장의 카드 모두 에이스일 확률은 얼마인가?
   c. 두 장의 카드 모두 10점일 확률은 얼마인가?
   d. 블랙잭은 한 장이 10점짜리 카드이고 다른 한 장은 에이스로 21점이다. 문항 (a), (b), (c)에 응답한 것을 이용하여 한 경기자가 블랙잭을 받을 확률을 구하시오(힌트: 문항 (d)는 초기하분포의 문제가 아니다. 문항 (a), (b), (c)의 답과 (d)를 어떻게 연결하여야 할지에 대해 논리적인 관계를 만들어 보시오.).

56. **컴퓨터회사의 부가급여 설문조사.** Axline 컴퓨터사는 텍사스와 하와이 두 군데 공장에서 개인용 컴퓨터를 생산한다. 텍사스 공장에는 40명의 근로자가 있고 하와이 공장에는 20명의 근로자가 있다. 10명의 근로자를 표본으로 부가급여에 대한 설문 조사를 실시하였다.
   a. 표본 중 하와이 공장의 근로자가 1명도 없을 확률은 얼마인가?
   b. 표본 중 하와이 공장의 근로자가 1명일 확률은 얼마인가?
   c. 표본 중 하와이 공장의 근로자가 2명 이상일 확률은 얼마인가?
   d. 표본 중 텍사스 공장의 근로자가 9명일 확률은 얼마인가?

57. 회사의 식사비 환급. Zagat 레스토랑 조사는 미국 전역의 최상위 식당을 대상으로 음식, 실내 장식, 서비스에 대한 평가를 실시하였다. 보스톤에 위치한 상위 15개 식당의 저녁메뉴 평균가격은 음료 1가지와 팁을 포함하여 48.60달러이다. 보스톤으로 출장을 가서 이들 식당 중 3군데에서 식사를 하게 될 것이고 회사는 저녁식사로 최대 50달러를 환급하여 줄 것이다. 이들 식당에 대해 잘 알고 있는 전문가는 이들 식당의 1/3 정도는 식사비가 50달러를 넘는다고 하였다. 만약 저녁식사를 위해 이들 식당 중 3군데를 임의로 선정하였다고 가정하자.

a. 회사가 환급해 주는 비용을 초과하는 식사를 하지 않을 확률은 얼마인가?

b. 회사가 환급해 주는 비용을 초과하는 식사를 1번 할 확률은 얼마인가?

c. 회사가 환급해 주는 비용을 초과하는 식사를 2번 할 확률은 얼마인가?

d. 회사가 환급해 주는 비용을 초과하는 식사를 3번 모두 하게 될 확률은 얼마인가?

58. TARP 펀드. 2008년 10월 국회의 승인을 받은 부실자산 구제 프로그램(Troubled Asset Relief Program, TARP)은 어려운 미국경제를 위해 7천억 달러를 지원하였다. 2천억 달러는 경제를 재가동하는데 도움을 주는 대부역할을 증가시킬 것으로 기대하면서 문제가 된 금융기관에 주었다. 그러나 3달 후 미국 연방기금(Federal Reserve)의 조사를 통해 TARP 펀드를 지원받은 은행의 2/3가 기업체에 대한 대출을 엄격하게 하고 있는 것이 보고되었다(Wall Street Journal, 2009년 2월 3일). 10개 중 7개 은행이 TARP 기금의 최대 수혜자였고, 3개 은행만이 실제로 동일한 기간 동안 대출을 증가시킨 것으로 나타났다.

대출증가	대출감소
BB&T	Bank of America
Sun Trust Banks	Capital One
U.S. Bancorp	Citigroup
	Fifth Third Bancorp
	JPMorgan Chase
	Regions Financial
	Wells Fargo

연습을 위해 10개 은행 중 3개를 무작위로 선정하여 은행의 대출에 대해 지속적으로 모니터를 하였다고 하자. x는 대출을 증가시킨 은행의 수를 나타내는 확률변수라고 하자.

a. $f(0)$은 얼마인가? 설명해보시오.

b. $f(3)$은 얼마인가? 설명해보시오.

c. $f(1)$과 $f(2)$를 계산하세요. 대출을 증가시킨 은행이 몇 개인지를 확률분포로 보이시오.

x의 값이 가장 큰 경우는 얼마인가?

d. 최소 1개 은행이 대출을 증가시킬 확률은 얼마인가?

e. 확률변수에 대해 기댓값, 분산, 표준편차를 계산하시오.

요약

확률변수는 실험 결과를 숫자로 기술하는 것이다. 하나의 확률변수에 대한 확률분포는 확률변수가 취할 수 있는 값들에 대하여 확률이 어떻게 분포되어 있는지 기술한다. 한 이산확률변수 x에 대하여 확률분포는 확률함수 $f(x)$로 정의되며, 확률변수의 각 값에 해당하는 확률을 나타낸다. 일단 확률함수가 정의되면 확률변수의 기댓값, 분산, 표준편차를 계산할 수 있다.

이항분포는 n회의 시행 중 x회 성공하는 확률을 결정하는 데 사용되는 것으로 다음 속성을 만족시켜야 한다.

1. 실험은 n회의 연속된 동일한 시행으로 구성된다.

2. 각 시행에서 두 개의 결과가 가능하다. 결과 중 하나는 성공(success), 다른 하나는 실패(failure)이다.

3. 성공 확률을 p로 표시하는데 이 확률은 시행에 따라 변하지 않는다. 따라서 실패 확률 $1-p$ 역시 시행에 따라 변하지 않는다.

4. 각 시행은 독립적이다.

네 가지 속성이 만족될 경우 n회의 시행 중 x회 성공하는 확률을 결정하는 데 이항 확률함수를 사용할 수 있다. 이항분포의 평균과 분산에 대한 공식은 본문에 있다.

포아송 확률분포는 일정한 시간 또는 공간에서 x개의 사건이 발생하는 확률을 결정할 때 사용된다. 다음 가정(속성)들이 포아송 확률분포를 적용하는 데 필요하다.

1. 동일한 길이를 가진 두 구간에서 사건발생 확률은 동일하다.

2. 어떤 구간의 사건발생이나 사건불발은 다른 어떠한 구간에서의 사건발생 또는 사건불발과는 무관하다.

세 번째 이산확률분포인 초기하분포는 5.7절에 소개되었다. 이 분포는 이항분포와 마찬가지로 n회 시행 중 x회 성공 확률을 계산하는 데 사용되는데 이항분포와는 달리 성공 확률이 시행마다 변한다.

용어

경험적 이산분포(empirical discrete distribution) 상대도수법을 사용하여 확률을 할당하는 이산형 확률분포.

기댓값(Expected value) 확률변수의 중앙값의 측도.

분산(Variance) 확률변수의 변동성, 이산성의 측도.

연속확률변수(Continuous random variable) 한 구간 또는 구간들의 집합에 속하는 어떤 수라도 취할 수 있는 확률변수.

이변량 확률분포(Bivariate probability distribution) 두 개의 확률변수를 포함하는 확률분포. 이산 이변량 확률분포는 두 개의 확률 변수에 대해 발생할 수 있는 각 값 쌍에 대한 확률을 제공

이산균일 확률분포(Discrete uniform probability distribution) 확률변수가 취할 수 있는 각 값이 모두 동일한 확률을 갖는 확률분포.

이산확률변수(Discrete random variable) 유한한 수의 값 또는 무한한 수열의 값을 취하는 확률변수.

이항실험(Binomial experiment) 5.5절에 제시된 네 개의 속성을 갖는 실험.

이항확률분포(Binomial probability distribution) n회 시행하는 이항실험 중 x회 성공할 확률을 보여주는 확률분포.

이항확률함수(Binomial probability function) 이항확률을 계산하는 데 사용되는 함수.

초기하 확률분포(Hypergeometric probability distribution) r개의 성공과 $N-r$개의 실패로 구성된 모집단으로부터 n회 시행 중 x회 성공할 확률을 나타내는 확률분포.

초기하 확률함수(Hypergeometric probability function) 초기하확률 계산에 사용되는 함수.

포아송 확률분포(Poisson probability distribution) 특정한 시간 또는 공간구간에서 어떤 사건이 x회 발생할 확률을 나타내는 확률분포.

포아송 확률함수(Poisson probability function) 포아송확률을 계산하는 데 사용되는 함수.

표준편차(Standard deviation) 분산의 양의 제곱근.

확률변수(Random variables) 실험 결과를 수로 나타낸 것.

확률분포(Probability distributions) 확률변수가 취하는 값에 대한 확률을 나타내는 체계.

확률함수(Probability function) 확률변수 x가 특정값을 취할 확률을 나타내는 함수 $f(x)$.

핵심공식

이산균일 확률함수

$$f(x) = 1/n \tag{5.3}$$

이산확률변수의 기댓값

$$E(x) = \mu = \Sigma x f(x) \tag{5.4}$$

이산확률변수의 분산

$$Var(x) = \sigma^2 = \Sigma(x - \mu)^2 f(x) \tag{5.5}$$

확률변수 x와 y의 공분산

$$\sigma_{xy} = [Var(x + y) - Var(x) - Var(y)]/2 \tag{5.6}$$

확률변수 x와 y의 상관계수

$$\rho_{xy} = \frac{\sigma_{xy}}{\sigma_x \sigma_y} \tag{5.7}$$

확률변수 x와 y의 선형결합의 기댓값

$$E(ax + by) = aE(x) + bE(y) \tag{5.8}$$

확률변수 x와 y의 선형결합의 분산

$$Var(ax + by) = a^2 Var(x) + b^2 Var(y) + 2ab\sigma_{xy} \tag{5.9}$$

σ_{xy}: x와 y의 공분산

n회 시행 중 x회 실험 결과의 수

$$\binom{n}{x} = \frac{n!}{x!(n - x)!} \tag{5.10}$$

이항확률함수

$$f(x) = \binom{n}{x} p^x (1 - p)^{(n-x)} \tag{5.12}$$

이항분포의 기댓값

$$E(x) = \mu = np \tag{5.13}$$

이항분포의 분산

$$Var(x) = \sigma^2 = np(1 - p) \tag{5.14}$$

포아송 확률함수

$$f(x) = \frac{\mu^x e^{-\mu}}{x!} \tag{5.15}$$

초기하 확률함수

$$f(x) = \frac{\binom{r}{x}\binom{N - r}{n - x}}{\binom{N}{n}} \tag{5.16}$$

초기하분포의 기댓값

$$E(x) = \mu = n\left(\frac{r}{N}\right) \tag{5.17}$$

초기하분포의 분산

$$Var(x) = \sigma^2 = n\left(\frac{r}{N}\right)\left(1 - \frac{r}{N}\right)\left(\frac{N-n}{N-1}\right) \tag{5.18}$$

보충문제

59. 바람 상태와 보트 사고. 미국 해안경비대(USCG)는 사고 당시 바람 상태 등 보트 사고에 대한 다양한 정보를 제공한다. 다음 표는 4,401건의 사고에 대해 얻은 결과를 보여준다(USCG 웹사이트).

바람 상태	사고 비율
없음	9.6
약함	57.0
보통	23.8
강함	7.7
폭풍	1.9

x를 각 사고 당시 알려진 바람 상태를 반영하는 확률변수로 하자. 없음은 $x = 0$, 약함은 $x = 1$, 보통은 $x = 2$, 강함은 $x = 3$, 폭풍은 $x = 4$로 설정합니다.

a. x에 대한 확률분포는 무엇인가?

b. x의 기댓값은 얼마인가?

c. x의 분산과 표준편차는 얼마인가?

d. 이러한 결과는 보트 사고 중 바람 상태에 대해 무엇을 의미하는가?

60. 자동차 정비소의 대기시간. Car Repair Ratings 웹사이트에서는 미국과 캐나다의 정비소에 대한 소비자 리뷰와 평가를 제공한다. 고객이 서비스가 완료될 때까지 기다리는 시간은 등급 분류 중 하나이다다. 다음 표는 캐나다 온타리오 주에 위치한 무작위로 선택된 40개 정비소의 대기시간 등급(1 = 느림/지연, 10 = 빠름/정시)을 요약한 것이다.

a. x = 대기시간 등급의 확률분포를 구축하시오.

b. 대기시간 등급이 9점 이상인 차고는 탁월한 서비스를 제공하는 것으로 간주한 다. 소비자가 다음 차량 서비스를 위해 40개의 정비소 중 하나를 무작위로 선택하는

경우 선택한 차고가 뛰어난 탁월한 서비스를 제공할 확률은 얼마인가?

c. x의 기댓값과 분산은 얼마인가?

d. 검토된 40개 정비소 중 7개가 새 자동차 대리점이었다고 가정하자. 7개 신차 대리점 중 2개 대리점이 탁월한 서비스로 평가되었습니다. 신차 대리점이 다른 유형의 서비스 제공업체와 비교하여 탁월한 서비스 등급을 달성할 가능성을 비교하시오.

대기시간 등급	정비소의 수
1	6
2	2
3	3
4	2
5	5
6	2
7	4
8	5
9	5
10	6

61. **지출 예상.** 중서부지역의 대학은 예산책정을 통해 내년도 지출될 비용을 900만, 1,000만, 1,100만, 1,200만 달러로 예상하였다. 실제 지출비용을 모르기 때문에 각각에 대해 확률은 0.3, 0.2, 0.25, 0.05, 0.2로 설정되었다.

a. 예상되는 지출에 대한 확률분포를 보이시오.

b. 내년도에 예상되는 지출의 기댓값은 얼마인가?

c. 내년도에 예상되는 지출의 분산은 얼마인가?

d. 내년도 소득이 1,200만 달러로 추정된다면 대학의 재정 상태는 어떠한 것인지 이야기해 보시오.

62. **서점 고객 구매.** 애틀랜타 하츠필드잭슨 공항의 한 서점에서는 독서 자료(책, 신문, 잡지)와 스낵(땅콩, 프레첼, 사탕 등)을 판매한다. POS 단말기는 고객 구매에 대한 다양한 정보를 수집한다. 아래 표는 최근 고객 600명에게 판매한 스낵 품목 수와 읽을거리 품목 수를 나타낸 표이다.

		읽을거리 품목 수		
		0	1	2
스낵 품목 수	0	0	60	18
	1	240	90	30
	2	120	30	12

a. 표의 데이터를 사용하여 x = 스낵 품목 수 및 y = 읽을거리 품목 수라 정의하고, 경험적 이산 이변량 확률분포를 구축하시오. 고객이 읽을거리 1개와 스낵 2개를 구매할 확률은 얼마인가? 고객이 스낵 품목 하나만 구매할 확률은 얼마인가? 확률 $f(x=0,\ y=0)=0$인 이유는 무엇인가?

b. 구매한 스낵 품목 수에 대한 한계 확률분포를 구하시오. 이의 기댓값과 분산은 얼마인가?

c. 고객이 구매한 읽을거리 개수의 기댓값과 분산은 얼마인가?

d. t = 고객이 구매한 총 품목 수라 정의하면, 이의 확률분포를 구하시오. 이의 기댓값과 분산은 얼마인가?

e. x와 y 사이의 공분산과 상관계수는 얼마인가? 고객 방문 시 구매한 읽을거리와 스낵 사이에는 어떤 관계가 있나?

63. 다양한 투자 포트폴리오 구성. Merrill Lynch의 Knowles/Armitage(KA) 그룹은 고객에게 다양한 투자 포트폴리오를 만드는 방법에 대해 조언한다. 고객이 이용할 수 있는 투자 대안 중 하나는 배당수익률이 좋은 글로벌 주식으로 구성된 올월드펀드(All World Fund)다. 고객 중 한 명이 올월드펀드 및 국채펀드에 대한 투자로 구성된 포트폴리오에 관심이 있다. 올월드펀드의 투자 예상 수익률은 7.80%, 표준편차는 18.90%다. 국채펀드 투자의 기대수익률은 5.50%, 표준편차는 4.60%이다. 올월드펀드 투자와 국고채 펀드 투자의 공분산은 −12.4이다.

a. 어느 펀드가 더 위험한가? 왜 그런가?

b. KA가 고객에게 올월드펀드에 75%, 국고채펀드에 25%를 투자할 것을 권장한다면, 해당 포트폴리오의 기대수익률과 표준편차는 얼마인가? 그러한 포트폴리오에 $10,000를 투자하는 고객의 기대수익과 표준편차는 달러 단위로 얼마인가?

c. KA가 고객에게 올월드펀드에 25%, 국고채펀드에 75%를 투자하라고 권고한다면, 그러한 포트폴리오의 기대수익률과 표준편차는 얼마인가? 그러한 포트폴리오에 $10,000를 투자하는 고객의 기대수익과 표준편차는 달러 단위로 얼마인가?

d. (b)와 (c)의 포트폴리오 중 공격적인 투자자에게 추천하는 포트폴리오는 무엇인가? 보수적인 투자자에게 어떤 것을 추천하겠는가? 왜 그런가?

64. 정당 가입. 2022년 Gallup 여론 조사에 따르면 미국인의 24%는 자신의 정당 소속을 공화당으로, 28%는 민주당, 46%는 무소속으로 식별한다(Gallup.com 웹사이트).

a. 미국인 10명의 무작위 표본을 선택한 경우 표본에서 정확히 3명이 공화당원으로 식별될 확률은 얼마인가?

b. 미국인 10명의 무작위 표본을 선택한 경우 표본에서 5명 이상이 민주당원으로 식별될 확률은 얼마인가?

c. 5000명의 미국인을 무작위로 표본으로 뽑는 경우 표본 중 몇 명이 무소속자로 식별될 것으로 예상되는가?

d. 미국인 5,000명의 무작위 표본을 선택한 경우 표본에서 무소속자로 식별되는 사람 수의 분산과 표준편차는 얼마인가?

e. 검증되지 않은 새로운 여론 조사 회사에서 조사 결과 100명의 무작위 표본에서 공화당원이 76명 포함된 것으로 나타났다면 이 여론 조사를 신뢰할 수 있는가? 왜 그런가?

65. **주식 투자.** 2017년 갤럽 조사에 따르면, 미국 내 주식시장에 투자한 개인의 연령별 비율은 다음 표와 같다(갤럽 홈페이지).

연령 범위	주식 시장에 투자한 개인의 비율
18 – 29	31
30 – 49	62
50 – 64	62
65 +	54

Gallup이 미국인이 구매하는 특정 주식 유형에 대해 자세히 알아보기 위해 후속 조사를 완료하고자 한다고 가정하자.

a. 주식시장에 투자하는 최소 50명을 찾으려면 몇 명의 18 ~ 29세를 표본으로 추출해야 하는가?

b. 주식시장에 투자하는 최소 50명을 찾으려면 65세 이상 인구를 몇 명이나 표본으로 추출해야 하는가?

c. 1,000명을 무작위로 추출한다면, 이 표본에서 주식시장에 투자할 것으로 예상되는 18 ~ 29세의 수는 몇 명인가? 주식시장에 투자하는 18 ~ 29세 인구의 표준편차는 얼마인가?

d. 1,000명을 무작위로 추출한다면, 이 표본에서 주식 시장에 투자하는 65세 이상은 몇 명으로 예상되는가? 65세 이상 주식시장에 투자하는 인구의 표준편차는 얼마인가?

66. **샘플 수락.** 많은 회사들은 일명 샘플 수락이라는 품질 관리기술을 이용하여 운송받게 될 부품이나 원자재 등의 상태를 검토하게 된다. 전자산업의 경우 부품들은 대개 공급자로부터 대규모 로트단위로 운송받는다. n개의 부품 표본에 대한 검사는 이항실험의 n번의 시행으로 간주할 수 있다. 테스트된 각 부품의 결과는 양호와 결함으로 분류된다. 레이놀드 전자회사는 결함이 있는 부품이 로트 단위에서 1%를 초과하지 않는다면 특정 공급자로부터 로트로 부품을 받는다. 최근 운송된 것 중 임의로 5개

품목을 테스트하였다고 하자.

a. 운송받은 것의 1%에 결함이 있다고 가정하자. 표본으로 선정된 품목 중 결함이 하나도 없을 확률을 계산하시오.

b. 운송받은 것의 1%에 결함이 있다고 가정하자. 표본으로 선정된 품목 중 1개의 품목에 결함이 있을 확률을 계산하시오.

c. 운송받은 것의 1%에 결함이 있다고 가정할 때 표본으로 선정된 품목 중 1개 이상의 품목에서 결함이 발견될 확률은 얼마인가?

d. 만약 1개 품목에서 결함이 발견된다면 운송을 받아들이는 것에 대해 편안하게 생각할 것 같은가? 그렇지 않은가? 이유를 설명하시오.

67. **미국의 빈곤율.** 미국 인구조사국에 따르면 2020년 미국의 빈곤율은 11.4%였다(Census.gov 웹사이트). 미국에서 500명의 사람을 무작위로 선택했다고 가정하자.

a. 선택된 표본에서 빈곤층으로 분류될 것으로 예상되는 사람의 수는 몇 명인가?

b. 선택한 표본에서 빈곤층으로 분류된 사람 수의 분산과 표준편차는 얼마인가?

68. **주택 건축업자 선택.** 텍사스주 캐년레이크에 위치한 Mahoney Custom Home Builders, Inc.는 웹사이트 방문자에게 주택 건설업체를 선택할 때 가장 중요한 것이 무엇인지 물었다. 가능한 응답은 품질, 가격, 고객 추천, 사업 기간 및 특수 기능이었다. 결과에 따르면 응답자의 23.5%가 가장 중요한 요소로 가격을 선택하였다(Mahoney Custom Homes 웹사이트). Canyon Lake 지역의 잠재적 주택 구매자 200명의 표본이 선택되었다고 가정하자.

a. 주택 건설업체를 선택할 때 가장 중요한 요소로 가격을 선택할 사람이 몇 명이나 될까?

b. 주택 건설업체를 선택할 때 가장 중요한 요소로 가격을 선택한 응답자 수의 표준편차는 얼마인가?

c. 주택 건설업체를 선택할 때 가장 중요한 요소로 가격을 기재하지 않은 응답자 수의 표준편차는 얼마인가?

69. **자동차세차장 도착.** 자동차 세차장에 자동차들은 임의적·독립적으로 도착한다. 다른 두 시간대의 같은 시간동안 차가 도착할 확률은 동일하다. 시간당 평균 15대의 자동차가 도착한다. 세차가 작동하는 특정 시간 동안 20대 이상의 자동차가 도착할 확률은 얼마인가?

70. **생산공정 고장.** 새로운 자동 생산과정은 하루 평균 1.5번 고장이 난다. 고장이 나면 비용이 발생하기 때문에 관리자는 하루에 3번 이상 고장이 날 확률에 관심이 있다. 고장은 임의적으로 발생하고 고장이 발생하는 시간 간격에 대한 확률은 동일하며, 이번에 발생한 고장과 다음번에 발생하는 고장은 서로 독립적이라고 가정하자. 하루

에 3번 이상 고장이 날 확률은 얼마인가?

71. 소규모사업 실패. 펜실베이니아주의 기업개발을 담당하고 있는 지역책임자는 소규모 사업장의 실패에 관심이 있다. 한 달 동안 실패하는 소규모 사업장이 평균 10개라면, 어느 특정한 1달 동안 4개의 소규모 사업장이 실패할 확률은 얼마인가? 실패할 확률은 어느 두 개의 달을 선택하여도 동일하고, 어느 특정한 달에 실패하는 경우와 아닌 경우는 서로 독립적이라 가정한다.

72. 은행고객방문. 은행에 고객이 방문하는 것은 임의적이고 독립적인 것이다. 어느 1분 동안에 고객이 방문할 확률은 항상 같다. 1분 동안 평균 3명의 고객이 방문한다고 가정하고 다음 물음에 답하시오.
   a. 1분 동안 단 3명의 고객이 방문할 확률은 얼마인가?
   b. 1분 동안 적어도 3명의 고객이 방문할 확률은 얼마인가?

73. 포커. 카드덱에는 52장의 카드가 있는데 그중 4장은 에이스이다. 5장씩 나누어 준다고 하자. 5장씩의 카드를 가지고 있을 때 다음의 확률은 얼마인가?
   a. 1쌍의 에이스를 가질 확률은 얼마인가?
   b. 1장의 에이스를 가질 확률은 얼마인가?
   c. 에이스가 1장도 없을 경우는 얼마인가?
   d. 적어도 에이스가 1장일 경우는 얼마인가?

74. 경영대학원생의 학부성적. U.S. News & World Report에 따르면, 최상위 10개 경영대학원 중 7개에서 학생들의 학부 평균 GPA가 3.5 이상이다.
   a. 1개 학교에서만 학생들의 학부 평균 GPA가 3.5 이상일 확률은 얼마인가?
   b. 2개 학교 모두 학생들의 학부 평균 GPA가 3.5 이상일 확률은 얼마인가?
   c. 2개 학교 모두 학부 평균 GPA가 3.5 이상이지 않을 확률은 얼마인가?

사례연구 1: Go Bananas!(바나나를 먹어라!) 아침 식사용 시리얼

Great Grasslands Grains, Inc.(GGG)는 다양한 아침용 시리얼을 제조하여 판매한다. GGG의 제품 개발 연구소는 최근 쌀가루와 바나나 맛 마시멜로로 구성된 새로운 시리얼을 만들었다. 회사의 마케팅 조사 부서는 새로운 시리얼을 광범위하게 테스트했으며 16온스 상자에 바나나 맛 마시멜로가 최소 1.6온스, 최대 2.4온스 포함될 때 소비자가 시리얼에 열광한다는 사실을 발견했다.

GGG가 Go Bananas!라는 새로운 시리얼의 16온스 상자 생산 및 판매를 시작할 준비를 하면서 경영진은 바나나 맛 마시멜로의 양에 대해 우려하고 있다. Go Bananas!의 각 16온스 상자에 바나나 맛 마시멜로가 1.6온스 미만 또는 2.4온스 이상 포함되지 않도록 주의해야 한다. GGG의 생산 부사장인 Tina Finkel은 매주 16온스짜리 Go Bananas! 25 상자를 무작위 표본추출하여 바나나 맛 마시멜로의 무게를 측정할 것을 제안했다. GGG는 매주 표본 25개 상자 중 1.6온스 미만 또는 2.4온스 이상의 바나나 맛 마시멜로가 들어 있는 상자 수를 계산할 수 있다. 바나나 맛 마시멜로의 표준 중량을 충족하지 못하는 상자 수가 너무 많으면 생산을 중단되고 검사를 진행한다.

Finkel씨와 직원들은 16온스 상자 전체 중 바나나 맛 마시멜로 기준치에 못 미치는 Go Bananas!가 8% 이하로 생산되도록 생산 공정을 설계했다. 많은 논의 끝에 GGG 경영진은 매주 표본 25개 상자 중 5개 상자 이상이 바나나 맛 마시멜로의 표준 중량을 충족하지 못하면 Go Bananas!의 생산을 중단하기로 결정했다.

경영보고서 작성

다음 문제를 다루는 경영보고서를 준비하시오.

1. 생산 공정이 제대로 작동할 때, 매주 표본이 생산을 중단하게 만드는 확률을 계산한다. Go Bananas!의 생산 중단 시점을 결정하는 GGG 경영진의 정책에 대해 평가하시오.
2. GGG 경영진은 생산 공정이 제대로 작동하는 시간의 1% 보다 작은 시간동안 Go Bananas!의 생산을 중단하려 한다. 바나나 맛 마시멜로의 표준 중량을 충족하지 못하여 생산을 중단하게 만드는 매주 표본 상자의 적절한 규모를 제안하시오.
3. Finkel 씨는 충분한 자원이 주어지면, 공정이 제대로 작동하는데 바나나맛 마시멜로의 표준 중량을 충족하지 못하는 Go Bananas!의 16온스 상자의 비율을 줄이도록 생산 공정을 재설계할 수 있다고 제안했다. 표본 중 적어도 5개 상자가 표준 중량을 충족하지 못할 확률을 0.01보다 작은 수준으로 줄이자면, 공정이 제대로 작동할 때, Finkel 씨는 바나나 맛 마시멜로의 표준 중량을 충족하지 못하는 상자의 비율을 어느 수준까지 줄여야 하는가?

사례연구 2: McNeil의 자동차 쇼핑몰

McNeil's Auto Mall의 소유주인 Harriet McNeil은 대리점이 서비스할 수 있는 것보다 더 많은 고객을 자동차 전시장에 있도록 하는 것이 자동차에 대한 수요가 높다는 인상을 주기 때문에 좋다고 믿는다. 그러나 McNeil 씨는 영업사원이 서비스할 수 있는 것보다 훨씬 더 많은 고객이 매장에 있으면, 고객들이 기다려 구매를 하지 않고 불만을 품고 떠날 수 있으므로 대리점이 매출을 잃을 수도 있다는 것 역시 알고 있다.

McNeil 씨의 주된 관심은 McNeil's Auto Mall이 주중 가장 바쁜 토요일 오전(오전 8시부터 정오까지) 영업사원의 인력 배치이다. 토요일 오전에는 시간당 평균 6.8명의 고객이 도착한다. 고객은 오전 내내 일정한 비율로 무작위로 도착하고, 영업사원은 고객당 평균 1시간을 사용한다. McNeil 씨의 경험에 따르면, 토요일 오전 언제든지 서비스를 받을 수 있는 고객 수보다 두 명 더 많은 고객이 전시장에 있는 것이 좌절하여 자동차를 사지 않고 가버리는 고객을 너무 많이 잃지 않으면서도 자동차 수요가 높다는 인상을 주는 최적의 균형을 이룰 수 있다.

이제 McNeil 씨는 언제든지 서비스를 받을 수 있는 고객 수보다 두 명 더 많은 고객을 확보한다는 목표를 달성하기 위해 토요일 아침에 몇 명의 영업사원을 배치할지 결정하려고 한다. McNeil 씨는 전시장의 고객 수가 영업사원 수보다 2명 이상 초과할 수 있다는 점을 이해하고, 그러한 상황이 발생하는 경우를 10% 이하라면 기꺼이 받아들이려 한다.

경영보고서 작성

McNeil 씨는 명시된 기준을 충족하기 위해 토요일 아침 자동차 전시장에 배치할 영업사원 수를 결정하도록 요청했다. McNeil 씨의 질문에 답할 때 다음 세 가지 질문을 고려하여야 한다.

1. 토요일 오전 자동차 전시장에 도착하는 고객 수는 어떤 분포인가?
2. McNeil 씨는 현재 토요일 아침에 5명의 영업사원을 배치하고 있다. (1)에서 확인한 확률분포를 사용하였을 때, 전시장에 도착한 고객 수가 영업사원 수를 2명 이상 초과할 확률은 얼마인가? 현재의 토요일 오전 영업사원 배티는 McNeil 씨가 명시한 목표를 충족하는가? 그 이유는 무엇인가?
3. 명시된 목표를 달성하기 위해 McNeil 씨가 토요일 아침에 현장에 배치하여야 하는 영업사원은 적어도 몇 명인가?

사례연구 3: Tuglar Corporation의 고충처리위원회

몇 년 전 Tuglar Corporation의 경영진은 Tuglar 경영진과 직원 간의 분쟁을 우호적으로 해결하기 위해 자원한 직원들로 구성된 고충처리위원회를 발족하였다. 경영진은 매년 고충처리위원회에서 봉사할 자원봉사자를 모집하며, 자원봉사 지원자 중 무작위로 10명을 다음 해 위원회에서 봉사하도록 선정한다.

지난 5년 동안, 회계 부서 직원 어느 누구도 Tuglar 고충처리위원회에 선정되지 않았다는 고민이 있다. 경영진은 회계부서 직원들에게 고충처리위원 선정이 무작위로 이루어졌다고 확언하였지만, 그럼에도 경영진이 의도적으로 위원회에서 회계부서 직원들을 배제하였는 의혹이 수그러들지는 않았다. 아래 표는 지난 5년간 고충처리위원회에 자원봉사를 지원한 전체 지원자와 회계 부서 지원자의 수를 요약한 것이다.

	1년차	2년차	3년차	4년차	5년차
전체 자원봉사 지원자	29	31	23	26	28
회계부서 자원봉사 지원자	1	1	1	2	1

경영진은 이러한 의혹을 방어하기 위해 이 수치를 회계 부서에 제공했다. 이러한 수치를 고려할 때, 지난 5년 동안 고충처리위원회에 회계 부서 직원이 적었다는 것이 의심스러운가? 그럴 가능성이 낮은가?

경영보고서 작성

위원회 선정과정의 무작위 여부 문제를 해결하자면 다음 질문을 고려해야 한다.

1. 고충처리위원회에 위원으로 선정될 수 있는 회계 부서 직원의 수의 분포는 무엇인가?
2. (1)에서 확인한 확률분포를 사용하였을 때, 지난 5년 동안, 각 연도에 회계 부서의 어떤 직원도 선정되지 않을 확률은 얼마인가?
3. (2)에서 확인한 확률을 사용하였을 때, 지난 5년 내내 회계 부서의 어떤 직원도 선정되지 않을 확률은 얼마인가?
4. 지난 5년간 고충처리위원회에 회계 부서 직원이 부족했던 원인은 무엇인가? 현재 선정 방법을 사용하면서, 회계 부서 직원이 고충처리위원회에 봉사하도록 선정될 가능성을 높이려면 어떻게 해야 하는가?

Chapter 5 부록

엑셀을 활용한 이산확률분포

Excel은 5장에서 소개한 이항분포, 포아송분포, 초기하분포에 대한 확률을 계산하는 함수를 제공한다. 이항확률을 계산하는 Excel함수는 BINOM.DIST이다. 여기에는 x(성공 횟수), n(시도 횟수), p(성공 확률) 및 cumulative라는 네 가지 인수가 있다. x개의 성공 확률을 원하는 경우, 네 번째 인수(cumulative)에 FALSE를 사용하고, x개 이하의 성공 확률을 원하는 경우 네 번째 인수에 TRUE를 사용한다. 여기에서는 5.4절의 마틴의류매장 문제에 대해 0에서 10까지의 성공확률을 계산하는 방법을 보여준다(그림 5.5 참조).

워크시트 구축은 그림 Excel 5.1을 참조하면 된다: 수식 워크시트는 배경에 설정되고 값 워크시트는 전경에 나타난다. B1 셀에는 시행 횟수(10)를 입력하고, B2 셀에는 성공 확률을 입력했으며, B5:B15 셀에는 확률변수의 값을 입력한다. 다음 단계에서는 원하는 확률을 생성한다.

단계 1. BINOM.DIST 함수를 사용하여 셀 C5에 다음 수식을 입력하여 $x = 0$의 확률을 계산한다.

=BINOM.DIST (B5,B1,B2,FALSE)

단계 2. C5 셀의 수식을 C6:C15 셀에 복사한다.

그림 Excel 5.1의 워크시트의 값은 그림 5.5에서 얻은 확률과 같다는 것을 알 수 있다. 포아송확률과 초기하확률은 각각 Excel 함수 POISSON.DIST 및 HYPGEOM.DIST를 사용하여 비슷한 방식으로 계산할 수 있다. Excel의 함수 삽입 대화 상자는 사용자가 이러한 함수에 대한 적절한 인수를 입력하는 데 도움이 될 수 있다(부록 D 참조).

그림 Excel 5.1 Excel Worksheet for Computing Binomial Probabilities

	A	B	C
1	Number of Trials (n)	10	
2	Probability of Success (p)	0.3	
3			
4		x	$f(x)$
5		0	=BINOM.DIST(B5,B1,B2,FALSE)
6		1	=BINOM.DIST(B6,B1,B2,FALSE)
7		2	=BINOM.DIST(B7,B1,B2,FALSE)
8		3	=BINOM.DIST(B8,B1,B2,FALSE)
9		4	=BINOM.DIST(B9,B1,B2,FALSE)
10		5	=BINOM.DIST(B10,B1,B2,FALSE)
11		6	=BINOM.DIST(B11,B1,B2,FALSE)
12		7	=BINOM.DIST(B12,B1,B2,FALSE)
13		8	=BINOM.DIST(B13,B1,B2,FALSE)
14		9	=BINOM.DIST(B14,B1,B2,FALSE)
15		10	=BINOM.DIST(B15,B1,B2,FALSE)

	A	B	C
1	Number of Trials (n)	10	
2	Probability of Success (p)	0.3	
3			
4		x	$f(x)$
5		0	0.0282
6		1	0.1211
7		2	0.2335
8		3	0.2668
9		4	0.2001
10		5	0.1029
11		6	0.0368
12		7	0.0090
13		8	0.0014
14		9	0.0001
15		10	0.0000

Chapter 6

연속확률분포

Contents

실생활에서 보는 통계

Procter & Gamble [P&G]*

오하이오주, 신시내티

Procter & Gamble(P&G)은 세정제, 1회용 기저귀, 무처방 의약품, 치약, 비누, 구강청정제, 종이수건 등의 제품을 제조 판매한다. 전 세계에 걸쳐 다른 어떤 소비재 제품회사보다 많은 범주에서 선도브랜드를 가지고 있다.

의사결정에서 통계 방법을 적용하는 선도자로서 P&G는 공학, 통계학, 전략 연구(operational research), 경영학 등 다양한 학문적 배경을 가진 사람들을 고용하고 있다. 이들이 지원·제공하는 주된 정량적 기법은 확률결정과 위험 분석, 고급 시뮬레이션, 품질개선, 정량방법(예를 들면, 선형계획법, 회귀분석, 확률분석)이다.

P&G의 산업화학물 부문은 코코넛오일과 같은 천연물질과 원유 기반 파생물질로부터 지방성 알코올을 공급하는 주된 원천이다. 이 부문은 지방성 알코올 생산용량을 늘릴 기회와 경제적 위험을 알고 싶어 피앤지의 확률 의사결정과 위험 분석 전문가들을 소집하여 도움을 청하였다. 문제를 구조화하고 모델을 만들어 이윤 가능성의 주요 관건으로 원유 기반과 코코넛 기반의 원자재 간 비용 차이를 지목하였다. 미래의 비용은 모르지만 분석가들은 다음 연속확률변수로 이를 나타내었다.

x = 지방성 알코올의 코코넛오일의 가격 (파운드당)

y = 지방성 알코올의 원유 원자재 가격 (파운드당)

이윤 가능성의 관건은 두 확률변수의 차이이므로 제3의 확률변수 $d = x - y$가 분석에 사용되었다. 전문가들에 대한 인터뷰를 통하여 x와 y의 확률분포를 결정하였다. 다시 이 정보를 가격 차이 d의 확률분포를 개발하는 데 사용하였다. 이 연속확률분포는 가격 차이가 0.0655달러 이하일 확률이 0.90, 가격 차이가 0.035달러 이하일 확률이 0.50으로 나타났다. 추가하여, 가격 차이가 0.0045달러 이하일 확률은 0.10에 불과한 것으로 나타났다(가격차이는 회사의 자료를 보호하기 위해 수정하였다).

P&G는 기업의 의사결정과정에서 통계적 방법을 적용하는 선도자 중 하나이다.
출처: John Sommers II/Reuters

이 산업화학물 부문은 원자재 가격 차의 효과를 정량화하는 것이 합의에 이르는 길이라고 생각하였다. 얻어진 확률이 원자재 가격 차에 대한 민감성분석(sensitivity analysis)에 사용되었다. 이러한 분석은 관리자에게 권고를 주기 위한 토대를 형성하는 데 충분한 통찰력을 제공하였다.

연속확률변수와 이들의 확률분포를 사용하는 것이 P&G에서 지방성 알코올 생산과 관련된 경제적 위험을 분석하는 데 도움이 되었다. 이 장에서 는 통계학에서 가장 중요한 확률분포 중 하나인 정규분포를 포함한 연속확률변수와 이들의 확률분포를 이해하도록 한다.

* 저자들은 이 사례를 제공해 준 Procter & Gamble의 Joel Kahn에게 감사드린다.

이 장에서는 연속확률변수를 살펴보는데 특히 균일분포, 정규분포, 지수분포, 세 가지 연속확률분포를 다룬다.*

이산확률변수와 연속확률변수를 가르는 근본적인 차이는 확률이 어떻게 계산되는가

* 이산확률변수들과 이들의 확률분포는 제5장에서 공부하였다

에 있다. 이산확률변수에 대해서는 확률함수 $f(x)$는 확률변수가 특정한 값을 가질 확률을 나타낸다. 연속확률변수에 대해서 확률함수 대신에 **확률밀도함수(probability density function)** $f(x)$를 사용한다. 차이는 확률밀도함수가 직접적으로 확률을 나타내지는 않는다는 점이다. 주어진 구간에 대해 확률밀도함수 $f(x)$의 아래의 영역(면적)이 연속확률변수 x가 그 구간의 값을 가질 확률이다. 따라서 연속 확률변수에 대한 확률을 계산할 때 확률변수가 한 구간에서 어떤 값을 가질 확률을 계산하는 것이다.

연속확률변수에 대한 확률의 정의가 가지는 시사점 중 하나는 확률변수의 어떠한 특정한 값의 확률은, 이 특정한 값에서 확률밀도함수 $f(x)$의 아래의 영역(면적)은 0이기 때문에 0이라는 것이다. 6.1절에서는 균일분포를 갖는 연속확률변수에 대해 이러한 개념들을 보여줄 것이다.

이 장의 상당 부분은 정규분포를 설명하고 응용 예를 보여주는 데 할애되었다. 이는 정규분포가 이의 광범위한 적용성과 통계추론에서의 집중적 활용 측면에서 매우 중요하기 때문이다. 이 장의 마지막에서는 지수분포를 다룬다.

6.1 균일확률분포

확률변수 x가 시카고에서 뉴욕까지 운항하는 여객기의 운항시간을 나타낸다고 하자. 운항시간은 120분에서 140분까지 구간의 어떤 값이든 취할 수 있다고 하자. 확률변수 x는 이 구간에서 어떤 값이든 취할 수 있으므로 x는 이산확률변수라기보다는 연속확률변수이다. 충분한 운항자료가 있어 어떤 1분 구간의 운항시간 확률이 120분에서 140분 사이의 큰 구간에 포함되는 다른 1분 구간의 확률과 같다는 결론에 이른다고 가정하자.* 매 1분 구간이 모두 동일하게 발생할 것이므로 확률변수 x는 **균일확률분포(uniform probability distribution)**를 가진다고 한다. 운항시간 확률변수에 대한 균일분포를 정의하는 확률밀도함수는 다음과 같다.

$$f(x) = \begin{cases} 1/20 & \text{for } 120 \le x \le 140 \\ 0 & \text{그 외 모든 구간} \end{cases}$$

그림 6.1은 이러한 확률밀도함수의 그래프를 보여준다. 일반적으로 확률변수 x에 대한 균일 확률분포함수는 다음 식과 같이 정의된다.

균일 확률밀도함수

$$f(x) = \begin{cases} \dfrac{1}{b-a} & \text{for } a \le x \le b \\ 0 & \text{그 외 모든 구간} \end{cases} \tag{6.1}$$

* 확률이 구간의 길이에 대해 비례적인 경우, 확률변수는 균일하게 분포한다고 한다.

그림 6.1 운항시간의 균일 확률밀도함수

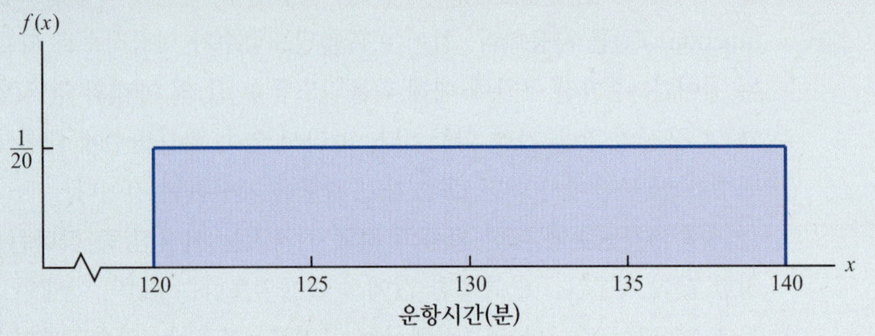

그림 6.2 120분과 130분 사이 운항시간의 확률을 제공하는 영역

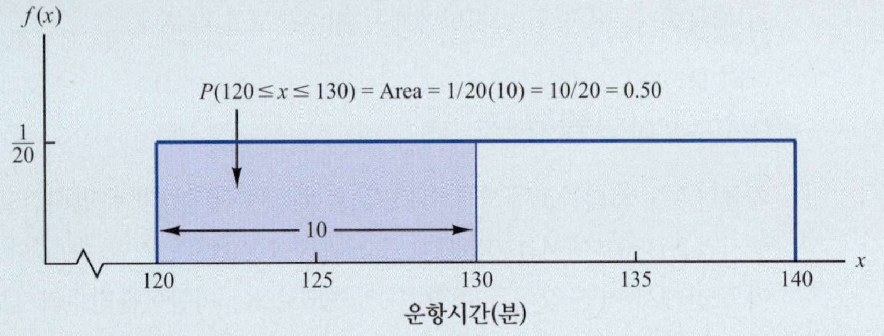

운항시간 확률변수에서 $a = 120$, $b = 140$이다.

서두에서 언급하였듯이 연속확률변수에 대한 확률은 확률변수가 특정한 구간 내의 어떠한 값을 취할 개연성이라는 측면에서 고려된다. 운항시간의 예에서 가능한 확률 중 하나는 운항시간이 120분과 130분 사이일 확률은 얼마인가? 즉 $P(120 \leq x \leq 130)$은 얼마인가? 운항시간은 120분과 140분 사이이고 확률은 이 구간에서 동일한 것으로 표현되고 있으므로 우리는 쉽게 $P(120 \leq x \leq 130) = 0.50$이라고 말할 수 있다. 다음에서는 120에서 130까지 $f(x)$ 그래프 아래의 영역으로 이러한 확률을 계산하는 것을 보일 것이다(그림 6.2).

확률의 측정영역

그림 6.2의 그래프에서 120부터 130까지 구간의 $f(x)$ 그래프 아래의 영역을 생각해 보자. 이 영역은 직사각형이고 직사각형의 면적은 단순히 너비와 높이의 곱이다. 구간의 너비는 $130 - 120 = 10$이고 높이는 확률밀도함수의 값 $f(x)$이므로 면적 = 너비 × 높이 = $10(1/20) = 10/20 = 0.50$이다.

그래프 $f(x)$ 아래의 영역과 확률은 동일하다는 것에 주목해야 한다. 실제 이러한 관찰은 모든 연속확률변수에 대해 타당하다. 일단 확률밀도함수 $f(x)$가 변별되면 x가 어떤 하한값 x_1과 어떤 상한값 x_2 사이의 값을 취할 확률은 x_1과 x_2 구간의 $f(x)$ 그래프 아래의 영역을 계산함으로써 구할 수 있다.

운항시간에 대한 균일분포가 주어지고 영역을 확률로 해석하는 점을 이용하면 운항시간과 관련된 어떠한 확률도 계산할 수 있다. 예를 들면, 운항시간이 128분과 136분 사이일 확률은? 구간의 너비는 $136 - 128 = 8$이다. 높이는 동일하게 $f(x) = 1/20$이므로 $P(128 \le x \le 136 = 8(1/20) = 0.40$임을 알 수 있다.

여기에서 $P(120 \le x \le 140) = 20(1/20) = 1$임에 주목하자. 즉, $f(x)$ 그래프 밑의 전체 영역은 1이다. 이러한 속성은 모든 연속확률변수에 대해 성립하는 것으로 이산확률함수에서 확률의 합은 1이라는 조건에 해당한다. 연속 확률밀도함수에서 모든 x에 대해 $f(x) \ge 0$이다. 이는 이산확률함수에서 $f(x) \ge 0$에 해당한다.

연속확률변수의 취급과 이산확률변수의 취급의 중요한 차이 두 개는 다음과 같다.

1. 더 이상 확률변수가 특정한 값을 취하는 확률에 대해 이야기하지 않는다. 대신에 확률변수가 어떤 주어진 구간 내의 한 값을 취할 확률에 대해 이야기한다.

2. 확률변수가 x_1과 x_2 사이 어떤 주어진 구간 내 한 값을 취할 확률은 x_1과 x_2 사이 확률밀도함수의 그래프 밑의 영역으로 정의된다. 단일점은 너비가 0이므로 연속확률변수가 정확히 특정한 값을 가질 확률은 0이라는 것을 의미한다.* 이는 또한 연속확률변수가 어떤 구간 내 값을 가질 확률은 끝점 포함 여부와 무관하게 동일하다는 것을 의미한다.

연속확률변수에 대한 기댓값과 분산의 계산은 이산확률변수의 경우와 마찬가지다. 그러나 계산과정이 적분(integral calculus)을 포함하므로 적절한 공식을 구하는 것은 상급수준으로 미룬다.

이 절에서 소개한 균일 연속확률분포에 대한 기댓값과 분산의 공식은

$$E(x) = \frac{a + b}{2}$$

$$Var(x) = \frac{(b - a)^2}{12}$$

이다. 이 공식에서 a는 확률변수가 상정하는 하한값이고 b는 상한값이다.

이 식들을 시카고에서 뉴욕까지 운항시간의 균일분포에 적용하면

---

* 어떤 한 점에서의 확률이 0인지를 확인하기 위해 그림 6.2를 참조하시오. 그리고 $x = 125$, $P(x = 125) = P(125 \le x \le 125) = 0(1/20) = 0$인 경우를 계산하시오.

$$E(x) = \frac{(120 + 140)}{2} = 130$$

$$Var(x) = \frac{(140 - 120)^2}{12} = 33.33$$

이 된다. 운항시간의 표본편차는 분산의 양의 제곱근을 구하여 $\sigma = 5.77$분이다.

주석 및 코멘트

왜 확률밀도함수의 높이가 확률이 아닌지 보고자 다음 균일확률분포를 가진 확률변수를 살펴보자.

$$f(x) = \begin{cases} 2 & \text{for } 0 \le x \le .5 \\ 0 & \text{그 외 모든 구간} \end{cases}$$

확률밀도함수 $f(x)$의 높이는 0과 0.5 사이의 값에서는 2이다. 그러나 확률은 1보다 클 수 없다는 것을 알고 있다. 따라서 $f(x)$는 x의 확률로 해석할 수 없다.

연습문제

기본문제

1. 확률변수 x는 1.0과 1.5 사이에 균일분포를 하는 것으로 알려져 있다.
   a. 확률밀도함수의 그래프를 그리시오.
   b. $P(x = 1.25)$를 계산하시오.
   c. $P(1.0 \le x \le 1.25)$를 계산하시오.
   d. $P(1.20 < x < 1.5)$를 계산하시오.

2. 확률변수 x는 10과 20 사이에 균일분포를 하는 것으로 알려져 있다.
   a. 확률밀도함수의 그래프를 그리시오.
   b. $P(x < 15)$를 계산하시오.
   c. $P(12 \le x \le 18)$를 계산하시오.
   d. $E(x)$를 계산하시오.
   e. $\text{Var}(x)$를 계산하시오.

적용문제

3. **신시내티에서 템파까지의 비행.** 델타항공사는 신시네티에서 템파까지 비행시간을 2시간 5분으로 할당한다. 실제 비행시간은 2시간에서 2시간 20분까지 균일분포한다고 가정하자.
   a. 비행시간의 확률밀도함수를 그래프로 그리시오.
   b. 비행시간이 5분보다 더 오래 걸리지 않을 확률은 얼마인가?

c. 비행시간이 10분보다 더 오래 걸리지 않을 확률은 얼마인가?

d. 예상되는 비행시간은 얼마인가?

4. **엑셀 RAND 함수.** 대부분의 컴퓨터언어는 무작위 수(random numbers)를 생성하는 데 사용할 수 있는 함수를 포함하고 있다. 엑셀의 경우에는 RAND 함수가 0과 1 사이의 무작위 수를 생성하는 데 사용된다. 만약 RAND를 이용하여 생성한 무작위 수를 x라고 한다면 x는 다음과 같은 확률밀도함수를 가진 연속확률변수이다.

$$f(x) = \begin{cases} 1 & \text{for } 0 \leq x \leq 1 \\ 0 & \text{그 외 모든 구간} \end{cases}$$

a. 확률밀도함수를 그리시오.

b. .25에서 0.75 사이의 무작위 수를 생성할 확률은 얼마인가?

c. .30 이하의 가치를 가진 무작위 수를 생성할 확률은 얼마인가?

d. .60 이상의 가치를 가진 무작위 수를 생성할 확률은 얼마인가?

e. 엑셀에서 entering = RAND( )에 50을 입력하여 50개의 무작위 수를 생성하시오.

f. e에서 얻은 무작위 수에 대해 평균과 표준편차를 구하시오.

5. **테슬러 배터리 충전시간.** 테슬러(Tesla; 전기자동차 제조사)의 Model S를 타고 하루 50마일을 출퇴근하는 운전자가 야간에 차량 배터리를 재충전하는 데 약 1시간 45분(105분)이 걸리는 것으로 추정한다(Tesla 웹사이트). 실제 재충전 시간은 90분에서 120분 사이에 균일하게 분포한다고 가정하자.

a. 이 시나리오에서 배터리 재충전 시간의 확률밀도함수를 수학적으로 표현하시오.

b. 재충전 시간이 110분 미만일 확률은 얼마인가?

c. 재충전 시간이 최소 100분일 확률은 얼마인가?

d. 재충전 시간이 95분에서 110분 사이일 확률은 얼마인가?

6. **일일 재량지출.** Gallup의 추적조사에 따르면, 연간 90,000달러 이상을 버는 미국인의 일일 평균 재량지출은 136달러이다. 재량지출에는 주택이나 차량 구입, 정기 월별 청구서는 제외된다. 확률변수 x = 하루 재량지출이라 하고, $a \leq x \leq b$에서의 균일확률밀도함수 $f(x) = 0.00625$이라 하자.

a. 확률밀도함수에서 a와 b의 값을 구하시오.

b. 이 집단의 일일 재량지출이 100~200달러일 확률은 얼마인가?

c. 이 집단의 일일 재량지출이 150달러 이상일 확률은 얼마인가?

d. 이 집단의 일일 재량지출이 80달러 이하일 확률은 얼마인가?

7. **토지 입찰.** 땅을 입찰하는 것에 관심이 있다. 물론 다른 입찰자들도 관심이 있다는 것을 알고 있다. 판매자는 10,000달러를 초과하여 가장 높은 가격을 부르는 사람에

게 판매하겠다고 알렸다. 경쟁자들의 입찰 x는 10,000달러에서 15,000달러 사이에 균일분포하는 확률변수이다.

a. 만약 12,000달러를 제시한다면 당신이 제시한 가격이 받아들여질 확률은 얼마인가?

b. 만약 14,000달러를 제시한다면 당신이 제시한 가격이 받아들여질 확률은 얼마인가?

c. 그 부동산을 얻을 수 있는 확률을 최대화하기 위해서는 얼마를 제시해야 하는가?

d. 당신이 16,000달러를 기꺼이 제시할 사람을 알고 있다고 가정하자. 문항 (c)에서 답한 액수보다 더 적은 액수를 고려하고 있는가? 이유를 설명하시오.

6.2 정규확률분포

연속확률변수를 기술하는 가장 중요한 확률분포는 **정규확률분포(normal probability distribution)**이다. 정규분포는 확률변수가 사람의 키, 몸무게, 시험성적, 과학적 측정, 강수량, 그 외 유사한 값을 나타내는 광범위하고 다양한 실제적 문제에 사용된다. 또한 이 분포는 이 책 나머지 부분의 주된 주제인 통계적 추론에 널리 사용된다. 적용 예에서 정규분포는 표본추출로부터 얻어지는 타당한 결과를 나타내는 데 사용된다.*

정규곡선

정규분포의 형태 또는 모양은 그림 6.3에서 보듯 종형(bell-shaped) 정규곡선(normal curve)으로 나타난다. 정규분포의 종형곡선을 정의하는 확률밀도함수는 다음과 같다.

정규확률밀도함수

$$f(x) = \frac{1}{\sigma\sqrt{2\pi}} e^{-\frac{1}{2}\left(\frac{x-\mu}{\sigma}\right)^2} \tag{6.2}$$

μ = 평균

σ = 표준편차

π = 3.14159

e = 2.71828

정규분포의 특성은 다음과 같다.

1. 모든 정규분포군은 이의 평균 μ과 표준편차 σ에 대해 두 번 미분할 수 있다.**
2. 정규곡선의 정점은 분포의 평균에 있으며, 이 평균은 동시에 중앙값(median)이며

* 프랑스의 수학자인 드므와브르(Abraham de Moivre)는 1733년 『기회의 원리(The Doctrine of Chances)』를 출간하였고 정규분포를 도출하였다.

** 정규분포는 2개의 매개변수인 μ와 σ를 가진다. 이 두 가지는 정규분포의 위치와 모양을 결정한다.

그림 6.3 무연 보통 가솔린의 갤런당 미국 도시 평균가격

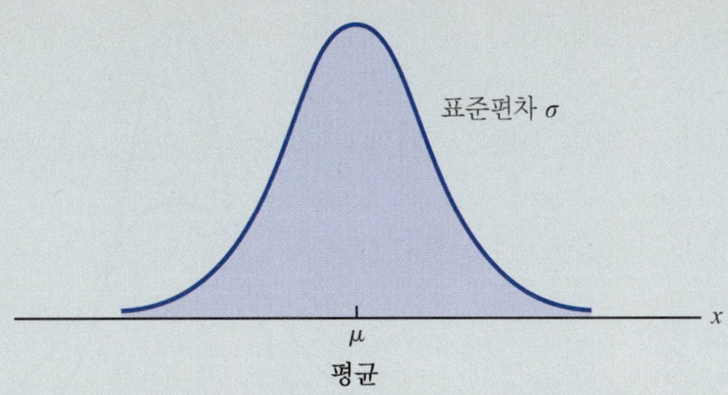

최빈값(mode)이다.

3. 분포의 평균은 음수, 영, 양수 어떤 값이라도 가질 수 있다. 다음 그림은 표준편차는 동일하지만 평균이 각각 (−10, 0, 20)로 다른 세 정규분포를 보여주고 있다.
4. 정규분포는 평균 좌측의 정규곡선 모양이 평균 우측의 정규곡선 모양을 거울에 비춘 모양(mirror image)인 (선)대칭이다. 정규곡선의 꼬리는 양방향으로 무한값까지 뻗쳐 있으며 이론적으로는 절대 수평축에 닫지 않는다. 정규곡선이 대칭이므로 정규분포는 어느 쪽으로도 기울어져(skewed) 있지 않아 비대칭한 정도를 나타내는 왜도(skewness)는 0이다.
5. 정규분포의 표준편차는 곡선이 얼마나 납작하고 넓게 퍼지는지 결정한다. 표준편차가 커질수록 넓고 납작하게 퍼진 곡선이 되며 자료의 변동성이 더 커지는 것을 보여준다. 다음 그림은 평균은 동일하지만 표준편차가 다른 두 개의 정규분포를 보여준다.
6. 정규확률변수의 확률은 정규곡선 아래의 영역으로 주어진다. 정규분포곡선 아래 전체 영역은 1이다. 분포가 대칭이므로 평균 좌측의 곡선 아래 영역은 0.50이며 평

그림 6.4 정규분포: 평균은 다르지만 표준편차는 동일

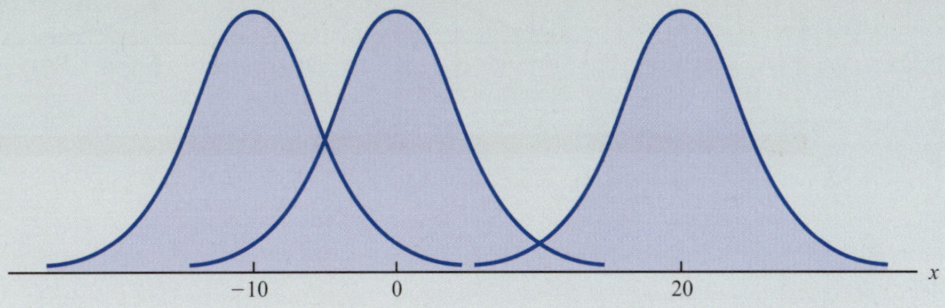

그림 6.5 정규분포: 평균은 같지만 표준편차는 다름

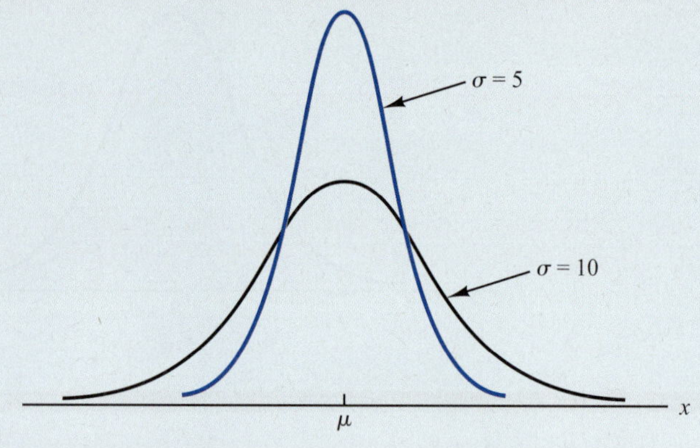

균 우측곡선 아래 영역도 0.50이다.

7. 자주 쓰이는 몇 가지 구간값을 열거하면
   a. 정규확률변수값의 68.3%는 평균의 좌우 1 표준편차 사이($\mu \pm 1 \cdot \sigma$)에 있다.
   b. 정규확률변수값의 95.4%는 평균의 좌우 2 표준편차 사이($\mu \pm 2 \cdot \sigma$)에 있다.*
   c. 정규확률변수값의 99.7%는 평균의 좌우 3 표준편차 사이($\mu \pm 3 \cdot \sigma$)에 있다.

그림 6.6는 이러한 특성을 그래프로 보여준다.

그림 6.6 정규분포곡선 아래의 영역

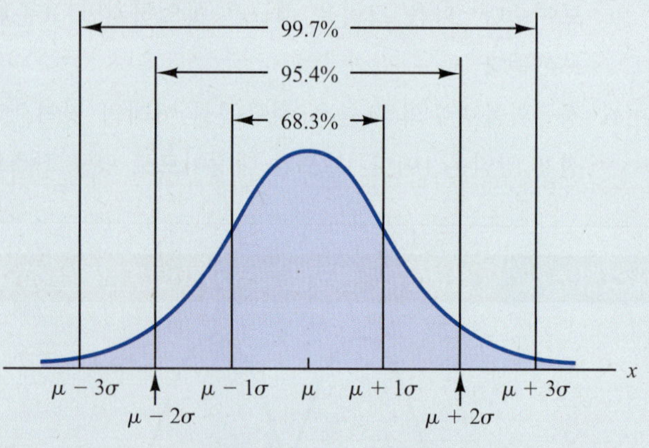

* 제시된 퍼센트는 3.3절에서 소개된 경험법칙을 위한 기초가 된다.

표준정규확률분포

정규분포를 따르는 확률변수의 평균이 0이고 표준편차가 1이면 **표준정규확률분포(standard normal probability distribution)**를 따르는다고 한다. 특수한 정규확률변수를 표시하는 데 통상 영문자 z를 사용한다. 그림 6.7은 표준정규분포의 그래프를 보여준다. 다른 정규분포의 모양과 전체적으로는 동일하지만 $\mu = 0$, $\sigma = 1$라는 특성을 갖는다.

$\mu = 0$, $\sigma = 1$인 표준정규확률밀도함수는 다음 식에서 보듯 식 (6.2)보다 간단하다.

표준정규밀도함수

$$f(z) = \frac{1}{\sqrt{2\pi}} e^{-\frac{z^2}{2}}$$

다른 연속확률변수와 마찬가지로 정규분포에 대한 확률계산은 확률밀도함수 곡선 아래의 영역을 계산하여야 한다. 즉, 정규확률변수가 특정 구간에 있을 확률을 구하자면 그 구간의 정규곡선의 아래 영역을 계산하여야 한다.*

통계 소프트웨어 패키지를 사용하여 정규확률분포 및 표준정규확률분포의 확률을 계산할 수 있다. Excel의 NORM.DIST는 정규확률분포의 확률을 계산할 때 사용하며, NORM.S.DIST는 표준정규확률분포의 확률을 계산하는 데 사용한다.

손으로 쉽게 계산할 수 있도록 표준정규곡선 아래 영역을 계산한 것이 본 교과서의 부록 B의 표이다. 이제 표준정규확률분포와 관련된 확률을 계산하기 위해 부록 B의 표를 사용하는 방법을 알아보자.

세 가지 형태의 확률을 계산해야 하는데 (1) 표준정규확률변수 z가 특정한 값이거나 그보다 작은 경우, (2) 표준정규확률변수 z가 특정한 2개의 값 사이인 경우, (3) 표준정규확률변수 z가 특정한 값이거나 그보다 큰 경우이다. 표준정규분포를 위한 누적확률표가

그림 6.7 표준정규분포

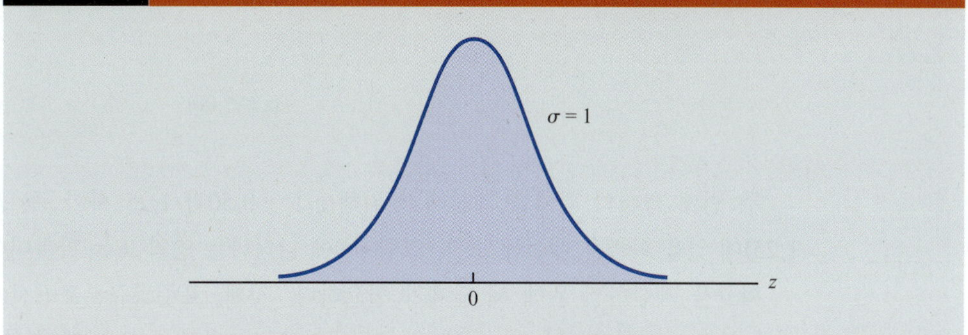

* 정규 확률밀도함수에서 곡선의 높이는 변화하고 이 확률에 대한 면적을 계산하기 위해서는 고급수학이 필요하다.

그림 6.8 표준정규분포의 누적확률: $P(z \le 1.00)$

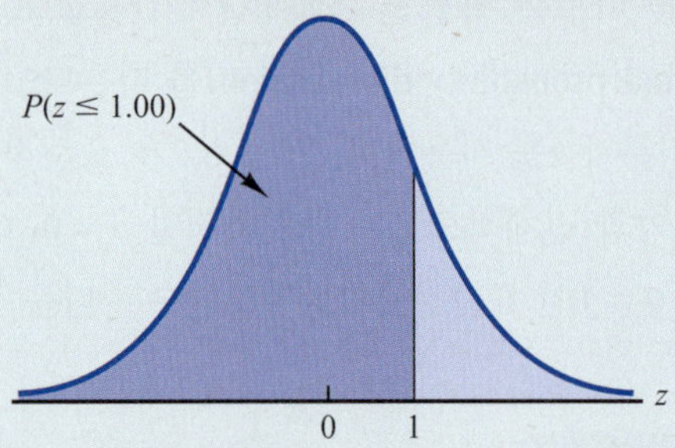

세 가지 형태의 확률을 계산하기 위해 어떻게 사용되는가를 몇 가지 예를 통해 살펴보자.

먼저 표준정규확률변수 z의 값이 1.00이거나 그보다 작을 확률 즉, $P(z \le 1.00)$을 구해보자. 이 누적확률은 다음 그래프에서 $z = 1$의 왼쪽 부분이다.*

본서 부록 B에 있는 표준정규확률표를 참고하자. $z = 1.00$에 해당하는 누적확률의 값은 왼쪽 열에서 1.0을 찾고 상단 칸에서 0.00이 교차하는 곳에 있다. 우선 표의 왼쪽에 있는 칸에서 1.0을 찾고 표의 위쪽에 있는 열에서 0.00을 찾는다. 표에서 1.0과 0.00이 교차하는 곳의 값을 읽으면 0.8413이다. 따라서 $P(z \le 1.00) = 0.8413$이다. 다음 표에서 화살표 부분에 해당한다.

z	0.00	0.01	0.02
.			
.			
.			
0.9	0.8159	0.8186	0.8212
1.0	**0.8413**	0.8438	0.8461
1.1	0.8643	0.8665	0.8686
1.2	0.8849	0.8869	0.8888
.			
.			
.			

$P(z \le 1.00)$

두 번째 형태의 확률을 계산하기 위해 z가 -0.50과 1.25 사이 즉, $P(-0.50 \le z \le 1.25)$에 있을 확률을 계산해 보자. 그림 6.9에 나타나는 영역 또는 확률이다.

확률을 계산하기 위해 세 단계가 필요하다. 첫째, 표준정규분포곡선에서 $z = 1.25$의 왼쪽 부분의 확률을 찾는다. 둘째, 표준정규분포곡선에서 $z = -0.50$의 왼쪽 부분의 확률

* 표준정규확률변수는 연속변수이기 때문에, $P(z \le 1.00) = P(z < 1.00)$.

그림 6.9 표준정규분포의 확률: $P(-0.50 \le z \le 1.25)$

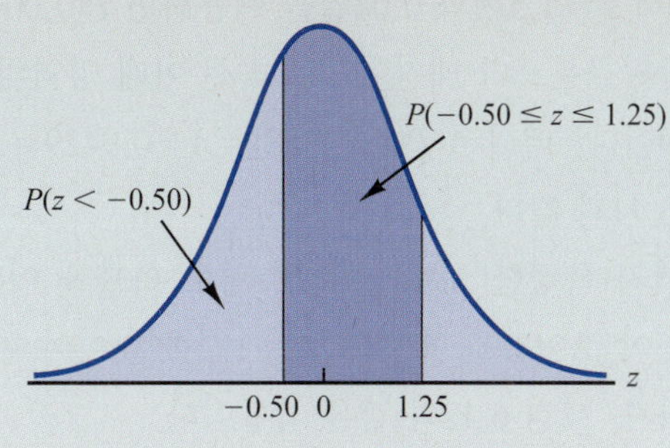

을 찾는다. 셋째, $z = 1.25$의 왼쪽 확률에서 $z = -0.50$의 왼쪽 확률을 빼서 $P(-0.50 \le z \le 1.25)$를 찾는다.

$z = 1.25$의 왼쪽부분의 정규분포곡선 아래의 영역을 알기 위해 표준정규확률분포표에서 행 1.2를 찾아 열 0.05로 이동한다. 행 1.2와 열 0.05가 만나는 곳의 값은 0.8944, $P(z \le 1.25) = 0.8944$이다. 마찬가지로 $z = -0.50$의 왼쪽 부분의 확률을 찾기 위해서는 표의 왼쪽 편에서 행 −0.5와 열 0.00에 위치하는 값인 0.3085, $P(z \le -0.50) = 0.3085$를 이용한다. 따라서 $P(-0.50 \le z \le 1.25) = P(z \le 1.25) - P(z \le -0.50) = 0.8944 - 0.3085 = 0.5859$이다.

z값이 두 개의 주어진 값 사이에 있을 확률을 계산하는 다른 예를 살펴보자. 정규확률변수가 평균에서의 특정한 표준편차를 갖게 될 확률을 계산해보도록 한다. 표준확률변수가 평균에서 1 표준편차 내에 있을 확률 즉, $P(-1.00 \le z \le 1.00)$을 계산하고자 한다. 표준정규확률분포에서 −1과 1 사이의 확률을 찾아야 한다. 앞에서 $P(z \le 1.00) = 0.8413$이라는 것을 찾았다. 표에서 $z = -1.00$의 왼쪽부분의 확률은 0.1587이라는 것을 찾을 수 있다. 따라서 $P(-1.00 \le z \le 1.00) = P(z \le 1.00) - P(z \le -1.00) = 0.8413 - 0.1587 = 0.6826$이 된다. 확률을 그림으로 나타내면 그림 6.10과 같다.

그림 6.10 표준정규분포의 확률: $P(-1.00 \le z \le 1.00)$

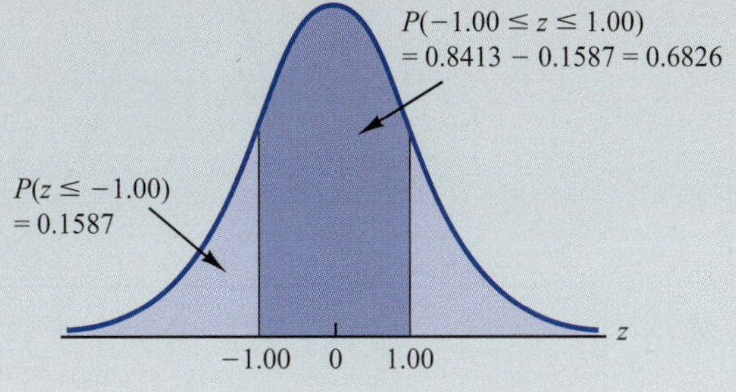

다음에는 z값이 적어도 1.58일 확률 즉, $P(z \ge 1.58)$을 계산해 보자. 먼저 표준정규확률분포에서 $z = 1.5$행과 0.08열을 이용하면 $P(0.00 \le z \le 1.58) = 0.4429$임을 알 수 있다. 이제 정규확률분포가 대칭이므로 곡선 아래 영역의 값은 0.9429이다. 따라서 $P(z < 1.58) = 0.9429$이다. 따라서 $P(z \ge 1.58) = 1 - 0.9429 = 0.0571$이다. 확률을 그림으로 나타내면 그림 6.11과 같다.

이제까지 특정한 z값이 주어진 경우 확률을 어떻게 계산하는지를 보았다. 어떤 경우에는 확률이 주어졌을 때 해당하는 z값을 찾아야 한다. 확률이 0.10인 경우의 z값을 찾아보도록 하자. 그림 6.12와 같은 상황이다.

이전의 예제에서와는 반대방향으로 하여야 한다. 이전에는 관심이 있는 z값을 정하고 해당하는 확률을 찾았다. 이번 예제에서는 확률이 주어지고 해당하는 z값을 찾아야 한다. 이를 위해 표준정규확률표를 이용하는데 기존의 방법과 조금은 다르게 이용한다.

표준정규확률분포표에서 특정 z값의 왼쪽에 있는 확률을 찾을 수 있다. 우측꼬리 부분에 해당하는 영역이 0.10이라는 정보를 가지고 있다고 하자. 값을 모르는 z의 왼쪽 부분의 확률은 0.9000이 된다. 표를 통해 0.9000을 찾아야 되는데 가장 가까운 숫자는

그림 6.11 표준정규분포의 확률: $P(z \ge 1.58)$

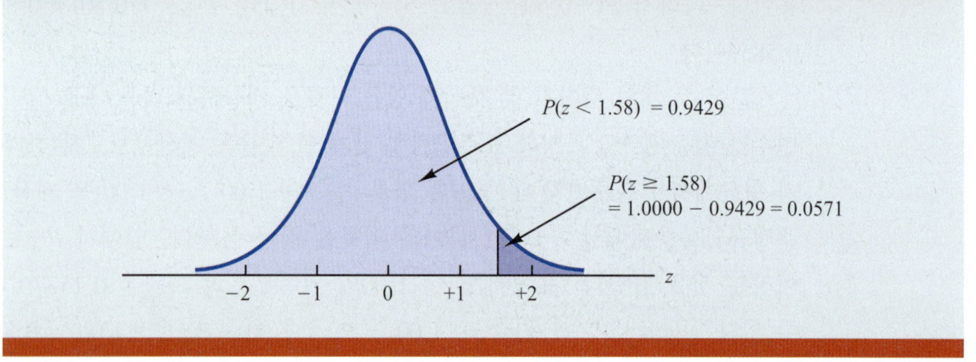

그림 6.12 오른쪽 값의 확률이 0.10인 z값 찾기

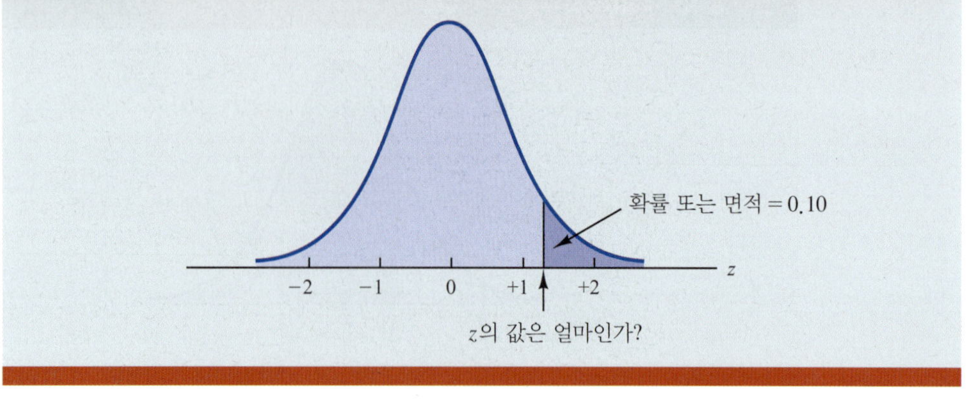

0.8997이다. 이러한 것을 보여주는 표가 다음에 있다.

z	0.06	0.07	0.08	0.09
.				
.				
.				
1.0	0.8554	0.8577	0.8599	0.8621
1.1	0.8770	0.8790	0.8810	0.8830
1.2	0.8962	0.8980	0.8997	0.9015
1.3	0.9131	0.9147	0.9162	0.9177
1.4	0.9279	0.9292	0.9306	0.9319
.				
.				
.				

표에서 찾을 수 있는 0.9000에 가장 근접한 면적의 값

표의 좌측 끝의 칸과 상단 열로부터 z값을 읽으면 해당하는 z값이 1.28이다.. 따라서 대략 0.9000(정확하게 0.8997)의 영역이 $z = 1.28$[*]의 왼쪽에 있는 것이다. 원래 질문에 답을 하면 z값이 1.28보다 큰 경우의 확률은 0.10이 된다.

다양한 예들을 통하여 표준정규확률변수 z값과 관련된 확률을 계산하는 데 표준정규분포의 영역표를 사용하는 방식을 보여 주었다. 문제들은 두 가지 유형으로 나뉜다. 첫 번째 유형의 문제는 z값(들)을 주고 표를 사용하여 이에 해당하는 면적 또는 확률을 찾는 것이다. 두 번째 유형의 문제는 영역 또는 확률이 주어졌을 때 표를 사용하여 해당하는 z값을 찾는 것이다. 따라서 주어진 확률 문제에 대답하기 위하여 표준정규확률표를 유연하게 사용할 필요가 있다. 대부분의 경우 표준정규분포의 그래프를 간략히 그리고 적절한 영역 또는 확률을 진하게 표시하는 것이 상황을 시각화하고 정답을 찾는 데 도움을 줄 것이다.

정규확률분포 계산

표준정규분포에 대해 이렇게 상세히 설명하는 이유는 모든 정규분포에 대한 확률을 표준정규분포를 이용하여 계산할 수 있기 때문이다. 즉, 평균이 μ이고 표준편차가 σ인 어떠한 정규분포를 먼저 표준정규분포로 전환시킴으로써 분포와 관련된 확률문제를 풀 수 있다. 그러면 표준정규확률표에서 적절한 z값을 사용하여 원하는 확률을 구할 수 있다. 평균이 μ이고 표준편차가 σ인 어떤 정규확률변수 x를 표준정규분포로 전환시키는 공식은 다음과 같다.

* 이 책에서는 표를 전체적으로 이해하는데 도움이 되기 위해 대략적인 z값을 0.9000으로 사용한다. 이 경우 정확한 z값은 소수점 자리 숫자 1개가 추가되어 1.282이다. 그러나 대부분의 경우 정확한 수치를 사용하기보다 간단하게 가장 가까운 숫자를 사용하도록 한다.

표준정규분포로의 전환*

$$z = \frac{x - \mu}{\sigma} \tag{6.3}$$

x의 값이 평균 μ와 같으면 $z = (\mu - \mu)/\sigma = 0$이다. 따라서 x의 평균 μ인 z값은 x의 평균에서 z값 즉, 0에 해당한다. x값이 x의 평균보다 1 표준편차 크다고 하자. 즉, $x = \mu + \sigma$이다. 그러면 식 (6.3)을 이용하여 해당하는 값은 $z = [(\mu + \sigma) - \mu]/\sigma = \sigma/\sigma = 1$이다. 평균보다 표준편차만큼 더 큰 x값은 $z = 1$에 해당한다. 다시 말하면, z는 정규확률변수 x가 x의 평균 μ로부터 이탈한 표준편차의 개수로 해석할 수 있다.

이러한 전환이 어떤 정규분포에 대한 확률 계산을 가능하게 만드는가 보기 위해 먼저 $\mu = 10$, $\sigma = 2$인 정규분포를 상정하자. 확률변수 x값이 10과 14 사이에 있을 확률은 얼마인가? 식 (6.3)을 활용하면 $x = 10$에서 $z = (x - \mu)/\sigma = (10 - 10)/2 = 0$이고 $x = 14$에서 $(14 - 10)/2 = 4/2 = 2$가 됨을 알 수 있다. 따라서 값이 10과 14 사이에 있을 확률 문제에 대한 답은 표준정규분포에서 z값이 0과 2 사이에 있을 확률과 동일하다. 바꾸어 말하면 x값이 x의 평균과 평균보다 2 표준편차 큰 값 사이에 있을 확률이다. $z = 2$일 경우 부록 B에 있는 표준정규확률표를 이용하면 $P(z \le 2) = 0.9772$이다. $P(z \le 0) = 0.5000$이기 때문에 $P(0 \le z \le 2) = P(z \le 2) - P(z \le 0) = 0.9772 - 0.5000 = 0.4772$가 된다. 따라서 x가 10과 14 사이일 확률은 0.4772이다.

그리어 타이어 회사문제

정규분포를 적용하는 예제로 돌아오자. 그리어 타이어 회사(Grear Tire Company)는 최근에 새로운 철 벨트축 타이어를 개발, 전국의 할인상점 체인을 통하여 판매하려 한다. 이 타이어는 신제품이기 때문에 그리어의 관리자들은 타이어의 무상보상거리가 제품 수용에 매우 중요한 요인이라고 믿는다. 그리어의 관리자들은 무상보상정책을 최종 결정하기 이전에 타이어 수명과 관련된 확률정보를 원하고 있다.

실제 타이어의 주행거리 검사에서 그리어의 기술자들은 타이어의 평균 주행거리 $\mu =$ 36,500마일, 표준편차 $\sigma = 5{,}000$마일이라고 추정하였다. 추가하여 수집된 자료로부터 정규분포가 타당성이 있는 가정이라는 것을 밝히고 있다. 타이어의 몇 %가 4만 마일보다 오래 주행할 수 있을 것으로 기대되는가? 다시 말해 타이어의 주행거리가 4만 마일을 초과할 확률은? 이러한 문제는 그림 6.13의 진하게 칠한 지역의 영역을 계산하면 답할 수 있다.

$x = 40{,}000$에서

* 표준정규확률변수에 대한 공식은 3장에서 주어진 자료에 대해 z값을 계산할 때 소개한 공식과 유사하다.

그림 6.13 그리어 타이어 회사의 타이어 주행거리 분포

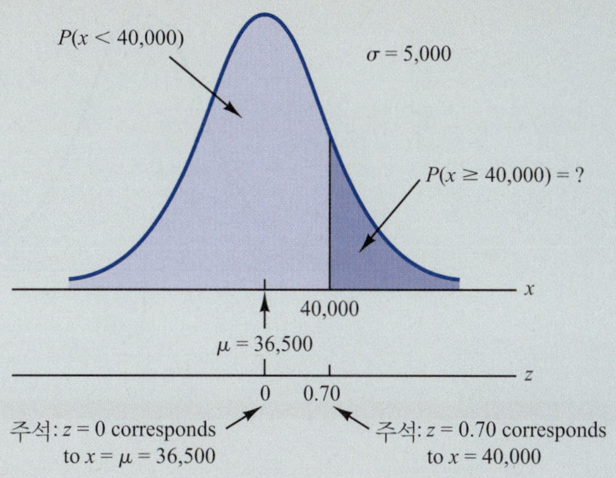

$$z = \frac{x - \mu}{\sigma} = \frac{40{,}000 - 36{,}500}{5{,}000} = \frac{3{,}500}{5{,}000} = 0.70$$

을 얻는다.

그림 6.13의 아래 부분을 보자. 그리어 타이어 정규분포에서 $x = 40{,}000$의 값은 표준정규분포에서 $z = 0.70$의 값을 가짐을 알 수 있다. 표준정규확률표를 이용하면, $z = 0.70$의 왼쪽 곡선아래의 영역은 0.7580임을 알 수 있다. 따라서 $1.000 - 0.7580 = 0.2420$은 x가 40,000을 초과할 확률이다. 따라서 타이어의 약 24.2%가 40,000마일을 넘을 것이라고 결론지을 수 있다.

이제 그리어 타이어 회사가 원래 타이어가 보상보증서에 명시된 주행거리를 초과하지 않는다면 대체타이어를 할인하여 제공하는 보증을 고려한다고 하자. 그리어 타이어 회사가 10%를 초과하지 않는 타이어가 할인보증을 받도록 하려면 보증된 주행거리는 얼마로 하여야 하는가? 이 질문은 그림 6.14에서 그림으로 해석할 수 있다.

그림 6.14에 따르면, 알려지지 않은 보증주행거리의 왼쪽 곡선아래의 영역이 0.10이어야 한다. 따라서 표준정규분포의 왼쪽이 0.10에 해당하는 z값을 찾아야 한다. 표준정규확률표를 이용하면 $z = -1.28$일 때 좌측꼬리 부분이 0.10에 해당하는 영역이라는 것을 알 수 있다. 즉, $z = -1.28$이 그리어 타이어의 정규분포에서 원하는 보증주행거리에 해당하는 표준정규확률변수의 값이다. $z = -1.28$에 해당하는 x의 값은 아래와 같이 구한다.*

* 찾아야 되는 보증주행거리는 평균 아래의 1.28 표준편차이다. 따라서 $x = \mu - 1.28\sigma$

그림 6.14 그리어 타이어 회사의 할인보증

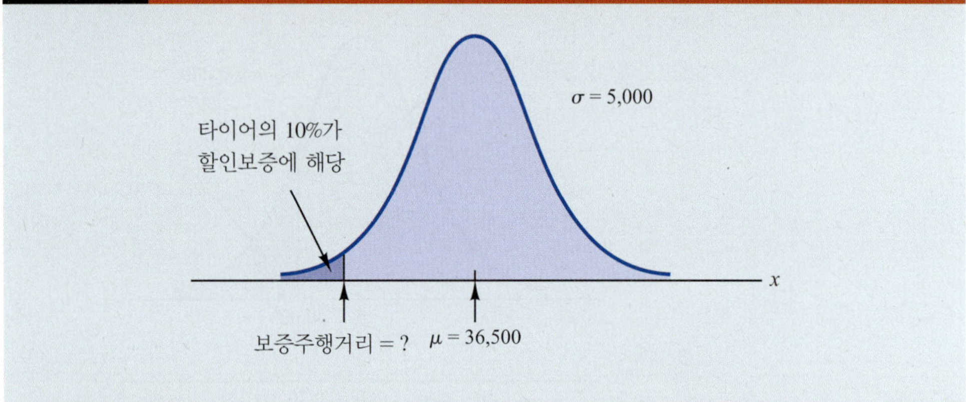

$$z = \frac{x - \mu}{\sigma} = -1.28$$
$$x - \mu = -1.28\sigma$$
$$x = \mu - 1.28\sigma$$

위 식에서 $\mu = 36{,}500$, $\sigma = 5{,}000$이므로

$$x = 36{,}500 - 1.28(5{,}000) = 30{,}100$$

그러므로 30,100마일을 보증하면 원하는 대로 약 10%의 타이어가 보증대상이 될 것이다. 아마도 이러한 정보를 가지고 이 회사는 타이어의 보증주행거리를 30,000마일로 정할 것이다.*

다시 또 확률분포가 의사결정을 위한 정보를 제공하는 데 중요한 역할을 하고 있음을 알 수 있다. 즉 특정한 문제에서 일단 확률분포가 주어지면, 이를 문제에 대한 확률정보를 재빨리 쉽게 얻는 데 사용할 수 있다. 확률은 직접적으로 의사결정에 대해 조언을 하지는 않지만 의사결정자가 문제와 관련된 위험과 불확실성을 더 잘 이해하게 만드는 데 도움이 된다. 궁극적으로 이러한 정보는 의사결정자로 하여금 좋은 결정에 도달하도록 지원하는 것이다.

연습문제

기본문제

8. 그림 6.4를 참고하여 평균 $\mu = 100$이고 표준편차 $\sigma = 10$인 확률변수 x의 정규곡선을 그리시오. x축의 값을 70, 80, 90, 100, 110, 120, 130으로 나타내시오.

* 30,000마일을 보증 주행거리로 정한다면 실제 보증대상은 9.68%가 될 것이다.

9. 평균 $\mu = 50$, 표준편차 $\sigma = 5$이고 정규분포를 하는 확률변수가 있다.

a. 확률밀도함수의 정규곡선을 그림으로 그리시오. 가로축의 값을 35, 40, 45, 50, 55, 60, 65로 하시오. 그림 6.4에서와 같이 가로축에 거의 닿게 정규곡선을 그리고 평균보다 큰 쪽에 표준편차 3개를 표시하고 평균보다 작은 쪽에 표준편차 3개를 표시하시오.

b. 확률변수가 45와 55 사이에 있을 확률은 얼마인가?

c. 확률변수가 40과 60 사이에 있을 확률은 얼마인가?

10. 표준정규분포를 그래프로 그리시오. 가로축의 값을 −3, −2, −1, 0, 1, 2, 3으로 표시하시오. 다음의 확률을 비교하기 위해 표준정규분포의 확률표를 이용하시오.

a. $P(z \le 1.5)$

b. $P(z \le 1)$

c. $P(1 \le z \le 1.5)$

d. $P(0 < z < 2.5)$

11. z가 표준정규확률변수라 할 때 다음 확률을 계산하시오.

a. $P(z \le -1.0)$

b. $P(z \ge -1)$

c. $P(z \ge -1.5)$

d. $P(-2.5 \le z)$

e. $P(-3 < z \le 0)$

12. z가 표준정규확률변수일 때 다음 확률을 계산하시오.

a. $P(0 \le z \le .83)$

b. $P(-1.57 \le z \le 0)$

c. $P(z > .44)$

d. $P(z \ge -0.23)$

e. $P(z < 1.20)$

f. $P(z \le -0.71)$

13. z가 표준정규확률변수일 때 다음 확률을 계산하시오.

a. $P(-1.98 \le z \le .49)$

b. $P(0.52 \le z \le 1.22)$

c. $P(-1.75 \le z \le -1.04)$

14. z가 표준정규확률변수일 때 z를 찾으시오.

a. 0에서 z까지의 면적이 0.9750

b. 0에서 z까지의 면적이 0.4750

c. 0에서 z까지의 면적이 0.7291

d. 0에서 z까지의 면적이 0.1314

c. 0에서 z까지의 면적이 0.6700

d. 0에서 z까지의 면적이 0.3300

15. z가 표준정규확률변수일 때 z를 찾으시오.

a. z의 왼쪽의 면적이 0.2119

b. $-z$에서 z까지의 면적이 0.9030

c. $-z$에서 z까지의 면적이 0.2052

d. z의 왼쪽의 면적이 0.9948

e. z의 오른쪽의 면적이 0.6915

16. z가 표준정규확률변수일 때 z를 찾으시오.

a. z의 오른쪽의 면적이 0.01

b. z의 오른쪽의 면적이 0.025

c. z의 오른쪽의 면적이 0.05

d. z의 오른쪽의 면적이 0.10

적용문제

17. **네덜란드 남성의 키.** 네덜란드 남성의 평균 키는 183cm(BBC 뉴스 웹사이트)로 세계에서 가장 크다. 네덜란드 남성의 키는 평균 183cm, 표준편차 10.5cm의 정규분포를 따른다고 가정하자.

a. 네덜란드 남성의 키가 175cm보다 작을 확률은 얼마인가?

b. 네덜란드 남성의 키가 195cm 이상일 확률은 얼마인가?

c. 네덜란드 남성의 키가 173cm에서 193cm 사이일 확률은 얼마인가?

d. 네덜란드 남성을 1,000명 무작위 표본추출하였을 때, 키가 190cm보다 클 것으로 예상되는 사람은 몇 명인가?

18. **국내 대형 주식 펀드.** 국내 대형 주식 펀드의 지난 3년간 평균 수익률은 14.4%였다. 3년 수익률의 표준편차는 4.4%로 펀드 전체에 정상적으로 분포되었다고 가정하자.

a. 개별 대형 국내 주식 펀드가 3년 동안 최소 20%의 수익률을 낼 가능성은 얼마인가?

b. 개별 대형 국내 주식 펀드가 3년간 10% 이하의 수익률을 기록할 가능성은 얼마인가?

c. 국내 주식 펀드가 3년간 상위 10%에 들자면 수익률은 어느 정도이어야 하는가?

19. **자동차 수리 비용.** 자동차 수리 비용은 2015년 평균 367달러로 계속 증가하고 있다(U.S. News & World Report 웹사이트). 자동차 수리 비용이 표준편차 88달러로 정규분포를 따른다고 가정하자. 자동차 수리 비용에 관한 다음 질문에 답하시오.

a. 수리 비용이 450달러 이상일 확률은 얼마인가?
b. 수리 비용이 250달러 미만일 확률은 얼마인가?
c. 수리 비용이 250달러에서 450달러 사이일 확률은 얼마인가?
d. 귀하의 자동차 수리 비용이 자동차 수리 비용의 하위 5%에 속한다면, 귀하의 자동차 수리 비용은 얼마인가?

20. **휘발유 가격.** 미국의 휘발유 평균 가격이 갤런당 3.73달러이고, 러시아의 평균 가격은 3.40달러라고 가정하자. 이는 두 국가의 모집단 평균이고, 휘발유 가격의 확률분포는 미국에서는 표준편차 0.25달러, 러시아에서는 표준편차 0.20달러인 정규분포를 따른다고 가정하자.
a. 무작위로 선택한 미국 주유소의 휘발유 가격이 갤런당 3.50달러 미만일 확률은 얼마인가?
b. 러시아 주유소 중 몇 퍼센트가 갤런당 3.50달러 미만의 가격을 청구할까?
c. 무작위로 선택한 러시아 주유소의 휴발유 가격이 미국의 평균 가격보다 더 높을 확률은 얼마인가?

21. **Mensa 회원자격.** 국제 고득점 IQ 협회인 멘사의 회원으로 자격을 인정받기 위해서는 IQ테스트 점수가 인구의 상위 2%에 해당해야 한다. 만약 IQ가 평균 100, 표준편차 15로 정규분포를 한다고 가정할 때, 멘사의 회원으로 인정을 받으려면 IQ가 몇 점이어야 하는가?

22. **TV 시청시간.** TV 시청시간이 늘어난 것으로 나타나는데 닐슨회사는 가구당 매일 평균 TV 시청시간이 8.35시간이라고 보고하였다(USA Today, 2009년 11월 11일). 정규확률분포와 표준편차 2.5시간을 가정하고 가구당 TV 시청시간에 대한 다음의 질문에 답하세요.
a. TV 시청시간이 하루에 5시간에서 10시간 사이일 확률은 얼마인가?
b. 상위 3%에 해당하는 가구의 TV 시청시간은 얼마나 될까?
c. TV 시청시간이 하루에 3시간보다 많을 확률은 얼마인가?

23. **기말시험 소요시간.** 어느 특정 대학에서 기말시험을 끝내기 위해 필요한 시간이 평균 80분, 표준편차 10분으로 정규분포를 한다고 가정하자. 다음 질문에 답하시오.
a. 1시간 이하로 시험을 끝낼 확률은 얼마인가?
b. 학생이 시험을 60분보다 더 길게 75분보다 더 짧게 끝낼 확률은 얼마인가?
c. 한 반에 학생은 60명이고 시험시간은 90분이라고 가정하자. 주어진 시간 내에 시험을 끝내지 못할 학생은 몇 명일 것으로 예상되는가?

24. **수면의 양.** Sleep Foundation에 의하면 밤에 잠자는 시간은 평균 6.8시간이라고 한다(Fortune, 2006년 3월 20일). 표준편차는 6시간이고 정규확률분포를 한다고 가정하고

다음의 질문에 답하세요.

a. 어떤 사람을 선정하였는데 8시간보다 많이 잠을 잘 확률은 얼마인가?

b. 어떤 사람을 선정하였는데 6시간 이하의 잠을 잘 확률은 얼마인가?

c. 의사들은 밤에 7시간에서 9시간의 잠을 자라고 권고한다. 몇 퍼센트의 사람들이 이 정도 시간의 잠을 자고 있을까?

25. **주별 1인당 실질소득.** 명목소득은 물가상승률을 반영하지 않은 소득 가치를 말한다. 실질소득은 명목가치를 인플레이션율으로 조정한다. 1인당 실질소득은 해당 지역의 인구 수와 해당 지역의 상대적 인플레이션을 모두 조정하므로 특정 지역에서 개인의 구매력을 측정하는 좋은 척도로 간주된다. 포브스(Forbes) 매거진에 따르면, 2020년 1인당 연간 실질소득이 가장 높은 주는 코네티컷인데, 평균 68,533달러, 표준편차는 23,480달러인 정규분포를 따른다고 가정하자.

a. 코네티컷에 사는 개인의 연간 실질소득이 50,000달러 이상일 확률은 얼마인가?

b. 코네티컷에 사는 개인의 연간 실질소득이 30,000달러 이하일 확률은 얼마인가?

c. 코네티컷에 사는 개인의 연간 실질 소득이 60,000～80,000달러일 확률은 얼마인가?

d. 코네티컷의 연간 실질소득에서 99번째 백분위수에 해당하는 사람의 연간 실질소득은 얼마인가?

6.3 이항확률의 정규근사

5.5절에서 이산이항분포를 소개한 바 있다. 이항실험은 각각이 성공 또는 실패, 두 개 결과가 가능한 동일하고 독립적인 연속된 n회의 시행으로 구성됨을 상기하자. 한 시행에서 성공 확률은 모든 시행에 대해 동일하며 통상 p로 나타낸다. 이항확률변수는 n회 시행 중 성공의 개수이며 확률문제는 n회 시행 중 x회 성공일 확률과 관련된다.

시행 횟수가 많아지면 이항확률함수를 손으로 또는 계산기로 계산하는 것이 어려워진다. $np \geq 5$ 그리고 $n(1-p) \geq 5$일 때 정규분포는 쉽게 사용할 수 있는 이항확률의 근사치를 제공한다. 이항확률변수의 정규근사를 사용할 때 정규곡선의 정의에서 $\mu = np$, $\sigma = \sqrt{np(1-p)}$ 로 놓는다.

한 회사가 과거 경험에서 볼 때 상품발송 송장의 10%에서 오류를 범하는 것을 상정한 이항확률변수에 대한 정규근사의 예를 보자. 송장 100개를 표본으로 추출했고 이 중 12개에서 송장오류를 범할 확률을 계산하고자 한다. 즉, 100회 시행에서 12회 성공할 이항확률을 찾고자 한다. 이 경우 정규근사를 적용하면 $\mu = np = (100)(0.1) = 10$으로 놓는다. 그림 6.15는 $\mu = 10$이고 $\sigma = \sqrt{np(1-p)} = \sqrt{(100)(.1)(.9)} = 3$인 정규분포를 보여준다.

연속확률분포에서 확률은 확률밀도함수 아래 영역으로 계산됨을 상기하자. 그 결과 확률변수의 특정값의 확률은 0이다. 그래서 12회 성공할 이항확률의 근사치를 구하기 위해 11.5와 12.5 사이에 해당하는 정규곡선 아래의 영역을 계산한다. 12로부터 0.5를 더하

그림 6.15 $n = 100$, $p = 0.10$인 이항확률분포에서 오류를 12개 범할 확률을 보이는 정규근사

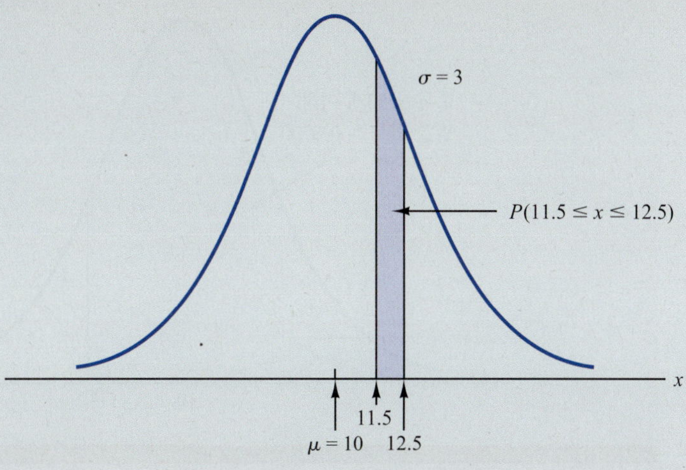

고 빼는 것을 **연속성 수정계수(continuity correction factor)**라 한다. 이 계수는 연속분포가 이산분포를 근사하는 데 사용되었기 때문에 도입된 것이다. 따라서 이산이항분포에서 $P(x = 12)$은 연속정규분포에서는 $P(11.5 \leq x \leq 12.5)$로 근사된다.

$P(11.5 \leq x \leq 12.5)$를 계산하고자 표준정규분포로 전환하면 다음과 같다.

$$x = 12.5\text{에서} \qquad z = \frac{x - \mu}{\sigma} = \frac{12.5 - 10.0}{3} = 0.83$$

$$x = 11.5\text{에서} \qquad z = \frac{x - \mu}{\sigma} = \frac{11.5 - 10.0}{3} = 0.50$$

표준정규확률표를 이용하면 12.5의 왼쪽부분의 곡선 아래의 영역은 0.7967이다(그림 6.15). 유사한 방법으로 11.5의 왼쪽부분의 곡선 아래의 영역은 0.6915이다. 11.5와 12.5 사이의 영역은 $0.7967 — .6915 = 0.1052$이다. 따라서 100회 시행 중 12회 성공할 확률의 정규근사는 0.1052이다.

다른 예로 100개의 송장 중 13개 이하의 오류가 발생할 확률을 계산하려 한다고 하자. 그림 6.16은 이러한 확률을 근사하는 정규곡선 아래 영역을 보여준다. 연속성 수정계수를 사용하면 원하는 확률을 구하는 데 13.5의 값이 된다. $x = 13.5$에 해당하는 값은

$$z = \frac{13.5 - 10.0}{3.0} = 1.17$$

이 된다. 표준정규확률표를 보면 $z = 1.17$의 왼쪽부분의 표준정규곡선 아래의 영역은 0.8790이다. 13개 또는 그보다 적은 오류를 범할 확률을 근사하는 정규곡선 아래 영역은 그림 6.16에서 진하게 칠한 부분이다.

그림 6.16 $n = 100$, $p = 0.10$인 이항확률분포에서 오류를 13개 이하 범할 확률을 보이는 정규근사

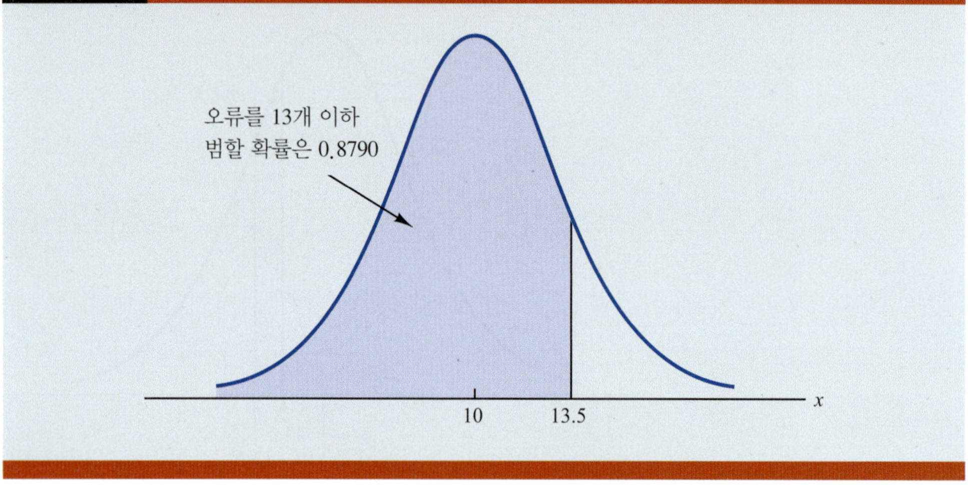

연습문제

기본문제

26. $p = 0.20$이고 $n = 100$인 이항확률분포가 있다.
   a. 평균과 표준편차는 얼마인가?
   b. 이 경우에 이항확률을 대략적으로 정규확률분포로 측정할 수 있는가? 설명하시오.
   c. 24번 성공할 확률은 얼마인가?
   d. 18에서 22번 성공할 확률은 얼마인가?
   e. 15번 이하로 성공할 확률은 얼마인가?

27. $p = 0.60$이고 $n = 200$인 이항확률분포가 있다.
   a. 평균과 표준편차는 얼마인가?
   b. 이 경우에 이항확률을 대략적으로 정규확률분포로 측정할 수 있는가? 설명하시오.
   c. 100번에서 110번 성공할 확률은 얼마인가?
   d. 130번 이상 성공할 확률은 얼마인가?
   e. 정규분포를 이용하여 이항확률을 측정하게 되면 어떤 장점이 있는가? 문항 (d)의 답을 이용하여 장점을 설명하시오.

적용문제

28. **흡연 성년.** 미국에서 흡연 성인의 수가 크게 감소했다. 2005년에는 미국 성인의 20% 이상이 흡연을 했으나 2020년에는 약 12.5%로 감소했다(CDC.gov). 2020년 조사에서 성인 250명으로 구성된 표본집단에 대하여 이항분포의 정규근사치를 사용하여 아래 질문에 답하시오.

a. 예상되는 성인 흡연자는 몇 명인가?

b. 30명 미만이 흡연자일 확률은 얼마인가?

c. 흡연자가 35～40명일 확률은 얼마인가?

d. 45명 이상이 흡연할 확률은 얼마인가?

29. **벤처캐피탈 자금을 받는 스타트업.** 벤처캐피탈 자금을 원하는 스타트업 회사는 종종 초기 자금을 먼저 받는다. 이러한 유형의 자금 조달은 일반적으로 스타트업 회사 지분 또는 우선스톡옵션과 교환하여 초기 제품 개발 및 연구를 지원하기 위해 금융 자본을 제공하는 소수의 투자자에 의해 제공된다. 많은 스타트업 기업을 위한 다음 단계의 자금조달 기회를 시리즈A 펀딩이라고 하며, 벤처캐피털리스트는 시드 펀딩을 사용하여 가능성을 보여준 스타트업 기업에 훨씬 더 많은 자금을 제공한다. 시리즈A 투자자는 스타트업 회사의 더 큰 지분 및/또는 추가 우선주 옵션을 받는다. 시드 펀딩을 받은 스타트업 기업 중 27%가 시리즈A 펀딩을 성공적으로 받았다고 가정하자.

a. 시드펀딩을 받은 200개 스타트업 기업 중 최소 50개 기업이 시리즈A 펀딩을 받을 확률은 얼마인가? 이 질문에 대답하려면 이항분포의 정규근사를 사용하시오.

b. 이항분포 응용에서 시행 횟수가 많아짐에 따라 이항분포의 정규근사를 사용하여 확률을 계산하면 어떤 이점이 있는가?

30. **비디오 게임.** 비디오게임을 하는 개인 중 18%가 18세 미만이고, 53%가 18～59세, 29%가 59세 이상이라고 가정하자. 이항분포의 정규근사를 사용하여 아래 질문에 답하시오.

a. 비디오게임을 하는 800명의 표본 중 18세 미만인 사람은 몇 명인가?

b. 비디오게임을 하는 600명의 표본 중 18세 미만이 100명 미만일 확률은 얼마인가?

c. 비디오게임을 하는 800명의 표본 중 200명 이상이 59세 이상이 될 확률은 얼마인가?

31. **로키산맥 국립공원 방문객.** 로키산맥 국립공원은 콜로라도에서 야외 레크리에이션 활동으로 인기 있는 공원이다. 미국 국립공원관리청 통계에 따르면 2018년 로키산맥 국립공원 방문객 중 46.7%가 비버메도우즈 공원 입구를 통해 입장했고, 24.3%는 폴리버 공원 입구를 통해 입장했으며, 6.3%는 그랜드레이크 공원 입구를 통해 입장했는데, 22.7%는 기록된 공원 진입 지점이 없었다(미국 국립공원관리청 웹사이트). 로키산맥 국립공원 방문객 175명의 무작위 표본을 생각하자. 다음 질문에 답하려면 이항분포의 정규근사를 사용하시오.

a. 최소 75명의 방문객이 비버메도우 공원 입구를 통해 입장했을 확률은 얼마인가?

b. 최소 70명에서 80명 미만의 방문객이 비버메도우즈 공원 입구를 통해 입장한 기록이 있을 확률은 얼마인가?

c. 그랜드레이크 공원 입구를 통해 기록된 방문객이 10명 미만일 확률은 얼마인가?

d. 45명 이상의 방문자가 기록된 진입 지점이 없을 확률은 얼마인가?

6.4 지수확률분포

지수확률분포(exponential probability distribution)는 세차장에 도착하는 자동차 사이의 시간, 트럭에 짐을 싣는 데 필요한 시간, 고속도로에서 주요 하자 사이의 거리와 같은 확률변수에 사용된다. 지수 확률밀도함수는 다음과 같다.

지수확률밀도함수

$$f(x) = \frac{1}{\mu} e^{-x/\mu} \qquad \text{for } x \geq 0 \tag{6.4}$$

μ = 기댓값 또는 평균

지수분포의 예로 x가 쉽스(Schips) 하역장에서 트럭에 짐을 싣는 시간을 나타내며 지수분포를 따른다고 하자. 만약 평균 선적시간을 15분($\mu = 15$)이라고 하면 이의 확률밀도함수는

$$f(x) = \frac{1}{15} e^{-x/15}$$

이다. 그림 6.17은 이러한 확률밀도함수의 그래프를 보여준다.

지수분포의 확률계산

여느 연속확률분포와 마찬가지로 일정 구간에 해당하는 곡선 아래 영역은 확률변수가 그 구간에 있는 값을 취할 확률을 제공한다. 쉽스 하역장의 예에서 한 트럭분을 선적하는 데 걸리는 시간이 6분 이하($x \leq 6$)일 확률은 그림 6.17에서 $x = 0$에서 $x = 6$까지 곡선 아래의 영역으로 정의된다. 마찬가지로 선적시간이 18분 이하($x \leq 18$)일 확률은 $x = 0$에서 $x =$

그림 6.17 쉽스 하역장 예에 대한 지수분포

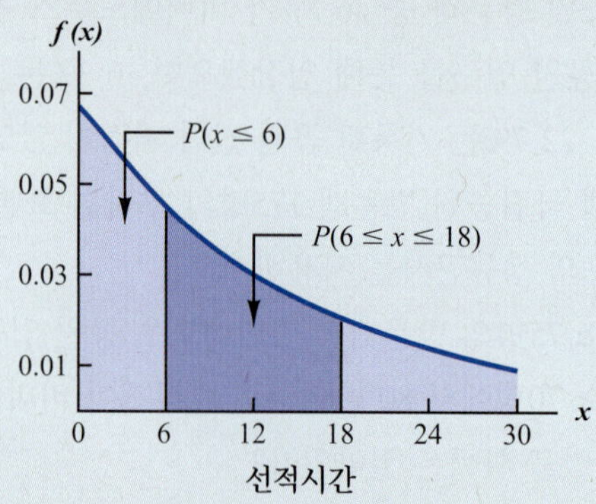

18까지 곡선 아래의 영역이다. 선적시간이 6분에서 18분 사이($6 \le x \le 18$)일 확률은 $x = 6$에서 $x = 18$까지 곡선 아래 영역으로 주어진다.*

위의 기술한 지수확률을 계산하기 위해서 다음 공식을 사용하는데 이는 지수확률변수에 대해 x_0로 나타낸 특정값 이하의 값을 얻는 누적확률을 알려준다.

지수분포: 누적확률

$$P(x \le x_0) = 1 - e^{-x_0/\mu} \tag{6.5}$$

쉽스 하역장 예에서는 $x =$ 선적시간, $\mu = 15$이므로

$$P(x \le x_0) = 1 - e^{-x_0/15}$$

따라서 선적시간이 6분 이하일 확률은 다음과 같다.

$$P(x \le 6) = 1 - e^{-6/15} = 0.3297$$

식 (6.5)를 이용하면 선적시간이 18분 이하일 확률은

$$P(x \le 18) = 1 - e^{-18/15} = 0.6988$$

따라서 선적시간이 6분에서 18분 사이일 확률은 $0.6988 - 0.3297 = 0.3691$이다. 어떤 구간에 대한 확률이든 마찬가지로 계산할 수 있다.

이전의 예에서 한 트럭이 선적하는 데 걸리는 평균 시간은 $\mu = 15$분이다. 지수분포의 속성 중 하나는 분포의 평균과 표준편차가 동일하다는 것이다. 따라서 한 트럭에 선적하는 데 걸리는 시간의 표준편차는 $\sigma = 15$분이다. 이의 분산은 $\sigma^2 = (15)^2 = 225$이다.

포아송분포와 지수분포의 관계

5.6절에서 이산확률분포의 하나로 특정한 시간 또는 공간 구간에서 사건발생 횟수를 고찰하는 데 유용한 포아송분포를 소개한 바 있다. 포아송 확률함수가

$$f(x) = \frac{\mu^x e^{-\mu}}{x!}$$

$\mu =$ 특정 구간에서 사건발생 횟수의 평균 또는 기댓값

연속 지수확률분포는 이산포아송분포와 관련되어 있다. 만약 포아송분포가 구간당 사건발생 횟수를 적절하게 나타낸다면, 지수분포는 이러한 사건 간의 길이를 나타낸다.

이러한 관계를 예로 보이기 위하여 한 시간에 세차장에 도착하는 자동차 수의 평균이 시간당 10대의 평균을 가진 포아송 확률분포라 하자. 시간당 x대가 도착할 확률을 나타

---

* 대기시간에 대한 응용문제로서 지수분포는 서비스시간에 대한 문제를 해결하는데 자주 사용된다.

내는 포아송 확률함수는

$$f(x) = \frac{10^x e^{-10}}{x!}$$

이다. 평균 도착 자동차 대수는 시간당 10대이므로 도착하는 자동차 간의 평균 시간은

$$\frac{1 \text{ hour}}{10 \text{ cars}} = 0.1\text{시간/자동차}$$

가 된다. 따라서 도착하는 자동차 사이 시간을 나타내는 상응하는 지수분포의 자동차당 평균 $\mu = 0.1$시간이 되고, 그 결과 적절한 지수확률밀도함수는 다음과 같다.

$$f(x) = \frac{1}{0.1} e^{-x/0.1} = 10e^{-10x}$$

주석 및 코멘트

1. 그림 6.17에서 보듯이 지수분포는 우측으로 기울어져 있다. 실제로 지수분포의 왜도(skewness measure)는 2이다. 지수분포는 기울어진 분포가 어떤 모양인지 잘 알려주는 좋은 예이다.
2. 지수분포의 특성은 평균과 표준편차가 같다는 것이다.
3. 특정 시간 간격 동안에 도착하는 사람의 수가 포아송분포를 따르면, 도착 사이에 소요되는 시간은 지수분포를 따른다.

연습문제

기본문제

32. 다음과 같은 지수확률밀도함수를 생각해 보자.

$$f(x) = \frac{1}{8} e^{-x/8} \qquad \text{for } x \geq 0$$

a. $P(x \leq 6)$를 찾으시오.

b. $P(x \leq 4)$를 찾으시오.

c. $P(x \geq 6)$를 찾으시오.

d. $P(4 \leq x \leq 6)$를 찾으시오.

33. 다음과 같은 지수확률밀도함수를 생각해 보자.

$$f(x) = \frac{1}{3} e^{-x/3} \qquad \text{for } x \geq 0$$

a. $P(x \leq x_0)$의 수식을 찾으시오.

b. $P(x \le 2)$를 찾으시오.

c. $P(x \ge 3)$를 찾으시오.

d. $P(x \le 5)$를 찾으시오.

e. $P(2 \le x \le 5)$를 찾으시오.

적용문제

34. **휴대전화 배터리의 수명.** 휴대전화의 충전 후 배터리 수명은 기본 사용이 통화라면 20시간이고, 주로 셀룰러 네트워크를 통해 인터넷 애플리케이션을 사용하면 7시간으로 줄어든다. 두 경우 모두 배터리 수명은 지수분포를 따른다.

a. 휴대전화의 주요 용도가 통화일 때 이 휴대전화의 배터리 수명에 대한 확률밀도함수를 보이시오.

b. 무작위로 선택한 휴대전화의 주된 용도가 통화일 때 배터리가 15시간 이상 지속되지 않을 확률은 얼마인가?

c. 무작위로 선택한 휴대전화의 주된 용도가 통화일 때 배터리가 20시간 이상 지속할 확률은 얼마인가?

d. 무작위로 선택한 휴대전화의 주된 용도가 인터넷 애플리케이션일 때 배터리가 5시간 이상 지속되지 않을 확률은 얼마인가?

35. **교차로에 자동차의 도착.** 어느 사거리에 다음 자동차가 도착할 때까지 걸리는 시간은 평균 12초이고 지수확률분포를 가지고 있다.

a. 지수확률분포를 그려 보시오.

b. 다음 자동차가 도착하는 데 걸리는 시간이 12초 이하라면 확률은 얼마인가?

c. 다음 자동차가 도착하는 데 걸리는 시간이 6초 이하라면 확률은 얼마인가?

d. 다음 자동차가 도착하는 데 걸리는 시간이 30초 이상이라면 확률은 얼마인가?

36. **Comcast 서비스 중단.** Comcast회사는 미국에서 케이블 TV 회사로는 가장 큰 회사이고, 인터넷 공급업체로는 두 번째로 큰 회사, 전화서비스를 제공하는 회사로는 4번째로 큰 회사이다. 일반적으로 품질과 서비스가 믿을 만하다고 알려져 있지만 예상하지 못한 서비스 중단이 정기적으로 발생하고 있다. 2009년 1월 14일 플로리다 남서쪽 지역에서 서비스 중단이 발생하였다. 고객들이 Comcast 사무실로 전화를 하면 자동응답기가 회사는 서비스에 불만인 상황을 알고 있고 서비스는 2시간 안에 복귀될 것이라고 응답하였다. 수리하는데 걸리는 평균시간이 2시간이고 수리하는데 걸리는 시간은 지수확률분포를 한다고 가정하자.

a. 케이블 서비스를 수리하는데 1시간 이하로 걸릴 확률은 얼마인가?

b. 케이블 서비스를 수리하는데 1시간에서 2시간 사이가 걸릴 확률은 얼마인가?

c. 고객이 오후 1시에 Comcast 사무실에 전화를 걸었다면 케이블서비스가 오후 5시까지 수리가 되지 않을 확률은 얼마인가?

37. 환자의 중환자실 입원 기간. 일반적으로 중환자실(ICU)은 병원에서 가장 아픈 환자를 치료한다. 중환자실 부서는 중환자실 의사나 간호사가 되기 위해 필요한 전문 장비와 광범위한 교육으로 병원에서 가장 비용이 많이 든다. 따라서 병원에서 중환자실을 최대한 효율적으로 활용하여야 한다. 2017년 노인 중환자실 환자를 대상으로 한 대규모 연구에 따르면, 중환자실 입원 기간은 평균 3.4일이다(Critical Care Medicine 저널 기사). 중환자실 입원 기간이 지수분포를 갖는다고 가정하자.

a. 중환자실 입원 기간이 1일 이하일 확률은 얼마인가?

b. 중환자실 입원 기간이 2～3일일 확률은 얼마인가?

c. 중환자실 입원 기간이 5일 이상일 확률은 얼마인가?

38. 보스턴 911 전화. 보스턴 소방서는 시간당 평균 1.6통의 911 전화를 받는다(Mass.gov). 시간당 통화 수가 포아송확률 분포를 따른다고 가정하자.

a. 911에서 보스턴 소방서에 전화하는 평균 시간은 몇 분인가?

b. (a) 부분의 평균을 사용하여 911 통화 사이의 시간(분)에 대한 확률밀도함수를 구하시오.

c. 911 통화 간격이 1시간 미만일 확률은 얼마인가?

d. 911 통화 사이에 30분 이상 간격이 있을 확률은 얼마인가?

e. 911 통화 사이의 시간 간격이 5분 이상 20분 미만일 확률은 얼마인가?

요약

이 장에서는 확률분포에 대한 논의를 연속확률변수에까지 확장하였다. 이산확률분포와 연속확률분포 사이의 주요한 개념상 차이는 확률 계산방식에 있다. 이산확률분포에서는 함수 $f(x)$는 확률변수 x가 다양한 값을 취할 확률을 나타낸다. 연속분포에서 확률밀도함수 $f(x)$가 직접적으로 확률을 제시하지는 않는다. 대신에 확률은 확률밀도함수 $f(x)$의 곡선 또는 그래프 아래 영역으로 주어진다. 연속확률분포에서 한 점이 있을 때 곡선 아래의 영역은 0이므로 어떤 특정한 값의 확률은 0이다.

균일분포, 정규분포, 지수분포 세 가지 연속확률분포에 대해 자세히 다루었다. 정규분포는 통계적 추론에 광범위하게 쓰이며 이후의 장들에서 집중적으로 사용될 것이다.

용어

균일확률분포(Uniform probability distribution) 확률변수가 어떤 한 구간에서 값을 취할 확률이 동일한 길이를 가지는 각 구간에서 동일한 연속확률분포.

연속성 수정계수(Continuity correction factor) 연속확률분포가 이산확률(이항)분포를 근사하기 위하여 x의 값에 더하거나 빼주는 0.5이다.

정규확률분포(Normal probability distribution) 연속확률분포로 확률밀도함수가 종형이며 평균(μ)과 표준편차(σ)에 의해 결정.

지수확률분포(Exponential probability distribution) 하나의 임무를 수행하는 데 걸리는 시간에 대한 확률을 계산하는 데 유용한 연속확률분포.

표준정규확률분포(Standard normal probability distribution) 평균이 0이고 표준편차가 1인 정규확률분포

확률밀도함수(Probability density function) 연속확률변수의 확률을 계산하는데 이용되는 함수로 이의 곡선 아래 영역이 확률을 표시한다.

핵심공식

균일 확률밀도함수

$$f(x) = \begin{cases} \dfrac{1}{b-a} & \text{for } a \le x \le b \\ 0 & \text{그 외 모든 구간} \end{cases} \tag{6.1}$$

정규확률밀도함수

$$f(x) = \frac{1}{\sigma\sqrt{2\pi}} e^{-\frac{1}{2}\left(\frac{x-\mu}{\sigma}\right)^2} \tag{6.2}$$

표준정규분포의 전환

$$z = \frac{x-\mu}{\sigma} \tag{6.3}$$

지수확률밀도함수

$$f(x) = \frac{1}{\mu} e^{-x/\mu} \quad \text{for } x \ge 0 \tag{6.4}$$

지수분포: 누적확률

$$P(x \le x_0) = 1 - e^{-x_0/\mu} \tag{6.5}$$

보충문제

39. **주택 매매.** 시카고에서 애틀랜타로 전근한 기업체 간부는 시카고의 집을 빨리 팔려고 한다. 그 간부의 고용주는 집을 210,000달러에 사겠다고 제안했지만 주말로 날짜가 종료되었다. 간부는 현재 더 나은 제안을 받지 못했지만 다음 달까지 집을 그냥 놔둘 여유는 있다. 부동산중개자와의 이야기를 통해 간부는 다음 달까지 집을 팔기 위해 시장에 내놓을 경우 가격은 균일분포로 200,000과 225,000달러 사이일 것이라고 생각한다.

a. 다음 달까지 집을 팔기 위해 시장에 내놓을 경우 판매가격의 확률밀도함수를 수학적으로 나타내 보시오.

b. 다음 달까지 집을 팔기 위해 시장에 내놓을 경우, 적어도 215,000달러를 받을 확률은 얼마인가?

c. 다음 달까지 집을 팔기 위해 시장에 내놓을 경우, 210,000달러보다 적게 받을 확률은 얼마인가?

d. 그 간부는 다음 달까지 집을 팔기 위해 시장에 내놓아야 할 것인가? 이유를 설명하시오.

40. **NCAA 장학금.** NCAA는 주립 공립대학에서 받는 전액 체육장학금의 연간 가치가 19,000달러라고 추산한다. 장학금 가치가 2,100달러의 표준편차를 갖는 정규분포를 따른다고 가정하자

a. 체육장학금의 가치가 가장 낮은 10%는 얼마의 가치가 있나?

b. 체육장학금의 몇 퍼센트가 22,000달러 이상의 가치가 있나?

c. 가장 가치 있는 체육장학금 3%의 가치는 얼마인가?

41. **불량품.** 모토로라는 생산과정에서 예상되는 결함의 확률과 수를 결정하는 데 정규분포를 이용한다. 생산과정은 평균 무게가 10온스인 품목을 생산한다. 다음 상황에서 결함의 확률과 생산단위 1,000개당 예상되는 결함의 수를 계산하시오.

a. 과정의 표준편차는 0.15이고 과정은 ±1 표준편차에서 통제된다. 무게단위가 9.85온스보다 작거나 10.15온스보다 큰 경우 결함으로 분류된다.

b. 디자인 개발과정을 거쳐 과정 표준편차가 0.05로 감소하였다. 과정통제가 일정하다면 무게가 9.85온스보다 작거나 10.15온스보다 크다면 결함으로 분류된다고 가정한다.

c. 평균에서 표준편차가 크지 않도록 과정을 통제하여 과정변화량을 감소시킨 장점은 무엇인가?

42. **전당포에 물건 가져가기.** 경제적 어려움의 정도를 나타내는 한 가지 지표는 전당포에

물건을 가져오는 사람들의 수이다. 하루에 전당포에 물건을 가져오는 사람의 수가 평균 658명으로 정규분포를 따른다고 가정하자.

a. 610명 이하의 사람들이 전당포에 물건을 가져온 날이 3%라는 사실을 알게 되었다고 가정하자. 하루에 전당포에 물건을 가져오는 사람 수의 표준편차는 얼마인가?

b. 특정 날짜에 600～700명의 사람들이 전당포에 물건을 가져올 확률은 얼마인가?

c. 가장 바쁜 3%의 날에 전당포에 물건을 가져오는 사람은 몇 명입니까?

43. **Amazon Alexa 앱 다운로드.** Alexa는 Amazon이 개발한 인기 있는 가상비서이다. Alexa는 인공지능과 음성인식을 사용하여 사용자와 상호작용한다. 할 일 목록 작성, 뉴스 및 날씨 보고, 집에 있는 다른 스마트 장치와의 상호작용 등 일상적인 작업을 수행하는 데 사용할 수 있다. 2018년 Google Play 스토어(AppBrain 웹사이트)에서 Amazon Alexa 앱이 하루에 약 2,800회 다운로드되었다. Amazon Alexa 앱의 일일 다운로드 수가 평균 2,800회, 표준편차 860으로 정규분포를 따른다고 가정하자.

a. Amazon Alexa가 하루에 2,000회 이하로 다운로드될 확률은 얼마인가?

b. Amazon Alexa가 하루에 1,500～2,500회 다운로드될 확률은 얼마인가?

c. Amazon Alexa가 하루에 3,000회 이상 다운로드될 확률은 얼마인가?

d. Google이 하루에 Amazon Alexa 앱 다운로드 수가 서버 용량을 초과하여 더 많은 서버를 온라인으로 가져와야 할 확률이 0.01이 되도록 서버를 설계했다고 가정하자. Google 서버는 하루에 몇 건의 Amazon Alexa 앱 다운로드를 처리하도록 설계되었는가?

44. **서비스 계약 제안.** Ward Doering Auto Sales는 임대 차량에 필요한 모든 서비스 작업의 총비용을 충당하는 특별 서비스 계약 제공을 고려하고 있다. 회사 관리자는 경험을 통해 연간 서비스 비용이 평균 150달러, 표준편차 25달러로 대략 정규분포를 따르는 것으로 추정한다.

a. 회사가 연간 200달러의 요금으로 고객에게 서비스 계약을 제안하면, 한 고객의 서비스 비용이 계약 가격 200달러를 초과할 확률은 얼마인가?

b. 서비스 계약당 Ward의 예상 이익은 얼마인가?

45. **결혼식 비용.** XO그룹이 2015년 미국에서 결혼한 신랑신부 13,000명을 대상으로 설문조사를 실시한 결과, 결혼식 비용이 평균 29,858달러인 것으로 나타났다(XO그룹 웹사이트). 결혼식 비용이 평균 29,858달러, 표준편차 5,600달러인 정규분포를 따른다고 가정하자.

a. 결혼식 비용이 20,000달러 미만일 확률은 얼마인가?

b. 결혼식 비용이 20,000달러에서 30,000달러 사이일 확률은 얼마인가?

c. 결혼식이 가장 비싼 상위 5%에 속하려면, 결혼식 비용은 얼마나 들까?

46. **대학입학 시험성적.** 대학입학 테스트점수는 평균 450, 표준편차 100으로 정규분포를 한다고 가정하자.

a. 400에서 500점 사이의 점수를 받은 사람의 비율은 얼마인가?

b. 630점을 받은 사람을 생각해 보자. 이보다 더 좋은 점수를 받은 사람의 비율은 얼마인가? 더 나쁜 점수를 받은 사람의 비율은 얼마인가?

c. 어느 특정 대학이 480점 이하의 점수를 받은 사람에게 입학을 허가하지 않을 것이라면 이 대학에 합격할 점수를 받은 사람의 비율은 얼마인가?

47. **대학 졸업생 초봉.** 전국 대학 및 고용주 협회(National Association of Colleges and Employers)에 따르면, 2015년 대학 졸업생의 초봉은 평균 53,901달러인 반면 2015년 보건과학 분야 대학 졸업자의 초봉은 평균 51,541달러였다.(전국 대학 및 고용주 협회 웹사이트). 초봉은 모두 정규분포를 따르고, 대학 졸업생의 초봉의 표준편차는 15,000달러, 보건과학 분야 대학 졸업자 초봉의 표준편차는 11,000달러라고 가정하자.

a. 대학을 새로 졸업하고 입사한 사람이 최소 65,000달러의 초봉을 받을 확률은 얼마인가?

b. 보건과학 분야 대학의 신규 졸업자가 최소 65,000달러의 초봉을 받을 확률은 얼마인가?

c. 보건과학 분야 대학의 신규 졸업자가 40,000달러 미만의 초봉을 받을 확률은 얼마인가?

d. 경영학 분야 대학의 신규 졸업생이 보건과학 분야 대학의 신규 졸업생 전체 초봉의 99%보다 높은 초봉을 받으려면 얼마를 받아야 하는가?

48. **샴푸 용기 채우기.** Procter & Gamble 공장의 기계는 특정 유형의 샴푸로 용기를 채운다. 충전 중량의 표준편차는 과거 데이터를 통해 0.6온스로 알려져 있다. 용기의 2%만이 18온스 미만을 담는다면, 이 기계의 평균 충전 중량은 얼마인가? 즉, 무엇이 평균 μ와 같아야 하나? 충전 중량은 정규분포를 따른다고 가정한다

49. **사지선다형.** 50개의 다중선택형 문제가 있다. 각 질문은 4개의 문항으로 구성되어 있다. 숙제를 하고 수업에 출석한 학생은 75%의 확률로 정답에 응답할 것이다.

a. A를 받으려면 43개 이상을 맞춰야 한다. 숙제를 하고 출석을 한 학생 중 다중선택형 문제에서 A를 받게 될 학생의 비율은 얼마인가?

b. 35문항에서 39문항을 맞추는 학생은 C학점을 받게 될 것이다. 숙제를 하고 출석을 한 학생 중 다중선택형 문제에서 C를 받게 될 학생의 비율은 얼마인가?

c. 30문항 이상을 맞추면 시험을 통과하게 된다. 숙제를 하고 출석을 한 학생 중 시험을 통과할 학생의 비율은 얼마인가?

d. 숙제를 하지 않고 출석을 하지 않은 학생을 생각해 보자. 또한 시험에서 각 문항의

답을 추측한다고 가정해 보자. 이러한 학생 중 30문항 이상을 맞추고 시험을 통과하게 될 확률은 얼마인가?

50. **블랙잭 게임.** 라스베가스 카지노의 블랙잭 경기자는 평균 50달러의 베팅으로 4시간 동안 게임한다면 무료로 방을 제공받는다는 것을 알게 되었다. 경기자가 한 판에 이길 확률은 0.49이며 시간당 60판이 벌어진다. 경기자가 한 판에 50달러를 내기에 걸고 4시간 동안 게임을 한다고 가정하자.
   a. 경기자가 지불할 것으로 예상되는 금액은 얼마인가?
   b. 경기자가 1,000달러 이상을 잃을 확률은 얼마인가?
   c. 경기자가 이길 확률은 얼마인가?
   d. 경기자가 1,500달러를 가지고 시작하였다고 가정하자. 도산하게 될 확률은 얼마인가?

51. **오류 간 평균 시간 간격.** MTBF(평균 고장 간격)는 제조 시스템의 성능을 측정하는 데 사용되는 일반적인 측정 기준이다. MTBF는 정상 작동 중 시스템 오류가 발생할 때까지 경과된 시간이다. 오류는 특히 고장난 기계나 컴퓨터 오류로 인해 발생할 수 있다. 새로운 자동화 제조 시스템의 MTBF가 평균 12.7시간의 지수분포를 따른다고 가정하자.
   a. 자동화 제조 시스템이 15시간 이상 고장 없이 작동할 확률은 얼마인가?
   b. 자동화 제조 시스템이 고장이 나기 전까지 8시간 이하 실행될 확률은 얼마인가?
   c. 자동화 제조 시스템이 6시간 이상 10시간 미만 동안 실행된 후 고장이 발생할 확률은 얼마인가?

52. 북미지역의 Bed & Breakfast 숙소 웹사이트는 1분에 대략 7명의 손님을 받는다. 1분당 웹사이트 방문자 수는 포아송 확률분포를 한다고 가정하자.
   a. 웹사이트 방문자 간의 평균 시간은 얼마인가?
   b. 웹사이트 방문자 간 시간의 지수확률밀도함수를 보이시오.
   c. 1분 동안 웹사이트 방문자가 없을 확률은 얼마인가?
   d. 12초 동안 웹사이트 방문자가 없을 확률은 얼마인가?

53. **Kroger에서 줄 서기.** 슈퍼마켓 체인인 Kroger는 컴퓨터 시뮬레이션과 정보 기술을 사용하여 2,300개 매장에서 고객의 평균 대기 시간을 줄였다. Kroger는 쇼핑객이 언제 체크아웃할 것인지 더 잘 예측할 수 있는 QueVision이라는 새로운 시스템을 사용하여 평균 고객 대기 시간을 단 26초로 줄일 수 있었다(InformationWeek 웹사이트).
   a. Kroger 대기 시간이 지수분포를 한다고 가정하자. Kroger에서 대기시간의 확률밀도함수를 구하시오.
   b. 고객이 15～30초 동안 기다려야 할 확률은 얼마인가?

c. 고객이 2분 이상 기다려야 할 확률은 얼마인가?

54. **보험금 접수부서 전화.** 보험금 접수부서에서 전화통화 사이의 시간(분)은 다음과 같은 지수확률 분포를 갖는다.

$$f(x) = 0.50e^{-0.50x} \qquad \text{for } x \geq 0$$

a. 전화통화 사이 간격의 평균 시간은 얼마나 되나?

b. 전화통화 간격이 30초 이하일 확률은 얼마인가?

c. 전화통화 간격이 1분 이하일 확률은 얼마인가?

d. 전화 통화 없이 5분 이상 시간을 보낼 확률은 얼마인가?

55. **라피 태피 캔디 생산.** 라피 태피(Laffy Taffy)는 옥수수 시럽, 설탕, 팜유 및 기타 재료로 만든 엿사탕의 일종이다. 라피 태피는 딸기, 바나나, 체리 등 다양한 맛이 있다. 라피태피가 압출기에서 연속된 길이의 엿을 생산한다고 가정하자. 엿에는 큰 기포나 찢어짐 등의 결함이 발생할 수 있다. 이러한 결함들 사이의 거리는 평균 523미터의 지수분포를 따른다고 가정하자.

a. 다음 결함이 관찰되기 전에 기계가 1000미터 이상의 엿을 생산할 확률은 얼마인가?

b. 기계가 500미터 이하의 엿을 생산하기 전에 다음 결함이 관찰될 확률은 얼마인가?

사례연구 1: 특별 장난감

특별 장난감 회사(Specialty Toys, Inc.)는 새롭고 다양한 획기적인 어린이 장난감을 판매하는 회사이다. 관리자들은 많은 가구원들이 성탄일 이전 시즌을 성탄일 선물을 위한 새로운 아이디어를 탐색하는 때로 활용하기 때문에 이 시기가 새로운 장난감을 소개하는데 최적기라는 것을 깨달았다. 이 회사는 잠재적 좋은 시장을 가진 새로운 장난감을 발견하였을 때 10월을 시장진입시기로 선정한다.

이 회사는 장난감을 10월까지 상점에 보내고자 각 년도 6월 또는 7월에 제조사에 일괄주문을 낸다. 어린이 장난감에 대한 수요는 매우 유동적이다. 만약 한 장난감이 매혹적이라서 시장에서 부족한 느낌을 받으면 종종 수요를 최대한 끌어올리고 커다란 수익을 올린다. 그러나 새로운 장난감이 실패로 끝나면 이 회사는 상당량 재고를 쌓아야 하고 낮은 가격에 이를 팔아야만 한다. 이 회사가 직면하는 가장 중요한 질문은 기대되는 판매수요를 만족시키기 위하여 새로운 장난감을 얼마나 많이 구매해야 하는가이다. 만약 너무 적게 구매하면 판매수익을 놓칠 것이고, 너무 많이 구매하면 낮은 가격으로 팔아야 하므로 수익이 줄어들 것이다.

다음 시즌을 위해 특별 장난감 회사는 웨더테디(날씨를 알려주는 말하는 테디베어 곰

인형)라 부르는 신제품을 도입하려 한다. 이는 말하는 테디베어의 변종으로 타이완의 한 회사가 제조한 것이다. 어린이가 테디의 손을 누르면 이 곰인형은 말하기 시작한다. 내장된 바로미터가 기상 조건을 예측하는 다섯 반응 중 하나를 고른다. 반응으로는 "야호 굉장히 좋은 날씨야! 즐거운 하루!"에서부터 "비가 올 것 같아. 우산 잊지 마."에 걸쳐 있다. 제품 실험으로부터 이 제품의 기상예보는 완벽한 것은 아니지만 상당히 양호한 것으로 나타났다. 이 회사의 몇몇 관리자들은 테디의 기상 예측이 많은 지역 TV 방송국 기상예보만큼 정확하다고 주장하였다.

다른 제품과 마찬가지로 특별 장난감 회사는 다음 성탄일 시즌을 위한 웨더테디 주문량 결정에 직면하였다. 관리팀원들은 15,000, 18,000, 24,000, 28,000개 주문량을 제안하였다. 이와 같이 상대적으로 폭넓은 주문량은 시장가능성에 대해 상당한 견해 차이가 있음을 뜻한다. 제품관리팀은 당신에게 다양한 주문량에 대한 재고 확률분석, 이윤 가능성의 추정을 요구하고 주문량에 대한 권고를 부탁하였다. 이 회사는 웨더테디를 개당 16달러의 비용을 들여 24달러에 판매하려 하고 있다. 만약 성탄일 시즌이 지나 재고가 남으면 5달러에 팔 것이다. 유사한 제품의 판매경험을 검토한 후 이 회사의 선임 판매예상 담당자는 기대수요가 20,000개이며 수요가 10,000개와 30,000개 사이일 확률을 0.95으로 예측하였다.

경영보고서 작성

다음 현안을 고려하여 웨더테디 제품의 주문량을 권고하는 관리보고서를 작성하시오.

1. 수요의 분포를 근사하는 데 사용될 정규확률분포를 표현하기 위하여 판매예상 담당자의 예측을 사용하시오. 분포를 개략적으로 그리고 평균과 표준편차를 보이시오.
2. 관리팀원들이 제시한 주문량에 대한 재고부족확률을 계산하시오.
3. 관리팀원들이 제시한 주문량에 대한 예상수익을 계산하시오. 최악의 경우 판매량 = 10,000개, 가장 그럴 듯한 판매량 = 20,000개, 최상의 경우 판매량 = 30,000개.
4. 회사의 한 관리자는 이윤가능성이 상당히 크므로 주문량은 수요를 충족시킬 확률이 70%, 재고가 쌓일 확률이 30%가 되어야 한다고 느꼈다. 이러한 정책에서는 어느 정도 주문을 하여야 하며, 세 가지 판매 시나리오에서 예상수익은 어느 정도인가?
5. 당신이 권장하는 주문량을 제시하고 관련된 예상수익을 보이시오. 당신의 권고에 대한 합리적 근거를 제시하시오.

사례연구 2: Gebhardt Electronics

Gebhardt Electronics는 전자 장비 제조업체에 직접 판매하는 다양한 변압기를 생산한다. Gebhardt는 변압기의 여러 모델에 사용되는 부품 중 하나에 순수 OFE(무산소 전자) 구리로 만든 3피트 길이, 0.20mm 직경의 단선을 사용한다. 와이어에 결함이 있으면 전도성이 감소하고 파손될 가능성이 높아지며, 변압기를 제작한 후에는 이 중요한 구성 요소에 접근하여 수리하기가 어렵다. 따라서 Gebhardt는 이 부품을 만들 때 기본적으로 완벽한 길이의 와이어를 사용하기를 원한다. 회사는 스풀에서 가져온 3피트 길이가 완벽할 가능성을 20분의 1 이하로 기꺼이 받아들입니다. Gebhardt는 때때로 다른 구성 요소를 제조할 때 동일한 와이어의 작은 조각을 사용하므로 이 구성 요소에 사용되는 3피트 세그먼트는 본질적으로 직경 0.20mm의 솔리드 OFE 구리 와이어로 구성된 긴 스풀에서 무작위로 가져온다. Gebhardt는 현재 새로운 구리선 공급업체를 고려하고 있다. 이 공급업체는 직경 0.20mm의 솔리드 OFE 구리선 스풀의 결함 사이가 평균 50인치라고 주장한다. 이제 Gebhardt는 공급자의 주장이 타당한 경우 새로운 공급이 만족스러울지 여부를 결정해야 한다.

경영보고서 작성

Gebhardt에서 이에 대한 평가를 수행할 때 다음 세 가지 질문을 고려하여야 한다.

1. 새 공급업체가 결함 사이의 평균 길이가 50인치인 0.20mm 솔리드 OFE 구리선 스풀을 제공하는 경우, 두 개의 연속된 결함 사이의 와이어 길이는 어떻게 분포되는가?
2. (1)에서 확인한 확률분포를 사용하여, Gebhardt의 기준(새 공급업체가 제공한 와이어 중 3피트 와이어 세그먼트를 무작위로 선택하였을 때 이것이 완벽할 확률이 20분의 1)이 충족될 확률은 얼마인가?
3. Gebhardt 기준을 만족시킬 수 있는 연속 결함 사이의 최소 평균 길이는 인치 단위로 얼마인가?
4. 새 공급업체가 제공한 와이어 중 무작위로 선택한 3피트 와이어 세그먼트에서 결함이 없을 확률이 1/100이 되는 연속 결함 사이의 최소 평균 길이는 몇 인치인가?

Chapter 6 부록

엑셀(Excel)을 이용한 연속확률분포

엑셀은 정규 및 지수확률분포를 포함하여 여러 연속확률분포에 대한 확률을 계산하는 기능을 제공한다. 여기에서는 엑셀을 사용하여 정규분포에 대한 확률을 계산하는 방법을 설명한다. 지수 및 기타 연속분포에 대한 절차는 정규분포에 대해 설명하는 절차와 유사하다.

타이어 주행거리가 $\mu = 36,500$ 및 $\sigma = 5,000$인 정규분포로 설명되는 Grear 타이어회사 문제로 돌아가자. 타이어 주행거리가 40,000마일을 초과할 확률에 관심이 있다고 하자.

Excel의 NORM.DIST 함수를 사용하여 정규분포에 대한 누적확률을 계산할 수 있다. 함수의 일반적인 형식은 NORM.DIST(x, μ, σ, cumulative)이다. 네 번째 인수(cumulative)는 누적확률이 필요한 경우 TRUE(또는 동등한 값 1)가 지정된다. 따라서 타이어 마일리지가 40,000마일 이하가 될 누적확률을 계산하기 위해 엑셀 워크시트의 셀에 다음 수식을 입력한다.

= NORM.DIST(40000,36500,5000,TRUE)

이때 수식을 입력한 셀에 0.7580이 나타나며, 이는 타이어 주행거리가 40,000마일 이하일 확률이 0.7580임을 나타낸다. 따라서 타이어 주행거리가 40,000마일을 초과할 확률은 $1-0.7580 = 0.2420$이다. 엑셀의 NORM.INV 함수는 역계산을 사용하여 주어진 누적확률에 해당하는 x값을 찾는다. 예를 들어, 타이어의 10% 이상이 보증 대상이 되지 않도록 Grear가 제공해야 하는 보장 마일리지를 찾고 싶다고 가정하자. 엑셀 워크시트의 셀에 다음 수식을 입력한다.

= NORM.INV(0.1,36500,5000)

이때 수식을 입력한 셀에 30092가 나타나며, 이는 타이어가 30,092마일 이하로 지속될 확률이 0.10라는 것을 의미한다.

엑셀의 NORM.S.DIST 함수는 표준정규분포를 따르는 확률변수의 확률을 계산하는 데 사용된다. 함수의 일반적인 형식은 NORM.S.DIST(z, cumulative)이다. 인수 z는 확률변수에 해당하는 z값을 참조하고, 누적확률이 필요한 경우 두 번째 인수에 TRUE가 지정된다.

엑셀의 NORM.S.INV 함수는 역계산을 사용하여 주어진 누적확률에 해당하는 z값을 찾는다. 함수의 일반적인 형식은 NORM.S.INV(probability)이다. 여기서 입력할 유일한 인수는 사용할 누적확률이다. 이 함수는 해당 z값을 돌려준다.

지수확률을 계산하는 Excel 함수는 EXPON.DIST이다. 이 함수에는 세 가지 입력이 필요한데, x는 변수의 값, 람다(lambda)는 $1/\mu$, 그리고 누적확률을 계산하는 경우 TRUE(또는 동등한 값 1)이다. 예를 들어, 평균 $\mu = 15$인 지수확률분포를 생각해 보자. 지수변수가 6보다 작거나 같을 확률은 엑셀 수식

= EXPON.DIST(6,1/15,TRUE)

로 계산할 수 있다. 이때 수식이 입력된 셀에 0.3297이 나타나며, 이는 지수 변수가 6보다 작거나 같을 확률이 0.3297임을 의미한다. 워크시트에 함수를 삽입하는 데 도움이 필요한 경우 엑셀의 함수 삽입 대화상자를 사용할 수 있다(부록 D 참조).

Chapter 7

표본추출과 표본분포

Contents

실생활에서 보는 통계

식량농업기구

이탈리아 로마*

식량농업기구(FAO)는 식량 안보를 달성하고 사람들이 활동적이고 건강한 삶을 영위할 수 있도록 충분한 고품질 식품에 정기적으로 접근할 수 있도록 보장하기 위한 국제적 노력을 주도하는 유엔 전문기관이다. FAO에는 190개 이상 회원국이 가입하고 있으며 전 세계 130개 이상의 국가에서 활동하고 있다.

FAO는 임무의 일환으로 삼림 벌채와 그에 따른 토지 황폐화(국가의 식량 작물 재배 능력을 감소시키는)를 막기 위한 노력에 유용한 정보를 수집하기 위한 국가 산림 평가에 참여한다. 이러한 국가 산림 평가를 위해 국가의 산림지에 대한 신뢰할 수 있고 정확한 정보가 필요하다. 현재 숲의 양은 얼마나 되나? 과거 숲의 성장은 어떠하였나? 예상되는 미래 숲의 성장은 어떤가? 이러한 중요한 질문에 대한 답을 통해 FAO는 국가의 산림 목록 상태를 평가하고, 국가가 미래를 위한 전략 및 계획(나무에 대한 장기 식재 및 수확 일정 포함)을 개발하도록 지원하며, 삼림 벌채 및 토지 황폐화를 늦추거나 제거할 수 있다. 0.

FAO는 클러스터 표본추출 방법을 사용하여 국가의 광대한 산림 보유에 대해 필요한 정보를 얻는다. 산림의 모집단이 정의되면 이를 미리 지정된 크기와 모양의 플롯으로 나누고 측정할 변수를 식별한다. 이러한 플롯들의 무작위 표본을 선택하고, 표본으로 선택한 각 플롯에서 측정값을 채취한다.

클러스터 샘플링을 사용하면 데이터 수집에 필요한 이동이 줄어드는 동시에 FAO가 다양한 산림 유형 및 조건으로 분류된 산림 전체 면적에 대한 국가 추정치를 얻을 수 있는 표본을 제공할 수 있다. FAO는 또한 종과 크기에 따른 나무의 양과 분포, 산림 속성의 변화 추정치, 생물 다양성 지표를 수집한다. 또한 표본추출 계획을 통해 FAO는 선택된 지리적 지역에 대해 충분히 정확한 추정치를 얻고, 국제 보고 요구 사항을 충족시키기에 충분한 정보를 수집하며, 비용과 정확성 사이에서 허용 가능한 균형을 달성할 수 있다. 이번 장에서는 다양한 무작위 표본 추출(클러스터(군집) 표본추출 포함)과 표본 선택 과정에 대해 알아본다. 또한 표본평균, 표본비율 등의 통계를 사용하여 모집단 평균과 모집단 비율을 추정하는 방법을 알아본다. 표본분포의 중요한 개념도 소개된다.

Random sampling of its forest holdings enables the FAO assist nations in the management of their forest inventories. © Robert Crum/Shutterstock.com

* 이 사례는 다음 자료를 기반으로 한다. McRoberts, R.E., Tomppo, E.O., Czaplewski, R.L. "Sampling Designs for National Forest Assessments", Food and Agriculture Organization of the United Nations, http://www.fao.org/forestry/44859-02cf95ef26dfdcb86c6be2720f8b938a8.pdf.

1장에서 개체, 모집단과 표본을 정의한 바 있다. 이 정의를 다시 적어보면 다음과 같다.

- 요소는 수집된 자료의 개체이다.
- 모집단은 연구의 관심을 끄는 모든 요소들의 집합
- 표본은 모집단의 부분집합

표본을 선정하는 이유는 모집단에 대한 연구문제에 추론을 하고 답을 하는데 필요한 자료를 수집하기 위함이다.

표본이 모집단 모수의 추정치를 제공하는 두 가지 상황을 이야기하면서 시작하자.

1. 한 정당의 당원들이 미 상원의원 선거 출마자 중 특정 후보를 지지하려 하는 한편 당지도자들은 이 후보를 선호하는 등록유권자 비중의 추정치를 원하였다. 등록유권자 모집단 전체를 만나 의견을 듣는 것은 시간과 비용이 엄청난 것이었다. 그래서 등록유권자 표본 400명을 선택하였고, 400명 중 160명의 유권자들이 이 후보를 선호하는 것으로 나타났다. 이 후보를 선호하는 등록유권자 모집단의 비중의 추정치는 160/400 = 0.40이었다.
2. 한 타이어 제조회사가 현재 회사의 타이어 생산라인에 주행거리를 늘리도록 고안된 새로운 타이어를 개발하였다. 새 타이어의 평균 주행거리를 추정하기 위한 시험을 위하여 제조회사는 120개의 새 타이어를 표본으로 선택하였다. 시험 결과 표본평균이 36,500마일로 나타났다. 따라서 새로운 타이어 모집단의 평균 주행거리의 추정치는 36,500마일이었다.

표본의 결과는 오직 모집단 특성값의 추정치를 제공할 뿐이라는 것을 깨닫는 것이 중요하다. 36,500마일이라는 표본평균*이 모집단의 전체 타이어의 평균 주행거리와 정확히 일치한다거나 등록유권자 모집단이 정확히 0.40 또는 40%가 그 후보를 선호한다고 기대할 수도 없다. 이유는 단순하다. 표본이 모집단의 일부만 포함하고 있기 때문이다. 적절한 표본추출 방법을 사용하면 표본결과는 모집단의 모수에 대한 '좋은' 추정치를 제공할 것이다. 그렇지만 표본결과를 얼마나 좋은 것으로 기대할 수 있을까? 다행히 이러한 문제에 답할 수 있는 통계적 절차가 있다.

표본추출(sampling)에서 사용되는 몇 가지 용어에 대해 정의하기로 한다. **표본이 되는 모집단(sampled population)**이란 표본을 추출한 모집단을 말하고, **프레임(frame)**이란 표본으로 추출이 된 요소들이 나열되어 있는 명단을 말한다. 첫 번째 예를 들면, 표본이 되는 모집단은 텍사스의 모든 등록된 유권자이고 프레임이란 모든 등록된 유권자의 명단을 말한다. 텍사스에서 등록된 유권자의 수는 유한하기 때문에 첫 번째 예제는 유한 모집단에서 표본을 추출하는 경우이다. 7.2절에서는 유한 모집단에서 표본을 추출할 때 단순무작위 표본(simple random sample)을 어떻게 선정하는지에 대해 논의하도록 한다.

타이어 주행거리의 경우 생산과정의 한 시점에서 120개의 표본을 얻었기 때문에 표본이 되는 모집단을 정의하는 것이 어려운 예이다. 특정시점의 생산과정에서 만들어진 전체 타이어를 개념적인 모집단으로 하여 표본이 되는 모집단을 생각할 수 있다. 이러한 측면에서 표본이 되는 모집단은 무한하다고 할 수 있고 표본을 선정하게 된 프레임을 구축한다는 것은 어려운 일이다. 7.2절에서 이러한 상황에서 단순표본을 어떻게 선정하는지

* 표본평균은 모집단 평균에 대한 하나의 추정치를, 표본비중은 모집단 비중에 대한 하나의 추정치를 제공한다. 이러한 추정치에서는 추정오류가 있을 것으로 기대할 수 있다. 이 장에서는 그러한 오류가 어느 정도 큰지 결정하는 기초를 제공한다.

에 대해 논의하도록 한다.

이 장에서는 단순 무작위 표본추출이 어떻게 모집단으로부터 표본을 선택하는데 사용될 수 있는지 보일 것이다. 그러고 나서 단순 무작위 표본된 자료가 어떻게 모집단 평균과 모집단 표준편차 및 모집단 비중을 추정하는 데 사용될 수 있는지 보일 것이다. 추가하여 표본분포의 주요 개념을 소개한다. 적절한 표본분포에 대한 지식을 통하여 표본 추정치가 해당하는 모집단 모수에 얼마나 근접하는지 서술할 수 있게 된다. 마지막 절에서는 실제로 종종 사용되는 단순 무작위 표본에 대한 대안들에 대해 논의한다.

7.1 전자연합회사 표본추출 문제

전자연합회사(Electronics Associates, Inc., EAI)의 인사담당 이사가 회사의 2,500명 관리자의 프로파일을 개발하는 임무를 부여받았다. 확인할 특성은 관리자의 평균 연봉과 관리자 중 회사가 제공하는 관리자 훈련프로그램을 이수한 비중을 포함한다.

DATA*file* EAI

2,500명 관리자를 이 연구의 모집단으로 사용하여 회사의 인사관리 기록을 참조하면 각 개인의 연봉과 훈련프로그램 이수 여부를 찾을 수 있다. 모집단의 2,500명 관리자 모두에 대한 이러한 정보를 포함하는 자료파일은 EAI 파일에 있다.

EAI의 자료와 제3장에서 서술된 공식들을 이용하여 모집단 평균 연봉과 표준편차를 계산한다.

$$\text{모집단 평균: } \mu = 71,800\text{달러}$$
$$\text{모집단 표준편차: } \sigma = 4,000\text{달러}$$

훈련프로그램 이수 여부에 대한 자료를 보면 2,500명 관리자 중 1,500명이 이수하였다.

모집단의 수량적 특성을 모수(parameters)라 한다. 훈련프로그램을 이수한 모집단 비중을 p로 표시하면 $p = 1,500/2,500 = 0.60$이다. 모집단의 평균 연봉(= 71,800달러), 모집단 연봉의 표준편차(= 4,000달러), 훈련프로그램 이수 모집단 비중($p = 0.60$)이 EAI 관리자 모집단의 모수들이다.

이제 회사의 DB에서 EAI의 모든 관리자에 대한 필요 정보를 얻을 수 없다고 하자. 문제는 어떻게 인사담당 이사가 모집단 2,500명 모든 관리자가 아닌 관리자 표본을 이용하여 모집단 모수의 추정치들을 얻을 수 있는지 생각해 보자. 30명 관리자 표본이 이용된다고 하자. 전체 모집단에 대해서보다 30명 관리자에 대한 프로파일 개발시간 및 비용이 상당히 적을 것이 분명하다.* 만약 인사담당 이사가 30명의 관리자 표본이 2,500명의 관리자 모집단에 대해 적절한 정보를 제공함을 확신한다면 표본을 가지고 연구하는 것이

* 모집단에서 정보를 수집하는 비용보다는 표본에서 정보를 수집하는 비용이 훨씬 적으며, 특히 정보수집에 개별적인 인터뷰가 필요할 때 더욱 그러하다.

전체 모집단을 가지고 연구하는 것보다 선호될 것이다. 어떻게 30명의 관리자 표본을 변별할 것인지 먼저 숙고하면서 EAI 연구에서 표본을 이용할 가능성을 밝혀보자.

7.2 표본추출

이 절에서는 표본을 어떻게 선정하는지에 대해 설명한다. 먼저 유한 모집단에서 표본을 어떻게 선정하는지를 설명하고 그 다음에 무한 모집단에서 어떻게 표본을 선정하는지를 설명한다.

유한 모집단으로부터의 표본추출

통계학자들은 유한 모집단에서 표본을 추출하는 경우 확률표본(probability sample)*을 선택할 것을 권고하는데 이유는 확률표본을 사용하면 모집단에 대한 통계적 추론을 타당하게 만들어 주기 때문이다. 확률표본의 가장 간단한 유형은 규모가 n인 표본 각각이 선택될 확률이 동일하다는 것이다. 이러한 것을 단순 무작위 표본이라고 한다. 규모 N인 유한 모집단으로부터 규모 n인 단순 무작위 표본이 추출되는 것은 다음과 같이 정의할 수 있다.

단순 무작위 표본 (유한 모집단)

규모 N인 유한 모집단으로부터 규모 n인 **단순 무작위 표본(simple random sample)**이 선택되는 것은 규모 n인 표본 각각이 선택될 확률이 동일한 표본에서 선정된 것이다.

유한 모집단으로부터 단순 무작위 표본을 선택하는 과정은 각 단계에서 모집단에 남아있는 요소들 각각이 동일한 선택 확률을 가지도록 한 차례에 하나씩 표본을 선택하는 것이다. 이런 식으로 n 요소를 추출하면 유한 모집단으로부터 단순 무작위 표본의 정의를 만족한다.**

EAI 관리자라는 유한 모집단으로부터 단순 무작위 표본을 선택하자면 먼저 각 관리자에게 하나의 숫자를 부여한다. 예를 들면, 관리자들에게 EAI의 인사파일에 있는 이름 순서대로 1부터 2,500까지 번호를 부여한다. 다음에 표 7.1의 난수표(The table of random numbers)를 참조한다. 표의 첫 행을 사용하여 각 숫자 6, 3, 2,...는 발생기회가 동일한 난수(random number)이다. EAI 관리자 모집단 목록에서 가장 큰 수 2,500은 네 자리 숫자이므로 네 자리의 집합의 난수를 표에서 고른다.*** 표의 어디에서든 난수를 선택하기

---

* 확률표본의 다른 방법에 대해서는 7.8절에서 설명하기로 한다.

** 컴퓨터로 만들어지는 난수 역시 무작위 표본선택 과정을 수행하는데 이용할 수 있다. 엑셀은 워크시트에서 난수를 만드는 함수를 제공한다.

*** 표에 있는 난수는 읽기 편하도록 다섯 개씩 집단을 이루고 있다.

표 7.1 난수

63271	59986	71744	51102	15141	80714	58683	93108	13554	79945
88547	09896	95436	79115	08303	01041	20030	63754	08459	28364
55957	57243	83865	09911	19761	66535	40102	26646	60147	15702
46276	87453	44790	67122	45573	84358	21625	16999	13385	22782
55363	07449	34835	15290	76616	67191	12777	21861	68689	03263
69393	92785	49902	58447	42048	30,378	87618	26933	40640	16281
13186	29431	88190	04588	38733	81,290	89541	70290	40113	08243
17726	28652	56836	78351	47327	18518	92222	55201	27340	10493
36520	64465	05550	30157	82242	29520	69753	72602	23756	54935
81628	36100	39254	56835	37636	02421	98063	89641	64953	99337
84649	48968	75215	75498	49539	74240	03466	49292	36401	45525
63291	11618	12613	75055	43915	26488	41116	64531	56827	30825
70502	53225	03655	05915	37140	57051	48393	91322	25653	06543
06426	24771	59935	49801	11082	66762	94477	02494	88215	27191
20711	55609	29430	70165	45406	78484	31639	52009	18873	96927
41990	70538	77191	25860	55204	73417	83920	69468	74972	38712
72452	36618	76298	26678	89334	33938	95567	29380	75906	91807
37042	40318	57099	10528	09925	89773	41335	96244	29002	46453
53766	52875	15987	46962	67342	77592	57651	95508	80033	69828
90585	58955	53122	16025	84299	53310	67380	84249	25348	04332
32001	96293	37203	64516	51530	37069	40261	61374	05815	06714
62606	64324	46354	72157	67248	20135	49804	09226	64419	29457
10078	28073	85389	50324	14500	15562	64165	06125	71353	77669
91561	46145	24177	15294	10061	98124	75732	00815	83452	97355
13091	98112	53959	79607	52244	63303	10413	63839	74762	50289

시작하고 선택한 방향으로 체계적으로 이동할 수도 있지만, 표 7.1의 첫 행을 선택하고 좌에서 우로 이동한다. 처음 7개 네 자리 난수는

6327 1599 8671 7445 1102 1514 1807

이 된다. 표의 숫자들은 무작위이므로 이들 네 자리 숫자들은 발생할 확률이 똑같다.

이 네 자리 난수들을 이용하면 모집단의 각 관리자에게 무작위 표본에 포함될 동일한 기회가 간다. 첫 숫자 6,327은 2,500보다 크다. 이 숫자는 모집단의 번호 매겨진 관리자들 누구와도 일치하지 않으므로 폐기한다. 둘째 숫자는 1,599로 1과 2,500 사이에 있다. 따라서 무작위 표본으로 선택된 첫 관리자는 EAI 관리자 목록의 번호 1,599이다. 이러한 과정을 계속하면 8,671과 7,445는 무시하고 1,102, 1,514, 1,807을 무작위 표본에 포함시킨다. 이러한 과정을 EAI 관리자 30명의 무작위 표본을 얻을 때까지 계속한다.

이러한 단순 무작위 표본 선택과정을 수행함에 있어 EAI 관리자 30명 무작위 표본을 모두 선택하기도 전에 이미 이용한 난수가 다시 나타날 수도 있다. 한 관리자를 두 차례 이상 선택하려 하지 않기 때문에 이전에 이미 이용한 난수는 무시한다. 이러한 방식으로 표본을 선택하는 것을 **비복원추출(sampling without replacement)**이라 한다. 만약 이미 이용한 난수가 허용되고 특정한 관리자가 표본에 2회 이상 포함될 수 있는 표본을 선택한다면, 이는 **복원추출(sampling with replacement)**이라 한다. 복원추출은 단순 무작위 표본을 선정하는 하나의 타당한 방식이다. 그러나 비복원추출이 가장 자주 쓰이는 표본추출 절차이다. 단순 무작위 표본추출이라 할 때 표본추출에서 복원이 없음을 가정한다.

무한 모집단으로부터의 표본추출

어떤 상황에서는 모집단이 무한하거나 모집단의 요소가 진행 중인 과정에 있기 때문에 생성되는 요소의 수가 제한적이지 않은 경우가 있다. 따라서 모집단의 모든 요소에 대한 리스트를 작성하는 것이 어려운 상황일 수 있다. 모집단이 무한한 상황이다. 무한 모집단의 경우 모든 요소를 고려하는 프레임을 추출할 수 없기 때문에 단순 무작위 표본을 선정할 수 없다. 무한 모집단의 경우 통계학자들은 무작위 표본이라고 부른 추출방법을 권고한다.

무작위 표본(무한 모집단)

무한 모집단으로부터 n개의 **무작위 표본(random sample)**이라는 것은 다음과 같은 조건을 만족시키는 표본 선택이다.

1. 선택된 각 요소는 동일한 모집단으로부터 나온다.

2. 각 요소는 독립적으로 선택된다.

무한 모집단에서 무작위 표본을 얻기 위해서는 선택과정을 수행함에 있어 주의와 판단이 필요하다. 각 케이스마다 다른 선택과정이 요구된다. (1) 선택된 각 요소는 동일한 모집단에서 나온다는 것과 (2) 각 요소는 독립적으로 선택된다는 조건의 의미를 이해하기 위해 두 가지 예를 들어보기로 한다.

생산되는 요소의 수에 제한이 없는 경우의 생산과정에는 일반적으로 품질관리 어플리케이션이 포함된다. 표본을 추출하는 개면적인 모집단은 생산과정이 진행 중이기 때문에 모든 요소가(생산된 것뿐 아니라) 생산되고 있다. 따라서 생산될 수 있는 모든 요소에 대한 리스트를 개발할 수 없기 때문에 모집단이 무한하다고 생각한다. 좀 더 자세하게 설명하면 상자당 평균 무게가 24온스인 아침식사용 시리얼 상자를 디자인하는 생산라인을 생각해 보자. 생산과정에서 표본으로 12개의 상자를 규칙적으로 선택하여 기계의 오작동으로 인하여 상자에 시리얼이 더 많이 들어가거나 더 적게 들어가는지에 대한 품질관리 검사를 한다고 하자.

이러한 생산과정에서 무작위 표본을 선택함에 있어서 가장 고려하여야 하는 것은 조건 1, 즉 선택된 요소는 동일한 모집단에서 선택된 것인지를 만족시키는가 하는 문제이다. 이 조건을 만족시키려면 상자들은 일정한 시간 간격에 따라 선택되어야 한다. 이러한 방법을 통해 점검자는 작동이 제대로 되는 상황에서 상자를 선택하거나 작동이 제대로 되지 않아 상자에 더 많이 들어가거나 더 적게 들어가는 상자들이 생산되는 시점에서 상자를 선택하게 되는 가능성을 피할 수 있다. 두 번째 조건인 각 요소는 독립적으로 선택되어야 한다는 것은 생산과정에 대한 디자인에 의해 만족될 수 있다. 품질관리 점검자는 동일한 모집단 조건을 만족하고 있는지를 확인하면 조건을 만족시킬 수 있다.

무한 모집단에서 무작위 표본을 선택하는 다른 예로 패스트푸드 식당에 도착하는 고객을 모집단으로 생각해 보자. 직원은 레스토랑에 방문하는 고객의 특성을 개발하기 위해 표본이 되는 고객을 선택하고 인터뷰를 해야 한다. 고객이 도착하는 과정은 진행 중인 상황이고 모집단이 되는 모든 고객의 명단을 얻을 방법은 없다. 연습을 목적으로 하는 이러한 예제, 즉 진행 중인 과정에서는 무한 모집단을 고려하여야 한다. 표본추출 과정을 디자인하는 경우, 표본의 모든 요소는 레스토랑의 고객이고 그들에 대해 독립적으로 선택하여야 무작위 표본을 얻게 되는 것이다. 이러한 경우 직원은 동일한 모집단이라는 조건을 만족하기 위해 레스토랑에 와서 음식을 구입하는 사람 중에서 표본을 선택하여 표본을 구성하여야 한다. 만약 직원이 레스토랑의 화장실만 사용하려는 사람을 표본으로 선택한다면 그 사람은 고객이 아니기 때문에 동일한 모집단이라는 조건에 위반된다. 인터뷰를 하는 사람이 레스토랑에서 음식을 구입하는 사람을 표본으로 선택한다면 조건 1을 만족하는 것이다. 독립적인 고객이 선택되었는지를 확인하는 것이 더 어려운 일이다.

단순표본 선정절차(각각의 요소가 독립적으로 선택된다)는 두 번째 조건의 목적은 선택편의(sample selection bias)를 막는 것이다. 이 경우 선택편의는 인터뷰하는 사람이 표본의 편의를 위해 고객을 자유롭게 선택하는 경우에 발생하게 된다. 인터뷰를 하는 사람은 특정 연령대의 고객을 선택하고 다른 연령대의 고객을 기피하여 좀 더 편하다고 생각할 수 있다. 선택편의는 면담하는 사람이 레스토랑에 함께 들어온 다섯 명의 고객집단을 선택하여 모두에게 표본으로 참가하여 달라고 요청하게 되면 발생하게 된다. 이 고객들은 모집단에 대한 정보를 오해할 수 있는 유사한 프로파일을 가질 것으로 예상할 수 있다. 선택편의를 피하자면 특정 고객의 선택이 다른 고객의 선택에 영향을 주지 않도록 보장하여야 한다. 다시 말해 고객들은 반드시 독립적으로 선택되어야 한다.

패스트푸드 식당의 선도자인 맥도날드는 무작위 표본추출 절차를 채택하였다. 표본추출 절차는 일부 고객들이 할인쿠폰을 가지고 온다는 사실에 근거를 두고 있다. 고객이 할인쿠폰을 제시할 때마다 그 다음 고객에게 고객 프로파일 설문을 하였다. 고객들은 무작위로 또한 독립적으로 할인쿠폰을 제시하기 때문에 이러한 표본추출 설계는 고객을 독립적으로 선택할 수 있도록 한다. 따라서 무한 모집단으로부터의 무작위 표본을 위한 두 가지 요건이 만족되었다.

무한 모집단은 종종 시간에 걸쳐 계속 가동하는 지속적 과정과 연관되어 있다. 예를 들면 한 생산라인에서 제조되는 부품들, 한 은행에서 일어나는 거래들, 기술지원센터에 걸려오는 전화들, 가게에 들어가는 고객들 모두는 무한 모집단으로부터 나온다고 볼 수 있다. 이러한 경우에는 창의적인 표본추출 절차가 어떠한 선택편의도 일어나지 않게 하고 표본요소들이 독립적으로 선택되도록 보장할 것이다.

주석 및 코멘트

1. 본 장에서는 두 가지 유형의 표본에 대해 정의하였다. 유한 모집단으로부터의 단순 무작위 표본과 무한 모집단으로부터의 무작위 표본이다. 이후 교재의 설명에서는 이 두 가지를 무작위 표본 (random sample) 또는 간단하게 표본 (sample)이라고 부른다. 특별한 연습문제나 논의가 필요하지 않는 한 '단순(simple)' 무작위 표본이 표본이라는 것을 구분하지 않을 것이다.
2. 유한 모집단을 대상으로 하는 표본조사에 전문적인 통계학자는 확률표본(probability sample)을 제공하는 표본추출 방법을 사용한다. 확률표본으로 가능한 표본 각각에 대한 선택확률을 알게 되고, 무작위 과정이 표본의 요소를 선택하는데 사용된다. 단순 무작위 표본은 이러한 방법 중의 한 가지이다. 7.8절에서 또 다른 확률표본 방법, 층화 무작위 추출(stratified random sampling), 클러스터 추출(cluster sampling), 계통 표본추출(systematic sampling)에 대해 설명한다. 규모 n의 각 표본이 선택될 확률이 동일하다는 것을 확신할 수 있는 확률추출 방법을 분명하게 하기 위해 단순 무작위 표본에서 '단순'이라는 용어를 사용하도록 한다.
3. 규모 N인 유한 모집단으로부터 추출되는 표본규모가 n인 서로 다른 단순 무작위 표본의 수효는

$$\frac{N!}{n!(N-n)!}$$

이다. 이 식에서 $N!$과 $n!$은 4장에서 논의된 계승(factorial) 계산이다. $N = 2500$, $n = 30$인 EAI 문제에서 이 식을 사용하면 EAI 관리자 30명의 단순 무작위 표본을 얻는 방법의 수는 약 2.75×10^{69}개이다.

연습문제

기본문제

1. A, B, C, D, E로 표기된 5가지 요소를 가진 한정된 유한 모집단을 생각해 보자. 2개의 표본을 선택하는 데에는 가능한 방법이 10가지 있다.

a. AB, AC 등으로 시작하는 10개의 표본선택 방법을 써보시오.

b. 단순 무작위 표본추출을 이용하여 표본규모가 2개가 되도록 선택할 확률은 얼마인가?

c. A를 1, B를 2등으로 점수화한다고 하자. 무작위 숫자 8 0 5 7 5 3 2의 숫자를 이용하여 선정될 수 있는 표본규모를 $n = 2$로 하는 단순 무작위 표본을 나열하시오.

2. 350개의 요소를 가지고 있는 유한 모집단이 있다. 아래에 제시된 5자리의 무작위 수에서 마지막 세 자릿수(601, 022, 448, 0...)를 이용하여, 단순 무작위 표본을 위한 네 자리의 요소를 결정하시오.

98,601 73,022 83,448 02,147 34,229 27,553 84,147 93,289 14,209

적용문제

3. **제조업 주식의 성과.** Fortune은 미국의 500개 법인 형태의 대기업의 판매액, 이윤, 자산, 주주들의 자기자본, 시장가치, 주당 순이익에 대한 자료를 출판한다(Fortune 500, 2006년). 당신이 Fortune 500 리스트에서 10개의 법인을 단순 무작위 표본으로 선정하려고 한다. 표 7.1의 9번째 칸의 마지막 세 자릿수 554로 시작하는 수를 이용하시오. 그 칸의 수를 읽고 선정하여야 할 10개 회사의 수를 찾으시오.

4. **주식 거래관행 조사.** 2006년 3월 6일 뉴욕 증권거래소에서 가장 활발한 주식 10개는 아래와 같다.

AT&T	Alcatel Lucent	Exxon Mobile	Petrobras	Vale SA
Pfizer	Verizon	Gen. Elect.	Citigroup	Ford

거래소 관계자는 이들 주식 중 세 개를 표본으로 선정하여 거래 관행을 조사하고자 한다.

a. 표 7.1의 6번째 칸에서 밑으로 읽어 거래소 관계자가 사용할 3개의 주식을 단순 무작위 표본으로 선정하기 위한 한 자리의 무작위 수를 찾으시오.

b. '주석 및 코멘트'에 따르면 10개의 주식 리스트에서 크기가 3인 각기 다른 단순 무작위 표본을 몇 개나 뽑아낼 수 있을까?

5. **합격/불합격 성적.** 학생회는 선택과목에서 의무적으로 '합격/불합격'으로 점수를 주는 제도에 대해 찬성하는 학생의 비율을 추정하고자 한다. 학생 등록처에서 이번 학기에 등록한 645명의 학생 이름과 주소가 포함된 명단을 입수하였다. 표 7.1의 10번째 줄에 있는 세 자리 무작위 수를 이용하여 왼쪽에서 오른쪽으로 이동하여 단순 무작위 표본으로 선정될 처음 10명의 학생을 찾으시오. 세 자리 무작위 수는 816, 283, 610으로 시작한다.

6. **인구조사국 지역 자료.** 미국 인구조사국(Census Bureau)이 출판하는 Country and City Data Book에는 미국의 3,139개 군에 대한 정보가 수록되어 있다. 전국적인 연구는 30개의 무작위로 선정된 군에서 자료를 모을 것이다. 표 7.1의 마지막 칸에서 네 자리 무작위 수를 이용하여 표본으로 선정할 처음 5개의 군을 뽑아낸다. 처음 수는 무시하고 네 자릿수 9945, 8364, 5702 등으로 시작하시오.

7. 의사의 표본추출. 어느 특정 도시에서 개업하고 있는 372명의 의사 중 12명을 단순 무작위 표본으로 선정하고자 한다. 의사 명단은 지역의료협회에서 얻을 수 있다. 표 7.1의 8번째 칸의 다섯 자리 무작위 수를 이용하여 12명의 의사를 찾으시오. 다섯 자리 무작위 수에서 처음 두 자릿수는 무시하시오. 무작위 수 108로 시작하여 칸의 밑으로 이동하시오.

8. 다우존스 산업평균 주식지수. 다음의 주식들이 다운존스 산업평균을 구성하고 있다 (Barron's, 2009년 3월 23일).

1. 3M	11. Home Depot	21. Nike
2. American Express	12. Honeywell International	22. Procter & Gamble
3. Amgen	13. International Business Machines	23. Travelers Companies
4. Apple	14. Intel	24. UnitedHealth Group
5. Boeing	15. Johnson & Johnson	25. Salesforce.com
6. Caterpillar	16. Coca-Cola	26. Verizon Communications
7. Cisco Systems	17. JPMorgan Chase	27. Visa
8. Chevron	18. McDonald's	28. Walgreens Boots Alliance
9. Dow	19. Merck	29. Walmart
10. Goldman Sachs Group	20. Microsoft	30. Walt Disney

경영에 대한 연구를 위한 심층면담을 하기 위해 이들 업체 중 6개를 표본으로 선택하고자 한다. 6개의 단순 무작위 표본을 선택하기 위해 표 7.1의 9번째 칸의 처음 두 자리 수를 사용하시오.

9. 뮤추얼펀드 수익률. The Wall Street Journal은 555개 뮤추얼펀드에 대한 순자산가치, 연초 대비 수익률, 3년간의 수익률을 알려준다. 555개 뮤추얼펀드 중 단순 무작위 표본 12개를 선정하여 뮤추얼펀드의 크기와 성과에 대해 추가 연구를 하려고 한다. 뮤추얼펀드 12개의 단순 무작위 표본을 선정하기 위해 표 7.1의 네 번째 칸의 51102로 시작하는 무작위 수를 이용하시오. 뮤추얼펀드 102로 시작하여 네 번째 칸을 밑으로 읽고 마지막 세 자릿수를 이용하시오. 단순 무작위 표본 12개의 뮤추얼펀드의 수는 몇 개인가?

10. 무한 모집단으로부터 표본추출. 다음에 제시된 각 상황은 유한 모집단에서 표본을 선택하는 것인가? 또는 무한 모집단에서 표본을 선택하는 것인가? 표본이 되는 모집단이 유한인 경우, 어떻게 프레임을 만들 것인지를 설명하시오.

a. 뉴욕주 운전면허증이 있는 운전자의 표본

b. Breakfast Choice 회사에서 생산된 시리얼 상자의 표본

c. 어느 특정 주말에 Golden Gate Bridge를 건너는 자동차 표본

d. 인디아나대학에서 통계과목을 수강하는 학생 표본

e. 우편주문회사에서 취급 중인 주문 표본

7.3 점추정

단순 무작위 표본을 선택하는 방법은 설명하였고 이제 EAI 문제로 돌아가자. 관리자 30명의 단순 무작위 표본과 연봉 및 관리훈련 프로그램 참가에 대한 정보가 표 7.2에 주어졌다. x_1, x_2 등은 표본에서 첫 번째 관리자의 연봉, 두 번째 관리자의 연봉 등을 표시한다. 관리훈련 프로그램 참가 여부는 관리훈련 프로그램 열에 'Yes' 또는 'No'로 표시되어 있다.

모집단 모수의 값을 추정하기 위하여 **표본통계량(sample statistics)**이라 불리는 표본의 해당 특성을 계산하여야 한다. 예를 들면, EAI 관리자의 연봉의 모집단 평균 μ와 모집단 표준편차 σ를 추정하기 위해 표 7.2의 자료를 이용하여 해당하는 표본통계량을 계산하여야 한다. 이에는 표본평균 $\bar{x}$와 표본표준편차 s가 있다. 3장에서 주어진 표본평균과 표본표준편차 공식을 이용하면 표본평균은

$$\bar{x} = \frac{\Sigma x_i}{n} = \frac{2,154,420}{30} = 71,814\text{달러}$$

이고, 표본표준편차는 아래와 같다.

$$s = \sqrt{\frac{\Sigma(x_i - \bar{x})^2}{n-1}} = \sqrt{\frac{325,009,260}{29}} = 3,348\text{달러}$$

관리훈련 프로그램을 이수한 모집단의 관리자 비중 p를 추정하기 위하여 해당하는 표

표 7.2 EAI 관리자의 단순 무작위 표본 30명 연봉과 관리훈련 프로그램 참가

연봉(달러)	관리훈련 프로그램	연봉(달러)	관리훈련 프로그램
x_1 = 69,094.30	Yes	x_{16} = 71,766.00	Yes
x_2 = 73,263.90	Yes	x_{17} = 72,541.30	No
x_3 = 69,643.50	Yes	x_{18} = 64,980.00	Yes
x_4 = 69,894.90	Yes	x_{19} = 71,932.60	Yes
x_5 = 67,621.60	No	x_{20} = 72,973.00	Yes
x_6 = 75,924.00	Yes	x_{21} = 65,120.90	Yes
x_7 = 69,092.30	Yes	x_{22} = 71,753.00	Yes
x_8 = 71,404.40	Yes	x_{23} = 74,391.80	No
x_9 = 70,957.70	Yes	x_{24} = 70,164.20	No
x_{10} = 75,109.70	Yes	x_{25} = 72,973.60	No
x_{11} = 65,922.60	Yes	x_{26} = 70,241.30	No
x_{12} = 77,268.40	No	x_{27} = 72,793.90	No
x_{13} = 75,688.80	Yes	x_{28} = 70,979.40	Yes
x_{14} = 71,564.70	No	x_{29} = 75,860.90	Yes
x_{15} = 76,188.20	No	x_{30} = 77,309.10	No

표 7.3 EAI 관리자 30명 단순 무작위 표본의 점추정치 요약

모집단 모수	모수값	점추정량	점추정치
μ = 모집단의 평균 연봉	71,800 달러	$\bar{x}$ = 표본평균 연봉	71,814 달러
σ = 모집단 연봉의 표준편차	4,000 달러	s = 표본 연봉의 표준편차	3,348 달러
p = 관리훈련 프로그램을 이수한 모집단의 비중	0.60	$\bar{p}$ = 관리훈련 프로그램을 이수한 표본의 비중	0.63

본비중 $\bar{p}$를 사용한다. 표본에서 관리훈련 프로그램을 이수한 관리자의 수를 x라 표시하자. 표 7.2의 자료에서 $x = 19$이다. 따라서 표본규모 $n = 30$에서 표본비중은 다음과 같다.

$$\bar{p} = \frac{x}{n} = \frac{19}{30} = 0.63$$

이러한 계산을 함으로써 점추정이라는 통계절차를 수행하게 된다. 표본평균 $\bar{x}$를 모집단 평균 μ의 **점추정량(point estimator)**, 표본표준편차, s를 모집단 표준편차 σ의 점추정량, 표본비중, $\bar{p}$를 모집단 비중 p의 점추정량이라 하고 $\bar{x}$, s, $\bar{p}$의 숫자값은 **점추정치(point estimate)**라 한다. 따라서 표 7.2에 나타난 EAI 관리자 30명의 단순 무작위 표본에서 71,814달러는 μ의 점추정치, 3,348달러는 σ의 점추정치, 0.63은 p의 점추정치이다. 표 7.3에 표본결과를 요약하고 점추정치를 모집단 모수의 실제값과 비교하였다.

표 7.3으로부터 점추정치는 해당 모집단 모수와는 다소 다르다는 것을 알 수 있다. 이러한 차이는 전체 모집단이 아니라 표본이 점추정치를 구하는 데 사용되었기 때문에 비롯된 것이다. 다음 장에서는 점추정치가 모집단 모수와 얼마나 근접한가에 대한 정보를 제공하는 구간추정치를 어떻게 만드는지 알아본다.

실질적인 조언

본 교재에서는 통계적 추론을 고려하고 있다. 점추정은 통계적 추론의 형태이다. 모수에 대한 추론을 위해 표본통계량을 사용한다. 표본을 근거로 하여 모집단에 대한 추론을 하는 경우 표본이 되는 모집단(sampled population)과 **표적 모집단(target population)**이 비슷하게 일치하는 것이 중요하다. 표본이 되는 모집단은 표본을 추출한 모집단인 반면, 표적 모집단은 추론을 하고자 하는 모집단이다. 본 절에서는 EAI 관리자 모집단에서 단순 무작위 표본을 선택하는 과정을 설명하였고 동일한 모집단의 특성에 대한 점추정치(point estimate)를 설명하였다. 표본이 되는 모집단과 표적 모집단이 동일하다면 가장 바람직하다. 그러나 표본이 되는 모집단과 표적 모집단이 비슷하게 일치하는 것은 쉬운 일이 아니다.

놀이공원의 경우에서 공원을 이용하는 연령층과 시간 특성을 알기 위해 이용객을 표본으로 선택하는 것을 생각해 보자. 만약 대기업 근로자만이 공원을 사용하는 특정한 하루

에 이용객의 표본이 되는 요소를 모두 선택하였다고 가정해 보자. 그렇다면 표본이 된 모집단은 그 회사 직원과 가족만으로 구성되게 된다. 만약 전형적인 여름기간 동안 전형적인 공원 이용객에 대한 추론을 하고자 한다면 표본이 되는 모집단과 표적 모집단 간에 중요한 차이가 생기게 되는 것이다. 이런 경우 점추정치의 타당성에 대해 의문을 가지게 된다. 공원관리자는 표본을 특정한 날에 선택하여 표적 모집단을 대표하는지에 대해 파악하기에 가장 적절한 위치에 있는 사람이다.

요약하면, 표본이 모집단을 추론하기 위해 사용되는 경우라면 표본이 되는 모집단과 표적 모집단은 상당히 비슷하게 일치하도록 연구를 디자인하여야 한다. 좋은 판단은 건전한 통계가 수행되는데 있어 필수적인 사항이다.

연습문제

기본문제

11. 다음 자료는 단순 무작위 표본에서 얻은 것이다.

5 8 10 7 10 14

a. 모집단 평균의 점추정치를 구하시오.
b. 모집단 표준편차의 점추정치를 구하시오.

12. 150명을 대상으로 한 설문조사에서 75명이 예라고 응답하였고 55명이 아니라고 응답하였고 20명이 응답을 하지 않았다.
a. 예라고 응답한 모집단의 비율에 대한 점추정치를 구하시오.
b. 아니라고 응답한 모집단의 비율에 대한 점추정치를 구하시오.

적용문제

13. **월간 매출 자료.** 단순 무작위 표본인 다섯 달의 판매 자료가 다음에 제시되어 있다.

달:	1	2	3	4	5
판매량:	94	100	85	94	92

a. 1달 동안 판매된 모집단 평균의 추정치를 구하시오.
b. 모집단 표준편차의 점추정치를 구하시오.

DATA*file* Morningstar

14. **MorningStar 주가 자료.** Morningstar는 1,208개의 회사 주식에 대한 등급 데이터를 게시한다. 이러한 주식 중 40개의 샘플이 Morningstar 파일에 포함되어 있다. Morningstar 데이터 세트를 사용하여 다음 질문에 답하시오.
a. Morningstar의 최고 등급인 별 5개를 받은 주식의 비율에 대한 점추정치를 찾으시오.
b. 비즈니스 위험과 관련하여 평균 이상으로 평가된 Morningstar 주식의 비율에 대한

점추정치를 구하시오.

c. 별 2개 이하로 평가된 Morningstar 주식의 비율에 대한 점추정치를 구하시오.

15. 와인 등급 평가. Wine-Searcher.com에 따르면 와인 비평가들은 일반적으로 와인 점수를 사용하여 와인의 상대적인 품질에 대한 의견을 전달한다. 와인점수는 0~100점인데, 95~100점은 훌륭한 와인, 90~94점은 뛰어난 와인, 85~89점은 매우 좋은 와인, 80~84점은 좋은 와인, 75~79점은 평범한 와인이며, 75점 미만은 권장하지 않는 와인입니다. 2018년에 새로 설립된 포도원에서 최근 생산된 피노누아(Pinot Noir)의 무작위 평가는 다음과 같습니다.

87 91 86 82 72 91 60 77 80 79 83 96

a. 이 피노누아의 평균 와인점수의 점추정치를 구하시오.

b. 이 피노누아가 받은 와인점수의 표준편차의 점추정치를 구하시오.

16. AARP 설문조사. AARP(미국은퇴자협회)는 50세 이상 성인에게 영향을 미치는 문제에 초점을 맞춘 미국 기반 이익단체이다. AARP는 50세 이상 미국 성인 426명을 대상으로 다음 다양한 문제들이 다음 대통령 선거의 후보 결정에서 얼마나 중요한지 물었다.

a. 이 연구에서 표본추출한 모집단은 무엇인가?

b. 350명의 응답자가 사회보장과 메디케어를 “매우 중요”하다고 응답했다. 이 문제를 “매우 중요”하게 생각하는 50세 이상 미국 성인 인구의 비율의 추정치를 구하시오.

c. 응답자의 74%가 교육이 “매우 중요”하다고 응답했다. 이 문제가 매우 중요하다고 생각하는 응답자의 수의 추정치를 구하시오.

d. 354명의 응답자가 일자리 성장을 “매우 중요”하다고 응답했다. 일자리 성장이 매우 중요하다고 생각하는 50세 이상 미국 성인의 비율의 추정치를 구하시오.

e. (b)와 (d) 부분에서 추론을 수행하는 대상 모집단은 무엇인가? (a) 부분에서 확인한 표본 모집단과 동일한가? 나중에 샘플이 AARP 회원으로 제한되었다는 사실을 알게 되었다고 가정해 보자. (b)와 (d) 부분의 추론이 여전히 타당하다고 생각하는가? 그렇다면, 이유는 무엇인가?

17. 자율주행차에 대한 인식. 미국자동차협회(AAA)의 연례 자율주행차 설문조사에는 자동차 자동화 기술에 관한 일련의 질문이 포함되어 있다. 2021년 1010명을 대상으로 한 설문조사에 따르면, 응답자 222명은 제조업체가 자율주행차 개발에 집중해야 한다고 생각하는 것으로 나타났다. 또한 808명의 응답자는 현재 차량 안전 시스템(예: 자동 비상 제동 및 차선 유지 지원)이 더 잘 작동하기를 원하며, 586명의 응답자는 자신이 구입하는 다음 차량에서 이러한 시스템을 원하고 있다.

a. 제조업체가 자율주행차 개발에 집중해야 한다고 생각하는 응답자 비율의 점추정치를 구하시오.

b. 현재 차량 안전 시스템(예: 자동 비상 제동 및 차선 유지 지원)이 더 잘 작동하기를 원하는 응답자 비율의 점추정치를 구하시오.

c. 다음 구매 차량에서 현재 차량 안전 시스템(예: 자동 비상 제동 및 차선 유지 지원)을 원하는 응답자 비율의 점추정치를 구하시오.

7.4 표본분포 개요

앞서 표본평균 $\bar{x}$가 모집단 평균 μ의 점추정량이고, 표본비중 $\bar{p}$가 모집단 비중 p의 점추정량이라 하였다. 표 7.2에 주어진 EAI 관리자 30명 단순 무작위 표본에 대한 μ의 점추정치는 $\bar{x} = 71,814$달러, p의 점추정치는 $\bar{p} = 0.63$이다. 이제 EAI 관리자의 다른 단순 무작위 표본 30명을 선택하여 다음 점추정치를 얻었다고 가정하자.

$$\text{표본평균 } \bar{x} = 72,670\text{달러}$$
$$\text{표본비중 } \bar{p} = 0.70$$

여기에서 $\bar{x}$와 $\bar{p}$값이 다르다는 점에 주목하자. 실제 두 번째 EAI 관리자의 단순 무작위 표본 30명은 첫 번째 표본과 동일한 점추정치를 제공할 것이라고 기대할 수는 없다.

이제 EAI 관리자의 단순 무작위 표본 30명을 선택하는 과정을 거듭하여 반복하고 매번 $\bar{x}$와 $\bar{p}$값을 계산한다고 가정하자. 표 7.4는 단순 무작위 표본 500개에 대한 결과의 일부를 보여주고 표 7.5는 500개의 $\bar{x}$값의 빈도 분포와 상대도수분포를 보여 주고 있다. 그림 7.1은 $\bar{x}$값의 상대도수의 막대그래프를 보여주고 있다.*

5장에서 확률변수를 실험결과의 수리적 기술이라고 정의하였다. 만약 단순 무작위 표본을 선택하는 과정을 하나의 실험으로 생각한다면 표본평균 $\bar{x}$는 실험결과의 수리적 기술이라 할 수 있다. 따라서 표본평균 $\bar{x}$는 하나의 확률변수이다. 결과적으로 다른 확률변수와 마찬가지로 $\bar{x}$도 평균 또는 기댓값, 표준편차 그리고 하나의 확률분포를 가진다. 다양한 $\bar{x}$값들이 상이한 단순 무작위 표본들의 결과이기 때문에 $\bar{x}$의 확률분포를 $\bar{x}$의 **표본분포(sampling distribution)**라 한다. 이러한 표본분포와 이의 특성들에 대한 지식으로 표본평균 $\bar{x}$가 모집단 평균 μ에 얼마나 근접한가에 대한 확률적 주장을 할 수 있다.

그림 7.1로 돌아오자. 관리자 30명 표본을 가능한 대로 모두 열거하고 $\bar{x}$의 표본분포를 온전히 결정하는 각 표본평균을 계산할 필요가 있다. 그렇지만 500개 $\bar{x}$값의 막대그래프는 이러한 표본분포의 근사치를 보여준다. 이러한 근사치로부터 종형분포를 관찰할 수

---

* 다음 장에서 소개되는 내용을 잘 이해할 수 있는 능력은 본 장에서 제시된 표본분포를 이해하고 사용하는 능력에 따라 달라진다.

표 7.4 EAI 관리자 30명 단순 무작위 표본 500개로부터의 $\bar{x}$와 $\bar{p}$의 값

표본번호	표본평균($\bar{x}$)	표본비중($\bar{p}$)
1	71,814	0.63
2	72,670	0.70
3	71,780	0.67
4	71,588	0.53
.	.	.
.	.	.
.	.	.
500	71,752	0.50

표 7.5 EAI 관리자 30명 단순 무작위 표본 500개로부터의 $\bar{x}$의 도수분포

평균연봉(달러)	도수	상대도수
69,500.00 – 69,999.99	2	0.004
70,000.00 – 70,499.99	16	0.032
70,500.00 – 70,999.99	52	0.104
71,000.00 – 71,499.99	101	0.202
71,500.00 – 71,999.99	133	0.266
72,000.00 – 72,499.99	110	0.220
72,500.00 – 72,999.99	54	0.108
73,000.00 – 73,499.99	26	0.052
73,500.00 – 73,999.99	6	0.012
합계	500	1.000

있다. $\bar{x}$값이 가장 집중되는 것과 500개 $\bar{x}$값의 평균이 모집단 평균 $\mu = 71,800$에 근접한 것을 알 수 있다. 이러한 $\bar{x}$의 표본분포가 가지는 특성은 다음 절에서 더 완전히 기술할 것이다.

표본비중 $\bar{p}$의 500개 값들은 그림 7.2의 상대도수 막대그래프에 요약되어 있다. $\bar{x}$와 마찬가지로 $\bar{p}$ 역시 하나의 확률변수이다. 만약 가능한 모든 규모 30의 표본이 모집단으로부터 선택되고 각 표본에 대하여 하나의 $\bar{p}$값이 계산되었을 때 얻어지는 확률분포는 $\bar{p}$의 표본분포이다. 그림 7.2에 보인 500개 표본값의 상대도수 막대그래프는 $\bar{p}$의 표본분포의 모양에 대한 일반적인 아이디어를 제공한다.

실제로 우리는 모집단으로부터 오직 하나의 표본을 선택한다. 이 절에서는 많은 상이한 표본이 가능하고 상이한 표본은 다양한 값을 갖는 표본통계량 $\bar{x}$와 $\bar{p}$를 생성시킨다는 것을 보이기 위하여 표본추출 과정을 500회 반복하였다. 어떤 특정한 표본통계량의 확률

그림 7.1 $\bar{x}$값의 상대도수 막대그래프(표본규모 각 30인 500개 단순 무작위 표본)

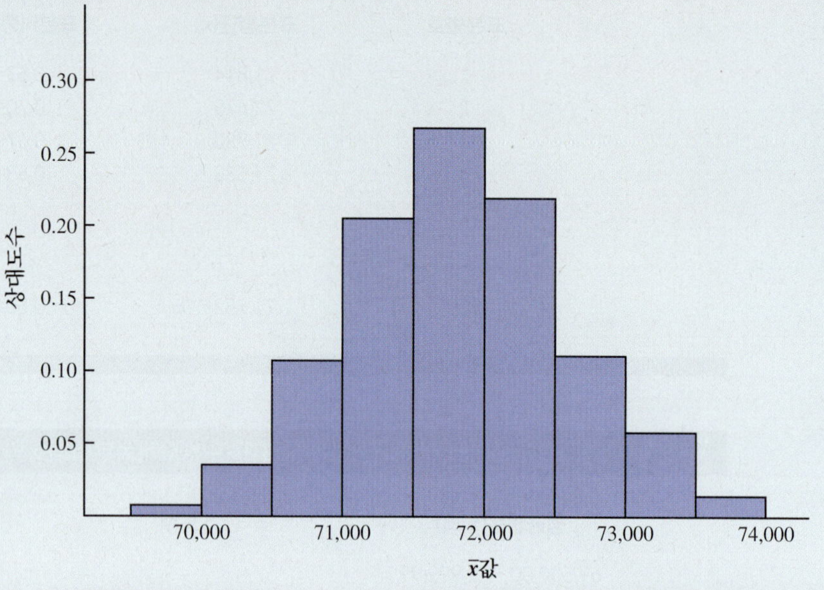

분포는 통계량의 확률분포라고 한다. 7.5절에서는 $\bar{x}$의 표본분포를 7.6절에서는 $\bar{p}$의 표본분포를 보일 것이다.

7.5 $\bar{x}$의 표본분포

앞서 표본평균 $\bar{x}$가 하나의 확률변수이며 이의 확률분포는 $\bar{x}$의 표본분포라고 한다고 하였다.

$\bar{x}$의 표본분포

$\bar{x}$의 표본분포는 표본평균 $\bar{x}$의 가능한 모든 값들의 확률분포이다.

이 절에서는 $\bar{x}$의 표본분포의 속성을 기술한다. 우리가 공부한 다른 확률분포와 마찬가지로 $\bar{x}$의 표본분포도 기댓값 또는 평균, 표준편차, 특성 형태(characteristic shape or form)를 가진다. 먼저 $\bar{x}$의 기댓값이라 불리는 가능한 모든 $\bar{x}$값의 평균을 생각하면서 시작하자.

$\bar{x}$의 기댓값

EAI 표본추출 문제에서 상이한 단순 무작위 표본은 다양한 값의 표본평균 $\bar{x}$을 낳는다는 것을 보았다. 많은 상이한 값의 확률변수 $\bar{x}$가 가능하기 때문에 다양한 단순 무작위 표본으로 생성되는 가능한 모든 $\bar{x}$값의 평균에 관심이 있다. 확률변수 $\bar{x}$의 평균은 $\bar{x}$의 기댓값이다. $\bar{x}$의 기댓값을 $E(\bar{x})$, 단순 무작위 표본이 선택되는 모집단의 평균을 μ로 표현하자.

그림 7.2 $\bar{p}$값의 상대도수 막대그래프(표본규모 각 30인 500개 단순 무작위 표본)

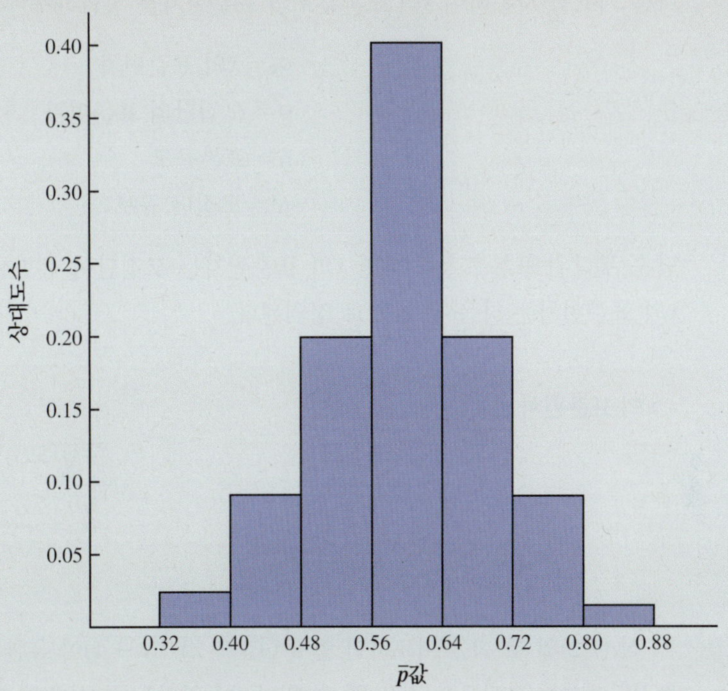

그러면 단순 무작위 표본추출에서 $E(\bar{x})$와 μ는 동일하다.*

$\bar{x}$의 기댓값

$$E(\bar{x}) = \mu \tag{7.1}$$

$E(\bar{x}) = \bar{x}$의 기댓값

$\mu =$ 모집단 평균

이 결과는 단순 무작위 표본추출을 하면 $\bar{x}$의 표본분포의 기댓값 또는 평균은 모집단의 평균과 같다는 것을 보여준다. 7.1절에서 EAI 관리자의 모집단 평균 연봉은 $\mu = 71,810$달러이다. 따라서 식 (7.1)에 따르면 EAI 연구에서 가능한 모든 표본평균의 평균 역시 71,810달러이다.

점추정량의 기댓값이 모집단 모수와 동일할 때 점추정량은 불편하다, 또는 **편의가 없다(unbiased)**고 한다. 따라서 식 (7.1)은 $\bar{x}$가 모집단 평균 μ의 불편 추정량임을 보여준다.

* $\bar{x}$의 기댓값은 표본을 선택한 모집단의 평균과 동일하다.

$\bar{x}$의 표준편차

다음 기호를 사용하여 $\bar{x}$의 표본분포의 표준편차를 정의하자.

$\sigma_{\bar{x}}$ = $\bar{x}$의 표준편차
σ = 모집단의 표준편차
n = 표본규모
N = 모집단 규모

단순 무작위 표본추출을 하면 $\bar{x}$의 표준편차는 모집단이 유한한가 무한한가에 의존한다. $\bar{x}$의 표준편차는 다음 두 가지로 정의된다.

$\bar{x}$의 표준편차

유한 모집단

$$\sigma_{\bar{x}} = \sqrt{\frac{N-n}{N-1}}\left(\frac{\sigma}{\sqrt{n}}\right)$$

무한 모집단

$$\sigma_{\bar{x}} = \frac{\sigma}{\sqrt{n}} \qquad \textbf{(7.2)}$$

식 (7.2)의 두 식을 비교하면 인자 $\sqrt{(N-n)/(N-1)}$이 유한 모집단에서 필요하고 무한 모집단에서는 불필요한 것을 알 수 있다. 이 인자는 통상 **유한 모집단 수정계수(finite population correction factor)**라 한다. '많은' 실제 표본추출 상황에서 모집단이 유한하지만, 그러나 표본은 상대적으로 '적은' 상황을 발견한다. 유한 모집단 수정계수 $\sqrt{(N-n)/(N-1)}$는 1에 근접한다. 결과적으로 유한 모집단과 무한 모집단에 대한 $\bar{x}$의 표준편차의 값들 간의 차이는 무시해도 될 만하다. 그렇다면 $\sigma_{\bar{x}} = \sigma/\sqrt{n}$는 모집단이 유한한 경우에도 $\bar{x}$의 표준편차의 좋은 근사치가 된다. 이러한 관찰은 $\bar{x}$의 표준편차를 계산하는 데 있어 일반적 지침, 재량(rule of thumb)을 준다.

$\bar{x}$의 표준편차를 계산하려면 다음 표현을 이용

$$\sigma_{\bar{x}} = \frac{\sigma}{\sqrt{n}} \qquad \textbf{(7.3)}$$

1. 모집단이 무한하거나
2. 모집단이 유한하지만 표본규모가 모집단의 5% 이하($n/N \le 0.05$)일 때

$n/N > 0.05$일 때는 $\sigma_{\bar{x}}$의 계산에서 식 (7.2)의 유한 모집단의 공식을 이용하여야 한다. 달리 명시되지 않으면 이 교과서 전체에서는 '충분히 큰' 모집단 규모($n/N \le 0.05$)를 가정하고 $\sigma_{\bar{x}}$의 계산에서 식 (7.3)을 이용하여야 한다.*

* 연습문제 21은 $n/N \le 0.05$일 때 유한 모집단 수정계수가 $\sigma_{\bar{x}}$값에 거의 영향을 미치지 않는 것을 보여준다.

$\sigma_{\bar{x}}$를 계산하기 위해서는 모집단의 표준편차 σ를 알아야 한다. $\sigma_{\bar{x}}$와 σ의 차이를 강조하기 위하여 $\bar{x}$의 표준편차 $\sigma_{\bar{x}}$를 평균의 **표준오차(standard error)***라고 한다. 일반적으로 표준오차라는 용어는 점추정량의 표준편차로 불린다. 뒤에 평균의 표준오차의 값이 표본평균이 모집단 평균으로부터 얼마나 떨어져 있는가 결정하는 것을 보게 될 것이다. 이제 EAI 예로 돌아와서 관리자 30명 단순 무작위 표본과 관련된 평균의 표준오차를 계산해 보자.

7.1절에서 EAI 관리자 모집단 2,500명의 연봉의 표준편차는 $\sigma = 4{,}000$였다. 이 경우 모집단은 $N = 2{,}500$으로 유한하다. 그렇지만 표본규모가 30으로 $n/N = 0.012$이다. 표본규모가 모집단의 5%보다 작기 때문에 유한 모집단 수정계수를 무시하고 표준오차를 계산하는 데 식 (7.3)을 사용한다.

$$\sigma_{\bar{x}} = \frac{\sigma}{\sqrt{n}} = \frac{4{,}000}{\sqrt{30}} = 730.3$$

$\bar{x}$의 표본분포의 형태

$\bar{x}$의 표본분포를 위한 기댓값과 표준편차에 대한 이전의 결과들은 어떠한 모집단에도 적용할 수 있다. $\bar{x}$의 표본분포의 특성을 확정하는 마지막 단계는 표본분포의 형태 또는 유형을 정하는 것이다. (1) 정규분포 모집단, (2) 정규분포 아닌 모집단 두 가지 경우를 고려하자.

정규분포 모집단 많은 상황에서 단순 무작위 표본이 추출되는 모집단이 정규분포 또는 거의 정규분포를 한다고 가정하는 것이 그럴듯하다. 모집단이 정규분포를 할 때 $\bar{x}$의 표본분포는 표본규모와 무관하게 정규분포를 한다.

정규분포 아닌 모집단 단순 무작위 표본이 추출되는 모집단이 정규분포를 하지 않을 때, **중심극한정리(central limit theorem)**가 $\bar{x}$의 표본분포의 모양을 확정하는 데 긴요하다. $\bar{x}$의 표본분포에 적용되는 중심극한정리는 다음과 같다.

중심극한정리

모집단으로부터 규모 n의 단순 무작위 표본을 선택할 때 표본평균 $\bar{x}$의 표본분포는 표본규모가 커짐에 따라 정규분포에 가까워진다(근사된다).

그림 7.3은 세 가지의 상이한 모집단에 대하여 중심극한정리가 어떻게 적용되는지 보여준다. 그림 상단에서 어떤 모집단도 정규분포를 하지 않음을 알 수 있다. 모집단 I은 균일분포(uniform distribution)를 한다. 모집단 II는 소위 토끼귀분포(rabbiteared distribution)

---

* 표준오차라는 용어는 점추정량의 표준편차를 나타내는데 사용된다.

이다. 모집단 III은 지수분포(exponential distribution) 같은 모양을 하는데 우측으로 기울어져 있다.

또한 그림 7.3은 표본규모 $n = 2$, $n = 5$, $n = 30$인 표본에 대한 표본분포의 모양을 보여준다. 표본규모가 2일 때 각 표본분포는 각 해당 모집단 분포와는 다른 것을 알 수 있다. 표본규모가 5일 때 모집단 I과 모집단 II의 표본분포는 정규분포의 모양을 띠기 시작한다. 모집단 III의 표본분포의 모양은 정규분포의 모양과 유사하기는 하지만 우측으로 기울어짐이 여전히 존재한다. 끝으로 표본규모가 30일 때 세 표본분포 각각은 거의 정규분포에 가깝다.

그림 7.3 세 가지 모집단에 대한 중심극한정리의 예

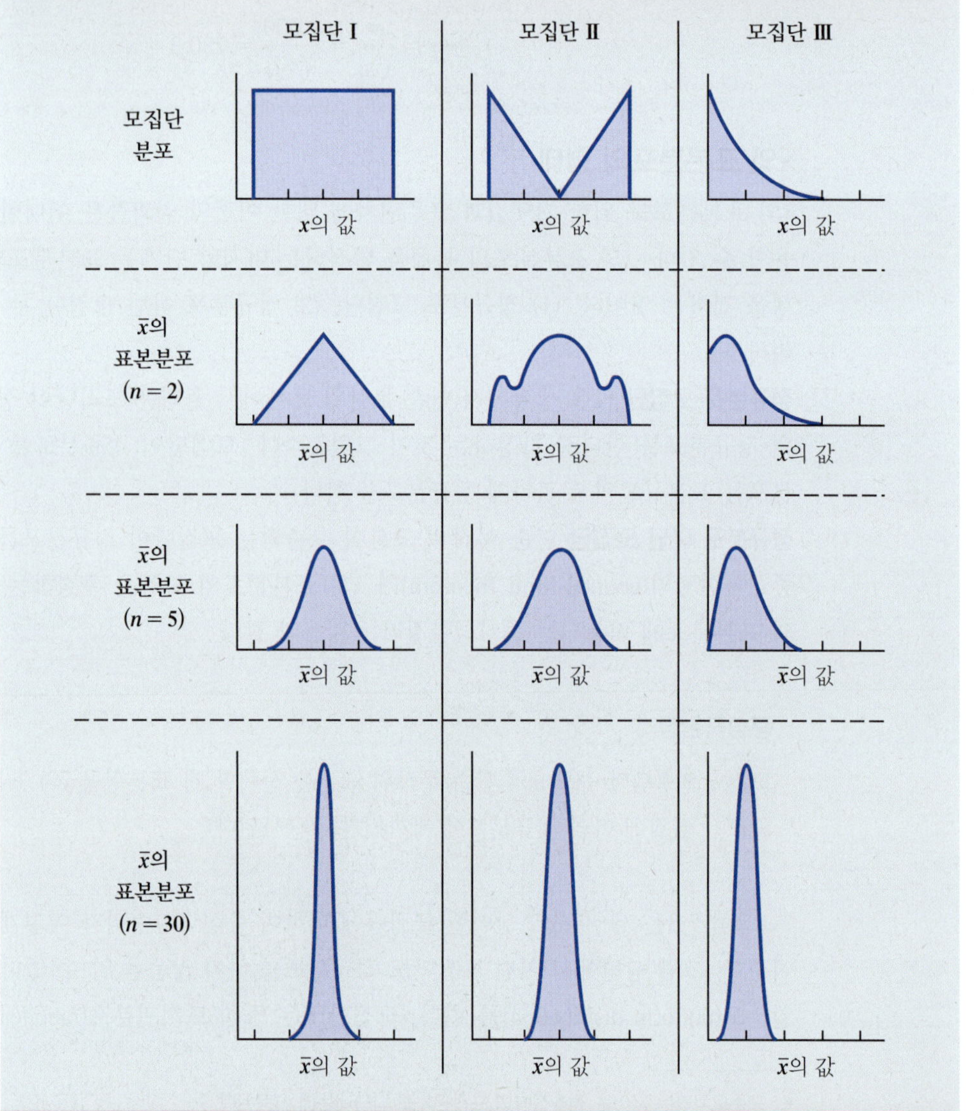

특정한 관점에서 얼마나 큰 표본규모가 중심극한정리를 적용하고 표본분포의 모양이 정규분포에 근사하는 데 필요한가 알고 싶을 것이다. 통계연구자들은 다양한 모집단에 대하여 다양한 표본규모를 적용하여 $\bar{x}$의 표본분포를 연구함으로써 이 문제에 대한 해답을 찾으려고 노력하였다. 일반적인 통계적 실제에서는 대부분의 경우에 표본규모가 30 이상이면 $\bar{x}$의 표본분포가 정규분포에 근사한다고 가정한다. 모집단이 지나치게 기울어져 있거나 떨어진 값(outliers)이 존재하는 때에는 표본규모가 50 이상일 필요가 있다. 마지막으로 모집단이 이산분포라면 정규근사에 필요한 표본규모는 모집단 비중에 달려 있다. 이에 대해서는 7.6절에서 $\bar{p}$의 표본분포를 논의할 때 조금 더 언급하기로 한다.

EAI 문제에서 $\bar{x}$의 표본분포

이제 $E(\bar{x}) = 71,800$달러, $\sigma_{\bar{x}} = 730.3$인 EAI 문제로 다시 돌아가자. 이 시점에서 모집단 분포에 대한 정보는 전혀 없으며 정규분포일 수도 그렇지 않을 수도 있다. 만약 모집단이 정규분포를 한다면 $\bar{x}$의 표본분포는 정규분포이다. 만약 모집단이 정규분포를 하지 않으면 관리자 30명의 단순 무작위 표본과 중심극한정리를 가지고 $\bar{x}$의 표본분포가 정규분포로 근사한다고 결론지을 수 있다. 어느 경우에나 표본분포를 그림 7.4에 있는 정규분포로 나타낼 수 있다는 결론을 가지고 계속하는 데 불편함이 없다.

$\bar{x}$의 표본분포의 실제값

단순 무작위 표본이 하나 선택되고 모집단 평균 μ값을 추정하는 데 표본평균값을 사용할 때마다 표본평균이 정확히 모집단 평균과 일치한다고 기대할 수는 없다. $\bar{x}$의 표본분포에 관심을 가지는 실제적 이유는 이것을 표본평균과 모집단 평균 간 차이에 관한 확률정보를 얻는 데 사용할 수 있기 때문이다. 이를 보이기 위하여 EAI 문제로 돌아가자.

인사담당 이사가 표본평균이 모집단 평균의 500달러 이내에 있다면 표본평균은 받아들일 만한 모집단 평균의 추정치라 믿는다고 하자. 실제로 표 7.5와 그림 7.1은 500개 표본평균의 일부가 모집단 평균과 2,000달러 이상의 차이를 보이고 있다. 그러므로 인사담당 이사의 문제를 좀 더 통계적으로 고려해야 한다. 즉, 인사담당 이사는 "EAI 관리자 30명의 단순 무작위 표본으로 계산한 표본평균이 모집단 평균에서 500달러 이내에 있을 확률은 얼마인가?"라는 질문에 관심이 있다.

$\bar{x}$의 표본분포의 특성을 변별하였기 때문에(그림 7.4 참조) 이 분포를 확률문제에 답하는 데 사용할 수 있다. 그림 7.5에 다시 보인 $\bar{x}$의 표본분포를 보자. 모집단 평균 71,800달러로부터 인사담당 이사는 $\bar{x}$가 71,300달러와 72,300달러 사이에 있을 확률을 알고 싶어 한다. 이 확률은 그림 7.5의 표본분포에서 진하게 칠한 면적으로 주어진다. 표본분포가 평균이 71,800, 평균의 표준오차가 730.3인 정규분포이므로, 표준정규분포의 면적표를 사용하여 면적 또는 확률을 구할 수 있다.

먼저 사이의 위쪽 끝에 해당하는 z값(72,300)을 계산하기 위해 그 점에서 왼쪽부분 곡

그림 7.4 평균 연봉에 대한 $\bar{x}$의 표본분포(EAI 관리자 30명 단순 무작위 표본)

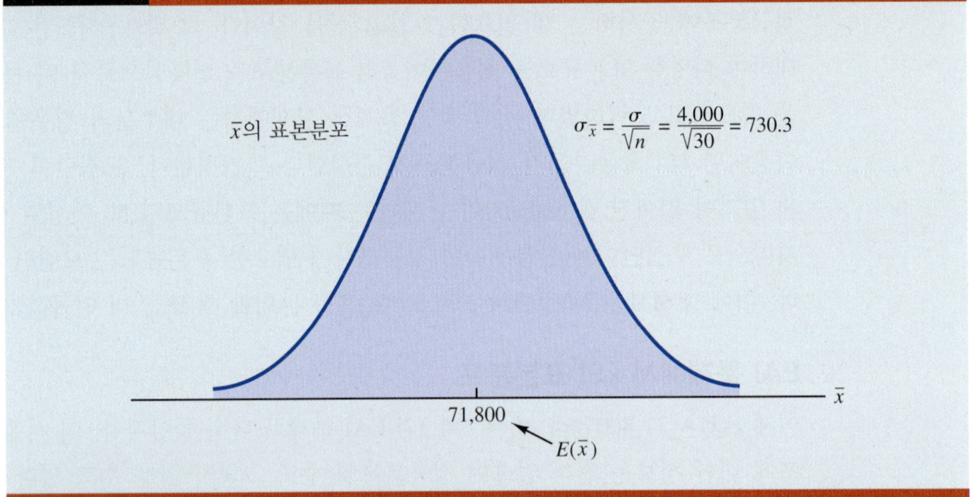

그림 7.5 표본평균이 모집단 평균으로부터 500달러 이내에 있을 확률의 표본분포

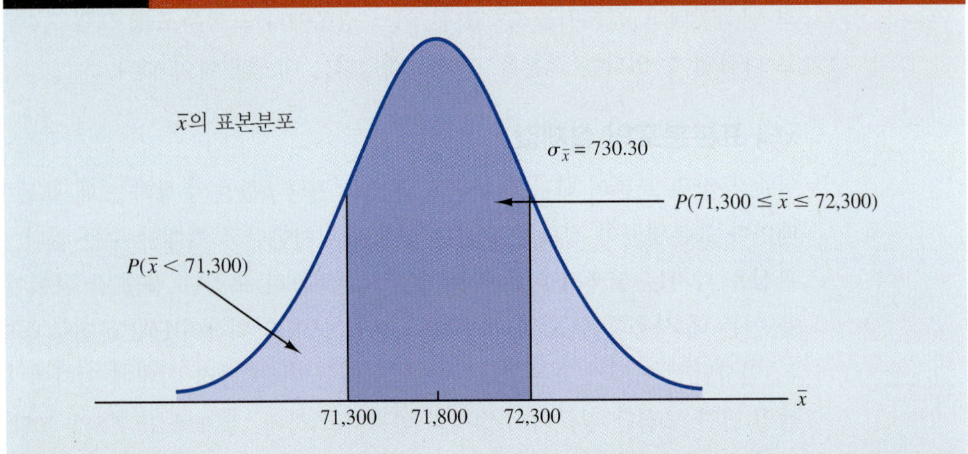

선 아래의 확률을 표에서 찾도록 한다. 다음에는 사이의 아래쪽 끝에 해당하는 z값을 계산하기 위해 그 점에서 왼쪽 곡선부분 곡선 아래의 확률을 표에서 찾는다.

$\bar{x} = 72,300$에서

$$z = \frac{72,300 - 71,800}{730.30} = 0.68$$

표준정규확률표를 보면 누적확률 ($z = 0.68$일 때 왼쪽확률)은 0.7517이다.

$\bar{x} = 71,300$에서

$$z = \frac{71,300 - 71,800}{730.30} = -0.68$$

$z = -0.68$의 왼쪽부분 곡선아래 확률은 0.2483이다. 따라서 $P(71,300 \le \bar{x} \le 72,300) = P(z \le 0.68) - P(z \le -0.68) = 0.7517 - 0.2483 = 0.5034$이다.

표준정규분포표를 보면 $z = 0$과 $z = -0.68$ 사이의 면적은 0.2517이다. 마찬가지로 $\bar{x} = 72,300$에 대해 계산하면 $z = 0$과 $z = +0.68$ 사이의 면적은 0.2517이다. 따라서 표본평균이 71,300과 72,300 사이에 있을 확률은 $0.2517 + 0.2517 = 0.5034$가 된다.

이러한 계산으로부터 EAI 관리자 30명의 단순 무작위 표본은 표본평균 $\bar{x}$가 모집단 평균으로부터 500달러 이내에 있을 확률이 0.5034임을 보여준다. 따라서 $\bar{x}$와 모집단 평균 $\mu = 71,800$달러의 차이가 500달러보다 클 확률은 $1 - 0.5034 = 0.4966$이다. 다시 말하면 EAI 관리자 30명의 단순 무작위 표본은 대략 50/50으로 500달러 내의 용인할 만한 표본평균을 제공한다. 아마 더 큰 표본규모를 고려하여야 할 것이다. 이제 표본규모와 $\bar{x}$의 표본분포 사이의 관계를 고려함으로써 이러한 가능성을 살펴보자.*

표본규모와 $\bar{x}$의 표본분포의 표본평균 관계

EAI 표본추출 문제에서 원래 고려한 EAI 관리자의 단순 무작위 표본으로 30명 대신에 100명을 선택한다고 하자. 직감적으로 더 큰 표본규모로 더 많은 정보를 가지고 $n = 100$을 바탕으로 한 표본평균이 $n = 30$을 바탕으로 한 표본평균보다 더 나은 모집단 평균의 추정치를 제공하여야 할 것처럼 보인다. 얼마나 더 나은지 보려면 표본규모와 $\bar{x}$의 표본분포 사이의 관계를 고려해야 한다.

먼저 표본규모와 관계없이 $E(\bar{x}) = \mu$임을 주목하자. 따라서 가능한 모든 $\bar{x}$ 값들의 평균은 표본규모 n과 관계없이 모집단 평균 μ와 같다. 그러나 평균의 표준오차는 표본규모의 제곱근과 관련되어 있음에 주목해야 한다. 표본규모가 증가함에 따라 평균의 표준오차 $\sigma_{\bar{x}}$는 감소한다. $n = 30$일 때 EAI 문제에서 평균의 표준오차는 730.3이다. 그러나 표본규모가 $n = 100$으로 커지면 평균의 표준오차는

$$\sigma_{\bar{x}} = \frac{\sigma}{\sqrt{n}} = \frac{4,000}{\sqrt{100}} = 400$$

으로 줄어든다. 그림 7.6은 $n = 30$일 때와 $n = 100$일 때 $\bar{x}$의 표본분포를 보여준다. $n = 100$인 표본분포가 더 작은 표준오차를 갖기 때문에 $\bar{x}$ 값들이 $n = 30$인 $\bar{x}$ 값들보다 더 작은 변동성을 갖고 모집단 평균에 더 가까운 경향을 띤다.

$n = 100$일 때 $\bar{x}$의 표본분포를 이용하여 EAI 관리자 100명의 단순 무작위 표본으로부터의 표본평균이 모집단 평균으로부터 500달러 이내에 있을 확률을 계산할 수 있다. 표본분포가 평균은 71,800, 평균의 표준오차가 400인 정규분포이므로 표준정규분포표를 이용하여 면적 또는 확률을 계산할 수 있다. $\bar{x} = 72,300$ (그림 7.7)에서

---

* $\bar{x}$의 표본분포는 평균 $\bar{x}$가 모집단 평균 μ에 얼마나 가까운지에 대한 확률정보를 제공하는데 사용될 수 있다.

그림 7.6 $n = 30$과 $n = 100$인 단순 무작위 표본의 표본분포 비교(EAI 관리자 표본)

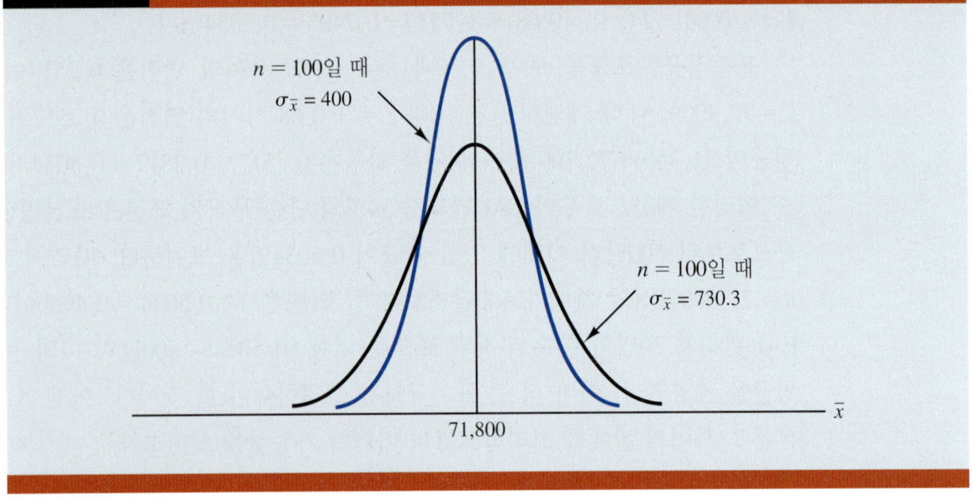

그림 7.7 표본평균이 모집단 평균으로부터 500달러 이내에 있을 확률(EAI 관리자 100명의 단순 무작위 표본 사용)

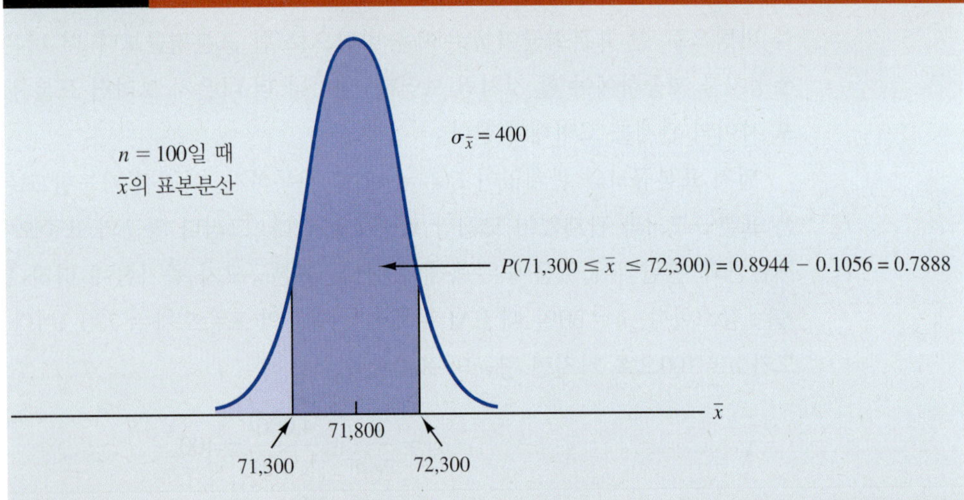

$$z = \frac{72{,}300 - 71{,}800}{400} = 1.25$$

이다. 통계소프트웨어패키지를 활용하거나 표준정규분포표를 보면, $z = 1.25$에 해당하는 누적확률이 0.8944이다. 마찬가지로 $\bar{x} = 71{,}300$에 대해서

$$z = \frac{71{,}300 - 71{,}800}{400} = -1.25$$

이다. $z = -1.25$에 해당하는 누적확률은 0.1056이다. 따라서

$$P(71,300 \le \bar{x} \le 72,300) = P(z \le 1.25) - P(z \le -1.25) = 0.8944 - 0.1056 = 0.7888$$

따라서 EAI 관리자 표본규모를 30에서 100명으로 늘림으로써 표본평균이 모집단 평균으로부터 500달러 이내에 있을 확률을 0.5034에서 0.7888로 높일 수 있다.

이 논의에서 중요한 점은 표본규모가 증가함에 따라 평균의 표본오차가 줄어든다는 것이다. 그 결과 표본규모가 더 크면 표본평균이 모집단 평균으로부터 특정한 거리 이내에 있을 확률이 더 높아진다.

주석 및 코멘트

1. EAI 문제에서 $\bar{x}$의 표본분포를 제시하는데 있어 모집단 평균이 $\mu = 71,800$이고 모집단 표준편차 $\sigma = 4,000$이 알려져 있다는 사실을 활용하였다. 그러나 통상 $\bar{x}$의 표본분포를 결정하는 데 필요한 모집단 평균 μ와 모집단 표준편차 σ는 미지(unknown)의 값이다. 8장에서 μ와 σ가 미지일 때 표본평균 $\bar{x}$와 표본표준편차 s가 어떻게 사용되는지 보일 것이다.
2. 중심극한정리의 이론적 증명은 표본의 독립 관찰값을 필요로 한다. 이 조건은 무한 모집단에 대하여 그리고 표본추출이 대체되는 유한 모집단에 대해 만족된다. 중심극한정리가 직접적으로 대체 없는 유한 모집단으로부터의 표본추출에 적용될 수는 없지만, 일반적인 통계관행은 모집단 규모가 클 때 중심극한정리의 결과를 적용한다.

연습문제

기본문제

18. 모집단의 평균이 200이고 표준편차는 50이다. 표본 100개가 단순 무작위로 선정되었고 모집단의 평균을 추정하기 위해 표본평균 $\bar{x}$이 이용된다.

a. $\bar{x}$의 기댓값은 얼마인가?

b. $\bar{x}$의 표준편차는 얼마인가?

c. $\bar{x}$의 표본분포를 보이시오.

d. $\bar{x}$의 표본분포는 무엇을 나타내는가?

19. 모집단의 평균이 200이고 표준편차는 50이다. 표본 100개가 단순 무작위로 선정되었고 μ를 추정하기 위해 $\bar{x}$를 이용한다.

a. 표본평균이 모집단 평균의 ± 5일 확률은 얼마인가?

b. 표본평균이 모집단 평균의 ± 10일 확률은 얼마인가?

20. 모집단 표준편차는 $\sigma = 25$이다. 표본규모가 50, 100, 150, 200인 경우에 대해 평균의 표준오차 $\sigma_{\bar{x}}$를 계산하시오. 표본규모가 커지면 평균의 표준오차의 크기가 어떻게 되는지 기술하시오.

21. 표본 50개가 단순 무작위로 선정되었고 $\sigma = 10$이다. 다음의 각각에 대해 평균의 표준오차값을 찾으시오(만약 적절하다면 유한 모집단 수정요인을 이용하시오.).

a. 모집단의 규모가 무한

b. 모집단의 규모 $N = 50{,}000$

c. 모집단의 규모 $N = 5{,}000$

d. 모집단의 규모 $N = 500$

적용문제

22. EAI 표본추출 문제의 표본분포. EAI 표본추출 문제를 참고하시오. 60명의 관리자를 단순 무작위 표본으로 사용한다고 가정하자.

a. 60명을 단순 무작위 표본으로 사용할 때 $\bar{x}$의 표본분포를 그려 보시오.

b. 만약 120명을 단순 무작위 표본으로 사용한다면 $\bar{x}$의 표본분포는 어떻게 될까?

c. 만약 표본규모가 커진다면 $\bar{x}$의 표본분포는 어떻게 될 것인지에 대해 일반적으로 설명해 보시오.

23. EAI 표본추출 문제의 확률 찾기. EAI 표본추출 문제(그림 7.5 참조)에서 $n = 30$일 때 모집단 평균의 ± 500달러 이내에서 표본평균을 얻을 확률은 0.5034이다.

a. 표본규모가 60일 때 $\bar{x}$가 모집단 평균의 500달러 이내에 있을 확률은 얼마인가?

b. 표본규모가 120일 때 $\bar{x}$가 모집단 평균의 500달러 이내에 있을 확률은 얼마인가?

24. 미국의 실업. Barron's는 개인이 미취업상태에 있는 평균 기간은 17.5주라고 보고하였다(Barron's, 2008년 2월 18일). 미취업자 모집단의 모집단 미취업 평균기간이 17.5주이고 표준편차가 4주라고 가정하자. 추적조사를 위해 50명의 미취업자를 무작위 표본으로 선택하고자 한다.

a. 미취업 표본 50명의 표본평균인 $\bar{x}$의 표본분포를 보이시오.

b. 단순 무작위 표본 50명의 표본평균이 모집단 평균 1주 이내에 있을 확률은 얼마인가?

c. 단순 무작위 표본 50명의 표본평균이 모집단 평균 1/2주 이내에 있을 확률은 얼마인가?

25. SAT 점수. 2021년 3월, PrepScholar는 SAT(수학적성시험)의 두 부분에 대해 다음과 같은 평균 점수를 보고하였다.

증거 기반 읽기 및 쓰기	523
수학	528

테스트의 각 부분에 대한 모집단 표준편차 = 100이다.

a. 90명의 응시자 표본이 증거 기반 읽기 및 쓰기 부분에서 모집단 평균 523점의 10점 이내의 표본평균 시험 점수를 제공할 확률은 얼마인가?

b. 90명의 응시자 표본이 수학 부분에서 모집단 평균 528점의 10점 이내의 표본평균 시험 점수를 제공할 확률은 얼마인가?

c. (a)와 (b) 부분에서 계산된 값의 차이에 대해 설명하시오.

26. **연방소득세 신고.** 월스트리트 저널(Wall Street Journal)은 조정 총소득이 30,000달러에서 60,000달러 사이인 납세자의 33%가 연방 소득세 신고 시 항목별 공제를 받았다고 보고한다. 이 납세자 모집단의 평균 공제액은 16,642달러였다. 표준편차가 2,400달러라 가정하자.

a. 항목별 공제를 받은 이 소득집단에 속하는 납세자 표본의 다음 각 표본 크기(30, 50, 100, 400)에서 표본평균이 모집단 평균의 200달러 이내일 확률은 얼마인가?

b. 모집단 평균을 추정할 때 표본 크기가 크면 어떤 이점이 있는가?

27. **대학 졸업자 임금 수준.** EPI(경제정책연구소)는 정기적으로 근로자 임금 보고서를 발행한다. 연구소는 2017년 남자 대졸자의 평균 임금이 시간당 37.39달러, 여자 대졸자의 평균 임금이 시간당 27.83달러라고 보고했다. 표준편차는 남자 대졸자에서 4.60달러, 여자 대졸자에서 4.10달러라 가정하자.

a. 50명의 남성 졸업생 표본의 임금의 표본평균이 모집단 평균 37.39달러의 1.00달러 이내일 확률은 얼마인가?

b. 50명의 여성 졸업생 표본의 임금의 표본평균이 모집단 평균 27.83달러의 1.00달러 이내일 확률은 얼마인가?

c. 위의 두 경우(부분 (a) 또는 부분 (b)) 중 어느 경우가 모집단 평균의 1.00달러 이내에서 표본 추정치를 얻을 확률이 더 높은가? 왜 그런가?

d. 120명의 여성 졸업생 표본의 임금의 표본평균이 모집단 평균 27.83달러보다 0.60달러 이상 낮을 확률은 얼마인가?

28. **주별 강수량.** 캘리포니아주의 연평균 강수량은 22인치, 뉴욕주의 연평균 강수량은 42인치이다. 두 주의 강수량의 표준편차는 4인치라 하자. 캘리포니아의 30년 강수량과 뉴욕의 45년 강수량 자료를 얻었다.

a. 모수와 분포의 형태를 정하여 캘리포니아의 표본평균 연간 강우량의 확률 분포를 설명하시오.

b. 캘리포니아의 표본평균이 캘리포니아의 모집단 평균과 1인치 이내에 있을 확률은 얼마인가?

c. 뉴욕의 표본평균이 뉴욕의 모집단 평균의 1인치 내에 있을 확률은 얼마인가?

d. 어느 경우(b 또는 c)에 표본평균이 모집단 평균의 1인치 이내일 확률이 더 큰가? 왜 그런가?

29. **소득세 신고서 작성 수수료.** Accounting Today에 따르면, 2020년 소득세 신고서(1040과 주정부 신고서) 작성 대행 수수료는 평균 302달러였다. 이를 모집단 평균이라 하고, 모집단의 표준편차를 100달러라 하자.

a. 30개 수수료의 평균이 모집단 평균의 16달러 내에 있을 확률은 얼마인가?

b. 50개 수수료의 평균이 모집단 평균의 16달러 내에 있을 확률은 얼마인가?

c. 100개 수수료의 평균이 모집단 평균의 16달러 내에 있을 확률은 얼마인가?

d. 표본평균이 모집단 평균의 $16 내에 있을 확률을 최소 0.95로 보장하기 위해 권장하는 표본 크기는 (a), (b), (c)의 표본 크기 중 어느 것인가?

30. **직원의 연령.** 모집단이 4,000명인 근로자의 평균연령을 추정하기 위해 단순 무작위로 40명의 근로자를 선정하였다.

a. 평균의 표준오차를 계산하기 위해 유한 모집단 수정계수(finite population correction factor)를 이용할 것인지를 설명하시오.

b. 만약 모집단 표준오차가 $\sigma = 8.2$년이라 한다면 유한 모집단 수정계수가 있는 경우와 없는 경우 모두에 대해 표준오차를 계산하시오. 만약 $n/N \le 0.05$인 경우 유한 모집단 수정계수를 사용하지 않는 근거는 무엇인가?

c. 근로자 표본평균 연령이 모집단 평균 연령의 ± 2년 이내에 있을 확률은 얼마인가?

7.6 $\bar{p}$의 표본분포

표본비중 $\bar{p}$는 모집단 비중 p의 점추정량이다. 표본비중을 계산하는 공식은

$$\bar{p} = \frac{x}{n}$$

x = 관심 특성을 가지는 표본 요소의 수
n = 표본규모

이다. 7.4절에서 보았듯 표본비중 $\bar{p}$는 하나의 확률변수이고 이의 확률분포는 $\bar{p}$의 표본분포라 한다.

$\bar{p}$의 표본분포

$\bar{p}$의 표본분포는 가능한 모든 표본평균값들의 확률분포이다.

표본비중 $\bar{p}$가 모집단 비중 p에 얼마나 가까운지 결정하려면 $\bar{p}$의 표본분포의 특성, 즉 $\bar{p}$의 기댓값, $\bar{p}$의 표준편차, $\bar{p}$의 표본분포의 형태나 유형을 이해하여야 한다.

$\bar{p}$의 기댓값

$\bar{p}$의 기댓값, $\bar{p}$의 가능한 모든 값들의 평균은 모집단 비중 p와 일치한다.

$\bar{p}$의 기댓값

$$E(\bar{p}) = p \tag{7.4}$$

$E(\bar{p}) = \bar{p}$의 기댓값
$p =$ 모집단 평균

$E(\bar{p}) = p$이기 때문에 $\bar{p}$는 p의 불편 추정량이다. 7.1절에서 EAI 모집단에서 관리자 중 회사가 제공하는 관리훈련 프로그램을 이수한 모집단의 비중 $p = 0.60$이었음을 상기하자. 따라서 EAI 표본추출 문제에서 $\bar{p}$의 기댓값은 0.60이다.

$\bar{p}$의 표준편차

$\bar{x}$의 표준편차에 대해서와 마찬가지로 $\bar{p}$의 표준편차는 모집단이 유한한가 무한한가에 의존한다.

$\bar{p}$의 표준편차

유한 모집단 무한 모집단

$$\sigma_{\bar{p}} = \sqrt{\frac{N-n}{N-1}}\sqrt{\frac{p(1-p)}{n}} \qquad \sigma_{\bar{p}} = \sqrt{\frac{p(1-p)}{n}} \tag{7.5}$$

식 (7.5)의 두 식을 비교하면 유일한 차이는 유한 모집단 수정계수 $\sqrt{(N-n)/(N-1)}$에 있다.

표본평균 $\bar{x}$의 경우와 마찬가지로 유한 모집단과 무한 모집단 공식의 차이는 표본규모에 비해 유한 모집단의 규모가 커지면 미미해지는 것을 알 수 있다. 따라서 표본평균에 대해 권고한 것과 마찬가지의 재량을 따르면 된다. 즉, 모집단이 유한하되 $n/N \leq 0.05$이면 $\sigma_{\bar{p}} = \sqrt{p(1-p)/n}$을 사용할 수 있다. 그러나 모집단이 유한하고 $n/N \geq 0.05$이면 유한 모집단 수정계수를 사용하여야 한다. 또한 달리 명시되지 않으면, 이 책에서는 모집단 규모가 표본규모에 비해 '충분히 크고' 그래서 유한 모집단 수정계수가 불필요하다고 가정한다.

7.5절에서 $\bar{x}$의 표준편차를 나타내고자 평균의 표준오차를 이용하였다. 일반적으로 표준오차는 점추정량의 표준편차를 나타내는 것으로 기술하였다. 따라서 비중에 대해서 비중의 표준오차는 $\bar{p}$의 표준편차를 나타낸다. EAI 문제로 돌아와 EAI 관리자 30명의 단순

무작위 표본과 관련된 비중의 표준오차를 계산하자.

EAI 연구에서 관리훈련 프로그램을 이수한 관리자 모집단 비중은 $p = 0.60$이다. $n/N = 30/2,500 = 0.012$이므로 비중의 표준오차를 계산할 때 유한 모집단 수정계수를 무시할 수 있다. 관리자 30명의 단순 무작위 표본에 대해 $\sigma_{\bar{p}}$는 다음과 같다.

$$\sigma_{\bar{p}} = \sqrt{\frac{p(1-p)}{n}} = \sqrt{\frac{0.60(1-0.60)}{30}} = 0.0894$$

$\bar{p}$의 표본분포의 형태

이제 $\bar{p}$의 표본분포의 평균과 표준편차를 구했으니 마지막 단계는 표본분포의 확률변수의 형태 또는 유형을 결정하는 것이다. 표본비중은 $\bar{p} = x/n$이다. 대규모 모집단으로부터의 단순 무작위 표본에 대해 x값은 관심 특성을 가진 표본요소의 수를 표시하는 이항확률변수이다. n이 상수이므로 x/n의 확률은 x의 이항확률과 동일하며, 이는 $\bar{p}$의 표본분포 역시 이산확률분포이며 x/n의 각 값에 대한 확률은 x의 이항확률과 동일하다는 것을 의미한다.

6장에서 다음 두 조건

$$np \geq 5\text{와} \qquad n(1-p) \geq 5$$

을 만족시킬 정도로 표본규모가 충분히 커지면 이항분포는 정규분포로 근사될 수 있다는 것을 보였다. 이 조건이 만족된다고 가정하면 관심 대상 특성을 가진 표본요소의 수 x의 확률분포는 정규분포로 근사된다. 그리고 n이 상수이므로 $\bar{p} = x/n$의 표본분포 역시 정규분포로 근사될 수 있다. 이러한 근사는 다음과 같이 나타난다.

$\bar{p}$의 표본분포는 $np \geq 5$이고, $n(1-p) \geq 5$이면 정규분포로 근사될 수 있다.

실제 적용에서 모집단 비중의 추정치에 대해 이야기할 때에는 거의 대부분 표본규모가 $\bar{p}$의 표본분포로 정규근사를 사용할 수 있을 정도로 충분히 크다.

EAI 표본추출 문제에서 훈련프로그램을 이수한 모집단 비중이 $p = 0.60$임을 상기하자. 규모 30의 단순 무작위 표본에 대해 $np = 30(0.60) = 18$이고 $n(1-p) = 30(0.40) = 12$이다. 따라서 $\bar{p}$의 표본분포는 그림 7.8에 보인 정규분포로 근사될 수 있다.

$\bar{p}$의 표본분포의 실제값

$\bar{p}$의 표본분포의 실용적 가치는 이것이 표본비중과 모집단 비중의 차이에 대한 확률 정보를 제공한다는 데 있다. 예를 들면, EAI 문제에서 인사담당 이사는 훈련프로그램을 이수

그림 7.8 EAI 관리훈련 프로그램을 이수한 참가 관리자에 대한 $\bar{p}$의 표본분포

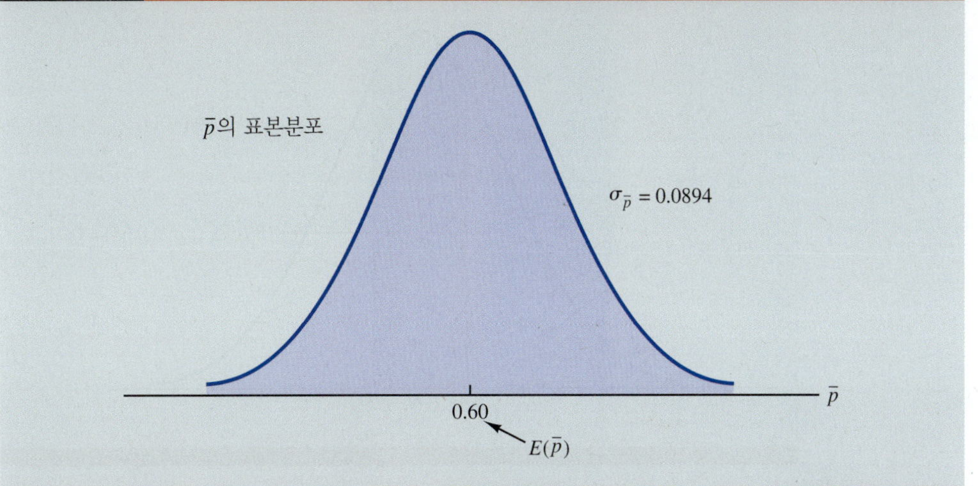

한 EAI 관리자 모집단 비중으로부터 0.05 이내에서 $\bar{p}$값을 얻을 확률을 알고 싶다. 즉, 표본비중 $\bar{p}$가 0.55와 0.65 사이에 있는 표본을 얻을 확률이 얼마인가? 그림 7.9에 진하게 칠해진 면적이 그러한 확률을 표시한다. $\bar{p}$의 표본분포가 평균 0.60, 비중의 표준오차 $\sigma_{\bar{p}} = 0.0894$인 정규분포로 근사될 수 있다는 사실로부터 $\bar{p} = 0.65$에 해당하는 표준정규확률변수는 $z = (0.65 - 0.60)/0.0894 = 0.56$이다. 표준정규분포표를 이용하면, $z = 0.56$에 해당하는 누적확률은 0.7123이다. 동일한 방법으로 $\bar{p} = 0.55$이면 $z = (0.55 - 0.60)/0.0894 = -0.56$이다. 표준정규확률표에서, $z = -0.56$에 해당하는 누적확률은 0.2877이다. 따라서 표본비중 $\bar{p}$가 모집단 비중 P에서 0.05 이내에 있는 표본을 선택할 확률은 $0.7123 - 0.2877 = 0.4246$이다.

표본규모를 $n = 100$으로 늘리면 비중의 표준오차는

$$\sigma_{\bar{p}} = \sqrt{\frac{0.60(1 = 0.60)}{100}} = 0.049$$

가 된다. EAI 관리자 100명 표본규모에서 표본비중이 모집단 비중으로부터 0.05 이내에 있을 확률을 이제 계산할 수 있다. 표본분포가 평균 0.60, 표준오차 0.049인 정규분포에 가까우므로 표준정규분포표를 이용하여 면적 또는 확률을 찾을 수 있다. $\bar{p} = 0.55$에 해당하는 $z = (0.55 - 0.60)/.049 = -1.02$이다. 표준정규분포표를 보면 $z = -1.02$와 $z = 0$ 사이 면적은 0.3461이다. 마찬가지로 0.65에서 $z = 0$과 $z = 1.02$ 사이 면적은 0.3461이다. 따라서 표본규모가 30개에서 100개로 늘어나면 표본비중 $\bar{p}$이 모집단 비중 p로부터 0.05 이내에 있을 확률은 $0.3461 + 0.3461 = 0.6922$로 커진다.

그림 7.9 $\bar{p}$가 0.55와 0.65 사이에 있을 확률

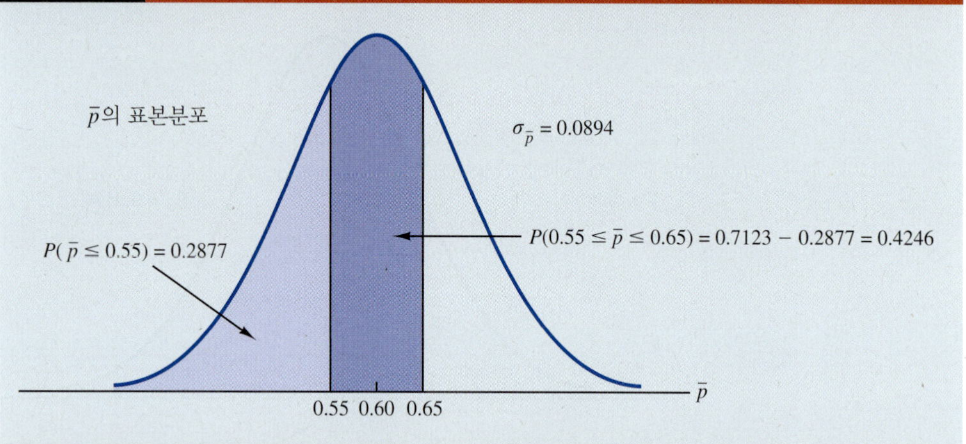

연습문제

기본문제

31. 모집단 비율 $p = 0.40$인 모집단으로부터 단순무작위표본 100개를 추출하였다.

a. $\bar{p}$의 기댓값은 얼마인가?

b. $\bar{p}$의 표준오차는 얼마인가?

c. $\bar{p}$의 표본분포를 보이시오.

d. $\bar{p}$의 표본분포는 무엇을 나타내는가?

32. 표본분포는 0.40이다. 200개 표본이 단순 무작위로 선정되었고 표본비율 $\bar{p}$를 모집단 비율을 추정하는 데 사용한다.

a. 표본비율이 모집단 비율의 ± 0.03 이내에 있을 확률은 얼마인가?

b. 표본비율이 모집단 비율의 ± 0.05 이내에 있을 확률은 얼마인가?

33. 표본비율을 0.55라고 가정하자. 표본이 각각 100, 200, 500, 1,000일 경우 비율의 표준오차 $\sigma_{\bar{p}}$를 계산하시오. 표본규모가 커질수록 비율의 표준오차의 크기가 어떻게 된다고 말할 수 있는가?

34. 모집단 비율이 0.30이다. 다음과 같은 표본규모의 각 경우에 대해 표본비율이 모집단 비율의 ± 0.04 이내에 있을 확률은 얼마인가?

a. $n = 100$

b. $n = 200$

c. $n = 500$

d. $n = 1,000$

e. 표본규모가 커지면 장점은 무엇인가?

적용문제

35. 첫고객의 주문. 호와칸(Howahkan Distributors Inc.) 회사의 회장은 회사에 들어오는 주문의 30%는 처음 찾는 고객이 하는 것이라고 생각한다. 단순 무작위로 100개의 주문을 선정하여 처음으로 주문한 고객의 비율을 추정한다.

a. 회장의 생각이 옳고 $p = 0.30$이라 가정하자. 이 연구를 위한 $\bar{p}$의 표본분포는 무엇인가?

b. 표본비율 $\bar{p}$가 0.20와 0.40 사이에 있을 확률은 얼마인가?

c. 표본비율 $\bar{p}$가 0.25와 0.35 사이에 있을 확률은 얼마인가?

36. 기업가의 창업 연령. 월스트리트저널(WSJ)은 기업가 중 55%의 첫 창업 연령이 29세 이하였으며, 45%의 기업가의 첫 창업 연령은 30세 이상이라고 보도했다.

a. 기업가의 가장 중요한 자질을 알아보기 위해 200명의 기업가 표본을 추출한다고 하자. 29세 이하에 처음 창업한 기업가의 표본비율을 $\bar{p}$라 하고, $\bar{p}$의 표본분포의 분포 형태와 모수를 구하시오.

b. (a)에서 표본비율이 모집단 비율의 ± 0.05 내에 있을 확률은 얼마인가?

c. (a)와 마찬가지로 200명의 기업가 표본을 추출한다고 하자. 이제 30세 이상에 처음 창업한 기업가의 표본비율을 $\bar{p}$라 하고, $\bar{p}$의 표본분포의 분포 형태와 모수는 무엇인가?

d. (c)에서 표본비율이 모집단 비율의 ± 0.05 내에 있을 확률은 얼마인가?

e. (b)와 (d)에서 두 확률이 다른가? 왜, 그런가?

f. 표본크기가 400일 때, (b)의 확률은 얼마인가? 확률이 더 작은가? 왜 그런가?

37. 음식물 쓰레기. 2017년 Restaurant Hospitality 웹사이트는 음식 서비스 및 레스토랑 부문에서 음식쓰레기의 10%만이 회수되어, 연간 약 15억 분의 식사가 버려진다고 보고했다. 이것이 실제 모집단 비율이라 가정하고, 음식 서비스 및 레스토랑 부문의 525개 회사의 표본을 대상으로 설문조사를 실시하여 이들의 행동을 더 조사할 계획이다.

a. 표본 응답자로부터 회수한 음식쓰레기의 비율 $\bar{p}$의 표본분포의 분포 형태와 모수는 무엇인가?

b. 이 설문조사에서 표본비율이 모집단 비율의 ± 0.03 이내일 확률은 얼마인가?

c. 이 설문조사에서 표본비율이 모집단 비율의 ± 0.015 이내일 확률은 얼마인가?

38. 불필요한 의료. 리더스다이제스트(Reader's Digest)에 따르면, 1차 진료의사의 42%가 환자가 불필요한 의료 서비스를 받고 있다고 생각한다.

a. 300명의 1차 진료의사를 표본추출하였다. 환자가 불필요한 진료를 받고 있다고 생각하는 의사의 비율에 대한 표본분포의 분포 형태와 모수는 무엇인가?

b. 표본비율이 모집단 비율의 ± 0.03 내에 있을 확률은 얼마인가?

c. 표본비율이 모집단 비율의 ± 0.05 내에 있을 확률은 얼마인가?

d. 더 많은 표본을 추출하면, (b)와 (c)에서 확률은 어떻게 되나? 왜 그런가?

39. 거래개선협회 불평접수. 거래개선협회(Better Business Bureau)는 접수받은 불평의 75%를 해결하였다(USA Today, 2009년 3월 2일). 당신이 금년에 새 자동차 딜러와 관련하여 접수된 불평을 조사하도록 고용되었다고 가정하자. 거래개선협회가 해결할 수 있는 불평의 비율을 추정하기 위해 새 자동차 딜러를 표본으로 선택할 계획이다. 새 자동차 딜러에 대한 불평의 모집단 비율은 2008년의 전반적인 불평 비율과 동일한 0.75라고 가정하자.

a. 새 자동차 딜러와 관련된 450개의 불평을 표본으로 선택하였다고 가정하자. $\bar{p}$의 표본분포를 보이시오.

b. 450개 불평을 표본으로 하는 경우 표본비율이 모집단 비율의 ± 0.04 이내에 있을 확률은 얼마인가?

c. 새 자동차 딜러와 관련된 200개의 불평을 표본으로 선택하였다고 가정하자. $\bar{p}$의 표본분포를 보이시오.

d. 200개 불평을 표본으로 하는 경우 표본비율이 모집단 비율의 ± 0.04 이내에 있을 확률은 얼마인가?

e. 확률이 커지는 것을 측정해 볼 때 문항 (b)에서 표본이 더 큰 경우에 얼마나 정확한 값을 얻었는가?

40. 상품라벨링. Grocery Manufacturers on American은 소비자의 76%가 생산자 라벨에 표시된 성분을 읽는다고 보고하였다. 모집단 비율 $p = 0.76$이라 하고 모집단을 위해 표본으로 400명의 소비자가 선정되었다고 가정하자.

a. 생산자 라벨에 표시된 성분을 읽는다는 표본 소비자의 비율을 $\bar{p}$라고 할 때 표본비율 $\bar{p}$의 표본분포를 보이시오.

b. 표본비율이 모집단 비율의 ± 0.03 이내에 있을 확률은 얼마인가?

c. 소비자가 750명으로 하여 문항 (b)에 답하시오.

41. 가구의 식품비 지출. 음식 마케팅 연구소는 가구의 17%가 식품점에 주당 100달러보다 많은 돈을 지출한다는 것을 보였다. 모집단 비율 $p = 0.17$이라 하고 모집단에서 800가구를 단순 무작위 표본으로 선정하였다고 가정하자.

a. 식품점에 주당 100달러보다 많은 돈을 지출하는 가구의 표본비율을 $\bar{p}$라 하고 $\bar{p}$의 표본분포를 보이시오.

b. 표본비율이 모집단 비율의 ± 0.02 이내에 있을 확률은 얼마인가?

c. 1,600가구를 표본으로 하여 문항 (b)에 답하시오.

7.7 점추정량의 속성

이 장은 표본평균 $\bar{x}$, 표본표준편차 s, 표본비율 $\bar{p}$와 같은 표본 통계를 해당 모집단 모수 μ, σ, p의 점추정량으로 사용하는 방법을 보여주었다. 이러한 각 표본 통계가 해당 모집단 모수의 점추정량이라는 것은 직관적으로 봐도 매력적이다. 그러나 통계학자는 표본 통계를 점추정량으로 쓰기 전에 이들의 좋은 점, 추정과 관련한 특정 속성을 가지는지 확인한다. 여기에서는 좋은 점추정량의 세 가지 속성인 불편성, 효율성, 일치성을 알아본다.

여러 다른 표본 통계가 다양한 모집단 모수의 점추정량으로 사용될 수 있으므로 이 절에서는 다음과 같은 일반 표기법을 사용한다.

θ = 관심 대상인 모집단 모수(parameter, 매개변수)

$\hat{\theta}$ = θ의 표본 통계 또는 점추정량

θ는 그리스 문자 세타(theta), $\hat{\theta}$은 세타-햇(theta-hat)이다. 일반적으로 θ는 모집단 평균, 모집단 표준편차, 모집단 비율 등과 같은 모집단 모수를 나타낸다. $\hat{\theta}$는 표본평균, 표본표준편차, 표본비율 등 해당 표본통계량을 나타낸다.

불편(unbiased) 추정량

표본 통계의 기댓값이 추정되는 모집단 모수와 동일할 때, 표본 통계는 모집단 모수의 불편 추정량(unbiased estimator)이라 한다.

불편성

표본 통계 $\hat{\theta}$의 기댓값 $E(\hat{\theta})$이 θ이면, 즉

$$E(\hat{\theta}) = \theta$$

이면, $\hat{\theta}$은 모집단 모수 θ의 불편 추정량이다.

따라서 불편 표본 통계의 모든 가능한 값의 기댓값 또는 평균은 추정할 모집단 모수와 같다.

그림 7.10은 불편 점추정량과 편의(biased) 점추정량을 보여준다. 불편 추정량을 보여주는 패널 A에서 보듯, 표본분포의 평균은 모집단 모수의 값과 같은데, 점추정량 $\hat{\theta}$의 값이 때때로 θ보다 작기도 하고, 다른 때는 크기도 하므로 추정 오류는 균형을 이룬다. 그러나 편의 추정량의 경우 표본분포의 평균은 모집단 모수의 값보다 작거나 크다. 그림 7.10의 패널 B에서 보듯, $E(\hat{\theta})$은 θ보다 큰데, 이는 표본통계가 모집단 모수의 값을 과대평가할 가능성이 높다는 것을 뜻하며, 편의(bias)의 크기는 그림과 같다.

표본평균과 표본비율의 표본분포를 논의하면, $E(\bar{x}) = \mu$, $E(\bar{p}) = p$라 하였다. 따라서 $\bar{x}$

그림 7.10 불편 추정량과 편의 추정량의 예

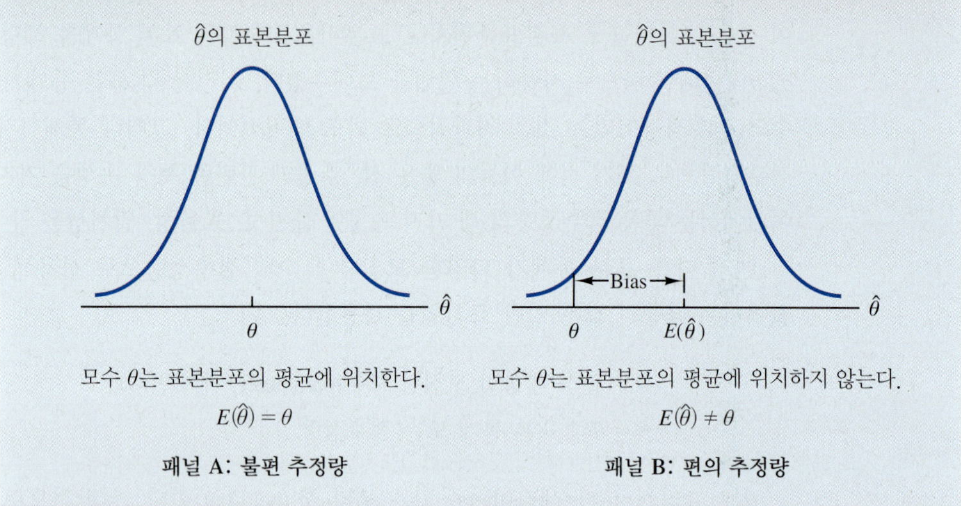

와 $\bar{p}$은 각각 모집단 모수 매개변수 μ와 p의 불편 추정량이다.

표본표준편차 s와 표본 분산 s^2의 경우 $E(s^2) = \sigma^2$이다. 따라서 우리는 표본분산 s^2가 모집단 분산 σ^2의 불편 추정량이라 결론지을 수 있다. 사실 3장에서 표본분산과 표본표준편차 공식을 처음 제시할 때, 분모에 n이 아닌 $n-1$을 사용하였다. n 대신 $n-1$을 사용하는 이유는 표본분산을 모집단 분산의 불편 추정량으로 만들기 위한 것이다.

효율성(Efficiency)

n개 단순 무작위 표본을 사용하여 동일한 모집단 모수의 불편 추정량 2개를 구할 수 있다고 하자. 이때 표준오차가 더 작은 점추정량을 사용하는 것이 좋다. 왜냐하면 모집단 모수에 더 가까운 추정치를 제공하는 경향이 있기 때문이다. 표준오차가 작은 점추정량이 다른 점추정량보다 상대 효율성(relative efficiency)이 더 크다고 한다. 그림 7.11은 두 개의 불편 추정량 $\hat{\theta}_1$과 $\hat{\theta}_2$의 표본분포를 보여준다. $\hat{\theta}_1$의 표준오차(standard error)가 $\hat{\theta}_2$의 표준오차보다 작다. 따라서 $\hat{\theta}_1$의 값이 $\hat{\theta}_2$의 값보다 모수 θ에 가까울 확률이 더 높다. 점추정량 $\hat{\theta}_1$의 표준오차가 $\hat{\theta}_2$의 표준오차보다 작기 때문에 $\hat{\theta}_1$이 $\hat{\theta}_2$보다 상대적으로 더 효율적이며, 더 선호되는 점추정량이다.

일치성(Consistency)

좋은 점추정량과 관련한 세 번째 속성은 일치성이다. 대략적으로 말하면, 표본 크기가 커질수록 점추정량의 값이 모집단 모수에 가까워지는 경향이 있으면, 점추정량은 일치성을 가진다고 한다. 즉, 표본 크기가 클 때 점추정치는 표본 크기가 작을 때보다 더 나아지는 경향이 있다. 표본평균 $\bar{x}$의 표준오차는 $\sigma_{\bar{x}} = \sigma/\sqrt{n}$이다. $\sigma_{\bar{x}}$는 표본 크기와 관련되는데,

그림 7.11 2개 불편 추정량의 표본분포

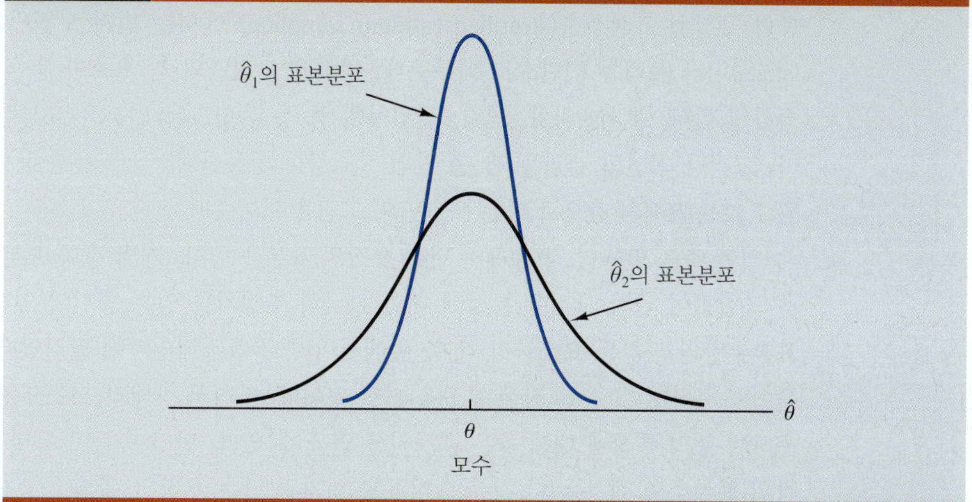

표본 크기가 클수록 $\sigma_{\bar{x}}$가 작아지므로, 표본 크기가 클수록 표본평균의 점추정치는 모집단 평균 μ에 더 가까워지는 경향이라는 결론을 내릴 수 있다. 이러한 의미에서 표본평균 $\bar{x}$는 모집단 평균 μ의 일치추정량이라 한다. 유사한 예로, 표본비율 $\bar{p}$는 모집단 비율 p의 일치추정량이라 할 수 있다.

주석 및 코멘트

3장에서 우리는 평균과 중앙값이 중심 위치를 나타내는 두 가지 척도라고 언급했다. 이번 장에서는 평균에 대해서만 논의했다. 그 이유는 모집단 평균과 모집단 중앙값이 동일한 정규 모집단에서 표본을 추출할 때, 중앙값의 표준오차가 평균의 표준오차보다 약 25% 더 크기 때문이다. $n = 30$인 EAI 문제에서 평균의 표준오차는 $x = 730.3$이라는 것을 기억하자. 이 문제에 대한 중앙값의 표준오차는 $1.25 \times (730.3) = 913$이다. 결과적으로 표본평균은 더 효율적이며 모집단 평균의 지정된 거리 내에 있을 확률이 더 높다.

7.8 그 외 표본추출 방법

단순 **무작위 표본추출***절차를 기술하고 단순 무작위 표본추출을 사용할 때 $\bar{x}$와 $\bar{p}$의 표본분포의 특성에 대해 논의하였다. 그러나 단순 무작위 표본이 유일한 표본추출 방법은 아니다. 층화 무작위 표본추출, 클러스터 추출, 계통 표본추출과 같은 방법이 일정상황에서는 단순 무작위 표본보다 유리하다. 이 절에서는 이러한 대안적 추출방법을 간략히 소개한다.

* 이 절에서는 단순 무작위 표본이 아닌 다른 표본추출 방법을 간략히 소개한다.

층화 무작위 표본추출

층화 무작위 표본추출(stratified random sampling)*에서는 먼저 모집단의 요소들을 층(strata)이라 불리는 집단으로 나누는데, 방식은 모집단의 각 요소가 층 하나에만 반드시 속하게 한다. 부서, 위치, 연령, 산업형태 등 층을 만드는 기본은 표본설계자의 재량이다. 그러나 최선의 결과는 각 층 안의 요소들이 가능한 한 서로 유사할 때 얻어진다. 그림 7.12는 *H*개의 층으로 나눈 모집단의 그림을 보여준다.

일단 층을 만들면 각 층에서 단순 무작위 표본을 한다. 개별 층화 표본에 대한 결과들을 조합하여 관심 모집단 특성에 대한 하나의 추정치를 얻는 공식이 있다. 층화 무작위 표본추출의 가치는 요소들이 각 층 안에서 얼마나 동질적인가에 달려있다. 층 안의 요소들이 유사하면 그 층은 작은 분산을 가질 것이다. 따라서 상대적으로 작은 표본규모를 사용하여 층의 특성에 대해 좋은 추정치를 얻을 수 있다. 만약 층들이 동질적이면, 층화 무작위 표본추출 절차는 더 작은 표본규모를 가진 단순 무작위 표본에서 제공되는 결과와 마찬가지로 정확한 결과를 제공한다.

그림 7.12 층화 무작위 표본추출의 다이어그램

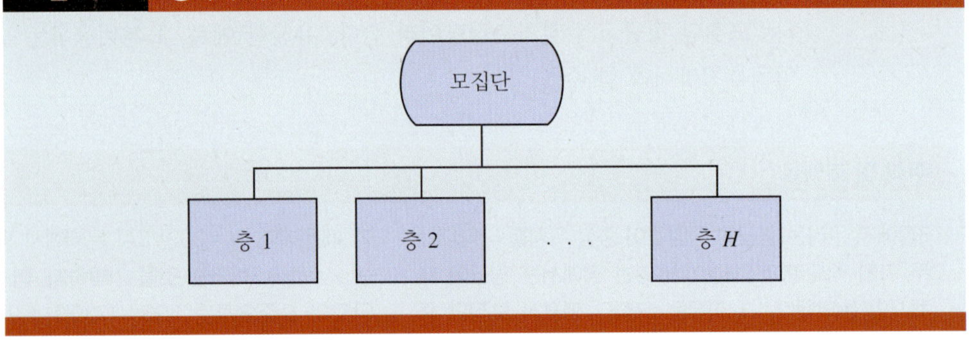

군집(클러스터) 표본추출

군집(클러스터) 표본추출(cluster sampling)**에서는 먼저 모집단의 요소들을 클러스터(덩어리, cluster)라고 하는 집단으로 나눈다. 모집단의 각 요소는 클러스터 하나에만 반드시 속한다(그림 7.13 참조). 그러고 나서 클러스터들의 단순 무작위 표본이 취해진다. 각 표본추출된 클러스터의 모든 요소들이 표본을 구성한다. 군집(클러스터) 표본추출은 클러스터끼리 유사하지 않을 때 최선의 결과를 제공한다. 이상적인 상황에서 각 클러스터는 대표성 있는 전체 모집단의 축소판이다. 군집(클러스터) 표본추출의 가치는 각 클러스터가 전체 표본을 얼마나 잘 대표하는가에 달려있다. 만약 모든 클러스터가 이런 점에서 유

* 층화 무작위 표본추출은 각 층의 요소들 간 분산이 상대적으로 작을 때 최선이다.

** 클러스터 표본추출은 각 클러스터가 모집단의 소규모 대표성을 제공할 때 최선이다.

그림 7.13 클러스터 표본추출의 다이어그램

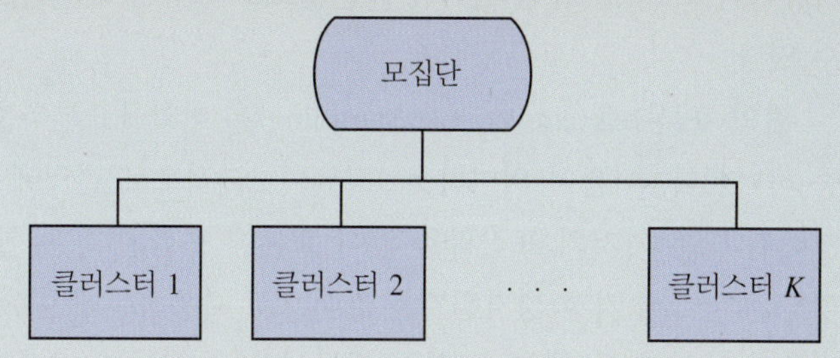

사하다면 소규모 클러스터 표본만으로도 모집단 모수의 좋은 추정치를 제공할 수 있다.

군집(클러스터) 표본추출의 기초적인 적용 중 하나는 클러스터가 도시의 구역 또는 잘 정의된 면적인 지역 추출이다. 군집(클러스터) 표본추출은 일반적으로 단순 무작위 표본법이나 층화 무작위 표본추출법보다 더 큰 총 표본규모를 요구한다. 그러나 조사자가 표본추출된 클러스터(예를 들면 하나의 도시 구역)로 보내질 때 많은 표본 관찰값을 비교적 짧은 시간에 얻을 수 있다는 사실 때문에 이 방법은 비용절약적일 수 있다. 그러므로 커다란 표본규모를 상당히 낮은 총비용으로 얻을 수 있다.

계통 표본추출

어떤, 특히 대규모 모집단으로부터의 표본추출 상황에서는 먼저 난수를 찾고 모집단 목록에서 해당 요소들이 발견될 때까지 헤아리거나 찾아서 단순 무작위 표본을 선택하는 것은 다소 시간소모적이다. 단순 무작위 표본에 대한 대안이 **계통 표본추출(systematic sampling)**이다. 예를 들어 5,000 요소를 포함한 모집단에서 50개의 표본을 선택하려 한다면, 모집단에서 5,000/50 = 100개 요소마다 하나의 요소를 추출해야 한다. 이러한 경우의 계통표본은 모집단 목록에서 첫 100 요소 중 하나를 무작위로 선택한다. 다른 표본 요소는 처음 추출된 요소로부터 시작하여 모집단 목록에서 그 다음 매 100번째 요소를 선택한다. 실제 50개의 표본은 체계적으로 모집단을 관통하여 이동하면서 처음 무작위로 선택된 요소로부터 매 100번째 요소를 변별함으로써 얻어진다. 이러한 50개 표본은 통상 단순 무작위 표본추출 방법보다는 쉽게 변별된다. 처음 선택되는 요소가 무작위 선택이기 때문에 계통 표본추출은 통상 단순 무작위 표본의 속성을 가지는 것으로 가정한다. 이러한 가정은 특히 모집단 요소 목록이 임의로 서열화되어 있을 때 적용된다.

편의 표본추출

지금까지 소개한 표본추출법은 확률표본추출(probability sampling) 기법이라 한다. 모집단으로부터 선택된 요소들은 표본에 포함될 기지의 확률을 가지고 있다. 확률표본추출의 장점은 적절한 표본통계량의 표본분포가 일반적으로 변별된다는 것이다. 이 장에서 보여준 단순 무작위 표본추출의 표본통계량과 같은 공식들이 표본분포의 속성을 결정하는 데 사용된다. 그러고 나면 이러한 표본분포로 오류에 관한 통계서술을 표본결과와 관련시킬 수 있다.

편의 표본추출(converience sampling)은 비확률표본추출(nonprobability sampling) 기법 중 하나이다. 이름이 의미하듯 표본은 기본적으로 편의에 따라 변별된다. 요소들은 미리 정해진 또는 기지의 표집확률 없이 표본에 포함된다. 예를 들면, 한 대학에서 연구를 수행하는 한 교수가 학생자원자를 표본으로 사용하는데 이는 쉽게 가용한 실험재료를 거의 비용을 들이지 않고 쓸 수 있기 때문이다. 유사하게 검사관이 선적된 오렌지를 과일상자들 중에서 우연에 의존하여 표본추출하기도 한다. 각 오렌지에 번호를 붙이고 확률표본추출 방법을 사용하는 것은 비현실적이다. 야생물 포획이나 소비자연구의 자원자집단과 같은 표본 역시 편의 표본이다.

편의 표본은 표본선택과 자료수집이 상대적으로 쉽다는 장점이 있다. 그러나 표본의 '양호성(goodness)'을 이의 모집단 대표성의 관점에서 평가하는 것은 불가능하다. 편의 표본이 좋은 결과를 가져다 줄 수도 있고 그렇지 않을 수도 있다. 통계적으로 정당화되지 않은 절차는 표본결과의 질에 대한 통계분석과 추론을 허용하지 않는다. 종종 연구자들은 편의 표본을 확률표본처럼 다룰 수 있다고 주장하면서 확률표본을 위한 통계적 방법을 편의 표본에 적용하려고 하지는 않는다. 그러나 이러한 주장은 지지될 수 없으므로 편의 표본의 결과를 모집단에 대한 추론에 사용할 때에는 해석에 주의하여야 한다.

판단 표본추출

또 다른 비확률표본추출 기법으로 **판단 표본추출(judgment sampling)**이 있다. 이러한 접근방법에서는 그 연구 주제에 대해 가장 지식이 풍부한 사람이 모집단을 가장 잘 대표하는 것으로 여겨지는 모집단의 요소를 선택한다. 종종 이 방법은 상대적으로 용이하게 표본을 선택하는 방법이다. 예를 들면, 보도자는 두세 명의 상원의원을 선택하는데 이들이 모든 상원의원들의 일반 견해를 반영한다고 판단한다. 그러나 표본결과의 질은 표본을 선택하는 사람의 판단에 의존한다. 모집단에 관한 추론을 할 때 판단표본을 바탕으로 한 결론도출에는 상당한 주의가 필요하다는 것을 다시 한 번 강조한다.

주석 및 코멘트

단순 무작위 표본추출, 층화 무작위 표본추출, 클러스터 표본추출, 계통 표본추출과 같은 확률표본추출 방법을 사용할 것을 권한다. 이러한 표본추출법에 대해서 추정 모집단 모수와의 근접성 측면에서 표본결과의 '양호성'을 평가하는 공식을 쓸 수 있다. 편의 표본이나 판단 표본에 대해서는 양호성의 평가가 불가능하다. 따라서 비확률추출 방법을 바탕으로 한 결과를 해석할 때에는 매우 주의해야 한다.

7.9 빅데이터와 표본분포의 표준오차

통계적 추론의 목적은 표본 데이터를 사용하여 모집단의 일부 특성에 대한 통찰력을 신속하고 저렴하게 얻는 것이다. 따라서 표본이 조사 대상 모집단과 유사하거나 이를 대표할 것으로 기대하는 것이 중요하다. 실제 개별 표본은 정도의 차이는 있지만 항상 표본이 추출된 모집단을 완벽하게 대표하지는 못한다. 표본이 관심 모집단을 대표하지 못하는 데는 두 가지 일반적인 이유, 즉 표본오류와 비표본오류가 있다.

표본추출 오류(Sampling Error)

표본이 모집단을 대표하지 못하는 한 가지 이유는 표본추출 오류(또는 표본오류), 즉 무작위 표본추출에서 모집단에서 벗어난 표본추출이다. 동일한 크기의 반복된 독립 무작위 표본이 확률 표본추출 기법을 사용하여 관심 모집단에서 수집되면 평균적으로 표본은 모집단을 대표하게 된다. 이는 표본 데이터를 무작위로 수집하는 것에 대한 정당성을 제공한다. 그러나 표본 데이터를 무작위로 수집한다고 해서 단일 표본이 관심 모집단을 완벽하게 대표한다는 보장은 없다. 표본을 무작위로 수집할 때 표본 데이터가 표본이 추출된 모집단을 완벽하게 대표할 것으로 기대할 수는 없다. 무작위 샘플을 수집할 때 표본추출 오류는 피할 수 없다. 이는 모집단 전수조사(census)와 관련된 비용 대신 무작위 표본 수집을 선택할 때 감수해야 하는 위험이다.

식 (6.2)와 (6.5)로 표현된 바와 같이, 표본평균 $\bar{x}$와 표본비율 $\bar{p}$의 표본분포의 표준오차는 표본 데이터를 사용하여 모집단 평균 μ와 모집단 비율 p를 추정할 때 표본추출 오류의 가능성을 반영한다. 표본 크기 n이 증가함에 따라 통계에 대한 극단값의 잠재적 영향이 감소하므로 표본에 의해 생성된 통계의 잠재적 값에 대한 변동이 줄어들고 이러한 표본분포의 표준오차가 감소한다. 이러한 표준오차는 표본 데이터를 사용하여 모집단 평균 μ와 모집단 비율 p를 추정할 때 표본추출 오류의 가능성을 반영하기 때문에 매우 큰 표본에서는 표본추출 오류의 가능성이 거의 없음을 알 수 있다.

비표본오류(Nonsamapling Error)

표본 크기 n이 증가함에 따라 표본분포의 표준오차가 감소하지만 이는 매우 큰 표본이 항상 관심 모집단에 대한 신뢰할 수 있는 정보를 제공한다는 결론을 내릴 수 있다는 의미는 아니다. 이는 표본추출 오류가 표본이 대상 모집단을 대표하지 못하는 유일한 이유가 아니기 때문이다. 무작위 표본추출 이외의 이유로 발생하는 모집단 표본의 편차를 비표본오류라 한다. 비표본오류는 다양한 이유로 발생할 수 있다.

온라인 뉴스 서비스, PenningtonDailyTimes.com(PDT)을 생각해 보자. PDT의 주요 수익원은 광고 판매이기 때문에 뉴스 서비스는 광고 판매를 지원하기 위해 웹사이트 방문자의 행동에 대한 샘플 데이터를 수집하는 데 주력한다. 잠재 광고주들은 방문 시간이 긴 웹사이트에 광고하기 위해 기꺼이 프리미엄을 지불할 의향이 있기 때문에 PDT 경영진은 고객이 PDT 웹사이트를 방문하는 동안 보내는 시간에 큰 관심을 갖고 있다. 광고주는 웹사이트 방문자가 웹사이트에 게재된 광고를 클릭하는 빈도에도 관심이 있으므로 PDT도 웹사이트 방문자가 PenningtonDailyTimes.com에 게재된 광고를 클릭했는지 여부에도 관심이 있다.

PDT는 누구로부터 데이터를 수집해야 하는가? 현재 방문자에 대한 데이터를 수집해야 하나? 새로운 방문자를 유인하고, 이들의 방문에 대한 데이터를 수집해야 하나? 그렇다면, 경쟁사 웹사이트에서 유입된 방문자나 온라인 뉴스 사이트를 정기적으로 방문하지 않는 방문자가 자사 웹사이트에서 보낸 시간을 측정해야 하나? 이러한 질문에 대한 대답은 PDT의 연구 목표에 따라 달라진다. 회사는 현재 시장을 평가하고, 경쟁사로부터 유치할 수 있는 고객의 잠재력을 평가하고, 온라인 뉴스 서비스에서 정기적으로 뉴스를 얻지 않는 개인과 같은 완전히 새로운 시장의 잠재력을 탐색하려고 하는가? 연구 목표와 표본을 추출할 모집단이 일치하지 않으면 PDT가 수집하는 데이터는 회사의 연구 목표 달성에 도움이 되지 않는다. 이러한 유형의 오류를 적용범위오류(coverage error)라고 한다.

적절한 모집단에서 표본을 추출하더라도 대상 모집단의 일부가 표본에서 체계적으로 과소대표되거나 과대대표되면 비표본오류가 발생할 수 있다. 이는 연구 설계에 결함이 있거나 모집단 중 일부가 반응할 가능성이 높거나 낮기 때문에 발생할 수 있다. PDT는 방문자가 PDT 웹사이트를 떠날 때 열리는 팝업 설문지를 구현한다고 가정하자. 팝업 차단기를 설치한 PDT 웹사이트 방문자는 과소대표될 가능성이 높으며, 팝업 차단기를 설치하지 않은 PDT 웹사이트 방문자는 과대대표될 가능성이 높다. 팝업 차단기를 설치한 PDT 웹사이트 방문자의 행동이 팝업 차단기를 설치하지 않은 PDT 웹사이트 방문자의 행동과 다르다면, 이러한 표본을 통해 PDT 웹사이트의 모든 방문자의 행동에 대한 결론을 도출하는 것은 오해를 불러일으킬 수 있다. 이러한 유형의 오류를 무응답오류(nonresponse error)라 한다.

비표본오류의 또 다른 잠재적 원인은 관심 특성의 잘못된 측정이다. PDT가 응답자에게 모호하거나 이해하기 어려운 질문을 하면, 응답자의 응답 의도가 정확하게 반영되지 않을 수 있다. 예를 들어, PDT가 "PDT의 뉴스 기사가 설득력 있고 정확합니까?"라고 묻는다면, 응답자는 어떻게 응답해야 할지 확신할 수 없다. PDT의 뉴스 기사가 설득력은 있지만 오류가 있다고 생각하는 경우 방문자는 어떻게 반응해야 할까? 응답자가 PDT의 뉴스 기사가 정확하지만 지루하다고 느낀다면 어떤 응답이 적절할까? 편향되거나 유도적인 방식으로 질문을 하는 경우에도 유사한 문제가 발생할 수 있다. PDT가 "많은 독자들이 PDT의 뉴스 기사가 설득력 있고 정확하다고 생각한다. PDT의 뉴스 기사가 설득력 있고 정확하다고 생각하십니까?"실제 질문 이전에 한정된 진술을 하면 긍정적인 응답 쪽으로 편향될 가능성이 높다. 응답자가 잘못된 답변을 제공하는 경우에도 관심 특성에 대한 잘못된 측정이 발생할 수 있다. 이는 응답자의 기억력이 좋지 않거나 정직하게 응답하려는 의지가 없기 때문일 수 있다. 이러한 유형의 오류를 측정오류(measurement error)라고 한다.

비표본오류는 표본을 사용하여 생성된 추정치에 편의를 가져올 수 있으며, 이러한 편의는 의사결정 프로세스에서 표본 데이터를 사용하는 의사결정자를 오도할 수 있다. 표본 크기와 관계없이 관심 모집단에 대한 통찰력을 얻기 위해 표본 데이터를 사용할 때마다 이러한 표본 추출의 한계를 극복해야 한다. 표본 크기가 증가함에 따라 표본추출 오류는 감소하지만, 매우 큰 표본이더라도 여전히 비표본오류로 인해 문제를 겪을 수 있으며 관심 모집단을 대표하지 못할 수 있다. 표본추출 시 데이터 수집 프로세스에 비표본오류가 발생하는 것을 최소화하도록 주의를 기울여야 한다. 이는 다음 단계에 따라 수행할 수 있다.

- 표본 데이터를 수집하기 전에 대상 모집단을 신중하게 정의하고, 이후 이 대상 모집단에서 무작위 표본을 추출하도록 데이터 수집 절차를 설계한다.
- 데이터 수집 프로세스를 신중하게 설계하고 데이터 수집자를 교육한다.
- 최종 데이터 수집에 앞서 데이터 수집 절차를 사전 테스트하여 비표본오류의 잠재적 원인을 식별하고 수정한다.
- 중요한 질적 변수에 대한 모집단 수준 정보를 사용할 수 있는 경우 계층화된 무작위 표본추출을 사용하여 해당 질적 특성과 관련하여 표본이 모집단을 대표하는지 확인할 수 있다.
- 모집단을 이질적인 하위 그룹이나 군집(클러스터)으로 나눌 수 있는 경우 군집(클러스터) 표본추출을 사용한다.
- 중요한 정량적 변수에 대한 모집단 수준의 정보가 이용 가능한 경우 계통 표본추출을 사용하여 표본이 해당 정량적 특성과 관련하여 모집단을 대표하는지 확인한다.

마지막으로, 모든 무작위 표본(심지어 매우 큰 무작위 표본이라 할지라도)은 어느 정도의 표본추출 오류를 겪게 되며, 비표본오류의 모든 잠재적 원인을 제거하는 것은 비실용적일 수 있다는 점을 인식하여야 한다. 표본추출의 이러한 한계를 이해하면 표본 데이터를 해석하고 표본 데이터를 사용하여 대상 모집단에 대한 결론을 도출할 때 더욱 현실적이고 실용적이 될 수 있다.

빅데이터(Big Data)

최근 추정에 따르면 매일 전 세계적으로 약 2,500경 바이트의 데이터가 생성된다. 이는 1992년에 하루에 전 세계적으로 생성된 데이터의 추정치 100GB, 1997년에 시간당 전 세계적으로 생성된 데이터 100GB, 2002년의 초당 전 세계의 100GB 데이터 생성에 비해 극적인 증가를 나타낸다. 매분마다, 평균 216,000개 Instagram이 게시되고, 204,000,000

표 7.6 데이터 세트의 크기를 묘사하는 용어

Number of Bytes	Metric	Name
1000^1	kB	kilobyte
1000^2	MB	megabyte
1000^3	GB	gigabyte
1000^4	TB	terabyte
1000^5	PB	petabyte
1000^6	EB	exabyte
1000^7	ZB	zettabyte
1000^8	YB	yottabyte

개 이메일이 전송되고, *y*ouTube에 12시간 분량의 영상이 업로드되며, Twitter에 트윗 350,000개가 게시된다. 의심의 여지 없이 현재 생성되는 데이터의 양은 압도적이며 이러한 추세는 확실히 계속될 것으로 예상된다.

이러한 각 경우에 생성되는 데이터 세트는 너무 크거나 복잡하여 현재의 데이터 처리 용량이나 분석 방법은 데이터 분석에 적합하지 않다. 따라서 이들 각각은 빅데이터(big data)의 하나의 예다. 그 밖에도 빅데이터의 소스는 무수히 많다. 센서와 모바일 장치는 엄청난 양의 데이터를 전송한다. 인터넷 활동, 디지털 프로세스, 소셜 미디어 상호작용 역시 막대한 양의 데이터를 생성한다. 데이터의 양이 너무 급격하게 증가했기 때문에 데이터 세트를 크기별로 설명하기 위한 어휘가 확장되어야 한다. 몇 년 전에는 페타바이트의 데이터가 거의 상상할 수 없을 정도로 큰 것처럼 보였지만 이제는 일상적으로 데이터를 요타바이트 단위로 설명한다. 표 7.6에는 데이터 세트의 크기를 설명하는 용어가 요약되어 있다.

빅데이터의 이해

빅데이터를 생성하는 프로세스는 4V라고 불리는 4개 속성 또는 차원으로 설명할 수 있다.

- **Volumn(양)** – 생성된 데이터의 양
- **Variety(다양성)** – 생성된 데이터의 유형과 구조의 다양성
- **Veraciry(신뢰성)** – 생성된 데이터의 신뢰성
- **Velocity(속도)** – 데이터가 생성되는 속도

이러한 속성 중 어느 하나라도 개별적으로 높은 수준이면 빅데이터를 생성하기에 충분하며, 높은 수준에서 동시에 발생하면 결과로 생성되는 데이터의 양이 압도적으로 커질 수 있다. 전자적(종종 자동화된) 데이터 수집의 기술 발전과 개선으로 인해 상대적으로 짧은 시간에 수백만, 심지어 수십억 건의 관찰 내용을 쉽게 수집할 수 있다. 기업은

그 어느 때보다 빠른 속도로 점점 더 많은 양의 다양한 데이터를 수집하고 있다.

빅데이터가 제시하는 도전을 이해하기 위해 이의 구조적 차원을 고려한다. 빅데이터는 대규모 데이터(tall data)일 수 있다. 관측치가 너무 많아서 전통적인 통계적 추론이 거의 의미가 없는 데이터 세트이다. 예를 들어, 소비재 생산업체는 제품에 대한 소비자 인식을 더 잘 이해하기 위해 매일 수백만 개의 소셜 미디어 게시물에 표현된 정서에 대한 정보를 수집한다. 이러한 데이터는 수백만 개(또는 시간이 지남에 따라 수십억 개)의 소셜 미디어 게시물(관찰)에서 표현된 정서(변수)로 구성된다. 빅데이터는 광범위 데이터(wide data)일 수도 있다. 변수가 너무 많아서 모든 변수를 동시에 고려하는 것은 불가능하다. 예를 들어, 고해상도 이미지는 수백만 또는 수십억 개의 픽셀로 구성될 수 있다. 얼굴 인식 알고리즘에 사용되는 데이터는 일치하는 항목을 찾기 위해 이미지를 다른 이미지와 비교할 때 이미지의 각 픽셀을 고려한다. 따라서 이러한 알고리즘은 상대적으로 적은 수의 고해상도 이미지(관찰)에 대해 수백만 또는 수십억 픽셀의 특성(변수)을 활용한다. 물론 빅데이터는 대규모일 수도 광범위일 수도 있는데, 그 결과인 데이터 세트는 압도적으로 커진다.

통계는 빅데이터 세트에 포함된 정보를 이해하는 데 유용한 도구이지만 빅데이터를 분석하기 위해 통계를 사용할 때는 주의해야 한다. 빅데이터에 적용할 때 통계의 한계를 이해하고 그에 따라 해석을 조정하는 것이 중요하다. 대규모 데이터는 비즈니스에서 사용되는 가장 일반적인 형태의 빅데이터이므로 이 절의 나머지 부분에서는 이 구조에 중점을 둔다.

표준오차에 대한 빅데이터의 시사

온라인 뉴스 서비스 PenningtonDailyTimes.com(PDT)의 데이터 수집 문제를 다시 살펴보자. PDT의 주요 수익원은 광고 판매이기 때문에 PDT 경영진은 고객이 PDT 웹사이트를 방문하는 동안 보내는 시간에 관심이 있다. PDT는 과거 데이터를 통해 개별 고객이 PDT 웹사이트를 방문할 때 소비한 시간의 표준편차가 $s = 20$초라고 추정한다. 표 7.7은 개별 고객이 PDT 웹사이트를 방문할 때 소요된 표본평균 시간의 표본분포의 표준오차가 표본 크기가 증가함에 따라 어떻게 감소하는지 보여준다.

PDT는 또한 표본 응답자로부터 웹사이트 방문자가 웹사이트에 게재된 광고를 클릭했는지 여부에 대한 정보를 수집하려고 한다. PDT는 과거 데이터를 통해 과거 웹사이트 방문자의 51%가 웹사이트에 게재된 광고를 클릭했다는 사실을 알고 있으므로 이 값을 $\bar{p}$로 사용하여 표준오차를 추정한다. 표 7.8은 표본 크기가 증가함에 따라 PDT 웹사이트에 게재된 광고를 클릭한 표본비율의 표본분포의 표준오차가 어떻게 감소하는지 보여준다.

PDT의 예는 표준오차와 표본 크기 간의 일반적인 관계를 보여준다. 표 7.7에서 표본

표 7.7 표본규모과 표본평균의 표준오차: 표준편차 $s = 20$

표본규모 n	표본평균의 표본오차 $s_{\bar{x}} = s/\sqrt{n}$
10	6.32456
100	2.00000
1,000	0.63246
10,000	0.20000
100,000	0.06325
1,000,000	0.02000
10,000,000	0.00632
100,000,000	0.00200
1,000,000,000	0.00063

표 7.8 표본규모과 표본비율의 표준오차: 표준비율 $p = 0.51$

표본규모 n	표본평균의 표본오차 $\sigma_{\bar{p}} = \sqrt{\bar{p}(1 - \bar{p})/n}$
10	0.15808
100	0.04999
1,000	0.01581
10,000	0.00500
100,000	0.00158
1,000,000	0.00050
10,000,000	0.00016
100,000,000	0.00005
1,000,000,000	0.00002

평균의 표준오차는 표본 크기가 증가함에 따라 감소한다는 것을 알 수 있다. $n = 10$인 표본에서 표본평균의 표준오차는 6.32456이다. 표본 크기를 $n = 100,000$으로 늘리면 표본평균의 표준오차는 0.06325로 감소한다. 표본 크기 $n = 1,000,000,000$에서 표본평균의 표준오차는 0.00063으로 더 감소한다. 표 7.8에서 표본 크기가 증가함에 따라 표본비율의 표준오차도 감소하는 것을 볼 수 있다. $n = 10$인 표본에서 표본비율의 표준오차는 0.15808이다. 표본 크기를 $n = 100,000$으로 늘리면 표본비율의 표준오차는 0.00158로 감소한다. 표본 크기 $n = 1,000,000,000$에서 표본평균의 표준오차는 0.00002로 감소한다. 표 7.7과 7.8 모두에서 $n = 1,000,000,000$일 때의 표준오차는 $n = 10$일 때의 표준오차의 1/10000이다.

주석 및 코멘트

1. 비표본오류는 확률 표본추출 기술이나 비확률 표본추출 기술을 사용할 때 발생할 수 있다. 그러나 편의 표본추출 및 판단 표본추출과 같은 비확률 표본추출 기법은 표본 데이터를 수집하는 방식으로 인한 비표본오류가 발생하는 경우가 많다. 따라서 확률 표본추출 기법은 비확률 표본추출 기법보다 선호된다.

2. 매우 큰 표본을 추출하는 경우 표본 크기는 모집단 크기의 5% 이상, 즉 $n/N \geq 0.05$이다. 이러한 조건에서는 신뢰구간과 가설검증에 사용되는 표본분포의 표준오차를 계산할 때 유한 모집단 보정계수를 사용할 필요가 있다.

연습문제

기본문제

42. 모집단의 평균은 400이고 표준편차는 100이다. 표본 크기 100,000인 표본을 추출하고 표본평균 x를 사용하여 모집단 평균을 추정한다.

a. $\bar{x}$의 기댓값은 얼마인가?

b. $\bar{x}$의 표준편차는 얼마인가?

c. 분포 형식과 모수를 이용하여 $\bar{x}$의 표본분포를 묘사하시오.

d. $\bar{x}$의 표본분포는 무엇을 보여주는가?

43. 모집단 표준편차가 $\sigma = 25$이다. 표본 크기가 다음과 같을 때 평균의 표준오차($\sigma_{\bar{x}}$)는 각각 얼마인가? 표본 크기: 500,000; 1,000,000; 5,000,000; 10,000,000; 100,000,000. 표본 크기가 증가하면 평균의 표준오차는 어찌 되는가?

44. $p = 0.75$인 모집단에서 100,000개 표본을 추출하였다.

a. $\bar{p}$의 기댓값은 얼마인가?

b. $\bar{p}$의 표준오차는 얼마인가?

c. 분포 형식과 모수를 이용하여 $\bar{p}$의 표본분포를 묘사하시오.

d. $\bar{p}$의 표본분포는 무엇을 보여주는가?

45. 모집단 비율이 0.44이다. 표본 크기가 다음과 같을 때 평균의 표준오차($\sigma_{\bar{p}}$)는 각각 얼마인가? 표본 크기: 500,000; 1,000,000; 5,000,000; 10,000,000; 100,000,000. 표본 크기가 증가하면 표본비율의 표준오차는 어찌 되는가?

적용문제

46. 생산직과 서비스직의 휴가. 미국 노동통계국(BLS)은 소규모 민간사업체에서 10년 이상 근무한 생산직과 서비스직의 연간 평균 휴가시간이 100시간이라고 보고했다. 모집단 휴가시간의 표준편차는 48시간이다. BLS가 후속 연구를 위해 이 모집단에서

15,000명 개인을 표본으로 추출한다고 가정하자.

a. 표본평균 $\bar{x}$의 표본분포의 분포 형태와 모수는 무엇인가?

b. 개인 표본을 단순 무작위 표본추출하였을 때, 표본평균이 모집단 평균의 1시간 이내일 확률은 얼마인가?

c. 소규모 민간사업체에서 10년 이상 근무한 생산직과 서비스직 15,000명의 표본으로부터 얻은 평균 연간휴가시간이 모집단 평균 μ보다 1시간 이상 다르다. (b)를 고려하였을 때, 이 결과를 어떻게 해석할 것인가?

47. 새 차의 연비. New york Times는 2021년 미국에서 1,720만 대의 신차와 소형 트럭이 판매되었다고 보도하고, 미국 환경 보호국(EPA)은 이러한 차량의 평균 연비를 25.7마일(갤런당)로 예상한다. 연비의 모집단 표준편차 $\sigma = 6$이라 하자.

a. 2021년 미국에서 판매한 신차와 소형 트럭 70,000대 표본의 평균 연비가 모집단 평균 25.7의 0.05 이내일 확률은 얼마인가?

b. 2021년 미국에서 판매한 신차와 소형 트럭 70,000대 표본의 평균 연비가 모집단 평균 25.7의 0.01 이내일 확률은 얼마인가? 이 확률을 (a)의 확률과 비교하시오

c. 2021년 미국에서 판매한 신차와 소형 트럭 90,000대 표본의 평균 연비가 모집단 평균 25.7의 0.01 이내일 확률은 얼마인가? 이 확률을 (b)의 확률과 비교하시오

d. 2021년 미국에서 판매한 신차와 소형 트럭 70,000대 표본의 평균 연비가 모집단 평균 μ과 1마일(갤런당) 이상 다르다. 이 결과를 어떻게 해석할 것인가?

48. 반복 구매. Velez.com의 사장은 회사 주문의 42%가 과거 Velez.com에서 구매한 고객으로부터 나온 것이라고 믿는다. 지난 6개월 동안 108,700개 주문의 무작위 표본을 사용하여 반복 고객의 주문 비율을 추정한다.

a. Velez.com의 사장의 믿음이 정확하여 모집단 비율이 $p = 0.42$라 하자. $\bar{p}$의 표본분포는 무엇인가?

b. 표본비율 $\bar{p}$가 모집단 비율의 0.1% 이내에 있을 확률은 얼마인가?

c. 표본비율 $\bar{p}$가 모집단 비율의 0.25% 이내에 있을 확률은 얼마인가? 이 확률을 (b)의 확률과 비교하시오

d. 지난 6개월간 108,700건의 표본 주문 중 반복 고객이 접수한 주문의 비율이 모집단 비율 p와 1% 이상 다르다. 이 결과를 어떻게 해석할 것인가?

49. 유선 전화 서비스. CDC(질병통제예방센터)의 국민건강 인터뷰 조사에 따르면, 2021년 미국 가정의 40%만이 유선전화서비스를 사용했다.

a. 유선전화서비스 사용에 대해 알아보기 위해 미국 가정 207,000채의 표본을 추출한다. $\bar{p}$의 표본분포의 분포 형태와 모수는 무엇인가? 여기서 $\bar{p}$는 유선전화서비스를 사용하는 가정의 표본비율이다.

b. (a)에서 표본비율이 모집단 비율의 0.002 이내에 있을 확률은 얼마인가?

c. 유선전화서비스 사용에 대해 알아보기 위해 미국 가정 86,800채의 표본을 추출한다. $\bar{p}$의 표본분포의 분포 형태와 모수는 무엇인가? 여기서 $\bar{p}$는 유선전화서비스를 사용하는 가정의 표본비율이다.

d. (c)에서 표본비율이 모집단 비율의 0.002 이내에 있을 확률은 얼마인가?

e. (b)와 (d)의 확률이 다른가? 무엇 때문에 그러한가?

요약

이 장에서는 단순 무작위 표본추출과 표본분포의 개념에 대해 알아보았다. 모집단 모수의 점추정치를 구하는 데 있어 단순 무작위 표본을 어떻게 선택하는지 그리고 그렇게 표본으로 수집된 자료를 어떻게 이용하는지 알아보았다. 상이한 단순 무작위 표본은 점추정량에 대해 상이한 값을 제공하므로 $\bar{x}$나 $\bar{p}$ 같은 점추정량도 확률변수이다. 그러한 확률변수의 확률분포를 표본분포라 한다. 특히 표본평균 $\bar{x}$나 표본비중 $\bar{p}$에 대한 표본분포를 기술하였다.

$\bar{x}$와 $\bar{p}$의 표본분포의 특성에서 $E(\bar{x}) = \mu$, $E(\bar{p}) = p$임을 밝혔다. 그러한 통계량에 대한 표준편차 또는 표준오차의 공식을 전개한 후 $\bar{x}$와 $\bar{p}$의 표본분포가 정규분포를 따르기 위한 조건들을 기술하였다. 층화 무작위 표본추출, 군집(클러스터) 표본추출, 계통 표본추출, 편의 표본추출, 판단 표본추출과 같은 표본추출 방법들에 대해 논의하였다. 마지막으로 빅데이터의 개념과 매우 큰 표본이 표본평균과 표본비율의 표본분포에 미치는 영향에 대해 공부하였다.

용어

계통 표본추출(Systematic sampling) 첫 k개 요소 중 하나를 선택한 후 매 k번째 요소를 선택하는 확률표본추출 방법.

광범위 데이터(Wide data) 모든 변수를 동시에 고려하는 것이 불가능할 정도로 변수가 너무 많은 데이터 세트

군집(클러스터) 표본추출(Cluster sampling) 먼저 모집단을 클러스터로 나눈 후 클러스터의 단순 무작위 표본을 행하는 확률표본추출 방법.

다양성(Variety) 생성된 데이터의 유형과 구조의 다양성

단순 무작위 표본(Simple random sample) 크기 N인 유한 모집단에서 표본 n개를 단순 무작위로 추출한다는 것은 표본 n개 각각이 선택될 확률이 동일하다는 것이다.

대규모 데이터(Tall data) 전통적인 통계적 추론이 가능하지 않을 정도로 많은 관찰값을 가진 데이터 세트

모수(Parameter) 모집단 평균 μ, 모집단 표준편차 σ, 모집단 비중 p 등과 같은 모집단의 수리적 특성.

무응답오류(nonresponse error) 모집단의 일부가 설문조사에 응답할 가능성이 어느 정도 있을 때 발생하는 비표본오류.

무작위 표본(Random sample) 무한 모집단에서 추출한 무작위 표본은 다음과 같은 조건을 만족하는 선택된 표본이다. (1) 선택된 각 요소는 동일한 모집단으로부터 나온다. (2) 각 요소는 독립적으로 선택된다.

범위오류(coverage error) 연구 목표와 표본을 추출할 모집단이 일치하지 않을 때 발생하는 비표본오류.

복원추출(Sampling with replacement) 일단 한 요소가 표본에 포함되고 나서 다시 모집단으로 돌아가도록 하는 표본추출. 이미 선택된 요소들은 다시 선택될 수 있고 따라서 표본에 두 번 이상 나타날 수 있음.

불편성(Unbiased) 점추정량의 기댓값이 점추정량이 추정하려는 모집단 모수와 같은 점추정량의 특성 중 하나.

비복원추출(Sampling without replacement) 일단 한 요소가 표본에 포함되면 이 요소는 모집단에서 제거되어 또 다시 선택될 수 없도록 하는 표본추출.

비표본오류(nonsampling error) 표본 통계 값(예: 표본평균, 표본 표준편차 또는 표본비율)과 해당 모집단 모수(모집단 평균, 모집단 표준편차 또는 모집단 비율) 값 간의 차이로 표본추출 오류의 결과가 아닌 부분으로 적용범위 오류, 무응답 오류, 측정 오류, 면접관 오류 및 처리 오류 등이 포함되며, 이에 국한되지는 않음.

빅데이터(Big data) 표준 데이터 처리 기술 및 일반적인 데스크톱 소프트웨어로 처리하기에는 너무 크거나 복잡한 데이터 세트.

상대 효율성(relative efficiency) 동일한 모집단 매개변수에 대한 두 개 불편 점추정량이 주어지면, 표준오차가 더 작은 점추정량을 효율적이라 함.

속도(Velocity) 데이터가 생성되는 속도

신뢰성(Veraciry) 생성된 데이터의 신뢰성

양(Volume) 생성된 데이터의 양

유한 모집단 수정계수(Finite population correction factor) $\sqrt{(N-n)/(N-1)}$ 무한 모집단보다는 유한 모집단이 표본추출될 때 $\sigma_{\bar{x}}$나 $\sigma_{\bar{p}}$의 공식에서 사용되는 항. 일반적으로 유한 모집단 수정계수를 무시할 수 있는 재량은 $n/N \le 0.05$일 때이다.

일치성(consistency) 점추정량의 속성 중 표본이 커질수록 모집단 모수에 더 가까운 점추정량을 가져오는 특성.

점추정량(Point estimator) 모집단 모수의 점추정치를 제공하는 $\bar{x}$, s, $\bar{p}$와 같은 표본통계량.

점추정치(Point estimate) 모집단 모수의 추정과 같은 특정한 경우에 사용되는 점추정량의 값.

중심극한정리(Central limit theorem) 표본규모가 클 때 정규확률분포로 $\bar{x}$의 표본분포를 근사하여 사용가능하도록 하는 정리.

측정오류(measurement error) 관심 모집단 특성을 잘못 측정하여 발생하는 비표본오류.

층화 무작위 표본추출(Stratified random sampling) 먼저 모집단을 층으로 나눈 후 각 층에서 단순 무작위 표본을 시행하는 확률표본추출 방법.

판단 표본추출(Judgment sampling) 요소들이 연구수행자의 판단을 바탕으로 표본으로 선택되는 비확률표본추출 방법.

편의 표본추출(Convenience sampling) 요소들이 편의를 바탕으로 표본으로 선택되는 비확률표본추출 방법.

표본분포(Sampling distribution) 표본통계량의 가능한 모든 값들로 구성된 확률분포.

표본오차(sampling error) 표본 통계 값(예: 표본평균, 표본표준편차 또는 표본비율)과 해당 모집단 모수 값(모집단 평균, 모집단 표준편차 또는 모집단 비율) 사이의 차이. 무작위 표본은 모집단 모수를 추정하는 데 사용.

표본이 되는 모집단(Sampled population) 표본을 추출한 모집단.

표본통계량(Sample statistic) 표본평균 $\bar{x}$, 표본표준편차 s, 표본비중 $\bar{p}$과 같은 표본특성. 표본통계량의 값은 해당하는 모집단 모수의 값을 추정하는 데 사용된다.

표적 모집단(Target population) 점추정치와 같은 통계적 추론을 위한 모집단이다. 표적 모집단은 표본이 되는 모집단과 가능한 비슷하게 일치하는 것이 중요하다.

표준오차(Standard error) 점추정량의 표준편차.

프레임(Frame) 표본을 선택하게 되는 요소의 리스트.

핵심공식

$\bar{x}$의 기댓값

$$E(\bar{x}) = \mu \tag{7.1}$$

$\bar{x}$의 표준편차

유한 모집단 / 무한 모집단

$$\sigma_{\bar{x}} = \sqrt{\frac{N-n}{N-1}}\left(\frac{\sigma}{\sqrt{n}}\right) \qquad \sigma_{\bar{x}} = \frac{\sigma}{\sqrt{n}} \tag{7.2}$$

$\bar{p}$의 기댓값

$$E(\bar{p}) = p \tag{7.4}$$

$\bar{p}$의 표준편차

$$\text{유한 모집단} \quad \sigma_{\bar{p}} = \sqrt{\frac{N-n}{N-1}}\sqrt{\frac{p(1-p)}{n}} \qquad \text{무한 모집단} \quad \sigma_{\bar{p}} = \sqrt{\frac{p(1-p)}{n}} \tag{7.5}$$

보충문제

DATA *file* Morningstar

50. 그림자 주식. 재무 분석가인 Jack Lawler는 미국개인투자자협회(AAII)가 개발한 Shadow Stock 포트폴리오에 대한 기사를 준비하고 있다. Shadow Stock 포트폴리오의 30개 회사 목록은 ShadowStocks 파일에 포함되어 있다. Jack은 경영 관행에 관한 인터뷰를 위해 이들 중 5개 회사를 단순 무작위 표본으로 추출하려 한다.

a. ShadowStock 파일에서 회사는 Excel 워크시트의 A열에 나열되어 있다. B열에서는 각 회사에 대해 난수를 추출하였다. 난수를 사용하여 Jack에 대한 5개 회사의 단순 무작위 표본을 선택하시오.

b. 새로운 난수 세트를 생성하고 이를 사용하여 새로운 단순 난수 표본을 선택하시오. 같은 회사를 선택하게 되었나?

51. 개인 의료비. 메디케어 및 메디케이드 서비스 센터(CMS)를 통해 제공되는 데이터에 따르면, 2020년 미국 의료비지출은 1인당 12,530달러였다. 모집단 평균으로 12,530달러를 사용하고 설문조사 회사가 의료비지출의 성격을 조사하기 위해 100명의 표본을 추출한다고 하자. 모집단 표준편차는 2,500달러라 가정하자.

a. 100명의 표본을 대상으로 평균 의료비지출의 표본분포의 분포 형태와 모수는 무엇인가?

b. 표본평균이 모집단 평균의 ±200달러 이내에 있을 확률은 얼마인가?

c. 표본평균이 14,000달러보다 클 확률은 얼마인가? 조사회사가 표본평균이 14,000달러보다 크다고 보고하면, 조사회사가 올바른 표본 추출 절차를 따랐는지 여부에 대해 의문을 제기하겠는가? 그 이유는 무엇인가?

52. 풋락커 매장 생산성. Foot Locker는 평방피트당 매출을 매장 생산성의 척도로 사용한다. 현재 매출은 평방피트당 연간 406달러이다. 귀하는 경영진으로부터 64개의 Foot Locker 매장에 대한 연구를 수행해 달라는 요청을 받았다. 전체 3,400개 Foot Locker 매장의 모집단에 대한 평방피트당 연간 매출의 표준편차는 80달러라고 가정하자.

a. Foot Locker 매장 64개 표본의 평방피트당 표본평균 연간 매출인 $\bar{x}$의 표본분포의 분포 형식과 모수는 무엇인가?

b. 표본평균이 모집단 평균의 15달러 내에 있을 확률은 얼마인가?

c. 표본평균이 380달러라 하자. 표본평균이 380달러 이하일 확률은 얼마인가? 이러한

표본을 비정상적으로 성과가 낮은 매장 그룹으로 간주할 수 있는가?

53. **항공 요금.** 교통통계국(Bureau of Transportation Statistics)에 따르면, 2020년 첫 3개월 동안 버팔로 나이아가라 국제공항에서 출발하는 항공편의 항공료는 평균 279.19달러였다. 항공료 모집단의 표준편차는 80달러라고 가정하자. 2022년 첫 3개월 동안 버팔로 나이아가라 국제공항에서 출발하는 60편의 항공편 중 무작위 표본을 추출한다고 가정하자.
   a. 버팔로 나이아가라 국제공항에서 출발하는 항공편 항공료의 모집단 평균과 표준편차가 2021년 첫 3개월과 2022년 첫 3개월 사이에 변하지 않았다면, 표본평균이 모집단 평균 항공료의 20달러 이내일 확률은 얼마인가?
   b. 표본평균이 모집단 평균 항공료의 10달러 이내일 확률은 얼마인가?

54. **대학 비용.** University of Southern California(USC)의 평균 학비는 78,951달러이고, 모집단 표준편차는 7,400달러라고 가정하자. 이 모집단에서 USC 학생 60명의 무작위 표본을 추출한다고 하자.
   a. 표본평균의 표준오차 값은 얼마인가?
   b. 표본평균이 78,951달러보다 클 확률은 얼마인가?
   c. 표본평균이 모집단 평균의 1,000달러 내에 있을 확률은 얼마인가?
   d. 표본 크기가 100명으로 증가하면, (c)의 확률은 어떻게 변하는가?

55. **재고비용.** 세 개 회사의 재고상품 목록에는 차이가 있다. A회사의 재고상품 목록에는 2,000개의 품목이 포함되어 있고 B회사에는 5,000개 품목, C회사에는 10,000 품목이 포함되어 있다. 각 회사의 재고상품에 포함된 품목에 대한 비용의 모집단 표준편차 $\sigma = 144$이다. 통계 컨설턴트는 각 회사의 재고상품 목록에서 50개 품목을 표본으로 선정하여 각 품목의 평균비용에 대해 통계적으로 타당한 추정치를 제시하고자 한다. 소규모회사의 경영자는 모집단 자체가 작은 경우 규모가 큰 회사에서 요구되는 표본보다는 더 작은 표본을 택해야 된다고 이야기한다. 그러나 컨설턴트는 동일한 결과로부터 동일한 표준오차와 정밀도(precision)를 얻기 위해서는 모집단의 크기에 관계없이 모든 회사가 동일한 크기의 표본을 사용해야 된다고 한다.
   a. 유한 모집단 수정계수를 이용하여 각 회사의 표본규모를 50개로 할 때 표준오차를 계산하시오.
   b. 각 회사의 표본평균 $\bar{x}$가 모집단 평균 μ의 ± 25 이내에 있을 확률은 얼마인가?

56. **설문조사결과.** 연구자는 조사결과를 보고하였는데 평균의 표준오차가 20이라 하였다. 모집단의 표준편차는 500이다.
   a. 조사에 이용된 표본규모는 얼마나 되는가?
   b. 점추정치가 모집단 평균의 ± 25 이내에 있을 확률은 얼마인가?

57. 생산품질통제. 생산공정은 일정한 간격으로 품질 통제검사를 받는다. 검사자는 생산이 종료된 30개 표본을 단순 무작위로 선정하여 생산물의 무게인 표본평균 $\bar{x}$을 계산한다. 장기간에 걸쳐 볼 때 $\bar{x}$의 5%는 무게가 2.1파운드가 넘고, 5%는 1.9파운드 미만 이라는 검사결과를 갖고 있다. 이러한 과정이라면 생산물의 모집단의 평균과 표준편차는 얼마인가?

58. 호주인과 흡연. 로이터 통신에 따르면, 호주인의 15%가 흡연을 한다. 호주는 담배 포장에 브랜드 라벨을 붙이는 것을 금지하는 엄격한 법률을 도입함으로써 궁극적으로 흡연자의 비율을 10%로 낮추기를 희망하고 있다. 호주인 240명을 표본으로 추출하였다 하자.

a. 호주인의 흡연자 비율인 $\bar{p}$의 표본분포의 분포 형식과 모수는 무엇인가?

b. 표본비율이 모집단 비율의 ± 0.04 내에 있을 확률은 얼마인가?

c. 표본비율이 모집단 비율의 ± 0.02 내에 있을 확률은 얼마인가?

59. 마케팅전화조사. 시장조사회사는 전화조사를 실시하였을 때 응답률이 40%인 역사를 가지고 있다. 400개의 새로운 전화번호를 표본으로 하여 적어도 150명의 개인이 질문에 협조하여 응답을 하게 될 확률은 얼마인가? 다시 말해, 표본비율이 적어도 $150/400 = 0.375$일 확률은 얼마인가?

60. 인터넷광고. 광고주들은 인터넷 서비스 제공자들에게 요청하여 웹사이트에서 광고를 배치해 둘 엔진을 찾게 된다. 광고주들은 그들의 광고에 접속하는 잠재고객의 수에 근거하여 비용을 지불한다. 불행하게도 사기성 클릭 — 단지 광고수익을 올리는 것을 목적으로 광고에 클릭하는 사람이 클릭하는 경우 — 이 문제이다. 광고주의 40%는 자신들이 사기성 클릭의 희생자라고 주장한다(BusinessWeek, 2006년 3월 13일). 광고주들이 사기성 클릭에 얼마나 영향을 받는지를 알기 위해 380명의 광고주를 단순 무작위 표본으로 선택하였다.

a. 표본비율이 사기성 클릭을 경험한 모집단 비율의 ± 0.04 이내에 있을 확률은 얼마인가?

b. 표본비율이 0.45보다 크게 될 확률은 얼마인가?

61. 고통위반스티커. All-Driver 자동차 보험회사에 보험을 든 개인 중 5년 동안 적어도 1번 교통위반 스티커를 받을 개인의 비율은 0.15이다.

a. 적어도 1번의 교통위반 스티커를 받은 개인의 비율을 추정하기 위해 150명의 보험가입자를 무작위 표본으로 추출하였을 때 비율 $\bar{p}$의 표본분포를 보이시오.

b. 표본비율이 모집단 비율의 ± 0.03 이내에 있을 확률은 얼마인가?

62. 교과서출판. Lori Jeffrey는 대학교과서의 주요출판사를 대표하는 성공적인 판매자이다. Lori는 판매를 위해 방문한 곳에서 25%의 서적이 채택되도록 하였다. 가능한 모

든 방문판매의 표본으로 1달 동안의 Lori의 방문판매를 살펴본다면 비율의 표준오차가 0.0625인 통계분석으로 나타난다.

a. 이러한 분석에 사용된 표본규모는 얼마인가? 다시 말해 Lori는 1달 동안 몇 번의 방문판매를 한 것인가?

b. 1달 동안 채택된 책의 표본비율을 p라고 하자. $\bar{p}$의 표본분포를 보이시오.

c. $\bar{p}$의 표본분포를 이용하여 1달 동안 Lori가 방문판매를 통해 30% 이상의 책이 채택되도록 할 확률을 계산하시오.

63. 소형 형광등의 수명. 2018년 Simple Dollar 웹사이트에서는 14와트 소형 형광등(CFL)의 평균 수명이 8,000시간이라고 보고했다. 이 모집단의 경우 CFL 수명의 표준편차는 480시간이라고 가정하자. 미국 에너지부가 후속 연구를 위해 14와트 CFL 모집단에서 35,000개의 14와트 CFL로 구성된 무작위 표본을 추출한다고 가정하자.

a. 이 모집단에서 35,000개 표본의 표본평균 $\bar{x}$의 표본분포의 분포 형태와 모수는 무엇인가?

b. 35,000명의 단순 무작위 표본의 표본평균이 모집단 평균의 4시간 이내에 있는 제공할 확률은 얼마인가?

c. 35,000명의 단순 무작위 표본의 표본평균이 모집단 평균의 1시간 이내에 있는 제공할 확률은 얼마인가?

d. 35,000명의 단순 무작위 표본의 표본평균이 모집단 평균과 4시간 이상 차이가 난다면, 이를 어떻게 해석할 수 있는가?

64. 항공편 선택요인. 출장 여행자가 항공편을 선택할 때, 비행일정과 비용이 중요하지만, USA Today가 실시한 설문조사에 따르면, 항공사의 회원프로그램이 가장 중요한 요인이다. 출장 여행자 표본규모 $n = 1,993$ 중 618명이 항공사의 회원프로그램이 가장 중요하다고 응답하였다.

a. 항공편 선택에서 항공사의 회원프로그램이 가장 중요한 요인이라 생각하는 출장 여행자의 모집단 비율의 추정치를 구하시오.

b. 모집단 비율의 95% 신뢰구간을 구하시오.

c. 신뢰도 95%에서 (한계)오차 0.01에 필요한 표본규모를 구하시오. 이러한 정확도를 제공하도록 USA Today에게 추천할 수 있는가? 왜 그런가, 아니면 왜 그렇지 아니한가?

65. 배달 불가 우편물. 2017년 미국 우체국(USPS)이 처리 및 배송한 1,550억 개의 우편물 중 4.3%는 배송이 불가능했다. USPS 서비스에 대한 간략한 설문지가 114,250개의 우편물에 대한 무작위 표본의 우편물에 첨부되어 있다고 가정하자.

a. 이 연구에서 배달할 수 없는 우편물의 표본비율 $\bar{p}$의 분포 형식과 모수는 무엇인가?

b. 배달할 수 없는 우편물의 표본비율 $\bar{p}$가 배달할 수 없는 우편물의 모집단 비율 p의 0.1% 내에 있을 확률은 얼마인가?

b. 배달할 수 없는 우편물의 표본비율 $\bar{p}$가 배달할 수 없는 우편물의 모집단 비율 p의 0.05% 내에 있을 확률은 얼마인가? 이 확률과 (b)에서 계산된 확률 간의 차이를 설명하시오?

66. 미국 운전자와 과속. ABC 뉴스에 따르면, 미국 운전자의 58%가 과속을 인정했다. 새로운 위성 기술이 미국 도로에서 모든 차량의 속도를 즉시 측정하고 차량의 과속 여부를 판단할 수 있으며, 이 위성 기술을 사용하여 최근 화요일 동부시간 오후 6시에 20,000대의 차량을 무작위 표본으로 추출했다고 가정하자.(학습목표 9, 10, 11)

a. 이 조사를 위해 미국 도로에서 과속 차량의 표본비율에 대한 표본분포의 분포 형식과 모수는 무엇인가?

b. 과속 표본비율 $\bar{p}$가 모집단 비율 p의 1% 내에 있을 확률은 얼마인가?

c. 과속 표본비율 $\bar{p}$가 모집단 비율 p보다 1% 이상 다르다고 가정하자. 이 결과를 어떻게 해석할 수 있는가?

사례연구 1: Marion Dairies

작년에 Marion Dairies는 요거트 시장에 진출하기로 결정하고 블루거트라고 불리는 블루베리 맛 요거트 를 조심스럽게 생산, 유통 및 마케팅하기 시작했다. 요거트 시장에 대한 회사의 초기 벤처는 매우 성공적이었다. 블루거트의 판매량은 예상보다 높았고, 제품에 대한 소비자 평가는 100점 척도에서 평균 80점, 표준편차 25점이었다(100점이 가장 호감, 0이 가장 비호감). 과거 경험에 따르면, Marion Dairies는 자사 제품에 대해 이 척도에서 75점보다 높은 점수로 평가한 소비자는 해당 제품 구매를 고려하며, 75점 이하는 소비자가 제품 구매를 고려하지 않는다는 것을 알고 있다. 블루베리 맛 요거트의 성공과 인기에 힘입어 Marion Dairies 경영진은 이제 두 번째 맛의 도입을 고려하고 있다. Marion의 마케팅 부서는 스트로거트라고 불리는 딸기 맛 요거트의 도입을 통해 제품 라인을 확장하려고 노력하고 있지만, 고위 관리자들은 스트로거트가 블루거트를 좋아하지 않는 잠재 고객에게 어필하여 Marion의 시장 점유율을 높일 수 있을지 걱정하고 있다. 즉, 신제품 출시의 목표는 기존 블루거트 매출을 잠식하는 것이 아니라 마리온의 시장점유율을 높이는 것이다. 마케팅 부서에서는 50명의 고객으로 구성된 단순 무작위 표본에게 블루거트와 스트로거트의 맛을 모두 제공하고 각 고객에게 두 요거트에 대해 100점 만점으로 평가하도록 요청할 것을 제안했다. 이 소비자 표본이 블루거트에 부여한 평균 점수가 75점 이하인 경우 Marion의 고위 경영진은 해당 표본을 사용하여 스트로거트가 블루거트를 좋아하지 않는 잠재 고객에게 어필할 것인지 여부를 평가할 수 있다고 믿고 있다.

경영보고서 작성

다음 문제를 다루는 경영보고서를 준비하자.

1. Marion Dairies 고객의 단순 무작위 표본으로 얻은 블루거트의 평균 점수가 75 이하일 확률을 계산한다.
2. 마케팅 부서에서 표본 크기를 150으로 늘리면 Marion Dairies 고객의 단순 무작위 표본에서 얻은 블루거트의 평균 점수가 75 이하가 될 확률은 얼마인가?
3. Marion Dairies 고객의 단순 무작위 표본에 의해 주어진 블루거트의 평균 점수가 75 이하가 될 확률이 두 표본 크기에 대해 왜 다른지 Marion Dairies 고위 경영진에게 설명한다.

사례연구 2: 소규모 레스토랑의 수익성

SBBE(Small Business/Big Economy) 싱크탱크에 고용된 데이터 분석가인 Lucia Perez는 전년도에 직원이 50명 이하인 미국 내 레스토랑의 수익성 분석을 수행하고 있다. 분석 과정에서 그들은 중소기업협회(SBA)로부터 직원이 50명 이하인 미국 내 모든 기업의 78%가 가장 최근 1년 동안 수익을 보고했다는 사실을 알게 되었다. 분석의 일환으로 SBBE는 페레즈 씨에게 가장 최근 1년 동안 직원이 50명 이하인 미국 레스토랑의 수익성을 직원이 50명 이하인 미국 내 모든 사업체와 비교해 달라고 요청했다. 직원 수가 50명 이하인 미국 내 135,000개 이상의 레스토랑 중 작년에 수익을 보고한 비율을 측정하는 방법을 개발하는 데 많은 시간을 투자한 후 그들은 최근 SBBE 온라인 설문조사 결과에서 유용할 것이라고 믿는 다음과 같은 사실을 발견했다. 이 설문조사는 직원이 50명 이하인 미국 내 98,731개 레스토랑에 배포되었으며, 설문조사의 한 질문은 해당 레스토랑이 전년도에 수익성이 있었는지 여부를 묻는 것이었다. 조사에 참여한 98,731개 레스토랑 중 37,918개가 응답했다. 응답한 레스토랑 중 29,007곳이 전년도에 수익을 냈다고 밝혔다.

경영보고서 작성

다음 문제를 다루는 경영보고서를 준비하자.

1. SBBE 온라인 표본의 결과를 사용하여 전년도에 수익을 보고한 직원이 50명 이하인 레스토랑의 비율을 추정한다.
2. 전년도에 수익을 낸 직원이 50명 이하인 레스토랑의 비율이 지난 해에 수익을 낸 직원이 50명 이하인 미국의 모든 사업체의 비율과 동일하다고 가정하고 다음의 표본분포를 찾는다. 전년도에 수익을 올린 직원이 50명 이하인 레스토랑의 표본비율이다.

3. 전년도에 수익을 낸 직원이 50명 이하인 레스토랑의 비율이 지난 해에 수익을 낸 직원이 50명 이하인 미국 내 모든 사업체의 비율과 동일하다고 가정하고, 다음 확률을 계산한다. 직원이 50명 이하인 37,918개 레스토랑의 표본 중 지난해 수익을 낸 비율은 0.765를 초과하지 않는다.
4. 파트 3에 대한 귀하의 답변 결과가 의미하는 바를 설명한다.
5. 직원이 50명 이하인 미국 내 레스토랑 표본 수집에 대해 귀하가 갖고 있는 우려 사항을 표현한다.

Chapter 7 부록

엑셀을 활용한 무작위 표본추출

모집단의 요소 목록을 Excel 파일에서 사용할 수 있는 경우 Excel을 사용하여 단순 무작위 표본을 선택할 수 있다. 예를 들어, Places Rated Almanac에 따라 거주 적합성 점수가 평가된 미국과 캐나다의 상위 100개 대도시 목록이 MetAreas 파일에 제공된다. A열에는 수도권 이름이, B열에는 각 수도권 지역의 전체 평점이 포함된다. 데이터 세트의 처음 10개 대도시 지역과 해당 등급이 표 Excel 7.1에 나와 있다. 미국과 캐나다의 생활비에 대한 심층적인 연구를 수행하기 위해 30개 대도시 지역의 단순 무작위 표본을 선택한다고 가정하자.

DATA *file* MetAreas

표 Excel 7.1 Overall Rating for the First 10 Metropolitan Areas in MetAreas File

Metropolitan Area	Rating
Albany, NY	64.18
Albuquerque, NM	66.16
Appleton, WI	60.56
Atlanta, GA	69.97
Austin, TX	71.48
Baltimore, MD	69.75
Birmingham, AL	69.59
Boise City, ID	68.36
Boston, MA	68.99
Buffalo, NY	66.10

Excel 데이터 세트의 행은 추가 항목을 추가하여 임의의 순서로 배치할 수 있다. 열을 데이터 세트에 추가하고 = RAND( )를 사용하여 열을 난수로 채운다. 그런 다음 난수 열에 대한 Excel의 오름차순 정렬 기능을 사용하여 데이터 세트의 행이 무작위로 재정렬된다. 크기 n의 무작위 표본이 재정렬된 데이터 세트의 처음 n개 행에 나타난다.

대도시 지역 데이터 세트에서 레이블은 행 1에 있고 100개의 대도시 지역은 행 2~101에 있다. 다음 단계를 사용하여 30개 대도시 지역의 단순 무작위 표본을 선택할 수 있다.

단계 1. C2 셀에 = RAND( )를 입력한다.

단계 2. C2 셀을 C3:C101 셀에 복사한다.

단계 3. C열의 셀을 선택한다.

단계 4. 리본에서 Home 탭을 클릭한다.
Editing 그룹에서 Sort & FIlter를 클릭한다.
Sort Smallest to Largest를 선택한다,

30개 대도시 지역의 무작위 표본이 재정렬된 데이터 세트의 2~31행에 나타난다. C열의 난수는 더 이상 필요하지 않으며 원하는 경우 삭제할 수 있다.

Chapter 8

구간추정

Contents

실생활에서 보는 통계

Food Lion*

노스캐롤라이나주, 샐리스버리

1957년 Food Town으로 설립된 Food Lion은 남동부와 중부대서양 연안 11개 주에 1,300개의 점포를 가지고 있는 미국에서 가장 큰 슈퍼마켓 체인점 중 하나이다. 회사는 24,000가지가 넘는 품목을 판매하며 광고하는 브랜드 제품을 전국적, 지역적으로 제공한다. 회사는 표준화, 창고 디자인 혁신, 에너지 효율이 좋은 시설, 공급자와의 자료 공유와 같은 효율적인 관리를 통해서 원가 우위와 품질 경쟁력을 유지하고 있다. Food Lion은 지속적인 혁신, 성장, 원가 우위, 새로운 서비스를 소비자들에게 제공한다.

재고부담이 큰 Food Lion은 재고자산의 평가방법으로 후입 선출법(Last In, First Out; LIFO)을 채택하고 있다. 이 방법은 현재 비용을 현재의 수익에 대응시키기 때문에 상품가격의 급격한 변동에 따른 회계상 이익의 변화를 최소화한다. 나아가 후입 선출법은 인플레이션 기간 동안 상품가격이 상승하는 경우, 회계상 순이익을 줄여주기 때문에 소득세 절감 효과도 있다.

Food Lion은 식료품, 종이/가구, 애견용품, 건강/미용용품, 유제품, 시가/담배 그리고 맥주/와인 등 7가지 품목별로 후입 선출법 지수를 설정하고 있다. 예를 들어 식료품의 후입 선출법 지수가 1.008로 계산되었다면 회사 식료품 재고의 구매원가는 지난 한 해 동안의 물가상승으로 인해 0.8% 증가하였다는 것을 의미한다.

각 품목별로 후입 선출법 지수를 구하기 위해서는 각 품목별로 모든 재고상품에 대해 해당 연도의 기말 재고량과 구매단가 그리고 그 전년도의 구매단가를 알아내야 한다. 1,200개 매장의 모든 재고와 구매단가를 파악하는 데 드는 시간과 비용을 줄이기 위해 Food Lion은 50개 매장을 무작위 추출하여, 재고조사를 실시한다. 50개의 표본 점포를 대상으로 모든 상품의 해당 연도 구매단가와 전년도 구매단가를 조사하여 각 품목별 후입 선출법 지수를 계산하는 데 활용한다.

As an inventory-intense business, Food Lion adopted the LIFO method of inventory valuation.
출처: Bloomberg/Getty Images

최근 1년 동안 건강/미용의 후입 선출법 지수의 표본추정값은 1.015이었다. 95%의 신뢰수준에서 표본추정값의 오차한계는 0.006으로 계산되었다. 따라서 95% 신뢰수준에서 전체 모집단의 후입 선출법 지수는 1.009에서 1.021 사이의 값을 갖는 것으로, 이 장에서는 표본에 의한 추정값의 오차한계를 계산하는 방법을 배울 것이다. 또한 이 정보들을 사용하여 모집단 평균과 모집단 비율에 대한 구간추정 방법과 그 결과를 해석하는 방법을 설명한다.

* 저자들은 이 사례를 제공해 준 Food Lion의 세무 담당자인 Keith Cunningham과 세무회계 직원 Bobby Harkey에게 감사드린다.

7장에서 점추정량은 모집단 모수를 추정하기 위해 사용된 표본통계량임을 설명하였다. 예를 들어, 표본평균 $\bar{x}$는 모집단 평균 μ의 점추정량이고, 표본비율 $\bar{p}$는 모집단 비율 p의 점추정량이다. 점추정량이 모집단의 모수와 정확히 일치하는 추정값을 제공하는 것은 아니다. 때문에 점추정량에 **오차한계(margin of error)**라고 불리는 값을 더하고 빼서 **구간추정값(interval estimate)**을 계산하는 경우가 많다. 구간추정값의 일반적인 형식은 다음과 같다.

점추정치 ± 오차한계

구간추정값을 계산하는 목적은 표본으로부터 구해진 점추정값이 모집단의 모수값에 얼마나 근접한지에 관한 정보를 제공하기 위함이다.

이 장에서는 모집단 평균 μ와 모집단 비율 p의 구간추정을 어떻게 계산하는지 알아본다. 모집단 평균에 대한 구간추정값의 일반적인 형식은 다음과 같다.

$\bar{x}$ ± 오차한계

이와 유사하게 모집단 비율에 대한 구간추정값의 일반적인 형식은 아래와 같다.

$\bar{p}$ ± 오차한계

$\bar{x}$값과 $\bar{p}$값의 표본분포는 이러한 구간추정값을 계산함에 있어서 중요한 역할을 한다.

8.1 모집단 평균: σ가 알려져 있는 경우

모집단 평균의 구간추정값을 계산하기 위해서는 반드시 모집단의 표준편차 σ 또는 표본의 표준편차 s를 활용하여 오차한계를 계산해야만 한다. 대부분의 경우 σ가 알려져 있지 않으므로 s가 오차한계를 계산하는 데 사용된다. 그러나 특수한 경우 축적된 과거 자료를 활용하여 표본추출 전에 모집단의 표준편차를 추정할 수 있다. 또한 품질관리에서 한 공정이 올바르게 운영, 관리되고 있다고 가정한다면 모집단의 표준편차가 변하지 않고 알려져 있다고 간주할 수 있다. 이러한 경우를 **σ가 알려진 경우**라고 한다. 이 절에서는 알려진 σ를 사용하는 적절한 사례를 소개하고, 구간추정값을 어떻게 구하는지 살펴본다.

매주 Lloyd's 백화점은 100명의 고객을 단순 무작위 추출하여 쇼핑에 소비하는 시간을 알아 보고자 한다. 쇼핑에 소비하는 시간을 x로 표현하면, 표본평균 $\bar{x}$는 모든 Lloyd's 고객이 쇼핑에 소비하는 모집단 평균 시간 μ의 점추정치이다. Lloyd's는 지난 수년간 매주 이러한 표본조사를 실시하였다. 과거 자료에 기초하여 Lloyd's는 모집단 표준편차가 σ = 20달러라고 알려져 있음을 가정한다. 또한 과거 자료는 모집단이 정규분포를 따르는 것을 보여준다.

DATA*file* Lloyds

최근 한 주간 Lloyd's는 100명의 고객(n = 100)을 조사하여 $\bar{x}$ = 82달러의 표본평균을 얻었다. 쇼핑에 소비하는 표본평균 시간은 쇼핑에 소비하는 모집단 평균 시간 μ에 대한 점추정치를 제공한다. 다음에 논의할 내용은 어떻게 추정값의 오차한계를 계산하고, 모집단 평균의 구간추정값을 구할 것인가이다.

오차한계와 구간측정값

7장에서 $\bar{x}$의 표본분포를 이용하여 μ로부터 일정거리 이내에 $\bar{x}$가 있을 확률을 계산할 수

그림 8.1 단순 무작위 추출한 고객 100명의 평균 소비시간에 대한 $\bar{x}$의 표본분포

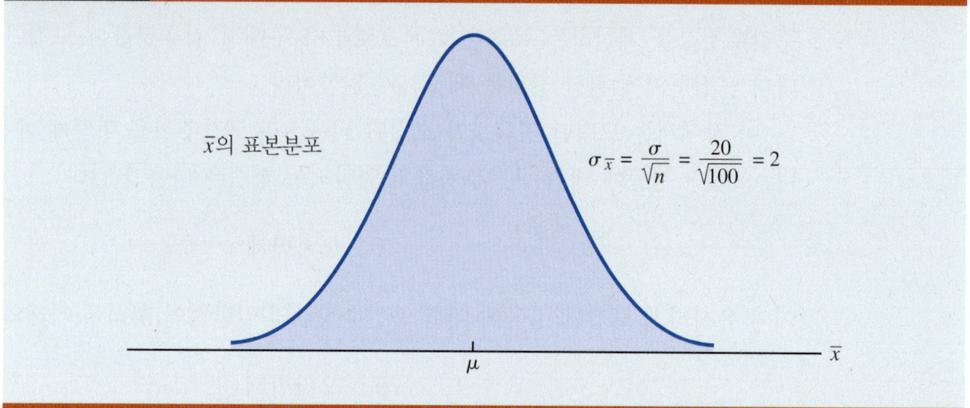

있음을 설명하였다. Lloyd's의 예에서 과거 자료는 모집단의 쇼핑 소비 시간이 $\sigma = 20$의 표준편차를 갖는 정규분포 형태를 따른다. 즉, 7장에서 배운 내용을 토대로 $\bar{x}$의 표본분포가 $\sigma_{\bar{x}} = \sigma/\sqrt{n} = 20/\sqrt{100} = 2$의 표준오차를 가진 정규분포를 따른다는 것을 알 수 있다. 이 표본분포가 그림 8.1이다.* 표본분포는 $\bar{x}$의 값들이 어떻게 모집단 평균 μ 주위에 분포되어 있는지를 보이기 때문에 $\bar{x}$의 표본분포는 $\bar{x}$와 μ값의 차이에 대한 정보를 제공한다.

표준정규분포표를 사용하여 정규분포를 따르는 모든 확률변수값의 95%는 평균의 ±

그림 8.2 $\mu \pm 3.92$ 안에 있는 표본평균의 면적을 표시하는 $\bar{x}$의 표본분포

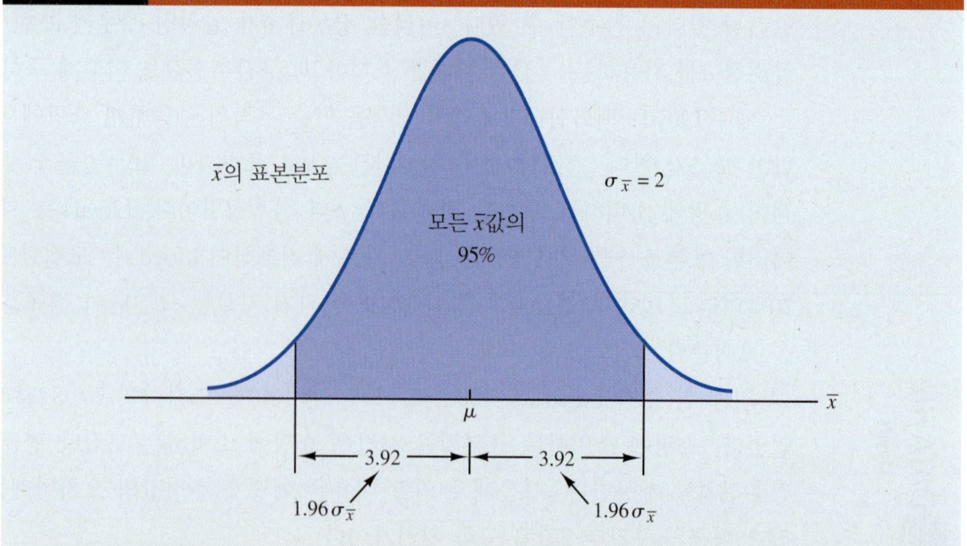

* 소비 시간의 모집단이 정규분포를 가진다는 사실을 이용하여 $\bar{x}$의 표본분포가 정규분포를 가진다고 결론내렸다. 모집단이 정규분포를 따르지 않는다면 중심극한정리와 표본규모가 100이라는 사실에 입각하여 $\bar{x}$의 표본분포가 대략 정규분포와 같다고 할 수 있다. 두 경우 모두 $\bar{x}$의 표본분포가 그림 8.1과 같다.

1.96 표준편차 안에 있음을 알 수 있다. 그러므로 $\bar{x}$의 표본분포가 정규분포를 따를 경우 $\bar{x}$값의 95%가 평균 μ의 $\pm 1.96\,\sigma_{\bar{x}}$ 안에 있어야 한다. Lloyd's의 예에서 $\bar{x}$의 표본분포는 $\sigma_{\bar{x}} = 2$의 표준오차를 가지고 정규분포를 따른다. 여기서 $\pm 1.96\,\sigma_{\bar{x}} = 1.96(2) = 3.92$이므로 표본규모 $n = 100$을 이용하여 얻은 모든 $\bar{x}$값의 95%가 모집단 평균 μ는 ± 3.92 안에 있다고 할 수 있다. 그림 8.2를 참고하시오.

이 장의 도입부에서 모집단 평균 μ에 대한 구간추정값의 일반적인 형태는 $\bar{x} \pm$ 오차한계임을 밝혔다. Lloyd's의 예에서 오차한계가 3.92와 같다고 가정하고 $\bar{x} \pm 3.92$를 이용하여 μ의 구간추정값을 계산해 보자. 구간추정값에 대한 해석을 위해 Lloyd's 고객 100명씩 3개의 서로 다른 단순 무작위 추출을 시행할 경우 얻을 수 있는 $\bar{x}$의 값을 고려해 보자. 첫 번째 표본평균이 그림 8.3의 $\bar{x}_1$와 같다고 하자. 이 경우 그림 8.3은 $\bar{x}_1$로부터 3.92만큼 빼고 더함으로써 형성된 구간이 모집단 평균 μ를 포함한다는 것을 보여준다. 이제 두 번째 표본평균이 그림 8.3의 $\bar{x}_2$의 값을 가진다면 어떤 일이 생길지 생각해 보자. 두 번째 표본평균이 첫 번째 표본평균과 다를지라도 $\bar{x}_2$에서 3.92를 빼고 더함으로써 형성된 구간 또한 모집단 평균 μ를 포함하고 있음을 알 수 있다. 그러나 세 번째 표본평균이 그림 8.3에 나타난 $\bar{x}_3$의 값을 가질 때 어떤 일이 생길지 생각해 보자. 이 경우 $\bar{x}_3$에서 3.92를 빼고 더함으로써 형성된 구간은 모집단 평균 μ를 포함하지 않는다. $\bar{x}_3$가 표본분포의 우측꼬리

그림 8.3 선택된 표본평균 $\bar{x}$

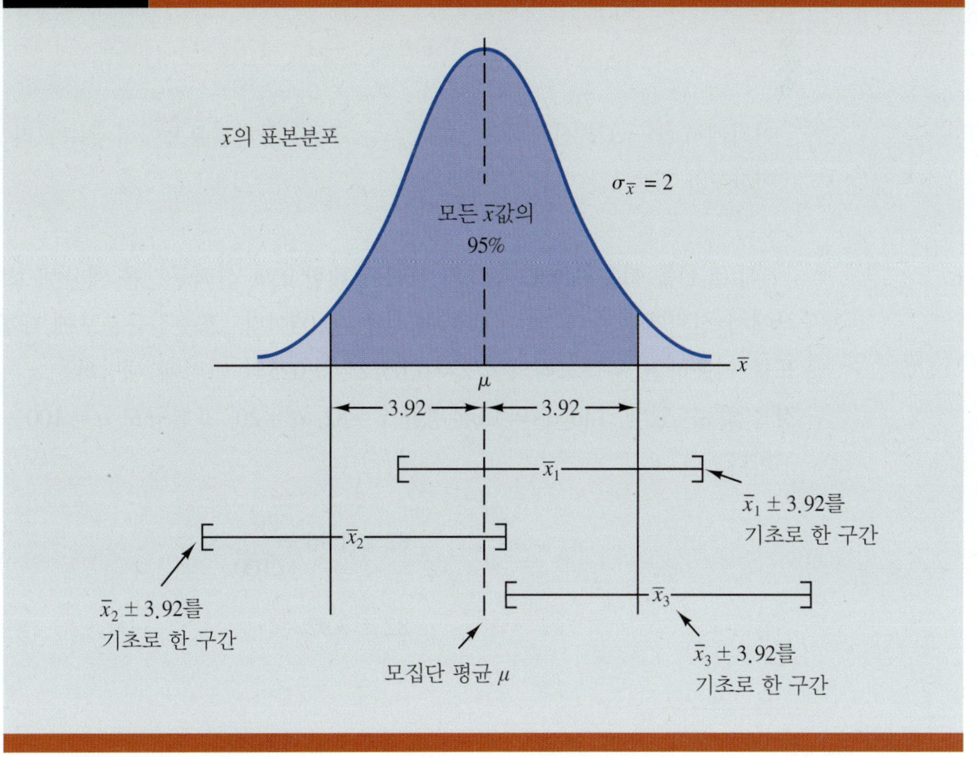

에 포함되고 μ로부터 3.92보다 더 멀리 떨어져 있기 때문에 $\bar{x}_3$에서 3.92를 더하고 뺀 값은 μ를 포함하지 않는 구간을 형성한다.

그림 8.3의 진한 면적 안에 있는 모든 표본평균 $\bar{x}$는 모집단 평균 μ를 포함하는 구간을 제공할 것이다. 가능한 모든 표본평균의 95%가 진한 면적 안에 있기 때문에 $\bar{x}$에서 3.92를 빼고 더해서 형성된 모든 구간의 95%가 모집단 평균 μ를 포함할 것이다.

최근 한 주 동안 Lloyd's의 품질보증팀이 고객 100명을 조사하여 $\bar{x} = 82$라는 표본평균 소비시간을 얻었다는 것을 상기해 보자. 구간추정값을 계산하기 위해 $\bar{x} \pm 3.92$를 사용하여 82 ± 3.92를 얻어낸다. 그러므로 최근 한 주간의 자료를 기초로 하는 μ에 대한 구간추정값은 $82 - 3.92 = 78.08$에서 $82 + 3.92 = 85.92$이다. $\bar{x} \pm 3.92$를 사용하여 계산된 모든 구간의 95%는 모집단 평균을 포함할 것이기 때문에 78.08에서 85.92까지의 구간이 모집단 평균 μ를 포함할 것이라는 데에 관해서 우리는 95% 신뢰할 수 있다.* 이 구간은 95% **신뢰수준(confidence level)**에서 설정되었다고 할 수 있다. 이때 값 0.95는 **신뢰계수(confidence coefficient)**라고 하고, 78.08에서 85.92까지의 구간은 **신뢰구간(confidence interval)**이라고 한다.

σ를 알 경우 $z_{\alpha/2}(\sigma/\sqrt{n})$으로 주어진 오차한계를 이용하여 모집단 평균에 대한 구간추정값을 일반적으로 다음과 같이 나타낼 수 있다.

모집단 평균의 구간추정: σ가 알려져 있는 경우

$$\bar{x} \pm z_{\alpha/2}\frac{\sigma}{\sqrt{n}} \tag{8.1}$$

여기에서 $(1-\alpha)$가 신뢰계수일 때 $z_{\alpha/2}$는 표준정규확률분포에서 우측꼬리 부분의 면적이 $\alpha/2$가 되는 z값이다.

식 (8.1)을 이용하여 Lloyd's의 사례에 대한 95% 신뢰구간을 계산해 보자. 95% 신뢰구간에서 신뢰계수는 $(1-\alpha) = 0.95$이고 $\alpha = 0.05$이다. 표준정규분포에 대한 표준정규분포표를 이용하면 우측꼬리의 $\alpha/2 = 0.05/2 = 0.025$의 면적에 해당하는 $z_{.0.25} = 1.96$이라는 것을 알 수 있다. Lloyd's의 표본평균 $\bar{x} = 82$, $\alpha = 20$, 표본규모 $n = 100$을 가지고 다음을 구한다.

$$82 \pm 1.96\frac{20}{\sqrt{100}}$$

$$82 \pm 3.92$$

---

* 여기의 논의는 구간이 왜 95% 신뢰구간으로 불리는지를 설명한다.

표 8.1 가장 일반적으로 사용되는 신뢰수준에 대한 값

신뢰수준	α	$\alpha/2$	$z_{\alpha/2}$
90%	0.10	0.05	1.645
95%	0.05	0.025	1.960
99%	0.01	0.005	2.576

그러므로 식 (8.1)을 이용하면 오차한계는 3.92이고, 95%의 신뢰구간은 82 − 3.92 = 78.08에서 82 + 3.92 = 85.92까지이다.

비록 95% 신뢰수준이 자주 사용되지만 90%나 99%와 같은 다른 신뢰수준들도 생각해 볼 수 있다. 가장 흔하게 사용하는 신뢰수준에 대한 $z_{\alpha/2}$값은 표 8.1과 같다. 이 값들과 식 (8.1)을 이용하면 Lloyd's 사례에 대한 90% 신뢰구간은 다음과 같다.

$$82 \pm 1.645 \frac{20}{\sqrt{100}}$$

$$82 \pm 3.29$$

그러므로 90%의 신뢰수준에서 오차한계는 3.29이고 신뢰구간은 82 − 3.29 = 78.71에서 82 + 3.29 = 85.29까지이다. 마찬가지로 99% 신뢰구간은 다음과 같다.

$$82 \pm 2.576 \frac{20}{\sqrt{100}}$$

$$82 \pm 5.15$$

그러므로 99% 신뢰수준에서 오차한계는 5.15이고 신뢰구간은 82 − 5.15 = 76.85에서 82 + 5.15 = 87.15까지이다.

90%, 95% 그리고 99% 신뢰수준에 대한 결과를 비교해 볼 때 더 높은 신뢰수준을 얻기 위해서는 오차한계가 더 크고, 신뢰구간의 범위가 더 넓어야 함을 알 수 있다.

실제적 조언

만약 모집단이 정규분포를 따른다면 식 (8.1)에 의해 계산된 신뢰구간은 정확한 것이다. 다시 말해서, 식 (8.1)이 95% 신뢰구간을 계산하기 위해 반복적으로 사용된다면 정확히 95%는 모집단 평균을 포함할 것이다. 만약 모집단의 분포가 정규분포를 따르지 않는다면, 식 (8.1)에 의한 신뢰구간은 근사치일 것이다. 이 경우 근사치의 정확성은 모집단의 분포와 표본규모에 달려있다.

모집단이 정규분포가 아닐 때에도, 표본규모가 $n \geq 30$이라면 식 (8.1)을 사용해서 모집단 평균의 구간추정값을 계산하는 것은 적절하다. 만약 모집단이 정규분포를 따르지

않지만 대략 대칭이면, 15개 정도의 소표본에서도 식 (8.1)을 사용해서 거의 정확한 신뢰구간을 구할 수 있다. 표본규모가 더 작을 경우에는, 모집단 분포가 적어도 대략적인 정규분포를 한다고 가정하거나 신뢰할 수 있는 경우에만 식 (8.1)을 이용하여야 한다.

주석 및 코멘트

1. 이 절에서 논의된 구간추정 절차는 모집단 표준편차 σ를 안다는 가정에 기초하였다. σ를 안다는 것은 과거 자료나 다른 정보를 이용하여 모집단 평균추정을 위한 표본추출 이전에 모집단 표준편차를 정확히 추정할 수 있다는 것을 의미한다. 이는 기술적으로 σ의 값이 정확히 알려져 있다는 것을 의미하지는 않는다. 단지 표본추출 이전에 표준편차의 적당한 추정치를 얻음으로써 모집단 평균과 모집단 표준편차를 추정하기 위하여 동일한 표본을 사용하지 않는다는 것을 의미한다.

2. 표본규모 n은 구간추정 식 (8.1)의 분모에 나타난다. 그러므로 만약 특정 표본규모가 너무 넓은 구간을 제공하여 실용적이지 않다면, 표본규모를 늘리는 것을 고려할 필요가 있다. 분모에 n이 있기 때문에 더 큰 표본규모는 더 작은 오차한계, 더 좁은 구간, 그리고 더 우수한 정확성을 제공할 것이다. 단순 무작위 추출에서 원하는 정확도를 얻기 위하여 필요한 최소 표본의 수를 결정하는 절차는 8.3절에서 논의한다.

연습문제

기본문제

1. 단순 무작위 표본 40개의 표본평균은 25이다. 모집단 표준편차 $\sigma = 5$이다.

a. 표본평균의 표준편차 $\sigma_{\bar{x}}$를 구하시오.

b. 95%의 신뢰수준에서 오차한계를 구하시오.

2. $\sigma = 6$인 모집단에서 추출한 단순 무작위 표본 50개의 표본평균은 32이다.

a. 모집단 평균에 대한 90% 신뢰구간을 구하시오.

b. 모집단 평균에 대한 95% 신뢰구간을 구하시오.

c. 모집단 평균에 대한 99% 신뢰구간을 구하시오.

3. 단순 무작위 표본 60개의 표본평균은 80이다. 모집단 표준편차 $\sigma = 15$이다.

a. 모집단 평균에 대한 95% 신뢰구간을 구하시오.

b. 표본평균을 120개의 표본에서 얻었다고 가정하고 모집단 평균의 95% 신뢰구간을 구하시오.

c. 구간추정 시 더 큰 표본규모는 어떤 영향을 주는가?

4. 모집단 평균의 95% 신뢰구간이 152에서 160이다. 만약 $\sigma = 15$라면 이 연구에 사용된 표본규모는 얼마인가?.

적용문제

DATA*file* Houston

5. **레스토랑 영수증.** 휴스턴 음식점에서 64명 고객들의 점심식사비용 데이터가 수집되었다. 이 데이터는 Houston 파일에 들어있다. 예전 연구 결과에서 모집단표준편차는 6달러로 알려져 있다.
   a. 99% 신뢰수준에서 오차한계를 구하시오.
   b. 점심평균식사비용의 99% 신뢰구간을 추정하시오.

DATA*file* TravelTax

6. **여행 세금.** 여러 도시의 1일당 여행관련 총세금을 알아보기 위해, 세계출장여행협회는 숙박, 렌트카, 그리고 식사에 부과된 1일당 여행 세금 관련 조사를 행하였다. TravelTax 파일에는 시카고에서 수집한 데이타가 있다. 모집단 표준편차를 8.5달러로 가정하고, 시카고 1일당 여행관련 총세금 평균의 95% 신뢰구간을 구하시오.

DATA*file* Setters

7. **반려견 소유 비용.** 2017년 Money지의 조사에 따르면 큰 개를 소유하고 관리하는 첫 해에 드는 평균비용은 1,448달러이다. 미국 아이리시 화이트 앤 레드 세터 협회는 이 견종을 소유할 경우 첫 해 발생비용에 대한 조사를 요청했다. 50개의 표본이 사용되었다. 과거 자료를 바탕으로, 모집단 표준편차는 255달러로 가정한다.
   a. 이 견종을 소유하고 관리하는 첫해에 발생하는 비용 평균의 95% 신뢰구간의 오차한계는 얼마인가?
   b. Setters 파일에는 아이리시 화이트 앤 레드 세터 소유주 50명에게 수집한 개를 소유하고 관리하는 첫 해에 드는 비용 데이터가 있다. 이 데이터를 사용하여 표본평균을 구하시오. 이 표본을 사용하면, 아이리시 화이트 레드 세터를 소유하고 관리하는데 첫 해에 드는 비용의 95% 신뢰구간을 구하시오.

8. **마사지 치료 비용.** 마사지 치료는 그 비용 대비 다양한 신체적 혜택을 제공한다는 많은 연구가 있다. 1시간 마사지 치료 세션 10개의 표본을 조사한 결과 평균 가격은 59달러이다. 1시간 세션의 모집단 표준편차는 5.5달러이다.
   a. 오차한계를 구하고 싶으면, 모집단 관련 어떤 가정이 필요한가?
   b. 95% 신뢰도를 사용하면, 오차한계는 얼마인가?
   c. 99% 신뢰도를 사용하면, 오차한계는 얼마인가?

DATA*file* TobaccoFires

9. **화재 피해 복구 비용.** 여러 원인으로 일어난 가정화재의 연기 및 화재 피해 복구비용 평균은 11,389달러이다. 담배 부주의로 일어난 가정화재의 피해 복구와 비교해 보시오. TobbacoFires 파일은 담배 부주의로 일어난 가정화재 55건의 연기와 화재 피해 복구비용을 제공하고 있다. 작년 데이터를 참고할 때, 모집단 표준편차는 3,027달러로 가정할 수 있다. 담배부주의로 일어난 가정화재의 연기 및 화재 피해 복구비용의 95% 신뢰구간은 어떻게 되는가? 이 숫자를 여러 원인으로 일어난 가정화재의 연기 및 화재 피해 복구비용 평균과 비교해보시오.

10. 보호지원 생활 시설 사용료. 모든 의료 관련 비용이 상승하고 있다. 보호지원 생활 시설 월간 사용료 평균은 지난 5년 동안 상승해 3,486달러이다. 이 평균은 120개 시설 표본에서 추정된 것이고, 과거 데이터를 바탕으로 모집단 표준편차는 650달러로 가정할 수 있다.

a. 월간 사용료 평균의 90% 신뢰구간을 구하시오.

b. 월간 사용료 평균의 95% 신뢰구간을 구하시오.

c. 월간 사용료 평균의 99% 신뢰구간을 구하시오.

d. 신뢰 수준이 높아질수록 신뢰구간의 너비에는 어떤 영향을 끼치는가? 합리적으로 보이는가? 설명하시오.

8.2 모집단 평균: σ가 알려져 있지 않은 경우

모집단 평균의 구간추정값을 계산할 경우, 보통 모집단 표준편차의 정확한 추정치를 알지 못한다. 이 경우 동일한 표본에서 μ와 σ를 동시에 추정해야만 한다. 이러한 상황은 **σ가 알려져 있지 않은 경우이다** σ를 추정하기 위하여 s를 사용할 경우, 모집단 평균에 대한 오차한계와 구간추정값들은 **t 분포(t distribution)**로 알려진 확률분포를 기초하여 계산된다. 원래 t 분포는 정규분포를 따르는 모집단에서 추출한 표본의 분포를 수학적으로 계산하는 과정에서 고안되었지만, 그 이후 연구들은 모집단이 정규분포에서 현저히 벗어나는 많은 경우에도 t 분포를 성공적으로 적용할 수 있음을 밝혀냈다. 이 절의 후반부에서 모집단이 정규분포를 따르지 않을 때의 t 분포 사용방법을 설명하기로 한다.*

그림 8.4 표준정규분포와 자유도 10과 20을 가지는 t 분포 비교

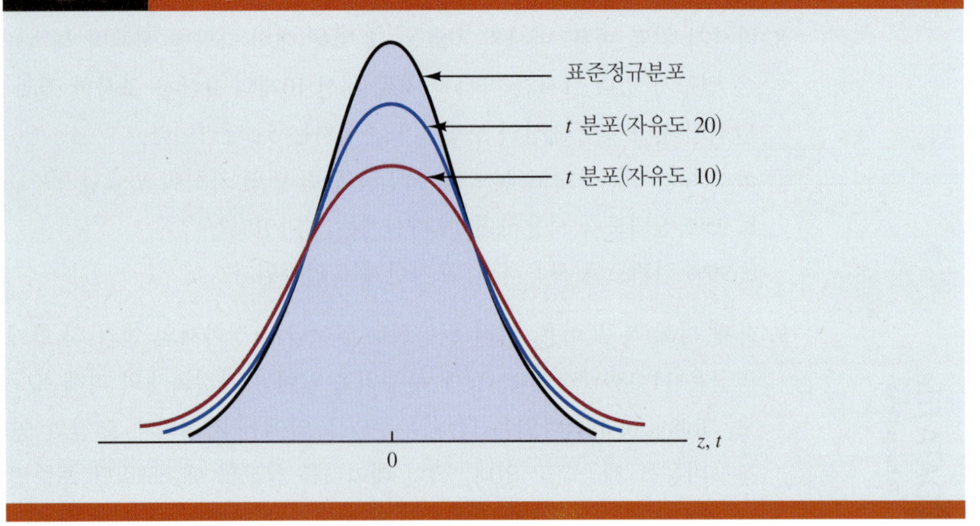

* 필명이 'Student'인 William Sealy Gosset은 t 분포의 창시자이다. 옥스퍼드 대학에서 수학을 전공한 Gosset은 아일랜드공화국의 더블린(Dublin)에 소재한 기네스(Guinness) 맥주 양조장에서 일하였다. 그는 소규모 자재관리와 온도 측정실험을 하는 동안 t 분포를 정립하였다

그림 8.5 우측꼬리에 $\alpha/2$에 해당하는 면적 또는 확률이 표시된 t 분포

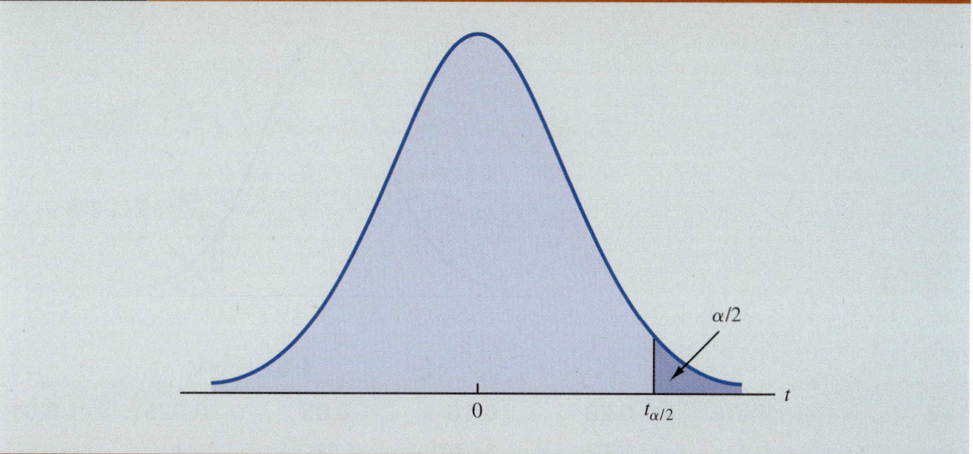

t 분포는 **자유도(degrees of freedom)**라는 모수에 따라 그 형태가 구체적으로 결정되는 유사한 형태의 여러 분포들의 집합을 지칭한다. 자유도 1을 가지는 t 분포는 오직 하나이며 자유도 2, 자유도 3, 기타 자유도를 가지는 t 분포도 마찬가지로 각각 하나씩 존재한다. 자유도의 수가 증가함에 따라 t 분포와 표준정규분포 간의 차이는 점점 더 줄어들게 된다. 그림 8.4는 자유도 10과 20을 가지는 t 분포와 표준정규확률분포에 대해 그들의 관계를 표현한 것이다. 더 높은 자유도를 갖는 t 분포는 분산이 작고 표준정규분포에 더 근사한다는 점을 주의하시오. t 분포의 평균이 0이라는 것 또한 주목하시오.

t 분포의 우측꼬리 면적을 나타내려고 t에 아래첨자를 사용하여 표기하였다. 예를 들어 표준정규분포의 우측꼬리에 속하는 확률값 0.025에 해당하는 면적의 z값을 나타내기 위하여 $z_{0.025}$를 사용한 것처럼, t 분포의 우측꼬리에 속하는 확률값 0.025에 해당하는 면적의 t값을 나타내기 위하여 $t_{0.025}$를 사용할 것이다. 일반적으로 분포의 우측꼬리에 속하는 확률값 $\alpha/2$의 면적에 해당하는 t값을 나타내기 위하여 $t_{\alpha/2}$ 표기를 사용할 것이다. 그림 8.5를 참조하시오.

부록 B의 Table 2에 t 분포에* 대한 표를 실었다. 표의 각 행은 각각의 자유도에 대한 t 분포를 구분하여 준다. 예를 들어, 자유도 10을 갖는 t 분포에 대한 $t_{0.025}$는 $t_{0.025} = 2.262$이다. 동일하게, 60의 자유도를 갖는 t 분포는 $t_{0.025} = 2.000$이다. 자유도가 증가하면 $t_{0.025}$는 $z_{0.025} = 1.96$에 유사해진다. 실제로, 표준정규분포 z값은 t 분포표에서 무한대의 자유도(∞로 표시된)를 갖는 행에서 찾을 수 있다. 자유도가 100을 초과하면 자유도가 무한대인 행을 실제 t값의 근삿값으로 이용할 수 있다. 다시 말해, 자유도가 100 이상이 되면 표준정규분포의 z값은 t값의 적절한 근삿값이 된다. 부록 B의 Table 2는 1부터 100까지 모든 자유도를 포함하는 더 광범위한 t 분포표를 제공한다.

* 자유도가 증가함에 따라 t 분포는 표준정규분포와 유사해진다.

표 8.2 *t* 분포표에서 선택된 값*

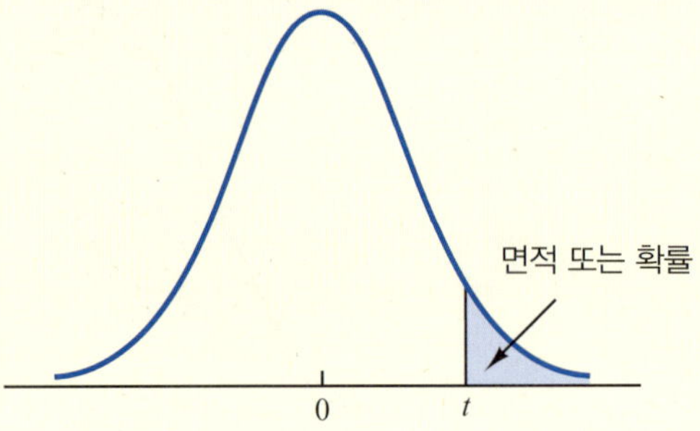

자유도	0.20	0.10	0.05	0.025	0.01	0.005
			우측꼬리 면적			
1	1.376	3.078	6.314	12.706	31.821	63.656
2	1.061	1.886	2.920	4.303	6.965	9.925
3	0.978	1.638	2.353	3.182	4.541	5.841
4	0.941	1.533	2.132	2.776	3.747	4.604
5	0.920	1.476	2.015	2.571	3.365	4.032
6	0.906	1.440	1.943	2.447	3.143	3.707
7	0.896	1.415	1.895	2.365	2.998	3.499
8	0.889	1.397	1.860	2.306	2.896	3.355
9	0.883	1.383	1.833	2.262	2.821	3.250
⋮	⋮	⋮	⋮	⋮	⋮	⋮
60	0.848	1.296	1.671	2.000	2.390	2.660
61	0.848	1.296	1.670	2.000	2.389	2.659
62	0.847	1.295	1.670	1.999	2.388	2.657
63	0.847	1.295	1.669	1.998	2.387	2.656
64	0.847	1.295	1.669	1.998	2.386	2.655
65	0.847	1.295	1.669	1.997	2.385	2.654
66	0.847	1.295	1.668	1.997	2.384	2.652
67	0.847	1.294	1.668	1.996	2.383	2.651
68	0.847	1.294	1.668	1.995	2.382	2.650
69	0.847	1.294	1.667	1.995	2.382	2.649
⋮	⋮	⋮	⋮	⋮	⋮	⋮
90	0.846	1.291	1.662	1.987	2.368	2.632
91	0.846	1.291	1.662	1.986	2.368	2.631
92	0.846	1.291	1.662	1.986	2.368	2.630
93	0.846	1.291	1.661	1.986	2.367	2.630
94	0.845	1.291	1.661	1.986	2.367	2.629
95	0.845	1.291	1.661	1.985	2.366	2.629
96	0.845	1.290	1.661	1.985	2.366	2.628
97	0.845	1.290	1.661	1.985	2.365	2.627
98	0.845	1.290	1.661	1.984	2.365	2.627
99	0.845	1.290	1.660	1.984	2.364	2.626
100	0.845	1.290	1.660	1.984	2.364	2.626
∞	0.842	1.282	1.645	1.960	2.326	2.576

* 주: 더 자세한 표는 부록 B의 Table 2에 수록됨.

오차한계와 구간측정값

8.1절에서 설명한 것과 같이 σ가 알려진 경우에 대한 모집단 평균의 구간추정값은 다음과 같다.

$$\bar{x} \pm z_{\alpha/2} \frac{\sigma}{\sqrt{n}}$$

σ가 알려져 있지 않은 경우 μ의 구간추정값을 계산하려면, 표본표준편차 s를 이용하여 σ를 추정하고 $z_{\alpha/2}$는 t 분포값 $t_{\alpha/2}$로 대체한다. 이때, 오차한계는 $t_{\alpha/2}s/\sqrt{n}$이다. σ가 알려져 있지 않은 경우 오차한계를 이용하여 모집단 평균의 구간추정값을 구하는 일반적인 식은 다음과 같다.

모집단 평균의 구간추정: σ가 알려져 있지 않은 경우

$$\bar{x} \pm t_{\alpha/2} \frac{s}{\sqrt{n}} \tag{8.2}$$

여기에서 s는 표본표준편차, $(1-\alpha)$는 신뢰계수, $t_{\alpha/2}$는 $n-1$의 자유도를 갖는 t 분포의 우측꼬리 $\alpha/2$ 면적을 가리키는 t값이다.

식 (8.2)에서 t값의 자유도가 $n-1$인 이유는 모집단 표준편차 σ의 추정치로 s를 사용하기 때문이다. 표본표준편차에 대한 식은 다음과 같다.

$$s = \sqrt{\frac{\Sigma(x_i - \bar{x})^2}{n-1}}$$

표 8.3 표본 70가구에 대한 신용카드 결제잔액(달러)

DATA*file* NewBalance

9,430	14,661	7,159	9,071	9,691	11,032
7,535	12,195	8,137	3,603	11,448	6,525
4,078	10,544	9,467	16,804	8,279	5,239
5,604	13,659	12,595	13,479	5,649	6,195
5,179	7,061	7,917	14,044	11,298	12,584
4,416	6,245	11,346	6,817	4,353	15,415
10,676	13,021	12,806	6,845	3,467	15,917
1,627	9,719	4,972	10,493	6,191	12,591
10,112	2,200	11,356	615	12,851	9,743
6,567	10,746	7,117	13,627	5,337	10,324
13,627	12,744	9,465	12,557	8,372	
18,719	5,742	19,263	6,232	7,445	

자유도는 $\Sigma(x_i - \bar{x})^2$를 계산하는 데 사용된 독립적인 정보를 제공하는 개체수이다. $\Sigma(x_i - \bar{x})^2$를 계산하는 데 포함된 정보의 n개의 개체는 다음과 같이 구성되어 있다. $x_1 - \bar{x}, x_2 - \bar{x}, \ldots, x_n - \bar{x}$. 3.2절에서 어떠한 자료 집합이라도 $\Sigma(x_i - \bar{x}) = 0$임을 보였다. 그러므로 $n-1$개의 값만이 독립적이다. 즉, $n-1$개의 $x_i - \bar{x}$값을 안다면 나머지 한 개의 값은 $x_i - \bar{x}$값들의 합이 반드시 0이라는 조건에 따라 정확하게 알 수 있다. 따라서 $\Sigma(x_i - \bar{x})^2$의 자유도는 $n-1$이며, 이 값은 식 (8.2)에서 t 분포에 대한 자유도이다.

σ가 알려져 있지 않은 경우의 구간추정 과정을 설명하기 위해 미국 전역의 가계를 모집단으로 삼고, 평균 신용카드 빚을 추정한 연구를 살펴보고자 한다. $n = 70$가구를 표본으로 한 조사의 내용은 표 8.3과 같다. 이 상황에서는 모집단 표준편차 σ의 사전 추정치를 이용할 수 없다. 그러므로 모집단 평균과 모집단 표준편차를 추정하기 위하여 표본자료를 사용해야 한다. 표 8.3의 자료를 이용하여 표본평균 $\bar{x} = 9{,}312$달러와 표본표준편차 $s = 4{,}007$달러를 구했다. 95% 신뢰수준에서 자유도 $n-1 = 69$이므로, 부록 B의 Table 2를 찾아보면 $t_{0.025} = 1.995$이다. 이제 모집단 평균의 구간추정값을 계산하기 위하여 식 (8.2)를 이용할 수 있다.

$$9{,}312 \pm 1.995 \frac{4{,}007}{\sqrt{70}}$$

$$9{,}312 \pm 955$$

모집단 평균의 점추정치는 9,312달러, 오차한계는 955달러이며, 95% 신뢰구간은 9,312 − 955 = 8,357달러에서 9,312 + 955 = 10,267달러까지이다. 그러므로 95% 신뢰수준에서 모든 가계들에 대한 신용카드 결제잔액의 모집단 평균은 8,357달러와 10,267달러 사이에 있다.

모집단 평균 신뢰구간을 계산하기 위한 엑셀의 사용법은 이 장 부록에서 설명한다. 가계 신용카드 잔액 연구에서, 70가구 표본의 평균 신용카드 잔액은 9,312달러, 표본표준편차는 4,007달러, 평균의 표준오차는 479달러, 95% 신뢰구간은 8,357달러에서 10,267달러이다.

실제적 조언

모집단이 정규분포를 따른다면 식 (8.2)로 계산한 신뢰구간은 정확하고 어떤 표본규모에서도 같은 계산방법을 적용할 수 있다. 모집단이 정규분포를 따르지 않는다면 식 (8.2)에 의해 계산된 신뢰구간은 근사치가 될 것이다. 이 경우 근사치의 질은 모집단의 분포와 표본규모에 좌우된다.

대부분의 경우 표본규모가 $n \geq 30$일 때에는 모집단 평균의 구간추정값을 계산하기 위하여 식 (8.2)를 사용해도 큰 문제가 없다. 그러나 모집단 분포가 많이 기울어져 있어 대칭이 아니거나 극단값을 포함한다면, 대부분의 통계학자들은 표본규모를 50 또는 그 이

DATA *file* Chabra

표 8.4 Chabra 공업사의 종업원 20명 표본에 대한 교육시간(일)

52	59	54	42
44	50	42	48
55	54	60	55
44	62	62	57
45	46	43	56

상으로 늘리기를 권장한다.* 모집단이 정규분포를 따르지는 않지만 대략 대칭분포 형태를 가질 경우 15개 정도의 소표본규모로도 거의 정확한 신뢰구간을 제공한다고 볼 수 있다. 표본규모가 더 작다면 식 (8.2)는 모집단 분포가 적어도 정규분포와 유사하다고 믿을 수 있거나 가정할 수 있을 때에만 이용해야 한다.

소표본의 이용

다음 예는 소표본에서 모집단 평균의 구간추정값을 계산하는 것이다. 이미 언급했듯이 모집단 분포에 대한 지식은 구간추정 절차가 만족할 만한 결과를 제공하는지에 대한 여부를 결정하는 요소가 된다.

Chabra 공업사는 정비인력이 기계수리를 할 수 있도록 교육하기 위해 컴퓨터를 활용

그림 8.6 Chabra 공업사 표본에 대한 교육시간의 히스토그램

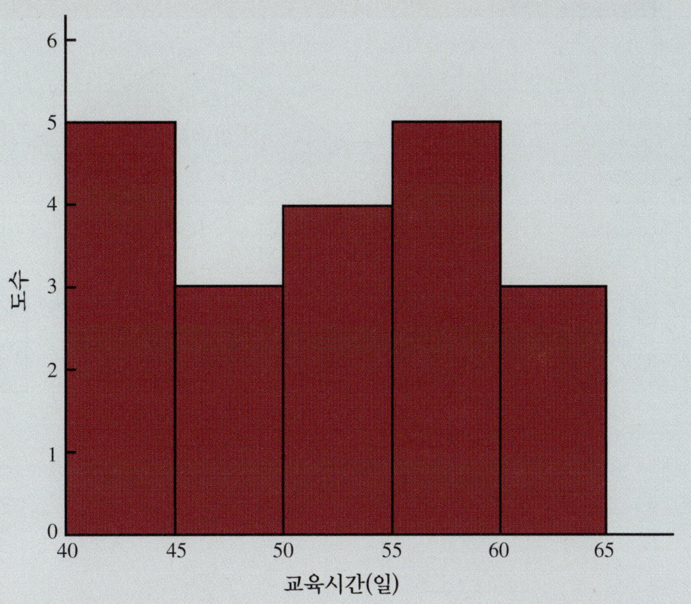

* 모집단 분포가 어느 한쪽으로 많이 기울어져 있거나 극단값을 포함하고 있다면 더 큰 표본규모가 요구된다.

한 새로운 훈련프로그램의 도입을 검토하고 있다. 새로운 프로그램의 효과를 충분히 평가하기 위하여 생산담당 이사는 유지보수 인력이 컴퓨터를 활용한 훈련프로그램을 수료할 때까지 걸리는 시간의 모집단 평균에 대한 추정값을 요구하였다.

20명의 종업원을 표본으로 선택하여 교육프로그램을 수료하도록 하였다. 표 8.4는 20명의 종업원이 교육을 수료하는 데 걸린 시간 자료이고, 그림 8.6은 표본자료에 대한 히스토그램이다. 히스토그램에 기초하여 모집단의 분포에 대해 무엇을 말할 수 있는가? 첫째, 표본자료는 모집단의 분포가 정규분포라는 결론을 지지하지 않지만 비정상적인 왜도나 극단값들은 찾아볼 수 없다. 그러므로 앞서 설명했던 지침을 참고로 20명의 종업원 표본이라면, 분포에 기초한 구간추정값을 받아들여도 괜찮다는 결론을 내릴 수 있다.

계속해서 표본평균과 표본표준편차를 계산해 보면 다음과 같다.

$$\bar{x} = \frac{\Sigma x_i}{n} = \frac{1{,}030}{20} = 51.5 \text{ days}$$

$$s = \sqrt{\frac{\Sigma(x_i - \bar{x})^2}{n-1}} = \sqrt{\frac{889}{20-1}} = 6.84\text{ 일}$$

표 8.2를 보면 95% 신뢰구간에서 자유도 $n-1=19$일 때 $t_{0.025}=2.093$이다. 식 (8.2)를 통해 모집단 평균의 구간추정값을 계산할 수 있다.

그림 8.7 모집단 평균에 대한 구간추정 과정의 요약

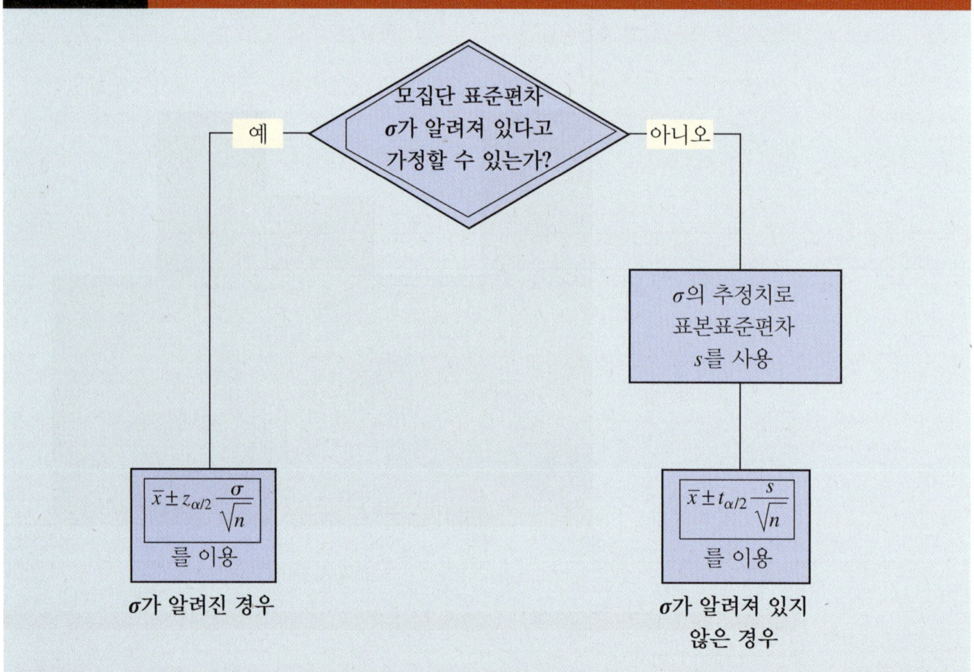

$$51.5 \pm 2.093\left(\frac{6.84}{\sqrt{20}}\right)$$

$$51.5 \pm 3.2$$

모집단 평균의 점추정치는 51.5일이다. 오차한계는 3.2일이고 95% 신뢰구간은 51.5−3.2 = 48.3일에서 51.5 + 3.2 = 54.7일까지이다.

모집단 분포를 알기 위해서 표본자료의 히스토그램을 사용하는 것이 항상 옳은 것은 아니지만 대다수의 경우 히스토그램이 이용 가능한 유일한 정보이다. 따라서 식 (8.2)를 이용해서 구간추정값을 계산해도 되는지 결정할 때 히스토그램이 분석가들의 전문적인 판단과 더불어 종종 사용된다.

구간추정 과정의 요약

모집단 평균의 구간추정값을 계산하는 두 가지 방식을 설명하였다. σ가 알려진 경우는 식 (8.1)과 같이 σ와 표준정규분포가 오차한계와 구간추정값을 계산하기 위하여 사용된다. σ가 알려져 있지 않은 경우는 식 (8.2)와 같이 표본표준편차 s와 t 분포를 이용하여 오차한계와 구간추정값을 계산한다.

두 가지 경우에 대한 구간추정 과정을 그림 8.8에 요약하였다. 대부분의 경우 $n \geq 30$의 표본규모가 적절하다. 그러나 모집단이 정규분포이거나 또는 정규분포와 유사하다면 더 작은 표본규모를 사용할 수 있다. σ가 알려져 있지 않은 경우에 대하여 모집단분포가 많이 기울어져 있거나 극단값들을 가진다면 $n \geq 50$의 표본규모를 사용하는 것이 바람직하다.

주석 및 코멘트

1. σ가 알려진 경우 오차한계는 표본규모 n이 같다면 모든 표본에 대하여 항상 동일한 값 $z_{\alpha/2}(\sigma/\sqrt{n})$가 된다. σ가 알려져 있지 않은 경우 오차한계 $t_{\alpha/2}(s/\sqrt{n})$는 표본마다 다르다. 그 차이는 표본표준편차 s값이 선택되는 표본에 따라서 변화하기 때문에 나타난다. 큰 s값은 큰 오차한계를 제공하고, 반면에 작은 s값은 작은 오차한계를 제공한다.
2. 모집단이 한쪽으로 심하게 기울어져 있다면 신뢰구간추정에 어떠한 영향을 미칠까? 모집단에 평균값들보다 매우 큰 값을 갖는 자료들이 포함되어 있어서 오른쪽으로 꼬리가 길게 드리워진 형태의 분포를 생각해 보자. 이렇게 오른쪽으로 기운 형태의 왜도를 갖게 되면 표본평균 $\bar{x}$와 표본표준편차 s는 양의 상관관계를 갖게 된다. $\bar{x}$값이 커지면 s값도 커지는 경향이 있다. 그러므로 $\bar{x}$가 모집단 평균보다 클 경우 s는 σ보다 크기 쉽다. 이와 같이 모집단의 분포가 비대칭적인 경우에 발생하는 왜도는 $t_{\alpha/2}(s/\sqrt{n})$로 계산된 오차한계를 σ가 알려져 있을 때 구해지는 오차한계보다 더 커지게 한다. σ의 실제값이 사용되는 경우에 비해 오차한계가 더 커지면, 신뢰구간에 모집단 평균 μ이 포함될 가능성은 더 커진다. 반면 $\bar{x}$가 모집단 평균보다 작을 경우, $\bar{x}$와 s 사이의 상관관계로 인하여 오차한계는 작아진다. 작은 오차한계를 가지는 신뢰구간은 σ를 사용했을 때보다 모집단 평균을 빗맞히기 쉽다. 이런 이유로 모집단 분포가 많이 기울어져 있을 경우 더 큰 표본규모를 사용할 것을 권한다.

연습문제

기본문제

11. 16의 자유도를 가지는 t 분포에 대하여 각 영역의 면적 혹은 확률을 구하시오.

a. 2.120의 오른쪽

b. 1.337의 왼쪽

c. −1.746의 왼쪽

d. 2.583의 오른쪽

e. −2.120과 2.120 사이

f. −1.746과 1.746 사이

12. 다음과 같은 경우의 t값을 구하시오.

a. 자유도가 12일 때 0.025의 우측꼬리 면적

b. 자유도가 50일 때 0.05의 좌측꼬리 면적

c. 자유도가 30일 때 0.01의 우측꼬리 면적

d. 자유도가 25일 때 그 사이가 90% 면적이 되는 두 t값

e. 자유도가 45일 때 그 사이가 95% 면적이 되는 두 t값

13. 다음 표본자료는 정규분포로부터 구한 것이다. 10, 8, 12, 15, 13, 11, 6, 5.

a. 모집단 평균을 점추정하시오.

b. 모집단 분산을 점추정하시오.

c. 95%의 신뢰구간일 때 모집단 평균의 점추정에 대한 오차한계는 얼마인가?

d. 모집단 평균에 대한 95% 신뢰구간을 구하시오.

14. $n = 54$을 가지는 단순 무작위 표본의 평균은 22.5이고 표준편차는 4.4이다.

a. 모집단 평균에 대한 90%의 신뢰구간을 구하시오.

b. 모집단 평균에 대한 95%의 신뢰구간을 구하시오.

c. 모집단 평균에 대한 99%의 신뢰구간을 구하시오.

d. 신뢰수준이 높아지면 오차의 한계와 신뢰구간은 어떻게 변하는가?

적용문제

15. **주간 매출표.** 대리점 영업사원이 주간 고객 계약현황에 대한 목록을 보고했다. 65주 표본의 보고서는 주간 고객계약의 표본평균이 19.5임을 보여준다. 표본표준편차는 5.2이다. 영업사원의 주간 고객계약의 모집단 평균에 대한 90%, 95% 신뢰구간을 구하시오.

16. **채권 만기까지 남은 연도.** 40개 기업채의 만기 및 수익률 정보가 CorporateBonds 파일

에 담겨 있다.

DATA*file* CorporateBonds

a. 기업채의 표본평균 만기는 얼마이며 표본표준편차는 얼마인가?

b. 모집단 평균 만기에 대한 95% 신뢰구간을 구하시오.

c. 기업채의 표본평균 수익률은 얼마이며 표본표준편차는 얼마인가/?

d. 모집단 평균 수익률에 대한 95% 신뢰구간을 구하시오.

17. **공항 품질 평가.** International Air Transport Association이 대서양 너머의 공항 수준을 개선하기 위해 출장자들에게 설문조사를 하였다. 가장 큰 등급은 10이다. 단순 무작위 표본으로 50명의 출장자를 선택했고 각 여행자들은 마이애미 국제공항의 등급에 대해 질문을 받았다. 50명의 출장자의 표본에서 얻은 등급은 다음과 같다.

DATA*file* Miami

6	4	6	8	7	7	6	3	3	8	10	4	8
7	8	7	5	9	5	8	4	3	8	5	5	4
4	4	8	4	5	6	2	5	9	9	8	4	8
9	9	5	9	7	8	3	10	8	9	6		

마이애미의 모집단 평균에 대해 95% 신뢰구간을 추정하시오.

18. **장년기 노무자 실업률.** 장년기의 사람들은 종종 구직에 어려움을 겪는다. AARP(미국 은퇴자협회)는 55세 이상의 사람들의 구직은 몇 주가 걸린다고 한다. 구직 시 소요되는 시간은 몇 주인지에 대한 AARP의 연구결과가 JobSearch라는 파일 안에 기록되어 있다.

DATA*file* JobSearch

a. 55세 이상의 노무자들이 구직 시 소요되는 주(weeks) 시간에 대한 모집단 평균의 점추정을 구하시오.

b. 95%의 신뢰수준에서 오차한계는 얼마인가?

c. 모집단 평균의 95% 신뢰구간은 얼마인가?

d. 이 표본에서 발견되는 왜도(skewness)값의 크기에 대하여 논하시오. 반복적인 연구를 실시한다면 어떤 제안을 하겠는가?

19. **홍콩 식사 비용.** 도쿄의 2인 기준 보통 음식점 식사비용 평균은 40달러이다. 비슷한 수준의 식사비용 평균이 홍콩에서는 얼마인지 비교해 본다. HongKongMeals 파일은 홍콩의 보통 음식점에서 2인 기준으로 식사한 비용 표본 42개 데이터가 담겨 있다.

DATA*file* HongKongMeals

a. 95% 신뢰도로, 오차한계는 얼마인가?

b. 모집단 평균의 95% 신뢰구간 추정치는 얼마인가?

c. 도쿄와 비교할 때, 홍콩의 2인 기준 보통 음식점 식사비용은 어떤가?

20. **자동차 보험 비용.** 미국 자동차보험 연간평균비용은 1,503달러이다. 다음의 연간 비용은 미시간 주의 데이터이다.

DATA*file* HongKongMeals

1,905	3,112	2,312
2,725	2,545	2,981
2,677	2,525	2,627
2,600	2,370	2,857
2,962	2,545	2,675
2,184	2,529	2,115
2,332	2,442	

모집단은 정규분포를 따르는 것으로 가정한다.

a. 미시간 자동차보험 연간평균비용의 점추정치를 계산하시오.

b. 미시간 자동차보험 연간평균비용의 95% 신뢰구간을 계산하시오.

c. 미시간 자동차보험 연간평균비용의 95% 신뢰구간에 미국 평균이 포함되어 있는가? 미시간 주와 전국 자동차보험 비용의 관계에 대해 어떻게 해석할 수 있는가?

DATA*file* TeleHealth

21. **비대면진료로 아낀 비용.** 건강관리 관련 비용이 지속적으로 오르는 중에, 종업원들에게 비대면진료 옵션을 제공하는 사업자가 늘어나고 있다. 2021년 종업원들이 어떤 진료를 대체했는지에 따라 비대면 진료 한 번당 19에서 121달러의 비용을 아낀 것으로 추정된다. 아래 데이터는 임의로 선택된 20번의 온라인 진료로 아낀 금액을 나열한 것이다.

92	93	83	93	40
105	78	49	82	96
56	53	48	40	73
76	34	74	55	100

모집단이 대략 대칭적이라고 가정할 때, 대면진료 대비 비대면 진료로 아낀 금액 평균의 98% 신뢰구간을 구하시오.

DATA*file* Eternals

22. **영화 티켓 매출.** 마블 스튜디오의 영화 Eternals는 2021년 11월 첫째 주말에 개봉해 북미에서 7,100만 달러의 티켓 판매수익을 기록하였다. 같은 시기 Eternals를 상영한 30개 극장의 티켓 판매수익이 파일 Eternals에 있다.

a. 극장당 티켓 판매수익 평균의 95% 신뢰구간을 추정하시오.

b. 티켓 가격을 10달러라고 한다면, 2021년 11월 첫째 주말의 극장당 평균 방문객 수는 얼마인가?

c. 영화는 4,090개에서 상영되었다. 11월 첫째 주말 총 티켓 판매수익을 추정하시오.

8.3 표본규모의 결정

이전 두 개 절의 실제적인 조언 부분에서 모집단이 정규분포를 따르지 않을 때 적당한 신뢰구간을 얻기 위해서는 표본규모가 중요함을 설명하였다. 이 절에서는 표본규모 결정과 관련된 또 다른 문제에 초점을 맞추어 원하는 크기의 오차한계를 얻기 위해 필요한 표본규모를 결정하는 방법에 대해 설명한다. 이 과정이 어떻게 이루어지는지 이해하기 위하여 σ가 알려진 경우로 돌아간다. 식 (8.1)을 사용하면 구간추정값은 다음과 같다.*

$$\bar{x} \pm z_{\alpha/2}\frac{\sigma}{\sqrt{n}}$$

$z_{\alpha/2}(\sigma/\sqrt{n})$은 오차한계이다. 그러므로 $z_{\alpha/2}$, 모집단 표준편차 σ 그리고 표본규모 n이 결합되어 오차한계가 결정된다는 것을 알 수 있다. 일단 신뢰계수 $1-\alpha$ 를 선택하면 $z_{\alpha/2}$는 결정된다. 따라서 σ값이 주어진 상황에서, 원하는 오차한계를 구하기 위해 필요한 표본규모 n을 결정할 수 있다. 필요한 표본규모 n을 계산하기 위하여 사용되는 공식의 전개는 다음과 같다.

E = 오차한계라 하자.

$$E = z_{\alpha/2}\frac{\sigma}{\sqrt{n}}$$

$\sqrt{n}$에 대해 정리하면 다음과 같다.

$$\sqrt{n} = \frac{z_{\alpha/2}\sigma}{E}$$

이 식의 양 변을 제곱하면 표본규모에 대하여 다음 식을 얻는다.

모집단 평균의 구간추정을 위한 표본규모

$$n = \frac{(z_{\alpha/2})^2\sigma^2}{E^2} \tag{8.3}$$

이렇게 표본규모는 선택된 신뢰수준에서 희망하는 오차한계를 결정한다.**

식 (8.3)에서 E는 허용될 수 있는 오차한계이고 $z_{\alpha/2}$값은 구간추정값을 계산하는 데 사용되는 신뢰수준으로부터 결정된다. 경우에 따라 다르긴 하지만 95% 신뢰수준이 가장 자주 선택되는 신뢰수준값이다($z_{0.025} = 1.96$).

마지막으로 식 (8.3)을 이용하려면 모집단 표준편차 σ값을 알 필요가 있다. 그러나 σ값이 사전에 알려져 있지 않더라도, σ값을 미리 가정하거나 사전예측을 할 수 있다면 식 (8.3)을 이용할 수 있다. 실제로는 σ값을 결정하는 데 있어서 다음 방법 중 하나를 선택

* 표본추출 전에 원하는 오차한계가 결정된다면, 이 절에서 설명되는 계산 방법은 결정된 오차한계를 만족시킬 수 있는 표본규모를 결정하는 데 사용될 수 있다.

** 식 (8.3)을 이용하여 적당한 표본규모를 결정할 수 있다. 하지만, 표본규모를 이보다 더 크게 할지는 전문가의 판단에 의해 추가적으로 결정되어야 한다.

할 수 있다.*

1. σ에 대한 사전 예측값으로 이전 자료로부터 계산된 모집단 표준편차의 추정치를 사용한다.
2. 예비 표본을 선정하기 위한 시험조사를 행한다. 예비 표본으로부터 나온 표본표준편차는 σ에 대한 예측값으로 이용할 수 있다.
3. 전문가의 판단이나 '적절한 추측'에 의존하여 값을 추정할 수 있다. 예를 들면, 모집단에서 가장 크고 작은 자료값들을 이용할 수 있다. 모집단의 가장 큰 값과 가장 작은 값의 차이는 모집단 자료의 범위값이다. 최종적으로 이 범위값을 4로 나누면 모집단 표준편차의 개략적인 근사치를 구할 수 있고, 이는 σ에 대한 만족할 만한 사전예측값으로 사용할 수 있다.

다음의 예를 이용하여 표본규모를 결정하는 데 있어서 식 (8.3)을 사용하는 방법을 설명한다. 한 연구조사는 미국에서 중형차를 하루 렌트하는 데 평균 55달러의 비용이 든다는 결과를 발표하였다. 이 연구를 수행했던 기관은 중형차를 하루 렌트하는 데 드는 비용의 모집단 평균을 새롭게 추정하기 위한 연구를 하고자 한다. 새로운 조사를 설계하면서 프로젝트 담당이사는 모집단의 평균이 95% 신뢰수준에서 오차한계가 2달러 이하가 되기를 원한다.

프로젝트 담당이사가 원하는 오차한계는 $E = 2$이며, 95% 신뢰수준에서 $z_{0.025} = 1.96$이다. 이제 필요한 표본규모를 계산하기 위해서 필요한 것은 모집단 표준편차 σ값이다. 조사 담당자들은 이전의 조사자료에서 하루 렌트가격에 대한 표본표준편차가 9.65달러라는 것을 알아냈다. 따라서 σ에 대한 사전예측값으로 9.65를 이용하면 필요한 표본규모는 다음과 같이 계산할 수 있다.**

$$n = \frac{(z_{\alpha/2})^2\sigma^2}{E^2} = \frac{(1.96)^2(9.65)^2}{2^2} = 89.43$$

결론적으로, 프로젝트 담당이사가 원하는 오차한계 2달러를 충족시키기 위해서는 최소한 중형차 렌트 가격조사에서 표본규모는 89.43보다 커야 한다. 계산된 n이 정수가 아닐 경우, 정수값으로 올림한다. 따라서 필요한 최소 표본규모는 90개이다.

---

* 모집단 표준편차 σ에 대한 사전 예측값은 표본규모가 되어야 한다. σ에 대한 사전 예측값을 얻기 위한 세 가지 방법을 여기에서 설명했다.

** 식 (8.3)은 원하는 오차한계를 만족시킬 수 있는 최소 표본수를 구하는 공식이다. 만약 계산된 표본수가 정수가 아니면 올림을 한 정수값을 표본수로 사용하며, 이 경우 실제 오차한계는 원하는 값에 비해 약간 작아진다.

연습문제

기본문제

23. 오차한계가 10일 때 95%의 신뢰수준을 유지하기 위해서는 얼마나 큰 표본규모를 택해야 하는가? 모집단 표준편차는 40이라 가정한다.

24. 자료집합의 최댓값과 최솟값의 범위가 36으로 추정되었다.

    a. 모집단 표준편차의 사전예측값을 구하시오.

    b. 95% 신뢰수준에서 오차한계가 3이려면 표본규모는 얼마가 되어야 하는가?

    c. 95% 신뢰수준에서 오차한계가 2이려면 표본규모는 얼마가 되어야 하는가?

적용문제

25. **컴퓨터를 활용한 훈련 프로그램.** 8.2절에서 제시한 Chabra 공업사의 예를 살펴보자. 모집단 표준편차의 사전예측값으로 6.84를 이용한다.

    a. 95% 신뢰수준에서 오차한계 1.5일을 얻기 위해 필요한 표본규모는 얼마인가?

    b. 만약 90% 신뢰수준이라면 오차한계 2일을 얻기 위해 필요한 표본규모는 얼마인가?

26. **휘발유 가격.** 미국 에너지정보국에 따르면 2021년 4월 무연 휘발유 갤런당 평균가격은 2.94달러이다. 에너지정보국은 평균 휘발유 가격을 매주 추정해 업데이트한다. 무연 휘발류 갤런당 가격 표준편차를 0.25달러로 가정하고 95% 신뢰수준에서 오차한계를 보고하기를 원할 때 에너지정보국이 사용해야 할 적절한 표본규모를 권고하시오.

    a. 요구되는 오차한계를 0.10달러로 가정하라.

    b. 요구되는 오차한계를 0.07달러로 가정하라.

    c. 요구되는 오차한계를 0.05달러로 가정하라.

27. **경영학과 졸업생 연봉.** 대학 경영학과 졸업생의 최초 연봉은 일반적으로 45,000달러와 60,000달러 사이로 기대된다. 졸업생의 최초 연봉의 모집단 평균을 95% 신뢰수준에서 추정하고자 한다. 모집단 표준편차의 사전예측값을 구하시오. 다음의 오차한계가 주어졌을 때 필요한 표본규모는 얼마인가?

    a. 500달러?

    b. 200달러?

    c. 100달러?

    d. 오차한계를 100달러로 설정하라고 권고하겠는가? 그 이유를 설명해 보시오.

28. **육류 소비.** 붉은 고기를 너무 많이 섭취할 경우 심장질환과 암 발생 위험이 높아진다고 믿는 의료 전문가들이 많다. 보통의 미국인이 매년 섭취하는 육류의 양을 알기 위

한 조사를 하고 싶으며 그 오차한계를 3파운드로 하고 싶다고 한다. 모집단 표준편차를 25파운드로 사용하고, 다음과 같은 상황에 대한 표본의 규모를 권장하시오.

1. 평균 육류 섭취량에 대하여 90%의 신뢰구간

2. 평균 육류 섭취량에 대하여 95%의 신뢰구간

3. 평균 육류 섭취량에 대하여 99%의 신뢰구간

4. 요구되는 오차한계가 정해져 있을 때 신뢰수준이 증가함에 따라 표본규모는 어떻게 변하는가? 이 사례에서 99% 신뢰구간을 사용하겠는가? 논의하시오.

29. **영화관 예고편 길이.** 영화관에 영화 상영시간에 맞춰서 가면 영화가 실제 시작하기 전 여러 예고편과 상업광고를 보게 된다. 예고편 시간이 너무 길다고 불평하는 이들도 많다. The Wall Street Journal의 사전 조사에 따르면 예고편 시간의 표준편차는 4분이다. 이 정보를 다음의 질문을 대답하는 데 사용하시오.

a. 오차한계가 75초인 모집단 평균 예고편 상영시간을 추정하고 싶다면, 표본규모가 얼마나 되어야 하는가? 95% 신뢰도를 가정하시오.

b. 오차한계가 1분인 예고편 모집단 평균 예고편 상영시간을 추정하고 싶다면, 표본규모가 얼마나 되어야 하는가? 95% 신뢰도를 가정하시오.

30. **젊은 운전자들이 운전한 거리.** 최근 운전을 덜 하는 경향이 있으며, 특히 젊은이들이 그러하다. 최근 8년 동안 16세에서 34세 청년들이 1년에 운전해 이동한 거리는 10,300에서 7,900마일로 감소하였다. 표준편차는 2,000마일이라 가정한다. 현재 16에서 34세가 1년에 운전해 이동한 거리의 95%의 신뢰구간 추정치를 구하려는 설문조사를 하려고 한다. 100마일의 오차한계가 적절하다면, 현재 설문조사의 표본규모는 얼마나 되어야 하나?

8.4 모집단 비율

이 장의 도입부에서 소개한 모집단 비율 p의 구간추정값의 일반식은

$$\bar{p} \pm \text{오차한계}$$

라고 설명했다. $\bar{p}$의 표본분포는 구간추정값의 오차한계를 계산하는 데 중요한 역할을 한다.

7장에서 $\bar{p}$의 표본분포가 $np \geq 5$이고 $n(1-p) \geq 5$이면 언제든지 정규분포와 유사하다고 설명하였다. 그림 8.8은 $\bar{p}$의 표본분포에 대한 일반적인 근사치를 보인다. 표본분포에서 $\bar{p}$의 평균은 모집단 비율 p이고 $\bar{p}$의 표준오차는 다음과 같다

$$\sigma_{\bar{p}} = \sqrt{\frac{p(1-p)}{n}} \tag{8.4}$$

그림 8.8 $\bar{p}$표본분포의 정규분포 근사치

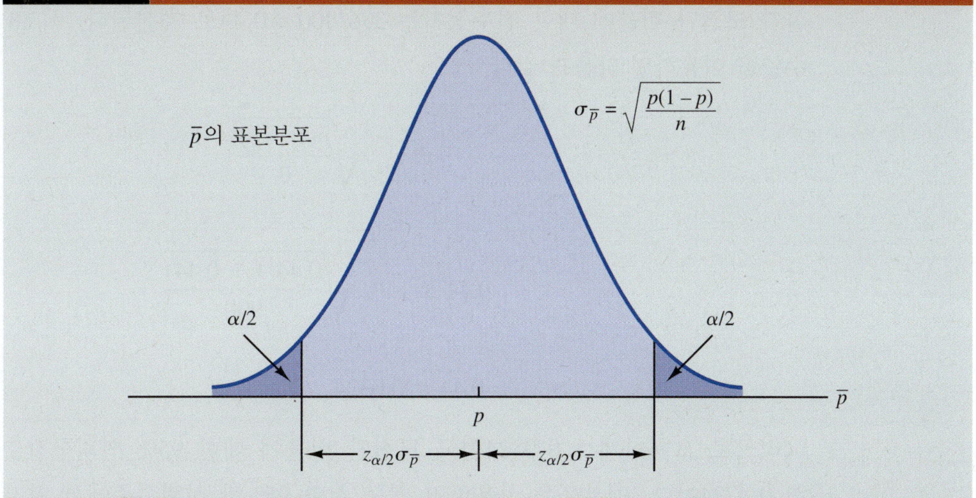

$\bar{p}$의 표본분포가 정규분포이기 때문에 모집단 비율의 구간추정값에서 오차한계로 $z_{\alpha/2}\sigma_{\bar{p}}$를 선택한다면 계산된 구간의 100(1−α)%는 실제 모집단 비율을 포함할 것이다. 그러나 p를 알 수 없기 때문에 오차한계를 계산할 때 p를 직접적으로 사용할 수 없다. 때문에 p 대신 $\bar{p}$를 사용하여 모집단 비율의 구간추정값에 대한 오차한계를 다음과 같이 계산한다.

$$\text{오차한계} = z_{\alpha/2}\sqrt{\frac{\bar{p}(1-\bar{p})}{n}} \tag{8.5}$$

이 오차한계를 이용하여 모집단 비율의 구간추정값을 구하는 식은 일반적으로 다음과 같이 표현된다.*

모집단 비율의 구간추정값

$$\bar{p} \pm z_{\alpha/2}\sqrt{\frac{\bar{p}(1-\bar{p})}{n}} \tag{8.6}$$

여기에서 1−α는 신뢰계수이고, $z_{\alpha/2}$는 표준정규분포의 우측꼬리 안에 속하는 면적이 $z_{\alpha/2}$에 해당하는 z값이다.

DATAfile PatientWaitTimes

모집단 비율의 오차한계와 구간추정값을 구하는 방법을 설명한다. 예를 들어 대형 병원에서 병원에 오는 환자들의 대기시간 관련 만족도를 평가하고자 한다. 환자의 병원 대기시간 관련 만족도를 조사하기 위해 임의로 선택한 환자 900명에게 설문조사를 진행하

* 비율에 대한 신뢰구간을 계산할 경우 $z_{\alpha/2}\sqrt{\bar{p}(1-\bar{p})/n}$ 이 오차한계가 된다.

였다. 설문 결과, 396명의 환자가 대기시간에 만족하였다. 따라서 대기시간에 만족하는 환자 모집단 비율에 대한 점추정치는 396/400 = 0.44로 계산된다. 식 (8.6)과 95% 신뢰수준을 이용하면 다음과 같다.

$$\bar{p} \pm z_{\alpha/2}\sqrt{\frac{\bar{p}(1-\bar{p})}{n}}$$

$$0.44 \pm 1.96\sqrt{\frac{0.44(1-0.44)}{900}}$$

$$0.44 \pm 0.0324$$

그러므로 오차한계는 0.0324이고 모집단 비율에 대한 95% 신뢰구간추정은 0.4076에서 0.4724이다. 백분율을 사용하면 연구 결과 95%의 신뢰수준에서 환자의 40.70%에서 47.24% 사이가 대기시간에 만족한다고 할 수 있다.

표본규모의 결정

특정 수준의 정확도로 모집단 비율을 추정하기 위해서는 표본규모가 얼마나 커야 하는지 알아보자. p의 구간추정에서 적정 표본규모를 결정하는 논리는 8.3절의 구간추정에서 적정 표본규모를 결정하는 논리와 유사하다.

앞의 설명에서, 모집단 비율의 구간추정에 사용하는 오차한계는 $z_{\alpha/2}\sqrt{\bar{p}(1-\bar{p})/n}$라고 했다. 오차한계는 $z_{\alpha/2}$값, 표본비율 $\bar{p}$, 표본규모 n을 기초로 계산된다. 표본규모가 커질수록 오차한계가 작아지며 추정의 정확도는 높아진다.

E를 원하는 오차한계로 나타내자.

$$E = z_{\alpha/2}\sqrt{\frac{\bar{p}(1-\bar{p})}{n}}$$

이 식을 n에 대해 정리하면 E라는 오차한계를 제공하는 표본규모에 대한 공식을 얻을 수 있다.

$$n = \frac{(z_{\alpha/2})^2\bar{p}(1-\bar{p})}{E^2}$$

그러나 표본을 선택하기 전에는 $\bar{p}$가 알려져 있지 않기 때문에 요구 오차한계를 제공하는 표본규모를 계산하는 데 이 공식을 사용할 수 없다. 따라서 이때 필요한 것은 계산을 가능하게 할 수 있는 $\bar{p}$에 대한 사전예측값이다. $\bar{p}$의 사전예측값을 p^*로 나타내면 E 크기의 오차한계를 갖는 표본규모를 계산하기 위해 다음 공식을 사용할 수 있다.

모집단 비율의 구간추정을 위한 표본규모

$$n = \frac{(z_{\alpha/2})^2 p^*(1-p^*)}{E^2} \tag{8.7}$$

실무에서 사전예측값 p^*는 다음과 같은 방법 중 하나를 사용하여 결정한다.

1. 같거나 유사한 집단을 대상으로 수행된 과거 조사에서 얻은 표본비율을 사용한다.
2. 소규모 표본을 대상으로 예비 조사를 하고 여기서 얻은 표본비율을 사전예측값 p^*로 사용한다.
3. 전문가의 판단으로 p^*를 결정한다.
4. 위 세 가지 중 어느 것도 사용할 수 없다면 사전예측값으로 $p^* = 0.50$를 사용한다.

환자를 대상으로 한 설문조사로 돌아가, 같은 병원이 대기시간에 만족하는 환자 비율을 새롭게 추정하고자 한다고 가정하자. 만약 조사담당자가 95% 신뢰수준에서 0.025의 오차한계를 갖는 모집단 비율을 추정하기를 원한다면 얼마나 큰 표본이 필요한가? $E = 0.025$와 $z_{\alpha/2} = 1.96$이 주어진 상황에서, 표본규모에 대한 질문에 답하기 위해서는 사전예측값 p^*가 필요하다. 사전예측값 p^*로 이전 조사 결과인 $\bar{p} = 0.44$를 사용하면 식 (8.7)로부터 다음과 같이 계산할 수 있다.

$$n = \frac{(z_{\alpha/2})^2 p^*(1-p^*)}{E^2} = \frac{(1.96)^2(0.44)(1-0.44)}{(0.025)^2} = 1{,}514.5$$

그러므로 원하는 오차한계를 충족하는 환자의 표본규모는 최소한 1514.5이다. 정수로 올림 하면 원하는 오차한계를 충족하기 위해 필요한 환자 표본은 1,515명이라고 말할 수 있다.

사전예측값 p^*를 선택하는 방법 중 네 번째 대안은 $p^* = 0.50$을 이용하는 것이다. 다른 이용 가능한 정보가 없을 때 이 방법은 자주 이용된다. 그 이유를 이해하기 위해서 식

표 8.5 $p^*(1-p^*)$의 추정값

p^*	$p^*(1-p^*)$	
0.10	(0.10)(0.90) = 0.09	
0.30	(0.30)(0.70) = 0.21	
0.40	(0.40)(0.60) = 0.24	
0.50	(0.50)(0.50) = 0.25	← $p^*(1-p^*)$의 가장 큰 값
0.60	(0.60)(0.40) = 0.24	
0.70	(0.70)(0.30) = 0.21	
0.90	(0.90)(0.10) = 0.09	

(8.7)을 살펴보면, 표본규모는 식의 분자에 있는 $p^*(1-p^*)$값에 비례한다는 것을 알 수 있다. $p^*(1-p^*)$이 커지면 표본규모도 커진다. 표 8.5는 $p^*(1-p^*)$에 대한 근사치를 제공한다. $p^*=0.50$일 때 $p^*(1-p^*)$값이 가장 커짐을 알 수 있다. 그러므로 사전예측값의 근사치가 불확실한 상황에서는 $p^*=0.50$를 사용하면 원하는 오차한계를 충족할 수 있는 표본규모를 얻을 수 있다. 주어진 오차한계에서 가능한 한 가장 큰 표본규모를 선택하게 해주기 때문이다. 만일 표본비율이 사전예측값 0.50과 다르다고 판명되면, 표본으로부터 얻어지는 오차한계는 예상했던 것보다 작을 것이다. 그러므로 $p^*=0.50$을 이용하면 표본규모는 원하는 오차한계를 얻는 데 충분하게 된다.

환자에 대한 조사에서 사전예측값 $p^*=0.50$를 사용하면 표본규모는 다음과 같이 계산된다.

$$n=\frac{(z_{\alpha/2})^2p^*(1-p^*)}{E^2}=\frac{(1.96)^2(0.50)(1-0.50)}{(0.025)^2}=1{,}536.6$$

이 경우 1,515명보다 약간 많은 1,537명의 환자를 표본에 포함시켜야 할 것이다.

주석 및 코멘트

1. 모집단 비율 추정에 있어서 원하는 오차한계는 거의 대부분 0.10이거나 그보다 작다. Gallup이나 Harris 같은 조사기관이 수행하는 정부의 공식 여론조사에서는 0.03 혹은 0.04와 같은 오차한계가 일반적으로 사용된다. 그 정도의 오차한계라면 식 (8.7)에 의해 계산된 표본규모는 거의 항상 $\bar{p}$의 표본분포에 근사치로 정규분포를 사용하기 위해 필요한 $np\geq 5$와 $n(1-p)\geq 5$ 조건을 만족할 것이다.
2. 이항 분포도 비율의 정확한 신뢰구간을 계산하는 데 사용될 수 있다. 이 방법은 정규근사를 사용할 때 보다 더 정확하고 강건하다. 그러나, 정규 근사법의 계산이 더 간단하며, 정규 근사를 사용한 경우 신뢰구간의 정확도와 강건성도 표본규모가 증가하면 더 정확해진다.

연습문제

기본문제

31. 400명의 단순 무작위 표본으로부터 100개의 '예'란 답을 얻었다.

a. '예'라고 답한 모집단의 비율에 대한 점추정치를 구하시오.

b. 비율의 표준오차추정치 $\sigma_{\bar{p}}$를 구하시오.

c. 모집단 비율에 대한 95% 신뢰구간을 계산하시오.

32. 800가지 요소들의 단순 무작위 표본으로부터 표본비율 $\bar{p}=0.70$을 얻었다.

a. 90% 신뢰수준에서 모집단 비율의 신뢰구간을 계산하시오.

b. 95% 신뢰수준에서 모집단 비율의 신뢰구간을 계산하시오.

33. 연구에 의하면 모집단 비율의 사전예측값은 $p^* = 0.35$이다. 오차한계 0.05에서 95% 신뢰구간을 얻기 위해서는 얼마나 큰 표본이 필요한가?

34. 95% 신뢰수준에서 모집단 비율의 추정에 대한 오차한계 0.03을 얻기 위해서는 표본이 얼마나 커야 하는가? 사전예측값 p^*를 계산하기 위해 과거 자료는 이용할 수 없다고 가정한다.

적용문제

35. 건강보험 설문조사. 2017년 봄 컨슈머 리포트 국립 연구센터는 주요 건강 관련 우려를 알아보기 위해 성인 1,007명을 대상으로 설문조사를 실시하였다. 설문조사 결과 응답자 중 574명이 향후 건강보험에 가입할 여유가 있을지 자신 없어했다.

a. 향후 건강보험에 가입할 여유가 있을지 자신 없어하는 모집단 비율의 점추정치는 얼마인가?

b. 90% 신뢰도로 오차한계는 얼마인가?

c. 향후 건강보험에 가입할 여유가 있을지 자신 없어하는 모집단 비율의 90% 신뢰구간을 구하시오.

d. 향후 건강보험에 가입할 여유가 있을지 자신 없어하는 모집단 비율의 95% 신뢰구간을 구하시오.

36. 자동차 보험 가입. CNBC가 보고한 통계에 따르면 상당히 많은 자동차가 보험에 들지 않은 것으로 나타났다(CNBC, 2006년 2월 23일). CNBC 보고서와 일치하는 표본자료에서 200대의 차량 중 46대가 보험대상이 아닌 것으로 나타났다.

a. 보험처리가 되지 않은 자동차 비율에 대한 점추정치는 무엇인가?

b. 모집단 비율의 95% 신뢰구간을 추정하시오.

37. 유권자 감정. 2018년 Rasmussen Report의 2,500명 예비유권자 대상 설문조사 중에는 이 나라가 올바른 방향으로 가고 있다고 생각하냐는 질문이 포함되어 있다. RightDirection 파일에 데이터가 있다. *yes*는 응답자가 나라가 바른 방향으로 가고 있다고 생각한다는 뜻이고 No는 응답자가 나라가 바른 방향으로 가고 있지 않다고 생각한다는 뜻이다. 응답자는 잘 모른다는 Not sure란 응답을 했을 수도 있다.

a. 예비유권자 중 나라가 올바른 방향으로 가고 있다고 생각하는 모집단 비율의 점추정치를 구하시오.

b. 95%의 신뢰도로 오차한계는 얼마인가?

c. 나라가 올바른 방향으로 가고 있다고 생각하는 예비유권자 비율의 95% 신뢰구간을 구하시오.

d. 나라가 올바른 방향으로 가고 있지 않다고 생각하는 예비유권자 비율의 95% 신뢰

구간을 구하시오.

e. (c)와 (d) 중 오차한계가 적은 신뢰구간은 무엇인가? 왜 그런가?

DATA*file* CasualDining

38. **프랜차이즈 수익.** 프랜차이즈 비즈니스 리뷰에 따르면, 음식 프랜차이즈의 50% 이상이 매년 50,000달러 이하의 수익을 올린다. 142개의 간편한 식사를 할 수 있는 식당을 조사한 결과, 81개가 작년 50,000달러 이하의 수익을 올렸다.

a. 작년에 50,000달러 이하의 수익을 올린 간편한 식사를 할 수 있는 식당의 비율 점추정치는 얼마인가?

b. 작년에 50,000달러 이하의 수익을 올린 간편한 식사를 할 수 있는 식당비율의 오차한계를 계산하고 95% 신뢰구간을 구하시오.

c. 희망하는 오차한계가 0.03이라면 표본규모가 얼마나 되어야 하는가?

39. **전업부모.** 2016년 9월 Pew 리서치는 전업부모가 있는 집 중 17%가 아빠가 전업이라고 보고했다. 더욱 최근 정보를 얻기 위해 독립 리서치 기관이 설문조사를 하게 되었다.

a. 전업부모가 있는 집 중 아빠가 전업부모인 비율을 추정하는데 있어 오차한계를 0.03으로 하려고 한다면 필요한 표본규모는 얼마인가? 95% 신뢰수준을 사용하시오.

b. (a)를 99% 신뢰수준을 사용하여 다시 계산하시오.

40. **건강보험 가입 시 종업원 기여분.** 몇 년 동안 기업들은 상승하는 보건비용으로 인해 고심하고 있다. 그러나 최근 이러한 상승기조는 의료 서비스 가격 인플레이션 감소와 종업원들이 내는 의료혜택 비용 증가로 인해 더뎌지고 있다. 최근 설문조사에 따르면 올해 미국 고용주의 52%가 건강보험 제공시 종업원에게 작년보다 더 많은 부담금을 요구할 것으로 나타났다. 이 설문조사는 800개의 기업을 표본으로 한다. 작년보다 올해 고용주가 건강보험 제공시 종업원에게 더 높은 부담금을 요구할 기업의 비율에 대한 오차한계와 95% 신뢰구간을 구하시오.

41. **운전면허 비율.** 청년들이 점점 운전을 하지 않고 있다. 1995년에는 20세 이하 운전면허증을 딸 수 있는 청년 중 63.9%가 면허증을 땄다. 2020년 이 비율은 41.5%로 떨어졌다. 이 결과가 임의로 선택된 20세 이하 표본 1,200명을 1995년과 2020년에 설문조사한 결과라고 하자.

a. 95% 신뢰도로, 1995년에 20세 이하 운전면허증을 딴 청년 비율의 오차한계와 신뢰구간을 구하시오.

b. 95% 신뢰도로, 2020년에 20세 이하 운전면허증을 딴 청년 비율의 오차한계와 신뢰구간을 구하시오.

c. (a)와 (b)의 한계구간은 같은가? 왜 그런가 혹은 왜 그렇지 않은가?

42. **유권자 의도.** 대통령 선거 유세에 대한 여론조사는 6월에 491명의 잠재적인 유권자를 표본으로 했다. 여론조사의 첫 번째 목표는 각 후보자를 지지하는 잠재 유권자의

비율에 대한 추정치를 얻는 것이다. 사전예측값 $p^* = 0.50$ 그리고 95%의 신뢰수준을 가정한다.

a. $p^* = 0.50$일 때 6월 여론조사의 예측 오차한계는 얼마인가?

b. 11월 선거가 다가올수록 더 나은 정확도와 더 작은 오차한계가 요구된다. 대통령 선거유세기간 중 실시될 여론조사에서 다음의 오차한계가 필요하다고 할 때 각 조사의 권장 표본규모를 구하시오.

조사	오차한계
9월	0.04
10월	0.03
11월 초	0.02
선거 전날	0.01

43. 인터넷 사용. 2021년 Pew 리서치 센터는 1,502명의 인터넷 사용자를 대상으로 설문조사를 실시하여 인터넷 사용자 관련 다양한 통계를 제공받았다. 예를 들어 2021년, 미국 성인의 93%가 인터넷 사용자였다. 1995년에는 미국 성인의 단 14%만 인터넷을 사용했다.

1. 2021년 인터넷 사용자라고 답한 미국 성인 비율에 대해 95% 신뢰구간을 구하시오.

2. 설문결과 77%의 미국 성인 응답자가 가정에서 광대역 연결망을 사용하고 있다고 답했다. 가정에서 광대역 연결망을 사용하는 미국 성인 비율에 대한 95% 신뢰구간을 구하시오.

3. 설문결과 15%의 미국 성인 응답자가 가정에서 인터넷에 접속하는 주요 수단이 스마트폰이라고 답했다. 가정에서 인터넷에 접속하는 주요수단이 스마트폰이라고 답한 미국 성인 응답자 비율의 95% 신뢰구간을 구하시오.

4. (a), (b), (c) 구간 추정의 오차한계를 비교하시오. 오차한계가 어떻게 표본비율과 관련이 되어 있는가?

8.5 빅데이터와 신뢰구간

지금까지 모수를 추정할 때 신뢰구간이 강력한 도구가 되는 것을 살펴봤다. 이제는 평균과 비율의 신뢰구간에 빅데이터가 끼치는 영향에 대해 살펴보고, 온라인 뉴스 서비스인 PenningtonDailyTimes.com(PDT)의 데이터 수집 문제로 돌아가보도록 한다. PDT의 매출 대부분은 광고 매출이며, 그렇기 때문에 PDT의 경영진은 고객의 PDT 웹사이트 이용시간과 웹사이트의 광고를 클릭하는지에 대해 관심을 가진다.

빅데이터와 신뢰구간의 정확성

(8.2)와 (8.6)의 식을 살펴보면, 표본규모가 커질수록 모집단 평균 μ와 모집단 비율 p의 신뢰구간은 좁아진다. 이에, 표본규모가 커지면 잠재적인 표본오차도 감소한다. 주어진 신뢰수준에서 구간 추정치가 얼마나 좁아지는지에 대한 예로, PenningtonDailyTimes.com(PDT)를 살펴보기로 한다.

잠재적인 광고주는 방문 시간이 긴 웹사이트에 광고하기 위해 추가적인 금액을 지불할 용의가 있기 때문에, 고객의 PDT의 웹사이트 이용시간은 PDT의 광고매출에 매우 중요한 영향이 있다. PDT의 경영진이 고객의 PDT 이용시간의 95% 신뢰구간을 추정하고 싶다고 한다. 표 8.6은 $s = 20$일 때 표본규모가 늘어남에 따라 오차한계가 어떻게 감소하는지를 보여주고 있다.

고객의 PDT 웹사이트 이용 시간 모집단 평균 추정과 함께, PDT는 광고를 클릭하는

표 8.6 여러 다른 표본규모 *n*에서 모집단 평균 95% 신뢰수준 구간추정 오차한계

표본규모 n	오차한계 $t_{\alpha/2}s_{\bar{x}}$
10	14.30714
100	3.96843
1,000	1.24109
10,000	0.39204
100,000	0.12396
1,000,000	0.03920
10,000,000	0.01240
100,000,000	0.00392
1,000,000,000	0.00124

표 8.7 여러 다른 표본규모 *n*에서 모집단 비율 95% 신뢰수준 구간추정 오차한계

표본규모 n	오차한계 $z_{\alpha/2}\sigma_{\bar{p}}$
10	0.30984
100	0.09798
1,000	0.03098
10,000	0.00980
100,000	0.00310
1,000,000	0.00098
10,000,000	0.00031
100,000,000	0.00010
1,000,000,000	0.00003

비율의 95% 모집단 비율에 대한 95% 신뢰구간 추정을 하고 싶다고 한다. 표 8.7은 모집단 비율의 95% 신뢰구간 추정 오차한계가 $\bar{p} = 0.51$일 때 표본규모가 늘어남에 따라 감소하는지를 보여주고 있다.

PDT의 예는 구간추정의 정확성과 표본규모의 관계를 보여주고 있다. 표 8.6과 8.7에서 주어진 신뢰수준에서 표본규모가 증가할수록 오차한계가 감소하는 것을 볼 수 있다. 그 결과, 고객의 PDT 웹사이트 표본평균 이용시간이 84.1초라면, 모집단 평균 웹사이트 이용시간 95% 신뢰구간 추정치는 $n = 10$일 때 (69.97286, 98.40714)에서 $n = 100,000$일 때 (83.97604, 84.22396)에서 $n = 1,000,000,000$일 때 (84.09876, 84.10124)로 감소한다. 비슷하게, 웹사이트에서 광고를 클릭한 고객의 표본비율이 0.51이라면, 웹사이트에서 광고를 클릭한 고객의 모집단 비율의 95% 신뢰구간 추정치는 $n = 10$일 때 (0.20015, 0.81984)에서 $n = 100,000$일 때 (0.50690, 0.51310)에서 $n = 1,000,000,000$일 때 (0.50997, 0.51003))로 감소한다. 두 예 모두, 표본규모가 극도로 커질수록, 오차한계도 극도로 작아지며, 그 결과 신뢰구간은 매우 좁아진다.

신뢰구간에서 빅데이터의 의미

작년 PDT 웹사이트 고객 이용시간은 84초였다. PDT는 모집단 평균이 작년과 다른지를 확인하고 싶어한다. PDT는 새로운 웹사이트 방문 고객 표본 1,000,000개를 수집해 표본평균을 구했고 그 평균은 $\bar{x} = 84.1$초이다. 모집단 표준편차는 $s = 20$초로 추정되며, 표준오차는 $s_{\bar{x}} = s/\sqrt{n} = 0.02000$이다. 표본규모는 표본평균의 표본분포가 정규분포를 따른다고 확인할 수 있을 만큼 충분히 크다. 이럴 때 모집단 평균의 95% 신뢰구간 추정은

$$\bar{x} \pm t_{\alpha/2} s_{\bar{x}} = 84.1 \pm 0.0392 = (84.06080, 84.13920)$$

PDT가 이 결과로 확인할 수 있는 것이 무엇일까? PDT의 표본평균 84.1초가 작년 모집단 평균값인 84초랑 다름이 설명 가능한 이유가 세 가지 있다: (1) 표본오차, (2) 비표본오차, 그리고 (3) 작년과는 다른 모집단 평균. 모집단 평균의 95% 신뢰구간 추정치는 작년 PDT 웹사이트를 이용한 모든 고객의 평균 이용 시간인 84초를 포함하고 있지 않다. 이는 새로운 표본의 표본평균(84.1초)과 작년의 평균(84초)의 차이가 꼭 표본오차 때문은 아닐 수도 있다는 것을 의미한다. 비표본오차도 위의 결과를 설명할 수 있으며, 표본 데이터에 비표본오차가 발생하면 통계적 추론의 신뢰성이 감소하기 때문에 확인해 보아야 한다. PDT가 표본 데이터에 비표본오차가 매우 적거나 없다는 결론을 내리면, 이 정도의 차이는 작년과는 값이 달라졌다는 설명밖에 남지 않는다.

PDT가 표본이 작년과는 모집단 평균 이용시간이 달라졌다는 믿을 만한 증거를 제시했다고 결론을 내린다면, 경영진은 이 표본평균과 작년 평균값의 차이가 끼치는 영향에 대해 고려해 보아야 한다. PDT가 고객 이용시간이 0.1초 증가한 것으로 웹사이트 광고 가격을 올릴 수 있다면, 이 결과는 PDT에게 실질적인 경영학적인 의미가 있을 것이

다. 그렇지 않다면 PDT 웹사이트 고객 이용시간 0.1초 차이는 **실질적인 의미(practical significance)**가 없을 것이다.

신뢰구간은 매우 유용하지만, 다른 통계적 도구와 마찬가지로, 적절하게 적용했을 때만 효용이 있다. 표본규모가 증가할수록 구간추정이 매우 정확해지기 때문에, 매우 큰 표본은 매우 정확한 추정치를 제공할 것이다. 그러나, 어떤 구간추정치도,아무리 정확하더라도, 표본이 비표본오차에서 자유롭지 않은 한 실제 모수를 똑같이 반영하지는 못할 것이다. 그렇기 때문에, 구간추정을 사용할 때는, 관심있는 모집단에서 무작위의 표본이 선택되었는지를 신중하게 고려하는 것이 중요하다.

연습문제

DATA *file* FedTaxErrors

44. **연말정산 오류.** 작년 연말정산 오류분 표본 10,001의 데이터가 파일 FedTaxErrors에 있다. 숫자가 양(+)이면 세금보고자가 돈을 덜 낸 것이고, 음(−)이면 돈을 더 낸 것이다.

a. 작년 연말정산 오류분 표본평균은 얼마인가?

b. 95% 신뢰도로 오차한계는 얼마인가?

c. (a)와 (b)의 결과를 사용해, 작년 연말정산 오류분 모집단 평균의 95% 신뢰구간을 추정하시오.

DATA *file* FedSickHours

45. **연방공무원 병가 시간.** 미국 인구조사국에 따르면 2018년 2,475,780명이 미국 연방정부에 고용되어 있다. 연방공무원 3,500명을 무작위 표본 선택하여, 작년 병가 사용시간을 전자 인사 데이터베이스에서 수집하였다. 이 조사의 수집 데이터는 FedSick-Hours 파일에 제공되어 있다.

a. 작년 연방공무원의 표본 병가 사용시간 평균은 얼마인가?

b. 99%의 신뢰도로, 오차한계는 얼마인가?

c. (a)와 (b)의 결과를 사용해, 작년 연방공무원 병가 사용시간 모집단 평균의 99% 신뢰구간을 추정하시오.

d. 2년 전 병가 사용시간 평균이 62.2시간이었다면, (c)의 신뢰구간 결과를 바탕으로 작년에 대해 어떤 결론을 내릴 수 있겠는가?

46. **웹브라우저 만족도.** 최근 인터넷사용자를 대상으로 가장 자주 사용하는 웹브라우저에 대한 만족도 조사를 실시하였다. 102,519명의 응답자 중, 65,120명이 가장 자주 사용하는 웹브라우저에 매우 만족한다고 대답했다.

a. 가장 자주 사용하는 웹브라우저에 매우 만족한다고 대답한 인터넷 사용자 표본비율은 얼마인가?

b. 95%의 신뢰도로, 오차한계는 얼마인가?

c. (a)와 (b)의 결과를 사용해, 가장 자주 사용하는 웹브라우저에 매우 만족하는 인터넷 사용자 모집단 비율의 95% 신뢰구간을 추정하시오.

47. **과속 운전자.** 2017년 ABC News는 미국 운전자 중 58%가 과속한 적이 있다고 보도하였다. 미국 도로를 지나가는 어떤 차량이라도 그 속도를 즉시 재어 과속인지를 판단할 수 있는 위성 기술이 있어, 지난 화요일 오후 동부시간 저녁 6시에 20,000대의 표본을 수집했다고 한다. 이 20,000대 중 9,252대가 과속하였다.

a. 미국에서 과속하는 차량의 표본비율은 얼마인가?

b. 99%의 신뢰도로, 오차한계는 얼마인가?

c. (a)와 (b)의 결과를 사용해, 미국에서 과속하는 모집단 비율의 99% 신뢰구간을 추정하시오.

d. (c)의 신뢰구간을 바탕으로 ABC News에서 보도한 내용에 대해 어떤 결론을 내릴 수 있겠는가?

요약

이 장에서는 모집단 평균과 모집단 비율의 구간추정을 계산하는 방법을 설명했다. 점추정량은 모집단에 대한 좋은 추정치를 제공할 수도 혹은 제공하지 못할 수도 있다. 구간추정은 추정치의 정확도에 대한 측정치를 제공한다. 모집단 평균과 모집단 비율의 구간추정은 모두 다음과 같은 형식으로 표현된다. 점추정치 ± 오차한계.

두 가지 경우에서 모집단 평균에 대한 구간추정을 설명하였다. σ가 알려져 있다고 가정하는 경우는 과거 자료 혹은 다른 정보가 표본을 정하기에 앞서 σ를 추정하는 데 사용된다. 그 다음에 표본자료의 분석은 σ가 알려져 있다는 가정을 전제로 계속된다. σ가 알려져 있지 않은 경우에 표본자료는 모집단 평균과 모집단 표준편차 모두를 추정하기 위해 사용된다. 두 방법 중 어느 방법을 사용할 것인지는 무엇이 σ에 대한 가장 좋은 추정치를 제공할 것인가에 대한 분석가들의 판단에 달려있다. σ가 알려진 경우 구간추정 절차는 가정된 σ값과 표준정규분포를 이용한다. σ가 알려져 있지 않은 경우, 구간추정 절차는 표본표준편차 s와 t 분포를 사용한다. 두 가지 경우에서 모두, 얻어진 구간추정값의 질은 모집단의 분포와 표본규모에 달려있다. 만약 모집단이 정규분포를 따른다면 구간추정치는 두 경우 모두 정확할 것이다. 심지어는 소규모 표본에서도 정확할 것이다. 만약 모집단이 정규분포를 따르지 않는다면 구해진 구간추정값은 근사치일 것이다. 큰 표본은 더 좋은 근사치를 제공할 것이다. 표본규모가 클수록 근사치에 더 가깝게 접근하기 때문에 모수의 분포모양이 어느 한쪽으로 많이 기울어져 있을수록 좋은 근사치를 구하기 위해서는 더 큰 표본이 필요하다. 좋은 근사치를 얻기 위한 표본규모에 관한 실제적인 조언은 8.1절과 8.2절에 제시하였다. 대부분의 경우 30개나 그 이상의 표본규모는 신뢰구간의 좋은 근사치를 제공할 것이다.

모집단 비율에 대한 구간추정의 일반적인 형태는 $\bar{p} \pm$ 오차한계이다. 실제로 모집단 비율에 대한 구간추정을 위해 사용하는 표본규모는 일반적으로 크다. 따라서 구간추정 과정에서 표준정규분포를 사용하게 된다.

종종 표본조사 계획을 세우기 전에 원하는 오차한계가 결정되는 경우가 있다. 이러한 경우에 원하는 정확도를 얻기 위해 필요한 표본규모를 결정하는 방법에 대해서도 설명하였다.

마지막으로, 매우 큰 규모의 표본이 평균과 비율의 신뢰구간 추정치 정확도에 끼치는 영향에 대해 논의하였다.

용어

구간추정값(치)(Interval estimate) 모수값을 포함할 것으로 여겨지는 구간을 나타내는 모집단의 모수 추정치의 일종. 이 장에서는 구간추정값을 다음과 같은 식으로 표현하였다. 점추정치 ± 오차한계.

신뢰계수(Confidence coefficient) 신뢰계수는 10진수로 표현한다. 예를 들면 0.95는 95% 신뢰수준에 대한 신뢰계수.

신뢰구간(Confidence interval) 구간 추정에 대한 동의어.

신뢰수준(Confidence level) 구간추정에 대해 신뢰하는 정도. 만일 동일한 구간추정 방법을 사용해서 계산되는 구간 중 95%가 모집단을 포함하는 구간으로 추정된다면 구간추정은 95% 신뢰수준에서 계산되었다고 한다.

오차한계(Margin of error) 신뢰구간을 계산하기 위해 점추정치에 더하거나 빼는 ± 값.

자유도(Degrees of freedom) t 분포의 형태를 결정하는 모수. 모집단 평균의 구간추정에서 t 분포가 사용될 때 적당한 분포는 $n-1$의 자유도를 가지며 이 때 n은 단순 무작위 추출 표본규모이다.

t 분포(t distribution) 모집단 표준편차 σ가 알려져 있지 않고 표본표준편차 s에 의해 추정될 때의 모집단 평균의 구간추정을 계산하기 위해 사용하는 확률분포.

σ가 알려져 있는 경우(σ known) 표본을 취하기 전에 과거의 자료 혹은 다른 정보가 모집단 표준편차에 대한 양질의 값을 제공하는 상황.

σ가 알려져 있지 않은 경우(σ unknown) 표본을 정하기 전에 모집단 표준편차를 추정할 수 없는, 더 일반적인 경우로 구간추정 과정에서 오차한계를 계산할 때 표본표준편차 s를 이용한다.

핵심공식

모집단 평균의 구간추정: σ가 알려져 있는 경우

$$\bar{x} \pm z_{\alpha/2}\frac{\sigma}{\sqrt{n}} \tag{8.1}$$

모집단 평균의 구간추정: σ가 알려져 있지 않은 경우

$$\bar{x} \pm t_{\alpha/2}\frac{s}{\sqrt{n}} \tag{8.2}$$

모집단 평균의 구간추정을 위한 표본규모

$$n = \frac{(z_{\alpha/2})^2\sigma^2}{E^2} \tag{8.3}$$

모집단 비율의 구간추정값

$$\bar{p} \pm z_{\alpha/2}\sqrt{\frac{\bar{p}(1-\bar{p})}{n}} \tag{8.4}$$

모집단 비율의 구간추정을 위한 표본규모

$$n = \frac{(z_{\alpha/2})^2 p^*(1-p^*)}{E^2} \tag{8.5}$$

보충문제

48. **할인 브로커 거래 수수료.** 54개의 할인 브로커를 조사한 결과, 50달러 주식 100주를 거래하였을 때 평균 수수료는 33.77달러이었다. 이 조사는 매년 수행된다. 과거 데이터를 기반으로 모집단 표준편차가 15달러라고 가정한다.
   a. 표본 데이터를 사용하여, 95% 신뢰구간의 오차한계는 얼마인가?
   b. 할인 브로커가 50달러 주식 100주를 거래했을 때 청구하는 평균 수수료의 95% 신뢰구간을 계산하시오.

49. **가족 휴가 비용.** 미국 자동차협회가 조사한 연구결과에 따르면 휴가 동안 4인 가족이 하루 평균 소비하는 비용은 215.60달러로 나타났다. 나이아가라 폭포에서 64개의 4인 가족을 표본추출한 결과 표본의 1일당 평균은 252.45달러이고 표본의 표준편차는 74.50달러로 나타났다.
   a. 4인 가족이 휴가기간에 나이아가라 폭포에서 하루 동안에 소비하는 비용에 대한 모집단 평균의 95% 신뢰구간을 구하시오.
   b. 문항 (a)의 신뢰구간에서 추정한 나이아가라 폭포를 관광하는 가족들의 하루 평균

소비의 모집단 평균은 미국 자동차협회에 의해 조사된 평균과 다르다고 할 수 있는가? 설명하시오.

50. **연간 외식 비용.** 50세 이상의 9,200만 미국 인구가 자유재량 소득의 50%를 가지고 있다. 50세 이상의 인구를 대변하는 이익단체인 AARP는 50세 이상 인구가 음식점과 음식포장에 연평균 1,873달러를 쓴다고 추정하였다. 이 수치는 80명의 표본을 조사한 결과이고, 표본의 표준편차는 550달러이다.

   a. 95% 신뢰도로, 오차한계는 얼마인가?

   b. 음식점과 음식포장에 쓴 비용의 모집단 평균 95% 신뢰구간은 얼마인가?

   c. 50세 이상이 1년에 음식점과 음식포장에 쓴 총 비용은 얼마로 추정되는가?

   d. 음식점과 음식포장에 쓴 비용 분포가 오른쪽으로 치우친 모양이라고 하면, 중간값은 1,873달러보다 높겠는가 낮겠는가?

DATA*file* SleepHabits

51. **건강 수면 시간.** 질병관리본부는 건강수면시간을 일당 최소 7시간으로 정의한다. 질병관리본부에 따르면 결혼 상태에 따라 건강수면시간 보고 비율이 다르다. 2018년 기준, 기혼자의 67%가 건강수면시간을 보고했으며, 결혼경험이 없는 사람의 62%가 건강수면시간을 보고하였다. 이혼하거나, 사별하거나, 별거하는 사람의 56%가 건강수면시간을 보고하였다. SleepHabits 파일은 결혼경험이 없는 사람들의 수면 습관 데이터를 포함하고 있다. 데이터를 사용하여 다음의 질문에 답하시오.

   a. 결혼경험이 없는 사람들 중 건강수면시간을 보고한 사람 비율의 점추정치와 95% 신뢰구간을 구하시오.

   b. 결혼경험이 없는 사람들의 평균 수면시간 점추정치와 95% 신뢰구간을 구하시오.

   c. 결혼경험이 없는 사람들 중, 건강수면시간을 보고한 사람의 평균 수면시간 추정치를 구하시오.

DATA*file* DrugCost

52. **건강보험 비용.** 건강보험비용연구소는 직장에서 제공하는 민간 건강보험을 가진 65세 이하의 보험 수령자의 건강관련 지출을 기록한다. DrugCost 파일에는 종업원당 연간 처방약 비용 데이터가 포함되어 있다. 데이터를 엑셀로 분석하여 다음의 질문에 답하시오.

   a. 연간 처방약 비용의 90% 신뢰구간을 구하시오.

   b. 종업원이 부담하는 비용의 90% 신뢰구간을 구하시오.

   c. 처방약 비용의 발생의 없는 종업원 비율의 점추정치는 얼마인가?

   d. (a)와 (b) 신뢰구간 중, 혹시 있다면, 어떤 신뢰구간의 오차한계가 더 큰가? 왜 그런가?

DATA*file* Obesity

53. **비만.** 비만은 당뇨, 고혈압, 관절병, 담석과 같은 여러 건강문제를 야기하는 위험요인이다. 2018년 전미 건강 영양 조사에서 수집된 데이터를 바탕으로 전미 당뇨, 소화,

신장질병연구소는 미국 성인의 37.7%가 체질량지수 30을 초과하는 비만이라고 추정했다. Obesity 파일에 이와 관련한 데이터가 있다.

a. 파일 데이터를 사용하여, 미국 성인의 체질량지수 점추정치를 계산하시오. 미국 성인은 평균적으로 비만인가?

b. 표본표준편차는 얼마인가?

c. 미국 성인 체질량지수의 95% 신뢰구간을 추정하시오.

54. **자동차 마일리지 검사.** 특정 모델의 자동차에 대해 마일리지 검사가 이루어진다. 98% 신뢰구간에서 갤런당 1마일의 오차한계를 희망한다고 하면, 자동차 몇 대가 검사되어야 하나? 사전 마일리지 검사 결과에 따르면 표준편차는 갤런당 2.6마일이다.

55. **환자 진료 시간.** 환자 예약 일정을 위해, 병원에서는 한 환자당 진료시간 평균을 추정하고자 한다. 만약 95% 신뢰구간에서 희망하는 오차한계가 2분이라고 하면, 표본규모는 얼마나 되어야 하는가? 99% 신뢰구간이라면 표본규모는 얼마나 되어야 하는가? 모집단 표준편차는 8분으로 가정한다.

56. **CEO 보상.** BusinessWeek가 매년 실시하는 연봉 설문조사에 CEO들의 연봉과 보너스 데이터가 있다. 사전 표본에 따르면 표준편차는 $675000이다. 오차한계를 $100,000로 하려면 몇 명의 CEO 표본을 구해야 하는가? 95%의 신뢰도를 사용하시오.

57. **대학 등록금 마련.** 전미교육통계센터에 따르면 대학생의 47%가 등록금과 생활비를 벌기 위해 일을 한다. 이 연구에 사용된 표본은 450명의 대학생이다.

a. 등록금과 생활비를 벌기 위해 일하는 대학생 모집단 비율의 95% 신뢰구간을 구하시오.

b. 등록금과 생활비를 벌기 위해 일하는 대학생 모집단 비율의 99% 신뢰구간을 구하시오.

c. 신뢰도가 95%에서 99%로 증가하면서 오차한계는 어떻게 변하였는가?

58. **자녀와의 시간.** USA Today/CNN/갤럽 369명의 직장인 부모 설문조사 결과 200명의 직장인 부모가 일 때문에 자녀와 시간을 거의 보내지 못한다고 답했다.

a. 일 때문에 자녀와 시간을 거의 보내지 못하는 직장인 부모의 모집단 비율 점추정치는 얼마인가?

b. 95% 신뢰도로, 오차한계는 얼마인가?

c. 일 때문에 자녀와 시간을 거의 보내지 못하는 직장인 부모의 모집단 비율 95% 신뢰구간 추청치는 얼마인가?

59. **소셜 미디어 사용.** Pew 리서치 센터는 소셜 미디어 사용에 대한 광범위한 연구를 진행하였다. 2018년 6월에 보고된 연구 결과에 따르면, 18～24세 인구 중 78%가 스냅

챗을 사용하고 18～24세 인구 중 45%가 트위터를 사용하였다. 이와 관련된 표본규모를 500으로 가정한다.

a. 18～24세 인구 중 스냅챗을 사용하는 비율의 95% 신뢰구간을 계산하시오.

b. 18～24세 인구 중 트위터를 사용하는 비율의 99% 신뢰구간을 계산하시오.

c. (a)와 (b) 중 오차한계가 어떤 것이 더 큰가? 이유를 설명하시오.

60. 유권자에게 경제상황의 중요성. Rasmussen Poll이 오하이오 예비 유권자 750명을 대상으로 선거 전 설문조사를 실시하였다. 경제 상황이 투표의 주요한 결정요인이라고 생각되었다. 설문결과 응답자 중 165명이 경기가 좋거나 훌륭하다고, 315명이 경기가 좋지 않다고 답하였다.

a. 경기가 좋거나 훌륭하다고 답한 오하이오 예비 유권자의 비율 점추정치를 구하시오.

b. 경기가 좋거나 훌륭하다고 답한 오하이오 예비유권자 비율의 95% 신뢰구간을 추정하시오.

c. 경기가 안 좋다고 답한 오하이오 예비유권자 비율의 95% 신뢰구간을 추정하시오.

d. (b)와 (c) 중 어떤 신뢰구간이 더 넓은가? 왜 그런가?

61. 흡연. 2014년 질병예방관리본부는 18세 이상 성인의 흡연비율을 보고하였다. 새로운 흡연자 비흡연자 데이터를 수집하려 사전 추정치 흡연비율 0.3을 사용하기로 한다.

a. 95% 신뢰도로 흡연비율 오차한계를 0.02로 하려면 표본규모가 얼마나 되어야 하는가?

b. (a)에서 계산된 표본규모를 사용하여 데이터를 수집하였고, 그중 520명이 흡연자라 가정한다. 모집단 흡연 비율 점추정치는 얼마인가?

c. 모집단 흡연 비율 95% 신뢰구간은 얼마인가?

62. 신용카드 계좌잔액. 유명 은행 카드회사가 월말에 계좌 잔액이 있어 이자를 지급받는 카드 고객의 비율을 추정하려 한다. 98% 신뢰도에 희망하는 오차한계는 0.03이라 가정한다.

a. 월말에 계좌잔액이 있는 카드고객 비율이 대략 70%라 할 때, 표본규모는 어느 정도로 선택해야 하는가?

b. 만약 미리 비율을 알 수 없다면, 표본규모는 어느 정도로 선택해야 하는가?

63. 신용카드 소유. 신용카드를 가지고 있는 비율은 연령대별로 다르다. 2018년 CreditCards.com에 따르면 적어도 하나의 신용카드를 가지고 있는 비율은 18～24세에서 67%, 25～34세에서 83%, 35～49세에서 76%, 50세 이상에서 78%이다. 이 각 연령대에서 455명을 임의로 선택해서 추정된 결과라고 한다.

a. 각 연령대에서 적어도 하나의 신용카드를 가지고 있는 비율의 95% 신뢰구간을 구하시오.

b. 같은 표본규모가 각 연령대에서 사용되었다고 할 때, 각 네 신뢰구간의 오차한계를 0.03으로 하기 위해 필요한 표본규모는 얼마인가?

64. **항공사를 선택하는 요인들.** 비행일정과 비용이 비즈니스 여행객들이 항공편을 고를 때 중요한 요인이긴 하나, USA Today에 따르면 비즈니스 여행객들은 마일리지 프로그램을 가장 중요한 요인으로 선택하였다. 설문조사에 응답한 비즈니스 여행객 표본 $n = 1,993$ 중 618명이 마일리지 프로그램을 가장 중요하다고 답했다.

a. 항공편을 고를 때 마일리지 프로그램이 가장 중요하다고 답한 모집단 비율의 점추정치는?

b. 모집단 비율의 95% 신뢰구간 추정치를 구하시오.

c. 95% 신뢰도에서 오차한계를 0.01로 맞추려면 표본크기는 얼마나 되어야 하는가? USA Today가 이렇게까지 정확한 설문조사를 할 필요가 있다고 생각하나? 왜 그런가 혹은 왜 그렇지 않나?

DATA*file* 35MPH

65. **차량 속도.** Huston Systems Private Ltd.는 스마트 신호등과 표지판이 지나가는 차량의 속도를 계측할 수 있다고 한다. 2018년 미국 전역에서 최고속도 35마일 표지판을 지나는 차량 15717대의 속도 데이터를 수집한 내용을 35MPH 파일에서 찾을 수 있다.

a. 최고속도 35마일 구간에서 표본의 평균 속도는?

b. 95% 신뢰도로, 오차한계는 얼마인가?

c. (a)와 (b)의 결과를 바탕으로 최고속도 35마일 구간에서 미국 운전자의 평균 속도의 95% 신뢰구간을 추정하시오.

DATA*file* UnderEmployed

66. **불완전 고용.** PayScale의 설문에 따르면, 미국 근로자 중 46%가 – 2,200만 명가량이 – 기간제로 일하고 있거나 가지고 있는 교육이나 기술을 활용할 수 없는 일을 하는 불완전 고용상태이다. 이런 근로자 중 28,585명의 무작위 표본에서 지난 주 근무시간 데이터를 수집하였다. UnderEmployed 파일에서 수집된 데이터를 확인할 수 있다.

a. 불완전고용상태의 미국 근로자의 평균 근무시간은 얼마인가?

b. 99% 신뢰도를 사용하여, 오차한계를 구하시오.

c. (a)와 (b)의 결과를 바탕으로 불완전고용상태의 미국 근로자 평균 근무시간의 99% 신뢰구간을 추정하시오.

d. 작년 같은 주 불완전고용상태의 미국 근로자 평균 근무시간이 35.6시간이었다면, (c)의 신뢰구간을 바탕으로 지난 주에 대해 어떤 결론을 내릴 수 있겠는가?

DATA*file* FloridaFraud

67. **연방거래위원회 사기 레포트.** 2017년 연방거래위원회의 소비자 보호 네트워크에서 다룬 미국 전역 케이스 270만 건 중 42.54%가 사기 케이스였다. FloridaFraud 파일에 플로리다 소비자 보호 네트워크에 신고된 42,296의 무작위 표본 데이터가 있다.

a. 플로리다 주에 신고된 내용 중 사기 케이스의 표본비율은?

b. 95% 신뢰도로, 오차한계는 얼마인가?

c. (a)와 (b)의 결과를 바탕으로 플로리다 신고 내용 중 사기 케이스의 비율의 95% 신뢰구간을 추정하시오. 이 결과를 바탕으로 플로리다에 대해 어떤 결론을 내릴 수 있겠는가?

68. **구조불량 교량.** 기간시설평가기관은 작년 미국 614,387개의 교량 중 9.1%가 구조불량이었다고 보고했다. 또한, 캘리포니아 교량 중 1,300개 이상이 구조불량으로 분류된다 하였다. 미국 평균과 비교할 때 캘리포니아의 상황은 어떠한가? 캘리포니아에서 무작위로 8,749개의 교량을 조사했을 때, 490개가 구조불량이었다.

a. 캘리포니아의 구조불량 교량 표본비율은 얼마인가?

b. 90% 신뢰도로, 오차한계는 얼마인가?

c. (a)와 (b)의 결과를 바탕으로 캘리포니아 구조불량 교량 비율의 90% 신뢰구간을 추정하시오.

d. (c)의 신뢰구간을 바탕으로 캘리포니아 교량에 대해 어떤 결론을 내릴 수 있겠는가?

사례연구 1: Young Professional 잡지

Young Professional 잡지는 경영자/전문직에 종사하고 있고 학부 졸업 후 10년이 넘지 않은 젊은 독자를 대상으로 잡지를 출간하였다. 잡지의 첫 출간 이후 2년 동안은 꽤 성공적이었다. 이제 출판사에서는 잡지에 본격적으로 광고를 싣고자 한다. 잠재적인 광고주들은 이 잡지의 구독자에 대한 인구통계자료(demographics)와 독자들의 관심영역에 대한 정보를 끊임없이 요구하고 있다. 이러한 정보를 얻기 위하여 독자들의 신상명세(profile)를 작성하기 위한 설문조사를 실시하였다. 이 설문결과는 흥미 있는 기사작성에 유용하게 사용될 것이며 독자들의 신상명세를 광고주에게 제공할 것이다. 이 잡지의 새로운 경영자로서, 당신은 설문조사의 결과를 분석하는데 도움을 줄 것을 요청 받았다고 하자.

설문지의 내용의 한 부분은 아래와 같다.

DATA*file* Professional

1. 당신의 연령은?_____
2. 대학원 학위 취득은? 네_____, 아니오_____
3. 당신은 향후 2년 이내에 부동산을 구입할 의사가 있는가? 네_____, 아니오_____
4. 당신 혹은 가족 구성원의 대략적인 총 금융 투자액(단, 집값은 제외)은 얼마인가?
5. 당신은 작년에 얼마나 많은 주식/채권/뮤추얼 펀드 거래를 하였는가? _____
6. 당신은 집에서 초고속 인터넷을 사용합니까? 네_____, 아니오_____
7. 작년에 벌어들인 총 가계수입은 얼마입니까? _____
8. 당신은 자녀가 있습니까? 네_____, 아니오_____

Professional이란 제목의 파일에 상기 질문에 대한 답변이 포함되어 있다.

표 8.8 'Young Professional' 잡지에 대한 부분적인 설문결과

나이	대학원 학위	부동산 구입	투자가치 ($)	거래건수	초고속 인터넷 사용	가계수입 ($)	자녀
38	No	No	12,200	4	Yes	75,200	Yes
30	Yes	No	12,400	4	Yes	70,300	Yes
41	No	No	26,800	5	Yes	48,200	No
28	No	Yes	19,600	6	No	95,300	No
31	No	Yes	15,100	5	No	73,300	Yes
⋮	⋮	⋮	⋮	⋮	⋮	⋮	⋮

경영보고서 작성

이 설문에 대한 결과를 요약하여 경영보고서를 작성하라. 통계요약과 함께 어떻게 광고주의 관심을 끌 수 있도록 결과를 활용할 것인지 논의하라. 편집장에게 이 결과를 토대로 독자에게 관심을 끌 수 있는 주제를 잡을 수 있도록 하는 방법에 대하여 조언하라. 보고서는 아래와 같은 논점(issues)을 언급해야 하나 꼭 아래와 같은 범위에 국한시킬 필요는 없다. 다시 말해 필요하다면 다른 주제도 포함하라.

1. 자료를 요약하기 위한 올바른 기술통계를 작성하라.
2. 독자의 평균연령과 가계수입에 대한 95% 신뢰구간을 추정하라.
3. 초고속 인터넷 가입자와 자녀를 두고 있는 구독자의 비율에 대하여 95% 신뢰구간을 추정하라.
4. Young Professional 잡지는 온라인 중개사업자에게 매력적인 광고장소로 적합한가? 당신의 결론을 통계자료를 바탕으로 그 이유를 설명하라.
5. 이 잡지는 교육용 소프트웨어와 청소년 컴퓨터 게임을 판매하는 회사에게 좋은 광고 처인가?
6. Young Professional의 독자들이 관심을 가질 것이라고 생각하는 기사의 종류에 대하여 조언하시오.

사례연구 2: Gulf Real Estate Properties

Gulf Real Estate Properties사는 플로리다의 남서부에 위치한 부동산 회사이다. 회사는 부동산시장 전문업체라고 광고하고 지역, 판매가, 판매 소요일수 등에 대한 자료를 수집하여 아파트 판매를 관리한다. 각 아파트는 멕시코 만(GULF)에 위치하고 있으면 만이 보이는 아파트로 분류하고, 작은 만(BAY), 혹은 골프 코스에 위치하거나 가깝지만 멕시코 만 지역이 아니면 만이 보이지 않는 아파트로 분류한다. 플로리다주 네이플스에 있는 Multiple Listing Service로부터 40개의 만이 보이는 아파트와 만이 보이지 않는 18개의 아

파트에 관한 최근 판매 가격표를 제공받았다. 가격 단위는 천 달러이다. 자료는 표 8.9에 있다.

DATA*file* GulfProp

표 8.9 Gulf Real Estate Properties사의 매출 자료

만이 보이는 아파트			만이 보이지 않는 아파트		
정가	판매가	판매 소요일수	정가	판매가	판매 소요일수
495.0	475.0	130	217.0	217.0	182
379.0	350.0	71	148.0	135.5	338
529.0	519.0	85	186.5	179.0	122
552.5	534.5	95	239.0	230.0	150
334.9	334.9	119	279.0	267.5	169
550.0	505.0	92	215.0	214.0	58
169.9	165.0	197	279.0	259.0	110
210.0	210.0	56	179.9	176.5	130
975.0	945.0	73	149.9	144.9	149
314.0	314.0	126	235.0	230.0	114
315.0	305.0	88	199.8	192.0	120
885.0	800.0	282	210.0	195.0	61
975.0	975.0	100	226.0	212.0	146
469.0	445.0	56	149.9	146.5	137
329.0	305.0	49	160.0	160.0	281
365.0	330.0	48	322.0	292.5	63
332.0	312.0	88	187.5	179.0	48
520.0	495.0	161	247.0	227.0	52
425.0	405.0	149			
675.0	669.0	142			
409.0	400.0	28			
649.0	649.0	29			
319.0	305.0	140			
425.0	410.0	85			
359.0	340.0	107			
469.0	449.0	72			
895.0	875.0	129			
439.0	430.0	160			
435.0	400.0	206			
235.0	227.0	91			
638.0	618.0	100			
629.0	600.0	97			
329.0	309.0	114			
595.0	555.0	45			
339.0	315.0	150			
215.0	200.0	48			
395.0	375.0	135			
449.0	425.0	53			
499.0	465.0	86			
439.0	428.5	158			

경영보고서 작성

1. 적절한 기술통계를 이용하여 만이 보이는 40개 아파트에 대한 세 변수를 각각 요약하시오.
2. 적절한 기술통계를 이용하여 만이 보이지 않는 18개 아파트에 대한 세 가지 변수를 각각 요약하시오.
3. 요약결과를 비교하고 부동산 회사가 아파트 시장을 이해할 수 있도록 구체적인 통계 결과 값에 대해 설명하시오.
4. 만이 보이는 아파트 판매가격의 모집단 평균과 판매 소요일수에 대한 모집단 평균을 95% 신뢰구간에서 추정하고 그 결과를 해석하시오.
5. 만이 보이지 않는 아파트 판매가격의 모집단 평균과 판매 소요일수에 대한 모집단 평균을 95% 신뢰구간에서 추정하고 그 결과를 해석하시오.
6. 지점장이 40,000달러의 오차한계로 만이 보이는 아파트 판매가 평균과 15,000달러의 오차한계로 만이 보이지 않는 아파트 판매가 평균의 추정치를 요구했다고 가정하시오. 95%의 신뢰수준을 이용하면 표본규모는 얼마나 커야 하는가?
7. Gulf Real Estate Properties사는 방금 두 개의 신규 목록에 대한 계약을 체결했다. 정가 589,000달러인 만이 보이는 아파트와 정가 285,000달러인 만이 보이지 않는 아파트 각 계약에 대한 최종적인 판매가와 판매 소요일수의 추정치를 구하시오.

사례연구 3: Garza Research, Inc.

Garza 리서치는 소비자 리서치 기관으로 소비자에게 제공되는 다양한 제품과 서비스를 평가하는 설문조사를 수행한다. 최근 한 연구에서 디트로이트의 유명 자동차 제조사가 만든 자동차의 성능에 대한 고객 만족도를 조사하였다. 질문서는 변속기 문제에 관해 여러 번 불만이 제기된 차종을 소유한 차주들에게 보내졌다. 불량 변속기에 대하여 더 자세히 알고자 Garza는 디트로이트 지역 내 변속기 수리업체에서 제공한 실제 변속기 수리기록을 표본으로 이용하였다. 아래의 자료는 50대의 자동차가 변속기 고장이 발생할 때까지 실제 주행한 거리를 보여준다.

DATA*file* Auto

85,092	32,609	59,465	77,437	32,534	64,090	32,464	59,902
39,323	89,641	94,219	116,803	92,857	63,436	65,605	85,861
64,342	61,978	67,998	59,817	101,769	95,774	121,352	69,568
74,276	66,998	40,001	72,069	25,066	77,098	69,922	35,662
74,425	67,202	118,444	53,500	79,294	64,544	86,813	116,269
37,831	89,341	73,341	85,288	138,114	53,402	85,586	82,256
77,539	88,798						

경영보고서 작성

1. 적절한 기술통계를 이용하여 불량 변속기 자료를 요약하시오.
2. 변속기 고장이 발생할 때까지의 불량 변속기 자동차 모집단의 평균 주행거리에 대한 95% 신뢰구간값을 계산하시오. 구간추정값을 경영자 관점에서 해석 하시오.
3. 초기에 변속기 불량을 경험했다는 자동차 소유자의 관점에서 통계적 결과의 시사점을 설명하시오.
4. 조사기업이 변속기 고장 발생 시점까지 주행한 거리의 모집단 평균을 오차한계 5,000마일로 추정하고자 한다면 몇 개의 수리기록을 표본으로 사용해야 하는가? 95% 신뢰수준에서 계산하시오.
5. 변속기 불량 문제를 더 충분히 평가하기 위해서는 추가적으로 어떤 정보가 필요한가?

사례연구 4: Go-Fer Meal 배달서비스

DATA*file* Go-Fer

Go-Fer는 가정에서 슈퍼마켓이나 음식점에서 고객이 음식배달 주문하는 것을 도와주는 앱을 관리하고, 마케팅하고, 운영하는 회사이다. Go-Fer 경영진은 앱 사용자의 소득과 주거(자가 혹은 렌트)를 더 잘 이해하기 위해, 지난 6개월간 앱을 통해 주문 완료된 854,528건의 데이터를 수집하였다. 이후 Go-Fer는 인구통계학 데이터베이스를 구매하여 854,528건의 배달주소를 사용 주문과 인구통계학 데이터를 매칭시켰다. 그 결과 Go-Fer는 854,528 주문의 가구 소득과 주거 형태를 알 수 있었다. Go-Fer 파일이 이 데이터를 담고 있다.

경영보고서 작성

1. Go-Fer 경영진을 위해 연간 가구소득 표본평균과 표본표준편차를 계산하시오.
2. Go-Fer 경영진을 위해 자가소유 표본비율을 계산하시오.
3. Go-Fer 고객의 연간 가구소득 모집단 평균 99% 신뢰구간을 추정하시오.
4. Go-Fer 경영진은 고객의 연간 가구소득 모집단 평균이 적어도 93,000달러는 된다고 믿고 있다. (3)에서 계산한 신뢰구간 추정에 따라, 데이터가 이 생각을 뒷받침하는지 Go-Fer 경영진에게 설명하시오.
5. Go-Fer 고객 자가소유 모집단 비율의 99% 신뢰구간을 추정하시오. 결과를 해석하시오.
6. Go-Fer 경영진은 고객의 자가소유 모집단 비율이 적어도 0.64는 된다고 믿고 있다. (5)에서 계산한 신뢰구간 추정에 따라, 데이터가 이 생각을 뒷받침하는지 Go-Fer 경영진에게 설명하시오.

Chapter 8 부록

엑셀을 활용한 구간추정

모집단 평균과 모집단 비율의 신뢰구간을 계산하고자 할 때 활용할 수 있는 엑셀의 사용법을 설명한다.

모집단 평균: σ가 알려져 있는 경우

8.1절의 Lloyd's의 예를 이용하여 구간추정을 설명한다. 모집단 표준편차 $\sigma = 20$은 알려져 있다고 가정한다. 100명의 고객 표본의 소비량은 엑셀 워크시트의 A열에 있다. Excel의 AVERAGE와 CONFIDENCE.NORM 기능을 점추정과 모집단 평균 추정 오차한계 계산을 위해 사용할 수 있다.

DATA*file* Lloyds

단계 1. C1을 선택하여 다음 수식을 입력한다 = AVERAGE(A2:A101)

단계 2. C2를 선택하여 다음 수식을 입력한다 = CONFIDENCE.NORM(0.05, 20, 100)

CONFIDENCE.NORM(alpha, 시그마기호, n) 기능을 사용하기 위한 세개의 입력값은

alphae = 1 − 신뢰계수 = 1 − 0.95 = 0.05

σ = 모집단 표준편차 = 20

n = 표본규모 = 100

C1 모집단 평균 점추정치(82)와 C2 오차한계(3.92)를 사용하여 신뢰구간을 쉽게 계산할 수 있다.

모집단 평균: σ가 알려져 있지 않은 경우

표 8.3의 자료를 이용하여 구간추정을 설명할 것이다. 이 자료는 70가구 표본의 신용 카드 잔액을 보여준다. 자료는 엑셀 워크시트의 A열에 있다. 모집단 평균의 구간추정을 위한 점추정과 오차한계는 다음 순서에 따라 계산할 수 있다. 3장에서 설명했던 엑셀의 기술적 통계 도구를 사용할 것이다.

DATA*file* NewBalance

단계 1. 리본에서 Data 탭을 클릭한다.

단계 2. Analyze 그룹에 Data Analysis를 클릭한다.

단계 3. Data Analysis 대화상자가 나타나면, Analysis Tools 중 Descriptive Statistics를 선택한다. OK를 클릭한다.

그림 Excel 8.1 엑셀을 이용한 신용카드 잔액의 모집단 평균에 대한 구간추정

주:18～69행은 숨겨짐

	A	B	C	D	E	F
1	NewBalance		*NewBalance*			
2	9430				Point Estimate	
3	7535		Mean	9312		
4	4078		Standard Error	478.9281		
5	5604		Median	9466		
6	5179		Mode	13627		
7	4416		Standard Deviation	4007		
8	10676		Sample Variance	16056048		
9	1627		Kurtosis	-0.2960		
10	10112		Skewness	0.1879		
11	6567		Range	18648		
12	13627		Minimum	615		
13	18719		Maximum	19263		
14	14661		Sum	651840		
15	12195		Count	70	Margin of Error	
16	10544		Confidence Level(95.0%)	955		
17	13659					
70	9743					
71	10324					
72						

단계 4. Descriptive Statistics 대화상자가 나타나면:

A1:A171를 Input Range: 박스에 입력한다.

Columns를 선택한다.

Labels in First Row 상자에 체크한다.

Output Range를 선택한다. C1을 Output range 상자에 입력한다.

Summary Statistics 상자에 체크한다.

Confidence Level for Mean 박스에 체크한다. 95를 입력한다.

OK를 클릭한다.

요약된 통계치는 C와 D열에 나올 것이다. 모집단 평균의 점추정값은 D3셀에 나온다. '신뢰수준(95.0%)'이라 명시된 오차한계는 D16셀에 나온다. 점추정치(9,312달러)와 오차한계(955달러)는 모집단 평균에 대한 신뢰구간을 쉽게 계산할 수 있도록 해준다. 엑셀의 결과화면을 그림 Excel 8.1에 보였다.

모집단 비율

8.4절에서 설명한 환자들의 조사자료를 이용하여 구간추정을 설명한다. 자료는 Interval Prop 엑셀파일 A열에 있다. 개별적인 응답은 만약 환자들이 중간 휴식시간에 만족한다면

예로 기록되고 그렇지 않을 경우는 아니오로 기록된다. 엑셀은 모집단 비율의 추정치를 다루는 내장된 루틴을 제공하지 않는다. 그러나 이 목적으로 사용할 수 있는 엑셀 템플릿을 만드는 것은 상대적으로 쉽다.

그림 Excel 8.2에 보이는 템플릿은 중간 휴식시간에 만족하는 환자 비율의 95% 신뢰구간 추정을 제공한다. 그림 Excel 8.2의 뒤쪽 워크시트는 앞쪽 워크시트에서 구간추정의 결과를 제공하는 셀 공식을 보여준다. 다음은 제시된 자료 분석에서 템플릿을 이용하기 위해 필요한 작업 절차이다.

단계 1. 자료범위 A2:A901을 D3셀의 셀 공식 =COUNTA에 입력한다.

그림 Excel 8.2 모집단 비율의 구간추정을 위한 엑셀 템플릿

DATA*file* IntervalProp

	A	B	C	D	E
1	Response		Interval Estimate of a Population Proportion		
2	Yes				
3	No		Sample Size	=COUNTA(A2:A901)	
4	Yes		Response of Interest	Yes	
5	Yes		Count for Response	=COUNTIF(A2:A901,D4)	
6	No		Sample Proportion	=D5/D3	
7	No				
8	No		Confidence Coefficient	0.95	
9	Yes		*z* Value	=NORM.S.INV(0.5+D8/2)	
10	Yes				
11	Yes		Standard Error	=SQRT(D6*(1-D6)/D3)	
12	No		Margin of Error	=D9*D11	
13	No				
14	Yes		Point Estimate	=D6	
15	No		Lower Limit	=D14-D12	
16	No		Upper Limit	=D14+D12	
17	Yes				
18	No				
901	Yes				
902					

	A	B	C	D	E	F	G
1	Response		Interval Estimate of a Population Proportion				
2	Yes						
3	No		Sample Size	900	Enter the response of interest		
4	Yes		Response of Interest	Yes			
5	Yes		Count for Response	396			
6	No		Sample Proportion	0.4400			
7	No				Enter the confidence coefficient		
8	No		Confidence Coefficient	0.95			
9	Yes		*z* Value	1.960			
10	Yes						
11	Yes		Standard Error	0.0165			
12	No		Margin of Error	0.0324			
13	No						
14	Yes		Point Estimate	0.4400			
15	No		Lower Limit	0.4076			
16	No		Upper Limit	0.4724			
17	Yes						
18	No						
901	Yes						
902							

주:19~900행은 숨겨짐

단계 2. 관심있는 응답값으로 'Yes'를 D4셀에 입력한다.

단계 3. 자료범위 A2:A901을 D5셀의 셀 공식 =COUNTIF에 입력한다.

단계 4. 0.95를 D8셀의 신뢰계수로 입력한다.

템플릿은 자동적으로 D15와 D16셀에 신뢰구간을 제공한다.

템플릿은 다른 응용 문제에서 모집단 비율의 신뢰구간을 계산하기 위해 이용할 수 있다. 예를 들면, 새로운 자료집합을 대상으로 구간추정을 계산하기 위해서는 새로운 표본자료를 워크시트의 A열에 입력하고, 보이는 것처럼 네 개의 셀을 변화시켜라. 만약 새로운 자료들이 이미 요약되어 있다면 표본자료는 워크시트에 입력할 필요가 없다. 이런 경우에는 표본규모를 D3셀에 입력하고 표본비율을 D6셀에 입력한다. 워크시트 템플릿은 모집단 비율에 대한 신뢰수준을 계산해 줄 것이다.

Chapter 9

가설검정

Contents

실생활에서 보는 통계

John Morrell & Company*

오하이오주, 신시내티

1827년 영국에서 사업을 시작한 John Morrell & Company는 미국에서 가장 오래된 육류 가공업체로 인정받고 있다. 이 기업은 버지니아주 스미스필드에 위치한 Smithfield Foods의 자회사로서 독립된 지분을 바탕으로 독자적으로 운영되고 있다. John Morrell & Company는 John Morrell, E-Z-Cut, Tobin's First Prize, Dinner Bell, Hunter, Kretschmar, Rath, Rodeo, Shenson, Farmers Hickory Brand, Iowa Quality, Peyton's와 같은 13개 지역별 브랜드를 통해 양질의 가공 소고기와 신선한 돼지고기를 소비자들에게 제공하고 있다. 각각의 지역별 브랜드에 소비자들은 브랜드 인지도와 충성도를 보이고 있다.

Market research at Morrell provides up-to-date information on their various products and how they compare with competing brands.
출처: RosalreneBetancourt 12/Alamy Stock Photo

이 기업의 시장조사는 경영층에 자사의 다양한 제품에 대한 최신의 시장정보를 제공하고, 유사제품을 생산하는 경쟁기업과의 비교 정보를 제공하고 있다. 최근 보고서에 의하면 자사의 Beef Pot Roast 제품이 경쟁기업의 유사제품에 비하여 높은 고객 선호도를 보이는 것으로 나타났다. 세 가지 제품의 비교 테스트에서 표본으로 선정된 소비자들을 통하여 맛, 외형, 향, 전반적 선호수준이 어느 정도인지 평가하도록 하였다.

Beef Pot Roast 제품이 소비자 모집단으로부터 50% 이상 선호되는가에 대한 테스트를 실시하였다. p는 Morrell사의 제품을 선호하는 모집단에서의 비율을 나타내며 이 테스트를 위한 가설은 다음과 같이 설정되었다.

$$H_0: p \le 0.50$$
$$H_a: p > 0.50$$

귀무가설인 H_0는 Morrell사 제품에 대한 선호도가 50% 이하라고 보고 있다. 만약 표본자료가 귀무가설을 기각할 수 있으면, 대립가설인 H_a에 따라서 Morrell사는 세 가지 제품에 대한 비교 조사를 통하여 소비자 모집단으로부터 자사의 제품에 대한 시장 선호도가 50%를 초과한다는 결론을 이끌어낼 수 있다.

맛 테스트를 위하여 224명의 소비자들을 신시내티, 밀워키, 로스앤젤레스 등지에서 표본으로 선정하였는데 이 중에서 150명의 소비자들은 Beef Pot Roast를 선호하는 제품으로 선택을 하였다. 통계적 가설검정 절차에 따라서 귀무가설은 기각되었다. 조사결과는 대립가설을 지지하는 것으로 나타났고 소비자 모집단의 50%를 넘는 고객들이 Morrell사의 제품을 선호하는 것으로 결론이 났다.

모집단 비율에 대한 점추정치는 $\bar{p} = 150/224 = 0.67$이었다. 따라서 이러한 표본결과는 세 제품에 대한 맛을 비교한 음식 잡지 광고의 내용을 뒷받침해 주는 결과가 되었다. Morrell사의 Beef Pot Roast 제품은 경쟁기업에 대하여 2배 선호되는 것으로 나타났었다.

이번 장에서 Morrell사가 수행한 것처럼 어떻게 가설을 수립하고 분석하는지 논의할 것이다. 표본자료에 대한 분석을 통하여 가설을 기각해야 할 것인지 기각하지 말아야 할 것인지에 대해 결정할 수 있게 될 것이다.

* 저자들은 이 사례의 자료를 제공해 준 John Morrell사의 부사장인 Marty Butler에게 감사드린다.

7장과 8장에서 어떻게 표본이 모수에 대한 점추정치와 구간 추정치로 개발되는지에 대하여 파악하였다. 이 장에서는 모수가 기각될 것인가의 유무에 대하여 어떻게 가설검정이 활용되는가를 보이며 통계적 추론에 대한 논의를 계속할 것이다.

가설검정에서 모수에 대한 시험적 가정을 먼저 제시하고자 한다. 이러한 시험적 가정을 **귀무가설(null hypothesis)**이라고 하며 H_0로 표기한다. 다음에 또 다른 가설인 **대립가설(aternative hypothesis)**을 두는데, 이는 귀무가설에서의 진술과 정반대가 되며 H_a로 표기한다. 가설검정 절차는 H_0와 H_a로 표기된 상반된 두 개의 진술을 검정하기 위하여 표본으로부터의 자료를 활용한다.

이 장에서는 모집단 평균과 모집단 비율에 대한 가설검정이 어떻게 이루어지는가를 제시할 것이다.

9.1 귀무가설과 대립가설의 수립

귀무가설과 대립가설을 어떻게 수립해야 할 것인가에 대한 절차가 불분명한 경우가 종종 있다. 적절한 가설을 수립하는 데 상당한 주의가 요구되며 이렇게 될 때 가설검정 결과는 연구자나 의사결정자가 필요로 하는 정보를 제공하게 된다. 이러한 상황이 가설을 어떻게 표현할 것인가를 결정하는데 상당히 중요하다. 모든 가설검정은 표본자료를 수집하고 이 자료를 이용해 결론을 도출하기 위한 증거로 활용하는 과정이 필요하다. 귀무가설과 대립가설을 수립하기 위해 반드시 가져야 할 고려사항은 (1) 표본을 수집하는 목적은 무엇인가? (2) 어떤 결론을 내려야 하는가?이다.

이번 장 도입부에서 H_0는 모집단 평균과 모집단 비율과 같은 모수의 임시적 가정이라고 하였다. 대립가설 H_a는 귀무가설에서 제시된 바의 정반대 가설이라고 하였다. 어떤 경우에는 대립가설을 먼저 설정하고 귀무가설을 나중에 설정하는 것이 용이한 경우가 있으며, 또 어떤 경우에는 귀무가설을 먼저 설정하고 대립가설을 나중에 설정하는 것이 용이한 경우가 있다. 다음의 예에서 이러한 상황을 설명할 것이다.*

연구가설로써의 대립가설

가설검정은 대부분의 경우 연구가설을 지지하기 위한 증거자료를 확보하기 위한 시도과정을 포함하고 있다. 이러한 경우에 대립가설을 먼저 수립하고 연구자가 바라는 결론을 내리는 것이 최선이 된다.

1갤런당 평균 연비수준이 24마일인 자동차를 예로 들어보자. 제품개발팀에서는 연비수준을 향상시킬 수 있는 새로운 연료분사 시스템을 개발하였다. 새로운 연료분사 시스템이 기존 시스템에 비하여 연비를 향상시킬 것이라는 결론을 통계적으로 지지할 것이라는 기대를 갖고 새로운 연료분사 시스템의 테스트를 실시하게 될 것이다.

새로운 시스템을 평가하기 위하여, 몇 대를 생산하여 실제 자동차에 장착하였다. 제품개발팀에서는 새로운 시스템이 연비를 향상시킬 것으로 기대하고 있다. 표본에 대한

* 가설을 정확히 설정하는 것은 연습이 필요하다. 초기에는 귀무가설과 대립가설을 작성하는데 혼란이 발생하는 것이 당연한 것이다. 본절에서 이에 대한 적절한 가이드라인을 제시하고자 한다.

연비 평균이 계산되어지고 24mpg(miles per gallon)를 상회하는 연비수준을 보이는지 여부에 대한 가설검정을 실시하게 된다. 연비의 모집단 평균을 μ라고 할 때 $\mu > 24$가 대립가설이 된다. 현재 시스템의 연비 평균이 24mpg을 보이고 있기 때문에 새로운 시스템은 현재 시스템보다 뛰어나지 않을 것이며 따라서 $\mu \leq 24$를 귀무가설로 하는 임시 가정을 하게 된다.

따라서 이 사례의 경우에 적절한 귀무가설과 대립가설은 다음과 같다.

$$H_0: \mu \leq 24$$
$$H_a: \mu > 24$$

만약에 표본의 결과가 귀무가설을 기각하게 된다면 대립가설인 $\mu > 24$라는 추론을 하게 된다. 연구자의 입장에서는 새로운 연료분사 시스템이 더 우수하다고 결론내릴 수 있다. 새로운 연료분사 시스템의 생산을 적극 고려해보아야 할 것이다. 그러나 만약에 표본의 결과가 귀무가설이 기각할 수 없는 것으로 결론이 난다면 연구자의 입장에서는 새로운 연료분사 시스템이 연비수준을 향상시킨다는 결론을 내릴 수 없게 된다. 연비를 향상시킬 것이라는 점을 토대로 새로운 연료분사 시스템을 생산하고자 하는 시도는 정당화되지 못하게 된다. 추가의 연구와 테스트가 실시되어야 할 것이다.*

성공적인 기업들은 신제품, 새로운 개발방법, 새로운 시스템 등 기존의 것들을 뛰어넘을 수 있는 무엇인가를 지속적으로 개발하여 경쟁력을 유지하게 된다. 새로운 것을 채택하기 이전에 새로운 시스템이 기존 시스템을 개선할 수 있는가에 대한 통계적 결론을 지지할 수 있는 조사과정이 필요하게 된다. 그러한 경우에 연구가설은 대립가설로 제시된다. 예를 들어 현재의 것에 비해 뛰어난 것으로 판단되고 있는 새로운 교수법이 개발되었다고 하자. 대립가설은 새로운 교수법이 기존의 것에 비해 뛰어나다고 제시되고, 귀무가설은 새로운 교수법이 기존의 교수법에 비해 뛰어나지 않는 것으로 제시된다. 새로운 판매원 보너스 제도가 판매량을 늘리기 위한 목적으로 개발되었다고 하자. 대립가설은 새로운 보너스 제도가 매출을 늘릴 것이다라고 제시하고, 귀무가설은 새로운 보너스 제도가 매출을 늘리지 않는다고 제시하게 된다. 기존 약에 비해 우수한 수준을 보이기 위해 개발된 혈압약이 있다고 하자. 대립가설은 기존 약에 비해 새로운 혈압약의 약효가 우수하다라고 제시되며, 귀무가설은 기존약에 비해 우수한 점이 없다라고 제시하게 된다. 각각의 경우에 귀무가설 H_0의 기각은 연구가설의 통계적 지지를 의미하게 된다. 이와 같은 가설검정 과정을 본 장에 여러 사례를 통해 파악할 수 있으며 이후 교재에서도 지속적으로 제시될 것이다.

---

* 만약에 표본자료를 통해 귀무가설이 기각될 수 있는 충분한 통계적 증거가 제시된다면 대립가설이 참이라는 결론이 내려진다.

도전 대상으로써의 귀무가설

모든 가설검정에서 연구가설을 포함하고 있는 것은 아니다. 아래의 예를 통해서 모수가 참이라는 점을 가정하고 있는 가설검정을 제시한다. 가정이 옳지 않다라는 결론을 도출할 수 있는 통계적 증거가 있는지에 대한 가설검정을 시도하게 된다. 이러한 경우에 귀무가설을 먼저 설정하는 것이 효과적이다. 여기에서 귀무가설은 모수의 가치에 대한 믿음이나 가정을 제시하게 된다. 대립가설은 이러한 믿음이나 가정이 옳지 않다는 점을 기술하게 된다.

음료를 생산하는 제조기업을 예로 들어보자. 음료 용기에 67.6온스의 양이 담겨있다고 표기되어 있다. 최소한 67.6온스의 제품이 들어있는 것으로 보고 음료용기의 라벨은 정확히 표기되어 있으며 $\mu \geq 67.6$을 귀무가설로 설정하게 된다. 이 가설에 대한 도전은 음료용기의 라벨이 잘못되어 있으며 충분히 채워지지 않았다는 가정이 될 것이다. 이러한 가정은 대립가설로 표기되며 $\mu < 67.6$으로 제시된다. 따라서 다음과 같은 귀무가설과 대립가설이 수립된다.

$$H_0: \mu \geq 67.6$$
$$H_a: \mu < 67.6$$

행정 당국에서 음료의 표본을 수집하고 용기에 채워진 양의 평균을 구한 다음, 표본 통계량을 바탕으로 가설검정을 수행하게 된다. 만약 표본의 결과가 귀무가설을 기각하는 것으로 나타난다면 H_a: $\mu < 67.6$이 참이라는 추론이 가능해진다. 이러한 경우에 행정 당국에서는 용기 라벨이 잘못 표기되었다는 주장을 옳다는 결론을 내리게 되며 라벨 표기를 올바르게 하도록 강제조치를 취하게 될 것이다. 그러나 귀무가설이 기각되지 않는다면 라벨이 올바르게 표기되었다는 주장이 기각되지 아니하며 행정 당국의 입장에서는 어떠한 강제조치도 실행되지 않을 것이다.*

이제 생산기업의 입장에서 살펴보자. 음료 용기에 음료를 주입하는 과정은 라벨에 표시된 것처럼, 67.6온스를 주입하도록 설계되어 있다. 용기 주입량이 이보다 적게 주입되면 고객들의 불평이 발생하고 행정 당국의 제재조치도 있을 수 있기에 생산기업의 입장에서도 바라는 바는 아니다. 그러나 기업의 입장에서는 과다 주입 역시 원가의 상승을 초래할 수 있다는 점에서 간과할 수 없는 문제가 발생한다. 따라서 공정의 조정을 통해 용기에 표기된 67.6온스의 양이 주입되도록 해야할 것이다.

정확한 양의 주입이 목표이기는 하지만 공정에서는 항상 변동이 발생할 수 있다. 이 사례의 경우에는 과다 주입과 과소 주입이 변동의 대상이 될 것이다. 어떤 경우에든 기업의 입장에서는 67.6온스의 양을 주입할 수 있도록 공정 조정을 위한 정보를 얻길 바랄 것

---

* 제조업체의 제품에 대한 정보는 통상적으로 참이라고 가정되며 귀무가설로 제시된다. 만약에 귀무가설이 기각된다면 정보가 잘못이라는 통계적 결론이 가능하다.

이다. 가설검정으로 본다면 생산공정 활동은 정확하게 이루어지고 있으며 $\mu = 67.6$으로 표기할 수 있다. 대립가설은 $\mu \neq 67.6$으로 표기되고 과다 주입과 과소 주입이 모두 포함되는 의미이다. 이러한 경우에 귀무가설 및 대립가설은 다음과 같이 수립된다.

$$H_0: \mu = 67.6$$
$$H_a: \mu \neq 67.6$$

생산기업이 품질관리를 실행하고 있으며 정기적으로 용기 주입공정에 대한 검토를 위해 표본을 추출하고 평균 주입양을 검토한다고 가정해보자. 만약에 귀무가설을 기각할 수 있는 표본통계량이 제시된다면 대립가설 H_a: $\mu \neq 67.6$이 참이라는 추론이 가능해진다. 정확하게 음료가 주입되지 않고 있으며 주입량을 정확하게 67.6온스로 하기 위해 공정의 수정이 필요하다는 결론을 내리게 된다. 그러나 귀무가설이 기각되지 않는다는 결론에 도달하면 용기에 대한 음료주입이 적절히 이루어지고 있다는 가정을 기각하지 않게 되며 추가 수정 조치를 취하지 않게 된다.

앞에서 제시된 두 가지의 가설검정 예시에서 귀무가설과 대립가설은 연구자나 의사결정자의 입장에 따라 다양하게 설정될 수 있음을 제시하고 있다. 정확하게 가설을 설정하기 위해서는 상황을 이해하고 연구자와 의사결정자에게 정보를 제공할 수 있는 가설을 수립하는 노력이 필요하다.

귀무가설과 대립가설의 형태에 대한 요약

이 장에서의 가설검정에서는 모집단 평균과 모집단 비율이라는 두 가지 모수를 대상으로 한다. 모수에 대한 가설검정은 상황에 따라서 세 가지 형식 중 한 가지를 따르게 된다. 두 가지는 귀무가설에 부등호를 이용하는 경우이며, 나머지 한 가지는 등호를 이용하는 경우이다. 모집단 평균에 대한 가설검정에서 μ_0를 가설화될 수치로 두고 다음의 세 가지 형태 중 한 가지를 따르게 된다.*

$$H_0: \mu \geq \mu_0 \qquad H_0: \mu \leq \mu_0 \qquad H_0: \mu = \mu_0$$
$$H_a: \mu < \mu_0 \qquad H_a: \mu > \mu_0 \qquad H_a: \mu \neq \mu_0$$

추후에 구체적인 설명이 이어지겠지만 앞의 두 가지 형태를 단측검정(one-tailed tests)이라 하고, 세 번째 형식을 양측검정(two-tailed tests)이라고 한다.

상당수의 경우에 H_0 및 H_a의 선택이 명확하지 않으므로 적절한 형식을 선정하는 데 의사결정자의 판단이 요구된다. 그러나 앞서 수식에서 본 것처럼 등호(≤, ≥, =)는 언제나 귀무가설에서만 위치하게 된다. 또한 보편적으로 H_0 및 H_a의 적절한 형식을 선정함에 있어 검정에서 밝히고자 하는 주장을 대립가설에 표현한다. 따라서 의사결정자의

* H_0(귀무가설)과 H_a(대립가설)을 수립하기 위한 세 가지 형태를 여기에서 제시한다. H_0에서는 항상 등호 부호가 포함된다는 점을 주의하라.

$\mu < \mu_0$, $\mu > \mu_0$, $\mu \neq \mu_0$를 지지할 수 있는 통계적 증거에 대한 기대는 H_a 선정에 대한 기대와 동일한 의미이다. 다음 연습문제에는 모집단 평균에 대한 가설검정에서 적절한 가설형식을 선정한 사례를 소개하였다.

연습문제

1. **호텔 이용금액.** Danvers-Hilton Resort Hotel의 관리자는 주말 고객들의 평균 지불 이용금액이 600달러 이하라고 보고 있다. 호텔의 회계담당자는 최근 들어 고객들의 이용금액이 증가 추세에 있다고 보고하였다. 이에 따라 회계담당자는 관리자의 주장을 검정하기 위하여 주말 고객들을 표본으로 하여 이용금액에 대한 조사작업을 수행하고자 한다.

   a. 관리자의 주장을 검정하기 위해서는 어떤 형태를 선택하여야 하며 그 이유는 무엇인지를 설명하시오.

   $$H_0: \mu \geq 1{,}200 \qquad H_0: \mu \leq 1{,}200 \qquad H_0: \mu = 1{,}200$$
   $$H_a: \mu < 1{,}200 \qquad H_a: \mu > 1{,}200 \qquad H_a: \mu \neq 1{,}200$$

   b. H_0를 기각할 수 없는 경우에 어떠한 통계적 결론이 적절한가?

   c. H_0를 기각할 수 있는 경우에 어떠한 통계적 결론이 적절한가?

2. **보너스 제도가 자동차 판매량에 미치는 효과.** 자동차 판매점의 관리자는 판매량을 증가시키기 위하여 새로운 보너스 제도 도입을 고려하고 있다. 최근의 월간 평균 판매량은 14대 정도이다. 새로운 보너스 제도가 판매량을 늘리는 데 기여하는지 파악하고자 한다. 판매원 중의 일부를 표본으로 선정하여 새로운 보너스 제도 하에서 한 달간의 판매량을 측정하게 된다.

   a. 이러한 조사작업에서 가장 적절한 귀무가설과 대립가설을 선정하시오.

   b. H_0를 기각할 수 없는 경우의 통계적 결론에 대하여 설명하시오.

   c. H_0를 기각할 수 있는 경우의 통계적 결론에 대하여 설명하시오.

3. **세탁세제 충전량.** 종이 포장상자에 32온스의 세탁세제를 담도록 생산라인이 설계되어 공정이 운영되고 있다. 일정 주기로 포장상자를 표본으로 선정하여 규격 이외의 무게로 세제가 담겨지고 있는지 파악하고자 한다. 만약 공정 중의 포장 무게가 규격을 벗어나는 경우에 생산라인은 중단되고 수정조치가 실시된다고 한다.

   a. 생산라인을 중단하고 조치를 취할 것인가에 대한 의사결정에 도움을 줄 수 있는 귀무가설과 대립가설을 수립하시오.

   b. H_0를 기각할 수 없는 경우의 통계적 결론에 대하여 설명하시오.

   c. H_0를 기각할 수 있는 경우의 통계적 결론에 대하여 설명하시오.

4. **공정 개선.** 기존의 제조방법은 설비변경 시간과 비용이 많이 들기 때문에 제조공장의 현장 관리자는 새로운 제조방법을 실행하기 이전에 이 기법이 원가를 감소시킬 수 있는 새로운 제조방법이라고 경영진을 설득하여야 한다. 현재의 제조방법은 시간당 220달러 정도의 평균 비용을 발생시키고 있다. 일정 기간 동안의 설비 운용을 표본으로 하여 새로운 제조방법의 비용을 측정하고자 하는 조사작업이 수행된다.
   a. 이 조사의 경우에 가장 적절한 귀무가설과 대립가설을 수립하시오.
   b. H_0를 기각할 수 없는 경우의 통계적 결론에 대하여 설명하시오.
   c. H_0를 기각할 수 있는 경우의 통계적 결론에 대하여 설명하시오.

9.2 제1종 및 제2종 오류

귀무가설과 대립가설은 모수에 대한 대립적 진술이다. 귀무가설과 대립가설이 모두 참일 수는 없으며 어느 하나만 참으로 받아들여진다. 가설검정 과정에서 이상적으로는 H_0가 참인 경우에 H_0의 채택이 이루어져야 하며, H_a가 참인 경우에는 H_0의 기각이 이루어져야 하는 것이다. 그러나 불행하게도 정확한 결론이 항상 가능한 것이 아니다. 가설검정은 표본통계량을 바탕으로 이루어지는 것이므로 오류의 발생가능성을 인정하여야 한다. 표 9.1에서는 가설검정 과정에서의 두 가지 오류를 제시하고 있다.

표 9.1의 첫 번째 행에서는 H_0를 채택하는 경우에 어떠한 일이 일어나게 되는지 보여주고 있다. 만약에 H_0가 참이라면 이 결론은 옳을 것이다. 그러나 H_a가 참이라면 **제2종 오류(Type II error)**가 발생하게 되며, 이는 거짓임에도 H_0를 채택한 경우이다. 두 번째 행에서는 H_0를 기각한 경우에 어떠한 일이 일어나게 되는지 보여주고 있다. 만약에 H_0가 참이라면 **제1종 오류(Type I error)**가 발생하게 되며, 이는 참임에도 불구하고 H_0를 기각한 경우이다. 그러나 H_a가 참이라면 H_0의 기각은 정확한 판단이 된다.

앞서 9.1절에서 살펴본 연비 향상을 위하여 새로운 연료분사 시스템을 개발한 제품개발팀의 사례를 다시 고려해 보자. 평균 24mpg의 연비를 보이는 현재의 연료분사 시스템를 고려하여 다음과 같은 가설이 수립된다.

표 9.1 가설검정에서의 오류

		모집단 상황	
		H_0 참	H_a 참
통계적 결론	H_0 채택	옳은 결정	제2종 오류
	H_0 기각	제1종 오류	옳은 결정

$$H_0: \mu \leq 24$$
$$H_a: \mu > 24$$

대립가설은 연구개발팀이 새로운 연료분사 시스템을 장착한 경우에 평균 연비의 모수가 24mpg을 초과한다는 결론을 지지하기 위한 표본 정보를 기대하는 형식으로 표현되고 있다.

이 사례에서 참인데도 불구하고 H_0의 기각에 따른 제1종 오류는 현재의 시스템에 비하여 새로운 연료분사 시스템이 더 뛰어나지 못함에도 불구하고 연비 향상 ($\mu > 24$)에 기여한다고 연구개발팀이 주장하고 있음을 의미하고 있다. 반대로 거짓임에도 불구하고 H_0의 채택에 따른 제2종 오류는 실제로는 새로운 연료분사 시스템이 연비향상에 상당한 기여를 함에도 불구하고 현재의 시스템에 비하여 뛰어나지 못하다고($\mu \leq 24$) 연구개발팀이 결론을 내리고 있음을 의미한다.

이 사례의 경우에 귀무가설은 $H_0: \mu \leq 24$와 같이 표현된다. 등호를 활용하여 귀무가설이 참인 경우를 고려해 보자. 귀무가설이 참인 경우에 제1종 오류발생확률을 유의수준(level of significance)이라고 한다. 따라서 $\mu = 24$인 경우에 H_0: $\mu \leq 24$를 기각할 확률이 유의수준이 된다. 이 개념은 중요하기 때문에 한 번 더 유의수준의 개념을 정의하고자 한다.

유의수준

유의수준은 귀무가설이 참인 경우에 제1종 오류를 범할 확률을 의미한다.

그리스 문자인 α(alpha)는 유의수준을 의미하며 일반적으로 0.05와 0.01 수준을 활용하고 있다.

실제로 가설검정을 실행하는 조사자가 유의수준을 설정하게 된다. α를 설정함으로써 제1종 오류를 범할 확률을 통제하게 되는 것이다. 만약에 제1종 오류를 범하는 경우에 높은 비용이 예상된다면 낮은 수준의 α가 요구되고 비용이 그리 높지 않은 경우에는 높은 수준의 α가 활용된다. 제1종 오류만을 통제하며 실행되는 가설검정을 유의성 테스트라고 한다. 대부분의 가설검정은 이 경우에 해당한다.

대부분의 가설검정이 제1종 오류를 통제하며 실행되지만 이 경우에도 제2종 오류를 항상 통제하며 실행되는 것은 아니다. 따라서 H_0를 받아들이는 것으로 의사결정을 하였다면 그 결정에 대한 확신성 정도를 결정할 수는 없다. 유의성 테스트를 실행함에 있어서 제2종 오류와 관련된 불확실성으로 인하여 통계학자들은 "귀무가설을 채택한다."라는 표현보다는 "귀무가설을 기각하지 않는다."라는 표현을 권고한다. '귀무가설을 기각하지 않는다.'라는 표현은 판단과 행위에 대한 완곡한 표현이 된다. 직접적으로 귀무가설을 받아들이지 않음으로써 제2종 오류를 범할 수 있는 위험을 회피할 수 있는 것이다. 제2종 오류를 범할 수 있는 확률이 정해지지 않고 통제되지 않는 모든 경우에 'H_0를 받아들인다.'는 표현을 사용해서는 안 될 것이다. 이와 같은 경우에 'H_0를 기각하지 않는다.'와 'H_0를 기각한다.'라는 통계적 결론만이 가능하다.*

가설검정에서 제2종 오류를 통제하는 경우가 일반적인 경우는 아니지만 실행은 가능하다. 제2종 오류의 가능성을 설정하고 통제하는 절차에 대해서는 고급통계학 서적을 참고할 필요가 있다. 제2종 오류**에 대한 적절한 통제가 이루어진다면, 'H_0를 채택한다.'는 결론에 바탕을 둔 실행조치들이 적절할 것이다.

주석 및 코멘트

컬럼니스트이며 George Mason 대학교의 교수이기도 한 Walter Williams는 제1종 오류와 제2종 오류가 의사결정에서 항상 존재한다는 점을 지적하였다(The Cincinnati Enquirer, 2005년 8월 14일). FDA의 의약품 승인과정에 대한 내용을 바탕으로 논리를 전개하였는데, FDA는 의약품을 승인하거나 승인하지 않거나 두 가지 중 한 가지의 의사결정을 하여야 한다. 따라서 FDA는 신규 의약품의 승인과정에서 안전하지 않은데 효과적인 의약품을 승인하는 오류를 범할 수 있으며 혹은 안전하며 효과적인 의약품을 승인하지 않는 오류를 범할 수 있다. 의사결정 결과에 관계없이 값비싼 오류를 범할 수 있는 가능성을 완전히 제거할 수는 없는 것이다.

연습문제

5. **맥주와 사이다 소비.** 미국 맥주 도매상 협회에 따르면, 2017년 미국 소비자들은 21세 이상 성인이 한 사람당 26.9갤런의 맥주와 사이다를 소비했다. 밀워키의 한 유통업자는 그 도시에서 맥주와 사이다의 소비량이 더 높다고 믿고 있다. 밀워키의 21세 이상 소비자들로부터 표본을 추출하여 구한 2017년 맥주와 사이다 소비량 표본평균을 사용하여 다음 귀무가설과 대립가설을 검정하려 한다.

$$H_0: \mu \le 26.9$$
$$H_a: \mu > 26.9$$

a. 표본 데이터를 이용하여 귀무가설을 기각하게 되었다고 가정하자. 밀워키에서 맥주와 사이다의 소비에 대한 결론은 무엇인가?

b. 이 상황에서 제1종 오류는 무엇인가? 이 오류를 범하는 것의 결과는 무엇인가?

c. 이 상황에서 제2종 오류는 무엇인가? 이 오류를 범하는 것의 결과는 무엇인가?

---

* 만약에 표본자료가 귀무가설인 H_0를 지지한다면 "H_0를 기각하지 않는다"라고 표현한다. 이러한 통계적 결론 표현은 "H_0를 채택한다"라는 표현에 비해 선호되는데, 이는 "H_0를 채택한다"라는 통계적 결론은 제2종 오류를 범할 수 있는 위험이 있기 때문이다.

** D. R. Anderson, D. J. Sweeney, & T. A. Williams 의 저서인 Statistics for Business and Economics 11판(Cincinnacti, OH, South-Western/Cengage Learning, 2011)을 참고

6. **오렌지 주스 라벨.** 3쿼터짜리 오렌지 주스 용기의 라벨에는 오렌지 주스가 평균 1그램 이하의 지방 성분을 포함하고 있다고 적혀 있다. 라벨에서 제시된 내용을 검정하기 위한 테스트에서 다음의 질문에 답하시오.
   a. 적절한 귀무가설과 대립가설을 제시하시오.
   b. 이 경우의 제1종 오류는 무엇인가? 제1종 오류를 범한 경우의 결과는 무엇인가?
   c. 이 경우의 제2종 오류는 무엇인가? 제2종 오류를 범한 경우의 결과는 무엇인가?

7. **영업사원의 급여.** Carpetland사의 영업사원들은 주급으로 8,000달러 정도를 수령하고 있다. 이 회사의 부사장인 Steve Contois는 새로운 판매 인센티브제도를 포함하는 보상제도를 제시하였다. Steve는 새로운 제도의 시험운영을 통하여 본인의 제안이 영업사원의 평균판매량의 증가에 기여하는 것으로 결론나길 바라고 있다.
   a. 적절한 귀무가설과 대립가설을 제시하시오.
   b. 이 경우의 제1종 오류는 무엇인가? 제1종 오류를 범한 경우의 결과는 무엇인가?
   c. 이 경우의 제2종 오류는 무엇인가? 제2종 오류를 범한 경우의 결과는 무엇인가?

8. **생산 운영비용.** 새로운 생산방식이 시간당 평균 운영비용을 감소시킬 것인지를 파악하기 위한 가설검정 수행을 위해 신규 방식에 의한 생산활동이 이루어지는 경우를 예로 들어보자.
   a. 기존의 생산방식에 의한 시간당 평균 운영비용이 220달러인 경우에 적절한 귀무가설과 대립가설을 제시하시오.
   b. 이 경우의 제1종 오류는 무엇인가? 제1종 오류를 범한 경우의 결과는 무엇인가?
   c. 이 경우의 제2종 오류는 무엇인가? 제2종 오류를 범한 경우의 결과는 무엇인가?

9.3 모집단 평균에 의한 가설검정: σ가 알려진 경우

8장에서 σ가 알려져 있다는 것은 역사적 정보나 그와 유사한 정보의 활용이 가능하다는 것을 의미하며, 이 경우에 표본추출 이전에 모집단 표준편차에 대한 정확한 예측치 산정이 가능하다는 것을 제시한 적이 있다. 이와 같은 경우에 모집단 표준편차는 알려져 있는 것으로 간주된다. 이 절에서는 σ가 알려져 있는 경우에 모집단 평균에 대한 가설검정을 어떻게 수행하는가를 제시할 것이다.

여기에서 제시되는 방법은 정규분포를 보이는 모집단으로부터 표본이 추출된 경우에 가장 적절하다. 모집단이 정규분포라고 가정하는 것이 무리가 있는 경우에는 표본의 수가 일정 수준 이상이라면 적용 가능하다. 후반부에는 모집단 분포와 표본의 수에 관한 실제적 지침을 일부 제시할 것이다.

단측검정

모집단 평균에 관한 **단측검정(one-tailed test)**은 아래의 두 가지 형태 중 한 가지를 택하여 이루어지게 된다.

좌측 단측검정	우측 단측검정
$H_0: \mu \geq \mu_0$	$H_0: \mu \leq \mu_0$
$H_a: \mu < \mu_0$	$H_a: \mu > \mu_0$

좌측 단측검정의 예를 들어보자.

Federal Trade Commission(FTC)는 정기적으로 제조기업들이 생산한 제품의 표기사항에 대하여 조사작업을 수행하고 있다. 예를 들어 Hilltop Coffee사의 라벨에는 3파운드의 커피가 함유되어 있는 것으로 표기되어 있다. FTC는 모집단에 해당하는 모든 캔 제품에서의 평균 커피 함유량은 3파운드일지는 몰라도 Hilltop Coffee사의 공정이 각 캔에 정확히 3파운드의 커피를 담을 수 없다는 것을 알고 있다. 적어도 평균 3파운드를 채운다고 한다면 소비자들의 권익은 보호된다고 보고 있다. 따라서 FTC는 라벨에 제시된 표기사항을 검토하고자 하였다. 여기에서는 어떻게 좌측 단측검정을 통하여 FTC가 Hilltop Coffee사의 주장을 검정하였는지 보이고자 한다.

첫 번째 단계는 테스트를 위한 귀무가설과 대립가설을 수립하는 것이다. 모집단에서의 평균 커피 함유량이 최소한 3파운드 이상을 보인다면 Hilltop Coffee사의 주장은 옳을 것이다. 이는 귀무가설 수립으로 이어진다. 그러나 커피 함유량이 3파운드 미만이라고 한다면 Hilltop Coffee사의 주장은 거짓이 될 것이다. 이는 대립가설로 제시된다. μ는 채워지는 커피 평균 함유량을 의미하며 귀무가설과 대립가설은 다음과 같다.

$$H_0: \mu \geq 3$$
$$H_a: \mu < 3$$

모집단 평균으로 가설화된 수치는 $\mu_0 = 3$이 된다.

만약 표본의 결과가 귀무가설을 기각할 수 없는 것으로 나타난다면 라벨표기에 위반이 있다는 결론을 통계적 증거가 지지해 주지 못한다는 것을 의미한다. 따라서 Hilltop Coffee사에 대하여 어떠한 사후조치도 필요하지 않을 것이다. 그러나 표본의 결과가 귀무가설을 기각할 수 있는 것으로 나타난다면 대립가설이 참이라는 결론을 내리게 된다. 이러한 경우에는 라벨표기 위반이 발견된 것이다.

캔 36개를 표본으로 선정하고 모집단 평균 μ의 추정치로 표본평균 $\bar{x}$를 계산하는 경우를 가정해 보자. 만약에 표본평균 $\bar{x}$가 3파운드보다 작다면 이 결과는 귀무가설에 대한 의구심을 갖게 한다. 여기에서 중요한 점은 통계적 유의성을 제시하기 위해 어느 정도의 표본평균 $\bar{x}$가 필요하며 제1종 오류를 범할 수준이 얼마인가를 파악하는 것이다. 이러한 부분을 제시함에 있어 중요한 요소는 의사결정자가 선정한 유의수준이 된다.

앞에서 제시한 것처럼 α로 표시되는 유의수준은 귀무가설이 참인데도 불구하고 H_0를 기각함으로써 발생하는 제1종 오류의 발생가능성을 의미하며, 의사결정자는 유의수준을 반드시 명시하여야 한다. 만약에 제1종 오류를 범함으로써 야기되는 비용이 높은 경우에는 낮은 유의수준이 요구된다. 만약에 비용이 그리 높지 않다면 높은 유의수준이 적절할 것이다. Hilltop Coffee사의 경우에 FTC 검사 담당자는 다음과 같이 진술하였다. "만약 이 기업이 규격인 $\mu = 3$를 정확히 맞춘다면 아무런 강제조치를 취하고 싶지 않습니다. 나는 그와 같은 오류를 범할 수 있는 1%의 가능성을 감수할 용의가 있습니다." 검사 담당자의 진술을 바탕으로 $\alpha = 0.01$로 둘 수 있는 것이다. 따라서 $\mu = 3$인 경우에 제1종 오류를 범할 수 있는 가능성을 0.01로 보는 가설검정을 실시한다.

Hilltop Coffee사의 예를 통해 귀무가설과 대립가설을 수립하고 유의수준을 구체화함으로써 모든 가설검정에서 요구되는 두 가지 단계를 수행할 수 있게 된다. 이제 가설검정의 세 번째 단계라고 할 수 있는 표본자료를 수집하고 검정통계량이라고 불리는 수치를 계산하게 된다.

검정통계량 Hilltop Coffee사의 경우에서 FTC의 조사는 모집단 표준편차가 $\sigma = 0.18$로 알려져 있다고 가정한다. 게다가 모집단이 정규분포라는 점을 가정하고 있다. 7장의 표본분포에서 논의한 것처럼, 모집단이 정규분포라면 $\bar{x}$의 표본분포도 정규분포를 보이게 된다. 따라서 Hilltop Coffee사의 경우에 $\bar{x}$의 표본분포는 정규분포를 보이게 된다. $\sigma = 0.18$로 알려져 있고 표본의 크기 $n = 36$을 고려하여 그림 9.1에서는 귀무가설이 참인 경우에 $\bar{x}$의 표본분포를 보이고 있다. 이때 주의할 점은 $\bar{x}$의 표준오차는 $\sigma_{\bar{x}} = \sigma/\sqrt{n} = 0.18/\sqrt{36} = 0.03$* 으로 주어져 있다는 것이다.**

$\bar{x}$의 표본분포가 정규분포이기 때문에 표준정규분포를 다음과 같이 구할 수 있다.

그림 9.1 귀무가설이 참인 경우($\mu = 3$) Hilltop Coffee사의 $\bar{x}$의 표본분포

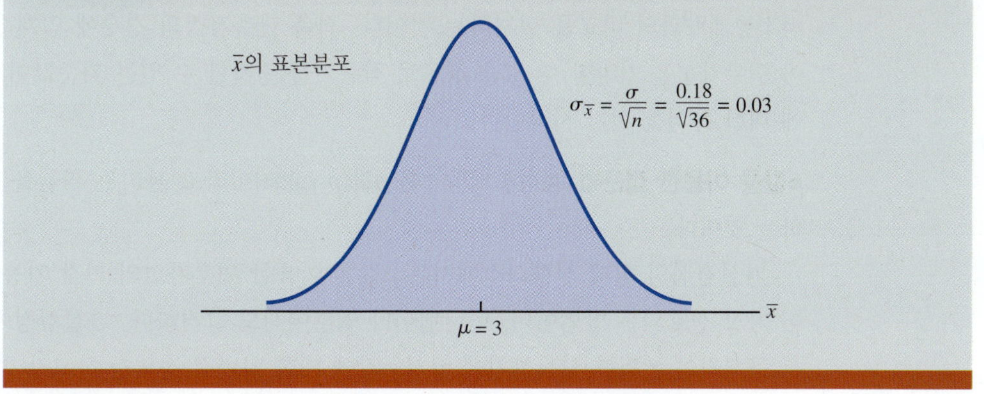

* 가설검정을 위한 표본분포 작성에서, H_0에서는 $\mu = \mu_0$ 조건이 만족된다고 가정한다.

** $\bar{x}$의 표준오차는 $\bar{x}$의 표본분포에서의 표준편차를 의미한다.

$$z = \frac{\bar{x} - \mu_0}{\sigma_{\bar{x}}} = \frac{\bar{x} - 3}{0.03}$$

여기에서 $z = -1$은 $\bar{x}$의 수치가 평균의 가설화된 수치보다 1표준오차 아래에 위치한다는 것을 의미하며, $z = -2$의 수치는 $\bar{x}$의 수치가 평균의 가설화된 수치보다 2표준오차 아래에 위치한다는 것을 의미한다. z값에 대응하는 단측 확률수준을 표준정규분포표를 이용하여 구할 수 있다. 예를 들어 평균과 $z = -3.00$ 사이의 면적을 표준정규분포표에서 0.0013으로 제시하고 있다. 따라서 $z = 3$ 이상의 표준오차가 발생할 확률은 0.0013이 된다. 결국 x 수준의 발생가능성, 즉 가설화된 모수인 $\mu_0 = 3$으로부터 3 이상의 표준오차 발생가능성도 0.0013이라는 의미가 된다. 이러한 논리는 귀무가설이 참인 경우에 적절하지 않다.

σ가 알려져 있는 경우의 모집단 평균에 대한 가설검정에서 표준정규변수인 z를 검정통계량으로 활용하게 되며, 이를 통하여 $\bar{x}$와 가설화된 수치인 μ 간의 상이함 수준이 귀무가설을 기각할 수 있을 정도로 상당한 수준인가를 판단하게 된다. 표준오차를 $\sigma_{\bar{x}} = \sigma/\sqrt{n}$로 두고, σ가 알려진 경우의 **검정통계량(test statistic)**은 다음과 같다.

모집단 평균에 대한 가설검정에서의 검정통계량: σ가 알려져 있는 경우

$$z = \frac{\bar{x} - \mu_0}{\sigma/\sqrt{n}} \tag{9.1}$$

좌측 단측검정의 중요한 의문점은 귀무가설을 기각하기 위해서 검정통계량 z가 얼마나 작아야 하는가 일 것이다. 이러한 질문에 답을 할 수 있는 방법은 두 가지이다.

여기에서 p값은 유의수준을 고려하여 귀무가설이 기각되어야 하는가를 결정하는 데 기초가 되는 개념이다. 두 번째 접근법은 임계값(critical value)을 활용하여 앞에서 언급한 검정통계량과의 비교를 실시하는 것이다. 좌측 단측검정의 경우에 임계값은 검정통계량이 귀무가설을 기각할 수 있을 정도로 작은가를 평가할 수 있는 기준값이 된다. 우선 p값에 대한 논의를 먼저 시작한다.

p값을 이용한 접근법 검정통계량 z를 **p값(p-value)**이라고 불리는 확률을 구하는 데 활용하는 것이다.

가설검정의 실제 실행과정에서는 p값을 이용한 귀무가설의 기각 가능성을 통한 검정이 가장 선호되는 방법이며, 미니탭이나 엑셀에서도 그러하다. 가설검정에 p값을 이용하는 구체적인 논의를 시작하기에 앞서 p값에 대한 일반적 정의를 하고자 한다.*

* 낮은 p값은 H_0가 참이라는 가정에서 검정통계량 크기가 통상적인 수준을 벗어날 정도라는 의미이다.

p값

p값은 표본을 통해 제시된 귀무가설 기각에 대한 의사결정을 수행하기 위해 제시되는 확률이다. 낮은 p값은 귀무가설이 기각되었다는 강한 증거가 된다.

p값은 귀무가설을 기각할 것인가를 의사결정하는데 활용된다. p값이 어떻게 계산되고 사용되는지 알아보도록 하자. 검정통계량이 p값을 계산하는데 활용되어진다. p값을 계산하기 위한 방법은 좌측 단측검정, 우측 단측검정, 양측검정에 따라 차이가 있다. 좌측 단측검정인 경우에 p값은 검정통계량보다 작은 수준의 수치가 나타날 확률을 의미한다. 따라서 σ가 알려져 있는 경우에 좌측 단측검정에서 p값을 계산하기 위해서는 표준정규분포에서 검정통계량의 좌측 부분에 대한 면적을 구해야 한다. p값을 계산하고 난 다음에 귀무가설을 기각하기에 충분한 수준인가를 결정해야 할 것이다. 이러한 의사결정은 통상적으로 p값과 유의수준의 비교를 통하여 이루어지게 된다.

DATA *file* Coffee

Hilltop Coffee사의 가설검정에서 p값을 이용한 방법으로 좌측 단측검정을 수행한 경우를 예로 들어보자. 36개의 캔음료가 표본으로 선택되고 표본평균이 $\bar{x} = 2.92$ 파운드라고 하자. 여기에서 과연 $\bar{x} = 2.92$파운드라면 귀무가설을 기각할 수 있는 충분한 수준인

그림 9.2 $\bar{x} = 2.92(z = -2.67)$인 경우의 Hilltop Coffee사의 p값

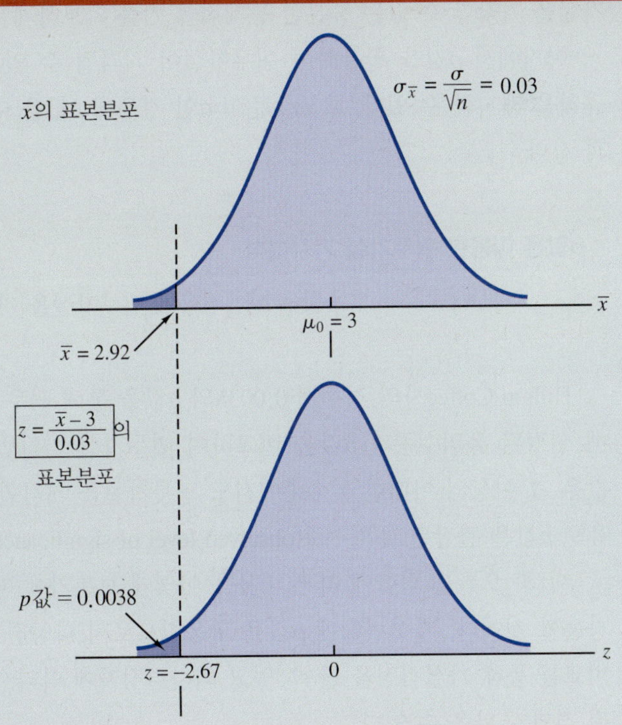

가? 좌측 단측검정이므로 p값은 표준정규분포에서 검정통계량 좌측의 면적이 된다. $\bar{x}=$ 2.92이고 $\sigma=0.18$이며 $n=36$인 경우에 검정통계량 z는 다음과 같이 계산된다.

$$z=\frac{\bar{x}-\mu_0}{\sigma/\sqrt{n}}=\frac{2.92-3}{0.18/\sqrt{36}}=-2.67$$

p값은 검정통계량 z가 −2.67 이하일 확률을 의미하므로 표준정규분포에서 검정통계량 좌측의 면적이 된다.

표준정규분포표를 이용하면 평균과 $z=-2.67$ 사이의 면적이 0.0038이라는 것을 알 수 있다. 그림 9.2에서 $z=2.92$이고 이에 따라 $z=-2.67$이라는 점이 제시되어 있다. 그리고 p값은 0.0038이 된다. p값은 $\mu=3$인 모집단으로 표본을 추출하여 표본평균이 $\bar{x}=$ 2.92파운드(표본통계량으로는 −2.67) 이하가 발생할 가능성을 의미한다. 이 정도의 p값은 귀무가설을 지지하지 못하며, 귀무가설을 기각할 수 있는 수준으로 작다고 할 수 있는가? 이에 대한 정답은 비교하게 될 검정통계량에 달려있다.

앞에서 언급한 것처럼 FTC 담당자는 가설검정을 위한 0.01의 유의수준을 활용하고 있다. $\alpha=0.01$의 의미는 담당자가 귀무가설이 참인 경우에 귀무가설의 기각 가능성을 0.01로 한정하였다는 의미가 된다. 이 사례의 경우에 0.0038의 p값을 보이고 있으며, 이는 귀무가설이 참인 경우에 $\bar{x}=2.92$ 이하의 값을 보일 확률을 의미한다. 0.0038은 $\alpha=$ 0.01보다 작은 수치이므로 귀무가설을 기각하게 된다. 그러므로 $\alpha=0.01$ 수준에서 귀무가설을 기각할 수 있는 충분한 통계적 증거를 확보하게 된다.

여기에서 p값을 활용하여 귀무가설이 기각될 수 있는가를 결정할 수 있는 일반적인 규칙을 제시할 수 있다. 유의수준이 α인 경우에 p값을 이용한 귀무가설 기각법칙은 다음과 같다.

p값을 이용한 귀무가설 기각법칙

p값 $\leq \alpha$인 경우에 귀무가설을 기각한다.

Hilltop Coffee사의 경우에 0.0038의 p값을 통해 귀무가설을 기각하게 된다. FTC를 통해 설정된 유의수준과 p값을 비교하여 귀무가설 기각법칙을 활용하였지만, 0.0038의 p값은 그 이상의 어떠한 α 수준에서도 귀무가설을 기각할 수 있음을 의미한다. 이러한 이유로 p값은 관찰된 유의수준(observed level of significance)으로 불리기도 한다.

제1종 오류를 범함에 따른 비용을 어떻게 보는가에 따라서 다양한 유의수준의 설정이 가능할 것이다. 가설검정에 p값을 활용함으로써 다양하게 나타날 수 있는 유의수준과의 비교를 통해 가설검정을 할 수 있고 의사결정자에 따라서 동일한 p값에서 상이한 가설검정 결과가 나올 수 있다.

임계값을 이용한 가설검정 임계값을 이용한 가설검정은 임계값이라고 불리는 통계량을 먼저 결정하는 과정이 요구된다. 좌측 단측검정의 경우에 임계값(critical value)은 귀무가설을 기각할 정도로 검정통계량이 충분히 작은지를 판단할 수 있는 일종의 기준값 역할을 하게 된다.

좌측 단측검정의 경우에 임계값은 표본분포의 좌측에서 유의수준(α)에 해당하는 검정통계량을 의미한다. 다시 말해 임계값은 귀무가설을 기각할 수 있는 검정통계량의 최댓값이다. Hilltop Coffee사의 사례에서 임계값을 이용한 가설검정이 어떻게 이루어지는지 논의해 보자.

σ가 알려져 있는 경우에 검정통계량 z의 표본분포는 표준정규분포가 된다. 따라서 임계값은 표준정규분포의 좌측영역에서 $\alpha = 0.01$의 면적에 해당하는 검정통계량 수치가 된다. 표준정규분포표를 활용한다면 $z = -2.33$인 경우에 0.01의 유의수준에 해당하는 면적을 제시한다. 따라서 -2.33 이하의 검정통계량이 표본으로 제시된다면 p값은 0.01 이하가 될 것이다. 이 경우에 귀무가설을 기각한다. Hilltop Coffee사의 경우에 0.01의 유의수준에서 귀무가설의 기각 기준은 다음과 같다.

$$z \le -2.33 \text{이면 귀무가설을 기각한다.}$$

Hilltop Coffee사의 경우에 $\bar{x} = 2.92$이고 검정통계량은 z가 -2.67이 된다. z값이 -2.33보다 작기 때문에 귀무가설을 기각할 수 있으며, 이에 따라 Hilltop Coffee사의 캔 음료의 양을 과소주입하고 있다는 결론을 내릴 수 있다.

다양한 유의수준에서 귀무가설에 대한 기각기준을 임계값으로 활용하여 가설을 판단할 수 있는 규칙을 일반화할 수 있다.

좌측 단측검정에서의 귀무가설 기각법칙은 다음과 같다.

그림 9.3 Hilltop Coffee사의 가설검정에서 임계값(-2.33)

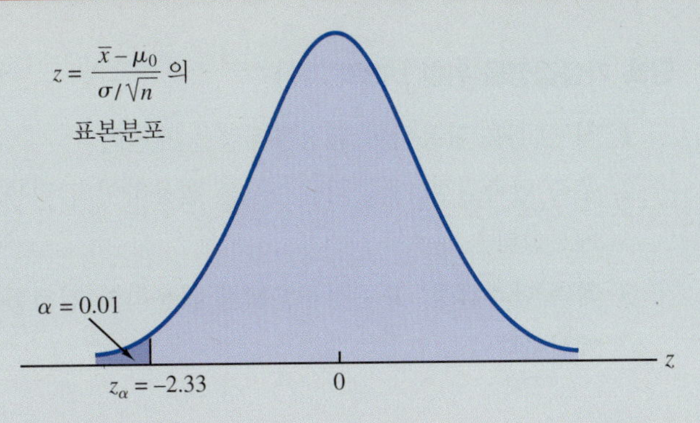

좌측 단측검정에서의 귀무가설 기각법칙: 임계값의 활용

만약 $z \leq -z_{\alpha}$이면 귀무가설을 기각한다.

$-z_{\alpha}$: 임계값을 의미하며 표준정규분포에서 좌측 부분인 α의 면적이 된다.

Summary

가설검정을 위한 p값의 활용과 임계값을 이용한 방법은 동일한 의사결정을 보이게 되는데, 이때 p값이 α보다 낮게 되면 검정통계량은 임계값보다 낮은 수준을 보이게 된다. p값을 이용한 가설검정의 장점은 유의수준을 고려하였을 때 p값이 통계적으로 얼마나 유의한지를 보여준다는 것이다. 만약에 임계값을 활용하면 유의수준을 바탕으로 유의한지에 대한 판단만 가능하다.

앞에서 언급한 것처럼 모집단 평균에 대한 단측검정은 두 가지 형태로 제시된다.

좌측 단측검정	우측 단측검정
H_0: $\mu \geq \mu_0$	H_0: $\mu \leq \mu_0$
H_a: $\mu < \mu_0$	H_a: $\mu > \mu_0$

Hilltop Coffee사의 사례를 통하여 좌측 단측검정을 어떻게 수행하는지 알아보았다. 동일한 방법으로 우측 단측검정도 수행할 수 있을 것이다. 검정통계량 z는 식 (9.1)을 통해 계산 가능하다. 그러나 우측 단측검정에서의 p값은 표본으로 제시된 것 이상의 검정통계량이 나타날 확률을 의미한다. 따라서 α가 알려져 있는 경우에 우측 단측검정에서 p값을 계산하기 위해서는 정규분포에서 검정통계량 우측의 면적을 계산할 수 있어야 한다. 임계값을 이용한 가설검정을 통해 의사결정을 한다면 검정통계량이 임계값(z_{α}) 이상이라면 귀무가설을 기각할 수 있게 된다. 이를 달리 표현한다면 $z \geq z_{\alpha}$이면 H_0를 기각하게 된다.

p값의 계산을 통한 단측가설검정 절차를 요약하면 다음과 같다.

단측 가설검정을 위한 p값의 계산

1. 식 (9.1)을 활용하여 검정통계량을 계산한다.
2. **우측 단측검정**: 표준정규분포를 활용하여 검정통계량 이하의 z가 나타날 확률을 계산한다.
3. **좌측 단측검정**: 표준정규분포를 활용하여 검정통계량 이상의 z가 나타날 확률을 계산한다.

양측검정

가설검정에서 모집단 평균에 대한 **양측검정(two-tailed test)**의 일반적 형태는 다음과 같다.

$$H_0: \mu = \mu_0$$
$$H_a: \mu \neq \mu_0$$

이제 σ가 알려져 있는 경우의 모집단 평균에 대한 가설검정을 어떻게 수행하는가에 대하여 논의할 것이다. MaxFlight사가 직면한 상황을 사례로 제시해 보자.

미국 골프협회(USGA)는 골프 장비 제조기업들이 USGA가 개최하는 대회에 납품을 하기 위해 지켜야 할 기준을 수립하였다. MaxFlight사는 최대 비거리가 295야드에 이르는 골프공을 생산하는 고도의 제조공정을 운영하고 있다. 그러나 간혹 공정의 변동으로 인하여 295야드와는 차이가 있는 평균 비거리가 나타나기도 한다. 평균 비거리가 295야드에 미치지 못한 경우에 광고에 비해 길지 않은 비거리가 나타나므로 매출액이 감소할 것이라 우려하고 있다. MaxFlight사의 골프공은 USGA의 비거리 기준을 충족하지 못해 공인되지 못할 수도 있다.

MaxFlight사의 품질통제 프로그램은 50개의 골프공을 정기적으로 표본선정하여 제조공정을 검토하고 있다. 각 표본추출에서 가설검정을 통해 공정 수준이 표준을 벗어나고 있는지 확인하고 있다. 여기에서 귀무가설과 대립가설을 수립해보자. 공정이 정상적으로 운영된다고 가정하고 논의를 시작한다. 즉, 295야드 수준의 평균 비거리를 보이는 골프공이 생산되고 있다고 본다. 이 가정은 귀무가설 수립에 기초가 된다. 대립가설은 평균 비거리가 295야드가 아니라는 것이다. 가설화된 수치가 $\mu_0 = 295$일 때 MaxFlight사의 가설검정에서의 귀무가설과 대립가설은 다음과 같다.

$$H_0: \mu = 295$$
$$H_a: \mu \neq 295$$

그림 9.4 MaxFlight사 가설검정 사례에서의 $\bar{x}$의 표본분포

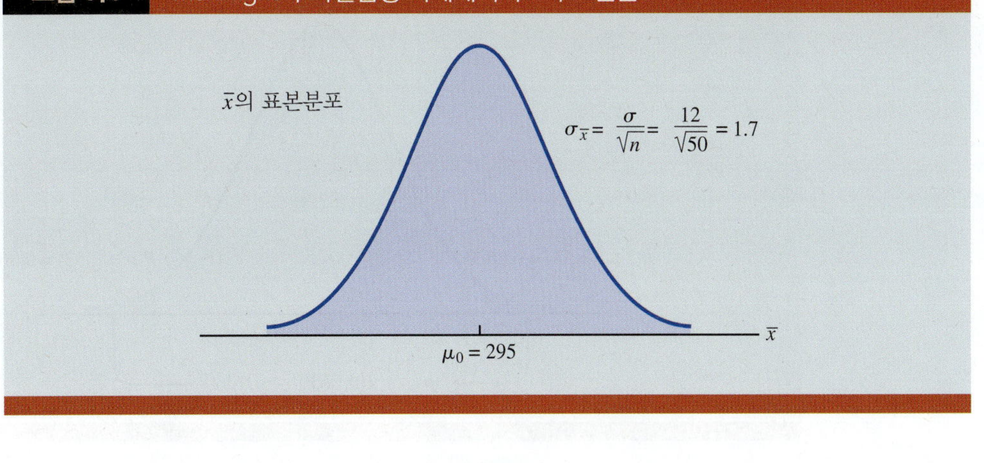

만약에 표본평균 $\bar{x}$가 295야드에 비하여 유의하게 작거나 혹은 295야드에 비하여 크면, H_0는 기각될 것이다. 이 경우에 제조공정을 조정하기 위한 보수작업이 이루어져야 할 것이다. 반면에 $\bar{x}$가 가설화된 평균치인 295야드를 벗어나지 않는다면 H_0는 기각되지 않으며 제조공정을 조정하기 위한 추가 작업이 필요하지 않게 된다.

품질통제팀은 유의수준을 0.05로 설정하였고 과거 조사작업을 바탕으로 모집단 표준편차는 $\sigma = 12$로 알려져 있다고 본다. 따라서 표본규모 $n = 50$에서 $\bar{x}$의 표준오차는 다음과 같다.

$$\sigma_{\bar{x}} = \frac{\sigma}{\sqrt{n}} = \frac{12}{\sqrt{50}} = 1.7$$

표본규모가 크기 때문에 중심극한정리(7장 참조)에 의해 $\bar{x}$의 표본분포는 정규분포에 근사한다고 볼 수 있다. 그림 9.4는 MaxFlight사의 사례에서 $\mu_0 = 295$인 가설검정에서의 $\bar{x}$의 표본분포를 보이고 있다.

DATA*file* GolfTest

50개 골프공 표본이 추출되고 표본평균 $\bar{x}$가 297.6야드라고 가정해 보자. 표본평균은 모집단 평균이 295야드보다 크다는 것을 지지한다. $\bar{x}$가 0.05의 유의수준에서 H_0를 기각할 수 있을 정도로 295야드보다 크다고 할 수 있는가? 앞에서 언급한 것처럼 p값을 이용한 방법과 임계값을 이용한 두 가지 방법을 통해 이 질문에 답할 수 있을 것이다.

p값을 이용한 접근법 p값은 검정통계량을 통해 계산된 확률로서 귀무가설이 기각되어야 할 것인가의 여부를 판단하는 데 활용된다고 앞에서 언급하였다. 양측검정에서 좌우측 측면에서의 검정통계량 수치는 귀무가설 기각 여부를 결정하기 위한 단서 역할을 하게 된다. 양측검정에서 p값은 표본으로부터 제시되는 것과 다른 검정통계량이 나타날 확률을 의미한다. MaxFlight사의 사례에서 p값이 어떻게 산정되는지 살펴보기로 한다.

우선 검정통계량을 먼저 계산한다. σ가 알려져 있는 경우에 검정통계량 z는 표준정

그림 9.5 MaxFlight사 가설검정 사례에서의 p값

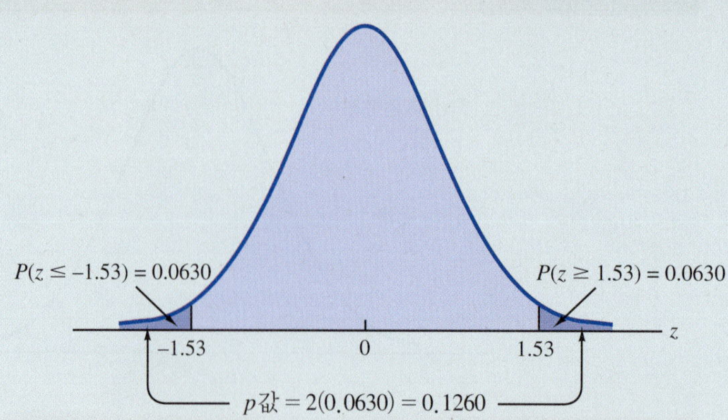

규 무작위 변수이다. $\bar{x} = 297.6$일 때 식 (9.1)을 활용하여 검정통계량은 다음과 같이 계산된다.

$$z = \frac{\bar{x} - \mu_0}{\sigma/\sqrt{n}} = \frac{297.6 - 295}{12/\sqrt{50}} = 1.53$$

이제 p값을 계산하기 위해서 $z = 1.53$의 검정통계량을 구할 수 있는 확률을 찾아야 한다. 양측검정을 고려한다면 분명히 $z \geq 1.53$과 $z \leq -1.53$은 발생가능성이 낮은 경우라 할 수 있다. 그림 9.5를 통하여 양측검정에서의 p값은 $P(z \leq -1.53) + P(z \geq 1.53)$에 의해 계산된다는 것을 알 수 있다. 정규분포는 좌우 대칭이므로 표준정규분포곡선에 $z = 1.53$의 우측꼬리의 면적을 계산하여 두 배를 하면 될 것이다. 표준정규분포표에서 $z = 1.53$ 우측꼬리의 면적은 0.9370으로 제시하고 있다. 따라서 $P(z \geq 1.53)$ 우측꼬리의 면적은 $1.0000 - 0.9370 = 0.0630$이 된다. 이 값을 두 배 하면 MaxFlight사의 양측 가설검정에서의 p값이 구해지며 $2(0.0630) = 0.1260$이 된다.

다음으로 검정통계량과 유의수준을 비교하여 귀무가설의 기각 여부를 판단하게 된다. $\alpha = 0.05$의 유의수준에서 p값 $= 0.1260 > 0.05$이므로 귀무가설을 기각하지 않는다. 귀무가설이 기각되지 않으므로 MaxFlight사의 공정 수정을 위한 추가 조치는 필요하지 않다.

이제 p값을 이용하여 양측 가설검정을 수행하는 절차를 정리하면 다음과 같다.

양측 가설검정을 위한 *p*값의 계산

1. 식 (9.1)을 이용하여 검정통계량을 계산한다.
2. 만약 검정통계량이 우측 단측에 위치한다면 검정통계량 이상의 z가 발생할 확률을 계산한다(우측 영역). 검정통계량이 좌측 단측에 위치한다면 검정통계량 이하의 z가 발생할 확률을 계산한다(좌측 영역).
3. p값을 계산하기 위해 단계 2에서의 확률을 2배 계산한다.

임계값을 이용한 접근법 이 장을 마무리하기에 앞서 양측검정에서 어떻게 검정통계량 z가 임계값과 비교되는지 알아보도록 하자. 그림 9.6에 표준정규분포에서 임계값이 좌측과 우측 양측에서 계산된다는 것을 보였다. $\alpha = 0.05$에서 임계값을 넘는 양측꼬리의 면적은 $\alpha/2 = 0.05/2 = 0.025$이다. 표준정규분포를 이용해 검정통계량의 임계값이 $-z_{0.025} = -1.96$이며 $z_{0.025} = 1.96$임을 알 수 있다. 따라서 임계값을 이용한 방법을 통해서 양측검정에서의 귀무가설 기각은 다음 영역에서 이루어진다.

만약 $z \leq -1.96$ 혹은 $z \geq 1.96$이면 H_0를 기각한다.

그림 9.6 MaxFlight사 가설검정 사례에서의 임계값

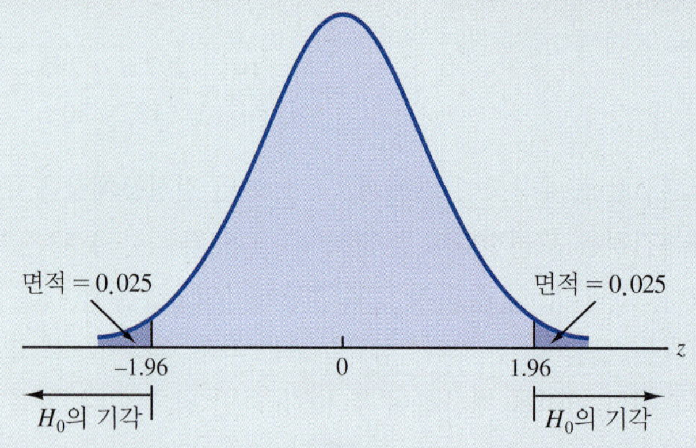

MaxFlight사의 사례에서 검정통계량 $z = 1.53$이므로, 0.05의 유의수준에서 귀무가설을 기각할 수 있는 통계적 증거를 확보하지는 못했다.

요약 및 실제적 조언

모집단 평균에 대한 가설검정에서 우측 단측검정과 양측검정의 사례를 제시하였다. 이와 같은 예들을 바탕으로 σ가 알려져 있는 경우의 모집단 평균에 대한 가설검정 절차를 표 9.2에 보인 바와 같이 요약하고자 한다. 여기에서는 가설화된 수치를 의미한다. 제시된 두 사례에서의 가설검정 절차는 모든 경우에 공통으로 사용할 수 있다.

가설검정 절차

단계 1. 귀무가설 및 대립가설의 수립한다.

단계 2. 유의수준을 설정한다.

단계 3. 표본자료의 수집 및 검정통계량의 계산한다.

p값을 이용한 방법

단계 4. 검정통계량을 p값을 계산하는 데 활용한다.

단계 5. 만약에 p값 $\le \alpha$이면 귀무가설의 기각한다.

임계값을 이용한 방법

단계 4. 임계값을 결정하고 기각법칙을 결정하는 데 유의수준을 활용한다.

단계 5. 검정통계량을 활용하여 귀무가설 기각 여부를 결정한다.

가설검정을 위한 표본규모에 대한 조언은 8장에서 제시한 신뢰구간추정에서의 표본규모에 대한 내용과 유사하다. 대부분의 가설검정의 경우에 $n \ge 30$이 적절하다. 표본 수

표 9.2 α가 알려져 있는 경우의 모집단 평균에 대한 가설검정 요약

	좌측 단측검정	우측 단측검정	양측검정
가설	$H_0: \mu \geq \mu_0$ $H_a: \mu < \mu_0$	$H_0: \mu \leq \mu_0$ $H_a: \mu > \mu_0$	$H_0: \mu = \mu_0$ $H_a: \mu \neq \mu_0$
검정통계량	$z = \dfrac{\bar{x} - \mu_0}{\sigma/\sqrt{n}}$	$z = \dfrac{\bar{x} - \mu_0}{\sigma/\sqrt{n}}$	$z = \dfrac{\bar{x} - \mu_0}{\sigma/\sqrt{n}}$
기각법칙: p값을 이용한 접근법	p값$\leq \alpha$이면 H_0 기각	p값$\leq \alpha$이면 H_0 기각	p값$\leq \alpha$이면 H_0 기각
기각법칙: 임계값을 이용한 접근법	z값$\leq -z_\alpha$이면 H_0 기각	z값$\geq z_\alpha$이면 H_0 기각	z값$\leq -z_{\alpha/2}$ 또는 z값$\geq z_{\alpha/2}$이면 H_0 기각

가 30개를 밑도는 경우에는 표본을 추출한 모집단의 분포가 중요한 판단기준으로 활용된다. 만약 모집단이 정규분포이면 앞에서 제시한 가설검정 절차를 표본 수에 구애받지 않고 적용할 수 있다. 만약에 모집단이 정규분포가 아니지만 좌우 대칭에 근사한 경우이며 표본규모가 15개 내외라면 그런 대로 양호한 결과를 얻을 수 있다. 이보다 작은 표본의 경우에는 분석가의 입장에서 정규분포에 근사할 것이라는 가정을 바탕으로 가설검정 절차를 적용할 수 있을 뿐이다.

신뢰구간추정과 가설검정의 관계

8장에서 모집단에 대한 신뢰구간추정 방법을 제시하였다. σ가 알려져 있는 경우에, $1-\alpha$의 신뢰수준에서 모집단 평균에 대한 신뢰구간추정치는 다음과 같다.

$$\bar{x} \pm z_{\alpha/2} \frac{\sigma}{\sqrt{n}}$$

가설검정의 실행은 모수에 대한 가설을 수립하는 것부터 시작된다.

$$H_0: \mu = \mu_0$$
$$H_a: \mu \neq \mu_0$$

여기에서 μ_0는 가설화된 수치를 의미한다.

모집단 평균에 대한 $100(1-\alpha)\%$ 신뢰구간을 설정하기 위해 8장에서 기술한 절차를 따른다고 가정한다. 여기에서 설정된 $100(1-\alpha)\%$ 신뢰구간은 모집단 평균을 포함하고 있으며 $100(\alpha)\%$ 신뢰구간은 모집단 평균을 포함하지 않는다는 것을 알게 된다. 따라서 신뢰구간이 모집단 평균을 포함하고 있지 않은 경우마다 귀무가설을 기각하게 된다면, 확률 α 수준에서 $(\mu = \mu_0)$가 참일 때 귀무가설을 기각하는 것이 된다. 참인 경우에 귀무가설을

기각하는 확률을 신뢰수준이라고 한다는 점을 상기해보자. 따라서 $100(1-\alpha)\%$ 신뢰구간을 설정하고 그 구간에 모집단 평균이 포함되지 않은 경우에 귀무가설을 기각하는 것은 확률 α를 유의수준으로 하여 양측검정을 실시하는 것과 동일하다.

양측 가설검정을 수행하기 위해 신뢰구간을 활용하는 과정을 정리하면 다음과 같다.

양측 가설검정 수행을 위한 신뢰구간 접근법

$$H_0: \mu = \mu_0$$
$$H_a: \mu \neq \mu_0$$

1. 모집단으로부터 단순 무작위 표분을 추출하고 단순 평균 $\bar{x}$를 μ에 대한 신뢰구간을 추정하는 데 활용한다.

$$\bar{x} \pm z_{\alpha/2}\frac{\sigma}{\sqrt{n}}$$

2. 만약 신뢰구간 내에 μ_0가 포함되면 H_0를 기각하지 않으며, 반대의 경우에는 H_0를 기각*한다.

MaxFlight사의 사례로 돌아가면 다음과 같은 가설 형태를 가진다.

$$H_0: \mu = 295$$
$$H_a: \mu \neq 295$$

$\alpha = 0.05$에서 50개의 골프공을 표본으로 선정하고 표본평균 $\bar{x} = 297.6$이라는 것을 알 수 있었다. 모집단 표준편차 $\sigma = 12$라고 할 때 $z_{0.025} = 1.96$을 바탕으로 모집단 평균에 대한 95% 신뢰구간추정치는 다음과 같다.

$$\bar{x} \pm z_{0.025}\frac{\sigma}{\sqrt{n}}$$
$$297.6 \pm 1.96\frac{12}{\sqrt{50}}$$
$$297.6 \pm 3.3$$

또는

$$294.3 \text{ to } 300.9$$

이러한 결과를 바탕으로 품질통제 관리자가 95% 신뢰수준에서 골프공 모집단 평균 비거리가 294.3에서 300.9야드 사이에 위치한다고 결론 내릴 수 있다. 모집단 평균의 가설화된 수치 $\mu_0 = 295$이기 때문에 이 구간 사이에 위치하게 되고 가설검정 결론은 귀무가설

---

* p값$\leq\alpha$를 통해 H_0를 기각하는 것처럼, 신뢰구간 접근법을 통해 μ_0가 $100(1-\alpha)\%$의 양끝단점과 동일하게 위치한다면 H_0를 기각할 수 있다.

을 기각하지 않게 된다.

여기에서의 논의와 사례는 모집단 평균에 대한 양측검정에 속한다. 그러나 다른 모수 추정에서도 신뢰구간추정과 가설검정 방법 간의 관계는 이와 동일하게 나타난다. 이 관계는 모수에 대한 단측검정으로 확대될 수 있다. 그러나 이런 경우에는 단측 신뢰구간의 개발이 필요한데 그리 많이 사용되지는 않는다.

주석 및 코멘트

어떻게 p값을 이용하는지 지금까지 살펴보았다. p값이 적을수록 H_0 기각에 대한 더 강력한 증거가 되며 H_a의 채택 가능성은 높아진다. 여기에 p값의 크기에 대한 해석을 위한 가이드를 제시한다.

- 0.01보다 작은 경우: H_a가 참이라는 강력한 통계적 증거이다.
- 0.01에서 0.05까지: H_a가 참이라는 강한 통계적 증거이다.
- 0.05에서 0.10까지: H_a가 참이라는 약한 통계적 증거이다.
- 0.10보다 큰 경우: H_a가 참이라고 하기에는 불충분한 통계적 증거이다.

연습문제

학생들의 유의사항: 다음에 제시하는 연습문제의 일부는 p값을 활용하고 나머지는 임계값을 활용한 가설검정을 요구하고 있다. 두 가지 방법은 모두 동일한 가설검정 결과를 제시한다. 두 가지 방법을 모두 활용하여 실무에 활용할 수 있도록 함께 제시한 것이다. 이 장의 후반부나 다음 장에서 p값을 이용한 방법이 선호되는 방법이라는 것을 제기할 것이나 이 부분은 개인의 선호에 따른다.

기본문제

9. 다음 가설검정을 살펴보자.

$$H_0: \mu \geq 20$$
$$H_0: \mu < 20$$

표본평균이 19.4인 50개의 표본을 대상으로 한다. 모집단 표준편차는 2이다.

a. 검정통계량을 계산하시오.

b. p값은 얼마인가?

c. $\alpha = 0.05$에서 통계적 결론은 무엇인가?

d. 임계값을 활용한 경우에 귀무가설 기각법칙은 무엇인가? 이 경우에는 어떻게 결론나는가?

10. 다음 가설검정을 살펴보자.

$$H_0\text{: } \mu \leq 25$$
$$H_0\text{: } \mu > 25$$

표본평균이 26.4인 40개의 표본을 대상으로 한다. 모집단 표준편차는 6이다.

a. 검정통계량을 계산하시오.

b. p값은 얼마인가?

c. $\alpha = 0.01$에서 통계적 결론은 무엇인가?

d. 임계값을 활용한 경우에 귀무가설 기각법칙은 무엇인가? 이 경우에는 어떻게 결론나는가?

11. 다음 가설검정을 살펴보자.

$$H_0\text{: } \mu = 15$$
$$H_0\text{: } \mu \neq 15$$

표본평균이 14.15인 50개의 표본을 대상으로 한다. 모집단 표준편차는 3이다.

a. 검정통계량을 계산하시오.

b. p값은 얼마인가?

c. $\alpha = 0.05$에서 통계적 결론은 무엇인가?

d. 임계값을 활용한 경우에 귀무가설 기각법칙은 무엇인가? 이 경우는 어떻게 결론나는가?

12. 다음 가설검정을 살펴보자.

$$H_0\text{: } \mu \geq 80$$
$$H_0\text{: } \mu < 80$$

표본 수는 100이며 모집단 표준편차는 12이다. p값을 계산하고 다음과 같은 표본통계량에서 통계적 결론을 내리시오($\alpha = 0.01$).

a. $\bar{x} = 78.5$

b. $\bar{x} = 77$

c. $\bar{x} = 75.5$

d. $\bar{x} = 81$

13. 다음 가설검정을 살펴보자.

$$H_0\text{: } \mu \leq 50$$
$$H_0\text{: } \mu > 50$$

표본 수는 60이며 모집단 표준편차는 8이다. 임계값을 이용한 가설검정법을 활용하여 다음의 표본통계량에서의 통계적 결론을 내리시오($\alpha = 0.05$).

a. $\bar{x} = 52.5$

b. $\bar{x} = 51$

c. $\bar{x} = 51.8$

14. 다음 가설검정을 살펴보자.

$$H_0: \mu = 22$$
$$H_0: \mu \neq 22$$

표본 수는 75이며 모집단 표준편차는 10이다. p값을 계산하고 아래와 같은 표본통계량에서 통계적 결론을 내리시오($\alpha = 0.01$).

a. $\bar{x} = 23$

b. $\bar{x} = 25.1$

c. $\bar{x} = 20$

적용문제

15. 세금 환급. 평균 환급수준 1,056달러에 따른 연방 전체의 소득세에 대한 개별 자료가 3월 31일 이전에 제출된다. 소득세 산정 기간의 마지막 5일 동안(일반적으로 4월 10일에서 15일까지) 환급신청한 전체 신청자를 모집단으로 한다.

a. 조사자는 초기 신청자들에 비하여 마지막 5일 동안 기다리는 개인들은 낮은 환급수준을 받는다고 보고 있다. H_0를 기각함으로써 조사자의 의견을 지지할 수 있는 가설을 수립하시오.

b. 400명이 4월 10일에서 15일까지 환급신청을 하였다. 표본평균은 910달러이다. 모집단 표준편차가 $\sigma = 1{,}600$달러일 때 p값은 얼마인가?

c. $\alpha = 0.05$에서 통계적 결론은 무엇인가?

d. 위의 가설검정 단계를 임계값을 활용하여 수행하시오.

16. 대학 재학생의 신용카드 사용액. 대학 재학생들의 신용카드 사용실태 보고서에 따르면 평균 지출액은 3,173달러 수준을 보였다. 이러한 수치는 5년전에 비하여 44% 신장된 수준이라고 한다. 이 보고서를 바탕으로 지속적인 증가세를 보이는지 확인하기 위해 보고서가 작성되었다고 가정해보자. 이전 자료들에 의하면 모집단 표준편차는 $\sigma = 1{,}000$달러로 알려져 있다.

a. 귀무가설과 대립가설을 수립하시오.

b. 표본 학생 수가 180명이고 표본평균이 3,325달러라고 할 때 p값은 얼마인가?

c. $\alpha = 0.05$에서 통계적 결론은 무엇인가?

17. **문자메시지 사용량.** TextRequest에 따르면 18-24세 성인들이 하루 평균 주고받는 문자 메시지는 128개에 달한다. 25-34세의 표본을 추출하여 그들의 하루 평균 문자 메시지 수가 TextRequest가 보고한 18-24세의 평균과 차이가 있는지 확인하려 한다.
 a. 25-34세의 인구 평균 하루 문자 메시지 수가 18-24세의 인구 평균 하루 문자 메시지 수와 차이가 있는지 검정하기 위한 귀무가설과 대립가설을 제시하라.
 b. 25-34세의 30명의 표본이 하루 평균 118.6개의 문자 메시지를 보냈다고 가정하자. 모집단 표준편차가 하루 33.17개의 문자 메시지라고 가정하고 p값을 계산하라.
 c. 유의수준으로 $\alpha = 0.05$를 사용할 때, 결론은 무엇인가?
 d. 앞의 가설검정을 임계값 접근법을 사용하여 반복하라.

18. **CPA 근무 시간.** 미국공인세무사협회는 미국의 공인회계사(CPA)가 세금 신고 시즌에 주당 60시간을 근무한다고 보고했다. 고정세율을 채택하는 주에 근무하는 CPA들은 세금 신고 시즌에 주당 더 적은 시간을 근무할까? 이를 판단하기 위해 가설 검정을 수행하라.
 a. 고정세율을 채택하는 주에 근무하는 CPA들이 세금 신고 시즌에 근무하는 평균 시간이 미국 전체 CPA들이 세금 신고 시즌에 근무하는 평균 시간보다 적은지를 판단하기 위해 사용할 수 있는 가설을 수립하라.
 b. 표본에 기초하여, 고정 세율의 주에서 근무하는 CPA들이 세금 신고 시즌에 근무하는 평균 시간은 55시간이었다. 표본 크기는 150이었고, 과거 연구에 기초하여, 모집단 표준 편차는 $\sigma = 27.4$로 가정할 수 있다고 한다. 표본 결과를 사용하여 가설 검정을 위한 검정통계량과 p값을 계산하라.
 c. $\alpha = 0.05$일 때, 결론은 무엇인가?

19. **IRS 전화 응답 시간.** 미국 국세청(IRS)에 따르면, 2017년 IRS 전화 상담원이 전화를 받는데 평균 13분이 걸렸다. IRS 상담전화를 하루 중 이른 시간에 사용하는 경우 대기 시간이 더 짧을까? 하루 중 상담전화가 시작되는 첫 30분 동안 IRS에 전화를 건 50명의 표본을 가정해보자. IRS 상담원이 전화를 받기 전까지의 평균 대기 시간은 11분이었다. 지난 몇 년간의 데이터에 기초하여, 대기 시간의 표준 편차가 8분이라고 가정하는 것이 합리적이라고 판단했다. 이 표본 결과를 사용하여, IRS 상담전화가 시작되는 첫 30분 동안 걸려온 전화의 대기 시간이 전체 평균 대기 시간인 13분보다 유의하게 적다고 결론지을 수 있을까? $\alpha = 0.05$를 사용하라.

20. **처방약 비용.** 미국 북동부에서는 1인당 연간 처방약 비용이 838달러였다. 중서부에서 60명을 표본으로 조사한 결과, 1인당 연간 처방약 비용은 745달러였다. 모집단 표준편차가 300달러라고 할 때, 다음의 질문에 답하라.
 a. 표본 데이터가 모집단의 1인당 연간 처방약 비용이 중서부에서 북동부보다 낮다는

결론을 지지하는지를 판단하기 위한 검정을 위한 가설을 세워라.

b. 검정통계량의 값은 얼마인가?

c. p값은 얼마인가?

d. $\alpha = 0.01$일 때, 결론은 무엇인가?

DATA*file* Fowle

21. **전화 설문조사 비용.** 마케팅 조사기업인 Fowle은 전화를 통한 조사의 평균 완료시간이 15분 이하라고 가정하고 고객들에게 비용을 산정하고 있다. 만약에 그 이상의 조사시간이 필요하다면 추가비용이 부과된다. 35번의 조사를 표본으로 산정하여 조사한 결과는 Fowle 파일에 수록되어 있다. 과거 자료를 바탕으로 $\sigma = 4$분으로 볼 때, 추가비용을 부과하는 것이 정당한 것인가?

a. 이 경우에 귀무가설과 대립가설을 수립하시오.

b. 검정통계량을 계산하시오.

c. p값은 얼마인가?

d. $\alpha = 0.01$일 때 통계적 결론은 무엇인가?

22. **슈퍼마켓 계산 대기 시간.** CCN & ActMedia는 슈퍼마켓 계산대에서 대기 중인 고객들을 겨냥하여 텔레비전 채널을 제공하고 있다. 이 채널에서는 뉴스, 단신, 광고를 제공하고 있고 각 프로그램의 길이는 계산대에 서 있는 모집단 고객들의 평균 대기시간이 8분이라는 가정하에 제작되고 있다. 이러한 가정이 적절한지 파악하고, 이 기준과 다른 실제 평균 대기시간이 발생하고 있는지 알아보기 위해 실제 고객들의 대기시간 조사결과를 활용할 것이다.

a. 이 경우의 가설을 수립하시오.

b. 120명의 쇼핑객들을 표본으로 조사한 결과 평균 대기시간은 8.4분으로 조사되었다. $\sigma = 3.2$분으로 볼 때 p값은 얼마인가?

c. $\alpha = 0.05$에서 통계적 결론은 무엇인가?

d. 모집단 평균에 대한 95% 신뢰구간을 계산하시오. 이러한 결과는 통계적 결론을 지지하고 있는가?

9.4 모집단 평균에 대한 가설검정: σ가 알려져 있지 않은 경우

지금부터는 σ가 알려져 있지 않은 경우의 모집단 평균에 대한 가설검정 방법에 대하여 논의할 것이다. σ가 알려져 있지 않다는 것은 모집단 표준편차에 대한 추정치가 표본추출 이전에 파악되지 못한다는 것을 의미하고 있어 μ와 σ의 추정치를 개발하기 위해 표본의 활용이 필수적이다. 따라서 σ가 알려져 있지 않은 경우의 모집단 평균에 관한 가설검정을 위하여 표본평균 $\bar{x}$가 μ에 대한 추정치로 활용되며 표본표준편차인 s가 σ에 대한 추정치로 활용된다.

σ가 알려져 있지 않은 경우의 가설검정 절차들은 앞에서 다룬 σ가 알려져 있는 경우의 가설검정 절차와 동일하다. 그러나 σ를 알지 못하기에 표본통계량과 p값의 계산 과정은 일부 차이가 있다. σ가 알려진 경우에 표본통계량의 표본분포는 표준정규분포를 보인다. σ가 알려져 있지 않은 경우에는 표본통계량의 표본분포는 t 분포를 활용하고 있으며 표본을 통해 μ와 σ의 추정량을 활용한 분포라는 점에서 변동성이 좀 더 크다는 특징이 있다.

8.2절에서 σ가 알려져 있지 않은 경우의 모집단 평균에 대한 신뢰구간추정은 t 분포라고 불리는 확률분포에 기초한다고 제시하였다. σ가 알려져 있지 않은 경우의 모집단 평균에 대한 가설검정도 역시 t 분포를 기초로 한다. σ가 알려져 있지 않은 경우의 표본통계량은 $n-1$의 자유도를 가지는 t 분포를 보인다.

모집단 평균에 대한 가설검정에서의 검정통계량: σ가 알려져 있지 않은 경우

$$t = \frac{\bar{x} - \mu_0}{s/\sqrt{n}} \quad \textbf{(9.2)}$$

8장에서 t 분포는 표본이 추출된 모집단의 정규분포성을 가정한다고 제시하였다. 그러나 이러한 가정은 표본 수가 충분히 큰 경우에 완화될 수 있는 것으로 알려지고 있다. 추후에 모집단 분포와 표본 수에 대한 실무적 유의사항을 논의할 것이다.

단측검정

DATA *file* AirRating

σ가 알려져 있지 않은 경우의 모집단 평균에 대한 단측검정의 예를 들어보자. 한 여행 잡지사에서는 대서양 횡단을 통해 사업차 여행하는 고객들을 대상으로 공항 수준을 평가하여 분류하고자 한다. 최저 0에서 최고 10점의 점수로 측정이 이루어질 것이다. 평균 7점 이상의 평가가 나온다면 우수한 공항으로 분류될 것이다. 잡지사 직원들이 평가점수를 파악하기 위해 각 공항에서 사업차 여행한 고객 60명을 조사하였다. 런던 히드로공항을 이용한 표본 고객들의 평가는 $\bar{x} = 7.25$가 나왔으며, 표본표준편차 $s = 1.052$가 측정되었다. 이러한 결과를 바탕으로 히드로공항은 우수한 공항으로 분류될 수 있을 것인가?

H_0의 기각을 통한 의사결정을 바탕으로 모집단의 히드로공항에 대한 평균 평가 점수가 7점을 초과한다는 결론을 유도할 수 있는 가설을 개발하고자 한다. 따라서 대립가설이 H_a: $\mu > 7$인 우측 단측검정이 실시되어야 한다. 이 사례에서의 우측 단측검정을 위한 귀무가설과 대립가설은 다음과 같다.

$$H_0: \mu \le 7$$
$$H_a: \mu > 7$$

가설검정을 위한 유의수준은 $\alpha = 0.05$로 둘 것이다.

$\bar{x} = 7.25$, $s = 1.052$ 그리고 표본 수가 60인 경우에 식 (9.2)를 활용하여 표본통계량을 구하면 다음과 같다.

$$t = \frac{\bar{x} - \mu_0}{s/\sqrt{n}} = \frac{7.25 - 7}{1.052/\sqrt{60}} = 1.84$$

t 분포의 표본통계량은 $n-1$의 자유도를 가지므로 $60-1 = 59$의 자유도가 필요하다. 우측 단측검정이므로 p값은 t 분포 곡선에서 t값이 1.84 이상일 확률을 의미한다. 다른 의미로 검정통계량 우측에 위치한 면적의 크기이다.

대부분의 통계학 관련 서적에 포함된 t 분포표는 정확한 p값을 결정할 수준으로 충분히 세밀하지 않다. 예를 들어 부록 B의 Table 2에서 59의 자유도에 해당하는 t 분포는 다음과 같다.

우측꼬리 면적	**0.20**	**0.10**	**0.05**	**0.025**	**0.01**	**0.005**
t값(59 자유도)	0.848	1.296	1.671	2.001	2.391	2.662

$t = 1.84$

1.671과 2.001 사이에 $t = 1.84$가 위치함을 알 수 있다. 정확한 p값을 제시하지 못하지만 '우측 면적(Area in Upper Tail)'의 수치는 0.05보다 작고 0.025보다 큰 값이라는 것을 보인다. α가 0.05인 경우에 이러한 p값의 위치는 귀무가설을 기각하기 위한 의사결정을 취하는 데 충분한 수준이며 히드로공항은 우수한 공항으로 분류되어야 한다는 결론을 내릴 수 있다.

t 분포표를 이용하여 p값을 계산하는 것은 성가시면서 정확한 계산에도 한계를 가지기 때문에 엑셀과 같은 컴퓨터 소프트웨어를 통한 절차를 제공하고 있다. 이 책의 부록 E에 실행절차가 소개되어 있으며, 본 사례의 경우에 표본통계량 $t = 1.84$에 해당하는 정확한 p값 0.0354를 확인할 수 있다. p값 $0.035 < 0.05$(유의수준)이므로 귀무가설의 기각을 유도하게 되고, 히드로공항이 우수한 공항이라는 결론을 유도하게 된다.*

임계값을 통한 가설검정 방법도 활용이 가능하다. $\alpha = 0.05$ 수준에서 59의 자유도를 가지는 t 통계량인 $t_{0.05} = 1.671$이 가설검정을 위한 임계값이 된다. 귀무가설 기각기준은 다음과 같다.

만일 $t \geq 1.671$이면 H_0를 기각한다.

검정통계량은 $t = 1.84 \geq 1.671$이므로 귀무가설이 기각되고 히드로공항이 우수한 공항으로 분류될 수 있다고 결론을 내린다.

---

* 부록 E에서는 엑셀을 이용해 어떻게 p값을 계산할 수 있는지 보이고 있다.

양측검정

σ가 알려져 있지 않은 경우의 모집단 평균에 대한 양측 가설검정의 예를 들기 위해 Holiday Toys사가 직면한 경우를 고려해 보자. 이 회사는 생산하는 제품을 1,000개 정도의 소매상에 유통하고 있다. 다가올 겨울 시즌에 대비한 생산수준을 결정하기 위하여 Holiday Toys사는 소매점 수준에서의 실제 수요를 알기 이전에 어느 정도의 생산을 실시할 것인지 결정해야만 한다. 올해 가장 중요한 신제품의 경우에 마케팅 담당자는 각 소매점당 평균 40개 정도의 판매를 기대하고 있다. 이러한 예측치를 바탕으로 최종 생산 의사결정을 하기 이전에 신제품에 대한 수요에 대하여 추가의 정보를 얻기 위해 25개의 소매점을 표본으로 삼아 조사작업을 수행하기로 결정하였다. 각 소매상에게 원가나 권장가격 등의 신제품에 대한 다양한 정보가 제공되었고, 이를 바탕으로 예상 주문량을 구체적으로 제시하도록 하였다.

각 소매상별 모집단 평균 주문량을 μ라고 하였을 때, 표본자료는 아래의 양측검정을 수행하기 위해 활용할 것이다.

$$H_0\colon \mu = 40$$
$$H_a\colon \mu \neq 40$$

만약 H_0가 기각되지 않는다면 Holiday Toy사는 소매상별 평균 판매량이 $\mu = 40$일 것으로 보고 있는 마케팅 담당자의 예측치를 바탕으로 생산계획을 실행할 것이다. 그러나 만약에 H_0가 기각된다면 제품에 대한 생산계획을 즉각 수정해야 할 것이다. 이 기업의 경우에 소매상별 평균 판매량이 기대된 수치에 비하여 크거나 작은 경우에 생산계획 재평가 작업을 고려해야 하므로 양측검정을 실시한다. 신제품의 경우에는 역사적 자료가 존재하지 않으므로 모집단 평균 μ와 모집단 표준편차는 표본자료로부터 측정되어진 $\bar{x}$와 s로부터 추정되어야 한다.

DATA*file* Orders

25개 소매상들로부터의 표본평균과 표준편차는 각각 $\bar{x} = 37.4$, $s = 11.79$로 나타났다. 조사자는 t 분포를 활용하기에 앞서, 히스토그램을 작성하여 모집단의 분포형태를 검토하였다. 히스토그램을 통하여 분포의 좌우 치우침이나 극단치의 존재가 확인되지 않았으므로 24의 자유도를 가지는 t 분포 활용이 적절할 것으로 판단되었다. 식 (9.2)를 활용하여 $\bar{x} = 37.4$, $\mu_0 = 40$, $s = 11.79$, $n = 25$를 대입해 표본통계량은 다음과 같이 구해졌다.

$$t = \frac{\bar{x} - \mu_0}{s/\sqrt{n}} = \frac{37.4 - 40}{11.79/\sqrt{25}} = -1.10$$

양측검정을 실시하고 있으므로 p값은 t 분포상에서 $t = -1.10$의 좌측 부분 면적의 두 배가 된다. 부록 B의 Table 2를 활용하여 24의 자유도를 가지는 t 분포표에서 아래와 같은 정보를 파악할 수 있다.

우측꼬리 면적	0.20	0.10	0.05	0.025	0.01	0.005
t값(59 자유도)	0.857	1.318	1.711	2.064	2.492	2.797

$t = 1.10$

t 분포표에는 양수값만 표기되어 있다. 그러나 t 분포는 대칭형의 분포이므로 $t = 1.10$ 우측의 면적을 구하여 두 배를 한다면 p값을 구할 수 있다. $t = 1.10$은 0.857과 1.318의 가운데에 위치하는 수치라는 것을 알 수 있다. 이 값을 두 배 한다면 p값은 0.40과 0.20 사이에 위치해야 한다는 것을 알 수 있다. α를 0.05로 둔 경우에 p값이 α 보다 크다는 것을 알 수 있다. 따라서 H_0는 기각될 수 없다. Holiday사가 생산계획을 변경해야 할 만한 충분한 수준의 통계적 증거를 찾지는 못한 것이다.

부록 E에서는 엑셀을 활용하여 어떻게 p값을 계산하는지 소개하고 있다. 정확한 p값은 0.2822로 제시되고 있다. 유의수준 0.05에서 $0.2822 > 0.05$이므로 H_0는 기각될 수 없다.

양측검정을 수행함에 있어서 검정통계량을 임계값과 비교하여 가설검정을 수행할 수도 있다. $\alpha = 0.05$인 경우에 24 자유도를 가지는 t 분포에서의 통계량은 $-t_{0.025} = -2.064$이고 $t_{0.025} = 2.064$인데 이 수치는 양측검정을 위한 임계값이 된다. 검정통계량을 활용한 경우에 귀무가설의 기각 범위는 다음과 같다.

$$\text{만일 } t \le -2.064 \text{ 또는 } t \ge 2.064\text{이면 } H_0\text{를 기각한다.}$$

$t = -1.10$의 검정통계량을 바탕으로 H_0는 기각되지 않는다. 이러한 결과를 바탕으로 Holiday사는 $\mu = 40$으로 보고 계획 중인 생산계획을 그대로 실행해야 할 것이다.

표 9.3 σ가 알려져 있지 않은 경우 모집단 평균에 대한 가설검정 절차 요약

	좌측 단측검정	우측 단측검정	양측검정
가설	$H_0: \mu \ge \mu_0$ $H_a: \mu < \mu_0$	$H_0: \mu \le \mu_0$ $H_a: \mu > \mu_0$	$H_0: \mu = \mu_0$ $H_a: \mu \ne \mu_0$
검정통계량	$t = \dfrac{\bar{x} - \mu_0}{s/\sqrt{n}}$	$t = \dfrac{\bar{x} - \mu_0}{s/\sqrt{n}}$	$t = \dfrac{\bar{x} - \mu_0}{s/\sqrt{n}}$
기각법칙: p값을 이용한 접근법	p값$\le \alpha$이면 H_0 기각	p값$\le \alpha$이면 H_0 기각	p값$\le \alpha$이면 H_0 기각
기각법칙: 임계값을 이용한 접근법	z값$\le -z_\alpha$이면 H_0 기각	z값$\ge z_\alpha$이면 H_0 기각	z값$\le -z_{\alpha/2}$ 또는 z값$\ge z_{\alpha/2}$이면 H_0 기각

요약 및 실제적 조언

표 9.3에서는 σ가 알려져 있지 않은 경우의 모집단 평균에 대한 가설검정 절차를 요약하고 있다. σ가 알려져 있는 경우와 비교할 때 절차상의 차이점은 검정통계량의 계산에서 σ 대신에 s가 활용되고 있다는 점이다. 이러한 이유로 인하여 검정통계량은 t 분포를 따르고 있다.

여기에서 제시한 가설검정 절차의 실행가능성은 표본이 추출되는 모집단의 분포 형태와 표본 수에 달려있다. 모집단이 정규분포를 보이면 가설검정은 표본 수에 관계없이 정확한 결과를 제시한다. 모집단이 정규분포를 보이지 않는다면 근사치를 제시한다. 표본 수가 30개 이상이면 대부분의 경우에 상당히 양호한 결과가 제시되는 것으로 알려져 있다. 만약에 모집단이 정규분포에 근사한 경우에는 15개 이하의 표본이라고 하더라도 양호한 결과를 도출한다. 모집단이 정규분포에 근사하지 못하는 경우에도 심하게 편중된 형태를 보이거나 극단치를 가지지 않는 경우라면 표본 수가 15개 이상인 경우에 양호한 결과치를 제시한다. 만약에 모집단이 심하게 편중된 분포 모양을 보이며 극단치를 포함한 경우에는 표본 수를 50 수준으로 확보하는 노력이 필요하다.

연습문제

기본문제

23. 다음 가설검정을 살펴보자.

$$H_0: \mu \leq 12$$
$$H_a: \mu > 12$$

25개의 표본에서 표본평균이 $\bar{x} = 14$이며 표본표준편차는 $s = 4.32$인 경우에

a. 검정통계량을 계산하시오.

b. 부록 B의 Table 2에서 제시된 t 분포표에서 p값은 얼마인가?

c. 유의수준이 $\alpha = 0.05$인 경우에 어떠한 결론을 내릴 수 있는가?

d. 임계값을 사용한다면 귀무가설의 기각법칙은 무엇인가? 어떠한 결론을 내릴 수 있는가?

24. 다음 가설검정을 살펴보자.

$$H_0: \mu = 18$$
$$H_a: \mu \neq 18$$

48개의 표본에서 표본평균이 $\bar{x} = 17$이며 표본표준편차 $s = 4.5$인 경우에

a. 검정통계량을 계산하시오.

b. 부록 B의 Table 2의 t 분포표에서 p값은 얼마인가?

c. 유의수준이 $\alpha = 0.05$인 경우에 어떠한 결론을 내릴 수 있는가?

d. 임계값을 사용한다면 귀무가설의 기각법칙은 무엇인가? 어떠한 결론을 내릴 수 있는가?

25. 다음 가설검정을 살펴보자.

$$H_0: \mu \geq 45$$
$$H_a: \mu < 45$$

표본 수가 36이고 $\alpha = 0.01$인 경우, 다음의 각 경우에 p값을 계산하고 통계적 결론을 내리시오.

a. $\bar{x} = 44,\ s = 5.2$

b. $\bar{x} = 43,\ s = 4.6$

c. $\bar{x} = 46,\ s = 5.0$

26. 다음 가설검정을 살펴보자.

$$H_0: \mu = 100$$
$$H_a: \mu \neq 100$$

표본 수가 65이고 $\alpha = 0.05$인 경우, 아래의 각 경우에 p값을 계산하고 통계적 결론을 내리시오.

a. $\bar{x} = 103,\ s = 11.5$

b. $\bar{x} = 96.5,\ s = 11.0$

c. $\bar{x} = 102,\ s = 10.5$

적용문제

27. **좋은 품질의 레드 와인 가격.** Vivino 웹사이트에 따르면, Vivino 평가 체계에서 4.0 이상의 점수를 받은 레드 와인 한 병의 평균 가격은 32.48달러이다. 뉴 잉글랜드 기반의 라이프스타일 매거진에서는 Providence에서 같은 품질의 레드 와인이 더 저렴한지를 결정하고자 하며, Providence 전역의 와인 상점에서 무작위로 선택된 56개의 레드 와인 가격을 수집했다. 이 샘플의 평균과 표준편차는 각각 30.15달러 및 12달러이다.

a. Vivino 평가 체계에서 4.0 이상의 점수를 받은 레드 와인 한 병의 평균 가격이 32.48달러보다 작은지를 결정하는 검정을 위해 적절한 가설을 세워보라.

b. 56병 샘플을 이용하여 얻은 p값은 무엇인가?

c. 0.05의 유의수준에서 결론은 무엇인가?

d. 이전 가설검정을 임계값 접근법을 사용하여 다시 수행하라.

28. **CEO 재임기간.** 소액주주단체의 주장에 의하면 CEO의 평균 재임기간이 최소 9년이

나 된다고 하였다. The Wall Street Journal의 조사에 의하면 표본평균이 7.27년, 표본표준편차는 6.38년으로 나타났다.

a. 소액주주단체의 주장에 대한 가설검정을 수행하기 위해 가설을 수립하시오.

b. 85개 기업이 표본으로 선정되었을 때 p값은 얼마인가?

c. $\alpha = 0.01$인 경우에 통계적 결론을 내리시오.

DATA*file* ResidentialWater

29. **가정용 상수도 요금.** Tulsa 시 웹사이트에서는 가정용 상수도 요금이 500입방피트 (5 CCF)당 \$21.62라고 나와 있다. 미국 다른 도시의 가정용 상수도 요금은 Tulsa의 상수도 요금과 비교하면 어떤 수준인가? “Residential-Water” 파일에는 무작위 추출한 미국 42개 도시의 가정용 상수도 5 CCF당 요금이 포함되어 있다. 이 분석은 주로 다른 도시의 가정용 상수도 요금이 Tulsa의 요금과 유의미하게 다른지 평가하는 데 사용된다.

a. 미국 다른 도시의 주거용 상수도 5 CCF당 요금의 모평균이 Tulsa의 21.62달러 요금과 다른지 여부를 결정하기 위해 사용할 수 있는 가설을 수립하라.

b. (a)의 가설검정을 위한 p값은 얼마인가?

c. $\alpha = 0.05$의 유의수준에서 귀무가설을 기각할 수 있는가? 결론은 무엇인가?

d. 임계값 접근법을 사용하여 이전의 가설검정을 반복하라.

DATA*file* ChildCare

30. **육아 시간.** 결혼한 남성들의 평균 육아 시간은 주당 6.4시간이다. 당신은 가족 실천에 대한 전문 그룹에 속해있는데, 당신의 지역에서 기혼 남성의 주당 육아 시간이 보고된 6.4시간 평균과 다른지 결정하기 위해 자체적인 연구를 하려고 한다. 결혼한 40쌍의 부부를 표본으로 삼아, 남편의 주당 육아 시간에 대한 수집된 데이터가 “Child-Care” 파일에 포함되어 있다.

a. 만약 당신의 지역에서 기혼 남성의 육아 시간의 모평균이 Time에서 보고된 평균과 다른지를 결정하기 위해 수립할 가설은 무엇인가?

b. 표본평균과 p값은 무엇인가?

c. 유의수준을 선택하라. 결론은 무엇인가?

31. **초콜릿 소비.** 미국은 인당 초콜릿 소비량 측면에서 세계에서 9위를 차지한다. Forbes에 따르면, 평균 미국인은 매년 9.5파운드의 초콜릿을 섭취한다. 당신은 초콜릿 회사 허쉬(Hershey)의 본사가 허쉬 지역에서 초콜릿 소비가 더 높은지 궁금한다. 허쉬 지역에서 36명의 표본을 조사한 결과, 연간 평균 소비량은 10.05파운드이며, 표준편차는 $s = 1.5$파운드이다. 유의수준 $\alpha = 0.05$를 사용하여 허쉬 지역에서의 평균 연간 초콜릿 소비가 미국 전역보다 높다는 결론을 지지하는지 여부를 조사하라.

DATA*file* UsedCars2022

32. **중고차 가격.** Kelly Blue Book에 따르면 중고차의 평균 가격은 \$27,569이다. 캔자스 시티의 중고차 딜러는 자신이 최근에 판매한 50대의 중고차 판매 내역을 검토하여 판매한 중고차 평균 가격이 미국 전체 평균과 다른지 여부를 결정하려고 한다. 이 중

고차 50대의 판매 가격은 UsedCars2022 파일에 표시되어 있다.

a. 이 딜러가 판매한 중고차 평균 가격이 미국 전체 평균과 차이가 있는지를 결정하기 위해 사용될 가설을 수립하라.

b. p값은 얼마인가?

c. 유의수준 $\alpha = 0.05$에서 결론은 무엇인가?

33. 자동차 보험 요금. Insure.com에 따르면 미국의 자동차 보험 평균 연간 보험료는 2018년에 1,365달러였다. 펜실베니아 출신인 당신은 자동차 보험이 그곳에서 더 저렴하다고 믿고 있으며, 당신의 의견을 통계적으로 뒷받침하고자 한다. 펜실베니아 주에서 추출한 25개의 자동차 보험 계약 표본의 연간 평균 보험료가 1,302달러이고 표준편차는 $s = 165$달러이다.

a. 펜실베니아의 연간 평균 보험료가 미국 전체의 평균 연간 보험료보다 낮은지 여부를 결정하기 위한 가설검정을 개발하라.

b. 펜실베니아의 연간 평균 보험료와 미국 전체 평균 간의 차이의 추정값은 얼마인가?

c. p값은 무엇인가?

d. 유의수준이 $\alpha = 0.05$일 때 가설검정의 결론은 무엇인가?

34. 조경공사 노무비. Joan's Nursery는 거주지역의 고객화된 조경업무에 특화된 기업이다. 특정 조경 공사의 제안서에 포함되는 예상 노무비는 심어지는 나무와 관목의 수에 의해 결정된다. 정확한 원가를 계산하기 위해 중간크기의 나무를 심는 시간을 2시간으로 추정하고 있다. 실제 표본으로 선정된 지난달의 10그루 나무 심는 시간이 다음과 같다고 한다.

1.7 1.5 2.6 2.2 2.4 2.3 2.6 3.0 1.4 2.3

$\alpha = 0.05$인 경우에 나무를 심는 시간이 2시간과 차이가 있는지에 대하여 조사하려고 한다.

a. 귀무가설과 대립가설을 수립하시오.

b. 표본평균을 계산하시오.

c. 표본표준편차를 계산하시오.

d. p값은 얼마인가?

e. 통계적 결론을 내리시오.

9.5 모집단 비율에 대한 가설검정

여기에서는 모집단 비율 p에 대한 가설검정 방법을 논의하고자 한다. 모집단 비율인 p_0의 가설화된 수치로 활용하는 경우에, 다음과 같은 세 가지 형태의 가설검정이 가능하다.

$$H_0: p \geq p_0 \qquad H_0: p \leq p_0 \qquad H_0: p = p_0$$
$$H_a: p < p_0 \qquad H_a: p > p_0 \qquad H_a: p \neq p_0$$

첫 번째 형태는 좌측 단측검정이라고 하며, 두 번째는 우측 단측검정, 세 번째는 양측검정이라고 한다.

모집단 비율에 대한 가설검정은 표본비율인 $\bar{p}$와 가설화된 모집단 비율인 p_0 간의 차이를 기초로 계산된다. 모집단 비율에 대한 가설검정 방법은 모집단 평균에 대한 가설검정과 유사하다. 유일한 차이점은 표본비율과 표준오차를 활용하여 검정통계량을 계산하고 있다는 것이다. 이어서 p값을 활용하거나 임계값을 활용한 가설검정을 통해 귀무가설의 기각 여부를 결정하게 된다.

펜실베니아 중부에 있는 Knoebels Amusement Park의 예를 살펴보자. Knoebels는 공원에서 150마일 이상 떨어진 곳에 사는 방문객으로 정의되는 비지역 방문객의 비율을 늘리고자 한다. 지난해 Knoebels에 방문한 사람들 중 20%가 비지역 방문객이다. 비지역 방문객의 비율을 늘리기 위해 Knoebels는 펜실베니아 외부에 사는 잠재 방문객을 대상으로 한 온라인 마케팅 캠페인을 시작했다. 마케팅 캠페인이 시행된 지 한 달 후, Knoebels Park 매니저는 비지역 방문객의 비율이 증가했는지 여부를 판단하기 위해 통계적 연구를 요청했다. 비지역 방문객의 비율이 증가했는지 여부를 판단하는 것이 연구의 목적이므로, 우측단측 검정을 통해 H_a: $p > 0.20$을 검정하는 것이 적절하다. Knoebels Park 마케팅 캠페인의 가설검정에서 귀무가설과 대립가설은 다음과 같다.

$$H_0: p \leq 0.20$$
$$H_a: p > 0.20$$

만약에 H_0가 기각된다면, 통계적 결과에 따라서 비지역 방문객 수가 증가하였고 Knoebels Park의 마케팅 캠페인은 효과적이었다고 결론을 내릴 수 있다. 본 가설검정을 수행하기 위해 경영진은 유의수준을 $\alpha = 0.05$로 설정하였다.

가설검정의 다음 단계는 표본을 선정하고 검정통계량을 계산하는 것이다. Knoebels Park의 가설검정에서 이 단계가 어떻게 이루어지는지 보이기 위해서, 모집단 비율에 대한 어떤 형태로의 가설검정에서든지 활용 가능한 검정통계량 계산 방법을 제시하고자 한다. p의 점추정치인 $\bar{p}$의 표본분포가 검정통계량 계산의 기초가 된다.

귀무가설이 참이라면 $\bar{p}$의 기댓값은 가설화된 수치인 p_0와 동일하게 된다. 즉 $E(\bar{p}) = p_0$가 된다. $\bar{p}$의 표본오차는 다음과 같다.

$$\sigma_{\bar{p}} = \sqrt{\frac{p_0(1 - p_0)}{n}}$$

7장에서 $np \geq 5$이고 $n(1-p) \geq 5$이면 $\bar{p}$의 표본분포는 정규분포*에 근사한다고 보았다. 이

* 모집단 비율에 대한 대부분의 가설검정에서는, 정규분포를 적용할 수 있을 정도로 표본의 수가 충분히 많아야 한

러한 상황하에서 일반적으로 다음과 같은 공식을 적용할 수 있다.

$$z = \frac{\bar{p} - p_0}{\sigma_{\bar{p}}} \tag{9.3}$$

여기에서 $\sigma_{\bar{p}} = \sqrt{p_0(1 - p_0)/n}$이며 표준정규변수인 z는 모집단 비율의 가설검정에 활용되는 검정통계량으로 쓰이게 된다.

모집단 비율에 대한 가설검정에서 검정통계량

$$z = \frac{\bar{p} - p_0}{\sqrt{\frac{p_0(1 - p_0)}{n}}} \tag{9.4}$$

DATA *file* Knoebels

이제 앞서 논의한 Knoebels Park 사례에서의 검정통계량을 계산할 수 있다. 400명의 이용객이 무작위로 선정되었고, 이 중에서 100명이 비지역 방문객이라고 가정하자. 표본에서의 비지역 방문객 비율은 25%가 된다.

$$\bar{p} = \frac{100}{400} = 0.25$$

식 (9.4)을 이용하여 검정통계량은 다음과 같이 계산된다.

$$z = \frac{\bar{p} - p_0}{\sqrt{\frac{p_0(1 - p_0)}{n}}} = \frac{0.25 - 0.20}{\sqrt{\frac{0.20(1 - 0.20)}{400}}} = \frac{0.05}{0.02} = 2.50$$

Knoebels Park 사례의 경우에는 우측 단측검정이며 p값은 z값이 2.50보다 크거나 같을 확률이 된다. 결국은 표준정규분포곡선에서 $z = 2.50$ 우측 부분의 면적이 된다. 정규분포표를 이용하면 평균에서 $z = 2.50$까지의 면적은 0.9938이 된다. 따라서 p값은 1.0000−.9938 = 0.0062가 된다. 그림 9.7에 p값의 계산과정을 도시하였다.

Knoebels Park 경영자는 조사과정에서의 $\alpha = 0.05$로 두고 있으므로 p값 $= 0.0062 < 0.05$가 된다. 따라서 0.05의 유의수준에서 H_0를 기각할 수 있는 충분한 통계적 증거를 확보하게 된다. 따라서 통계적 가설검정을 통하여 Knoebels Park에서 비지역 방문객 수를 증가시키기 위해 실시한 마케팅 캠페인은 효과적이었다는 통계적 결론을 내리게 된다.

귀무가설을 기각할 것인가에 대한 의사결정은 임계값을 이용한 가설검정에서도 가능할 것이다. 표준정규분포상에서 우측꼬리의 0.05에 해당하는 임계값은 $z_{0.05} = 1.645$가

다. 정확한 $\bar{p}$표본분포는 각 $\bar{p}$의 크기가 이항분포의 특성을 가지는 이산분포이다. 따라서 정규분포를 적용할 수 없을 정도로 소규모 표본인 경우에 가설검정은 그만큼 까다롭다고 할 수 있다.

그림 9.7 Knoebels Park 가설검정을 위한 p값의 계산

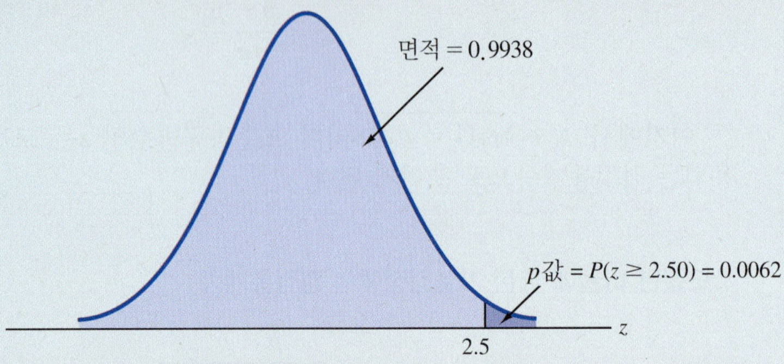

된다. 따라서 임계값을 이용한 가설검정에서 $z \geq 1.645$이면 귀무가설을 기각하게 된다. $z = 2.50 > 1.645$이므로 H_0는 기각된다.

p값을 이용한 방법과 임계값을 이용한 방법이 모두 동일한 가설검정 결과를 제시하고 있지만, p값을 이용한 방법이 더 많은 정보를 제공하고 있다. p값이 0.0062라고 보았을 때, 0.0062보다 큰 어떤 유의수준에서도 귀무가설은 기각될 것이다.

요약

모집단 비율에 대한 가설검정을 수행하기 위한 절차는 모집단 평균에 대한 가설검정 절차와 유사하다. 비록 우측 단측검정에 대한 경우만 사례로 제시하였지만 좌측 단측검정과 양측검정에서 유사한 절차를 통해 가설검정을 수행할 수 있을 것이다. 표 9.4에 모집

표 9.4 모집단 비율에 대한 가설검정 요약

	좌측 단측검정	우측 단측검정	양측검정
가설	$H_0: p \geq p_0$ $H_a: p < p_0$	$H_0: p \leq p_0$ $H_a: p > p_0$	$H_0: p = p_0$ $H_a: p \neq p_0$
검정통계량	$z = \dfrac{\bar{p} - p_0}{\sqrt{\dfrac{p_0(1-p_0)}{n}}}$	$z = \dfrac{\bar{p} - p_0}{\sqrt{\dfrac{p_0(1-p_0)}{n}}}$	$z = \dfrac{\bar{p} - p_0}{\sqrt{\dfrac{p_0(1-p_0)}{n}}}$
기각법칙: p값을 이용한 접근법	p값 $\leq \alpha$이면 H_0 기각	p값 $\leq \alpha$이면 H_0 기각	p값 $\leq \alpha$이면 H_0 기각
기각법칙: 임계값을 이용한 접근법	z값 $\leq -z_\alpha$이면 H_0 기각	z값 $\geq z_\alpha$이면 H_0 기각	z값 $\leq -z_{\alpha/2}$ 또는 z값 $\geq z_{\alpha/2}$이면 H_0 기각

단 비율에 대한 가설검정 요약을 제시하였다. $np \geq 5$와 $n(1-p) \geq 5$를 가정하고 있어 $\bar{p}$의 표본분포를 예측하기 위해 표준정규분포를 사용할 수 있다.

연습문제

기본문제

35. 다음 가설검정을 살펴보자.

$$H_0: p = 0.20$$
$$H_a: p \neq 0.20$$

400개의 표본이 표본비율 $\bar{p} = 0.175$를 보이고 있다.

a. 검정통계량을 계산하시오

b. p값은 얼마인가?

c. $\alpha = 0.05$에서 통계적 결론은 무엇인가?

d. 임계값을 활용하는 경우에 귀무가설 기각법칙을 제시하시오. 그리고 통계적 결론을 제시하시오.

36. 다음 가설검정을 살펴보자.

$$H_0: p \geq 0.75$$
$$H_a: p < 0.75$$

300개의 표본을 추출하였다. p값을 계산하고 아래의 표본결과를 바탕으로 통계적 결론을 내리시오($\alpha = 0.05$).

a. $\bar{p} = 0.68$

b. $\bar{p} = 0.72$

c. $\bar{p} = 0.70$

d. $\bar{p} = 0.77$

적용문제

37. 노동조합 가입. 미국 노동 통계국은 2018년에 미국 노동자 중 10.2%가 노동 조합에 속했다고 보고했다. 2023년에 조직된 노동 조합이 노력한 결과 노동 조합 가입 비율이 증가했는지 결정하기 위해 400명의 미국 노동자 표본을 추출하여 조사하였다.

a. 2023년에 노동 조합 가입이 증가했는지를 결정하기 위한 가설을 수립하라.

b. 샘플 결과가 노동 조합에 속한 노동자가 47명인 경우 가설검정의 p값은 얼마인가?

c. $\alpha = 0.05$에서 당신의 결론은 무엇인가?

38. 슈퍼마켓 자체브랜드에 대한 인식. Consumer Reports의 조사에 의하면 슈퍼마켓 이용

자의 64%가 자체 브랜드가 일반 브랜드만큼 뛰어나다고 믿는 것으로 파악되었다. 자사 제품에도 이러한 결과가 적용 가능한지 알아보기 위해서 일반 브랜드 케첩을 생산하는 제조기업이 쇼핑객 중 일부 표본에 대하여 슈퍼마켓 자체 브랜드가 일반 브랜드만큼 양호한가에 대하여 조사 작업을 하였다.

a. 슈퍼마켓 자체 브랜드 케첩이 일반 브랜드 케첩만큼 우수하다고 평가하는 쇼핑객 비율이 64%와 차이가 있다고 볼 수 있는가를 판단할 수 있는 검정을 위해 가설을 수립하시오.

b. 100명의 쇼핑객 중에서 52명의 쇼핑객이 슈퍼마켓 자체 브랜드가 일반 브랜드만큼 우수하다고 평가하였다면 이때 p값은 얼마인가?

c. $\alpha = 0.05$에서 통계적 결론은 무엇인가?

d. 일반 브랜드의 케첩을 생산하고 있는 제조기업은 이러한 통계적 결론에 대하여 만족할 것인지 설명하시오.

DATA *file* HomeState

39. 인구 이동. 출생지역에 거주하는 인구의 비율은 얼마인가? 미국 인구조사국의 조사에 따르면, 이 비율은 네바다 주에서는 25%부터 루이지애나 주에서는 78.7%까지 다양한다. 모든 주 및 콜롬비아 특별구에서의 평균 비율은 57.7%이다. HomeState 파일의 데이터는 이 조사 결과와 일치한다. 이 데이터는 120명의 아칸소 주 거주자와 180명의 버지니아 주 거주자에 대한 임의 표본이다.

a. 개별 주의 거주자 비율이 전체 평균인 57.7%와 다른지 여부를 결정하기 위한 가설을 수립하라.

b. 아칸소 주 거주자의 비율을 추정하라. $\alpha = 0.05$에서 이 비율이 모든 주의 평균 비율과 유의하게 다른가?.

c. 버지니아 주 거주자의 비율을 추정하라. $\alpha = 0.05$에서 이 비율이 모든 주의 평균 비율과 유의하게 다른가?

d. 버지니아 주 거주자의 비율이 아칸소 주보다 더 높을 것으로 예상하는가? (b)와 (c)의 결과를 근거로 결론을 도출하라.

40. 사업주의 연말 선물. 지난해 사업주 중 46%가 직원들에게 연말 선물을 주었다. 올해 진행된 사업주 설문 조사에 따르면, 35%가 직원들에게 연말 선물을 줄 계획이다. 이는 60명의 사업주 표본을 대상으로 한 조사 결과이다.

a. 이번 해에 설문 조사에 참여한 사업주 중 몇 명이 직원들에게 연말 선물을 줄 계획인가?

b. 표본에 속한 사업주가 계획한 대로 행동한다고 가정할 때, 지난해부터 사업주들이 제공한 연말 선물의 비율이 줄었는지를 결정하는 가설검정에서 p값을 계산하라.

c. 유의수준이 0.05일 때, 사업주들이 선물을 제공하는 비율이 감소했다고 결론 내릴 수 있는가? 이와 같은 결론을 내릴 수 있는 가장 작은 유의수준은 얼마인가?

41. **적절한 은퇴 준비.** 2018년, RAND사의 연구원들은 66-69세 연령대의 사람들 중 71%가 재정적으로 적절한 은퇴 준비를 하고 있음을 밝혀냈다. 많은 재무 설계자들은 고등학교를 졸업하지 않은 이 연령 그룹의 사람들 중 적절하게 은퇴를 준비한 사람들의 비율이 더 적을 것이라는 우려를 표명했다.

a. H_0의 기각이 66-69세 연령 그룹 중 고졸 미만 인구 중 재정적으로 적절한 은퇴 준비 비율이 전체 66-69세 연령대 인구의 준비 비율보다 낮다는 결론을 지지하도록 적절한 가설을 제시하라.

b. 고졸 미만 66-69세 연령 그룹에서 추출한 300명의 임의 표본에서 165명이 재정적으로 적절하게 은퇴를 준비하지 않았다. 이 가설검정의 p값은 얼마인가?

c. $\alpha = 0.01$에서의 결론은 무엇인가?

42. **반품.** Nevada 대학교의 물류센터 발표에 의하면 미국 내에서 판매되는 모든 물품의 6%는 반품된다고 한다. 1월에 휴스턴 백화점에서 판매된 80개 품목의 경우에 12개가 반품된 것으로 파악되었다.

a. 휴스턴백화점에서 판매된 상품 계약중 반품된 상품의 비율에 대한 점추정치를 계산하시오.

b. 휴스턴백화점에서 반품된 상품비율에 대한 95% 신뢰구간을 계산하시오.

c. 휴스턴백화점에서의 반품 비율은 전국 평균과 유의한 차이가 있는 수준인가? 통계적 근거를 제시하시오.

DATA*file* Eagle

43. **쿠폰 사용.** 이글 아웃피터(Eagle Outfitters)는 아웃도어 의류와 캠핑 용품을 전문으로 하는 체인점이다. 그들은 모든 신용카드 고객에게 할인 쿠폰을 우편으로 발송하는 프로모션을 고려하고 있다. 쿠폰을 받은 사람들 중 10% 이상이 사용한 경우 이 프로모션이 성공한 것으로 간주한다. 프로모션을 전국으로 확대하기 전에 100명의 신용카드 고객 표본을 대상으로 쿠폰을 발송했다.

a. 전국으로 확대할 충분한 인구 비율인지를 테스트하기 위해 사용할 수 있는 가설은 무엇인가?

b. Eagle 파일에는 표본 데이터가 포함되어 있다. 모집단 비율의 점추정값은 얼마인가?

c. $\alpha = 0.05$를 사용하여 가설검정을 수행하라. 이글 아웃피터는 프로모션을 전국으로 확대해야 할 것인가?

DATA*file* LawSuit

44. **의료 과실 소송.** 최근 몇 년 동안 건강 관리 비용이 급속하게 증가한 이유 중 하나는 의사들의 과실 보험 비용이 증가했기 때문이다. 의사들이 의료 소송을 당할까 두려워하게 되면서 더 많은 예방적인 검사(아마도 불필요한)를 진행하고 있다. 이러한 예방적인 검사는 건강 관리 비용을 더 높인다. LawSuit 파일의 데이터를 사용하여 55세 이상인 의사 중 적어도 한 번 소송을 당한 의사의 비율을 추정할 수 있다.

a. 이 데이터가 55세 이상인 의사 중 절반 이상이 적어도 한 번 소송을 당했다는 결과를 지지할 수 있는지 확인할 수 있는 가설을 제시하라.

b. LawSuit 파일을 사용하여 55세 이상인 의사 중 적어도 한 번 소송을 당한 비율을 계산하라. 가설검정을 위한 p값은 얼마인가?

c. $\alpha = 0.01$에서 결론은 무엇인가?

45. 긍정, 중립, 부정. 미국 개인 투자자 협회(AAII)는 매주 회원들을 대상으로 설문 조사를 실시하여, 앞으로 6개월 동안 주식 시장에 대해 긍정, 부정, 중립 비율을 측정한다. 2019년 3월 27일 종료된 주에는 설문 결과가 33.2% 긍정, 39.6% 중립, 27.2% 부정으로 나타났다. 이 결과는 300명의 AAII 회원을 표본으로 한 것이라고 가정하자.

a. 장기적으로 보면, 긍정인 AAII 회원의 비율은 0.39이다. 유의수준 5%에서 가설검정을 수행하여, 현재 표본 결과가 긍정인 감정이 장기 평균인 0.39와 다르다는 것을 보여주는지를 알아보라. 결과는 어떻게 되었는가?

b. 장기적으로 보면, 부정인 AAII 회원의 비율은 0.30이다. 유의수준 1%에서 가설검정을 수행하여, 현재 표본 결과가 부정인 감정이 장기 평균인 0.30보다 낮다는 것을 보여주는지를 알아보라. 결과는 어떻게 되었는가?

c. 이 결과를 모든 투자자에게 확장할 수 있을 것 같은가? 왜 그렇게 생각하는가?

9.6 가설검정과 의사결정

이 장의 이전 절에서는 유의성 검정으로 간주되는 가설검정 사례들을 설명했다. 귀무가설과 대립가설을 수립한 후, 표본을 선택하여 검정통계량과 연관된 p값을 계산한다. 그 다음 p값을 유의수준이라 불리는 통제된 제1종 오류의 확률 α와 비교한다. 만약 p값 $\leq \alpha$이면, "H_0 기각"이라는 결론을 내리고 유의한 결과라고 선언한다. 그렇지 않으면 "H_0 기각하지 않음"이라는 결론을 내린다. 유의성 검정을 통해 제1종 오류의 발생 확률을 통제할 수 있지만 제2종 오류는 통제하지 못한다. 따라서 "H_0 기각하지 않음"이라는 결론을 "H_0 채택"이라는 결론 대신 권장했다. "H_0 채택"이라는 결론은 H_0가 거짓일 때 H_0를 받아들이는 제2종 오류를 범할 위험이 있기 때문이다. "H_0 기각하지 않음"이라는 결론에서는 통계적 증거가 결론적이지 않고 일반적으로 추가 연구와 검정이 이루어질 때까지 의사결정이나 조치를 미루는 신호라고 받아들여진다.

그러나 H_0가 참일 때와 H_a가 참일 때 서로 다른 결정을 내리는 것을 가설검정의 목적으로 한다면, 의사결정자는 "H_0 기각하지 않음"이나 "H_0 기각" 두 가지 결론 중 어느 것이든 따라 행동하려 할 것이고, 경우에 따라 그렇게 해야만 할 수도 있다. 이러한 상황이 발생하면 통계학자들은 일반적으로 제2종 오류의 확률을 통제하는 것을 권장한다. 제1종 오류와 제2종 오류의 확률이 모두 통제될 때, 가설검정의 결론은 H_0를 채택하거나 H_0를 기각하는 것 중 하나이다. 첫 번째 경우에는 H_0가 참이라는 결론이 내려지고, 두 번째 경우에는 H_a가 참이라는 결론이 내려진다. 따라서 둘 중 어느 결론이든 도출되면 그에 따라 결정을 내리고 적합한 조치를 취할 수 있다.

lot 검수 표본조사는 의사결정을 위한 가설검정의 좋은 예이다. 예를 들어, 품질 관리 담당자는 공급업체로부터 배터리를 납품받을지 또는 품질이 나쁘기 때문에 반품할지를 결정해야 한다. 디자인 사양에서 공급업체로부터의 배터리는 적어도 120시간 이상의 평균 수명을 가져야 한다고 가정하자. 배송된 배터리의 품질을 평가하기 위해 36개의 배터리 표본을 선택하고 테스트한다. 표본을 기반으로 배송된 배터리를 수용할지 공급업체에 반품할지를 결정해야 한다. 여기서 μ는 배송품의 배터리의 평균 사용 수명을 나타낸다. 모집단 평균에 대한 귀무가설과 대립가설은 다음과 같다.

$$H_0: \mu \geq 120$$
$$H_a: \mu < 120$$

만약 H_0를 기각한다면, 대립가설이 참이라는 결론이 된다. 이 결론에 따르면 배송품을 공급업체에 반품하는 것이 적절한 조치이다. 그러나 만약 H_0를 기각하지 않으면, 의사결정자는 여전히 어떤 조치를 취할지 결정해야 한다. 따라서 H_0가 참이라고 직접 결론 내릴 필요 없이 단순히 H_0를 기각하지 않음으로써, 의사결정자는 배송된 배터리를 만족스러운 품질로 수용하는 결정을 내리게 된다.

이러한 결정 상황에서는, 가설검정 절차를 확장하여 제2종 오류의 발생 확률을 통제하는 것이 권장된다. 왜냐하면 H_0를 기각하지 않을 때에도 의사결정을 하고 조치를 취하기 때문에, 제2종 오류의 발생 확률을 알고 있는 것이 도움이 될 것이다. 9.7절과 9.8절에서는 제2종 오류의 발생 확률을 계산하는 방법과 표본 크기를 조절하여 제2종 오류를 통제하는 방법에 대해 설명한다.

9.7 제2종 오류의 확률 계산

9.7절에서는 모집단 평균에 대한 가설검정에서 제2종 오류의 발생 확률을 어떻게 계산하는지 보여준다. 9.6절에서 설명한 lot 검수 표본조사 사례를 사용하여 이 절차를 설명한다. 납품된 배터리의 수명에 관한 귀무가설과 대립가설은 H_0: $\mu \geq 120$ 및 H_a: $\mu < 120$이다. 만약 H_0를 기각한다면, 평균 수명이 지정된 120시간보다 적기 때문에 공급업체에 배송품을 반품하는 의사결정을 하게 된다. 만약 H_0를 기각하지 않는다면, 배송품을 수용하는 의사결정을 하게 된다.

가설검정을 수행하기 위해 유의수준 $\alpha = 0.05$를 사용한다고 가정하자. 이때, 알려진 경우의 검정통계량은 다음과 같다:

$$z = \frac{\bar{x} - \mu_0}{\sigma/\sqrt{n}} = \frac{\bar{x} - 120}{\sigma/\sqrt{n}}$$

임계값 접근법에 따르면 $z_{0.05} = 1.645$이므로 좌측 단측 검정에 대한 기각 법칙은 다음과 같다:

$$\text{Reject } H_0 \text{ if } z \leq -1.645$$

36개의 배터리 표본이 선택되었으며 이전 실험을 기반으로 모집단 표준편차가 알려진 값 $\sigma = 12$시간으로 가정될 수 있다고 가정해 보자. 만일

$$z = \frac{\bar{x} - 120}{12/\sqrt{36}} \leq -1.645$$

이면, 기각 법칙에 따라 H_0를 기각한다.
위 식을 $\bar{x}$에 관하여 정리하면

$$\bar{x} \leq 120 - 1.645\left(\frac{12}{\sqrt{36}}\right) = 116.71$$

일 때 H_0를 기각하게 된다. $\bar{x} \leq 116.71$일 때 H_0를 기각한다는 것은

$$\bar{x} > 116.71$$

일 때 출하물을 수용하기로 결정하는 것을 의미한다.
이 정보를 바탕으로 제2종 오류의 발생 확률을 계산할 준비가 되었다. 먼저, 배송품의 실제 평균 수명이 120시간보다 작을 때 우리가 H_0: $\mu \geq 20$을 수용하는 결정을 내리는 경우에만 제2종 오류를 발생시킨다. 따라서 제2종 오류의 발생 확률을 계산하기 위해서는 120시간보다 작은 μ의 값을 선택해야 한다. 예를 들어, 배송된 배터리의 평균 수명이 $\mu = 112$시간일 때 품질이 나쁜 것으로 간주된다고 가정해 보자. 만약 $\mu = 112$가 실제로 사실이라면, H_0: $\mu \geq 120$을 수용하는 확률, 즉 제2종 오류를 범할 확률은 얼마인가? 이 확률은 $\mu = 112$일 때 표본평균 $\bar{x}$가 116.71보다 큰 확률이다.

그림 9.8은 평균이 $\mu = 112$일 때 x의 표본분포를 보여준다. 오른쪽 꼬리의 음영 처리된 영역은 $\bar{x} > 116.71$을 얻을 확률을 나타낸다. 표준정규분포를 사용하여 $\bar{x} = 116.71$에서

$$z = \frac{\bar{x} - \mu}{\sigma/\sqrt{n}} = \frac{116.71 - 112}{12/\sqrt{36}} = 2.36$$

표준정규분포표에 따르면, $z = 2.36$일 때 오른쪽 꼬리 영역은 $1.0000 - 0.9909 = 0.0091$이다. 따라서 $\mu = 112$인 경우 제2종 오류를 범할 확률은 0.0091이다. 제2종 오류를 범할 확률을 β로 표시하면, $\mu = 112$일 때 $\beta = 0.0091$임을 알 수 있다. 따라서 모집단의 평균이 112시간인 경우, 제2종 오류를 범할 확률은 0.0091에 불과하다는 결론을 내릴 수 있다.

그림 9.8 $\mu = 112$일 때 제2종 오류를 범할 확률

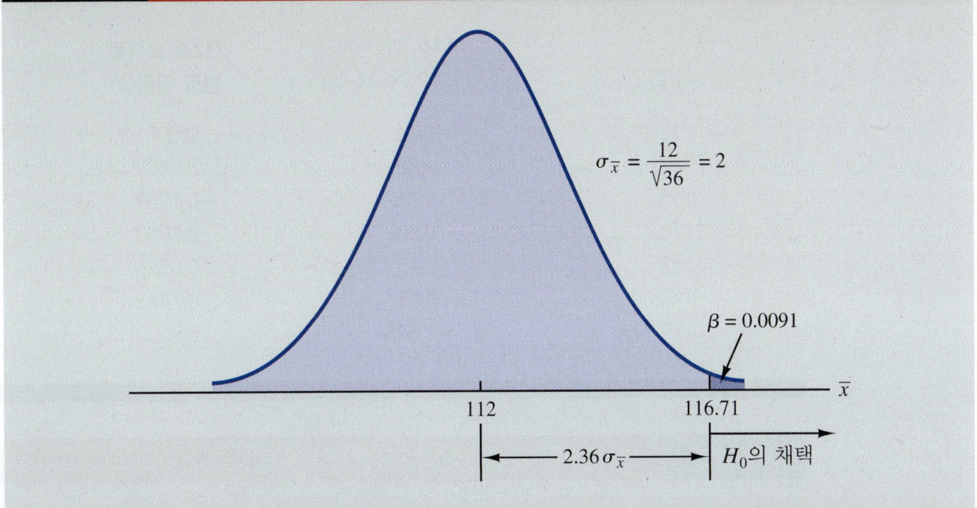

120보다 작은 다른 μ값에 대해서도 이러한 계산을 반복할 수 있다. 이렇게 하면 각 μ 값에 대해 다른 제2종 오류를 범할 확률이 나타난다. 예를 들어, 배송된 배터리의 실제 수명 평균이 $\mu = 115$시간이라고 가정해 보자. 우리가 $\bar{x} > 116.71$일 때 H_0를 받아들이기 때문에, $\mu = 115$인 경우 z값은 다음과 같이 주어진다:

$$z = \frac{\bar{x} - \mu}{\sigma/\sqrt{n}} = \frac{116.71 - 115}{12/\sqrt{36}} = 0.86$$

통계 소프트웨어 패키지나 표준정규분포표에서, $z = 0.86$에 대한 표준정규분포의 오른쪽 꼬리 영역이 $1.0000 - 0.8051 = 0.1949$임을 찾을 수 있다. 따라서 실제 평균이 $\mu = 115$일 때 제2종 오류를 범할 확률은 $\beta = 0.1949$이다.

표 9.5에서 120보다 작은 다양한 μ 값에 대한 제2종 오류를 범할 확률이 정리되어 있다. μ이 120에 가까워질수록 제2종 오류를 범할 확률이 상한선인 0.95에 가깝게 증가하는 것을 알 수 있다. 그러나 μ이 120보다 더 낮은 값으로 줄어들면 제2종 오류를 범할 확률이 줄어든다. 이 패턴은 우리가 기대해야 하는 패턴이다. 모집단의 실제 평균 μ이 $\mu = 120$이라는 귀무가설에서 제시한 값에 가까울 때, 제2종 오류를 범할 확률이 높다. 그러나 모집단의 실제 평균 μ이 $\mu = 120$의 귀무가설 값보다 훨씬 낮을 때, 제2종 오류를 범할 확률이 낮다.

귀무가설이 거짓일 때 H_0를 올바르게 기각하는 확률은 "검정력(power of test)"이라고 한다. 특정 μ값에 대해 검정력은 $1-\beta$이다. 즉, 귀무가설을 올바르게 기각할 확률은 제2종 오류를 범할 확률을 뺀 값이다. 이러한 검정력의 값은 표 9.5에 나열되어 있다. 이 값에 기초하여, 각 μ값과 관련된 검정력을 그래프로 나타내면 그림 9.9와 같다. 이러한 그

표 9.5 LOT 수락 가설검정에서 제2종 오류를 범할 확률

μ값	$z = \dfrac{116.71 - \mu}{12/\sqrt{36}}$	제2종 오류를 범할 확률(β)	검정력 $(1-\beta)$
112	2.36	0.0091	0.9909
114	1.36	0.0869	0.9131
115	0.86	0.1949	0.8051
116.71	0.00	0.5000	0.5000
117	−0.15	0.5596	0.4404
118	−0.65	0.7422	0.2578
119.999	−1.645	0.9500	0.0500

그림 9.9 LOT 수락 가설검정의 검정력 곡선

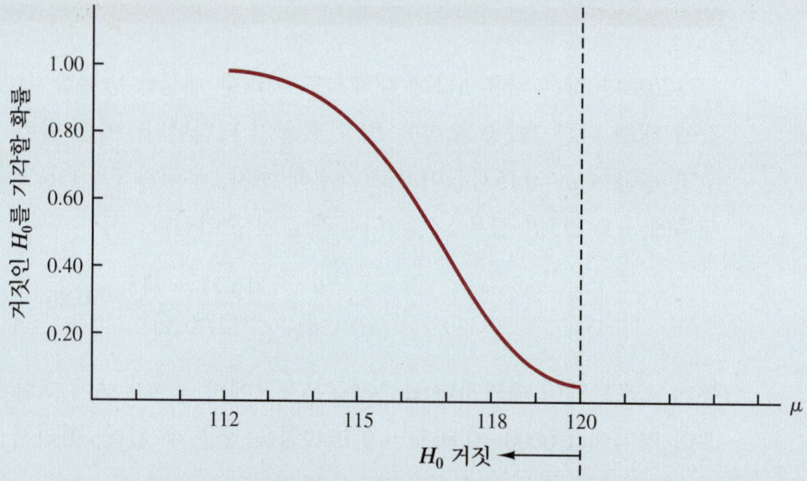

래프를 "검정력 곡선 (power curve)"이라고 한다. 검정력 곡선은 귀무가설이 거짓인 경우의 μ값 범위를 따른다. 특정 μ값에서 검정력 곡선의 높이는 귀무가설이 거짓일 때 H_0를 올바르게 기각할 확률을 나타낸다.

요약하자면, 모집단 평균에 관한 가설검정에서 제2종 오류를 계산하기 위해 다음과 같은 단계적 절차를 사용할 수 있다.

1. 귀무가설과 대립가설을 수립한다.
2. 유의수준 α와 임계값 접근법을 사용하여 검정의 임계값과 기각 법칙을 결정한다.
3. 기각 법칙을 사용하여 검정통계량의 임계값에 해당하는 표본평균값을 구한다.
4. 단계 3의 결과를 사용하여 H_0를 수용하는 값들을 설명한다. 이러한 값들이 가설검정의 채택 영역을 정의한다.

5. 대립가설을 충족하는 μ 값과 단계 4에서의 채택 영역에 대하여 $\bar{x}$의 표본분포를 이용하여 표본평균이 채택 영역에 있을 확률을 계산한다. 이 확률이 선택한 μ값에서의 제2종 오류를 범할 확률이다.

연습문제

기본문제

46. 다음 가설검정에 대해 질문에 답하시오.

$$H_0: \mu \geq 10$$
$$H_a: \mu < 10$$

표본 크기는 120이고, 모집단 표준편차는 알려진 값으로 가정되어 $\sigma = 5$를 사용한다. 유의수준은 $\alpha = 0.05$를 사용하라.

a. 모집단 평균이 9인 경우, 표본평균이 "귀무가설 기각하지 않음" 결론으로 이끌 확률은 얼마인가?

b. 모집단의 실제 평균이 9이고 우리가 H_0: $\mu \geq 10$이 참이라고 결론을 내리면 어떤 종류의 오류가 발생하게 될까?

c. 모집단의 실제 평균이 8인 경우, 제2종 오류를 범할 확률은 얼마인가?

47. 다음 가설검정에 대해 질문에 답하시오.

$$H_0: \mu = 20$$
$$H_a: \mu \neq 20$$

200개의 품목을 표본 추출하고, 모집단 표준편차가 $\sigma = 10$임을 가정한다. 유의수준은 $\alpha = 0.05$로 사용한다. 다음 각각의 모집단 평균에 대해 제2종 오류를 범할 확률을 계산하라.

a. $\mu = 18.0$

b. $\mu = 22.5$

c. $\mu = 21.0$

적용문제

48. 전화 설문 조사의 시간. Fowle 마케팅 리서치는 전화 설문 조사가 15분 이내로 완료될 수 있다는 가정에 기반하여 고객에게 비용을 청구한다. 그 이상의 시간이 필요한 경우 프리미엄 요금을 부과한다. 35개의 조사 표본을 대상으로 모집단 표준편차가 4분으로 주어진 경우, 유의수준 0.01에서 표본평균을 사용하여 귀무가설 H_0: $\mu \leq 15$를 검정한다.

a. 이 문제에서 제2종 오류의 해석은 무엇인가? 회사에 미치는 영향은 무엇인가?

b. 실제 평균 시간이 $\mu = 17$분일 때 제2종 오류를 범할 확률은 얼마인가?

c. 실제 평균 시간이 $\mu = 18$분일 때 제2종 오류를 범할 확률은 얼마인가?

d. 이 검정의 검정력 곡선의 일반적인 모양을 스케치하라.

49. 갤런당 마일 수. 소비자 연구 그룹은 새로 출시한 보급형 자동차가 갤런당 최소 25마일을 여행한다는 자동차 제조사의 주장을 검정하려 한다(H_0: $\mu \geq 25$).

a. 유의수준 0.02에서 30대의 자동차 표본으로 대상으로, 제조업체의 주장을 기각해야 하는지를 결정하기 위한 가설검정에서 표본평균 $\bar{x}$를 기준으로 하는 기각 법칙은 무엇인가? σ는 갤런당 3마일로 가정한다.

b. 실제 주행 마일리지가 23마일일 때 제2종 오류를 범할 확률은 얼마인가?

c. 실제 주행 마일리지가 24마일일 때 제2종 오류를 범할 확률은 얼마인가?

d. 실제 주행 마일리지가 25.5마일일 때 제2종 오류를 범할 확률은 얼마인가?

50. 잡지 구독자의 연령. young Adult 잡지는 구독자의 평균 연령에 관한 다음 가설을 제시하였다.

$$H_0: \mu = 28$$
$$H_a: \mu \neq 28$$

a. 이 상황에서 제2종 오류를 범하는 것은 무엇을 의미하는가?

b. 모집단 표준편차가 $\sigma = 6$년으로 알려져 있고 표본 크기는 100이다. $\alpha = 0.05$에서, μ이 26, 27, 29 및 30일 때 H_0를 채택할 확률은 얼마인가?

c. $\mu = 26$일 때의 검정력은 얼마인가? 이 결과는 무엇을 의미하는가?

51. 생산 라인 정확도. 다음 가설을 사용하여 생산 라인에서 충전한 내용물의 무게가 정확한지를 검정한다.

가설	결론과 조치
H_0: $\mu = 16$	충전 정상; 계속 진행
H_a: $\mu \neq 16$	충전 비표준; 생산 중단 및 설비 조정

표본 크기는 30이며 모집단 표준편차는 $\sigma = 0.8$이다. $\alpha = 0.05$를 사용한다.

a. 이 상황에서 제2종 오류는 무엇을 의미하는가?

b. 0.5온스 초과하여 과다 충전되었을 때 제2종 오류를 범할 확률은 얼마인가?

c. 0.5온스가 초과하여 과다 충전되었을 때 검정력은 얼마인가?

d. 이 가설검정의 검정력 곡선을 그려라. 검정력 곡선은 생산 관리자에게 어떤 정보를 제공하는가?

52. **전화 설문 조사 길이.** 문제 48을 참고하라. 회사가 50개의 조사를 선택하고 (b) 및 (c)를 반복한다고 가정한다. 표본 크기가 증가하면 제2종 오류를 범할 확률에 어떤 영향이 발생하는가?

53. **투자 계획에 대한 직원 참여.** Kojima 인베스트먼트사는 고객을 위한 과세유예투자를 전문으로 한다. 최근 Kojima사는 특정 회사의 직원을 대상으로 급여 공제 투자 상품을 소개했다. Kojima는 직원들이 현재 월 평균 100달러 또는 그 이하로 과세유예투자를 하고 있다고 추정한다. 40명의 직원을 표본으로 Kojima사 가설을 직원 모집단에 대해 검정하려 한다. 직원 1명의 월 평균의 과세유예투자 금액이 75달러의 표준편차를 가지고 있다고 가정하고, 유의수준은 0.05로 한다.

a. 이 상황에서 제2종 오류는 무엇인가?

b. 직원들의 실제 월 평균 투자액이 120달러일 때 제2종 오류를 범할 확률은 얼마인가?

c. 직원들의 실제 월 평균 투자액이 130달러일 때 제2종 오류를 범할 확률은 얼마인가?

d. 직원 수가 80명인 경우에 대해 (b) 및 (c)를 반복해보라.

9.8 모집단 평균에 대한 가설검정의 표본 크기 결정

모집단 평균에 대한 가설검정을 진행할 것으로 가정한다. 지정한 유의수준은 테스트에서 제1종 오류를 범할 확률을 결정한다. 표본 크기를 조절함으로써 제2종 오류를 범할 확률도 조절할 수 있다. 다음의 모집단 평균에 대한 왼쪽 꼬리 검정에서 표본 크기를 어떻게 결정하는지 살펴보자.

$$H_0: \mu \geq \mu_0$$
$$H_a: \mu < \mu_0$$

그림 9.10의 위쪽 패널은 H_0가 참이고 $\mu = \mu_0$일 때 $\bar{x}$의 표본분포이다. 왼쪽 꼬리 검정을 위한 검정통계량의 임계값은 $-z_\alpha$로 표시된다. 도표의 위쪽 패널에서 c로 표시된 수직선은 해당하는 $\bar{x}$값이다. $\bar{x} \leq c$일 때 H_0를 기각하면 제1종 오류의 확률이 α가 된다. 상표 z_α는 표준정규분포의 오른쪽 꼬리에서 α에 해당하는 z값으로, 다음 공식을 사용하여 c를 계산한다:

$$c = \mu_0 - z_\alpha \frac{\sigma}{\sqrt{n}} \tag{9.5}$$

그림 9.10의 아래쪽 패널은 대립가설이 참이고 $\mu = \mu_{\alpha} < \mu_0$인 경우 $\bar{x}$의 표본분포이다. 음영 처리된 영역은 β인데, 이는 만약 $\bar{x} > c$일 때 귀무가설을 채택하는 경우 제2종 오류의 확률을 나타낸다. z_β가 표준정규분포의 오른쪽 꼬리에서 β에 해당하는 z값으로, 다음 공식을 사용하여 c를 계산한다:

그림 9.10 주어진 제1종 오류 확률 (α) 및 제2종 오류 확률 (β)에 대한 표본 크기 결정

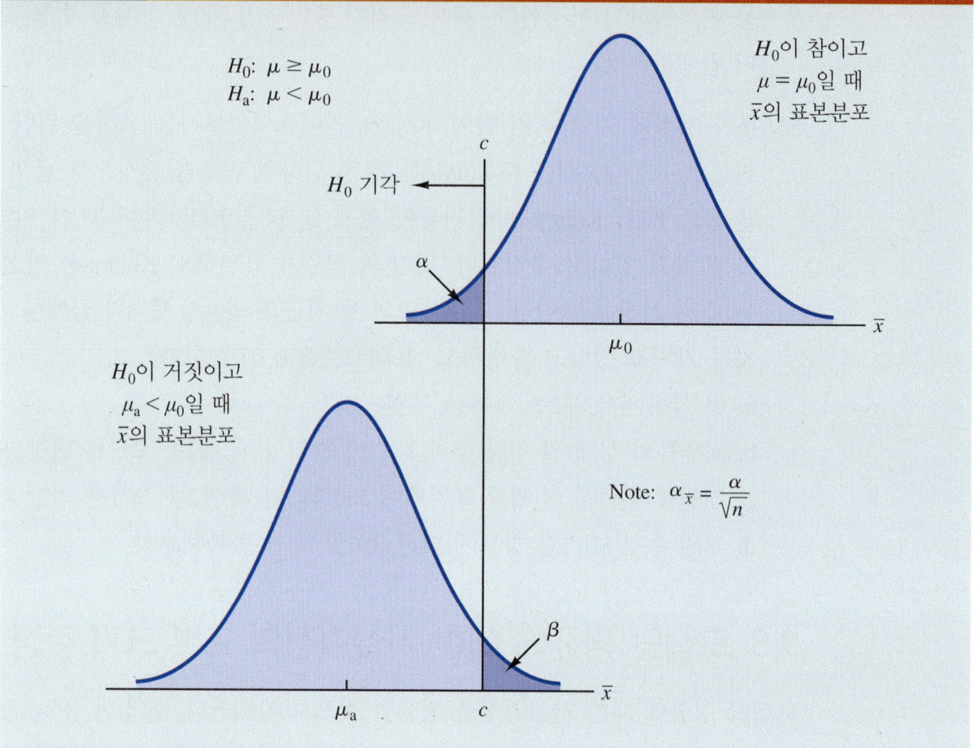

$$c = \mu_a + z_\beta \frac{\sigma}{\sqrt{n}} \tag{9.6}$$

이제 우리가 하고 싶은 것은 H_0를 기각하고 H_a를 수용했을 때 제1종 오류의 확률이 선택된 값 α와 제2종 오류의 확률이 선택된 값 β와 동일하도록 c값을 선택하는 것이다. 따라서 식 (9.5)와 (9.6)이 모두 c에 대해 같은 값을 제공해야 하며, 다음의 방정식이 참이어야 한다.

$$\mu_0 - z_\alpha \frac{\sigma}{\sqrt{n}} = \mu_a + z_\beta \frac{\sigma}{\sqrt{n}}$$

필요한 표본 크기를 결정하기 위해 먼저 다음과 같이 $\sqrt{n}$에 대해 식을 정리한다.

$$\mu_0 - \mu_a = z_\alpha \frac{\sigma}{\sqrt{n}} + z_\beta \frac{\sigma}{\sqrt{n}}$$

$$\mu_0 - \mu_a = \frac{(z_\alpha + z_\beta)\sigma}{\sqrt{n}}$$

$$\sqrt{n} = \frac{(z_\alpha + z_\beta)\sigma}{(\mu_0 - \mu_a)}$$

식의 양변을 제곱하면 모집단 평균에 대한 단측 검정의 표본 크기 공식은 다음과 같이 제공된다.

모집단 평균에 대한 단측 검정의 표본 크기

$$n = \frac{(z_\alpha + z_\beta)^2\sigma^2}{(\mu_0 - \mu_a)^2} \qquad \textbf{(9.7)}$$

여기서

z_α = 표준정규분포의 오른쪽 꼬리에서 α에 해당하는 z값을 제공한다

z_β = 표준정규분포의 오른쪽 꼬리에서 β에 해당하는 z값을 제공한다

σ = 모집단 표준편차

μ_0 = 귀무가설에서 모집단 평균의 값

μ_α = 제2종 오류에 사용되는 모집단 평균의 값

참고: 양측 검정의 경우, z_α를 $z_\alpha/2$로 대체하여 식 (9.7)을 사용한다.

식 (9.7)의 논리는 그림 9.10에 표시된 가설검정을 위해 개발되었지만, 이는 모집단 평균에 대한 어떤 단측 검정에도 적용된다. 모집단 평균에 대한 양측 가설검정에서 식 (9.7)에서 z_α 대신 $z_\alpha/2$가 사용된다.

9.6 및 9.7 절의 lot 검수 예제로 돌아가 보자. 배송된 배터리의 설계 사양에 따르면 배터리의 평균 수명이 최소 120시간이어야 한다. 배송품의 배터리 평균 수명인 H_0: $\mu \geq 120$이 기각되면 배송품을 받지 않고 반송한다. 허용 가능한 제1종 오류와 제2종 오류의 허용 가능한 발생 확률에 대해 품질관리담당자는 다음과 같이 진술한다.

제1종 오류 진술: 배송된 배터리 수명이 $\mu = 120$인 경우, 배송 거부의 확률인 $\alpha = 0.05$를 위험으로 감수하겠습니다.

제2종 오류 진술: 배송된 배터리 수명이 설계 사양에서 5시간 짧은 경우 (즉, $\mu = 115$), 배송 수락의 확률인 $\beta = 0.10$을 위험으로 감수하겠습니다.

이러한 진술은 관리자의 판단에 기반한다. 다른 사람은 확률에 대해 다른 제약 조건을 지정할 수 있다. 그러나 표본 크기를 결정하기 전에 두 오류의 허용 가능한 확률에 대한 진술이 있어야 한다.

예제에서 $\alpha = 0.05$이고 $\beta = 0.10$이다. 표준정규분포표에 따라, $z_{0.05} = 1.645$ 및 $z_{0.10} = 1.28$이다. 오류 확률에 대한 진술에서 $\mu_0 = 120$ 및 $\mu_\alpha = 115$임을 알 수 있다. 마지막으로, 모집단 표준편차는 $\sigma = 12$로 알려져 있다. 식 (9.7)을 사용하여, 로트 수락 예제의 권장되는 표본 크기를 다음과 같이 계산할 수 있다.

$$n = \frac{(1.645 + 1.28)^2(12)^2}{(120 - 115)^2} = 49.3$$

소수 자리를 올림하여, 표본 크기 50을 권장한다. 제1종 오류와 제2종 오류의 확률이 허용 가능한 수준으로 제어되었으므로, 품질관리 담당자는 이제 가설검정을 위해 H_0를 수용하고 H_0를 기각하는 진술을 사용하는 것이 정당화된다. 이와 함께 제1종 오류와 제2종 오류의 허용 가능한 확률도 추론할 수 있다.

α, β 및 표본 크기 n 사이의 관계에 대해 다음 세 가지를 알게 되었다.

1. 세 값 중 두 값이 알려진 경우, 다른 하나를 계산할 수 있다.

2. 특정 유의수준 α에서 표본 크기를 증가시키면 β가 감소한다.

3. 주어진 표본 크기에서 α를 감소시키면 β가 증가하고, α를 증가시키면 β가 감소한다.

3.은 제2종 오류의 확률이 통제되지 않는 경우 반드시 고려해야 한다. 이것은 유의수준 α를 불필요하게 작게 선택하지 말아야 한다는 것을 시사한다. 주어진 표본 크기에서 유의수준을 작게 선택하면 제2종 오류에 노출될 확률이 증가한다. 가설검정에 익숙하지 않은 경우, 작은 α 값이 항상 더 나은 것으로 생각하곤 한다. 만약 우리가 제1종 오류만 걱정한다면 작은 α 값이 더 나은 선택이다. 그러나 작은 α 값은 제2종 오류를 범할 확률을 증가시키는 단점이 있다.

연습문제

기본문제

54. 다음 가설검정을 고려하자.

$$H_0: \mu \geq 10$$
$$H_a: \mu < 10$$

표본 크기는 120이며, 모집단의 표준편차는 5이다. 유의수준 $\alpha = 0.05$를 사용한다. 모집단의 실제 평균이 9일 때 제2종 오류의 확률이 0.2912이다. 제2종 오류의 확률을 0.10으로 줄이려면 표본 크기를 얼마로 해야 하는가?

55. 다음 가설검정을 고려하자.

$$H_0: \mu = 20$$
$$H_a: \mu \neq 20$$

모집단 표준편차는 10이다. 유의수준 $\alpha = 0.05$를 사용하며, 모집단의 실제 평균이 22일 때 제2종 오류의 확률을 0.05로 받아들일 경우 필요한 표본 크기는 얼마나 되는가?

적용문제

56. **용량 미달의 커피 패키지.** Hilltop Coffee 연구(9.3절 참조)의 프로젝트 책임자가 Hilltop의 커피 패키지가 실제로 정량에서 1 온스 부족($\mu_a = 2.9375$파운드)한데도 정량에 미달하지 않았다고 주장할 확률을 0.10에 맞추려 한다. 표본 크기를 얼마로 해야 하는가?

57. **배터리 수명.** 특수 산업용 배터리는 최소한 400시간의 수명을 가져야 한다. 유의수준 0.02로 가설검정을 수행할 예정이다. 특정 제조 라인에서 생산된 배터리의 실제 평균 사용 수명이 385시간인 경우, 정상이라고 잘못 판정할 확률을 10%에 맞추려 한다. 이 가설검정을 위해 권장되는 표본 크기는 얼마인가? 모집단 표준편차를 30시간으로 가정하라.

58. **매거진 구독자의 평균 연령.** young Adult 매거진은 구독자의 평균 연령에 관한 다음의 가설을 제시한다.

$$H_0\colon \mu = 28$$
$$H_a\colon \mu \neq 28$$

실제 평균 연령이 29일 때 제2종 오류를 범할 확률을 0.15로 하려면 표본 크기는 얼마로 정해야 하는가? 유의수준은 0.05, $\sigma = 6$라고 가정한다.

59. **자동차 연비.** 자동차 연비 연구에서 다음 가설을 테스트했다.

가설	결론
$H_0\colon \mu \geq 25$mpg	제조업체의 주장 지지됨
$H_a\colon \mu < 25$mpg	제조업체의 주장 기각됨; 갤런당 평균 연비가 명시된 것보다 적음

$\sigma = 3$이고 유의수준 α가 0.02인 경우, 실제로 24일 때 μ이 25mpg보다 작다고 판정할 확률을 80%로 하려면 표본 크기를 얼마로 해야 하는가?

9.9 빅데이터와 가설검정

우리는 모집단 평균 μ와 모집단 비율 p의 구간 추정이 표본 크기가 커짐에 따라 좁아지는 것을 관찰했다. 이는 연구에서 표준오차가 표본 크기가 증가함에 따라 감소하기 때문에 발생한다. 9장 초반에 논의한 구간 추정과 가설검정 간의 관계를 고려해보자. 만약 우리가 모집단 평균에 대한 $100(1-\alpha)$%의 구간 추정을 구성한다면, 우리는 $H_0\colon \mu \leq \mu_0$ 가정이 $100(1-\alpha)$%의 구간 추정값 안에 포함되지 않을 경우 $H_0\colon \mu \leq \mu_0$를 기각한다. 따라서 특정 신뢰 수준에서, 표본 크기가 증가함에 따라 표본평균 x와 가정된 모집단 평균 μ_0 사이의 차이가 점점 작아질 경우 $H_0\colon \mu \leq \mu_0$를 기각할 것이다. 즉, 표본 크기 n이 매우 클 때, 표본평균 x와 가정된 모집단 평균 μ_0 간의 거의 모든 차이가 귀무가설을 기각하는 결과를 가져올 것이다.

빅데이터, 가설검정, 그리고 p값

9.9절에서는 빅데이터가 가설검정과 p값의 크기에 어떤 영향을 미치는지에 대해 상세히 살펴본다. PenningtonDailyTimes.com(PDT)이라는 온라인 뉴스 서비스를 고려해보자. PDT의 주 수익원은 광고 판매이며, 장시간 방문하는 웹사이트에 광고를 게재하려는 잠재적 광고주들은 프리미엄을 지불할 의향이 있다. PDT의 경영진은 PDT 웹사이트를 방문하는 고객들의 평균 시간이 작년보다 길다는 것, 즉 84초보다 더 길다는 것을 확인하여 잠재적 광고주들에게 제시하려 한다. 따라서 PDT 웹사이트를 방문하는 개별 고객들이 보내는 시간을 추적하는 표본을 수집하여 귀무가설 H_0: $\mu \le 84$를 검정하기로 하였다.

표본평균이 84.1초이고 표본표준편차가 $s = 20$초인 경우, H_0: $\mu \le 84$의 검정을 위한 t 통계량 및 p값은 표 9.6에 정리되어 있다. 표 9.6에서 보듯이 최소한 $n = 1,000,000$ 이상의 표본에 대한 p값은 사실상 0이다.

또한 올해 웹사이트 방문자 중 광고를 클릭한 비율이 작년에 광고를 클릭한 비율 0.50보다 높다는 사실을 잠재적 광고주들에게 제시하기 위해, 웹사이트 방문자들이 광고 중 하나를 클릭했는지에 대한 정보를 수집하고 이 데이터를 사용하여 귀무가설 H_0: $p \le 0.50$을 검정하려고 한다.

표본비율이 0.51인 경우의 H_0: $p \le 0.50$의 검정을 위한 z 통계량 및 p값은 표 9.7에 정리되어 있다. 표 9.7에서 보듯이 최소한 $n = 100,000$ 이상의 표본에 대한 p값은 사실상 0이다.

표 9.6와 표 9.7에서 보듯이, 모수 추정값과와 가정된 값 사이의 p값은 표본 크기가

표 9.6 다양한 표본 크기 n에서 표본평균 $\bar{x} = 84.1$일 때 귀무가설 H_0: $\mu \le 84$에 대한 검정통계량 t와 p값

표본 크기 n	t	p값
10	0.01581	0.49386
100	0.05000	0.48011
1,000	0.15811	0.43720
10,000	0.50000	0.30854
100,000	1.58114	0.05692
1,000,000	5.00000	2.87E-07
10,000,000	15.81139	1.30E-56
100,000,000	50.00000	0.00E + 00
1,000,000,000	158.11388	0.00E + 00

표 9.7 다양한 표본 크기 n에서 표본비율 $\bar{p} = 0.51$일 때 귀무가설 H_0: $p \leq 0.50$에 대한 검정통계량 z와 p값

표본 크기 n	z	p값
10	0.06325	0.47479
100	0.20000	0.42074
1,000	0.63246	0.26354
10,000	2.00000	0.02275
100,000	6.32456	1.27E-10
1,000,000	20.00000	0.00E + 00
10,000,000	63.24555	0.00E + 00
100,000,000	200.00000	0.00E + 00
1,000,000,000	632.45553	0.00E + 00

증가함에 따라 감소한다. 결과적으로, PDT 웹사이트를 방문하는 고객들의 평균 방문 시간이 84.1초인 경우, PDT의 귀무가설 H_0: $\mu \leq 84$은 표본 크기 n이 100,000보다 큰 경우에는 0.01에서 기각되지 않으며, n이 1,000,000보다 큰 경우에는 0.01에서 기각된다.

마찬가지로, PDT 웹사이트를 방문한 방문자 중 광고를 클릭한 비율이 0.51인 경우, PDT의 귀무가설 H_0: $p \leq 0.50$은 $n \leq 10,000$인 경우 $\alpha = 0.01$에서는 기각되지 않으며, $n \geq 100,000$인 경우 $\alpha = 0.01$에서 기각된다. 양쪽 모두에서 표본 크기가 극도로 커짐에 따라 점 추정값과 모수의 가설화된 수치 간의 차이에 관련된 p값은 극도로 작아진다.

가설검정에서 빅데이터의 의의

PDT가 웹사이트 방문자 1,000,000명의 샘플을 수집하고 이 데이터를 사용하여 귀무가설 H_0: $\mu \leq 84$와 H_0: $p \leq 50$을 유의수준 0.05에서 검정한다고 가정해 보자. 표본평균은 84.1이고 샘플 비율은 0.51이므로 표 9.6과 표 9.7에서 보여주는 것처럼 두 검정에서 모두 귀무가설을 기각한다. 따라서 PDT는 웹사이트를 방문하는 개별 고객이 보내는 평균 시간이 84초를 초과하고, 웹사이트를 방문하는 개별 방문자 중 광고를 클릭하는 비율이 0.50을 초과한다고 잠재적 광고주에게 설명할 수 있다. 이러한 결과는 각각의 가설검정에서 점 추정값과 모수의 가설화된 수치 간의 차이가 오직 표본오차의 결과만은 아니라는 것을 시사한다. 그러나 표본 크기와 관계없이 가설검정 결과는 표본이 비표본오차에서 상대적으로 자유로워야만 신뢰할 수 있다. 만약 데이터 수집 과정에서 비표본오차가 발생한다면, 제1종 또는 제2종 오류를 저지를 가능성이 표본 데이터가 비표본오차에서 자유로울 때보다 높을 수 있다. 따라서 가설을 검정할 때, 관심 대상 모집단의 무작위 표본 여부를 신중하게 고려하는 것이 항상 중요한다.

PDT의 표본 데이터에 별다른 비표본 오류가 없다고 결론나면, 이러한 결과의 유일한

남은 타당한 설명은 이러한 귀무가설들이 거짓이라는 것이다. 이 단계에서 PDT와 PDT 웹사이트에 광고를 하는 기업들은 또한 검정 중인 모수의 점 추정값과와 가설 값 사이의 통계적으로 유의한 차이가 실질적으로 중요한지도 고려해야 한다. PDT의 웹사이트를 방문하는 고객들의 평균 시간이 0.1초 증가하는 것은 통계적으로 유의하지만, PDT 웹사이트에 광고를 할 수 있는 기업들에게 의미가 없을 수 있다. 마찬가지로, PDT 웹사이트를 방문하는 방문자 중 광고를 클릭하는 비율이 0.01 증가하는 것도 통계적으로 유의하지만, PDT 웹사이트에 광고를 할 수 있는 기업들에게는 의미가 없을 수 있다. 이러한 통계적으로 유의한 차이가 PDT와 광고주들의 이후 비즈니스 결정에 의미 있는 영향을 미치는지를 결정하는 것이 중요한다.

궁극적으로, 어떤 비즈니스 의사결정도 통계적 추론에만 의존해서는 안 된다. 실질적 의미는 항상 통계적 유의성과 함께 고려되어야 한다. 특히 극도로 큰 표본을 기반으로 한 가설검정에서는 검정 대상인 모수의 점 추정값과 가설화된 수치 사이에 극히 작은 차이라도 통계적으로 유의할 것이다. 통계적 추론은 올바르게 수행될 때에만 다른 정보와 결합하여 최대한 정보화된 결정을 내릴 수 있는 근거가 된다.

주석 및 코멘트

1. 비표본오차는 확률 추출 기법 또는 비확률적 추출 기법을 사용할 때 발생할 수 있다. 그러나 편의 추출 및 판단 추출과 같은 비확률적 추출 기법은 종종 표본 데이터를 수집하는 방식 때문에 비표본오차가 발생한다. 따라서 비확률적 추출 기법보다는 확률 추출 기법이 선호된다.
2. 빅데이터 표본을 채취하는 경우, 표본 크기가 전체 모집단 크기의 최소 5%인 경우가 있을 수 있다. 즉, $n/N \geq 0.05$이다. 이러한 조건에서는 신뢰구간 및 가설검정에 사용될 표본분포의 표준오차를 계산할 때 유한 모집단 수정 계수를 사용해야 한다.

연습문제

DATA*file* FedEmail

60. 공무원의 이메일 사용. 정부는 공무원이 근무일에 주고받는 평균 업무용 이메일의 수가 민간기업 직원의 평균 업무용 이메일의 수인 101.5회와 다른지 결정하려고 한다. 지난 해 동안 정부가 임의로 선택한 10,163명의 공무원들로부터 각각 임의로 선택된 영업일에 주고받은 업무용 이메일 수에 대한 정보를 전자적으로 수집하였다. 그 결과는 FedEmail 파일에 수록되어 있다. 정부의 가설을 0.01의 유의수준에서 검정하라. 이 검정 결과의 실제적 의의를 논의하라.

DATA*file* SocialNetwork

61. CEO와 소셜 네트워크. 인기있는 비즈니스 중심의 소셜 네트워킹 서비스에 속한 CEO들은 평균적인 연결 수는 930개이다. 다른 회원들은 CEO보다 연결 수가 적을까? CEO가 아닌 7,515명의 회원들의 연결 수가 SocialNetwork 파일에 수록되어 있다. 이

샘플을 사용하여 다른 회원들이 CEO보다 더 적은 연결을 갖는지에 대한 가설을 0.01의 유의수준에서 검정하라. 이 검정 결과의 실제적 의의를 논의하라.

62. **프렌치 프라이 구매.** 미국 감자 생산자 협회(APGA)는 올해 프렌치 프라이가 포함된 패스트푸드 주문 비율이 작년 프렌치 프라이가 포함된 패스트푸드 주문 비율을 초과했는지 검정하려 한다. 올해 이루어진 49,581건의 패스트푸드 주문 전자 영수증 임의 표본에서 31,038건이 프렌치 프라이가 포함된 주문이다. 작년 프렌치 프라이를 포함한 패스트푸드 주문 비율이 0.62라고 가정할 때, 이 정보를 사용하여 APGA의 주장을 0.05의 유의수준에서 검정하라. 검정 결과의 실제적 의의를 논의하라.

63. **캐나다에서의 GPS 사용.** CNN에 따르면, 미국 스마트폰 사용자의 55%가 방향을 확인하기 위해 스마트폰의 GPS 기능을 사용했다고 한다. 캐나다의 주요 무선 전화 서비스 제공업체는 고객들의 GPS 사용 비율을 미국 스마트폰 사용자의 GPS 사용 비율과 비교하려 한다. 이 회사는 임의 선정한 547,192명의 캐나다 고객에게서 올해의 사용 기록을 수집하였으며, 이 중 302,050명의 고객이 올해에 자신의 전화의 GPS 기능을 사용한 것으로 확인되었다. 이 데이터를 사용하여 캐나다 스마트폰 사용자들의 GPS 사용이 미국 스마트폰 사용자들의 GPS 사용과 다른지 0.01의 유의수준에서 검정하라. 검정 결과의 실제적 의의를 논의하라.

요약

가설검정은 모집단 모수에 대한 명제가 기각되어야 하는지 여부를 결정하기 위해 표본 데이터를 사용하는 통계 절차이다. 가설은 모집단 모수에 대한 두 경쟁적인 명제로 이루어진다. 하나는 귀무가설(H_0)이라고 하고 다른 하나는 대립가설(H_a)이라고 한다. 9.1절에서는 실무에서 자주 마주치는 상황에 대한 가설을 개발하는 지침을 제공했다.

역사적 데이터나 기타 정보를 통해 모집단 표준편차를 알 수 있는 경우, 모집단 평균에 대한 가설검정 절차는 표준정규분포를 기반으로 한다. σ가 알려지지 않았을 때, 표본 표준편차 s는 σ를 추정하는 데 사용되며 가설검정 절차는 t분포를 기반으로 한다. 이 두 경우 모두 결과의 품질은 모집단 분포의 형태와 표본 크기에 달려 있다. 모집단이 정규분포를 가진 경우 작은 표본 크기에서도 두 가지 가설검정 절차를 적용할 수 있다. 모집단이 정규분포가 아닌 경우 더 큰 표본 크기가 필요한다. 표본 크기에 대한 일반적인 지침은 9.3절과 9.4절에서 제공되었다. 모집단 비율에 대한 가설검정의 경우, 표준정규분포를 기반으로 한 검정통계량을 사용한다.

모든 경우에 검정통계량의 값은 p값을 계산하는 데 사용할 수 있다. p값은 귀무가설을 기각해야 하는지를 결정하는 데 사용되는 확률이다. p값이 유의수준 α보다 작거나 같으면 귀무가설을 기각할 수 있다.

가설검정의 결론은 검정통계량의 값을 임계값과 비교해서 내릴 수도 있다. 왼쪽 꼬리 검정의 경우, 검정통계량의 값이 임계값보다 작거나 같으면 귀무가설이 기각된다. 오른쪽 꼬리 검정의 경우, 검정통계량의 값이 임계값보다 크거나 같으면 귀무가설이 기각된다. 양측 검정은 두 개의 임계값으로 구성된다: 표본분포의 왼쪽 꼬리와 오른쪽 꼬리에 각각 하나씩 있다. 이 경우 검정통계량의 값이 왼쪽 꼬리의 임계값보다 작거나 같거나 오른쪽 꼬리의 임계값보다 크거나 같으면 귀무가설을 기각한다.

가설검정 절차의 확장으로 제2종 오류의 분석을 포함하는 방법도 소개하였다. 9.7절에서는 제2종 오류를 범할 확률을 계산하는 방법을 보여주었으며, 9.8절에서는 제1종 오류와 제2종 오류를 모두 제어하는 데 사용될 표본 크기를 결정하는 방법을 보여주었다. 마지막으로, 평균과 비율의 가설검정에 대한 빅데이터 표본의 영향에 대해 논의하였다.

용어

검정력 H_0가 거짓일 때 H_0를 올바르게 기각할 확률.

검정력 곡선 귀무가설을 충족시키지 않는 모든 가능한 모수 값에 대한 H_0 기각 확률의 그래프. 검정력 곡선은 귀무가설을 올바르게 기각할 확률을 제공한다.

검정통계량 귀무가설을 기각해야 할지를 결정하는 값이 되는 통계량.

귀무가설 가설검정 절차에서 일시적으로 참이라고 가정하는 가설.

단측 검정 검정통계량의 값이 샘플링 분포의 한쪽 꼬리에 있는 경우 귀무가설이 기각되는 가설검정.

대립가설 귀무가설이 기각될 경우 참으로 판단되는 가설.

실용적 유의성 통계적 추론이 비즈니스 결정에 미칠 현실적 영향.

양측 검정 검정통계량의 값이 표본분포의 양쪽 꼬리에 위치한 경우 귀무가설이 기각되는 가설검정.

유의수준 귀무가설이 참인 경우 제1종 오류를 범할 확률.

임계값 H_0를 기각해야 할지를 결정하기 위해 검정통계량과 비교되는 값.

제1종 오류 H_0가 참인데 H_0를 기각하는 오류.

제2종 오류 H_0가 거짓인데 H_0를 채택하는 오류.

p값 표본에 의해 제공되는 귀무가설에 대한 증거의 척도가 되는 확률. 작은 p값은 H_0에 반대되는 더 많은 증거가 있음을 나타낸다. 왼쪽 꼬리 검정의 경우 p값은 샘플에서 제공된 것보다 작거나 같은 검정통계량 값의 확률이다. 오른쪽 꼬리 검정의 경우 p값은 샘플에서 제공된 것보다 크거나 같은 검정통계량 값의 확률이다. 양측 검정의 경우 p값은 샘플에서 제공된 것과 다른 검정통계량 값의 확률이다.

핵심공식

모집단 평균에 대한 가설검정의 검정통계량: σ가 알려진 경우

$$z = \frac{\bar{x} - \mu_0}{\sigma/\sqrt{n}} \tag{9.1}$$

모집단 평균에 대한 가설검정의 검정통계량: σ가 알려지지 않은 경우

$$t = \frac{\bar{x} - \mu_0}{s/\sqrt{n}} \tag{9.2}$$

모집단 비율에 대한 가설검정의 검정통계량

$$z = \frac{\bar{p} - p_0}{\sqrt{\dfrac{p_0(1 - p_0)}{n}}} \tag{9.4}$$

모집단 평균에 대한 단측 가설검정의 표본 크기

$$n = \frac{(z_\alpha + z_\beta)^2\sigma^2}{(\mu_0 - \mu_a)^2} \tag{9.7}$$

양측 검정에서는 z_α를 $z_{\alpha/2}$로 대체함

보충문제

64. **충전량.** 어떤 생산 라인에서는 제품 용기당 평균 16온스의 제품을 충전한다. 충전량 과잉 또는 미달이 문제될 수준에 이르면 작업자는 충전 메커니즘을 조정하기 위해 생산 라인을 중단해야 한다. 과거 데이터에 따르면 모집단 표준편차는 $\sigma = 0.8$온스이다. 품질 관리 검사원은 매 시간마다 30개의 표본을 선택, 확인하고 그 때 충전 메커니즘을 조정해야 하는지를 결정한다. 유의수준은 $\alpha = 0.05$이다.
   a. 이 품질 관리 프로그램에 대한 가설검정을 설명하라.
   b. 표본평균 $\bar{x} = 16.32$온스일 때 p값은 무엇인가? 어떤 조치를 취하는 것을 권장하는가?
   c. 표본평균 $\bar{x} = 15.82$온스일 때 p값은 무엇인가? 어떤 조치를 취하는 것을 권장하는가?
   d. 이 가설검정에 임계값 접근 방법을 사용할 때 기각 법칙은 무엇인가? (b) 및 (c)를 반복하라. 가설검정의 결과가 같은가?

65. **시험 점수.** Western 대학교의 1학년 대상 장학금 취득시험의 시계열 평균은 900점이다. 시계열 모집단 표준편차는 180점이다. 매년 1학년 응시자들의 평균이 변화하고

있는 표본을 수집하여 분석을 수행하고 있다.

a. 가설을 수립하시오.

b. 200명의 응시자들을 조사하여 표본평균이 935점인 경우에 시험점수에 대한 모집단 평균의 95% 신뢰구간을 구하시오.

c. $\alpha = 0.05$일 때 신뢰구간을 이용하여 가설검정하시오.

d. p값은 얼마인가?

66. 배경 텔레비전에 노출. CNN 보도에 따르면 미국의 어린이들은 하루 평균 4시간의 배경 텔레비전에 노출된다. 어린이가 다른 활동을 할 때도 텔레비전을 배경으로 켜놓으면 어린이에게 부정적인 영향을 미칠 수 있다. 저소득 가정 출신 어린이가 하루에 4시간 이상의 배경 텔레비전에 노출된다는 연구 가설이 있다. 이 가설을 검정하기 위해 저소득 가정 출신의 어린이 60명의 임의표본을 추출했으며, 이 어린이들은 하루에 평균 4.5시간의 배경 텔레비전에 노출되었다는 것을 발견했다.

a. 연구 가설을 검정하기 위해 사용할 수 있는 가설을 개발하라.

b. 이전 연구를 기반으로 모집단 표준편차가 $\sigma = 1.5$시간이라고 가정하자. 저소득 가정 출신 어린이 60명으로 구성된 표본에서 구한 p값은?

c. 유의수준을 $\alpha = 0.01$로 할 경우 결론은 무엇인가?

67. 경영학 전공 졸업생의 초기 연봉. ZipRecruiter 보고서에 따르면 2022년에 미국에서 경영학 전공 학사 학위 소지자의 평균 연간 초기 연봉은 $50,070이었다. 코네티컷에서 일자리를 얻은 경영학 학사 학위 소지자 100명의 샘플 결과에서 2022년에 $51,276의 평균 초기 연봉과 $5,200의 표본표준편차가 보고되었다. 코네티컷에서 일자리를 얻은 경영학 학사 학위 소지자의 평균 초기 연봉이 2022년에 미국 전체의 평균 초기 연봉보다 높은지 여부를 결정하기 위해 가설검정을 수행하라. 유의수준을 $\alpha = 0.01$로 사용한다.

DATA*file* BritainMarriages

68. 영국 최초 결혼 연령. 영국 의회에 따르면 2021년에 처음으로 결혼한 영국인의 평균 연령은 31세였다. 한 뉴스 기자는 이 자료가 더 늦게 결혼하는 추세가 계속되고 있음을 보여준다고 보도했다. 올해 처음으로 결혼한 47명의 영국인들의 결혼 당시 연령을 제공하는 새로운 표본이 제공되었다. 이 데이터는 BritainMarriages 파일에 포함되어 있다. 이 데이터는 올해의 영국인들의 평균 결혼 연령이 2021년의 평균 연령을 초과한다는 가설을 나타내는가? 유의수준을 $\alpha = 0.05$로 사용하여 이 가설을 검정하라. 당신의 결론은 무엇인가?

DATA*file* WeeklyHSGradPay

69. 학위 없는 근로자들의 임금. SmartAsset에 따르면 2018년에 학위를 받지 않은 근로자들의 평균 주급은 $493이다. 학위를 받은 근로자들의 평균 주급이 학위를 받지 않은 근로자들의 평균 주급보다 유의하게 높은지를 결정하고자 한다. 학위를 받은 근로자

들 50명의 주급 데이터가 WeeklyHSGradPay 파일에 있다. 이 데이터는 SmartAsset의 연구 결과와 일치한다.

a. 학위를 받지 않은 근로자들의 평균 주급과 비교하여 학위를 받은 근로자들의 평균 주급이 유의하게 더 높은지를 검정하기 위해 사용해야 할 가설을 제시하라.

b. WeeklyHSGradPay 파일의 데이터를 사용하여 표본평균, 검정통계량 및 p값을 계산하라.

c. 유의수준 $\alpha = 0.05$를 사용할 때 결론은 무엇인가? 이 결과는 놀라운가? 왜 이 데이터가 이러한 결론으로 이끌었다고 생각되는가?

d. 임계값 접근 방법을 사용하여 가설검정을 반복하라.

70. 주거용 부동산 가치. 플로리다의 해안 지역 지자체 상공회의소는 지역 주거용 부동산이 평균 125,000달러 이하의 가격에 구매 가능하다고 광고하고 있다. 32개 부동산 표본에서 표본평균이 130,000달러, 표본표준편차가 12,500달러로 나타났다. 유의수준 0.05를 사용하여 광고 내용의 타당성을 검정하라.

71. 주택 판매 기간. 미국 부동산 연합회에 따르면 2017년 주택 판매에 걸린 평균 기간은 3주였습니다. 2017년에 오하이오 주 그린 카운티에서 판매된 40개 주택의 판매 데이터는 3.6주의 표본평균과 2주의 표본표준편차를 보여주었다. 2017년 그린 카운티에서 판매된 주택의 판매 기간이 전국 평균과 다른지를 결정하기 위해 가설검정을 수행하라. 유의수준 0.05에서 결론은 무엇인가?

72. 비행 시 수면. Expedia에 따르면 미국인의 52%가 비행 중에 잠을 잘 수 있다고 보고했다. 자주 비행하는 사람들일수록 비행 중 잘 수 있는 비율이 높을까? 작년에 최소 25,000마일을 비행한 510명의 임의 표본에서 285명이 비행 중에 잘 수 있는 것으로 나타났다.

a. 자주 비행하는 사람들이 비행 중에 더 잘 잘 수 있는지를 결정하기 위해 가설검정을 수행하라. $\alpha = 0.05$를 사용한다.

b. (a)에서 수행한 동일한 가설검정을 $\alpha = 0.01$로 수행하라. 당신의 결론은 무엇인가?

73. 비행 중 노트북 사용. 비즈니스 여행객을 대상으로 한 항공사 프로모션은 비즈니스 여행객의 2/3가 야간 비즈니스 여행 중에 노트북 컴퓨터를 사용한다는 가정을 기반으로 한다.

a. 가정을 검정하기 위해 사용할 수 있는 가설을 명시하라.

b. American Express 후원 설문 조사에서 야간 비즈니스 여행객 546명 중 355명이 노트북 컴퓨터를 사용한 것으로 확인됐다. 표본비율은 무엇인가?

c. p값은 무엇인가?

d. $\alpha = 0.05$를 사용하라. 당신의 결론은 무엇인가?

74. 밀레니얼 세대의 부모 의존도. 밀레니얼 세대 회원들은 이른 나이에도 부모에게 의존하는 경향이 계속되고 있다. 가족 연구 기관은 과거 세대에서 18-32세 그룹의 사람들 중 30% 이상이 부모에게 의존했다는 주장을 내었다. 18-32세 그룹 400명의 샘플에서 136명이 여전히 부모에게 의존하는 것을 발견했다.

a. 지난 세대들보다 부모에 의존하는 밀레니얼 세대의 비율이 더 높은지를 확인하기 위한 가설을 제시하라.

b. 부모에게 의존하는 밀레니얼 세대 비율의 점 추정값은 얼마인가?

c. 표본 데이터에서 제공된 p값은 얼마인가?

d. 유의수준으로 $\alpha = 0.05$를 사용하여 귀무가설을 검정한 결과는 무엇인가?

75. 소셜미디어를 이용하여 직업을 찾는 사람들의 비율. Inc.com에 따르면, 2018년 구직자 중 79%가 소셜미디어를 이용했다. 많은 사람들은 이 숫자가 22세에서 30세 사이의 구직자 중에서 소셜미디어를 사용하는 비율이며, 마치 전체 구직자에 대한 비율인 것처럼 과장되었다고 믿고 있다. 22세에서 30세 사이의 구직자들을 대상으로 한 설문조사 결과, 370명 중 310명이 직업 구직 시 소셜미디어를 사용했다고 응답했다. 또한, 이 370명 중 275명은 사업주에게 이력서를 전자적으로 제출했다고 응답했다.

a. 설문조사 결과가 22세에서 30세 사이의 구직자 중 소셜미디어를 사용한 비율이 전체 구직자 중 소셜미디어를 사용한 비율을 초과하는지를 결정하기 위한 가설검정을 실시하라. 유의수준은 0.05를 사용한다.

b. 설문조사 결과가 22세에서 30세 사이의 구직자 중 70% 이상이 사업주에게 이력서를 전자적으로 제출했는지를 결정하기 위한 가설검정을 실시하라. 유의수준 0.05를 사용할 때 가설검정에 따른 결론은 무엇인가?

76. 연휴 기간 호텔 예약 상황. Myrtle Beach의 한 라디오 방송국은 연휴에 호텔과 모텔의 최소 90%가 만실일 것이라 발표했다. 토요일 밤에 58개의 호텔과 모텔을 조사한 결과, 만실 표시가 된 곳이 49개이고 빈 객실이 있는 곳이 9개였다. 이 표본 조사 결과로 볼 때 라디오 방송국의 주장에 대해 어떻게 판단할 수 있는가? 통계적 검정에서 유의수준은 0.05를 사용하라. 또한, p값은 얼마인가?

77. 미국 내 비건인의 비율. 미국에서 비건인의 비율은 외국에 비해 매우 낮다. 비건 식단과 생활 방식을 지원하는 VeganBits라는 단체는 2018년 미국에서 11,000명을 대상으로 조사한 결과 그중 55명이 비건인이었다.

a. 미국에서 비건인 사람의 비율에 대한 점 추정값을 계산하라.

b. H_0의 기각함으로써 미국에서 비건인의 비율이 0.004를 초과한다고 결론내릴 수 있는 가설을 설정하라.

c. 유의수준 0.05를 사용하여 가설검정을 수행하라. 결론은 무엇인가?

78. 건설 노동자의 유휴 시간. Shorney 건설 회사는 작업자당 평균 유휴 시간이 하루에 72분 이하라고 가정하고 입찰을 진행한다. 이 가정을 확인하기 위해 30명의 건설 노동자 표본을 사용할 예정이다. 모집단의 표준편차는 20분이라고 가정한다.

a. 테스트할 가설을 제시하라.

b. 인구 평균 유휴 시간이 80분일 때 제2종 오류를 범할 확률은 얼마인가?

c. 인구 평균 유휴 시간이 75분일 때 제2종 오류를 범할 확률은 얼마인가?

d. 인구 평균 유휴 시간이 70분일 때 제2종 오류를 범할 확률은 얼마인가?

e. 이 문제에 대한 검정력 곡선을 스케치하라.

79. 저소득 지역 주민을 위한 연방 자금지원 프로그램. 연방 자금지원 프로그램은 저소득 지역 주민을 위한 지원 프로그램으로, 지원 자금을 받기 위해서는 해당 지역의 가구당 평균 연간 소득이 15,000달러 미만이어야 한다. 가구당 평균 연간 소득이 15,000달러 이상인 지역은 지원을 받을 수 없다. 자금 지원 결정은 지역 주민 표본을 조사하여 이루어진다. 유의수준 0.02로 가설검정이 진행되었는데, 연간 가구 평균 소득이 14,000달러인 지역에 자금을 지원하지 않을 확률이 최대 0.05여야 한다. 이 조건에서 자금 지원을 결정하기 위해서 필요한 표본 크기는 얼마인가? $\sigma = 4{,}000$달러를 사전예측값으로 사용하라.

80. 비누 제조 공정. 한 비누 제조 공정에서는 한 번에 120개의 비누 바를 제조하는 것을 표준으로 하고 있다. 표준을 충족하는지 검정하기 위한 가설은 H_0: $\mu = 120$ 및 H_a: $\mu \neq 120$이다. 유의수준은 0.05이며 모집단 표준편차의 사전예측값은 5이다.

a. 평균 제조량이 117개의 비누 바로 감소한 경우, 표준 제조량을 충족하지 못하는 것으로 결론을 내릴 확률을 98%에 맞추기 위한 표본 크기는 얼마인가?

b. (a)에서 선택한 표본 크기로, 다음과 같은 실제 평균 제조량에 대해 공정이 표준을 충족하고 있다는 결론을 내릴 확률은 각각 얼마인가? 117, 118, 119, 121, 122, 123개의 비누 바, 즉 각 경우에서 제2종 오류의 확률은 얼마인가?

DATA *file* ChannelSurfing

81. 채널 서핑 소요 시간. 2021년에 미국의 The US Sun에서 발표한 기사에 따르면, 사람들은 하루 평균 24.4분을 채널 서핑하는 것으로 나타났다. ChannelSurfing 파일에는 12월에 무작위로 선정된 8,783명의 사람들의 하루 평균 채널 서핑 시간이 수록되어 있다. 이 데이터를 바탕으로 1년 평균에 비해 12월에 채널 서핑에 더 적은 시간을 소요한다는 결론을 내릴 수 있는가? 이 가설을 유의수준 $\alpha = 0.01$로 테스트하고 결과의 실용적인 의미를 제시하라.

82. 감자 칩 품질 관리. NDC 기술의 MM710e 온라인 스낵 게이지는 포장 직전에 감자 칩의 표면 갈색 정도를 신속하게 측정한다. 이를 통해 감자 칩의 중요한 특성인 갈색

정도를 높은 수준으로 관리할 수 있게 된다. 너무 갈색인 칩은 너무 오래 튀긴 것이고, 충분히 갈색이 아닌 칩은 충분히 튀기지 않은 것이다. 감자 칩 제조업체는 이제 MM710e를 사용하여 생산하는 칩의 품질을 평가하고 있으며, 해당 제조업체의 품질관리 목표 중 하나는 1,000개의 칩 중에서 너무 오래 튀긴 칩이 1개 미만이 되도록 생산하는 것이다. 최근에 제조업체 전국 생산 시설에서 가져온 111,667개의 칩으로 이루어진 무작위 표본에서 MM710e는 98개의 너무 오래 튀긴 칩을 발견했다. 이 표본 데이터가 제조업체가 $\alpha = 0.05$에서 품질관리 목표를 달성하고 있는지 여부를 결정하기 위한 가설검정을 실시하라.

DATA *file* WaitTimesTSA

83. **TSA 보안 라인 대기 시간.** 미국 교통 안전 관리국 (TSA)에 따르면, 2017년에 440개의 공항을 이용한 771,556,886명의 여행객 중 2%가 TSA 보안 라인에서 20분 이상 대기했다고 한다. WaitTimesTSA 파일은 최근 미국의 한 주요 공항에서 10,531명의 여행객을 대상으로 한 TSA 보안 라인 대기 시간을 포함하고 있다. 이 데이터를 사용하여 해당 공항에서 20분 이상 대기하는 여행객의 비율이 유의수준 $\alpha = 0.05$에서 전국 비율과 같은지를 검정하라.

사례연구 1: Quality Associates, Inc.

컨설팅사인 Quality Associates는 생산공정을 통제하는 데 활용할 수 있는 표본조사 및 통계절차에 대해 고객들에게 정보를 제공하는 기업이다. 한 고객이 만족스럽게 공정이 운영되고 있는 동안에 수집된 800개의 표본결과를 Quality Associates에 제시하였다. 이 자료들의 표본표준편차는 0.2인데 표본규모가 워낙 크므로 모집단 표준편차도 0.21로 가정하고 있다. Quality Associates는 정기적으로 공정을 검토하기 위해서 30개의 표본규모를 무작위 추출할 것을 권고하였다. 새로운 표본에 대한 분석에서 고객은 공정이 만족스러운 수준인지를 단숨에 확인할 수 있었다. 공정이 만족스럽게 운영되지 못하고 있는 경우에는 수정 조치가 문제를 해결하기 위해 즉각 실행된다. 공정의 평균값에 대한 설계규격은 12여야 한다. Quality Associates에 의해 제시된 가설은 다음과 같다.

$$H_0\colon \mu = 12$$
$$H_a\colon \mu \neq 12$$

H_0가 기각되면 언제든 수정 조치가 취해진다.

다음 표본결과는 신규 통계적 공정통제 활동이 수행된 첫날, 매 시간 수집된 것이다. 자료명 Quality파일에서 이 자료를 볼 수 있다.

DATA*file* Quality

표본 1	표본 2	표본 3	표본 4
11.55	11.62	11.91	12.02
11.62	11.69	11.36	12.02
11.52	11.59	11.75	12.05
11.75	11.82	11.95	12.18
11.90	11.97	12.14	12.11
11.64	11.71	11.72	12.07
11.80	11.87	11.61	12.05
12.03	12.10	11.85	11.64
11.94	12.01	12.16	12.39
11.92	11.99	11.91	11.65
12.13	12.20	12.12	12.11
12.09	12.16	11.61	11.90
11.93	12.00	12.21	12.22
12.21	12.28	11.56	11.88
12.32	12.39	11.95	12.03
11.93	12.00	12.01	12.35
11.85	11.92	12.06	12.09
11.76	11.83	11.76	11.77
12.16	12.23	11.82	12.20
11.77	11.84	12.12	11.79
12.00	12.07	11.60	12.30
12.04	12.11	11.95	12.27
11.98	12.05	11.96	12.29
12.30	12.37	12.22	12.47
12.18	12.25	11.75	12.03
11.97	12.04	11.96	12.17
12.17	12.24	11.95	11.94
11.85	11.92	11.89	11.97
12.30	12.37	11.88	12.23
12.15	12.22	11.93	12.25

경영보고서 작성

1. 0.01의 유의수준에서 각 표본에 대하여 가설검정을 실시하고 어떠한 후속 조치가 필요한지 결정하시오. 각 검정에서 검정통계량과 p값을 제시하시오.
2. 네 개의 각 표본에 대하여 표준편차를 계산하시오. 0.21을 모집단 표준편차로 보는 가정이 합리적인가?
3. $\mu = 12$에서 $\bar{x}$에 대하여 일정 한계 내에 표본평균이 위치한다면 공정이 만족스럽게 운영되고 있다고 판단할 수 있는 변동한계를 계산하시오. 만약에 $\bar{x}$가 상한한계와 하한한계를 벗어난다면 수정 조치가 취해질 것이다. 이 한계는 관리도 작성에서 공정상한과 공정하한으로 불린다.

4. 유의수준의 변동이 가지는 시사점에 대하여 논의해 보자. 유의수준이 커지면 어떠한 실수와 오류가 증가하는가?

사례연구 2: Bayview 대학교 학생들의 윤리적 행동

학업 부정행위(표절, 시험 부정행위, 학업 프로젝트에서 허가되지 않은 협업 등)가 대학생들 사이에서 널리 퍼져 있다는 증거가 있다. 한 예로, 학업 정직성 국제 센터(ICAI)의 연구자들은 2023년 3월에 모든 학부생의 60%가 어떤 방식으로든 부정행위를 했다고 인정했다고 보고했다.

부정행위는 베이뷰(Bayview)대학교 총장인 Bhavna Jha 박사가 몇 년 동안 관심을 가지고 있던 문제이다. 대학의 일부 교수진은 Jha 박사의 생각인 부정행위가 다른 대학교보다 베이뷰대학교에서 더 널리 퍼져 있다는 것을 공유하고 있지만, 다른 교수진은 부정행위가 베이뷰대학교에서 큰 문제가 아니라고 생각한다. 이러한 문제들을 해결하기 위해, Jha 박사는 베이뷰대학교 경영대학 학생들의 현재 윤리적 행동을 평가하기 위한 연구를 의뢰했다. 이 연구의 일부로, 올해 졸업하는 학생들 중 90명의 경영학생을 표본으로 하여 익명의 졸업 설문 조사를 실시했다. 다음의 질문에 대한 응답을 사용하여 세 가지 유형의 부정행위에 관한 데이터를 얻었다.

베이뷰대학교에서 공부하는 동안, 인터넷에서 복사한 작업을 자신의 것으로 제시한 적이 있습니까?

예________________ 아니오________________

베이뷰대학교에서 공부하는 동안, 다른 학생의 시험 답안을 복사한 적이 있습니까?

예________________ 아니오________________

베이뷰대학교에서 공부하는 동안, 개인적으로 완성해야 하는 프로젝트에서 다른 학생들과 협업한 적이 있습니까?

예________________ 아니오________________

하나 이상의 질문에 예라고 대답한 학생은 어떤 유형이든 부정 행위에 관여했다고 간주한다. 수집된 데이터의 일부는 다음과 같다. 전체 데이터는 Bayview 파일에 수록되어 있다.

DATA*file* Bayview

학생	인터넷 자료 복사	타인 시험지 컨닝	개인 프로젝트 협력	주내 또는 주외
1	No	No	No	In-State
2	No	No	No	Out-Of-State
3	Yes	No	Yes	Out-Of-State
4	Yes	Yes	No	Out-Of-State
5	No	No	Yes	Out-Of-State
6	Yes	No	No	In-State
.	.	.	.	.
.	.	.	.	.
.	.	.	.	.
88	No	No	No	Out-Of-State
89	No	Yes	Yes	Out-Of-State
90	No	No	No	In-State

경영보고서 작성

베이뷰대학교 학생들의 부정행위에 대한 평가를 요약하여 Jha 박사에게 제출할 보고서를 준비하시오. 보고서에는 다음과 같은 항목이 포함되어야 합니다.

1. 기술통계를 사용하여 데이터를 요약하고 결과에 대해 의견을 제시하시오.
2. 전체 학생, 주 내 학생, 주 외 학생이 부정행위에 관여한 비율의 95% 신뢰구간을 구하시오.
3. ICAI가 보고한 다른 기관의 학생들에 비해 Bayview University의 학생들이 부정행위에 관여한 비율이 낮은지 여부를 가설검정을 통해 판단하시오.
4. 데이터 분석 결과를 바탕으로 Jha 박사에게 어떻게 조언할 수 있는가?

Chapter 9 부록

엑셀을 활용한 가설검정

엑셀은 이 장에서 제시한 가설검정 방법들에 대하여 정형화된 절차를 제공하지는 않는다. 이러한 상황을 고려하여 모집단 평균과 모집단 비율에 대한 가설검정을 수행할 수 있도록 엑셀 워크시트를 제시할 것이다. 여기서 제시하는 워크시트는 사용하기 용이하며 어떠한 자료에서도 쉽게 변환하여 적용할 수 있다. 이 책에서 소개하고 있는 웹사이트에서 워크시트는 활용가능하다.

모집단 평균: σ가 알려져 있는 경우

9.3절에 제시된 MaxFlight사의 예를 바탕으로 골프공의 비거리에 대한 가설검정을 수행한다. 엑셀에서 A열에 분석자료가 있다. $\sigma = 12$로 알려져 있다고 가정하고 있으며 $\alpha = 0.05$ 수준으로 분석한다. 다음 단계는 $H_0 : \mu = 295$, $H_0 : \mu \neq 295$ 가설을 검정하기 위한 것이다.

그림 9.8을 참조하여 절차를 기술하고자 한다. 뒤쪽의 워크시트는 앞쪽의 워크시트의 결과를 도출하기 위한 셀 공식을 담고 있다. A2:A51에 자료가 입력되어 있다. 이 자료를 위한 템플릿을 활용하기 위해서는 다음 단계가 필요하다.

DATA*file* HypSigmaKnown

단계 1. 표본크기를 계산하기 위해 D4셀에 =COUNT(A2:A51)를 입력한다.
단계 2. 표본평균을 계산하기 위해 D5셀에 =AVERAGE(A2:A51)를 입력한다.
단계 3. D7셀에 모집단 표준편차 $\sigma = 12$를 입력한다.
단계 4. D8셀에 모집단 평균에 대해 가설화된 수치인 295를 입력한다.

나머지 셀의 공식은 표준오차를 자동으로 제공하며, 검정통계량 z와 세 개의 p값이 계산된다. 대립가설이 양측검정($H_0 : \mu \neq 295$)을 제시하고 있으므로 D15셀의 p값은 귀무가설의 기각 기준으로 활용된다. p값이 α인 0.05에 비해 크므로 귀무가설은 기각 되지 않는다. 가설검정이 단측검정으로 이루어진다면 D13셀 혹은 D14셀의 p값이 사용될 것이다.

이 템플릿은 또 다른 가설검정의 경우에도 그대로 적용이 가능할 것이다. 예를 들어 새로운 자료에 대한 가설검정을 수행하는 경우에 워크시트의 A열에 자료를 입력한다. D4, D5셀의 공식을 새로운 자료에 맞도록 변경한다. D6셀에 모집단 표준편차를 입력한다. 모집단 평균에 대한 가설화된 수치를 D8셀에 입력한다. 만약에 새로운 자료의 요약 자료가 있다면 굳이 자료 전체를 워크시트에 입력할 필요는 없다. 이 경우에는 표본 수를

그림 Excel 9.1 σ가 알려진 경우에서 모집단 평균에 대한 가설검정을 위한 엑셀 워크시트

	A	B	C	D	E
1	Yards		Hypothesis Test About a Population Mean:		
2	303		σ Known Case		
3	282				
4	289		Sample Size	=COUNT(A2:A51)	
5	298		Sample Mean	=AVERAGE(A2:A51)	
6	283				
7	317		Population Standard Deviation	12	
8	297		Hypothesized Value	295	
9	308				
10	317		Standard Error	=D7/SQRT(D4)	
11	293		Test Statistic z	=(D5-D8)/D10	
12	284				
13	290		*p*-value (Lower Tail)	=NORM.S.DIST(D11,TRUE)	
14	304		*p*-value (Upper Tail)	=1-D13	
15	290		*p*-value (Two Tail)	=2*(MIN(D13,D14))	
16	311				
50	301				
51	292				
52					

	A	B	C	D	E
1	Yards		Hypothesis Test About a Population Mean:		
2	303		σ Known Case		
3	282				
4	289		Sample Size	50	
5	298		Sample Mean	297.6	
6	283				
7	317		Population Standard Deviation	12	
8	297		Hypothesized Value	295	
9	308				
10	317		Standard Error	1.70	
11	293		Test Statistic z	1.53	
12	284				
13	290		*p*-value (Lower Tail)	0.9372	
14	304		*p*-value (Upper Tail)	0.0628	
15	290		*p*-value (Two Tail)	0.1255	
16	311				
50	301				
51	292				
52					

D4셀에 입력하고 표본평균을 D5셀에, 모집단 표준편차를 D6셀, 모집단 평균에 대한 가설화된 수치를 D8셀에 입력하여 가설검정을 수행한다. 그림 Excel 9.1의 워크시트는 본 교재 웹사이트의 Hyp Sigma Kwown파일에서 활용 가능하다.

모집단 평균: σ가 알려져 있지 않은 경우

9.4절에서 제시된 히드로공항에 대한 평가 사례를 바탕으로 가설검정을 수행한다. 엑셀에서 워크시트의 A열에 분석자료가 있다. 모집단 표준편차인 σ는 알려져 있지 않은 것으로 가정한다. 따라서 표본표준편차를 모집단 표본편차의 추정치로 활용할 것이다. $\alpha =$

0.05 수준에서 분석하며 다음 단계는 H_0: $\mu \le 7$, H_a: $\mu > 7$ 가설을 검정하기 위한 것이다.

그림 Excel 9.2를 참조하여 절차를 기술하고자 한다. 뒤쪽의 워크시트는 앞쪽의 워크시트의 결과를 도출하기 위한 셀 공식을 담고 있다. A2:A61에 자료가 입력되어 있다. 이 자료를 위한 템플릿을 활용하기 위해서는 다음의 단계가 필요하다.

그림 Excel 9.2 σ가 알려져 있지 않은 경우에서 모집단 평균에 대한 가설검정을 위한 엑셀 워크시트

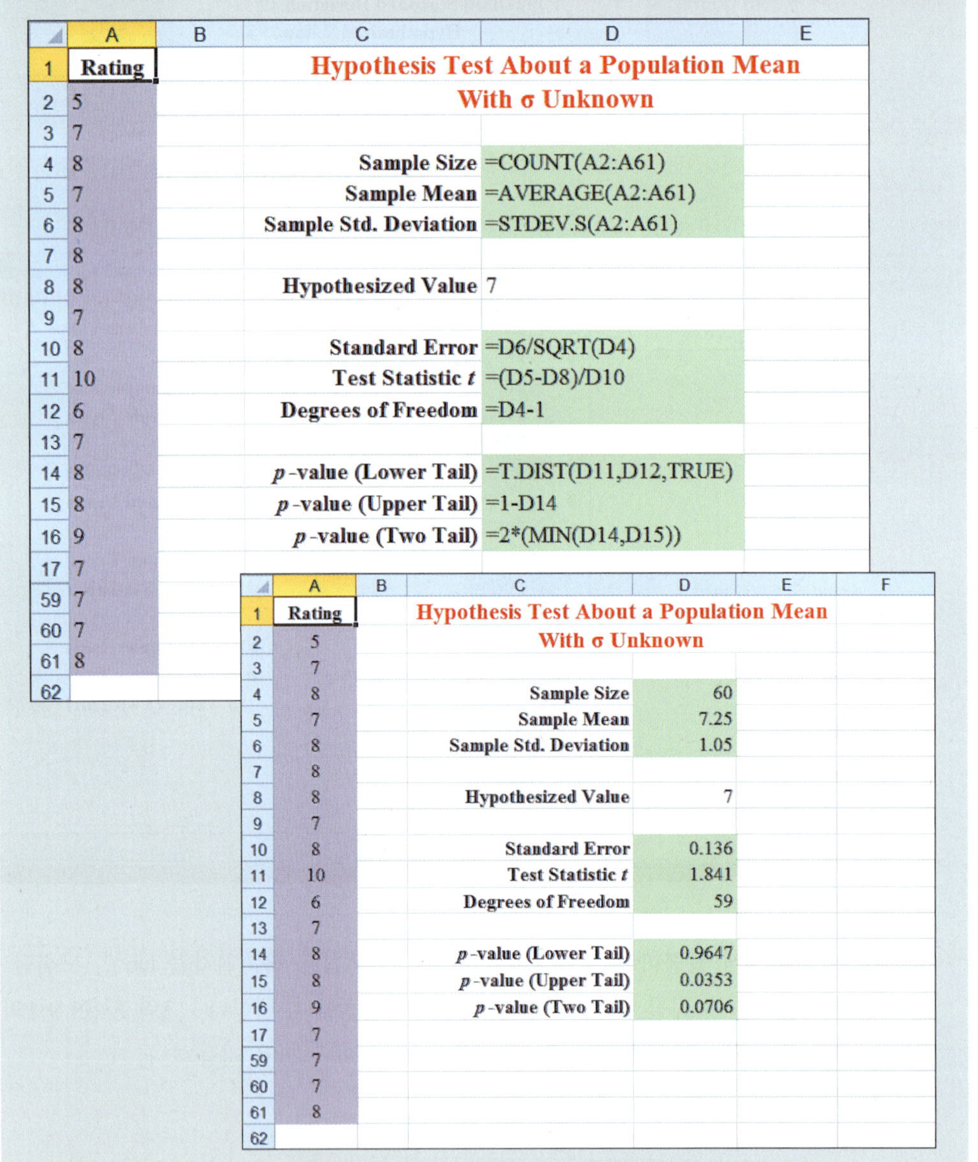

	A	B	C	D	E
1	Rating		Hypothesis Test About a Population Mean		
2	5		With σ Unknown		
3	7				
4	8		Sample Size	=COUNT(A2:A61)	
5	7		Sample Mean	=AVERAGE(A2:A61)	
6	8		Sample Std. Deviation	=STDEV.S(A2:A61)	
7	8				
8	8		Hypothesized Value	7	
9	7				
10	8		Standard Error	=D6/SQRT(D4)	
11	10		Test Statistic *t*	=(D5-D8)/D10	
12	6		Degrees of Freedom	=D4-1	
13	7				
14	8		*p*-value (Lower Tail)	=T.DIST(D11,D12,TRUE)	
15	8		*p*-value (Upper Tail)	=1-D14	
16	9		*p*-value (Two Tail)	=2*(MIN(D14,D15))	
17	7				
59	7				
60	7				
61	8				
62					

	A	B	C	D	E	F
1	Rating		Hypothesis Test About a Population Mean			
2	5		With σ Unknown			
3	7					
4	8		Sample Size	60		
5	7		Sample Mean	7.25		
6	8		Sample Std. Deviation	1.05		
7	8					
8	8		Hypothesized Value	7		
9	7					
10	8		Standard Error	0.136		
11	10		Test Statistic *t*	1.841		
12	6		Degrees of Freedom	59		
13	7					
14	8		*p*-value (Lower Tail)	0.9647		
15	8		*p*-value (Upper Tail)	0.0353		
16	9		*p*-value (Two Tail)	0.0706		
17	7					
59	7					
60	7					
61	8					
62						

DATA*file* HypSigmaUnknown

단계 1. 표본크기를 계산하기 위해 D4셀에 = COUNT(A2:A61) 를 입력한다.

단계 2. 표본평균을 계산하기 위해 D5셀에 = AVERAGE(A2:61) 를 입력한다.

단계 3. 표본표준편차를 계산하기 위해 D6셀에 = STDEV(A2:61) 를 입력한다.

단계 4. D8셀에 모집단 평균에 대해 가설화된 수치인 7을 입력한다.

나머지 셀의 공식은 표준오차를 자동으로 제공하며, 검정통계량 t와 자유도 수준, 세 가지의 p값이 계산된다. 대립가설이 단측검정($\mu > 7$)을 제시하고 있으므로 D15 셀의 p값은 귀무가설의 기각 기준으로 활용된다. p값이 α인 0.05에 비해 작으므로 귀무가설은 기각된다. D14, D16셀의 p값은 우측 단측검정이나 양측검정일 때 사용될 것이다.

이 템플릿은 또 다른 가설검정의 경우에도 그대로 적용이 가능할 것이다. 예를 들어 새로운 자료에 대한 가설검정을 수행하는 경우에 워크시트의 A열에 자료를 입력한다. D4, D5, D6셀의 공식을 새로운 자료에 맞도록 변경한다. 모집단 평균에 대한 가설화된 수치를 D8셀에 입력한다. 만약에 새로운 자료의 요약자료가 있다면 굳이 자료 전체를 워크시트에 입력할 필요는 없다. 이 경우에는 표본 수를 D4셀에 입력하고 표본평균을 D5셀에, 표본표준편차를 D6셀, 모집단 평균에 대한 가설화된 수치를 D8셀에 입력하여 가설검정을 수행한다. 그림 Excel 9.2의 워크시트는 이 책의 웹사이트의 Hyp Sigma Unkwown 파일에서 활용 가능하다.

모집단 비율

우리는 9.5절에서 제시된 Knoebels Amusement Park 설문 데이터를 사용하여 설명한다. 역내 방문자 또는 역외 방문자의 데이터는 'HypothsisProp' 파일의 Excel 워크시트의 A열에 있다. 우리는 그림 Excel 9.3을 참조하면서 절차를 설명한다. 배경 워크시트에는 전경 워크시트에 표시된 결과를 계산하는 데 사용된 셀 수식이 표시된다. 데이터는 A2:A401 셀에 입력된다. 다음 단계는 H_0: $p \leq 0.20$ 대 H_a: $p > 0.20$의 가설을 검정하는 데 사용될 수 있다.

DATA*file* HypothesisProp

단계 1. 표본크기를 계산하기 위해 D4셀에 = COUNT(A2:A401)를 입력한다.

단계 2. D4셀에 non-local을 입력한다.

단계 3. 긍정 답변 수를 계산하기 위해 D5셀에 = COUNTIF(A2:A401)를 입력한다.

단계 4. D8셀에 모집단비율에 대한 가설화된 수치인 0.20을 입력한다.

나머지 셀 수식들은 자동으로 표준오차(셀 D10), 검정통계량 z의 값을 제공하며, 3개의 p값(셀 D13~D15)을 제공한다. 대립가설($p > 0.20$)이 오른쪽 꼬리 검정을 나타내므로 셀 D14의 p값(오른쪽 꼬리)을 사용하여 결정한다. p값 $= 0.0062 < \alpha = 0.05$이므로 귀무가설을 기각한다. D13 또는 D15의 p값은 가설이 하단 꼬리 검정 또는 양측 검정인 경우에 사용될 수 있다.

그림 Excel 9.3 모집단 비율에 대한 가설검정을 위한 엑셀 워크시트

	A	B	C	D	E
1	Visitor		**Hypothesis Test About a Population Proportion**		
2	non-local				
3	local		**Sample Size**	=COUNTA(A2:A401)	
4	non-local		**Response of Interest**	non-local	
5	local		**Count for Response**	=COUNTIF(A2:A903,D4)	
6	local		**Sample Proportion**	=D5/D3	
7	non-local				
8	local		**Hypothesized Value**	0.2	
9	local				
10	non-local		**Standard Error**	=SQRT(D8*(1-D8)/D3)	
11	local		**Test Statistic *z***	=(D6-D8)/D10	
12	local				
13	local		***p*-value (Lower Tail)**	=NORM.S.DIST(D11,TRUE)	
14	local		***p*-value (Upper Tail)**	=1-D13	
15	local		***p*-value (TwoTail)**	=2*MIN(D13,D14)	
16	non-local				
400	local				
401	local				
402					

	A	B	C	D	E	F
1	Visitor		**Hypothesis Test About a Population Proportion**			
2	non-local					
3	local		**Sample Size**	400		
4	non-local		**Response of Interest**	non-local		
5	local		**Count for Response**	100		
6	local		**Sample Proportion**	0.25		
7	non-local					
8	local		**Hypothesized Value**	0.20		
9	local					
10	non-local		**Standard Error**	0.02		
11	local		**Test Statistic *z***	2.5000		
12	local					
13	local		***p*-value (Lower Tail)**	0.9938		
14	local		***p*-value (Upper Tail)**	0.0062		
15	local		***p*-value (TwoTail)**	0.0124		
16	non-local					
400	local					
401	local					
402						

이 템플릿은 다른 응용 프로그램의 가설검정 계산에 사용될 수 있다. 예를 들어 새 데이터 세트에 대한 가설검정을 수행하려면 워크시트의 A열에 새 샘플 데이터를 입력하라. 셀 D3 및 D5의 수식을 새 데이터 범위에 해당하도록 수정하라. 관심 있는 응답을 셀 D4에 입력하고 모집단 비율의 가설 값을 셀 D8에 입력하여 결과를 얻을 수 있다. 새 샘플 데이터가 이미 요약되어 있는 경우 새로운 샘플 데이터를 워크시트에 입력할 필요가 없습니다. 이 경우 셀 D3에 샘플 크기, 셀 D6에 샘플 비율 및 셀 D8에 모집단 비율의 가설 값을 입력하여 결과를 얻을 수 있다.

Chapter 10

두 모집단 평균과 비율에 대한 추론

Contents

실생활에서 보는 통계

미국 식품의약국(FDA)

워싱턴 D.C.

의약 평가 조사국(CDER)을 통해 의약품의 안전성을 책임지는 곳이 미국 FDA이다. 그러나 CDER은 신규 의약품에 대한 어떠한 테스트도 하지 않는다. 의약품에 대한 테스트와 안전성, 효과에 대한 증거자료를 제출하는 것은 순전히 개발기업의 책임이다. CDER의 통계학자와 과학자들은 기업이 제출한 자료를 검토할 뿐이다.

약의 승인을 추진하고 있는 기업들은 광범위한 통계적 절차를 통해 신약의 성능에 대해 입증을 해야 한다. 의약산업에서의 테스트 절차는 크게 세 단계로 나누어진다. (1) 사전 테스트 (2) 장기복용과 안전성에 대한 테스트 (3) 임상실험으로 이들 단계는 연속적으로 이루어지는데, 각각의 단계에서 테스트에 따른 비용의 수준이 증가할 수도 감소할 수도 있다. 신약에 대한 개발에 대해 평균 2억 5천 달러, 12년 정도가 소요되는 것으로 알려져있다. 따라서 개발초기 단계에 문제가 될 수 있는 신약개발 과정을 중지하는 것과 추가 테스트가 필요한 양호한 신약개발을 선별하는 것이 아주 중요하다.

통계는 의약품 개발에서 중요한 역할을 수행하는데, 정부 규제는 엄격하고 강제조항이 많이 있는 편이다. 사전 테스트는 2개 혹은 3개 모집단을 대상으로 실시되며 이를 통과하는 경우에 장기복용 테스트와 안전성 테스트를 실시하게 된다. 모집단은 신약투여 집단과 통제 집단, 표준약품 집단으로 구성된다. 사전 테스트는 신약이 효과를 판단하기 위해 약리실 담당에 보내면서 시작되는데 여기에서 약효를 발휘하기 위한 용량을 정하게 된다. 테스트 진행과정의 일환으로 통계학자들은 실험계획법을 통해 신약을 테스트하게 된다. 실험설계는 표본의 크기와 실험방법이 구체적이어야 한다. 두 집단에 대한 분석에서 한 집단에서는 신약에 대한 효과를 확인하기 위한 자료를 수집하고 두 번째 집단에서는 표준약품의 효과를 파악한다. 신약과 표준의약은 신경학, 심장학, 면역학 부분과 같은 분야들을 중심으로 미치는 영향 등이 분석되어진다.

통계적인 방법이 신약 테스트와 개발에 활용되고 있다.
출처: Lisa S./Shutterstock.com

대부분의 경우에, 통계적 방법에는 두 집단 간 평균의 차이에 대하여 가설검정 수행이 포함된다. 만약에 신약의 효능이 떨어지거나 표준약품에 비하여 낮은 효과를 보인다면, 신약에 대한 추가의 테스트는 중지된다. 오직 표준약품과의 비교 과정에서 양호한 수준의 효능을 보인 경우에만 장기 사용 및 안전성 테스트를 실시하게 된다. 추가의 자료수집과 다수의 모집단에 대한 비교 조사는 장기 사용 및 안전성 테스트에서 실시되며 임상실험에서도 실시된다. FDA는 표본오차를 없애기 위해 실험을 수행하기에 앞서 통계적 방법에 대하여 구체적으로 명시하도록 요구하고 있다. 게다가 인적 요소에 의한 오류를 없애기 위해 일부 임상실험은 복수의 블라인드 실험(blind test)을 요구한다. 이는 피실험자나 조사자들이 어떤 약품이 조사 작업의 대상이 되고 있는지 모르는 상태에서 이루어지는 실험을 의미한다. 만약에 신약이 표준약품과 비교하여 일정한 요건을 충족한 경우에는 NDA(new drug application)가 FDA에 보고된다. 이 지원서는 통계학자들과 과학자들에 의해 심도 있게 검토된다.

이 장에서 여러분은 두 집단의 평균과 비율에 대한 가설검정과 어떻게 신뢰구간 추정치를 구하는가에 대하여 학습할 것이다. 아울러 짝표본과 무작위 독립표본에 대한 분석 도구들에 대해서 학습할 것이다.

이번 장에서는 기존의 단일 표본에 대한 평균과 비율에 추정을 바탕으로 구간추정과 가설검정을 실시한 내용을 확대하여 두 모집단이 존재하는 경우에 어떻게 신뢰구간 설정과

가설검정이 이루어지는지 논의할 것이다.*

예를 들어 남자 근로자들의 입사 임금과 여성 근로자들의 입사 임금 간의 차이에 대한 구간 예측치를 계산하고자 할 경우나 두 공장에서 생산되어지는 제품의 불량 수준에 대한 차이에 대한 가설검정을 진행하게 될 것이다. 우선 두 모집단의 표준편차가 알려져 있다고 가정한 경우의 두 모집단 평균차이에 대한 구간추정과 가설검정에 대한 방법을 제시한다.

10.1 두 모집단 평균 차이에 대한 추론: σ_1과 σ_2가 알려져 있는 경우

μ_1을 모집단 1의 모집단 평균으로, μ_2를 모집단 2의 모집단 평균으로 둔 경우에, 평균값의 차이($\mu_1-\mu_2$)에 대한 추론에 논의의 초점을 둘 것이다. 추론을 위하여 모집단 1로부터 n_1개, 모집단 2로부터 n_1의 표본을 무작위로 선정하였다. 이 두 표본은 개별적이며 독립적으로 수집되는데, 이를 **독립 단순 무작위 표본(independent simple random samples)**이라고 한다. 여기에서는 모집단으로부터 표본을 선정하기에 앞서 모집단 표준편차인 σ_1과 σ_2가 알려져 있다고 가정한다. 즉 σ_1과 σ_2가 알려져 있는 경우의 추론을 수행하는 것이다. 아래에서 제시되는 사례에서 모집단 평균의 차이에 대한 오차의 차이와 신뢰구간을 구할 수 있다.

$\mu_1-\mu_2$에 대한 신뢰구간 추정

Greystone 백화점은 버팔로에 두 개의 영업점을 운영하고 있다. 하나는 시내에 있으며 나머지는 시 외곽에 위치하고 있다. 지점 관리자는 한 가게에서 잘 팔리는 제품이 다른 가게에서도 항상 잘 팔리는 것은 아니라는 것을 알았다. 관리자는 이러한 차이가 두 지역의 인구통계학적 차이에 기인한 것이라 믿고 있다. 고객들은 연령이나 교육수준, 수입 등에서 차이를 보일 것이다. 관리자가 두 가게 고객들의 평균 연령의 차이에 대하여 조사해 볼 것을 지시하였다고 가정해 보자.

시내 지점에서 쇼핑하는 모든 고객을 모집단 1이라고 정의하고 외곽지역의 지점에서 쇼핑하는 모든 고객을 모집단 2라고 정의하자.

μ_1 = 모집단 1의 평균(시내 지점을 이용하는 고객들의 평균 연령)

μ_2 = 모집단 2의 평균(외곽 지점을 이용하는 고객들의 평균 연령)

두 모집단 평균의 차이는 $\mu_1-\mu_2$로 표현된다.

$\mu_1-\mu_2$를 계산하기 위해 모집단 1로부터 단순 무작위 표본 n_1을 선정하고, 모집단 2로부터 단순 무작위 표본 n_2를 선정한다.

* 8장과 9장에서 단일 집단을 대상으로 평균과 비율을 추정하고, 이를 바탕으로 구간추정과 가설검정하는 방법을 제시하였다.

그림 10.1 두 모집단 평균의 차이에 대한 추정

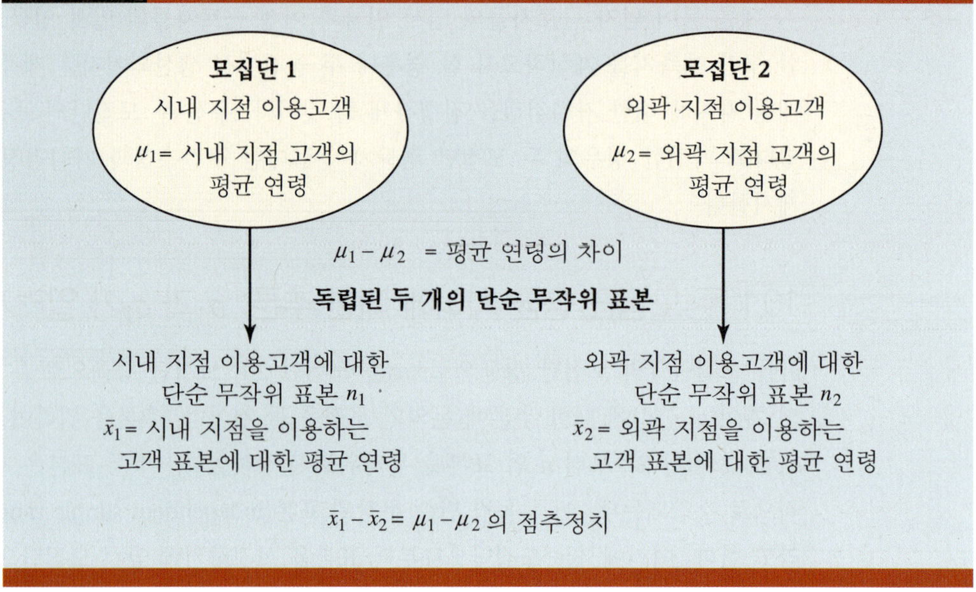

$\bar{x}_1$ = 시내 지점을 이용하는 고객들의 표본에 대한 평균 연령

$\bar{x}_2$ = 외곽 지점을 이용하는 고객들의 표본에 대한 평균 연령

두 모집단 평균의 차이에 대한 점추정치는 두 표본의 표본평균의 차이가 된다.

두 모집단 평균 차이에 대한 점추정치

$$\bar{x}_1 - \bar{x}_2 \tag{10.1}$$

그림 10.1에 두 개의 독립 단순 무작위 표본에 기초한 두 모집단 평균 차이를 추정하기 위한 절차를 소개하였다.

다른 점추정치들과 마찬가지로, 점추정치 $\bar{x}_1 - \bar{x}_2$도 추정량의 표본분포에서의 변동량을 의미하는 표준오차를 가진다.*

두 개의 독립 단순 무작위 표본이 있는 경우에 $\bar{x}_1 - \bar{x}_2$의 표준오차는 다음과 같다.

$\bar{x}_1 - \bar{x}_2$ 표준오차

$$\sigma_{\bar{x}_1 - \bar{x}_2} = \sqrt{\frac{\sigma_1^2}{n_1} + \frac{\sigma_2^2}{n_2}} \tag{10.2}$$

* $\bar{x}_1 - \bar{x}_2$의 표준오차는 $\bar{x}_1 - \bar{x}_2$의 표본분포에 대한 표준편차이다.

만약에 두 개의 모집단이 정규분포를 보이거나 표본수가 중심극한정리를 적용할 수 있을 정도로 크면 $\bar{x}_1$과 $\bar{x}_2$의 분포는 정규분포에 근사한다는 결론을 내릴 수 있으며, $\bar{x}_1-\bar{x}_2$의 표본분포도 정규분포를 가지며, 이때 평균은 $\mu_1-\mu_2$로 주어지게 된다.

일반적으로 신뢰구간은(점추정치 ± 오차한계)를 통하여 계산된다. 두 모집단의 평균의 차이에 대한 추정의 경우에도 신뢰구간은 아래의 공식에 의해 구해진다.

$$\bar{x}_1-\bar{x}_2 \pm \text{오차한계}$$

$\bar{x}_1-\bar{x}_2$의 표본분포가 정규분포를 보인다고 할 때, 오차한계를 다음과 같이 정리할 수 있다.*

$$\text{오차한계} = z_{\alpha/2}\sigma_{\bar{x}_1-\bar{x}_2} = z_{\alpha/2}\sqrt{\frac{\sigma_1^2}{n_1}+\frac{\sigma_2^2}{n_2}} \quad \textbf{(10.3)}$$

따라서 두 모집단 평균 차이에 대한 신뢰구간 추정치는 다음과 같다.

두 모집단 평균 차이에 대한 신뢰구간 추정치: σ_1과 σ_2가 알려져 있을 때

$$\bar{x}_1-\bar{x}_2 \pm z_{\alpha/2}\sqrt{\frac{\sigma_1^2}{n_1}+\frac{\sigma_2^2}{n_2}} \quad \textbf{(10.4)}$$

$1-\alpha$는 신뢰계수이다.

Creystone사의 경우로 다시 돌아가 보면, 사전 실시한 인구통계학적 조사를 통하여 두 모집단 표준편차는 각각 σ_1이 9세이며 σ_2가 10세로 알려져 있다. 두 단순 무작위 표본으로부터의 자료는 다음과 같다.

	시내지점 고객	외곽지점 고객
표본규모	$n_1 = 36$	$n_2 = 49$
표본평균	$\bar{x}_1 = 40$세	$\bar{x}_2 = 35$세

식 (10.1)을 활용하여 두 모집단 평균 차이의 점추정치는 $40-35=5$세라는 것을 알 수 있다. 따라서 시내 지점을 이용하는 고객들의 평균 연령이 외곽 지점을 이용하는 고객들의 평균 연령에 비하여 5세 높다고 추정하게 된다. 이제 식 (10.4)를 활용하여 오차한계를 계산할 수 있으며 $\mu_1-\mu_2$의 신뢰구간 추정치를 제시할 수 있게 된다. 95% 신뢰수준에서 $z_{\alpha/2}=z_{0.025}=1.96$이 된다.

* 오차한계는 표준오차에 $z_{\alpha/2}$를 곱하여 계산한다.

$$\bar{x}_1 - \bar{x}_2 \pm z_{\alpha/2}\sqrt{\frac{\sigma_1^2}{n_1} + \frac{\sigma_2^2}{n_2}}$$

$$40 - 35 \pm 1.96\sqrt{\frac{9^2}{36} + \frac{10^2}{49}}$$

$$5 \pm 4.06$$

오차한계는 4.06세가 되며 두 모집단의 평균 차이에 대한 신뢰구간 추정치는 $5-4.06=0.94$세에서 $5+4.06=9.06$세까지이다.

$\mu_1-\mu_2$에 대한 가설검정

두 모집단 평균 차이에 대한 가설검정을 논의해 보자. D_0를 μ_1과 μ_2의 가설화된 차이로 본다면 다음과 같은 세 가지 형태의 가설검정이 가능할 것이다.

$$H_0\colon \mu_1 - \mu_2 \geq D_0 \qquad H_0\colon \mu_1 - \mu_2 \leq D_0 \qquad H_0\colon \mu_1 - \mu_2 = D_0$$
$$H_a\colon \mu_1 - \mu_2 < D_0 \qquad H_a\colon \mu_1 - \mu_2 > D_0 \qquad H_a\colon \mu_1 - \mu_2 \neq D_0$$

대부분의 경우에 D_0는 0이 된다. 양측검정을 통해 가 0인 경우 귀무가설은 $H_0\colon \mu_1-\mu_2=0$이 된다. 이 경우에 귀무가설은 μ_1과 μ_2가 같다고 보는 것이다. 귀무가설의 기각은 $H_a\colon \mu_1-\mu_2\neq 0$가 참이라는 결론으로 이어진다.*

일반적인 가설검정 절차가 여기에서 동일하게 적용된다. 유의수준을 선정해야 하며 검정통계량을 계산해야 한다. 귀무가설을 기각할 것인지에 대한 판단을 위해 p값을 파악해야 한다. 두 개의 단순 무작위 표본을 통하여 점추정치 $\bar{x}_1-\bar{x}_2$는 식(10.2)에서 제시한 표준오차를 가지며 $\bar{x}_1-\bar{x}_2$의 분포는 정규분포로 볼 수 있다. 이 경우에 σ_1, σ_2가 알려져 있으면, 두 모집단 평균 차이에 대한 검정통계량은 다음과 같이 계산된다.

$\mu_1-\mu_2$에 대한 가설검정에서의 검정통계량: σ_1과 σ_2가 알려져 있는 경우

$$z = \frac{(\bar{x}_1 - \bar{x}_2) - D_0}{\sqrt{\frac{\sigma_1^2}{n_1} + \frac{\sigma_2^2}{n_2}}} \qquad \textbf{(10.5)}$$

다음의 가설검정 사례에서 검정통계량의 사용 예를 제시해 본다. 두 교육기관의 교육 질 차이에 대한 평가연구의 일부로서 교육기관에서 교육을 받고 있는 개인들에게 표준화된 시험이 실시되었다. 평균 시험점수의 차이가 두 교육기관의 질 차이로 판단된다. 두 교육기관에 대한 모집단 평균은 다음과 같다.

---

* 단일모집단 평균과 비율에 대한 가설검정의 일반적인 실행 절차에 대해서는 9장에서 소개하고 있다.

$$\mu_1 = \text{교육기관 A에서 교육받고 있는 개인 모집단의 평균 시험점수}$$
$$\mu_2 = \text{교육기관 B에서 교육받고 있는 개인 모집단의 평균 시험점수}$$

우선 두 교육기관의 교육 질에 차이가 없다는 임시 가정을 두고 논의를 시작하고자 한다. 따라서 시험점수에 관한 귀무가설은 $\mu_1 - \mu_2 = 0$이 된다. 만약 표본의 결과가 이 가설을 기각하는 것으로 결론난다면, 두 모집단에서 평균의 차이가 존재한다고 결론 내리게 된다. 이러한 결론은 교육기관에 따라서 질의 차이가 나타난다는 것을 의미하며, 이러한 차이가 발생하는 이유를 파악하기 위한 후속 조사를 건의할 수 있을 것이다. 양측검정을 위한 귀무가설과 대립가설은 다음과 같이 표현된다.

$$H_0\text{: } \mu_1 - \mu_2 = 0$$
$$H_a\text{: } \mu_1 - \mu_2 \neq 0$$

다양한 상황에서 표준화된 시험점수의 표준편차는 10점이다. 따라서 이를 통해 모집단 표준편차는 알려져 있는 것으로 판단할 수 있으며 각각 $\sigma_1 = 10$, $\sigma_2 = 10$이 된다. $\alpha = 0.05$의 유의수준을 적용하기로 한다.

DATA *file* ExamScores

교육기관 A로부터 추출된 독립 단순 무작위 표본 $n_1 = 30$명과, 교육기관 B로부터 추출된 표본 $n_2 = 40$이 선정되었다. 각각의 표본평균은 $\bar{x}_1 = 82$, $\bar{x}_2 = 78$이다. 이러한 자료를 통해 두 교육기관의 모집단 평균에 차이가 있다고 말할 수 있는가? 이에 대한 답을 하기 위해 식 (10.5)를 활용하여 표본통계량을 계산할 수 있다.

$$z = \frac{(\bar{x}_1 - \bar{x}_2) - D_0}{\sqrt{\dfrac{\sigma_1^2}{n_1} + \dfrac{\sigma_2^2}{n_2}}} = \frac{(82 - 78) - 0}{\sqrt{\dfrac{10^2}{30} + \dfrac{10^2}{40}}} = 1.66$$

다음으로 양측검정에 대한 p값을 계산해 보자. 표본통계량 z는 분포의 우측 면에 위치하며, $z = 1.66$ 이상의 면적을 우선 계산하게 된다. 표준정규분포표를 이용하여 평균에서 $z = 1.66$까지의 면적이 0.4515라는 것을 알 수 있다. 따라서 분포상에서의 우측면의 면적은 $0.5000 - 0.4515 = 0.0485$가 된다. 이 조사는 양측검정이므로 우측면 면적을 두 배 해야 한다. 즉 p값은 $2(0.0485) = 0.0970$이 된다. p값 $\leq \alpha$인 경우에 귀무가설을 기각하는 일반적 가설검정 규칙에 따라서 0.0970의 p값은 0.05의 유의수준에서 귀무가설을 기각할 수 있는 근거를 제시하지 못한다. 따라서 표본의 결과는 두 교육기관의 교육 질에 차이가 있다는 충분한 통계적 증거를 제시하지 못한다.

이 장에서는 p값을 이용한 가설검정 실행방법을 활용할 것이다. 그러나 선호에 따라서는 검정통계량과 임계값을 이용한 방법도 가능할 것이다. $\alpha = 0.05$이고 $z_{\alpha/2} = z_{0.025} = 1.96$에서, 임계값을 이용한 가설검정에서의 귀무가설의 기각은 $z \leq -1.96$과 $z \geq 1.96$에서 이루어지게 된다. $z = 1.66$에서 귀무가설을 기각할 수는 없다.

앞의 예에서, 두 모집단 평균의 차이에 대한 양측검정의 경우를 제시하였다. 좌측 단측검정과 우측 단측검정이 모두 가능할 것이다. 이러한 검정들은 식 (10.5)에서의 검정통계량을 동일하게 사용한다. p값을 계산하는 절차와 귀무가설의 기각법칙은 단일 모집단 평균과 단일 모집단 비율에 대한 가설검정의 경우와 동일하다.

실제적 조언

신뢰구간 추정과 가설검정의 대부분의 실제 활용에서, 무작위 표본수가 $n_1 \geq 30$, $n_2 \geq 30$인 경우가 적절하다. 두 집단 모두 혹은 한 집단이라도 표본수가 30 미만이라고 한다면 모집단의 분포에 대해서는 상당한 주의가 요구된다. 일반적으로 분석자의 입장에서는 소규모의 표본에서 두 모집단의 분포가 대략적으로라도 정규분포라고 가정하는 것이 받아들여지는 것이 중요하다.

연습문제

기본문제

1. 독립 단순 무작위 표본추출을 통해 두 모집단으로부터 다음과 같은 표본을 추출하였다.

표본 1	표본 2
$n_1 = 50$	$n_2 = 35$
$\bar{x}_1 = 13.6$	$\bar{x}_2 = 11.6$
$\sigma_1 = 2.2$	$\sigma_2 = 3.0$

a. 두 모집단 평균 차이의 점추정치는 얼마인가?

b. 두 모집단 평균 차이에 대한 90% 신뢰구간을 제시하시오.

c. 두 모집단 평균 차이에 대한 95% 신뢰구간을 제시하시오.

2. 다음 가설검정을 살펴보자.

$$H_0: \mu_1 - \mu_2 \leq 0$$
$$H_a: \mu_1 - \mu_2 > 0$$

다음은 독립 단순 무작위 표본추출을 통해 두 모집단으로부터 추출한 표본 자료이다.

표본 1	표본 2
$n_1 = 40$	$n_2 = 50$
$\bar{x}_1 = 25.2$	$\bar{x}_2 = 22.8$
$\sigma_1 = 5.2$	$\sigma_2 = 6.0$

a. 검정통계량은 얼마인가?

b. p값은 얼마인가?

c. $\alpha = 0.05$에서 가설검정 결과는 어떠한가?

3. 다음 가설검정을 살펴보자.

$$H_0\colon \mu_1 - \mu_2 = 0$$
$$H_a\colon \mu_1 - \mu_2 \neq 0$$

다음은 독립 단순 무작위 표본추출을 통해 두 모집단으로부터 추출한 자료이다.

표본 1	표본 2
$n_1 = 80$	$n_2 = 70$
$\bar{x}_1 = 104$	$\bar{x}_2 = 106$
$\sigma_1 = 8.4$	$\sigma_2 = 7.6$

a. 검정통계량은 얼마인가?

b. p값은 얼마인가?

c. $\alpha = 0.05$에서 가설검정 결과는 어떠한가?

적용문제

4. 크루즈선 평가. Condé Nast Traveler 誌에서는 구독자들을 대상으로 가장 선호하는 크루즈선을 선정하는 조사를 매년 실시하고 있다. 조사는 100점 만점으로 조사가 이루어지며 점수가 높을수록 뛰어난 서비스를 제공하는 것이다. 500명 이하의 승객을 대상으로 운항하는 37개 크루즈선의 평균은 85.36이며 500명 이상의 승객을 대상으로 운항하는 44개 크루즈선의 평균은 81.40으로 파악되었다. 500명 이하 크루즈선과 500명 이상 크루즈선의 모표준편차는 각 4.55와 3.97로 가정한다.

a. 500명 이상의 크루즈선과 500명 이하 크루즈선의 서비스 수준에 대한 응답 모평균 점수의 차이에 대한 점추정치는 얼마인가?

b. 95% 신뢰수준에서 오차한계는 얼마인가?

c. 두 크루즈선 수준에서의 모평균 차이에 대한 95% 신뢰구간을 계산하시오.

5. 발렌타인 데이 지출. USA Today 조사에 의하면 발렌타인 데이 평균 지출액은 100.89달러로 알려졌다. 남성과 여성들의 지출 규모에서 차이가 있을 것인가? 40명의 남성 소비자들에 대한 조사에서 평균 지출액은 135.67달러로 파악되었고 30명의 여성 소비자들에 대한 조사에서 평균 지출액은 68.64달러로 측정되었다. 과거 자료를 바탕으로 볼 때, 남성 소비자들의 표준편차는 35달러이며 여성 소비자들의 경우에는 20달러라고 본다.

a. 남성 소비자들과 여성 소비자들의 평균 지출규모의 차이에 대한 점추정치를 계산하시오.

b. 99% 신뢰수준에서 오차한계는 얼마인가?

c. 두 모집단 평균 차이에 대한 99% 신뢰구간을 계산하시오.

DATA *file* Hotel

6. **호텔가격 비교.** 기업 회의일정에 대한 책임을 지고 있는 것으로 가정을 해보자. 최근의 경기침에 따른 예산상의 문제로 가장 저렴한 호텔을 선정해야만 한다. 애틀란타와 휴스턴 지역에서 장소를 섭외하고자 계획하고 있다. Hotel 파일명에는 Smith Travel Research에서 실시한 SmartMoney 조사 결과와 동일한 애틀란타와 휴스턴 지역의 호텔 투숙료가 포함되어 있다. 지속적으로 양 지역에 대한 호텔 투숙료 파악이 이루어지고 있어 표준편차는 애틀란타 지역은 20달러, 휴스턴 지역은 25달러이라는 것을 알 수 있다. 표본자료를 바탕으로 애틀란타 지역의 투숙료 평균치가 휴스턴 지역에 비하여 낮다고 결론내릴 수 있겠는가? ($\alpha = 0.05$)

7. **슈퍼마켓 고객만족도.** *Consumer Reports* 에서는 독자들을 대상으로 대형 슈퍼마켓들에 대한 등급을 평가하였다. 응답자들은 다양한 요소들에 기반하여 각 슈퍼마켓을 평가하도록 요청받았는데 제품의 품질, 제품선택, 가치, 계산 효율성에 대한 부분 등이 평가영역이었다. 전반적인 만족도가 100점 만점으로 측정되어지고 Publix와 Trader Joe's 슈퍼마켓에 대한 표본 응답결과는 다음과 같다.

Publix	Trader Joe's
$n_1 = 250$	$n_2 = 300$
$\bar{x}_1 = 86$	$\bar{x}_2 = 85$

a. 고객만족도에 두 소매점의 모집단 평균이 차이있는지 확인하고자 하는 가설검정에 대한 귀무가설과 대립가설을 제시하시오.

b. 두 소매점에 대한 모집단 표준편차가가 12라고 가정할 때, $\alpha = 0.05$에서 가설검정을 실행하고 통계적 결과를 제시하시오.

c. 어떤 소매점이 더욱 높은 고객만족도를 보인다고 할 수 있는가? 두 소매점의 고객만족도 차이에 모평균 차이에 대한 95% 신뢰구간을 제시하시오.

8. **고객만족도의 약화.** 뛰어난 고객서비스를 제공함으로서 기업의 주가를 상승시킬 수 있을 것인가? 고객서비스 수준은 기업의 수익성과 깊은 관련성을 가진다. 다음의 자료는 연속된 4분기 세 기업에 대한 다음의 고객만족도 자료는 각 60명을 조사한 ACSI(American Customer Satisfaction Index)에서 발췌하였다. 수 년에 걸쳐 반복적으로 자료가 수집되었기 때문에 표준편차는 모두 6점이라는 것을 알 수 있다.

기업	금년	전년도
RiteAid	72	75
Costco	81	83
BassProShops	79	80

a. Rite Aid의 경우에 2년간 고객만족도가 유의하게 증가했다고 할 수 있는가? (α = 0.05)

b. Rite Aid의 고객만족도 수준이 전국 평균 75.7점보다 낮다고 할 수 있는가? (α = 0.05)

c. Costco의 경우에 2년간 고객만족도가 유의하게 감소했다고 할 수 있는가? (α = 0.05)

d. 표준편차와 표본의 크기, α 수준을 고려한 가설검정에서 2년간 통계적으로 유의한 수준이 되기 위해서는 어느 정도의 상승이 있어야만 하는가?

e. (d)의 결과를 바탕으로 Base Pro Shops의 2년간 고객만족도 감소세가 유의한 수준이라고 할 수 있는가?

10.2 두 모집단 평균 차이에 대한 추론: σ_1과 σ_2가 알려져 있지 않은 경우

여기에서는 두 모집단 표준편차가 알려져 있지 않은 경우의 모집단 평균 차이에 대한 추론에 대하여 논의하고자 한다. 이러한 경우에, 표본표준편차인 s_1과 s_2를 알려져 있지 않은 모집단 표준편차를 추정하기 위해 활용한다. 표본표준편차를 활용하는 경우에, 신뢰구간 추정과 가설검정은 표준정규분포가 아니라 t분포에 기초하게 된다

$\mu_1 - \mu_2$에 대한 신뢰구간 추정

아래에서 소개하는 사례를 통하여, σ_1과 σ_2가 알려져 있지 않은 경우의 오차한계와 신뢰구간 추정치를 어떻게 계산할 수 있는지 논의하고자 한다. Clearwater 국책은행은 두 지점 고객들의 당좌계좌 실태를 파악하기 위한 조사를 수행하고자 한다. 단순 무작위 표본 28개의 당좌계좌가 Cherry Grove 지점에서 추출되고 22개의 단순 무작위 표본이 Beechmont 지점에서 추출되었다. 현재 당좌계좌 잔고는 각 당좌계좌에 기록되어 있다. 잔고에 대한 요약 자료는 다음과 같다.

DATA*file* CheckAcct

	Cherry Grove 지점	Beechmont 지점
표본수	$n_1 = 28$	$n_2 = 22$
표본평균	$\bar{x}_1 = \$1025$	$\bar{x}_2 = \$910$
표본표준편차	$s_1 = \$150$	$s_2 = \$125$

Clearwater 국책은행은 양 지점 고객들의 당좌계좌에서의 평균 잔고수준에 차이가 있는가를 추정해 보고자 한다. 모집단 평균 차이에 대한 오차한계와 신뢰구간을 개발해 보자.

10.1절에서 모집단 표준편차인 σ_1과 σ_2가 알려져 있는 경우에 신뢰구간 추정치를 다음과 같이 구할 수 있음을 제시하였었다.

$$\bar{x}_1 - \bar{x}_2 \pm z_{\alpha/2}\sqrt{\frac{\sigma_1^2}{n_1} + \frac{\sigma_2^2}{n_2}}$$

σ_1과 σ_2가 알려져 있지 않은 경우에, 표본표준편차인 s_1과 s_2를 σ_1과 σ_2의 추정을 위해 활용하며 $z_{\alpha/2}$를 $t_{\alpha/2}$로 대체하게 된다. 결과적으로 모집단 평균 차이에 대한 신뢰구간 추정치는 아래와 같이 표현된다.*

두 모집단 평균 차이에 대한 신뢰구간 추정치: σ_1과 σ_2가 알려져 있지 않을 때

$$\bar{x}_1 - \bar{x}_2 \pm t_{\alpha/2}\sqrt{\frac{s_1^2}{n_1} + \frac{s_2^2}{n_2}} \tag{10.6}$$

이 식에서 t분포의 활용은 근사치로 활용됐지만, 양호한 결과와 함께 활용에의 용이성을 가진다. 식 (10.6)을 활용함에 있어 유일한 난제는 $t_{\alpha/2}$의 적절한 자유도를 결정하는 것이다. 통계 소프트웨어는 적절한 자유도를 자동으로 계산해 준다. 자유도 산정 공식은 다음과 같다.

자유도: 2개의 단순무작위 표본추출의 t분포

$$df = \frac{\left(\frac{s_1^2}{n_1} + \frac{s_2^2}{n_2}\right)^2}{\frac{1}{n_1 - 1}\left(\frac{s_1^2}{n_1}\right)^2 + \frac{1}{n_2 - 1}\left(\frac{s_2^2}{n_2}\right)^2} \tag{10.7}$$

Clearwater 국책은행의 경우에 양 지점 고객들의 당좌계좌 잔고 수준에 대한 모집단 평균 차이에 대한 95% 신뢰구간 추정에서 식 (10.7)이 어떻게 활용되는지 알아보도록 하자. 표본 자료에 의하면 Cherry Grove 지점의 경우에 $n_1 = 28$, $\bar{x}_1 = 1{,}025$달러, $s_1 = 150$달러이며 Beechmont 지점의 경우에는 $n_2 = 22$, $\bar{x}_2 = 910$달러, $s_2 = 125$달러로 파악되었다. $t_{\alpha/2}$에 대한 자유도는 다음과 같다.

---

* σ_1과 σ_2를 s_1과 s_2로 추정하는 경우에 두 모집단 평균차이에 대한 검정은 t분포를 활용한다

$$df = \frac{\left(\frac{s_1^2}{n_1} + \frac{s_2^2}{n_2}\right)^2}{\frac{1}{n_1 - 1}\left(\frac{s_1^2}{n_1}\right)^2 + \frac{1}{n_2 - 1}\left(\frac{s_2^2}{n_2}\right)^2} = \frac{\left(\frac{150^2}{28} + \frac{125^2}{22}\right)^2}{\frac{1}{28 - 1}\left(\frac{150^2}{28}\right)^2 + \frac{1}{22 - 1}\left(\frac{125^2}{22}\right)^2} = 47.8$$

자유도를 47로 하였는데, 이는 t값을 상향 조정하고 보수적인 신뢰구간 추정을 하기 위함이다. 47의 자유도를 가지는 t분포표를 활용하여 $t_{0.025} = 2.012$라는 것을 알 수 있다. 식 (10.6)을 활용하여 두 모집단 평균의 차이에 대한 95% 신뢰구간 추정치를 구할 수 있다.

$$\bar{x}_1 - \bar{x}_2 \pm t_{0.025}\sqrt{\frac{s_1^2}{n_1} + \frac{s_2^2}{n_2}}$$

$$1025 - 910 \pm 2.012\sqrt{\frac{150^2}{28} + \frac{125^2}{22}}$$

$$115 \pm 78$$

두 지점에서의 당좌계좌 잔고에 대한 모집단 평균 차이의 점추정치는 115달러이다. 오차한계는 78달러이며 모집단 평균에 대한 95% 신뢰구간 추정치는 $115 - 78 = 37$달러에서 $115 + 78 = 193$달러까지가 된다.

$\mu_1 - \mu_2$에 대한 가설검정

σ_1과 σ_2가 알려져 있지 않은 경우의 모집단 평균 차이에 대한 가설검정에 대하여 논의해 보자. D_0를 μ_1과 μ_2의 가설화된 차이로 보자. 10.1절에서 σ_1과 σ_2가 알려져 있는 경우에 검정통계량은 다음의 식에 의해 구해진다는 것을 보였다.

$$z = \frac{(\bar{x}_1 - \bar{x}_2) - D_0}{\sqrt{\frac{\sigma_1^2}{n_1} + \frac{\sigma_2^2}{n_2}}}$$

여기에서 검정통계량 z는 표준정규분포를 따른다.

σ_1과 σ_2가 알려져 있지 않은 경우에는 σ_1의 추정량으로 s_1, σ_2의 추정량으로 s_2를 활용한다. 따라서 σ_1과 σ_2를 교체하면 σ_1과 σ_2가 알려져 있지 않은 경우의 검정통계량은 다음의 공식에 의해 구해진다.

$\mu_1 - \mu_2$에 대한 가설검정에서의 검정통계량: σ_1과 σ_2가 알려져 있지 않은 경우

$$t = \frac{(\bar{x}_1 - \bar{x}_2) - D_0}{\sqrt{\frac{s_1^2}{n_1} + \frac{s_2^2}{n_2}}} \tag{10.8}$$

아래에서 소개하는 사례에서 이러한 검정통계량의 활용 예를 들어 보기로 하자. 시스템 분석가를 위한 새로운 컴퓨터 소프트웨어 패키지가 정보시스템을 설계하고 개발, 실행하는 데 소요되는 시간을 단축한다고 고려해 보자. 새로운 소프트웨어 패키지의 효익을 평가하기 위해, 24명의 분석가들이 무작위 표본으로 선정되었다. 이 중에서 12명은 기존의 시스템을 통해 정보시스템을 개발하고 나머지 12명은 새로운 소프트웨어 사용법을 교육받고 난 다음에 정보시스템을 개발하도록 하였다.

이 조사에서는 두 개의 모집단이 존재한다. 현재 기술을 활용하는 분석가 모집단과 새로운 소프트웨어를 활용하는 분석가 모집단이다. 정보시스템 개발 프로젝트를 완성하는 데 소요되는 시간을 고려할 때 모집단 평균은 다음과 같다.

μ_1: 기존 기술을 활용한 분석가들의 평균 프로젝트 완료시간

μ_2: 새로운 소프트웨어 패키지를 활용한 분석가들의 평균 프로젝트 완료시간

새로운 소프트웨어의 평가에 책임을 지고 있는 조사자들은 새로운 소프트웨어 시스템 개발 완료시간이 단축되길 바라고 있다. 따라서 μ_2가 μ_1에 비해 짧다는 결론을 내리길 바라고 있다. 이 경우에 $\mu_1-\mu_2$는 0보다 클 것이다. $\mu_1-\mu_2>0$이라는 연구가설은 대립가설로 표현된다. 따라서 가설은 다음과 같이 정리된다.

$$H_0\text{: } \mu_1-\mu_2 \le 0$$
$$H_a\text{: } \mu_1-\mu_2 > 0$$

이 경우에 $\alpha=0.05$를 활용한다.

24명의 분석가들에 의해 표 10.1과 같은 프로젝트 완료시간을 보였다고 가정하자. 식 (10.8)에서의 검정통계량 공식을 활용하여 t값을 구하면 다음과 같다.

$$t=\frac{(\bar{x}_1-\bar{x}_2)-D_0}{\sqrt{\dfrac{s_1^2}{n_1}+\dfrac{s_2^2}{n_2}}}=\frac{(325-286)-0}{\sqrt{\dfrac{40^2}{12}+\dfrac{44^2}{12}}}=2.27$$

식 (10.7)을 활용하여 자유도를 구하면 다음과 같다.

$$df=\frac{\left(\dfrac{s_1^2}{n_1}+\dfrac{s_2^2}{n_2}\right)^2}{\dfrac{1}{n_1-1}\left(\dfrac{s_1^2}{n_1}\right)^2+\dfrac{1}{n_2-1}\left(\dfrac{s_2^2}{n_2}\right)^2}=\frac{\left(\dfrac{40^2}{12}+\dfrac{44^2}{12}\right)^2}{\dfrac{1}{12-1}\left(\dfrac{40^2}{12}\right)^2+\dfrac{1}{12-1}\left(\dfrac{44^2}{12}\right)^2}=21.8$$

21.8을 내림하여 21의 자유도를 가지는 t분포를 활용할 것이다. 아래는 t분포표의 행을 옮겨 놓은 것이다.

DATA *file* SoftwareTest

표 10.1 소프트웨어 조사연구에서의 프로젝트 완료시간과 요약통계량

	기존 기술	신 소프트웨어
	300	274
	280	220
	344	308
	385	336
	372	198
	360	300
	288	315
	321	258
	376	318
	290	310
	301	332
	283	263
요약 통계량		
표본규모	$n_1 = 12$	$n_2 = 12$
표본평균	$\bar{x}_1 = 325$시간	$\bar{x}_2 = 286$시간
표본표준편차	$s_1 = 40$	$s_2 = 44$

우측 면적	**0.20**	**0.10**	**0.05**	**0.025**	**0.01**	**0.005**
t값(5 자유도)	0.859	1.323	1.721	2.080	2.518	2.831

$t = 2.27$

우측 단측검정에서 p값은 $t = 2.27$ 우측면의 면적이 된다. 앞에서의 결과를 바탕으로 p값은 0.025에서 0.01 사이라는 것을 알 수 있다. 따라서 p값은 $\alpha = 0.05$보다 작게 되며 H_0는 기각된다. 표본 결과를 통하여 시스템 분석가들은 $\mu_1 - \mu_2 > 0$ 혹은 $\mu_1 > \mu_2$라는 결론을 내릴 수 있게 된다. 조사 결과는 신 컴퓨터 소프트웨어 패키지는 프로젝트 완료시간 단축에 기여한다는 주장을 뒷받침해 준다.*

통계 소프트웨어를 통해 두 모집단 평균 간의 차이에 대한 가설검정을 수행할 수 있다. 현재와 새로운 소프트웨어에 의한 프로젝트 완료시간에 대한 분석 결과를 그림 10.2에서 확인할 수 있다. 출력 결과의 마지막 줄에 $t = 2.27$, p값 $= 0.017$이라고 제시되어 있다. 자유도 21을 산출하기 위해 통계 소프트웨어에서는 식 (10.7)을 활용하고 있다.

실제적 조언

여기에서 제시한 신뢰구간 추정과 가설검정 절차는 안정적으로 활용 가능한 것이며 주로 표본수가 크지 않은 경우에 적합하다. 대부분의 경우에 각 집단의 표본수가 동일하거나

* t분포표를 통해서 p값의 범위를 확인할 수 있다. 소프트웨어를 통한 정확한 p값은 0.017으로 파악된다.

거의 유사하며 $n_1 + n_2$의 표본수가 적어도 20개 정도인 경우에는, 표본분포가 정규분포가 아니라고 하더라도 매우 뛰어난 통계적 결과를 제시하는 것으로 기대된다. 만약에 모집단 분포가 치우침이 있고 극단치가 있는 경우에는 좀 더 많은 표본수가 요구된다. 모집단의 분포가 최소한 유사 정규분포를 보인다는 점에 대하여 분석가가 만족한다면 소표본의 활용이 가능할 것이다.*

표 10.2 기존기술과 새로운 소프트웨어에 대한 가설검정 결과

	기존 기술	신 기술
평균	325	286
분산	1600	1936
관찰수	12	12

평균차이	0
자유도	21
검정통계량	2.272
단측 p값	0.017
단측 임계치	1.717

주석 및 코멘트

σ_1과 σ_2가 알려져 있지 않은 경우에 두 모집단의 차이에 대한 추론을 위해 실행하는 또 다른 접근법은 두 모집단의 표본편차가 동일하다는 가정($\sigma_1 = \sigma_2 = \sigma$)하에서 이루어진다. 이 가정하에서 두 표본표준편차는 아래에서 제시한 공동표본분산(pooled sample variance)을 계산하기 위해 합쳐진다.

$$s_p^2 = \frac{(n_1 - 1)s_1^2 + (n_2 - 1)s_2^2}{n_1 + n_2 - 2}$$

그리고 $n_1 + n_2 - 2$의 자유도를 가지는 t 통계량은 다음과 같이 계산된다.

$$t = \frac{(\bar{x}_1 - \bar{x}_2) - D_0}{s_p\sqrt{\frac{1}{n_1} + \frac{1}{n_2}}}$$

여기에서 p값의 계산과 표본 결과에 대한 통계적 해석은 앞서 본문에서 제시한 절차와 동일하다.

이 경우의 난점은 두 모집단 표준편차가 동일하다는 가정은 증명하기 어렵다는 것이다. 상당수의 경우에 모집단 표준편차는 동일하지 않다. 공동표본분산의 활용은 n_1과 n_2가 차이가 많이 나는 경우에 만족스럽지 못한 결과를 제시하는 것으로 알려져 있다.

여기에서 제시한 t 통계량 추출과정은 모집단 표준편차가 동일해야 한다는 가정을 필요로 하지 않으며, 모집단 표준편차가 동일하거나 상이한 모든 경우에 활용 가능하다. 따라서 더 일반적 절차이고 대부분의 경우에 적용 가능하다.

* 가능한 동일한 표본수($n_1 = n_2$)가 권고된다.

연습문제

기본문제

9. 두 모집단으로부터 독립 단순 무작위 표본추출한 다음 결과를 바탕으로 답하시오.

표본 1	표본 2
$n_1 = 20$	$n_2 = 30$
$\bar{x}_1 = 22.5$	$\bar{x}_2 = 20.1$
$s_1 = 2.5$	$s_2 = 4.8$

a. 두 모집단 평균 차이에 대한 점추정치는 얼마인가?

b. t분포의 자유도는 얼마인가?

c. 95% 신뢰수준에서 오차한계는 얼마인가?

d. 두 모집단 평균 차이에 대한 95% 신뢰구간은 얼마인가?

10. 다음 가설검정을 살펴보자.

$$H_0\colon \mu_1 - \mu_2 = 0$$
$$H_a\colon \mu_1 - \mu_2 \neq 0$$

다음은 독립 단순 무작위 추출한 표본 자료이다.

표본 1	표본 2
$n_1 = 35$	$n_2 = 40$
$\bar{x}_1 = 13.6$	$\bar{x}_2 = 10.1$
$s_1 = 5.2$	$s_2 = 8.5$

a. 검정통계량은 얼마인가?

b. t분포의 자유도는 얼마인가?

c. p값은 얼마인가?

d. $\alpha = 0.05$에서 통계적 결론은 무엇인가?

11. 정규분포를 보이는 두 모집단으로부터 독립 단순 무작위 추출 결과는 다음과 같다.

a. 두 표본의 평균은 각각 얼마인가?

표본 1	10	7	13	7	9	8
표본 2	8	7	8	4	6	9

b. 두 표본의 표준편차는 각각 얼마인가?

c. 두 모집단 평균 차이에 대한 점추정치는 얼마인가?

d. 두 모집단 평균 차이에 대한 90% 신뢰구간을 얼마인가?

적용문제

12. **하루당 운행거리.** 미국 교통국은 75개 대도시의 거주자들이 매일 자동차로 이동하는 거리를 발표하였다. 50명의 버팔로 시민을 단순 무작위 표본추출을 한 경우에 평균 이동거리는 매일 22.5마일이며 표본표준편차는 매일 8.4마일로 나타났으며 40명의 보스톤 시민들은 매일 평균 18.6마일을 이동하고 표본표준편차는 매일 7.4마일이라고 보자.

a. 버팔로 시민과 보스톤 시민의 매일 이동거리 차이에 대한 점추정치는 얼마인가?

b. 두 모집단 평균 차이에 대한 95% 신뢰구간은 얼마인가?

13. **연간 대학비용.** 노동부 자료에 의하면, 지난 수십년간 대학관련 비용(학비, 숙식비, 책값 등)이 지속적으로 증가하는 것으로 보고되고 있다. 다음의 자료는 무작위로 추출된 사립 및 공립대학 비용액이다. 단위는 천 달러이다.

DATA *file* CollegeCosts

사립대학

52.8	43.2	45.0	33.3	44.0	
30.6	45.8	37.8	50.5	42.0	

공립대학

20.3	22.0	28.2	15.6	24.1	28.5
22.8	25.8	18.5	25.6	14.4	21.8

a. 사립대학 및 공립대학에 대한 평균과 표준편차를 계산하시오.

b. 두 모집단 평균의 차이에 대한 점추정치는 얼마인가? 연간 비용이라는 측면에서 이 수치를 해석하시오.

c. 두 모집단 평균의 차이에 대한 95% 신뢰구간을 계산하시오.

14. **최근 대학 졸업자들의 급여차이.** Tippie경영대학에서는 다음과 같이 최근 대학 졸업생들의 급여에 대한 자료를 확보하였다.

재무 전공	경영분석 전공
$n_1 = 110$	$n_2 = 30$
$\bar{x}_1 = \$48,537$	$\bar{x}_2 = \$55,317$
$s_1 = \$18,000$	$s_2 = \$10,000$

a. 표본 자료가 재무 전공 졸업생들의 급여가 경영분석 전공 졸업생들의 급여에 비해 낮다라고 볼 수 있는지에 대한 가설을 지지할 수 있는지를 확인할 수 있도록 가설을 수립하시오. ($\alpha = 0.05$)

b. 검정통계량은 얼마인가?

c. p값은 얼마인가?

d. 통계적 결론은 무엇인가?

DATA*file* IntHotels

15. **호텔 가격.** 호텔룸 가격은 수시로 변하고 있는데(Lodging Magazine), 유럽과 미국 호텔의 룸가격에 차이가 있다고 볼 수 있는가? 파일명 IntHotels에는 47개 유럽 호텔과 53개 미국 호텔의 룸 가격이 포함되어 있다.

a. 표본 자료를 바탕으로 미국과 유럽 호텔의 평균 룸 가격에 차이가 있다고 말할 수 있는가? 귀무가설과 대립가설을 작성하시오.

b. $\alpha = 0.01$에서 통계적 결론은 무엇인가?

16. **학생의 SAT성적에 대한 부모 교육수준의 영향.** 대학 본부에서는 부모의 최종학력에 따른 응시자들의 SAT 점수 차이를 비교하였다. 연구가설은 부모들의 최종학력이 높을수록 상대적으로 높은 SAT점수를 획득할 것이라고 보았다. 전체 SAT 평균 점수는 507점이었다. 학생들에 대한 독립표본을 선정하여 SAT 점수를 구했다. 첫 번째 표본에서는 학부모들이 대학에서 학사학위를 취득한 집단의 SAT 점수를 취하였다. 두 번째 표본에서는 부모들이 고등학교를 졸업하고 대학 학위를 취득하지 못한 집단의 SAT 점수를 취하였다.

DATA*file* SATMath

학생들의 부모			
대학교 졸업		고등학교 졸업	
485	487	442	492
534	533	580	478
650	526	479	425
554	410	486	485
550	515	528	390
572	578	524	535
497	448		
592	469		

a. 표본 자료가 학생들의 부모가 높은 학력을 가질수록 높은 모집단 평균 점수를 보일 것이라는 가설을 지지할 수 있는지를 확인할 수 있도록 가설을 수립 하시오.

b. 두 집단의 모집단 평균 차이에 대한 점추정치는 얼마인가?

c. 가설검정을 위한 p값을 계산하시오.

d. $\alpha = 0.05$에서 통계적 결론은 무엇인가?

17. 재무 컨설턴트 평가. 정기적으로 Merrill Lynch 고객들은 Merrill Lynch 재무 컨설턴트와 서비스를 평가하고 있다. 고객만족 수준이 높을수록 7점 만점의 서비스 수준도 높음을 보인다. 두 명의 재무 컨설턴트에 대하여 서비스 평가에 대한 독립표본을 선정하여 요약한 자료가 다음과 같다. 컨설턴트 A는 10년의 경력을 가지며, 컨설턴트 B는 1년의 경력을 가지고 있다. $\alpha = 0.05$에서 많은 경력을 가진 컨설턴트일수록 높은 서비스 평가를 받는다고 평가할 수 있는가에 대하여 조사를 수행하였다.

컨설턴트 A	컨설턴트 A
$n_1 = 16$	$n_2 = 10$
$\bar{x}_1 = 6.82$	$\bar{x}_2 = 6.25$
$s_1 = 0.64$	$s_2 = 0.75$

a. 귀무가설과 대립가설을 수립하시오.

b. 검정통계량을 계산하시오.

c. p값은 얼마인가?

d. 통계적 결론은 무엇인가?

DATA*file* LateFlights

18. 항공 지연의 비교. 항공사의 성공은 이용 승객들에게 즐거운 경험을 제공하는가에 크게 영향을 받게 된다. 고객들의 서비스 평가에서 중요한 한 가지 차원은 정시 도착율일 것이다. *LateFlights* 파일에서는 델타와 사우스웨스트 항공사의 지연 운항에 대한 표본자료가 포함되어 있다.

a. 두 항공사 간의 운항 지연율 수준에 차이가 있는지 가설검정하기 위한 귀무가설과 대립가설을 제시하시오.

b. 두 항공사의 지연 운항시간 평균 시간은 각각 얼마인가?

c. 0.05 유의수준에서 p값과 통계적 결론을 제시하시오.

10.3 두 모집단 평균 차이에 대한 추론: 짝표본의 경우

제조기업의 종업원들이 다른 두 가지 방법으로 생산과업을 수행할 수 있다고 가정해 보자. 생산량을 최대화하기 위해 기업은 생산 완료시간이 적게 드는 작업방법을 알고 싶을 것이다. μ_1을 작업방법 1에 의한 평균작업 완료시간, μ_2를 작업방법 2에 의한 평균작업 완료시간이라고 하자. 사전에 선호되는 작업방법에 대하여 아무런 지침이 없는 경우에 임시로 두 작업방법의 완료시간은 동일할 것이라고 가정할 수 있을 것이다. 따라서 귀무가설은 H_0: $\mu_1 - \mu_2 = 0$이 될 것이다. 만약에 이 가설이 기각되면 모집단에서의 평균 완료시간에 차이가 있다고 결론내리게 된다. 이러한 경우에, 더 적은 평균 완료시간을 보이는 작업방법이 추천될 것이다. 귀무가설과 대립가설은 다음과 같다.

$$H_0\colon \mu_1 - \mu_2 = 0$$
$$H_a\colon \mu_1 - \mu_2 \neq 0$$

생산시간 자료 수집과 가설검정에 활용되는 표본추출 절차를 선택하는 데 있어 두 가지 표본 설계를 고려해야 한다. 하나는 독립표본이며 또 하나는 **짝표본(matched samples)**이다.

1. **독립표본 설계:** 작업자들에 대한 단순 무작위 표본이 추출되고 표본 내의 각 작업자들은 작업방법 1을 활용한다. 두 번째 단순 무작위 표본이 추출되고 표본 내의 각 작업자들은 작업방법 2를 활용한다. 모집단 평균의 차이에 대한 조사는 10.2절에서 제시한 절차에 따른다.
2. **짝표본 설계:** 한 명의 단순 무작위 표본이 추출된다. 각 작업자들은 먼저 한 가지 작업방법을 활용하고 그 다음에 두 번째 작업방법을 활용한다. 각 작업방법은 무작위로 작업자들에게 제공되어 어떤 작업자들은 작업방법 1을 먼저 할 수도 있고 어떤 작업자들은 작업방법 2를 먼저 할 수도 있다. 각 작업자들은 한 쌍의 자료를 제시하는데, 하나는 작업방법 1에 대한 것이며 나머지는 작업방법 2에 대한 것이다.

짝표본 설계에서 두 가지 생산방법은 유사한 조건(예를 들어 동일한 작업자)에서 비교 조사된다. 따라서 독립표본 설계에 비하여 낮은 표본오차를 보인다. 짝표본 설계에서는 작업자 간의 변동이 제거되기 때문에 낮은 표본오차를 보이게 되는 것이다.

두 생산방법의 모집단 평균 차이에 대한 조사에 활용할 수 있는 짝표본 설계를 통한 분석의 예를 들어 보도록 하자. 단순 무작위 표본으로 작업자 6명이 선정되었다. 6명의 작업자에 의한 평균 작업 완료시간은 표 10.3과 같다. 각 작업자는 한 쌍의 자료를 제시하고 있으며 각각은 생산방법에 따른 것이다. 그리고 마지막 열에는 표본에 속한 각 작업자의 작업 완료시간의 차이 d_i를 제시하고 있다.

DATA *file* Matched

표 10.3 짝표본 설계에서의 작업완료시간

작업자	방법 1에 의한 완료시간	방법 2에 의한 완료시간	완료시간 차이
1	6.0	5.4	0.6
2	5.0	5.2	−0.2
3	7.0	6.5	0.5
4	6.2	5.9	0.3
5	6.0	6.0	0.0
6	6.4	5.8	0.6

짝표본 설계 분석에서 중요한 점은 차이값만을 고려한다는 것이다. 따라서 6개의 차이 값(0.6, −0.2, 0.5, 0.3, 0.0, 0.6)이 두 생산방법의 모집단 평균 시간의 차이를 분석하는 데 사용된다.

μ_d를 작업자 전체의 평균값 차이로 본다면 귀무가설과 대립가설은 다음과 같다.

$$H_0: \mu_d = 0$$
$$H_a: \mu_d \neq 0$$

만약 H_0가 기각된다면 평균 작업 완료시간은 차이가 있다고 결론내릴 수 있다.

d는 두 표본 집단에서의 차이값을 의미하고 있다. 6개의 차이값에 대한 표본평균과 표본표준편차는 다음과 같다.*

$$\bar{d} = \frac{\Sigma d_i}{n} = \frac{1.8}{6} = 0.30$$

$$s_d = \sqrt{\frac{\Sigma(d_i - \bar{d})^2}{n - 1}} = \sqrt{\frac{0.56}{5}} = 0.335$$

$n = 6$이라는 소표본에서 차이의 모집단이 정규분포를 보일 것이라는 가정이 필요하다. 이 가정을 바탕으로 가설검정과 신뢰구간 추정에서 t분포를 활용할 수 있으며 검정통계량도 $n-1$의 자유도를 가지는 t분포를 바탕으로 구해진다.**

짝표본 가설검정에서의 검정통계량

$$t = \frac{\bar{d} - \mu_d}{s_d/\sqrt{n}} \tag{10.9}$$

식 (10.9)를 활용하여 $H_0: \mu_d = 0$, $H_a: \mu_d \neq 0$의 가설검정을 $\alpha = 0.05$에서 실행해 보자. 식 (10.9)에 $\bar{d} = 0.30$, $s_d = 0.335$, $n = 6$을 입력한다. 따라서 검정통계량은 다음과 같이 구해진다.***

$$t = \frac{\bar{d} - \mu_d}{s_d/\sqrt{n}} = \frac{0.30 - 0}{0.335/\sqrt{6}} = 2.20$$

---

* d라는 용어를 사용하는 것에 대하여, 표본평균과 표본표준편차를 구하는 공식은 앞에서 언급된 것과 동일하다.

** 만약에 표본이 충분히 크다면, 모집단 평균이 정규분포를 보인다는 가정은 필요하지 않다. t분포를 사용함에 따른 적절한 표본의 수에 대해서는 8장과 9장에서 언급하였다.

*** 일단 차이에 대한 값이 구해지면, 짝표본에 대한 평균 차이에 대한 검정은 8장과 9장에서 제시한 단일 모집단 평균에 대한 가설검정과 동일한 절차에 따라 진행된다.

이 양측검정에서의 p값을 구해보자. $t = 2.20 > 0$이기 때문에 검정통계량은 t분포의 우측 면에 위치한다. $t = 2.20$에서 검정통계량의 우측 면에 대한 면적은 자유도 $n-1 = 6-1 = 5$의 t분포표를 통해 구할 수 있다. 5 자유도를 보이는 행에서의 t분포표는 다음과 같다.

우측 면적	**0.20**	**0.10**	**0.05**	**0.025**	**0.01**	**0.005**
***t*값(5 자유도)**	0.920	1.476	2.015	2.571	3.365	4.032

$t = 2.20$

따라서 우측 면의 면적은 0.05에서 0.025 사이가 된다. 이 검정은 양측검정이므로 구해신 수치의 2배를 통해 최종 p값을 구할 수 있다. p값은 $\alpha = 0.05$에 비하여 크다. 따라서 귀무가설은 기각되지 않는다. 통계 소프트웨어 그리고 표 10.3을 통해 p값이 0.080이라는 것을 알 수 있다.

두 모집단 평균의 차이에 대한 신뢰구간 추정치에 대해서도 앞에서 소개한 단일 모집단의 경우를 활용하여 구할 수 있다. 95% 신뢰수준에서 계산은 다음과 같다.*

$$\bar{d} \pm t_{0.025}\frac{s_d}{\sqrt{n}}$$

$$0.3 \pm 2.571\left(\frac{0.335}{\sqrt{6}}\right)$$

$$0.3 \pm 0.35$$

따라서 두 가지 생산방법의 모집단 평균의 차이에 대해서 오차한계는 0.35이며 95% 신뢰구간 추정치는 −0.05분에서 0.65분이 된다.

주석 및 코멘트

1. 이 장에서 소개한 사례들에서 첫 번째 생산방법을 통해 근로자들이 생산활동을 수행하고 일정 시간이 지난 다음에 다른 방법으로 생산활동을 수행하였다. 이 사례는 짝표본 사례를 제시한 것으로 각 근로자들은 쌍별 자료를 제공한 셈이다. 이러한 표본설계를 통해 다른 표본이지만 유사한 성질을 가진 쌍별 자료를 수집하는 데도 활용할 수 있다. 예를 들어 한 지역의 근로자들은 다른 지역의 유사한 근로자들에 대응되는 자료 수집의 원천이 될 수 있다. 여기에서 유사하다는 것은 연령, 교육수준, 성별, 경험 등에 기초한 것이다. 이렇게 쌍이 된 표본으로부터 다양한 차이분석을 실행할 수 있다.
2. 모집단 평균 차이에 대한 추론에서의 짝표본 자료 수집 절차는 독립표본 차이분석에 비하여 높은 정확도를 보여 분석설계에서 활용빈도가 높다. 그러나 경우에 따라서는 짝표본 설계가 불가능할 수도 있으며, 시간과 비용이 과다하게 소요되기도 한다. 그와 같은 경우에 독립표본 설계가 활용된다.

* 단일모집단 신뢰구간 추정에 대해서는 8장에서 제시하였다.

연습문제

기본문제

19. 다음 가설검정을 살펴보자.

$$H_0: \mu_d \le 0$$
$$H_a: \mu_d > 0$$

다음은 두 모집단으로 수집된 짝표본 자료이다.

	모집단	
요소	1	2
1	21	20
2	28	26
3	18	18
4	20	20
5	26	24

a. 각 요소별 차이를 계산하시오

b. $\bar{d}$를 계산하시오.

c. 표준편차인 s_d를 계산하시오.

d. $\alpha = 0.05$에서 가설검정을 수행하시오. 통계적 결론은 무엇인가?

20. 다음은 두 모집단으로부터 수집된 짝표본 자료이다.

	모집단	
요소	1	2
1	11	8
2	7	8
3	9	6
4	12	7
5	13	10
6	15	15
7	15	14

a. 각 요소별 차이를 계산하시오

b. $\bar{d}$를 계산하시오.

c. 표준편차인 s_d를 계산하시오.

d. 두 모집단 평균 차이에 대한 점추정치는 얼마인가?

e. 두 모집단 평균 차이에 대한 95% 신뢰구간을 제시하시오.

응용문제

21. TV광고에 따른 구매가능성. 시장조사기관은 제품에 대한 광고를 보기 전과 보고 난 다음의 구매 가능성의 차이를 분석하고자 고객들의 쌍별 자료를 활용하였다. 구매가능성은 0에서 10까지로 표기되었으며 높은 수치일수록 구매 가능성이 높은 것으로 반영하였다. 귀무가설은 광고를 보고 난 다음의 구매 가능성이 광고를 보기 전보다도 낮거나 같을 것이라고 보고 수립되었다. 귀무가설의 기각은 광고가 구매 가능성을 높인다고 보는 것이다. $\alpha = 0.05$에서 다음 자료를 바탕으로 가설검정을 수행하고 광고의 가치에 대하여 기술하시오.

	구매 가능성			구매 가능성	
고객	이전	이후	고객	이전	이후
1	6	5	5	3	5
2	6	4	6	9	8
3	7	7	7	7	5
4	4	3	8	6	6

DATA *file* StockQuarter

22. 첫분기 주식가격 성과. 25개 기업에 대한 주당가격은 회계분기 시작시점과 마지막 시점에 기록되었다. 이러한 기록을 통해 주식시장과 경제상황에 대해 점검하게 된다. StockQuarter 자료를 활용하여 다음의 질문에 답하라.

a. 기업 i의 주당가격의 변동을 d_i라고 할 때,

$$d_i = \frac{\text{첫분기 마지막 시점에서의 주당가격-첫분기 시작시점에서의 주당가격}}{\text{첫분기 시작시점에서의 주당가격}}$$

이 된다. 표본기업들의 이 수치를 활용하여 첫분기 주당가격의 변화를 계산하시오.

b. 주당가격의 첫 번째 분기에서의 변화에 대한 95%신뢰구간을 제시하시오.

23. 신용카드 지출. Bank of America(BOA)의 '소비자 지출보고서'에서는 7개 범주별 신용카드 연간 사용실태 자료를 수집하였다. 교통, 식료품, 외식, 가사유지비용, 가구구매, 의류, 유흥비용 범주에 대하여 조사가 시행되었다. 42개 신용카드 계좌 표본에 대하여 식료품(모집단 1)과 외식(모집단 2)을 위한 연간 신용카드 사용액 자료를 수집하였을 때 두 집단 차이의 표본평균 $\bar{d} = 850$달러, 표본표준편차 $s_d = 1,123$달러였다.

a. 식료품과 외식을 위한 카드 사용액에 대한 모집단 평균의 차이가 없는지를 조사하기 위한 귀무가설과 대립가설을 수립하시오.

b. $\alpha = 0.05$에서 모집단 평균 차이가 있다고 말할 수 있는가? p값은 얼마인가?

c. 식료품과 외식 중 어떤 범주에서 연간 카드 사용액의 모집단 평균이 더 높은가? 모집단 평균 차이에 대한 점추정치는 얼마인가? 모집단 평균 차이에 대한 95% 신뢰구간 추정치는 얼마인가?

24. **국내 항공료.** 글로벌 비즈니스 여행협회에서는 당해 연도와 이전 연도의 출장에 따른 국내선 항공료를 발표하였다. 아래에는 그 일부가 표본으로 제시되어 있다.

DATA*file* BusinessTravel

당해 연도	이전 연도	당해 연도	이전 연도
345	315	635	585
526	463	710	650
420	462	605	545
216	206	517	547
285	275	570	508
405	432	610	580

a. 1년간 출장에 따른 국내선 항공료가 증가하였다고 볼 수 있는지에 대한 가설을 제시하고 가설검정을 실시하시오. p값은 얼마이며 $\alpha = 0.05$에서 통계적 결론은 무엇인가?

b. 각 연도별 국내선 항공료의 평균은 얼마인가?

c. 1년 동안의 국내선 항공료의 변동률은 얼마인가?

25. **SAT 점수.** SAT점수는 수학, 작문, 읽기 영역으로 구성되어 있다. 아래의 자료에서는 표본인 12명 학생의 수학과 작문 점수가 제시되어 있다.

DATA*file* TestScores

학생	수학	작문	학생	수학	작문
1	540	474	7	480	430
2	432	380	8	499	459
3	528	463	9	610	615
4	574	612	10	572	541
5	448	420	11	390	335
6	502	526	12	593	613

a. $\alpha = 0.05$에서 수학점수와 작문점수의 평균차이에 대한 가설검정을 진행하시오. p값과 통계적 결론을 제시하시오.

b. 두 과목의 차이에 대한 평균의 점추정치는 얼마인가? 평균값 측면에서는 어느 과목의 점수가 더욱 높은가?

26. **PGA 투어 점수.** 첫 라운드와 마지막 라운드에서 PGA 토너먼트에 참가하고 있는 20명의 골프들이 보인 기록이 아래에 제시되어 있다. 첫 라운드의 평균 기록이 마지막 라운드의 평균 타수 기록과 유의한 차이가 있는지 확인하고자 한다. 마지막 라운드에서의 선수들이 느끼는 압박감이 과연 타수 스코어를 상승시킨다고 할 수 있겠는가? 오히려 선수들의 과다한 집중이 스코어를 낮출 것인가?

DATA*file* GolfScores

선수명	첫라운드	마지막 라운드	선수명	첫라운드	마지막 라운드
Michael Letzig	70	72	Aron Price	72	72
Scott Verplank	71	72	Charles Howell	72	70
D. A. Points	70	75	Jason Dufner	70	73
Jerry Kelly	72	71	Mike Weir	70	77
Soren Hansen	70	69	Carl Pettersson	68	70
D. J. Trahan	67	67	Bo Van Pelt	68	65
Bubba Watson	71	67	Ernie Els	71	70
Reteif Goosen	68	75	Cameron Beckman	70	68
Jeff Klauk	67	73	Nick Watney	69	68
Kenny Perry	70	69	Tommy Armour III	67	71

a. $\alpha = 0.10$에서 첫 라운드와 마지막 라운드에서 모평균에 대한 유의한 차이가 있다고 말할 수 있겠는가? p값은 얼마이며 통계적 결론은 무엇인가?

b. 두 모평균의 차이에 대한 점추정치는 얼마인가? 어느 라운드에서의 모평균이 낮다고 할 수 있는가?

c. 90% 신뢰구간에서 모평균 차이에 대한 추정차의 오차한계는 얼마인가? 이 결과를 바탕으로 (a)의 가설검정을 실행할 수 있겠는가?

27. **스무디 블랜더 가격.** 피트니스 센터에서는 두 가지의 스무디 블랜더를 생산하고 있다. 디럭스 제품과 표준형 제품에 대한 소매점에서의 판매가격에 대한 표본자료가 아래 제시되어 있다.

	모델 가격			모델 가격	
소매점	디럭스	표준형	소매점	디럭스	표준형
1	39	27	5	40	30
2	39	28	6	39	34
3	45	35	7	35	29
4	38	30			

a. 제조업체에서는 두 제품 간의 소매가격의 차이는 10달러라고 말하고 있다. $\alpha = 0.05$에서 두 모델간의 가격차이가 10달러라고 말할 수 있는 가설검정하시오.

b. 두 모델간 평균가격의 차이에 대한 95% 신뢰구간을 제시하시오.

10.4 두 모집단 비율에 대한 추론

p_1을 모집단 1의 특정상황 비율 그리고 p_2를 모집단 2의 특정상황 비율로 보도록 하자. 이제 우리는 두 모집단 비율의 차이인 p_1-p_2에 대한 검정을 진행할 것이다. 두 개의 독립적인 무작위 표본을 각각 모집단 1과 2로부터 n_1과 n_2만큼 선택할 것이다.

p_1-p_2의 구간추정

다음의 예를 통해서, 두 모집단 비율의 차이에 대한 오차율과 구간추정을 어떻게 계산하는지를 보이게 될 것이다. 세무업무 대행 사무소에서는 근무 역량에 대한 관심이 높으며 두 사무실을 통해 확인하고자 한다. 무작위로 선정된 소득신고서에 대한 세무업무 결과를 통해 오류수준을 확인하였고 이를 통하여 전체 세무업무에서의 오류율을 확인할 수 있다. 특히 관심이 있는 비율은 다음과 같다.

p_1 = 모집단 1(사무실 1)에서의 오류가 있는 소득신고서의 비율
p_2 = 모집단 2(사무실 2)에서의 오류가 있는 소득신고서의 비율
$\bar{p}_1$ = 모집단 1로부터의 무작위 표본에 대한 표본비율
$\bar{p}_2$ = 모집단 2로부터의 무작위 표본에 대한 표본비율

두 모집단 비율의 차이는 p_1-p_2로 표기하며 이에 대한 점추정치는 다음과 같다.

두 모집단 비율의 차이에 대한 점추정치

$$\bar{p}_1-\bar{p}_2 \tag{10.10}$$

따라서 두 모집단 비율에 대한 점추정치는 두 개의 독립된 무작위 표본비율 간의 차이와 동일하다.

다른 점추정량과 마찬가지로 두 독립적인 무작위 표본을 반복적으로 수집하면 점추정량 $\bar{p}_1-\bar{p}_2$는 여러 가지 $\bar{p}_1-\bar{p}_2$값이 나오는 표본분포를 갖게 된다. 이 표본분포의 평균은 p_1-p_2이며 $\bar{p}_1-\bar{p}_2$의 표준오차는 다음과 같다.

$\bar{p}_1-\bar{p}_2$의 표준오차

$$\sigma_{\bar{p}_1-\bar{p}_1} = \sqrt{\frac{p_1(1-p_1)}{n_1} + \frac{p_2(1-p_2)}{n_2}} \tag{10.11}$$

n_1p_1, $n_1(1-p_1)$, n_2p_2, $n_2(1-p_2)$ 모두 5 이상이 될 정도로 표본의 크기가 충분히 크다면 $\bar{p}_1-\bar{p}_2$의 표본분포는 근사적으로 정규분포를 따른다.

앞에서 살펴본 것처럼 구간추정은 점추정값 ± 오차범위(margin of error)이다. 두 모비율 차이의 추정에서의 구간추정은 다음과 같다.

$$\bar{p}_1 - \bar{p}_2 \pm \text{오차범위}$$

$\bar{p}_1 - \bar{p}_2$의 표본분포가 근사적으로 정규분포를 따른다면 $z_{\alpha/2}\sigma_{\bar{p}_1-\bar{p}_2}$를 오차범위로 사용할 수 있다. 하지만 두 모비율 p_1과 p_2는 알려져 있지 않기 때문에 식 (10.11)에서 주어진 $\sigma_{\bar{p}_1-\bar{p}_2}$를 직접적으로 계산할 수 없다. p_1 추정을 위해 표본비율 $\bar{p}_1$을 사용하고 p_2 추정을 위해 표본비율 $\bar{p}_2$를 사용하면 오차범위는 다음과 같다.

$$\text{오차범위} = z_{\alpha/2}\sqrt{\frac{\bar{p}_1(1-\bar{p}_1)}{n_1} + \frac{\bar{p}_2(1-\bar{p}_2)}{n_2}} \tag{10.12}$$

두 모비율 차이의 구간추정의 일반적인 식은 다음과 같다.

두 모비율 차이에 대한 신뢰구간 추정

$$\bar{p}_1 - \bar{p}_2 \pm z_{\alpha/2}\sqrt{\frac{\bar{p}_1(1-\bar{p}_1)}{n_1} + \frac{\bar{p}_2(1-\bar{p}_2)}{n_2}} \tag{10.13}$$

$1-\alpha$는 신뢰수준이다.

세무 대행 회사 예제로 돌아가서 두 사무소로부터 다음과 같은 독립적인 무작위 표본의 정보를 얻었다.

사무실 1	사무실 2
$n_1 = 250$	$n_2 = 300$
오류발생 수 = 35	오류발생 수 = 27

두 사무소의 표본비율은 다음과 같다.

DATA *file* TaxPrep

$$\bar{p}_1 = \frac{35}{250} = 0.14$$

$$\bar{p}_2 = \frac{27}{300} = 0.09$$

두 모집단의 오류 신고서 비율 차이에 대한 점추정값은 $\bar{p}_1 - \bar{p}_2 = 0.14 - 0.09 = 0.05$이다. 그러므로 사무소 1은 사무소 2보다 0.05, 즉 5% 더 높은 오류율을 갖는다고 추정할 수 있다.

식 (10.3)은 오차범위와 두 모비율 차이의 구간추정을 얻는데 이용된다. 90% 신뢰계수를 적용하면 $z_{\alpha/2} = z_{0.025} = 1.645$이므로 신뢰구간은 다음과 같다.

$$\bar{p}_1 - \bar{p}_2 \pm z_{\alpha/2}\sqrt{\frac{\bar{p}_1(1-\bar{p}_1)}{n_1} + \frac{\bar{p}_2(1-\bar{p}_2)}{n_2}}$$

$$0.14 - 0.09 \pm 1.645\sqrt{\frac{0.14(1-0.14)}{250} + \frac{0.09(1-0.09)}{300}}$$

$$0.05 \pm 0.045$$

따라서 오차범위는 0.045이고 90% 신뢰구간은 0.005에서 0.095이다

$p_1 - p_2$에 대한 가설검정

이제 두 모집단의 모비율의 차이에 대한 검정을 살펴보자. 우리는 두 모비율의 차이가 없다는 것에 초점을 둘 것이다. 이 경우에는 다음과 같은 세 가지 형태의 가설검정에 대해 생각해 볼 수 있다.*

$$H_0: p_1 - p_2 \geq 0 \qquad H_0: p_1 - p_2 \leq 0 \qquad H_0: p_1 - p_2 = 0$$
$$H_a: p_1 - p_2 < 0 \qquad H_a: p_1 - p_2 > 0 \qquad H_a: p_1 - p_2 \neq 0$$

H_0의 등호가 성립한다고 가정하면 $p_1 - p_2 = 0$이 되고 이것은 모비율이 동일하다는 $p_1 = p_2$이라고 가정하는 것이다.

우리는 점추정량 $\bar{p}_1 - \bar{p}_2$의 표본분포에 기초하여 검정통계량을 구하게 된다. 식 (10.11)을 보게 되면 $\bar{p}_1 - \bar{p}_2$의 표준오차는 다음과 같이 주어진다.

$$\sigma_{\bar{p}_1-\bar{p}_2} = \sqrt{\frac{p_1(1-p_1)}{n_1} + \frac{p_2(1-p_2)}{n_2}}$$

H_0가 (등호가 성립) 참이라는 가정에 따르면 모비율은 동일하므로 $p_1 = p_2 = p$이다. 이 경우 $\sigma_{\bar{p}_1-\bar{p}_2}$는 다음과 같다.

$p_1 = p_2 = p$일 때, $\bar{p}_1 - \bar{p}_2$의 표준오차

$$\sigma_{\bar{p}_1-\bar{p}_2} = \sqrt{\frac{p(1-p)}{n_1} + \frac{p(1-p)}{n_2}} = \sqrt{p(1-p)\left(\frac{1}{n_1} + \frac{1}{n_2}\right)} \qquad \textbf{(10.14)}$$

미지수 p의 단일 점추정량을 얻기 위하여 우리는 두 개의 표본에서 얻은 점추정량($\bar{p}_1$과 $\bar{p}_2$)을 다음과 같이 결합하여 얻는다.

---

* 모든 가설은 차이를 0으로 한다

$p_1 = p_2 = p$일 때, p의 결합 추정치

$$\bar{p} = \frac{n_1\bar{p}_1 + n_2\bar{p}_2}{n_1 + n_2} \tag{10.15}$$

이 **합동추정량 p(pooled estimator of p)**는 평균 $\bar{p}_1$과 $\bar{p}_2$의 가중평균이다. 식 (10.14) p에 $\bar{p}_1$을 대입하여 $\bar{p}_1 - \bar{p}_2$의 표준오차의 추정값을 얻게 된다. 이 표준오차의 추정값은 검정통계량에 사용된다. 두 모비율의 차이에 대한 가설검정을 위한 검정통계량의 일반적인 공식은 점추정량에서 $\sigma_{\bar{p}_1 - \bar{p}_2}$의 점추정값을 나눈 값이다.

$p_1 - p_2$의 가설검정을 위한 검정통계량

$$z = \frac{\bar{p}_1 - \bar{p}_2}{\sqrt{\bar{p}(1-\bar{p})\left(\frac{1}{n_1} + \frac{1}{n_2}\right)}} \tag{10.16}$$

이 검정통계량은 n_1p_1, $n_1(1-p_1)$, n_2p_2, $n_2(1-p_2)$ 모두 5 이상으로 표본의 크기가 충분히 클 때 적용할 수 있다.

세무 대행 회사 예제로 다시 돌아가서 이 회사가 가설검정을 이용하여 두 사무소의 오류율의 차이가 있는지에 대한 결정을 한다고 가정해보자. 양측 검정이 적용된다. 귀무가설과 대립가설은 다음과 같다.

$$H_0: p_1 - p_2 = 0$$
$$H_a: p_1 - p_2 \neq 0$$

만약 H_0가 기각된다면 회사는 두 사무소의 오류율은 다르다고 결론 내릴 것이다. 유의수준 $\alpha = 0.1$로 한다. 수집된 표본자료로부터 사무소 1에서 $n_1 = 250$부 신고서의 오류율은 $\bar{p}_1 = 0.14$이고 사무소 2에서 $n_1 = 300$부 신고서의 오류율은 $\bar{p}_2 = 0.09$임을 알 수 있다. 계속해서 p의 합동추정량을 계산하면 다음과 같다.

$$\bar{p} = \frac{n_1\bar{p}_1 + n_2\bar{p}_2}{n_1 + n_2} = \frac{250(0.14) + 300(0.09)}{250 + 300} = 0.1127$$

표본비율의 차이와 합동추정량을 이용하면 검정통계량 값은 다음과 같다.

$$z = \frac{\bar{p}_1 - \bar{p}_2}{\sqrt{\bar{p}(1-\bar{p})\left(\frac{1}{n_1} + \frac{1}{n_2}\right)}} = \frac{0.14 - 0.09}{\sqrt{0.1127(1 - 0.1127)\left(\frac{1}{250} + \frac{1}{300}\right)}} = 1.85$$

양측검정을 위한 p값 계산에서 $z = 1.85$는 표준정규분포의 우측영역부분에 위치한다는 점에 주목하자. $z = 1.85$와 표준정규분포표를 이용하면 우측영역면적은 $1-0.9678 = 0.0322$이다. 양측검정이므로 면적을 두 배하면 p값은 $2(0.0322) = 0.0644$이다. p값이 $\alpha = 0.10$보다 작으므로 0.1 유의수준에서 H_0는 기각된다. 회사는 두 사무소의 오류율은 다르다고 결론 내릴 수 있다. 이러한 가설검정의 결과는 이전에 계산했던 두 사무소의 오류율 차이의 구간추정이 0.005에서 0.095라는 결과와 일치한다. 또한 사무소 1이 사무소 2보다 더 높은 오류율을 갖는다는 것을 알 수 있다.

연습문제

기본문제

28. 두 모집단으로부터 다음과 같은 독립된 단순 무작위 표본추출을 하였다.

표본 1	표본 2
$n_1 = 400$	$n_2 = 300$
$\bar{p}_1 = 0.48$	$\bar{p}_2 = 0.36$

a. 두 모집단 비율 차이에 대한 점추정치는 얼마인가?
b. 두 모집단 비율 차이에 대한 90% 신뢰구간을 구하시오.
c. 두 모집단 비율 차이에 대한 95% 신뢰구간을 구하시오.

29. 다음 가설검정에 대하여 답하시오.

$$H_0: p_1 - p_2 \leq 0$$
$$H_a: p_1 - p_2 > 0$$

다음 결과는 두 모집단으로부터 추출된 독립 단순 무작위 표본추출 결과이다.

표본 1	표본 2
$n_1 = 200$	$n_2 = 300$
$\bar{p}_1 = 0.22$	$\bar{p}_2 = 0.16$

a. p값은 얼마인가?
b. $\alpha = 0.05$에서 가설검정 결과는 무엇인가?

응용문제

30. 기업고용전망. 블룸버그 비즈니스 위크/해리스(Bloomberg Businessweek/Harris)는 대기업 중역들을 대상으로 경제 전망에 관한 의견에 대한 설문조사를 하였다. 한 질문은 "앞으로 12개월 동안 귀사의 정규직 직원 수가 증가 할 것으로 생각하는가?"였다. 이번 조사에서 400명 중에서 220명이 "예"라고 대답했고 이전 조사에서는 400명 중에서 192명이 "예"라고 대답했다. 두 시점의 비율 차이에 대한 95% 신뢰구간을 구하시오. 구간추정을 해석하시오.

31. 구매의사결정에서의 핀터레스트의 영향력. 포브스(Forbes)는 여성들은 여러 소셜네트워크 플랫폼 중에서 핀터레스트(Pinterest)의 추천을 가장 신뢰한다고 보도했다. 하지만 남성들도 핀터레스트를 더 신뢰할까? 다음 표본자료는 표본 중 핀터레스트의 추천을 신뢰하는 남성들과 여성들의 수이다.

	여성	남성
표본	150	170
핀터레스트의 추천을 신뢰하는 수	117	102

a. 핀터레스트의 추천을 신뢰하는 여성들의 비율의 점추정값을 구하시오.
b. 핀터레스트의 추천을 신뢰하는 남성들의 비율의 점추정값을 구하시오.
c. 핀터레스트의 추천을 신뢰하는 여성들과 남성들 비율 차이의 95% 신뢰구간을 구하시오.

32. 생선종류 표기오류. 해양생태계 보존을 위해 일하는 오셔너(Oceana) 연구자들은 미국에 있는 소매점, 식료품점, 초밥 바에서 생선에 대해 이름표를 잘못 붙인 비율이 33%라고 발표하였다. 잘못된 이름표의 차이가 생선 종류에 따라 다른가? 다음 자료는 참치와 마히마히(Mahi Mahi)의 표본 중 잘못된 이름표의 수이다.

	참치	마히마히
표본	220	160
표기오류수	99	56

a. 표기 오류된 참치 이름표를 붙인 비율의 점추정치를 구하시오.
b. 표기 오류된 마히마히 이름표를 붙인 비율의 점추정치를 구하시오.
c. 표기 오류된 참치와 마히마히 이름표를 붙인 비율 차이의 95% 신뢰구간을 구하시오.

33. 투표율 분석. 미네소타는 2016년 대통령 선거에서 가장 높은 투표율을 기록했다 (United States Election Project website). 정치 분석자들은 미네소타주 시골지역의 투표율이 도시지역의 투표율보다 높은 이유에 대해 궁금해 했다. 표본결과는 2016년 선거에서 시골지역의 884명의 등록된 유권자 중 663명이 투표를 하였고 도시지역의 575명의 유권자 중 414명이 투표를 했다고 알려준다.

a. 2016년 대통령 선거에서 미네소타주의 시골지역 투표율이 도시지역의 투표율보다 높았다는 가설검정을 위한 귀무가설과 대립가설을 세우시오.

b. 2016년 대통령 선거에서 미네소타주의 시골지역 투표율의 표본비율을 구하시오.

c. 2016년 대통령 선거에서 미네소타주의 도시지역 투표율의 표본비율을 구하시오.

d. $\alpha = 0.05$일 때 정치 분석가들의 가설을 검정하시오. p값은 얼마이고 결론은 무엇인지 서술하시오.

34. 웨어러블 피트니스 트랙커. 웨어러블 피트니스 트랙커는 착용자들의 심박수, 수면 모니터링, 체온, 활동 수준을 체크할 수 있는 장비이다. 최근 조사를 통해, 갤럽(Gallup)에서는 착용자들에게 웨어러블 피트니스 트랙커에 대해 질의를 하였다. 아래의 자료를 통해 100,000달러 이상의 소득을 가지는 응답자중 웨어러블 피트니스 트랙커 착용 여부와 100,000달러 미만의 소득자 중 100,000달러 여부를 측정한 자료이다.

	소득 ≥ 100,000달러	소득 < 100,000달러
트랙커 착용	445	425
트랙커 미착용	990	2,411

a. 높은 소득을 가진 개인이 낮은 소득을 가진 개인에 비하여 트랙커 착용 가능성이 높다는 것을 검정할 수 있는 귀무가설과 대립가설을 제시하시오

b. 높은 소득을 보이는 개인의 트랙커 착용에 대한 비율의 점추정치는 얼마인가?

c. 낮은 소득을 보이는 개인의 트랙커 착용에 대한 비율의 점추정치는 얼마인가?

d. 가설검정을 위한 p값은 얼마인가? $\alpha = 0.05$일 때 당신의 결론은 무엇인가?

35. 호텔 객실 투숙률. 플로리다 북서지역의 경제에서 겨울 방문객들은 매우 중요하다. 호텔 객실의 투숙률은 방문객 수와 활동에 관한 척도로 자주 보고된다. 연속된 2년간 2월의 호텔 객실 투숙률 자료는 다음과 같다.

	당해 연도	이전 연도
투숙 객실수	1,470	1,458
전체 객실수	1,750	1,800

a. 1년 동안 투숙률이 증가했다고 판단할 수 있는 가설검정을 위한 가설을 세우시오.

b. 작년도의 호텔 객실의 투숙률의 표본비율을 구하시오.

c. 유의수준 $\alpha = 0.05$일 때 가설검정의 결론은 무엇인가. p값을 구하시오.

d. 1년 동안 투숙률 변화의 95% 신뢰구간을 구하시오. 지역관계자들이 만족할 만한 결과라고 생각하는가?

36. **급여에 대한 성별 인식 차이.** 에이데코 워크플레이스 인사이트 서베이(Adecco Workplace Insights Survey)는 남성과 여성 근로자들의 표본을 뽑고 올해 연봉인상이나 상여금을 기대했는지에 대해서 물어보았다. 설문 조사는 남성 200명과 여성 200명의 표본이라 가정한다. 만약에 남성 중 104명이 "예"라고 대답하고 여성 중 74명이 "예"라고 대답한다면 이것은 올해 남성 근로자들이 연봉인상이나 상여금을 더 높은 비율로 기대했다고 결론 내릴 수 있는 통계적 결과인가?

a. 남성과 여성의 비율에 대한 가설을 서술하시오.

b. 남성과 여성의 표본비율을 구하시오.

c. 유의수준으로 0.01을 사용하시오. p값은 얼마이고 결론은 무엇인가?

37. **은행대출에 대한 채무불이행률.** 칼 앨런과 넘 닉슨은 브레아 패더럴 은행(Brea Federal Savings and Loan Bank)의 대출 담당자이다. 은행 관리자는 칼 앨런의 대출 심사결과에서 넘 닉슨의 대출 심사결과에 비하여 디폴트율 수준이 높은지 여부를 확인하고자 한다. 전체 대출심사중에서 표본을 뽑아 확인해본 결과에 따르면, 칼 앨런은 60건의 대출심사 결과 중 9건의 디폴트를 보였으며 넘 닉슨은 80건 중 7건이 디폴트로 나타났다.

a. 두 대출심사자의 대출심사에서의 디폴트율이 동일하다는 검정을 위한 가설을 수립하시오.

b. 칼 앨런과 넘 닉슨의 디폴트율 수준은 각각 얼마인가?

c. 유의수준으로 0.05를 사용하시오. p값은 얼마이고 결론은 무엇인가?

요약

이 장에서는 두 개 이상의 모집단 평균차이에 대한 가설검정과 구간추정에 관하여 살펴보았다. 먼저, 독립적인 단순무작위 표본을 추출하였을 때 두 모평균 차이에 대한 추론 방법을 제시하였다. 두 모집단 표준편차인 σ_1과 σ_2를 알고 있다고 가정한 경우를 먼저 살펴보았다. 가설검정을 위한 검정통계량과 구간추정의 추정에는 표준정규분포 z를 사용하였다. 다음으로 모집단 표준편차를 모른다고 가정했을 때 표본표준편차인 s_1과 s_2를 추정하였다. 이때 t분포를 이용하여 구간추정과 가설검정을 위한 검정통계량을 계산하였다.

다음으로 짝표본 설계에서 모집단 평균 차이에 대한 추론을 살펴보았다. 짝표본 설계에서는 각각 짝을 이룬 한쌍의 자료를 사용한다. 짝을 이룬 자료의 차이를 가지고 통계적 분석을 실시한다. 짝표본이 독립표본보다 더 정확하게 추정되는 경우가 많기 때문에 독립표본보다 짝표본을 더 선호한다.

마지막으로 두 모집단 비율에 대한 구간추정 및 가설검정을 살펴보았다. 두 모집단 비율의 차이를 분석하기 위한 통계적 절차는 두 모집단 평균의 차이를 분석하기 위한 절차와 유사하다.

용어

독립 단순 무작위 표본(Independent simple random samples) 두 모집단 간에서 각 모집단에서 표본이 추출되는 것이 다른 모집단에서 표본이 추출되는 것과 독립적일 때 추출된 표본

짝표본(Matched samples) 한 표본 자료에 대하여 대응하는 다른 자료가 존재하는 경우의 표본

p에 대한 평균합동추정량 두 개의 독립표본으로 구해진 비율평균에 대하여 $\bar{p}_1$과 $\bar{p}_2$의 가중평균이다.

핵심공식

두 모집단 평균차이에 대한 점추정량

$$\bar{x}_1 - \bar{x}_2 \tag{10.1}$$

$\bar{x}_1 - \bar{x}_2$ 표준오차

$$\sigma_{\bar{x}_1 - \bar{x}_2} = \sqrt{\frac{\sigma_1^2}{n_1} + \frac{\sigma_2^2}{n_2}} \tag{10.2}$$

두 모집단 평균차이에 대한 신뢰구간 추정량: σ_1과 σ_2가 알려진 경우

$$\bar{x}_1 - \bar{x}_2 \pm z_{\alpha/2}\sqrt{\frac{\sigma_1^2}{n_1} + \frac{\sigma_2^2}{n_2}} \tag{10.4}$$

두 모집단 평균차이에 대한 가설검정에서의 검정통계량: σ_1과 σ_2가 알려진 경우

$$z = \frac{(\bar{x}_1 - \bar{x}_2) - D_0}{\sqrt{\dfrac{\sigma_1^2}{n_1} + \dfrac{\sigma_2^2}{n_2}}} \tag{10.5}$$

두 모집단 평균차이에 대한 신뢰구간 추정량: σ_1과 σ_2가 알려져 있지 않을 때

$$\bar{x}_1 - \bar{x}_2 \pm t_{\alpha/2}\sqrt{\frac{s_1^2}{n_1} + \frac{s_2^2}{n_2}} \tag{10.6}$$

두 독립무작위 표본추출에서의 자유도

$$df = \frac{\left(\frac{s_1^2}{n_1} + \frac{s_2^2}{n_2}\right)^2}{\frac{1}{n_1 - 1}\left(\frac{s_1^2}{n_1}\right)^2 + \frac{1}{n_2 - 1}\left(\frac{s_2^2}{n_2}\right)^2} \tag{10.7}$$

두 모집단 평균차이에 대한 가설검정에서의 검정통계량: σ_1과 σ_2가 알려져 있지 않을 때

$$t = \frac{(\bar{x}_1 - \bar{x}_2) - D_0}{\sqrt{\frac{s_1^2}{n_1} + \frac{s_2^2}{n_2}}} \tag{10.8}$$

짝표본에서의 검정통계량

$$t = \frac{\bar{d} - \mu_d}{s_d/\sqrt{n}} \tag{10.9}$$

두 모비율 간의 차이에 대한 점추정량

$$\bar{p}_1 - \bar{p}_2 \tag{10.10}$$

$\bar{p}_1 - \bar{p}_2$의 표준오차

$$\sigma_{\bar{p}_1 - \bar{p}_2} = \sqrt{\frac{p_1(1 - p_1)}{n_1} + \frac{p_2(1 - p_2)}{n_2}} \tag{10.11}$$

두 모비율 간의 차이에 대한 구간추정량

$$\bar{p}_1 - \bar{p}_2 \pm z_{\alpha/2}\sqrt{\frac{\bar{p}_1(1 - \bar{p}_1)}{n_1} + \frac{\bar{p}_2(1 - \bar{p}_2)}{n_2}} \tag{10.13}$$

$p_1 = p_2 = p_3$일 때, $\bar{p}_1 - \bar{p}_2$의 표준오차

$$\sigma_{\bar{p}_1 - \bar{p}_2} = \sqrt{p(1 - p)\left(\frac{1}{n_1} + \frac{1}{n_2}\right)} \tag{10.14}$$

$p_1 = p_2 = p_3$일 때, 합동 추정량

$$\bar{p} = \frac{n_1\bar{p}_1 + n_2\bar{p}_2}{n_1 + n_2} \tag{10.15}$$

$p_1 - p_2$에 대한 가설검정에서의 검정통계량

$$z = \frac{\bar{p}_1 - \bar{p}_2}{\sqrt{\bar{p}(1-\bar{p})\left(\frac{1}{n_1} + \frac{1}{n_2}\right)}} \tag{10.16}$$

보충문제

38. **슈퍼마켓계산대 설계.** 세이프게이트푸드사(Safegate Foods, Inc.,)는 전국적으로 슈퍼마켓 계산대를 재설계하면서 두 가지 디자인을 고려하고 있다. 새로운 두 가지 계산대로 운영하는 슈퍼마켓 두 곳을 선정하여 고객들의 계산시간을 측정하였고 그에 따른 결과를 요약한 자료는 다음과 같다.

시스템 A	시스템 B
$n_1 = 120$	$n_2 = 30$
$\bar{x}_1 = 4.1$분	$\bar{x}_2 = 3.4$분
$\sigma_1 = 2.2$분	$\sigma_2 = 1.5$분

유의수준 $\alpha = 0.05$에서 두 계산대 사이에 계산시간 차이가 있는지에 대한 가설검정을 하시오. 어느 계산대가 더 나은가?

DATA*file* CarPriceInversion

39. **자동차 가격.** 대부분의 경우에 동일 차종의 신차가 중고차에 비하여 가격이 높다. 그러나 공급망에서의 문제로 인하여 최근 출시되어 사용감이 많지 않은 중고차가 신차에 비하여 높은 가격으로 거래되기도 한다. CarPriceInversion 파일에서는 테슬라 모델3에 대한 46개 무작위로 선정된 중고차와 33개 무작위로 선정된 신차에 대한 가격이 포함되어 있다.
   a. 두 모델에 대한 차 가격 차이에 대한 점추정치를 제시하고 결과를 해석하시오
   b. 두 모델 차 가격차이에 대한 99% 신뢰구간을 제시하고 사용감이 낮은 중고차의 가격이 신차에 비하여 높다라고 하는 주장을 뒷받침할 수 있다고 보는가?

DATA*file* Mutual

40. **로드 및 노로드 뮤추얼펀드.** 뮤추얼펀드는 로드(load)와 노-로드(no-load)로 구분한다. 로드펀드는 투자 초기에 투자금액의 일정비율을 수수료로 지불하고, 노-로드 펀드는 초기 수수료가 없다. 어떤 재무 컨설턴트는 로드 펀드가 노-로드 펀드보다

평균 수익률이 높기 때문에 추가 수수료를 지불할 만한 가치가 있다고 주장한다. 로드 펀드 30개와 노-로드 펀드 30개를 표본으로 추출하였다. *Mutual* 파일명의 자료에는 펀드의 5년간 연간 수익률을 조사한 것이다.

a. H_0의 기각이 "5년간 로드 펀드가 더욱 높은 평균수익률을 실현한다."라고 결론을 유도할 수 있도록 H_0와 H_a를 수립하시오.

b. 이에 대한 가설검정을 수행하시오. p값은 얼마인가? $\alpha = 0.05$에서 통계적 결론은 무엇인가?

41. **부엌 및 침실 리모델링 비용.** 인테리어 전국연합회에서는 가장 선호되는 리모델링 계획의 비용 자료를 제출하였다. 1,000달러를 단위로 할 때 두 종류의 계획안에 대한 자료는 다음과 같다.

부엌	침실	부엌	침실
25.2	18.0	23.0	17.8
17.4	22.9	19.7	24.6
22.8	26.4	16.9	21.0
21.9	24.8	21.8	
19.7	26.9	23.6	

a. 두 종류의 계획에 대한 모집단 평균 비용 차이에 대한 점추정값을 계산하시오.

b. 두 종류의 계획에 대한 모집단 평균 비용 차이에 대한 90% 신뢰구간 추정값을 구하시오.

42 **SAT점수에서의 sibling의 효과.** Landmark Minnesota 쌍둥이 연구에서 Nancy Segal은 함께 자란 쌍둥이와 따로 자란 쌍둥이의 학습성과에 대한 연구를 발표하였다. 아래에는 SAT 읽기 점수가 제시되어 있는데, 다른 형제없이 쌍둥이가 함께 자란 경우와 쌍둥이 중 한 명이 다른 형제와 함께 자란 경우(Sibling)가 제시되어 있다.

DATA *file* Twins

Sibling 없는 경우		Sibling인 경우	
이름	SAT점수	이름	SAT점수
Bob	440	Donald	420
Matthew	610	Ronald	540
Shannon	590	Kedriana	630
Tyler	390	Kevin	430
Michelle	410	Erin	460
Darius	430	Michael	490
Wilhelmina	510	Josephine	460

계속

Sibling 없는 경우		Sibling인 경우	
이름	SAT점수	이름	SAT점수
Donna	620	Jasmine	540
Drew	510	Kraig	460
Lucinda	680	Bernadette	650
Barry	580	Larry	450
Julie	610	Jennifer	640
Hannah	510	Diedra	460
Roger	630	Latishia	580
Garrett	570	Bart	490
Roger	630	Kara	640
Nancy	530	Rachel	560
Sam	590	Joey	610
Simon	500	Drew	520
Megan	610	Annie	640

a. Sibling 없는 경우와 Sibling인 경우의 SAT점수에 대한 평균차이 수준은 얼마인가?

b. Sibling 없는 경우와 Sibling인 경우의 SAT점수에 대한 평균차이에 대한 90% 신뢰구간을 제시하시오.

c. Sibling 없는 경우와 Sibling인 경우의 SAT점수에 대한 평균차이가 동일한가에 대한 가설검정을 실시하시오(유의수준 = 0.01). 통계적 결론은 무엇인가?

43. **재무 건전성의 변동.** 재무정보 제공서비스 기업에서는 18세 이상의 성인들이 재무적 건전성을 어떻게 판단하고 있는지 검토하게 된다. 최근 1,000명의 성인들에 대한 조사에서 410명이 재무적 건전성이 적절한 수준 이상이라고 응답하였다. 1년 전에는 900명의 응답자 중 315명이 적절한 수준 이상이라고 응답하였다.

a. 2년간 모비율에서 유의한 차이가 있는지 확인하기 위한 가설을 제시하시오.

b. 가설검정을 실행하고 p값을 계산하시오. 0.05 유의수준에서 통계적 결론은 무엇인가?

c. 두 모집단 비율 차이에 대한 95% 신뢰구간은 무엇인가?

44. **결혼유무에 따른 보험 청구 차이.** 대형 자동차 보험회사는 미혼과 기혼 남성 보험계약자 중에서 표본을 뽑아 최근 3년 동안 보험청구를 한 적이 있는 사람들을 조사하였다.

미혼 보험계약자	기혼 보험계약자
$n_1 = 400$	$n_2 = 900$
보험청구 수 = 76	보험청구 수 = 90

a. $\alpha = 0.05$에서 미혼과 기혼 남성 간의 보험청구율에 차이가 있는지 검정하시오.

b. 두 모집단의 비율의 차이에 대한 95% 신뢰구간을 제시하시오.

45. 약물거부 임질. 매년 2백만 명이 항생제에 저항성을 가진 박테리아에 감염되는 것으로 보고되고 있다. 특히 질병 예방본부에서는 약물저항 임질에 대하여 연구를 진행하였다(CDC.gov). 앨러바마주에서 142건을 조사하였고 9건은 약물저항성이 있는 것으로 확인되었으며 268건의 텍사스의 경우에는 5건이 약물저항성이 있는 것으로 파악되었다. 이러한 수치를 통해 두 주에서 약물저항성이 대한 비율 차이가 있다고 말할 수 있는가? 0.02% 유의수준에서 p값을 구하고 통계적 결론을 제시하시오.

DATA *file* **ComputerNews**

46. 컴퓨터를 통한 뉴스 검색. 미국언론재단에서 70%의 미국 성인들이 컴퓨터를 통해서 뉴스를 접하고 있는 것으로 보고하였다. 세대간의 차이를 고려한다면 30세 이하의 연령층에서의 뉴스 접근성과 30세 이상에서의 뉴스에 대한 접근성에는 차이가 있을 것으로 보인다. ComputerNews 파일의 내용을 통해 컴퓨터를 통해 뉴스를 접하는지에 대하여 물어 보았다.

a. 30세 이하의 성인들이 컴퓨터를 통해 뉴스를 접하는 비율과 30세 이상의 성인들이 컴퓨터를 통해 뉴스를 접하는 비율을 계산하시오.

b. 비율의 차이에 대한 95% 신뢰구간을 제시하시오.

c. 이러한 결과를 바탕으로, 미국의 30세 이하 성인들이 컴퓨터를 통해 뉴스를 접하는 비율이 30세 이상 성인들이 컴퓨터를 통해 뉴스를 비율에 비해서 높다라고 말할 수 있는가?

사례연구: Par. Inc

파 주식회사(Par, Inc.)는 골프장비를 생산하는 주요 제조업체이다. 경영자는 저항을 줄이고 내구성이 좋은 공을 생산한다면 시장에서 점유율을 높일 수 있다고 생각하고 있다. 그래서 파의 연구진들은 좀 더 내구성이 강하고, 저항을 줄일 수 있도록 코팅한 새 골프공을 연구하였다. 그리고 코팅 효과를 검사하기로 하였다.

연구원들 중에서 한 명은 비거리에서 새로운 코팅 효과에 대해 의심을 품었다. 파 회사는 기존의 골프공보다 새롭게 코팅된 공이 더 먼 비거리를 제공하길 원한다. 두 공의 비거리를 비교하기 위해 새로운 공과 현재 공에서 각각 40개를 선택하여 거리 검사를 실시하였다. 이 검사는 자동으로 타격하는 기계를 이용하였다. 그래서 두 모델의 평균 거리가 다르다면 이 차이는 골프공 두 모델의 차이라고 할 수 있다. 가장 가까운 곳에서 비거리를 측정한 결과는 다음과 같다. 이 자료는 Golf 파일에 있다.

DATA*file* Golf

모델		모델		모델		모델	
현재 공	새 공	현재 공	새 공	현재 공	새 공	현재 공	새 공
264	277	270	272	263	274	281	283
261	269	287	259	264	266	274	250
267	263	289	264	284	262	273	253
272	266	280	280	263	271	263	260
258	262	272	274	260	260	275	270
283	251	275	281	283	281	267	263
258	262	265	276	255	250	279	261
266	289	260	269	272	263	274	255
259	286	278	268	266	278	276	263
270	264	275	262	268	264	262	279

경영보고서

1. 현재 공과 새 공의 비거리를 비교할 수 있는 가설을 세우고 그 근거를 제시하시오.
2. 자료를 분석하여 가설검정에서 결론을 이끌어 내시오. p값은 얼마인가? 파 회사에게 어떻게 권고하겠는가?
3. 각 모델의 자료를 요약하여 기술 통계량을 작성하시오.
4. 각 모델의 모평균에 대한 95% 신뢰구간과 두 모집단의 평균 차이에 대한 95% 신뢰구간은 얼마인가?
5. 골프공을 비교하기 위하여 더 많은 표본 자료와 더 많은 검사가 필요한가? 이 부분에 대해 논의하시오.

Chapter 10 부록

엑셀을 활용한 두 모집단에 대한 추정

엑셀을 활용하여 두 모집단 평균에 대한 차이를 검정할 것이다. 우선 σ_1과 σ_2가 알려져 있는 경우의 모집단 평균 차이에 대한 검정을 먼저 진행한다.

σ_1과 σ_2가 알려져 있는 경우의 두 모집단 평균 차이에 대한 검정

10.1절에서의 ExamScore 파일을 활용해서 두 트레이닝 센터의 시험점수 비교에 대한 검정을 진행한다. 센터 A는 A1셀에, 센터 B는 B1셀에 입력된다. 센터 A의 시험점수는 A2:A31까지 입력되고 센터 B의 시험점수는 B2:B41까지 입력된다. σ_1과 σ_2는 각각 10으로 알려져 있으며 엑셀 프로그램에서는 분산의 입력을 필요로 한다. 따라서 각각 100을 입력할 것이다. 두 모집단 평균차이에 대한 가설검정을 수행하기 위한 절차는 다음과 같다.

DATA*file* ExamScores

단계 1. Data 선택

단계 2. Analyze에서 Data Analysis 선택

단계 3. Data Analysis 대화상자(그림 Excel 10.1)에서
z-Test: Two Sample for Means선택
OK 선택

그림 Excel 10.1 엑셀에서 Data Analysis에서 *z*-Test의 선택

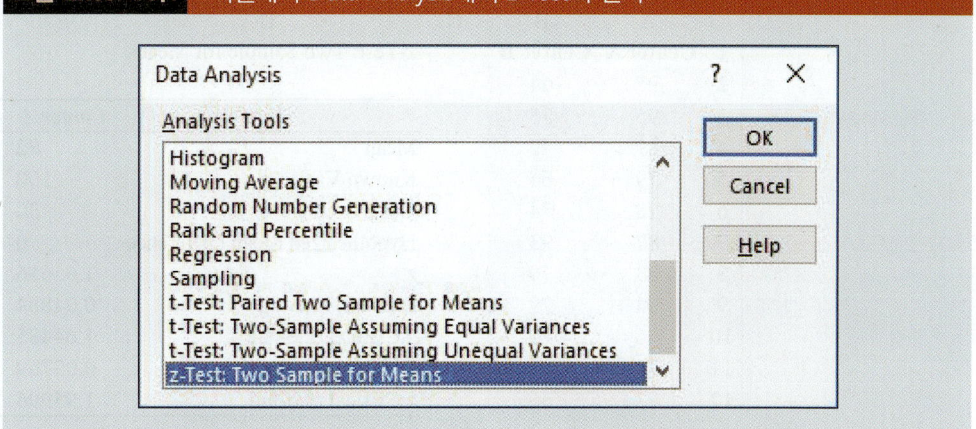

단계 4. z-Test: Two Sample for Means 대화상자(그림 Excel 10.2)에서
Variable 1 Range 상자에 A1:A31 을 입력
Variable 2 Range 상자에 B1:B41 을 입력
Hypothesized Mean Difference 박스에 0을 입력
Variable 1 Variance(known)박스에 100을 입력

그림 Excel 10.2 엑셀을 통한 z Test: Two Sample 검정 대화상자

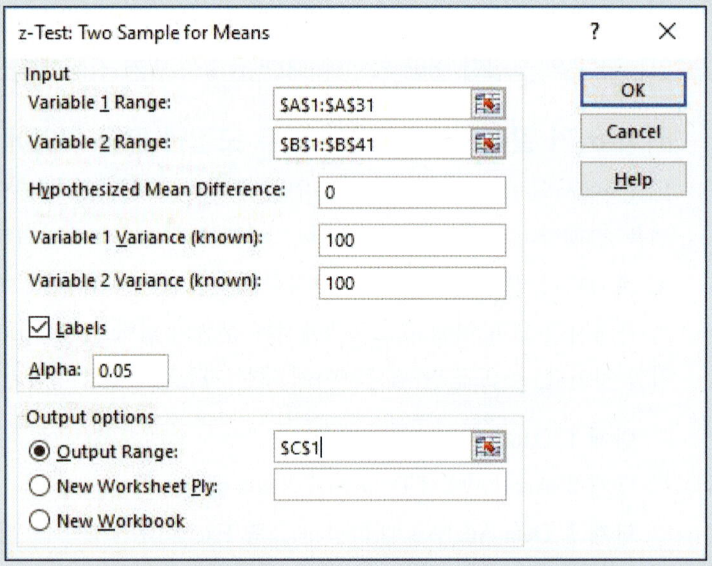

그림 Excel 10.3 두 모집단 평균 차이에 대한 엑셀 분석 결과

	A	B	C	D	E	F
1	**Center A**	**Center B**		z-Test: Two Sample for Means		
2	97	64				
3	95	85			*Center A*	*Center B*
4	89	72		Mean	82	78
5	79	64		Known Variance	100	100
6	78	74		Observations	30	40
7	87	93		Hypothesized Mean Difference	0	
8	83	70		z	1.65616	
9	94	79		P(Z<=z) one-tail	0.04884	
10	76	79		z Critical one-tail	1.64485	
11	79	75		P(Z<=z) two-tail	0.09769	
12	83	66		z Critical two-tail	1.95996	

Variable 2 Variance(known)박스에 100을 입력

Labels 선택

Alpha 상자에 0.05를 입력

Output Range를 선택하고 C1을 입력

OK를 선택

그림 Excel 10.3에서 볼 수 있는 것처럼, 양측검정 p값은 $P(Z < = z)$(two-tail)이 표기되어 있다. E11에 표기된 값은 0.09769을 보이며 $\alpha = 0.05$에서 귀무가설이 기각되지 않는다.

σ_1과 σ_2가 알려져 있지 않은 경우의 두 모집단 평균 차이에 대한 검정

표 10.1에서의 소프트웨어 테스트 결과에 대한 자료를 활용한다. A1셀에 현재 소프트웨어를 의미하는 Current가 B1셀에는 새로운 소프트웨어를 의미하는 New가 입력된 SoftwareTest 파일을 활용한다. 현재 시스템의 완료시간은 A2:A13에 입력되어 있으며 새로운 시스템의 완료시간은 B2:B13에 입력되어있다. 아래의 단계는 σ_1과 σ_2가 알려져 있지 않은 경우에 가설검정을 수행하는 절차에 대한 것이다.

DATA *file* SoftwareTest

단계 1. Data 선택

단계 2. Data Analysis 선택

단계 3. Data Analysis 대화상자(그림 Excel 10.4)에서

t-Test: Two Sample Assuming Unequal Variances 선택

OK 선택

단계 4. *t*-Test: Two Sample Assuming Unequal Variances 대화상자(그림 Excel 10.5)에서

Variable 1 Range 상자에 A1:A13을 입력

Variable 2 Range 상자에 B1:B13을 입력

그림 Excel 10.4 분산이 상이한 경우의 엑셀에서 Data Anaysis에서 대화상자 선택

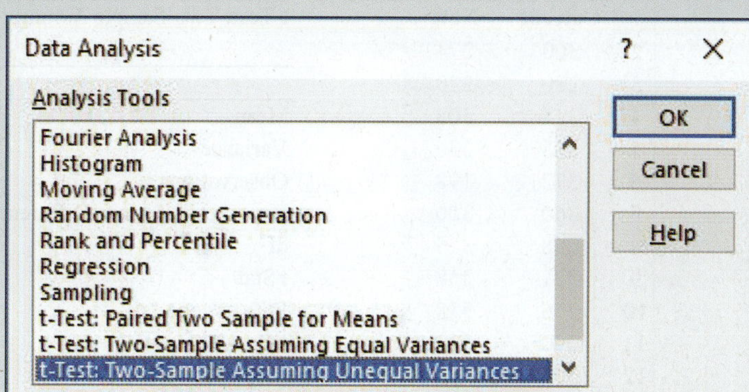

그림 Excel 10.5 분산이 상이한 경우의 엑셀을 통한 *t*-Test: Two Sample 검정 대화상자

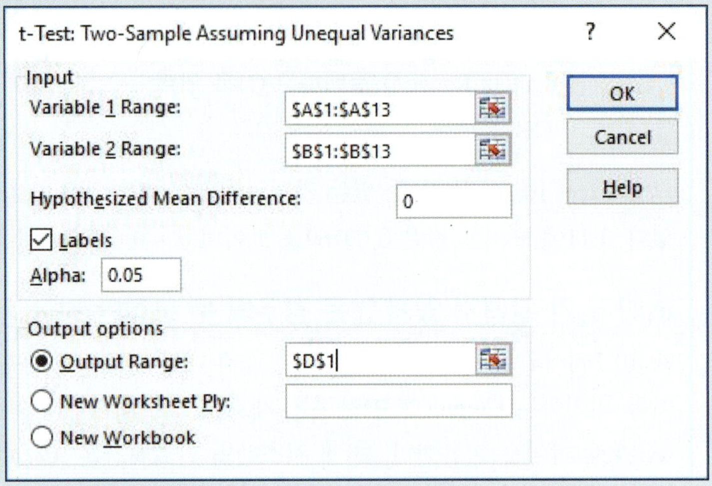

Hypothesized Mean Difference 박스에 0을 입력

Labels 선택

Alpha 상자에 0.05를 입력

Output Range를 선택하고 D1을 입력

OK를 선택

그림 Excel 10.6에서 볼 수 있는 것처럼, 양측검정 p값은 P(T〈=t)(one-tail)이 표기되어 있다. E10에 표기된 값은 0.0166을 보이며 $\alpha = 0.05$에서 귀무가설이 기각된다.

그림 Excel 10.6 표준편차가 알려져 있지 않은 경우의 두 모집단 평균 차이에 대한 엑셀 분석 결과

	A	B	C	D	E	F
1	**Current**	**New**		t-Test: Two-Sample Assuming Unequal Variances		
2	300	274				
3	280	220			*Current*	*New*
4	344	308		Mean	325	286
5	385	336		Variance	1599.64	1935.82
6	372	198		Observations	12	12
7	360	300		Hypothesized Mean Difference	0	
8	288	315		df	22	
9	321	258		t Stat	2.27213	
10	376	318		P(T<=t) one-tail	0.0166	
11	290	310		t Critical one-tail	1.71714	
12	301	332		P(T<=t) two-tail	0.0332	
13	283	263		t Critical two-tail	2.07387	

짝표본의 경우 두 모집단 평균의 차이 검정

표 10.3의 완료시간을 대상으로 짝표본인 경우의 추론에 대해 논의할 것이다. 생산방법 1은 A1에 입력되고 생산방법 2는 B1에 입력된 Matched 파일을 활용한다. B2:B7에 생산방법 1에 대한 완료시간이 입력되고 C2:C7에 생산방법 2의 완료시간이 입력된다. 앞서 제시한 *t*-test에 대한 엑셀절차에서 3단계에서의 *t*-Test: Paired Two Sample for Means를 선택하는 것만 제외하고는 동일하게 사용하면 된다.

DATA *file* Matched

단계 1. Data 선택

단계 2. Data Analysis 선택

단계 3. Data Analysis 대화상자(그림 Excel 10.7)에서
t-Test: Paired Two Sample for Means 선택
OK 선택

그림 Excel 10.7 Paired Two Sample 분석에서의 대화상자 선택

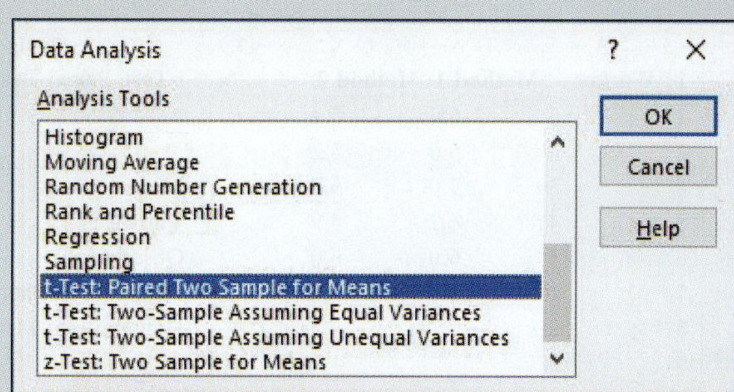

그림 Excel 10.8 Paired Two Sample 분석 대화상자

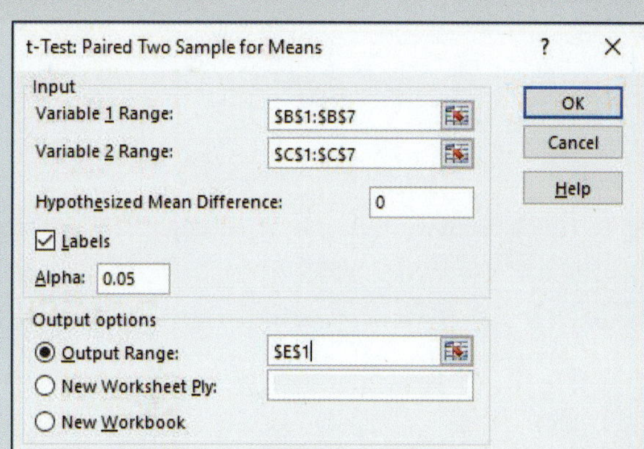

단계 4. t-Test: Paired Two Sample for Means 대화상자(그림 Excel 10.8)에서

Variable 1 Range 상자에 B1:B7 을 입력

Variable 2 Range 상자에 C1:C7 을 입력

Hypothesized Mean Difference 박스에 0을 입력

Labels 선택

Alpha 상자에 0.05를 입력

Output Range를 선택하고 E1을 입력

OK를 선택

그림 Excel 10.9에서 볼 수 있는 것처럼, 양측검정 p값은 $P(T<=t)$(one-tail)이 표기되어 있다. E13에 표기된 값은 0.0795를 보이며 $\alpha = 0.05$에서 귀무가설이 기각되지 않는다.

그림 Excel 10.9 Paired Two Sample을 통한 평균 차이에 대한 엑셀 분석 결과

	A	B	C	D	E	F	G
1	**Worker**	**Method 1**	**Method 2**		t-Test: Paired Two Sample for Means		
2	1	6.0	5.4				
3	2	5.0	5.2			*Method 1*	*Method 2*
4	3	7.0	6.5		Mean	6.1	5.8
5	4	6.2	5.9		Variance	0.428	0.212
6	5	6.0	6.0		Observations	6	6
7	6	6.4	5.8		Pearson Correlation	0.876424	
8					Hypothesized Mean Difference	0	
9					df	5	
10					t Stat	2.195775	
11					P(T<=t) one-tail	0.039758	
12					t Critical one-tail	2.015048	
13					P(T<=t) two-tail	0.079516	
14					t Critical two-tail	2.570582	

Chapter 11

모분산에 대한 추론

Contents

실생활에서 보는 통계

미국회계감사원 (U.S. Government Accountability Office)*

미국 워싱턴

미국회계감사원(GAO)은 연방정부에 소속된 독립적이며 비정치적인 감시기구이다. GAO 소속의 평가위원들은 연방정부 차원의 각 프로그램들의 효과성을 평가하게 된다. 평가위원들은 각종 기록들과 법률들을 검토하고 통계분석하는데 있어 전문성을 확보하고 있어야 한다.

어느 경우에는, 평가위원들이 국가 하천과 호수를 청소하기 위해 구축된 프로그램에 대한 내용을 연구하기도 한다. 이 프로그램의 한 부분으로서, 전국의 소규모 도시들을 대상으로 지원제도가 구축된다. 의회에서는 어떻게 효과적으로 해당 프로그램을 운영할 것인지에 대해 GAO에 요청하게 된다. 이를 통해 GAO는 다양한 기록들을 검토하고 폐기물처리 공장이 위치한 현장을 방문하기도 한다.

GAO 감사활동 목적 중 한 가지는 폐수처리 공장에서 규정에 맞도록 작업이 이루어지는지를 확인하는 것이다. 표본자료를 통해 산소포화농도와 pH수준을 확인하고 잔존 토양상태를 확인하게 된다. 본 프로그램의 요구사항은 각 폐기물 공장에서 매일 평가가 이루어져야 하며 수집된 자료는 정기적으로 분석기관에 보내져야 한다는 것이다. 자료에 대한 GAO의 조사활동을 통해 처리후 결과물이 허용치 범위 내에 위치하는지를 확인할 수 있게 된다.

예를 들어 처리후 평균 pH수준이 확인되고 분산수준도 평가가 이루어진다. 처리후 결과물에 대한 모집단의 pH 분산수준에 대한 아래의 가설검정이 이루어지게 된다.

$$H_0\colon \sigma^2 = \sigma_0^2$$
$$H_a\colon \sigma^2 \neq \sigma_0^2$$

이 공장의 유출물은 통계적으로 결정된 pH 수준 이내여야만 한다.
출처: Kekyalyaynen/Shutterstock.com

여기서 σ_0^2는 pH수준에 대한 모분산을 의미한다. 어느 특정 공장에서는 귀무가설이 기각되기도 한다. 추가 조사를 통해 일반적인 경우보다도 유의하게 낮은 pH수준에 대한 분산을 보이는 것이 확인되었다.

평가위원들은 현장을 방문하여 설비를 확인하고 통계적 결과에 대해 공장 관계자들과 논의를 하게 된다. 설비담당자가 측정설비의 작동방법을 알지 못해 운용되지 않는 것을 확인하게 되었다. 대신에 엔지니어를 통해 어느 정도의 pH가 허용범위인지를 듣고 정확한 테스트를 거치지않고 대략적인 수치를 기록만 한 것을 확인하게 되었다. 특이하게 낮은 분산을 보인 이 공장의 경우를 통해 H_0가 기각이 된 것이다. 유사한 결과를 보인 다른 공장에 대한 검토활동을 진행하고 환경오염 통제 프로그램의 일환으로 자료 수집능력을 향상시키기 위해 설비담당자들에 대한 교육 프로그램을 권고하였다.

이번 장에서 여러분들은 하나 혹은 두 개 분산에 대한 통계적 추정을 하는 방법을 익히게 될 것이다. 카이제곱 분포와 *F*분포를 통해 모분산에 대한 구간추정과 가설검정을 실행하게 된다.

* 저자들은 이 실무 통계의 맥락을 제공해 준 Mr. Art Foreman과 전 미국회계감사원 소속 Mr. Dale Ledman에게 감사드린다.

이 장에서는 모분산을 포함하는 통계적 추정을 학습하게 될 것이다. 앞의 사례에서 확인한 것처럼, 분산은 의사결정에서 중요한 정보가 된다. 처리후 오폐수를 컨테이너에 채우는 공정을 고려해보자. 개선된 오폐수 처리 공정에서의 컨테이너당 평균 처리된 오폐수 양은 16온스이다. 16온스라는 평균과 함께 분산도 중요할 것이다. 개선된 프로세스를 통해 16온스의 평균을 보인다고 하여도 모든 컨테이너가 16온스를 보일 수는 없는 것이다. 표본을 통해 컨테이너당 담긴 오폐수 처리수의 분산을 확인할 수 있다. 이 수치는 컨테이너당 담긴 양의 모분산에 대한 점추정치가 될 것이다. 만약 표본분산이 적절한 수준이라면 해당 공정은 계속해서 운영될 것이다. 만약 표본분산이 과도하다면 비록 평균이 16온스라고 해도 과다 주입이나 과소 주입이 발생하고 있다는 것을 의미한다. 이 경우에는 작업공정은 중지되고 분산을 줄이기 위한 노력이 진행되어야 할 것이다. 먼저 단일 모집단에 대한 분산 추정에 대해 알아보고 두 모집단에 대한 추정에 대해서도 설명할 것이다.*

11.1 모분산에 대한 추론

표본분산은 모분산 σ^2의 점추정치이다.

$$s^2 = \frac{\Sigma(x_i - \bar{x})^2}{n - 1} \qquad \textbf{(11.1)}$$

표본분산을 활용하는 것은 모분산 추정의 기본이라고 할 수 있다. 이때 $(n-1)s^2/\sigma^2$에 대한 표본분포는 아주 유용하게 활용될 수 있다.

$(n-1)s^2/\sigma^2$에 대한 표본분포

정규분포를 보이는 모집단으로 n표본을 무작위로 추출할 때

$$\frac{(n - 1)s^2}{\sigma^2} \qquad \textbf{(11.2)}$$

는 $n-1$의 자유도를 가지는 카이제곱 분포를 보인다.**

그림 11.1은 $(n-1)s^2/\sigma^2$ 표본분포의 형태를 보이고 있다.

$(n-1)s^2/\sigma^2$의 표본분포는 카이제곱 분포를 보이는 것으로 알려져 있기 때문에, 모분산에 대한 구간추정과 가설검정에 카이제곱 분포를 활용할 것이다.

구간추정

모분산 σ^2의 구간추정에 카이제곱 분포가 어떻게 활용되는지 보이기 위해서 본 장의 사례에서 언급한 내용을 살펴볼 것이다. 20개의 컨테이너가 확인되고 표분분산(s^2)은 0.0025이다. 그러나 20개 컨테이너 주입량에 대한 분산을 통해 해당 공정 전체 컨테이너의 무게 분산을 정확하게 예측한다는 것은 불가능하다는 것을 알고 있다. 따라서 모분산에 대한 신뢰구간을 계산하게 되는 것이다. χ^2_α를 카이제곱 분포값을 나타내는 기호로 활

* 품질수준 유지를 위해 많은 제조공정에서의 변동성을 줄이는 것은 품질 유지 측면에서 중요한 부분이다.

** 카이제곱 분포는 정규분포로부터의 표본 추출에 기반한다.

그림 11.1 $(n-1)s^2/\sigma^2$ 표본분포의 형태(카이제곱 분포)

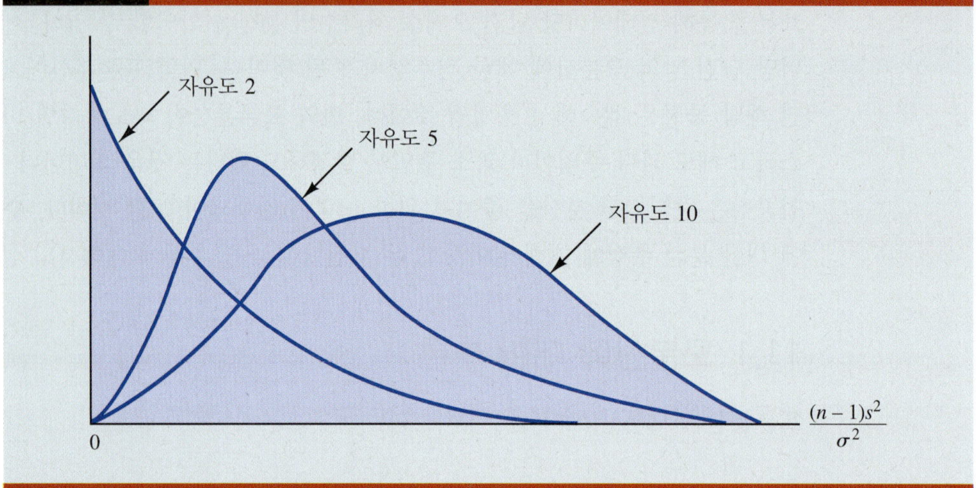

용할 것이다.

19의 자유도를 가지는 카이제곱 분포는 그림 11.2에서 $\chi^2_{0.025} = 32.852$를 보이고 있는데, 카이제곱값의 2.5%가 32.852의 우측이라는 점을 보이고 있으며 $\chi^2_{0.975} = 8.907$은 97.5%가 8.907의 우측이라는 것을 의미한다. 면적이나 확률에 대한 표를 활용하여 쉽게 확인할 수 있다. 표 11.1을 통해 19의 자유도를 가지는 카이제곱값을 확인할 수 있다. 부록 B의 Table 3을 통해 카이제곱값을 추가 확인할 수 있다.

그림 11.2의 그래프를 통해서 카이제곱값의 0.95 혹은 95%가 $\chi^2_{0.025}$와 $\chi^2_{0.975}$ 사이에 있다는 것을 알 수 있다. 따라서 χ^2를 구할 수 있는 확률은 다음과 같이 정리할 수 있다.

$$\chi^2_{0.975} \le \chi^2 \le \chi^2_{0.025}$$

그림 11.2 카이제곱 분포(자유도: 19)

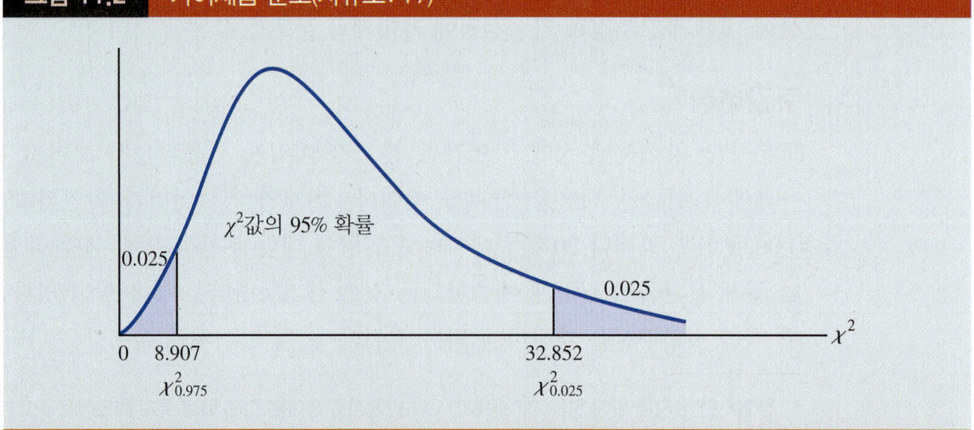

표 11.1 카이제곱 분포표(일부)*

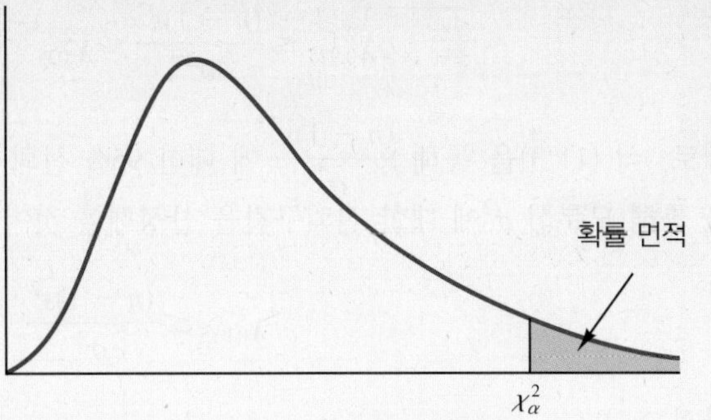

	우측 면적							
자유도	**0.99**	**0.975**	**0.95**	**0.90**	**0.10**	**0.05**	**0.025**	**0.01**
1	0.000	0.001	0.004	0.016	2.706	3.841	5.024	6.635
2	0.020	0.051	0.103	0.211	4.605	5.991	7.378	9.210
3	0.115	0.216	0.352	0.584	6.251	7.815	9.348	11.345
4	0.297	0.484	0.711	1.064	7.779	9.488	11.143	13.277
5	0.554	0.831	1.145	1.610	9.236	11.070	12.832	15.086
6	0.872	1.237	1.635	2.204	10.645	12.592	14.449	16.812
7	1.239	1.690	2.167	2.833	12.017	14.067	16.013	18.475
8	1.647	2.180	2.733	3.490	13.362	15.507	17.535	20.090
9	2.088	2.700	3.325	4.168	14.684	16.919	19.023	21.666
10	2.558	3.247	3.940	4.865	15.987	18.307	20.483	23.209
11	3.053	3.816	4.575	5.578	17.275	19.675	21.920	24.725
12	3.571	4.404	5.226	6.304	18.549	21.026	23.337	26.217
13	4.107	5.009	5.892	7.041	19.812	22.362	24.736	27.688
14	4.660	5.629	6.571	7.790	21.064	23.685	26.119	29.141
15	5.229	6.262	7.261	8.547	22.307	24.996	27.488	30.578
16	5.812	6.908	7.962	9.312	23.542	26.296	28.845	32.000
17	6.408	7.564	8.672	10.085	24.769	27.587	30.191	33.409
18	7.015	8.231	9.390	10.865	25.989	28.869	31.526	34.805
19	7.633	8.907	10.117	11.651	27.204	30.144	32.852	36.191
20	8.260	9.591	10.851	12.443	28.412	31.410	34.170	37.566
21	8.897	10.283	11.591	13.240	29.615	32.671	35.479	38.932
22	9.542	10.982	12.338	14.041	30.813	33.924	36.781	40.289
23	10.196	11.689	13.091	14.848	32.007	35.172	38.076	41.638
24	10.856	12.401	13.848	15.659	33.196	36.415	39.364	42.980
25	11.524	13.120	14.611	16.473	34.382	37.652	40.646	44.314
26	12.198	13.844	15.379	17.292	35.563	38.885	41.923	45.642
27	12.878	14.573	16.151	18.114	36.741	40.113	43.195	46.963
28	13.565	15.308	16.928	18.939	37.916	41.337	44.461	48.278
29	14.256	16.047	17.708	19.768	39.087	42.557	45.722	49.588
30	14.953	16.791	18.493	20.599	40.256	43.773	46.979	50.892
40	22.164	24.433	26.509	29.051	51.805	55.758	59.342	63.691
60	37.485	40.482	43.188	46.459	74.397	79.082	83.298	88.379
80	53.540	57.153	60.391	64.278	96.578	101.879	106.629	112.329
100	70.065	74.222	77.929	82.358	118.498	124.342	129.561	135.807

* 주: 부록 B의 Table 3을 통해 추가 카이제곱값을 확인할 수 있음

식 (11.2)에서 $(n-1)s^2/\sigma^2$ 카이제곱 분포를 따른다고 하였으므로 χ^2로 변환할 수 있다.

$$\chi^2_{0.975} \le \frac{(n-1)s^2}{\sigma^2} \le \chi^2_{.025} \tag{11.3}$$

실제로, 식 (11.3)을 통해 $\frac{(n-1)s^2}{\sigma^2}$에 대한 95% 신뢰구간을 확인할 수 있다. 함수적 접근을 통해 모분산 σ^2에 대한 신뢰구간을 산정해볼 것이다. 식 (11.3)의 좌측을 먼저 보자.

$$\chi^2_{0.975} \le \frac{(n-1)s^2}{\sigma^2}$$

따라서

$$\sigma^2\chi^2_{0.975} \le (n-1)s^2$$

이 되어

$$\sigma^2 \le \frac{(n-1)s^2}{\chi^2_{0.975}} \tag{11.4}$$

가 된다.

유사한 함수적 절차를 통해 식 (11.3)의 우측을 변환할 수 있다.

$$\frac{(n-1)s^2}{\chi^2_{0.025}} \le \sigma^2 \tag{11.5}$$

식 (11.4)와 (11.5)를 함께 반영한다면 식은 (11.6)과 같이 변형될 것이다.

$$\frac{(n-1)s^2}{\chi^2_{0.025}} \le \sigma^2 \le \frac{(n-1)s^2}{\chi^2_{0.975}} \tag{11.6}$$

식 (11.3)이 $(n-1)s^2/\sigma^2$값의 95% 수준을 보이기 때문에 식 (11.6)은 모집단 분산 σ^2의 95% 신뢰구간 추정치를 나타낸다.

앞의 사례문제에서의 신뢰구간 추정으로 돌아가보자. 표본크기는 20이며 표본분산은 0.0025를 보이는 것으로 제시되었다. 표본크기가 20이면 자유도는 19이며 그림 11.2를 통해 $\chi^2_{0.975} = 8.907$이며 $\chi^2_{0.025}$는 32.852라는 것을 이미 알고 있다.

식 (11.6)에 이러한 수치를 대입한다면 다음과 같이 모분산에 대한 신뢰구간을 구할 수 있다.

$$\frac{(19)(0.0025)}{32.852} \le \sigma^2 \le \frac{(19)(0.0025)}{8.907}$$

즉

$$0.0014 \le \sigma^2 \le 0.0053$$

이 된다.

모표준편차에 대한 95% 신뢰구간을 구하면 다음과 같다.*

$$0.0380 \leq \sigma \leq 0.0730$$

따라서 카이제곱 분포를 활용하여 모분산과 모표준편차의 신뢰구간을 구할 수 있음을 확인할 수 있으며, 특히 $\chi^2_{0.975}$와 $\chi^2_{0.025}$를 사용하고 있기 때문에 신뢰구간 추정치는 0.95의 신뢰수준을 가지게 된다. 식 (11.6)을 일반적인 경우로 확대한다면, 다음과 같이 모분산에 대한 신뢰구간 추정치를 확인할 수 있다.

모분산에 대한 신뢰구간 추정치

$$\frac{(n-1)s^2}{\chi^2_{\alpha/2}} \leq \sigma^2 \leq \frac{(n-1)s^2}{\chi^2_{(1-\alpha/2)}} \tag{11.7}$$

여기서 χ^2값은 $(n-1)$의 자유도를 가지는 카이제곱 분포에 의하며 $(1-\alpha)$는 신뢰수준을 의미한다.

가설검정

모분산에 대한 가설화된 수치를 고려하여 세 가지 형태의 가설검정을 진행할 수 있다.

$$H_0: \sigma^2 \geq \sigma_0^2 \qquad H_0: \sigma^2 \leq \sigma_0^2 \qquad H_0: \sigma^2 = \sigma_0^2$$
$$H_a: \sigma^2 < \sigma_0^2 \qquad H_a: \sigma^2 > \sigma_0^2 \qquad H_a: \sigma^2 \neq \sigma_0^2$$

이러한 세 가지의 가설형태는 모평균과 모비율에 대한 단측검정 및 양측검정의 경우와 유사하다. 가설검정의 절차에서 모분산에 대한 가설화된 수치 σ_0^2를 활용하며 표본분산 s^2는 χ^2를 계산하는데 사용한다. 여기에서 모집단은 정규분포를 보인다고 가정하면 검정통계량은 다음과 같다.**

모분산에 대한 가설검정에서의 검정통계량

$$\chi^2 = \frac{(n-1)s^2}{\sigma_0^2} \tag{11.8}$$

여기서 χ^2는 $(n-1)$의 자유도를 보이는 카이제곱 분포를 따른다.

χ^2 검정통계량을 계산한 후에 p값이나 임계치를 이용한 방법을 통해 귀무가설의 기각여부를 확인하게 된다.

---

* 모표준편차에 대한 신뢰구간은 모분산에 대한 신뢰구간의 하한치와 상한치의 제곱근 값을 통해 파악할 수 있다.

** 모평균과 모비율에 대한 가설검정은 9장에서 다루었다.

다음의 예를 통해 설명을 진행한다. 세인트루이스 메트로 버스(St. Louis Metro Bus Company)는 정시도착 수준을 통해 신뢰성이 높다는 점을 홍보하려고 한다. 버스 정류장 도착에 대한 표준 정책은 4분 이내의 분산을 유지하는 것이다. 다음과 같이 가설을 세워 도착시간의 모분산이 높은지 여부를 확인할 수 있도록 할 계획이다.

$$H_0: \sigma^2 \leq 4$$
$$H_a: \sigma^2 > 4$$

H_0가 참이라고 가정한다면, 도착시간의 모분산이 기업의 가이드라인 내에 위치한다고 볼 수 있다. 표본을 통해 모분산이 가이드라인보다 크다면 H_0를 기각하게 된다. 이 경우에 모분산을 줄이기 위한 노력이 진행되어야 할 것이다. 유의수준 $\alpha = 0.05$를 기준으로 가설검정을 진행한다.

DATA *file* BusTimes

무작위로 24대 버스의 도착시간이 선정되고 표본분산 $s^2 = 4.9$로 파악되었다. 도착시간에 대한 모집단 분포는 대략 정규분포를 보이는 것으로 가정한다면 검정통계량은 다음과 같다.

$$\chi^2 = \frac{(n-1)s^2}{\sigma_0^2} = \frac{(24-1)(4.9)}{4} = 28.18$$

자유도 23에서의 카이제곱값은 그림 11.3에 제시되어 있다. 우측검정이므로 검정통계량의 우측면적으로 확인하게 되고, $\chi^2 = 28.18$이 검정을 위한 p값이 된다.

t분포표와 마찬가지로 카이제곱 분포표도 p값을 정확하게 표현할 정도로 제시되지는 않는다. 그러나 카이제곱 분포표를 이용해 p값을 위한 범위를 구할 수 있다. 예를 들어 표 11.1을 이용해 23의 자유도를 가지는 카이제곱 분포의 정보를 구할 수 있는 것이다.

우측꼬리 면적	**0.10**	**0.05**	**0.025**	**0.01**
χ^2값(자유도: 23)	32.007	35.172	38.076	41.638

↑ $\chi^2 = 28.18$

$\chi^2 = 28.18$은 32.007에 비하여 낮은 수치이기 때문에 p값은 0.10에 비하여 더 크게 된다. p값이 0.05보다 크면 귀무가설을 기각할 수 없다. 버스 도착시간의 분산이 과도하다는 주장을 지지할 수 있다고 표본결과가 지지해주지 못한다.

정확한 p값을 카이제곱 분포표를 통해 결정하는 것의 어려움으로 인해서 통계 소프트웨어를 활용하는 것이 효과적이다. 부록 E에서 엑셀을 통해 어떻게 p값을 계산하는지 보이고 있다. 부록을 통해 정확한 p값이 $\chi^2 = 28.18$에서 0.2091이라는 것을 알 수 있다.

또 다른 가설검정 방법으로 임계치를 이용한 방법을 통해 통계적 결론을 유도할 수 있다. $\alpha = 0.05$에서 $\chi^2_{0.05}$을 통해 임계치를 구할 수 있다. 표 11.1을 이용해 23의 자유도일

그림 11.3 세인트루이스 메트로 버스의 카이제곱 분포

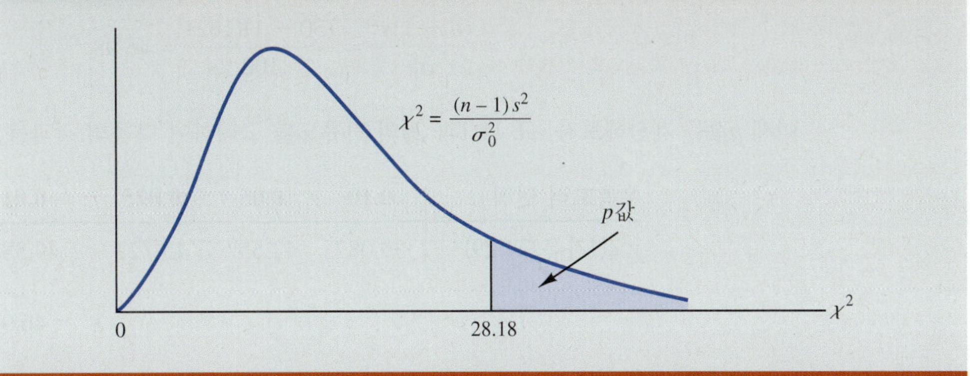

때 $\chi^2_{0.05} = 35.172$라는 것을 알 수 있다. 따라서 본 사례에 대한 기각기준은 다음과 같다.

$$H_0\text{의 기각기준: } \chi^2 \geq 35.172$$

검정통계량이 28.18이기 때문에 귀무가설을 기각할 수 없다.

실제로, 여기서 제시한 우측검정을 통한 모분산에 대한 가설검정이 가장 일반적이다. 도착시간과 생산시간, 부품 차원에서 낮은 분산이 선호되고 높은 분산은 허용되기 어려운 것이다. 최대허용 모분산 수준에 대해 귀무가설을 통해 허용수준보다 작거나 같도록 표기하고 대립가설에서 모분산이 최대 허용수준보다 크다고 표기된다. 귀무가설의 기각이 과도한 모분산이 존재한다는 것을 보일 수 있도록 설계되는 것이다.

모평균과 모비율에서 보았던 것처럼, 또 다른 형태의 가설검정이 가능하다. 모분산에 대한 양측검정을 자동차 면허 담당부서의 예를 통해 설명할 것이다. 과거 자료를 통해 자동차면허 점수의 분산 $\sigma^2 = 100$ 정도로 알려져 있다. 새로운 시험방법이 신규 운전면허 시험에 적용될 것이다. 담당부서에서는 새로운 시험방법에서도 기존과 유사한 분산수준이길 바라고 있다. 새로운 평가방법의 분산수준을 평가하기 위해 다음과 같은 양측검정을 위한 가설이 제시되었다.

$$H_0\text{: } \sigma^2 = 100$$
$$H_a\text{: } \sigma^2 \neq 100$$

H_0의 기각은 분산의 변화가 발생했다는 것을 말하는 것이고, 기존 평가방법과 유사한 수준의 분산을 보이기 위해서는 새로운 평가방법의 일부 문항들이 수정되어야 한다는 것을 의미한다. 30명의 응시자들을 대상으로 새로운 평가법을 시행하며 $\alpha = 0.05$에서 가설검정을 진행하였다.

30명의 결과를 바탕으로 표본분산 $s^2 = 160$이고 카이제곱 검정통계량은 다음과 같다

는 것을 알 수 있었다.

$$\chi^2 = \frac{(n-1)s^2}{\sigma_0^2} = \frac{(30-1)(162)}{100} = 46.98$$

이제 p값을 계산해보자. 표 11.1과 29의 자유도를 고려하여 다음의 결과를 확인할 수 있다.

우측꼬리 면적	0.10	0.05	0.025	0.01
χ^2값(자유도: 29)	39.087	42.557	45.722	49.588

$\chi^2 = 46.98$ (45.722와 49.588 사이)

$\chi^2 = 46.98$은 카이제곱 분포의 우측면 0.025와 0.01 사이의 면적을 보이는 것이고 양측검정이라는 점에서 이 값을 두 배로 하면 0.05와 0.02 사이에 위치하게 된다. 엑셀을 통해 $\chi^2 = 46.98$의 p값은 0.0374라는 것을 알 수 있다. p값이 0.05에 비하여 작기 때문에 H_0를 기각하고 새로운 평가방법의 분산은 기존 평가방법의 모분산인 $\sigma^2 = 100$과 상이하다는 결론을 내린다. 모분산에 대한 가설검정의 요약은 표 11.2에 보여진다.

표 11.2 모분산에 대한 가설검정의 요약

	좌측검정	우측검정	양측검정
가설	$H_0: \sigma^2 \geq \sigma_0^2$ $H_a: \sigma^2 < \sigma_0^2$	$H_0: \sigma^2 \leq \sigma_0^2$ $H_a: \sigma^2 > \sigma_0^2$	$H_0: \sigma^2 = \sigma_0^2$ $H_a: \sigma^2 \neq \sigma_0^2$
검정통계량	$\chi^2 = \frac{(n-1)s^2}{\sigma_0^2}$	$\chi^2 = \frac{(n-1)s^2}{\sigma_0^2}$	$\chi^2 = \frac{(n-1)s^2}{\sigma_0^2}$
기각기준: p값 접근법	p값 $\leq \alpha$이면 H_0 기각	p값 $\leq \alpha$이면 H_0 기각	p값 $\leq \alpha$이면 H_0 기각
기각기준: 임계치 기준	$\chi^2 \leq \chi^2_{(1-\alpha)}$이면 H_0 기각	$\chi^2 \geq \chi^2_{\alpha}$이면 H_0 기각	$\chi^2 \leq \chi^2_{(1-\alpha/2)}$ 또는 $\chi^2 \geq \chi^2_{\alpha/2}$이면 H_0 기각

연습문제

기본문제

1. 표 11.1(부록 B의 Table 3)을 이용하여 카이제곱 분포값을 찾으시오.

a. $\chi^2_{0.05}$(자유도: 5)

b. $\chi^2_{0.025}$(자유도: 15)

c. $\chi^2_{0.975}$(자유도: 20)

d. $\chi^2_{0.01}$(자유도: 10)

e. $\chi^2_{0.95}$(자유도: 18)

2. 20개의 표본을 통해 표본표준편차가 5라는 것을 알고 있다.

   a. 모분산에 대한 90% 신뢰구간을 계산하시오

   b. 모분산에 대한 95% 신뢰구간을 계산하시오

   c. 모표준편차에 대한 95% 신뢰구간을 계산하시오

3. 16개의 표본을 통해 9.5의 표본표준편차를 알게되었다. 아래의 가설을 $\alpha = 0.05$에서 검정하시오. 결론은 무엇인가? p값 접근법과 임계치 접근법을 모두 사용하시오.

$$H_0: \sigma^2 \le 50$$
$$H_a: \sigma^2 > 50$$

적용문제

4. **드론을 활용한 소포 배달.** 아마존은 드론을 통한 당일 배송을 시험하고 있다. 배송시간의 신뢰성을 확보하기 위해 시간의 변동성이 최소화되어야 한다. 24번의 드론 배송을 대상으로 표본분산 $s^2 = 0.81$로 나타났다.

   a. 드론 배송시간의 모분산에 대한 90% 신뢰구간 추정치를 계산하시오.

   b. 모표준편차에 대한 90% 신뢰구간 추정치를 계산하시오.

5. **대학농구감독 급여수준.** 2018년에 크르지예프스키(Krzyewski)와 존 칼리파리(John Calipari)는 가장 높은 급여를 받는 대학농구 감독으로 이름을 올렸다(Sports Illustrated 웹사이트). 다음의 표에서는 NCSS 디비전에서 속한 10개 대학의 농구 감독에 대한 급여수준이다. 단위는 백만 달러이다.

DATA*file* CoachSalary

대학명	감독 급여	대학명	감독 급여
노스캐롤라이나 주립대학	2.2	마이애미대학	1.5
아이오나대학	0.5	크레이튼대학	1.3
텍사스 A&M대학	2.4	텍사스 공과대학	1.5
오레곤대학	2.7	사우스다코다 대학	0.3
아이오와주립대학	2.0	뉴멕시코주립대학	0.3

   a. 10개 대학의 평균 자료를 활용하여 NCAA에 속한 대학의 감독 급여를 설명하시오.

   b. 10개 대학의 자료를 활용하여 대학 농구감독 급여의 모표준편차를 추정하시오.

c. 농구감독 급여에 대한 모분산의 95% 신뢰구간을 계산하시오.

d. 농구감독 급여에 대한 모표준편차의 95% 신뢰구간을 계산하시오.

6. **GE주식의 변동성.** GE에 대한 투자 의사결정을 위해 주가 변동성에 대한 분석과정에서 8분기 동안의 수익률을 검토하였다. 수익률의 변동은 주가의 변동과 분기 배당을 합한 수준이다.

20.0	−20.5	12.2	12.6	10.5	−5.8	−18.7	15.3

a. 표본평균은 얼마인가? 이 수치를 어떻게 해석해야 할 것인가?

b. GE수익률의 변동성에 대한 표본분산과 표본표준편차는 얼마인가?

c. 모분산에 대한 95% 신뢰구간을 계산하시오.

d. 모표준편차에 대한 95% 신뢰구간을 계산하시오.

7. **할로윈데이 지출 규모.** 2017년에 미국인들은 91억 달러 수준을 할로윈 관련 소비지출한 것으로 알려졌다(The balance 웹사이트). 16명의 성인이 할로윈데이에서 지출한 규모가 제시되어 있다.

DATA*file* Halloween

12	69	22	64
33	36	31	44
52	16	13	98
45	32	63	26

a. 할로윈데이때 성인들의 지출 규모에 대한 모평균값은 얼마라고 추정되는가?

b. 표본표준편차는 어느 정도인가?

c. 성인들이 할로윈데이에 지출하는 규모의 모표준편차에 대한 95% 신뢰구간을 제시하시오.

8. **주식가격의 일간 변동성.** 다우존스 산업평균지수가 149.82 수준으로 상승하였다고 생각해보자. 다음의 표에서는 12개 기업의 해당일 주식가격 변동수준을 보여주고 있다.

DATA*file* StockPriceChange

기업명	가격변동수준 ($)	기업명	가격변동수준 ($)
Aflac	0.81	Johnson & Johnson	1.46
Altice USA	0.41	Loews Corporation	0.92
Bank of America	−0.05	Nokia Corporation	0.21
Diageo plc	1.32	Sempra Energy	0.97
Fluor Corporation	2.37	Sunoco LP	0.52
Goodrich Petroleum	0.3	Tyson Foods, Inc.	0.12

a. 일간 주식가격 변동에 대한 표본분산을 계산하시오.

b. 일간 주식가격 변동에 대한 표본표준편차를 계산하시오.

c. 모분산과 모표준편차에 대한 95% 신뢰구간을 계산하시오.

9. **우주항공 부품 제조.** Tolerance Contract Manufacturing사와 같은 경쟁력있는 미국의 소기업들은 항공우주분야의 정밀한 부품을 생산할 수 있는 능력을 확보하고 있다. 이들 부품들은 0.0004 이하의 허용 오차 이하수준으로 생산되어야 하는 정밀부품들이다. 30개 부품의 표본분산이 0.0005라고 할 때 유의수준 0.05에서 모분산 수준이 규격을 벗어나는 수준인지 분석하시오.

10. **코스트코 고객만족도.** 컨슈머 리포터(Consumer Reporters)는 주요 유통체인에 대한 고객만족도를 100점 만점으로 측정하고 있다. 과거 만족도 조사의 결과로 볼 때, 모표준편차(σ)는 12 정도로 보인다. 컨슈머 리포터 보고서에 의하면 40개주에서 432개의 매장을 가진 코스트코(Costco)는 전반적 품질수준에서 뛰어난 수준을 보인 유일한 유통체인이었다. 15명의 코스트코 고객들의 만족도 조사 결과는 다음과 같다.

DATA*file* Costco

95	90	83	75	95
98	80	83	82	93
86	80	94	64	62

a. 코스트코 고객의 표본평균은 어느 정도인가?

b. 표본분산은 얼마인가?

c. 표본표준편차는 얼마인가?

d. 모표준편차가 $\sigma = 12$가 기각되어 코스트코의 입장을 대변할 수 있는 가설검정을 하시오. 0.05의 유의수준에서 결론은 무엇인가?

DATA*file* EconGMAT

11. **GMAT점수의 변동성.** 2016년에 GMAC에서는 GMAT점수의 분산이 14,660이라고 발표하였다. 최근 모임에서 경제학 교수들이 경제학부생 GMAT점수에 대하여 논의가 있었고 일부 경제학 교수들은 일반적인 GMAT 응시생들에 비하여 경제학 전공 학부생들의 GMAT점수 분산이 더 클 것으로 예상하였다. 그러나 일부 경제학 교수들은 이 주장에 반대되는 입장을 보이기도 하였다. EconGMAT 파일에서는 경제학을 전공한 51명의 학생들의 GMAT점수가 포함되어 있다.

a. 51명에 대한 평균, 분산, 표준편차를 계산하시오

b. 경제학을 전공한 학생들의 GMAT점수의 분산이 일반적인 응시자들의 점수 분산에 비하여 다르다는 것을 확인하기 위한 가설검정의 가설을 제시하시오.

c. $\alpha = 0.05$ 수준에서 가설검정을 진행하고 통계적 결론을 제시하시오

12. **포춘지 구독자의 자동차 소유.** 포춘지(Fortune)는 자사 구독자들의 소유 혹은 리스 보유차량수의 분산이 0.94라는 것으로 파악하게 되었다. 12명의 구독자들에게서 소유 혹은 리스중인 자동차 수가 각각 2, 1, 2, 0, 3, 2, 2, 1, 2, 1, 0, 1이라고 파악되었다.
   a. 12명의 구독자들이 소유 혹은 리스중인 차량수에 대한 표본분산을 계산하시오.
   b. 가설 H_0: $\sigma^2 = 0.94$를 통해 구독자들이 소유 혹은 리스차량의 수에 대한 분산이 0.94인지 아닌지 확인하시오. $\alpha = 0.05$ 수준에서 통계적 결론을 제시하시오

11.2 두 모분산에 대한 추론

생산현장에서는 상이한 공정에서 생산되어진 제품의 품질 변동의 비교, 조립방법이 상이한 공정간의 조립시간 변동 비교, 히팅 장비의 온도 변동 비교를 실행해야 하는 경우가 있다. 두 모분산에 대한 비교를 실행하기 위해 두 독립된 무작위 표본을 각 모집단으로부터 추출하게 된다. 두 모집단 분산(σ_1^2, σ_2^2)에 대한 추정을 위해 두 표본분산(s_1^2, s_2^2)은 기본적이라고 할 수 있다. 정규 모집단으로 추출된 두 모집단 분산이 동일한 경우에는 ($\sigma_1^2 = \sigma_2^2$) 언제든지 두 표본분산의 비율(s_1^2/s_2^2)에 대한 표본분포는 다음과 같이 정리할 수 있다.

$\sigma_1^2 = \sigma_2^2$인 경우의 s_1^2/s_2^2의 표본분포

동일한 분산을 보이는 두 개의 정규 모집단으로부터 n_1과 n_2만큼 독립적으로 무작위 추출된 경우에 다음과 같은 비율을 구할 수 있다.

$$\frac{s_1^2}{s_2^2} \tag{11.9}$$

(식 (11.9)에 대하여 분자는 n_1-1의 자유도를 가지며, 분모는 n_2-1의 자유도를 가지는 F분포를 보인다. 여기에서 s_1^2은 모집단 1에서 추출된 n_1에 대한 표본분산이며 s_2^2는 모집단 2에서 추출된 n_2에 대한 표본분산이다.*

그림 11.4는 분자와 분모 모두에 20의 자유도를 가진 F분포를 보이고 있다. 그래프에서 보여지는 것처럼, F분포는 비대칭이며 F값은 음수가 없다. F분포의 모양은 분자와 분모의 자유도에 따라 결정된다.

F_α를 우측검정에서 α의 면적 혹은 확률을 나타내는 F값으로 볼 것이다. 예를 들어 그림 11.4에 나타나 있는 것처럼, $F_{0.05}$는 20의 분자 및 분모의 자유도를 가지는 F분포에서 0.05의 우측 영역의 크기를 나타낸다. $F_{0.05}$의 구체적인 수치는 F분포표를 통해 확인할

* F분포는 두 정규 모집단으로부터의 표본에 기초한다.

그림 11.4 분자 20 및 분모 20의 자유도를 가진 F분포

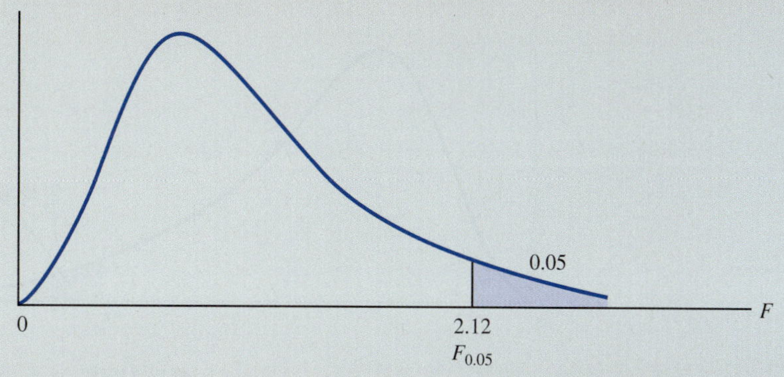

수 있으며 일부가 표 11.3에 제시되어 있다. 분자 및 분모의 자유도 20과 우측 영역의 크기 0.05가 교차되는 곳에서 $F_{0.05} = 2.12$를 확인할 수 있다.

이 표에서 0.10, 0.05, 0.025, 0.01의 우측 영역에 대한 F값을 확인할 수 있다. 부록 B의 Table 4에서 F분포표를 추가로 확인할 수 있다.

F분포가 어떻게 두 모집단 분산에 대한 가설검정에 사용될 수 있는지 알아보도록 하자. 두 모분산이 동일한지에 대한 가설검정을 먼저 설명한다. 가설은 다음과 같이 수립될 것이다.

$$H_0\colon \sigma_1^2 = \sigma_2^2$$
$$H_a\colon \sigma_1^2 \neq \sigma_2^2$$

잠정적으로 모분산은 동일하다고 가정한다. 만약 H_0가 기각되면 모분산은 동일하지 않다는 결론을 내릴 것이다. 가설검정을 진행하기 위한 절차에서는 두 개의 독립적인 무작위 표본을 필요로 하며 표본분산이 먼저 계산되어야 한다. 첫 번째 모집단에 대해 n_1개의 표본과 표본분산 s_1^2을 활용하고 두 번째 모집단에 대해 n_2의 표본과 표본분산 s_2^2를 활용하게 된다. 두 모집단이 정규분포라는 가정하에서 표본분산 비율은 아래와 같이 F 검정통계량이 된다.

두 모분산 $\sigma_1^2 = \sigma_2^2$에 대한 가설검정에 대한 검정통계량

$$F = \frac{s_1^2}{s_2^2} \tag{11.10}$$

표본분산의 더 큰 모집단을 1로 하며, 검정통계량은 분자에서 $n_1 - 1$의 자유도를 가지며 분모는 $n_2 - 1$의 자유도를 가지는 F분포를 보인다.

표 11.3 F분포표에서 일부 발췌*

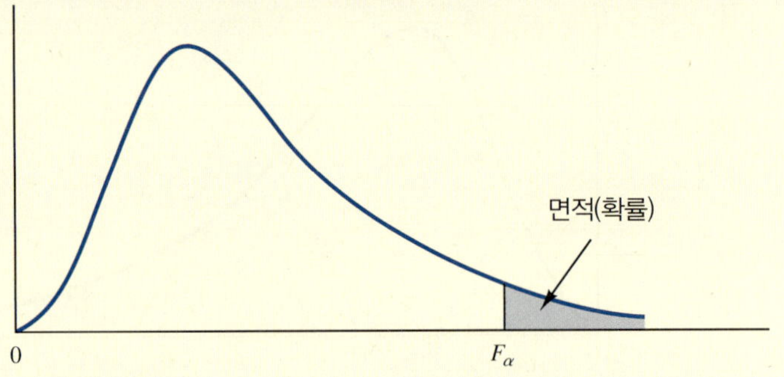

분모 자유도	우측 영역	분자 자유도 10	15	20	25	30
10	0.10	2.32	2.24	2.20	2.17	2.16
	0.05	2.98	2.85	2.77	2.73	2.70
	0.025	3.72	3.52	3.42	3.35	3.31
	0.01	4.85	4.56	4.41	4.31	4.25
15	0.10	2.06	1.97	1.92	1.89	1.87
	0.05	2.54	2.40	2.33	2.28	2.25
	0.025	3.06	2.86	2.76	2.69	2.64
	0.01	3.80	3.52	3.37	3.28	3.21
20	0.10	1.94	1.84	1.79	1.76	1.74
	0.05	2.35	2.20	2.12	2.07	2.04
	0.025	2.77	2.57	2.46	2.40	2.35
	0.01	3.37	3.09	2.94	2.84	2.78
25	0.10	1.87	1.77	1.72	1.68	1.66
	0.05	2.24	2.09	2.01	1.96	1.92
	0.025	2.61	2.41	2.30	2.23	2.18
	0.01	3.13	2.85	2.70	2.60	2.54
30	0.10	1.82	1.72	1.67	1.63	1.61
	0.05	2.16	2.01	1.93	1.88	1.84
	0.025	2.51	2.31	2.20	2.12	2.07
	0.01	2.98	2.70	2.55	2.45	2.39

* 주: 부록 B의 Table 4를 통해 추가 카이제곱값을 확인할 수 있음

*F*검정통계량은 s_1^2에서 더 큰 표본분산을 보이는 것으로 보기 때문에, 검정통계량의 값은 *F*분포의 우측 영역에 위치하게 된다. 표 11.3과 부록 B의 Table 4에서 확인할 수 있는 *F*분포표는 우측영역의 면적이나 확률만을 나타내게 된다. 위와 같은 절차로 검정통계량을 구하지 않게 되면 좌측 영역의 면적이나 확률을 구해야 할 수 있다. 이 경우에는 추가적 계산이나 *F*분포표의 확대가 불가피해질 것이다. 이제 사례를 바탕으로 두 모집단 분산의 동질성에 대한 가설검정을 설명하기로 한다.

덜러스 카운티(Dullus County) 교육당국에서는 스쿨버스 계약을 갱신하여 밀뱅크(Milbank company)와 걸프파크(Gulfpark company) 두 개 회사에서 한 곳과 계약을 하려고 한다. 도착 혹은 픽업시간의 분산을 스쿨버스 수준을 평가하기 위한 가장 중요한 측도로 사용하려고 한다. 분산의 수준이 낮을수록 훌륭한 서비스를 제공하는 것으로 평가할 것이다. 만약에 도착시간에 대한 분산이 동일하다면, 교육 당국은 재정상태가 더 나은 업체를 선정하게 될 것이다. 그러나 표본 도착시간을 통한 분산이 유의한 수준의 차이를 보인다면, 낮은 분산수준을 보이는 업체와 우선협상을 하게 될 것이다. 가설은 다음과 같이 수립된다.

$$H_0\colon \sigma_1^2 = \sigma_2^2$$
$$H_a\colon \sigma_1^2 \neq \sigma_2^2$$

만약에 H_0가 기각된다면, 서비스 품질이 동일하지 않다는 결론이 적절할 것이다. 유의수준 $\alpha = 0.10$에서 가설검정할 것이다.

DATA *file* SchoolBus

밀뱅크의 26개 도착시간 표본을 통해 표본분산 48을 확인할 수 있고, 16개의 걸프파크 도착시간 표본을 통해 표본분산 20을 알 수 있었다. 이 경우에 밀뱅크의 표본 수가 더 크기 때문에 모집단 1로 지칭할 것이다. 식 (11.10)을 이용하여 다음과 같이 검정통계량을 구할 수 있다.

$$F = \frac{s_1^2}{s_2^2} = \frac{48}{20} = 2.40$$

F분포표를 참조하기 위한 분자 자유도는 $n_1 - 1 = 26 - 1 = 25$, 분모 자유도는 $n_2 - 1 = 16 - 1 = 15$가 된다.

다른 가설검정과 마찬가지로 p값을 이용한 접근법과 임계치를 이용한 접근법을 사용할 수 있다. 표 11.3에서는 25의 분자 자유도와 15의 분모 자유도를 가진 F분포의 F통계량과 이에 대응하는 우측 영역의 크기를 보여주고 있다.

우측 영역	**0.10**	**0.05**	**0.025**	**0.01**
F통계량($df_1 = 25$, $df_2 = 15$)	1.89	2.28	2.69	3.28

↑ $F = 2.40$

F통계량 2.40은 2.28과 2.69의 사이에 위치하기 때문에, 분포에서의 우측 영역의 크기는 0.05와 0.25 사이라고 할 수 있다. 양측검정을 위해 우측 영역의 크기를 두 배 하면, 이를 통해 값이 0.10과 0.05 사이에 위치하게 된다. 가설검정을 위해 $\alpha = 0.10$를 적용하고 있기 때문에 p값 $< \alpha = 0.10$ 상황이 된다. 따라서 귀무가설은 기각된다. 이를 통해 두 개의 스쿨버스 기업의 픽업시간 분산은 동일하지 않다는 결론을 내리게 된다. 덜러스 교육당국의 입장에 대해서는 낮은 픽업시간 분산을 보이는 걸프파크 기업과의 우선협상을 권고

하게 된다.

통계 소프트웨어를 통해 양측검정에서 검정통계량 $F = 2.40$의 p값이 0.0812라는 것을 알 수 있다. $0.0812 < \alpha = 0.10$이므로 두 모분산이 동일하다는 귀무가설은 기각된다.

$\alpha = 0.10$의 양측검정을 위한 임계치 접근법을 사용하기 위하여, 분포의 양측면에 $\alpha/2 = 0.10/2 = 0.05$를 임계치로 사용하게 된다. 검정통계량은 식 (11.10)을 통해 계산되어지고 항상 우측 영역 내에 위치하게 되고 우측 영역에 대해서만 판단하면 된다. 표 11.3을 통해 $F_{0.05} = 2.28$임을 알 수 있다. 따라서 양측검정을 진행하는 경우에 기각 규칙은 다음과 같다.

$$H_0\text{의 기각: 만약 } F \geq 2.28$$

검정통계량은 $F = 2.40$이므로 2.28보다 더 크다. 따라서 H_0를 기각하게 되고 두 스쿨버스 기업의 픽업시간 분산이 상이하다는 결론을 내리게 된다.

두 모분산에 대한 단측검정도 실행 가능하다. 이 경우에 F분포를 이용해 한 모분산이 다른 모분산에 비하여 유의한 수준으로 큰지 그렇지 않은지를 검정하게 된다. 두 모분산에 대한 단측검정은 항상 우측 단측검정으로 이루어진다.*

$$H_0\colon \sigma_1^2 \leq \sigma_2^2$$
$$H_a\colon \sigma_1^2 > \sigma_2^2$$

이러한 형태의 가설검정은 항상 F분포의 우측 영역에 p값과 검정통계량에 위치시킨다. 따라서 우측 F값이 필요하게 되고 이를 위한 계산과 F분포표만 필요하다. 공공여론조사에 대한 예를 통하여 두 모분산에 대한 단측검정에 대하여 F분포가 어떻게 활용되는지 알아보도록 하자.

31명의 남성과 41명의 여성이 표본으로 선정되어 현재의 정치적 이슈에 대한 태도를 측정하였다. 연구자는 남성들에 비하여 여성들의 정치적 태도에 대한 다양성이 더욱 큰지를 확인하고자 하는 목적으로 진행하였다. 앞선 단측검정에서와 마찬가지로 여성들은 모집단 1로, 남성들은 모집단 2로 정해진다. 가설은 다음과 같이 설정된다.

$$H_0\colon \sigma^2_{\text{여성}} \leq \sigma^2_{\text{남성}}$$
$$H_a\colon \sigma^2_{\text{여성}} > \sigma^2_{\text{남성}}$$

H_0의 기각은 연구자로 하여금 정치적 이슈에 대한 여성들의 의견 다양성이 남성들의 경우보다 크다는 결론을 내릴 수 있도록 할 것이다.

분자에 여성들의 표본분산이 위치하고 분모에 남성들의 표본분산을 위치시키고 F분

* 두 모집단에 대한 단측가설검정은 우측단측검정을 통해 진행된다. 이러한 접근법으로 좌측 단측에서의 F통계량을 계산할 필요성을 없애준다.

포는 분자 자유도는 $n_1 - 1 = 41 - 1 = 40$, 분모 자유도는 $n_2 - 1 = 31 - 1 = 30$이 된다. 가설검정을 위해 $\alpha = 0.05$를 사용한다. 여론조사를 통해 $s_1^2 = 120$, $s_2^2 = 80$으로 파악되었다. 검정통계량은 다음과 같다.

$$F = \frac{s_1^2}{s_2^2} = \frac{120}{80} = 1.50$$

부록 B의 Table 4를 통해 40의 분자 자유도와 30의 분모 자유도를 가지는 F분포표를 통해 $F_{0.10} = 1.57$이라는 것을 알 수 있다. 검정통계량 $F = 1.50$은 1.57보다 작으므로 우측 영역은 0.10보다 커야 한다. 따라서 p값이 0.10보다 더 크다는 결론을 내리게 된다.

통계 소프트웨어를 통해 $F = 1.50$은 p값 $= 0.1256$임을 알 수 있다. p값 $> \alpha = 0.05$이기 때문에 H_0는 기각되지 않는다. 표본자료를 통해 여성들이 남성들에 비해 정치적 이슈에 대한 의견의 다양성이 더욱 크다는 점을 지지하지는 않는다는 것을 알 수 있다. 표 11.4는 두 모분산에 대한 가설검정을 요약하고 있다.

표 11.4 두 모분산에 대한 가설검정의 요약

	우측 검정	양측검정
가설	$H_0: \sigma_1^2 \le \sigma_2^2$ $H_a: \sigma_1^2 > \sigma_2^2$	$H_0: \sigma_1^2 = \sigma_2^2$ $H_a: \sigma_1^2 \ne \sigma_2^2$ 참고: 모집단 1이 더 큰 표본분산을 가진다.
검정통계량	$F = \frac{s_1^2}{s_2^2}$	$F = \frac{s_1^2}{s_2^2}$
기각 규칙: p값 접근법	p값 $\le \alpha$이면 H_0 기각	$p \le \alpha$이면 H_0 기각
기각 규칙: 임계치 접근법	$F \ge F_\alpha$이면 H_0 기각	$F \ge F_{\alpha/2}$이면 H_0 기각

주석 및 코멘트

연구결과에 따른 F분포는 정규분포 가정에 민감한 것으로 알려진다. 모집단들이 정규분포에 근사하다는 가정이 합리적이라는 가정이 받아들여지지 않는다면 사용되지 않는다.

연습문제

기본문제

13. 부록 B의 Table 4를 이용하여 다음의 F분포 값을 찾으시오.

a. $F_{0.05}$(자유도5: 자유도 10)

a. $F_{0.025}$(자유도20: 자유도 15)

a. $F_{0.01}$(자유도8: 자유도 12)

a. $F_{0.10}$(자유도10: 자유도 20)

14. 모집단 1로부터의 16개 표본에 의하면 표본분산 $s_1^2 = 5.8$이며 모집단 2로부터의 21개 표본에 의하면 표본분산 $s_2^2 = 2.4$로 확인되었다. 유의수준 0.05에서 가설검정을 진행하시오.

$$H_0\colon \sigma_1^2 \le \sigma_2^2$$
$$H_a\colon \sigma_1^2 > \sigma_2^2$$

a. p값 접근법에 의하면 결론은 무엇인가?

b. 임계치 접근법을 통해 검정하시오.

15. 다음의 가설을 검정하시오.

$$H_0\colon \sigma_1^2 = \sigma_2^2$$
$$H_a\colon \sigma_1^2 \ne \sigma_2^2$$

a. $n_1 = 21$, $s_1^2 = 8.2$ 그리고 $n_2 = 26$, $s_2^2 = 4.0$일 때, $\alpha = 0.05$에서 p값 접근법에 의하면 결론은 무엇인가?

b. 임계치 접근법을 통해 검정하시오.

적용문제

16. **뮤추얼펀드의 리스크 비교.** 투자자들은 월간 수익률에 대한 표준편차를 펀드 리스크 평가 측도로 사용하는 것이 일반적이다. 따라서 표준편차가 크다는 것은 그만큼 리스크가 크다는 것으로 고려한다. 최근 아메리칸 자산운영 펀드의 표준편차와 피델리티 선장 펀드의 표준편차는 각각 15.0%와 18.9%로 발표되었다. 최근 60개월 수익률을 표본으로 산정된 것으로 가정해보자. 이러한 결과를 바탕으로 피델리티 선장 펀드의 분산이 아메리칸 자산운영 펀드의 분산에 비해 크다고 볼 수 있는가? 어떤 펀드가 더 높은 리스크를 보인다고 할 수 있는가?

17. **자동차 연식에 따른 수리 비용.** 2016년 컨슈머 리포터(Consumer Reporters)는 자동차

신뢰성 조사를 위해 구독자들을 대상으로 연간 유지 및 수리비용에 대해 조사를 진행하였다. 대부분의 소비자들은 자동차 연식에 따라서 연간 수리비용이 증가한다는 것을 알고 있다. 조사기관은 연식이 올라가면서 수리비용의 분산도 함께 증가하는지를 확인해보고자 하였다. 4년 연식의 26대 자동차의 연간수리비용의 표준편차는 170달러이었으며 2년 연식의 25대 자동차의 연간수리비용의 표준편차는 100달러이었다.

a. 연식이 오래된 자동차의 수리비용이 더 클 것이라는 가설검정을 위한 가설을 수립하시오.

b. 0.01의 유의수준에서 통계적 결론은 무엇인가? p값은 얼마인가? 가설검정 결과의 원인에 대해 논의해보시오.

18. **펀드 총액 분산.** Merrill Lynch와 Morgan Stanley. Barron's사는 재무 컨설턴트 1,000명으로부터 자료를 수집하였다. Merrill Lynch와 Morgan Stanley 소속의 상당수가 이 명단에 이름을 올렸다. Merrill Lynch 소속의 16명과 10명의 Morgan Stanley에 대한 자료를 확인하면 운용하는 펀드 총액 수준에서 상당한 분산 수준을 보이는 것을 알 수 있다. Merrill Lynch의 경우에는 표준편차가 s1 = 587백만 달러이며 Morgan Stanley의 경우에는 표준편차가 s2 = 489백만 달러로 파악되었다. 두 집단에 대한 모분산의 차이가 유의한 수준인지에 대하여 유의수준 0.01수준에서 가설검정을 진행하시오. 두 기업의 재무 컨설턴트를 통해 운용되는 펀드 총액의 변동성에 대한 통계적 결론은 무엇인가?

DATA*file* Bags

19. **젤리벨리사의 기계설비.** 생산활동에서의 분산은 공정 수준을 평가하기 위한 중요한 측도이다. 분산이 크다는 것은 공정개선의 가능성이 있다는 것을 보이기도 한다. 젤리벨리 캔디회사에서는 젤리콩을 3파운드 가방에 채우는 기계설비 두 대를 테스트하고 있다. Bags파일에서는 두 가방의 무게에 대한 표본 자료가 포함되어 있다. 두 기계설비에서의 무게 분산에 대해 차이가 있는지를 확인하기 위한 가설검정을 실행하시오. 유의수준 0.05에서 결론은 무엇인가? 품질 개선이 필요한 기계설비는 무엇이라고 할 수 있는가?

20. **공공 회계기업 급여수준.** Romac 급여조사 자료에 의하면 공공회계기업의 상위직급(senior partners)에 대한 연간급여수준에 대한 분산은 대략 2.1수준이며 경영진의 경우는 대략 11.1 수준이다. 단위는 천 달러이다. 25명의 상위직급자와 26명의 경영진을 대상으로 수집된 자료라고 본다면, 이들 간의 분산수준의 동일가능성에 가설검정을 진행하시오. 0.05의 유의수준에서 결론은 무엇인가?

21. **스마트폰 배터리 수명.** 많은 스마트폰 이용자들에게 배터리 수명은 중요한 이슈이다. 공공의료 분야에서 노모포비아(nomophobia)에 대한 연구를 하였고 저배터리 불안

(low-battery anxiety)에 따른 부정적 측면이 언급되기도 하였다(The Wall Street Journal). 일상적 통화를 주로 하는 경우에 삼성 갤럭시S9은 평균 31시간을 대기할 수 있고, 인터넷을 주로 사용하는 경우에는 평균 10시간을 대기할 수 있는 것으로 알려져 있다. 통화에 의한 평균시간이 인터넷 이용에 따른 평균시간에 비하여 더 크기 때문에, 통화에 대한 평균 사용시간에 따른 분산도 클 것인가에 대해 궁금할 수 있다. 두 가지 사용에 따른 충전까지의 표본자료는 다음과 같다.

DATA*file* BatteryLife

주사용: 통화

35.8	22.2	24.0	32.6	18.5	42.5
28.0	23.8	30.0	22.8	20.3	35.5

주사용: 인터넷

14.0	12.5	16.4	11.9	9.9	3.1
5.4	11.0	15.2	4.0	4.7	

a. 통화를 주로 사용할 때의 배터리 수명에 대한 모분산이 더 클 것이라는 가설검정을 위한 가설을 수립하시오.

b. 두 표본에서의 표준편차는 각각 얼마인가?

c. p값은 얼마이며 가설검정을 실행하시오. 0.05 유의수준에서 결론은 무엇인가?

22. **차량 정지거리.** 연구가설은 젖은 노면에서의 자동차 정지거리의 분산이 마른 노면에서의 정지거리 분산에 비하여 더욱 크다고 수립하였다. 동일한 속력으로 16대의 자동차를 통해 젖은 노면과 마른 노면에서의 정지거리를 조사하였다. 젖은 노면에서는 32피트의 표준편차를 보였으며 마른 노면에서는 16피트의 표준편차를 보였다.

a. $\alpha = 0.05$에서 젖은 노면의 정지거리 분산이 마른 노면의 정지거리 분산에 비하여 크다고 말할 수 있는가? p값은 얼마인가?

b. 운전자의 안전을 위해 권고할 수 있는 통계적 결론이 시사하는 점은 무엇인가?

요약

이 장에서는 모분산에 대한 추정에 사용될 수 있는 통계적 접근법에 대하여 설명하였다. 두 개의 새로운 확률분포인 카이제곱 분포와 F분포에 대해 알아보았다. 카이제곱 분포는 모집단이 정규분포를 보이는 경우에 구간추정과 가설검정에 활용될 수 있다.

F분포를 통해 모집단이 정규분포를 보이는 두 모집단의 분산에 대한 가설검정을 설명하였다. 모분산이 동일한($\sigma_1^2 = \sigma_2^2$) 두 모집단으로부터 독립적, 무작위적으로 추출된 n_1과 n_2에 대하여, 두 표본분산의 비율인 s_1^2/s_2^2 표본분포의 분자는 $n_1 - 1$의 자유도를 가지며, 분모는 $n_2 - 1$의 자유도를 가지는 F분포를 보인다.

핵심공식

모분산에 대한 구간 추정

$$\frac{(n-1)s^2}{\chi^2_{\alpha/2}} \leq \sigma^2 \leq \frac{(n-1)s^2}{\chi^2_{(1-\alpha/2)}} \tag{11.7}$$

모분산 가설검정의 검정통계량

$$\chi^2 = \frac{(n-1)s^2}{\sigma_0^2} \tag{11.8}$$

$\sigma_1^2 = \sigma_2^2$에서의 모분산 가설검정의 검정통계량

$$F = \frac{s_1^2}{s_2^2} \tag{11.10}$$

보충문제

23. **호텔객실 가동률.** 깁슨-메리몬트 호텔 관리자는 인력관리를 위하여 특정 시점의 호텔 객식 점유율의 변동수준에 대해 관심을 가지고 있다. 20일 동안의 표본조사에서 평균 290개의 객실이 이용되고 표본표준편차는 30으로 파악되었다.
    a. 모분산의 점추정치는 얼마인가?
    b. 모분산에 대한 90% 신뢰구간을 구하시오.
    c. 모표준편차의 90% 신뢰구간 추정치를 구하시오.

24. **기업공개 가격책정.** 기업공개(IPO) 당시 가격은 대체로 저평가된다 가격의 표준편차는 저평가 혹은 고평가 수준을 평가하기 위한 지표가 되고 있다. 13개 캐나다 기업의 토론토 주식시장에 대한 IPO가격을 통해 14.95의 표준편차를 보이는 것으로 확인되었다. 모표준편차에 대한 95% 신뢰구간을 제시하시오.

25. **출장비용.** 비즈니스 트래블 뉴스(Business Travel News)에서 진행된 2017년 기업 트래블 지수(Corporate Travel Index)에 의하면 미국에서의 출장에 따른 평균 일간 지출규모는 321달러로 오른 것으로 파악되었다. Travel 파일에는 다수 국가의 도시에서의 일간 출장비용이 포함되어 있다. 이 비용에는 4성급 호텔의 방 한 개 호텔 투숙료와 아침식사, 택시, 음료비용이 포함된다.
    a. 표본평균을 계산하시오.
    b. 표본표준편차를 계산하시오.
    c. 모표준편차에 대한 95% 신뢰구간을 계산하시오.

DATA*file* Travel

도시	일간출장비용($)	도시	일간출장비용($)
방콕	242.87	멕시코시티	212.00
보고타	260.93	밀라노	284.08
카이로	194.19	뭄바이	139.16
더블린	260.76	파리	436.72
프랑크푸르트	355.36	리오 데 자네이로	240.87
홍콩	346.32	서울	310.41
요하네스버그	165.37	텔아비브	223.73
리마	250.08	토론토	181.25
런던	326.76	바르샤바	238.20
마드리드	283.56	워싱턴	250.61

26. **볼베어링 제조.** 볼베이링 제조는 상당한 정확도가 필요한 업종이며 생산품의 변동수준을 민감하게 관리하고 있다. 큰 변동수준은 강도의 약화와 급격한 마모를 초래할 수 있다. 생산 표준은 최대 0.0001인치^{2}의 분산을 허용하는 정도이다. Gerry Liddy는 15개의 베어링볼 표본을 통해 0.014의 표본표준편차를 확인할 수 있었다.

a. $\alpha = 0.10$에서 표본의 결과는 최대허용분산수준을 초과하였는지에 대한 분석을 진행하시오.

b. 모집단 볼베어링의 분산에 대한 90% 신뢰구간을 제시하시오.

27. **카운트 초큘라 시리얼.** 일정한 양의 시리얼을 포장용기에 담는 것은 제너럴밀스(General Mills)사 입장에서는 아주 중요하다. 카운트 초큘라(Count Chocula) 시리얼의 포장무게의 분산은 0.02온스^2 이하가 되도록 공정설계가 되어 있다. 41개 표본을 통해 0.16온스의 표본표준편차를 알 수 있었다. $\alpha = 0.05$를 통해 포장무게의 분산이 공정설계 기준을 초과하는지에 대한 가설검정을 실행하시오.

28. **오더업 푸드 배달.** 오더업(OrderUp)사는 특정 식당에 온라인 주문된 식품을 배달하는 업체이다. 이 회사는 일정한 배달시간을 유지하고 있다고 주장하고 있다. 22건의 식사주문에 대하여 표본분산은 1.5라는 것을 알 수 있었다. $\alpha = 0.10$에서 H_0: $\sigma^2 \leq 1$이 기각되는지 가설검정하시오.

29. **치과병원 일간 환자 수.** 지난 6개월중 일부인 9일간의 표본자료를 통해 Phillip Sherman 치과병원에서의 환자수는 22, 25, 20, 18, 15, 22, 24, 19, 26명으로 파악되었다. 환자수가 정규분포를 보인다고 하면 일간 평균 환자수의 분산이 10명이라는 가설을 기각할 수 있는가? 0.10 유의수준에서 분석하시오.

30. **얼리지언트 항공사의 탑승객 수.** 얼리지언트 항공사(Allegiant Airlines)에 탑승한 고객들의 표본표준편차는 8명이다. 모표준편차에 대한 95% 신뢰구간 추정치는 5.86~12.62명이다.

a. 통계분석에 사용된 표본의 수는 10명인가? 15명인가?

b. 25편의 항공편에서의 표본표준편차 = 8이라고 가정해보자. 모표준편차에 대한 신뢰구간 추정에서 어떤 변화가 발생한 것으로 보이는가? 표본 25편을 통해 σ에 대한 95% 신뢰구간 추정치를 계산하시오.

31. **골프 스코어.** PGA 골프선수와 LPGA 골프선수들 간에 골프 스코어 변동성에 차이가 있을까? LPGA 20개 표본에 대한 토너먼트 스코어의 표준편차는 2.4623으로, PGA 30개 표본에 대한 토너먼트 스코어의 표준편차는 2.2118로 파악되었다. 남성과 여성 프로골프들간의 골프 스코어의 변동성에 대한 차이가 있는지를 파악하여 모분산의 동일성을 파악하기 위한 가설검정을 시행하시오. $\alpha = 0.10$에서 결론은 무엇인가?

32. **성적평균 비교.** 재무회계 수업에서 학점취득생 352명의 학기말 성적의 표준편차는 0.940로 파악되었다. 또한 학기중 수업포기 학생 73명은 0.797로 파악되었다.이러한 결과를 바탕으로 학점취득생과 수업포기 학생간의 평균성적 분산수준에 차이가 있다고 볼 수 있는가? 0.05 유의수준에서 가설검정하시오. 여기에서 자유도 351과 72에서의 $F_{0.025} = 1.466$이다.

33. **주간 원가보고.** 제조기업에서 안정적인 원가발생 수준은 운영활동이 안정적으로 운영되고 있다는 지표라고 볼 수 있다. 항공부품을 생산하는 록웰콜린스(Rockwell Collins)사의 회계부서에서는 두 군데 공장의 주간 원가보고서를 분석하였다. 두 공장에서의 16개 원가보고서를 통해 발생원가의 분산이 각각 2.3과 5.4라는 것을 알게 되었다. 이를 통해 두 공장에서의 발생 원가의 분산 수준이 차이난다고 볼 수 있는가? 유의수준 0.01에서 가설검정하시오.

34. **뉴욕 푸드뱅크의 린 프로세스.** 자원의 효율적 활용이라는 차원에서 뉴욕시 푸드뱅크(New york City Food Bank)에서는 린 프로세스(lean process)를 운영하고 있다. 종업원들의 지속적 개선노력(Kaizen)으로 음식물 포장의 새로운 방법을 시행하여 음식을 필요로 하는 가정에 배달되고 있다. 이 프로세스의 목표 중에 하나는 음식물 포장 시간의 변동성을 줄이는 것이다. 아래의 표에서는 현재의 포장방법과 새로운 포장방법에 대한 요약 자료를 제공하고 있다. 새로운 지속적 개선 노력이 성공적으로 모집단 변동성을 줄이는데 기여한다고 볼 수 있는지 가설검정하시오. $\alpha = 0.10$이며 검정을 위한 가설을 제시하시오.

	현재 방법	새로운 방법
표본크기	$n_1 = 31$	$n_2 = 25$
표본분산	$s_1^2 = 25$	$s_2^2 = 12$

사례연구 1: 공군 훈련 프로그램

전자기기 사용에 대한 공군 초보훈련 과정에서 각 훈련생들이 비디오 교육을 먼저받고 프로그램화된 교재를 통해 교육을 받는 개별화된 시스템이 적용되고 있다. 훈련생들은 완벽하게 훈련하고 합격될 때까지 교재를 통해 독자적으로 공부를 하게 된다. 문제는 훈련생들의 훈련 프로그램을 완수할 때까지의 페이스가 상이하다는 점이다. 어떤 훈련생들은 비교적 빠르게 프로그램화된 교재를 끝내는데 비하여 일부 교육생들은 교재를 끝내는데 비교적 오랜 시간이 걸릴 뿐만 아니라 추가의 시간이 소요되기도 한다. 빠르게 교육을 마친 훈련생들은 다른 훈련생들이 훈련교육을 마칠 때까지 기다려야만 한다.

새롭게 제시된 시스템에서는 컴퓨터 지원 교육이 포함된다. 이 시스템에서는 모든 훈련생들이 함께 비디오 교육을 받고나서 각 훈련생들은 컴퓨터에 배정되어 다음 교육을 받게된다. 컴퓨터가 훈련 가이드를 하게 되며 자율교육의 부분을 독자적으로 진행하게 되는 것이다.

기존 교육방법과 새로운 교육방법에 대해 초보교육을 받고 있는 교육생들이 두 가지 방법 중에 한 가지 방법에 무작위로 배정되었다. 61명의 교육생들은 기존 방법인 프로그램화된 교재방법으로, 나머지 61명은 새로운 컴퓨터 지원 방법으로 배정되었다. 각 훈련생들의 교육시간이 기록되었다. 아래의 표는 파일 Training에 수록되어 있다.

DATA*file* Training

현재 훈련방식에 의한 훈련 완료시간(단위: 시간)

76	76	77	74	76	74	74	77	72	78	73
78	75	80	79	72	69	79	72	70	70	81
76	78	72	82	72	73	71	70	77	78	73
79	82	65	77	79	73	76	81	69	75	75
77	79	76	78	76	76	73	77	84	74	74
69	79	66	70	74	72					

새로운 컴퓨터 지원 훈련방식에 의한 훈련 완료시간(단위: 시간)

74	75	77	78	74	80	73	73	78	76	76
74	77	69	76	75	72	75	72	76	72	77
73	77	69	77	75	76	74	77	75	78	72
77	78	78	76	75	76	76	75	76	80	77
76	75	73	77	77	77	79	75	75	72	82
76	76	74	72	78	71					

경영보고서 작성*

1. 각 훈련방법에 대한 기술통계량을 계산하시오. 표본자료를 통하여 유사점 혹은 차이점을 확인할 수 있는가?
2. 두 방법에 대한 모평균의 차이가 있는지에 대한 가설검정을 수행하시오.
3. 각 훈련방법의 분산과 표준편차를 계산하시오. 두 훈련방법에 대한 보분산의 동일성에 대한 가설검정을 진행하시오.
4. 두 훈련방법의 차별점에 대해 어떤 결론을 내릴 수 있는가? 어떤 훈련방법을 추천하겠는가?
5. 향후 사용하게 될 훈련방법에 대한 결론을 내리기 위해 추가로 필요한 자료와 테스트는 무엇이 필요하겠는가?

사례연구 2 : Meticulous Drill & Reamer사의 사례

Meticulous Drill & Reamer(MD&R)사는 철판에 정밀한 드릴과 보링작업에 특화된 기업이다. 이 기업은 최근 대형 카본스틸에 3센티미터의 드릴링 작업을 하는 계약을 하였고 이에따라 특수 드릴 장비를 구매해야만 하는 상황이다. Davis드릴사의 T2005와 Worth Industrial Tool사의 AZ100가 구매대상이다. 일주일간 사용하고 양사의 제품 중 어느 것을 구매할 것인지에 대하여 평가하게 된다. 두 제품을 통해 31개의 3센티미터 드릴링 작업을 하였으며 이에 대한 자료가 파악되었다. 이 자료는 MeticulousDrills 파일에 포함되어 있다.

DATA *file* MeticulousDrills

홀 직경					
T2005	AZ100	T2005	AZ100	T2005	AZ100
3.06	2.91	3.05	2.97	3.04	3.06
3.04	3.31	3.01	3.05	3.01	3.25
3.13	2.82	2.73	2.95	2.95	2.82
3.01	3.01	3.12	2.92	3.14	3.22
2.95	2.94	3.04	2.71	3.31	2.93
3.02	3.17	3.10	2.77	3.01	3.24
3.02	3.25	3.02	2.73	2.93	2.77
3.12	3.39	2.92	3.18	3.00	2.94
3.00	3.22	3.01	2.95	3.04	3.31
3.04	2.97	3.15	2.86		
3.03	2.93	2.69	3.16		

MD&R사는 정밀도(3센티미터 직경 근접도)와 정확도(직경의 분산)를 기준으로 드릴링 장비를 구매하려고 한다.

* 10장에서 모평균 간의 차이에 대한 신뢰구간과 가설검정에 대하여 논의하였다.

경영보고서 작성

사례를 바탕으로 다음의 4문제를 답하시오.

1. T2005와 AZ100에 의해 작업된 홀을 통해 3센티미터에 어느 제품이 더욱 근사하다고 볼 수 있는가? 평균을 비교하는 가설검정을 할 필요가 있는가? 그 이유를 설명하시오
2. T2005와 AZ100 중에서 어느 것이 더욱 정확한가? 어느 모델이 분산이 더욱 작은가?
3. T2005와 AZ100이 동일한 정밀도를 가진다(동일한 분산수준)는 가설검정을 유의수준 0.05에서 진행하시오
4. 어떤 드릴링 장비를 추천할 수 있겠는가?

Chapter 11 부록

엑셀을 통한 모분산에 대한 검정

DATA*file* SchoolBus

여기서는 엑셀을 통해 두 모집단 분산에 대한 검정 절차를 소개한다. 11.2절에서의 덜러스 카운티 스쿨버스의 사례를 바탕으로 진행하며 밀뱅크 도착시간은 A1셀에 걸프파크는 B1셀에 표기된다. A2:A27까지 밀뱅크 도착시간이 표기되고 B2:B27에는 걸프파크의 도착시간이 표기된다. 이 절차를 통해 H_0: $\sigma^2 = \sigma_0^2$, H_a: $\sigma^2 \neq \sigma_0^2$의 가설검정에 진행된다.

단계 1. Data 메뉴 선택

단계 2. Data Analysis 선택

단계 3. Data Analysis 대화상자에서

F test Two-sample for Variances 를 선택

OK 선택

단계 4. F test Two-sample for Variances 대화상자(그림 Excel 11.1)에서

Variables 1 상자에 A1:A27 입력

Variables 2 상자에 B1:B27 입력

Labels 선택

그림 Excel 11.1 엑셀을 활용한 두 모집단 분산에 대한 가설검정

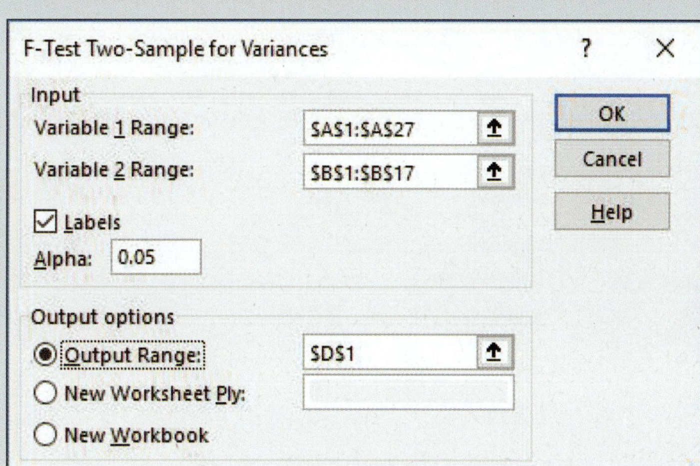

Alpha 상자에 0.05 입력*

Output Range선택하고 상자에 D1을 입력

OK 선택

그림 Excel 11.2에서 볼 수 있는 것처럼, E9셀에서의 p값은 P(F〈 = f)(one-tail) = 0.0405이며 $F = 2.40$으로 확인된다. 따라서 양측검정의 p값은 0.081이 된다. 단측검정이라면 P(F〈 = f)(one-tail) 결과를 바탕으로 p값을 결정하고 가설검정을 진행하면 된다.

그림 Excel 11.2 엑셀을 통한 두 모집단 분산에 대한 검정 결과

	A	B	C	D	E	F
1	**Milbank**	**Gulf Park**		F-Test Two-Sample for Variances		
2	35.9	21.6				
3	29.9	20.5			*Milbank*	*Gulf Park*
4	31.2	23.3		Mean	20.23077	20.24375
5	16.2	18.8		Variance	48.02062	19.99996
6	19.0	17.2		Observations	26	16
7	15.9	7.7		df	25	15
8	18.8	18.6		F	2.401036	
9	22.2	18.7		P(F<=f) one-tail	0.040527	
10	19.9	20.4		F Critical one-tail	2.279729	

* 엑셀에서 alpha는 우측단측검정에 해당한다.

Chapter 12

다중비율 비교, 독립성 검정과 적합도 분석

Contents

실생활에서 보는 통계

United Way*

뉴욕 주, 로체스터

Greater Rochester의 United Way는 7개 카운티 모든 시민들의 삶의 질 향상에 목적을 두고 커뮤니티의 다양한 모임 주선에 헌신하고 있는 비영리단체이다. 매년 봄에 United Way와 적십자는 200개 이상의 봉사 모임이 실시하는 모금운동 확대 노력을 기울이고 있다. 도움을 주고자 하는 사람들은 다양한 목적으로 모임에 참여하고 있는데 육체적 서비스와 심리적, 사회적 도움을 필요로 하는 곳에 연령, 경제적 수준, 문화적 배경을 무시하고 도움을 주고있다.

Greater Rochester의 United Way는 자선활동에 대한 커뮤니티의 인식을 조사하고자 하였다. 전문가, 행정서비스 제공자, 일선 봉사자들을 대상으로 포커스그룹 인터뷰가 실시되었고 자선에 대한 사전 정보를 취할 수 있었다. 수집된 정보는 조사작업을 위한 설문지를 만드는 데 활용되었다. 설문지는 사전 임시조사가 실시되어 일부 문항을 수정하여 440명에서 배포되었고, 그중에서 323부가 회수되었다.

빈도분석과 분할표와 같은 다양한 기술통계량이 파악되었다. 분석의 중요한 부분은 분할표와 독립성에 대한 카이제곱 분석이다. 그와 같은 통계조사는 행정적 비용에 대한 인식이 직업에 대해 독립적인지를 파악하기 위한 목적으로 이용된다. 독립성 검정을 위한 가설은 다음과 같다.

H_0: United Way의 행정적 비용에 대한 인식과 응답자의 직업은 독립적이다.

H_a: United Way의 행정적 비용에 대한 인식과 응답자의 직업은 독립적이지 않다.

United Way의 공헌은 200 개 이상의 지역 봉사단체의 지지를 받고있다.
출처: Hero Images/Getty Images

이 통계적 분석을 위해 설문지의 두 문항이 활용되었다. 행정적 비용 지출에 대한 규모(0～10%, 11～20%, 21% 이상)와 응답자의 직업에 대한 질문이 그것이다.

0.05 유의수준 수준에서의 가설검정에서 독립성에 대한 귀무가설의 기각 여부를 결정하며, 귀무가설이 기각된다면 직업에 따라서 행정적 비용에 대한 인식은 다양하게 나타난다고 결론 내리게 된다. 실제 행정비용은 9% 미만이지만, 응답자의 35%가 행정비 지출이 21%를 상회한다고 인식하고 있었다. 따라서 상당수는 행정비 지출 인식이 옳지 않은 것을 파악되었다. 이 그룹 내에서 생산노동자, 성직자, 영업직사원, 전문직 종사자들이 다른 그룹에 비해 낮은 정확도를 보였다.

이 조사 결과는 Rochester의 United Way가 봉사 프로그램과 모금운동의 내용을 수정하는데 도움이 되었다. 이 장에서는, 이 사례에서 수행된 독립성 검정을 어떻게 수행하는지 논의할 것이다.

* 저자들은 이 사례를 제공해 준 United Way사의 마케팅 상담사인 Philip R. Tyler 박사에게 감사드린다.

이 장에서는 모집단에 대한 통계적 추론 능력을 확장하는 세 가지 가설검정 방법을 소개한다. 구체적으로 카이제곱(χ^2)분포를 기반으로 한 검정을 다루며 모두 관측된 표본조사 결과와 귀무가설이 참일때 기대되는 결과의 비교를 기반으로 한다.*

세 가지 가설검정은 모두 범주형 자료와 함께 사용하도록 설계되었다. 자료가 범주형

* 평균, 분산, 비율에 대한 가설검정에 대하여 9, 10, 11장에서 살펴보았다.

이 아닌 경우는 범주를 직접 정의하고 각 범주에 속하는 관측값의 수를 계산하게 된다. 이러한 카이제곱 가설검정은 다음과 같은 분야에 확대되어 적용된다.

1. 세 개 이상 모집단의 모비율의 동일성에 대한 검정
2. 두 개 범주형 변수의 독립성에 대한 검정
3. 모집단 분포가 특정 분포를 따르는지 여부의 확인

우선 세 개 이상 모집단의 모비율의 동일성에 대한 검정부터 시작을 한다.

12.1 세 집단 이상의 모비율의 동일성에 대한 검정

여기에서는 어떻게 카이제곱(χ^2) 검정통계량이 세 집단 이상의 모비율 동일성에 대한 통계적 추론에 사용되는지 살펴볼 것이다.*

p_1 = 모집단 1의 모비율
p_2 = 모집단 2의 모비율

그리고

p_k = 모집단 k의 모비율

$k \geq 3$ 인 모집단에 대한 모비율에 대한 가설은 다음과 같다.

H_0: $p_1 = p_2 = \cdots = p_k$
H_1: 모든 모비율이 동일한 것은 아니다.

만약 표본자료와 카이제곱 검정이 H_0를 기각할 수 없다면 k개 모비율의 차이를 발견할 수 없을 것이다. 하지만 H_0가 기각된다면 k개의 모비율이 전부 같은 것은 아니라는 통계적 증거를 얻게 된다. 즉 한 개 이상의 모비율이 다른 모비율과 다르다는 것이다. 다음 예를 통해서 카이제곱 검정에 대해 살펴보자.

J.D. Power 같은 기업들은 자동차에 대한 충성도의 자료로 '재구매하려고 하는 고객들의 비율'을 사용한다. 재구매한 고객들의 비율이 높은 자동차는 고객들의 충성도가 높다고 결론 내릴 수 있다. 쉐보레 임팔라, 포드 퓨전, 혼다 어코드 이 세 가지 자동차 고객의 충성도를 알아보자. 각각 세 가지 자동차 소유주가 이 연구의 세 모집단이 된다. 세 모집단의 관심 대상은 다음과 같다.

p_1 = 쉐보레 임팔라 소유주 중에서 재구매 의사가 있는 소유주의 비율
p_2 = 포드 퓨전 소유주 중에서 재구매 의사가 있는 소유주의 비율
p_3 = 혼다 어코드 소유주 중에서 재구매 의사가 있는 소유주의 비율

---

* 9, 10, 11장에서 정규분포 통계량(Z), t통계량, F통계량을 이용하여 가설검정하는 방법을 제시하였다.

DATA*file* AutoLoyalty

표 12.1 자동차 소유주 세 집단에 대한 재구매 여부에 관한 표본조사(관측빈도)

		자동차 소유주			
		쉐보레 임팔라	포드 퓨전	혼다 어코드	전체
재구매 의향	예	69	120	123	312
	아니오	56	80	52	188
	전체	125	200	175	500

가설은 다음과 같다.

$$H_0\colon p_1 = p_2 = p_3$$

H_a: 모든 집단의 모비율이 같은 것은 아니다.

가설검정을 하기 위해서 먼저 세 모집단에서 각각 표본을 추출하여 쉐보레, 포드, 혼다 소유주들의 표본을 구성하게 된다. 각각의 표본에서 각 자동차를 재구매할지 안할지에 대한 응답이 포함된다. 표 12.1은 쉐보레 소유주 125명, 포드 소유주 200명, 혼다 소유주 175명의 표본자료를 요약한 것이다. 이 표는 '예' "아니오"의 대답이 있는 두 개의 행과 모집단에 대응하는 열로 구성되어 있다. 관측빈도는 3개 모집단의 구매의사가 6개 쉘에 요약되어 있다.*

표 12.1은 125명의 쉐보레 소유주 중에서 69명이 재구매 의사가 있음을 나타내고 있으며, 포드 퓨전 소유주 200명 중에서 120명이, 혼다 어코드 소유주 175명 중에서 123명이 재구매 의사가 있음을 보여준다. 또한 세 표본을 함께 보면 500명의 소유주 중에서 312명이 그들의 현재 자동차를 재구매할 의향이 있는 것으로 나타난다. 이제 질문은 귀무가설 $H_0\colon p_1 = p_2 = p_3$의 기각 여부를 판단하기 위해서 표 12.1의 자료를 어떻게 분석하는가이다.

표 12.1은 각 소유주 모집단과 재구매 가능성에 대한 교차값인 관측값을 보여준다. 이 경우에 기대빈도와 관측빈도의 차이를 검정하기 위한 카이제곱 통계량을 사용할 수 있다. 만약 유의한 차이가 확인되면 귀무가설은 기각되며 모든 모집단의 비율이 동일하지 않는다는 증거를 확보하게 된다.

표 12.1의 6개 셀에 대한 기대빈도는 모비율이 동일하다는 귀무가설이 참이라는 가정하에 다음과 같은 방법으로 정할 수 있다. 세 표본에 포함된 총 500명의 소유주 중에서 312명이 자동차를 재구매할 의사가 있다는 것을 알 수 있으므로 312/500 = 0.624가 자동차를 재구매할 의사가 있는 소유주들의 종합적인 비율이다. 만약 귀무가설이 참이라면

* 이러한 조사에서는 각 모집단에 동일한 표본크기를 사용한다. 이 사례에서는 카이제곱 검정이 *k*모집단에 대해 동일한 표본크기로 제약되지 않는다는 것을 보여주기 위해 다른 표본크기를 사용하였다.

0.624는 현재의 자동차를 재구매할 의사가 있는 것으로 예상되고, 따라서 귀무가설이 참이라고 가정하면 쉐보레 임팔라 소유주 125명 중 0.624, 즉 $0.624 \times 125 = 78$명이 재구매 의사가 있는 것으로 예상되고, 종합적인 표본비율 0.624를 이용하여 200명의 포드 퓨전 소유주 중 $0.624 \times 200 = 124.8$명이 재구매할 것으로 예상되며, 혼다 어코드 소유주 중 $0.624 \times 175 = 109.2$명이 재구매할 것으로 예상된다.

기대빈도를 구하기 위해 e_{ij}를 행 i와 열 j가 만나는 셀의 기대빈도라고 보자. 예를 들어 쉐보레 임팔라 재구매 소유주의 기대빈도는 e_{11}로 표시된다. 이러한 구조를 바탕으로 다음과 같이 기대빈도를 계산할 수 있다.

$$e_{11} = \left(\frac{\text{행 1 전체값}}{\text{전체 표본크기}}\right)(\text{열 1 전체값}) = \left(\frac{312}{500}\right)125 = 0.624(125) = 78$$

앞에서의 표현을 정리하면 다음과 같다.

$$e_{11} = \frac{(\text{행 1 합계})(\text{열 1 합계})}{\text{전체 표본크기}}$$

이 식을 일반화하면 귀무가설이 참이라고 볼 때 기대빈도는 다음과 같이 표현된다.

귀무가설이 참일 때 기대빈도

$$e_{ij} = \frac{(\text{행 } i \text{ 합계})(\text{열 } j \text{ 합계})}{\text{전체 표본크기}} \tag{12.1}$$

식 (12.1)를 이용하면 혼다 어코드 소유주(3열) 중에서 재구매 문항에 "예"(1행)라고 응답한 기대빈도는 e_{13} = (1행 합계) × (3열 합계)/표본크기 합계 = (312)(175)/500 = 109.2가 된다. 표 12.2는 식 (12.1)를 이용하여 다른 기대빈도도 모두 구한 것이다.

표 12.1의 관측빈도와 표 12.2의 기대빈도의 비교를 통한 가설검정을 위해서는 다음의 카이제곱 검정통계량을 계산해야 한다.

카이제곱 검정통계량

$$\chi^2 = \sum_i \sum_j \frac{(f_{ij} - e_{ij})^2}{e_{ij}} \tag{12.2}$$

여기서

f_{ij} = i행 j열의 관측빈도

e_{ij} = 귀무가설이 참이라는 가정에서의 i행 j열의 기대빈도

참고: k개 모집단 모비율의 동일성에 관한 카이제곱 검정에서 모든 범주의 기대빈도가 5 이상이면 이 검정통계량은 자유도 $k-1$인 카이제곱 분포를 따른다.

표 12.2 귀무가설이 참이라는 가정에서 세 가지 자동차 소유주들의 재구매 기대빈도

		자동차 소유주			
		쉐보레 임팔라	포드 퓨전	혼다 어코드	전체
재구매 가능성	예	78	124.8	109.2	312
	아니오	47	75.2	65.8	188
	전체	125	200	175	500

표 12.3 모비율의 동일성 검정을 위한 카이제곱 통계량

재구매 가능성?	자동차 소유주	관측빈도 f_{ij}	기대빈도 e_{ij}	차이 $f_{ij}-e_{ij}$	차이 제곱 $(f_{ij}-e_{ij})^2$	차이제곱/기대빈도 $(f_{ij}-e_{ij})^2/e_{ij}$
예	임팔라	69	78.0	−9.0	81.00	1.04
예	퓨전	120	124.8	−4.8	23.04	0.18
예	어코드	123	109.2	13.8	190.44	1.74
아니오	임팔라	56	47.0	9.0	81.00	1.72
아니오	퓨전	80	75.2	4.8	23.04	0.31
아니오	어코드	52	65.8	−13.8	190.44	2.89
	Total	500	500			$\chi^2 = 7.89$

표 12.2에서 모든 범주의 기대빈도 값이 5 이상이므로 표 12.3과 같이 카이제곱 검정 통계량의 값을 구하면, 7.89가 된다.

χ^2 통계량인 7.89가 H_0: $p_1 = p_2 = p_3$를 기각할 수 있는지를 알기 위해서는 카이제곱 분포에 대해 이해할 필요가 있다. 표 12.4에서 일반적인 카이제곱 분포의 형태를 보이고 있지만 구체적인 카이제곱 분포의 형태는 자유도에 달려 있다. 여기에서는 자유도 15까지의 0.10 0.05 0.025 0.01 0.005에 해당하는 우측 꼬리면적이 제시되어 있다. 이 표를 이용하여 이번 장에서의 가설검정을 진행할 수 있을 것이다.

표 12.2의 기대빈도는 귀무가설이 참이라는 가정하에서 제시된 것이므로, 이 식에서의 관측빈도인 f_{ij}와 기대빈도 e_{ij}의 차이값인 $(f_{ij} - e_{ij})^2$는 작은 수치를 보이게 된다. 만약 이렇다면 카이제곱값도 작은 수치를 보이게 되고 H_0는 기각될 수 없다. 반면에 $(f_{ij} - e_{ij})^2$가 크다면, 검정통계량 값도 큰 수치를 보이게 된다. 이 경우에 모비율이 동일할 것이라는 기무가설은 기각이 될 것이다. 따라서 모비율의 동일성에 대한 카이제곱 검정은 카이제곱 분포의 우측검정을 통해 진행된다.*

카이제곱 분포의 오른쪽 꼬리 면적과 p값 방식을 이용하여 귀무가설의 기각 여부를

* 여기서 제시하는 카이제곱 검정은 항상 카이제곱 분포의 오른쪽 고리에서 발생하는 H_0 기각이 있는 단측검정이다.

표 12.4 카이제곱 분포의 일부

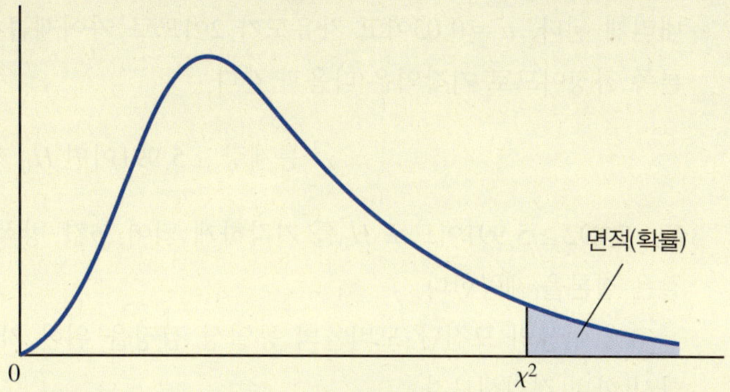

	우측 면적				
자유도	**0.10**	**0.05**	**0.025**	**0.01**	**0.005**
1	2.706	3.841	5.024	6.635	7.879
2	4.605	5.991	7.378	9.210	10.597
3	6.251	7.815	9.348	11.345	12.838
4	7.779	9.488	11.143	13.277	14.860
5	9.236	11.070	12.832	15.086	16.750
6	10.645	12.592	14.449	16.812	18.548
7	12.017	14.067	16.013	18.475	20.278
8	13.362	15.507	17.535	20.090	21.955
9	14.684	16.919	19.023	21.666	23.589
10	15.987	18.307	20.483	23.209	25.188
11	17.275	19.675	21.920	24.725	26.757
12	18.549	21.026	23.337	26.217	28.300
13	19.812	22.362	24.736	27.688	29.819
14	21.064	23.685	26.119	29.141	31.319
15	22.307	24.996	27.488	30.578	32.801

결정할 수 있다. 자동차 브랜드의 충성도 문제에서 세 모집단이 있으므로 카이제곱 분포의 자유도는 $k-1=3-1=2$가 된다. 다음의 카이제곱 분포표 두 번째 열을 이용하여 다음을 얻을 수 있다.

오른쪽 꼬리 면적값	0.10	0.05	0.025	0.01	0.005
χ^2 통계량(자유도: 2)	4.605	5.991	7.378	9.210	10.597

$\chi^2 = 7.89$ (7.378과 9.210 사이)

$\chi^2=7.89$의 오른쪽 꼬리 면적이 0.025와 0.01 사이이므로 p값이 0.05보다 작게 되어 H_0를 기각한다. 따라서 세 모비율이 전부 같은 것은 아니므로 쉐보레, 포드, 혼다 소유주들

의 브랜드 충성도에 차이가 있다고 결론내릴 수 있다. 부록 E에서 제시하는 엑셀을 사용하면 정확한 p값은 0.0193이 된다. p값 방식 대신 임계값 방식을 사용해도 같은 결론을 내리게 된다. $\alpha = 0.05$이고 자유도가 2이므로 카이제곱 검정의 임계값은 5.991이다. 오른쪽 검정이므로 기각역은 다음과 같다.

$$\chi^2 \text{ 통계량} \geq 5.991 \text{이면 } H_0 \text{ 기각}$$

$X = 7.892 \geq 5.991$이므로 H_0를 기각하게 되어, p값 방식과 임계값 방식은 가설검정에서 같은 결론을 제공한다.

3개 이상의 모집단 모비율의 동일성 검정을 위한 카이제곱 검정의 일반적인 단계를 다시 한번 정리해보자.

$k \geq 3$개 모비율의 동일성 검정을 위한 카이제곱 검정

1. 귀무가설과 대립가설을 세운다.

H_0: $p_1 = p_2 = \cdot\cdot\cdot = p_k$
H_a: 모비율이 전부 같은 것은 아니다.

2. 무작위 표본을 각 모집단에서 추출하고 관측빈도 f_{ij}를 2행 k열의 표에 기록한다

3. 귀무가설이 참이라고 가정하고 기대빈도 e_{ij}를 구한다.

4. 모든 범주의 기대빈도 e_{ij}값이 5 이상이면 검정통계량을 계산한다.

$$\chi^2 = \sum_i \sum_j \frac{(f_{ij} - e_{ij})^2}{e_{ij}}$$

5. 기각 규칙

p값 방식: p값 $\leq \alpha$이면 H_0 기각
임계치 방식: $\chi^2 \geq \chi^2_\alpha$이면 H_0 기각

여기서 카이제곱 분포의 자유도는 $k = 1$ 이고 α는 검정의 유의수준이다.

다중비교 절차

카이제곱 검정을 통해 세 가지 자동차 소유주 모집단의 모비율이 동일하지 않다라는 결론을 내릴 수 있었다. 따라서 모집단 비율 간 차이가 존재하며, 해당 연구는 쉐보레 임팔라, 포드 퓨전, 혼다 어코드 소유주의 고객 충성도가 모두 동일하지 않다는 것을 의미한다. 비율 간 차이가 어디서 발생하는 것인지 확인하기 위해서는 다음과 같이 세 표본비율을 먼저 계산한다.

브랜드 충성도 표본비율:

쉐보레 임팔라 $\bar{p}_1 = 69/125 = 0.5520$

포드 퓨전 $\bar{p}_2 = 120/200 = 0.6000$

혼다 어코드 $\bar{p}_3 = 123/175 = 0.7029$

카이제곱 검정은 모든 모비율이 동일하지는 않다는 것을 검정하는 것이기 때문에 어떤 모비율 간에 차이가 발생하는지에 대한 판단을 해야할 것이다. 이를 위해 가능한 모든 모비율 짝 간의 통계적 검정을 수행하는데 활용되는 다중비교 절차를 활용한다. 여기서는 마라스쿠요 절차(Marascuilo procedure)로 알려진 다중비교 절차를 소개한다. 이는 모든 모비율 짝 간의 쌍대비교를 하기 위한 직접적인 방법으로 자동차 고객 충성도 조사 사례를 이용하여 다중비교 검정절차에 필요한 계산과정을 보여줄 것이다.

첫 번째 단계에서 각 모집단의 짝에 대응하는 표본비율 간 차이의 절댓값을 계산한다. 세 모집단 자동차 브랜드 충성도 조사에서 다음과 같이 모집단 1과 2, 모집단 1과 3, 그리고 모집단 2와 3을 비교하였다.

쉐보레 임팔라와 포드 퓨전:

$$|\bar{p}_1 - \bar{p}_2| = |0.5520 - 0.6000| = 0.0480$$

쉐보레 임팔라와 혼다 어코드:

$$|\bar{p}_1 - \bar{p}_3| = |0.5520 - 0.7029| = 0.1509$$

포드 퓨전과 혼다 어코드:

$$|\bar{p}_2 - \bar{p}_3| = |0.6000 - 0.7029| = 0.1029$$

두 번째 단계에서는 유의수준을 선택하고 다음과 같은 형태를 사용하여 각 쌍대비교에 대응하는 임계값을 계산한다.

마라스쿠요 쌍대비교 절차에서의 임계값

각 쌍대비교에 대해 다음과 같이 임계값을 계산한다.

$$CV_{ij} = \sqrt{\chi^2_\alpha}\sqrt{\frac{\bar{p}_i(1-\bar{p}_i)}{n_i} + \frac{\bar{p}_j(1-\bar{p}_j)}{n_j}} \quad (12.3)$$

여기서

χ^2_α = 유의수준 α에서의 카이제곱 통계량

$\bar{p}_i$와 $\bar{p}_j$ = 모집단 i 및 j에 대한 표본비율

n_i, n_j = 모집단 i 및 j에 대한 표본크기

표 12.4에 있는 카이제곱 분포표를 활용하면 자유도 $k-1=3-1=2$와 유의수준 $\alpha=0.05$에 해당하는 값은 $\chi^2_{0.052}=5.991$이다. 표본비율 $\bar{p}_1=0.5520$, $\bar{p}_2=0.6000$ 및 $\bar{p}_3=0.7029$를 활용하면 세 쌍대비교 검정 각각의 임계값은 다음과 같다.

쉐보레 임팔라와 포드 퓨전:

$$CV_{12}=\sqrt{5.991}\sqrt{\frac{0.5520(1-0.5520)}{125}+\frac{0.6000(1-0.6000)}{200}}=0.1380$$

쉐보레 임팔라와 혼다 어코드:

$$CV_{13}=\sqrt{5.991}\sqrt{\frac{0.5520(1-0.5520)}{125}+\frac{0.7029(1-0.7029)}{175}}=0.1379$$

포드 퓨전과 혼다 어코드:

$$CV_{23}=\sqrt{5.991}\sqrt{\frac{0.6000(1-0.6000)}{200}+\frac{0.7029(1-0.7029)}{175}}=0.1198$$

만약 어떤 쌍대 표본비율 차이의 절댓값 $|\bar{p}_1-\bar{p}_2|$이 이에 대응하는 임계값 CV를 초과하면 그 차이값은 유의수준 0.05에서 유의하고, 이에 따라 대응하는 두 모비율이 다르다고 결론내릴 수 있다. 쌍대비교 절차의 마지막 단계는 〈표 12.5〉에 정리되어 있다.

쌍대비교에서 얻은 결론은 오직 쉐보레 임팔라와 혼다 어코드 간 고객 충성도에 유의한 차이가 있다는 것이다. 따라서 우리는 혼다 어코드($\bar{p}_3=0.7029$)가 쉐보레 임팔라($\bar{p}_1=0.5520$)보다 더 큰 고객 충성도를 가지고 있다고 결론내릴 수 있다.

이 조사 결과는 포드 퓨전의 상대적인 충성도는 다소 복잡하게 결론이 날 수 있다. 포드 퓨전은 쉐보레 임팔라나 혼다 어코드와 비교해 볼 때 유의하게 상이하다는 결과를 보여주지 않았으나, 표본의 크기가 컸다면 유의한 차이가 나타났을 수도 있을 것이다. 다중비교 절차에서 일부 쌍대비교는 유의하고 일부 쌍대비교는 유의성이 나타나지 않는 것은 특별한 것이 아니다.

표 12.5 자동차 브랜드 충성도에 대한 쌍별비교 검정 결과

쌍별 비교	$\lvert\bar{p}_i-\bar{p}_j\rvert$	CV_{ij}	유의: $\lvert\bar{p}_i-\bar{p}_j\rvert>CV_{ij}$
쉐보레 임팔라 vs 포드 퓨전	0.0480	0.1380	Not significant
쉐보레 임팔라 vs 혼다 어코드	0.1509	0.1379	Significant
포드 퓨전 vs 혼다 어코드	0.1029	0.1198	Not significant

주석 및 코멘트

1. 10장에서 두 모비율의 차이에 대한 가설검정을 수행하기 위해 z검정통계량과 표준정규분포를 이용하였다. 이 장에서 소개한 카이제곱 검정도 두 모집단 비율의 동일성 검정을 위해서 사용할 수 있다. 두 검정절차에서 같은 결과가 나올 것이고 χ^2검정통계량 값도 z검정통계량 값의 제곱과 같을 것이다. 하지만 이 장에서 설명한 카이제곱 분포는 양측검정만 사용할 수 있는 반면에 10장의 방법은 단측검정과 양측검정 모두에 사용할 수 있다는 장점이 있다.
2. k개 모집단 모두에 "예" 또는 "아니오"의 2개 응답만이 있었다. 사실 각각의 모집단은 "예"라는 대답의 모비율이 p인 이항분포를 따른다. 여기서의 카이제곱 검정 절차는 각각의 k개 모집단의 대답이 3개 이상일 때로 확장하여 적용할 수 있다. 이 경우 각각 모집단은 다항 모집단이라고 부른다. 즉, k개 모집단 각각은 다항분포를 따른다. 기대빈도 e_{ij}의 검정통계량 χ^2을 위한 카이제곱 계산은 식 (12.1)과 (12.2)에서 보는 것과 같다. 유일한 차이는 귀무가설이 모든 모집단에서 응답변수의 다항분포가 전부 같다고 가정하는 것이다. 각 k개 모집단의 대답이 r개일 때 카이제곱 검정통계량의 자유도는 $(r-1)(k-1)$이다. 연습문제 12.8은 카이제곱 통계량을 3개의 다항분포에 적용한 경우를 제시하고 있다.

연습문제

기본문제

1. 다음의 표본자료를 사용하여 가설을 검정하시오.

$$H_0: p_1 = p_2 = \cdot \cdot \cdot = p_k$$
$$H_1: \text{모비율이 모두 동일하지는 않다.}$$

여기서 p_i는 모집단 i에서 "예"라는 대답의 모비율이다. p값을 계산하고 유의수준 0.05에서 가설을 검정하라.

	모집단		
응답	**1**	**2**	**3**
예	150	150	96
아니오	100	150	104

2. 연습문제 1의 관측 빈도를 다시 살펴보자.

a. 각 모집단의 표본비율을 계산하시오

b. 다중비교 절차를 사용한다면 어떤 모집단 간에 모비율의 차이가 유의하게 크다고 볼 수 있는가? 유의수준은 0.05이다.

적용문제

3. **항공사간 지연비행 비교.** 다음의 표본자료는 델타(Delta), 유나이티드(United), 유에스 에어웨이즈(US Airways)의 지연과 정시 비행 횟수이다.

	항공사		
비행	델타 항공	유나이티드 항공	유에스 에어웨이즈
지연	39	51	56
정시	261	249	344

a. 세 항공사의 지연비행 비율의 동일성에 대한 가설을 설정하라.

b. 유의수준 0.05일 때, 가설을 검정하시오. p값과 결론을 제시하시오.

c. 각 항공사 지연비행의 표본비율을 구하시오. 세 항공사 지연비행을 모두를 고려할 때 전반적인 지연비행 수준은 얼마인가?

4. **전기부품 공급기업의 품질 비교.** 벤슨 기업(Benson Manufacturing)은 전기부품을 세 곳의 공급기업에 주문하려고 계획하고 있다. 세 곳의 공급기업은 불량률 수준에서 차이를 보이는 것으로 알려지고 있다. 불량 부품의 수준을 파악하기 위해 벤슨 기업은 각 공급기업으로부터 500개 정도의 샘플을 보내줄 것을 요청하였다. 각 공급기업으로 부터의 불량과 정품에 대한 수가 다음의 표에 수록되어 있다.

	공급기업		
부품	A	B	C
불량품	15	20	40
정품	485	480	460

a. 세 곳 공급기업의 불량률이 동일하다고 볼 수 있는지에 대한 가설을 제시하시오.

b. 0.05의 유의수준을 통해 가설검정을 진행하시오. p값과 결론은 무엇인가?

c. 최고 수준의 공급기업 선정과 불량률 수준에 따라서 탈락할 수 있는 공급기업을 선정하기 위한 다중비교를 진행하시오.

5. **고등교육에 대한 연구.** 고등교육 카네기 재단(Carnegie Classification of Institute of Higher Education) 에서는 연구와 학위 수여율을 기준으로 대학과 전문대학을 분류하였다. 박사학위에 대한 수여수준에 따라 세 가지로 분류되었다. 일반 연구활동기관, 우수 연구활동기관, 최우수 연구활동기관으로 분류되었는데 카네기 재단에서 분류한 공립과 비영리 사립대학에서 세 가지 그룹의 분류 결과가 표에 제시되어 있다.

	카네기 분류		
대학 형태	일반 연구활동기관	우수 연구활동기관	최우수 연구활동기관
공립	38	76	81
사립	58	31	34

공립대학의 모비율이 세 그룹에서 동일하다고 볼 수 있는지에 대한 가설을 검정하시오. 0.05의 유의수준에서 p값과 결론을 제시하시오.

6. **세무업무의 오류율.** 어느 세무대행회사에서는 두 지역 사무소의 업무 품질을 비교하려고 한다. 오류가 있는 신고서 표본과 정확한 신고서 표본의 관측빈도는 다음과 같다.

	지역사무소	
신고서	사무소 1	사무소 2
오류	35	27
정확	215	273

a. 두 사무소에서 오류가 있는 산고서의 표본비율은 얼마인가?

b. 두 사무소 오류에 차이가 있는지를 검정하는데 카이제곱 검정을 사용하라. 유의수준은 0.10이고 귀무가설은 H_0: $p_1 = p_2$이다. p값과 결론은 무엇인가? 〈참고〉 일반적으로 3개 이상의 모비율 동일성 검정을 할 때 카이제곱 검정을 사용한다. 하지만 이 사례는 두 모집단에 대한 모비율 동일성 검정에 같은 카이제곱 검정이 사용될 수 있다는 것을 보인다.

c. 10.2절에서 위의 가설을 검정할 때 z검정을 사용했으며 χ^2 검정통계량과 z 검정통계량 중 하나가 이 가설을 검정하기 위해 사용될 수 있다. 하지만 두 모집단 간 모비율을 추정하고자 할 때 일반적으로 z 검정통계량 방식이 선호된다. 보충설명을 참고하여 왜 z 검정통계량이 더 많은 선택을 받는지 설명하시오.

7. **소셜미디어의 이용.** 소셜미디어는 전 세계적으로 인기가 많다. Statista.cpm은 여러 국가의 소셜미디어 사용자수에 대한 자료를 발표하였다. 영국, 중국, 러시아와 미국에 대한 조사결과가 다음과 같다고 가정하자.

DATA*file* SocialMedia

	국가			
소셜미디어 사용 여부	영국	중국	러시아	미국
예	480	215	343	640
아니오	320	285	357	360

a. 4개 국가의 소셜미디어 사용자 비율이 동일한지에 대한 가설검정을 수행하아. p값은 얼마인가? 유의수준이 0.05일 때 결론은 무엇인가?

b. 각 국각의 표본비율은 얼마인가? 어느 국가가 소셜미디어를 사용하는 성인의 비율이 가장 높은가?

c. 유의수준 0.05를 사용하여 4개 국가에 대한 다중 쌍대비교 검정을 시행하라. 결론은 무엇인가?

8. **공급품질: 세 기업에 대한 검사 결과.** 엘틀 사(Ertl Company)는 세 개의 다른 제조기업으로부터 부품 구매를 고려하고 있다. 업체로부터 제공받은 부품은 작은 결함, 큰 결함, 정상으로 분류된다. 세 업체로부터 받은 부품 표본의 결과는 다음과 같다. 범주별 응답변수가 3개이므로 세 업체의 모비율에 관한 기존 검정과 다르다는 것을 기억하라.

	제조업체		
검사 부품	A	B	C
작은 결함	15	13	21
큰 결함	5	11	5
정상	130	126	124

위의 자료를 이용하여 세 업체 결합의 분포가 동일한지를 검정하라. 이 절의 카이제곱 검정 계산방식을 사용하되, 단 r개의 행과 c개의 열로 구성된 표가 사용되므로 카이제곱 검정통계량은 $(r-1)(c-1)$의 자유도를 갖는다. 유의수준 0.05로 할 때 p값과 결론은 무엇인가?

12.2 독립성 검정

카이제곱 검정을 통해 독립성 검정을 시행하는 경우의 중요한 점은 두 개의 범주형 변수에 대한 표본자료를 사용하는 것이다. 독립성 검정도 적합도 검정처럼 관측빈도와 기대빈도를 비교하는 방식이다. 이 검정을 위해 하나의 단일 모집단에서 하나의 표본을 뽑고 두 범주형 변수의 값을 기록한다. 이후 변수 1의 각 범주와 변수 2의 각 범주의 조합에 대한 응답수를 계산한다. 이 검정의 귀무가설은 "두 변수는 독립이다"이며 따라서 이 검정을 독립성 검정이라고 부른다. 다음의 예를 통해 독립성 검정에 대해 살펴보자.

맥주산업협회는 라이트 맥주, 일반 맥주, 흑맥주 등 세 가지 종류의 맥주에 대한 남성과 여성에 따라서 선호하는 맥주에 차이가 있는지 알아보고 싶어졌다. 표본으로 선정된 200명의 소비자들은 라이트 맥주, 일반 맥주, 흑맥주에 대해 선호를 표기하도록 지시받았으며 질문의 마지막 부분에 성별을 포함한 다양한 인구통계학적 정보를 제공하도록 요청받았다. 이 조사에서 관심있는 사항중 하나는 맥주에 대한 선호가 소비자의 성별과 독립적인지 아닌지이다. 만약 맥주에 선호와 성별, 두 변수가 독립적이라면 맥주 선호는 성별에 의존하지 않고 남성과 여성 모두에게 동일한 것이라고 예상할 수 있다. 하지만 독립적이지 않는다고 한다면 맥주선호가 맥주 소비자의 성별과 연간이 있거나 의존한다는 증거를 얻게 된다. 이 경우에 맥주회사는 남성과 여성의 목표시장을 다르게 설정하고 광고와 판매촉진을 맞춤형으로 수립하기 위해 이 정보를 활용할 수 있을 것이다.

이 독립성 검정에서의 가설은 다음과 같다.

H_0: 맥주 선호는 맥주 음주자의 성별에 독립적이다.

H_1: 맥주 선호는 맥주 음주자의 성별에 독립적이지 않다.

200명의 표본자료에 대해 표 12.6은 조사할 상황을 표현하는 이원표이다. 남성과 여성 맥주 음주자들에 대한 모집단 파악이 이루어진 다음에, 표본이 추출되고 각 음주자들은 세 가지 맥주에 대한 선호를 제시하였다. 표본에 추출된 모든 사람들은 표의 6개 셀 중에서 한 가지에 해당이 된다. 예를 들어 일반맥주를 선호하는 남성은 셀(2,1)로 분류되고, 라이트 맥주를 선호하는 여성은 셀(1,2)로, 흑맥주를 좋아하는 여성은 셀(3,2)로 분류된다. 다시 말해서 선호하는 맥주와 성별간의 모든 가능한 조합을 제시하였기 때문에 표 12.6을 분할표(contingency table)라고 부른다. 독립성 검정은 분할표를 활용하기 때문에 분할표 조사라고 불리기도 한다.

표본자료는 응답자 각각의 맥주 선호와 성별의 조합에 따라 요약되어 있다. 예를 들어 라이트 맥주를 선호하는 남성은 51명이고 일반 맥주를 선호하는 남성은 56명이다. 무엇보다도 맥주 소비자를 대상으로 표본을 구성했기 때문에 각 변수를 요약한 자료는 맥주 소비자 모집단 특징에 관한 특별한 시사점을 제공한다.

성별에서 200명의 표본 중 132명이 남성으로 맥주 소비자에서 남성의 비율은 132/200 = 0.66(66%)로 추정된다. 비슷하게 맥주 소비자 중에서 여성의 비율은 68/200 = 0.34(34%)로 추정된다. 따라서 남성 소비자가 여성 소비자보다 2배 정도 많다는 것을 알 수 있다. 세 종류 맥주의 표본비율은 다음과 같다.

표 12.6 성별에 다른 맥주 선호에 대한 표본자료(관측빈도)

DATA *file* BeerPreference

		성별		
		남자	여자	합계
맥주선호	라이트 맥주	51	39	90
	일반 맥주	56	21	77
	흑맥주	25	8	33
	합계	132	68	200

라이트 맥주 선호	90/200 = 0.450(45.0%)
일반 맥주 선호	77/200 = 0.385(38.5%)
흑맥주 선호	33/200 = 0.165(16.5%)

표본의 모든 맥주 소비자를 보면 라이트 맥주를 선호하는 사람이 가장 많고 흑맥주를 선호하는 사람이 가장 적다.

맥주 선호와 성별이 독립인지를 판단하기 위해 카이제곱 검정을 해보자. 표 12.6의 자료는 12.1절에서 소개한 카이제곱 검정절차를 동일하게 따르고 있으며 두 가지 범주의 성별과 세 가지 범주의 맥주 선호에 대한 관측빈도이다.

기대빈도를 나타내는 표는 성별과 맥주 선호도가 독립적이라는 귀무가설의 가정을 기반으로 구할 수 있다. 앞에서 200명의 맥주 소비자 표본에 대해 라이트 맥주, 일반 맥주 및 흑맥주를 선호하는 비율이 각각 0.450, 0.385, 0.165임을 확인하였다. 독립성 가정이 유효하다면 이 비율이 남성과 여성 모두에게 적용되어야 하므로, 독립성을 가정할 때 132명의 남성 맥주 소비자 중 $0.450 \times 132 = 59.40$명이 라이트 맥주를, $0.385 \times 132 = 50.82$명은 일반 맥주를, $0.165 \times 132 = 21.78$명은 흑맥주를 선호하는 것으로 예상해 볼 수 있다. 여성 맥주 소비자에게도 동일한 비율을 적용할 수 있다.

기대빈도표의 행 i와 열 j에 기대빈도 e_{ij}를 표시하고 기대빈도의 계산에 대한 방식을 일반화해보자. 이 표기를 사용하여 라이트 맥주(1)와 남성 소비자(1일)에 대한 기대빈도의 계산, 즉 기대빈도 e_{11}을 다시 생각해보자.

$$e_{ij} = \frac{(\text{행 } i \text{ 합계})(\text{열 } j \text{ 합계})}{\text{전체 표본크기}} \tag{12.4}$$

90은 라이트 맥주의 전체 응답자 합계, 132는 표본중 남성 응답자 수, 200은 전체 응답자 수(표본크기)이다. 따라서 1행과 1열의 기대빈도는 앞에서 설명한 것처럼 다음과 같이 계산할 수 있다. $e_{11} = (90)(132)/200 = 59.40$ 식 (12.4)를 활용하여 다른 셀의 기대빈도를 계산할 수 있으며 그 결과는 표 12.7에 제시되어 있다.

표 12.7 맥주 선호와 맥주 소비자의 성별이 독립적일 때 기대빈도

		성별		
		남자	여자	합계
맥주선호	라이트 맥주	59.40	30.60	90
	일반 맥주	50.82	26.18	77
	흑맥주	21.78	11.22	33
	합계	132	68	200

표 12.8 맥주 선호와 성별 간 독립성 검정에 대한 카이제곱 검정통계량의 계산

맥주선호	성별	관측빈도 f_{ij}	기대빈도 e_{ij}	차이 $f_{ij}-e_{ij}$	차이 제곱 $(f_{ij}-e_{ij})^2$	차이제곱/기대빈도 $(f_{ij}-e_{ij})^2/e_{ij}$
라이트 맥주	남자	51	59.40	−8.40	70.56	1.19
라이트 맥주	여자	39	30.60	8.40	70.56	2.31
일반 맥주	남자	56	50.82	5.18	26.83	0.53
일반 맥주	여자	21	26.18	−5.18	26.83	1.02
흑맥주	남자	25	21.78	3.22	10.37	0.48
흑맥주	여자	8	11.22	−3.22	10.37	0.92
	합계	200	200			$\chi^2 = 6.45$

12.1절에서의 카이제곱 검정 절차에 따라서, 다음의 식을 통해 카이제곱 검정통계량을 계산할 수 있다.

$$\chi^2 = \sum_i \sum_j \frac{(f_{ij} - e_{ij})^2}{e_{ij}} \tag{12.5}$$

r개의 행과 c개의 열을 갖는 표의 각 셀에서 적어도 기대빈도가 5 이상이면 검정통계량은$(r-1)(c-1)$의 자유도를 갖는 카이제곱 분포를 따른다. 그러므로 이 경우 $(3-1)(2-1)=2$인 자유도를 갖는 카이제곱 분포를 사용할 것이다. 카이제곱 검정통계량의 값을 구하는 모든 단계는 표 12.8에 요약하였다.

자유도가 2인 카이제곱 분포의 오른쪽 꼬리 면적과 p값 방식을 이용하여 성별과 맥주 선호가 독립이라는 귀무가설의 기각 여부를 결정할 수 있다. 그림 12.4의 카이제곱 분포표에서 자유도 2인 경우를 사용한다.

오른쪽 꼬리 면적값	**0.10**	**0.05**	**0.025**	**0.01**	**0.005**
χ^2 량(자유도: 2)	4.605	5.991	7.378	9.210	10.597

$\chi^2 = 6.45$

$x=6.45$의 오른쪽 꼬리 면적이 0.05와 0.025 사이인 것을 알 수 있으므로, p값은 0.05와 0.025 사이에 있어야 한다. p값 ≤ 0.05이므로 H_0를 기각하고 맥주 선호는 맥주 소비자의 성별과 독립적이지 않다고 결론내릴 수 있다. 다시 말하면, 이 조사는 남성과 여성 맥주 소비자의 맥주 선호가 다를 것이라는 것을 보여준다. 부록 E에서 제시하는 엑셀을 사용하면 정확한 χ^2값은 6.45가 되며 자유도 2에서 p값은 0.0398이 된다.

p값 방식 대신 임계값 방식을 사용해도 동일한 결론을 얻게 된다. $\alpha=0.05$이고 자유도가 2이므로 카이제곱 검정의 임계값은 $\chi^2_{0.05}=5.991$이다. 오른쪽 검정이므로 기각역은

그림 12.1 성별 맥주 선호에 대한 막대 그래프

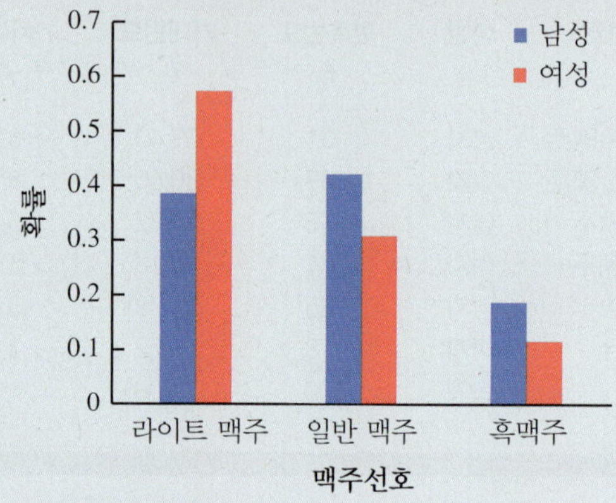

다음과 같다.

$$\chi^2\text{값} \geq 5.991\text{이면 } H_0 \text{ 기각}$$

χ^2값은 $6.45 \geq 5.991$이므로 H_0를 기각하게 되어, p값 방식과 임계값 방식 모두 같은 결론을 제공한다. 맥주 선호도와 성별이 독립적이지 않다는 증거가 있지만 이 두 변수 간의 연관성의 특성을 평가하기 위해서는 자료에서 추가적인 시사점을 얻어야 한다. 이를 수행하는 한 가지 방법은 다음의 표와 같이 남성과 여성에 대한 맥주 선호도 응답의 비율을 별도로 계산하는 것이다.

	성별	
맥주선호	**남성**	**여성**
라이트 맥주	51/132 = 0.3864, or 38.64%	39/68 = 0.5735, or 57.35%
일반 맥주	56/132 = 0.4242, or 42.42%	21/68 = 0.3088, or 30.88%
흑맥주	25/132 = 0.1894, or 18.94%	8/68 = 0.1176, or 11.76%

그림 12.1은 남성과 여성의 맥주 선호도를 보여주는 막대 그래프이다. 맥주 선호와 성별 사이의 관계에 대해서 무엇을 알 수 있는가? 표본 내 여성 맥주 소비자의 경우 라이트 맥주가 57.35%로 선호도가 가장 높았으며, 표본 내 남성 소비자의 경우 일반 맥주가 42.42%로 선호도가 가장 높았다. 여성의 경우 라이트 맥주 선호도가 남성보다 높은 반면 남성들은 일반 맥주와 흑맥주의 선호도가 여성보다 더 높았다. 그림 12.1과 같은 막대그래프는 두 개의 범주형 변수의 관계에 대한 시사점을 얻는 데 효과적이다.

이 주제를 마치기 전에 독립성 검정의 단계를 요약해보자.

카이제곱 검정을 이용한 두 범주형 변수의 독립성 검정*

1. 귀무가설과 대립가설을 설정한다.

H_0: 두 변수는 독립적이다.

H_a: 두 변수는 독립적이지 않다.

2. 모집단에서 확률표본을 추출하고 표본의 모든 원소로부터 두 변수에 대한 자료를 수집한다. 관측빈도 f_{ij}를 r행 c열의 표(관측빈도표)에 기록한다.

3. 귀무가설이 참이라고 가정하고 기대빈도 e_{ij}를 계산한다.

4. 모든 범주의 기대빈도 e_{ij}가 5보다 크거나 같으면 검정통계량을 계산한다.

$$\chi^2 = \sum_i \sum_j \frac{(f_{ij} - e_{ij})^2}{e_{ij}}$$

5. 기각 규칙

p값 방식: p값 $\le \alpha$이면 H_0 기각

임계치 방식: χ^2값 $\ge \chi^2_\alpha$값이면 H_0 기각

여기서 카이제곱 분포의 자유도는 $(r-1)(c-1)$이고 α는 유의수준이다.

마지막으로 독립성 귀무가설이 기각된다면 예에서 설명한 비율의 요약은 두 변수의 관계나 의존성이 어디 있는지 결정하는 데 도움이 된다.

연습문제

기본문제

9. 다음 표는 표본크기가 200인 관측빈도 값이다. $\alpha = 0.05$를 사용하여 열 변수와 행 변수의 독립성을 검정하라.

	행변수		
열변수	A	B	C
P	20	44	50
Q	30	26	30

10. 다음 표는 표본크기가 240인 관측빈도 값이다. $\alpha = 0.05$를 사용하여 열 변수와 행 변수의 독립성을 검정하라.

---

* 카이제곱 분석을 위해 기대빈도는 반드시 5 이상이어야 한다.

열변수	행변수 A	B	C
P	20	30	20
Q	30	60	25
R	10	15	30

적용문제

11. **국내 및 국제선 항공권 구매.** 블룸버그 비즈니스 위크(Bloomberg Business Week)의 구독자 조사에서 '과거 12개월 동안 사업차 여행 중에 무슨 등급의 항공권을 가장 많이 구입하셨습니까?'라고 물었다. 수집된 자료는 다음 분할표에 수록되어 있다.

항공권 종류	비행 유형 국내선	국제선
일등석	29	22
비즈니스석	95	121
이코노미석	518	135

a. $\alpha = 0.05$에서 항공권 등급과 비행 유형 간의 독립성에 대한 검정을 수행하시오. 통계적 결론은 무엇인가?

b. 항공권 종류와 비행 유형간 관계성에 대하여 논의하시오.

12. **공공 및 기업에서의 고용과 해고 계획.** 딜로이트(Deloitte) 경영진은 기업의 인사담당자들에게 다음 12개월에 대한 인적자원 계획을 어떻게 수립하고 있는지에 대해 물었다. 대답은 세 가지 범주로 추가적으로 지원 더 채용, 직원 수에 변화를 주지 않는 것, 직원 수를 감소시키는 것이 이에 해당하는데 또 다른 변수로 사기업인지 공기업인지를 두었다. 180개 기업에 대한 표본자료는 다음과 같이 요약된다.

DATA*file* WorkforcePlan

고용계획	회사 사기업	공기업
추가적으로 지원 더 채용	37	32
직원 수에 변화를 주지 않는 것	19	34
직원 수를 감소	16	42

a. 향후 12개월 동안 회사의 종류와 고용계획이 서로 독립적인지 검정을 실시하라. 유의수준이 0.05일 때 결론은 무엇인가?

b. 향후 12개월 동안 공기업과 사기업의 고용계획 차이에 대해 설명하시오.

13. **직무 태도에 대한 세대간 차이.** 애디슨 그룹(Addison Group)과 켈튼사(Kelton)는 베이비붜, X세대, 밀레니엄세대에서의 1,006명의 직장인들의 업무에 대한 선호 및 태도를 조사하였다. 다른 직장에서 돈을 더 벌기 위해 현재 직장을 그만두겠는지를 질문한 결과를 다음과 같이 표로 정리하였다.

DATA*file* Millenials

	세대		
높은 급여를 위해 직장을 그만두겠는가?	베이비부머	X세대	밀레니엄세대
네	129	152	164
아니오	207	183	171

세대와 관계없이 돈 때문에 현재 직장을 그만두는 것에 관심있는지를 판단하기 위해 독립성 검정을 시행하라. p값은 얼마이며 유의수준 0.05에서의 결론은 무엇인가?

14. **차량품질 등급.** 제이디 파워(J.D. Power) 차량 품질조사는 신차 소유주들에게 최근 그들이 구매한 자동차에 대한 다양한 질문을 하고 있다. 그중 한 질문은 소유주의 차량 품질 등급에 관한 것으로 평균, 우수, 최우수로 구분된다. 다른 질문은 소유주의 교육수준에 대한 질문으로 고교이수, 고교졸업, 대학교이수, 대학교졸업으로 구분된다. 최근 자동차를 구매한 500명 소유주의 표본자료는 다음과 같다고 가정한다.

DATA*file* AutoQuality

	교육 수준			
품질평가	고교이수	고교졸업	대학이수	대학졸업
평균	35	30	20	60
우수	45	45	50	90
최우수	20	25	30	50

a. 유의수준 0.05를 사용하여 세 자동차 소유주의 차량등급과 소유주의 교육수준이 독립적이라고 할 수 있는지 검정하시오. p값은 얼마이며 결론은 무엇인가?

b. 평균, 우수, 최우수 평가의 비율을 통해 최근 자동차를 구매한 신차 소유주들이 그들의 구매 자동차 품질을 어떻게 평가하고 있는지 설명하시오.

15. **기업평판과 경영품질조사.** 월스트리트저널(The Wall Street Journal)의 연간기업조사를 통해 독자들에게 250개 전 세계 기업들에 대하여 경영품질을 어떻게 평가하고 기업평판을 어떻게 관리하고 있는지 등급화하는 조사를 진행하고 있다. 경영품질과 기업평판은 탁월, 우수, 보통으로 등급화되어 평가된다. 200개 기업에 대한 자료가 다음과 같다고 가정해보자.

경영품질	기업 평판 탁월	우수	보통
탁월	40	25	5
우수	35	35	10
보통	25	10	15

a. 유의수준 0.05를 활용하여 경영품질과 기업 평판의 독립성을 검정하시오. p값은 얼마이며 결론은 무엇인가?

b. 두 가지 평가 내용 간의 관계성이 있다고 한다면 이에 대한 논의를 진행하시오.

16. **아카데미상과 영화 팬의 감정.** 2021년 아카데미상의 여우주연상에는 1973년 이후로 처음으로 2명의 흑인 배우가 후보가 되었다. 후보에 오른 배우들은 Ma Rainey's Black Bottom의 비올라 데이비스, The United States vs Billie Holoday의 앤드라 데이, Pieces of a Woman의 베네사 커비, Nomadland의 프랜시스 맥도맨드, Promising young Woman의 캐리 멀리건이었다. 이들 영화를 본 영화 팬들을 대상으로 가장 적합한 여우주연상이 누가 적절한가에 대한 조사가 진행되었다. 다음 표에서는 이를 요약하였다.

	18세~30세	31세~44세	45세~58세	58세 이상
비올라 데이비스	51	50	41	42
앤드라 데이	63	55	37	50
베네사 커비	15	44	56	74
프랜시스 맥도맨드	48	25	22	31
캐리 멀리건	36	65	62	33

a. 이 조사에서의 표본의 크기는 어느 정도인가?

b. 2021년 아카데미상에서 여우주연상으로 Nomadland의 프랜시스 맥도맨드가 수상하였다. 응답 결과도 그러하다고 볼 수 있는가?

c. 유의수준 0.05를 활용하여 선호하는 여우주연상 후보와 연령대가 독립적이라고 할 수 있는지 검정하시오. 결론은 무엇인가?

17. **세대간 수면량.** 국립수면재단(The National Sleep Foundation)에서는 수면 시간이 연령에 대해 독립적인지 조사 작업을 수행하였다. 다음 결과는 49세 이하의 사람들과 50세 이상인 사람들 간의 주중 밤시간 동안의 수면시간을 정리한 것이다.

수면시간	그룹 39세 이하	 40세 이상
6시간 미만	38	36
6~6.9시간	60	57
7~7.9시간	77	75
8시간 이상	65	92

a. 수면시간이 연령에 대해 독립적인지 여부를 가설검정하시오. $\alpha = 0.05$에서 p값은 얼마이며 통계적 결론은 무엇인가?

b. 6시간 미만을 수면하는 사람들과, 6에서 6.9시간 수면하는 사람들, 7에서 7.9시간을 수면하는 사람들, 8시간 이상을 수면하는 사람들의 비율에 대한 추정치는 얼마인가?

18. **영화에 대한 비평.** 텔레비전 프로그램에서 두 영화 평론가가 최근 영화에 대한 비평을 하고 토론을 하였다. 두 영화 평론가는 시청자가 프로그램에 더 관심을 가지도록 하기 위해서 서로의 의견에 의도적으로 동의하지 않는 것 같아 보였다. 각 영화 비평은 찬성, 반대, 중립으로 범주화된다. 두 평론가에 의한 160편의 영화 평가 결과는 다음과 같다.

평론가 A	평론가 B 찬성	 반대	 중립
찬성	24	8	13
반대	8	13	11
중립	10	9	64

자료를 분석하기 위해 유의수준 0.01수준에서 독립성 검정을 수행하시오. 두 영화 평론가의 결정이 서로 독립적이라고 할 수 있는가?

12.3 적합도 검정

이 절에서는 카이제곱 검정을 통해 표본으로 수집된 모집단이 특정 분포를 보이는지 검정하게 된다. 우선 다항확률분포에 대해 살펴볼 것이며 수집된 분포가 일반적 분포의 형태와 다른지 확인하기 위한 적합도 검정을 진행하게 된다. 그 다음에 모집단이 정규분포를 보인다는 가정에서의 검정을 진행한다. 이 경우에 적합도 검정을 통해 표본자료가 정규분포인지 여부를 말할 수 있는지 파악할 수 있다. 이들 검정 두 가지를 적합도 검정이라고 부른다.

다항확률분포

1회 시행에서 각각의 결과가 발행할 수 있는 확률인 범주확률은 다항분포의 핵심 변수이다. 다항확률분포*에 대한 적합성 검정을 수행하기 위해 스코트 마케팅 리서치에서 수행하는 시장 점유율 연구를 살펴보자 지난 1년 동안 특정 제품의 시장 점유율은 A사 30%, B사 50%, C사 20%로 굳어졌다.

각 고객은 3개 회사 중에서 구매하는 것으로 구매행위는 세 가지 가능한 결과가 있는 다항확률분포를 따르며, 세 가지 범주에 대한 확률은

P_{A} = 고객이 A사 제품을 구매할 확률
P_{B} = 고객이 B사 제품을 구매할 확률
P_{C} = 고객이 C사 제품을 구매할 확률

로 정의할 수 있다. 과거 시장 점유율에 따르면 $P_{\mathrm{A}} = 0.30$, $P_{\mathrm{B}} = 0.50$, $P_{\mathrm{C}} = 0.20$이 된다.**

C사는 현재 시장에서 판매되는 제품을 대체하기 위해 "새롭고 개선된" 제품을 출시할 계획이다. C사는 신제품이 세 회상의 시장 점유율을 변경시킬지를 판단하기 위해 스코트 마케팅 리서치에 조사를 의뢰했다. 스코트 마케팅 리서치는 새로운 C회사 제품에 대한 시제품을 소개한 후 고객에게 A사, B사, 또는 C사 제품에 대한 선호도를 조사한다. 표본을 기반으로 다음의 가설을 검정하여 새로운 C사 제품이 세 회사의 과거 시장 점유율을 변경시킬 가능성이 있는지 여부를 판단한다.

H_0: $P_{\mathrm{A}} = 0.30$, $P_{\mathrm{B}} = 0.50$, $P_{\mathrm{C}} = 0.20$
H_a: 모집단 비율이 $P_{\mathrm{A}} = 0.30$, $P_{\mathrm{B}} = 0.50$, $P_{\mathrm{C}} = 0.20$이 아닐 것이다

여기서 귀무가설은 시장 점유율이 전통적 다항확률분포와 동일하다는 것이다. 표본의 결과가 H_0의 기각으로 이어진다면 스코트 마케팅 리서치는 새로운 C사 제품의 도입이 시장 점유율(다항 분포에 대한 확률)을 변경시킬 것이라는 결론을 내리는 증거를 갖게 된다.

리서치회사가 200명의 고객으로 구성된 소비자 패널을 활용했다고 가정해보자. 각 고객은 A사의 제품, B사의 제품, C사의 신제품 중 선호하는 제품을 표기하였으며, 200명의 응답은 다음 빈도분포표에 요약되어 있다.

관찰빈도

A가 제품 선호	B가 제품 선호	C가 제품 선호
48	98	54

* 다항확률분포는 시행당 3종류 이상의 결과가 발행할 수 있는 경우로 이항확률분포를 확장한 것이다.

** 다항확률분포의 확률 합은 1이다.

이제 적합도 검정을 수행하여 200명 고객의 구매 선호도 표본이 귀무가설과 일치하는지를 확인할 수 있다. 적합도 검정은 귀무가설이 참이라는 가정하에 표본에서 관측된 빈도와 기대빈도를 비교하는 것이다. 따라서 다음 단계는 $p_A = 0.30$, $p_B = 0.50$, $p_C = 0.20$이 참이라는 가정하에 200명의 고객에 대한 예상(기대) 구매 선호도를 계산하는 것으로, 다음과 같은 기대빈도 분포표를 얻을 수 있다.

기대빈도

A가 제품 선호	B가 제품 선호	C가 제품 선호
200(0.30) = 60	200(0.50) = 100	200(0.20) = 40

각 범주에 대한 기대빈도는 200명의 표본 크기에 각 범주의 가정된 확률을 곱하여 구한다.

적합도 검정은 관측빈도와 기대빈도 간의 차이를 지표로 하는 것으로, 관측빈도와 기대빈도 간 차이가 "크거나" "작은지" 여부는 다음의 카이제곱 검정통계량을 사용하여 확인할 수 있다.

적합도 검정의 검정통계량

$$\chi^2 = \sum_{i=1}^{k} \frac{(f_i - e_i)^2}{e_i} \tag{12.6}$$

여기서

f_i = 카테고리 i의 관측빈도

e_i = 카테고리 i의 기대빈도

k = 카테고리의 수

참고) 기대빈도가 5 이상인 모든 카테고리에서 검정통계량은 $k-1$의 자유도를 가지는 카이제곱 분포를 보인다.

스코트 마케팅 리서치사의 사례로 돌아가, 다항 모집단이 $p_A = 0.30$, $p_B = 0.50$, $p_C = 0.20$라는 비율을 보이는지에 대한 가설검정을 위해 표본 자료를 활용한다. $\alpha = 0.05$인 경우에 검정통계량을 계산하기 위해 기대빈도와 관측빈도를 활용한다. 기대빈도가 모든 카테고리에서 5 이상을 보이고 있으므로, 카이제곱 검정통계량의 계산은 표 12.9에서 제시한 것처럼 진행된다. 따라서 $\chi^2 = 7.34$가 된다.*

관측빈도와 기대빈도의 차이가 크면 귀무가설을 기각한다. 따라서 적합도 검정은 항

* 적합도 검정은 항상 카이제곱 분포의 우측단측검정을 사용하게 된다.

표 12.9 스코트마케팅 사례에서의 카이제곱 검정통계량의 계산

분류	가설화된 비율	관측빈도 f_i	기대빈도 e_i	차이 $f_i - e_i$	차이제곱 $(f_i - e_i)^2$	차이제곱/기대빈도 $(f_i - e_i)^2/e_i$
기업A	0.30	48	60	−12	144	2.40
기업B	0.50	98	100	−2	4	0.04
기업C	0.20	54	40	14	196	4.90
합계		200				$\chi^2 = 7.34$

상 오른쪽 검정이 되므로 검정통계량값에 대한 오른쪽 꼬리 면적과 p값 방식을 사용하여 귀무가설의 기각 여부를 결정할 수 있다. 표 12.4의 카이제곱 분포표로부터 자유도 $k-1 = 3-1 = 2$인 경우는 다음과 같다.

우측 면적	**0.10**	**0.05**	**0.025**	**0.01**	**0.005**
χ^2값(자유도: 2)	4.605	5.991	7.378	9.210	10.597

$\chi^2 = 7.34$

검정통계량 $\chi^2 = 7.34$은 5.991과 7.378 사이에 위치한다. 따라서 분포상에 우측면의 면적이나 p값은 0.05와 0.025 사이에 있게 될 것이다. p값 $\le \alpha = 0.05$이기 때문에 귀무가설을 기각하며 C사의 신제품 도입은 시장 점유율의 변화를 야기한다고 결론을 내리게 된다. 엑셀에서 $\chi^2 = 7.34$에서 p값인 0.0255를 제시하고 있다.

p값을 사용하는 대신 임계값 방식을 사용하여 동일한 결론을 도출할 수 있다. 유의수준 $\alpha = 0.05$ 및 자유도 2에서 검정통계량의 임계값은 = 5.991이 되므로, 오른쪽 검정의 기각 규칙은 다음과 같다.

$$\chi^2 \ge 5.991\text{이면 } H_0 \text{ 기각}$$

$7.34 > 5.991$이기에 H_0는 기각된다. p값을 이용한 방법과 임계값을 이용한 방법은 동일한 가설검정 결과를 제시한다.

새로운 C사 제품의 도입이 세 회상의 시장 점유율을 변경시킬 것이라는 결론을 내렸으므로 시장 점유율이 어떻게 변할 것인지에 대해 더 알고 싶을 것이다. 과거 시장 점유율과 표본자료를 사용하여 다음과 같이 요약할 수 있다.

기업	과거 시장점유율	표본자료 시장점유율(%)
A	30	48/200 = 0.24, or 24
B	50	98/200 = 0.49, or 49
C	20	54/200 = 0.27, or 27

그림 12.2 C기업의 신제품 출시 전과 후 시장 점유율

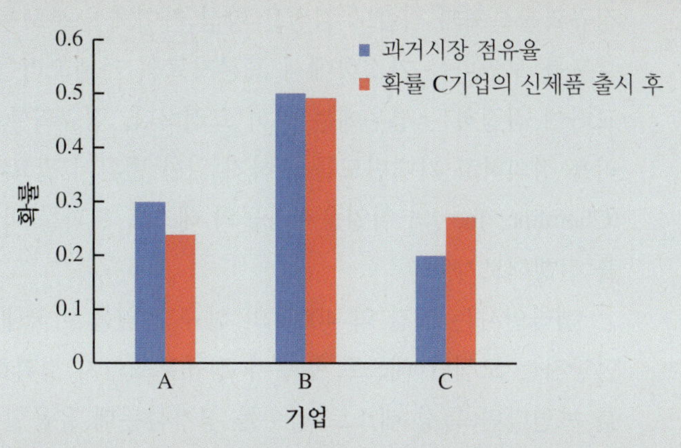

과거 시장 점유율과 표본의 시장 점유율은 그림 12.2에 표시된 막대 그래프에서 비교할 수 있다. 막대 그래프는 신제품이 C사의 시장 점유율을 증가시킬 가능성이 있음을 보여준다. 다른 두 회사와 비교하면 C사의 시장 점유율 증가가 B사보다 A사에 더 큰 타격을 줄 것으로 나타난다.

다항확률분포에 대한 적합도 검정을 수행하는 단계는 다음과 같이 요약해 볼 수 있다.

다항확률분포 적합도 검정

1. 귀무가설과 대립가설을 작성한다.

H_0: 모집단은 각각의 k범주에 대해 지정된 확률로 다항확률분포를 따른다.
H_a: 모집단은 각각의 k범주에 대해 지정된 확률로 다항확률분포를 따르지 않는다.

2. 무작위 표본을 추출하고 각 범주에 대해 관측빈도 f_i의 기록한다.

3. 귀무가설이 참이라고 가정하고 가설화된 범주확률에 표본크기를 곱하여 각 범주의 기대빈도 e_i를 구한다.

4. 각 범주에 대해 기대빈도 e_i가 5 이상인 경우 검정통계량 값을 계산한다.

$$\chi^2 = \sum_{i=1}^{k} \frac{(f_i - e_i)^2}{e_i}$$

5. 기각 규칙

p값 방식: p값 $\le \alpha$이면 H_0 기각
임계치 방식: $\chi^2 \ge \chi^2_\alpha$이면 H_0 기각

여기서 α는 유의수준이며 자유도는 $k-1$이다

정규확률분포

정규확률분포의 적합도 검정은 항상 카이제곱 분포를 활용하여 진행된다. 모집단이 정규분포를 보인다는 가정하에서 표본자료의 카테고리들에 대한 관측빈도와 기대빈도를 비교하여 검정하는 경우에는 특히 그러하다. 정규확률분포는 연속분포이기 때문에 카테고리를 정의하고 기대빈도를 구하기 위한 변환이 필요하다. 표 12.10에서 제시된 켐라인사(Chemline, Inc.)의 취업응시자들의 테스트 결과를 바탕으로 정규확률분포의 적합도 검정을 진행해보자.

켐라인사는 연간 약 400명의 신규 직원을 미국내 4개 공장에서 채용하고 있다. 인사담당자는 모집단 테스트 점수가 정규분포인지 정확히 알지 못하고 있다. 만약 정규분포를 보인다면 특정 테스트 점수를 평가하는데 유용할 것이다. 예를 들어 상위 20%, 하위 40%라는 식으로 구분이 용이해질 것이다. 따라서 모집단이 정규분포를 보인다는 점을 귀무가설로 하는 검정을 하고자 한다.

우선 표 12.10을 사용하여 귀무가설에 고려될 수 있는 정규분포의 평균과 표본편차를 계산하여야 한다. 표본평균 $\bar{x}$과 표본표준편차 s를 정규분포의 점추정치로 사용한다. 계산 결과는 다음과 같다.

$$\bar{x} = \frac{\sum x_i}{n} = \frac{3421}{50} = 68.42$$

$$s = \sqrt{\frac{\sum(x_i - \bar{x})^2}{n-1}} = \sqrt{\frac{5310.0369}{49}} = 10.41$$

이 계산값을 사용하여 응시자들의 테스트점수에 대한 분포에 대한 가설을 제시하게 된다.

DATA*file* Chemline

H_0: 테스트 점수의 모집단은 $\bar{x} = 68.42$와 $s = 10.41$을 보이는 정규분포를 보일 것이다.

H_a: 테스트 점수의 모집단은 $\bar{x} = 68.42$와 $s = 10.41$을 보이는 정규분포를 보이지 않을 것이다.

표 12.10 응시자 50명이 무작위로 선정된 켐라인사의 직무테스트 점수

71	66	61	65	54	93
60	86	70	70	73	73
55	63	56	62	76	54
82	79	76	68	53	58
85	80	56	61	61	64
65	62	90	69	76	79
77	54	64	74	65	65
61	56	63	80	56	71
79	84				

가설화된 정규분포는 그림 12.3에 제시되어 있다.

연속정규확률분포를 사용하기 위한 카테고리를 정의하기 위해 다른 접근법을 적용해야만 한다. 즉 여기서는 테스트 점수에 대한 등간격으로 카테고리를 정의해야 한다.*

앞에서 각 등간격(intervals) 혹은 카테고리에서 기대빈도는 최소 5개 이상이어야 한다는 점을 상기해보자. 다라서 카테고리별 기대빈도는 최소한 5개 이상이 되어야 한다. 표본 크기가 50인 경우, 카테고리를 구성하는 한 가지 방법은 정규확률분포를 10개의 동일한 확률 등간격을 가지도록 하는 것이다(그림 12.4). 표본크기가 50인 경우에 각 등간격 혹은 카테고리에서 5의 값이 위치할 수 있음을 알게 되고 이에 따라 카테고리별 최소 기준을 맞추게 된다.

그림 12.3 켐라인사 테스트 점수에 대한 가설화된 정규분포

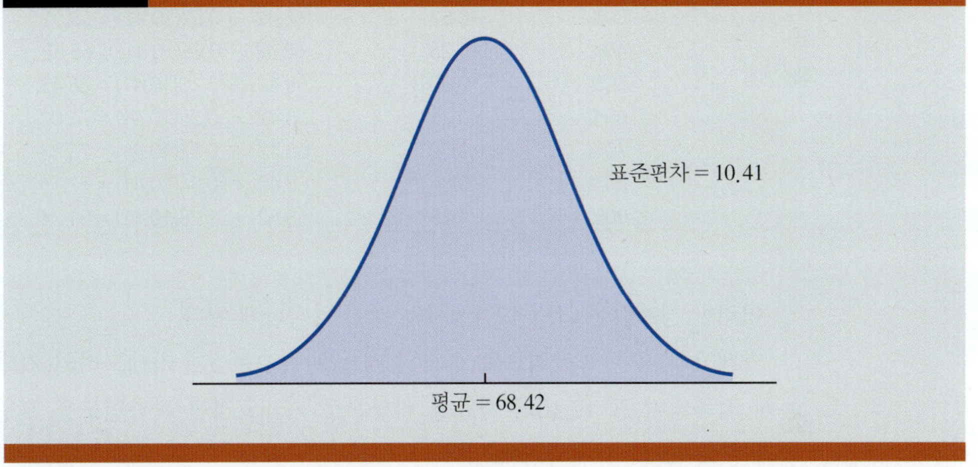

그림 12.4 켐라인사에서의 10개 동일 확률 등간격이 표기된 정규분포

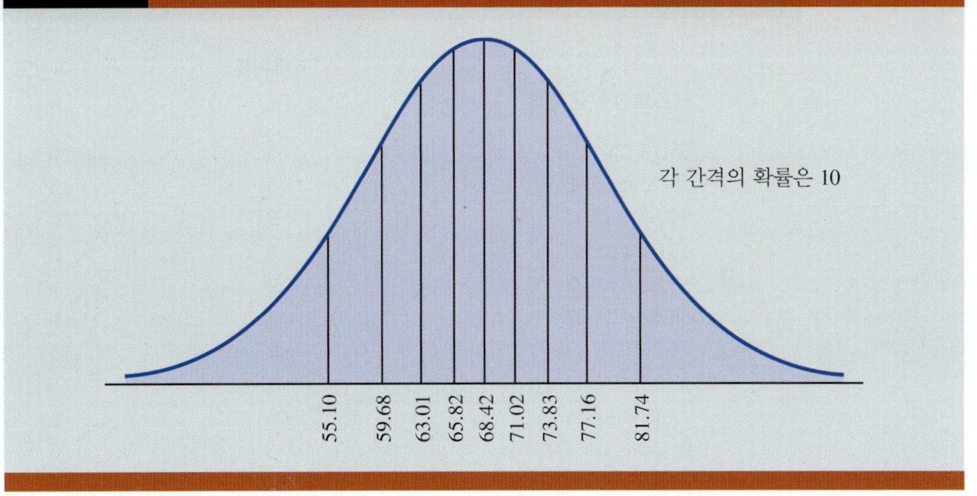

* 연속확률분포에서 등간격은 기대빈도가 최소 5 이상이 되고록 등간격을 구축하여야 한다.

카테고리 경계값을 계산하기 위한 과정을 더욱 구체적으로 살펴보자. 정규확률분포가 가정되면 표준정규분포표가 카테고리 경계값을 계산하는데 사용된다. 우선 테스트 점수를 하위 10%를 구분하자. 표준정규분포표상에서 z값은 -1.28이라는 것을 알 수 있다. 따라서 $x = 6842 - 1.28(10.41) = 55.10$이 되고 하위 10% 구분하기 위한 경계값이 된다. 20% 하위 점수의 경우에는 $z = -0.84$이며 $x = 68.42 - 0.84(10.41) = 59.68$이 된다. 이러한 방법으로 정규분포 전체에서 계산하면 다음과 같이 테스트 점수 경계값을 구할 수 있다.

퍼센트	z	테스트 점수
10%	−1.28	68.42 − 1.28(10.41) = 55.10
20%	−0.84	68.42 − 0.84(10.41) = 59.68
30%	−0.52	68.42 − 0.52(10.41) = 63.01
40%	−0.25	68.42 − 0.25(10.41) = 65.82
50%	0.00	68.42 + 0(10.41) = 68.42
60%	+0.25	68.42 + 0.25(10.41) = 71.02
70%	+0.52	68.42 + 0.52(10.41) = 73.83
80%	+0.84	68.42 + 0.84(10.41) = 77.16
90%	+1.28	68.42 + 1.28(10.41) = 81.74

이러한 경계값은 그림 12.4에서와 같이 나타나게 된다.

카테고리 혹은 등간격으로 정의된 테스트 점수는 5개 카테도리의 기대빈도를 계산하는데 적용되며 표 12.10의 자료를 바탕으로 카테고리별 관측빈도를 결정하게 된다. 이 결과는 표 12.11에 제시되어 있다.

표 12.11 켐라인사의 관측 및 기대빈도

테스트점수 등간격	관측빈도 f_i	기대빈도 e_i
55.10 미만	5	5
55.10 < 59.68	5	5
59.68 < 63.01	9	5
63.01 < 65.82	6	5
65.82 < 68.42	2	5
68.42 < 71.02	5	5
71.02 < 73.83	2	5
73.83 < 77.16	5	5
77.16 < 81.74	5	5
81.74 초과	6	5
합계	50	50

표 12.12 카이제곱 검정통계량 계산

테스트점수 등간격	관측빈도 f_i	기대빈도 e_i	차이 $f_i - e_i$	차이제곱 $(f_i - e_i)^2$	(차이/기대빈도)의 제곱 $(f_i - e_i)^2/e_i$
55.10 미만	5	5	0	0	0.0
55.10 < 59.68	5	5	0	0	0.0
59.68 < 63.01	9	5	4	16	3.2
63.01 < 65.82	6	5	1	1	0.2
65.82 < 68.42	2	5	−3	9	1.8
68.42 < 71.02	5	5	0	0	0.0
71.02 < 73.83	2	5	−3	9	1.8
73.83 < 77.16	5	5	0	0	0.0
77.16 < 81.74	5	5	0	0	0.0
81.74 초과	6	5	1	1	0.2
합계	50	50			$\chi^2 = 7.2$

표 12.11의 결과에서 적합도 계산은 이전의 경우와 동일한 방식으로 이루어진다. 말하자면 관측빈도와 기대빈도를 비교하여 통계량을 구하게 된다. 이 결과는 표 12.12에 제시되어 있으며 $\chi^2 = 7.2$라는 것을 알 수 있게된다.

$\chi^2 = 7.2$라는 수치가 귀무가설을 기각할 정도로 큰 수준인가를 결정하기 위해 카이제곱 분포표를 활용해야 한다. 적합도 검정을 위한 자유도 계산에서 $k - p - 1 = 10 - 2 - 1 = 7$의 자유도를 계산할 수 있다. 여기서 k는 카테고리의 수, p는 (평균과 표준편차) 모수 수를 의미한다.

테스트 점수의 분포가 정규분포인지 유의수준 0.10수준에서 기무가설을 검정하고 있다고 가정해보자. 이 가설을 검정하기 위해 7의 자유도를 가지는 카이제곱 분포표에서 $\chi^2 = 7.2$에서의 p값을 계산해야 한다. 표 12.4 7번째 행을 통해 $\chi^2 = 7.2$은 0.10보다 큰 우측영역에 해당한다는 것을 알수 있다. 따라서 p값이 0.10보다 크다고 말할 수 있다. 부록 E의 엑셀을 통해 $\chi^2 = 7.2$는 0.4084의 p값을 보인다는 것을 알 수 있다. p값 > 0.10에서 켐라인사의 평가 스코어 분포에 대한 정규분포를 보인다는 귀무가설은 기각되지 않는다. 정규확률분포는 테스트점수를 해석하는 경우에 활용될 수 있다. 정규확률분포의 적합도 검정의 절차는 다음과 같다.

정규확률분포 적합도 검정

1. 귀무 및 대립가설의 제시

H_0: 모집단은 정규확률분포를 보인다.

H_a: 모집단은 정규확률분포를 보이지 않는다.

2. 무작위 표본을 추출한 후,

a. 표본평균과 표본표준편차를 계산한다.

b. k개의 등간격을 정의하고 각 등간격에 최소 5개의 기대빈도가 위치하도록 한다. 등확률 간격을 활용하는 것이 적절하다.

c. 관측빈도 자료 f_i를 기록한다

3. 2단계에서의 등간격 값을 바탕으로 기대빈도 e_i를 계산한다. 등간격에서 확률과 표본 크기를 곱한다.

4. 검정통계량을 계산한다.

$$\chi^2 = \sum_{i=1}^{k} \frac{(f_i - e_i)^2}{e_i}$$

5. 기각 규칙

p값 방식: p값 $\leq \alpha$이면 H_0 기각

임계치 방식: $\chi^2 \geq \chi^2_\alpha$이면 H_0 기각

여기서 α는 유의수준이며 자유도는 $k-p-1$이다. p는 표본에 의해 추정되는 분포의 모수의 수를 의미한다. 단계 2a에서 평균과 표준편차를 사용하여 분포를 추정한다는 점에서 $p=2$가 된다. 따라서 자유도는 $k-2-1=k-3$이 된다.

연습문제

기초문제

19. χ^2 적합도 검정을 사용하여 다항확률분포에 대한 다음 가설을 검정하라.

H_0: $p_A = 0.40$, $p_B = 0.40$, $p_C = 0.20$일 것이다.

H_a: 모비율은 $p_A = 0.40$, $p_B = 0.40$, $p_C = 0.20$이 아닐 것이다.

200개의 관측값 중 A 범주에 60개, B 범주에 120개, C 범주에 20개가 포함되는 것으로 확인되었다. $\alpha = 0.01$을 사용하여 가설검정을 실시하라.

a. p값 방식을 사용하라

b. 임계치 방식을 사용하여 가설검정을 다시 반복하라.

20. 다음 값들은 정규분포로부터 추출된 것으로 보인다. 유의수준 0.05에서 적합도 검정을 통해 이 주장을 검정하시오.

17	23	22	24	19	23	18	22	20	13	11	21	18	20	21
21	18	15	24	23	23	43	29	27	26	30	28	33	23	29

적용문제

21. 텔레비전 시청자. 13주 동안 토요일 저녁 8시 뉴스 시청자들의 비율은 ABC가 29%, CBS 28%, NBC 25%, 독립방송이 18%로 기록되었다. 300가구를 표본으로 2주 후 재조사를 한 결과에 따르면 ABC가 95가구, CBS 70가구, NBC 89가구, 독립방송이 46가구가 시청하는 것으로 파악되었다. 0.05의 유의수준으로 시청자 비율이 변했다고 볼 수 있는지 검정하시오.

22. M&M캔디 색상. 마스 사(Mars, Inc.)는 세계에서 가장 인기 있는 초콜릿 캔디인 M&M을 제조하고 있다. 이 밀크 초콜릿 캔디는 파란색, 갈색, 녹색, 주황색, 빨간색 및 노란색을 포함한 다양한 색상으로 제공된다. 각 색상의 비율은 파란색 24%, 갈색 13%, 주황색 16%, 빨간색 13%, 노란색 14%이다. 표본을 선택된 M&M 밀크 초콜릿 여러 봉지를 조사하여 다음과 같은 색상별 관측빈도를 얻었다.

DATA *file* M&M

파란색	갈색	녹색	오렌지색	붉은색	노란색
105	72	89	84	70	80

유의수준 $\alpha = 0.05$를 사용하여 색상의 비율이 위에서 설명한 것과 같다는 가설을 검정하라. 결론은 무엇인가?

23. 주주 평가 등급. 월스트리트 저널(The Wall Street Journal) 주주 평가단은 1,000개 미국 대기업의 실적을 조사하였다. 각 기업의 실적은 주식가격의 변화와 재투자율을 포함하는 수익률 수준으로 평가되었다. 1,000개 기업을 다섯 개 그룹으로 등급화하고 A(상위 20%), B에서 E까지 각각 20% 수준으로 분류되었다. 60개의 대기업의 연간 분류 표본결과가 제시되어 있다. 1,000개 기업의 성과분류 결과와 차이가 있다고 볼 수 있는지 유의수준 0.05에서 검정하시오

A	B	C	D	E
5	8	15	20	12

24. 주간 교통사고. 미국 고속도로 교통 안전국(The National Highway Traffic Safety Administration)은 요일별로 발생하는 교통사고의 비율을 보고하고 있다. 420건의 사고 사례가 다음 자료와 같다고 가정하라.

일요일	월요일	화요일	수요일	목표일	금요일	토요일
66	50	53	47	55	69	80

a. 요일별로 교통사고 비율이 동일한지 여부를 확인하기 위한 가설검정을 수행하라. p값은 얼마인가? 유의수준 $\alpha = 0.05$를 사용하는 경우 결론은 무엇인가?

b. 각 요일에 발생하는 교통사고의 비율을 계산하라. 교통사고 비율이 가장 높은 날은 언제인가? 이러한 결과가 합리적이라고 생각되는가?

25. **일간 최고온도.** 아이오와주 농부인 밥 펠러(Bob Feller)는 지난 5년간 5월의 최고온도를 5일씩 측정하였다. 밥은 이러한 결과를 바탕으로 일간 최고온도는 정규분포를 보이는지 확인하고 싶어졌다. 유의수준 0.01에서 적합도 검정을 통해 다음의 표본자료가 정규확률분포로부터 추출되어졌는지 검정하시오.

DATA*file* Temperatures

55	86	94	58	55	95	55	52	69	95	90	65	87	50	56
55	57	98	58	79	92	62	59	88	65					

적합도 검정을 실시한 후, 자료에 대한 히스토그램을 작성하시오. 히스토그램은 적합도 검정의 결과를 지지한다고 할 수 있는가?

26. **푸드마켓의 주간 수요.** 도매 푸드마켓 경영자는 재고관리에 대한 책임을 지고 있다. 재고수준이 정규분포로 보이는 수요에 얼마나 영향을 받는지 수학적 모델이 사용되고 있다. 특히 스리라차 케일 칩의 수요는 정규분포를 보이는 것으로 알려지고 있다. 유의수준 0.01에서 적합도 검정을 통해 이를 확인하시오.

DATA*file* Demand

18	20	22	27	22
25	22	27	25	24
26	23	20	24	26
27	25	19	21	25
26	25	31	29	25
25	28	26	28	24

요약

이번 장에서는 다음과 같은 경우에 적용되는 가설검정을 소개하였다.

1. 세 개 이상 모집단 비율의 동일성 검정
2. 두 범주형 변수에 대한 독립성 검정
3. 모집단 확률분포가 특정 이론적 확률 분포를 따르는지를 검정

모든 검정에서 범주형 변수와 관측빈도와 기대빈도 간의 차이값을 통해 계산되는 χ^2 검정통계량을 사용하고 있다. 각각의 경우에 기대빈도는 귀무가설이 참이라는 가정하에서 계산되어진다. 이러한 χ^2 검정은 우측단측검정이다. 관측빈도와 기대빈도 간의 큰 차

이는 χ^2 검정통계량의 값을 크게 하고 귀무가설이 기각되게 된다.

모비율의 동일성 검정은 독립된 무작위 표본 추출이 각 모집단으로부터 추출되었다는 점에 바탕을 둔다. 표본자료는 각 모집단에서 두 개 범주형 변수의 응답갯수를 말한다. 이 경우의 귀무가설은 모비율이 모두 동일하다는 것이다. 귀무가설의 기각은 모비율이 동일하지 않다는 것을 보이게 된다.

두 범주형 변수의 독립성 검정은 한 모집단으로부터의 한 표본이 두 범주형 변수의 조합으로부터의 개수를 보인다는 점을 확인하는 것이다. 따라서 귀무가설은 두 변수는 독립적이라는 의미이며 이를 바탕으로 독립성 검정이라고 부르고 있다. 만약에 귀무가설이 기각되면 두 변수 간의 통계적 의존성이 확인된다고 볼 수 있다.

적합도 검정은 모집단이 특정의 이론적 분포를 보이는지를 확인하는 것이다. 다항확률분포와 정규확률분포에 대하여 소개하였다. 정규확률분포는 연속분포이므로 자료의 등간격을 통해 적합도 검정을 할 수 있도록 카테고리의 정의가 필요하다.

용어

다항확률분포(Multinomial probability distribution) 셋 이상의 카테고리로 구성된 확률분포를 의미한다. 다항확률분포는 이항확률분포의 확장이라고 볼 수 있다.

독립성 검정(Test of independence) 두 범주형 변수 간의 독립성을 검정하기 위한 목적으로 카이제곱 검정이 활용된다. 만약 독립성 가설이 기각되면 두 범주형 변수는 의존적이라고 말할 수 있다.

마라스쿠요 절차(Marascuilo procedure) 구체적인 모비율의 쌍별비교를 진행하기 위한 다중 비교절차이다. 이 검정은 모비율이 동일하다는 가설이 기각되면 모비율의 쌍별 차이를 확인하기 위해 진행된다.

적합도 검정(Goodness of fit test) 카이제곱은 모집단 확률분포가 특정의 이론적 분포를 보이는지 확인하기 위해 사용된다. 이 검정은 다항확률분포와 정규확률분포를 통해 제시하였다.

핵심공식

귀무가설이 참이라는 가정에서의 기대빈도

$$e_{ij} = \frac{(\text{행 } i \text{ 합계})(\text{열 } j \text{ 합계})}{\text{전체 표본크기}} \tag{12.1}$$

카이제곱 검정통계량

$$\chi^2 = \sum_i \sum_j \frac{(f_{ij} - e_{ij})^2}{e_{ij}} \tag{12.2}$$

마라스쿠요 쌍별 비교에서의 검정통계량

$$CV_{ij} = \sqrt{\chi^2_\alpha}\sqrt{\frac{\bar{p}_i(1-\bar{p}_i)}{n_i} + \frac{\bar{p}_j(1-\bar{p}_j)}{n_j}} \tag{12.3}$$

적합도 검정에서의 카이제곱 검정통계량

$$\chi^2 = \sum_i \frac{(f_i - e_i)^2}{e_i} \tag{12.6}$$

보충문제

27. **미국내 백만장자 거주 지역.** 2018년 연구에서 피닉스 마케팅 인터내셔널(Phoenix Marketing International)은 코네티컷 주의 브리지포트, 캘리포니아주의 산호세, 워싱턴 D.C. 및 메릴랜드 주 렉싱턴 파크를 백만장자의 비율이 가장 높은 미국 4개 도시로 선정하였다. 4개 도시의 백만장자 수를 보여주는 표본자료는 다음과 같다.

	도시			
백만장자	코네티컷주 브리지포트	캘리포니아주 산호세	워싱턴 D.C.	메릴랜드주 렉싱턴파크
예	44	35	35	34
아니오	356	350	364	366

a. 각 도시의 백만장자 비율은 얼마로 추정되는가?

b. 유의수준 0.05를 사용하여 이 4개 도시의 백만장자 인구 비율의 동일성을 검정하시오. p값은 얼마이며 결론은 무엇인가?

28. **작업조에 따른 품질검사결과.** 아르코닉 사(Arconic, Inc.)는 항공전자 및 자동차 산업을 위한 알루미늄 부품을 생산하는 업체이다. 데븐포트 웍스 공장에서 엔지니어들은 3교대로 생산된 알루미늄 코일을 검사하는 품질관리 테스트를 수행해왔다. 이 조사는 양호한 부품의 모집단 비율이 세 교대조 모두에서 동일한 지 여부를 확인하기 위해 기획되었다. 표본자료는 다음과 같다.

	생산 작업조		
품질	1조	2조	3조
양호	285	368	176
불량	15	32	24

a. 유의수준 0.05를 사용하여 양호한 부품의 모집단 비율이 세 작업조 모두에서 동일한지 여부를 확인하기 위한 가설검정을 수행하시오. p값은 얼마이며 결론은 무엇인가?

b. 모집단 비율이 모두 같지 않다는 결론을 내리게 되면 다중비교 절차를 통해 품질 측면에서 작업조에 따라 어떻게 다른지 판단하시오. 어떤 작업조에서 생산된 부품 품질이 개선이 필요한가?

29. **박물관 평가.** 아트 뉴스페이퍼(The Art Newspaper)의 방문객 수치 조사에 따르면 세계에서 가장 많이 방문한 박물관은 루브르 박물관, 중국 국립박물관, 메크로폴리탄 박물관, 바티칸 박물관, 대영 박물관이다. 이들 5대 박물관 중 방문자의 평가에서 가장 훌륭하다고 평가된 박물관은 어디라고 할 수 있는가? 이들 각 박물관에 처음 방문한 사람들의 표본을 추출하였고 그 결과는 다음과 같다.

	박물관				
	루브르 박물관	중국 국립 박물관	메트로폴리탄 박물관	바티칸 박물관	대영 박물관
훌륭함	113	88	94	98	96
훌륭하지 않음	37	44	46	72	64

a. 표본자료를 사용하여 각 박물관을 훌륭하다고 평가한 발문자의 모집단 비율에 대한 점추정값을 계산하시오.

b. 박물관을 훌륭하다고 평가한 방문자의 모집단 비율이 5대 박물관에서 동일한 지 확인하기 위해 유의수준 0.05에서 가설검정을 시행하라. p값은 얼마이며 결론은 무엇인가?

30. **성별에 따른 선호 삶의 형태.** 퓨 리서치 센터(Pew Research Center)에서는 삶의 속도가 느린 곳에서 살 것인지 아니면 삶의 속도가 빠른 곳에서 살 것인지에 대한 설문조사를 실시하였다. 설문조사에서 응답자의 성별도 질문하여 다음의 표본자료를 구하였다.

	성별	
선호하는 삶의 속도	남자	여자
느림	230	218
선호 없음	20	24
빠름	90	48

a. 선호하는 삶의 속도는 성별과 독립적인가? p값을 계산하고 유의수준 0.05에서 결론은 무엇인가?

b. 남성과 여성의 선호 차이에 대해 논의하시오

31. **연령대에 따른 예배 참석 수준.** 바나(The Barna Group) 조사기관에서는 연령대별 교회예배 참석자에 대한 결과를 제시하였다. 표본 자료를 바탕으로 교회예배 참석자와 연령간의 독립성을 검정하시오. $\alpha = 0.05$에서 통계적 결론은 무엇인가? 연령이 높아지면서 교회예배 참석자들은 어떻게 변화한다고 결론 내리게 되는가?

	연령대			
교회 참석	**20~29**	**30~39**	**40~49**	**50~59**
예	31	63	94	72
아니오	69	87	106	78

32. **요일별 구급차 요청.** 버지니아주의 두 개 카운티에서의 구급차 요청 전화에 대한 조사가 있었다. 한 카운티는 도심이며 다른 카운티는 외곽 지역이다. 지난 2년간 471개 구급차 요청 전화를 정리하면 다음과 같다.

DATA *file* Ambulance

	요일						
지역	**일**	**월**	**화**	**수**	**목**	**금**	**토**
도심	61	48	50	55	63	73	43
외곽	7	9	16	13	9	14	10

카운티와 요일 간의 독립성을 검정하시오. 0.05 유의수준에서 p값은 얼마이며 결론은 무엇인가?

33. **원자력 발전소에 대한 태도.** 파이낸셜 타임즈/해리스 폴(The Financial Times/Harris Poll)에서는 6개 국가의 시민들을 대상으로 에너지의 다양한 대안들에 대한 태도를 조사하였다. 다음 표에서는 신규 원자력 발전소 건립에 대해 우호적인지 비우호적인지에 대한 결과가 제시되어 있다.

	국가					
응답결과	**영국**	**프랑스**	**이탈리아**	**스페인**	**독일**	**미국**
매우 우호적	141	161	298	133	128	204
우호적	348	366	309	222	272	326
비우호적	381	334	219	311	322	316
매우 비우호적	217	215	219	443	389	174

a. 이번 조사에서 표본의 크기가 어느 정도인가?

b. 시민들의 신규 원자력 발전소 건립에 대한 태도가 국가에 독립적인지 여부를 검정하시오. 결론은 무엇인가?

c. 매우 우호적인 시민들의 비율과 우호적인 비율을 통해, 어느 국가가 신규 원자력 발전소 건립에 가장 우호적이라고 할 수 있는가? 어느 국가가 가장 비우호적인 국가라고 할 수 있는가?

34. **미국인이 가장 선호하는 스포츠.** 해리스 폴(Harris Poll)은 미국인들은 가장 선호하는 스포츠를 조사하였다. 조사 결과에서는 미식축구가 33%로 가장 선호하는 스포츠로 선정되었으며 야구 15%, 대학 미식축구 10%, 자동차 레이싱 6%, 남자 농구 5%, 아이스하키 5%로 파악되었다. 기타 의견은 26%로 파악되었다. 344명의 대학생들을 대상으로 가장 선호하는 스포츠를 조사한 결과는 다음의 표와 같다.

미식축구	야구	대학 미식축구	자동차 레이싱	농구	아이스 하키	기타
111	39	46	14	6	20	108

가장 선호하는 스포츠에 대한 전체 조사결과와 대학생들의 조사 결과는 다르다고 할 수 있는가? 유의수준 0.05에서 검정하시오.

35. **미국 베스트셀링 소형차.** 2017년 판매량 기준으로 미국내에서 가장 많이 팔린 소형자는 혼다 시빅, 토요타 코롤라, 닛산 센트라, 현대 엘란트라, 쉐보레 크루즈, 포드 포커스이다. 2017년 시장 점유율은 혼다 시빅 20%, 토요타 코롤라 17%, 닛산 센트라 12%, 현대 엘란트라 10%, 쉐보레 크루즈 10%, 포드 포커스 8%이며 기타 소형차 모델이 나머지 23%를 구성하였다. 시카고에서 판매된 400대의 소형차 표본은 다음과 같이 구성되었다.

차 모델	판매량
혼다 시빅	98
토요타 코롤라	72
닛산 센트라	54
현대 엘란트라	44
쉐보레 크루즈	42
포드 포커스	25
기타	65

2017년 자료를 바탕으로 표본자료를 통한 시카고자동차의 시장 점유율이 전국 시장 점유율과 다르다는 것을 확인하기 위해 유의수준 0.05에서 적합도 검정을 실시하라. p값은 얼마이며 결론은 무엇인가? 시카고 시장이 전국 매출과 다른 경우 이 차이에 가장 크게 기여하는 범주는 무엇인가?

DATA *file* Grades

36. 최종 시험성적의 정규성 검정. 최종 시험성적의 무작위 추출을 통해 다음과 같이 자료가 제시된다.

55	85	72	99	48	71	88	70	59	98	80	74	93	85	74
82	90	71	83	60	95	77	84	73	63	72	95	79	51	85
76	81	78	65	75	87	86	70	80	64					

$\alpha = 0.05$로 시험 성적의 모집단 분포가 정규확률분포라는 것을 기각할 수 있는지 검정하시오

37. 일간 매출의 이항분포 검정. 한 영업사원이 매일 평균 4건의 전화를 받고 있다. 100일간의 표본자료를 통해 매출의 빈도를 정리하였다.

매출 규모	관측 빈도(일간)
0	30
1	32
2	25
3	10
4	3
전체	100

이 기록은 전체 영업 전화의 30%에 해당한다. 각 영업전화는 독립적이라고 가정할 때, 일간 영업전화 수는 이항확률분포를 보여야 한다. 이항확률분포 함수는 다음과 같다.

$$f(x) = \frac{n!}{x!(n-x)!} p^x (1-p)^{n-x}$$

모집단은 $n = 4$, $p = 0.30$, $x = 0\ 1\ 2\ 3\ 4$인 이항확률분포를 보인다고 가정하자.

a. $x = 0\ 1\ 2\ 3\ 4$에서의 기대빈도를 이항확률분포 함수를 사용하여 계산하시오. 코든 카테고리에서 5 이상의 기대빈도를 충족하기 위해 필요한 경우 카테고리를 합치시오.

b. 적합도 검정을 통해 이항확률분포가 기각이 되는지 확인하시오. $\alpha = 0.05$를 사용하시오. 표본자료를 통해 이항확률분포 모수가 계산되지 않고 있으므로 카테고리 수가 k이므로 $k-1$의 자유도를 활용하시오.

사례연구 1: 변화를 위한 정당별 아젠다

Zogby International에 의해 수행된 'Democrat and Chronicle'에 대한 조사에서, 700명 이상의 뉴욕 시민들이 뉴욕 주정부가 제대로 행정업무를 수행하는지 판단하기 위해 조사에 참여하였다. 조사에는 주 의회 의원들에 대한 급료수준과 로비스트에 대한 제한, 의원들에 대한 임기제한 그리고 주 시민들이 비밀투표를 실시할 수 있는지에 대한 질문들이 포함되어 있다. 몇 가지 개혁적 결과는 각계각층의 시민들과 정치성향을 가지는 시민들에게 지지되는 내용을 담고 있었다.

추적조사에서 뉴욕 시의 서부지역에 거주하는 100명의 시민들이 조사에 참여했다고 가정해 보자. 다음의 세 가지 질문에 대한 개인들의 응답과 각 정당(민주당, 공화당, 무소속)에 대한 가입 여부가 조사되어 기록되었다.

1. 주 예산이 늦게 집행되면 의회 의원들의 급여는 삭감되어야 합니까?

   예________ 아니오________

2. 로비스트에 대한 추가의 제한이 있어야 한다고 보십니까?

   예________ 아니오________

3. 의회 의원들의 경우에 임기제한이 있어야 합니까?

   예________ 아니오________

DATA *file* NYReform

응답결과는 '예'이면 1로 코딩되고, '아니오'이면 2로 코딩되었다. 전체 수집된 자료는 'NYReform' 파일을 통해 확인할 수 있다.

경영보고서 작성

1. 이 조사를 위해 수집된 자료의 기술통계량을 구하시오. 응답 결과와 정당 가입 간의 통계적 독립성에 대하여 사전적으로 어떻게 결론내릴 수 있는가?
2. 질문 1의 경우에 응답 결과(예, 아니오)와 각 정당 가입 여부 간의 독립성에 대한 검정을 수행하시오($\alpha = 0.05$).
3. 질문 2의 경우에 응답 결과(예, 아니오)와 각 정당 가입 여부 간의 독립성에 대한 검정을 수행하시오($\alpha = 0.05$).
4. 질문 3의 경우에 응답 결과(예, 아니오)와 각 정당 가입 여부 간의 독립성에 대한 검정을 수행하시오($\alpha = 0.05$).
5. 모든 정치성향에서 변화에 대한 광범위한 지지가 있다고 할 수 있는가? 설명하시오.

사례연구 2: 푸엔테스 솔티 스낵(Fuentes Salty Snacks, Inc.)

6개월 전 푸엔테스 솔티 스낵은 감자칩 제품라인에 새로운 맛을 추가했다. 새로운 맛인 설탕에 절인 베이컨은 광범위한 마케팅 프로모션 캠페인의 지원으로 전국적인 출시를 통해 도입되었다. 푸엔테스 경영진은 식료품점으로의 빠른 침투가 스낵 제품의 성공을 위한 핵심이라고 확신하고 있으며 이제 푸엔테스의 설탕에 절인 베이컨 감자칩의 구매 가능성이 미국 전역의 식료품점에서 일관된지 여부를 확인하고자 한다. 푸엔테스 마케팅 부서는 8개의 미국 판매 지역 각각에 있는 40개의 식료품점으로부터 무작위 표본을 추출하였다.

- 뉴잉글랜드(코네티컷, 메인, 메사추세츠, 뉴햄프셔, 로드아일랜드, 버몬트)
- 대서양 중부(뉴저지, 뉴욕, 펜실베니아)
- 중서부(일리노이, 인디애나, 미시간, 오하이오, 위스콘신)
- 대평원(아이오와, 캔자스, 미네소타, 미주리, 네브라스카, 노스다코타, 오클라호마, 사우스다코타)
- 남대서양(델라웨어, 플로리다, 조지아, 메릴랜드, 노스캐롤라이나, 사우스캐롤라이나, 버지니아, 워싱턴D.C., 웨스트버지니아)
- 남부(앨라바마, 아칸소, 캔터키, 루이지애나, 미시시피, 테네시, 텍사스)
- 산지(애리조나, 콜로라도, 아이다호, 몬태나, 네바다, 뉴멕시코, 유타 와이오밍)
- 태평양(알래스카, 캘리포니아, 하와이, 오리건, 워싱턴)

DATA*file* FuentesChips

그런 다음 각 표본 매장에 연락하여 각 매장의 관리자에게 해당 매장이 현재 푸엔테스의 설탕에 절인 베이컨 감자칩을 판매하는지 여부를 질문한다. 전체 자료는 FuentesChips에 제시되어 있다.

푸엔테스의 고위 경영진은 이제 이 자료를 사용하여 식료품점에서 푸엔테스의 설탕에 절인 베이컨 감자칩 보급률이 미국 8개 판매 지역에서 일관되는지 여부를 평가하려고 한다. 식료품점에서 푸엔테스 경영진은 설탕에 절인 베이컨 감자칩의 보급률이 더 낮거나 예상보다 높은 판매지역을 파악하려고 한다.

경영보고서 작성

다음 문제를 다루는 경영보고서를 준비하라.

1. 기술통계를 사용하여 푸엔테스의 조사자료를 요약하라. 기술적인 통계를 바탕으로 푸엔테스의 설탕에 절인 베이컨 감자칩이 미국 8개 판매지역 식료품점에 대한 예비 결론은 무엇인가?
2. 푸엔테스의 조사 자료를 사용하여 현재 푸엔테스의 설탕에 절인 베이컨 감자칩을 판매하는 식료품점의 비율이 미국 8개 판매지역에서 동일하다는 가설을 $\alpha = 0.05$에서 검정하시오

3. 가설검정의 결과가 식료품점에서 푸엔테스의 설탕에 절인 베이컨 감자칩 보급률이 미국 8개 지역에서 다르다는 증거를 제시하고 있는가? 푸엔테스의 설탕에 절인 베이컨 감자칩 보급률이 예상보다 낮거나 높은 판매지역은 어디인가? $\alpha = 0.05$에서 마라스쿠요 상대비교 절차를 사용하여 지역간 차이를 검정하라.

사례연구 3: 프레즈노 보드게임(Fresno Board Games)

프레즈노 보드게임은 온라인과 전국 백화점을 통해 다양한 보드게임을 제작 및 판매하고 있다. 프레즈노의 가장 인기있는 게임인 Cabestrillo Cinco는 5개의 6면체 주사위를 사용한다. 프레즈노는 25년 동안 박스카(Box Cars)라는 기업에서 이 게임용 주사위를 구입했지만 회사는 이제 주사위를 새로운 공급업체인 빅 보스 게이밍(BBG)으로의 이전을 고려하고 있다. 프레즈노 경영진은 BBG가 제공하는 잠재적인 비용 절감효과에 흥미를 느끼면서도 새로운 공급업체에서 생산한 주사위의 품질에 대한 우려를 하고 있다. 프레즈노는 높은 완결성으로 정평이 나 있으며 경영진은 Cabestrillo Cinco에 주사위를 포함하는 것이 당연하다고 생각하고 있다.

DATA *file* BBG

생산하는 주사위의 품질 우려를 완화하기 위해 BBG는 프레즈노의 품질 관리자가 가장 최근 생산공정에서 무작위로 5개의 주사위를 표본 추출하도록 허용하였다. BBG 관리팀의 여러 구성원들이 관측하는 동안 프레즈노의 품질 관리자는 무작위로 선택된 5개의 주사위를 각각 500번 굴리고 각 결과를 기록하였다. 무작위로 선정된 5개의 주사위 각각에 대한 결과는 BBG파일에서 확인할 수 있다.

프레즈노 경영진은 이제 이러한 자료를 이용하여 5개의 6면체 주사위 중 어느 것이 공정하지 않은지 평가하기를 바라고 있다. 즉 한 결과가 다른 결과보다 더 자주 또는 덜 자주 발생하는가?

경영보고서 작성

다음 문제를 다루는 경영보고서를 준비하라.

1. 기술통계를 사용하여 무작위로 선정된 5개의 주사위 각각에 대해 프레즈노의 제품 품질 관리자가 수집한 자료를 요약하라. 이러한 기술적인 통계를 바탕으로 선택된 5개의 주사위의 공정성에 대한 예비 결론은 무엇인가?
2. 프레즈노의 제품 품질 관리자가 수집한 자료를 사용하여 무작위로 선택된 5개의 주사위중 첫 번째 주사위가 공정하다는 가설, 즉 무작위로 선택된 5개 중 첫 번째 주사위의 결과 분포가 $p_1 = p_2 = p_3 = p_4 = p_5 = p_6 = 1/6$의 다항분포를 따른다는 가설을 검정하라. 무작위로 선정된 다른 4개의 주사위 각각에 대해 $\alpha = 0.01$을 사용하여 이 검정을 반복하라. 가설검정 결과 BBG가 불공정한 주사위를 생산하고 있다는 증거를 제시하는가?

Chapter 12 부록

엑셀을 활용한 카이제곱 분석

엑셀에서는 CHISQ.TEST함수를 통해 모비율의 동일성, 독립성 검정, 적합도 검정을 진행할 수 있다. 엑셀 워크시트를 만들기 전에 다음의 내용을 사전적으로 진행해야 한다.

1. 모집단 혹은 관련 자료를 바탕으로 표본을 선정하여야 한다.
2. 표 형식으로 관측빈도를 요약하여 정리하여야 한다.

2장 부록에 제시한 엑셀 피벗테이블이 2단계를 적절하게 수행할 수 있도록 도움을 준다. 관측빈도에 대한 내용을 이미 이해하고 있는 것으로 간주하고 엑셀을 통한 분석을 진행한다.

12.1절의 자동차에 대한 충성도에 대한 내용을 분석에 활용하며 AutoLoyalty 파일을 사용한다. 그림 Excel 12.1에 본 사례에 대한 피벗테이블이 제시되어 있다. 여기에 기대빈도를 계산할 수 있는 함수를 입력하여야 한다. 식 (12.1)을 통해 그림 Excel 12.1에 기대빈도의 결과를 확인할 수 있다.

마지막 단계는 CHISQ.TEST함수를 입력하는 것이다. 이 함수의 공식은 다음과 같다.

= CHISQ.TEST(Observed Frequency Cells, Expected Frequency Cells)

그림 Excel 12.1에서 Observed Frequency Cells는 B7:D8이며, Expected Frequency Cells는 B16:D17이다. E20에서 이 함수 = CHISQ.TEST(B7:D8, B16:D17)가 입력되어 있는 것을 확인할 수 있다. 이 함수는 모든 카이제곱 분석과 *p*값 산출에 활용된다.

독립성 검정을 위한 관측빈도는 그림 Excel 12.1에서의 값이 유사하다는 것을 보인다. 또한 기대빈도를 구하기 위한 함수도 유사하다는 것을 확인할 수 있다. 카이제곱 분석을 위래 표를 제시하는 것에 비하여 열에 관측빈도를 제시하며 또 다른 열에 기대빈도에 대한 값도 제시되어야 한다. 마지막으로 CHISQ.TEST함수는 *p*값을 산출하는데 활용된다.

그림 Excel 12.1 Excel Worksheet for the Automobile Loyalty Study Data

	A	B	C	D	E	F
1	**Chi Square Test**					
2						
3	**Observed Frequencies**					
4						
5			**Populations**			
6	**Likely Purchase**	Chevrolet Impala	Ford Fusion	Honda Accord	Total	
7	Yes	69	120	123	312	
8	No	56	80	52	188	
9	Total	125	200	175	500	
10						
11						
12	**Expected Frequencies**					
13						
14			**Populations**			
15	**Likely Purchase**	Chevrolet Impala	Ford Fusion	Honda Accord	Total	
16	Yes	78	124.8	109.2	312	
17	No	47	75.2	65.8	188	
18	Total	125	200	175	500	
19						
20				***p*-value**	0.0193	
21						

DATA*file*
AutoLoyalty

	A	B	C	D	E	F
1	**Chi Square Test**					
2						
3	**Observed Frequencies**					
4						
5			**Populations**			
6	**Likely Purchase**	Chevrolet Impala	Ford Fusion	Honda Accord	Total	
7	Yes	69	120	123	=SUM(B7:D7)	
8	No	56	80	52	=SUM(B8:D8)	
9	Total	=SUM(B7:B8)	=SUM(C7:C8)	=SUM(D7:D8)	=SUM(E7:E8)	
10						
11						
12	**Expected Frequencies**					
13						
14			**Populations**			
15	**Likely Purchase**	Chevrolet Impala	Ford Fusion	Honda Accord	Total	
16	Yes	=E7*B9/E9	=E7*C9/E9	=E7*D9/E9	=SUM(B16:D16)	
17	No	=E8*B9/E9	=E8*C9/E9	=E8*D9/E9	=SUM(B17:D17)	
18	Total	=SUM(B16:B17)	=SUM(C16:C17)	=SUM(D16:D17)	=SUM(E16:E17)	
19						
20				***p*-value**	=CHISQ.TEST(B7:D8,B16:D17)	
21						

Chapter 13

실험설계와 분산분석

Contents

실생활에서 보는 통계

버크(Burke Inc)*

Cincinnati, Ohio

버크(Burke Inc.)는 업계에서 가장 경험이 풍부한 시장조사 기업 중 하나로 세계 어느 시장조사 기업보다 많은 프로그램에 제안서를 작성하고 있다. 최신 기술의 지원을 받는 버크는 거의 모든 마케팅 문제에 대한 답변을 제공하는 다양한 연구기능을 제공한다.

한 기업은 버크에게 어린이용 건조 시리얼 신제품 설계를 위한 조사를 의뢰했다. 기밀을 유지하기 위해 시리얼 제조업체를 애논(Anon company)이라고 가칭을 쓴다. 애논에서는 시리얼의 맛을 높이기 위해 4가지를 생각하고 있다.

1. 시리얼 플레이크에서의 밀과 옥수수의 비율
2. 감미료의 종류: 설탕, 꿀, 인공 감미료
3. 과일 향의 유무
4. 짧거나 긴 조리시간

버크는 이 네 가지 요인이 시리얼 맛에 어떤 영향을 미치는지 알아보기 위해 실험을 설계하였다. 예를 들어 어떤 테스트용 시리얼은 밀과 옥수수의 특정 비율, 감미료로 설탕 첨가, 과일 향 첨가, 짧은 조리시간으로 만들어졌다. 테스트용 시리얼은 밀과 옥수수의 비율을 다르게 하고 다른 세 가지의 요소들을 동일하게 유지하는 식으로 만들어졌다. 그런 다음 어린이 그룹은 시리얼의 맛을 확인하고 각각의 맛에 대해 어떻게 생각하는지 말했다.

버크 사는 미각 테스트를 사용하여 고객이 제품으로부터 원하는 것에 대한 가치있는 통계 정보를 제공하고 있다.
출처: Skydive Erick/Shutterstock.com

분산분석은 맛 테스트에서 얻은 자료를 분석하는데 사용되는 통계적 방법으로 분석 결과 다음과 같은 결과를 얻었다.

- 플레이크 구성과 감미료 종류는 맛 평가에 큰 영향을 미친다
- 과일 향은 시리얼의 맛을 떨어뜨린다.
- 조리시간은 맛에 영향을 미치지 않았다.

해당 정보는 애논 사가 가장 맛있는 시리얼을 만드는 요인을 식별하는데 도움이 되었다. 버크가 사용한 실험설계와 이후의 분산분석은 제품 설계 권장사항을 만드는 데 도움이 되었다. 이 장에서는 해당 절차가 어떻게 수행되는지를 살펴볼 것이다.

* 응용사례를 제공한 버크의 Ronald Tatham 박사에게 감사드린다.

1장에서 통계분석은 실험과 관측으로 분류될 수 있다고 설명하였다. 실험을 통한 통계분석에서 실험은 자료를 추출하기 위해 실행된다. 실험은 분석대상이 되는 변수를 확인하는 과정에서 출발한다. 그 다음에 관계가 있을 것으로 판단되는 한 개 이상의 변수들이 추가로 확인되고 통제되며, 이러한 변수들이 관심 대상이 되는 분석 대상 변수에 어떻게 영향을 미치는지에 대한 자료가 수집된다. 관측연구에서는 일반적으로 통제된 실험이 아닌 표본조사를 통해 자료를 얻는다. 좋은 설계와 관련된 원칙은 활용되지만 보통 실험연구에서와 같은 엄격한 통제는 가능하지 않다.

일부 연구문제에 대해 실험을 설계하고 수행하는 것은 어렵거나 비용이 많이 들 수 있다. 그리고 어떤 경우에는 비현실적이거나 불가능할 수도 있다. 예를 들어, 흡연과 폐

암의 관계에 대한 연구에서 연구자는 각 피험자에게 흡연 습관을 무작위로 지정할 수 없다. 연구자는 이미 담배를 피우는 사람들의 결과와 아직 담배를 피우지 않은 사람들의 결과를 관측하고 이 두 그룹의 구성원이 폐암에 걸리는 빈도를 관측하는 것으로 제한된다. 이 연구설계는 연구자가 흡연이 폐암을 유발하는지에 대한 결론을 도출하는 것을 금지한다. 연구자는 흡연과 폐암 사이에 연관성이 있는지 여부만 평가할 수 있다.

이 장에서는 분산분석(ANOVA: Analysis of Variance)이라는 통계 절차를 사용하여 사용 가능한 자료를 분석하는 방법을 설명한다. 분산분석은 관측연구를 통해 자료를 얻을 때 3개 이상의 모집단 평균의 동일성을 검정하는 데에도 적용될 수 있다. 또한, 다음 장에서 설명할 회귀분석에서도 분산분석이 결과를 분석하는 데 중요한 역할을 한다.*

첫 번째 절에서는 실험연구의 기본 원칙을 소개하고 완전무작위 설계에서 어떻게 사용되는지를 설명하고, 두 번째 절에서는 분산분석을 사용하여 완전무작위 실험설계의 자료를 분석하는 방법을 소개한다. 이후 절에서는 다중비교절차와 실험설계에서 많이 사용되어지는 무작위 블록 설계와 요인 실험에 대하여 설명한다.

13.1 실험설계의 소개와 분산분석

실험설계의 예로 케미테크(Chemitech, Inc)가 직면한 문제를 살펴보자. 케미테크는 도시에 물을 공급하기 위해 새로운 여과장치를 개발하였다. 새로운 여과장치는 몇 개의 외부 업체에서 부품을 공급받아서 사우스 캐롤라이나 주 컬럼비아에 있는 공장에서 조립될 예정이다.**

공정설계 팀에서는 여과장치 조립을 위한 최선의 방법을 책임지고 결정해야 한다. 이 팀은 다양한 조립방법 중에서 방법 A, 방법 B, 방법 C를 세 가지 대안으로 압축했다. 이 방법들은 장치를 조립하는 단계나 과정이 서로 다르다. 케미테크 경영자는 매주 가장 많은 여과장치를 조립할 수 있는 방법을 원한다.

케미테크 실험에서 조립방법이 독립변수 또는 **요인(factor)**이 된다. 조립방법(인) 세 가지는 이 실험과 관련된 세 가지의 **처리(treatment)**라고 부르며, 각 처리는 세 가지 조립방법 중 하나에 해당한다. 케미테크 사례는 한 가지의 요인(조립방법)만 있으므로 **단일 요인실험(single-factor experiment)**이라고 한다. 좀 더 복잡한 실험은 2가지 이상의 다양한 요인으로 구성되며, 각 요인들은 양적 변수 혹은 범주형 변수 모두 가능하다.

케미테크 실험에서 세 가지 조립방법(처리)으로 세 모집단을 정의할 수 있다. 첫 번째 모집단은 방법 A를 사용하는 케미테크의 모든 근로자들이고, 두 번째는 방법 B를, 세 번

* 피셔(Ronald Aymer Fisher) 경(1890–1962)은 실험설계로 알려진 통계 분야를 개척하였다. 통계학 분야에서 뛰어난 업적을 남겼을 뿐만 아니라 유전학 분야에서도 저명한 과학자였다.

** 인과관계는 관측연구에서 설정하기 어려울 수 있다. 이러한 관계는 실험연구에서 설정하기가 더 쉽다.

그림 13.1 케미테크 조립방법 실험 평가를 위한 완전무작위설계

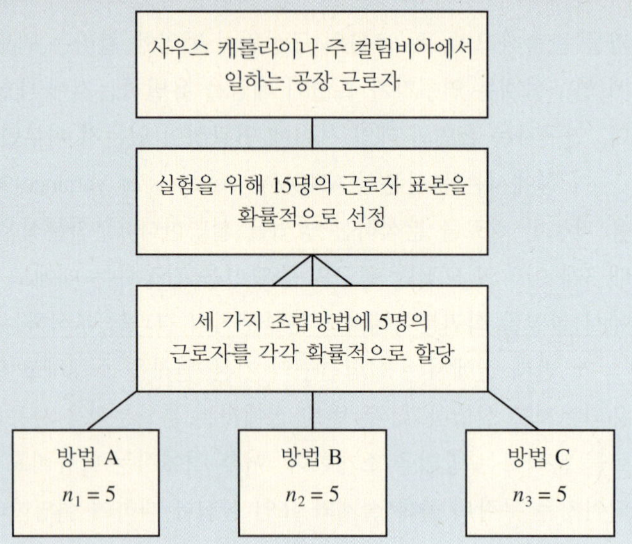

째는 방법 C를 사용하는 근로자들이다. 이 실험의 주된 목표는 세 모집단(방법)에서 매주 생산되는 평균 수량이 같은지를 확인하는 것으로, 각 모집단에서 종속 또는 **반응변수(response variable)**는 매주 조립되는 여과장치의 수량이다.

케미테크 생산시설에서 일하는 모든 근로자들로부터 무작위로 3명의 표본을 추출했다고 가정해 보자. 실험설계에서 무작위로 선정된 3명의 근로자들을 **실험단위(experimental units)**라고 한다. 케미테크의 문제 해결을 위한 실험설계는 **완전무작위설계(completely randomized design)**라고 불린다. 이러한 유형의 설계에서는 근로자들(실험단위)을 각 조립방법(처리)에 무작위로 배정해야 한다. 예를 들어 무작위로 두 번째 근로자는 방법 A에, 첫 번째 근로자는 방법 B에, 그리고 세 번째 근로자는 방법 C에 배정하는 것이다. 이 예를 그림으로 나타낸 것과 같은 무작위의 개념은 실험설계에서 중요한 원칙이다.

이 실험은 각 처리에서 조립된 양을 측정하는 것으로, 각 조립방법에 대한 추가 자료를 얻기 위해서는 이러한 기본적인 실험과정을 반복해야만 한다. 무작위로 선정된 3명 대신 15명의 근로자를 선정하고 세 가지 처리에 각각 5명씩 할당해보자. 각 조립방법에 5명씩 할당하면 기본실험을 다섯 번 반복한 결과를 얻을 수 있으며, 이러한 과정을 반복(replication)하는 것은 실험설계에서 또 다른 중요한 원리이다. 그림 13.1은 케미테크의 완전무작위설계 과정을 나타낸 것이다.*

---

* 무작위는 실험단위에 무작위로 처리를 할당하는 절차이다. 피셔 경의 업적 이전에는 처리가 체계적이거나 주관적으로 할당되었다.

자료 수집

일단 실험설계에 만족한다면, 자료 수집과 분석을 진행한다. 케미테크의 경우 근로자들은 자신에게 배정된 방법으로 새로운 여과장치를 조립할 것이다. 각 근로자들이 자신에게 배정된 방법을 훈련받은 후, 일주일 동안 조립한 수량이 표 13.1에 나타나 있다. 각 조립방법에 따른 표본평균, 표본분산, 표본표준편차도 제시하였다. 방법 A로 조립한 표본평균 수량은 62개, 방법 B로 조립한 표본평균 수량은 66개, 방법 C로 조립한 표본평균 수량은 52개이다. 결과적으로 다른 방법보다 방법 B의 생산율이 높게 나타났다.

여기서 중요한 문제는 세 가지 조립방법의 모집단 평균이 다르다고 결론을 내릴 수 있을 만큼 관측된 표본평균이 충분히 다르냐는 것이다. 통계적 관점에서, 이 질문에 대해서는 다음과 같이 표시한다.

μ_1 = 방법 A를 이용한 주별 평균 생산량
μ_2 = 방법 B를 이용한 주별 평균 생산량
μ_3 = 방법 C를 이용한 주별 평균 생산량

비록 μ_1, μ_2 ,μ_3의 실제 값은 모르지만, 가설은 다음과 같이 설정한다.*

H_0: $\mu_1 = \mu_2 = \mu_3$
H_a: 모든 모집단의 평균이 같은 것은 아니다.

즉, 분산분석은 3가지 표본의 평균 차이가 H_0를 기각할 수 있을 만큼 충분히 큰가를 결정하기 위한 통계적 방법이다.

표 13.1 15명의 근로자가 생산한 제품 수

DATA *file* Chemitech

	방법		
	A	B	C
	58	58	48
	64	69	57
	55	71	59
	66	64	47
	67	68	49
표본평균	62	66	52
표본분산	27.5	26.5	31.0
표본표준편차	5.244	5.148	5.568

* H_0가 기각된다고 해서 모든 모집단 평균이 다르다는 결론을 내릴 수 없다. H_0를 기각한다는 것은 적어도 둘 이상의 모집단 평균이 서로 다른 값을 가짐을 의미한다.

분산분석을 위한 가정

분산분석에서는 다음과 같이 세 가지 가정이 필요하다.*

1. 각 모집단의 반응변수는 정규분포를 따른다. 케미테크 실험에서 주별 생산량(반응변수)은 조립방법별로 반드시 정규분포를 따라야 한다.
2. 반응변수의 분산(σ_2)은 모든 모집단에서 동일하다. 케미테크 실험에서 주별 생산량의 분산은 세 조립방법에서 모두 같아야 한다.
3. 각 관측값은 서로 독립적이어야 한다. 케미테크 실험에서 각 근로자의 주별 생산량은 다른 근로자들의 생산량과 서로 독립적이어야 한다.

분산분석: 기본 개념

세 모집단의 모평균이 같다면, 세 표본평균도 서로 비슷할 것으로 예측할 수 있다. 세 표본평균이 서로 비슷하다면 모집단 평균들이 다르다는 증거는 약할 것이다. 반대로 세 표본평균이 다르다면 모집단 평균들이 다르다는 강한 증거가 된다. 다른 말로 표현하면, 표본평균 간의 변동성이 "작다"면 H_0를 지지하는 것이고, 표본평균 간의 변동성이 크다"면 H_a를 지지하는 것이 된다.

귀무가설 H_0: $\mu_1 = \mu_2 = \mu_3$가 참이라면, 표본평균 간 차이를 이용해서 σ^2의 추정값을 찾을 수 있다. 첫째, 분산분석의 가정이 충족되고 귀무가설이 참이라면, 각 표본은 평균 μ, 분산 σ^2를 보이는 동일한 정규분포로부터 추출된 것으로 가정할 수 있다. 7장에서 설명한 것처럼 정규모집단으로부터 크기 n인 표본이 단순무작위로 추출되면 표본평균 $\bar{x}$의 분포는 평균 μ, 분산 σ^2/n인 정규분포를 따르게 되므로 표본분포는 그림 13.2와 같이 된다.

따라서 귀무가설이 참이라면, 표 13.1의 세 표본평균 $\bar{x}_1 = 62$, $\bar{x}_2 = 66$, $\bar{x}_3 = 52$는 그림 13.2와 같이 동일한 표본분포에서 무작위로 추출된 값이라고 생각할 수 있다. 이 경우, 세 $\bar{x}$값들의 평균과 분산을 이용하여 표본분포의 평균(μ)과 분산($\sigma_{\bar{x}}^2$)을 추정할 수 있다. 케미테크의 사례와 같이 표본크기가 같다면, 거의 표본분포에서 평균에 대한 가장 좋은 추정값은 표본평균의 평균이 되어 거의 표본분포의 평균 추정값은 $(62 + 66 + 52)/3 = 60$이다. 이 추정값을 전체표본평균(overall sample mean)이라고 한다. $\bar{x}$의 표본분포의 분산 추정값($\sigma_{\bar{x}}^2$)은 세 표본평균의 분산으로부터 다음과 같이 구할 수 있다.

$$s_{\bar{x}}^2 = \frac{(62 - 60)^2 + (66 - 60)^2 + (52 - 60)^2}{3 - 1} = \frac{104}{2} = 52$$

$\sigma_{\bar{x}}^2 = \sigma^2/n$이므로 σ^2에 대해 전개하면

$$\sigma^2 = n\sigma_{\bar{x}}^2$$

---

* 분산분석은 표본 크기가 동일하면 모집단이 정규분포의 가정에서 벗어나는 것을 신경쓰지 않아도 된다.

그림 13.2 H_0가 참일 때 $\bar{x}$의 표본분포

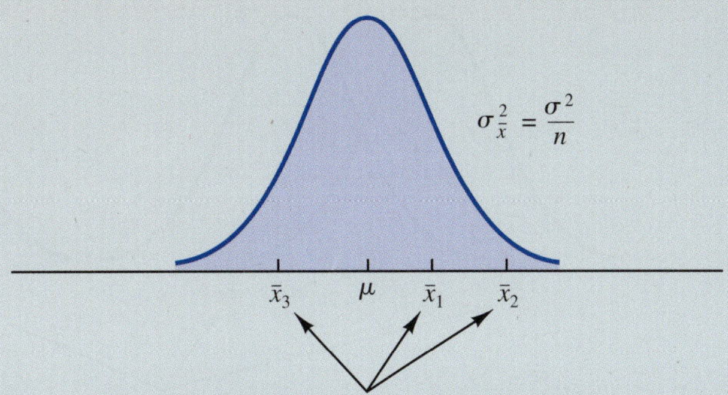

가 된다. 따라서

$$\sigma^2\text{의 추정치} = n(\sigma_{\bar{x}}^2\text{의 추정치}) = ns_{\bar{x}}^2 = 5(52) = 260$$

이 된다.

$ns_{\bar{x}}^2 = 260$은 σ^2의 처리간 추정값(between-treatment estimate)으로 불린다.

σ^2의 처리간 추정값은 귀무가설이 참이라는 가정을 기초로 한다. 이 경우에 각 표본은 같은 모집단에서 추출된 것으로, $\bar{x}$의 표본분포는 단 하나밖에 없다. H_0가 거짓일 때를 설명하기 위해, 모집단 평균이 서로 다르다고 가정해 보자. 세 표본은 평균이 다른 정규모집단에서 추출된 것이므로, 세 표본분포도 서로 다를 것이다. 이 경우에 표본평균들은 H_0가 참일 때와는 다르게 그 값들이 서로 비슷하지 않다는 것을 그림 13.3에서 알 수 있다. 따라서 $s_{\bar{x}}^2$가 커질수록 σ^2의 처리간 추정값도 커질 것이다. 일반적으로 모집단의 평균이 서로 다를 때는 처리간 추정값이 모분산(σ^2)을 과대 추정한다.

각 표본 내의 변동도 분산분석의 결론에 영향을 미친다. 각 모집단으로부터 단순 무작위표본이 추출되었을 때, 각 표본분산은 σ^2의 불편 추정량을 제시한다. 따라서 σ^2의 개별 추정치를 활용하여 하나의 전체 추정치로 공통화할 수 있다. 이러한 방법으로 파악된 σ^2의 추정치를 σ^2의 처리내 추정치(within-treatment estimate)라 부른다. 각 표본분산은 단지 각 표본내 변동성을 기초로 σ^2의 추정값을 제공하기 때문에 이를 결합한 σ^2의 처리내 추정값은 모집단 평균들의 동일성에 영향을 받지 않는다. 표본크기가 동일하다면 σ^2의 처리내 추정값은 각 표본분산의 평균값이 되며 케미테크 실험에서의 값은 다음과 같다.

$$\sigma^2\text{의 처리내 추정값} = \frac{27.5 + 26.56 + 31.0}{3} = \frac{85}{3} = 28.33$$

케미테크 실험에서 σ^2의 처리간 추정값(260)은 σ^2의 처리내 추정값(28.33)보다 훨씬

그림 13.3 H_0가 거짓일 때 $\bar{x}$의 표본분포

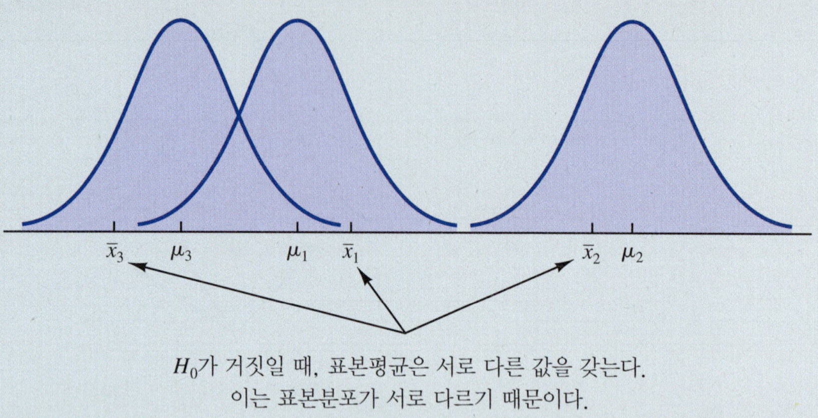

커서, 두 추정값의 비율은 260/28.33 = 9.18이 된다. 앞서 설명한 것처럼 처리간 접근방식은 귀무가설이 참이면 σ^2의 좋은 추정값이 되지만, 귀무가설이 거짓이면 처리간 접근방식은 σ^2을 과대추정한다. 하지만 처리내 접근방식은 두 경우 모두의 좋은 추정값이 된다. 따라서 귀무가설이 참이면 두 추정값은 비슷하며 그 비율은 1에 가깝게 되고, 귀무가설이 거짓이면 처리간 추정값이 처리내 추정값보다 커서 그 비율이 더 커지게 된다. 다음 절에서는 이 비율이 얼마나 커야 귀무가설을 기각할 수 있는지를 설명할 것이다.

요약하면 분산분석의 논리는 공통 모분산 σ^2에 대한 독립적인 두 개의 추정값에서 시작한다. σ^2에 대한 한 가지 추정값은 표본평균 간의 변동성에 기초한 것이고, 다른 하나는 각 표본 내에 있는 자료의 변동성에 기초한 것이다. σ^2의 두 추정값을 비교하여 모평균의 동일성을 결정할 수 있다.

주석 및 코멘트

1. 실험설계에서 무작위는 관측연구에서 확률표본추출과 유사하다.
2. 많은 의학 실험에서 이중 블라인드(double blind) 실험설계를 이용하여 잠재적 오류를 제거한다. 이러한 설계에서는 의사와 환자 모두 어떠한 치료법이 적용되는지를 알 수 없다. 다른 유형의 많은 실험에서도 이러한 유형의 설계는 효과적이라고 할 수 있다.
3. 이 절에서는 무작위실험설계에서 k개 모평균의 동일성을 검정하기 위한 분산분석의 개념을 설명하였다. 관측 또는 비실험적 연구에서도 같은 방법으로 k개 모평균의 동일성을 검정할 수 있다.
4. 10.1절, 10.2절에서는 모집단 평균이 같은지의 가설을 검정하기 위한 통계적 방법을 설명하였다. 분산분석에서도 두 모집단 평균이 같은지를 검정할 수 있다. 그러나 실제로는 보통 3개 이상의 모평균을 비교할 때 분산분석을 사용한다.

13.2 분산분석과 완전무작위설계

여기서는 완전무작위 설계를 통해 k개의 모집단 동일성을 평가하기 위한 분산분석을 소개할 것이다. 가설의 일반적 형태는 다음과 같다.

H_0: $\mu_1 = \mu_2 = \cdots = \mu_k$
H_a: 모든 모집단 평균이 동일한 것은 아니다

여기에서 μ_j는 j번째 모집단의 평균을 의미한다.

단순 무작위 표본추출을 통해 n_j만큼의 표본이 k개의 모집단이나 처리로부터 추출되었다고 가정한다. 표본 자료에 대한 기호는 다음과 같이 정한다.

x_{ij} = j번째 처리에서의 i번째 관측 값
n_j = j번째 처리에서의 관측치의 수
$\bar{x}_j$ = j번째 처리에서의 표본평균
s_j^2 = j번째 처리에서의 표본분산
s_j = j번째 처리에서의 표본표준편차

j번째 처리에 대한 표본평균과 표본분산의 공식은 각각 다음과 같다.

$$\bar{x}_j = \frac{\sum_{i=1}^{n_j} x_{ij}}{n_j} \tag{13.1}$$

$$s_j^2 = \frac{\sum_{i=1}^{n_j} (x_{ij} - \bar{x}_j)^2}{n_j - 1} \tag{13.2}$$

전체 표본평균 $\bar{\bar{x}}$은 모든 관측값들의 합을 관측 값의 수로 나눈 값이다.

$$\bar{\bar{x}} = \frac{\sum_{j=1}^{k} \sum_{i=1}^{n_j} x_{ij}}{n_T} \tag{13.3}$$

여기에서

$$n_T = n_1 + n_2 + \cdots + n_k \tag{13.4}$$

만약 각 표본의 크기가 n이고 $n_T = kn$이면 식 (13.3)은 다음과 같이 간략화된다.

$$\bar{\bar{x}} = \frac{\sum_{j=1}^{k} \sum_{i=1}^{n_j} x_{ij}}{kn} = \frac{\sum_{j=1}^{k} \sum_{i=1}^{n_j} x_{ij}/n}{k} = \frac{\sum_{j=1}^{k} \bar{x}_j}{k} \tag{13.5}$$

다시 말하면, 표본수가 동일한 경우에는 전체 표본평균은 k개 표본평균의 평균이 된다.

케미테크의 사례에서 각 표본은 $n = 5$로 동일하므로, 전체 표본평균은 식 (13.5)를 통해 계산된다. 표 13.1의 자료를 활용하여 다음과 같은 결과를 얻을 수 있다.

$$\bar{\bar{x}} = \frac{62 + 66 + 52}{3} = 60$$

만약 귀무가설이 참($\mu_1 = \mu_2 = \mu_3 = \mu$)이라면, 전체 표본평균 60은 모집단 평균 μ의 최선의 추정치가 된다.

처리간 분산 추정치

앞 절에서는 σ^2의 처리간 추정치라는 개념을 소개하였으며, 표본의 크기가 같을 때 어떻게 계산하는지를 살펴보았다. 이러한 σ^2의 추정치를 처리평균제곱(mean square due to treatments)이라고 하며 MSTR로 표시한다. MSTR을 계산하는 일반식은 다음과 같다.

$$\text{MSTR} = \frac{\sum_{j=1}^{k} n_j(\bar{x}_j - \bar{\bar{x}})^2}{k - 1} \tag{13.6}$$

식 (13.6)에서 분자를 처리제곱합(sum of squares due to treatments)이라 하고 SSTR로 표시하며, 분모 $k - 1$은 SSTR의 자유도가 된다. 따라서 처리평균제곱은 다음 식으로 계산할 수 있다.

처리평균 제곱

$$\text{MSTR} = \frac{\text{SSTR}}{k - 1} \tag{13.7}$$

여기서

$$\text{SSTR} = \sum_{j=1}^{k} n_j(\bar{x}_j - \bar{\bar{x}})^2 \tag{13.8}$$

귀무가설이 참이라면, MSTR은 σ^2의 불편추정값이 된다. 그러나 k개 모집단의 평균이 같지 않다면, MSTR은 σ^2의 불편추정값이 아니며, MSTR은 σ^2을 과대추정하게 된다. 표 13.1의 케미테크 자료에서 다음과 같은 결과를 얻을 수 있다.

$$\text{SSTR} = \sum_{j=1}^{k} n_j(\bar{x}_j - \bar{\bar{x}})^2 = 5(62 - 60)^2 + 5(66 - 60)^2 + 5(52 - 60)^2 = 520$$

$$\text{MSTR} = \frac{\text{SSTR}}{k - 1} = \frac{520}{2} = 260$$

처리내 분산 추정치

앞에서 σ^2의 처리내 추정치의 개념을 소개하고, 표본의 크기가 같을 때 이를 계산하는 방법을 설명하였다. 이러한 σ^2의 추정치를 오차평균제곱(mean square due to error)이라고 하며 MSE로 표시한다. MSE를 계산하는 일반식은 다음과 같다.

$$\text{MSE} = \frac{\sum_{j=1}^{k}(n_j - 1)s_j^2}{n_T - k} \tag{13.9}$$

식 (13.9)에서 분자를 오차제곱합(sum of squares due to error)이라 하고 SSE로 표시하며, 분모인 $n_T - k$는 SSE의 자유도가 된다. 따라서 MSE는 다음과 같이 정리할 수 있다.

오차평균제곱

$$\text{MSE} = \frac{\text{SSE}}{n_T - k} \tag{13.10}$$

여기서

$$\text{SSE} = \sum_{j=1}^{k}(n_j - 1)s_j^2 \tag{13.11}$$

MSE는 각 처리 내의 변동성을 기초로 한다는 것을 기억하자. 이는 귀무가설이 참인지 거짓인지에 영향을 받지 않는다는 의미이다. 따라서 MSE는 항상 σ^2의 불편추정값이다. 표 13.1의 케미테크 자료에서 다음과 같은 결과를 얻을 수 있다.

$$\text{SSE} = \sum_{j=1}^{k}(n_j - 1)s_j^2 = (5-1)27.5 + (5-1)26.5 + (5-1)31 = 340$$

$$\text{MSE} = \frac{\text{SSE}}{n_T - k} = \frac{340}{15-3} = \frac{340}{12} = 28.33$$

분산 추정치의 비교: *F* 검정

귀무가설이 참이라면, MSTR과 MSE는 σ^2에 대한 두 개의 독립적인 불편추정값을 제시한다.* 11장에서는 정규모집단의 경우에 σ^2에 대한 두 개의 독립적인 추정값 비율의 표본분포가 F분포를 따른다는 것을 설명하였다. 귀무가설이 참이고 분산분석의 가정이 충족된다면 MSTR/MSE의 표본분포는 F분포를 따르고 분자는 $k-1$의 자유도를, 분모는 $n_T - k$의 자유도를 갖는다. 즉, 귀무가설이 참이라면 MSTR/MSE의 값은 F분포에서 얻은

---

* F분포에 대한 소개와 F분포표의 사용은 11.2절에 제시되어 있다.

값이 되어야 한다.

그러나 귀무가설이 거짓이라면, MSTR이 σ^2을 과대추정하기 때문에 MSTR/MSE의 값은 과장될 것이다. 즉, MSTR/MSE가 분자의 자유도가 $k-1$이고 분모의 자유도가 n_T-k인 F분포로부터 얻어졌다고 하기에는 매우 큰 값이 된다면, H_0을 기각하게 될 것이다. H_0의 기각 여부가 MSTR/MSE 값으로 결정되므로, k개 모집단 평균의 동일성을 판단하는 가설검정에서 검정통계량은 다음과 같다.

k개 모집단 평균의 동일성에 대한 검정통계량

$$F = \frac{\text{MSTR}}{\text{MSE}} \tag{13.12}$$

검정통계량은 분자 $k-1$, 분모 n_T-k의 자유도를 가지는 F분포를 통해 계산되어진다.

케미테크 실험에서 유의수준 $\alpha = 0.05$로 가설검정을 실시해보자. 검정통계량 값은

$$F = \frac{\text{MSTR}}{\text{MSE}} = \frac{260}{28.33} = 9.18$$

로 계산되며, 분자의 자유도는 $k-1 = 3-1 = 2$이고 분모의 자유도는 $n_T-k = 15-3 = 12$가 된다. 검정통계량 값이 크면 귀무가설이 기각되기 때문에, 검정통계량 $F = 9.18$의 오른쪽에 있는 F분포의 꼬리 면적으로 p값을 계산한다. 그림 13.4는 검정통계량 값인 $F =$ MSTR/MSE의 표본분포와 가설검정을 위한 p값인 오른쪽 꼬리 면적을 보여준다.

부록 B의 Table 4에서 분자의 자유도가 2이고, 분모의 자유도가 12인 F분포의 오른쪽 꼬리면적은 다음과 같다.

오른쪽 꼬리 면적	**0.10**	**0.05**	**0.025**	**0.01**
F값(자유도=2, 자유도=12)	2.81	3.89	5.10	6.93

$F = 9.18$

$F = 9.18$은 6.93보다 크므로 $F = 9.18$일 때의 오른쪽 꼬리 면적은 0.01보다 작게 된다. 따라서 p값은 0.01보다 작고 통계 소프트웨어를 이용하면 p값이 0.004임을 알 수 있으므로 p값 $\le \alpha = 0.05$가 되어 H_0를 기각한다.* 이 가설검정은 세 모집단의 평균이 동일하지 않다는 결론에 대한 통계적 증거로 충분하다. 즉, 분산분석은 세 가지 조립법으로 생산한 주당 평균 수량이 같지 않다는 결론을 뒷받침한다.

다른 검정방식으로 임계값을 사용하는 방법이 있다. $\alpha = 0.05$에서 자유도 2와 12를 갖는 F분포의 임계값은 오른쪽 꼬리에서 나타나며, F분포표에서 $F_{0.05} = 3.89$를 찾을 수

* 부록 E에서 엑셀을 활용하여 어떻게 p값을 계산하는지 보이고 있다.

그림 13.4 MSTR/MSE의 표본분포를 이용하여 계산한 p값

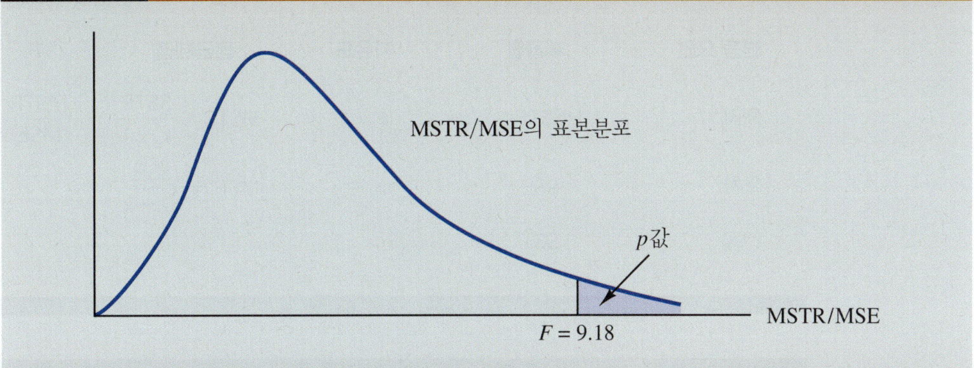

있다. 따라서 케미테크 실험에서 임계값 방식을 사용한 기각규칙은 다음과 같다.

$$F \geq 3.89 \text{이면 } H_0 \text{ 기각}$$

$F=9.18$이므로 귀무가설을 기각하고 세 모집단 평균이 같지 않다는 결론을 내릴 수 있다. k개 모집단평균의 동일성에 대한 일반적인 가설검정 절차를 정리하면 다음과 같다.

k개 모집단 평균의 동일성에 대한 검정

H_0: $\mu_1 = \mu_2 = \cdots = \mu_k$

H_a: 모든 모집단 평균이 동일한 것은 아니다.

검정통계량

$$F = \frac{\text{MSTR}}{\text{MSE}}$$

기각법칙

p값을 이용한 가설검정: p값 $\leq \alpha$인 경우에 귀무가설 기각

임계값을 이용한 가설검정: $F \geq F_\alpha$인 경우에 귀무가설 기각

여기에서 F_α는 분자는 $k-1$의 자유도를 보이고 분모는 n_T-k의 자유도를 보이는 F분포를 통해 측정된다.

분산분석표

앞에서 제시한 계산결과는 **분산분석표(ANOVA Table)**로 정리할 수 있다. 표 13.2는 완전 무작위설계의 분산분석표이며, 표 13.3은 케미테크 실험의 분산분석표이다. "전체"로 표시된 변동요인과 관련된 제곱합을 총제곱합(Total Sum of Squres)이라고 하며, SST로

표 13.2 완전무작위설계 분산분석표

변동 요인	제곱합	자유도	평균제곱	F	p값
처리	SSTR	$k-1$	$\text{MSTR} = \dfrac{\text{SSTR}}{k-1}$	$\dfrac{\text{MSTR}}{\text{MSE}}$	
오차	SSE	$n_T - k$	$\text{MSE} = \dfrac{\text{SSE}}{n_T - k}$		
전체	SST	$n_T - 1$			

표 13.3 케미테크 분산분석표

변동 요인	제곱합	자유도	평균제곱	F	p값
처리	520	2	260.00	9.18	0.004
오차	340	12	28.33		
전체	860	14			

표시한다. 케미테크 결과에서 SST=SSTR+SSE이고 총제곱합의 자유도는 σ^2의 처리간 추정치의 자유도와 σ^2의 처리내 추정치의 자유도를 합한 것이 됨을 알 수 있다.

n_T-1의 자유도로 나눈 SST값은 관측치 15개 전체를 하나의 데이터세트로 취급하여 계산한 전체 표본분산이 된다. 전체 자료를 하나의 표본으로 볼 때, 총제곱합(SST)을 계산하는 공식은 다음과 같다.

$$\text{SST} = \sum_{j=1}^{k}\sum_{i=1}^{n_j}(x_{ij} - \bar{\bar{x}})^2 \tag{13.13}$$

케미테크 분산분석표에 있는 결과들은 다른 문제에도 적용할 수 있다. 즉, 다음의 식이 성립한다.*

$$\text{SST} = \text{SSTR} + \text{SSE} \tag{13.14}$$

다르게 표현하면, SST는 처리제곱합과 오차제곱합으로 나눌 수 있으며, SST의 자유도 n_T-1은 SSTR의 자유도인 $k-1$과 SSE의 자유도인 n_T-k로 나누어진다. 즉, 분산분석은 총제곱합과 자유도를 두 가지 변동요인인 처리와 오차로 **분할(partitioning)**하는 과정이다. 각 제곱합을 적절한 자유도로 나누면 모집단 평균의 동일성에 대한 가설검정에 이용되는 분산추정값을 얻을 수 있고, F값과 p값을 알 수 있다.

* 분산분석은 총제곱합을 별도의 구성요소로 분할하기 위한 통계절차로 생각할 수 있다.

분산분석에 대한 컴퓨터 소프트웨어 결과

통계분석 컴퓨터 패키지의 광범위한 사용으로 인하여, 대규모 표본과 모집단에 대한 분산분석이 용이하게 이루어지고 있다. 이 장 부록에서 엑셀을 통한 분산분석 실행과정을 소개하고 있다. 그림 13.5에 제시한 결과물을 통해 케미테크사의 분산분석 결과를 확인할 수 있다.*

컴퓨터 결과물의 첫 번째 부분에는 이미 익숙해진 분산분석표를 제시하였다. 그림 13.5와 표 13.3을 비교하면, 제목이 일부 다르기는 하지만 동일한 정보가 사용되고 있음을 알 수 있다. '변동 요인'이라는 제목은 변동열의 요소를 의미이며 '요인'은 처리 행을 의미한다. '제곱합'과 '자유도'열이 서로 바뀌어져 있다.

그림 13.5의 분산분석표에서 표본규모, 표본평균, 표본표준편차를 포함하고 있다는 점에 유의할 필요가 있다. 게다가 각 모집단 평균에 대한 95% 신뢰구간을 제시하고 있다. 신뢰구간 추정치를 파악하는 데 있어서 MSE를 σ^2의 추정치로 활용하고 있다. 따라서 MSE의 제곱근은 모집단 표준편차 σ의 최선의 추정치가 된다. 바로 이 σ의 추정치가 공동 표준편차(Pooled St Dev)가 되며, 여기에서는 5.323이 된다. 어떻게 이러한 신뢰구간 추정치가 계산되는가의 예를 보이기 위해 조립방법 A의 모집단 평균에 대한 95% 신뢰구간 추정치를 계산하려고 한다.

8장에서 소개한 신뢰구간 추정방법으로부터, 모집단 평균에 대한 신뢰구간 산정의 일반적 공식이 다음과 같다는 것을 알고 있다.

그림 13.5 케미테크의 분산분석 결과

Source	DF	Adj SS	Adj MS	*F* Value	*p*-Value
Factor	2	520.0	260.00	9.18	0.004
Error	12	340.0	28.33		
Total	14	860.0			

Model Summary

S	R-sq	R-sq (adj)
5.32291	60.47%	53.88%

Means

Factor	N	Mean	StDev	95% CI
Method A	5	62.00	5.24	(56.81, 67.19)
Method B	5	66.00	5.15	(60.81, 71.19)
Method C	5	52.00	5.57	(46.81, 57.19)

Pooled StDev = 5.32291

* 완전무작위설계를 위해, *adj.SS*와 *adj.MS* 결과는 *SS*와 *MS*수치와 동일하다.

$$\bar{x} \pm t_{\alpha/2} \frac{s}{\sqrt{n}} \tag{13.15}$$

여기에서 s는 모집단 표준편차 σ의 추정치가 된다. 분산분석에서 σ에 대한 최선의 추정치는 MSE의 제곱근이나 공동 표준편차가 된다. 따라서 식 (13.15)의 s에 5.323을 활용한다. $t_{\alpha/2}$의 자유도는 12이고, 이 자유도는 σ^2의 처리내 추정치의 자유도가 된다. 따라서 95%의 신뢰구간에서 $t_{0.025} = 2.179$가 되며 신뢰구간은 다음과 같다.

$$62 \pm 2.179 \frac{5.323}{\sqrt{5}} = 62 \pm 5.19$$

조립방법 A의 95% 신뢰구간은 $62 - 5.19 = 56.81$에서 $62 + 5.19 = 67.19$까지가 된다. 케미테크의 사례에서 표본의 크기가 동일하기 때문에 조립방법 B, C에 대한 신뢰구간 추정도 표본평균에 5.19를 가감하여 구할 수 있다.

*k*개 모집단 평균의 동일성 검정: 관측연구

분산분석에서는 완전무작위실험설계로 k개의 모집단 평균이 같은지를 비교하였다. 분산분석에서는 관측연구에서 얻은 3개 혹은 그 이상의 모집단 평균이 같은지를 검정할 수 있다. 이것을 이해하는 것은 매우 중요하다. 예를 들면, 내셔널 컴퓨터 프로덕트(National Computer Products, Inc.: NCP)의 상황을 고려해보자.

NCP에서는 애틀랜타와 달라스, 시애틀에 있는 공장에서 프린터와 팩스를 생산하고 있다. 공장에 있는 종업원들이 품질관리에 대해 얼마나 알고 있는지를 측정하기 위해 각 공장에서 6명의 종업원을 표본으로 선택하였고, 품질 인식에 관한 시험을 실시하였다. 종업원 18명의 시험점수와 각 지역의 표본평균, 표본분산, 표본표준편차는 표 13.4에 있다. 관리자

DATA*file* NCP

표 13.4 종업원 18명의 시험점수

	1공장 애틀랜타	2공장 달라스	3공장 시애틀
	85	71	59
	75	75	64
	82	73	62
	76	74	69
	71	69	75
	85	82	67
표본평균	79	74	66
표본분산	34	20	32
표본표준편차	5.83	4.47	5.66

는 이 자료를 가지고 세 공장의 평균 시험점수가 모두 같다는 가설을 검정하려고 한다.

애틀란타 공장 모든 근로자를 모집단 1로 지칭하고, 달라스 공장 모든 근로자들을 모집단 2로 시애틀 공장 모든 근로자를 모집단 3으로 지칭한다. 즉 다음과 같다.

μ_1: 모집단 1의 평균 시험 점수
μ_2: 모집단 2의 평균 시험 점수
μ_3: 모집단 3의 평균 시험 점수

비록 μ_1 ,μ_2, μ_3의 실제 정확한 값은 모르지만 표본 자료를 활용하여 다음의 가설검정을 수행하고자 한다.

H_0: $\mu_1 = \mu_2 = \mu_3$
H_a: 모든 모집단 평균이 동일한 것은 아니다.

여기에서 제시된 NCP의 가설검정은 케미테크의 실험에 대한 가설검정과 동일하다. 케미테크의 경우에서 실시한 분산분석과 동일한 분석이 관측 자료를 바탕으로 실시되는 NCP사의 경우에도 그대로 적용되는 것이다.

분석에 이용한 분산분석 방법론은 같더라도 NCP 통계적 관측연구와 케미테크 통계적 실험연구가 어떻게 다른지는 주목할 가치가 있다. NCP 연구에서는 종업원 각 개인을 공장에 할당하는 방식을 통제할 수 없었다. 즉, 공장은 이미 운영되고 있었고, 특히 종업원들은 세 공장 중이미 한 곳에서 일하고 있었다. NCP가 할 수 있는 모든 방법은 각 공장에서 표본으로 6명의 종업원을 무작위로 선택한 후 품질 시험을 시행하는 것이다. NCP에서 무작위로 18명의 종업원을 선택한 후 종업원들을 각 공장에 다시 무작위로 할당해야 한다.

주석 및 코멘트

1. 전체 표본평균은 k개 표본평균의 가중평균으로 계산할 수 있다.

$$\bar{\bar{x}} = \frac{n_1\bar{x}_1 + n_2\bar{x}_2 + \cdots + n_k\bar{x}_k}{n_T}$$

표본평균이 주어진 문제에서는 식 (13.3)보다 위 식으로 전체 표본평균을 계산하기가 더 쉽다.

2. 각 표본이 모두 n개의 관측치로 구성되었을 때 식 (13.6)은 다음과 같이 바꾸어 쓸 수 있다.

$$\text{MSTR} = \frac{n\sum_{j=1}^{k}(\bar{x}_j - \bar{\bar{x}})^2}{k-1} = n\left[\frac{\sum_{j=1}^{k}(\bar{x}_j - \bar{\bar{x}})^2}{k-1}\right] = ns_{\bar{x}}^2$$

이러한 결과는 13.1절에서 설명하면서 제시한 식과 같다는 것에 유의하자. 식 (13.6)은 단순히 표본크기가 다를 때의 결과를 일반화한 것이다.

3. 각 표본이 n개의 관측값을 갖는다면 $n_T = kn$이 되고 $n_T - k = k(n-1)$이므로 식 (13.9)는 다음과 같이 바꾸어쓸 수 있다.

$$\text{MSE} = \frac{\sum_{j=1}^{k}(n-1)s_j^2}{k(n-1)} = \frac{(n-1)\sum_{j=1}^{k}s_j^2}{k(n-1)} = \frac{\sum_{j=1}^{k}s_j^2}{k}$$

즉, 표본크기가 같다면 MSE는 k개 표본분산의 평균이다. 이것은 13.1절에서 설명한 σ_2의 처리내 추정치의 개념과 같은 결과이다.

연습문제

기본문제

1. 다음의 자료는 완전무작위 실험설계를 통해 수집된 것이다.

	처리		
	A	B	C
	162	142	126
	142	156	122
	165	124	138
	145	142	140
	148	136	150
	174	152	128
표본평균	156	142	134
표본분산	164.4	131.2	110.4

a. 처리간 제곱합을 계산하시오.

b. 처리간 평균 제곱을 계산하시오.

c. 오차제곱합을 계산하시오.

d. 오차평균제곱을 계산하시오.

e. 분산분석표를 작성하시오.

f. $\alpha = 0.05$에서 세 모집단의 평균이 동일할지에 대한 가설검정을 실시하시오.

2. 완전무작위 실험이 7개의 실험단위에 대해 5개의 요인수준을 대상으로 실시되었다. 분산분석표를 완성하시오.

변동요인	제곱합	자유도	평균제곱	F	p값
처리	300				
오차					
전체	460				

3. 2번 문제에 대하여,

a. 이 문제의 가설을 수립하시오.

b. $\alpha = 0.05$에서 수립된 귀무가설을 기각할 수 있는가?

4. 세 가지 처리에 대한 결과수준를 검토하기 위한 실험연구에서 SST = 400, SSTR = 150, $n_T = 19$가 파악되었다. 분산분석표를 작성하고 세 가지 처리수준의 평균간에 유

의한 차이가 있는지 검정하시오. ($\alpha = 0.05$)

5. 완전무작위 실험에서 12개 실험단위가 첫 번째 처리에서 사용되었고 15개의 실험단위가 두 번째 처리에서 사용되었으며 20개의 실험단위가 세 번째 처리에서 사용되었다. 다음의 분산분석표를 완성하시오. 0.05의 유의수준에서 처리간 유의한 차이가 있다고 볼 수 있는가?

변동요인	제곱합	자유도	평균제곱	F	p값
처리	1,200				
오차					
전체	1,800				

6. 완전무작위 실험이 수행되었을 때, 유의수준 0.05에서 다음의 자료를 바탕으로 처리 평균간 유의한 차이가 있다고 말할 수 있는가?

DATA *file* Exer6

	처리		
	A	B	C
	136	107	92
	120	114	82
	113	125	85
	107	104	101
	131	107	89
	114	109	117
	129	97	110
	102	114	120
		104	98
		89	106
$\bar{x}_j$	119	107	100
s_j^2	146.86	96.44	173.78

적용문제

7. **제품 조립.** 세 가지의 다른 조립방법을 통해 제품을 조립하는 방법이 산업공학자에 의해 제안되었다. 각 방법에 의해 생산되는 제품의 수를 정확하게 조사하기 위해 30명의 종업원들이 무작위로 선정되고 무작위로 각 조립방법에 할당되어 각 조립방법에 10명의 종업원이 배정되는 방식으로 측정이 이루어졌다. 정확하게 조립되는 제품의 수가 기록되고 분산분석이 실시되었다. 결과적으로 SST는 10,800, SSTR은 4,560

으로 확인되었다.

a. 이 문제에 대한 분산분석표를 작성하시오.

b. $\alpha = 0.05$에서 세 가지 조립방법의 평균 생산량에서 유의한 차이가 있다고 말할 수 있는가?

8. 품질 지식 시험. 표 13.4의 NCP사의 자료를 바탕으로, 분산분석표를 작성하고 세 공장의 평균 시험점수 간에 유의한 차이가 있다고 말할 수 있는지 $\alpha = 0.05$에서 검증하시오.

9. 화학공정의 온도의 영향. 화학공정 수율에 미치는 온도의 영향을 파악하기 위해 세 가지 온도수준에서 다섯 개의 조립공정에 대한 조사가 실시되었다. 결과는 다음과 같으며 분산분석표를 작성하시오. $\alpha = 0.05$에서 온도수준이 각 공정의 평균수율의 차이에 영향을 미친다고 할 수 있는가?

	온도	
50℃	60℃	70℃
34	30	23
24	31	28
36	34	28
39	23	30
32	27	31

10. 감사 오류. 감사관들은 감사를 실시할 때 그들의 직접경험, 간접경험 그리고 이 둘의 조합 토대를 적절히 활용해야만 한다. 보고서 작성 과정을 통해 감사관들은 감사과정에서 종종 발견되는 실수들에 대해 판단하도록 질문을 받게 된다. 그리고 감사관들에 의한 판단이 실제 결과와 비교되어진다. 이와 같은 유사한 연구에서 다음과 같은 결과가 파악되었으며 낮은 점수가 훌륭한 판단을 할 것이라고 할 때, $\alpha = 0.05$에서 판단을 위한 토대의 유형이 판단의 질적 수준에 영향을 미친다고 할 수 있는 판단하시오.

DATA*file* AudJudg

직접	간접	결합
17.0	16.6	25.2
18.5	22.2	24.0
15.8	20.5	21.5
18.2	18.3	26.8
20.2	24.2	27.5
16.0	19.8	25.8
13.3	21.2	24.2

11. 페인트 건조 로봇. 2018년 5월, 애리조나 프리스콧에 위치한 딜스 오토 바디 &페인트사(Deal's Auto Body & Paint)는 건조 시간을 줄이기 위해 페인트 로봇에 투자를 하기로 하였다. 네 가지 다른 페인트 로봇에서 동일한 건조시간을 가지는지 궁금한 입장이 되었다. 제조기업의 주장을 확인하기 위해 각 페인트 로봇별 다섯 개의 표본이 선정, 조사되었다. 페인트가 건조되어 이중 덧칠할 때까지의 분단위 시간이 측정되어 다음과 같은 자료가 확인되었다.

DATA*file* Paint

로봇 1	로봇 2	로봇 3	로봇 4
128	144	133	150
137	133	143	142
135	142	137	135
124	146	136	140
141	130	131	153

$\alpha = 0.05$에서 각 페인트 로봇별 건조시간이 동일하다고 말할 수 있는지 통계적 검증을 실행하시오.

12. 식당 만족도. 컨슈머 리포트(The Consumer Reports)의 레스토랑 고객만족도 조사가 148,599명의 고객들을 대상으로 실시되었다(Consumer Reports website). 한 가지 변수는 식사 가격과 식사와 음료로 지불하는 1인당 평균가격, 팁 수준이다. 선코스트 타임즈(Sun Coast Times)는 사우스 캐롤라이나주의 Myrtle Beach의 Grand Strand지역에 위치한 레스토랑들을 대상으로 동일한 조사를 실시할 수 있는 흥미를 가지게 되었다. 8개의 씨푸드 레스토랑, 8개의 이탈리안 레스토랑, 8개의 스테이크 레스토랑을 표본으로 선정하였다. 24개 표본들을 대상으로 수집된 평균 식사가격($)이 다음에 제시되어 있다. $\alpha = 0.05$를 활용하여 세 가지 유형의 레스토랑별로 평균 식사가격에 차이가 있다고 볼 수 있는지 통계적 검증을 수행하시오.

DATA*file* GrandStrand

이탈리안	씨푸드	스테이크하우스
$12	$16	$24
13	18	19
15	17	23
17	26	25
18	23	21
20	15	22
17	19	27
24	18	31

13.3 다중비교절차

분산분석을 사용하여 k개 모집단의 평균이 동일한지 여부를 검정할 때 귀무가설을 기각하면 모집단 평균이 모두 같지 않다는 결론만 내릴 수 있다. 경우에 따라서는 한 단계 더 나아가 평균 간의 차이가 발생하는 모집단을 확인해야 할 수 있다. 이 절에서는 **다중비교절차(multiple comparison procedure)**를 사용하여 모집단 평균값 간의 통계적 비교를 수행하는 방법을 설명한다.

피셔의 LSD

분산분석이 모집단 평균이 동일하다는 귀무가설을 기각하는 통계적 증거를 제공한다고 가정하자. 이 경우 피셔(Fisher)의 최소 유의차(LSD, Least Significant Difference) 절차를 사용하여 차이가 발생하는 곳을 확인할 수 있다. 피셔의 LSD 절차를 사용하는 방법을 설명하기 위해 13.1절에 소개된 케미테크 실험을 생각해보자. 분산분석을 사용하여 주당 평균 생산량이 세 가지 조립방법에 대해 동일하지 않다는 결론을 내렸다. 이 경우 후속 질문은 다음과 같다. 조립방법이 다르다고는 생각하지만, 차이점이 어디에서 발생하는가? 즉, 모집단 1과 모집단 2의 평균이 다른가? 아니면 모집단 1과 모집단 3이 다른가? 아니면 모집단 2와 모집단 3이 다른가? 다음은 모집단 평균의 쌍대비교를 위한 피셔의 LSD 절차를 요약한 것이다.

피셔의 LSD 절차

$$H_0\colon \mu_i = \mu_j$$
$$H_a\colon \mu_i \neq \mu_j$$

검정통계량

$$t = \frac{\bar{x}_i - \bar{x}_j}{\sqrt{\text{MSE}\left(\dfrac{1}{n_i} + \dfrac{1}{n_j}\right)}} \tag{13.16}$$

유의수준 α에서 기각규칙

p값 접근법 p값 $\leq \alpha$이면 H_0 기각

임계치 접근법 $t \leq t_{\alpha/2}$ 혹은 $t \leq t_{\alpha/2}$이면 H_0 기각

여기서 $t_{\alpha/2}$는 $n_T - k$의 자유도를 보이는 t분포에 기반한다.

이 절차를 적용하여 유의수준 $\alpha = 0.05$에서 모집단 1(방법 A)과 모집단 2(방법 B)의 평균 사이에 유의한 차이가 있는지를 확인해보자. 표 13.1에서 방법 A의 표본평균이 62이고 방법 B의 경우 66이 된다. 표 13.3은 MSE의 값이 28.33임을 보여주며, 이는 σ^2의

추정치이고 자유도는 12가 된다. 따라서, 검정통계량은 다음과 같다.

$$t = \frac{62 - 66}{\sqrt{28.33\left(\frac{1}{5} + \frac{1}{5}\right)}} = -1.19$$

양측검정이기 때문에 p값은 t분포에서 $t = -1.19$의 왼쪽 꼬리 면적의 2배가 된다. 부록 B의 Table 2에서 사용한 자유도 12에 대한 분포표는 다음 정보를 제공한다.

오른쪽 꼬리 면적	0.20	0.10	0.05	0.025	0.01	0.005
t값 (자유도 12)	0.873	1.356	1.782	2.179	2.681	3.055

$t = 1.19$

t분포표에는 양의 값만 포함되지만 t분포가 대칭이기 때문에 $t = 1.19$의 오른쪽 꼬리 면적을 찾고 이를 두 배로 늘려 $t = -1.19$에 해당하는 p값을 찾을 수 있다. $t = 1.19$가 0.20과 0.10 사이이므로 이를 두 배로 늘리면 p값이 0.40에서 0.20 사이임을 알 수 있다.* 통계 소프트웨어를 통해 p값이 0.2571가 된다. p값이 $\alpha = 0.05$보다 크기 때문에 귀무가설을 기각할 수 없으므로 방법 A의 모집단 평균이 방법 B의 모집단 평균과 다르다는 결론을 내릴 수 없다.

많은 실무 담당자들은 H_0를 기각하기 위해 표본평균간 차이가 얼마나 커야 하는지를 알게 되면 가설검정이 더 쉽다고 생각한다. 이 경우 검정통계량은 $\bar{x}_i - \bar{x}_j$가 되고 다음과 같은 절차로 가설검정을 수행한다.

검정통계량 $\bar{x}_i - \bar{x}_j$ 기반 피셔의 LSD 절차

$$H_0\colon \mu_i = \mu_j$$
$$H_a\colon \mu_i \neq \mu_j$$

검정통계량

$$\bar{x}_i - \bar{x}_j$$

유의수준 α에서 기각규칙

$$\text{만약 } |\bar{x}_i - \bar{x}_j| \geq \text{LSD이면 } H_0 \text{ 기각}$$

여기서

$$\text{LSD} = t_{\alpha/2}\sqrt{\text{MSE}\left(\frac{1}{n_i} + \frac{1}{n_j}\right)} \tag{13.17}$$

* 부록 E는 엑셀을 사용하여 어떻게 p값을 계산하는지 보이고 있다.

케미테크 실험에서 LSD 값은 다음과 같다.

$$\text{LSD} = 2.179\sqrt{28.33\left(\frac{1}{5}+\frac{1}{5}\right)} = 7.34$$

표본크기가 같을 때 모든 모집단의 쌍에 대해 동일한 한 개의 LSD 값만 계산되므로, LSD를 쉽게 계산하여 두 표본평균 간의 차이를 LSD 값과 간단히 비교할 수 있다. 예를 들어, 모집단 1(방법 A)과 모집단 3(방법 C)에 대한 표본평균 간의 차이는 62-52 = 10이다. 이 차이는 LSD = 7.34보다 크므로 방법 A의 주당 평균 생산량이 방법 C의 모집단 평균과 같다는 귀무가설을 기각할 수 있다. 마찬가지로 모집단 2와 모집단 3의 표본평균 차이 66 − 52 = 14는 7.34보다 크므로 방법 B의 모집단 평균이 방법 C의 모집단 평균과 같다는 가설을 기각할 수 있다. 따라서 결론은 방법 A와 B가 방법 C와 다르다는 것이다.

피셔의 LSD는 다음의 절차를 따라 두 모집단 평균 간의 차이에 대한 신뢰구간 추정치를 계산하는 데에도 사용할 수 있다.

피셔의 LSD 절차를 사용한 두 모집단 평균 간의 차이에 대한 신뢰구간 추정

$$\bar{x}_i - \bar{x}_j \pm \text{LSD} \tag{13.18}$$

여기서

$$\text{LSD} = t_{\alpha/2}\sqrt{\text{MSE}\left(\frac{1}{n_i}+\frac{1}{n_j}\right)} \tag{13.19}$$

그리고 $t_{\alpha/2}$는 $n_T - k$의 자유도를 보이는 t분포에 기반한다.

식 (13.18)의 신뢰구간에 값 0이 포함되어 있으면 두 모집단 평균이 같다는 가설을 기각할 수 없다. 신뢰구간에 값 0이 포함되지 않으면 모집단 평균 간에 차이가 있다는 결론을 내린다. 케미테크 실험의 경우 LSD = 7.34($t_{0.025}$ = 2.179에 해당)이므로 모집단 1과 2의 평균 차이에 대한 95% 신뢰구간 추정치는 62 − 66 ± 7.34 = −4 ± 7.34 = −11.34부터 3.34까지이다. 이 구간에는 0이 포함되기 때문에 두 모집단 평균이 같다는 가설을 기각할 수 없다.

제 I 종 오류율

분산분석에서 모집단 평균이 동일하다는 귀무가설을 기각하는 경우에, 해당 차이가 어디서 발생하는지를 판단하기 위해 피셔의 LSD 절차를 사용하는 방법을 설명하였다. 기술적으로는 분산분석을 사용하여 유의한 F값을 먼저 찾은 경우에만 사용되기 때문에 보호적 또는 제한적 LSD 검정이라고 한다.

우리는 케미테크 실험에서 피셔의 LSD 절차를 사용하여 다음 3개의 쌍대비교를 수행하였다.

테스트 1	**테스트 2**	**테스트 3**
H_0: $\mu_1 = \mu_2$	H_0: $\mu_1 = \mu_3$	H_0: $\mu_2 = \mu_3$
H_a: $\mu_1 \neq \mu_2$	H_a: $\mu_1 \neq \mu_3$	H_a: $\mu_2 \neq \mu_3$

각 경우 $\alpha = 0.05$의 유의수준을 사용하였으므로, 각 검정에 대해 귀무가설이 참이면 제1종 오류를 범할 확률은 $\alpha = 0.05$가 되고 각 검정에서 제1종 오류를 범하지 않을 확률은 1-0.05 = 0.95가 된다. 다중비교 절차에서 이러한 제1종 오류의 확률($\alpha = 0.05$)을 **비교별 제1종 오류율(Comparisonwise type 1 error rate)**이라고 하며, 하나의 쌍대비교와 관련된 유의수준을 나타낸다.

이제 약간 다른 문제를 생각해보자. 세 개의 쌍대비교를 수행할 때 세 가지 검정 중 적어도 하나에서 제1종 오류를 범할 확률은 얼마인가? 세 가지 검정 중 어느 것에서도 제1종 오류를 범하지 않을 확률은 $0.95 \times 0.95 \times 0.95 = 0.8574$*이므로 적어도 하나에서 제1종 오류를 범할 확률은 1-0.8574 = 0.1426이다. 따라서 피셔의 LSD 절차를 사용하여 세 개의 쌍대비교를 모두 수행할 때 이 방법과 관련된 제1종 오류율은 0.05가 아니라 실제로는 0.1426이다. 이 오류율을 전체 또는 **실험별 제1종 오류율(Experimentwise type 1 error rate)**이라고 한다. 혼동을 피하기 위해 실험별 제1종 오류율을 CE로 표시한다.

실험별 제1종 오류율은 모집단이 더 많은 경우 더 커진다. 예를 들어, 5개의 모집단이 있는 경우에는 10개의 쌍대비교가 가능하므로, 비교별 오류율이 $\alpha = 0.05$인 피셔의 LSD를 사용하여 가능한 모든 쌍대비교를 검정한 경우 실험별 제1종 오류율은 $1-(1-0.05)^{10} = 0.40$이 된다. 이러한 경우 실무자는 실험별 오류율을 제어할 수 있는 대안을 찾게 된다.

본페로니 수정(Bonferroni adjustment)이라고 하는 전체 실험별 오류율을 제어하기 위한 첫 번째 대안은 각 검정에서 더 작은 비교별 오류율을 사용하는 것이다. 예를 들어, C개의 쌍대비교를 하여 전체 실험에서 제1종 오류를 범할 최대 확률이 α_{EW}가 되도록 하려면, α_{EW}/C와 같은 비교별 오류율을 사용하면 된다. 케미테크 실험에서 피셔의 LSD 절차를 사용하여 최대 실험 오류율이 $\alpha_{EW} = 0.05$인 세 쌍대비교를 모두 검정하려면 비교별 오류율을 $\alpha = 0.05/3 = 0.017$로 설정하면 된다. 5개의 모집단으로 10개의 쌍대비교가 가능한 경우 본페로니 수정은 0.05/10 = 0.005의 비교별 오류율을 제안하게 된다. 9장의 가설검정에 대한 설명을 기억해보면 고정된 표본크기에 대해 제1종 오류를 범할 확률이 감소하면 제2종 오류를 범할 확률이 증가하게 되어 두 모집단 평균이 실제로 같지 않을 때 두 모집단 평균이 동일하다는 가설을 받아들이게 된다. 결과적으로 많은 실무자들은 제2종 오류를 범할 위험이 증가하기 때문에 상대적으로 낮은 제1종 오류율로 개별 검정을

* 여기서 세 가지 검정이 독립적이므로 세 가지 사건의 결합 확률은 개별 확률을 단순히 곱하여 얻을 수 있다고 가정한다. 사실, 세 가지 검정 모두 사용되기 때문에 독립적이지 않고, 실제 오류는 계산된 것보다 훨씬 크다.

수행하는 것을 꺼리게 된다.

투키(Tukey) 절차 및 던칸(Duncan)의 다중범위검정(multiple range test)과 같은 몇 가지 다른 절차가 이러한 상황에서 도움이 될 수 있도록 개발되었으나 어떤 절차가 "최선"인지에 대해서는 통계학회에서도 상당한 논란거리이다. 결국, 모든 유형의 문제에 대해 가장 적합한 절차는 없다는 것이다.

연습문제

기본문제

13. 완전무작위설계로 얻어진 자료가 다음과 같다.

	처리 A	처리 B	처리 C
	32	44	33
	30	43	36
	30	44	35
	26	46	36
	32	48	40
표본평균	30	45	36
표본분산	6.00	4.00	6.50

a. 유의수준 0.05에서 세 가지 처리의 평균이 동일하다는 귀무가설을 기각할 수 있는가?

b. 피셔의 LSD절차를 사용하여 처리 A와 처리 B, 처리 B와 처리 C, 처리 A와 처리 C에 대한 평균 사이에 유의한 차이가 있는지를 $\alpha = 0.05$에서 검정하시오.

c. 피셔의 LSD절차를 사용하여 처리 A와 B의 평균 차이에 대한 95% 신뢰구간을 추정하라.

14. 완전무작위설계로 얻어진 자료가 다음과 같다. 다음 계산에서 $\alpha = 0.05$를 사용하라.

	처리 1	처리 2	처리 3
	63	82	69
	47	72	54
	54	88	61
	40	66	48
$\bar{x}_j$	51	77	58
s_j^2	96.67	97.34	81.99

a. 분산분석을 사용하여 세 가지 처리의 평균간 유의한 차이가 있는지 검정하라.

b. 피셔의 LSD절차를 사용하여 어떤 평균들 간에 차이가 있는지 확인하라.

적용문제

15. **화학공정의 검토.** 제이콥스 화학회사(Jacobs Chemical Company)는 세 제조업체에서 생산한 기계를 사용하는 경우 혼합하는 데 필요한 평균시간이 동일한 지 여부를 검정하기 위해 재료를 혼합하는데 필요한 시간(분)을 수집하였다.

제조업체		
1	2	3
20	28	20
26	26	19
24	31	23
22	27	22

a. 재료 혼합을 위한 모집단 평균 시간이 세 제조업체에 대해 다른지 여부를 검정하시오. $\alpha = 0.05$를 사용하시오.

b. $\alpha = 0.05$에서 LSD절차를 사용하여 제조업체 1과 3의 평균이 같은지 검정하라. 이 검정을 수행한 후 어떤 결론을 내릴 수 있는가?

16. **공정간 신뢰구간.** 연습문제 15를 고려할 때, 제조업체 1의 평균과 제조업체 2의 평균 차이에 대한 95% 신뢰구간을 추정하라.

17. **마케팅 윤리.** 디지털 마케팅 시대에 기업의 전략, 문화, 윤리에 부합하는 웹사이트 프로그래매틱 광고 게재와 관련하여 각별한 관심이 필요하다. 예를 들어 노드스트롬(Nordstrom), 아마존(Amazon) 및 홀푸드(Whole Foods)는 회사에 대한 자동 광고가 브라이트바트(Breitbart) 웹사이트에 게시되었을 때 각각 소셜미디어 사용자로부터 보이콧에 직면하였다(ChiefMarketer.com). 이렇듯 마케팅 전문가는 회사의 가치와 문화를 이해하는 것이 중요하다. 다음 자료는 기업의 윤리적 가치에 대한 마케팅 전문가의 인식을 조사하기 위해 설계된 실험에서 얻은 것이다(점수가 높을수록 윤리적 가치가 높음을 의미한다).

마케팅관리자	마케팅조사전문가	광고전문가
6	5	6
5	5	7
4	4	6
5	4	5
6	5	6
4	4	6

a. $\alpha = 0.05$를 사용하여 세 그룹간의 인식차이가 유의한지 검정하라.

b. 유의수준 0.05에서 마케팅 관리자 마케팅 조사전문가 및 광고전문가에 대한 인식

차이가 있다고 결론내릴 수 있다. 어디서 차이가 있는지 확인하시오. $\alpha = 0.05$를 사용하라.

18. **기계의 고장.** 4대 기계의 고장 시간에 대한 유의한 차이가 있는지 확인하기 위해 다음과 같은 자료가 확보되었다.

기계 1	기계 2	기계 3	기계 4
6.4	8.7	11.1	9.9
7.8	7.4	10.3	12.8
5.3	9.4	9.7	12.1
7.4	10.1	10.3	10.8
8.4	9.2	9.2	11.3
7.3	9.8	8.8	11.5

a. $\alpha = 0.05$에서 4대 기계간 모평균간 차이가 있다고 볼 수 있는가?

b. LSD 절차를 사용하여 기계와 기계 4의 평균 동일성을 검정하시오. 유의수준은 0.05를 사용하시오.

19. **모든 기계간 고장시간의 비교.** 18번 문제를 활용하여 본페로니 검정을 적용하여 모든 기계간 쌍별 비교를 진행하시오. 최대 오차율은 0.05이다.

20. **마이너리그 야구.** 트리플A 마이너리그 야구의 인터네셔널리그의 14개 팀이 North, South, west 3개 지구로 구성되어져 있다. 다음 자료는 인터네셔널 리그에 있는 14개 팀의 평균 관중 수와 팀의 기록을 정리한 것이다. W는 승리한 게임 수, L은 패배한 게임 수, PCT는 승리한 비율이다.

DATA *file* Triple-A

팀명	지구	W	L	PCT	관중수
Buffalo Bisons	North	66	77	0.462	8812
Lehigh Valley IronPigs	North	55	89	0.382	8479
Pawtucket Red Sox	North	85	58	0.594	9097
Rochester Red Wings	North	74	70	0.514	6913
Scranton-Wilkes Barre Yankees	North	88	56	0.611	7147
Syracuse Chiefs	North	69	73	0.486	5765
Charlotte Knights	South	63	78	0.447	4526
Durham Bulls	South	74	70	0.514	6995
Norfolk Tides	South	64	78	0.451	6286
Richmond Braves	South	63	78	0.447	4455
Columbus Clippers	West	69	73	0.486	7795
Indianapolis Indians	West	68	76	0.472	8538
Louisville Bats	West	88	56	0.611	9152
Toledo Mud Hens	West	75	69	0.521	8234

a. $\alpha = 0.05$를 사용하여 세 지구의 평균 관중수에 차이가 있는지 검정하시오.

b. 피셔의 LSD 절차를 사용하여 어디서 발생하는지를 확인하시오. $\alpha = 0.05$를 사용하시오.

13.4 무작위블록설계

지금까지는 완전무작위 실험설계에 대하여 설명하였다. 처리간 평균값의 차이를 검정하기 위해 F값을 사용한다는 것을 앞에서 제시하였다.

$$F = \frac{\text{MSTR}}{\text{MSE}} \tag{13.20}$$

이 경우에 외생변수에 의해 차이가 발생하는 경우에는 MSE가 큰 값을 보이게 된다는 문제가 나타나게 된다. 따라서 이런 경우에 식 (13.20)의 F 공식은 작은 값을 산출하게 된다. 따라서 실제로는 차이가 있음에도 불구하고 차이가 없다는 결론을 유도할 수 있다.*

이 경우에 무작위블록설계라는 실험설계법을 사용하게 된다. 이 방법의 목적은 MSE의 변동과 같은 분산의 외생변수 효과를 통제하는 것이다. 실제 오차 분산을 예측하는데 더욱 효과적이며 처리간 평균간의 차이를 검정하는데도 뛰어난 것으로 알려지고 있다. 이에 대한 사례로 항공 관제사의 스트레스에 대한 연구를 활용한다.

항공관제사 스트레스 연구

항공 관제사들의 피곤함과 스트레스 수준을 조사를 통해 근무지의 수정과 재설계에 대한 의견이 제시되었다. 근무지에 대한 몇 가지 설계안들을 검토하고 난 다음에 스트레스를 가장 줄일 수 있는 세 가지 대안이 최종적으로 선정되었다. 중요한 사안은 얼마나 관제사들의 스트레스를 줄일 수 있는가? 이를 확인하기 위해 세 가지 대안에 대한 스트레스 수준을 측정하는 실험 설계가 필요하게 된다.

완전무작위설계에서 관제사들에 대한 무작위 표본추출이 각 근무지에 할당된다. 그러나 관제사들은 스트레스 상황을 다루기 위한 능력에서 본질적으로 차이가 있다고 믿고 있다. 어떤 관제사에게는 가장 심각한 스트레스인데 다른 관제사에게는 적당한 수준 혹은 미약한 수준의 스트레스가 될 수 있는 것이다. 따라서 그룹내 분산(MSE)를 고려할 때, 이러한 변동이 무작위 오차와 개인적 관제사의 차이에 따른 오차가 함께 포함되어 있다는 것을 인식하고 있어야 한다. 실제로 관리자들은 관제사들의 변동이 MSE의 수준에 가장 크게 영향을 미칠 것이라고 믿고 있다.**

---

* 완전무작위설계는 실험 대상이 동질적인 경우에 사용한다. 만약에 이질적이라고 한다면 블록(blocking)이 동질적 그룹을 만들기 위해 사용된다.

** 경영분야의 실험 설계는 이질적인 개체를 포함하는 경우가 많으며, 이에 따라 무작위블록설계가 사용되어지고 있다.

DATA *file* AirTraffic

표 13.5 항공 관제사 스트레스 검정을 위한 무작위블록설계

		처리		
		시스템 A	시스템 B	시스템 C
블록	항공 관제사 1	15	15	18
	항공 관제사 2	14	14	14
	항공 관제사 3	10	11	15
	항공 관제사 4	13	12	17
	항공 관제사 5	16	13	16
	항공 관제사 6	13	13	13

개인간 차이의 효과를 분리하는 한 가지 방법은 무작위블록설계법을 사용하는 것이다. 이 방법은 개별 관제사의 차이에 따라 발생하는 변동성을 찾고 MSE에서 제거할 수 있도록 한다. 무작위블록설계법은 관제사들 중 단일 표본을 필요로 한다. 표본인 각 관제사들은 세 근무지 각각에서 검정이 이루어진다. 실험설계 용어로는 근무지는 요인(factor)이 되며 관제사들은 블록(block)이 된다. 세 가지 처리 혹은 근무지 요인에서의 모집단은 세 가지 근무지에 해당한다. 간단히 말하면, 근무지는 시스템 A, 시스템 B, 시스템 C로 본다.

무작위블록설계에서의 무작위의 의미는 조치(시스템)가 관제사들에게 할당되는데 무작위 순서로 이루어진다는 의미이다. 만약 모든 관제사들이 동일한 순서로 세 가지 시스템에서 검정이 된다면 시스템에서 관찰된 차이는 시스템의 차이라기보다는 검정의 순서에 의한 차이라고 볼 수 있다.

필요한 자료를 제공하기 위해, 오하이오주 오벌린(Oberlin, Ohio)에 위치한 클리블랜드 관제소에 3개의 근무지가 설치되었다. 6명의 관제사가 무작위로 선정되었고 각 시스템의 작동을 위해 할당되었다. 참가자들을 위해 추가의 인터뷰와 메디컬 테스트가 진행되었고 이를 통하여 각 시스템에서의 각 관제사 스트레스를 측정할 수 있었다. 자료는 표 13.5에 제시되어 있다.

표 13.6에서는 수집된 스트레스 자료의 요약이 제시되어 있다. 이 표에서 분산분석을 위한 제곱합 계산을 위한 표본평균뿐만 아니라 열 합계(처리)와 행 합계(블록)를 확인할 수 있다. 낮은 스트레스 수준이 더 좋은 상황을 보여주는 것이기 때문에, 표본 자료에서는 시스템 B가 스트레스 수준 평균 13으로 나은 상황을 보이고 있다. 그러나 여전히 의문점은 남는다. 표본의 결과로 세 시스템의 모평균 스트레스 수준에 차이가 있다고 말할 수 있는가? 통계적으로 유의한 수준의 차이가 있다고 볼 수 있는가? 완전무작위설계를 위해서 수행된 분산분석과 유사한 절차가 이러한 통계적 의문점을 해결하기 위해 수행되어진다.

표 13.6 항공 관제소 스트레스 검정을 위한 스트레스 자료의 요약

		처리				
		시스템 A	시스템 B	시스템 C	열 혹은 블록합	블록 평균
블록	항공 관제사 1	15	15	18	48	$\bar{x}_{1.} = 48/3 = 16.0$
	항공 관제사 2	14	14	14	42	$\bar{x}_{2.} = 42/3 = 14.0$
	항공 관제사 3	10	11	15	36	$\bar{x}_{3.} = 36/3 = 12.0$
	항공 관제사 4	13	12	17	42	$\bar{x}_{4.} = 42/3 = 14.0$
	항공 관제사 5	16	13	16	45	$\bar{x}_{5.} = 45/3 = 15.0$
	항공 관제사 6	13	13	13	39	$\bar{x}_{6.} = 39/3 = 13.0$
열 혹은 처리합		81	78	93	252	$\bar{\bar{x}} = \frac{252}{18} = 14.0$
처리 평균		$\bar{x}_{.1} = \frac{81}{6} = 13.5$	$\bar{x}_{.2} = \frac{78}{6} = 13.0$	$\bar{x}_{.3} = \frac{93}{6} = 15.5$		

분산분석 절차

무작위블록설계를 위한 분산분석 절차에서는 SST(제곱합)에 대하여 SSTR(처리 제곱합), SSBL(블록 제곱합), SSE(오차 제곱합)로의 분할을 필요로한다. 이러한 분할을 공식으로 표시하면 다음과 같다.

$$\text{SST} = \text{SSTR} + \text{SSBL} + \text{SSE} \tag{13.21}$$

제곱합의 분할은 표 13.7과 같이 무작위블록설계에서의 분산분석표에 제시되어진다. 기호는 다음과 같다.

k = 처리의 수
b = 블록의 수
n_T = 전체 표본수($n_T = kb$)

표 13.7 k개 처리와 b개의 블록에서의 무작위블록설계 분산분석표

변동 요인	제곱합	자유도	평균 제곱	F	p값
처리	SSTR	$k-1$	$\text{MSTR} = \frac{\text{SSTR}}{k-1}$	$\frac{\text{MSTR}}{\text{MSE}}$	
블록	SSBL	$b-1$	$\text{MSBL} = \frac{\text{SSBL}}{b-1}$		
오차	SSE	$(k-1)(b-1)$	$\text{MSE} = \frac{\text{SSE}}{(k-1)(b-1)}$		
전체	SST	$n_T - 1$			

분산분석표에서는 어떻게 $n_T = 1$의 전체 자유도가 처리에서는 $k-1$의 자유도를 보이고 블록에서는 $(b-1)$을 보이며 오차에서는 $(k-1)(b-1)$의 자유도로 분할되는 것을 보인다. 평균제곱 열에서는 자유도로 나누어진 제곱합을 보이며 $F = \text{MSTR}/\text{MSE}$는 처리평균간의 통계적 차이를 검정하기 위한 F값을 보이게 된다. 무작위블록설계의 가장 큰 기여점은 포함된 블록들로 MSE에서 개별 관제사의 차이 정도를 제거할 수 있다는 것이며 3개 대안들 간의 스트레스 차이 검정을 더욱 잘 진행할 수 있다는 것이다.

계산과 결론

무작위블록설계를 통한 처리 평균 간의 차이를 검정하기 위한 F통계량을 계산하기 위해서는 MSTR과 MSE를 계산할 필요가 있다. 이러한 두 가지 평균제곱을 구하기 위해 SSTR과 SSE를 먼저 구해야 한다. 이러한 과정을 통해 SSBL과 SST를 구할 수 있다. 간단히 설명하기 위해 4단계로 요약할 수 있다. 앞에서 언급한 k, b, n_T 외에 다음과 같이 용어를 정의한다.

x_{ij}: 블록 i에서 처리 j에 해당하는 관찰치
$\bar{x}_{\cdot j}$: j번째 처리의 표본평균
$\bar{x}_{i\cdot}$: i번째 블록의 표본평균
$\bar{\bar{x}}$: 전체 표본평균

1단계: 전체 제곱합(SST)을 계산한다

$$\text{SST} = \sum_{i=1}^{b}\sum_{j=1}^{k}(x_{ij} - \bar{\bar{x}})^2 \tag{13.22}$$

2단계: 처리 제곱합(SSTR)을 계산한다

$$\text{SSTR} = b\sum_{j=1}^{k}(\bar{x}_{\cdot j} - \bar{\bar{x}})^2 \tag{13.23}$$

3단계: 블록 제곱합(SSBL)을 계산한다.

$$\text{SSBL} = k\sum_{i=1}^{b}(\bar{x}_{i\cdot} - \bar{\bar{x}})^2 \tag{13.24}$$

4단계: 오차 제곱합(SSE)을 계산한다

$$\text{SSE} = \text{SST} - \text{SSTR} - \text{SSBL} \tag{13.25}$$

항공 관제사에 대하여 표 13.6을 통해, 이러한 단계들을 통해 다음과 같이 계산이 이루어진다.

표 13.8 항공 관제사 스트레스 테스트에 대한 분산분석표

변동 요소	제곱합	자유도	평균 제곱	*F*	*p*값
처리	21	2	10.5	10.5/1.9 = 5.53	0.024
블록	30	5	6.0		
오차	19	10	1.9		
전체	70	17			

1단계: SST $= (15 - 14)^2 + (15 - 14)^2 + (18 - 14)^2 + \cdots + (13 - 14)^2 = 70$

2단계: SSTR $= 6[(13.5 - 14)^2 + (13.0 - 14)^2 + (15.5 - 14)^2] = 21$

3단계: SSBL $= 3[(16 - 14)^2 + (14 - 14)^2 + (12 - 14)^2 + (14 - 14)^2 + (15 - 14)^2 + (13 - 14)^2] = 30$

4단계: SSE $= 70 - 21 - 30 = 19$

이러한 제곱합들은 각각의 자유도에 의해 나누어진 값들이 표 13.8에 제시되어 있다. 유의수준 0.05에서 가설검정을 진행해 보기로 하자. 검정통계량은 다음과 같다.

$$F = \frac{\text{MSTR}}{\text{MSE}} = \frac{10.5}{1.9} = 5.53$$

분자의 자유도는 $k - 1 = 3 - 1 = 2$이고 분모의 자유도는 $(k-1)(b-1) = (3-1)(6-1) = 10$이 된다. 검정통계량 값이 큰 경우에 귀무가설을 기각할 수 있으므로 p값은 F분포에서의 F값인 5.53에 대하여 오른쪽에 위치하게 된다. 부록 B의 Table 4를 통해 자유도2와 4의 교차를 통해 $F = 5.53$은 $F_{0.025} = 5.46$과 $F_{0.01} = 7.56$의 사이에 위치한다는 것을 확인할 수 있다. 통계 소프트웨어를 통해 $F = 5.53$에서의 정확한 p값이 0.024라는 것을 알 수 있다. 이 값은 유의수준보다 작은 값을 보이므로 귀무가설(H_0: $\mu_1 = \mu_2 = \mu_3$)을 기각하게 된다. 모평균 스트레스 수준은 세 대안에서 차이가 있다는 결론을 내리게 된다.

여기에서 제시한 실험 설계는 완전블록설계인데 여기에서 완전이라는 의미는 각 블록이 모든 k개의 처리를 포함한다는 의미이다. 모든 관제소(블록)는 세 가지(처리)에 의해 검정되고 있다.

모든 처리가 각 블록에 적용되지 않는 경우는 불완전블록설계라고 칭하고 있다. 불완전블록설계에 대한 설명은 본서의 설명 범위를 벗어나는 것이다.

항공 관제소의 각 관제사의 스트레스 수준은 세 시스템 모두에서 사용되어지는 것이 요구되고 있으며 이러한 접근법은 완전블록설계의 성격을 보여주는 것이다. 몇몇의 경우에 블로킹이 각 블록내의 유사한 실험 개체에 의해 진행되기도 한다. 예를 들어 항공 관제사들에 대한 사전 조사의 경우를 본다면, 관제사들의 모집단은 극단적으로 높은 스트레스를 보이는 집단과 극단적으로 낮은 스트레스를 보이는 집단으로 나누어질 것이다.

블록킹은 각 스트레스 분류 참여자들에서 세 명의 관제사에서도 나타날 수 있다. 그 다음에 각 블록은 동일한 스트레스 그룹에서 세 사람의 관제사로 구성된다. 블록 설계에서의 무작위의 성격은 각 블록에서의 세 사람의 관제사를 세 개의 시스템에 무작위로 할당한다는 의미이다.

마지막으로 표 13.7에서 제시되는 분산분석표는 F통계량을 통해 처리효과를 보이기는 하지만 블록에 의한 차이를 보이지는 않는다. 그 이유는 실험이 단일 요인(관제소)에 대한 검정을 위해 설계되어져 있기 때문이다. 개별 스트레스 차이에 의한 블록킹은 MSE로부터의 변동성을 제거하기 위해 실행되어진다. 그러나 여기서의 사례는 스트레스의 개별 차이를 위한 구체적인 설계를 위해 진행되지는 않았다.

일부 분석가들은 $F = \text{MSB}/\text{MSE}$를 계산하여 블록의 유의성을 검정하기 위한 용도로 사용하기도 한다. 그리고 동일한 유형의 블록킹이 향후 실험에서도 필요한지를 확인하기 위한 사용하기도 한다. 그러나 만약에 개별 스트레스의 차이가 연구의 요인이라고 한다면, 전혀 다른 실험설계 방법이 이용되어야 한다. 블록에 대한 유의성 검정은 두 번째 요인에 대한 결론을 바탕으로 실행되어서는 안될 것이다.

주석 및 코멘트

무작위블록설계에서의 자유도는 완전무작위설계에서의 경우보다 작은데 그 이유는 $b-1$ 자유도는 b개의 블록에 의해 제거되기 때문이다. 만약 n이 작다면 블록에 의한 잠재적 효과는 줄어든 오차의 자유도에 따라서 실제와 다르게 되며 큰 n에서는 그 효과가 줄어들게 된다.

연습문제

기본문제

21. 무작위블록설계를 통한 실험 결과가 다음과 같다. 분산분석표를 만들기 위해 필요한 계산 결과를 제시하시오.

		처리		
		A	B	C
블록	1	10	9	8
	2	12	6	5
	3	18	15	14
	4	20	18	18
	5	8	7	8

$\alpha = 0.05$에서 유의한 차이가 있는지 검정하시오.

22. 다음은 5개의 처리와 3개의 블록을 통해 진행된 무작위블록설계에서의 결과이다. SST=430, SSTR = 310, SSBL = 85이다. 분산분석표를 작성하고 차이에 대한 유의성을 $\alpha = 0.05$에서 검정하시오.

23. 4개의 처리와 8개의 블록에 대한 실험이 진행되었다. 다음의 분산분석표를 완성하시오.

변동요소	제곱합	자유도	평균제곱	*F*
처리	900			
블록	400			
오차				
전체	1800			

적용문제

24. **자동차 튜닝업.** 자동차 딜러는 자동차 엔진의 경미한 튜닝을 위해 컴퓨터 작업 분석기와 전기적 작업 분석기를 통해 어느 정도의 소요시간이 소요되는지 확인하고자 하였다. 자동차 튜닝 시간은 소형차, 중간급, 대형차에서 다양하기 때문에 세 종류의 차량이 블록으로 사용되었다. 자료는 다음과 같이 수집되었다.

		분석기	
		컴퓨터 작업 분석기	전기적 작업 분석기
자동차	소형차	50	42
	중간급차	55	44
	대형차	63	46

$\alpha = 0.05$를 통해 차이의 유의성을 검정하시오.

25. **여행 웹사이트에서의 항공료.** 항공료 가격은 여행사 웹사이트에 따라서 다를까? 다음 자료는 2020년 12월 여행사 웹사이트를 통해 수집된 항공료 가격 자료이다. 편도 가격을 기준으로 수집된 것이며 블록은 운항되는 도시간이며 처리는 여행사 웹사이트이다. $\alpha = 0.05$를 통해 세 군데 여행사 웹사이트에서 편도 항공료에 유의한 차이가 있다고 볼 수 있는지 검정하시오.

DATA*file* Airfares

	웹사이트		
편도 구간	익스피디아($)	트립어드바이저($)	프라이스라인($)
애틀란타에서 시애틀	302	202	349
뉴욕에서 로스앤젤레스	338	273	356
클리블랜드에서 올랜도	53	50	58
달라스에서 인디애나폴리스	177	190	177

26. **SAT 성적.** SAT 시험에서는 읽기, 수학, 쓰기의 세 가지 평가영역이 있다. 각 영역은 800점 만점이다. 6명 학생의 SAT 점수 표본은 다음과 같다.

DATA*file* SATScores

학생	읽기	수학	쓰기
1	526	534	530
2	594	590	586
3	465	464	445
4	561	566	553
5	436	478	430
6	430	458	420

a. $\alpha = 0.05$를 통해 세 가지 SAT 평가영역에서 성적 간에 유의한 차이가 있는가?

b. 어떤 영역이 가장 어려워하는 것으로 확인되었는지 그 이유를 설명하시오.

27. **소비자 선호.** 2021년에는 소비재 대기업인 P&G는 180개 국가에서 65개 이상의 브랜드를 보유하고 있으며 순매출은 650억 달러, 고객 수는 50억 명 이상이다. P&G와 같은 회사는 어떻게 그렇게 많은 성공적인 소비자를 창출할 수 있었을까? 소비자들이 무엇을 원하는지 파악하고 연구 개발에 효과적으로 투자하고 있다. 소비자 선호도를 결정하는 데 사용되는 한 가지 방법은 컨조인트 분석이다. 컨조인트 분석을 통해 기업은 특정 제품의 대하여 소비자들의 프로파일을 제시할 수 있다. 효용이 높을수록 응답자는 특정 제품의 디자인을 더욱 선호한다고 볼 수 있다. 컨조인트 분석을 통해 다음과 같은 추정 효용(더 높은 것이 선호됨)을 파악하였다고 보자. 세 가지 다른 설계의 새로운 미백 치약을 대상으로 하였다.

DATA*file* Toothpaste

	효용		
응답자	설계 A	설계 B	설계 C
1	24.6	34.6	28.6
2	31.4	31.6	33.7
3	31.8	20.4	27.6
4	15.4	26.6	24.9
5	20.7	18.5	18.0
6	41.0	34.2	44.6
7	27.1	22.7	27.1
8	20.2	22.0	27.7
9	31.6	29.6	31.1
10	24.4	29.2	29.1

0.05의 유의수준에서 유의한 차이가 있는지 검정하시오.

13.5 요인 실험

지금까지 설명한 실험설계를 통해 하나의 요인에 대한 통계적 결과를 얻을 수 있었다. 한 가지 요인에 대해. 그러나 경우에 따라서는 하나 이상의 변수나 요인에 대하여 통계적 결론을 내리고 싶을 수 있다. 요인 실험은 둘 이상의 요인에 대해 동시에 결론을 내릴 수 있는 실험 설계입다. 요인(factorial)이라는 용어가 사용되는 이유는 요인들 간의 가능한 모든 조합이 포함되기 때문이다. 예를 들어, 요인 A에서의 수준 a의 경우 요인 B의 수준 b에 대한 실험에서 ab 처리 조합에 대한 자료 수집이 포함된다. 이번 절에서 2요인 요인 실험에 대한 분석을 제시할 것이다. 사례로 활용한 분석은 경영대학원 입학 시험(GMAT)과 관련된 표준화된 시험이며 이를 통해 경영 대학원에서 지원자의 대학원 진학 능력을 평가하고 있다.

텍사스 대학에서는 학생들의 GMAT 성적 향상을 위해 다음 세 가지 GMAT 준비 프로그램 제공을 고려하고 있다.

1. GMAT에서 다루어지는 일반적인 질문 유형을 다루는 3시간의 검토 세션
2. 관련 시험 자료와 샘플 시험에 대한 응시 및 채점을 다루는 1일 프로그램
3. 각 학생의 약점을 파악하고 개선을 위한 개별화된 프로그램을 실행하는 10주 집중 과정

따라서 본 연구의 한 요인은 GMAT 준비 프로그램이며 세 가지 처리로 구성된다: 3시간 검토, 1일 프로그램, 10주 과정이 된다. 채택할 준비 프로그램을 선택하기 전에 제안된 프로그램이 GMAT 점수에 어떤 영향을 미치는지 파악하기 위한 추가 연구가 수행될 예정이다. GMAT는 일반적으로 경영대학, 공과대학과 예술과학대학의 학부 학생들이 준비하고 있다. 그러므로 따라서 두 번째 요인은 세 가지 처리를 포함하게 된다. 경영대학, 공과대학, 예술과학대학이다. 따라서 이 실험을 위한 요인 설계는 요인 A인 준비 프로그램에 대하여 3개의 처리가 있으며 요인 B인 단과대학에서는 3개의 처리가 있어 $3 \times 3 =$ 9개의 처리 조합이 가능해진다. 이러한 조합에 대한 내용은 표 13.9에 제시되어 있다.

표 13.9에서 두 명의 학생 표본이 9개의 조합에서 선택된다고 가정해보자. 경영대학 학생 2명은 3시간 검토 세션과 1일 프로그램을 수강하게 된다. 또한 두 명의 공대생과 두

표 13.9 2요인 GMAT 에 대한 3요인 실험에서의 9개의 처리 조합

		요인 B: 단과대학		
		경영대학	공과대학	예술과학대학
요인 A: 준비 프로그램	3시간 검토	1	2	3
	1일 프로그램	4	5	6
	10주 과정	7	8	9

DATA *file* GMATStudy

표 13.10 2요인 실험에서의 GMAT 시험 성적

		요인 B: 단과대학		
		경영대학	**공과대학**	**예술과학대학**
요인 A: 준비 프로그램	**3시간 검토**	500	540	480
		580	460	400
	1일 프로그램	460	560	420
		540	620	480
	10주 과정	560	600	480
		600	580	410

명의 예술 과학대학 학생이 각 과목을 수강하게 된다. 각 처리 조합에 대한 표본 크기는 실험설계 용어를 사용하면 2개의 복제가 이뤄졌다고 한다.

추가의 복제와 더 많은 표본이 사용이 될 수 있지만 여기서는 계산의 최소화에 초점을 두기로 한다. 이 실험 설계에는 대학원에 진학할 계획인 각 단과대학에서 각 6명씩 무작위로 선정되며 그중에서 각각 2명씩 선정되어 그 결과 총 분석에 활용된 학생은 총 18명이다.

무작위로 선정된 학생들이 준비 프로그램에 참여하고 GMAT를 치렀다고 가정해 보자. 이에 따른 결과는 표 13.10에 제시되어 있다.

표 13.10을 통한 분석계산을 통해 다음과 같은 질문에 답을 제시할 수 있다.

- **주요인 효과(요인 A)**: 준비 프로그램에 따라서 GMAT시험 점수 차이에 영향을 미치는가?
- **주요인 효과(요인 B)**: 단과대학의 소속에 따라서 GMAT시험 점수 차이에 영향을 미치는가?
- **상호작용효과(요인 A와 B)**: 어떤 단과대학 소속 학생이 특정 프로그램을 이수했을 때 다른 학생들이 다른 유형의 프로그램을 이수한 경우에 비하여 높은 점수를 받고 있는가?

상호작용 효과는 처음으로 언급되는 효과라고 할 수 있다. 만약에 상호작용효과가 GMAT 시험 점수에 유의한 영향력을 미치면 준비 프로그램의 형태에 따른 영향력은 단과대학 소속에 관계가 있다고 결론내리게 된다.

분산분석 절차

2요인 실험설계를 위한 분석분석 절차는 SST를 4개 그룹으로 분할하는 과정이 필요하다. 요인 A에 대한 제곱합(SSA), 요인 B에 대한 제곱합(SSB), 상호작용에 대한 제곱합(SSAB), 오차 제곱합(SSE)으로 분할된다. 이를 공식으로 제시하면 다음과 같다.

표 13.11 r번 복제를 보이는 2요인 요인실험에 대한 분산분석표

변동 요인	제곱합	자유도	평균 제곱	F	p값
요인 A	SSA	$a-1$	$\text{MSA} = \dfrac{\text{SSA}}{a-1}$	$\dfrac{\text{MSA}}{\text{MSE}}$	
요인 B	SSB	$b-1$	$\text{MSB} = \dfrac{\text{SSB}}{b-1}$	$\dfrac{\text{MSB}}{\text{MSE}}$	
상호작용	SSAB	$(a-1)(b-1)$	$\text{MSAB} = \dfrac{\text{SSAB}}{(a-1)(b-1)}$	$\dfrac{\text{MSAB}}{\text{MSE}}$	
오차	SSE	$ab(r-1)$	$\text{MSE} = \dfrac{\text{SSE}}{ab(r-1)}$		
전체	SST	n_T-1			

$$\text{SST} = \text{SSA} + \text{SSB} + \text{SSAB} + \text{SSE} \quad \textbf{(13.26)}$$

제곱합의 분할과 자유도는 표 13.11에 정리되어 있으며 다음과 같은 용어를 사용한다.

a = 요인 A의 수준 수
b = 요인 B의 수준 수
r = 복제의 수
n_T = 실험에서 관측 총 수, $n_T = abr$

계산과 결과

요인 A와 요인 B 그리고 상호작용 효과의 유의성을 검정하기 위한 F통계량을 계산하기 위해서는 MSA, MSB, MSAB, MSE를 계산할 필요가 있다. 이러한 네 가지 평균제곱을 구하기 위해 SSA, SSB, SSAB, SSE를 먼저 구해야 한다. 이러한 과정을 통해 SST를 구할 수 있다. 간단히 설명하기 위해 5단계로 요약할 수 있다. 앞에서 언급한 a, b, r 외에 다음과 같이 용어를 정의한다.

x_{ijk}: 요인 A의 i 처리와 요인 B의 j 처리에 해당하는 k번째 복제 관측치
$\bar{x}_{i\cdot}$: i번째 처리의 표본평균(요인 A)
$\bar{x}_{\cdot j}$: j번째 처리의 표본평균 (요인 B)
$\bar{x}_{ij}$: 처리 i와 처리 j의 조합에서의 관측치의 평균
$\bar{\bar{x}}$: 모든 n_T의 전체 표본평균

1단계: 전체 제곱합(SST)을 계산한다

$$\text{SST} = \sum_{i=1}^{a}\sum_{j=1}^{b}\sum_{k=1}^{r}(x_{ijk} - \bar{\bar{x}})^2 \quad \textbf{(13.27)}$$

2단계: 요인 A의 제곱합을 계산한다

$$\text{SSA} = br\sum_{i=1}^{a}(\bar{x}_{i\cdot} - \bar{\bar{x}})^2 \tag{13.28}$$

3단계: 요인 A의 제곱합을 계산한다

$$\text{SSB} = ar\sum_{j=1}^{b}(\bar{x}_{\cdot j} - \bar{\bar{x}})^2 \tag{13.29}$$

4단계: 상호작용의 제곱합을 계산한다.

$$\text{SSAB} = r\sum_{i=1}^{a}\sum_{j=1}^{b}(\bar{x}_{ij} - \bar{x}_{i\cdot} - \bar{x}_{\cdot j} + \bar{\bar{x}})^2 \tag{13.30}$$

5단계: 오차 제곱합을 계산한다

$$\text{SSE} = \text{SST} - \text{SSA} - \text{SSB} - \text{SSAB} \tag{13.31}$$

이 사례에 대해 표 13.12를 통해 다양한 제곱합을 계산할 수 있는 다양한 합계값을 확인할 수 있다.

식 (13.27)부터 (13.31)까지의 공식을 활용하여 다음과 같이 GMAT 2요인 실험에 대한 제곱합들을 계산할 수 있다.

1단계: $\text{SST} = (500 - 515)^2 + (580 - 515)^2 + (540 - 515)^2 + \cdots + (410 - 515)^2 = 82{,}450$

2단계: $\text{SSA} = (3)(2)[(493.33 - 515)^2 + (513.33 - 515)^2 + (538.33 - 515)^2] = 6100$

3단계: $\text{SSB} = (3)(2)[(540 - 515)^2 + (560 - 515)^2 + (445 - 515)^2] = 45{,}300$

4단계: $\text{SSAB} = 2[(540 - 493.33 - 540 + 515)^2 + (500 - 493.33 - 560 + 515)^2 + \cdots + (445 - 538.33 - 445 + 515)^2] = 11{,}200$

4단계: $\text{SSE} = 82{,}450 - 6100 - 45{,}300 - 11{,}200 = 19{,}850$

이러한 제곱합들은 각각의 자유도에 의해 나누어진 값들이 두 개의 주효과(단과대학과 프로그램)와 상호작용 효과를 검정하기 위한 평균제곱 값을 계산하는데 활용되어진다.

계산과정이 표본의 수가 많아지거나 요인의 수가 늘어나게 되면 복잡해지기 때문에 컴퓨터를 활용하여 앞에서의 제곱합과 가설검정을 위한 p값을 계산하게 된다.

표 13.13에서 GMAT 시험 점수에 대한 2요인설계에 대한 분산분석표를 보이고 있다. $\alpha = 0.05$를 사용하여 2요인 GMAT 점수에 대한 가설검정을 진행한다.

유의수준 0.05에서 가설검정을 진행해 보기로 하자. 검정통계량은 다음과 같다.

세 가지 준비 프로그램의 차이에 대한 p값은 F분포에서의 0.299이다. 0.299라는 p값은 $\alpha = 0.05$보다 큰 값이므로 세 가지 프로그램(요인 A)에 따른 GMAT 점수에 대한 유의

표 13.12 2요인 처리에 대한 GMAT 요약 자료

		요인 B: 단과대학				
	(처리제곱 전체 →)	**경영대학**	**공과대학**	**예술과학대학**	**행 합계**	**요인 A 평균**
요인 A: 준비프로그램	**3시간 검토**	500 580 1080 $\bar{x}_{11} = \frac{1080}{2} = 540$	540 460 1000 $\bar{x}_{12} = \frac{1000}{2} = 500$	480 400 880 $\bar{x}_{13} = \frac{880}{2} = 440$	2960	$\bar{x}_{1\cdot} = \frac{2960}{6} = 493.33$
	1일 프로그램	460 540 1000 $\bar{x}_{21} = \frac{1000}{2} = 500$	560 620 1180 $\bar{x}_{22} = \frac{1180}{2} = 590$	420 480 900 $\bar{x}_{23} = \frac{900}{2} = 450$	3080	$\bar{x}_{2\cdot} = \frac{3080}{6} = 513.33$
	10주 과정	560 600 1160 $\bar{x}_{31} = \frac{1160}{2} = 580$	600 580 1180 $\bar{x}_{32} = \frac{1180}{2} = 590$	480 410 890 $\bar{x}_{33} = \frac{890}{2} = 445$	3230	$\bar{x}_{3\cdot} = \frac{3230}{6} = 538.33$
열 합계		3240	3360	2670	9270	← Overall total
요인 B 평균		$\bar{x}_{\cdot 1} = \frac{3240}{6} = 540$	$\bar{x}_{\cdot 2} = \frac{3360}{6} = 560$	$\bar{x}_{\cdot 3} = \frac{2670}{6} = 445$	$\bar{\bar{x}} = \frac{9270}{18} = 515$	

표 13.13 2요인 설계에 따른 결과

요소	자유도	제곱합	평균제곱	*F*	*p*값
요인 A	2	6,100	3,050	1.38	0.299
요인 B	2	45,300	22,650	10.27	0.005
상호작용	4	11,200	2,800	1.27	0.350
오차	9	19,850	2,206		
전체	17	82,450			

한 차이가 없다고 결론내린다. 그러나 단과대학(요인 B)에 대해서는 p값이 0.005로 p값은 $\alpha = 0.05$보다 작으므로 세 개 단과대학에 따라서 GMAT 점수는 유의한 차이가 있다고 결론내린다. 0.350의 상호작용에 대한 p값이 계산되며 p값은 $\alpha = 0.05$보다 크므로 상호작용 효과는 유의하지 않은 것으로 결론이 난다. 따라서 본 과정을 통해 준비 프로그램이 상이한 단과대학으로부터의 학생들의 응시 능력에서 영행을 미칠 수 있다는 점은 올바른 의사결정이 아니라는 것을 보인다.

단과대학은 유의한 요인이라는 것을 확인할 수 있다. 표 13.12의 계산을 확인해보면, 표본평균은 다음과 같다. 경영대학 학생 540, 공과대학 학생 560, 예술과학대학 학생 445이다. 개별 처리평균은 계산될 수 있지만 세 개 표본평균을 확인한 후 경영대학 및 공과대학 졸업생 간에 차이가 없음을 알 수 있다. 그러나 예술과학 학생들의 경우에는 경영대학과 공과대학에 비하여 GMAT 점수가 낮다는 것을 알 수 있다. 이러한 결과는 대학으로 하여금 단과대학 학생들의 지원에 대한 정책 수립에 영향을 미칠 수 있다.

연습문제

기본문제

28. 2개의 수준을 가지는 요인 A와 3개의 수준을 가지는 요인 B가 있는 2요인 실험에 대하여 다음과 같은 결과가 있다.

		요인 B		
		수준 1	수준 2	수준 3
요인 A	수준 1	135	90	75
		165	66	93
	수준 2	125	127	120
		95	105	136

주효과와 상호작용 효과를 $\alpha = 0.05$에서 검정하시오.

적용문제

30. **모바일 앱 웹사이트 디자인.** 2018년 연구에 따르면 사용자가 모바일 장치에서 웹사이트를 탐색할 때부터 기본 웹사이트로 이동할 때까지 평균 경과 시간은 14.6초였다. 이는 2017년보다 20% 이상 증가한 수치다(searchenginejournal.com). 어떤 웹사이트에서든 반응성은 확실히 중요한 특징이며 모바일 기기에서는 더욱 중요하다. 모바일 장치가 소비자들에게 더 매력적이기 위해 웹 디자인 요소에서 무엇을 더 고려해야만 할까? 무엇보다도 탐색 메뉴 배치 및 필수 텍스트 입력량이 될 것이다. 다음 데이터는 무작위로 선정된 학생들이 미리 지정된 작업을 서로 다른 탐색 메뉴 배치와 필수 텍스트 입력 양의 조합에 따른 시간(분)을 보이고 있다.

DATA *file* MobileApps

		필수 텍스트 입력 양	
		낮음	높음
탐색 메뉴 배치	오른쪽	8	12
		12	8
	가운데	22	36
		14	20
	왼쪽	10	18
		18	14

분산분석 절차를 활용하여 탐색메뉴 위치와 필수입력 텍스트에 의한 유의한 영향력이 있는지 요인 설계를 진행하시오($\alpha = 0.05$)

31. **놀이공원 대기.** 놀이공원에서는 대기시간(분)을 줄이기 위해 놀이시설 로딩과 언로딩 방법을 통해 조사를 진행하였다. 이들 두 가지 방법이 모두 제안되었다. 탑승의 두 가지 방법의 잠재적인 차이점을 설명하기 위한 놀이시설 각각과 상호작용 효과를 확인하기 위해서 요인실험이 계획되었다. 로딩과 언로딩 방법과 놀이시설, 상호작용에 따른 영향력을 검정하시오($\alpha = 0.05$).

	놀이시설		
	롤러코스터	스크리밍 데몬	통나무 프룸
방법 1	41	52	50
	43	44	46
방법 2	49	50	48
	51	46	44

32. 자동차 연료 효율성. 하이브리드 자동차와 전통적 내연기관의 비교를 위한 연구의 일환으로 컨슈머리포터(Consumer Reports)에서는 다양한 등급의 하이브리드 자동차와 가솔린 연료 자동차 그리고 SUV 자동차를 비교하였다. 다음의 자료에서는 연비 결과를 보이고 있다. 컨슈머리포터에서는 2개의 소형 하이브리드 자동차와 2개의 중형 하이브리드 자동차, 2개의 하이브리드 소형 SUV, 2개의 하이브리그 중형 SUV를 선정하였으며 8개의 전통적 가솔린 자동차에 대한 자료도 포함되어 있다.

DATA*file* HybridTest

자동차회사/모델명	등급	차량형태	연비(MPG)
Honda Civic	Small Car	Hybrid	37
Honda Civic	Small Car	Conventional	28
Toyota Prius	Small Car	Hybrid	44
Toyota Corolla	Small Car	Conventional	32
Chevrolet Malibu	Midsize Car	Hybrid	27
Chevrolet Malibu	Midsize Car	Conventional	23
Nissan Altima	Midsize Car	Hybrid	32
Nissan Altima	Midsize Car	Conventional	25
Ford Escape	Small SUV	Hybrid	27
Ford Escape	Small SUV	Conventional	21
Saturn Vue	Small SUV	Hybrid	28
Saturn Vue	Small SUV	Conventional	22
Lexus RX	Midsize SUV	Hybrid	23
Lexus RX	Midsize SUV	Conventional	19
Toyota Highlander	Midsize SUV	Hybrid	24
Toyota Highlander	Midsize SUV	Conventional	18

$\alpha = 0.05$ 수준에서 등급, 차량형태, 상호작용 효과에 대한 검정하시오.

33. 세금 조사. 어카운팅 리뷰(The Accounting Review)의 조사연구에서 2단계 수준의 시간 압박(낮음, 적절)과 3단계 수준의 지식(낮음, 중간, 고급)의 세금 조사에서의 중요 단어 선택 행동에 대한 분리 및 결합효과를 시행하였다. 일련의 새금 발행, 1336개 단어로 구성된 중요 단어 인덱스가 포함된 세무 사례가 조사대상인 그룹에게 제시되었다. 그들은 단어를 선택하도록 요청받았는데 세금 관련 사례들의 문제를 해결하는데 도움이 될 내용들이다. 실험에 앞서 일련의 세금 전문가들이 19개의 관련된 중요 단어들을 골라보았다. 초보 그룹의 사람들은 사전적인 지식이 전혀 없는 사람들이며 중간 그룹에 속한 사람들은 관련된 지식은 있으나 고급 지식이 없고 고급 그룹은 중간 수준의 지식과 고급 지식을 함께 보유한 사람들이다. 중간 그룹 지식은 세금 규칙과 그와 같은 규칙을 사용하는데 필요한 용어들에 대한 지식이다. 고급 지식은 세금 조사자들의 조사활동에 도움을 주는 지식으로 구성된다. 낮은 시간적 압박의 그룹은 해당 문제에 25분을 부여받은 그룹이며 이 정도 시간은 여유있는 시간 수준으로 평

가된다. 적당한 수준의 시간 압박 그룹은 11분을 부여받았다. 25개 그룹이 6개 처리조합에 대해 선정이 되었고 각 처리조합의 표본평균이 다음과 같다. 괄호 안은 표준편차이다.

		지식		
		초보	중간	고급
시간 압박	낮은	1.13 (1.12)	1.56 (1.33)	2.00 (1.54)
	적당	0.48 (0.80)	1.68 (1.36)	2.86 (1.80)

분산분석을 통해 시간압박, 지식 그리고 상호작용 효과가 유의한지를 검정하시오. 0.05의 유의수준을 통해 실행하시오. 이 실험의 전체 제곱합은 327.50이라고 가정한다.

요약

이 장에서는 세 집단 이상의 모집단 혹은 처리 간의 차이에 대한 검정을 시행하기 위해 분산분석이 어떻게 활용되는지 살펴보았다. 완전무작위실험을 소개하고 2요인 실험을 제시하였다. 완전무작위실험과 무작위블록설계는 하나의 요인이 있는 경우에 평균차이를 검정하기 위해 사용된다. 무작위 설계에서의 블록의 가장 중요한 사용목적은 오차로부터 발생하는 변동의 외생효과를 제거하기 위함이다. 그와 같은 블록은 오차 분산의 추정치를 제시하게 되고 모집단 혹은 처리 평균간의 차이에 대한 검정을 더욱 효과적으로 실행하게 한다.

분산분석에서의 통계적 검정을 위한 기초적 이론을 제시하고, 여기서의 실험설계는 두 가지 모분산의 독립 추정치를 제시한다. 단일 요인의 경우에 하나의 추정치는 처리간의 변동에 기초하며 이 추정치는 $\mu_1, \mu_2, \mu_3, \cdots, \mu_k$가 모두 동일하다면 σ^2의 불편 추정량을 제공한다. σ^2의 두 번째 추정량은 각 표본내 관측치의 변동에 기초한다. 이러한 두 개 추정치의 비율(F 비율)에 의해서, 모집단의 평균 혹은 처리들의 평균이 동일할 것이다라는 귀무가설을 기각할 수 있는지의 검정을 실시하게 된다. 여기서 제시된 모든 실험설계는 제곱합의 분할과 각 요소별 자유도를 통해 분산분석표 작성과 분석이 가능해진다. 피셔의 LSD 절차와 본페로니 테스트를 통해 어느 평균들이 차이가 있는 지에 대한 쌍별 사후검정을 소개하였다.

용어

단일요인실험 k개의 모집단이나 처리에 대해 오직 하나의 요인을 대상으로 실시되는 실험

대응변수 종속변수의 다른 용어

대조군 1종 오류 단일 쌍별비교와 관계된 1종 오류 확률

무작위블록설계 블록에 의해 진행되는 실험설계

복제 각 실험이 반복되는 횟수

분산분석표 분산분석 결과를 요약한 표. 열에는 변동요소, 제곱합, 자유도, 평균제곱, F 값을 제시한다.

분할 총제곱합과 자유도를 각 분산요소에 분할하는 과정

블록킹(blocking) 모든 처리중에서 동일 혹은 유사한 실험단위를 사용하는 절차. 블록킹의 목적은 오차로부터 발생하는 변동을 제거하고 이를 통해서 더욱 적절하게 모평균 혹은 처리 평균 간의 차이를 검정하기 위함이다.

상호작용효과 한 요인의 수준이 다른 요인의 수준에 상호 영향을 미쳐서 대응 변수에 영향력을 가지는 효과

실험군 1종 오류 몇 쌍별비교중 최소 한가지 경우의 쌍별비교와 관계된 1종 오류 확률

실험 단위 실험의 대상이 되는 요소

완전무작위설계 처리가 무작위로 실험 단위에 할당되는 실험 설계

요인 독립변수의 다른 용어

요인실험 2개 이상의 요인들에 대한 동시 발생을 허용하는 실험 설계

처리 요인의 상이한 수준

핵심공식

완전 무작위설계

처리 j의 표본평균

$$\bar{x}_j = \frac{\sum_{i=1}^{n_j} x_{ij}}{n_j} \tag{13.1}$$

처리 j의 표본분산

$$s_j^2 = \frac{\sum_{i=1}^{n_j} (x_{ij} - \bar{x}_j)^2}{n_j - 1} \tag{13.2}$$

전체 표본평균

$$\bar{\bar{x}} = \frac{\sum_{j=1}^{k} \sum_{i=1}^{n_j} x_{ij}}{n_T} \tag{13.3}$$

$$n_T = n_1 + n_2 + \cdots + n_k \tag{13.4}$$

처리에 대한 평균제곱

$$\text{MSTR} = \frac{\text{SSTR}}{k - 1} \tag{13.7}$$

처리에 대한 제곱합

$$\text{SSTR} = \sum_{j=1}^{k} n_j(\bar{x}_j - \bar{\bar{x}})^2 \tag{13.8}$$

오차에 대한 평균제곱

$$\text{MSE} = \frac{\text{SSE}}{n_T - k} \tag{13.10}$$

오차에 대한 제곱합

$$\text{SSE} = \sum_{j=1}^{k} (n_j - 1)s_j^2 \tag{13.11}$$

*k*개 모평균 동일성에 대한 검정통계량

$$F = \frac{\text{MSTR}}{\text{MSE}} \tag{13.12}$$

전체 제곱합

$$\text{SST} = \sum_{j=1}^{k} \sum_{i=1}^{n_j} (x_{ij} - \bar{\bar{x}})^2 \tag{13.13}$$

분할 제곱합

$$\text{SST} = \text{SSTR} + \text{SSE} \tag{13.14}$$

다중비교절차

피셔의 LSD 절차 검정통계량

$$t = \frac{\bar{x}_i - \bar{x}_j}{\sqrt{\text{MSE}\left(\frac{1}{n_i} + \frac{1}{n_j}\right)}} \tag{13.16}$$

피셔의 LSD

$$\text{LSD} = t_{\alpha/2}\sqrt{\text{MSE}\left(\frac{1}{n_i}+\frac{1}{n_j}\right)} \tag{13.17}$$

무작위 블록설계

전체 제곱합

$$\text{SST} = \sum_{i=1}^{b}\sum_{j=1}^{k}(x_{ij}-\bar{\bar{x}})^2 \tag{13.22}$$

처리 제곱합

$$\text{SSTR} = b\sum_{j=1}^{k}(\bar{x}_{\cdot j}-\bar{\bar{x}})^2 \tag{13.23}$$

블록 제곱합

$$\text{SSBL} = k\sum_{i=1}^{b}(\bar{x}_{i\cdot}-\bar{\bar{x}})^2 \tag{13.24}$$

오차 제곱합

$$\text{SSE} = \text{SST} - \text{SSTR} - \text{SSBL} \tag{13.25}$$

요인 실험

전체 제곱합

$$\text{SST} = \sum_{i=1}^{a}\sum_{j=1}^{b}\sum_{k=1}^{r}(x_{ijk}-\bar{\bar{x}})^2 \tag{13.27}$$

요인 A 제곱합

$$\text{SSA} = br\sum_{i=1}^{a}(\bar{x}_{i\cdot}-\bar{\bar{x}})^2 \tag{13.28}$$

요인 B 제곱합

$$\text{SSB} = ar\sum_{j=1}^{b}(\bar{x}_{\cdot j}-\bar{\bar{x}})^2 \tag{13.29}$$

상호작용 제곱합

$$\text{SSAB} = r\sum_{i=1}^{a}\sum_{j=1}^{b}(\bar{x}_{ij}-\bar{x}_{i\cdot}-\bar{x}_{\cdot j}+\bar{\bar{x}})^2 \tag{13.30}$$

오차 제곱합

$$SSE = SST - SSA - SSB - SSAB \tag{13.31}$$

보충문제

34. 종이행주 흡수율. 완전무작위설계를 통해 세 가지 종이 행주에 대해 물 흡수력을 검사하였다. 각 상표당 4장씩 같은 크기의 행주를 사용하여 흡수성을 평가한 자료는 다음과 같다. $\alpha = 0.05$를 사용하여 상표별 종이 행주의 흡수성에 차이가 있다고 볼 수 있는가?

상표		
x	y	z
91	99	83
100	96	88
88	94	89
89	99	76

35. 직업 만족. Journal of Small Business Management에의 연구에 의하면, 자영업자들의 직업만족도는 비자영업자들보다 높지 않은 것으로 나타났다. 이 연구에서 18가지 항목으로 직업만족도를 측정하였는데 항목별로 강한 부정에서 강한 긍정까지 1~5점의 리커트 척도를 사용하였다. 이 척도에서 높은 점수는 직업만족도가 높다는 것을 의미한다. 18개 항목의 점수를 모두 더한 점수인 18~90점까지를 이용하여 직업만족도를 산출하였다. 다음은 변호사, 물리치료사, 가구제작자, 시스템 분석가 각각으로부터 10명씩을 추출하여 직업만족도를 측정한 결과이다.

DATA*file* SatisJob

변호사	물리치료사	가구제작자	시스템분석가
44	55	54	44
42	78	65	73
74	80	79	71
42	86	69	60
53	60	79	64
50	59	64	66
45	62	59	41
48	52	78	55
64	55	84	76
38	50	60	62

네 가지 직업 사이에 직업 만족도에 차이가 있는지를 $\alpha = 0.05$에서 검정하라.

36. **공기 오염도의 모니터링.** 미국 환경보호국에서는 전국 도시의 공기중 오염수준을 감독하고 있다. 오존의 오염 수준은 500점 척도를 사용하여 측정하고 있으며 점수가 낮으면 건강에 덜 해롭다는 것을 의미하고 점수가 높으면 건강을 위협하는 것을 의미한다. 다음의 자료는 네 도시에 대한 오존 오염 수준이 높았던 10일간의 자료를 제시하고 있다.

DATA *file* OzoneLevels

	도시			
날짜	버밍햄 (앨라바마 주)	멤피스 (테네시 주)	리틀락 (아칸소 주)	잭슨 (미시시피 주)
Jan 9	18	20	18	14
Jan 17	23	31	22	30
Jan 18	19	25	22	21
Jan 31	29	36	28	35
Feb 1	27	31	28	24
Feb 6	26	31	31	25
Feb 14	31	24	19	25
Feb 17	31	31	28	28
Feb 20	33	35	35	34
Feb 29	20	42	42	21

네 도시 사이에 평균 오존 농도가 다른지를 $\alpha = 0.05$를 사용하여 검정하시오.

DATA *file* Unemployment

37. **지역별 실업률.** Unemployment 파일에서는 네 지역(북동부, 중서부, 남부, 서부)에 대한 실업률 자료가 포함되어 있다. 해당 자료는 2021년 10월 자료(미국 노동부)이며 $\alpha = 0.05$를 통해 네 지역의 실업률이 동일하다고 볼 수 있는지 검정하시오.

38. **조립 방법.** 새로운 제품에 사용하기 위한 세 가지 조립방법 중 시간당 가장 많은 부품을 생산하는 조립방법을 결정하기 위해 완전무작위실험설계를 진행하였다. 30명의 작업자를 무작위로 선정하여 제안된 방법에 각각 할당하였으며 작업자가 생산한 수량은 다음과 같다.

DATA *file* Assembly

	방법	
A	B	C
97	93	99
73	100	94
93	93	87
100	55	66
73	77	59
91	91	75
100	85	84
86	73	72
92	90	88
95	83	86

각 방법으로 생산한 평균 부품 수량이 동일한지 $\alpha = 0.05$를 사용하여 검정하시오.

39. **기술기업에 대한 규제.** 2021년에 Pew연구소에서는 56%의 미국 시민들이 거대기술기업이 현재보다 더 규제를 받아야 한다고 믿고 있다고 조사결과를 발표하였다. 정치적 성향을 구분하여 다음과 같이 표본자료를 수집하였고 수치가 강할수록 규제에 대한 찬성수준이 높다고 본다.

DATA file TechRegulation

공화당	중립	민주당
4	6	5
5	3	7
6	5	5
3	4	7
3	3	4
4	6	6
5	5	5
4	5	7

a. $\alpha = 0.05$를 통해 세 그룹의 정치적 성향에 따라서 더욱 강한 규제가 필요하다는 의견에의 차이가 있다고 볼 수 있는지 검정하시오

b. 피셔 LSD절차를 통해 공화당 지지자와 민주당 지지자의 차이가 있는 검정하시오.

40. **가솔린자동차 브랜드별 연비 효율성.** 조사기관을 통해 기솔린 자동차 브랜드 세 곳에 대한 연비(mpg) 측정이 진행되었다. 브랜드에 따라서 5대의 자동차가 선정되었고 실험에서는 블록이 되어 검정이 진행되었다. 실험 결과는 다음과 같다.

		가솔린 브랜드		
		I	II	III
자동차	A	18	21	20
	B	24	26	27
	C	30	29	34
	D	22	25	24
	E	20	23	24

a. $\alpha = 0.05$에서 세 개 브랜드간 연비수준에 있어 유의한 차이가 있다고 볼 수 있는가?

b. 완전무작위실험설계의 분산분석을 통해 실험 결과를 분석하시오. (a)에서의 결과와 비교하고 블록 효과를 제거할 때의 이점이 무엇인지 설명하시오.

41. **심야 토크쇼 시청률.** ABC방송사의 Jimmy Kimmel 라이브 쇼, NBC방송사의 Starring Jimmy Fallon쇼, CBS방송사의 The Late Show with Stephen Colbert는 대표적 심야 토

크쇼이다. 다음의 표에서는 봄 시즌의 10주 동안 시청자 수(백만 명)에 내용이 수록되어 있다(TV by Numbers website).

DATA*file* TalkShows

주	Jimmy Kimmel 라이브 쇼	Starring Jimmy Fallon쇼	The Late Show with Stephen Colbert
June 13 – June 17	2.67	3.24	2.27
June 6 – June 10	2.58	3.32	2.05
May 30 – June 3	2.64	2.66	2.08
May 23 – May 27	2.47	3.30	2.07
May 16 – May 20	1.97	3.10	2.31
May 9 – May 16	2.21	3.31	2.45
May 2 – May 6	2.12	3.20	2.57
April 25 – April 29	2.24	3.15	2.45
April 18 – April 22	2.10	2.77	2.56
April 11 – April 15	2.21	3.24	2.16

$\alpha = 0.05$에서 주별 평균 시청자의 수에서 세 개 심야 토크쇼에서 차이가 있다고 볼 수 있는지 검정하시오.

42. 골프 클럽 디자인. 골프 제작업체에서 세 가지 디자인의 새로운 드라이버를 고려하고 있다. 각 디자인들은 드라이버 헤드와 샤프트의 재질에서 약간의 차이가 있다. 이 기업에서는 드라이버에 따른 비거리의 차이를 확인하고자 한다. 12명의 PGA 투어 선수들이 각 모델들을 대상으로 테스트를 진행하였다. 선수들은 몸을 풀고 나서 무작위로 새로운 드라이버를 선택하여 스윙을 하고 비거리(야드)를 측정하였다. 다음은 그 결과를 보여주고 있다.

DATA*file* ClubHead

디자인 A	디자인 B	디자인 C
306	323	320
279	313	289
293	318	314
277	288	282
281	286	287
272	312	283
297	326	332
271	306	284
279	325	294
323	319	289
301	307	293

$\alpha = 0.05$에서 평균 비거리가 세 가지 모델에서 동일한지에 대하여 검정하시오.

43. 언어 번역. 요인 실험을 통해 2개의 자동화된 번역기를 통해 타 언어를 영어로 번역하는데 시간의 차이가 있는지 검정을 진행하였다. 번역되는 언어도 중요한 요인이므로 번역은 양 시스템에서 3개의 서로 다른 언어를 대상으로 진행되었다. 스페인어, 프랑스어, 독일어가 번역 대상 언어였다. 다음의 표에서 번역 시간(단위: 시간)이 제시되어 있다.

	언어		
	스페인어	프랑스어	독일어
시스템 1	8	10	12
	12	14	16
시스템 2	6	14	16
	10	16	22

번역기, 언어의 종류, 상호작용에 따른 번역 시간의 유의한 차이가 있다고 볼 수 있는지 $\alpha = 0.05$에서 검정하시오.

44. 불량 부품. 한 제조기업은 요인 실험을 통하여 두 기계를 통해 생산되는 부품의 불량 수에 차이가 있는지 여부와 생산되어진 부품중의 불량과 수가 각 기계의 작업에 필요한 자재가 수동으로 투입되는지 아니면 자동으로 투입이 이루어지는지에 따라 달라지는지에 대하여 검토를 진행하였다. $\alpha = 0.05$를 통해 기계, 투입시스템 그리고 이들 간의 상호작용의 효과를 검정하시오.

	투입시스템	
	수동	자동
기계 1	30	30
	34	26
기계 2	20	24
	22	28

사례연구 1: 웬트워스 메디컬 센터(Wentworth Medical Center)

65세 이상의 노인들에 대한 장기간 연구를 통해서, 뉴욕에 위치한 Wentworth 메디컬 센터의 사회학자와 내과의사들은 지리적 위치와 우울증 간의 관계성을 조사하였다. 표본으로 선정된 60명의 노인들은 비교적 건강하였으며 20명은 플로리다 지역에서, 20명은 뉴욕에서, 20명은 노스캐롤라이나 지역에서 선별하였다. 표본으로 선정된 각각은 표준화된 도구를 통해 우울증 수준을 측정하였다. 수집된 자료는 다음과 같으며 수치가 높을수록 우울증 수준이 높다고 할 수 있다. 이 자료는 Medical1 파일에서 확인할 수 있다.

전체 조사의 두 번째 부분은 관절염, 고혈압, 만성적 심장질환 등의 만성질환을 겪고 있는 65세 이상 노인들을 대상으로 지리적 위치와 우울증간의 관계성을 조사하였다. 60명의 노인들은 동일하게 플로리다 지역, 뉴욕 지역, 노스캐롤라이나 지역에서 20명씩 선정되었다. 그 결과는 다음의 자료에 제시되어져 있다. 전체 자료는 Medical2 파일에 담겨져 있다.

DATA*file* Medical1

DATA*file* Medical2

Medical1 파일의 자료			Medical2 파일의 자료		
플로리다	뉴욕	노스캐롤라이나	플로리다	뉴욕	노스캐롤라이나
3	8	10	13	14	10
7	11	7	12	9	12
7	9	3	17	15	15
3	7	5	17	12	18
8	8	11	20	16	12
8	7	8	21	24	14
8	8	4	16	18	17
5	4	3	14	14	8
5	13	7	13	15	14
2	10	8	17	17	16
6	6	8	12	20	18
2	8	7	9	11	17
6	12	3	12	23	19
6	8	9	15	19	15
9	6	8	16	17	13
7	8	12	15	14	14
5	5	6	13	9	11
4	7	3	10	14	12
7	7	8	11	13	13
3	8	11	17	11	11

경영보고서 작성

1. 두 연구의 결과를 요약하기 위해 기술통계량을 활용하시오. 우울증에 대한 결과로 볼 때 사전적으로 어떤 결론을 내릴 수 있겠는가?
2. 두 조사결과에 대하여 분산분석을 실시하시오. 각각의 경우에 가설검정 결과를 제시하시오. 통계적 결론은 무엇인가?
3. 각 처리평균값을 추론하시오. 결론을 제시하시오.

사례연구 2: 판매 전문가에 대한 보상

샌프란시스코 지역의 영업전문가로 구성된 한 지부가 내근 및 외근 영업직에 고용된 개인의 경력과 급여 사이의 관계를 연구하기 위해 직원 설문조사를 시행했다고 가정하자. 설문조사에서 응답자는 낮음(1년~10년), 중간(11년~20년), 높음(21년 이상)의 세 가지 수준의 경력 중 하나에 응답하도록 요청받았다. 120개의 관측값으로 구성된 전체 자료는 SalesSalary 파일에 포함되어 있다.

DATA *file* SalesSalary

관측값	급여	근무지	경력
1	53,938	내근	Medium
2	52,694	내근	Medium
3	70,515	외근	Low
4	52,031	내근	Medium
5	62,283	외근	Low
6	57,718	내근	Low
7	79,081	외근	High
8	48,621	내근	Low
9	72,835	외근	High
10	54,768	내근	Medium
.	.	.	.
.	.	.	.
.	.	.	.
115	58,080	내근	High
116	78,702	외근	Medium
117	83,131	외근	Medium
118	57,788	내근	High
119	53,070	내근	Medium
120	60,259	외근	Low

다음과 같은 이슈에 대하여 경영보고서를 준비하시오

1. 기술통계량을 사용하여 자료를 요약하라
2. 경력과 근무지의 유형에 관계없이 모든 영업사원의 평균 연봉에 대한 95% 신뢰구간을 추정하라.
3. 내근직 평균급여에 대한 95% 신뢰구간을 추정하라
4. 외근직 평균급여에 대한 95% 신뢰구간을 추정하라
5. 분산분석을 통해 근무지에 따라 급여에 유의미한 차이가 있는지 검정하라. $\alpha = 0.05$를 사용하고 경력의 효과는 무시하라.
6. 분산분석을 통해 경력에 따라 급여에 유의미한 차이가 있는지 검정하라. $\alpha = 0.05$를 사용하고 근무지의 효과는 무시하라.

사례연구 3: 투어리스토피아 여행사(TourisTopia Travel)

DATA*file* TourisTopia

투어리스토피아 여행사(Triple T)는 10명 이상의 여행객들을 대상으로 이국적 여행지를 여행하는데 특화된 여행사이다. 투어리스토피아 여행사 마케팅 관리자는 웹사이트의 대폭 개편을 진행하고 있었다. 홈페이지의 콘텐츠에서 백그라운드 색상(화이트, 그린, 핑크)이나 글씨체(Arial, Calibri, Tahoma)를 포함한 수정을 진행하였다.

투어리스토피아 여행사에서는 백그라운드 색상과 글씨체의 조합에 기반한 프로토타입을 개발하였다. 웹페이지 방문객을 대상으로 각 조합을 노출하였으며 3주 동안 각 방문자가 홈페이지에 머문 시간을 각각 측정하였다. 각 프로토타입 홈페이지에 대한 10명의 방문자들이 무작위로 선정되었으며 이들 방문자들에 대한 자료는 TourisTopia 파일에 포함되어 있다.

투어리스토피아 여행사는 홈페이지에 방문한 방문자들의 시간이 백그라운드 색상이나 글씨체에 따라 다른지를 확인하고 싶어한다. 그리고 백그라운드 색상과 글씨체의 다양한 조합에 따라서 머문 시간에 차이가 있는지도 알고 싶어한다.

경영보고서 작성

다음과 같은 이슈에 대하여 경영보고서를 준비하시오

1. 기술통계량을 사용하여 TourisTopia 여행사에 대한 분석 결과를 요약하시오. 기술통계량에 기초하여 백그라운드 색상이나 글씨체에 따라서 방문시간에 차이가 있는지에 대한 사전적 결론을 제시하시오. 기술통계량에 기초하여 백그라운드 색상이나 글씨체의 다양한 조합에 따라서 방문시간에 차이가 있는지에 대한 사전적 결론을 제시하시오.
2. TourisTopia 여행사가 관측연구를 시행하였는가? 아니면 실험설계를 시행하였는가?
3. 본 사례를 바탕으로 3가지 백그라운드 색상에 따른 방문객들의 홈페이지에서 머문 시간이 동일한지에 대한 가설검정을 진행하시오. 두 개 요인과 상호작용 효과를 함께 반영하고 $\alpha = 0.05$를 사용하시오.
4. 본 사례를 바탕으로 3가지 글씨체에 따른 방문객들의 홈페이지에서 머문 시간이 동일한지에 대한 가설검정을 진행하시오. 두 개 요인과 상호작용 효과를 함께 반영하고 $\alpha = 0.05$를 사용하시오.
5. 본 사례를 바탕으로 백그라운드 색상과 글씨체의 조합에 따른 방문객들의 홈페이지에서 머문 시간이 동일한지에 대한 가설검정을 진행하시오. 두 개 요인과 상호작용 효과를 함께 반영하고 $\alpha = 0.05$를 사용하시오.
6. 이러한 분석결과를 바탕으로 백그라운드 색상과 글씨체, 그리고 이들간의 조합에 따른 방문객들의 홈페이지에서 머문 시간에 대한 검정 결과를 제시하시오. 홈페이지 설계에 어떤 추천을 하겠는가?

Chapter 13 부록

엑셀을 활용한 분산분석

완전무작위설계

13.2절에서는 완전무작위설계를 통해 수집된 자료를 바탕으로 수집된 *k*개 모집단 평균간의 동일성을 어떻게 검정하는지 설명하였다. 어러한 실험설계에서 엑셀을 어떻게 활용하는지 보이기위해 13.1절의 케미테크의 사례에서 살펴본 조립라인에 따른 평균 생산수량간의 차이를 검정하겠다. 표본자료는 그림 Excel 13.1과 같이 A2:C6에 들어 있으며 다음의 절차를 통해 그림 13.3과 같은 결과를 얻기까지의 과정으로 A8:G22과 같은 결과를 얻을 수 있다.

그림 Excel 13.1 케미테크 실험설계에 대한 엑셀 결과

A1 | *fx* Method A

	A	B	C	D	E	F	G	H
1	**Method A**	**Method B**	**Method C**					
2	58	58	48					
3	64	69	57					
4	55	71	59					
5	66	64	47					
6	67	68	49					
7								
8	Anova: Single Factor							
9								
10	SUMMARY							
11	*Groups*	*Count*	*Sum*	*Average*	*Variance*			
12	Method A	5	310	62	27.5			
13	Method B	5	330	66	26.5			
14	Method C	5	260	52	31			
15								
16								
17	ANOVA							
18	*Source of Variation*	*SS*	*df*	*MS*	*F*	*P-value*	*F crit*	
19	Between Groups	520	2	260	9.1765	0.0038	3.8853	
20	Within Groups	340	12	28.3333				
21								
22	Total	860	14					
23								

DATA*file* Chemitech

단계 1. Data 메뉴 선택

단계 2. Analyze에서 Data Analysis 선택

단계 3. Data Analysis 대화상자에서
Anova-Single-Factor를 선택
OK 선택

단계 4. Anova-Single-Factor 대화상자에서
Input Range 상자에 A7:C6 입력
Columns 선택
Labels in First Row 선택
Alpha 상자에 0.05를 입력
Output Range선택하고 상자에 A8을 입력
OK 선택

무작위 블록설계

13.4절에서, 무작위블록설계를 통해 수집된 자료를 바탕으로 수집된 k개 모집단 평균 간의 동일성을 어떻게 검정하는지 설명하였다. 이러한 실험설계에서 엑셀을 어떻게 활용하는지 보이기 위해 표 13.5에서 제시된 세 군데 관제소 항공 관제사들의 스트레스 수준은 그림 Excel 13.2와 같이 B2:D7에 입력되며, A2:A7에는 각 관제사들의 수(1,2,3,4,5,6)가 입력된다. 다음의 절차를 통한 결과는 A9:G30에서 확인할 수 있으며 표 13.8과 동일하다는 것을 알 수 있다.

DATA*file* AirTraffic

단계 1. Data 메뉴 선택

단계 2. Analyze에서 Data Analysis 선택

단계 3. Data Analysis 대화상자에서
Two-Factor-Without Replication을 선택
OK 선택

단계 4. Two-Factor-Without Replication 대화상자에서
Input Range 상자에 A1:D7 입력
Labels 선택
Alpha 상자에 0.05를 입력
Output Range선택하고 상자에 A9를 입력
OK 선택

그림 Excel 13.2 항공관제사 스트레스 테스트에 대한 실험설계에서의 엑셀 결과

A1 | f_x Controller

	A	B	C	D	E	F	G	H
1	**Controller**	**System A**	**System B**	**System C**				
2	1	15	15	18				
3	2	14	14	14				
4	3	10	11	15				
5	4	13	12	17				
6	5	16	13	16				
7	6	13	13	13				
8								
9	Anova: Two-Factor Without Replication							
10								
11	*SUMMARY*	*Count*	*Sum*	*Average*	*Variance*			
12	1	3	48	16	3			
13	2	3	42	14	0			
14	3	3	36	12	7			
15	4	3	42	14	7			
16	5	3	45	15	3			
17	6	3	39	13	0			
18								
19	System A	6	81	13.5	4.3			
20	System B	6	78	13	2			
21	System C	6	93	15.5	3.5			
22								
23								
24	ANOVA							
25	*Source of Variation*	*SS*	*df*	*MS*	*F*	*P-value*	*F crit*	
26	Rows	30	5	6	3.1579	0.0574	3.3258	
27	Columns	21	2	10.5	5.5263	0.0242	4.1028	
28	Error	19	10	1.9				
29								
30	Total	70	17					
31								

요인 실험설계

13.5절에서, 요인실험설계를 통해 수집된 자료를 바탕으로 수집된 k개 모집단 평균 간의 동일성을 어떻게 검정하는지 설명하였다. 이러한 실험설계에서 엑셀을 어떻게 활용하는지 보이기위해 13.5절에서의 2요인 GMAT 실험을 사례로 활용하고자 한다. 표 13.10에서 제시된 GMAT 점수는 그림 엑셀 13.3과 같이 B2:D7에 입력되며 A9:G44에서의 같은 결과를 얻을 수 있다.

DATAfile GMATStudy

단계 1. Data 메뉴 선택

단계 2. Analyze에서 Data Analysis 선택

단계 3. Data Analysis 대화상자에서 Two-Factor-With Replication을 선택

OK 선택

단계 4. Two-Factor-With Replication 대화상자에서

Input Range 상자에 A1:D7 입력

Rows per sample박스에서 2를 입력

Alpha 상사에 0.05를 입력

Output Range선택하고 상자에 A9를 입력

OK 선택

그림 Excel 13.3 GMAT 점수에 대한 2요인 실험설계의 엑셀 결과

A1

	A	B	C	D	E	F	G	H
1		Business	Engineering	Arts and Sciences				
2	3-hour review	500	540	480				
3		580	460	400				
4	1-day program	460	560	420				
5		540	620	480				
6	10-week course	560	600	480				
7		600	580	410				
8								
9	Anova: Two-Factor With Replication							
10								
11	SUMMARY	Business	Engineering	Arts and Sciences	Total			
12	*3-hour review*							
13	Count	2	2	2	6			
14	Sum	1080	1000	880	2960			
15	Average	540	500	440	493.3333			
16	Variance	3200	3200	3200	3946.667			
17								
18	*1-day program*							
19	Count	2	2	2	6			
20	Sum	1000	1180	900	3080			
21	Average	500	590	450	513.3333			
22	Variance	3200	1800	1800	5386.667			
23								
24	*10-week course*							
25	Count	2	2	2	6			
26	Sum	1160	1180	890	3230			
27	Average	580	590	445	538.3333			
28	Variance	800	200	2450	5936.667			
29								
30	*Total*							
31	Count	6	6	6				
32	Sum	3240	3360	2670				
33	Average	540	560	445				
34	Variance	2720	3200	1510				
35								
36								
37	ANOVA							
38	*Source of Variation*	*SS*	*df*	*MS*	*F*	*P-value*	*F crit*	
39	Sample	6100	2	3050	1.3829	0.2994	4.2565	
40	Columns	45300	2	22650	10.2695	0.0048	4.2565	
41	Interaction	11200	4	2800	1.2695	0.3503	3.6331	
42	Within	19850	9	2205.5556				
43								
44	Total	82450	17					
45								

Chapter 14

단순선형회귀

Contents

실생활에서 보는 통계

Alliance Data Systems*

텍사스주, 달라스

Alliance Data Systems(ADS)는 빠르게 성장하는 고객 관계관리(CRM) 업계의 고객들에게 거래 처리, 신용 서비스 및 마케팅 서비스를 제공하고 있다. ADS는 LoyaltyOne, Epsilon, Private Label Services and Credit이라는 세 가지 비즈니스를 통해 운영된다. LoyaltyOne 비즈니스는 고객 분석, 크리에이티브 서비스, 그리고 모바일 솔루션 같은 고객 충성도 서비스를 제공한다. Epsilon 비즈니스는 거래 데이터를 활용하는 마케팅 프로그램에 집중하고 있으며, 고객 데이터 기반 기술과 예측 모델링을 포함한다. Private Label Services and Credit 비즈니스는 개인 상표 소매업을 위한 신용카드 처리, 청구/결제 처리, 수금 서비스 등을 제공한다. 1996년 텍사스주 플래노에 본사를 두고 설립된 ADS는 현재 20,000명의 정규직 직원을 가지고 있다.

ADS는 마케팅 서비스 가운데 하나로 다이렉트 메일 캠페인과 프로모션을 기획한다. 1억 명 이상 고객의 소비습관에 대한 정보 데이터베이스를 갖고 있기 때문에, ADS는 다이렉트 메일 프로모션으로부터 혜택을 받을 가능성이 큰 고객들을 타기팅할 수 있다. 분석개발 그룹은 회귀분석을 사용하여 다이렉트 시장 캠페인에 대한 소비자의 반응을 측정하고 예측하는 모형을 수립한다. 어떤 회귀모형은 프로모션을 받은 고객들의 구매 확률을 예측하고, 다른 회귀모형은 구매 고객의 지출 금액을 예측한다.

한 소매점 체인은 신규고객을 유치하고자 특별한 캠페인을 진행하였다. ADS의 애널리스트들은 캠페인의 효과를 예측하기 위해 소비자 데이터베이스로부터 표본을 추출하여 판촉물을 보내고, 소비자 반응에 관한 거래 자료를 수집했다. 표본 데이터로 캠페인에 반응한 소비자들의 구매금액과 판매량 예측에 유용하게 쓰일 다양한 소비자 관련 변수들이 수집되었다. 구매금액을 예측하는 데 가장 크게 기여한 소비자 관련변수는 과거 39개월 동안 관련 매장에서 신용카드로 구매한 총 금액이었다. ADS 애널리스트들은 관련 매장에서 총 지출액과 구매금액의 관계를 나타내는 추정회귀식을 도출하였다.

Burke uses taste tests to provide valuable statistical information on what customers want from a product.
출처: Skydive Erick/Shutterstock.com

$$\hat{y} = 26.7 + 0.00205x$$

$\hat{y}$ = 구매금액, x = 관련 매장에서의 총 지출액

이 식을 활용하면 과거 39개월 동안 관련 매장에서 1만 달러를 지출한 소비자는 다이렉트 메일 프로모션을 받고 47.20달러를 지출하리라 예측할 수 있다. 이 장에서는 이러한 추정회귀식을 도출하는 방법을 배우게 된다.

ADS 애널리스트가 개발한 최종 모형은 추정회귀식의 예측력을 증가시킬 수 있는 몇 가지 다른 변수들을 포함하였다. 이 변수들은 은행 신용카드 보유 유무, 추정 소득, 선택된 매장 방문 시 평균 지출금액 등이었다. 다음 장에서는 이러한 추가변수들이 다중회귀모형에서 어떻게 활용되는지를 배울 것이다.

* 저자들은 이 사례를 제공해 준 ADS의 분석개발 담당 이사인 Philip Clemance에게 감사드린다.

경영 의사결정은 종종 둘 혹은 그 이상 변수들 간의 관계를 토대로 이루어진다. 예를 들어, 마케팅 매니저는 광고비 지출액과 매출액의 관계를 고려한 후, 주어진 광고비 지출액에 따른 매출액을 예측하려 할 것이다. 또 다른 경우로, 전력 회사는 일별 최고기온과 전기사용량의 관계를 활용하여 다음달 예측된 일별 최고 기온에 따른 전기사용량을 예측할

것이다. 가끔 매니저는 직관에 의존하여 두 변수 간의 관계를 판단하기도 할 것이다. 그러나 데이터를 확보할 수 있다면, 회귀분석이라는 통계적 절차를 사용하여 변수가 어떻게 관련되어 있는지 보여주는 방정식을 개발할 수 있다.

회귀분석 용어로 예측되는 변수를 **종속변수(dependent variable)**라 한다. 종속변수 값을 예측하는데 사용되는 하나 혹은 여러 변수들을 **독립변수(independent variable)**라고 한다.* 예를 들어, 광고 지출액이 매출액에 미치는 영향을 분석할 때, 매출을 예측하려는 마케팅 매니저는 매출액을 종속변수로 설정하자고 제안할 것이다. 광고비 지출액은 매출액 예측을 도와주는 독립변수가 될 것이다. 통계적 기호로 y는 종속변수를 의미하고, x는 독립변수를 의미한다.

이 장에서는 하나의 독립변수와 하나의 종속변수가 근사적 직선의 관계를 갖는 가장 단순한 유형의 회귀분석을 다룰 것이다. 이를 **단순선형회귀(simple linear regression)**라고 한다. 두 개 이상의 독립변수를 포함하는 경우는 다중회귀분석이라고 한다. 다중회귀와 곡선 관계와 관련된 사례는 15장과 16장에서 다룬다.

14.1 단순선형회귀모형

Armand's Pizza Parlors는 5개 주에 위치한 이탈리안 레스토랑 체인점이다. 가장 성공적인 Armand's 입지는 대학캠퍼스 근처이다. 매니저들은 식당의 분기별 매출액(y로 표시)이 학생 수(x로 표시)와 양의 관계를 가진다고 믿고 있다. 즉, 학생 수가 많은 캠퍼스 근처의 레스토랑은 학생 수가 적은 캠퍼스 근처의 레스토랑보다 매출을 더 많이 올리는 경향이 있다는 것이다. 회귀분석을 활용하면 종속변수 y가 독립변수 x와 어떤 관계가 있는지 보여주는 식을 만들 수 있다.

회귀모형과 회귀방정식

Armand's Pizza Parlors 사례에서 모집단은 모든 Armand's 레스토랑이 된다. 모집단의 모든 레스토랑에 대해 x값(학생 수)과 그에 대응하는 y값(분기별 매출액)이 있다. y가 x 및 오차항과 어떻게 관련되어 있는지를 설명하는 방정식을 **회귀모형(regression model)**이라고 한다. 단순선형회귀에서 사용되는 회귀모형은 다음과 같다.

단순선형회귀모형

$$y = \beta_0 + \beta_1 x + \epsilon \tag{14.1}$$

---

* 두 변수 간의 관계를 연구하는데 통계적 방법을 처음 활용한 사람은 Francis Galton(1822~1911) 경이다. Galton은 아버지 키와 아들 키의 관계를 연구하는데 관심이 있었다. Galton의 제자인 Karl Pearson(1857~1936)은 1,078쌍의 표본을 대상으로 아버지 키와 아들 키의 관계를 분석하였다

β_0과 β_1은 모형의 모수이고, ϵ(그리스문자 epsilon)은 오차항이라고 하는 확률변수이다. 오차항은 x와 y 사이의 선형관계로 설명할 수 없는 y의 변동성을 설명한다. 모든 Armand's 레스토랑의 모집단은 특정한 x값을 갖는 부분 모집단들의 집합으로 볼 수 있다. 예를 들어 하나의 부분 모집단은 학생 수가 8,000명인 대학 캠퍼스 근처에 위치한 Armand's 식당들로 구성된다. 또 다른 부분 모집단은 학생 수가 9,000명 규모인 대학 캠퍼스 근처에 위치한 모든 Armand's 식당들로 구성되는 방식이다. 각 부분 모집단은 그에 대응되는 y값의 분포를 갖고 있다. 따라서 어떤 y값들의 분포는 8,000명 규모 캠퍼스 근처에 위치한 식당들과 관련이 있고, 어떤 y값들로 이루어진 또 다른 분포는 9,000명 규모 캠퍼스 근처에 위치한 식당들과 관련이 있다. y값으로 이루어진 각 분포는 각각의 평균 혹은 기댓값을 갖는다. y의 기댓값 $E(y)$가 x와 어떤 관계가 있는지를 설명하는 방정식을 **회귀방정식(regression equation)**이라고 한다. 단순선형회귀에 대한 회귀방정식은 다음과 같다.

단순선형회귀방정식

$$E(y) = \beta_0 + \beta_1 x \tag{14.2}$$

단순선형회귀방정식의 그래프는 직선이다. β_0는 회귀선의 y절편이고, β_1은 기울기이며, $E(y)$는 주어진 x값에 대한 y의 평균 혹은 기댓값이다. 그림 14.1에서 가능한 회귀선의 예를 볼 수 있다. 패널 A의 회귀선은 y의 평균값이 x와 양의 관계가 있으며, x값이 클수록 $E(y)$가 증가함을 보여준다. 패널 B의 회귀선은 y의 평균값이 x와 음의 관계가 있으며, x값이 클수록 $E(y)$가 감소함을 보여준다. 패널 C의 회귀선은 y의 평균값이 x와 무관한 경우를 보여주고 있다. 즉, 모든 x값에 대해 y의 평균값은 동일함을 보여준다.

추정회귀방정식

모집단의 모수값인 β_0과 β_1을 알고 있다면, 식 (14.2)를 이용하여 주어진 x값에 대한 y의 평균값을 계산할 수 있다. 그러나 실제로는 모수값을 알지 못하므로 표본 자료를 활용하여 추정해야 한다. 표본통계량(b_0과 b_1으로 표시)이 모집단의 모수 β_0과 β_1의 추정치로 계산된다. 표본통계량 b_0과 b_1으로 회귀방정식의 β_0과 β_1을 대체함으로써 우리는 **추정회귀방정식(estimated regression equation)**을 도출할 수 있다. 단순선형회귀를 위한 추정회귀방정식은 다음과 같다.

추정단순회귀방정식

$$\hat{y} = b_0 + b_1 x \tag{14.3}$$

그림 14.1 단순선형회귀에서 가능한 회귀선

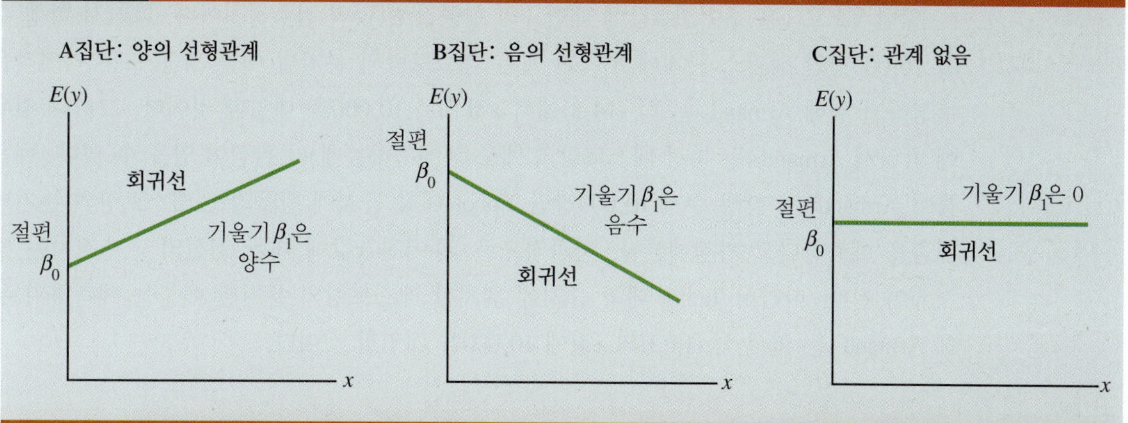

그림 14.2 단순선형회귀의 추정과정

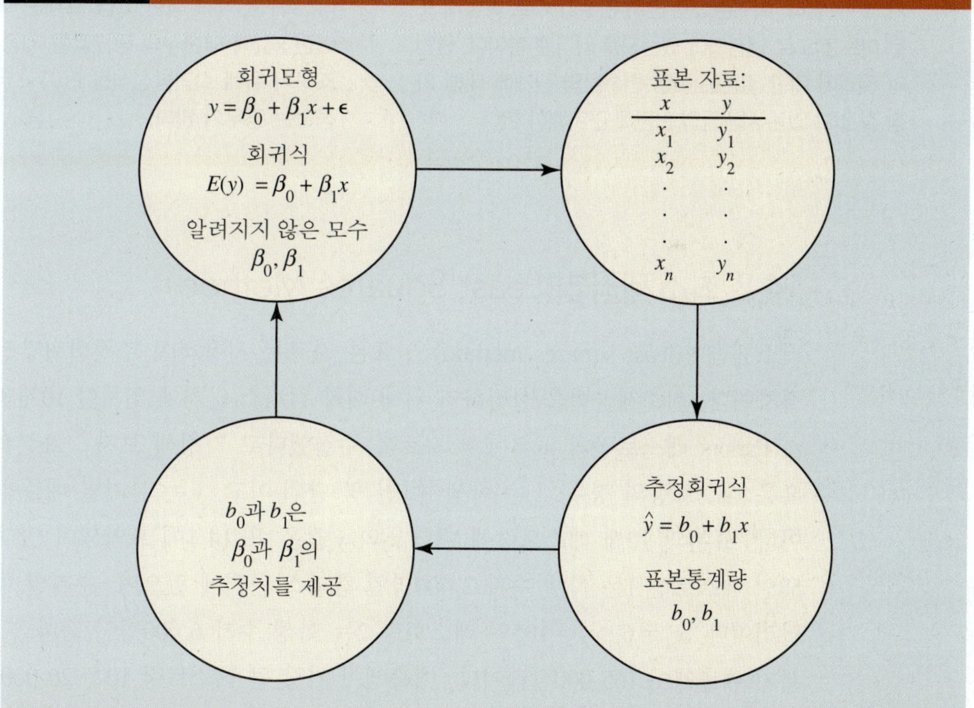

그림 14.2는 단순선형회귀에 대한 추정과정을 요약한다.*

추정된 단순선형회귀 방정식의 그래프를 추정회귀선이라고 하며, b_0는 y절편이고 b_1은 기울기이다. 다음 절에서는 최소제곱법을 사용하여 추정회귀방정식의 b_0 및 b_1 값을

* β_0과 β_1의 추정은 7장에서 논의한 μ의 추정과 매우 유사한 통계 프로세스를 따른다. β_0과 β_1은 알려지지 않은 모수이고, b_0과 b_1은 그 모수를 추정하는데 활용하는 표본통계량이다.

계산하는 방법을 보여준다.

일반적으로 $\hat{y}$은 주어진 x값에 대한 y의 평균값 $E(y)$의 점추정치이다. 따라서 학생 수가 10,000명인 캠퍼스 근처에 위치한 모든 레스토랑의 분기별 매출 평균 또는 기댓값을 추정하기 위해 Armand's는 식 (14.3)에서 x값으로 10,000을 대입할 것이다. 그러나 경우에 따라서 Armand's는 특정 레스토랑의 매출을 예측하는데 더 관심이 있을 수 있다. 예를 들어 Armand's가 학생 수가 10,000명인 Talbot 대학 근처에 만들려는 레스토랑의 분기별 매출을 예측한다고 가정해본다. 결과적으로, 주어진 x값에 대한 최선의 y 추정치는 역시 $\hat{y}$이 된다. 따라서 Talbot 대학 근처에 위치한 레스토랑의 분기별 매출을 예측하기 위해 Armand's는 역시 식 (14.3)의 x값에 10,000을 대입할 것이다.

주석 및 코멘트

1. 회귀분석은 변수 간 원인과 결과 관계를 규명하는 절차가 될 수 없다. 회귀분석은 단지 변수가 서로 어떻게 또는 어느 정도로 연관되어 있는지를 나타낼 뿐이다. 원인과 결과에 대한 결론은 해당 변수들의 관계에 대해 가장 잘 알고 있는 사람들의 판단에 근거해야 한다.
2. 단순선형회귀의 회귀방정식은 $E(y) = \beta_0 + \beta_1 x$이다. 회귀분석에 대한 고급 교재는 회귀방정식이 주어진 x값에 대한 y의 평균값을 제공한다는 점을 강조하기 위해 회귀방정식을 $E(y \mid x) = \beta_0 + \beta_1 x$로 작성하는 경우가 많다.

14.2 최소제곱법(Least Squares Method)

최소제곱법(least squares method)은 표본 자료를 사용하여 추정회귀방정식을 도출하는 절차이다. 최소제곱법을 설명하기 위해 대학 캠퍼스 근처에 위치한 10개의 Armand's Pizza Parlors 레스토랑의 표본에서 자료를 수집했다고 가정해 보자.* 표본의 i번째 관측치 혹은 레스토랑의 경우, x_i는 학생 수(천 명 단위)이고, y_i는 분기별 매출액(천 달러 단위)이다. 표본의 10개 레스토랑에 대한 x_i와 y_i값은 표 14.1에 요약되어 있다. $x_1 = 2$, $y_1 = 58$인 레스토랑 1은 학생 수가 2,000명인 캠퍼스 근처에 있으며, 분기별 매출액이 58,000달러이다. $x_2 = 6$, $y_2 = 105$인 레스토랑 2는 학생 수가 6,000명인 캠퍼스 근처에 있으며, 분기 매출액이 105,000달러이다. 매출액이 가장 큰 레스토랑 10은 26,000명의 학생이 있는 캠퍼스 근처에 있으며, 분기별 매출액이 202,000달러이다.

그림 14.3은 표 14.1의 자료에 대한 산점도이다. 가로축에는 학생 수가 나타나있고, 세로축에는 분기별 매출이 표시되어 있다. 회귀분석을 위한 **산점도(scatter diagrams)**는 가로축의 독립변수 x와 세로축의 종속변수 y로 구성되어 있다. 산점도를 통해 자료를 도

* 단순선형회귀 분석에서 각 관찰치는 두 개의 값으로 구성된다. 즉 하나는 독립변수에 대한 값이고, 다른 하나는 종속변수에 대한 값이다.

DATA*file* Armands

표 14.1 10개 Armand's Pizza Parlors의 학생 인구 및 분기별 매출 데이터

식당 i	학생 수(천 명) x_i	분기별 매출액(천 달러) y_i
1	2	58
2	6	105
3	8	88
4	8	118
5	12	117
6	16	137
7	20	157
8	20	169
9	22	149
10	26	202

식적으로 보여줄 뿐만 아니라 변수 간의 가능한 관계를 예상할 수 있도록 해준다.

그림 14.3을 통해 어떤 예비적 결론을 도출할 수 있을까? 캠퍼스의 학생 수가 클수록 분기별 매출액이 증가하는 것으로 보인다. 또한 이 자료를 보면 학생 수와 분기별 매출액의 관계는 거의 직선의 형태를 띠고 있고, 실제로 x와 y는 양의 선형관계를 보이고 있다.

그림 14.3 Armand's Pizza Parlors의 학생 인구 및 분기별 매출 산점도

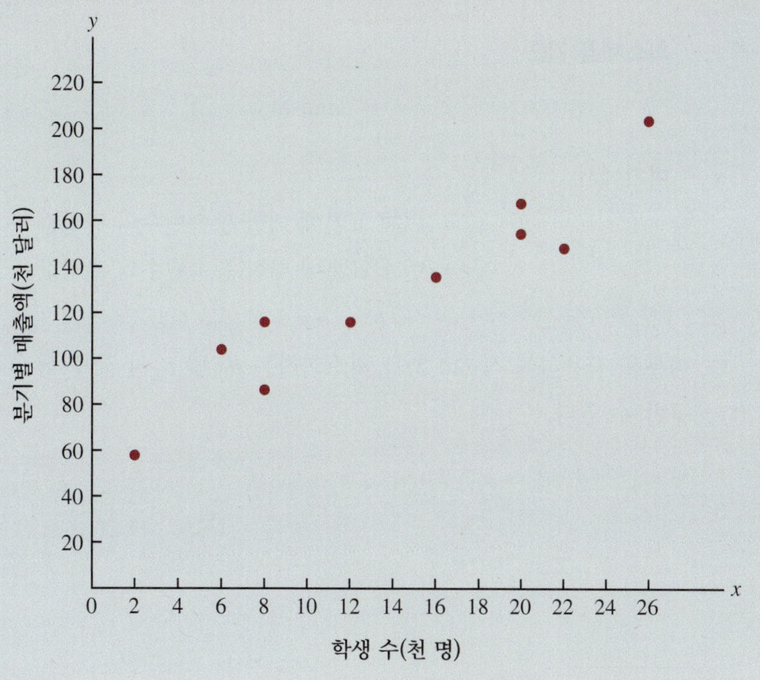

따라서 분기별 매출액과 학생 수의 관계를 나타내기 위해 우리는 단순선형회귀 모형을 선택한다. 이러한 선택 후 다음 작업은 표 14.1의 표본 자료를 활용하여 추정된 단순선형회귀방정식에서 b_0과 b_1값을 결정하는 것이다. i번째 레스토랑에 대한 추정회귀방정식은 다음과 같다.

$$\hat{y}_i = b_0 + b_1x_i \quad \textbf{(14.4)}$$

여기에서

$\hat{y}_i = i$번째 레스토랑의 분기별 매출액 예측치(천 달러)
$b_0 =$ 추정회귀선의 y절편
$b_1 =$ 추정회귀선의 기울기
$x_i = i$번째 식당에 대한 학생 수(천 명)

$\hat{y}_i$는 레스토랑 i의 관찰된(실제) 매출액을 나타내고, 식 (14.4)에서 $\hat{y}_i$는 레스토랑 i의 예측 매출액을 의미하므로, 표본의 모든 레스토랑은 관찰된 매출액 y_i와 매출액 추정치 $\hat{y}_i$를 가질 것이다. 추정된 회귀선이 자료에 잘 맞으려면 관찰된 매출액과 예측된 매출액의 차이가 작아야 한다.

최소제곱법은 표본 자료를 사용하여 종속변수 y_i의 관측치와 예측된 매출액 사이의 편차 제곱의 합을 최소화하는 b_0와 b_1값을 제공한다. 최소제곱법의 기준은 식 (14.5)에 의해 산출된다.*

최소제곱 기준

$$\min \Sigma(y_i - \hat{y}_i)^2 \quad \textbf{(14.5)}$$

여기에서

$y_i = i$번째 표본에 대한 종속변수의 관찰값
$\hat{y}_i = i$번째 표본에 대한 종속변수의 추정값

미분을 사용하여 식 (14.5)를 최소화하는 b_0 및 b_1의 값을 식 (14.6) 및 (14.7)을 사용하여 구할 수 있다.

---

* Carl Friedrich Gauss(1777~1855)가 최소제곱법을 제안하였다.

추정회귀방정식을 위한 기울기 및 y절편*

$$b_1 = \frac{\Sigma(x_i - \bar{x})(y_i - \bar{y})}{\Sigma(x_i - \bar{x})^2} \tag{14.6}$$

$$b_0 = \bar{y} - b_1\bar{x} \tag{14.7}$$

여기에서

x_i = i번째 표본에 대한 독립변수의 값

y_i = i번째 표본에 대한 종속변수의 값

$\bar{x}$ = 독립변수의 평균값

$\bar{y}$ = 종속변수의 평균값

n = 표본 수

Armand's Pizza Parlors에 대한 최소제곱 추정회귀식을 도출하기 위해 필요한 몇 가지 계산이 표 14.2에 나타나 있다. 10개의 식당 표본을 사용하면, 우리는 n = 10의 관측치를 가진다. 식 (14.6)과 (14.7)에서 x와 y가 필요하기 때문에 $\bar{x}$와 $\bar{y}$를 계산한다.

표 14.2 Armand's Pizza Parlors에 대한 최소제곱 추정회귀방정식 계산

식당 i	x_i	y_i	$x_i - \bar{x}$	$y_i - \bar{y}$	$(x_i - \bar{x})(y_i - \bar{y})$	$(x_i - \bar{x})^2$
1	2	58	−12	−72	864	144
2	6	105	−8	−25	200	64
3	8	88	−6	−42	252	36
4	8	118	−6	−12	72	36
5	12	117	−2	−13	26	4
6	16	137	2	7	14	4
7	20	157	6	27	162	36
8	20	169	6	39	234	36
9	22	149	8	19	152	64
10	26	202	12	72	864	144
합계	140	1,300			2,840	568
	Σx_i	Σy_i			$\Sigma(x_i - \bar{x})(y_i - \bar{y})$	$\Sigma(x_i - \bar{x})^2$

* b_1의 대체 공식은 다음과 같다.

$$b_1 = \frac{\Sigma x_i y_i - (\Sigma x_i \Sigma y_i)/n}{\Sigma x_i^2 - (\Sigma x_i)^2/n}$$

식 (14.6)은 계산기를 사용하여 b_1을 계산할 때 자주 추천된다.

$$\bar{x} = \frac{\Sigma x_i}{n} = \frac{140}{10} = 14$$
$$\bar{y} = \frac{\Sigma y_i}{n} = \frac{1300}{10} = 130$$

식 (14.6)과 (14.7) 및 표 14.2의 정보를 사용하여 Armand's Pizza Parlors에 대한 추정회귀방정식의 기울기와 절편을 계산할 수 있다. 기울기(b_1)의 계산은 다음과 같이 진행된다.

$$\begin{aligned} b_1 &= \frac{\Sigma(x_i - \bar{x})(y_i - \bar{y})}{\Sigma(x_i - \bar{x})^2} \\ &= \frac{2,840}{568} \\ &= 5 \end{aligned}$$

y절편(b_0)의 계산은 다음과 같다.

$$\begin{aligned} b_0 &= \bar{y} - b_1\bar{x} \\ &= 130 - 5(14) \\ &= 60 \end{aligned}$$

따라서 추정회귀방정식은 다음과 같다.

그림 14.4 Armand's Pizza Parlors에 대한 추정회귀방정식의 그래프

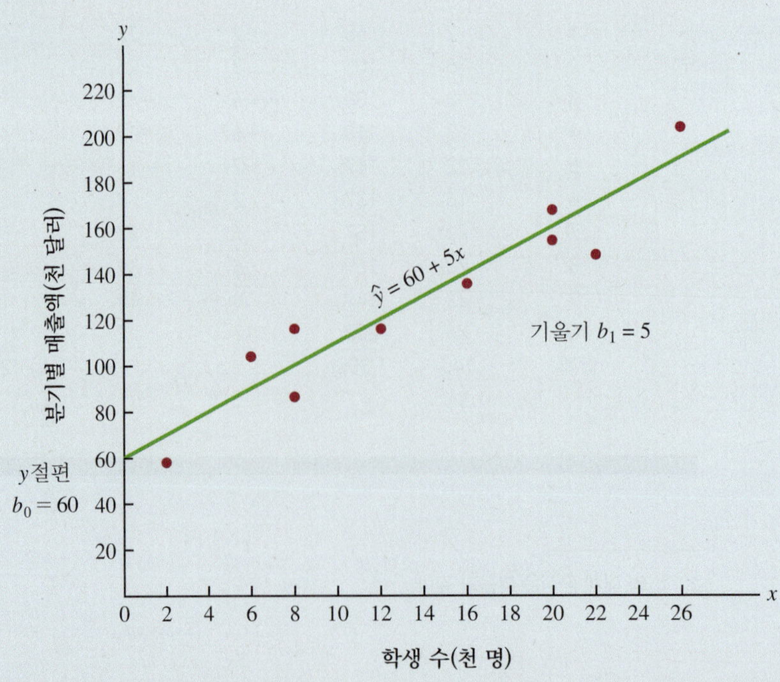

$$\hat{y} = 60 + 5x$$

그림 14.4는 이 방정식의 그래프를 산점도로 보여주고 있다.

추정회귀방정식의 기울기($b_1 = 5$)가 양수이며, 이는 학생 수가 증가하면 매출액도 증가한다는 것을 의미한다. 사실 매출액을 천 달러 단위로 측정하고 학생 수를 천 명 단위로 측정한다면, 1,000명의 학생 수가 증가하면 기대 매출액이 5천 달러 증가한다고 결론을 낼 수 있다. 즉, 분기별 매출액은 학생당 5달러씩 증가할 것으로 기대할 수 있다.

만일 최소제곱 추정회귀방정식이 x와 y의 관계를 적절하게 설명한다고 믿는다면, 추정회귀방정식을 활용하여 주어진 x값에 대한 y값을 예측하는 것이 합리적일 것이다.* 예를 들어, 학생수가 16,000명인 캠퍼스 근처에 위치한 레스토랑의 분기별 매출액을 예측하고자 한다면 다음과 같이 계산할 수 있다.

$$\hat{y} = 60 + 5(16) = 140$$

따라서 이 레스토랑의 분기별 매출액은 140,000달러로 예측할 수 있다. 다음 절에서 추정 및 예측에 추정회귀방정식을 사용하는 것이 적합한지 평가하는 방법을 논의할 것이다.

주석 및 코멘트

최소제곱법은 종속변수 관측값 y_i와 종속변수 추정값 $\hat{y}_i$ 사이의 편차 제곱의 합을 최소화하는 추정회귀방정식을 제공한다. 이러한 최소제곱 기준은 최선의 적합도를 제공하는 식을 선택하기 위해 활용된다. 만일 y_i와 $\hat{y}_i$ 사이의 절대편차 합을 최소화하는 등의 다른 기준이 사용된다면, 다른 방정식이 도출될 것이다. 실제로는 최소제곱법이 가장 널리 사용된다.

연습문제

1. 두 변수 x와 y에 대한 다섯 번의 관찰치가 주어져 있을 때 다음 물음에 답하시오.

x_i	1	2	3	4	5
y_i	3	7	5	11	14

a. 이 자료에 대한 산점도를 그리시오.

b. 문항 (a)에서 그린 산점도는 두 변수 간의 관계를 어떻게 보여 주는가?

c. 전체 자료에 대해 직선을 그어 x와 y의 관계를 추정해 보시오.

d. 식 (14.6)과 (14.7)을 활용하여 b_0과 b_1값을 계산하고, 추정회귀식을 도출하시오.

---

* 추정회귀식을 이용하여 독립변수 범위 밖의 값을 예측할 때는 범위 밖의 값에 대해 같은 관계를 유지하는지 확신할 수 없으므로 주의하여야 한다.

e. $x = 4$일 때 추정회귀식을 활용하여 y값을 예측하시오.

2. 두 변수 x와 y에 대한 다섯 번의 관찰치가 주어져 있을 때 다음 물음에 답하시오.

x_i	3	12	6	20	14
y_i	55	40	55	10	15

a. 이 자료에 대한 산점도를 그리시오.
b. 문항 (a)에서 그린 산점도는 두 변수 간의 관계를 어떻게 보여 주는가?
c. 전체 자료에 대해 직선을 그어 x와 y의 관계를 추정해 보시오.
d. 식 (14.6)과 (14.7)을 활용하여 b_0과 b_1값을 계산하고, 추정회귀식을 도출하시오.
e. $x = 10$일 때 추정회귀식을 활용하여 y값을 예측하시오.

3. 두 변수에 대한 회귀분석에서 수집된 다섯 번의 관찰치가 주어져 있을 때 다음 물음에 답하시오.

x_i	2	6	9	13	20
y_i	7	18	9	26	23

a. 이 자료에 대한 산점도를 그리시오.
b. 이 자료에 대한 추정회귀식을 도출하시오.
c. $x = 6$일 때 추정회귀식을 활용하여 y값을 예측하시오.

적용문제

4. **소매업과 무역: 여성 관리자.** 다음 자료는 소매 및 무역업을 하는 5개 회사의 여성 근로자 비율을 보여준다. 각 회사의 여성 관리직 비율도 함께 나타나 있다.

여성 근로자(%)	67	45	73	54	61
여성 관리직(%)	49	21	65	47	33

a. 여성 근로자 비율을 독립변수로 활용하여 이 자료에 대한 산점도를 그리시오.
b. 문항 (a)에서 그린 산점도는 두 변수 간의 관계를 어떻게 보여 주는가?
c. 회사 내 여성 근로자 비율과 그 회사의 여성 관리직 비율 사이의 관계를 추정해보라.
d. b_0과 b_1값을 계산하고 추정회귀식을 도출하시오.
e. 여성 근로자 비율이 60%인 기업의 여성 관리직 비율은 얼마로 추정할 수 있는가.

5. **생산라인 속도 및 품질관리.** Brawdy Plastics, Inc.는 뉴욕주 버팔로에 있는 Brawdy Plastics 공장에서 General Motors를 위한 플라스틱 안전벨트 리테이너를 생산한다. 최종 조립과 도장을 마친 부품은 컨베이어 벨트에 올려져 최종 검사 스테이션을 통과한다. 부품들이 최종 검사 스테이션을 지나가는 속도는 컨베이어 벨트의 라인 속

도(분당 피트)에 따라 달라진다. 라인 속도가 빠를수록 바람직하지만, 경영진은 라인 속도를 너무 높이면 검사자가 실제로 어떤 부품에 결함이 있는지 식별하는데 충분한 시간이 제공되지 않을 수 있음을 우려하고 있다. 이 이론을 테스트하기 위해 Brawdy Plastics는 결함 부품 수가 알려진 동일한 부품 배치에 대해 다양한 라인 속도를 사용하여 검사하는 실험을 실시하였다. 그리고 다음의 데이터를 수집하였다.

라인 속도	결함 부품의 수
20	23
20	21
30	19
30	16
40	15
40	17
50	14
50	11

a. 라인속도를 독립변수로 활용하여 이 자료에 대한 산점도를 그리시오.

b. 문항 (a)에서 그린 산점도는 두 변수 간의 관계를 어떻게 보여 주는가?

c. 최소제곱법을 사용하여 추정회귀방정식을 도출하시오.

d. 분당 25피트의 라인 속도에서 발견되는 결함 부품의 수를 예측하시오.

6. **NFL에서의 패스와 승리.** National Football League(NFL)은 개인과 팀에 대한 다양한 성과 데이터를 기록한다. 다음 데이터는 팀의 승리 비율에 대한 패스의 중요성을 조사하기 위해, NFL 10개 팀의 무작위 표본을 대상으로 한 시즌 동안의 평균 패스 시도당 야드 수(Yds/Att)와 승리한 경기의 비율(WinPct)을 보여준다.

DATA*file* NFLPassing

Team	Yds/Att	WinPct
Arizona Cardinals	6.5	50
Atlanta Falcons	7.1	63
Carolina Panthers	7.4	38
Chicago Bears	6.4	50
Dallas Cowboys	7.4	50
New England Patriots	8.3	81
Philadelphia Eagles	7.4	50
Seattle Seahawks	6.1	44
St. Louis Rams	5.2	13
Tampa Bay Buccaneers	6.2	25

a. 가로축에 시도당 패스 야드 수를, 세로축에 승리한 경기의 비율을 표시한 산점도를 그리시오.

b. 문항 (a)에서 개발한 산점도는 두 변수의 관계를 어떻게 보여주는가.

c. 시도당 평균 패스 야드가 주어졌을 때 승리한 경기의 비율을 예측하는 데 사용할 수 있는 추정회귀방정식을 도출하시오.

d. 추정회귀방정식의 기울기에 대해 해석하시오.

e. 2011 시즌에 Kansas City Chiefs의 평균 패스 시도당 야드 수는 6.2였다. 문항 (c)에서 도출한 추정회귀방정식을 사용하여 Kansas City Chiefs가 승리한 경기의 비율을 예측하라. (참고: 2011 시즌 Kansas City Chiefs의 기록은 7승 9패였다.) 예측한 값과 Kansas City Chiefs가 실제로 승리한 경기의 비율을 비교하라.

7. **영업 경력과 성과.** 한 영업 관리자가 신규 고객 계정의 연간 매출과 10명의 영업 사원 표본의 경력 연수에 대한 다음 데이터를 수집하였다.

DATA*file* Sales

영업사원	영업경력	연간매출 (단위: 1,000달러)
1	1	80
2	3	97
3	4	92
4	4	102
5	6	103
6	8	111
7	10	119
8	10	123
9	11	117
10	13	136

a. 영업 경력 데이터를 독립변수로 사용하여 이 자료에 대한 산점도를 그리시오.

b. 영업 경력을 바탕으로 영업사원의 연간 매출을 예측하는 데 사용할 수 있는 추정회귀방정식을 도출하시오.

c. 추정회귀방정식을 사용하여 영업경력 9년인 영업 사원의 연간 매출을 예측하시오.

8. **브로커 만족도.** 미국 개인투자자 협회(AAII)의 온라인 할인 브로커 설문조사는 회원을 대상으로 할인 브로커 이용 경험에 대해 설문조사를 실시한다. 설문조사의 일환으로 회원들은 브로커의 체결 속도 품질과 전자상거래에 대한 전반적인 만족도를 평가하도록 요구받았다. 가능한 답변(점수)은 의견 없음(0), 불만족(1), 약간 만족(2), 만족(3), 매우 만족(4)이었다. 각 브로커에 대한 요약 점수는 각 응답자가 제공한 점수의

가중평균으로 계산하였다. 설문조사 결과의 일부는 다음과 같다(AAII 웹사이트).

DATA*file* BrokerRatings

브로커	속도	만족도
Scottrade, Inc.	3.4	3.5
Charles Schwab	3.3	3.4
Fidelity Brokerage Services	3.4	3.9
TD Ameritrade	3.6	3.7
E*Trade Financial	3.2	2.9
Vanguard Brokerage Services	3.8	2.8
USAA Brokerage Services	3.8	3.6
Thinkorswim	2.6	2.6
Wells Fargo Investments	2.7	2.3
Interactive Brokers	4.0	4.0
Zecco.com	2.5	2.5

a. 실행속도를 종속변수로 사용하여 이 자료에 대한 산점도를 그리시오.

b. 문항 (a)에서 그린 산점도는 두 변수 간의 관계를 어떻게 보여 주는가?

c. 최소제곱추정회귀 방정식을 도출하시오.

d. 추정회귀방정식의 기울기에 대해 해석하시오.

e. Zecco.com이 체결 속도를 높이기 위해 새로운 소프트웨어를 개발했다고 가정하자. 새로운 소프트웨어가 체결속도 평가를 현재 값인 2.5에서 설문조사에 참여한 다른 10개 브로커의 평균 체결속도 평가로 향상시킬 수 있다면, 전체 만족도 평가는 몇 점으로 예상하는가?

DATA*file* Landscape

9. **조경 지출 추정.** David's Landscaping은 잠재적 신규 고객을 대상으로 마케팅에 도움이 되는 예측 모델을 개발하기 위해 주택 가치(단위: 1,000달러)와 조경 지출(단위: 1,000달러)에 대한 데이터를 수집하였다. 14가구에 대한 데이터가 Landscape 파일에 포함되어 있다.

a. 집값을 종속변수로 사용하여 이 자료에 대한 산점도를 그리시오.

b. 문항 (a)에서 그린 산점도는 두 변수 간의 관계를 어떻게 보여 주는가?

c. 최소제곱법을 사용하여 추정회귀방정식을 도출하시오.

d. 집 값이 1,000달러 증가할 때마다 조경에 추가로 지출되는 금액을 추정하시오.

e. 문항(c)에서 추정된 방정식을 사용하여 575,000달러의 가치가 있는 주택에 대한 조경 지출을 예측하시오.

10. **와인의 나이와 가격.** 특정 레드 와인에 대해, 다음 데이터는 2016년 6월 750밀리리터 병의 경매 가격과 와인의 나이를 보여준다(WineX 웹사이트).

DATA*file* WinePrices

나이(연)	가격($)
36	256
20	142
29	212
33	255
41	331
27	173
30	209
45	297
34	237
22	182

a. 나이를 독립변수로 사용하여 이 데이터에 대한 산점도를 그리시오.

b. (a)에서 개발한 산점도는 와인의 나이와 가격의 관계에 대해 무엇을 나타내는가?

c. 최소제곱 추정회귀방정식을 도출하시오.

d. 추정 방정식의 기울기에 대해 해석하시오.

11. **노트북 컴퓨터 평가.** Consumer Reports는 소비자의 노트북 컴퓨터 구매에 도움을 주기 위해 인체공학, 휴대성, 성능, 디스플레이, 배터리 수명 등의 평가 요소를 바탕으로 테스트한 각 컴퓨터의 전체 테스트 점수를 산출한다. 종합 점수가 높을수록 더 나은 테스트 결과를 나타낸다. 다음 데이터는 10개의 13인치 모델에 대한 평균 소매 가격과 전체 점수를 보여준다.

DATA*file* Computer

브랜드와 모델	가격($)	전체 점수
Samsung Ultrabook NP900X3C-A01US	1,250	83
Apple MacBook Air MC965LL/A	1,300	83
Apple MacBook Air MD231LL/A	1,200	82
HP ENVY 13-2050nr Spectre XT	950	79
Sony VAIO SVS13112FXB	800	77
Acer Aspire S5-391-9880 Ultrabook	1,200	74
Apple MacBook Pro MD101LL/A	1,200	74
Apple MacBook Pro MD313LL/A	1,000	73
Dell Inspiron I13Z-6591SLV	700	67
Samsung NP535U3C-A01US	600	63

a. 가격을 독립변수로 사용하여 산점도를 그리시오.

b. (a)에서 그린 산점도는 두 변수의 관계에 대해 무엇을 나타내고 있는가?

c. 최소제곱법을 사용하여 추정회귀방정식을 도출하시오.

d. 추정회귀방정식의 기울기에 대해 해석하시오.

e. Consumer Reports가 테스트한 또 다른 노트북은 Acer Aspire S3-951-6646 울트라북이고, 이 노트북의 가격은 700달러이다. (c)에서 도출한 추정회귀방정식을 사용하여 이 노트북의 전체 점수를 예측하시오.

12. **주식 베타.** 2016년 6월, Yahoo Finance는 코카콜라의 베타값이 0.82라고 보고하였다(Yahoo Finance 웹사이트). 개별 종목의 베타는 단순선형회귀에 의해 결정된다. 종속변수는 해당 주식의 총 수익률이고 독립변수는 S&P 500 수익률과 같은 주식시장의 총 수익률이다. 이 회귀방정식의 기울기를 주식의 베타라고 한다. 많은 재무 애널리스트들은 주식의 베타값을 계산하여 주식 위험도를 측정하는 것을 선호한다.

데이터파일 CocaCola에 포함된 데이터는 2015년 8월부터 2016년 5월까지 S&P 500 및 Coca-Cola Company의 월별 수익률을 보여준다.

DATA*file* CocaCola

월	S&P 500 % 수익률	코카콜라 % 수익률
August	−3	3
September	8	6
October	0	1
November	−2	1
December	−5	0
January	0	0
February	7	8
March	0	−3
April	2	0
May	−5	−1

a. S&P % 수익률을 독립변수로 사용하여 산점도를 그리시오.

b. (a)에서 그린 산점도는 S&P 500 지수 수익률과 코카콜라 수익률 사이의 관계에 대해 무엇을 나타내는가?

c. 최소제곱 추정회귀방정식을 도출하시오.

d. 추정 방정식의 기울기(즉, 베타)에 대해 해석하시오.

e. 베타 추정치가 0.082에 가까운가? 그렇지 않다면 추정치가 다른 이유는 무엇인가?

13. **항목별 세금 공제 감사.** 국세청(IRS)에서는 납세자의 조정 총소득에 따라 총 항목별 공제액의 합리성을 판단한다. 자선 공제 및 의료 공제를 포함한 고액 공제는 조정 총소득이 많은 납세자에게 더 합리적이다. 납세자가 특정 소득 수준에 대해 평균보다 많은 항목별 공제를 신청하면 IRS 감사 가능성이 높아진다. 다음은 조정 총소득과 평균의 합리적 항목별 공제액에 대한 데이터(천 달러 단위)이다.

조정 총소득($1,000)	합리적 항목별 공제액($1,000)
22	9.6
27	9.6
32	10.1
48	11.1
65	13.5
85	17.7
120	25.5

a. 조정 총소득을 독립변수로 사용하여 이러한 데이터에 대한 산점도를 그리시오.

b. 최소제곱법을 사용하여 추정회귀방정식을 도출하시오.

c. 조정 총소득이 $52,500인 납세자의 총 항목별 공제액의 합리적인 수준을 예측하시오. 이 납세자가 20,400달러의 항목별 공제를 청구한 경우, IRS 직원의 감사 요청이 정당하게 보이는가? 설명하시오.

14. 거리와 결근. 한 대도시 병원은 직원들이 연간 무단으로 결근하는 일수와 직원들의 집에서 직장까지의 거리(마일) 사이의 관계를 조사하기 위한 연구를 진행하였다. 10명의 직원을 선택하여 다음과 같은 데이터를 수집하였다.

직장까지의 거리(마일)	결근일 수
1	8
3	5
4	8
6	7
8	6
10	3
12	5
14	2
14	4
18	2

a. 이 데이터에 대한 산점도를 작성하시오. 선형 관계가 합리적으로 보이는지 설명하시오.

b. 직장까지의 거리와 결근일 수를 관련시키는 최소제곱 추정회귀방정식을 도출하시오.

c. 병원에서 5마일 떨어진 곳에 사는 직원의 결근일 수를 예측하시오.

14.3 결정계수

Armand's Pizza Parlors의 예에서 학생 수 x와 분기별 매출액 y 간의 선형관계를 근사화하기 위해 추정회귀방정식 $\hat{y} = 60 + 5x$를 도출하였다. 이 경우 관심사항은 추정회귀식이 자료를 얼마나 잘 설명하고 있는가이다. 이 절에서 우리는 추정회귀방정식의 적합도 측정치로서 **결정계수(coefficient of determination)**에 대해 설명하고자 한다.

i번째 관측치에 대한 종속변수의 관측값 y와 종속변수의 추정값 간의 차이를 ***i*번째 잔차(*i*th residual)**라고 한다. i번째 잔차는 $\hat{y}_i$을 사용하여 y_i를 추정하는데 있어서의 오차를 의미한다. 따라서 i번째 관측치에 대한 잔차는 $y_i - \hat{y}_i$이다. 최소제곱법은 이러한 잔차 혹은 오차의 제곱합을 최소화한다. 오차제곱합(sum of squares due to error)으로 알려진 이러한 수치를 SSE라고 표시한다.

오차제곱합

$$SSE = \Sigma(y_i - \hat{y}_i)^2 \tag{14.8}$$

SSE 값은 추정회귀방정식을 사용하여 표본의 종속변수값을 예측할 때 발생하는 오차를 측정한 것이다.

표 14.3에는 Armand's Pizza Parlors 예에서 오차제곱합을 계산하기 위한 계산 과정을 보여준다. 예를 들어 레스토랑 1의 독립변수 및 종속변수의 값은 $x_1 = 2$, $y_1 = 58$이다. 추정회귀방정식을 활용하여 레스토랑 1의 분기별 매출액을 예측해보면, $\hat{y}_1 = 60 + 5(2) = 70$이다. 따라서 레스토랑 1의 $\hat{y}_1$을 추정하기 위해 y_1을 사용할 때의 오차는 $y_1 - \hat{y}_1 = 58 -$

표 14.3 Armand's Pizza Parlors의 SSE 계산

식당 i	x_i = 학생 수 (천 명)	y_i = 분기별 매출액 (천 달러)	매출액 예측치 $\hat{y}_i = 60 + 5x_i$	오차 $y_i - \hat{y}_i$	오차제곱 $(y_i - \hat{y}_i)^2$
1	2	58	70	−12	144
2	6	105	90	15	225
3	8	88	100	−12	144
4	8	118	100	18	324
5	12	117	120	−3	9
6	16	137	140	−3	9
7	20	157	160	−3	9
8	20	169	160	9	81
9	22	149	170	−21	441
10	26	202	190	12	144
					SSE = 1,530

표 14.4 Armand's Pizza Parlors의 총 제곱합 계산

식당 i	x_i = 학생 수 (천 명)	y_i = 분기별 매출액 (천 달러)	편차 $y_i - \bar{y}_i$	편차제곱 $(y_i - \bar{y}_i)^2$
1	2	58	−72	5,184
2	6	105	−25	625
3	8	88	−42	1,764
4	8	118	−12	144
5	12	117	−13	169
6	16	137	7	49
7	20	157	27	729
8	20	169	39	1,521
9	22	149	19	361
10	26	202	72	5,184
				SST = 15,730

70 = −12이다. 오차의 제곱, (−12)2 = 144는 표 14.3의 마지막 열에 나와 있다.

표본의 각 레스토랑에 대한 잔차를 계산하고 제곱한 후 이를 합하면 SSE = 1,530이다. 따라서 SSE = 1,530은 매출액을 예측하기 위해 추정회귀방정식 $\hat{y} = 60 + 5x$를 사용함으로써 나타나는 오차를 측정한 것이다.

이제 학생 수를 모르는 상태에서 분기별 매출 추정에 대한 요청을 받았다고 가정해보자. 관련 변수에 대해 알지 못하는 상황에서 표본평균을 특정 레스토랑의 분기별 매출 추정치로 사용할 것이다.

표 14.2를 보면 매출액 자료가 $\sum y_i = 1,300$임을 알 수 있다. 따라서 Armand's 레스토랑 10개 표본의 분기별 매출액 평균 = $\sum y_i / n = 1,300/10 = 130$이다. 표 14.4에는 각 식당의 분기별 매출액을 추정하기 위해 표본평균 = 130을 활용하여 얻은 편차제곱합이 계산되어 있다. 표본에서 i번째 식당의 경우 편차 $y_i - \bar{y}$는 매출액을 추정하기 위해 $\bar{y}$를 활용함으로써 나타나는 오차의 척도를 제공한다. 따라서 이러한 오차의 제곱합을 총 제곱합(total sum of squares)이라 하며, SST로 표시한다.

총 제곱합

$$\text{SST} = \Sigma(y_i - \bar{y})^2 \qquad \textbf{(14.9)}$$

표 14.4의 마지막 열 하단에 있는 합은 Armand's Pizza Parlors의 총제곱합이며, SST = 15,730이다.

그림 14.5 Armand's Pizza Parlors의 추정회귀선과 $y = \bar{y}$ 선의 편차

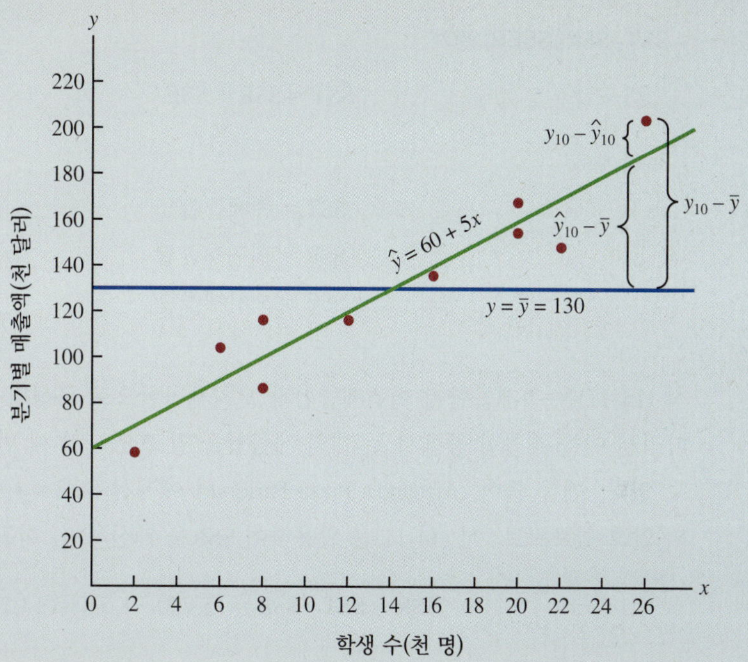

그림 14.5에는 추정회귀선 $\hat{y} = 60 + 5x$와 평균선 $\bar{y} = 130$이 그려져 있다.* 여기에서 각 점을 보면 평균선 $\bar{y} = 130$보다 추정회귀선 근처에 좀 더 밀집되어 있다. 예를 들어, 표본에서 10번째 레스토랑의 경우, y_{10}의 추정값으로 $\hat{y}_{10} = 60 + 5(26) = 190$ 대신에 $\bar{y} = 130$을 사용하면 오차가 훨씬 더 크다는 것을 알 수 있다. 따라서 SST는 관측값이 $\bar{y}$선에 얼마나 군집하는지를 측정하는 척도이고, SSE는 관측값이 $\hat{y}$선에 얼마나 군집하는지를 측정하는 척도이다.

추정회귀선의 $\hat{y}$값이 $\bar{y}$에서 얼마나 벗어나는지를 측정하기 위해 또 다른 제곱합을 계산한다. 이 제곱합은 회귀제곱합(sum of squares due to regression)이라고 하며, SSR로 표시한다.

회귀제곱합

$$\text{SSR} = \Sigma(\hat{y}_i - \bar{y})^2 \tag{14.10}$$

앞의 논의를 통해 SST, SSR, SSE은 서로 관련이 있을 것으로 예상할 수 있다. 실제

* SST = 15,730이고, SSE = 1,530일 때, 추정회귀선이 $y = \bar{y}$ 선보다 자료에 더 적합한 선을 보여준다.

로 세 개의 제곱합의 관계는 통계에서 가장 중요한 결과 중 한 가지를 제공한다.*

SST, SSR, SSE의 관계

$$\text{SST} = \text{SSR} + \text{SSE} \tag{14.11}$$

여기에서

SST = 총제곱합

SSR = 회귀제곱합

SSE = 오차제곱합

식 (14.11)은 총제곱합이 회귀제곱합과 오차제곱합으로 구성되어 있음을 보여주고 있다. 따라서 이들 제곱합 중에서 두 개의 제곱합을 알고 있다면 세 번째 제곱합을 쉽게 계산할 수 있다. 예를 들어, Armand's Pizza Parlors의 예에서 SSE = 1,530와 SST = 15,730을 이미 알고 있으므로, 식 (14.11)을 활용하여 SSR을 계산하면, 회귀제곱합은 다음과 같다.

$$\text{SSR} = \text{SST} - \text{SSE} = 15,730 - 1,530 = 14,200$$

이제 세 개의 제곱합인 SST, SSR, SSE가 추정회귀방정식의 적합도를 계산하는 데 어떻게 활용될 수 있는지를 살펴보자. 만일 종속변수 y_i의 모든 값이 추정회귀선 상에 위치한다면 추정회귀식은 완벽한 적합도를 제공할 것이다. 이 경우에, 각 관측에 대해 $y_i - \hat{y}_i$은 0이 될 것이며, 결국 SSE = 0이 될 것이다. SST = SSR + SSE이므로 완벽한 적합도라면 SSR은 SST와 동일해야 하고, 비율(SSR/SST)은 1이 되어야 한다. 적합도가 나쁠수록 SSE값은 더 커진다. 식 (14.11)에서 SSE를 구하면, SSE = SST − SSR이 된다. 따라서 SSE가 가장 큰 값을 갖는 경우(적합도가 가장 낮은 경우), SSR = 0이고, 이러한 경우는 SSE = SST일 때 발생한다.

SSR/SST 비율은 0과 1 사이의 값을 가지며, 추정회귀방정식의 적합도를 평가하기 위해 활용된다. 이 비율을 결정계수(coefficient of determination)고 하며, r^2로 표시한다.

결정계수

$$r^2 = \frac{\text{SSR}}{\text{SST}} \tag{14.12}$$

Armand's Pizza Parlors의 예에서 결정계수는 다음과 같다.

---

* SSR은 SST 중 설명된 부분으로 생각할 수 있고, SSE는 SST 중 설명되지 않은 부분으로 생각할 수 있다.

$$r^2 = \frac{\text{SSR}}{\text{SST}} = \frac{14{,}200}{15{,}730} = 0.9027$$

결정계수를 비율로 표현하면 r^2는 추정회귀식을 활용함으로써 설명할 수 있는 총제곱합의 비율 로 해석할 수 있다. Armand's Pizza Parlors의 경우, 추정회귀방정식 $\hat{y} = 60 + 5x$를 사용하여 분기별 매출액을 예측할 때, 총제곱합의 90.27%가 설명될 수 있다고 결론을 내릴 수 있다. 즉, 매출액 변동성 가운데 90.27%는 학생 수와 매출액 사이의 선형관계에 의해 설명될 수 있다. 이 정도의 추정회귀식 적합도는 만족할 만한 수준이다.

상관계수

제3장에서는 **상관계수(correlation coefficient)**를 두 변수 x와 y 간의 선형 관련성의 강도를 나타내는 기술적 측정치로 설명하였다. 상관계수 값은 항상 -1과 $+1$ 사이에 있다. $+1$은 두 변수 x와 y가 완벽하게 양의 선형관계를 가진다는 의미이다. 즉, 모든 데이터 포인트들이 양의 기울기를 갖는 직선 위에 있다. -1의 값은 x와 y가 완벽하게 음의 선형관계라는 의미이고, 모든 데이터 포인트들은 음의 기울기를 갖는 직선 위에 놓여 있다. 상관계수값이 거의 0에 가까운 값은 x와 y 간에 선형관계가 없다는 의미이다.

3.5절에서 표본상관계수를 계산하는 방정식을 제시하였다. 만일 회귀분석이 이미 수행되었고 결정계수 r^2이 계산되었다면, 표본상관계수는 다음과 같이 계산할 수 있다.

표본상관계수

$$\begin{aligned} r_{xy} &= (b_1\text{의 부호})\sqrt{\text{결정계수}} \\ &= (b_1\text{의 부호})\sqrt{r^2} \end{aligned} \tag{14.13}$$

여기에서

$$b_1 = \text{추정회귀식 } \hat{y} = b_0 + b_1x\text{의 기울기}$$

추정회귀식의 기울기가 양($b_1 > 0$)이면 표본상관계수의 부호는 양이고, 추정회귀식의 기울기가 음($b_1 < 0$)이면 표본상관계수의 부호는 음이다.

Armand's Pizza Parlors의 예에서 추정회귀식 $\hat{y} = 60 + 5x$의 결정계수는 0.9027이다. 추정회귀식의 기울기가 양수이기 때문에 식 (14.13)을 통해 표본상관계수가 $+\sqrt{0.9027} = +0.9501$임을 알 수 있다. 표본상관계수 $r_{xy} = +0.9501$을 통해 x와 y 간에는 강한 양의 선형관계가 존재함을 알 수 있다.

두 변수 간 선형관계의 경우에서 결정계수와 표본상관계수 모두 관계의 강도를 보여준다. 결정계수는 0과 1 사이의 값을 갖는 반면, 표본상관계수는 -1과 $+1$ 사이의 값을 가진다. 비록 표본상관계수는 두 변수 간의 선형관계에만 활용될 수 있지만, 결정계수는 둘 혹은 그 이상의 독립변수들 간의 관계에 활용될 수 있다. 따라서 결정계수가 보다 널리 활용된다.

주석 및 코멘트

1. 최소제곱 추정회귀식을 도출하고 결정계수를 계산할 때, 오차항 ϵ에 대한 확률적 가정을 하지 않고, x와 y 관계의 유의성에 대한 통계적 검정도 수행하지 않았다. r^2 값이 클수록 최소제곱선이 데이터에 더 적합하다는 의미이다. 즉, 관측치가 최소제곱선 근처에 더 밀집되어 있다. 그러나 r^2만으로는 x와 y의 관계가 통계적으로 유의한지 결론을 내릴 수 없다. 이러한 결론은 표본크기와 최소제곱 추정치의 적절한 표본분포 특성을 고려하여 내려져야 한다.
2. 실제로 사회과학에서 발견되는 전형적인 데이터의 경우, 0.25처럼 작은 r^2 값이 종종 유용한 것으로 받아들여진다. 자연과학 및 생명과학 데이터의 경우 0.60 혹은 그 이상의 값이 종종 발견되기도 하고, 어떤 경우에는 값이 0.90을 넘는 경우도 있다. 경영학 분야에서 r^2 값은 각 분야의 고유한 특성에 따라 매우 크게 달라진다.

연습문제

기본문제

15. 연습문제 1번의 자료는 다음과 같다.

x_i	1	2	3	4	5
y_i	3	7	5	11	14

이 자료에 대한 추정회귀식은 $\hat{y} = 0.20 + 2.60x$이다.

a. 식 (14.8), (14.9), (14.10)을 활용하여 SSE, SST, SSR을 계산하시오.

b. 결정계수 r^2를 계산하고 적합도에 대해 설명하시오.

c. 표본상관계수를 계산하시오.

16. 연습문제 2번의 자료는 다음과 같다.

x_i	3	12	6	20	14
y_i	55	40	55	10	15

이 자료에 대한 추정회귀식은 $\hat{y} = 68 - 3x$이다.

a. SSE, SST, SSR을 계산하시오.

b. 결정계수 r^2를 계산하고 적합도에 대해 설명하시오.

c. 표본상관계수를 계산하시오.

17. 연습문제 3번의 자료는 다음과 같다.

x_i	2	6	9	13	20
y_i	7	18	9	26	23

이 자료에 대한 추정회귀식은 $\hat{y} = 7.6 + 0.9x$이다. 추정회귀식에 의해 설명될 수 있는 총제곱합의 비율은 어느 정도인가? 표본상관계수는 얼마인가?

적용문제

18. 헤드폰의 가격과 품질. 다음 데이터는 Consumer Reports에서 테스트한 6개의 스테레오 헤드폰의 브랜드, 가격($) 및 종합 점수를 보여준다(Consumer Reports 웹사이트). 종합 점수는 음질과 주변 소음 감소 효과에 기반하며, 0점(최저)에서 100점(최고)까지의 점수를 가지고 있다. 이 데이터에 대한 추정회귀방정식은 $\hat{y} = 23.194 + 0.318x$이며, 여기서 x = 가격($), y는 종합 점수이다.

브랜드	가격($)	점수
Bose	180	76
Skullcandy	150	71
Koss	95	61
Phillips/O'Neill	70	56
Denon	70	40
JVC	35	26

a. SST, SSR, SSE를 계산하시오.

b. 결정계수 r^2를 계산하고 적합성에 대해 설명하시오.

c. 표본상관계수의 값은 얼마인가?

19. 영업 경험과 매출 성과. 연습문제 7번에서 판매관리자는 x = 연간판매량, y = 경력에 대한 다음 자료를 수집하였다. 이 자료를 위한 추정회귀식은 $\hat{y} = 80 + 40x$이다.

DATA*file* Sales

판매자	경력	연간판매량(1,000달러)
1	1	80
2	3	97
3	4	92
4	4	102
5	6	103
6	8	111
7	10	119
8	10	123
9	11	117
10	13	136

a. SST, SSR, SSE를 계산하시오.

b. 결정계수 r^2를 계산하고 적합도에 대해 설명하시오.

c. 표본상관계수값은 얼마인가?

20. **자전거의 가격과 무게.** 세계 최고의 사이클링 잡지인 Bicycling은 일년 내내 수백 대의 자전거를 리뷰한다. 그들의 '로드 레이스' 카테고리에는 주로 레이싱에 관심 있는 라이더들이 사용하는 자전거에 대한 리뷰가 포함되어 있다. 레이싱용 자전거를 선택할 때 가장 중요한 요소 중 하나는 자전거의 무게이다. 다음 데이터는 잡지에서 리뷰한 10대의 레이싱 자전거의 무게(파운드)와 가격($)을 보여준다(Bicycling 웹사이트).

DATA*file* RacingBicycles

브랜드	무게(파운드)	가격($)
FELT F5	17.8	2,100
PINARELLO Paris	16.1	6,250
ORBEA Orca GDR	14.9	8,370
EDDY MERCKX EMX-7	15.9	6,200
BH RC1 Ultegra	17.2	4,000
BH Ultralight 386	13.1	8,600
CERVELO S5 Team	16.2	6,000
GIANT TCR Advanced 2	17.1	2,580
WILIER TRIESTINA Gran Turismo	17.6	3,400
SPECIALIZED S-Works Amira SL4	14.1	8,000

a. 해당 데이터를 사용하여 무게를 기반으로 자전거 가격을 추정할 수 있는 추정회귀방정식을 도출하시오.

b. r^2를 계산하고 추정회귀방정식의 적합도에 대해 확인하시오.

c. 무게가 15파운드인 자전거의 가격을 예측하시오.

21. **원가 예측.** 회계에서 원가를 추정하는 경우에 회귀분석을 활용한다. 회계사는 생산량과 원가 자료를 수집하여 최소제곱법을 활용하여 생산량과 원가의 관계에 대한 추정회귀식을 도출함으로써 특정 생산량과 관련된 원가를 추정할 수 있다. 다음과 같은 특정 제조업체에 대한 생산량과 총원가 자료의 표본을 활용하여 물음에 답하시오.

생산량(단위)	총원가(달러)
400	4,000
450	5,000
550	5,400
600	5,900
700	6,400
750	7,000

a. 이 자료를 활용하여 특정 생산량에 대한 총원가를 추정하기 위해 활용할 수 있는 추정회귀식을 도출하시오.

b. 생산된 단위당 변동비는 얼마인가?

c. 결정계수를 계산하시오. 생산량에 의해 설명될 수 있는 총원가의 변동비율은 얼마인가?

d. 이 회사의 생산계획에 따르면 다음 달 생산해야 할 수량이 500단위이다. 이에 대한 추정 총원가는 얼마인가?

22. **렌터카 수입과 차량 규모.** 다음 데이터를 사용하여 여섯 개 소규모 렌터카 회사의 서비스 차량 규모(1,000대)와 연간 수입(백만 달러) 간의 관계를 조사하였다(Auto Rental News 웹사이트).

회사	자동차(1,000대)	수입(백만 달러)
U-Save Auto Rental System, Inc.	11.5	118
Payless Car Rental System, Inc.	10.0	135
ACE Rent A Car	9.0	100
Rent-A-Wreck of America	5.5	37
Triangle Rent-A-Car	4.2	40
Affordable/Sensible	3.3	32

x = 차량 대수(1,000대), y = 연간 수입(백만 달러)로 설정할 때, 추정회귀방정식은 $\hat{y} = -17.005 + 12.966x$이다. 이 데이터에 대한 SSE는 1043.03이다.

a. 결정계수 r^2를 계산하시오.

b. 추정회귀방정식의 적합도에 대해 설명하시오.

c. 표본상관계수의 값은 무엇인가? 이는 서비스 차량 규모와 연간 수입 사이에 강한 관계를 반영하는가, 혹은 약한 관계를 반영하는가?

14.4 모형 가정

회귀분석을 수행할 때 종속변수와 독립변수 간의 관계에 대한 적합한 모형에 대해 몇 가지 가정을 한다. 단순선형회귀분석의 경우 가정된 회귀모형은 다음과 같다.

$$y = \beta_0 + \beta_1 x + \epsilon$$

최소제곱법은 모형의 모수 β_0과 β_1의 추정치인 b_0과 b_1값을 도출하기 위해 활용된다. 따라서 추정회귀식은 다음과 같다.

$$\hat{y} = b_0 + b_1 x$$

결정계수 r^2 값은 추정회귀식의 적합도 측정치라는 것을 확인했다. 그러나 r^2 값이 큰 경우에도 가정된 모형의 적합도에 대한 추가분석이 수행될 때까지는 추정회귀식이 활용되어서는 안된다. 가정된 모형이 적합한지 여부를 결정하는 중요한 단계로는 관계의 유의성 검정이 있다. 회귀분석에서 유의성 검정은 오차항에 대한 다음과 같은 가정을 기초로 수행된다.

회귀모형에서 오차항 ϵ에 대한 가정

$$y = \beta_0 + \beta_1 x + \epsilon$$

1. 오차항 ϵ은 평균 혹은 기댓값이 0인 확률변수이다. 즉, $E(\epsilon) = 0$이다.

의미: β_0과 β_1은 상수이기 때문에 $E(\beta_0) = \beta_0$, $E(\beta_1) = \beta_1$이다. 따라서 주어진 x에 대한 y의 기댓값은 다음과 같다.

$$E(y) = \beta_0 + \beta_1 x \tag{14.14}$$

앞에서 언급했듯이 식 (14.14)는 회귀방정식이라고 한다.

2. ϵ의 분산인 σ^2은 모든 x값에 대해 동일하다.

의미: 회귀선에 대한 y의 분산은 σ^2와 동일하고 모든 x값에 대해 동일하다.

3. ϵ값은 독립이다.

의미: 특정 x값에 대한 ϵ값은 어떤 다른 x값에 대한 ϵ값과 무관하다. 따라서 특정 x값에 대한 y값은 다른 어떤 x값에 대한 y값과 관련이 없다.

4. 오차항 ϵ은 모든 x값에 대해 정규분포를 이루는 확률변수이다.

의미: y는 ϵ의 선형함수이기 때문에, y 또한 모든 x값에 대해 정규분포를 이루는 확률변수이다.

그림 14.6은 모형의 가정과 그 의미를 설명해 주고 있다. 그래프에서 $E(y)$값은 특정 x값에 따라 변화한다. 그러나 x값에 관계없이 ϵ의 확률분포와 y의 확률분포는 동일한 분산을 갖는 정규분포를 가진다. 어떤 특정한 점에서 오차 ϵ의 값은 y의 실제값이 $E(y)$보다 큰지 혹은 작은지에 따라 달라진다.

이제 x와 y의 관계 형태에 대한 가정 혹은 가설을 설정해야 한다. 즉, $\beta_0 + \beta_1 x$에 의해 표현되는 직선이 변수들 간 관계의 토대가 된다고 가정한다. 그러나 다른 모형, 예를 들어 $y = \beta_0 + \beta_1 x^2 + \epsilon$이 기본관계를 보다 잘 표현하는 모형으로 밝혀질 수도 있다는 사실을 간과해서는 안 된다.

그림 14.6 회귀모형을 위한 가정

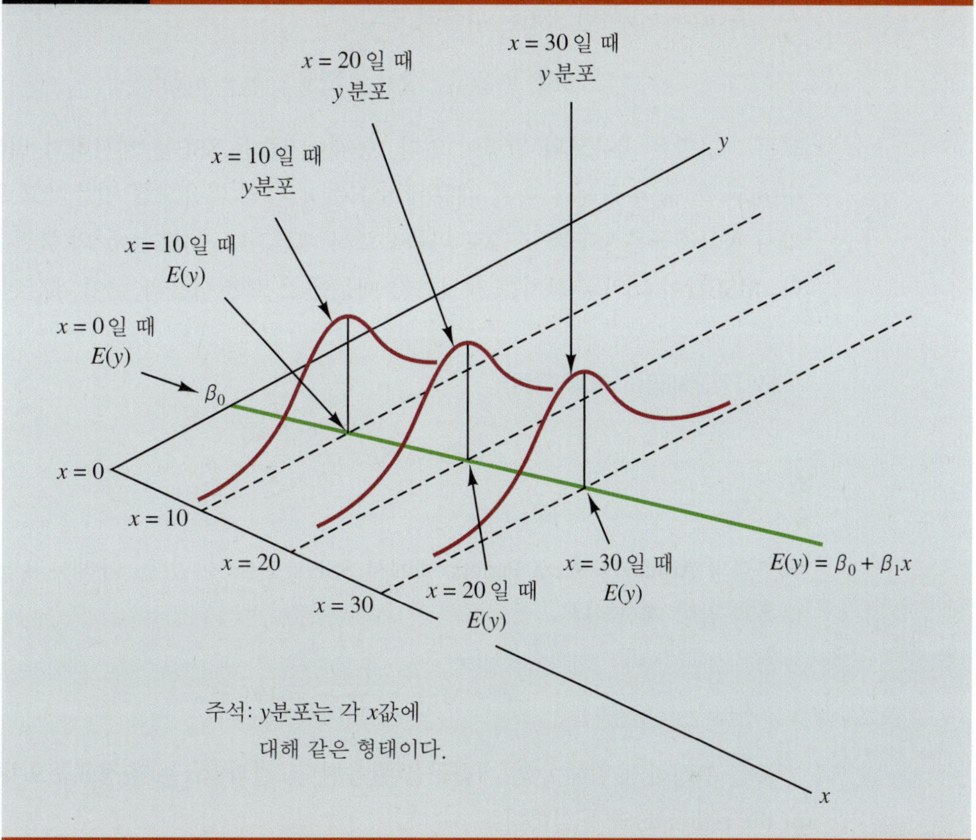

14.5 유의성 검정

단순선형회귀식에서 y의 평균 혹은 기댓값은 x의 선형함수이다. 따라서 $E(y) = \beta_0 + \beta_1 x$이다. 만일 β_1의 값이 0이라면, $E(y) = \beta_0 + (0)x = \beta_0$이다. 이 경우에 y의 평균값은 x값에 따라 변화하지 않기 때문에 x와 y는 선형관계가 아니라고 결론내릴 수 있다. 반대로, 만일 β_1의 값이 0이 아니라면, 두 변수는 관련이 있다고 결론내릴 수 있다. 그러므로 회귀관계의 유의성을 검증하기 위해서는 β_1의 값이 0인지 여부를 결정할 수 있는 가설검정을 수행해야 한다. 두 가지 검정방법이 일반적으로 활용된다. 두 가지 방법 모두 회귀모형에서 ϵ의 분산인 σ^2의 추정치가 필요하다.

σ^2의 추정

회귀모형과 그 가정으로부터 ϵ의 분산인 σ^2은 회귀선에 대한 y값의 분산 또한 대표한다고 결론내릴 수 있다. 추정회귀선에 대한 y의 편차가 잔차로 불린다는 점을 기억해 보라. 따라서 잔차제곱합인 SSE는 추정회귀선에 대한 실제 관찰값의 변동치이다. 오차평균제곱(mean square error; MSE)은 σ^2의 추정값을 제공하며 SSE를 자유도로 나눈 값이다.

$\hat{y}_i = b_0 + b_1x_i$이면 SSE는 다음과 같다.

$$\text{SSE} = \Sigma(y_i - \hat{y}_i)^2 = \Sigma(y_i - b_0 - b_1x_i)^2$$

모든 제곱합은 자유도와 관련이 있다. 통계학자들은 SSE를 계산하기 위해서 두 개의 모수(β_0과 β_1)를 추정해야 하기 때문에 SSE는 $n-2$의 자유도를 갖는다고 주장해 왔다. 따라서 평균제곱은 SSE를 $n-2$로 나눔으로써 계산된다. MSE는 σ^2의 불편추정치를 제시한다. MSE값이 σ^2의 추정치를 제시하기 때문에 s^2 또한 다음과 같이 계산된다.

오차평균제곱(σ^2의 추정치)

$$s^2 = \text{MSE} = \frac{\text{SSE}}{n-2} \tag{14.15}$$

14.3절의 Armand's Pizza Parlors 예에서 SSE = 1,530이었다. 따라서 σ^2의 불편추정치는 다음과 같이 계산된다.

$$s^2 = \text{MSE} = \frac{1{,}530}{8} = 191.25$$

σ을 추정하기 위해 s^2의 제곱근을 활용한다. 결과값 s는 추정표준오차(standard error of the estimate)와 동일하다.

추정표준오차

$$s = \sqrt{\text{MSE}} = \sqrt{\frac{\text{SSE}}{n-2}} \tag{14.16}$$

Armand's Pizza Parlors 예에서 $s = \sqrt{\text{MSE}} = \sqrt{191.25} = 13.829$이다. 다음 논의에서는 x와 y의 유의한 관계를 검정할 때 추정표준오차를 활용한다.

t 검정

단순선형회귀 모형은 $y = \beta_0 + \beta_1x + \epsilon$이다. 만일 x와 y가 선형관계를 갖는다면 $\beta_1 \neq 0$이다. t 검정의 목적은 $\beta_1 \neq 0$이라고 결론내릴 수 있는지 여부를 확인하는 것이다. 여기에서는 모수 β_1에 대한 다음과 같은 가설을 검정하기 위해 표본 자료를 활용할 것이다.

$$H_0: \beta_1 = 0$$
$$H_a: \beta_1 \neq 0$$

만일 H_0가 기각되면 $\beta_1 \neq 0$이고 두 변수 간에 통계적으로 유의한 관계가 존재한다고 결론내릴 수 있다. 그러나 H_0이 기각되지 않으면 두 변수 간에 유의한 관계가 존재한다고 결론내릴 수 있는 충분한 증거를 확보하지 못하게 된다. β_1의 최소제곱 추정치인 b_1의 표본분포 특성이 가설검정에 필요한 기초자료를 제공한다.

먼저 같은 회귀분석을 위해 다른 확률표본을 활용한다면 무슨 일이 발생할 것인지를 생각해 보자. 예를 들어, Armand's Pizza Parlors가 다른 10개 식당 표본의 매출액 자료를 활용한다고 가정해 보자. 이 새로운 표본을 활용한 회귀분석을 통해 이전의 추정회귀식 $\hat{y} = 60 + 5x$와 유사한 추정회귀식이 도출될 것이다. 그러나 정확하게 동일한 식(절편이 60이고, 기울기가 5)을 얻을 수 있을지는 의문이다. 사실 최소제곱 추정치인 b_0과 b_1은 자기 자신의 표본분포에 대한 표본통계량이다. b_1의 표본분포 특성은 다음과 같다.

b_1의 표본분포

$$\text{기댓값: } E(b_1) = \beta_1$$

$$\text{표준편차: } \sigma_{b_1} = \frac{\sigma}{\sqrt{\Sigma(x_i - \bar{x})^2}} \qquad \textbf{(14.17)}$$

분포형태: 정규분포

b_1의 기댓값이 β_1과 동일하므로, b_1은 β_1의 불편추정치임을 참고하라.

σ의 값을 알지 못하기 때문에 식 (14.17)에서 s로 σ를 추정함으로써 σ_{b_1}의 추정치인 s_{b_1}을 도출한다.

b_1의 추정표준편차*

$$s_{b_1} = \frac{s}{\sqrt{\Sigma(x_i - \bar{x})^2}} \qquad \textbf{(14.18)}$$

Armand's Pizza Parlors의 $s = 13.829$이다. 따라서 표 14.2에 나타난 바와 같이 $\Sigma(x_i - \bar{x})^2 = 568$을 활용하여 b_1의 추정표준편차를 다음과 같이 계산할 수 있다.

$$s_{b_1} = \frac{13.829}{\sqrt{568}} = 0.5803$$

유의한 관계에 대한 t 검정은 다음 검정통계량이 자유도 $n-2$인 t 분포를 따른다는 사실에 기초하고 있다.

---

* b_1의 표준편차는 b_1의 표준오차라고도 한다. 따라서 S_{b_1}은 b_1의 표준오차 추정치를 제공한다.

$$\frac{b_1 - \beta_1}{s_{b_1}}$$

만일 귀무가설이 참이라면 $\beta_1 = 0$, $t = b_1/s_{b_1}$이다.

$\alpha = 0.01$ 유의수준에서 Armand's Pizza Parlors에 대해 위와 같은 유의성 검정을 수행해 보자. 검정통계량은 다음과 같다.

$$t = \frac{b_1}{s_{b_1}} = \frac{5}{0.5803} = 8.62$$

t 분포표(부록 B의 Table 2)*를 보면, 자유도가 $n-2=10-2=8$일 때 $t=3.355$는 우측꼬리 0.005에 포함된다. 따라서 검정통계량 $t=8.62$에 대응하는 t 분포의 우측꼬리 영역은 0.005 이하이다. 이 검정은 양측검정이기 때문에 이 값을 두 배로 하여 $t=8.62$에 해당하는 p값은 $2(0.005)=0.01$ 이하라고 결론내릴 수 있다. p값이 $\alpha=0.01$보다 작기 때문에 H_0은 기각되고 β_1은 0과 같지 않다고 결론내릴 수 있다. 이러한 증거는 학생 수와 분기별 매출액 간의 유의한 관계가 존재한다고 결론내릴 수 있을 만큼 충분하다. 단순선형회귀에서 유의성 검정을 위한 t 검정을 요약하면 다음과 같다.

단순선형회귀에서 유의성 검정을 위한 t 검정

$$H_0: \beta_1 = 0$$
$$H_a: \beta_1 \neq 0$$

검정통계량

$$t = \frac{b_1}{s_{b_1}} \tag{14.19}$$

기각법칙

p값 적용: p값 $\leq \alpha$이면 H_0를 기각한다.

임계값 적용: $t \leq -t_{\alpha/2}$ 혹은 $t \geq t_{\alpha/2}$이면 H_0를 기각한다.

$t_{\alpha/2}$는 자유도 $n-2$인 t 분포에 기초하고 있다.

β_1의 신뢰구간

β_1의 신뢰구간 형태는 다음과 같다.

---

* 부록 E에서는 엑셀을 활용하여 p값을 계산하는 예를 보여준다.

$$b_1 \pm t_{\alpha/2} s_{b_1}$$

점추정치가 b_1이고, 오차한계는 $t_{\alpha/2} s_{b_1}$이다. 이 구간과 관련된 신뢰계수는 $1-\alpha$이고, $t_{\alpha/2}$는 자유도가 $n-2$인 t 분포의 우측꼬리 $\alpha/2$의 영역을 나타내는 t값이다. 예를 들어, Armand's Pizza Parlors에 대한 β_1의 99% 신뢰구간을 추정하기를 원한다고 가정해 보자. 부록 B의 Table 2에서 $\alpha = 0.01$, 자유도가 $n-2=10-2=8$인 t값은 $t_{0.005}=3.355$이다. 따라서 β_1의 99% 신뢰구간추정은 다음과 같다.

$$b_1 \pm t_{\alpha/2} s_{b_1} = 5 \pm 3.355(0.5803) = 5 \pm 1.95$$

혹은 3.05부터 6.95까지이다.

유의성 검정을 위해 t 검정을 활용하는 경우에 가설은 다음과 같이 검정된다.

$$H_0\colon \beta_1 = 0$$
$$H_a\colon \beta_1 \neq 0$$

$\alpha = 0.01$ 유의수준에서 Armand's 자료에 대한 가설검정 결과를 도출하기 위한 대안으로 99% 신뢰구간을 활용할 수 있다. β_1의 가설값 0은 신뢰구간 (3.05~6.95)에 포함되지 않기 때문에 H_0은 기각되고, 학생 수와 분기별 매출액 간에는 유의한 통계적 관계가 존재한다고 결론내릴 수 있다. 일반적으로 신뢰구간은 β_1에 대한 양측 가설검정에 활용될 수 있다. 만일 β_1의 가설값이 신뢰구간에 포함된다면 H_0은 기각되지 않고, 포함되지 않으면 H_0은 기각된다.

F 검정

F 확률분포에 기초한 F 검정은 회귀분석에서 유의성 검정에 활용될 수 있다. 단지 하나의 독립변수만 존재할 때 F 검정은 t 검정과 동일한 결론을 제공할 것이다. 만일 t 검정에서 $\beta_1 \neq 0$이기 때문에 유의한 관계가 있다면, F 검정 또한 유의한 관계를 보일 것이다. 그러나 독립변수가 하나 이상일 때 전반적인 유의관계 검증에는 F 검정만이 활용될 수 있다.

회귀관계가 통계적으로 유의한지 여부를 결정하기 위해 F 검정을 활용하는 기본논리는 σ^2에 대한 두 개의 독립추정치 도출에 기초하고 있다. MSE가 σ^2의 추정치를 제시하는 방법은 앞에서 살펴보았다. 만일 귀무가설 $H_0\colon \beta_1 = 0$이 참이면 회귀제곱합인 SSR은 σ^2의 또 다른 독립추정치를 제공하는 회귀식의 자유도로 나누어진다. 이러한 추정치를 회귀평균제곱(mean square regression)이라 하며 MSR로 표기한다.

$$\text{MRS} = \frac{\text{SSR}}{\text{회귀 자유도}}$$

이 책에서 고려하는 모형에 대한 회귀 자유도는 항상 모형의 독립변수 수와 동일하다.

$$\text{MSR} = \frac{\text{SSR}}{\text{독립변수 수}} \tag{14.20}$$

이 장에서는 독립변수가 하나인 회귀모형만을 고려하기 때문에 MSR = SSR/1 = SSR이다. 따라서 Armand's Pizza Parlors의 MSR = SSR = 14,200이다.

만일 귀무가설(H_0: $\beta_1 = 0$)이 참이면 MSR과 MSE는 σ^2의 두 개의 독립추정치가 되며, MSR/MSE의 표본분포는 분자 자유도가 1이고 분모 자유도가 $n-2$인 F 분포를 따른다. 따라서 $\beta_1 = 0$일 때, MSR/MSE값은 1에 가까워진다. 그러나 만일 귀무가설이 거짓이면($\beta_1 \neq 0$), MSR은 σ^2을 과대추정할 것이며 MSR/MSE값은 부풀려질 것이다. 따라서 MSR/MSE값이 클수록 H_0을 기각하여 x와 y의 관계가 통계적으로 유의하다는 결론을 도출하게 될 것이다.

Armand's Pizza Parlors의 예에 대해 F 검정을 수행해 보자. 검정통계량은 다음과 같다.

$$F = \frac{\text{MSR}}{\text{MSE}} = \frac{14{,}200}{191.25} = 74.25$$

F 분포표(부록 B의 Table 4)*는 분자의 자유도가 1이고, 분모의 자유도가 $n-2 = 10-2 = 8$일 때 $F = 11.26$은 우측꼬리 0.01 영역에 포함된다. 따라서 검정통계량 $F = 74.25$에 대응하는 F 분포의 우측꼬리 영역은 0.01 이하이다. 따라서 p값이 0.01 이하라고 결론내릴 수 있다. p값이 $\alpha = 0.01$보다 작기 때문에 H_0은 기각되고, 학생 수와 분기별 매출액 간에 유의한 관계가 있다고 결론내릴 수 있다. 단순선형회귀에서 유의성 검정을 위한 F 검정을 요약해 보면 다음과 같다.

단순선형회귀에서 유의성 검정을 위한 *F* 검정

$$H_0\colon \beta_1 = 0$$
$$H_a\colon \beta_1 \neq 0$$

검정통계량

$$F = \frac{\text{MSR}}{\text{MSE}} \tag{14.21}$$

기각법칙

p값 적용: p값 $\leq \alpha$이면 H_0를 기각한다.
임계값 적용: $F \geq F_\alpha$이면 H_0를 기각한다.

여기에서 F_α는 분자의 자유도가 1이고, 분모의 자유도가 $n-2$인 F 분포에 기초하고 있다.

---

* 단순선형회귀에서 F 검정과 t 검정은 동일한 결과를 보여준다.

표 14.5 단순선형회귀 분석에서 활용되는 ANOVA표의 일반적 형태

변동원천	제곱합	자유도	평균제곱	F	p값
회귀	SSR	1	$\text{MSR} = \dfrac{\text{SSR}}{1}$	$F = \dfrac{\text{MSR}}{\text{MSE}}$	
오차	SSE	$n-2$	$\text{MSE} = \dfrac{\text{SSE}}{n-2}$		
계	SST	$n-1$			

표 14.6 Armand's Pizza Parlors 예에 대한 ANOVA표

변동원천	제곱합	자유도	평균제곱	F	p값
회귀	14,200	1	$\dfrac{14{,}200}{1} = 14{,}200$	$\dfrac{14{,}200}{191.25} = 74.25$	0.000
오차	1,530	8	$\dfrac{1{,}530}{8} = 191.25$		
계	15,730	9			

13장에서 분산분석(ANOVA)을 설명했고, 분산분석의 계산 특성을 편리하게 요약하여 제시하기 위해 **ANOVA표(ANOVA Table)** 활용방법을 설명하였다. 유사 ANOVA표를 회귀분석에서 유의성 검정을 위해 F 검정 결과를 요약하는 데 활용할 수 있다. 표 14.5는 단순회귀분석에서 활용되는 ANOVA표의 일반적인 형태이다. 표 14.6은 Armand's Pizza Parlors에 대해 수행한 F 검정 계산결과를 보여주는 ANOVA표이다. Regression, Error, Total은 세 가지 변동원천의 명칭이며 2열에 제곱합으로 표현된 SSR, SSE, SST을 의미한다. 자유도는 3열에 나타나 있는 바와 같이 SSR은 1, SSE는 $n-2$, SST는 $n-1$이다. 4열은 MSR과 MSE값을 나타내며, 5열은 $F=\text{MSR}/\text{MSE}$값을 나타낸다. 거의 모든 컴퓨터 프로그램의 회귀분석 결과에는 유의성 검정을 위한 F 검정의 ANOVA표 요약이 포함되어 있다.*

유의성 검정결과 해석 시 주의사항

귀무가설 H_0: $\beta_1 = 0$을 기각하여 x와 y의 관계가 유의하다고 하더라도, x와 y 간에 원인－결과 관계가 존재한다고 결론내릴 수는 없다.** 원인－결과 관계의 결론은 분석가가 실제

* 모든 분산분석표에서 총제곱합은 회귀제곱합과 오차제곱합의 합이다. 또한 총자유도는 회귀 자유도와 오차자유도의 합이다.

** 회귀분석은 변수들이 서로 어떻게 관련되어 있는지 규명하기 위해 사용하는 것이지, 원인－결과 관계의 증거로 활용되어서는 안된다.

그림 14.7 비선형관계 추정선의 예

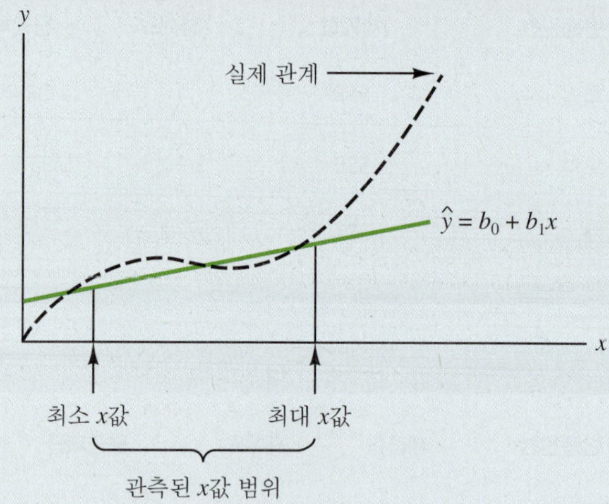

로 인과관계가 존재한다는 몇 가지 유형의 이론적 정당성을 제시할 수 있을 때에만 타당하다. Armand's Pizza Parlors의 예에서 우리는 학생 수 x와 분기별 매출액 y 간에 유의한 관계가 존재한다고 결론내릴 수 있다. 더욱이 추정회귀식 $\hat{y} = 60 + 5x$는 관계의 최소제곱 추정치를 제공한다. 그러나 단지 통계적으로 유의한 관계를 확인했을 뿐이기 때문에 학생 수 x의 변화가 분기별 매출액 y의 변화 원인이라고 결론내릴 수는 없다. 이러한 원인-결과 결론에 대한 타당성은 전문가들이 이론적 정당성을 토대로 신중히 판단할 사항이다. Armand's 관리자들은 학생 수 증가가 분기별 매출액 증가의 원인인 것처럼 판단했다. 따라서 유의성 검정결과에 따라 원인-결과 관계가 존재한다고 결론내렸다.

또한 H_0: $\beta_1 = 0$을 기각하고 통계적 유의성을 검증할 수만 있기 때문에 x와 y의 관계가 선형이라고 결론내릴 수 없다. 단지 x와 y가 관련이 있고 선형관계는 표본에서 관측된 x값의 범위에 따라 y값 변동의 상당부분을 설명한다고 말할 수 있을 뿐이다. 그림 14.7은 이러한 상황을 설명해 주고 있다. 유의성 검정은 귀무가설 H_0: $\beta_1 = 0$을 기각하고 x와 y가 유의하게 관련되어 있다는 결론을 이끌어 내지만, 그림은 x와 y의 실제 관계가 선형이 아님을 보여주고 있다. 비록 $\hat{y} = b_0 + b_1x$에 의해 제시된 추정선이 표본에서 관찰된 x값의 범위에서는 실제 관계와 유사하지만 범위를 벗어난 x값에 대해서는 실제 관계와 매우 다르다.

유의한 관계란 표본에서 관측된 x값의 범위 내에서 x값에 따른 y값을 예측하기 위해 추정회귀식을 활용하는 것이 신뢰할 수 있다는 의미이다. Armand's Pizza Parlors 예에서 이러한 x값의 범위는 2～26이다. 이 범위를 벗어나서도 모형이 타당하다고 주장할 만한 다른 이유가 없다면 독립변수의 범위를 벗어나서 예측할 때는 주의를 기울여야 한다.

Armand's Pizza Parlors의 경우 회귀관계가 0.01수준에서 유의한 것으로 나타났기 때문에 학생 수가 2,000~26,000인 식당의 매출액을 예측하기 위해 추정회귀식을 활용하는 것은 타당하다.

주석 및 코멘트

1. 오차항에 대한 가정(14.4절) 때문에 본 절에서 통계적 유의성 검정이 가능하다. 이러한 가정들로 인해 b_1의 표본분포 특성과 t 검정 및 F 검정이 가능하다.
2. 통계적 신뢰성을 실제 신뢰성과 혼동하지 마라. 표본 크기가 매우 큰 경우에는 작은 b_1값에도 불구하고 통계적으로 유의한 결과가 나올 수 있다. 이러한 경우에는 실제로 관계가 유의하다고 결론내릴 때 주의해야 한다.
3. x와 y의 선형관계에 대한 유의성 검정은 표본상관계수 r_{xy}를 활용하여 수행할 수 있다. ρ_{xy}가 모집단 상관계수를 의미한다면 가설은 다음과 같다.

$$H_0: \rho_{xy} = 0$$
$$H_a: \rho_{xy} \neq 0$$

H_0이 기각되면 유의한 관계가 있다고 결론내릴 수 있다. 이러한 검정에 대한 상세한 내용은 보다 고급과목에서 다루어질 것이다. 그러나 이 절의 앞에서 설명한 t 검정과 F 검정은 상관계수를 활용하여 동일한 유의성 검정 결과를 제공한다. 따라서 t 검정이나 F 검정을 이미 수행하였다면, 상관계수를 활용한 유의성 검정은 수행할 필요가 없다.

연습문제

기본문제

23. 연습문제 1번의 자료는 다음과 같다.

x_i	1	2	3	4	5
y_i	3	7	5	11	14

a. 식 (14.15)를 활용하여 오차평균제곱을 계산하시오.

b. 식 (14.16)을 활용하여 추정표준오차를 계산하시오.

c. 식 (14.18)을 활용하여 b_1의 추정표준편차를 계산하시오.

d. t 검정을 활용하여 다음 가설을 검정하라($\alpha = 0.05$).

$$H_0: \beta_1 = 0$$
$$H_a: \beta_1 \neq 0$$

e. F 검정을 활용하여 문항 (d)의 가설을 유의수준 0.05에서 검정하시오. 분산분석표 형식으로 결과를 제시하시오.

24. 연습문제 2번의 자료는 다음과 같다.

x_i	3	12	6	20	14
y_i	55	40	55	10	15

a. 식 (14.15)를 활용하여 오차평균제곱을 계산하시오.

b. 식 (14.16)을 활용하여 추정표준오차를 계산하시오.

c. 식 (14.18)을 활용하여 b_1의 추정표준편차를 계산하시오.

d. t 검정을 활용하여 다음 가설을 검정하라($\alpha = 0.05$).

$$H_0: \beta_1 = 0$$
$$H_a: \beta_1 \neq 0$$

e. F 검정을 활용하여 문항 (d)의 가설을 유의수준 0.05에서 검정하시오. 분산분석표 형식으로 결과를 제시하시오.

25. 연습문제 3번의 자료는 다음과 같다.

x_i	2	6	9	13	20
y_i	7	18	9	26	23

a. 추정 표준오차값은 얼마인가?

b. t 검정을 활용하여 유의관계를 검정하시오. $\alpha = 0.05$를 활용하시오.

c. F 검정을 활용하여 유의관계를 검정하시오. $\alpha = 0.05$를 활용하시오. 결론은 무엇인가?

적용문제

26. 헤드폰 결론. 연습문제 18에서 Consumer Reports에서 테스트한 6개 스테레오 헤드폰에 대한 가격($) 및 종합 점수 데이터는 다음과 같았다(Consumer Reports 웹사이트).

브랜드	가격($)	점수
Bose	180	76
Skullcandy	150	71
Koss	95	61
Phillips/O'Neill	70	56
Denon	70	40
JVC	35	26

a. t 검정 결과, 가격과 종합 점수 간에 유의미한 관계가 있는 것으로 나타나는가? 당신의 결론은 무엇인가? $\alpha = 0.05$를 사용하시오.

b. F 검정을 사용하여 유의미한 관계가 있는지 테스트하시오. 당신의 결론은 무엇인

가? $\alpha = 0.05$를 사용하시오.

c. 이 데이터에 대한 ANOVA 테이블을 보여라.

DATA*file* GPASalary

27. **대학 평균 학점 및 급여.** 대학 평균 학점(GPA)이 높은 학생이 낮은 졸업생보다 더 많이 버는가(CivicScience)? GPASalary 파일에 제공된 대학 평균 학점과 급여 자료(졸업 후 10년)를 고려하라.

a. 대학 평균 학점을 독립변수로 사용하여 이 데이터에 대한 산점도를 그리시오. 이 산점도는 두 변수 간의 관계에 대해 무엇을 나타내는가?

b. 이 데이터를 사용하여 대학 평균 학점을 기반으로 10년 후 연봉을 예측하는 추정회귀방정식을 도출하시오.

c. 유의수준 0.05에서 F 검정을 사용하여 유의미한 관계인지 테스트하시오. 두 변수 간에 통계적으로 유의미한 관계가 있는 것으로 보이는가?

DATA*file* BrokerRatings

28. **브로커 만족도 결론.** 연습문제 8에서 x = 체결 속도의 품질, y = 전자 상거래에 대한 전반적인 만족도에 대한 등급 데이터는 추정회귀방정식 $\hat{y} = 0.2046 + 0.9077x$를 제공했다. 유의수준 0.05에서 체결 속도와 전반적인 만족도가 관련이 있는지 검정하시오. ANOVA 테이블을 표시하시오. 당신의 결론은 무엇인가?

29. **원가 예측 결론.** 특정 제조작업에 대한 생산량과 원가에 관한 추정회귀방정식을 도출하기 위해 생산량과 원가에 대한 데이터를 사용한 연습문제 21을 참고하시오. $\alpha = 0.05$ 및 F 검정을 사용하여 생산량이 총 원가와 유의미한 관계가 있는지 판단하시오. ANOVA 테이블을 표시하시오. 당신의 결론은 무엇인가?

30. **렌터카 수입과 차량 규모의 중요성.** 미국 렌터카 시장의 기업들은 차량 규모, 지점 수 및 연간 수입 측면에서 매우 다양하다. 다음 데이터를 사용하여 여섯 개의 작은 렌터카 회사에 대한 서비스 차량 규모(1,000대)와 연간 수입(백만 달러) 간의 관계를 조사하였다(Auto Rental News 웹사이트).

회사	자동차(1,000대)	수입(백만 달러)
U-Save Auto Rental System, Inc.	11.5	118
Payless Car Rental System, Inc.	10.0	135
ACE Rent A Car	9.0	100
Rent-A-Wreck of America	5.5	37
Triangle Rent-A-Car	4.2	40
Affordable/Sensible	3.3	32

x = 서비스 차량 규모(1,000대), y = 연간 수입(백만 달러)이고, 추정회귀방정식은 $\hat{y} = -17.005 + 12.966x$이다. 이 데이터에 대해 SSE = 1,043.03이고 SST = 10,568이

다. t 검정을 사용하여 서비스 차량 규모와 연간 수입 간에 유의미한 관계가 있는지 확인하시오.

DATA *file* RacingBicycles

31. 레이싱용 자전거 무게가 가격에 미치는 영향. 연습문제 20에서 10대의 로드 레이싱 자전거의 x = 무게(파운드), y = 가격($)에 대한 데이터는 추정회귀방정식 $\hat{y} = 28,574 - 1,439x$를 제공했다(Bicycling 웹사이트). 이 데이터에 대해 SSE = 7,102,922.54이고 SST = 52,120,800이다. F 검정을 사용하여 자전거 무게와 가격 간에 유의미한 관계가 있는지 유의수준 0.05에서 판단하시오.

14.6 추정과 예측을 위한 추정회귀식 활용

단순선형회귀 모형을 활용할 때 x와 y의 관계에 대한 가정을 한다. 그런 다음 최소제곱법을 활용하여 추정 단순선형회귀식을 도출한다. 만일 x와 y 사이에 유의한 관계가 존재하고, 적합도가 우수함을 결정계수가 보여준다면, 본 추정회귀식은 추정 및 예측에 유용한 것이다.

Armand's Pizza Parlors 예에서, 추정회귀식은 $\hat{y} = 60 + 5x$이다. 14.1절 끝에서 $\hat{y}$가 특정 x값에 대한 y의 평균 또는 기댓값인 $E(y)$의 점추정값, 혹은 개별 y값의 예측 변수로 사용될 수 있음을 언급하였다. 예를 들어, Armand's의 매니저들이 10,000명의 학생이 있는 대학 캠퍼스 근처 모든 음식점의 분기별 평균 매출을 추정하려고 한다고 가정해 보자. 추정된 회귀방정식 $\hat{y} = 60 + 5x$를 사용하면, x가 10(10,000명의 학생)인 경우, $\hat{y}$는 $60 + 5(10) = 110$이 된다. 따라서 10,000명의 학생이 있는 캠퍼스 근처 모든 레스토랑에 대한 분기별 평균 매출의 점추정값은 $110,000이다. 이 경우 y를 x가 10일 때 $\hat{y}$의 평균값에 대한 점추정치로 사용하고 있다.

우리는 추정회귀방정식을 이용하여 특정 x 값에 대한 y의 개별 값도 예측할 수 있다. 예를 들어, Armand가 고려 중인 Talbot College 근처에 새로 지을 레스토랑의 분기별 매출을 예측하려면 $\hat{y} = 60 + 5(10) = 110$을 계산할 것이다. 따라서 이러한 새로운 레스토랑의 분기별 매출을 $110,000으로 예측할 것이다. 이 경우에는 x가 10일 때 새로운 관측치에 대한 y의 예측 변수로서 $\hat{y}$를 사용하고 있다.

추정된 회귀방정식을 사용하여 y의 평균값을 추정하거나 개별 y값을 예측하는 경우, 추정치 또는 예측값이 주어진 x 값에 달려있다는 것은 분명하다. 이 때문에 추정 및 예측과 관련된 문제를 더 깊이 논의할 때, 다음의 표기법은 문제를 명확하게 해주는 데 도움이 될 것이다.

x^* = 독립변수 x에 대해 주어진 값

y^* = x가 x^*일 때, 종속변수 y의 가능한 값을 나타내는 확률변수

$E(y^*)$ = x가 x^*일 때 종속변수 y의 평균값 혹은 기댓값

$\hat{y}^* = b_0 + b_1x^*$ = x가 x^*일 때 개별 y값의 예측변수로서 $E(y^*)$의 점추정

이 표기법의 사용법을 설명하기 위해, Armand's 레스토랑 중 10,000명의 학생이 있는 캠퍼스 근처에 위치한 모든 레스토랑의 분기별 매출 평균값을 추정하고 싶다고 가정해 보자. 이 경우에 $x^* = 10$이며, $E(y^*)$는 $x^* = 10$인 모든 레스토랑의 분기별 매출의 알려지지 않은 평균값을 나타낸다. 따라서 $E(y^*)$의 점추정값은 $\hat{y}^* = 60 + 5(10) = 110$ 또는 \$110,000으로 제공된다. 그러나 이 표기법을 사용하면, $\hat{y}^* = 110$은 또한 10,000명의 학생이 있는 Talbot College 근처에 위치한 새로운 레스토랑의 분기별 매출에 대한 예측 변수이다.

구간추정

점추정(point estimator)과 예측변수(predictor)는 추정 또는 예측과 관련된 정확도에 대한 정보를 제공하지 않는다. 이 때문에 우리는 **신뢰구간(confidence interval)**과 **예측구간(prediction interval)**을 개발해야 한다. 신뢰구간은 주어진 x 값에 대한 y의 평균값에 대한 구간 추정이다. 예측구간은 주어진 x 값에 대응하는 새로운 관측치에 대한 개별적인 y 값을 예측할 때 사용된다. 주어진 x 값에 대해 y의 예측치가 주어진 x값에 대한 y의 평균값에 대한 점추정치와 동일하다고 해도, 두 경우에 대한 구간 추정은 다르다. 곧 확인하겠지만, 예측구간의 오차한계가 더 크다. y의 평균값에 대한 구간 추정치를 어떻게 개발하는지 보여주려 한다.

y의 평균값에 대한 신뢰구간

일반적으로 우리는 $\hat{y}^*$이 $E(y^*)$과 정확히 일치할 것으로 기대할 수는 없다. 만일 $\hat{y}^*$이 실제 평균값 $E(y^*)$에 얼마나 근사한지를 추론하고자 한다면, 우리는 $\hat{y}^*$의 분산을 추정해야 할 것이다. y^*의 분산을 추정하는 공식은 $s^2_{\hat{y}^*}$로 표시되며 다음과 같다.

$$s^2_{\hat{y}^*} = s^2\left[\frac{1}{n} + \frac{(x^* - \bar{x})^2}{\Sigma(x_i - \bar{x})^2}\right] \tag{14.22}$$

$\hat{y}^*$의 표준편차 추정치는 식(14.22)의 제곱근이다.

$$s_{\hat{y}^*} = s\sqrt{\frac{1}{n} + \frac{(x^* - \bar{x})^2}{\Sigma(x_i - \bar{x})^2}} \tag{14.23}$$

14.5절의 Armand's Pizza Parlors에 대한 계산 결과에 따르면 $s = 13.829$이다. $x^* = 10$, $\bar{x} = 14$, 그리고 $\Sigma(x_i - \bar{x})^2 = 568$일 때, 식(14.23)을 활용하면 다음과 같다.

$$s_{\hat{y}^*} = 13.829\sqrt{\frac{1}{10} + \frac{(10 - 14)^2}{568}}$$
$$= 13.829\sqrt{0.1282} = 4.95$$

신뢰구간에 대한 일반적인 표현은 다음과 같다.

$E(y^*)$에 대한 신뢰구간

$$\hat{y}^* \pm t_{\alpha/2} s_{\hat{y}^*} \tag{14.24}$$

여기에서 신뢰계수는 $1-\alpha$이고, $t_{\alpha/2}$는 자유도 $n-2$인 t 분포를 따른다.

식 (14.24)를 활용하여 학생 수 10,000명인 캠퍼스 근처에 위치한 모든 Armand's 레스토랑의 평균 분기별 매출액에 대한 95% 신뢰구간을 도출하고자 한다면 $\alpha/2 = 0.025$인 t값과 자유도 $n-2 = 10-2 = 8$이 필요하다. 부록 B의 Table 2를 활용하면 $t_{0.025} = 2.306$이다. 따라서 $\hat{y}^* = 110$, 오차한계가 $t_{\alpha/2} s_{\hat{y}^*} = 2.306(4.95) = 11.415$일 때 95% 신뢰구간 추정치는 다음과 같다.

$$110 \pm 11.415$$

학생 수가 10,000명인 캠퍼스 근처에 위치한 모든 식당의 평균 분기별 매출액에 대한 95% 신뢰구간은 110,000달러 ± 11,415달러이다. 따라서 학생 수가 10,000명일 때 평균

그림 14.8 주어진 학생 수 x값에서 평균 매출액 y에 대한 신뢰구간

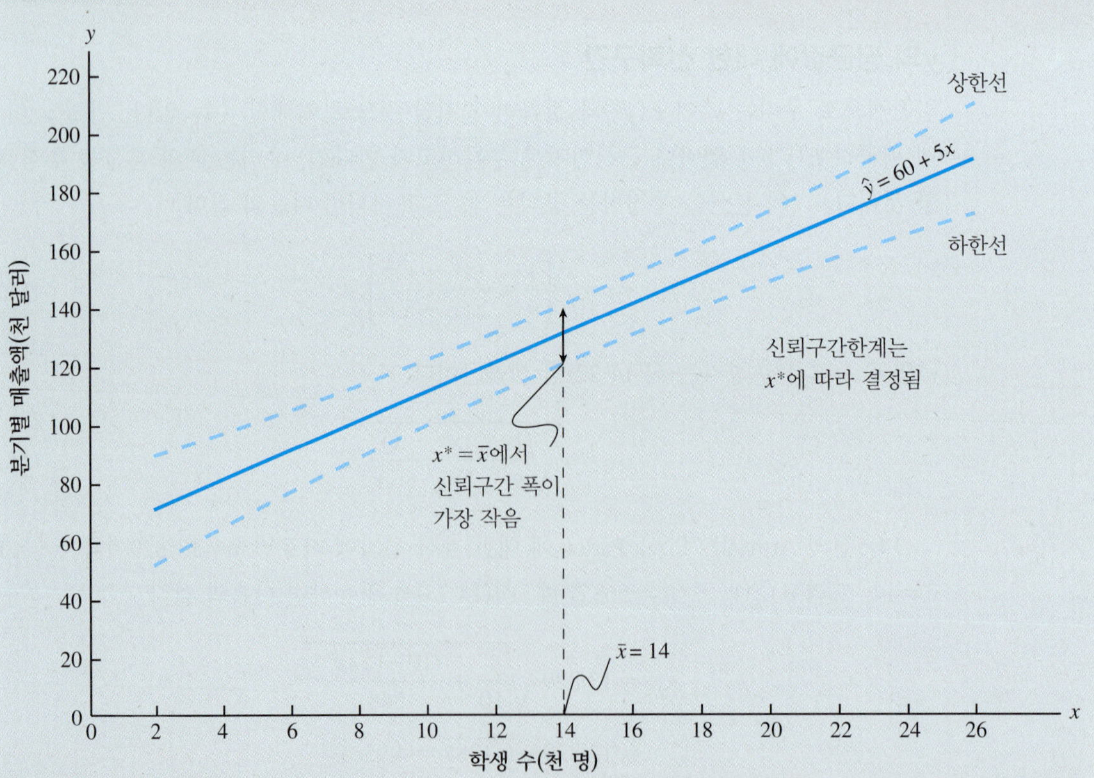

분기별 매출액에 대한 95% 신뢰구간은 98,585 ~ 121,415달러이다.

식 (14.23)에 의해 계산된 $\hat{y}^*$의 추정표준편차가 $x^* - \bar{x} = 0$일 때 가장 작다. 이 경우에 $\hat{y}^*$의 추정표준편차는 다음과 같다.

$$s_{\hat{y}^*} = s\sqrt{\frac{1}{n} + \frac{(\bar{x} - \bar{x})^2}{\Sigma(x_i - \bar{x})^2}} = s\sqrt{\frac{1}{n}}$$

이 결과는 $x^* = \bar{x}$일 때는 y 평균값에 대해 최선의 혹은 가장 정확한 추정치를 도출할 수 있음을 의미한다. 사실 x^*가 $\bar{x}$로부터 멀어질수록, $x^* - \bar{x}$는 커진다. 결과적으로 x^*가 $\bar{x}$에서 더 멀리 벗어날수록 y 평균값의 신뢰구간은 더 넓어질 것이다. 이러한 패턴은 그림 14.8에 그래프로 나타나 있다.

y의 개별값에 대한 예측구간

학생 수 10,000명인 캠퍼스 근처에 위치한 Armand's 식당의 매출액 평균값을 추정하는 대신에 학생 수 10,000명인 Talbot 대학 근처에 위치한 개별 식당의 매출액을 추정하고자 한다고 가정해 보자. 앞에서 언급했듯이 주어진 x^*에 대응하는 y 값인 y^*의 점추정은 추정회귀식 $\hat{y}^* = b_0 + b_1x^*$에 의해 계산된다. Talbot 대학 근처 식당의 경우 $x^* = 10$이고, 그에 대응하는 예측된 분기별 매출액은 $\hat{y}^* = 60 + 5(10) = 110$ 혹은 110,000달러이다. 이 값이 학생 수 10,000명인 캠퍼스 근처에 위치한 모든 식당의 평균 매출액 점추정치와 동일하다는 사실에 주목할 필요가 있다.

예측구간을 도출하기 위해서는 먼저, $x = x^*$일 때 y의 개별값 추정치로 $\hat{y}^*$을 사용하는 것과 관련된 분산을 결정해야 한다. 이 분산은 다음과 같이 두 개 구성요소의 합으로 이루어져 있다.

1. 평균 $E(y^*)$에 대한 개별 y^*값의 분산으로서 s^2에 의한 추정치
2. $E(y^*)$를 추정하기 위해 $\hat{y}^*$을 사용하는 것과 관련된 분산으로서 $s^2_{\hat{y}^*}$에 의한 추정치

$x = x^*$일 때 y값의 예측치에 해당하는 분산을 추정하는 공식 S^2_{pred}는 다음과 같다.

$$\begin{aligned} s^2_{\text{pred}} &= s^2 + s^2_{\hat{y}^*} \\ &= s^2 + s^2\left[\frac{1}{n} + \frac{(x^* - \bar{x})^2}{\Sigma(x_i - \bar{x})^2}\right] \\ &= s^2\left[1 + \frac{1}{n} + \frac{(x^* - \bar{x})^2}{\Sigma(x_i - \bar{x})^2}\right] \end{aligned} \quad \textbf{(14.25)}$$

따라서 y^*개별값의 표준편차에 대한 추정치는 다음과 같다.

$$s_{\text{pred}} = s\sqrt{1 + \frac{1}{n} + \frac{(x^* - \bar{x})^2}{\Sigma(x_i - \bar{x})^2}} \quad \textbf{(14.26)}$$

Armand's Pizza Parlors의 예에서 학생 수 10,000명인 캠퍼스 근처에 위치한 특정식당의 매출액 예측에 대응하는 추정표준편차는 다음과 같이 계산된다.

$$s_{\text{pred}} = 13.829\sqrt{1 + \frac{1}{10} + \frac{(10-14)^2}{568}}$$
$$= 13.829\sqrt{1.282}$$
$$= 14.69$$

예측구간에 대한 일반적인 표현은 다음과 같다.*

y^*에 대한 예측구간

$$\hat{y}^* \pm t_{\alpha/2}s_{\text{pred}} \tag{14.27}$$

여기에서 신뢰계수는 $1-\alpha$이고, $t_{\alpha/2}$는 자유도 $n-2$인 t 분포를 따른다.

그림 14.9 주어진 학생 수 x값에 대한 매출액 y의 신뢰구간 및 예측구간

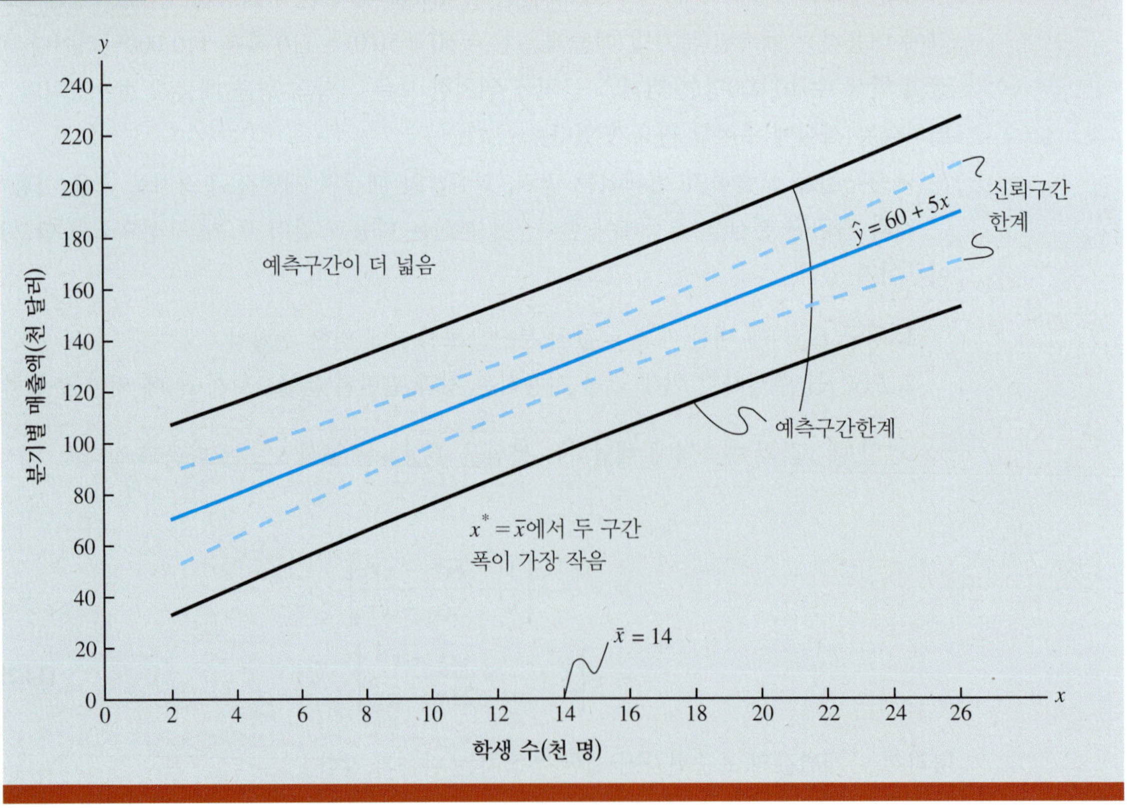

---

* 예측구간과 관련된 오차한계는 $t_{\alpha/2}s_{\text{pred}}$이다.

Talbot 대학 가까이 위치한 새로운 Armand's 레스토랑의 분기별 매출액에 대한 95% 예측구간은 $t_{\alpha/2} = t_{0.025} = 2.306$과 $s_{\text{pred}} = 14.69$를 활용하여 찾을 수 있다. 따라서 $\hat{y}^* = 110$이고 오차한계 $t_{0.025}s_{\text{pred}} = 2.306(14.69) = 33.875$일 때 95% 예측구간은 다음과 같다.

$$110 \pm 33.875$$

이 예측구간은 110,000달러 ± 33,875달러 혹은 76,125달러 ~ 143,875달러이다. 학생 수 10,000명인 캠퍼스 근처에 위치한 개별 식당의 예측구간이 학생 수 10,000명인 캠퍼스 근처에 위치한 모든 식당의 평균 매출액에 대한 신뢰구간보다 너 넓다는 사실에 주목할 필요가 있다.* 그 차이는 y의 개별값에 대한 추정보다 y의 평균값에 대한 추정이 더 정확하다는 사실을 반영한다.

신뢰구간추정과 예측구간추정은 모두 독립변수의 값 $x^* = \bar{x}$일 때 가장 정확하다. 신뢰구간 및 더 넓은 예측구간에 대한 일반적인 형태는 그림 14.9에 나타나 있다.

연습문제

기본문제

32. 연습문제 1번의 자료는 다음과 같다.

x_i	1	2	3	4	5
y_i	3	7	5	11	14

a. 식 (14.23)을 활용하여 $x = 4$일 때 $\hat{y}^*$의 표준편차를 추정하시오.

b. 식 (14.24)를 활용하여 $x = 4$일 때 y의 기댓값에 대한 95% 신뢰구간을 추정하시오.

c. 식 (14.26)을 활용하여 $x = 4$일 때 y 개별값의 표준편차를 추정하시오.

d. 식 (14.27)을 활용하여 $x = 4$일 때 y에 대한 95% 예측구간을 추정하시오.

33. 연습문제 2번의 자료는 다음과 같다.

x_i	3	12	6	20	14
y_i	55	40	55	10	15

a. $x = 8$일 때 $\hat{y}^*$의 표준편차를 추정하시오.

b. $x = 8$일 때 y의 기댓값에 대한 95% 신뢰구간을 추정하시오.

c. $x = 8$일 때 y 개별값의 표준편차를 추정하시오.

d. $x = 8$일 때 y에 대한 95% 예측구간을 추정하시오.

34. 연습문제 3번의 자료는 다음과 같다.

---

* 일반적으로, 신뢰구간 한계와 예측구간 한계를 나타내는 선들은 모두 곡선으로 나타난다.

x_i	2	6	9	13	20
y_i	7	18	9	26	23

$x = 12$일 때 95% 신뢰구간 및 예측구간을 추정하시오. 이 두 가지 구간이 왜 다른지를 설명하시오.

적용문제

35. **레스토랑 대기줄.** 오리건 주 포틀랜드와 미국 다른 도시의 많은 소규모 레스토랑은 예약을 받지 않는다. 업주들은 레스토랑 수용 인원이 작아 노쇼로 인한 비용이 많이 들기 때문에, 예약 시스템을 유지하는 대신 직원들이 고객 서비스에 집중할 수 있기를 원한다(pressherald.com). 그러나 고객이 도착하여 대기 목록에 이름을 올릴 때, 대기 시간을 합리적으로 예측할 수 있는 것은 중요하다. RestaurantLine 파일에는 고객보다 먼저 줄 서 있는 사람 수(독립변수 x)와 실제 대기 시간(종속변수 y)에 대한 10개의 관측치가 포함되어 있다. 추정회귀방정식은 $\hat{y} = 4.35 + 8.81x$이고 MSE = 94.42이다.

DATA*file* RestaurantLine

   a. 이미 세 명이 대기할 때 도착한 고객에 대한 점추정치를 도출하시오.
   b. 이미 세 명의 고객이 대기하는데 도착한 고객의 평균 대기 시간에 대한 95% 신뢰구간을 도출하시오.
   c. Roger와 Sherry Davy가 도착했을 때, 세 명의 고객이 대기하는 경우, 이들의 대기 시간에 대한 95% 예측구간을 도출하시오.
   d. (b)와 (c)의 차이점을 논하시오.

DATA*file*

36. **매출 성과.** 연습문제 7에서 y = 신규 고객 계정의 연간 매출(천 달러)과 x = 영업사원 10명 표본에 대한 경력 연수(x) 데이터는 추정회귀방정식 $\hat{y} = 80 + 4x$를 제공하였다. 이 데이터에 대해 $\bar{x} = 7$, $\Sigma(x_i - \bar{x})^2 = 142$, 그리고 $s = 4.6098$이다.
   a. 9년 경력을 가진 모든 영업 사원의 평균 연간 매출에 대한 95% 신뢰구간을 도출하시오.
   b. 이 회사는 9년 경력의 영업 사원 Tom Smart의 채용을 고려하고 있다. Tom Smart의 연간 매출에 대한 95% 예측구간을 도출하시오.
   c. (b)와 (c)의 차이점을 논하시오.

37. **항목별 공제 감사.** 연습문제 13번에서 납세자의 조정된 총소득 x와 총공제액 y에 대한 자료가 제시되어 있다. 자료의 단위는 천 달러이다. 추정회귀식 $\hat{y} = 4.68 + 0.16x$를 활용하면, 조정된 총소득이 52,500달러인 납세자의 총공제액에 대한 합리적 수준의 점추정치는 13,080달러이다.
   a. 조정된 총소득이 52,500달러인 모든 납세자의 평균 총공제액에 대한 95% 신뢰구간을 추정하시오.

b. 조정된 총소득이 52,500달러인 특정 납세자의 총공제액에 대한 95% 예측구간을 추정하시오.

c. 문항 (b)에서 언급한 특정 납세자가 20,400달러의 총공제액을 신청한다면, 국세청 대리인의 감사요청은 정당하다고 생각하는가?

d. 문항 (b)의 답을 활용하여 감사가 추천되기 전에 조정된 총소득이 52,500달러인 납세자가 청구해야 할 총공제액 규모에 대해 국세청 대리인에게 가이드라인을 제시하시오.

38. 원가 추정의 예측구간. 연습문제 21번에서 특정 제조업체의 생산량 x와 총원가 y에 대한 자료를 활용하여 추정회귀식 $\hat{y} = 1246.67 + 7.6x$가 도출되었다.

a. 이 회사의 생산계획에 따르면 다음달에 500단위를 생산해야 한다. 다음 달 총원가의 점추정치는 얼마인가?

b. 다음 달 총원가에 대한 99% 예측구간을 추정하시오.

c. 만일 다음 달 말에 원가 회계보고서에 1개월 동안 실제 생산원가가 6,000달러라고 기록되어 있다면, 관리자들은 그 달의 총원가가 높게 발생한 것에 대해 관심을 기울여야 하는가? 이에 대해 논하시오.

39. 엔터테인먼트 지출. 월스트리트 저널은 경비 관리 회사인 Concur Technologies, Inc.에게 830만 건의 경비 보고서 자료를 조사해 출장 경비에 관한 인사이트를 제공해 달라고 요청했다. 데이터 분석 결과, 뉴욕이 가장 비싼 도시로 나타났다. 다음 표는 미국에서 가장 많이 방문한 25개 도시 중 9개의 무작위 표본에 대한 평균 일일 호텔 객실 요금(x)과 평균 엔터테인먼트 지출금액(y)를 보여준다. 이러한 데이터를 통해 추정한 회귀방정식은 $\hat{y} = 17.49 + 1.0334x$이고, SSE는 1541.4이다.

DATA*file* BusinessTravel

도시	객실 요금($)	엔터테인먼트($)
Boston	148	161
Denver	96	105
Nashville	91	101
New Orleans	110	142
Phoenix	90	100
San Diego	102	120
San Francisco	136	167
San Jose	90	140
Tampa	82	98

a. 일일 객실 요금이 $89인 특정 도시에서의 엔터테인먼트 지출 금액을 예측하시오.

b. 일일 객실 요금이 $89인 모든 도시에 대한 평균 엔터테인먼트 지출 금액에 대한 95% 신뢰구간을 도출하시오.

c. 시카고의 평균 객실 요금은 $128이다. 시카고에서의 엔터테인먼트 지출 금액에 대한 95% 예측구간을 도출하시오.

14.7 컴퓨터 해

컴퓨터의 도움 없이 회귀분석을 수행하는 데는 상당히 많은 시간이 소요된다. 이 절에서는 Excel과 같은 컴퓨터 소프트웨어 패키지를 활용하여 어떻게 계산 부담을 최소화하는지 설명하고자 한다. 비록 컴퓨터 소프트웨어에 따라 정보의 레이아웃이 다를 수 있지만, 그림 14.10에 표시된 정보는 상당히 전형적이다. 우리는 그림 14.10에 나와 있는 구조를 사용하지만, 사용하는 특정 패키지에 따라 스타일과 숫자 출력이 다를 수 있음을 인식해야 한다.

우리는 이 장에서 이전에 논의한 주제들을 강조하였다(강조되지 않은 출력 부분은 이 텍스트의 범위를 벗어나고, 더 고급 통계 교재에서 확인할 수 있다).*

강조된 출력 부분의 해석은 다음과 같다.

1. ANOVA 표는 "Analysis of Variance" 제목 아래에 출력된다. Error라는 레이블이 변동의 오차 원인에 대해 사용된다. DF는 자유도의 약어이며, MSR은 Regression 행의 Adj MS 열에서 14,200으로 제공되며, MSE는 Error 행의 Adj MS 열에서 191.2로 제공된다. 이 두 값의 비율은 74.25의 F 값과 해당하는 p값 0.000을 제공한다. p값이 0이기 때문에 (소수점 세 자리까지), Sales와 Population 간의 관계는 통계적으로 유의하다고 판단된다.
2. Model Summary 제목 아래에 추정치의 표준오차 $s = 13.8293$ 및 적합도에 관한 정보가 제공된다. "R-sq = 90.27%"는 백분율로 표현된 결정 계수이다. "R-Sq(adj) = 89.06%" 값은 제15장에서 설명한다.
3. 계수 b_0 및 b_1의 값, 각 계수의 표준편차, 각 계수 값을 해당 표준편차로 나눈 t값, 그리고 t 검정과 관련된 p값을 보여주는 표가 출력된다. 이는 "Coefficients"라는 제목 아래에 나타난다. p값이 0이기 때문에 (소수점 세 자리까지), 표본 결과는 귀무가설(H_0: $\beta_1 = 0$)을 기각해야 함을 보여준다. 대안으로 T-Value 열에 위치한 8.62를 적절한 임계값과 비교할 수 있다. 이 t 검정에 대한 절차는 14.5절에서 설명하였다.
4. "Regression Equation" 제목 아래에 추정된 회귀방정식 Sales = 60.00 + 5.000 Population이 제공된다.
5. ANOVA 표 아래에 근처에 위치한 대학 캠퍼스의 학생 수가 10,000명인 각 레스토랑의 예상 판매에 대한 95% 신뢰구간 추정과 판매에 대한 95% 예측구간 추정이

* 단순선형회귀분석에서 Adj SS와 Adj MS는 이 장에서 설명한 바와 같이 SS 및 MS 값과 같다. 다중회귀분석에서는 해석이 달라지는데, 이는 15장에서 설명한다.

그림 14.10 Armand's Pizza Parlors 문제에 대한 결과

Analysis of Variance

Source	DF	Adj SS	Adj MS	F-Value	*p*-Value
Regression	1	14,200.0	14,200.0	74.25	0.000
Error	8	1,530.0	191.2		
Total	9	15,730.0			

← ANOVA 표

Model Summary

S	R-sq	R-sq(adj)
13.8293	90.27%	89.06%

Coefficients

Term	Coef	SE Coef	*t* Value	*p*-Value
Constant	60.00	9.23	6.50	0.000
Population	5.000	0.580	8.62	0.000

Regression Equation

Sales = 60.00 + 5.000 Population ← 추정회귀방정식

Prediction for Sales

Variable	Setting
Population	10

Fit	SE Fit	95% CI	95% PI
110	4.95099	(98.5830, 121.417)	(76.1275, 143.873)

← 구간추정

출력된다. 신뢰구간은 (98.5830, 121.4417)이고, 예측구간은 (76.1275, 143.873)이다. 이는 14.6절에서 보여준 것과 같다.

연습문제

40. **아파트 판매가격.** 부동산회사 사업부는 아파트의 연간 총임대료 x(단위: 천 달러)와 판매가격 y(단위: 천 달러)의 관계에 대한 회귀분석을 수행하고 있다. 자료는 최근에 판매된 몇 건의 계약에 대해 수집되었고, 컴퓨터 분석 결과는 다음과 같다.

Analysis of Variance

SOURCE	DF	Adj SS
Regression	1	41,587.3
Error	7	
Total	8	51,984.1

Predictor	Coef	SE Coef	*t* Value
Constant	20.000	3.2213	6.21
X	7.210	1.3626	5.29

Regression Equation

Y = 20.0 + 7.21 X

a. 표본은 몇 채의 아파트로 구성되어 있는가?

b. 추정회귀식을 작성하시오.

c. s_{b_1}값은 얼마인가?

d. F 통계량을 활용하여 유의수준 0.05에서 관계의 유의성을 검정하시오.

e. 연간 총임대료가 50,000달러인 아파트의 판매가격을 추정하시오.

41. 컴퓨터 유지보수. 다음은 특정 브랜드의 컴퓨터 단말기에 대한 y = 유지보수비(월별 달러)와 x = 사용률(주당 시간)의 관계에 대한 회귀분석 결과의 일부이다.

Analysis of Variance

SOURCE	DF	Adj SS	Adj MS
Regression	1	1,575.76	1,575.76
Error	8	349.14	43.64
Total	9	1,924.90	

Predictor	Coef	SE Coef
Constant	6.1092	0.9361
X	0.8951	0.1490

Regression Equation

Y = 6.1092 + 0.8951 X

a. 추정회귀식을 작성하시오.

b. t 검정을 활용하여 월별 유지보수비가 사용률과 관계가 있는지 여부를 유의수준 0.05에서 검정하시오.

c. 추정회귀식을 활용하여 주당 25시간을 사용하는 터미널의 월별 유지보수비를 예측하시오.

42. 연간 판매액과 판매원 수. 지사의 판매원 수 x와 지사의 연간 판매액(천 달러) y의 관계에 대한 회귀분석 결과는 다음과 같다.

Analysis of Variance

SOURCE	DF	Adj SS	Adj MS
Regression	1	6,828.6	6,828.6
Error	28	2,298.8	82.1
Total	29	9,127.4	

Predictor	Coef	SE Coef	*t* Value
Constant	80.0	11.333	7.06
X	50.0	5.482	9.12

Regression Equation

Y = 80.0 + 50.00 X

a. 추정회귀식을 작성하시오.

b. 몇 개의 지사가 분석에 포함되었는가?

c. F 통계량을 계산하여 유의수준 0.05에서 관계의 유의성을 검정하시오.

d. 12명의 판매원을 고용하고 있는 Memphis 지사의 연간 판매액을 예측하시오.

43. 설정 시간 추정. 소규모 제조업체의 생산 매니저인 Sherry는 주어진 규모의 주문, 다시 말해, 특정 수량의 제품을 생산하는 데 걸리는 총 시간을 추정하는 예측 모델을 개발하고 싶어한다. Sherry는 다양한 수량의 각기 다른 30개 주문 생산에 걸린 총 시간에 대한 데이터를 파일 Setup에서 수집했다.

DATA*file* Setup

a. 독립변수로 수량을 사용하여 산점도를 그리시오.

b. (a)에서 개발한 산점도가 두 변수 간의 관계에 대해 무엇을 나타내는가?

c. 추정된 회귀방정식을 도출하시오. 절편과 기울기를 해석하시오.

d. 유의미한 관계가 있는지 유의수준 a = 0.05를 사용하여 검정하시오.

e. 추정된 회귀방정식의 적합도는 어떠한가?

44. 자동차 경주 헬멧. 자동차 경주, 성과가 좋은 자동차 학원, 자동차 클럽에서 운영하는 운전자 교육 프로그램의 인기가 점점 높아지고 있다. 이러한 활동을 함에 있어 참가자들은 비영리단체 Snell Memorial Foundation이 안전성 연구, 교육, 테스트 그리고 개발을 통해 인증한 헬멧을 착용하도록 요구되고 있다. 전문가용 헬멧으로 평가받는 Snell SA는 자동차 경주를 위해 디자인 되었고, 충격을 견디고 화재를 막는 기능을 가지고 있다. 헬멧을 선택하는데 있어 중요한 요인 중 하나가 바로 무게인데 이는 무게가 적게 나가는 헬멧이 목에 무리를 주지 않기 때문이다. 아래의 자료는 18개

의 SA 헬멧의 무게와 가격을 보여준다.

DATA*file* RaceHelmets

무게(온스)	가격(달러)	무게(온스)	가격(달러)
64	248	58	299
64	278	58	299
64	200	52	479
64	200	52	479
58	300	63	369
47	700	62	369
49	900	54	559
59	340	63	250
66	199	63	280

a. 무게를 독립변수로 산점도를 그리시오.

b. 두 변수 사이에 어떤 관계가 있는 것처럼 보이는가?

c. 무게가 주어졌을 때 가격을 예측하기 위해 활용할 수 있는 추정회귀식을 도출하시오.

d. 유의수준 0.05에서 관계의 유의성을 검정하시오.

e. 추정회귀식의 적합도가 우수한지를 설명하시오.

14.8 잔차분석: 모형 가정의 타당성

앞서 언급했듯이 관측치 i의 잔차는 종속변수의 관찰값(y_i)과 종속변수의 추정값($\hat{y}_i$)의 차이이다.

관측치 *i*의 잔차

$$y_i - \hat{y}_i \tag{14.28}$$

여기에서

y_i = 종속변수의 관찰값
$\hat{y}_i$ = 종속변수의 추정값

즉, i번째 잔차는 추정회귀식을 사용하여 종속변수값을 예측하는 과정에서 발생하는 오차이다. Armand's Pizza Parlors 예에 대한 잔차는 표 14.7에 계산되어 있다. 종속변수의 관측치는 두 번째 열에 있고, 추정회귀식 $\hat{y} = 60 + 5x$를 활용하여 계산한 종속변수의 추정치는 세 번째 열에 있다. 네 번째 열에 있는 잔차는 회귀모형에 대한 가정의 타당성 여부를 판단하는 데 도움이 된다.

표 14.7 Armand's Pizza Parlors의 잔차

학생 수 x_i	매출액 y_i	추정된 매출액 $\hat{y}_i = 60 + 5x_i$	잔차 $y_i - \hat{y}_i$
2	58	70	−12
6	105	90	15
8	88	100	−12
8	118	100	18
12	117	120	−3
16	137	140	−3
20	157	160	−3
20	169	160	9
22	149	170	−21
26	202	190	12

이제 Armand's Pizza Parlors 예에 대한 회귀가정을 검토해 보자. 단순선형회귀 모형은 다음과 같이 가정된다.

$$y = \beta_0 + \beta_1 x + \epsilon \tag{14.29}$$

이 모형은 분기별 매출액(y)이 학생 수(x) + 오차항(ϵ)의 선형함수일 것으로 가정하고 있음을 의미한다.

1. $E(\epsilon) = 0$.
2. ϵ의 분산인 σ^2은 모든 x값에 대해서 동일하다.
3. ϵ값은 독립이다.
4. 오차항 ϵ은 정규분포를 가진다.

이러한 가정들은 x와 y의 관계가 유의적인지 여부를 판단하기 위해 활용되는 t 검정과 F 검정, 14.6절에서 설명한 신뢰구간 추정치와 예측구간 추정치의 이론적 토대가 된다. 만일 오차항 ϵ에 대한 가정이 의심된다면, 회귀관계의 유의성에 대한 가설검정 및 구간추정 결과는 타당하지 않을 것이다.

잔차는 ϵ에 대한 가장 좋은 정보를 제공한다. 따라서 잔차분석은 ϵ에 대한 가정이 타당한지 여부를 판단하는 데 중요한 단계이다. 잔차분석의 상당 부분은 그래프 검토를 통해 수행된다.

1. 독립변수 x값에 대한 잔차그림
2. 종속변수 y의 예측값에 대한 잔차 그림
3. 표준화 잔차 그림
4. 정규확률 그림

x에 대한 잔차그림

독립변수 x에 대한 **잔차그림(residual plot)**은 독립변수값을 수평축에 표기하고 잔차값을 수직축에 표기한 그래프이다. 점은 각 잔차를 표기한 것이다. 각 점의 첫 번째 좌표는 x_i 값에 의해 주어지고, 두 번째 좌표는 잔차 $y_i-\hat{y}_i$의 대응값에 의해 주어진다. 표 14.7에 나타난 Armand's Pizza Parlors 자료의 x에 대한 잔차그림을 그린다면, 첫 번째 점의 좌표는 $x_1=2$이고 $y_1-\hat{y}_1=-12$에 해당하는 (2, −12)이며, 두 번째 점의 좌표는 $x_2=6$이고 $y_2-\hat{y}_2=15$에 해당하는 (6, 15)이다. 그림 14.11은 독립변수의 잔차그림을 보여주고 있다.

이 잔차그림에 대한 결과를 설명하기 전에 어떤 잔차그림에서 관측될 수도 있는 몇 가지 일반적인 패턴을 고려해 보자. 그림 14.12에는 세 가지 사례가 나타나 있다. 만일 ϵ의 분산이 모든 x값에 대해 동일하다고 가정된 회귀모형이 변수 간의 관계를 잘 보여준다고 가정하면, 잔차그림은 그림 14.12의 패널 A와 같이 점들이 전반적으로 수평적인 띠를 형성하게 된다. 그러나 ϵ의 분산이 모든 x값에 대해 동일하지 않다면—예를 들어, x값이 클수록 회귀선의 변동성이 크다면—그림 14.12의 패널 B와 같은 패턴이 관찰될 것이다. 이 경우에는 ϵ의 분산이 동일하다는 가정은 위배된다. 또 다른 가능성이 있는 잔차그림은 패널 C와 같다. 이 경우에는 가정된 회귀모형이 변수 간의 관계를 적절하게 보여주지 못한다고 결론내릴 수 있다. 따라서 곡선회귀모형이나 다중회귀모형이 고려되어야 한다.

이제 그림 14.11에 나타난 Armand's Pizza Parlors의 잔차그림을 보면, 잔차가 그림 14.12의 패널 A처럼 수평적 패턴과 유사하다. 따라서 잔차그림은 Armand's 회귀 모형에

그림 14.11 Armand's Pizza Parlors의 독립변수 x에 대한 잔차그림

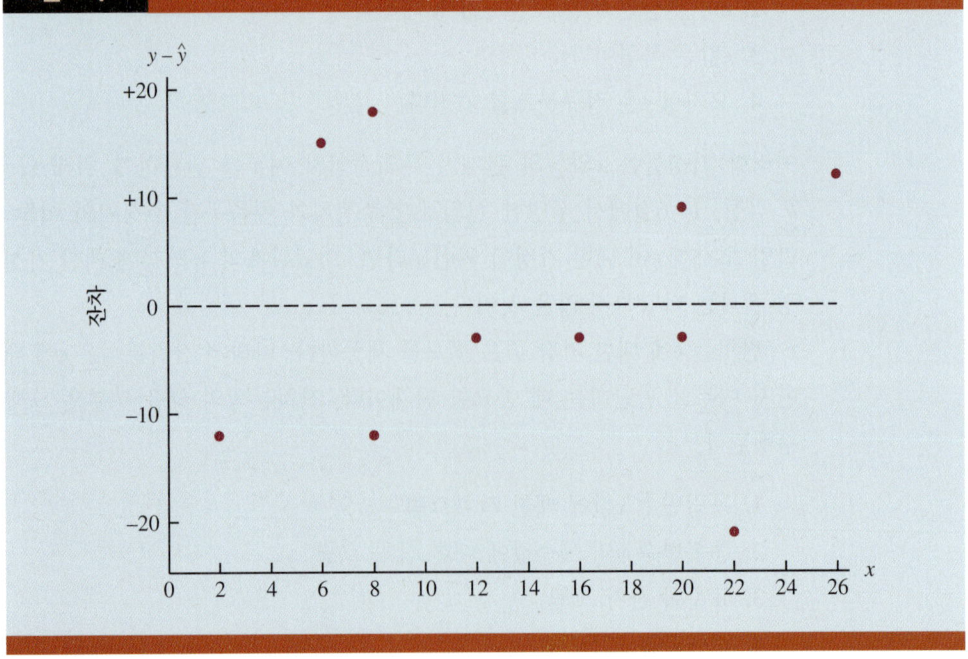

그림 14.12 회귀분석에서 나타나는 세 유형의 잔차그림

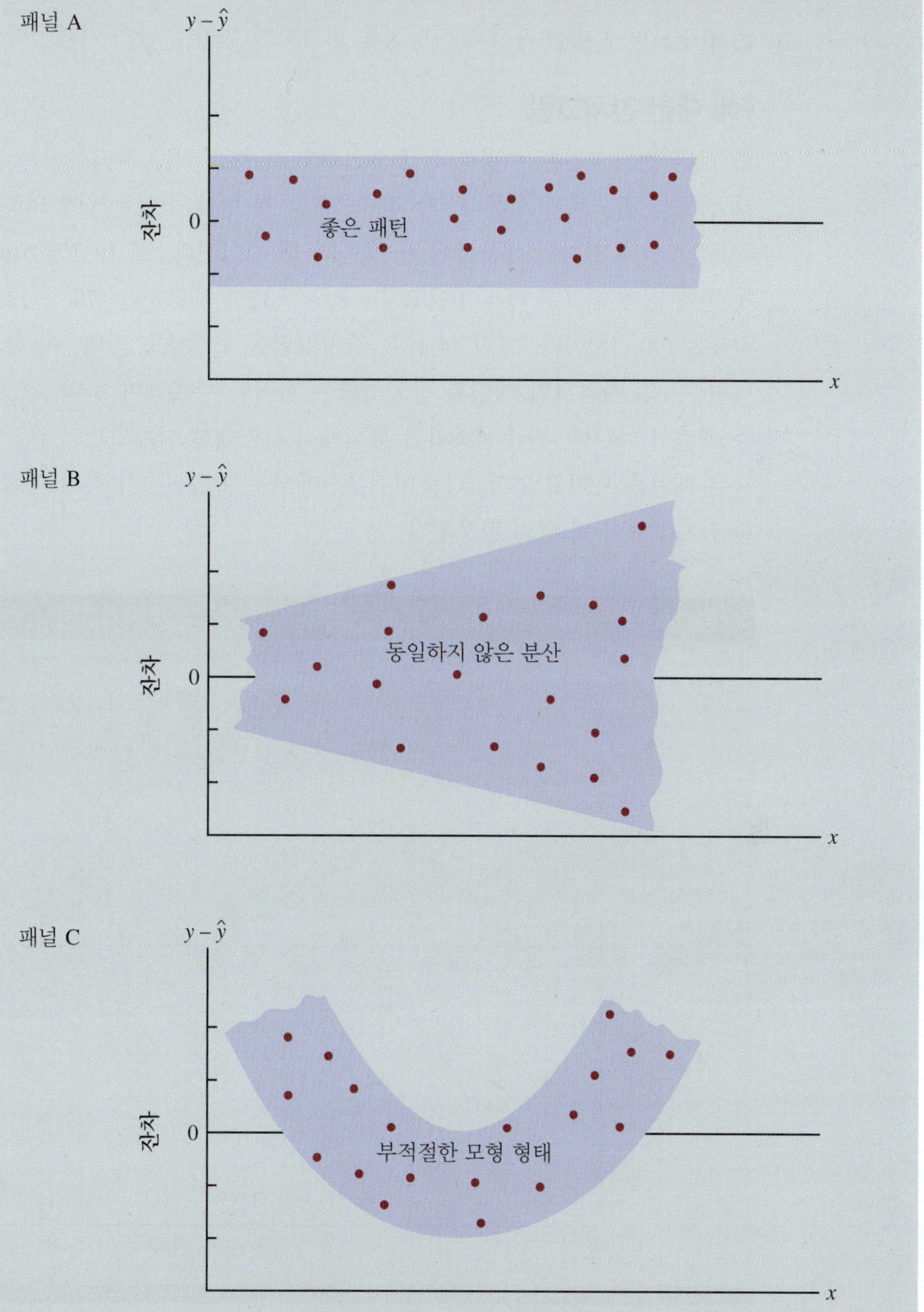

대한 가정이 의심된다는 증거를 제시하지 못한다고 결론내릴 수 있다. 결국 Armand's 단순선형회귀 모형이 타당하다는 결론은 신뢰할 수 있다. 경험과 좋은 판단은 잔차그림을 잘 이해하기 위해 꼭 필요하다. 잔차그림은 그림 14.12에 나타난 패턴 가운데 하나와 정

확히 일치하지는 않는다. 회귀분석을 자주 수행하고 잔차그림을 자주 검토한 분석가들은 타당한 패턴과 모형의 가정이 의심되는 패턴의 차이를 정확히 이해하고 있다. 잔차그림은 회귀모형에 대한 가정의 타당성을 평가하기 위한 하나의 기법이다.

$\hat{y}$에 대한 잔차그림

또 다른 잔차그림은 수평축에 종속변수의 예측값 $\hat{y}$을, 수직축에는 잔차값을 표기한다. 각 잔차는 점으로 표시한다. 각 점에 대한 첫 번째 좌표는 $\hat{y}_i$에 의해 주어지고, 두 번째 좌표는 i번째 잔차의 대응값인 $y_i - \hat{y}_i$에 의해 주어진다. 표 14.7의 Armand's 자료를 보면, 첫 번째 점의 좌표는 $\hat{y}_1 = 70$이고 $y_1 - \hat{y}_1 = -12$에 해당하는 (70, −12)이며, 두 번째 점의 좌표는 (90, 15)이다. 그림 14.13은 잔차그림을 보여주고 있다. 이 잔차그림의 패턴은 독립변수 x의 잔차그림 패턴과 동일하다는 사실을 주목해야 한다. 즉, 모형가정을 위배하는 패턴이 아니다. 단순선형회귀 분석에서 x에 대한 잔차그림과 $\hat{y}$에 대한 잔차그림 모두 같은 패턴을 보이고 있다. 다중회귀분석에서는 독립변수가 하나 이상이기 때문에 $\hat{y}$에 대한 잔차그림이 더 널리 활용된다.

그림 14.13 Armand's Pizza Parlors의 예측값 $\hat{y}$에 대한 잔차그림

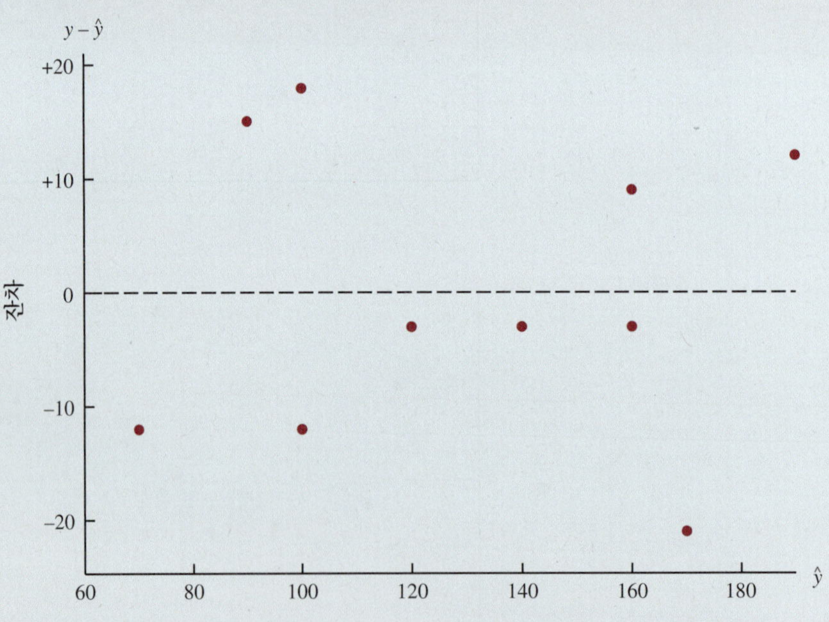

표준화 잔차

컴퓨터 소프트웨어 패키지에서 제공하는 많은 잔차 그림은 잔차의 표준화된 버전을 사용한다. 앞 장에서 설명한 것처럼 확률 변수는 평균을 빼고 그 결과를 표준편차로 나눔으로

써 표준화된다. 최소제곱법을 사용하면 잔차의 평균은 0이 된다. 따라서 각 잔차를 표준편차로 나누기만 하면 **표준화된 잔차(standardized residual)**를 구할 수 있다.

잔차 i의 표준편차는 추정값의 표준오차 s와 이에 대응하는 독립변수 x_i의 값에 따라 달라진다는것을 확인할 수 있다.

i번째 잔차의 표준편차*

$$s_{y_i - \hat{y}_i} = s\sqrt{1 - h_i} \tag{14.30}$$

여기에서

$$s_{y_i - \hat{y}_i} = \text{잔차 } i\text{의 표준편차}$$
$$s = \text{추정치의 표준오차}$$

$$h_i = \frac{1}{n} + \frac{(x_i - \bar{x})^2}{\Sigma(x_i - \bar{x})^2} \tag{14.31}$$

주목해야 할 점은 식 (14.30)에서 공식의 h_i의 존재 때문에 i번째 잔차의 표준편차가 x_i에 따라 달라진다는 것이다.** 일단 각 잔차의 표준편차가 계산되면, 각 잔차를 해당 표준편차로 나누어 표준화된 잔차를 계산할 수 있다.***

관측치 i에 대한 표준화된 잔차

$$\frac{y_i - \hat{y}_i}{s_{y_i - \hat{y}_i}} \tag{14.32}$$

표 14.8은 Armand's Pizza Parlors의 표준화된 잔차 계산을 보여준다. 이전 계산에서 s = 13.829임을 기억하라. 그림 14.14는 독립변수 x에 대한 표준화된 잔차 그림이다.

표준화된 잔차 그림은 오차항 ϵ가 정규분포를 따른다는 가정에 대한 통찰력을 제공할 수 있다. 이 가정이 충족되면 표준화된 잔차의 분포는 표준정규확률분포에서 나온 것처럼 보여야 한다.**** 따라서 표준화된 잔차 그림을 살펴볼 때 우리는 약 95%의 표준화된 잔차가 −2에서 +2 사이에 있을 것으로 기대해야 한다. 그림 14.14에서 우리는 Armand's

---

* 이 식은 s가 σ 대신 사용되었으므로, 실제로 i번째 잔차의 표준편차 추정치를 제공한다.

** h_i는 i번 관측치의 레버리지(leverage)라고 한다. 레버리지에 대한 논의는 14.9절에서 중요한 관측치를 고려할 때 더 자세히 다룰 것이다.

*** 정규성에서 약간 벗어나는 정도는 회귀분석에 사용되는 통계 테스트에 큰 영향을 미치지 않는다.

**** 식 (14.30)에서 σ 대신 s가 사용되었으므로 표준화된 잔차의 확률분포는 기술적으로 정규분포가 아니다. 그러나 대부분의 회귀분석 연구에서 표본 크기가 충분히 커서 정규 근사치가 매우 우수하다.

표 14.8 Armand's Pizza Parlors의 표준화 잔차 계산

식당 i	x_i	$x_i-\bar{x}_i$	$(x_i-\bar{x}_i)^2$	$\frac{(x_i-\bar{x}_i)^2}{\Sigma(x_i-\bar{x}_i)^2}$	h_i	$s_{y_i-\hat{y}_i}$	$y_i-\hat{y}_i$	표준화 잔차
1	2	−12	144	0.2535	0.3535	11.1193	212	−1.0792
2	6	−8	64	0.1127	0.2127	12.2709	15	1.2224
3	8	−6	36	0.0634	0.1634	12.6493	−12	−0.9487
4	8	−6	36	0.0634	0.1634	12.6493	18	1.4230
5	12	−2	4	0.0070	0.1070	13.0682	−3	−0.2296
6	16	2	4	0.0070	0.1070	13.0682	−3	−0.2296
7	20	6	36	0.0634	0.1634	12.6493	−3	−0.2372
8	20	6	36	0.0634	0.1634	12.6493	9	0.7115
9	22	8	64	0.1127	0.2127	12.2709	−21	−1.7114
10	26	12	144	0.2535	0.3535	11.1193	12	1.0792
		합계	568					

주: 표 14.7에서 잔차값을 계산하였다.

그림 14.14 Armand's Pizza Parlors의 독립변수 x에 대한 표준화된 잔차 그림

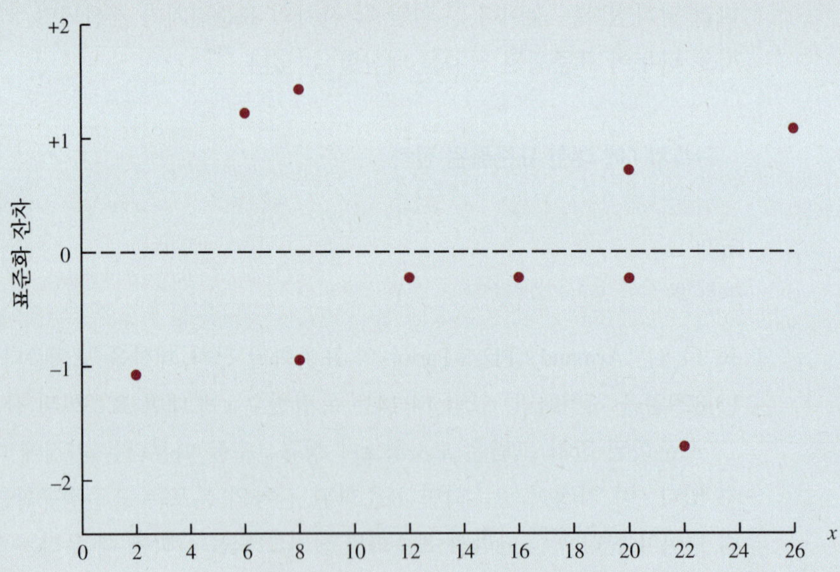

예에서 모든 표준화된 잔차가 −2에서 +2 사이에 있음을 볼 수 있다. 따라서 표준화된 잔차를 기준으로 볼 때, 이 그림은 오차항 ϵ가 정규분포를 따른다는 가정에 의문을 제기할 필요가 없음을 보여준다.

$\hat{y}$의 추정값, 잔차 및 표준화된 잔차의 계산에 필요한 노력 때문에 대부분의 통계 패키지는 이러한 값을 회귀에 대한 선택적 출력내용으로 제공한다. 따라서 잔차 그림을 쉽게

얻을 수 있다. 대규모 문제의 경우 이 절에서 논의된 잔차 그림을 개발할 수 있는 유일한 실용적 수단이 컴퓨터 패키지이다.

정규확률그림

오차항이 정규분포를 가진다는 가정의 타당성을 확인하는 또 다른 방법은 정규확률그림이다. **정규확률그림(normal probability plot)**이 어떻게 작성되는지 보여주기 위해 정규점수의 개념을 소개하고자 한다.

평균이 0이고 표준편차가 1인 정규확률분포에서 10개의 값을 무작위로 선택하고, 10개 값이 작은 것부터 큰 순서로 정렬되는 샘플링 프로세스를 반복한다고 가정해보자. 지금은 각 샘플의 가장 작은 값만 고려해본다. 반복되는 샘플링에서 얻은 가장 작은 값을 나타내는 확률변수를 일차통계량이라고 한다.

통계학자들은 표준정규확률분포에서 크기가 10인 표본에 대한 일차통계량의 기댓값이 −1.55라고 보여준다. 이 기댓값을 정규점수라고 한다. 표본 크기 $n = 10$인 경우, 10차 통계량과 10개의 정규 점수가 있다(표 14.9의 첫 번째 열 참조). 일반적으로 n개의 관측치로 이루어진 데이터 세트는 n개의 차분통계량과 n개의 정규점수를 갖는다.

이제 Armand's Pizza Parlors의 표준화 잔차가 표준정규분포에서 나오는지 여부를 판단하기 위해 10개의 정규점수가 어떻게 사용될 수 있는지 보여주겠다. 먼저 표 14.8에서 10개의 표준화된 잔차를 순서대로 정렬한다. 10개의 정규점수와 정렬된 표준화 잔차가 표 14.9에 함께 나와 있다.

만약 정규성 가정이 충족된다면, 가장 작은 표준화된 잔차는 가장 작은 정규점수에 가까워야 하고, 다음으로 작은 표준화된 잔차는 그 다음으로 작은 정규점수에 가까워야 한다. 만약 정규점수를 가로축에, 해당하는 표준화된 잔차를 세로축에 두고 그림을 그린다면, 표준화 잔차가 거의 정규분포인 경우, 플롯된 점들은 원점을 지나는 45도 직선 주

표 14.9 Armand's Pizza Parlors에 대한 $n = 10$의 정규 점수 및 정렬된 표준화 잔차

주문 통계	정규점수	정렬된 표준화 잔차
1	−1.55	−1.7114
2	−1.00	−1.0792
3	−0.65	−0.9487
4	−0.37	−0.2372
5	−0.12	−0.2296
6	0.12	0.2296
7	0.37	0.7115
8	0.65	1.0792
9	1.00	1.2224
10	1.55	1.4230

그림 14.15 Armand's Pizza Parlors의 정규확률그림

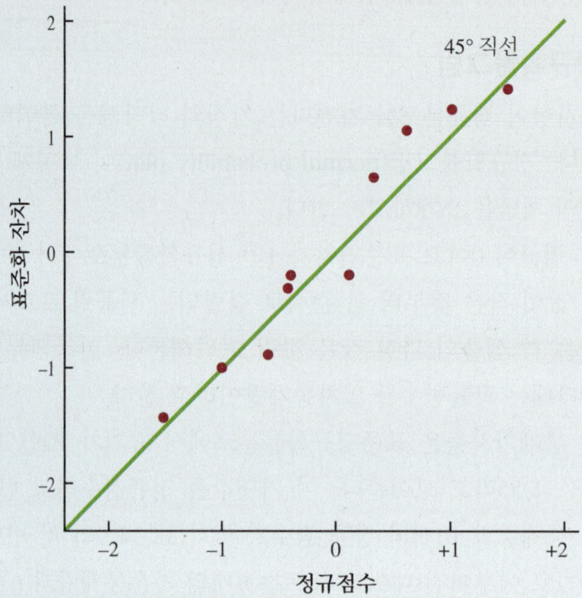

위에 밀집해 있어야 한다. 이러한 그림을 정규확률그림이라고 한다.

그림 14.15는 Armand's Pizza Parlors 예에 대한 정규확률그림이다. 그림에서 표준화된 잔차가 표준정규확률분포에서 나오지 않았다고 결론 내릴 수 있을 정도로 관찰된 패턴이 직선에서 충분히 벗어나는지 여부를 판단하여야 한다. 그림 14.15에서는 점들이 직선 주위에 밀집되어 있는 것을 볼 수 있다. 따라서 우리는 오차항이 정규확률분포를 갖는다는 가정이 합리적이라고 결론 내릴 수 있다. 일반적으로 점들이 45도 직선 주위에 밀집되어 있을수록 정규성 가정을 뒷받침하는 근거가 더 강해진다. 정규확률그림에 상당한 정도의 곡선이 있으면, 이는 잔차가 정규분포에서 나오지 않았다는 증거이다. 정규점수 및 관련 정규확률그림은 통계 패키지에서 쉽게 얻을 수 있다.

주석 및 코멘트

1. 우리는 잔차와 정규확률그림을 사용하여 회귀모델의 가정을 검증한다. 만일 하나 이상의 가정이 의심스러운 경우, 다른 회귀모델이나 데이터의 변환을 고려해야 한다. 가정이 위반된 경우 적절한 수정 조치는 올바른 판단에 기반해야 하며, 경험이 많은 통계학자의 권고가 유용할 수 있다.
2. 잔차 분석은 통계학자가 회귀모델과 관련된 가정이 유효한지 확인하는 주요 방법이다. 위반 사항이 발견되지 않더라도 모델이 반드시 올바르게 예측한다는 보장은 없다. 그러나 추가적인 통계 검정을 통해 유의성이 있다는 결론을 뒷받침하고 결정계수가 크다면, 추정된 회귀방정식을 사용하여 좋은 추정치 및 예측을 만들 수 있을 것이다.

연습문제

기본문제

45. 두 변수 x와 y에 대한 자료는 다음과 같다.

x_i	6	11	15	18	20
y_i	6	8	12	20	30

a. 이 자료에 대한 추정회귀식을 도출하시오.

b. 잔차를 계산하시오.

c. 독립변수 x에 대한 잔차 그림을 그리시오. 오차항에 대한 가정이 충족되는가?

d. 표준화 잔차를 계산하시오.

e. $\hat{y}$에 대한 표준화 잔차 그림을 그리시오. 이 그림에서 어떤 결론을 도출할 수 있는가?

46. 회귀분석에 활용된 자료는 다음과 같다.

관측	x_i	y_i	관측	x_i	y_i
1	2	4	6	7	6
2	3	5	7	7	9
3	4	4	8	8	5
4	5	6	9	9	11
5	7	4			

a. 이 자료에 대한 추정회귀식을 도출하시오.

b. 잔차그림을 그리시오. 오차항에 대한 가정이 충족되었다고 생각하는가?

적용문제

47. 레스토랑 광고비와 수익. Four Seasons Restaurant의 광고비와 수익은 다음과 같다.

광고비	수익
1	19
2	32
4	44
6	40
10	52
14	53
20	54

a. 광고비를 x, 수익을 y라고 하자. 최소제곱법을 활용하여 두 변수의 관계에 대한

추정회귀식을 도출하시오.

b. F 검정을 사용하여 유의수준 0.05에서 수익과 광고비는 유의한 관계가 있는지를 검정하시오.

c. $\hat{y}$에 대하여 $y-\hat{y}$의 잔차그림을 그리시오. $\hat{y}$의 값을 얻기 위해 (a) 항목의 결과를 이용하시오.

d. 잔차분석을 통해 얻을 수 있는 결론은 무엇인가? 이 모형을 활용해야 하는가, 아니면 보다 좋은 모형을 찾아야 하는가?

48. **경력과 매출.** 경력기간과 연간 판매액의 관계에 대한 추정회귀식을 도출했던 연습문제 7번을 참고하시오.

a. 이 문제에 대한 잔차를 계산하여 잔차그림을 그리시오.

b. 잔차그림을 보면, 오차항에 대한 가정이 타당하다고 생각하는가?

49. **매입 대 렌트.** 때때로 주택 가격과 모기지 금리가 너무 낮아져서, 몇몇 도시에서는 주택을 소유하는 데 드는 월 비용이 렌트비보다 저렴한 경우가 있었다. 다음 데이터는 매월 평균 모기지 금액이 평균 렌트 희망가격보다 적은 10개 도시에서의 중앙값 주택에 대한 월 모기지 금액(세금과 보험료 포함) 자료와 10개 시장의 평균 렌트 희망가격 자료를 보여준다(월스트리트 저널).

DATA*file* RentMortgage

도시	렌트비($)	모기지($)
Atlanta	840	539
Chicago	1,062	1,002
Detroit	823	626
Jacksonville, Fla.	779	711
Las Vegas	796	655
Miami	1,071	977
Minneapolis	953	776
Orlando, Fla.	851	695
Phoenix	762	651
St. Louis	723	654

a. 평균 렌트 희망 가격이 주어졌을 때, 월 모기지 금액을 예측하는 데 사용할 수 있는 추정회귀방정식을 도출하시오.

b. 독립변수에 대한 잔차 그림을 그리시오.

c. 잔차 그림을 고려할 때 오차항과 모형에 대한 가정이 합리적으로 보이는가?

14.9 잔차 분석: 이상값 및 영향력 있는 관측치

14.8절에서 우리는 회귀모델에 대한 가정 위반이 발생하였는지를 확인하기 위해 잔차분석을 사용할 수 있음을 보여주었다. 이 절에서는 추정회귀방정식을 결정하는 데 있어 관측치가 이상값인지 혹은 특히 영향력 있는 관측치로 분류될 수 있는지를 식별하는 데 잔차분석이 어떻게 사용되는지 논의한다. 이러한 관측치가 발생했을 때 취해야 할 몇 가지 단계에 대해 논의한다.

이상값 탐지

그림 14.16은 **이상값(outliers)**, 즉, 나머지 데이터에 나타나는 경향과 맞지 않는 데이터

그림 14.16 이상값을 가진 데이터 세트

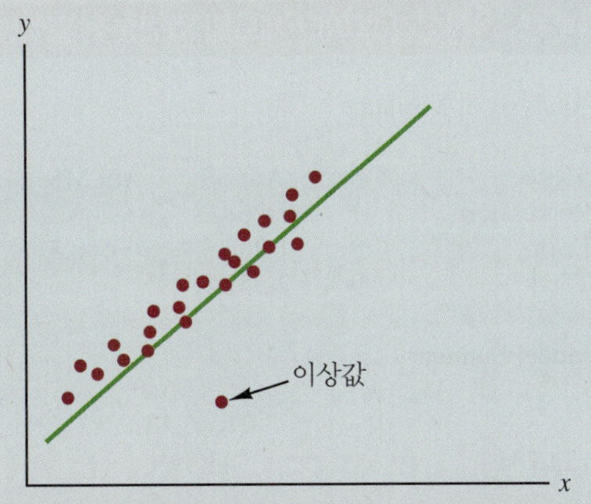

그림 14.17 이상값을 가진 데이터 세트의 산점도

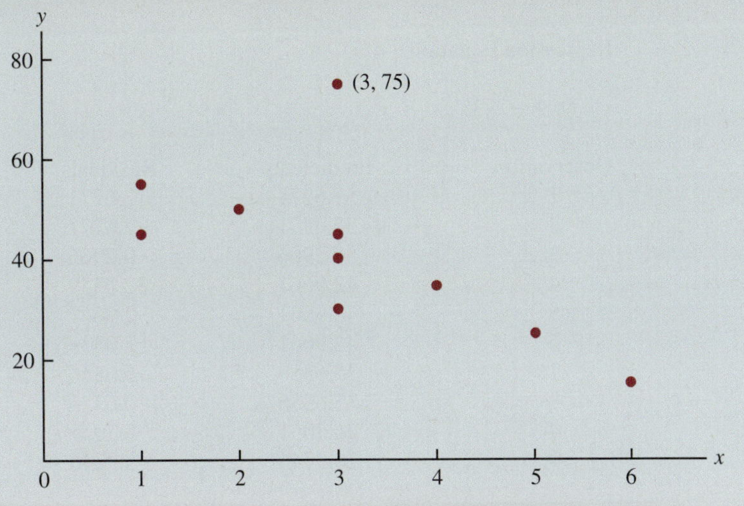

포인트(관측치)를 포함하는 데이터 세트의 산점도이다. 이상값은 의심스러운 관측치로 간주되고, 주의 깊은 검토가 필요하다. 이는 잘못된 데이터를 나타낼 수 있으며, 그 경우 데이터를 수정해야 한다. 또한 모델 가정 위반의 신호일 수 있으며, 그렇다면 다른 모델을 고려해야 한다. 마지막으로 우연히 발생한 이례적인 값일 수 있다. 이 경우에는 해당 값을 유지하여야 한다.

이상값을 탐지하는 과정을 설명하기 위해 그림 14.17에 표시된 데이터 세트를 고려해 보자. 관측치 4($x_4 = 3$, $y_4 = 75$)를 제외하고는 음의 선형 관계를 시사하는 패턴이 명확하다. 실제로 나머지 데이터의 패턴을 고려할 때, y_4가 훨씬 작을 것으로 예상되므로 해당 관측치를 이상값으로 식별할 수 있다. 단순선형회귀의 경우 산점도를 검토하여 이상값을 감지할 수 있는 경우가 많다.

그림 14.18 이상값 데이터 세트의 회귀분석 출력결과

Analysis of Variance

Source	DF	Adj SS	Adj MS	*F* Value	*p*-Value
Regression	1	1,268.2	1,268.2	7.90	0.023
Error	8	1,284.3	160.5		
Total	9	2,552.5			

Model Summary

S	R-sq	R-sq(adj)
12.6704	49.68%	43.39%

Coefficients

Term	Coef	SE Coef	*t* Value	*p*-Value
Constant	64.96	9.26	7.02	0.000
x	−7.33	2.6	−2.81	0.023

Regression Equation

y = 64.96 − 7.33 x

Observation	Predicted y	Residuals	Standard Residuals
1	57.6271	−12.6271	−1.0570
2	57.6271	−2.6271	−0.2199
3	50.2966	−0.2966	−0.0248
4	42.9661	32.0339	2.6816
5	42.9661	−2.9661	−0.2483
6	42.9661	2.0339	0.1703
7	35.6356	−5.6356	−0.4718
8	35.6356	−0.6356	−0.0532
9	28.3051	−3.3051	−0.2767
10	20.9746	−5.9746	−0.5001

표준화 잔차를 사용하여 이상값을 식별할 수도 있다. 만약 어떤 관측치가 나머지 데이터의 패턴에서 크게 벗어나면(예: 그림 14.16의 이상값), 해당 표준화 잔차의 절댓값이 클 것이다. 많은 컴퓨터 패키지는 자동으로 절댓값이 큰 표준화 잔차를 가진 관측치를 식별한다. 그림 14.17에서 데이터에 대해 그림 14.18은 회귀분석 출력결과를 보여준다. 이 결과에는 회귀방정식, y의 예측값, 잔차 및 표준화된 잔차가 포함되어 있다. 출력에서 강조 표시된 부분은 관측치 4의 표준화된 잔차가 2.68임을 보여준다. 정규분포 오차의 경우, 표준화된 잔차는 대략 5%의 확률로 -2에서 $+2$의 범위를 벗어나야 한다.

이상값을 처리하는 방법을 결정할 때, 먼저 그것이 유효한 관측치인지 확인해야 한다. 데이터를 처음 기록할 때 또는 컴퓨터 파일에 데이터를 입력할 때 오류가 발생했을 수 있다. 예를 들어, 그림 14.17에서 이상값의 데이터를 확인하는 중에 오류를 발견하였고, 관측치 4의 올바른 값은 $x_4 = 3$, $y_4 = 30$이었다고 가정해보자. 그림 14.19는 y_4값을 수정한 후 얻은 출력 결과의 일부이다. 잘못된 데이터 값이 모델 적합성에 심각한 영향을 미쳤음을 알 수 있다. 올바른 데이터를 사용하니 R-sq의 값이 49.68%에서 83.8%로 증가하였고, b_0의 값이 64.96에서 59.24로 감소했다. 선의 기울기는 -7.33에서 -6.95로 변경되었다. 이상값을 식별함으로써 데이터 오류를 수정하고 회귀 결과를 개선할 수 있었다.

그림 14.19 수정된 이상값 데이터 세트에 대한 출력결과

Analysis of Variance

Source	DF	Adj SS	Adj MS	F-Value	*p*-Value
Regression	1	1,139.66	1,139.66	41.38	0.000
Error	8	220.34	27.54		
Total	9	1,360.00			

Model Summary

S	R-sq	R-sq(adj)
5.24808	83.80%	81.77%

Coefficients

Term	Coef	SE Coef	*t* Value	*p*-Value
Constant	59.24	3.83	15.45	0.000
x	−6.95	1.08	−6.43	0.000

Regression Equation

y = 59.24 − 6.95 x

영향력 있는 관측치 탐지

때로는 하나 또는 그 이상의 관측치가 결과에 강한 영향을 줄 수 있다. 그림 14.20은 단순선형회귀에서 영향력 있는 관측치의 예를 보여준다.

추정회귀선은 음의 기울기를 가지고 있다. 그러나 영향력 있는 관측치를 데이터 세트에서 제거하면, 추정회귀선의 기울기는 음에서 양으로 변하고 y절편은 더 작아진다. 이 관측치는 분명히 다른 관측치보다 추정회귀선을 결정하는 데 훨씬 더 큰 영향을 미친다. 데이터 세트에서 나머지 관측치 중 하나를 제거하는 것은 추정회귀방정식에 거의 영향을 미치지 않을 것이다.

영향력 있는 관측치는 독립변수가 하나인 경우 산점도에서 식별할 수 있다. 영향력 있는 관측치는 이상값(추세에서 상당히 벗어난 y 값을 가진 관측치)일 수도 있고, 해당 x 값이 평균에서 멀리 떨어진 값일 수도 있으며(그림 14.20 참조), 이 두 가지 경우의 조합(추세에서 다소 벗어난 y 값과 다소 극단적인 x 값)으로 발생할 수도 있다.

영향력 있는 관측치는 추정회귀방정식에 매우 큰 영향을 미칠 수 있기 때문에 신중하게 검토하여야 한다. 먼저 데이터 수집이나 기록에 오류가 발행하지 않았는지 확인해야 한다. 오류가 발생한 경우 이를 수정하고 새로운 추정회귀방정식을 개발할 수 있다. 관측치가 유효한 경우, 해당 관측치를 가진 것을 다행스럽게 생각할 수도 있다. 해당 관측치가 유효한 경우 이러한 점은 적절한 모델을 더 잘 이해하고 더 나은 추정회귀방정식을 도출하는데 기여할 수 있다. 그림 14.20에서 영향력 있는 관측치가 유효하다면, x와 y의 관계를 더 잘 이해하기 위해 x의 중간값에 대한 데이터를 얻도록 시도해 보는 것이 좋다.

독립변수의 값이 극단적인 관측치를 **높은 레버리지 포인트(high leverage points)**라고 한다. 그림 14.20의 영향력 있는 관측치는 높은 레버리지를 가진 포인트이다. 관측치의 레버리지는 독립변수의 값이 평균값에서 얼마나 멀리 떨어져 있는지에 따라 결정된다.

그림 14.20 영향력 있는 관측치를 가진 데이터 세트

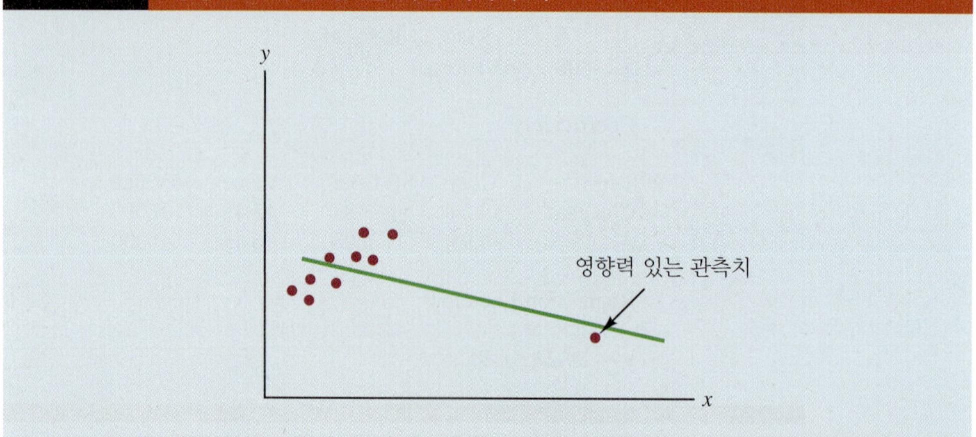

단일 독립변수의 경우, i번째 관측치의 레버리지는 h_i로 표시되며, 식 (14.33)을 사용하여 계산할 수 있다.

관측치 *i*의 레버리지

$$h_i = \frac{1}{n} + \frac{(x_i - \bar{x})^2}{\Sigma(x_i - \bar{x})^2} \tag{14.33}$$

수식에서 보듯이 x_i가 평균 $\bar{x}$에서 멀리 떨어져 있을수록 관측치 i의 영향력이 높아진다는 것을 알 수 있다.

많은 통계 패키지는 표준 회귀 출력의 일부로 레버리지가 높은 관측치를 자동으로 식별한다. 레버리지가 높은 포인트의 예로 그림 14.21에 표시된 데이터 세트를 고려해 보자.

그림 14.21의 산점도를 보면, 관측치 7 ($x = 70$, $y = 100$)은 극단적인 x값을 가진 관측치임이 명확하다. 따라서 높은 레버리지를 가진 포인트로 식별될 것이라 예상할 수 있다. 이 관측치의 레버리지는 식 (14.33)을 사용하여 다음과 같이 계산된다.

$$h_7 = \frac{1}{n} + \frac{(x_7 - \bar{x})^2}{\Sigma(x_i - \bar{x})^2} = \frac{1}{7} + \frac{(70 - 24.286)^2}{2,621.43} = 0.94$$

단순선형회귀의 경우, h_i이 $6/n$ 또는 0.99 중 작은 값보다 클 때, 관측치는 높은 레버리지를 가진다. 그림 14.21의 데이터 세트에서 $6/n = 6/7 = 0.86$이다. $h_7 = 0.94 > 0.86$이

그림 14.21 레버리지가 높은 관측치를 가진 데이터 세트의 산점도

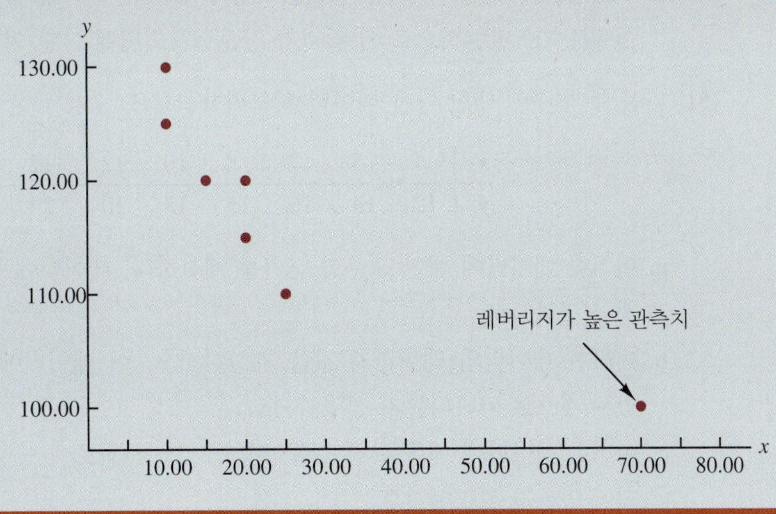

므로 관측치 7은 x값이 큰 영향을 주는 관측치로 식별할 것이다. 큰 잔차와 높은 레버리지의 상호작용으로 인해 발생하는 영향력 있는 관측치는 탐지하기 어려울 수 있다. 관측치가 영향력이 있는지 판단할 때, 두 가지를 고려하는 진단 절차를 사용할 수 있다. Cook의 D 통계량(Cook's D statistic)이라는 방법을 15장에서 논의한다.

주석 및 코멘트

관측치가 크거나 높은 레버리지로 인해 관측치가 잠재적으로 영향력이 크다고 식별되면, 추정회귀방정식에 미치는 영향을 평가해야 한다. 고급교재에서는 그에 대한 진단 방법을 설명한다. 그러나 더 고급 자료에 익숙하지 않은 경우, 간단한 절차는 해당 관측치를 포함하고 회귀분석을, 그리고 제외하고 회귀분석을 각각 실행하는 것이다. 이 접근방법을 사용하면 해당 관측치가 결과에 미치는 영향을 보여줄 것이다.

연습문제

기본문제

50. 두 변수에 대한 다음 데이터를 이용하라.

x_i	135	110	130	145	175	160	120
y_i	145	100	120	120	130	130	110

a. 이러한 데이터에 대한 표준화 잔차를 계산하라. 데이터에 이상값이 포함되어 있는지 설명하시오.

b. $\hat{y}$에 대해 표준화된 잔차 그림을 그리시오. 이 그림에 이상값이 표시되는가.

c. 이러한 데이터에 대한 산점도를 작성하시오. 산점도에 데이터의 이상값이 표시되어 있는가? 일반적으로 이 결과가 단순선형회귀에 어떤 의미가 있는가?

51. 다음 두 변수에 대한 다음 데이터를 고려하십시오.

x_i	4	5	7	8	10	12	12	22
y_i	12	14	16	15	18	20	24	19

a. 이러한 데이터에 대한 표준화 잔차를 계산하라. 데이터에 이상값이 포함되어 있는지 설명하시오.

b. 이러한 데이터의 레버리지 값을 계산하시오. 이 데이터에 영향력 있는 관측값이 있는 것으로 나타나는지 설명하시오.

c. 이러한 데이터에 대한 산점도를 작성하시오. 산점도에 영향력 있는 관측값이 표시되어 있는지 설명하시오.

적용문제

52. **자선단체 비용 예측.** Charity Navigator는 미국 최고의 독립 자선단체 평가기관이다. 다음 데이터는 10개 초대형 자선단체의 총 비용($), 총 예산 중 관리비용에 지출된 비율, 모금에 지출된 비율, 프로그램 비용에 지출된 비율을 보여준다(Charity Navigator 웹사이트). 관리 비용에는 간접비, 관리직원 및 관련 비용, 조직 회의 비용이 포함된다. 모금 비용은 자선 단체가 모금을 위해 지출하는 비용이며, 프로그램 비용은 자선 단체가 제공하는 프로그램 및 서비스에 지출하는 비용이다. 세 비율의 합계는 반올림으로 인해 100%가 되지 않는다.

DATA*file* Charities

자선 단체	총 비용 (%)	관리 비용 (%)	모금 비용 (%)	프로그램 비용 (%)
미국 적십자사	3,354,177,445	3.9	3.8	92.1
월드 비전	1,205,887,020	4.0	7.5	88.3
스미소니언 박물관	1,080,995,083	23.5	2.6	73.7
빈곤층을 위한 식품	1,050,829,851	0.7	2.4	96.8
미국 암 협회	1,003,781,897	6.1	22.2	71.6
미국 자원 봉사자	929,158,968	8.6	1.9	89.4
다나-파버 암 연구소	877,321,613	13.1	1.6	85.2
AmeriCares	854,604,824	0.4	0.7	98.8
ALSAC St. Jude 어린이 연구 병원	829,662,076	9.6	16.9	73.4
희망의 도시	736,176,619	13.7	3.0	83.1

a. 모금 비용(%)을 가로축에, 프로그램 비용(%)을 세로축에 배치한 산점도를 작성하시오. 데이터를 살펴보면 이상값 및/또는 영향력 있는 관측값이 있는 것으로 나타나는가?

b. 모금 비용(%)이 주어졌을 때 프로그램 비용(%)을 예측하는 데 사용할 수 있는 추정회귀방정식을 도출하시오.

c. 추정회귀방정식의 기울기 값이 이 문제 상황의 맥락에서 의미가 있는가?

d. 잔차분석을 사용하여 이상값 및/또는 영향력 있는 관측값이 존재하는지 확인하시오. 결과와 결론을 간략하게 요약하시오.

53. **슈퍼마켓 계산대.** 소매체인인 Kroger는 2,700개 이상의 매장을 보유하고 있으며 매출 기준으로 미국에서 가장 큰 슈퍼마켓이다. Kroger는 데이터, 기술 및 분석에 막대한 투자를 해왔다. 고객들이 계산대에 언제 도착할지 예측하기 위해 QueVision이라는 적외선 센서시스템에서 얻은 데이터를 예측 모델에 제공함으로써, Kroger는 필요시 계산대를 더 열도록 직원들에게 경고할 수 있다. 이를 통해 Kroger는 평균 계산시간을 4분에서 30초 미만으로 단축할 수 있었다(Retail Touchpoints).

Checkout 파일의 데이터를 사용하시오. 이 파일에는 32개의 관측치가 포함되어 있다. 각 관측치는 도착 시간(오후 6시 이전 분 단위로 측정)과 쇼핑 시간(분 단위로 측정)을 제공한다.

DATA*file* **Checkout**

a. 도착 시간을 독립변수로 하는 산점도를 작성하시오.

b. 파트(a)에서 개발한 산점도는 두 변수 사이의 관계에 대해 무엇을 나타내고 있는가? 이상값이나 영향력 있는 관측값이 나타나는지 설명하시오.

c. 전체 데이터 세트를 사용하여 도착 시간이 주어졌을 때 쇼핑시간 예측에 사용할 수 있는 추정회귀방정식을 도출하시오.

d. 잔차분석을 사용하여 이상값 또는 영향력 있는 관측값이 있는지 확인하시오.

e. (a)의 산점도를 보고 영향력 있는 관측치로 보이는 것을 시각적으로 식별할 수 있었다고 가정하시오. 이 관측치를 데이터 세트에서 삭제하고 나머지 데이터에 추정회귀방정식을 맞추시오. 새로운 추정회귀방정식의 추정 기울기를 파트(c)에서 구한 추정 기울기와 비교하시오. 이 접근 방식이 파트 (d)에서 도달한 결론에 부합하는지 설명하시오.

54. **메이저리그 야구팀의 가치평가.** 다음 표에는 메이저리그 야구팀 30개의 연간 수익(백만 달러)과 팀의 추정가치(백만 달러)가 제시되었다(Forbes 웹사이트).

DATA*file* **MLBValues**

팀	수익(백만 달러)	가치(백만 달러)
Arizona Diamondbacks	195	584
Atlanta Braves	225	629
Baltimore Orioles	206	618
Boston Red Sox	336	1,312
Chicago Cubs	274	1,000
Chicago White Sox	216	692
Cincinnati Reds	202	546
Cleveland Indians	186	559
Colorado Rockies	199	537
Detroit Tigers	238	643
Houston Astros	196	626
Kansas City Royals	169	457
Los Angeles Angels of Anaheim	239	718
Los Angeles Dodgers	245	1,615
Miami Marlins	195	520
Milwaukee Brewers	201	562
Minnesota Twins	214	578
New York Mets	232	811
New York Yankees	471	2,300
Oakland Athletics	173	468
Los Angeles Dodgers	245	1,615

계속

팀	수익(백만 달러)	가치(백만 달러)
Miami Marlins	195	520
Milwaukee Brewers	201	562
Minnesota Twins	214	578
New York Mets	232	811
New York Yankees	471	2,300
Oakland Athletics	173	468
Philadelphia Phillies	279	893
Pittsburgh Pirates	178	479
San Diego Padres	189	600
San Francisco Giants	262	786
Seattle Mariners	215	644
St. Louis Cardinals	239	716
Tampa Bay Rays	167	451
Texas Rangers	239	764
Toronto Blue Jays	203	568
Washington Nationals	225	631

a. x축에 수익을, y축에 가치를 갖는 산점도를 그리시오. 산점도를 보고 데이터에 이상값이나 영향력 있는 관측치가 있는지 확인하시오.

b. 연간 수익이 주어졌을 때 팀의 가치를 예측할 수 있는 추정 회귀방정식을 도출하시오.

c. 잔차분석을 사용하여 이상값이나 영향력 있는 관측치가 있는지 결정하시오. 확인한 내용과 결론을 짧게 요약하시오

14.10 실용적 조언: 단순선형회귀에서의 빅데이터 및 가설검정

7장에서 표본평균 $\bar{x}$(식 7.2에 표시됨) 및 표본비율 $\bar{p}$(식 7.5에 표시됨)의 표본분포의 표준오차가 표본 크기가 증가함에 따라 감소한다는 것을 관찰하였다. 8장과 9장에서는 이로 인해 μ과 p에 대한 신뢰구간 추정치가 좁아지고, 가설 H_0: $\mu \le \mu_0$ 및 H_0: $p \le p_0$의 검정에 대한 p값이 감소한다는 것을 확인하였다. 이러한 결과는 단순선형회귀에도 적용된다. 단순선형회귀에서 표본 크기가 증가함에 따라 다음과 같은 결과가 나타난다.

- 종속변수와 독립변수 간의 관계의 유의성을 결정하기 위해 사용되는 t 검정의 p값이 감소한다.
- 독립변수와 관련된 기울기 모수에 대한 신뢰구간이 좁아진다.
- y의 평균값에 대한 신뢰구간이 좁아진다.
- y의 개별값에 대한 예측 구간이 좁아진다.

따라서 표본크기가 증가함에 따라 종속변수와 독립변수 간에 관계가 없다는 가설을 기각할 가능성이 높아지며, 독립변수와 관련된 기울기 모수, y의 평균값, 예측된 y의 개별값에 대한 구간 추정은 표본 크기가 증가함에 따라 더 정확해진다. 그러나 표본 크기가 증가함에 따라 이러한 결과의 신뢰도가 높아짐을 의미하는 것은 아니다.

단순선형회귀방정식을 추정하는 데 사용된 표본이 아무리 크더라도 데이터에 비표본오차가 존재할 가능성에 대해 항상 고려해야 한다. 관심 대상인 모집단의 임의의 표본이 실제로 수집되었는지 신중하게 고려하는 것이 중요하다. 독립변수와 종속변수 간의 관계를 검정하기 위해 사용되는 데이터가 비표본오차로 인해 손상된 경우, 제1형 또는 제2형 오류가 발생할 가능성이 비표본오차가 없는 경우보다 높을 수 있다. 독립변수와 종속변수 간의 관계가 통계적으로 유의하다면, 단순선형회귀방정식의 관계가 실질적으로 중요한지 여부를 고려하는 것도 중요하다.

단순선형회귀는 매우 강력한 통계도구이지만, 가장 정확한 정보를 바탕으로 의사결정을 내리기 위해 다른 출처에서 수집된 정보와 함께 고려해야 하는 증거를 제공한다. 비즈니스 결정은 단순선형회귀의 추론에만 의존해서는 안되며, 비표본오차가 잘못된 결과를 초래할 수 있으므로 통계적 유의성과 함께 실질적인 유의성을 항상 함께 고려해야 한다. 이는 가설검정이 매우 큰 표본을 기반으로 할 때 특히 중요하다. 이러한 경우 p값이 매우 작을 수 있기 때문이다. 제대로 실행하면, 단순선형회귀에 기반한 추론은 비즈니스 의사결정 과정에서 중요한 구성 요소가 될 수 있다.

요약

이 장에서는 종속변수 y가 독립변수 x와 어떤 관계가 있는지를 파악하기 위해 회귀분석을 어떻게 활용하는지를 설명하였다. 단순선형회귀분석에서 회귀모형은 $y = \beta_0 + \beta_1 x + \epsilon$이다. 단순선형회귀식 $E(y) = \beta_0 + b_1 x$는 y의 평균 혹은 기댓값이 x와 어떤 관계가 있는지를 보여준다. 추정회귀식 $\hat{y} = b_0 + b_1 x$를 도출하기 위해서 표본 자료와 최소제곱법을 활용한다. 사실 b_0과 b_1은 모형의 알려지지 않은 모수인 β_0과 β_1을 추정하기 위해 활용하는 표본통계량이다.

결정계수는 추정회귀식의 적합도 측정치이다. 즉, 결정계수는 추정회귀식에 의해 설명될 수 있는 종속변수 y의 변동비율이다. 또한 두 변수 간 선형관계의 강도에 대한 기술적 측정치로 상관관계를 설명하였다.

회귀모형 및 그와 관련된 오차항에 대한 가정을 논의하고, 이러한 가정에 기반한 t 검정과 F 검정을 두 변수 간의 관계가 통계적으로 유의한지 여부를 판단하기 위한 수단으로 설명하였다. 추정회귀식을 활용하여 y의 평균값에 대한 신뢰구간 추정치와 y의 개별값에 대한 예측구간 추정치를 도출하는 방법을 설명하였다.

이 장은 회귀문제에 대한 컴퓨터 해를 설명하고, 모형 가정을 검증하고 이상값과 영향력 있는 관측값을 식별하기 위한 잔차분석 활용에 대한 두 개의 절, 그리고 빅데이터 사용 시 실용적인 조언에 대한 절로 마무리된다.

용어

결정계수(Coefficient of determination) 추정회귀식의 적합도 측정치로서 종속변수 y의 변동 가운데 추정회귀식에 의해 설명된 비율을 의미한다.

단순선형회귀분석(Simple linear regression) 하나의 독립변수와 하나의 종속변수가 있는 회귀분석으로 두 변수 간의 관계가 직선으로 추정된다.

독립변수(Independent variable) 종속변수의 값을 예측하고 설명하는데 활용되는 변수로 x로 표기한다.

산점도(Scatter diagram) 두 가지 자료의 그래프로 독립변수를 수평축에, 종속변수를 수직축에 표기한다.

상관계수(Correlation coefficient) 두 변수 간 선형관계의 강도 측정치이다(3장에서 설명함).

신뢰구간(Confidence interval) 주어진 x값에 대한 y 평균값의 구간추정치이다.

영향력있는 관측치(Influential observation) 회귀 결과에 강한 영향이나 효과를 미치는 관측치를 말한다.

예측구간(Prediction interval) 주어진 x값에 대한 개별 y값의 구간추정치이다.

이상값(Outlier) 나머지 데이터의 추세와 맞지 않는 데이터 포인트 또는 관측치이다.

잔차 그림(Residual plot) 회귀모형에 대해 설정된 가정의 타당성 여부를 판단하기 위해 활용될 수 있도록 잔차를 그림으로 표현한 것이다.

잔차분석(Residual analysis) 가정된 회귀모형의 타당성을 판단하기 위한 기본도구이다.

정규확률그림(Normal probability plot) 표준화된 잔차를 정규점수의 값에 대해 그린 그림이다. 이 그림은 오차항이 정규확률분포를 가진다는 가정이 유효한지 여부를 판단하는데 도움이 된다.

종속변수(Dependent variable) 예측되거나 설명되어질 변수로 y로 표기한다.

최소제곱법(Least squares method) 표본 자료를 활용하여 추정회귀식을 도출하기 위한 절차로써 목적은 $\sum(y_i-\hat{y}_i)^2$을 최소화하는 것이다.

추정표준오차(Standard error of the estimate) 평균제곱오차의 제곱근으로 s로 표기한다. 이는 σ의 추정치이며, 오차항 ϵ의 표준편차이다.

추정회귀식(Estimated regression equation) 최소제곱법을 활용하여 표본자료에서 추출한 회귀식의 추정이고, 단순선형회귀분석에서 추정회귀식은 $\hat{y}=b_0+b_1x$이다.

평균제곱오차(Mean square error) 오차항의 분산 σ^2의 불편추정치로 MSE 혹은 s^2으로 표기한다.

표준화 잔차(Standardized residual) 잔차를 표준편차로 나누어 얻은 값이다.

회귀모형(Regression model) y가 x 및 오차항과 어떤 관계가 있는지를 표현하는 식으로, 단순선형회귀분석에서 회귀모형은 $y = \beta_0 + \beta_1 x + \epsilon$이다.

회귀식(Regression equation) 종속변수의 평균 혹은 기댓값이 독립변수와 어떤 관계가 있는지를 표현하는 식으로, 단순선형회귀분석에서 $E(y) = \beta_0 + \beta_1 x$이다.

ANOVA표(ANOVA table) 유의성에 대한 F 검정과 관련된 계산을 요약하는 데 활용되는 분산분석표이다.

i번째 잔차(ith residual) 종속변수의 관찰값과 추정회귀식을 활용하여 예측한 값의 차이로써 i번째 관측치에 대한 i번째 잔차는 $y_i - \hat{y}_i$이다.

핵심공식

단순선형회귀 모형

$$y = \beta_0 + \beta_1 x + \epsilon \quad (14.1)$$

단순선형회귀식

$$E(y) = \beta_0 + \beta_1 x \quad (14.2)$$

추정 단순선형회귀식

$$\hat{y} = b_0 + b_1 x \quad (14.3)$$

최소제곱 기준

$$\min \Sigma(y_i - \hat{y}_i)^2 \quad (14.5)$$

추정회귀식을 위한 기울기 및 y절편

$$b_1 = \frac{\Sigma(x_i - \bar{x})(y_i - \bar{y})}{\Sigma(x_i - \bar{x})^2} \quad (14.6)$$

$$b_0 = \bar{y} - b_1 \bar{x} \quad (14.7)$$

오차제곱합

$$\text{SSE} = \Sigma(y_i - \bar{y}_i)^2 \quad (14.8)$$

총제곱합

$$\text{SST} = \Sigma(y_i - \bar{y})^2 \quad (14.9)$$

회귀제곱합

$$\text{SSR} = \Sigma(\hat{y}_i - \bar{y})^2 \tag{14.10}$$

SST, SSR, SSE의 관계

$$\text{SST} = \text{SSR} + \text{SSE} \tag{14.11}$$

결정계수

$$r^2 = \frac{\text{SSR}}{\text{SST}} \tag{14.12}$$

표본상관계수

$$r_{xy} = (\text{sign of } b_1)\sqrt{\text{결정계수}} = (\text{sign of } b_1)\sqrt{r^2} \tag{14.13}$$

평균제곱오차(σ^2의 추정치)

$$s^2 = \text{MSE} = \frac{\text{SSE}}{n-2} \tag{14.15}$$

추정표준오차

$$s = \sqrt{\text{MSE}} = \sqrt{\frac{\text{SSE}}{n-2}} \tag{14.16}$$

b_1의 표준편차

$$\sigma_{b_1} = \frac{\sigma}{\sqrt{\Sigma(x_i - \bar{x})^2}} \tag{14.17}$$

b_1의 추정표준편차

$$s_{b_1} = \frac{s}{\sqrt{\Sigma(x_i - \bar{x})^2}} \tag{14.18}$$

t 검정통계량

$$t = \frac{b_1}{s_{b_1}} \tag{14.19}$$

회귀평균제곱

$$\text{MSR} = \frac{\text{SSR}}{\text{독립변수 수}} \tag{14.20}$$

F 검정통계량

$$F = \frac{\text{MSR}}{\text{MSE}} \tag{14.21}$$

$\hat{y}^*$의 추정표준편차

$$s_{\hat{y}^*} = s\sqrt{\frac{1}{n} + \frac{(x^* - \bar{x})^2}{\Sigma(x_i - \bar{x})^2}} \tag{14.23}$$

$E(y^*)$에 대한 신뢰구간

$$\hat{y}^* \pm t_{\alpha/2} s_{\hat{y}^*} \tag{14.24}$$

개별값의 추정표준편차

$$s_{\text{pred}} = s\sqrt{1 + \frac{1}{n} + \frac{(x^* - \bar{x})^2}{\Sigma(x_i - \bar{x})^2}} \tag{14.26}$$

y^*에 대한 예측구간

$$\hat{y}^* \pm t_{\alpha/2} s_{\text{pred}} \tag{14.27}$$

관측치 i의 잔차

$$y_i - \hat{y}_i \tag{14.28}$$

i번째 잔차의 표준편차

$$s_{y_i - \hat{y}_i} = s\sqrt{1 - h_i} \tag{14.30}$$

관측치 i의 표준화된 잔차

$$\frac{y_i - \hat{y}_i}{s_{y_i - \hat{y}_i}} \tag{14.32}$$

관측치 i의 레버리지

$$h_i = \frac{1}{n} + \frac{(x_i - \bar{x})^2}{\Sigma(x_i - \bar{x})^2} \tag{14.33}$$

보충문제

55. r^2값이 높으면 두 변수가 인과 관계가 있다는 것을 의미하는가? 설명하시오.

56. 주어진 x에 대한 y의 평균값에 대한 구간 추정과 주어진 x에 대한 y의 개별값에 대한 구간 추정 사이의 차이를 설명하시오.

57. $\beta_1 = 0$인지 테스트하는 목적은 무엇인가? 우리가 $\beta_1 = 0$을 기각하면 이것은 적합도가 높음을 의미하는가?

58. **주식 시장 성과.** 다우존스산업평균지수(DJIA)와 스탠더드앤드푸어스 500지수(S&P 500)는 주식시장의 전반적인 움직임을 측정하는 지표로 사용된다. DJIA는 30개 대기업의 가격 변동을 기반으로 하며 S&P 500은 500개 종목으로 구성된 지수이다. 일부에서는 S&P 500 지수가 더 광범위하기 때문에 주식시장의 성과를 더 잘 측정할 수 있다고 말한다. 전년도 15주 동안의 DJIA와 S&P 500 종가는 다음 표에 나와 있다(Barron's 웹사이트).

DATA *file* DJIAS&P500

날짜	DJIA	S&P
January 6	12,360	1,278
January 13	12,422	1,289
January 20	12,720	1,315
January 27	12,660	1,316
February 3	12,862	1,345
February 10	12,801	1,343
February 17	12,950	1,362
February 24	12,983	1,366
March 2	12,978	1,370
March 9	12,922	1,371
March 16	13,233	1,404
March 23	13,081	1,397
March 30	13,212	1,408
April 5	13,060	1,398
April 13	12,850	1,370

a. DJIA를 독립변수로 사용하여 산점도를 그리시오.

b. 추정회귀방정식을 도출하시오.

c. F 검정으로 유의한 관계가 있는지 테스트하시오. $\alpha = 0.05$를 사용하시오.

d. 추정된 회귀방정식이 적합한 모델인가? 설명하시오.

e. DJIA 종가가 13,500이라고 가정하라. S&P 500의 종가를 예측하시오.

f. 파트 (e)에서 S&P 500 값을 예측하는 데 사용된 13,500의 DJIA 값이 추정회귀방정식을 개발하는 데 사용된 데이터 범위를 벗어난다는 점을 우려해야 하는가?

59. **주택 크기와 가격.** 거주 공간의 평방피트 수가 주택 판매가격을 예측하는 좋은 지표인가? 2015년 4월에 수집된 다음 데이터는 노스캐롤라이나주 윈스턴 살렘에 있는 15개 주택의 평방피트와 판매가격을 보여준다(Zillow.com).

DATA *file* WSHouses

크기(1,000평방피트)	판매가격($1,000)
1.26	117.5
3.02	299.9
1.99	139.0
0.91	45.6
1.87	129.9
2.63	274.9
2.60	259.9
2.27	177.0
2.30	175.0
2.08	189.9
1.12	95.0
1.38	82.1
1.80	169.0
1.57	96.5
1.45	114.9

a. 주거공간의 평방피트를 독립변수로, 판매가격을 종속변수로 하는 산점도를 작성하시오. 산점도는 주택의 크기와 판매가격 간의 관계에 대해 무엇을 나타내는가.

b. 거주 공간의 평방피트 수가 주어졌을 때 판매가격을 예측하는 데 사용할 수 있는 추정회귀방정식을 도출하시오.

c. 0.05 수준에서 t 검정을 사용하여 두 변수 간에 유의미한 관계가 있는지 확인하시오.

d. 추정회귀방정식을 사용하여 노스캐롤라이나주 윈스턴 살렘에 있는 2,000평방피트 주택의 판매가격을 예측하시오.

e. 파트 (b)에서 개발한 추정회귀방정식이 노스캐롤라이나주 윈스턴 살럼에 있는 특정 주택의 판매가격을 잘 예측할 수 있다고 생각하는가? 설명하시오.

f. 파트 (b)에서 도출한 추정회귀방정식을 사용하여 워싱턴주 시애틀에 있는 특정 주택의 판매가격을 예측하는데 무리가 없겠는가? 대답에 대한 이유를 설명하시오.

60. **온라인 교육.** 최근 고등교육에 있어서 가장 큰 변화의 하나가 온라인 대학교의 성장이다. Online Education Database는 최고의 인증 온라인 대학들의 종합리스트를 만드는 독립기관이다. 다음의 표는 29개의 온라인 대학들의 유지율(%)과 졸업률(%)을 보여준다.

DATA*file* OnlineEdu

유지율(%)	졸업률(%)	유지율(%)	졸업률(%)
7	25	45	41
51	25	38	44
4	28	51	45
29	32	69	46
33	33	60	47
47	33	37	48
63	34	63	50
45	36	73	51
60	36	78	52
62	36	48	53
67	36	95	55
65	37	68	56
78	37	100	57
75	38	100	61
54	39		

a. 유지율을 독립변수로 하여 산점도를 작성하시오. 산점도는 두 변수 간의 관계에 대해 무엇을 나타내고 있는가?

b. 추정회귀방정식을 도출하시오.

c. t 검정을 사용하여 유의미한 관계가 있는지 확인하시오. $\alpha = 0.05$를 사용하시오.

d. 추정된 회귀방정식이 적합한가?

61. 기계 보수. Jensen Tire & Auto는 새로운 컴퓨터 휠 얼라인먼트와 평형시험기에 대한 보수 계약을 할지 여부를 결정하고자 한다. 매니저들은 보수비용이 사용량과 관련되어 있다고 보고 주당 사용시간과 연간 보수비용에 대한 다음의 정보를 수집하였다(단위: 100달러).

DATA*file* Jensen

주당 사용시간	연간 보수비용
13	17.0
10	22.0
20	30.0
28	37.0
32	47.0
17	30.5
24	32.5
31	39.0
40	51.5
38	40.0

a. 연간 보수비용과 주당 사용시간의 관계에 대한 추정회귀식을 도출하시오.

b. F 검정을 사용하여 유의수준 0.05에서 관계의 유의성을 검정하시오.

c. Jensen은 이 새로운 설비를 주당 30시간 사용할 것으로 예상한다. 이 기업의 연간 보수비용에 대한 95% 예측구간을 구하시오.

d. 만일 보수 계약금액이 연간 3,000달러라면 계약체결을 추천하겠는가? 그 이유를 설명하시오.

62. **제조 속도와 품질관리.** 제조공정에서 조립라인의 속도(분당 피트)는 검사공정에서 발견되는 불량품 수에 영향을 미치는 것으로 알려져 있다. 이 이론을 검증하기 위해 매니저들은 다양한 조립라인 속도에서 똑같은 부품들이 시각적으로 검사되는 상황을 고안했다. 그들은 다음과 같은 자료를 수집했다.

조립라인 속도	발견된 불량품 수
20	21
20	19
40	15
30	16
60	14
40	17

a. 조립라인 속도와 발견된 불량품 수의 관계에 대한 추정회귀식을 도출하시오.

b. 유의수준 0.05에서 F 검정을 사용하여 조립라인 속도와 발견된 불량품 수의 관련성 여부를 판단하시오.

c. 추정회귀식의 적합도가 우수한가?

d. 라인속도가 분당 50피트일 때 평균 불량품 수를 예측할 수 있는 95% 신뢰구간을 추정하시오.

63. **무단결근과 지역.** 한 대도시 병원에서 종업원의 무단결근 일수와 집과 병원 간 거리의 관계를 조사하기 위해 사회학자를 채용했다. 10명의 종업원을 표본추출하여 다음과 같은 자료를 수집하였다.

DATA*file* Absent

직장과 거리	무단결근 일수
1	8
3	5
4	8
6	7
8	6
10	3
12	5
14	2
14	4
18	2

a. 이 자료에 대한 산점도를 그려라. 선형관계가 있는 것처럼 보이는지 설명하시오.

b. 최소제곱법을 활용하여 추정회귀식을 도출하시오.

c. $\alpha = 0.05$ 및 F 검정을 활용하여 두 변수 간에 유의한 관계가 있는지를 검정하시오.

d. 추정회귀식의 적합도가 우수한지 설명하시오.

e. 문항 (b)에서 도출한 추정회귀식을 활용하여 회사로부터 5마일 떨어진 곳에 사는 종업원의 추정 결근 일수에 대한 95% 신뢰구간을 추정하시오.

64. **버스 유지보수.** 주요 대도시 지역의 지방교통국에서는 버스의 사용기간과 연간 유지보수 비용의 관계를 파악하고자 한다. 10대의 버스를 표본으로 추출하여 다음과 같은 자료를 수집하였다.

DATA *file* AgeCost

버스의 사용기간(년)	유지보수 비용(달러)
1	350
2	370
2	480
2	520
2	590
3	550
4	750
4	800
5	790
5	950

a. 최소제곱법을 활용하여 추정회귀식을 도출하시오.

b. $\alpha = 0.05$를 활용하여 F 검정으로 두 변수 간에 유의한 관계가 있는지를 검정하시오.

c. 추정회귀식의 적합도가 우수한지 설명하시오.

d. 사용기간이 4년 된 특정버스의 유지보수 비용에 대한 95% 예측구간을 추정하시오.

65. **공부와 학점.** Givens College의 마케팅교수는 공부시간과 학점의 관계에 흥미를 갖고 있다. 그는 지난 학기 수강생 10명으로부터 다음과 같은 자료를 수집하였다.

DATA *file* HoursPts

공부시간	학점
45	40
30	35
90	75
60	65
105	90
65	50
90	90
80	80
55	45
75	65

a. 학점은 공부시간과 어떤 관계가 있는지를 보여주는 추정회귀식을 도출하시오.

b. $\alpha = 0.05$ 및 F 검정을 활용하여 모형의 유의성을 검정하시오.

c. 공부시간이 95시간인 Mark Sweeney의 학점을 예측하시오.

d. Mark Sweeney가 받을 학점에 대한 95% 예측구간을 추정하시오.

66. **시장 베타.** 개별주식에 대한 시장 베타는 단순선형회귀분석을 통해 결정된다. 각 주식에 대한 종속변수는 개별 종목의 분기별 수익률(자본증가액 + 배당금)에서 무위험투자에 대한 수익률(국채 비율이 무위험 비율로 활용됨)을 뺀 값이다. 독립변수는 주식시장(S&P 500)의 분기별 수익률(자본증가액 + 배당금)에서 무위험투자에 대한 수익률을 뺀 금액이다. 추정회귀식은 분기별 자료를 활용하여 도출하고, 주식에 대한 시장 베타는 추정회귀식의 기울기(b_1)이다. 시장 베타값은 해당 주식과 관련한 위험의 측정치로 자주 해석된다. 시장 베타가 1보다 크면 주식이 시장평균보다 변동폭이 크다는 의미이고, 시장 베타가 1보다 작으면 주식이 시장평균보다 변동폭이 작다는 의미이다. 다음 수치가 S&P 500과 Horizon Technology의 10분기 동안의 수익률과 무위험수익률이라고 가정해 보자.

DATA *file*
MktBeta

S&P 500	Horizon
−2.5	−2.0
−3.0	−5.5
2.0	4.7
5.0	1.8
1.2	4.1
3.0	2.6
−1.0	2.0
0.5	−1.3
2.5	5.5

a. Horizon Technology의 시장 베타를 예측하는 데 사용할 수 있는 추정 회귀식을 도출하시오. Horizon Technology의 시장 베타는 무엇인가?

b. t 검정을 사용하여 0.05 유의수준에서 유의미한 관계가 있는지 확인하시오.

c. 추정된 회귀방정식이 우수한 적합도를 가지는가? 설명하시오.

67. **소득과 감사비율.** Syracuse 대학의 거래기록 정보센터에서는 내부수익 서비스감사의 불평등을 보여주는 자료를 발표하였다. 다음 표는 선택된 20개 IRS 지역의 평균 조정된 총소득과 감사를 받은 소득의 비율을 보여주고 있다.

DATA*file* IRSAudit

지역	조정된 총소득(달러)	감사받은 비율
Los Angeles	36,664	1.3
Sacramento	38,845	1.1
Atlanta	34,886	1.1
Boise	32,512	1.1
Dallas	34,531	1.0
Providence	35,995	1.0
San Jose	37,799	0.9
Cheyenne	33,876	0.9
Fargo	30,513	0.9
New Orleans	30,174	0.9
Oklahoma City	30,060	0.8
Houston	37,153	0.8
Portland	34,918	0.7
Phoenix	33,291	0.7
Augusta	31,504	0.7
Albuquerque	29,199	0.6
Greensboro	33,072	0.6
Columbia	30,859	0.5
Nashville	32,566	0.5
Buffalo	34,296	0.5

a. 평균 조정된 총소득이 주어졌을 때 감사받은 비율을 예측하기 위해 활용할 수 있는 추정회귀식을 도출하시오.

b. 유의수준 0.05에서 t 검정을 사용하여 조정된 총소득과 감사받은 비율의 관계가 유의한지 검정하시오.

c. 추정회귀식의 적합도가 우수한지 설명하시오.

d. 문항 (a)에서 도출한 추정회귀식을 활용하여 평균 조정된 총소득이 35,000달러인 지역의 감사받은 비율의 기댓값에 대한 95% 신뢰구간을 추정하시오.

68. 중고차 주행거리 및 가격. 토요타 캠리는 북미에서 가장 많이 팔리는 자동차 중 하나이다. 중고차 캠리의 가격은 모델 연도, 주행거리 및 상태를 포함한 여러 요인에 따라 달라진다. 2007년식 캠리의 주행거리와 판매가격 간의 관계를 조사하기 위해 다음 데이터는 19건의 판매에 대한 주행거리와 판매가격을 보여준다(PriceHub 웹사이트).

DATA *file* Camry

주행거리 (1,000마일)	가격 ($1,000)	주행거리 (1,000마일)	가격 ($1,000)
22	16.2	110	8.3
29	16.0	28	12.5
36	13.8	59	11.1
47	11.5	68	15.0
63	12.5	68	12.2
77	12.9	91	13.0
73	11.2	42	15.6
87	13.0	65	12.7
92	11.8	110	8.3
101	10.8		

a. 자동차 주행거리를 가로축에, 가격을 세로축에 배치하여 산점도를 그리시오.

b. 파트 (a)에서 작성한 산점도는 두 변수의 관계에 대해 무엇을 나타내고 있는가?

c. 마일(1,000)이 주어졌을 때 가격(1,000달러)을 예측하는 데 사용할 수 있는 예상 회귀방정식을 도출하시오.

d. t 검정을 사용하여 0.05 유의수준에서 유의미한 관계가 있는지 확인하시오.

e. 추정된 회귀방정식이 우수한 적합도를 가지는가? 설명하시오.

f. 추정회귀방정식의 기울기에 대해 해석하시오.

g. 이전에 60,000마일을 주행한 2007년식 캠리를 구입하려고 한다고 가정하자. 파트 (c)에서 개발한 추정회귀방정식을 사용하여 이 차량의 가격을 예측하시오. 이 가격이 당신이 판매자에게 제안할 수 있는 가격인가?

69. **중고 농기계 가격.** 다음 산점도는 72대의 중고 트랙터에 대한 가격(달러)과 트랙터 연식(년)의 관계를 보여준다.

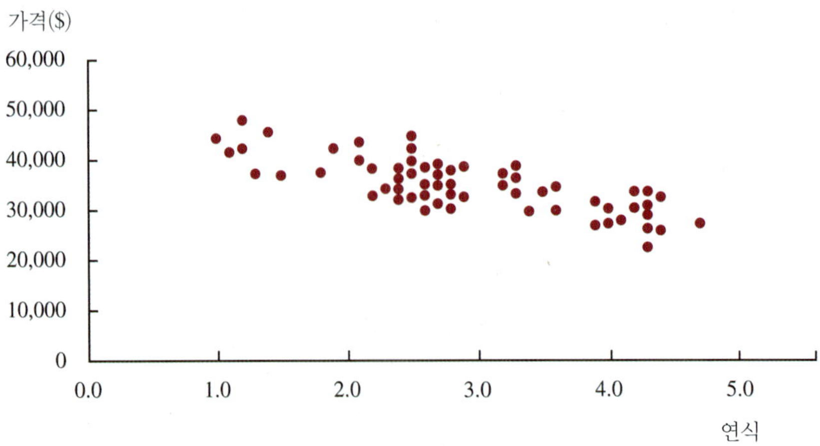

이 데이터에 대한 회귀분석 출력 결과는 다음과 같다.

Analysis of Variance

Source	DF	Adj SS	Adj MS	*F*-Value	*p*-Value
Regression	1	1069527379.3	1069527379.3	100.06	0.00
Error	70	748184308.9	10688347.3		
Total	71	1817711688.2			

Model Summary

S	R-sq	R-sq(adj)
3269.30	58.84%	58.25%

Coefficients

Term	Coef	SE Coef	*t* Value	*p*-Value
Constant	47315.67	1302.17	36.34	0.000
Age	−4251.89	425.05	−10.00	0.000

Regression Equation
Price = 47315.67 − 4251.89 Age

a. 상수항을 해석하시오.

b. 기울기(연령의 계수)를 해석하시오.

c. 이 회귀방정식이 데이터에 우수한 적합도를 가지는가? 설명하시오.

d. 회귀방정식을 사용하여 4.2년 된 트랙터의 가격을 예측하시오.

70. 중고 농기계 가격(재검토). 중고 트랙터의 연식과 판매가격의 영향에 대해서 문제 69를 참조하시오.

a. 유의수준 0.05에서 F 검정을 사용하여 트랙터의 가격과 연식 간에 유의미한 통계적 관계가 존재하는지 여부를 판단하시오.

b. 회귀모델에 대한 다음 잔차 그림을 분석하여 오차항에 대한 선형회귀가정이 유효한지 평가하시오.

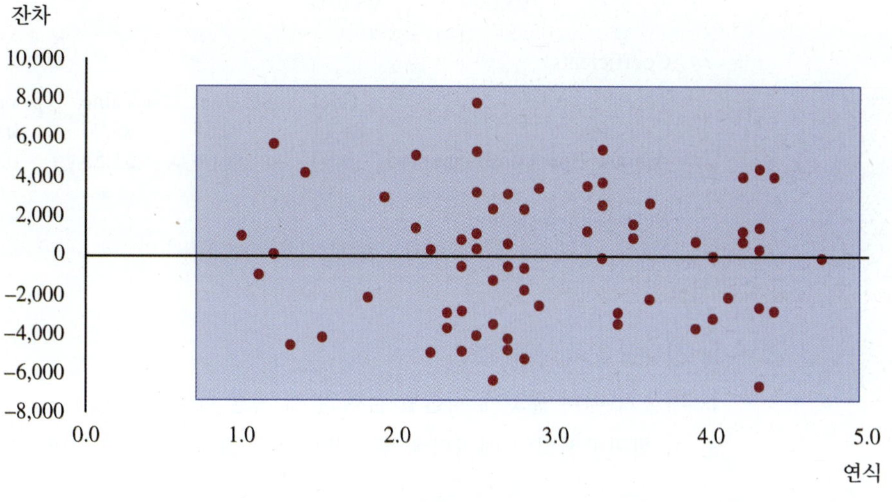

71. **판매 및 배너 광고.** 인터넷 기반 의류 회사인 Jimmy-C는 배너 광고의 효과를 연구하고자 한다. 마케팅 팀에는 200주 동안의 매출(백만 달러)과 특정 주에 배너 광고에 지출한 금액(백만 달러) 데이터가 있다. 이러한 데이터가 아래 산점도에 표시되어 있다.

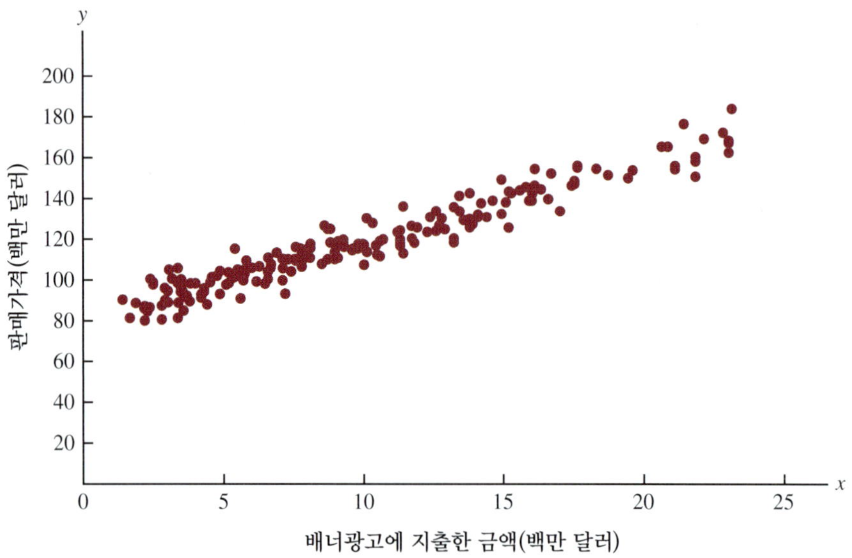

이 데이터에 대한 회귀분석 출력 결과는 아래 제시되었다.

Analysis of Variance

Source	DF	Adj SS	Adj MS	*F*-Value	*p*-Value
Regression	1	94074.4	94074.4	2655.8	0.00
Error	198	7013.5	35.4		
Total	199	101087.9			

Model Summary

S	R-sq	R-sq(adj)
5.95	93.06%	93.03%

Coefficients

Term	Coef	SE Coef	*t* Value	*p*-Value
Constant	81.11	0.85	95.90	0.000
Amount Spent on Banner Ads	3.87	0.08	51.53	0.000

Regression Equation

Sales = 81.11 + 3.87 Amount Spent on Banner Ads

a. 상수항을 해석하시오.

b. 기울기(배너 광고에 지출한 금액의 계수)를 해석하시오.

c. 이 회귀방정식이 데이터에 우수한 적합도를 가지는가? 설명하시오.

d. 회귀식을 사용하여 배너 광고에 1,500만 달러가 지출된 일주일 동안의 매출을 예측하시오.

72. 판매 및 배너 광고(재검토). 71번 문제와 배너 광고의 효과에 대한 Jimmy-C의 연구를 참고하시오.

a. 유의수준 0.05에서 F 검정을 사용하여 배너 광고 지출과 매출 간에 유의미한 통계적 관계가 존재하는지 확인하시오.

b. 회귀에 대한 다음 잔차 그림을 분석하여 오차항에 대한 선형회귀가정이 유효한지 평가하시오.

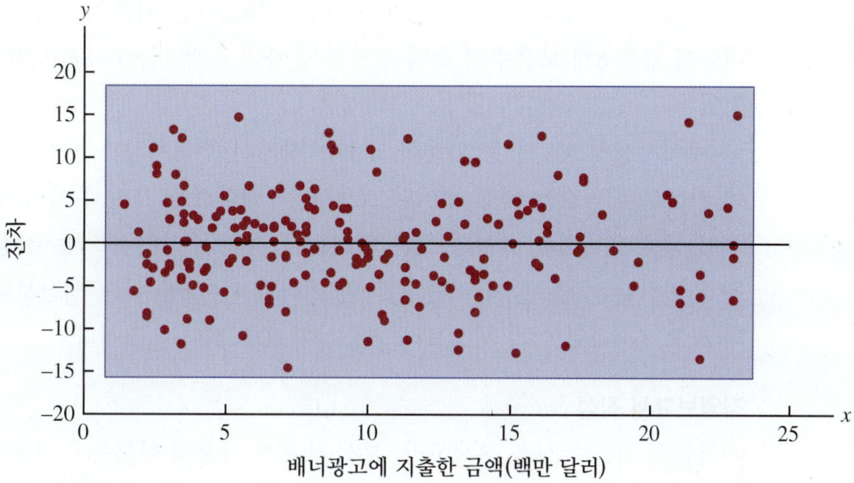

73. 출루율과 득점. 오클랜드 A가 도움이 된다고 생각한 지표 중 하나는 출루율(OBP)이다. OBP는 선수가 베이스에 도달한 횟수를 타석 수로 나눈 것이다. OBP 파일에는 12년 동안 모든 메이저리그 야구팀의 OBP와 시즌 내 총 득점이 포함되어 있다.

a. 산점도를 그리시오. 득점과 OBP 사이에 선형 관계가 나타나는가?

b. 컴퓨터 소프트웨어를 사용하여, 득점을 종속변수로, OBP를 독립변수로 하는 회귀방정식을 도출하시오.

c. OBP의 기울기를 해석하시오. OBP가 0.01 증가할 때, 득점은 어떻게 변화할 것으로 예측하는가?

d. 이 회귀방정식은 데이터에 적합한가? 설명하시오.

e. 회귀방정식을 사용하여, OBP가 33%(0.33)인 시즌의 득점을 예측하시오.

74. 출루율과 득점(재검토). 문제 73과 시즌별 득점 및 출루율에 대한 야구 데이터를 참고하시오. 수직축에 잔차를, 수평축에 OBP를 놓고 잔차그림을 그리시오. 이 잔차그림에 따르면, 이 회귀분석의 오차항에 대한 가정이 합리적으로 보이는가?

사례연구 1: 주식시장 위험 측정

개별 주식의 위험도나 변동성을 측정하는 방법으로 일정 기간 동안 해당 주식의 수익률(자본 증가액 + 배당금)의 표준편차를 들 수 있다. 이러한 표준편차는 계산이 간편한 반면, 해당 주식의 주가가 S&P 500과 같은 표준화된 시장지수의 함수로서 변동하는 부분을 간과하고 있다. 따라서 많은 애널리스트들은 '베타'라고 하는 위험 측정치를 선호한다.

DATA *file* Beta

개별 주식의 베타는 단순선형회귀식으로 결정된다. 종속변수는 해당 주식의 수익률이고 독립변수는 주식시장의 수익률이다.* 본 사례에서 우리는 시장 수익률의 측정치로 S&P 500 지수를 사용하고 월별 자료를 이용하여 추정회귀식을 도출할 것이다. 개별 주식의 베타는 추정회귀식의 기울기(b_1)이다. Beta라는 이름의 파일에는 36개월 동안의 거래량이 많은 8개 보통주의 수익률(자본 증가액 + 배당금)과 S&P 500의 수익률 자료가 담겨있다.

주식시장의 베타값은 언제나 1이다. 따라서 주식시장과 같이 오르내리는 주식들은 1에 가까운 베타값을 가질 것이다. 1보다 큰 베타값을 가진 주식의 주가는 시장보다 변동성이 큼을 의미하고, 1보다 작은 베타값을 가진 주식의 주가는 시장보다 변동성이 작음을 의미한다. 예를 들어 어떤 주식의 베타가 1.4라면 이는 시장보다 40%만큼 변동성이 더 크고, 0.4라면 이는 시장보다 변동성이 60% 적다는 것이다.

경영보고서 작성

주식들의 위험 특성을 분석하라. 분석 내용은 다음의 항목들을 포함하여야 한다.

1. 각 주식과 S&P 500의 기술통계량을 작성하고 그 결과에 대해 설명하라. 가장 변동성이 큰 주식은 무엇인가?
2. 각 주식에 대해 베타값을 계산하라. 시장 상황이 좋을 때 어떤 주식의 수익성이 가장 좋을 것으로 예측되는가? 시장 상황이 좋지 않을 때 어떤 주식의 가치가 가장 떨어지지 않겠는가?
3. 개별 주식의 수익률이 시장에 의해 얼마나 설명되어지는지 논하라.

사례연구 2: 미국 교통부

교통안전에 대한 연구의 일부로 미국 교통부는 42개 시를 표본으로 운전면허증 소지자 1,000명당 교통사고 중상자 수와 21세 미만 운전자 비율에 대한 자료를 수집했다. 1년간 수집된 자료는 다음과 같다. 이러한 자료는 Safety 파일에 있다.

---

* 베타를 계산하기 위해 다양한 방법들이 사용되고 있다. 예를 들면, 어떠한 자료에서는 추정회귀식을 도출하기 전에 종속변수와 독립변수로부터 무위험 투자(T-bills) 수익률을 뺀다. 어떠한 자료는 주식시장 수익률을 측정하기 위해 다른 지수들을 사용하는데 예를 들면, Value Line은 뉴욕 증권거래소 주가지수를 사용하여 베타를 계산한다.

DATA*file* Safety

21세 미만 비율	면허증 소지자 1,000명당 중상자	21세 미만 비율	면허증 소지자 1,000명당 중상자
13	2.962	17	4.100
12	0.708	8	2.190
8	0.885	16	3.623
12	1.652	15	2.623
11	2.091	9	0.835
17	2.627	8	0.820
18	3.830	14	2.890
8	0.368	8	1.267
13	1.142	15	3.224
8	0.645	10	1.014
9	1.028	10	0.493
16	2.801	14	1.443
12	1.405	18	3.614
9	1.433	10	1.926
10	0.039	14	1.643
9	0.338	16	2.943
11	1.849	12	1.913
12	2.246	15	2.814
14	2.855	13	2.634
14	2.352	9	0.926
11	1.294	17	3.256

출처: U.S. Department of Transportation.

경영보고서 작성

1. 수치와 그래프를 이용하여 자료를 요약하라.
2. 회귀분석을 활용하여 중상자 수와 21세 미만 운전자 비율의 관계를 분석하고 그 결과에 대해 논하시오.
3. 지금까지의 분석을 통해 어떤 결론과 조언을 도출할 수 있는가?

사례연구 3: 포인트 앤 숏 디지털 카메라 선택하기

컨슈머리포트는 166개의 다양한 포인트 앤 숏 디지털 카메라를 테스트했다. 메가픽셀 수, 무게(온스), 이미지 품질, 사용 편의성 등의 요소를 바탕으로 테스트한 각 카메라에 대해 종합 점수를 매겼다. 종합 점수는 0점에서 100점까지이며, 점수가 높을수록 전반적인 테스트 결과가 우수함을 나타낸다. 다양한 옵션이 있는 카메라를 선택하는 것은 어려운 과정일 수 있고, 대부분의 소비자에게 가격은 분명히 중요한 이슈이다. 더 많은 비용을 지불하면 정말 더 우수한 카메라를 얻을 수 있을까? 그리고 좋은 화질 척도로 간주되는 메가픽셀 수가 많은 카메라가 메가픽셀 수가 적은 카메라보다 가격이 더 비쌀까? 다음 표는 컨슈머리포트에서 테스트한 13개의 캐논 및 15개의 니콘 서브 컴팩트 카메라의 브랜드, 평균 소매가격($), 메가픽셀 수, 무게(온스) 및 종합 점수를 보여준다(컨슈머리포트 웹사이트).

DATA*file*
Cameras

카메라	브랜드	가격($)	메가픽셀	무게(온스)	종합점수
1	Canon	330	10	7	66
2	Canon	200	12	5	66
3	Canon	300	12	7	65
4	Canon	200	10	6	62
5	Canon	180	12	5	62
6	Canon	200	12	7	61
7	Canon	200	14	5	60
8	Canon	130	10	7	60
9	Canon	130	12	5	59
10	Canon	110	16	5	55
11	Canon	90	14	5	52
12	Canon	100	10	6	51
13	Canon	90	12	7	46
14	Nikon	270	16	5	65
15	Nikon	300	16	7	63
16	Nikon	200	14	6	61
17	Nikon	400	14	7	59
18	Nikon	120	14	5	57
19	Nikon	170	16	6	56
20	Nikon	150	12	5	56
21	Nikon	230	14	6	55
22	Nikon	180	12	6	53
23	Nikon	130	12	6	53
24	Nikon	80	12	7	52
25	Nikon	80	14	7	50
26	Nikon	100	12	4	46
27	Nikon	110	12	5	45
28	Nikon	130	14	4	42

경영보고서 작성

1. 수치와 그래프를 이용하여 데이터를 요약하시오.
2. 종합점수를 종속변수로 사용하고, 가격, 메가픽셀 수, 무게를 각각 독립변수로 사용하여 세 개의 산점도를 그리시오. 세 가지 독립변수 중 전체 점수를 가장 잘 예측하는 것으로 보이는 것은 무엇인가?
3. 간단한 선형회귀를 사용하여 카메라 가격이 주어졌을 때 전체 점수를 예측하는 데 사용할 수 있는 추정회귀방정식을 개발하고자 한다. 이 추정치에 대해 회귀방정식

을 사용하여 잔차 분석을 수행하고 결과와 결론에 대해 토론하시오.

4. 캐논 카메라에 대한 관측치만을 사용하여 데이터를 분석하시오. 단순선형회귀를 사용하는 것이 적절한지 토론하고 카메라의 가격만을 사용하여 전체 점수를 예측하는 것과 관련하여 조언을 제시하시오.

사례연구 4: 최고의 자동차 가치 찾기

어떤 차를 살지 결정할 때, 실제 가치가 반드시 초기 구매 비용에 의해 결정되는 것은 아니다. 대신, 신뢰할 수 있고 소유 비용이 많이 들지 않는 자동차가 최고의 가치를 나타내는 경우가 많다. 하지만 아무리 신뢰할 수 있고 소유 비용이 저렴하더라도 성능도 역시 뛰어나야 한다.

Consumer Reports는 가치를 측정하기 위해 가치점수라는 통계치를 개발하였다. 가치점수는 5년 소유자 비용, 전반적인 도로 테스트 점수, 예상 신뢰도 등급을 기반으로 한다. 5년 소유자 비용은 감가상각, 연료, 유지 보수 및 수리비 등을 포함하여, 자동차 소유 후 처음 5년간 발생하는 비용을 기준으로 한다. 전국 평균 연간 12,000마일의 주행 거리를 기준으로 주행 거리당 평균 비용을 5년 소유자 비용의 척도로 사용했다. 도로 테스트 점수는 50번 이상의 테스트 및 평가 결과이며, 100점 만점을 기준으로 점수가 높을수록 성능, 편안함, 편리성 및 연비가 더 우수함을 나타낸다. Consumer Reports가 실시한 도로 테스트에서 가장 높은 점수는 렉서스 LS 460L가 받은 99점이었다. 예상 신뢰도 등급(1 = 미흡, 2 = 보통, 3 = 양호, 4 = 매우 양호, 5 = 우수)은 Consumer Reports의 연례 자동차 설문조사 데이터를 기반으로 한다.

가치점수가 1.0인 차량은 "평균 가치"로 간주된다. 가치점수가 2.0인 자동차는 가치점수가 1.0인 자동차보다 두 배 좋은 가치로 간주되고, 가치점수가 0.5인 자동차는 평균 가치의 절반으로 간주되는 식이다. 테스트에 사용된 각 차량의 가격($)을 포함한 20개 패밀리 세단의 데이터는 다음과 같다.

DATA*file* FamilySedans

자동차	가격($)	비용/마일	주행점수	예측신뢰성	가치점수
Nissan Altima 2.5 S (4-cyl.)	23,970	0.59	91	4	1.75
Kia Optima LX (2.4)	21,885	0.58	81	4	1.73
Subaru Legacy 2.5i Premium	23,830	0.59	83	4	1.73
Ford Fusion Hybrid	32,360	0.63	84	5	1.70
Honda Accord LX-P (4-cyl.)	23,730	0.56	80	4	1.62
Mazda6 i Sport (4-cyl.)	22,035	0.58	73	4	1.60
Hyundai Sonata GLS (2.4)	21,800	0.56	89	3	1.58
Ford Fusion SE (4-cyl.)	23,625	0.57	76	4	1.55
Chevrolet Malibu LT (4-cyl.)	24,115	0.57	74	3	1.48

계속

자동차	가격($)	비용/마일	주행점수	예측신뢰성	가치점수
Kia Optima SX (2.0T)	29,050	0.72	84	4	1.43
Ford Fusion SEL (V6)	28,400	0.67	80	4	1.42
Nissan Altima 3.5 SR (V6)	30,335	0.69	93	4	1.42
Hyundai Sonata Limited (2.0T)	28,090	0.66	89	3	1.39
Honda Accord EX-L (V6)	28,695	0.67	90	3	1.36
Mazda6 s Grand Touring (V6)	30,790	0.74	81	4	1.34
Ford Fusion SEL (V6, AWD)	30,055	0.71	75	4	1.32
Subaru Legacy 3.6R Limited	30,094	0.71	88	3	1.29
Chevrolet Malibu LTZ (V6)	28,045	0.67	83	3	1.20
Chrysler 200 Limited (V6)	27,825	0.70	52	5	1.20
Chevrolet Impala LT (3.6)	28,995	0.67	63	3	1.05

경영보고서 작성

1. 데이터를 수치로 요약하시오
2. 회귀분석을 사용하여 자동차 가격이 주어졌을 때 가치점수를 예측하는 데 사용하는 추정회귀방정식을 도출하시오.
3. 5년 소유자의 비용(비용/마일)이 주어졌을 때 회귀분석을 사용하여 가치점수를 예측하는 데 사용할 수 있는 추정회귀방정식을 도출하시오.
4. 도로 테스트 점수가 주어졌을 때 회귀분석을 사용하여 가치점수를 예측하는 데 사용할 수 있는 추정회귀방정식을 도출하시오.
5. 예측 신뢰성이 주어졌을 때 회귀분석을 사용하여 가치점수를 예측하는 데 사용할 수 있는 추정회귀방정식을 도출하시오.
6. 당신의 분석에서 어떤 결론을 내릴 수 있는가?

Chapter 14 부록

Excel을 사용한 회귀분석

DATA*file* Armands

이 부록에서는 Excel의 회귀(Regression) 도구를 사용하여 Armand's Pizza Parlors 문제에 대한 회귀분석 계산 방법을 확인할 수 있다. 관련된 단계를 설명하는 그림 Excel 14.1을 참고하라. 레스토랑, 인구 및 매출 레이블을 워크시트의 A1:C1 셀에 입력한다. 10개의 관측값을 각각 식별하기 위해 셀 A2:A11에 숫자 1부터 10까지를 입력하였다. 표본의 데이터는 셀 B2:C11에 입력한다. 다음 단계에서는 Excel을 사용하여 회귀 결과를 생성하는 방법을 설명한다.

그림 Excel 14.1 Armand's Pizza Parlors 문제에 대한 Excel 해

A1 *fx* Restaurant

	A	B	C	D	E	F	G	H	I	J
1	**Restaurant**	**Population**	**Sales**							
2	1	2	58							
3	2	6	105							
4	3	8	88							
5	4	8	118							
6	5	12	117							
7	6	16	137							
8	7	20	157							
9	8	20	169							
10	9	22	149							
11	10	26	202							
12										
13	SUMMARY OUTPUT									
14										
15	*Regression Statistics*									
16	Multiple R	0.9501								
17	R Square	0.9027								
18	Adjusted R Square	0.8906								
19	Standard Error	13.8293								
20	Observations	10								
21										
22	ANOVA									
23		*df*	*SS*	*MS*	*F*	*Significance F*				
24	Regression	1	14200	14200	74.2484	2.55E-05				
25	Residual	8	1530	191.25						
26	Total	9	15730							
27										
28		*Coefficients*	*Standard Error*	*t Stat*	*P-value*	*Lower 95%*	*Upper 95%*	*Lower 99.0%*	*Upper 99.0%*	
29	Intercept	60	9.2260	6.5033	0.0002	38.7247	81.2753	29.0431	90.9569	
30	Population	5	0.5803	8.6167	2.55E-05	3.6619	6.3381	3.0530	6.9470	
31										

단계 1. 리본에서 데이터(Data) 탭을 클릭한다.
단계 2. 분석(Analyze) 그룹에서 데이터 분석(Data Analysis)을 클릭한다.
단계 3. 분석 도구(Analysis Tools) 목록에서 회귀(Regression)를 선택한다.
단계 4. 확인(OK)을 클릭한다.
단계 5. 회귀 대화 상자가 나타나면
Input Y Range 상자에 C1:C11을 입력한다.
Input X Range 상자에 B1:B11을 입력한다.
레이블(Labels) 확인란을 선택한다.
신뢰 수준(Confidence Level) 확인란을 선택하고 상자에 99를 입력한다.
출력 범위(Output Range) 확인란을 선택하고 상자에 A13을 입력한다.
확인(OK)을 클릭한다.

출력결과에서 회귀통계(Regression Statistics)라는 제목의 첫 번째 섹션에는 결정계수(R Square)와 같은 요약 통계량이 제시되어 있다. 출력결과의 두 번째 섹션에는 분산분석(ANOVA)이라는 제목의 분산 표가 제시되어 있다. 제목이 없는 출력결과의 마지막 섹션에는 추정 회귀계수 및 관련 정보가 포함되어 있다. A28:I30 셀에 포함된 정보로 회귀 출력결과의 해석에 대한 논의를 시작한다.

추정회귀방정식 출력결과의 해석

추정회귀선의 y 절편 $b_0 = 60$이 셀 B29에 표시되고, 추정회귀선의 기울기 $b_1 = 5$가 셀 B30에 표시된다. 셀 A29의 Intercept 레이블과 셀 A30의 Population 레이블은 이 두 값을 식별하는 데 사용된다.

섹션 14.5에서 b_1의 추정 표준편차는 $s_{b_1} = 0.5803$임을 보여준다. 셀 C30의 값은 0.5803이다. C28 셀의 표준오차 레이블은 C30 셀의 값이 b_1의 표준오차 또는 표준편차라는 것을 나타내는 Excel의 방법이다. 유의한 관계에 대한 t 검정에는 t 통계량 $t = b_1/s_{b_1}$의 계산이 필요하다는 점을 기억하라. Armand's 데이터의 경우, 우리가 계산한 t의 값은 $t = 5/0.5803 = 8.62$이다. D28 셀의 레이블 t Stat은 셀 D30이 t 검정통계량 값을 포함함을 보여준다.

셀 E30 값은 유의성에 대한 t 검정과 관련된 p값이다. Excel은 과학적 표기법을 사용하여 E30 셀에 p값을 표시하였다. 소수점 값을 얻기 위해 소수점을 왼쪽으로 5자리 이동하여 0.0000255의 값을 얻는다. p값 $= 0.0000255 < \alpha = 0.01$이므로, 우리는 H_0를 기각하고 학생 수와 분기별 매출 간에 유의미한 관계가 있다는 결론을 내릴 수 있다.

셀 F28:I30의 정보는 추정회귀방정식의 y 절편 및 기울기에 대한 신뢰구간 추정치를 개발하는 데 사용할 수 있다. Excel은 항상 95% 신뢰구간에 대한 하한과 상한을 제공한다. 4단계에서 신뢰수준(Confidence Level)을 선택하고 신뢰수준 상자에 99를 입력한 것을 기억하라. 결과적으로 Excel의 회귀분석 도구는 99% 신뢰구간에 대한 하한과 상한을 제공한다. 셀 H30의 값은 β_1의 99% 신뢰구간 추정치에 대한 하한이고, 셀 I30의 값은 상한이다. 따라서 반올림 후, β_1의 99% 신뢰구간 추정치는 3.05~6.95이다. 셀 F30 및 G30의 값은 95% 신뢰구간에 대한 하한 및 상한을 제공한다. 따라서 95% 신뢰구간은 3.66~6.34이다.

분산분석(ANOVA) 결과 해석

셀 A22:F26의 정보는 분산분석 계산을 요약한다. 세 가지 변동 원인은 회귀(Regression), 잔차(Residual) 및 총계(Total)로 레이블이 지정되어 있다. 셀 B23의 레이블 *df*는 자유도를 나타내고, 셀 C23의 레이블 *SS*는 제곱의 합을 나타내며, 셀 D23의 레이블 *MS*는 평균 제곱을 나타낸다.

14.5절에서 오차 또는 잔차 제곱의 합계를 자유도로 나누어 구한 평균 제곱 오차는 σ^2의 추정치를 제공한다고 설명하였다. 셀 D25의 값 191.25는 Armand's 회귀 출력결과의 평균 제곱 오차이다. 14.5장에서는 회귀의 유의성을 테스트하는 데 F 검정도 사용할 수 있음을 보여주었다. 셀 F24의 값인 0.0000255는 유의성에 대한 F 검정과 관련된 p값이다.* p값 $= 0.0000255 < \alpha = 0.01$이므로 H_0를 기각하고 학생 수와 분기별 매출 간에 유의미한 관계가 있다는 결론을 내릴 수 있다. Excel에서 F23 셀에 표시된 유의도에 대한 F 검정의 p값을 식별하는 데 사용하는 레이블은 *Significance F*이다.

회귀 통계 출력결과의 해석

결정계수인 0.9027은 셀 B17에 표시되며, 해당 레이블인 R Square는 셀 A17에 표시된다. 결정계수의 제곱근은 셀 B16에 표시된 0.9501의 표본상관계수를 제공한다. Excel에서는 이 값을 식별하기 위해 Multiple R(셀 A16)이라는 레이블을 사용한다. 셀 A19에서 표준오차(Standard Error) 레이블은 셀 B19에 표시된 추정치의 표준오차값을 식별하는 데 사용된다. 따라서 추정치의 표준오차는 13.8293이다. Excel 출력결과에서 표준오차 레이블이 두 곳에 다르게 표시된다는 점에 유의하라. 출력결과의 회귀통계 섹션에서 표준오차 레이블은 σ의 추정치를 나타낸다. 출력결과의 추정회귀방정식 섹션에서 표준오차 레이블은 b_1의 표본분포의 표준편차 s_{b_1}을 나타낸다.

---

* F24 셀의 값을 F 검정에 대해 관찰된 유의수준이라고 생각하면, 유의도 F 레이블이 더 의미 있을 것이다.

Chapter 15

다중회귀분석

Contents

실생활에서 보는 통계

84.51°*

신시내티, 오하이오

2015년 크로거(Kroger) 컴퍼니는 이전에 영국회사 던험비(dunhumby)와 함께 운영한 합작회사의 나머지 지분 50%를 인수하여 84.51°라는 새로운 회사를 설립했다. 회사 이름은 본사의 경도를 딴 것이다. 84.51°는 고객이 무엇을, 왜 구매하는지에 대한 단서와 패턴을 찾는 것을 전문으로 한다. 84.51°는 이러한 통찰을 실행 가능한 전략으로 전환하여 극적인 성장과 지속 가능한 충성도를 창출하고 궁극적으로 브랜드 가치와 고객 경험을 향상시킨다. 84.51°는 바이엘(Bayer), 다농(Dannon), 돌(Dole), 켈로그(Kellogg's), 크로거(Kroger), 제너럴 일렉트릭(General Electric), 펩시코(Pepsico), 프록터 앤 갬블(Procter and Gamble), 레드불(Red Bull), 스머커스(Smuckers) 등 유수의 고객사들에게 서비스를 제공하고 있다.

이 회사의 연구는 고객에 대한 데이터를 기반으로 시작된다. 데이터는 고객 보상 또는 할인카드 구매 기록, 전자 POS 거래, 전통적인 시장 조사에서 수집한다. 데이터를 분석하면 수십억 개의 데이터 포인트를 고객의 행동, 선호도, 라이프스타일에 대한 세부적인 인사이트로 변환할 수 있다. 이러한 인사이트를 통해 가격 책정, 프로모션, 광고 및 제품 구성 결정에 대한 전략 조언을 포함하여 보다 효과적인 상품판매 프로그램을 활성화할 수 있다.

고객의 쇼핑 행동을 예측하기 위해 로지스틱 회귀분석이라고 불리는 다중회귀 기술을 사용하였다. 로지스틱 회귀를 사용하여 다음과 같은 형태의 추정 다중회귀 방정식을 개발하였다.

$$\hat{y} = b_0 + b_1x_1 + b_2x_2 + b_3x_3 + \cdots + b_px_p$$

종속변수 $\hat{y}$은 고객이 특정 고객 그룹에 속할 확률을 변환한 함수이다. 독립변수 $x_1, x_2, x_3, \cdots, x_p$는 고객의 실제 쇼핑 행동을 측정하는 지표로, 구매한 특정 상품, 구매한 상품 수, 구매 금액, 요일, 시간 등을 포함할 수 있다. 이 분석은 고객 그룹을 예측하는 데 가장 관련성이 높은 독립변수를 식별하고, 고객 전체 인구에 대해 이해할 수 있게 하며, 더 확신을 가지고 추가 분석을 수행할 수 있도록 돕는다. 분석의 초점은 고객을 이해하여 고객 그룹에 대한 관련성과 서비스를 극대화할 수 있는 상품 판매, 마케팅, 다이렉트 마케팅 프로그램을 개발하는데 있다.

로지스틱 회귀가 고객 쇼핑 행태를 예측하기 위해 활용된다.
출처: micro10x/Shutterstock.com

이 장에서는 다중회귀를 소개하고 14장에서 소개한 단순선형회귀의 개념이 어떻게 다중회귀로 확장되는지 보여줄 것이다. 또한 다중회귀에 통계 소프트웨어 패키지가 어떻게 사용되는지 보여줄 것이다. 이 장의 마지막 섹션에서는 마케팅 조사 적용시 이 기법이 어떻게 사용되는지 설명하는 예제를 통해 로지스틱 회귀를 소개한다.

* 저자들은 실생활에서 보는 통계의 본 사례를 제공해 준 dunnhumby 솔루션 부문 전 부사장 Paul Hunter에게 감사드린다.

14장에서는 단순선형회귀를 소개하고 두 변수 간의 관계를 설명하는 추정회귀방정식을 개발하는 데 선형회귀를 사용하는 방법을 설명하였다. 예측하거나 설명하는 변수를 종속변수라고 하고 종속변수를 예측하거나 설명하는 데 사용되는 변수를 독립변수라고 한다는 점을 기억하라. 이 장에서는 두 개 이상의 독립변수가 포함된 상황을 고려하면서 회귀분석에 대한 공부를 계속한다. **다중회귀분석(multiple regression analysis)**이라고 하는 이 주제 영역을 통해 더 많은 요인을 고려할 수 있으므로 우리는 다중회귀분석으로 단순선형회귀보다 더 나은 예측을 얻을 수 있다.

15.1 다중회귀모형

다중회귀분석은 종속변수 y가 두 개 이상의 독립변수와 어떤 관계가 있는지를 분석한다. 일반적으로 독립변수의 수는 p를 사용하여 나타낼 것이다.

회귀모형 및 회귀식

앞 장에서 설명한 회귀모형 및 회귀식의 개념은 다중회귀분석에서도 활용할 수 있다. 종속변수 y가 독립변수 x_1, x_2, ⋯, x_p 및 오차항과 어떤 관계가 있는지를 보여주는 식을 **다중회귀모형(multiple regression model)**이라고 한다. 다중회귀모형은 다음과 같은 형태를 띤다고 가정해 보자.

다중회귀모형

$$y = \beta_0 + \beta_1 x_1 + \beta_2 x_2 + \cdots + \beta_p x_p + \epsilon \tag{15.1}$$

다중회귀모형에서 $\beta_0, \beta_1, \beta_2, \ldots, \beta_p$는 모수이고 ϵ(그리스문자 엡실론, epsilon)은 확률변수이다. 이 모형을 더 정확히 설명하면 y는 x_1, x_2, ⋯, x_p($\beta_0 + \beta_1 x_1 + \beta_2 x_2 + \cdots + \beta_p x_p$ 부분) + 오차항 ϵ의 선형함수이다. 오차항은 p개 독립변수의 선형효과에 의해 설명되지 못하는 y의 변동을 의미한다.

15.4절에서 다중회귀모형과 ϵ에 대한 가정을 설명할 것이다. 가정 가운데 하나는 ϵ의 평균 혹은 기댓값이 0이라는 것이다. 즉, y의 평균 혹은 기댓값인 $E(y)$가 $\beta_0 + \beta_1 x_1 + \beta_2 x_2 + \cdots + \beta_p x_p$과 동일하다는 것이다. y의 평균값과 x_1, x_2, ⋯, x_p의 관계를 설명하는 식이 **다중회귀식(multiple regression equation)**이다.

다중회귀식

$$E(y) = \beta_0 + \beta_1 x_1 + \beta_2 x_2 + \cdots + \beta_p x_p \tag{15.2}$$

추정 다중회귀식

만일 $\beta_0, \beta_1, \beta_2, \ldots, \beta_p$의 값이 알려져 있다면 식 (15.2)는 주어진 x_1, x_2, ⋯, x_p의 값에 대한 y의 평균값을 계산하는 데 활용할 수 있다. 일반적으로는 불행하게도 이러한 모수값은 알지 못할 것이고, 표본자료에 의해 추정해야 한다. 단순확률표본을 활용하여 표본통계량 b_0, b_1, b_2, ⋯, b_p를 계산하여 모수 $\beta_0, \beta_1, \beta_2, \ldots, \beta_p$의 점추정치로 활용한다. 이러한 표본통계량을 활용하여 다음과 같은 **추정 다중회귀식(estimated multiple regression equation)**을 구성할 수 있다.

추정 다중회귀식

$$\hat{y} = b_0 + b_1x_1 + b_2x_2 + \cdots + b_px_p \tag{15.3}$$

여기에서

b_0, b_1, b_2, ⋯, b_p는 β_0, β_1, β_2, ⋯, β_p의 추정치이다

$\hat{y}$ = 종속변수의 추정값

다중회귀분석의 추정 절차는 그림 15.1과 같다.*

그림 15.1 단순선형회귀 분석의 추정 절차

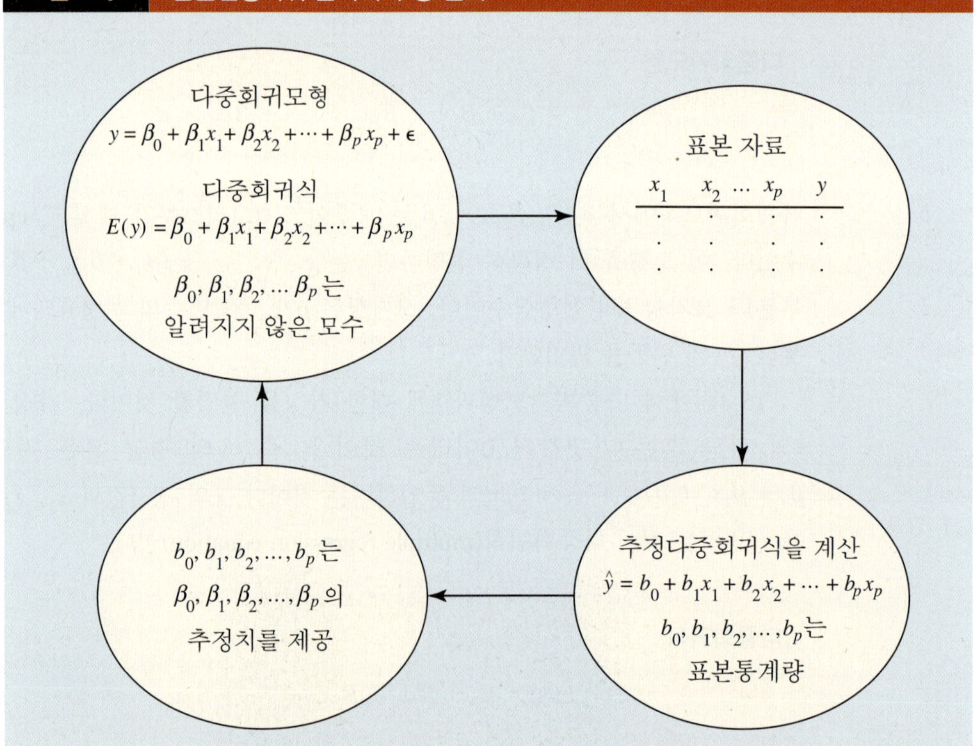

* 단순선형회귀 분석에서 b_0와 b_1은 모수 β_0와 β_1을 추정하기 위해 활용되는 표본통계량이었다. 다중회귀분석에서도 이러한 추정과정이 동일하기 때문에 b_0, b_1, b_2, ⋯, b_p는 모수 β_0, β_1, β_2, ⋯, β_p를 추정하기 위해 활용되는 표본통계량이다.

15.2 최소제곱법

12장에서 독립변수와 종속변수 간의 선형관계를 가장 정확하게 추정할 수 있는 추정회귀식을 도출하기 위해 **최소제곱법(Least squares method)**을 활용하였다. 이 장에서도 같은 방법을 활용하여 추정 다중회귀식을 도출하고자 한다. 최소제곱 기준은 다음과 같다.

최소제곱 기준

$$\min \Sigma(y_i - \hat{y}_i)^2 \tag{15.4}$$

여기에서

$y_i = i$번째 관찰에 대한 종속변수의 관찰값
$\hat{y}_i = i$번째 관찰에 대한 종속변수의 추정값

종속변수의 추정값은 다음과 같은 추정 다중회귀식에 의해 계산된다.

$$\hat{y} = b_0 + b_1x_1 + b_2x_2 + \cdots + b_px_p$$

식 (15.4)는 최소제곱법이 표본자료를 활용하여 잔차[종속변수 관찰값(y_i)과 종속변수 추정값($\hat{y}_i$)의 차이]의 제곱합을 최소화하는 b_0, b_1, b_2, ⋯, b_p의 값을 제시한다는 것을 보여주고 있다.

14장에서 추정 단순선형회귀식 $\hat{y} = b_0 + b_1x$에 대한 최소제곱 추정치 b_0과 b_1을 계산하는 공식을 설명하였다. 자료가 비교적 작은 경우에는 이 공식을 활용하여 수 계산으로 b_0과 b_1을 계산할 수 있다. 그러나 다중회귀분석에서는 회귀계수 b_0, b_1, b_2, ⋯, b_p을 계산하는 공식에 이 교재의 범위를 벗어나는 행렬대수학이 포함되어 있다. 따라서 다중회귀분석에서는 추정회귀식과 다른 정보를 얻기 위해 컴퓨터 소프트웨어 패키지 활용방법을 설명하는 데 초점을 맞추고자 한다. 또한 다중회귀분석의 수행방법보다는 분석결과 해석방법에 중점을 둘 것이다.

예제: Butler Trucking Company

다중회귀분석의 예로써 캘리포니아 남부지역에서 독자적인 트럭회사를 운영하고 있는 Butler Trucking Company가 직면하고 있는 문제를 다루려고 한다. Butler사의 주요 사업영역 가운데 하나는 그 지역 전체를 대상으로 하는 화물운송이다. 관리자들은 보다 나은 일정계획을 수립하기 위해 운전자별 1일 총운행거리를 추정하고자 한다.

초기에 관리자들은 1일 총운행시간이 1일 운행거리와 매우 밀접한 관계가 있을 것이라고 믿었다. 10명의 운전자에 대한 단순확률표본 자료는 표 15.1과 같고 산점도는 그림 15.2와 같다. 관리자들은 이 산점도를 검토한 후에 단순선형회귀 모형 $y = \beta_0 + \beta_1x_1 + \epsilon$

DATA*file* Butler

표 15.1 Butler Trucking에 대한 기초자료

운송업무	x_1 = 운행거리(마일)	y = 운행시간(시간)
1	100	9.3
2	50	4.8
3	100	8.9
4	100	6.5
5	50	4.2
6	80	6.2
7	75	7.4
8	65	6.0
9	90	7.6
10	90	6.1

그림 15.2 Butler Trucking의 기초자료에 대한 산점도

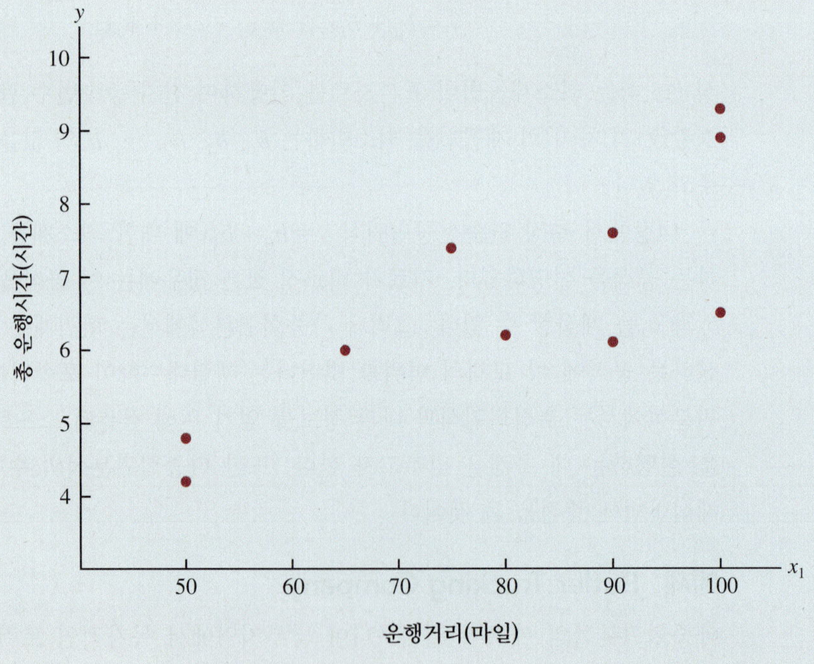

이 총운행시간(y)과 운행거리(x_1) 간의 관계를 설명하는 데 활용될 수 있을 것이라고 생각했다. 모수 β_0과 β_1을 추정하기 위해 최소제곱법을 활용하여 다음과 같은 추정회귀식을 개발하였다.

$$\hat{y} = b_0 + b_1 x_1 \tag{15.5}$$

그림 15.3 하나의 독립변수를 가진 Butler Trucking 분석 결과

Analysis of Variance

Source	DF	Adj SS	Adj MS	*F* Value	*p*-Value
Regression	1	15.871	15.8713	15.81	0.004
Error	8	8.029	1.0036		
Total	9	23.900			

Model Summary

S	R-sq	R-sq (adj)
1.00179	66.41%	62.21%

Coefficients

Term	Coef	SE Coef	*t* Value	*p*-Value
Constant	1.27	1.40	0.91	0.390
Miles	0.0678	0.0171	3.98	0.004

Regression Equation

Time = 1.27 + 0.0678 Miles

그림 15.3은 표 15.1의 자료를 활용하여 단순선형회귀 분석을 수행한 통계 소프트웨어 분석결과이고 추정회귀식은 다음과 같다.

$$\hat{y} = 1.27 + 0.0678x_1$$

F값이 15.81이고 그에 대한 p값이 0.004이기 때문에 유의수준 0.05에서 관계는 유의하다. 즉, p값이 $\alpha = 0.05$보다 작기 때문에 H_0: $\beta_1 = 0$은 기각된다. t값이 3.98이고 그에 대한 p값이 0.004이기 때문에 같은 결론을 도출할 수 있다. 따라서 총운행시간과 총운행거리의 관계는 유의하다고 결론내릴 수 있으며, 운행시간이 길수록 운행거리가 길다. 결정계수(비율로 표기한) R-sq = 66.4%이기 때문에 운행시간 변동의 66.4%는 운행거리의 선형효과에 의해 설명될 수 있다. 이러한 좋은 결과와 함께 관리자들은 종속변수의 나머지 변동을 설명하기 위해 제2의 독립변수를 추가로 고려하고자 할 것이다.

또 다른 독립변수를 규명하기 위해 노력하던 관리자들은 운송건수 또한 총운행시간에 영향을 미친다고 생각했다. 표 15.2는 Butler Trucking 자료에 운송건수를 추가한 것이다. 운송거리(x_1)와 운송건수(x_2)를 독립변수로 투입한 컴퓨터 분석결과는 그림 15.4와 같고, 추정회귀식은 다음과 같다.

$$\hat{y} = -0.869 + 0.06113x_1 + 0.923x_2 \tag{15.6}$$

다음 절에서는 이 추정회귀식의 적합도가 얼마나 우수한지를 판단하는 데 활용할 수 있는 다중결정계수에 대해 설명할 것이다. 그 전에 식 (15.6)에서 $b_1 = 0.0611$과 $b_2 = 0.923$을 더 신중하게 검토해 보자.

DATA*file* Butler

표 15.2 운송거리(x_1)와 운송건수(x_2)를 독립변수로 고려한 Butler Trucking 자료

운송업무	x_1 = 운행거리(마일)	x_2 = 운송건수	y = 운행시간(시간)
1	100	4	9.3
2	50	3	4.8
3	100	4	8.9
4	100	2	6.5
5	50	2	4.2
6	80	2	6.2
7	75	3	7.4
8	65	4	6.0
9	90	3	7.6
10	90	2	6.1

그림 15.4 두 개의 독립변수를 가진 Butler Trucking 분석 결과

Analysis of Variance

Source	DF	Adj SS	Adj MS	*F* Value	*p*-Value
Regression	2	21.6006	10.8003	32.88	0.000
Error	7	2.2994	0.3285		
Total	9	23.900			

Model Summary

S	R-sq	R-sq (adj)
0.573142	90.38%	87.63%

Coefficients

Term	Coef	SE Coef	*t* Value	*p*-Value
Constant	−0.869	0.952	−0.91	0.392
Miles	0.06113	0.00989	6.18	0.000
Deliveries	0.923	0.221	4.18	0.004

Regression Equation

Time = −0.869 + 0.06113 Miles + 0.923 Deliveries

계수의 해석방법

이제 운행거리만을 독립변수로 고려하는 추정회귀식과 운송건수를 제2의 독립변수로 투입한 추정회귀식 간의 관계에 대해 살펴보자. b_1값은 두 경우에서 동일하지 않다. 단순선형회귀 분석에서 b_1은 독립변수의 1단위 변화에 대한 y값 변화의 추정치이다. 다중회귀분석에서 이러한 해석은 약간 수정되어야 한다. 즉, 다중회귀분석에서 각 회귀계수는 다음과 같이 해석해야 한다. b_i는 모든 다른 독립변수가 일정할 때 x_i의 1단위 변화에 대한 y값 변화의 추정치이다. 두 개의 독립변수가 있는 Butler Trucking의 예에서 $b_1 = 0.0611$이므로 운송건수가 일정할 때 운행거리 1마일이 증가하면 운행시간이 증가할 것으로 기대되는 추정치는 0.0611시간이다. 비슷하게 $b_2 = 0.923$이기 때문에 운행거리가 일정할 때 운송건수가 1단위 증가하면 운행시간이 증가할 것으로 기대되는 추정치는 0.923시간이다.

연습문제

학생들의 참고사항: 이 절과 다음 절 연습문제에 있는 자료들은 컴퓨터 소프트웨어 패키지를 활용하여 분석결과를 도출하도록 설계되어 있다.

기본문제

1. 두 개의 독립변수와 10개의 관측치를 통해 도출한 모형의 추정회귀식이 다음과 같다.

$$\hat{y} = 29.1270 + 0.5906x_1 + 0.4980x_2$$

a. 추정회귀식에서 b_1과 b_2의 의미를 설명하시오.

b. $x_1 = 180$이고 $x_2 = 310$일 때 y값을 추정하시오.

2. 종속변수 y와 두 개의 독립변수 x_1 및 x_2에 대한 다음 자료를 활용하시오.

DATA *file* Exer2

x_1	x_2	y
30	12	94
47	10	108
25	17	112
51	16	178
40	5	94
51	19	175
74	7	170
36	12	117
59	13	142
76	16	211

a. y와 x_1의 관계에 대한 추정회귀식을 도출하시오. $x_1 = 47$일 때 y값을 추정하시오.

b. y와 x_2의 관계에 대한 추정회귀식을 도출하시오. $x_2 = 10$일 때 y값을 추정하시오.

c. y와 x_1 및 x_2의 관계에 대한 추정회귀식을 도출하시오. $x_1 = 47$이고 $x_2 = 10$일 때 y값을 추정하시오.

3. 30개의 관측값을 갖는 회귀분석에서 다음과 같은 추정회귀식을 도출했다.

$$\hat{y} = 17.6 + 3.8x_1 - 2.3x_2 + 7.6x_3 + 2.7x_4$$

a. 추정회귀식에서 b_1, b_2, b_3, b_4의 의미를 설명하시오.

b. $x_1 = 10$, $x_2 = 5$, $x_3 = 1$, $x_4 = 2$일 때 y값을 추정하시오.

적용문제

4. **신발 판매량.** 구두가게에서 재고투자 및 광고비와 매출액의 관계를 나타내는 다음과 같은 추정회귀식을 도출했다.

$$\hat{y} = 25 + 10x_1 + 8x_2$$

여기에서

x_1 = 재고투자(천 달러)
x_2 = 광고비(천 달러)
y = 매출액(천 달러)

a. 재고에 15,000달러를 투자하고 광고예산이 10,000달러일 때 매출액을 추정하시오.

b. 이 추정회귀식에서 b_1과 b_2의 의미를 설명하시오.

5. **극장 수입.** Showtime Movie Theaters, Inc.의 소유주는 광고비의 함수로써 주당 총수익을 추정하고자 한다. 과거 8주 간의 표본자료는 다음과 같다.

DATA*file* Showtime

주당 총수익(천 달러)	TV 광고비(천 달러)	신문 광고비(천 달러)
96	5.0	1.5
90	2.0	2.0
95	4.0	1.5
92	2.5	2.5
95	3.0	3.3
94	3.5	2.3
94	2.5	4.2
94	3.0	2.5

a. TV 광고비가 독립변수인 추정회귀식을 도출하시오.

b. TV 광고비와 신문 광고비가 독립변수인 추정회귀식을 도출하시오.

c. 문항 (a)와 (b)에서 도출한 추정회귀식의 TV 광고비 계수가 동일한가? 각 경우의 계수를 해석하시오.

d. TV 광고비로 3,500달러, 신문 광고비로 2,300달러를 지출한 주의 주당 총수익 추정치는 얼마인가?

6. **NFL 승률.** 미국 내셔널 풋볼 리그(NFL)는 개인 및 팀에 대한 다양한 성과 데이터를 기록한다. 팀의 승률에서 패싱의 중요성을 조사하기 위해 다음 데이터는 16개 NFL 팀의 무작위 표본으로 한 시즌 동안의 컨퍼런스(Conf), 시도당 평균 패스 야드(Yds/Att), 시도당 던진 인터셉션 수(Int/Att) 및 승률(Win%)을 보여준다.

DATA *file* PassingNFL

Team	Conf	Yds/Att	Int/Att	Win%
Arizona Cardinals	NFC	6.5	0.042	50.0
Atlanta Falcons	NFC	7.1	0.022	62.5
Carolina Panthers	NFC	7.4	0.033	37.5
Cincinnati Bengals	AFC	6.2	0.026	56.3
Detroit Lions	NFC	7.2	0.024	62.5
Green Bay Packers	NFC	8.9	0.014	93.8
Houstan Texans	AFC	7.5	0.019	62.5
Indianapolis Colts	AFC	5.6	0.026	12.5
Jacksonville Jaguars	AFC	4.6	0.032	31.3
Minnesota Vikings	NFC	5.8	0.033	18.8
New England Patriots	AFC	8.3	0.020	81.3
New Orleans Saints	NFC	8.1	0.021	81.3
Oakland Raiders	AFC	7.6	0.044	50.0
San Francisco 49ers	NFC	6.5	0.011	81.3
Tennessee Titans	AFC	6.7	0.024	56.3
Washington Redskins	NFC	6.4	0.041	31.3

a. 시도당 평균 패스 야드 수가 주어졌을 때, 팀의 승률을 예측하는 데 사용될 수 있는 추정회귀방정식을 도출하시오.

b. 시도당 인터셉트 수가 주어졌을 때, 팀의 승률을 예측하는 데 사용될 수 있는 추정회귀방정식을 도출하시오.

c. 시도당 평균 패스 야드 수와 시도당 인터셉트 수가 주어졌을 때, 팀의 승률을 예측하는 데 사용될 수 있는 추정회귀방정식을 도출하시오.

d. 캔자스시티 치프스의 시도당 평균 패스 야드는 6.2이고 시도당 던진 인터셉션 수는 0.036이다. 파트 (c)에서 도출한 추정회귀방정식을 사용하여 캔자스시티 치프스의 승률을 예측하시오(참고: 이 시즌에 캔자스시티 치프스의 기록은 7승 9패이다). 캔자스시티 치프스의 실제 승률과 당신의 예측을 비교하시오.

7. **컴퓨터 모니터 평가.** PC Magazine은 종합 점수를 포함하여 컴퓨터 모니터의 여러 특성에 대한 평가점수를 제공하였다(PC Magazine 웹사이트). 다음 데이터는 0−100점 척도를 사용하여 테스트한 10개의 모니터에 대한 명암비, 해상도 및 종합 점수를 보여준다. 가장 높은 평점을 받은 모니터는 BenQ BL3201PH로 종합점수는 87점이었다.

DATA *file* MonitorRatings

모델	명암비	해상도	종합점수
BenQ BL3201PH	78	89	87
AOC U2868PQU	98	87	86
NEC MultiSync PA322UHD	84	82	85
Acer XB280HK	78	77	82
Asus ROG Swift PG278Q	65	82	82
AOC E1759Fwu	57	78	82
Dell UltraSharp UZ2715H	56	83	81
NEC MultiSync EA244UHD	77	75	79
HP DreamColor Z27x	47	81	77
Dell UltraSharp UZ2315H	55	70	76

a. 명암비 점수를 사용하여 종합점수를 예측하는 데 사용할 수 있는 추정회귀방정식을 도출하시오.

b. 명암비 점수와 해상도 점수를 모두 사용하여 종합점수를 예측하는 데 사용할 수 있는 추정회귀방정식을 도출하시오.

c. 명암비 점수가 85이고 해상도 점수가 74인 컴퓨터 모니터의 종합점수를 예측하시오.

8. **크루즈 선박 평가.** 콘데 나스트 트래블러(Conde Nast Traveler) 골드 리스트는 상위 20개 소형 크루즈 선사에 대한 평가를 제공한다. 아래 데이터는 콘데 나스트 트래블러의 독자가 매년 하는 설문조사 결과를 바탕으로 각 크루즈가 받은 점수이다. 각 점수는 해안 여행 및 음식/식사 등 여러 기준에서 해당 선박을 우수 또는 매우 우수로 평가한 응답자의 비율을 나타낸다. 종합 점수도 보고되어 크루즈 순위를 매기는 데 사용되었다. 가장 높은 점수를 받은 선박인 씨본 오딧세이(Seabourn Odyssey)의 종합점수는 94.4점이며, 그중 가장 높은 항목은 음식/식사 부문에서 97.8점을 받았다.

선박	종합	해안여행	음식/식사
Seabourn Odyssey	94.4	90.9	97.8
Seabourn Pride	93.0	84.2	96.7
National Geographic Endeavor	92.9	100.0	88.5
Seabourn Sojourn	91.3	94.8	97.1
Paul Gauguin	90.5	87.9	91.2

DATA*file* Ships

선박	종합	해안여행	음식/식사
Seabourn Legend	90.3	82.1	98.8
Seabourn Spirit	90.2	86.3	92.0
Silver Explorer	89.9	92.6	88.9
Silver Spirit	89.4	85.9	90.8
Seven Seas Navigator	89.2	83.3	90.5
Silver Whisperer	89.2	82.0	88.6
National Geographic Explorer	89.1	93.1	89.7
Silver Cloud	88.7	78.3	91.3
Celebrity Xpedition	87.2	91.7	73.6
Silver Shadow	87.2	75.0	89.7
Silver Wind	86.6	78.1	91.6
SeaDream II	86.2	77.4	90.9
Wind Star	86.1	76.5	91.5
Wind Surf	86.1	72.3	89.3
Wind Spirit	85.2	77.4	91.9

a. 해안 여행 점수가 주어졌을 때 종합점수를 예측하는 데 사용할 수 있는 추정회귀방정식을 구하시오.

b. 독립변수로 음식/식사를 추가하는 것을 고려하라. 해안 여행 및 음식/식사 점수가 주어졌을 때 종합점수를 예측하는 데 사용할 수 있는 추정회귀방정식을 도출하시오.

c. 해안 여행 점수가 80점이고 음식/식사 점수가 90점인 크루즈 선박의 종합점수를 예측하시오.

9. **주택 가격.** 봄은 주택 판매의 성수기이다. SpringHouses 파일에는 2018년 봄 켄터키주 Ft. Thomas에서 판매된 26개 주택의 판매가격, 욕실 수, 평방 피트, 침실 수가 포함되어 있다(realtor.com 웹사이트).

DATA*file* SpringHouses

a. 판매가격 대 욕실 수, 판매가격 대 면적, 판매가격 대 침실 수에 대한 산점도를 작성하시오. 판매가격과 이 세 가지 변수 간의 관계에 대해 설명하시오.

b. 세 가지 독립변수(욕실 수, 면적, 침실 수)가 주어졌을 때 판매가격을 예측하는 데 사용할 수 있는 추정회귀방정식을 도출하시오.

c. 욕실 수와 침실 수가 모두 필요하지 않다는 주장이 있다. 평방 피트와 침실 수가 주어질 때 판매가격을 예측하는 데 사용할 수 있는 추정회귀방정식을 도출하시오.

d. 당신의 집은 침실이 4개이고 2,650평방피트라고 가정해 보자. 파트 (c)에서 도출한 모델을 사용할 때 예측 판매가격은 얼마인가?

10. **야구 투수의 성적.** 메이저리그 야구(MLB)는 아메리칸 리그와 내셔널 리그에서 경기하는 팀들로 구성되어 있다. MLB는 팀과 선수에 대한 다양한 통계를 수집한다. 투수의 성적을 평가하는 데 자주 사용되는 몇 가지 통계는 다음과 같다.

ERA: 투수가 9이닝당 평균적으로 내주는 자책점의 수. 자책점은 해당 투수로 인해 상대가 득점한 모든 점수에서 실책으로 인한 점수를 제외한 점수이다.
SO/IP: 이닝당 평균 삼진 수
HR/IP: 이닝당 평균 홈런 수
R/IP: 이닝당 실점

다음 데이터는 한 시즌 동안 아메리칸 리그에서 무작위로 선정된 20명의 투수들에 대한 이러한 통계값을 보여준다.

DATA *file* PitchingMLB

선수	팀	W	L	ERA	SO/IP	HR/IP	R/IP
Verlander, J	DET	24	5	2.40	1.00	0.10	0.29
Beckett, J	BOS	13	7	2.89	0.91	0.11	0.34
Wilson, C	TEX	16	7	2.94	0.92	0.07	0.40
Sabathia, C	NYY	19	8	3.00	0.97	0.07	0.37
Haren, D	LAA	16	10	3.17	0.81	0.08	0.38
McCarthy, B	OAK	9	9	3.32	0.72	0.06	0.43
Santana, E	LAA	11	12	3.38	0.78	0.11	0.42
Lester, J	BOS	15	9	3.47	0.95	0.10	0.40
Hernandez, F	SEA	14	14	3.47	0.95	0.08	0.42
Buehrle, M	CWS	13	9	3.59	0.53	0.10	0.45
Pineda, M	SEA	9	10	3.74	1.01	0.11	0.44
Colon, B	NYY	8	10	4.00	0.82	0.13	0.52
Tomlin, J	CLE	12	7	4.25	0.54	0.15	0.48
Pavano, C	MIN	9	13	4.30	0.46	0.10	0.55
Danks, J	CWS	8	12	4.33	0.79	0.11	0.52
Guthrie, J	BAL	9	17	4.33	0.63	0.13	0.54
Lewis, C	TEX	14	10	4.40	0.84	0.17	0.51
Scherzer, M	DET	15	9	4.43	0.89	0.15	0.52
Davis, W	TB	11	10	4.45	0.57	0.13	0.52
Porcello, R	DET	14	9	4.75	0.57	0.10	0.57

a. 이닝당 평균 삼진 수가 주어졌을 때 이닝당 평균 실점을 예측할 수 있는 추정회귀방정식을 도출하시오.

b. 이닝당 평균 홈런 수가 주어졌을 때, 이닝당 평균 실점을 예측할 수 있는 추정회귀방정식을 도출하시오.

c. 이닝당 평균 삼진 수와 평균 홈런 수가 주어졌을 때, 이닝당 평균 실점을 예측할 수 있는 추정회귀방정식을 도출하시오.

d. 뉴욕 양키스의 투수, A. J. Burnett는 이닝당 평균 삼진 수가 0.91이고, 이닝당 평균 홈런 수가 0.16이다. (c)에서 도출한 추정회귀방정식을 사용하여 A. J. Burnett의 이닝당 평균 실점을 예측하시오(참고: 실제 R/IP값은 0.6이었다).

e. (c)에서 또 다른 독립변수로 평균 자책점을 추가하라는 제안이 있었다고 가정하라. 이 제안에 대해 당신은 어떻게 생각하는가?

15.3 다중결정계수

단순선형회귀 분석에서 총제곱합은 회귀제곱합과 오차제곱합으로 구성되어 있었다. 다중회귀분석에서도 제곱합에 대해 같은 절차를 적용할 수 있다.

SST, SSR, SSE의 관계

$$\text{SST} = \text{SSR} + \text{SSE} \tag{15.7}$$

여기에서

$$\text{SST} = \text{총제곱합} = \Sigma(y_i - \bar{y})^2$$
$$\text{SSR} = \text{회귀제곱합} = \Sigma(\hat{y}_i - \bar{y})^2$$
$$\text{SSE} = \text{오차제곱합} = \Sigma(y_i - \hat{y}_i)^2$$

세 가지 제곱합을 계산하는 과정이 어렵기 때문에 이러한 값은 컴퓨터 패키지를 활용하여 계산할 것이다. 그림 15.4에 있는 분석결과의 분산분석 부분은 두 개의 독립변수를 갖는 Butler Trucking 문제에 대한 이러한 세 가지 값을 보여주고 있다. 즉, SST = 23.900, SSR = 21.6006, SSE = 2.2994이다. 독립변수가 하나(운행거리)일 때, 그림 15.3의 결과는 SST = 23.900, SSR = 15.871, SSE = 8.029임을 보여준다. SST 값은 $\hat{y}$과 무관하기 때문에 두 가지 경우에 동일하다. 그러나 제2의 독립변수(운송건수)가 추가되면 SSR은 증가하고, SSE는 감소한다. 이것은 관찰자료에 대한 추정 다중회귀식의 적합도가 더 우수하다는 의미이다.

14장에서 결정계수 r^2 = SSR/SST를 활용하여 추정회귀식의 적합도를 측정했다. 다중회귀분석에서도 같은 개념을 적용할 수 있다. **다중결정계수(multiple coefficient of determination)**는 추정 다중회귀식의 적합도 측정에 활용된다. 다중결정계수 R^2는 다음과 같이 계산된다.

다중결정계수

$$R^2 = \frac{\text{SSR}}{\text{SST}} \tag{15.8}$$

다중결정계수는 추정 다중회귀식에 의해 설명될 수 있는 종속변수의 변동비율을 의미한다. 따라서 100을 곱하면 y값 변동 중 추정 다중회귀식에 의해 설명될 수 있는 y값의 백분율이 된다.

독립변수가 두 개인 Butler Trucking 예에서 SSR = 21.6006이고 SST = 23.900이므로

$$R^2 = \frac{21.6006}{23.900} = 0.9038$$

따라서 운송거리와 운반건수를 독립변수로 사용하여 도출한 추정 다중회귀식은 운송시간 y의 변동 가운데 90.38%를 설명하고 있다. 그림 15.4에서 제공하는 다중결정계수가 R-sq = 90.38%임을 알 수 있다.

그림 15.3은 독립변수가 운행거리(x_1) 하나일 때 추정회귀식에 대한 R-sq가 66.41%임을 보여주고 있다. 따라서 운송건수가 제2의 독립변수로 추가될 때 추정회귀식에 의해 설명되는 운행시간의 변동비율은 66.41%에서 90.38%로 증가한다. 일반적으로 모형에 독립변수가 추가되면 R^2는 항상 증가한다.*

많은 분석가들은 독립변수 추가가 추정회귀식에 의해 설명되는 변동의 양에 미치는 영향이 과도해지는 것을 피하기 위해 독립변수의 수에 대한 수정 R^2를 선호한다. n이 관측수를 의미하고, p가 독립변수의 수를 의미한다면 **수정다중결정계수(adjusted multiple coefficient of determination)**는 다음과 같이 계산된다.

수정다중결정계수

$$R_a^2 = 1 - (1 - R^2)\frac{n - 1}{n - p - 1} \tag{15.9}$$

Butler Trucking 예의 경우 $n = 10$이고 $p = 2$이기 때문에 수정결정계수는 다음과 같다.**

$$R_a^2 = 1 - (1 - 0.9038)\frac{10 - 1}{10 - 2 - 1} = 0.8763$$

따라서 두 개의 독립변수에 대해 수정한 후의 수정다중결정계수는 0.8763이다. 이 값은 그림 15.4의 분석결과에서 R-sq(adj) = 87.63%로 제시되어 있다.

주석 및 코멘트

만약 R^2값이 작고 모형에 많은 수의 독립변수가 포함된 경우 수정결정계수는 음수값이 될 수도 있다. 이러한 경우 통계 소프트웨어는 일반적으로 수정결정계수를 0으로 표기한다.

---

* 독립변수를 추가하면 예측오차가 작아지기 때문에 오차제곱합인 SSE가 감소한다. SSR = SST − SSE이기 때문에 SSE가 작을수록 SSR은 증가하고 R^2 = SSR/SST 또한 증가한다.

** 만일 모형에 변수가 추가되면 추가된 변수가 유의하지 않을지라도 R^2는 증가한다. 모형에서 수정 다중결정계수는 독립변수 수의 영향을 보정해준다.

연습문제

기본문제

11. 연습문제 1번에서는 다음과 같이 10개의 관찰치에 대한 추정회귀식이 제시되었다.

$$\hat{y} = 29.1270 + 0.5906x_1 + 0.4980x_2$$

SST와 SSR이 각각 6,724.125와 6,216.375이다.

a. SSE를 계산하시오.

b. R^2를 계산하시오.

c. R_a^2를 계산하시오.

d. 적합도를 설명하시오.

12. 연습문제 2번에서는 종속변수 y와 두 개의 독립변수 x_1 및 x_2에 대해 10개의 관측치가 제시되었다. 이러한 자료에 대해 SST = 15,182.9이고, SSR = 14,052.2일 때 다음 물음에 답하시오.

a. R^2를 계산하시오.

b. R_a^2를 계산하시오.

c. 추정회귀식은 자료의 변동 가운데 많은 부분을 설명하고 있는가? 그 이유를 설명하시오.

13. 연습문제 3번에서 30개의 관찰치를 기초로 다음과 같은 추정회귀식이 제시되었다.

$$\hat{y} = 17.6 + 3.8x_1 - 2.3x_2 + 7.6x_3 + 2.7x_4$$

SST와 SSR은 각각 1,805와 1,760이다.

a. R^2를 계산하시오.

b. R_a^2를 계산하시오.

c. 적합도를 설명하시오.

적용문제

14. **신발 판매 예측에서 R^2.** 연습문제 4번에서는 매출액과 재고투자 및 광고비의 관계에 대해 다음과 같은 추정회귀식이 제시되었다.

$$\hat{y} = 25 + 10x_1 + 8x_2$$

모형을 추정하기 위해 활용된 자료는 10개 점포를 조사하여 수집하였고 이 자료에 대한 SST = 16,000이고 SSR = 12,000이다.

a. 주어진 추정회귀식에 대한 R^2를 계산하시오.

b. R_a^2를 계산하시오.

c. 모형은 자료의 변동 가운데 많은 부분을 설명하고 있는가? 그 이유를 설명하시오.

DATA*file* Showtime

15. **극장 수익 예측에서 R^2.** 연습문제 5번에서 Showtime Movie Theaters, Inc.의 소유주는 TV 광고비(x_1)와 신문 광고비(x_2)의 함수로 총수익(y)을 예측하기 위해 다중회귀분석을 활용하였다. 추정회귀식은 다음과 같다.

$$\hat{y} = 83.2 + 2.29x_1 + 1.30x_2$$

컴퓨터 분석결과 SST = 25.5와 SSR = 23.435가 출력되었다.

a. R^2와 R_a^2를 계산하고, 그 의미를 설명하시오.

b. TV 광고비가 유일한 독립변수일 때 $R^2 = 0.653$이고 $R_a^2 = 0.595$라면, 다중회귀결과가 선호되는가? 그 이유를 설명하시오.

DATA*file* PassingNFL

16. **NFL 승리 예측의 적합도.** 연습문제 6번에서, 한 시즌 동안 무작위로 추출한 16개 NFL(미국 내셔널 풋볼 리그) 팀에 대한 평균 패스 시도당 야드 수(Yds/Att), 시도당 인터셉트 횟수(Int/Att) 및 승률(Win%)에 대한 데이터가 주어졌다.

a. 시도당 평균 패스 야드 수만을 독립변수로 사용하여 승률을 예측하는 추정회귀방정식이 우수한 적합도를 가지는가?

b. 시도당 평균 패스 야드 수와 시도당 인터셉트 횟수를 모두 사용하여 승률을 예측할 때의 이점에 대해 논하라.

DATA*file* SpringHouses

17. **주택 가격 예측에 있어 적합도.** 연습문제 9에서 집의 욕실 수, 면적, 침실 수가 주어졌을 때, 판매가격을 예측하는 데 사용할 수 있는 추정회귀방정식을 도출하였다.

a. 추정된 회귀방정식이 데이터와 우수한 적합도를 가지는지 설명하시오.

b. 연습문제 9의 파트 (c)에서, 당신은 평방 피트와 침실 수가 주어졌을 때 판매가격을 예측하는 추정회귀방정식을 도출하였다. 이 더 간단한 모형의 적합도와 욕실 수 역시 독립변수로 포함하는 모형의 적합도를 비교하시오.

18. **야구 투수의 성적 예측에서 R2.** 10번 문제를 참고하시오. 여기서 메이저리그 야구(MLB) 투수 통계는 무작위로 선정한 아메리칸 리그의 20명 투수에 대해 한 시즌 동안의 통계가 제시되었다.

a. 10번의 (c)에서, 이닝당 평균 삼진 수와 이닝당 평균 홈런 수가 주어졌을 때, 이닝당 평균 실점을 추정하는 회귀방정식이 도출되었다. R2와 R2a 값은 무엇인가?

b. 추정된 회귀방정식이 데이터에 적합한가? 설명하시오.

c. 10번의 (c)에서 이닝당 평균 실점 대신 평균 자책점(ERA)을 종속변수로 사용한다고 가정하시오. ERA를 사용하는 추정회귀방정식이 데이터에 적합한가? 설명하시오.

15.4 모형의 가정

15.1절에서 다음과 같은 다중회귀모형을 설명하였다.

다중회귀모형

$$y = \beta_0 + \beta_1 x_1 + \beta_2 x_2 + \cdots + \beta_p x_p + \epsilon \tag{15.10}$$

다중회귀모형에서 오차항 ϵ에 대한 가정은 단순선형회귀 모형에서와 동일하다.

다중회귀모형 $y = \beta_0 + \beta_1 x_1 + \cdots + \beta_p x_p + \epsilon$에서 오차항 ϵ에 대한 가정

1. 오차항 ϵ은 평균 혹은 기댓값이 0인 확률변수이다. 즉, $E(\epsilon) = 0$이다.

의미: 주어진 $x_1, x_2, \cdots, x_p$값에 대한 y의 기댓값 혹은 평균은 다음과 같다.

$$E(y) = \beta_0 + \beta_1 x_1 + \beta_2 x_2 + \cdots + \beta_p x_p \tag{15.11}$$

식 (15.11)은 15.1절에서 설명한 다중회귀식이다. 이 식에서 $E(y)$는 주어진 $x_1, x_2, \cdots, x_p$값에 대해 발생할 수 있는 모든 y값의 평균을 의미한다.

2. ϵ의 분산인 σ^2은 모든 독립변수 $x_1, x_2, \cdots, x_p$값에 대해 동일하다.

의미: 회귀선에 대한 y의 분산은 σ^2와 동일하고, 모든 $x_1, x_2, \cdots, x_p$값에 대해 동일하다.

3. ϵ값은 독립이다.

의미: 독립변수에 대한 특정값의 오차크기는 어떤 다른 값의 오차크기와 무관하다.

4. 오차항 ϵ은 정규분포를 이루는 확률변수이고, $\beta_0 + \beta_1 x_1 + \beta_2 x_2 + \cdots + \beta_p x_p$에 의해 계산된 y값과 y의 기댓값 간의 차이를 반영한다.

의미: $\beta_0, \beta_1, \cdots, \beta_p$가 주어진 $x_1, x_2, \cdots, x_p$값에 대해 일정하므로, 종속변수 y 또한 정규분포를 이루는 확률변수이다.

식 (15.11)이 보여주고 있는 관계의 형태에 대해 보다 정확히 이해하기 위해서 다음과 같은 두 개 독립변수로 구성된 다중회귀식을 살펴보자.

$$E(y) = \beta_0 + \beta_1 x_1 + \beta_2 x_2$$

이 식의 그래프는 3차원 공간에서 평면이다. 그림 15.5는 이러한 그래프의 예를 보여주고 있다. 이 그림에서 보여지는 ϵ값은 $x_1 = x_1^*$이고 $x_2 = x_2^*$일 때 실제 y값과 y의 기댓값 $E(y)$의 차이이다.

회귀분석에서 반응변수(response variable)는 종속변수(dependent variable)의 대용으로 활용된다. 더욱이 다중회귀식이 평면이나 표면으로 나타나면, 그 그래프를 반응표면(response surface)이라고 한다.

그림 15.5 독립변수가 두 개인 다중회귀식 그래프

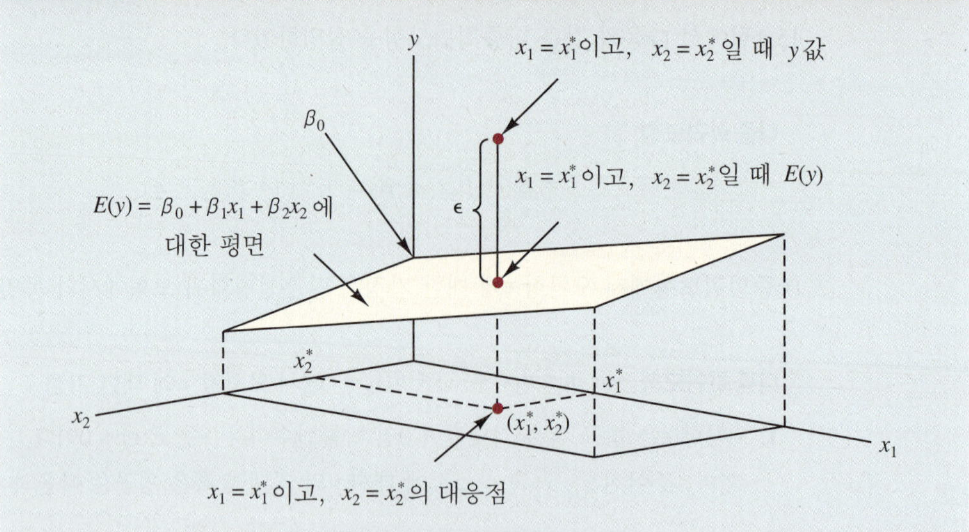

15.5 유의성 검정

이 절에서는 다중회귀 관계에 대한 유의성 검정 수행방법을 설명할 것이다. 단순선형회귀 분석에서 수행했던 유의성 검정은 t 검정과 F 검정이었다. 단순선형회귀 분석에서 두 가지 검정은 같은 결과를 제시했다. 즉, 귀무가설이 기각되면 $\beta_1 \neq 0$이라고 결론 내렸다. 다중회귀분석에서 t 검정과 F 검정은 다른 목적으로 활용된다.

1. F 검정은 종속변수와 모든 독립변수의 집합 간에 유의한 관계가 존재하는지를 검증하기 위해 활용된다. 따라서 F 검정을 전반 유의성 검정(overall significance)이라고 한다.
2. F 검정이 전반 유의성 검정에 활용되는 반면에, t 검정은 각 개별 독립변수가 유의한지 여부를 검증하기 위해 활용된다. 개별 t 검정은 모형에 있는 각 독립변수별로 수행된다. 따라서 t 검정을 개별 유의성 검정(individual significance)이라고 한다.

앞으로 F 검정과 t 검정을 설명할 것이고, 각 검정 방법을 Butler Trucking Company 예를 활용하여 설명할 것이다.

F 검정

15.4절에서 정의되었던 것처럼 다중회귀모형은 다음과 같다.

$$y = \beta_0 + \beta_1 x_1 + \beta_2 x_2 + \cdots + \beta_p x_p + \epsilon$$

F 검정에 대한 가설은 다중회귀모형의 모수를 포함하고 있다.

$$H_0 : \beta_1 = \beta_2 = \cdots = \beta_p = 0$$
H_a : 하나 이상의 모수가 0이 아니다.

만일 H_0이 기각된다면 검정은 하나 이상의 모수가 0이 아니고, y와 독립변수 x_1, $x_2, \cdots$, x_p의 집합 간에 전반적 관계가 유의하다고 결론내릴 수 있을 만큼 충분한 통계적 증거를 제시한다. 그러나 H_0가 기각되지 않는다면 유의한 관계가 존재한다고 결론 내릴 만큼 충분한 증거를 확보하지 못하게 될 것이다.

F 검정 단계를 설명하기 전에 평균제곱의 개념을 검토할 필요가 있다. 평균제곱은 제곱합을 자유도로 나눈 값이다. 다중회귀분석에서 총제곱합의 자유도는 $n-1$이고, 회귀제곱합(SSR)의 자유도는 p이며, 오차제곱합의 자유도는 $n-p-1$이다. 따라서 회귀평균제곱(MSR)은 SSR/p이고 오차평균제곱(MSE)은 SSE/$(n-p-1)$이다.

$$\text{MSR} = \frac{\text{SSR}}{p} \tag{15.12}$$

$$\text{MSE} = \frac{\text{SSE}}{n-p-1} \tag{15.13}$$

14장에서 설명했듯이 MSE는 오차항 ϵ의 분산 σ^2에 대한 불편추정치이다. 만일 H_0: $\beta_1 = \beta_2 = \cdots = \beta_p = 0$이 참이라면 MSR 또한 σ^2의 불편추정치를 제공할 것이며, MSR/MSE값은 1에 근접할 것이다. 그러나 H_0이 거짓이라면 MSR은 σ^2을 과도추정할 것이고, MSR/MSE값은 증가하게 될 것이다. MSR/MSE값이 얼마나 크면 H_0를 기각하는지를 판단하기 위해서는, H_0이 참이고 다중회귀모형에 대한 가정이 타당하면 MSR/MSE의 표본분포는 분자의 자유도가 p이고 분모의 자유도가 $n-p-1$인 F 분포라는 사실을 활용해야 한다. 다중회귀분석에서 유의성 검정을 위한 F 검정을 요약하면 다음과 같다.

전반 유의성 검정을 위한 F 검정

$$H_0 : \beta_1 = \beta_2 = \cdots = \beta_p = 0$$
H_a : 하나 이상의 모수가 0이 아니다.

검정통계량

$$F = \frac{\text{MSR}}{\text{MSE}} \tag{15.14}$$

기각법칙

p값 적용: p값 $\leq \alpha$이면 H_0는 기각된다.

임계값 적용: $F \geq F_\alpha$이면 H_0는 기각된다.

F_α는 분자의 자유도가 p이고 분모의 자유도가 $n-p-1$인 F 분포에 기초하고 있다.

Butler Trucking Company 다중회귀분석 문제에 대해 F 검정을 적용해 보자. 두 개의 독립변수를 갖는 경우 가설은 다음과 같다.

$H_0 : \beta_1 = \beta_2 = 0$

H_a : β_1과 β_2 중 하나 이상의 모수가 0이 아니다.

그림 15.6은 운행거리(x_1)와 운송건수(x_2)를 두 개의 독립변수로 투입한 다중회귀분석 모형에 대한 분석결과이다. 분석결과의 분산분석 부분을 보면 MSR = 10.8003이고 MSE = 0.3285이다. 식 (15.14)를 이용하면 다음과 같이 검정통계량을 구할 수 있다.

$$F = \frac{10.8003}{0.3285} = 32.88$$

그림 15.6 운행거리(x_1)와 운송건수(x_2)를 독립변수로 투입한 Butler Trucking의 분석결과

Analysis of Variance

Source	DF	Adj SS	Adj MS	*F* Value	*p*-Value
Regression	2	21.6006	10.8003	32.88	0.000
Error	7	2.2994	0.3285		
Total	9	23.900			

Model Summary

S	R-sq	R-sq (adj)
0.573142	90.38%	87.63%

Coefficients

Term	Coef	SE Coef	*t* Value	*p*-Value
Constant	−0.869	0.952	−0.91	0.392
Miles	0.06113	0.00989	6.18	0.000
Deliveries	0.923	0.221	4.18	0.004

Regression Equation

Time = −0.869 + 0.06113 Miles + 0.923 Deliveries

표 15.3 *p*개의 독립변수를 갖는 다중회귀모형에 대한 ANOVA표

변동원천	제곱합	자유도	평균제곱	F
회귀	SSR	p	$\text{MSR} = \dfrac{\text{SSR}}{p}$	$F = \dfrac{\text{MSR}}{\text{MSE}}$
오차	SSE	$n-p-1$	$\text{MSE} = \dfrac{\text{SSE}}{n-p-1}$	
합계	SST	$n-1$		

분산분석표(그림 15.6)의 마지막 열을 보면 $\alpha = 0.01$에서 p값 $= 0.000$이고, 이 값은 $\alpha =$ 0.01보다 작기 때문에 H_0: $\beta_1 = \beta_2 = 0$은 기각될 것이다. 대안으로 부록 B의 Table 4를 보면 분자의 자유도가 2이고, 분모의 자유도가 7일 때 $F_{0.01} = 9.55$이다. $32.88 > 9.55$이기 때문에 H_0: $\beta_1 = \beta_2 = 0$은 기각되고, 운행시간 y와 두 개의 독립변수인 운행거리 및 운송건수 간에는 유의한 관계가 존재한다고 결론 내릴 수 있다.

앞에서 언급했듯이 평균제곱오차는 오차항 ϵ의 분산 σ^2에 대한 불편추정치를 제공한다. 그림 15.6을 보면 σ^2의 추정치인 MSE $= 0.3285$임을 알 수 있다. MSE의 제곱근은 오차항의 표준편차에 대한 추정치이다. 14.5절에서 정의했듯이 이 표준편차는 추정치의 표준오차라고 하며 s로 표기한다. 따라서 $s = \sqrt{\text{MSE}} = \sqrt{0.3285} = 0.5731$이다. 추정치의 표준오차값은 그림 15.6의 분석결과에 나타나 있다.

표 15.3은 다중회귀분석 모형에 대한 F 검정 결과를 제시하는 일반적인 분산분석(ANOVA)표이다. F 검정통계량 값은 마지막 열에 나타나 있기 때문에 이 값을 분자의 자유도가 p이고 분모의 자유도가 $n-p-1$인 F_α와 비교하여 가설검정 결론을 내릴 수 있다. 그림 15.6에 있는 Butler Trucking Company에 대한 분석결과를 보면 분산분석표에 이러한 정보가 포함되어 있음을 알 수 있다. 또한 F 검정통계량에 해당하는 p값 역시 제공 된다.

t 검정

만일 F 검정이 다중회귀 관계가 유의하다는 것을 보여준다면, t 검정은 각 개별 모수의 유의성 검정을 위해 수행된다. 개별 유의성 검정을 위한 t 검정 방법은 다음과 같다.

개별 유의성 검정을 위한 t 검정

어떤 모수 β_i에 대해

$$H_0 : \beta_i = 0$$
$$H_a : \beta_i \neq 0$$

검정통계량

$$t = \frac{b_i}{s_{b_i}} \tag{15.15}$$

기각법칙

p값 적용: p값 $\leq \alpha$이면 H_0는 기각된다.

임계값 적용: $t \leq -t_{\alpha/2}$ 혹은 $t \geq t_{\alpha/2}$이면 H_0는 기각된다.

여기에서 $t_{\alpha/2}$는 자유도 $n-p-1$인 t 분포에 기초하고 있다.

검정통계량에서 s_{b_i}는 b_i의 표준편차 추정치이다. s_{b_i}값은 컴퓨터 소프트웨어 패키지에서 계산될 것이다.

Butler Trucking 회귀문제에 대해 t 검정을 수행해 보자. 그림 15.6을 보면 분석결과에 t값이 나타나 있다. b_1, b_2, s_{b_1}, s_{b_2}값은 다음과 같다.

$$b_1 = 0.06113 \quad s_{b_1} = 0.00989$$
$$b_2 = 0.923 \quad s_{b_2} = 0.221$$

식 (15.15)를 활용하여 모수 β_1과 β_2을 포함하고 있는 가설을 검증하기 위한 검정통계량을 다음과 같이 계산할 수 있다.

$$t = 0.06113/0.00989 = 6.18$$
$$t = 0.923/0.221 = 4.18$$

이러한 두 개의 t값과 이에 대응하는 p값은 그림 15.6의 분석결과에 제시되어 있다. 분석결과에서 p값이 0.000과 0.004이기 때문에 $\alpha = 0.01$에서 H_0: $\beta_1 = 0$과 H_0: $\beta_2 = 0$는 기각된다. 따라서 두 모수는 통계적으로 유의하다. 대안으로 부록 B의 Table 2를 보면 자유도가 $n-p-1 = 10-2-1 = 7$일 때 $t_{0.005} = 3.499$이다. $6.18 > 3.499$이므로 H_0: $\beta_1 = 0$은 기각되고, $4.18 > 3.499$이므로 H_0: $\beta_2 = 0$도 기각된다.

다중공선성

회귀분석에서 독립변수는 종속변수값을 예측하거나 설명하기 위해 사용되는 어떤 변수를 말한다. 그러나 독립변수라는 용어는 독립변수 자체가 통계적 의미로 독립적이라는 뜻은 아니다. 반대로 다중회귀분석 문제에서 대부분 독립변수는 다른 독립변수와 어느 정도 상관관계를 갖는다. 예를 들어 두 개의 독립변수 x_1(운행거리)과 x_2(운송건수)가 있는 Butler Trucking 예에서 두 변수의 관계를 파악하기 위해 운행거리를 종속변수로, 운송건수를 독립변수로 활용할 수도 있다. 그 다음에 두 변수의 관계 정도를 판단하기 위해 표본상관계수 $r_{x_1x_2}$를 계산할 수 있다. 이렇게 계산하면 $r_{x_1x_2}=0.16$이다. 따라서 두 개의 독립변수 간에는 어느 정도의 선형관계가 존재함을 알 수 있다. 다중회귀분석에서 **다중공선성(multicollinearity)**은 독립변수 간의 상관관계와 관련이 있다.

다중공선성의 잠재적 문제를 더 잘 이해하기 위해 Butler Trucking의 예를 수정해서 살펴보자. x_2를 운송건수 대신에 휘발류 소모량으로 대체해 보자. 분명히 x_1(운행거리)과 x_2는 관련이 있다. 즉, 휘발류 소모량이 운행거리에 따라 달라진다는 것은 명확하다. 따라서 논리적으로 x_1과 x_2는 매우 높은 상관관계를 갖고 있는 독립변수라고 말할 수 있다.

식 $\hat{y} = b_0 + b_1x_1 + b_2x_2$을 도출하여 F 검정을 수행한 결과, 관계가 유의하다는 사실을 확인했다고 가정해 보자. 그런 다음에 $\beta_1 \neq 0$이 사실인지 여부를 확인하기 위해 β_1에 대해 t 검정을 실시한 결과, H_0: $\beta_1 = 0$을 기각할 수 없다고 가정해 보자. 이러한 결과는 운행시간이 운행거리와 관계가 없다는 의미인가? 반드시 그렇지는 않다. 아마도, 이 결과는 모형에 이미 x_2가 포함되어 있는 상황에서 x_1은 y값을 결정하는 데 유의하게 기여하지 않는다는 의미일 것이다. 이러한 해석은 Butler Trucking의 예에서 의미가 있다. 만일 휘발류 소모량을 알고 있다면 운행거리를 파악함으로써 y를 예측하는 데 유용한 많은 추가정보를 얻지 못할 것이다. 유사하게 모형에 x_1이 포함되어 있는 상태에서 휘발류 소모량을 알더라도 많은 추가정보를 얻기는 어려울 것이고, 이러한 상황에서 t 검정을 수행하면 $\beta_2 = 0$이라고 결론을 내리게 될 것이다.

요약해 보면, 개별 모수의 유의성 검정을 위한 t 검정에서 다중공선성에 의해 야기되는 어려움은 전반 다중회귀식에 대한 F 검정 결과 유의한 관계가 존재함에도 불구하고 어떤 개별모수도 0과 유의하게 다르지 않다고 결론 내릴 가능성이 있다. 이러한 문제는 독립변수 간의 상관관계를 최소화함으로써 해소할 수 있다.*

통계학자들은 다중공선성이 문제를 야기할 만큼 큰지 여부를 판단하기 위한 몇 가지 검정 방법을 개발해 왔다. 개략적으로 다중공선성은 두 개의 독립변수 간 표본상관계수 절댓값이 0.7을 초과하면 문제가 될 수 있다. 보다 발전된 다른 검정 방법들이 있지만 이 교재의 범위를 벗어나기 때문에 다루지 않았다.

상관관계가 매우 높은 독립변수들이 회귀식에 포함되지 못하도록 가능한 한 모든 시도를 해야 한다. 그러나 사실 이러한 원칙을 엄격히 지키기가 어렵다. 의사결정자들이 실질적인 다중공선성이 존재한다고 믿을 만한 이유가 있다고 하더라도, 종속변수에 대한 개별 독립변수의 영향을 분리하는 것이 어렵다는 사실을 인식해야만 한다.**

---

* 두 개의 독립변수 간 표본상관계수가 +0.70 이상이거나 −0.70 이하이면 다중공선성의 잠재적 문제가 있다는 개략적인 경고이다.

** 독립변수들 간에 높은 상관관계가 존재한다면, 종속변수에 미치는 특정 독립변수의 개별적인 영향을 파악하기가 어렵다.

주석 및 코멘트

1. 일반적으로 다중공선성은 회귀분석 수행 방법이나 연구 결과 해석에 영향을 미치지 않는다. 그러나 다중공선성이 심각한 경우, 즉 두 개 이상의 독립변수가 서로 높은 상관관계를 가질 때, 개별 모수에 대한 t 검정 결과를 해석하는 데 어려움이 있을 수 있다. 이 절에서 보여준 문제 유형 외에도 다중공선성이 심각한 경우, 최소제곱 추정치의 부호가 잘못된 결과를 가져올 수도 있다. 다시 말해, 연구자가 기본 회귀모형을 만들고 최소제곱법을 적용하여 β_0, β_1, β_2 등을 추정하는 연구에서 다중공선성이 높으면 최소제곱 추정치가 추정되는 모수와 반대 부호를 가질 수 있다는 것이 입증되었다. 예를 들어, 실제로 β_2가 $+10$인데, 이의 추정치인 b_2는 -2가 될 수 있다. 따라서 다중공선성이 심각한 경우 개별 계수에 대한 신뢰도가 크게 떨어질 수 있다.
2. 심각한 다중공선성은 계수 해석을 어렵게 만들 수 있지만, 조정된 R^2에는 영향을 미치지 않으므로 회귀는 여전히 신뢰할 수 있는 예측에 사용될 수 있다.

연습문제

기본문제

19. 연습문제 1번에서는 다음과 같이 10개의 관찰치에 대한 추정회귀식이 제시되었다.

$$\hat{y} = 29.1270 + 0.5906x_1 + 0.4980x_2$$

여기서 SST = 6,724.125, SSR = 6,216.375, $s_{b_1} = 0.0813$, $s_{b_2} = 0.0567$이다.

a. MSR과 MSE를 계산하시오.

b. F를 계산하고, $\alpha = 0.05$를 활용하여 적절한 F 검정을 수행하시오.

c. $\alpha = 0.05$를 활용하여 β_1의 유의성에 대한 t 검정을 수행하시오.

d. $\alpha = 0.05$를 활용하여 β_2의 유의성에 대한 t 검정을 수행하시오.

20. 연습문제 2번에서 제시된 자료를 참고하시오. 이 자료에 대한 추정회귀식은 다음과 같다.

$$\hat{y} = -18.37 + 2.01x_1 + 4.74x_2$$

여기서 SST = 15,182.9, SSR = 14,052.2, $s_{b_1} = 0.2471$, $s_{b_2} = 0.9484$이다.

a. $\alpha = 0.05$를 활용하여 x_1, x_2와 y간 유의관계를 검증하시오.

b. $\alpha = 0.05$를 활용하여 β_1의 유의성을 검증하시오.

c. $\alpha = 0.05$를 활용하여 β_2의 유의성을 검증하시오.

21. 다음 추정회귀식은 두 개의 독립변수가 있는 모형에 대해 도출된 것이다.

$$\hat{y} = 40.7 + 8.63x_1 + 2.71x_2$$

모형에서 x_2가 제거된 후 최소제곱법을 활용하여 독립변수 x_1만을 투입한 추정회귀식을 다음과 같이 도출하였다.

$$\hat{y} = 42.0 + 9.01x_1$$

a. 두 모형에서 x_1의 계수에 대해 설명하시오.

b. 다중공선성이 두 모형에서 x_1계수가 다른 이유를 설명할 수 있는가? 만일 그렇다면 어떻게 설명할 수 있는가?

적용문제

22. **신발 판매 예측의 유의성 검정.** 연습문제 4번에서는 매출액과 재고투자 및 광고비의 관계에 대해 다음과 같은 추정회귀식이 제시되었다.

$$\hat{y} = 25 + 10x_1 + 8x_2$$

모형을 추정하기 위해 활용된 자료는 10개 점포를 조사하여 수집하였고, 이 자료에 대한 SST = 16,000이고 SSR = 12,000이다.

a. SSE, MSE, MSR을 계산하시오.

b. F 검정과 유의수준 0.05를 활용하여 변수들 간의 관계가 유의한지를 검증하시오.

23. **극장 수익의 유의성 검정.** 연습문제 5번을 참조하시오.

a. $\alpha = 0.01$을 활용하여 다음 가설을 검증하시오.

$$H_0 : \beta_1 = \beta_2 = 0$$
H_a : β_1과 β_2 중 하나 이상의 모수가 0이 아니다.

모형 $y = \beta_0 + \beta_1x_1 + \beta_2x_2 + \epsilon$, 여기에서

x_1 = TV 광고비(단위: 1,000달러)
x_2 = 신문 광고비(단위: 1,000달러)

b. $\alpha = 0.05$를 활용하여 β_1의 유의성을 검증하시오. x_1은 모형에서 제거되어야 하는가?

c. $\alpha = 0.05$를 활용하여 β_2의 유의성을 검증하시오. x_2는 모형에서 제거되어야 하는가?

24. **NFL 승리 예측의 유의성 검정.** NFL(내셔널 풋볼 리그)은 개인과 팀에 대해 다양한 성과 데이터를 기록한다. 다음은 한 시즌 동안 공격팀의 경기당 평균 공격 패스 야드 수(Off-PassYds/G), 수비팀의 경기당 평균 실점 야드 수(DefYds/G) 그리고 승률(Win%)을 보여주는 데이터의 일부이다.

DATA*file* NFL 2011

팀	OffPassYds/G	DefYds/G	Win%
Arizona	222.9	355.1	50.0
Atlanta	262.0	333.6	62.5
Baltimore	213.9	288.9	75.0
.	.	.	.
.	.	.	.
.	.	.	.
St. Louis	179.4	358.4	12.5
Tampa Bay	228.1	394.4	25.0
Tennessee	245.2	355.1	56.3
Washington	235.8	339.8	31.3

a. 공격 시 경기당 평균 패스 야드 수와 수비 시 경기당 평균 실점 야드 수가 주어졌을 때 승률을 예측하는 데 사용할 수 있는 추정회귀방정식을 도출하시오.

b. F 검정으로 관계의 전반적인 유의성을 결정하라. 0.05 유의수준에서 당신은 어떤 결론을 내릴 수 있는가?

c. t 검정으로 각 독립변수의 유의성을 판단하라. 0.05 유의수준에서 당신은 어떤 결론을 내릴 수 있는가?

DATA*file* AutoResale

25. **자동차 재판매 가치.** 혼다 어코드는 켈리블루북(Kelley Blue Book 웹사이트)에서 2018년 재판매 가치 부문 최고의 중형차로 선정되었다. AutoResale 파일에는 33대의 혼다 어코드 표본에 대한 주행거리, 연식, 판매가격이 포함되어 있다.

a. 차량의 주행거리와 연식이 주어졌을 때, 중고 혼다 어코드의 판매가격을 예측하는 추정회귀방정식을 도출하시오.

b. 이 모형에 다중공선성이 문제가 되는가? 이 질문에 답하기 위해 독립변수 간의 상관 관계를 구하시오.

c. F검정을 사용하여 관계의 전반적인 유의성을 결정하라. 0.05 유의수준에서 당신은 어떤 결론을 내릴 수 있는가.

d. t 검정을 사용하여 각 독립변수의 유의성을 판단하시오. 0.05 유의수준에서 당신은 어떤 결론을 내릴 수 있는가.

26. **야구 투수 성적의 유의성 검정.** 10번 문제에서는 메이저리그 야구의 아메리칸 리그에서 무작위로 선발한 20명의 투수에 대한 여러 투구 통계 값이 제시되었다. 이 문제의 (c)에서는 이닝당 평균 삼진 수(SO/IP)와 이닝당 평균 홈런 수(HR/IP)가 주어졌을 때, 이닝당 평균 실점(R/IP)을 예측하기 위한 추정회귀방정식이 도출되었다.

a. F 검정을 사용하여 관계의 전체적인 유의성을 결정하시오. 유의수준 0.05에서 당신의 결론은 무엇인가?

b. t 검정을 사용하여 각 독립변수의 유의성을 결정하시오. 유의수준 0.05에서 당신의 결론은 무엇인가?

15.6 추정 및 예측을 위한 추정회귀식 활용

다중회귀분석에서 y의 평균값 추정 및 y의 개별값 예측 절차는 단순회귀분석에서와 비슷하다. 먼저, 14장에서 주어진 x값에 대한 y의 기댓값 점추정은 y의 개별값 점추정과 동일하다고 설명했다. 두 가지 경우에 점추정치로 $\hat{y} = b_0 + b_1x$를 활용하였다.

다중회귀분석에서도 같은 절차가 활용된다. 즉, 추정회귀식에서 주어진 $x_1, x_2, \cdots, x_p$ 값이 대체되고, $\hat{y}$의 대응값이 점추정치로 사용된다. Butler Trucking 예에 대해 다음과 같은 두 가지 구간추정치를 계산하기 위해 x_1(운행거리) 및 x_2(운송건수)로 구성된 추정회귀식을 활용하고자 한다.

1. 운행거리가 100마일이고, 운송건수가 2건인 모든 트럭의 운행시간에 대한 신뢰구간
2. 운행거리가 100마일이고, 운송건수가 2건인 특정 트럭의 운행시간에 대한 예측구간

$x_1 = 100$이고 $x_2 = 2$일 때 추정회귀식 $\hat{y} = -0.869 + 0.06113x_1 + 0.923x_2$를 활용하면 다음과 같이 $\hat{y}$을 구할 수 있다.

$$\hat{y} = -0.869 + 0.06113(100) + 0.923(2) = 7.09$$

따라서 두 가지 경우에 운행시간에 대한 점추정치는 약 7시간이다.

y의 평균값 및 y의 개별값에 대한 구간추정치를 계산하기 위해 단순회귀분석에서와 비슷한 절차를 활용한다. 추정치 계산공식은 이 책의 범위를 벗어나지만 다중회귀분석 컴퓨터 패키지를 활용하면 사용자가 $x_1, x_2, \cdots, x_p$값을 설정하여 신뢰구간을 구할 수 있다. 표 15.4에서 분석결과를 통해 x_1과 x_2의 선택된 값에 대한 Butler Trucking 예의 신뢰

표 15.4 Butler Trucking의 95% 신뢰구간 및 예측구간

		95% 신뢰구간		95% 예측구간	
X_1 값	X_2 값	하한	상한	하한	상한
100	4	8.135	9.742	7.363	10.514
50	3	4.127	5.789	3.369	6.548
100	4	8.135	9.742	7.363	10.514
100	2	6.258	7.925	5.500	8.683
50	2	3.146	4.924	2.414	5.656
80	2	5.232	6.505	4.372	7.366
75	3	6.037	6.936	5.059	7.915
65	4	5.960	7.637	5.205	8.392
90	3	6.917	7.891	5.964	8.844
90	2	5.776	7.184	4.953	8.007
75	4	6.669	8.152	5.865	8.955

구간과 예측구간을 보여주었다. y의 개별값에 대한 구간추정치는 y의 기댓값에 대한 구간추정치보다 더 넓다. 이러한 차이는 단지 x_1과 x_2의 값이 주어질 때 특정 트럭에 대한 운행시간 예측보다 모든 트럭의 평균 운행시간을 더 정확하게 추정할 수 있다는 사실을 반영한 것에 불과하다.

연습문제

기본문제

27. 연습문제 1번에서는 다음과 같이 10개의 관측치에 대한 추정회귀식이 제시되었다.

$$\hat{y} = 29.1270 + 0.5906x_1 + 0.4980x_2$$

a. $x_1 = 180$이고, $x_2 = 310$일 때 y의 평균값에 대한 점추정치를 계산하시오.

b. $x_1 = 180$이고, $x_2 = 310$일 때 y의 개별값에 대한 점추정치를 계산하시오.

DATA *file* Exer2

28. 연습문제 2번을 참조하시오. 그 자료에 대한 추정회귀식은 다음과 같다.

$$\hat{y} = 18.4 + 2.01x_1 + 4.74x_2$$

a. $x_1 = 47$이고, $x_2 = 10$일 때 y의 평균값에 대한 95% 신뢰구간을 제시하시오.

b. $x_1 = 47$이고, $x_2 = 10$일 때 y에 대한 95% 예측구간을 제시하시오.

적용문제

DATA *file* Showtime

29. **극장 수익에 대한 신뢰구간 및 예측구간.** 연습문제 5번에서 Showtime Movie Theaters, Inc.의 소유주는 TV 광고비(x_1)과 신문 광고비(x_2)의 함수로 총수익(y)을 예측하기 위해 다중회귀분석을 활용하였다. 추정회귀식은 다음과 같다.

$$\hat{y} = 83.23 + 2.29x_1 + 1.30x_2$$

a. TV 광고비로 3,500달러를 지불하고($x_1 = 3.5$), 신문 광고비로 2,300달러를 지불할 때($x_2 = 2.3$), 1주일 간 총 기대수익은 얼마인가?

b. 파트 (a)와 같이 광고비를 지출한 경우 모든 주의 평균수익에 대한 95% 신뢰구간을 제시하시오.

c. 문항 (a)와 같이 광고비를 지출한 경우 다음 주의 수익에 대한 95% 예측구간을 제시하시오.

DATA *file* NFL2011

30. **NFL 승리에 대한 예측구간.** 연습문제 24에서는 2011 시즌 미국 내셔널 풋볼 리그(NFL)에서 한 팀이 공격에서 경기당 얻은 평균 패스 야드 수와 수비에서 경기당 실점한 평균 야드 수가 주어졌을 때 승률에 대한 추정회귀방정식을 도출하였다(ESPN

웹사이트, 2012년 11월 3일).

a. 공격에서 경기당 평균 225개의 패싱 야드를 기록하고 수비에서 경기당 평균 300야드를 실점하는 특정 팀의 승률을 예측하시오.

b. 공격에서 경기당 평균 225개의 패싱 야드를 기록하고 수비에서 경기당 평균 300야드를 실점하는 특정 팀의 승률에 대한 95% 예측 구간을 구하시오.

DATA*file* AutoResale

31. **자동차 재판매 가치에 대한 신뢰구간 및 예측구간.** 문제 25를 참고하라. 파트 (a)의 추정회귀방정식을 사용하여 다음 문제에 답하시오.

a. 주행 거리가 40,000마일인 4년 된 Honda Accord의 판매가격을 추정하시오.

b. 파트 (a)의 데이터를 사용하여 자동차 판매가격에 대한 95% 신뢰구간을 구하시오.

c. 파트 (a)의 데이터를 가진 특정 자동차의 판매가격에 대한 95% 예측구간을 구하시오.

15.7 범주형 독립변수

지금까지는 학생 수, 운행거리, 운송건수 등과 같은 양적 독립변수를 포함하고 있는 예제를 다루었다. 그러나 많은 상황에서 성(남성, 여성), 지불방법(현금, 신용카드, 수표) 등과 같은 **범주형 독립변수(categorical independent variable)**를 사용해야만 한다. 이 절의 목적은 회귀분석에서 범주형 변수를 처리하는 방법을 설명하는 것이다. 범주형 독립변수의 사용방법 및 결과해석 방법을 설명하기 위해 Johnson Filtration, Inc.의 관리자가 직면하고 있는 문제를 고려해 보자.

예제: Johnson Filtration, Inc.

Johnson Filtration, Inc.는 Florida 주 남부지역에 물 정화시스템에 대한 정비서비스를 제공하고 있다. 고객들은 Johnson사에게 물 정화시스템의 정비 서비스를 요청한다. Johnson사의 관리자들은 서비스시간과 서비스비용을 추정하기 위해 각 정비요청을 수행하는데 필요한 수리시간을 예측하고자 한다. 수리시간은 최근 정비서비스 후 경과기간과 수리문제의 유형(기계적 혹은 전기적) 두 가지와 관련이 있는 것으로 알려져 있다. 표 15.5에는 10개 표본의 서비스 요청에 대한 자료가 제시되어 있다.

y를 수리시간이라고 하고 x_1을 최근 정비서비스 후 경과시간이라고 하자. x_1만을 활용하여 y를 예측하기 위한 회귀모형은 다음과 같다.

$$y = \beta_0 + \beta_1 x_1 + \epsilon$$

추정회귀식을 도출하기 위해 통계 소프트웨어를 활용하여, 그림 15.7과 같은 분석결과를 출력하였다. 추정회귀식은 다음과 같다.

$$\hat{y} = 2.147 + 0.304 x_1 \qquad \textbf{(15.16)}$$

표 15.5 Johnson Filtration 사례 데이터

서비스요청	마지막 서비스 후 경과기간	수리유형	수리시간
1	2	Electrical	2.9
2	6	Mechanical	3.0
3	8	Electrical	4.8
4	3	Mechanical	1.8
5	2	Electrical	2.9
6	7	Electrical	4.9
7	9	Mechanical	4.2
8	8	Mechanical	4.8
9	4	Electrical	4.4
10	6	Electrical	4.5

그림 15.7 마지막 서비스(x_1) 이후 경과 시간을 독립변수로 한 Johnson Filtration 분석 결과

Analysis of Variance

Source	DF	Adj SS	Adj MS	*F* Value	*p*-Value
Regression	1	5.596	5.5960	9.17	0.016
Error	8	4.880	0.6100		
Total	9	10.476			

Model Summary

S	R-sq	R-sq (adj)
0.781022	53.42%	47.59%

Coefficients

Term	Coef	SE Coef	*t* Value	*p*-Value
Constant	2.147	0.605	3.55	0.008
Months Since Last Service	0.304	0.100	3.03	0.016

Regression Equation

Repair Time (hours) = 2.147 + 0.304 Months Since Last Service

t(혹은 F) 검정에 대한 p값이 0.016이기 때문에 유의수준 0.05에서 마지막 서비스 후 경과시간은 수리시간과 유의한 관계가 있다. R-sq = 53.42%는 x_1 단독으로 수리시간 변동의 53.42%를 설명하고 있음을 의미한다.

회귀모형에 수리유형을 추가시키기 위해 다음과 같이 변수를 정의한다.

$$x_2 = \begin{cases} 0 \text{ 수리유형이 기계적인 경우} \\ 1 \text{ 수리유형이 전기적인 경우} \end{cases}$$

DATA file Johnson

표 15.6 수리유형이 더미변수(기계적 수리 시 $x_2 = 0$, 전기적 수리 시 $x_2 = 1$)인 Johnson Filtration 데이터

고객	최근 서비스 후 경과기간(x_1)	수리유형 (x_2)	수리시간 (y)
1	2	1	2.9
2	6	0	3.0
3	8	1	4.8
4	3	0	1.8
5	2	1	2.9
6	7	1	4.9
7	9	0	4.2
8	8	0	4.8
9	4	1	4.4
10	6	1	4.5

그림 15.8 마지막 서비스 후 경과시간(x_1)과 수리유형(x_2)을 독립변수로 포함한 Johnson filtration의 분석결과

Analysis of Variance

Source	DF	Adj SS	Adj MS	*F* Value	*p*-Value
Regression	2	9.0009	4.50046	21.36	0.001
Error	7	1.4751	0.21073		
Total	9	10.4760			

Model Summary

S	R-sq	R-sq (adj)
0.459048	85.92%	81.90%

Coefficients

Term	Coef	SE Coef	*t* Value	*p*-Value
Constant	0.930	0.467	1.99	0.087
Months Since Last Service	0.3876	0.0626	6.20	0.000
Type of Repair	1.263	0.314	4.02	0.005

Regression Equation

Repair Time (hours) = 0.930 + 0.3876 Months Since Last Service + 1.263 Type of Repair

회귀분석에서 x_2는 **더미변수(dummy variable)** 혹은 **지시변수(indicator variable)**라고 한다. 이러한 더미변수를 활용한 다중회귀모형은 다음과 같다.

$$y = \beta_0 + \beta_1 x_1 + \beta_2 x_2 + \epsilon$$

표 15.6은 더미변수값을 포함하고 있는 변환된 데이터 세트이다. 그림 15.8의 분석결과를 통해 다음과 같은 추정 다중회귀식을 구할 수 있다.

$$\hat{y} = 0.93 + 0.3876x_1 + 1.263x_2 \quad \textbf{(15.17)}$$

F 검정($F = 21.36$)에 대한 p값이 0.001이기 때문에 유의수준 0.05에서 회귀관계는 유의하다. 그림 15.8의 분석결과에서 t 검정 부분을 보면 마지막 서비스 후 경과시간(p값 $= 0.000$)과 수리유형(p값 $= 0.005$) 모두 통계적으로 유의하다. 또한 R-sq = 85.92%이고 R-sq(adj) = 81.9%이므로 추정회귀식은 수리시간의 변동성을 잘 설명하고 있는 것으로 나타났다. 따라서 식 (15.17)은 다양한 서비스요청 수행에 필요한 수리시간을 추정하는데 유용한 것으로 나타났다.

모수 해석

Johnson사의 예에 대한 다중회귀식은 다음과 같다.

$$E(y) = \beta_0 + \beta_1 x_1 + \beta_2 x_2 \quad \textbf{(15.18)}$$

범주형 변수가 있을 때 모수 β_0, β_1, β_2의 해석방법을 이해하기 위해 $x_2 = 0$(기계적 수리)인 경우를 고려해 보자. 기계적 수리가 필요한 경우에 수리시간의 평균 혹은 기댓값을 의미하는 $E(y \mid \text{기계적})$는 다음과 같다.

$$E(y \mid \text{기계적}) = \beta_0 + \beta_1 x_1 + \beta_2(0) = \beta_0 + \beta_1 x_1 \quad \textbf{(15.19)}$$

이와 유사하게, 전기적 수리($x_2 = 1$)에 대한 기댓값을 구하는 공식은 다음과 같다.

$$\begin{aligned} E(y \mid \text{전기적}) &= \beta_0 + \beta_1 x_1 + \beta_2(1) = \beta_0 + \beta_1 x_1 + \beta_2 \\ &= (\beta_0 + \beta_2) + \beta_1 x_1 \end{aligned} \quad \textbf{(15.20)}$$

식 (15.19)와 (15.20)을 비교해 보면 기계적 수리와 전기적 수리 모두 평균 수리시간은 x_1의 선형함수임을 알 수 있다. 두 방정식의 기울기는 β_1으로 동일하지만 y-절편은 다르다. 기계적 수리에 대한 식 (15.19)에서 y-절편은 β_0이고, 전기적 수리에 대한 식 (15.20)에서 y-절편은 $(\beta_0 + \beta_2)$이다. β_2는 전기적 수리의 평균 수리시간과 기계적 수리의 평균 수리시간 간 차이를 의미한다.

만일 β_2가 양수라면 전기적 수리의 평균 수리시간이 기계적 수리의 평균 수리시간보다 크고, β_2가 음수라면 전기적 수리의 평균 수리시간이 기계적 수리의 평균 수리시간보다 작다는 의미이다. 그리고 만일 β_2가 0이라면 전기적 수리와 기계적 수리의 평균 수리시간 간에는 차이가 없고, 수리유형은 수리시간과 무관하다는 것을 의미한다.

추정 다중회귀식 $\hat{y} = 0.93 + 0.03876x_1 + 1.263x_2$를 보면, 0.93이 β_0의 추정치이고, 1.263은 β_2의 추정치임을 알 수 있다. 따라서 $x_2 = 0$(기계적 수리)일 때 추정회귀식은 다음과 같다.

$$\hat{y} = 0.93 + 0.3876x_1 \tag{15.21}$$

그리고 $x_2 = 1$(전기적 수리)일 때 추정회귀식은 다음과 같다.

$$\begin{aligned}\hat{y} &= 0.93 + 0.3876x_1 + 1.263(1) \\ &= 2.193 + 0.3876x_1\end{aligned} \tag{15.22}$$

사실, 수리유형에 대한 더미변수를 활용하면 수리시간을 예측하는 데 활용할 수 있는 식은 두 개가 된다. 하나는 기계적 수리에 대한 식이고, 다른 하나는 전기적 수리에 대한 식이다. 또한 $b_2 = 1.263$이기 때문에 평균적으로 전기적 수리는 기계적 수리보다 1.263시간을 더 소요함을 알 수 있다.

그림 15.9는 표 15.6에 있는 Johnson사의 자료에 대한 그래프이다. 수리시간(y)은 수직축에 표시되어 있고, 마지막 수리 후 경과시간(x_1)은 수평축에 표시되어 있다. 기계적 수리에 대한 자료의 점은 M으로 표기되어 있고, 전기적 수리에 대한 자료의 점은 E로 표기되어 있다. 각 수리유형별 수리시간을 예측하기 위해 활용할 수 있는 두 개의 식 (15.21)과 (15.22)는 시각적으로 그래프에 그려져 있다.

그림 15.9 표 15.6의 Johnson사의 자료에 대한 산점도

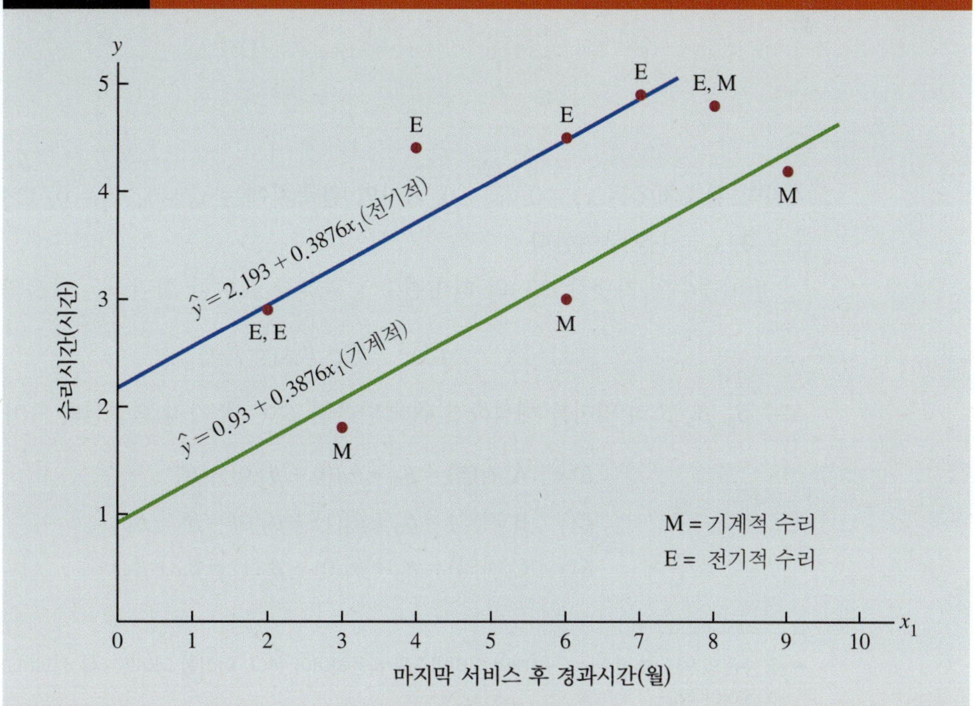

보다 복잡한 범주형 변수

Johnson사의 예에 대한 범주형 변수는 두 수준(기계적과 전기적)이기 때문에 0은 기계적 수리이고, 1은 전기적 수리라고 더미변수를 정의하기가 쉽다. 그러나 범주형 변수가 두 수준 이상일 때에는 더미변수를 정의하고 해석할 때 모두 주의해야 한다. 만일 범주형 변수가 k 수준이라면 $k-1$개의 더미변수가 필요하고, 각 더미변수에는 0 혹은 1의 값을 부여해야 한다.*

예를 들어 한 복사기 제조업자가 특정 주에 대한 판매구역을 A, B, C 세 곳으로 구분한다고 생각해 보자. 관리자들은 주당 복사기 판매대수를 예측하는 데 도움이 될 수 있는 회귀분석을 활용하고자 한다. 복사기 판매대수를 종속변수로 설정하고, 여러 가지 독립변수(판매원 수, 광고비 등)를 고려하고 있다. 관리자들은 판매지역 또한 복사기 판매대수를 예측하는 데 중요한 요인이라고 믿고 있다. 판매지역은 A, B, C 세 수준으로 구성된 범주형 변수이기 때문에 판매지역을 대표하는 $3-1=2$개의 더미변수가 필요하다. 각 변수에는 다음과 같이 0과 1의 값을 부여할 수 있다.

$$x_1 = \begin{cases} 1 & \text{판매지역 B인 경우} \\ 0 & \text{다른 경우} \end{cases} \qquad x_2 = \begin{cases} 1 & \text{판매지역 C인 경우} \\ 0 & \text{다른 경우} \end{cases}$$

이러한 정의에 따라 x_1과 x_2에는 다음과 같은 값을 부여할 수 있다.

지역	x_1	x_2
A	0	0
B	1	0
C	0	1

A지역 관측치에는 $x_1=0,\ x_2=0$, B지역 관측치에는 $x_1=1,\ x_2=0$, C지역 관측값에는 $x_1=0,\ x_2=1$을 부여한다.

판매대수의 기댓값 $E(y)$와 더미변수의 관계를 표현한 회귀식은 다음과 같다.

$$E(y)=\beta_0+\beta_1x_1+\beta_2x_2$$

모수 β_0, β_1, β_2의 의미를 해석하기 위해 다음과 같은 세 가지 회귀식의 차이를 고려해 보자.

$$E(y \mid \text{A 지역})=\beta_0+\beta_1(0)+\beta_2(0)=\beta_0$$
$$E(y \mid \text{B 지역})=\beta_0+\beta_1(1)+\beta_2(0)=\beta_0+\beta_1$$
$$E(y \mid \text{C 지역})=\beta_0+\beta_1(0)+\beta_2(1)=\beta_0+\beta_2$$

* k 수준의 범주형 변수는 $k-1$개의 더미변수를 사용하여야 한다. 이러한 더미변수를 정의하고 해석하는데 주의를 기울여야 한다.

따라서 β_0은 A지역 평균 판매대수의 평균 혹은 기댓값이고, β_1은 B지역 평균 판매 대수와 A지역 평균 판매대수의 차이이며, β_2는 C지역 평균 판매대수와 A지역 평균 판매대수의 차이이다.

판매지역이 세 가지 수준을 갖는 범주형 변수이기 때문에 두 개의 더미변수가 필요하다. 그러나 $x_1 = 0$, $x_2 = 0$은 A지역, $x_1 = 1$, $x_2 = 0$은 B지역, $x_1 = 0$, $x_2 = 1$은 C지역을 의미한다는 것은 인위적인 구분이다. 예를 들어 $x_1 = 1$, $x_2 = 0$은 A지역, $x_1 = 0$, $x_2 = 0$은 B지역, $x_1 = 0$, $x_2 = 1$은 C지역을 의미한다고 구분할 수도 있다. 그럴 경우에 β_1은 A지역과 B지역 평균의 차이, β_2는 C지역과 B지역 평균의 차이로 해석될 것이다.

반드시 기억해야 할 점은 범주형 변수가 k 수준이라면 다중회귀분석에서 $k-1$개의 더미변수가 필요하다는 사실이다. 따라서 만일 판매지역의 예에 D라는 지역이 추가된다면 세 개의 더미변수가 필요하다. 예를 들어 세 개의 더미변수에는 다음과 같이 코드를 부여할 수 있다.

$$x_1 = \begin{cases} 1 \text{ 판매지역 B인 경우} \\ 0 \text{ 다른 경우} \end{cases} \quad x_2 = \begin{cases} 1 \text{ 판매지역 C인 경우} \\ 0 \text{ 다른 경우} \end{cases} \quad x_3 = \begin{cases} 1 \text{ 판매지역 D인 경우} \\ 0 \text{ 다른 경우} \end{cases}$$

연습문제

기본문제

32. 종속변수 y, 양적 독립변수 x_1, 두 수준의 범주형 독립변수(1, 2)가 있는 회귀분석에 대해 다음 물음에 답하시오.

a. x_1 및 범주형 변수와 y의 관계에 대한 다중회귀식을 도출하시오.

b. 범주형 변수의 1수준에 대한 y의 기댓값은 얼마인가?

c. 범주형 변수의 2수준에 대한 y의 기댓값은 얼마인가?

d. 회귀식에서 모수의 의미를 설명하시오.

33. 종속변수 y, 양적 독립변수 x_1, 세 수준의 범주형 독립변수(1, 2, 3)가 있는 회귀분석에 대해 다음 물음에 답하시오.

a. 범주형 변수를 나타내기 위해서는 몇 개의 더미변수가 필요한가?

b. x_1 및 범주형 변수와 y의 관계에 대한 다중회귀식을 도출하시오.

c. 회귀식에서 모수의 의미를 설명하시오.

적용문제

34. **패스트푸드 매출.** 경영진은 패스트푸드 매장의 매출을 예측하기 위해 다음과 같은 회귀모형을 제안했다.

$$y = \beta_0 + \beta_1 x_1 + \beta_2 x_2 + \beta_3 x_3 + \epsilon$$

여기서

x_1 = 1마일 이내의 경쟁 업체 수
x_2 = 1마일 이내의 인구 (1,000명)
x_3 = 드라이브업 창구가 있는 경우 1, 그렇지 않으면 0
y = 매출(천 달러)

20개 매장을 조사한 후 다음과 같은 추정회귀방정식이 도출되었다.

$$\hat{y} = 10.1 - 4.2x_1 + 6.8x_2 + 15.3x_3$$

a. 드라이브업 창구에 기인하는 예상 매출은 얼마인가?
b. 2개의 경쟁 업체, 1마일 이내 8,000명의 인구, 그리고 드라이브업 창구가 없는 매장의 매출을 예측하시오.
c. 1개의 경쟁 업체, 1마일 이내 3,000명의 인구, 그리고 드라이브업 창구가 있는 매장의 매출을 예측하시오.

35. 수리시간. 이 절에서 소개했던 Johnson사의 예를 참조하시오. 관리자들은 마지막 정비 후 경과시간과 수리유형 이외에 추가로 수리공에 대한 정보를 수집했다고 가정해 보자. 자료는 다음과 같다.

DATA*file* Repair

수리시간	마지막 수리 후 경과시간	수리유형	수리공
2.9	2	Electrical	Dave Newton
3.0	6	Mechanical	Dave Newton
4.8	8	Electrical	Bob Jones
1.8	3	Mechanical	Dave Newton
2.9	2	Electrical	Dave Newton
4.9	7	Electrical	Bob Jones
4.2	9	Mechanical	Bob Jones
4.8	8	Mechanical	Bob Jones
4.4	4	Electrical	Bob Jones
4.5	6	Electrical	Dave Newton

a. 마지막 수리 후 경과시간(x_1) 및 수리공은 무시하고 수리유형(x_2)에 따른 수리시간(y)을 예측하기 위한 추정 단순선형회귀식을 도출하시오. 만일 수리유형이 기계적이면 $x_2 = 0$이고, 전기적이면 $x_2 = 1$이다.
b. 문항 (a)에서 도출한 추정회귀식의 적합도가 우수한가? 그 이유를 설명하시오.
c. 마지막 수리 후 경과시간 및 수리유형은 무시하고 수리공에 따른 수리시간(y)을

예측하기 위한 추정 단순선형회귀식을 도출하시오. 만일 수리공이 Bob Jones이면 $x_3 = 0$이고 Dave Newton이면 $x_3 = 1$이다.

d. 문항 (c)에서 도출된 추정회귀식의 적합도가 우수한가? 그 이유를 설명하시오.

36. **수리시간을 위한 확장 모형.** 이 문제는 연습문제 35번에서 설명한 상황을 확장한 것이다.

a. 마지막 수리 후 경과시간, 수리유형, 수리공이 주어졌을 때 수리시간을 예측할 수 있는 추정회귀식을 도출하시오.

b. 문항 (a)에서 도출된 추정회귀식이 독립변수와 종속변수의 유의한 관계를 잘 설명하는지 유의수준 0.05에서 검증하시오.

c. 독립변수 x_3(수리공)의 추가가 통계적으로 유의한지를 $\alpha = 0.05$에서 검증하시오. 분석결과에 대해 설명하시오.

37. **냉장고 가격 정책.** 전국적으로 전자제품, 컴퓨터 및 가전제품을 판매하는 소매업체인 Best Buy는 다양한 브랜드의 냉장고를 판매한다. Best Buy에서 판매하는 대형 냉장고 모델 가격에 대한 무작위 표본과 해당 용량(cu ft) 및 가격 목록이 다음과 같다(Best Buy 웹사이트).

DATA*file* Refrigerators

모델	Cu Ft	가격
Frigidaire Gallery Custom-Flex Top-Freezer Refrigerator	18.3	$899.99
GE French Door Refrigerator	24.8	$1,599.99
GE Frost-Free Side-by-Side Refrigerator with Thru-the-Door Ice and Water	25.4	$1,599.99
Whirlpool Top-Freezer Refrigerator	19.3	$749.99
GE Frost-Free Top-Freezer Refrigerator	17.5	$599.99
Whirlpool French Door Refrigerator with Thru-the-Ice and Door Water	19.6	$1,619.99
Samsung French Door Refrigerator	25.0	$999.99
Samsung Side-by-Side Refrigerator	24.5	$1,299.99
Whirlpool Side-by-Side Refrigerator with Thru-the-Door Ice and Water	25.4	$1,299.99
Frigidaire Gallery Frost-Free Side-by-Side Refrigerator with Thru-the-Door Ice and Water	26.0	$1,299.99
Frigidaire Side-by-Side Refrigerator with Thru-the-Door Ice and Water	25.6	$1,099.99
Frigidaire Top-Freezer Refrigerator	18.0	$579.99
Whirlpool French Door Refrigerator with Thru-the-Door Ice and Water	25.0	$2,199.99
Whirlpool Top-Freezer Refrigerator	20.5	$849.99
GE Frost-Free Top-Freezer Refrigerator	15.5	$549.99

계속

모델	Cu Ft	가격
Samsung 4-Door French Door Refrigerator with Thru-the-Door Ice and Water	28.2	$2,599.99
Samsung Showcase 4-Door French Door Refrigerator	27.8	$2,999.99
Samsung 3-Door French Door Refrigerator with Thru-the-Door Ice and Water	24.6	$2,399.99
Frigidaire Side-by-Side Refrigerator with Thru-the-Door Ice and Water	22.6	$1,099.99
GE Side-by-Side Refrigerator with Thru-the-Door Ice and Water	21.8	$1,499.99
GE Bottom-Freezer Refrigerator	20.9	$1,649.99

a. 독립변수인 용량과 가격 간의 관계를 보여주는 추정 단순선형회귀방정식을 도출하시오.

b. 유의수준 0.05에서 파트 (a)에서 개발한 추정회귀방정식이 가격과 용량 간의 유의미한 관계를 나타내는지 검정하시오.

c. 냉장고 문에 얼음 및 정수 기능이 있는지 여부를 나타내는 더미변수를 만들어라. 더미변수는 냉장고 문에 얼음 및 정수 기능이 있는 경우 1의 값을, 그렇지 않은 경우 0의 값을 가진다. 이 더미변수를 사용하여 가격이 용량과 냉장고 문 얼음 및 정수 기능과 관련이 있음을 보여주는 추정 다중회귀방정식을 도출하시오.

d. $\alpha = 0.05$에서 냉장고 문 얼음 및 정수 기능이 냉장고의 가격에 유의한 영향을 미치는지 여부를 확인하시오.

38. 뇌졸중 위험. 미국 심장협회(American Heart Association)가 10년간 연구한 결과 나이, 혈압, 흡연이 뇌졸중 위험과 관련이 있다는 자료를 발표했다. 다음 자료는 이 연구결과의 일부이다. 위험은 환자가 향후 10년간 뇌졸중이 발생할 확률(백분율)이다. 흡연 변수는 흡연자는 1, 비흡연자는 0의 값을 갖는 더미변수로 정의하였다.

DATA*file* Stroke

위험	나이	혈압	흡연
12	57	152	0
24	67	163	0
13	58	155	0
56	86	177	1
28	59	196	0
51	76	189	1
18	56	155	1
31	78	120	0
37	80	135	1
15	78	98	0

계속

위험	나이	혈압	흡연
22	71	152	0
36	70	173	1
15	67	135	1
48	77	209	1
15	60	199	0
36	82	119	1
8	66	166	0
34	80	125	1
3	62	117	0
37	59	207	1

a. 나이, 혈압, 흡연과 뇌졸중 위험의 관계를 나타내는 추정회귀식을 도출하시오.

b. 흡연은 뇌졸중 위험에 유의한 영향을 미치는 요인인가? $\alpha = 0.05$에서 검증하시오.

c. 68세 흡연자로 혈압이 175인 Art Speen의 향후 10년간 뇌졸중 발생 확률은 얼마인가? 이 환자에게 의사는 어떤 조치를 충고할 수 있는가?

15.8 잔차분석

14장에서 우리는 표준화된 잔차가 잔차 그림 및 이상값 식별에서 자주 사용된다고 언급하였다. 관측치 i에 대한 표준화 잔차의 일반적인 공식은 다음과 같다.

관측치 *i*에 대한 표준화된 잔차

$$\frac{y_i - \hat{y}_i}{s_{y_i - \hat{y}_i}} \tag{15.23}$$

여기에서

이때, $s_{y_i - \hat{y}_i}$ = 잔차 i의 표준편차

잔차 i의 표준편차를 위한 일반적인 공식은 다음과 같다.

잔차 *i*의 표준편차

$$s_{y_i - \hat{y}_i} = s\sqrt{1 - h_i} \tag{15.24}$$

여기에서

s = 추정치의 표준오차

h_i = 관측치 i의 레버리지

표 15.7 Butler Trucking 회귀분석의 잔차와 표준화 잔차

운행거리 (x_1)	운송 (x_2)	운행시간 (y)	예측값 ($\hat{y}$)	잔차 ($y-\hat{y}$)	표준화 잔차
100	4	9.3	8.93846	0.361541	0.78344
50	3	4.8	4.95830	−0.158304	−0.34962
100	4	8.9	8.93846	−0.038460	−0.08334
100	2	6.5	7.09161	−0.591609	−1.30929
50	2	4.2	4.03488	0.165121	0.38167
80	2	6.2	5.86892	0.331083	0.65431
75	3	7.4	6.48667	0.913331	1.68917
65	4	6.0	6.79875	−0.798749	−1.77372
90	3	7.6	7.40369	0.196311	0.36703
90	2	6.1	6.48026	−0.380263	−0.77639

14장에서 언급한 대로 관측치의 레버리지는 독립변수의 값이 평균에서 얼마나 떨어져 있는지에 의해 결정된다. h_i, $s_{y_i-\hat{y}_i}$ 그리고 다중회귀분석에서 관측치 i의 표준화 잔차를 계산하는 것은 손으로 계산하기에 너무 복잡하다. 그러나 표준화 잔차는 통계 소프트웨어 출력결과의 일부로 쉽게 얻을 수 있다. 표 15.7은 이 장에서 이전에 제시한 Butler Trucking 예제에 대한 예측값, 잔차 및 표준화 잔차를 제시한다. 이러한 값은 통계 소프트웨어를 사용하여 얻었다. 표의 예측값은 추정회귀방정식 $\hat{y} = -0.869 + 0.06113x_1 + 0.923x_2$

그림 15.10 Butler Trucking을 위한 표준화 잔차 그림

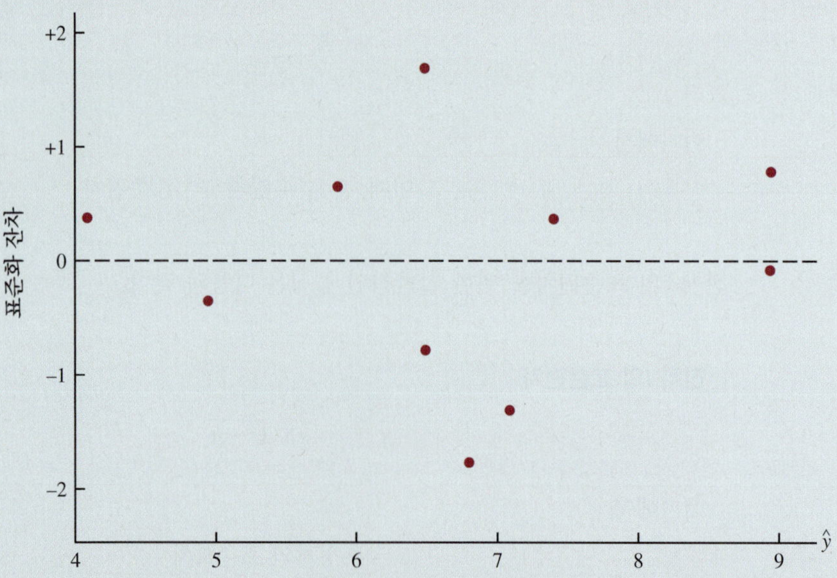

를 기반으로 한다.

표 15.7의 표준화 잔차 및 예측된 y 값은 그림 15.10 Butler Trucking 다중회귀 예제의 표준화 잔차 그림에 사용된다. 이 표준화 잔차 그림에는 비정상적인 특이점이 나타나지 않는다. 또한 모든 표준화된 잔차가 -2에서 $+2$ 사이이므로 오차항 ϵ가 정규분포라는 가정에 의문을 제기할 이유가 없다. 따라서 우리는 모형 가정이 합리적이라는 결론을 내린다.

정규확률그림을 사용하여 ϵ의 분포가 정규분포로 나타나는지 여부도 확인할 수 있다. 정규확률그림의 절차 및 해석은 14.8절에서 설명하였다. 동일한 절차가 다중회귀에도 적합하다. 다시 우리는 통계 소프트웨어 패키지를 사용하여 계산을 수행하고 정규확률그림을 제시한다.

이상값 탐지

이상값(outlier)은 다른 데이터와 비교하였을 때 비정상적인 관측치로, 다른 데이터의 추세와 맞지 않는 관측치를 말한다. 14장에서는 이상값의 예를 보여주고 표준화 잔차를 사용하여 이상값을 탐지하는 방법을 설명했다. 표준화 잔차의 값이 -2보다 작거나 $+2$보다 큰 경우 해당 관측치는 이상값으로 분류된다. 이 규칙을 Butler Trucking 예제의 표준화 잔차에 적용하면(표 15.7 참고), 데이터 세트에서 이상값을 감지할 수 없다.

일반적으로 데이터 세트에 하나 이상의 이상값이 존재하는 경우, 추정치의 표준오차 s가 증가하고, 따라서 잔차 i의 표준편차 $s_{y_i-\hat{y}_i}$도 증가하는 경향이 있다. $s_{y_i-\hat{y}_i}$가 표준화 잔차 공식(15.23)의 분모에 나타나기 때문에, 표준화 잔차의 크기는 s가 증가함에 따라 감소할 것이다. 결과적으로 잔차가 비정상적으로 크더라도 식(15.23)의 분모가 크면, 표준화 잔차 규칙이 해당 관측치를 이상치로 식별하지 못할 수 있다. 이 어려움을 피하기 위해 표준화 잔차의 한 형태인 스튜던트 삭제 잔차(studentized deleted residuals)를 사용할 수 있다.

스튜던트 삭제 잔차 및 이상값

i번째 관측치를 데이터 세트에서 삭제하고 나머지 $n-1$개의 관측치로 새로운 추정회귀방정식을 개발한 경우를 가정해보자. i번째 관측치가 삭제된 데이터 세트를 기반으로 한 추정치의 표준편차를 $s_{(i)}$라고 하자. s 대신 $s_{(i)}$를 사용하여 잔차 i의 표준편차를 계산한 다음, 수정된 $s_{y_i-\hat{y}_i}$값을 사용하여 관측치 i의 표준화 잔차를 계산하면 얻게 되는 표준화 잔차를 스튜던트 삭제 잔차라고 한다. i번째 관측치가 이상값인 경우 $s_{(i)}$는 s보다 작아지므로, i번째 스튜던트 삭제 잔차의 절댓값은 표준화 잔차의 절댓값보다 크게 된다. 이런 의미에서 스튜던트 삭제 잔차는 표준화 잔차가 감지하지 못하는 이상값을 감지할 수 있다.

많은 통계 소프트웨어 패키지는 스튜던트 삭제 잔차를 구하기 위한 옵션을 제공한다. 통계 소프트웨어를 사용하여 Butler Trucking 예제의 스튜던트 삭제 잔차를 얻었고 그 결과는 표 15.8에 보고되어 있다. 스튜던트 삭제 잔차가 이상값의 존재를 나타내는지 여부를 결정하기 위해 t분포를 사용할 수 있다. 여기서 p는 독립변수의 수를 나타내고 n은 관측치 수를 나타낸다. 따라서 i번째 관측치를 삭제하면, 축소된 데이터 세트의 관측치 수는 $n-1$이 되고, 이 경우 오차제곱합의 자유도는 $(n-1)-p-1$이다. Butler Trucking 예제에서 $n=10$이고 $p=2$이므로 i번째 관측치를 삭제한 경우 오차제곱합의 자유도는 $9-2-1=6$이다. 유의수준 0.05에서 t분포(부록 B의 Table 2 참조)는 자유도가 6이면 $t_{0.025}=2.447$임을 보여준다. i번째 스튜던트 삭제 잔차의 값이 -2.447보다 작거나 $+2.447$보다 큰 경우, i번째 관측치는 이상값으로 판단할 수 있다.

표 15.8의 스튜던트 삭제 잔차는 이러한 한계를 초과하지 않으므로, 데이터 세트에 이상값이 존재하지 않는다고 결론을 내린다.

표 15.8 Butler Trucking의 스튜던트 삭제 잔차

운행거리 (x_1)	운송 (x_2)	운행시간 (y)	표준화 잔차	스튜던트 삭제 잔차
100	4	9.3	0.78344	0.75939
50	3	4.8	−0.34962	−0.32654
100	4	8.9	−0.08334	−0.07720
100	2	6.5	−1.30929	−1.39494
50	2	4.2	0.38167	0.35709
80	2	6.2	0.65431	0.62519
75	3	7.4	1.68917	2.03187
65	4	6.0	−1.77372	−2.21314
90	3	7.6	0.36703	0.34312
90	2	6.1	−0.77639	−0.75190

표 15.9 Butler Trucking의 레버리지와 Cook의 거리

운행거리 (x_1)	운송 (x_2)	운행시간 (y)	레버리지 (h_i)	Cook's D (D_i)
100	4	9.3	0.351704	0.110994
50	3	4.8	0.375863	0.024536
100	4	8.9	0.351704	0.001256
100	2	6.5	0.378451	0.347923
50	2	4.2	0.430220	0.036663
80	2	6.2	0.220557	0.040381
75	3	7.4	0.110009	0.117562
65	4	6.0	0.382657	0.650029
90	3	7.6	0.129098	0.006656
90	2	6.1	0.269737	0.074217

영향력 있는 관측치

14.9절에서 독립변수의 값이 회귀 결과에 큰 영향을 미칠 수 있는 관측치를 식별하는 데 관측치의 레버리지가 사용될 수 있다고 설명하였다. 표준화 잔차에 대한 논의에서 언급했듯이, 관측치의 레버리지는 h_i로 표시되며 독립변수의 값이 평균에서 얼마나 떨어져 있는지를 측정한다. **영향력 있는 관측치(influential observations)**를 식별하기 위해 일반적으로 $h_i > 3(p+1)/n$의 경험법칙을 사용한다. $p = 2$ 독립변수 및 $n = 10$ 관측치를 가진 Butler Trucking 예제에서 레버리지의 임계값은 $3(2+1)/10 = 0.9$이다. 통계 소프트웨어를 사용하여 얻은 Butler Trucking 예제의 레버리지 값이 표 15.9에 제시되어 있다. h_i가 0.9를 초과하지 않으므로 우리는 데이터 세트에서 영향력 있는 관측치를 감지하지 못했다.

Cook의 거리 측정법을 사용하여 영향력 있는 관측치를 식별하기

레버리지를 사용하여 영향력 있는 관측치를 식별할 때 발생할 수 있는 문제는 어떤 관측치가 높은 레버리지를 가진 것으로 식별될 수 있지만, 결과적인 추정회귀방정식에 반드시 영향력이 높지 않을 수 있다는 것이다. 예를 들어, 표 15.10은 여덟 개의 관측치와 해당 레버리지 값으로 구성된 데이터 세트이다(통계 소프트웨어를 사용하여 얻음). 여덟 번째 관측치의 레버리지가 $0.91 > 0.75$(레버리지 임계값)보다 크기 때문에 이 관측치는 영향력이 있는 것으로 식별된다. 그러나 최종 결론을 내리기 전에 우리는 다른 관점에서 이 상황을 고려해 보고자 한다.

그림 15.11은 표 15.10의 데이터 세트에 해당하는 산점도를 보여준다. 통계 소프트웨어를 사용하여 이 데이터에 대해 다음과 같은 추정회귀방정식을 도출하였다.

$$\hat{y} = 18.2 + 1.39x$$

그림 15.11의 직선은 이 방정식의 그래프이다. 이제 $x = 15$, $y = 39$ 관측치를 데이터 세

표 15.10 레버리지 기준을 사용하여 잠재적 문제를 보여주는 데이터 세트

x_i	y_i	레버리지 h_i
1	18	0.204170
1	21	0.204170
2	22	0.164205
3	21	0.138141
4	23	0.125977
4	24	0.125977
5	26	0.127715
15	39	0.909644

그림 15.11 표 15.10에 나타난 데이터 세트에 대한 산점도

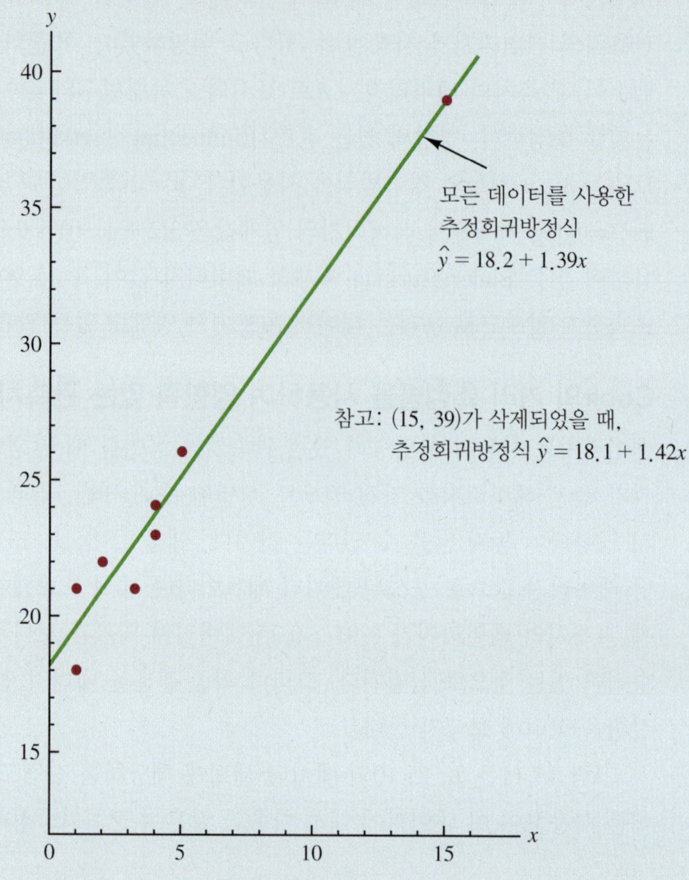

트에서 삭제하고 나머지 7개의 관측치에 대한 새로운 추정회귀방정식으로 조정해 보겠다. 새로운 추정회귀방정식은 다음과 같다.

$$\hat{y} = 18.1 + 1.42x$$

새로운 추정회귀방정식의 y 절편과 기울기가 모든 데이터를 사용하여 얻은 값에 매우 가깝다는 것을 알 수 있다. 레버리지 기준이 여덟 번째 관측치를 영향력 있는 것으로 식별했지만, 이 관측치는 결과에 거의 영향이 없었다. 따라서 레버리지만 사용하여 영향력 있는 관측치를 식별하는 경우 때로는 잘못된 결론에 이를 수도 있다.

Cook의 거리 측정

$$D_i = \frac{(y_i - \hat{y}_i)^2}{(p+1)s^2}\left[\frac{h_i}{(1-h_i)^2}\right] \tag{15.25}$$

여기에서

D_i = 관측치 i에 대한 Cook의 거리 측정

$y_i - \hat{y}_i$ = 관측치 i에 대한 잔차

h_i = 관측치 i에 대한 레버리지

p = 독립변수 수

s = 추정치의 표준오차

Cook의 거리 측정(Cook's distance measure)은 관측치 i의 레버리지 h_i와 관측치 i의 잔차 $(y_i - \hat{y}_i)$를 모두 사용하여 해당 관측치가 영향력이 있는지를 결정한다. 잔차 또는 레버리지가 클 때 Cook의 거리 측정 값은 크고 영향력 있는 관측치를 나타낸다. 경험법칙으로 D_i의 값이 1보다 클 때 해당 관측치가 영향력이 크고 더 자세히 살펴봐야 함을 나타낸다. 표 15.9의 마지막 열은 Butler Trucking 예제에 대한 Cook의 거리 측정을 제시한다. 관측치 8의 $D_i = 0.650029$로 가장 큰 영향을 미친다. 그러나 규칙 $D_i > 1$을 적용하면 Butler Trucking 데이터 세트에서 영향력 있는 관측치에 대해 걱정할 필요가 없다.

주석 및 코멘트

1. 이상값과 영향력 있는 관측치를 식별하는 절차는 일부 관측치가 회귀 결과에 미칠 수 있는 잠재적인 영향에 대해 경고한다. 각 이상값과 영향력 있는 관측치를 주의 깊게 검토해야 한다. 데이터 오류가 발견되면 해당 오류를 수정하고 회귀 분석을 다시 수행할 수 있다. 일반적으로 이상값과 영향력 있는 관측치가 해당 모집단의 요소에 기반하지 않고 원래 데이터 세트에 포함되지 않았어야 한다는 명확한 증거가 없는 한 데이터 세트에서 제거해서는 안된다.

2. 관측치 i가 영향력이 있다고 결론 내릴 수 있을 만큼 Cook의 거리 측정값인 D_i가 충분히 큰지 여부를 판단하기 위해, 분자 자유도가 $p+1$이고 분모 자유도가 $n-p-1$인 F 분포의 50번째 백분위수($F_{0.50}$으로 표기)와 D_i의 값을 비교할 수 있다. 테스트를 수행하려면 유의수준 0.50에 해당하는 F 테이블을 사용한다. 제공한 경험법칙($D_i > 1$)은 다양한 경우에 대해 테이블의 값이 1에 가깝다는 사실에 근거한 것이다.

연습문제

기본문제

39. 두 변수인 x와 y에 대한 데이터는 다음과 같다.

x_i	1	2	3	4	5
y_i	3	7	5	11	14

a. 이 데이터에 대한 추정회귀방정식을 도출하시오.

b. $\hat{y}$에 대해 표준화 잔차 그림을 그리시오. 이 데이터에 이상값이 나타나는가? 설명하시오.

c. 이 데이터에 대한 스튜던트 삭제 잔차를 계산하시오. 유의수준 0.05에서 어떤 관측치가 이상값으로 분류될 수 있는가? 설명하시오.

40. 두 변수인 x와 y에 대한 데이터는 다음과 같다.

x_i	22	24	26	28	40
y_i	12	21	31	35	70

a. 이 데이터에 대한 추정회귀방정식을 도출하시오.

b. 이 데이터에 대한 스튜던트 삭제 잔차를 계산하시오. 유의수준 0.05에서 어떤 관측치가 이상값으로 분류될 수 있는가? 설명하시오.

c. 이 데이터에 대한 레버리지 값을 계산하시오. 이 데이터에 영향력 있는 관측치가 나타나는가? 설명하시오.

d. 이 데이터에 대해 Cook의 거리 측정을 계산하시오. 어떤 관측치가 영향력이 있는 것으로 나타나는가? 설명하시오.

적용문제

41. 극장 수입에서 이상값 감지. 연습문제 5에서 Showtime 극장의 주간 총 수입, TV 광고 및 신문 광고에 관한 다음의 데이터를 제시하였다.

DATA *file* Showtime

주간 총 수입(1,000달러)	tv 광고(1,000달러)	신문 광고(1,000달러)
96	5.0	1.5
90	2.0	2.0
95	4.0	1.5
92	2.5	2.5
95	3.0	3.3
94	3.5	2.3
94	2.5	4.2
94	3.0	2.5

a. 텔레비전 및 신문 광고와 주간 총 수입의 관계를 나타내는 추정회귀방정식을 도출하시오.

b. $\hat{y}$에 대해 표준화 잔차 그림을 그리시오. 잔차 그림이 ϵ에 대한 가정을 지지하는가? 설명하시오.

c. 이 데이터에서 이상값이 있는지 확인하시오. 당신의 결론은 무엇인가?

d. 영향력 있는 관측치가 있는가? 설명하시오.

DATA*file* Auto2

42. **스포츠 카 가격.** 다음 데이터는 16개의 대중적인 스포츠 및 GT 차량의 자동차 중량, 마력 및 1/4마일 속도를 보여준다. 각 스포츠 및 GT 차량의 가격도 얻을 수 있다. 완성된 데이터 세트는 다음과 같다.

스포츠 및 GT 자동차	가격 (1,000달러)	자동차 중량 (lb)	마력	1/4 마일 속도 (mph)
Acura Integra Type R	25.035	2577	195	90.7
Acura NSX-T	93.758	3066	290	108.0
BMW Z3 2.8	40.900	2844	189	93.2
Chevrolet Camaro Z28	24.865	3439	305	103.2
Chevrolet Corvette Convertible	50.144	3246	345	102.1
Dodge Viper RT/10	69.742	3319	450	116.2
Ford Mustang GT	23.200	3227	225	91.7
Honda Prelude Type SH	26.382	3042	195	89.7
Mercedes-Benz CLK320	44.988	3240	215	93.0
Mercedes-Benz SLK230	42.762	3025	185	92.3
Mitsubishi 3000GT VR-4	47.518	3737	320	99.0
Nissan 240SX SE	25.066	2862	155	84.6
Pontiac Firebird Trans Am	27.770	3455	305	103.2
Porsche Boxster	45.560	2822	201	93.2
Toyota Supra Turbo	40.989	3505	320	105.0
Volvo C70	41.120	3285	236	97.0

a. 가격 및 마력을 사용하여 1/4마일 속도를 예측하는 추정회귀방정식을 도출하시오.

b. $\hat{y}$에 대해 표준화 잔차 그림을 그리시오. 잔차 그림이 ϵ에 대한 가정을 지지하는가? 설명하시오.

c. 이상값을 확인하시오. 당신의 결론은 무엇인가?

d. 영향력 있는 관측치가 있는가? 설명하시오.

DATA*file* LPGA2014

43. **골프 점수.** LPGA는 LPGA 투어 회원들의 성적과 수입에 관한 통계를 관리한다. 2014년 134명 골퍼에 대한 연말 성적 통계는 LPGA2014 파일에 나와 있다(LPGA 웹사이트, 2015년 4월). Earnings($1,000s)는 천 달러 단위의 총 수입이며, Scoring Avg.는 모든 경기의 평균 스코어이다. Greens in Reg.는 선수가 규정 타수에 맞게 그린에 공을 올린 비율이며, Putting Avg.는 규정대로 적중시킨 그린에서의 평균 퍼팅 횟수이다. 공의 일부가 그린 표면에 닿아 있고 해당 홀의 파 수와 그린에 올리기 위한 타수의 차이가 적어도 2인 경우에 그린에 올렸다고 간주한다.

a. 선수가 규정대로 그린에 올린 비율과 규정대로 올린 그린에서의 평균 퍼팅 회수가 주어졌을 때, 스코어 평균을 예측하는 추정회귀방정식을 도출하시오.

b. $\hat{y}$에 대해 표준화 잔차 그림을 그리시오. 잔차 그림이 ϵ에 대한 가정을 지지하는가? 설명하시오.

c. 이상값을 확인하시오. 당신의 결론은 무엇인가?

d. 영향력 있는 관측치가 있는가? 설명하시오.

15.9 로지스틱 회귀

회귀 분석 적용 시 많은 경우 종속변수가 두 가지 불연속 값만 갖는 것으로 가정할 수 있다. 예를 들어 은행에서 신용 카드 승인 여부를 예측하기 위한 추정회귀방정식을 개발하고자 할 수 있다. 종속변수는 은행이 신용 카드 신청을 승인하는 경우 $y = 1$, 승인하지 않는 경우 $y = 0$으로 코딩할 수 있다. 로지스틱 회귀를 사용하면 선택된 독립변수 값에 대한 특정 값들이 주어질 때, 은행이 신용 카드 신청을 승인할 확률을 추정할 수 있다.

Simmons 매장에서 사용하는 다이렉트 메일 프로모션에 관한 로지스틱 회귀 응용 사례를 살펴보겠다. Simmons는 전국에 여성 의류 매장 체인을 소유하고 운영한다. 고가의 4색 판매 카탈로그 5,000부가 인쇄되었으며, 각 카탈로그에는 200달러 이상 구매 시 50달러 할인 쿠폰이 포함되어 있다. 카탈로그는 비용이 많이 들기 때문에 Simmons는 쿠폰을 사용할 가능성이 높은 고객에게만 카탈로그를 발송하고자 한다.

경영진은 고객이 Simmons 매장에서 지난 해 지출한 비용과 Simmons 신용카드 보유 여부가 카탈로그를 받은 고객이 쿠폰을 사용할지 예측하는 데 도움을 주는 두 가지 변수라고 생각했다. Simmons 신용카드를 가진 50명의 무작위 표본과 Simmons 신용카드를 가지지 않은 다른 50명의 고객 표본으로 Simmons는 파일럿 테스트를 실시했다. Simmons는 선택된 100명의 고객에게 카탈로그를 발송하였다. 테스트 기간 종료 후 Simmons

DATA*file* Simmons

표 15.11 Simmons 매장 예제를 위한 일부 표본 데이터

고객	연간 지출($1,000)	Simmons 카드	쿠폰
1	2.291	1	0
2	3.215	1	0
3	2.135	1	0
4	3.924	0	0
5	2.528	1	0
6	2.473	0	1
7	2.384	0	0
8	7.076	0	0
9	1.182	1	1
10	3.345	0	0

는 각 고객이 쿠폰을 사용했는지 여부를 기록하였다. 첫 10명의 카탈로그 수령자에 대한 표본 데이터가 표 15.11에 나와 있다. 각 고객이 Simmons에서 지난 해 지출한 금액이 천 달러 단위로 표시되며, 신용카드 정보는 고객이 Simmons 신용카드를 소지하고 있는 경우 1로, 그렇지 않은 경우 0으로 코딩되어 있다. Coupon 열에는 표본 고객이 쿠폰을 사용한 경우 1로, 그렇지 않은 경우 0으로 기록된다.

표 15.11의 데이터를 사용하여 Simmons는 카탈로그 수령자가 쿠폰을 사용할지를 예측하는데 도움이 되는 다중회귀모형을 만들 수 있다. 독립변수로 연간 지출($1,000)과 Simmons 카드를 사용하고, 종속변수로 쿠폰을 사용할 것이다. 그러나 종속변수가 0 또는 1의 값만 가질 수 있기 때문에, 일반적인 다중회귀모형을 적용할 수 없다. 이 예제는 로지스틱 회귀가 만들어진 상황의 유형을 보여준다. 로지스틱 회귀를 사용하여 Simmons가 자사 프로모션을 이용할 가능성이 높은 고객 유형을 추정하는 방법을 살펴보겠다.

로지스틱 회귀방정식

로지스틱 회귀는 여러 면에서 일반 회귀와 유사하다. 종속변수 y 및 하나 이상의 독립변수가 필요하다. 다중회귀분석에서, y의 평균 또는 기댓값은 다중회귀방정식이라고 한다.

$$E(y) = \beta_0 + \beta_1 x_1 + \beta_2 x_2 + \cdots + \beta_p x_p \tag{15.26}$$

로지스틱 회귀에서 통계 이론 및 실제에 따르면 $E(y)$와 x_1, x_2, $\cdots$, x_p 간의 관계는 다음과 같은 비선형 방정식으로 더 잘 표현된다.

로지스틱 회귀방정식

$$E(y) = \frac{e^{\beta_0 + \beta_1 x_1 + \beta_2 x_2 + \cdots + \beta_p x_p}}{1 + e^{\beta_0 + \beta_1 x_1 + \beta_2 x_2 + \cdots + \beta_p x_p}} \tag{15.27}$$

종속변수 y의 두 값이 0 또는 1로 코딩된 경우, 식 (15.27)의 $E(y)$ 값은 독립변수 x_1, x_2, $\cdots$, x_p의 특정값 집합이 주어졌을 때 $y = 1$일 확률을 제공한다. $E(y)$를 확률로 해석하기 때문에 로지스틱 회귀방정식은 종종 다음과 같이 작성된다.

로지스틱 회귀에서 확률로서 *E*(*y*)의 해석

$$E(y) = P(y = 1 | x_1, x_2, \ldots, x_p) \tag{15.28}$$

로지스틱 회귀방정식의 특성을 더 잘 이해하기 위해, 모델에 독립변수 x가 하나만 포함되고, 모형 모수의 값이 $\beta_0 = -7$, $\beta_1 = 3$인 경우를 가정해보자. 이러한 모수 값에 해당하는 로지스틱 회귀방정식은 다음과 같다.

그림 15.12 $\beta_0 = -7$이고 $\beta_1 = 3$에 대한 로지스틱 회귀방정식

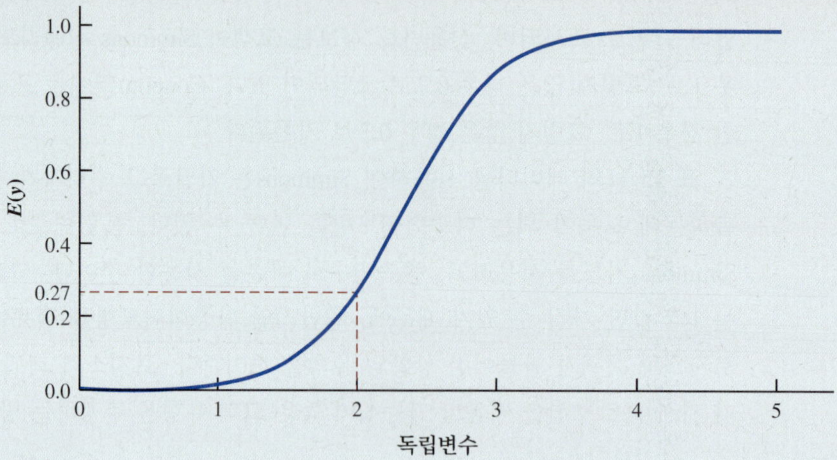

$$E(y) = P(y = 1|x) = \frac{e^{\beta_0+\beta_1 x}}{1 + e^{\beta_0+\beta_1 x}} = \frac{e^{-7+3x}}{1 + e^{-7+3x}} \quad \textbf{(15.29)}$$

그림 15.12는 식 (15.29)의 그래프를 보여준다. 그래프가 S 모양이라는 것에 주목하라. $E(y)$의 값은 0에서 1 사이에 있다. 예를 들어 $x = 2$일 때 $E(y)$는 약 0.27이다. 또한 x값이 커질수록 $E(y)$의 값이 점차 1에 가까워지고, x의 값이 작아질수록 $E(y)$의 값이 0에 가까워진다는 것을 유념하라. 예를 들어 $x = 2$일 때 약 0.269이다. 또한 x가 2에서 3으로 증가함에 따라 확률을 나타내는 $E(y)$ 값은 상당히 빠르게 증가한다는 것에 주목하라. $E(y)$의 값이 0에서 1 사이에 있고, 곡선이 S 모양이기 때문에 식 (15.29)는 종속변수가 1이 될 확률을 모형화하는 데 이상적이다.

로지스틱 회귀방정식 추정

단순선형 및 다중회귀에서는 최소제곱법을 사용하여 b_0, b_1, ⋯, b_p을 모형 모수(β_0, β_1, ⋯, β_p)의 추정치로 계산한다. 로지스틱 회귀방정식의 비선형 형태는 추정치를 계산하는 방법을 더 복잡하게 만들며 이 교재의 범위를 벗어난다. 우리는 통계 소프트웨어를 사용하여 추정치를 제공한다. **추정 로지스틱 회귀방정식(estimated logistic regression equation)**은 다음과 같다.

추정 로지스틱 회귀방정식

$$\hat{y} = \text{estimate of } P(y = 1|x_1, x_2, \ldots, x_p) = \frac{e^{b_0+b_1x_1+b_2x_2+\cdots+b_px_p}}{1 + e^{b_0+b_1x_1+b_2x_2+\cdots+b_px_p}} \quad \textbf{(15.30)}$$

여기서, $\hat{y}$은 독립변수에 대한 특정 값 집합이 주어졌을 때, $y = 1$이 될 확률의 추정치를 제공한다.

이제 Simmons의 예제로 돌아가보겠다. 이 연구의 변수는 다음과 같이 정의된다.

$$y = \begin{cases} \text{고객이 쿠폰을 사용하지 않았을 때 } 0 \\ \text{고객이 쿠폰을 사용했을 때 } 1 \end{cases}$$

$$x_1 = \text{Simmons 매장에서의 연간 지출액(\$1,000)}$$

$$x_2 = \begin{cases} \text{고객이 Simmons 신용카드를 가지고 있지 않을 때 } 0 \\ \text{고객이 Simmons 신용카드를 가지고 있을 때 } 1 \end{cases}$$

따라서 우리는 두 개의 독립변수를 가진 로지스틱 회귀방정식을 선택한다.

$$E(y) = \frac{e^{\beta_0+\beta_1x_1+\beta_2x_2}}{1 + e^{\beta_0+\beta_1x_1+\beta_2x_2}} \tag{15.31}$$

표본 데이터를 사용하여(표 15.11 참고), 우리는 모형의 모수 β_0, β_1, β_2의 추정치를 계산하기 위해 통계 소프트웨어를 사용하였다. 그림 15.13은 통계 소프트웨어가 흔히 제공하는 출력결과를 제시한다. $b_0 = -2.146$, $b_1 = 0.342$, $b_2 = 1.099$이다. 따라서 추정 로지스틱 회귀방정식은 다음과 같다.

$$\hat{y} = \frac{e^{b_0+b_1x_1+b_2x_2}}{1 + e^{b_0+b_1x_1+b_2x_2}} = \frac{e^{-2.146+0.342x_1+1.099x_2}}{1 + e^{-2.146+0.342x_1+1.099x_2}} \tag{15.32}$$

우리는 이제 식 (15.32)를 사용하여 특정 유형의 고객이 쿠폰을 사용할 확률을 추정할 수 있다. 예를 들어 연간 \$2,000을 소비하고 Simmons 신용카드가 없는 고객이 쿠폰을 사용할 확률을 추정하려면 $x_1 = 2$와 $x_2 = 0$을 식 (15.32)에 대입하면 된다.

$$\hat{y} = \frac{e^{-2.146+0.342(2)+1.099(0)}}{1 + e^{-2.146+0.342(2)+1.099(0)}} = \frac{e^{-1.462}}{1 + e^{-1.462}} = \frac{0.2318}{1.2318} = 0.1882$$

따라서 이 특정 고객 그룹이 쿠폰을 사용할 확률의 추정치는 약 0.19이다. 마찬가지로 지난 해에 \$2,000을 소비하고 Simmons 신용카드를 소지한 고객이 쿠폰을 사용할 확률을 추정하려면, $x_1 = 2$ 및 $x_2 = 1$을 식 (15.32)에 대입하면 된다.

$$\hat{y} = \frac{e^{-2.146+0.342(2)+1.099(1)}}{1 + e^{-2.146+0.342(2)+1.099(1)}} = \frac{e^{-0.363}}{1 + e^{-0.363}} = \frac{0.6956}{1.6956} = 0.4102$$

따라서 이 그룹의 고객이 쿠폰을 사용할 확률은 약 0.41이다. Simmons 신용카드를 소지한 고객이 쿠폰을 사용할 확률이 훨씬 높아 보인다. 그러나 어떤 결론에 도달하기 전에 모델의 통계적 유의성을 평가해야 한다.

유의성 검정

로지스틱 회귀의 유의성 검정은 다중회귀의 유의성 검정과 유사하다. 먼저 전반적인 유의성을 검정한다. Simmons 매장 예제의 경우, 전반적인 유의성 검정에 대한 가설은 다음과 같다.

$$H_0\colon b_1 = b_2 = 0$$

H_a: 하나 혹은 두 개 모두 모수가 0이 아니다.

전반적인 유의성 검정은 χ^2 검정통계량의 값에 기초한다. 귀무가설이 참이면 χ^2의 표본분포는 모형의 독립변수 수와 동일한 자유도를 갖는 카이제곱 분포를 따른다. χ^2의 계산과정은 이 책의 범위를 벗어나지만, 그림 15.13는 유의성 검정(Significance Tests) 표의 Whole Model 행에 χ^2의 값 및 해당 p값을 제시하고 있다. χ^2의 값은 13.63이고 자유도는 2이며, p값은 0.0011임을 알 수 있다. 따라서 0.0011 이상의 어떤 유의수준에서도 귀무가설을 기각하고 전체 모델이 유의하다는 결론을 내릴 수 있다.

χ^2 검정이 전반적인 유의성을 보여주면, 각 개별 독립변수가 전체 모형에 유의한 기여를 하는지를 결정하기 위해 다른 χ^2 검정을 사용할 수 있다. 독립변수 x_i에 대한 가설은 다음과 같다.

$$H_0\colon \beta_i = 0$$

$$H_a\colon \beta_i \neq 0$$

그림 15.13 Simmons 매장 예제에서 로지스틱 회귀 출력 결과

Significance Tests

Term	Degrees of Freedom	χ^2	p-Value
Whole Model	2	13.63	0.0011
Spending	1	7.56	0.0060
Card	1	6.41	0.0013

Parameter Estimates

Term	Estimate	Standard Error
Intercept	−2.146	0.577
Spending	0.342	0.129
Card	1.099	0.440

Odds Ratios

Term	Odds Ratio	Lower 95%	Upper 95%
Spending	1.4073	1.0936	1.8109
Card	3.0000	1.2550	7.1730

독립변수의 유의성 검정 역시 χ^2 검정통계량의 값에 기초한다. 귀무가설이 참이면 χ^2의 표본분포는 자유도가 하나인 카이제곱 분포를 따른다.

그림 15.13의 유의성 검정(Significance Tests) 테이블의 지출(Spending) 및 카드(Card) 행에는 χ^2값과 추정계수의 해당 p값이 포함되어 있다. Simmons 모형에서 독립변수의 유의성을 검정하기 위해 $\alpha = 0.05$를 사용한다고 가정해보자. 독립변수 Spending (x_1)에 대한 χ^2값은 7.56이고 해당 p값은 0.0060이다. 따라서 유의수준 0.05에서 H_0: $\beta_1 = 0$을 기각할 수 있다. Card의 $\chi^2 = 6.41$에 해당하는 p값은 0.0013이므로 H_0: $\beta_2 = 0$도 기각할 수 있다. 따라서 유의수준 0.05에서 두 독립변수 모두 통계적으로 유의하다.

경영에의 활용

우리는 추정 로지스틱 회귀방정식을 도출하고 유의성을 검정하는 방법에 대해 설명하였다. 이제 이를 사용하여 Simmons 매장의 카탈로그 프로모션에 관한 결정에 조언을 하려 한다. Simmons 매장에 대해, 이미 $P(y = 1 | x_1 = 2, x_2 = 1) = 0.4102$ 및 $P(y = 1 | x_1 = 2, x_2 = 0) = 0.1881$을 계산하였다. 이러한 확률은 연간 지출이 \$2,000인 고객의 경우 Simmons 신용카드의 존재가 쿠폰 사용 확률을 높인다는 것을 의미한다. 표 15.12에는 Simmons 신용카드를 가진 고객과 가지지 않은 고객 모두를 대상으로 연간 지출이 \$1,000에서 \$7,000까지 값을 가질 추정 확률이 나와 있다. Simmons가 새로운 프로모션을 위한 고객 타기팅을 개선하기 위해 이 정보를 어떻게 사용하여야 할까? Simmons가 쿠폰을 사용할 확률이 0.40 이상인 고객에게만 프로모션 카탈로그를 보내고 싶다고 가정해 보자. 표 15.12의 추정 확률을 사용하면, Simmons의 프로모션 전략은 다음과 같을 것이다:

> **Simmons 신용카드를 가진 고객:** 지난 해에 \$2,000 이상 지출한 모든 고객에게 카탈로그를 보낸다.
>
> **Simmons 신용카드를 가지지 않은 고객:** 지난 해에 \$6,000 이상 지출한 모든 고객에게 카탈로그를 보낸다.

추정 확률을 더 자세히 살펴보면 Simmons 신용카드가 없지만 연간 \$5,000을 지출하는 고객이 쿠폰을 사용할 확률이 0.3922인 것을 알 수 있다. 따라서 Simmons는 Simmons 신

표 15.12 Simmons 매장의 추정 확률

		연간 지출						
		\$1,000	\$2,000	\$3,000	\$4,000	\$5,000	\$6,000	\$7,000
신용카드	있음	0.3307	0.4102	0.4948	0.5796	0.6599	0.7320	0.7936
	없음	0.1414	0.1881	0.2460	0.3148	0.3927	0.4765	0.5617

용카드가 없더라도 지난 해에 \$5,000 이상 지출한 고객이라면 이들을 포함하도록 전략 수정을 고려할 수 있을 것이다.

로지스틱 회귀방정식 해석

회귀방정식 해석은 독립변수를 방정식이 도출된 비즈니스 질문과 연결하는 작업을 포함한다. 로지스틱 회귀에서는 로지스틱 회귀방정식이 비선형이기 때문에 독립변수와 $y = 1$의 확률 사이의 관계를 직접적으로 해석하기 어렵다. 그러나 통계학자들은 오즈비(odds ratio)라 부르는 개념을 이용하여 이 관계를 간접적으로 해석할 수 있음을 보여주었다.

어떤 사건이 발행할 오즈(odds in favor of an event occurring)는 어떤 사건이 발생할 확률을 그 사건이 발생하지 않을 확률로 나눈 값으로 정의된다. 로지스틱 회귀에서 관심있는 사건은 항상 $y = 1$이다. 독립변수값에 대한 특정한 집합이 주어졌을 때, $y = 1$에 대한 오즈는 다음과 같이 계산된다.

$$\text{odds} = \frac{P(y = 1|x_1, x_2, \ldots, x_p)}{P(y = 0|x_1, x_2, \ldots, x_p)} = \frac{P(y = 1|x_1, x_2, \ldots, x_p)}{1 - P(y = 1|x_1, x_2, \ldots, x_p)} \tag{15.33}$$

오즈비(odds ratio)는 오직 하나의 독립변수의 값이 한 단위 증가했을 때 오즈에 미치는 영향을 측정한다. 오즈비는 독립변수 중 하나가 한 단위 증가한 경우 $y = 1$의 오즈(odds_1)를 독립변수의 값이 변하지 않았을 때 $y = 1$인 오즈(odds_0)로 나눈 값이다.

오즈비

$$\text{Odds Ratio} = \frac{\text{Odds}_1}{\text{Odds}_0} \tag{15.34}$$

예를 들어, 연간 \$2,000을 지출하고 Simmons 신용카드가 있는 고객($x_1 = 2$이고 $x_2 = 1$)이 쿠폰을 사용할 오즈와 연간 \$2,000을 지출하고 Simmons 신용카드가 없는 고객($x_1 = 2$이고 $x_2 = 0$)이 쿠폰을 사용할 오즈를 비교하고 싶다고 가정하자. 우리의 관심은 독립변수 x_2가 한 단위 증가할 때 효과를 해석하는 것이다. 이 경우, odds_1과 odds_2는 다음과 같다.

$$\text{odds}_1 = \frac{P(y = 1|x_1 = 2, x_2 = 1)}{1 - P(y = 1|x_1 = 2, x_2 = 1)}$$

$$\text{odds}_0 = \frac{P(y = 1|x_1 = 2, x_2 = 0)}{1 - P(y = 1|x_1 = 2, x_2 = 0)}$$

앞서 우리는 $x_1 = 2$이고 $x_2 = 1$일 때 $y = 1$의 추정 확률이 0.4102이고, $x_1 = 2$이고 $x_2 = 0$일 때 $y = 1$의 추정 확률이 0.1881임을 보였다. 따라서 odds_1과 odds_0의 추정치는 다음과 같다.

$$\text{odds}_1\text{의 추정치} = \frac{0.4102}{1-0.4102} = 0.6956$$

$$\text{odds}_0\text{의 추정치} = \frac{0.1881}{1-0.1881} = 0.2318$$

추정 오즈비는 다음과 같다.

$$\text{추정 오즈비} = \frac{0.6956}{0.2318} = 3.00$$

따라서, 우리는 지난 해에 \$2,000를 쓰고 Simmons 신용카드가 있는 고객이 쿠폰을 사용할 추정 오즈가 작년에 \$2,000달러를 쓰고 Simmons 신용카드가 없는 고객이 쿠폰을 사용할 추정 오즈보다 세 배 더 높다는 결론을 내릴 수 있다.

각 독립변수의 오즈비는 다른 모든 독립변수를 일정하게 유지한 상태에서 계산된다. 그러나 일정하게 유지된 다른 독립변수 값이 무엇이든 상관없다. 예를 들어 Simmons 신용카드 변수(x_2)에 대한 오즈비를 계산할 때, 연간 지출 변수(x_1)의 값으로 \$2,000 대신 \$3,000을 사용하여 계산하여도 여전히 같은 추정 오즈비(3.00)를 얻게 된다. 따라서 Simmons 신용카드가 있는 고객이 쿠폰을 사용할 추정 오즈는 Simmons 신용카드가 없는 고객이 쿠폰을 사용할 추정 오즈보다 세 배 더 크다는 결론을 내릴 수 있다.

오즈비는 대부분의 통계 소프트웨어 패키지의 표준 출력결과이다. 그림 15.13의 오즈비(Odds Ratios) 표에는 각 독립변수에 대한 추정 오즈비가 포함되어 있다. Spending(x_1)에 대한 추정 오즈비는 1.4073이고 Card(x_2)에 대한 추정 오즈비는 3.0000이다. 우리는 이미 이진법의 독립변수 x_2에 대한 추정 오즈비를 해석하는 방법을 보여주었다. 이제 연속 독립변수 x_1에 대한 추정 오즈비에 대한 해석을 고려해 보겠다.

출력된 내용에서 오즈비(Odds Ratio) 열에 있는 1.4073의 값은 지난 해에 \$3,000를 쓴 고객이 쿠폰을 사용할 추정 오즈가 지난 해 \$2,000를 쓴 고객이 쿠폰을 사용할 추정 오즈보다 1.4073배 더 크다는 것을 알려준다. 또한, 이 해석은 x_1의 1단위 변화에 대해 모두 적용된다. 예를 들어 지난 해 \$5,000를 쓴 사람이 쿠폰을 사용할 추정 오즈는 지난 해 \$4,000를 쓴 고객이 쿠폰을 사용할 추정 오즈보다 1.4073배 더 크다. 그러나 독립변수에 대해 1단위 이상의 증가로 인한 오즈의 변화에 관심이 있는 경우를 가정해보자. x_1은 1에서 7까지의 값을 가질 수 있다. 출력결과에서 제공되는 오즈 비는 이 질문에 대한 답을 제공하지 않는다. 이 질문에 답하려면, 오즈비와 회귀계수 간의 관계를 탐구해야 한다.

로지스틱 회귀방정식의 각 독립변수에 대한 오즈비와 해당 회귀계수 간에는 고유한 관계가 있다. 로지스틱 회귀방정식의 각 독립변수에 대해 다음과 같이 나타낼 수 있다.

$$\text{odds ratio} = e^{\beta_i}$$

이 관계를 설명하기 위해, Simmons 예제의 독립변수 x_1을 고려해보자. x_1의 추정 오즈비는 다음과 같다.

$$\text{추정 오즈비} = e^{b_1} = e^{0.342} = 1.407$$

유사하게, x_2의 추정 오즈비는 다음과 같다.

$$\text{추정 오즈비} = e^{b_2} = e^{1.099} = 3.000$$

독립변수의 오즈비와 계수 간의 이 관계는 일단 모형의 모수 추정치를 개발하면, 추정 오즈비를 쉽게 계산할 수 있게 한다. 게다가 이는 연속 독립변수에 대한 1단위 이상 또는 미만의 오즈비 변화를 조사할 수 있는 기능을 제공한다.

독립변수의 오즈비는 다른 모든 독립변수를 일정하게 유지한 상태에서 독립변수가 1단위 변화할 때 오즈의 변화를 나타낸다. 예를 들어, 1단위 이상의 변화, 가령 c단위 변화의 효과를 고려한다고 가정해보자. 예를 들어 Simmons 예제에서 연간 \$5,000을 소비하는 고객($x_1 = 5$)이 쿠폰을 사용할 오즈와 연간 \$2,000을 소비하는 고객($x_1 = 2$)이 쿠폰을 사용할 오즈를 비교한다고 가정하자. 이 경우 $c = 5-2 = 3$이며 이에 해당하는 추정 오즈비는 다음과 같다.

$$e^{cb_1} = e^{3(0.342)} = e^{1.026} = 2.79$$

이 결과는 연간 \$5,000을 소비하는 고객이 쿠폰을 사용할 추정 오즈가 연간 \$2,000을 소비하는 고객이 쿠폰을 사용할 추정 오즈보다 2.79배 높다는 것을 나타낸다. 다시 말해, 연간 지출이 \$3,000 증가할 때 추정 오즈비는 2.79이다.

일반적으로 오즈비는 두 가지 다른 사건 간의 오즈를 비교할 수 있게 한다. 만약 오즈비의 값이 1이면, 두 사건의 오즈는 동일하다. 따라서, 고려 중인 독립변수(예를 들어, Simmons 신용카드 여부)가 사건이 발생할 확률에 긍정적인 영향을 미치는 경우 해당 오즈비는 1보다 클 것이다. 대부분의 통계 소프트웨어 패키지는 오즈비에 대한 신뢰구간을 제공한다. 그림 15.13의 Odds Ratio 표는 각 오즈비에 대해 95% 신뢰구간을 제공한다. 예를 들어 x_1에 대한 오즈비의 점추정치는 1.4073이고 95% 신뢰구간은 1.0936에서 1.8109까지이다. 신뢰구간이 1의 값을 포함하지 않기 때문에, x_1은 추정 오즈비와 유의한 관계가 있다고 결론 내릴 수 있다. 마찬가지로, x_2에 대한 오즈비의 95% 신뢰구간은 1.2550에서 7.1730까지이다. 이 구간도 1의 값을 포함하지 않으므로, x_2가 오즈비와 유의한 관계가 있다고 결론 내릴 수 있다.

로짓 변환

로지스틱 회귀방정식에서 $y = 1$에 대한 오즈와 e의 지수 간에 흥미로운 관계를 관찰할 수 있다. 이는 다음과 같이 나타낼 수 있다.

$$\ln(\text{odds}) = \beta_0 + \beta_1 x_1 + \beta_2 x_2 + \cdots + \beta_p x_p$$

이 방정식은 $y = 1$에 대한 오즈의 자연 로그가 독립변수들의 선형 함수임을 보여준다. 이 선형 함수를 **로짓(logit)**이라고 한다. 로짓을 나타내기 위해 $g(x_1, x_2, \cdots, x_p)$ 표기법을 사용하겠다.

로짓

$$g(x_1, x_2, \ldots, x_p) = \beta_0 + \beta_1 x_1 + \beta_2 x_2 + \cdots + \beta_p x_p \tag{15.35}$$

식 (15.27)에서 $g(x_1, x_2, \cdots, x_p)$를 $\beta_1 + \beta_1 x_1 + \beta_2 x_2 + \cdots + \beta_p x_p$에 대입하면, 다음과 같은 로지스틱 회귀정식을 구할 수 있다.

$$E(y) = \frac{e^{g(x_1, x_2, \ldots, x_p)}}{1 + e^{g(x_1, x_2, \ldots, x_p)}} \tag{15.36}$$

로지스틱 회귀방정식의 모수를 추정하면, 우리는 로짓의 추정치를 계산할 수 있다. $\hat{g}(x_1, x_2, \cdots, x_p)$를 사용하여 **추정 로짓(estimated logit)**을 나타내면 다음과 같다.

추정 로짓

$$\hat{g}(x_1, x_2, \ldots, x_p) = b_0 + b_1 x_1 + b_2 x_2 + \cdots + b_p x_p \tag{15.37}$$

따라서, 추정 로짓의 관점에서, 추정회귀방정식은 다음과 같다.

$$\hat{y} = \frac{e^{b_0 + b_1 x_1 + b_2 x_2 + \cdots + b_p x_p}}{1 + e^{b_0 + b_1 x_1 + b_2 x_2 + \cdots + b_p x_p}} = \frac{e^{\hat{g}(x_1, x_2, \ldots, x_p)}}{1 + e^{\hat{g}(x_1, x_2, \ldots, x_p)}} \tag{15.38}$$

Simmons 매장 예제에서, 추정 로짓은 다음과 같다.

$$\hat{g}(x_1, x_2) = -2.146 + 0.342x_1 + 1.099x_2$$

그리고 추정회귀방정식은 다음과 같다.

$$\hat{y} = \frac{e^{\hat{g}(x_1, x_2)}}{1 + e^{\hat{g}(x_1, x_2)}} = \frac{e^{-2.146 + 0.342x_1 + 1.099x_2}}{1 + e^{-2.146 + 0.342x_1 + 1.099x_2}}$$

따라서, 추정 로짓과 추정 로지스틱 회귀방정식 사이의 고유의 관계로 인해, $e^{\hat{g}(x_1, x_2)}$을 $1 + e^{\hat{g}(x_1, x_2)}$으로 나누면 Simmons 매장에 대한 추정 확률을 계산할 수 있다.

주석 및 코멘트

1. 모형의 추정 계수와 해당 오즈비 사이의 고유한 관계 때문에, χ^2 통계량에 기반한 전반적 유의성 검정은 또한 오즈비에 대한 전반적 유의성 검정이다. 또한 모형 모수의 개별적 유의성에 대한 χ^2 검정은 해당 오즈비의 통계적 유의성 검정도 제공한다.

2. 단순회귀 및 다중회귀에서 결정계수는 모형 적합도를 측정하는 데 사용된다. 로지스틱 회귀에서는 유사한 해석을 제공하는 어떤 지표도 없다. 적합도에 대한 논의는 로지스틱 회귀에 대한 입문에서 다루는 범위를 벗어난다.

연습문제

적용문제

DATA*file* Simmons

44. 쿠폰 사용. 이 절에서 소개한 Simmons 매장 예제를 참고하시오. 종속변수는 고객이 쿠폰을 사용한 경우 $y = 1$, 그렇지 않은 경우에는 0으로 코딩된다. 고객이 쿠폰을 사용할지 예측하는 데 도움이 되는 유일한 정보는 고객의 신용카드 상태이며, 이는 고객이 Simmons 신용카드를 가지고 있으면 $x = 1$로, 그렇지 않으면 $x = 0$으로 코딩된다.

a. x와 y의 관계에 대한 로지스틱 회귀방정식을 작성하시오.

b. $x = 0$일 때 $E(y)$의 해석은 무엇인가?

c. 표 15.11의 Simmons 데이터에 대해, 통계 소프트웨어를 사용하여 추정된 로짓을 계산하시오.

d. (c)에서 계산한 추정 로짓을 사용하여 Simmons 신용카드가 없는 고객이 쿠폰을 사용할 확률과 Simmons 신용카드를 가진 고객이 쿠폰을 사용할 확률을 추정하시오.

e. 추정된 오즈비는 무엇인가? 이를 어떻게 해석하는가?

45. 쿠폰 사용의 오즈비. 표 15.12에서 Simmons 매장 카탈로그 프로모션에서 쿠폰 사용 확률을 추정하였다. 독립변수 값 각 조합마다 다른 값을 얻었다.

a. Simmons 신용카드가 없고 연간 지출이 $4,000인 고객($x_1 = 4$, $x_2 = 0$)의 쿠폰 사용에 대한 오즈를 계산하시오.

b. 표 15.12의 정보 및 (a)의 정보를 사용하여, 연간 지출 $x_1 = 4$로 일정하게 유지하면서, Simmons 신용카드 변수 $x_2 = 0$에 대한 오즈비를 계산하시오.

c. 본문에서 표 15.12의 $2,000 열 정보를 사용하여 신용카드 변수의 오즈비를 계산하였다. (b)에서와 동일한 오즈비를 얻었는가?

46. 자동이체. Community Bank는 급여 자동이체를 사용하는 고객 수를 늘리고자 한다. 경영진은 각 지점의 관리자가 현재 급여 자동이체를 사용하지 않는 고객에게 일일이

전화하는 새로운 영업 캠페인을 고려하고 있다. 급여 자동이체 가입에 대한 인센티브로 연락한 고객에게 2년간 무료 수표를 제공할 것이다. 새로운 캠페인과 관련된 시간과 비용 때문에 경영진은 급여 자동이체에 가입할 가능성이 가장 높은 고객에 집중하려고 한다. 경영진은 고객의 당좌예금 계좌의 월평균 잔액이 급여 자동이체 가입을 예측하는 데 유용한 지표가 될 것이라 생각한다. 이 두 변수 간의 관계를 조사하기 위해 Community Bank는 현재 급여 자동이체를 사용하지 않는 당좌예금 고객 50명의 표본을 대상으로 새로운 캠페인을 시도했다. 표본 데이터는 고객의 월평균 당좌예금 계좌 잔액(백 달러 단위) 및 연락한 고객의 급여 자동이체 가입 여부를 보여준다(고객이 급여 자동이체에 가입했다면 1로, 그렇지 않으면 0으로 코딩). 자료는 데이터 세트 Bank에 포함되어 있으며 데이터의 일부는 다음과 같다.

DATA *file*
Bank

고객	x_1 = 월 잔액	y = 자동이체
1	1.22	0
2	1.56	0
3	2.10	0
4	2.25	0
5	2.89	0
6	3.55	0
7	3.56	0
8	3.65	1
.	.	.
.	.	.
.	.	.
48	18.45	1
49	24.98	0
50	26.05	1

a. x와 y의 관계에 대한 로지스틱 회귀방정식을 작성하시오.

b. Community Bank 자료에 대해 통계 소프트웨어를 사용하여 추정 로지스틱 회귀방정식을 계산하시오.

c. χ^2 검정통계량을 사용하여 유의성 검정을 수행하시오. $\alpha = 0.05$를 사용하시오.

d. 월 평균 잔액이 1,000달러인 고객이 급여 자동이체에 가입할 확률을 추정하시오.

e. Community Bank은 급여 자동이체에 등록할 가능성이 0.50 이상인 고객에게만 연락하려고 한다. 이러한 수준의 확률에 도달하는데 필요한 월평균 잔액은 얼마인가?

f. 추정 오즈비는 무엇인가? 이를 어떻게 해석하는가?

47. 대학 유지. 지난 몇 년 동안 Lakeland College는 1학년이 끝나고 떠나는 학생 비율이 증가했다. 작년에 Lakeland는 1학년 학생들이 캠퍼스 생활에 적응할 수 있도록 돕기 위해 자발적으로 참여하는 일주일 오리엔테이션 프로그램을 시작했다. Lakeland가

오리엔테이션 프로그램이 학생 유지에 긍정적인 효과가 있다는 것을 보일 수 있다면, 그들은 이 프로그램을 모든 1학년 학생에게 필수로 이수하도록 할 것이다. Lakeland 경영진은 또한 평균 학점(GPA)이 낮은 학생이 1학년 말에 Lakeland를 떠날 가능성이 높다고 의심하고 있다. 이러한 변수들과 학생 유지 사이의 관계를 조사하기 위해 Lakeland는 작년에 입학한 학생들 중 100명을 무작위로 선정했다. 자료는 데이터 세트 Lakeland에 포함되어 있으며 자료의 일부는 다음과 같다.

DATA*file* Lakeland

학생	GPA	프로그램	재등록
1	3.78	1	1
2	2.38	0	1
3	1.30	0	0
4	2.19	1	0
5	3.22	1	1
6	2.68	1	1
.	.	.	.
.	.	.	.
.	.	.	.
98	2.57	1	1
99	1.70	1	1
100	3.85	1	1

종속변수는 학생이 2학년 때 레이크랜드로 돌아온 경우 $y = 1$, 그렇지 않은 경우 $y = 0$으로 코딩되었다. 두 독립변수는 다음과 같다:

$$x_1 = \text{첫 번째 학기 말 학점}$$

$$x_2 = \begin{cases} \text{학생이 오리엔테이션 프로그램에 참가하지 않았다면 } 0 \\ \text{학생이 오리엔테이션 프로그램에 참석했다면 } 1 \end{cases}$$

a. x_1 및 x_2와 y의 관계에 대한 로지스틱 회귀방정식을 작성하시오.

b. $x_2 = 0$일 때 $E(y)$의 해석은 무엇인가?

c. 두 독립변수와 통계 소프트웨어를 사용하여 추정된 로짓을 계산하시오.

d. $\alpha = 0.05$를 사용하여 전반적인 유의성 검정을 수행하시오.

e. $\alpha = 0.05$를 사용하여 각 독립변수가 유의한지 확인하시오.

f. (c)에서 계산한 추정 로짓을 사용하여 오리엔테이션 프로그램에 참가하지 않았고 평균 학점이 2.5점인 학생이 2학년 때 Lakeland로 돌아갈 확률을 추정하시오. 학점 평균 2.5이면서 오리엔테이션 프로그램에 참석한 학생들의 추정확률은 무엇인가?

g. 오리엔테이션 프로그램의 추정 오즈비는 무엇인가? 이를 해석하시오.

h. 오리엔테이션 프로그램을 필수이수과정으로 정할 것을 제안하는가? 그 이유는 무엇인가?

48. 반복 판매. Tire Rack은 운전자들이 장기간 타이어 사용 경험을 공유함으로써 서로를 도울 수 있도록 독립적인 소비자 설문조사를 하고 있다. TireRatings 파일은 68개의 사계절 타이어에 대한 설문조사 결과를 보여준다. 성능 특성은 다음과 같은 10점 척도를 사용하여 평가된다.

매우 우수		우수		양호		보통		비선호	
10	9	8	7	6	5	4	3	2	1

변수 Wet의 값은 각 타이어의 빗길 접지력 성능에 대한 평균 점수이며, 변수 Noise는 각 타이어가 발생시키는 소음 수준에 대한 평균 점수이다. 응답자들은 또한 다음과 같이 10점 척도를 사용하여 타이어 재구매 의향 정도에 대한 답변을 하였다.

매우 높음		높음		보통		낮음		매우 낮음	
10	9	8	7	6	5	4	3	2	1

변수 Buy Again의 값은 재구매 응답의 평균이다. 이 연습문제를 위해, 우리는 다음과 같은 이진 종속변수를 생성하였다.

$$\text{Purchase} = \begin{cases} \text{Buy-Again 변수 값이 7 이상인 경우, 1} \\ \text{Buy-Again 변수의 값이 7 미만인 경우, 0} \end{cases}$$

따라서, 구매 = 1이면, 응답자의 타이어 재구매 의향이 높거나, 매우 높을 것이다.

a. x_1 = 빗길 성능 평가, x_2 = 소음 성능 평가, y = 구매의 관계에 대한 로지스틱 회귀 방정식을 도출하시오.

b. 통계 소프트웨어를 사용하여 추정 로짓을 계산하시오.

c. 추정 로짓을 사용하여 빗길 성능 평가가 8이고 소음 성능 평가가 8인 특정 타이어를 재구매할 의향이 높거나, 매우 높은 고객의 확률을 추정하시오.

d. 빗길과 소음 성능 평가가 7이라고 가정하자. 이 가정은 이러한 성능 평가를 가진 특정 타이어에 대한 고객의 재구매 의향이 높거나, 매우 높을 확률에 어떠한 영향을 미치는가?

e. 당신이 타이어 회사의 CEO일 때, (c)와 (d)의 결과를 통해 당신이 알 수 있는 바는 무엇인가?

15.10 실용적 조언: 다중회귀분석에서의 빅데이터 및 가설검정

14장에서는 단순 선형회귀에서 가설 H_0: $\beta_1 = 0$에 대한 검정을 위한 p값이 표본 크기가 증가함에 따라 감소한다는 것을 확인했다. 마찬가지로 주어진 신뢰수준에서 β_1의 신뢰구간, y의 평균값에 대한 신뢰구간, y의 개별 값에 대한 예측구간은 표본 크기가 증가함에 따라 좁아진다. 이러한 결과는 다중회귀에도 적용된다. 표본 크기가 증가하면 다음과 같은 현상이 나타난다:

- 종속변수와 회귀모형의 모든 독립변수 집합 간에 유의한 관계가 있는지를 결정하는 F 검정의 p 값이 감소한다.
- 종속변수와 회귀모형의 개별 독립변수 간에 유의한 관계가 있는지를 결정하는 각 t 검정의 p 값이 감소한다.
- 개별 독립변수와 관련된 기울기 모수에 대한 신뢰구간이 좁아진다.
- y의 평균값에 대한 신뢰구간이 좁아진다.
- 개별값 y에 대한 예측구간이 좁아진다.

따라서 각 개별 독립변수와 관련된 기울기 모수, y의 평균값 및 예측된 개별 y값에 대한 구간 추정은 표본 크기가 증가함에 따라 더 정확해진다. 또한 표본 크기가 증가함에 따라 종속변수와 모형 내의 모든 개별 독립변수의 집합 간에 관계가 존재하지 않는다는 가설을 기각할 가능성이 높아진다. 그리고 각 개별 독립변수에 대해서도 표본 크기가 증가함에 따라 종속변수와 개별 독립변수 간의 관계가 존재하지 않는다는 가설을 기각할 가능성이 높아진다. 심지어 심각한 다중공선성이 존재하더라도 표본이 충분히 크다면, 서로 상관된 독립변수가 종속변수와 각각 유의미한 관계를 가질 수 있다. 그러나 표본 크기가 증가함에 따라 결과가 반드시 더 신뢰할 만하다는 것을 의미하는 것은 아니다.

다중회귀모형을 추정하는 데 사용되는 표본이 아무리 크더라도, 우리는 데이터에 대한 비표본 오류의 가능성에 대해 걱정해야 한다. 관심 대상 모집단의 무작위 표본이 실제로 추출되었는지 주의 깊게 고려하는 것이 중요하다. 데이터 수집 과정에서 비표본 오류가 발생하면, 다중회귀의 가설검정에서 유형 I 또는 유형 II 오류가 발생할 가능성이 표본 데이터에 비표본 오류가 없는 경우보다 높을 수 있다. 또한 다중공선성으로 인해 추정된 기울기 계수는 오해를 만들 수 있으며, 이 문제는 다중회귀 모형을 추정하는 데 사용되는 표본 크기가 증가하여도 계속된다. 마지막으로 다중회귀모형에서 통계적으로 유의미한 관계가 실제로 의미가 있는지를 고려하는 것이 중요하다.

다중회귀는 매우 강력한 통계 도구이지만 비즈니스 결정은 다중회귀의 가설검정에만 의존해서는 안된다. 비표본 오류는 잘못된 결과로 이어질 수 있다. 심각한 다중공선성이 존재하는 경우, 추정된 기울기 계수를 해석할 때 주의해야 한다. 그리고 통계적 유의성과 함께 항상 실제적 유의성을 함께 고려해야 한다. 이는 가설검정이 극도로 큰 표본을 기반으로 할 때 p값은 지극히 작을 수 있으므로, 특히 중요하다. 올바르게 실행되면 다중회귀분석의 가설검정은 다른 출처에서 수집한 정보와 함께 고려해야 하는 증거를 제공하여 가장 현명한 결정을 내릴 수 있게 한다.

요약

이 장에서는 14장에서 소개한 단순선형회귀분석을 확장한 다중회귀분석을 소개하였다. 다중회귀분석을 사용하면 종속변수가 두 개 이상의 독립변수와 어떻게 관련되어 있는지를 이해할 수 있다. 다중회귀방정식 $E(y) = \beta_0 + \beta_1 x_1 + \beta_2 x_2 + \cdots + \beta_p x_p$는 종속변수 y의 평균 또는 기댓값인 $E(y)$가 독립변수 x_1, x_2, $\cdots$, x_p의 값과 관련이 있다는 것을 보여준다. 추정 다중회귀방정식 $\hat{y} = b_0 + b_1 x_1 + b_2 x_2 + \cdots + b_p x_p$를 도출하기 위해 표본 데이터와 최소제곱법이 사용된다. 사실 b_0, b_1, b_2, $\cdots$, b_p는 알려지지 않은 모형의 모수 β_0, β_1, β_2, $\cdots$, β_p를 추정하는 데 사용되는 표본통계량이다.

다중결정계수는 추정된 회귀방정식의 적합도를 측정하는 지표로 소개되었다. 이는 추정된 회귀방정식으로 설명될 수 있는 y의 변동 비율을 결정한다. 수정 다중결정계수는 독립변수의 수를 조정하여, 더 많은 독립변수를 추가하는 영향이 과대평가되는 것을 방지하는 적합도 측정 방법이다.

F검정 및 t 검정은 변수 간의 관계가 통계적으로 중요한지를 결정하는 방법으로 제시되었다. F검정은 종속변수와 모든 독립변수의 집합 간에 전반적으로 유의미한 관계가 있는지 여부를 결정하는 데 사용된다. t 검정은 회귀모형의 다른 독립변수가 주어진 경우, 종속변수와 개별 독립변수 간에 유의미한 관계가 있는지 여부를 결정하는 데 사용된다. 독립변수 간의 상관관계인 다중공선성에 대해서도 논의하였다.

범주형 독립변수에 대한 절에서 더미변수를 사용하여 범주형 데이터를 다중회귀분석에 통합하는 방법을 보여주었다. 잔차분석에 대한 절에서는 잔차분석을 사용하여 모형 가정을 검증하고 이상값을 감지하며 영향력 있는 관측치를 식별하는 방법을 보여주었다. 표준화 잔차, 레버리지, 스튜던트 삭제 잔차 및 Cook의 거리 측정이 논의되었다. 로지스틱 회귀에 대한 절에서는 종속변수가 두 가지 값만 가질 수 있는 상황을 모형화하는 방법을 보여주었다. 마지막으로 대규모 데이터 세트가 다중회귀분석의 적용과 해석에 미치는 영향에 대해 논의하였다.

용어

다중결정계수(Multiple coefficient of determination) 추정 다중회귀방정식의 적합도를 나타내는 지표로, 추정된 회귀방정식이 종속변수의 변동성을 얼마나 많이 설명할 수 있는지를 나타낸다.

다중공선성(Multicollinearity) 독립변수 간 상관관계를 나타내는 용어이다.

다중회귀모형(Multiple regression model) 종속변수 y가 독립변수 x_1, x_2, $\cdots$, x_p 및 오차항 ϵ와 어떻게 관련되어 있는지 나타내는 수학 방정식이다.

다중회귀방정식(Multiple regression equation) 종속변수 y의 기댓값 또는 평균을 독립변수 x_1, x_2, ⋯, x_p의 값과 관련시키는 수학적 방정식으로, $E(y) = \beta_0 + \beta_1 x_1 + \beta_2 x_2 + \cdots + \beta_p x_p$이다.

다중회귀분석(Multiple regression analysis) 두 개 이상의 독립변수를 사용하는 회귀분석이다.

더미변수(Dummy variable) 범주형 독립변수의 효과를 모형화하는 데 사용되는 변수로, 0 또는 1의 값만 가질 수 있다.

레버리지(Leverage) 독립변수의 값이 평균값에서 얼마나 떨어져 있는지를 측정하는 지표이다.

로지스틱 회귀방정식(Logistic regression equation) $y = 1$의 확률 $E(y)$를 독립변수의 값과 관련시킨 수학 방정식으로, $E(y) = P(y = 1 \mid x_1, x_2, \cdots, x_p) = \dfrac{e^{\beta_0+\beta_1x_1+\beta_2x_2+\cdots+\beta_px_p}}{1 + e^{\beta_0+\beta_1x_1+\beta_2x_2+\cdots+\beta_px_p}}$이다.

로짓(Logit) $y = 1$이 발생할 오즈의 자연 로그로, $g(x_1, x_2, \cdots, x_p) = \beta_0 + \beta_1 x_1 + \beta_2 x_2 + \cdots + \beta_p x_p$이다.

범주형 독립변수(Categorical independent variable) 범주형 데이터를 갖는 독립변수이다.

사건이 발생할 오즈(Odds in favor of an event occurring) 사건이 발생할 확률을 사건이 발생하지 않을 확률로 나눈 것이다.

수정 다중결정계수(Adjusted multiple coefficient of determination) 추정된 다중회귀방정식의 적합도를 나타내는 지표로, 모형 내 독립변수의 수를 조정하여 더 많은 독립변수를 추가하는 영향을 과대평가하지 않도록 한다.

스튜던트 삭제 잔차(Studentized deleted residuals) 관측값 i를 데이터 세트에서 제거하고 나서 회귀분석 및 계산을 수행한 후 얻은 추정치의 수정 표준오차에 기반한 표준화 잔차를 말한다.

영향력 있는 관측값(Influential observation) 회귀 결과에 강한 영향을 미치는 관측값이다.

오즈비(Odds ratio) 독립변수 중 하나가 한 단위 증가한 경우 $y = 1$의 오즈(odds_1)를 독립변수값이 변하지 않았을 경우 $y = 1$의 오즈(odds_0)로 나눈 것이다. 즉, 오즈비 $= \text{odds}_1/\text{odds}_0$이다.

이상값(Outlier) 다른 데이터의 패턴에 맞지 않는 관측값이다.

최소제곱법(Least squares method) 추정된 회귀방정식을 개발하는 데 사용되는 방법으로, 잔차(종속변수의 관측값 y_i와 종속변수의 예측값 $\hat{y}_i$ 간의 편차)의 제곱합을 최소화한다.

추정 다중회귀방정식(Estimated multiple regression equation) 표본 데이터 및 최소제곱법을 기반으로 한 다중 회귀방정식의 추정값으로, $\hat{y} = b_0 + b_1 x_1 + b_2 x_2 + \cdots + b_p x_p$이다.

추정 로지스틱 회귀방정식(Estimated logistic regression equation) 표본 데이터를 기반으로 한 로지스틱 회귀 방정식의 추정값으로, $\hat{y} = \text{estimate of } P(y = 1 \| x_1, x_2, \ldots, x_p) = \dfrac{e^{b_0+b_1x_1+b_2x_2+\cdots+b_px_p}}{1 + e^{b_0+b_1x_1+b_2x_2+\cdots+b_px_p}}$이다.

추정 로짓(Estimated logit) 표본 데이터를 기반으로 한 로짓의 추정값으로, $\hat{g}(x_1, x_2, \ldots, x_p) = b_0 + b_1x_1 + b_2x_2 + \cdots + b_px_p$이다.

Cook의 거리 측정(Cook's distance measure) i 관측값의 영향을 측정하는 지표로, i 관측값의 레버리지와 잔차에 기초한다.

핵심공식

다중회귀모형

$$y = \beta_0 + \beta_1x_1 + \beta_2x_2 + \cdots + \beta_px_p + \epsilon \tag{15.1}$$

다중회귀방정식

$$E(y) = \beta_0 + \beta_1x_1 + \beta_2x_2 + \cdots + \beta_px_p \tag{15.2}$$

추정 다중회귀방정식

$$\hat{y} = b_0 + b_1x_1 + b_2x_2 + \cdots + b_px_p \tag{15.3}$$

최소제곱 기준

$$\min \Sigma(y_i - \hat{y}_i)^2 \tag{15.4}$$

SST, SSR, SSE의 관계

$$\text{SST} = \text{SSR} + \text{SSE} \tag{15.7}$$

다중결정계수

$$R^2 = \frac{\text{SSR}}{\text{SST}} \tag{15.8}$$

수정 다중결정계수

$$R_{\text{a}}^2 = 1 - (1 - R^2)\frac{n-1}{n-p-1} \tag{15.9}$$

회귀로 인한 평균제곱

$$\text{MSR} = \frac{\text{SSR}}{p} \tag{15.12}$$

오차로 인한 평균제곱

$$\text{MSE} = \frac{\text{SSE}}{n-p-1} \tag{15.13}$$

F 검정통계량

$$F = \frac{\text{MSR}}{\text{MSE}} \tag{15.14}$$

t 검정통계량

$$t = \frac{b_i}{s_{b_i}} \tag{15.15}$$

관측치 i의 표준화 잔차

$$\frac{y_i - \hat{y}_i}{s_{y_i - \hat{y}_i}} \tag{15.23}$$

잔차 i의 표준편차

$$s_{y_i - \hat{y}_i} = s\sqrt{1 - h_i} \tag{15.24}$$

Cook의 거리 측정

$$D_i = \frac{(y_i - \hat{y}_i)^2}{(p + 1)s^2}\left[\frac{h_i}{(1 - h_i)^2}\right] \tag{15.25}$$

로지스틱 회귀방정식

$$E(y) = \frac{e^{\beta_0 + \beta_1 x_1 + \beta_2 x_2 + \cdots + \beta_p x_p}}{1 + e^{\beta_0 + \beta_1 x_1 + \beta_2 x_2 + \cdots + \beta_p x_p}} \tag{15.27}$$

추정 로지스틱 회귀방정식

$$\hat{y} = \text{estimate of } P(y = 1 | x_1, x_2, \ldots, x_p) = \frac{e^{b_0 + b_1 x_1 + b_2 x_2 + \cdots + b_p x_p}}{1 + e^{b_0 + b_1 x_1 + b_2 x_2 + \cdots + b_p x_p}} \tag{15.30}$$

오즈비

$$\text{Odds Ratio} = \frac{\text{Odds}_1}{\text{Odds}_0} \tag{15.34}$$

로짓

$$g(x_1, x_2, \ldots, x_p) = \beta_0 + \beta_1 x_1 + \beta_2 x_2 + \cdots + \beta_p x_p \tag{15.35}$$

추정 로짓

$$\hat{g}(x_1, x_2, \ldots, x_p) = b_0 + b_1 x_1 + b_2 x_2 + \cdots + b_p x_p \tag{15.37}$$

보충문제

49. 대학 학점 평균(GPA). Clearwater 대학 입학사정관은 다음과 같이 대학 GPA와 SAT 수학점수 및 고교 GPA의 관계를 나타내는 추정회귀식을 개발하였다.

$$\hat{y} = -1.41 + 0.0235x_1 + 0.00486x_2$$

여기에서

$$x_1 = \text{고교 GPA}$$
$$x_2 = \text{SAT 수학점수}$$
$$y = \text{대학 GPA}$$

a. 추정회귀식에 나타난 계수의 의미를 설명하시오.

b. 고교 GPA가 84점이고, SAT 수학점수가 540점인 학생의 대학 GPA를 추정하시오.

50. **직무 만족도.** Electronics Associates 인사부장은 다음과 같이 종업원의 직무만족도와 근속기간 및 임금의 관계를 나타내는 추정회귀식을 개발하였다.

$$\hat{y} = 14.4 - 8.69x_1 + 13.5x_2$$

여기에서

x_1 = 근속기간(연)
x_2 = 임금(달러)
y = 직무 만족도 점수(점수가 높을수록 만족도가 높음)

a. 추정회귀식에 나타난 계수의 의미를 설명하시오.

b. 근속기간이 4년이고, 시간당 임금이 13.00달러인 종업원의 직무 만족도 점수를 추정하시오.

51. 다음은 컴퓨터를 활용한 회귀분석 결과의 일부이다.

The regression equation is
Y = 8.13 + 7.602 XI + 3.111 X2

Predictor	Coef	SE Coef	T
Constant	____	2.667	____
X1	____	2.105	____
X2	____	0.613	____

S = 3.335 R-Sq = 92.3% R-Sq(adj) = ____%

Analysis of Variance

SOURCE	DF	SS	MS	F
Regression	____	1612	____	____
Residual Error	12	____	____	
Total	____	____		

a. 이 결과의 빈 칸에 들어갈 값을 계산하시오.

b. F 검정을 이용하여 $\alpha = 0.05$에서 유의한 관계가 존재하는지를 확인하시오.

c. t 검정을 이용하여 $\alpha = 0.05$에서 H_0: $\beta_1 = 0$과 H_0: $\beta_2 = 0$을 테스트하시오.

52. **평균학점 분석.** 연습문제 49번에서 Clearwater 대학 입학사정관은 다음과 같이 대학 GPA와 SAT 수학 점수 및 고교 GPA의 관계를 나타내는 추정회귀식을 개발하였다.

$$\hat{y} = -1.41 + 0.0235x_1 + 0.00486x_2$$

여기에서

x_1 = 고교 GPA
x_2 = SAT 수학 점수
y = 대학 GPA

다음은 관련 컴퓨터 출력 결과의 일부이다.

```
The regression equation is
Y = −1.41 + 0.0235 XI + 0.00486 X2

Predictor         Coef        SE Coef        T
Constant       −1.4053         0.4848     _____
X1            0.023467       0.008666     _____
X2            ________       0.001077     _____

S = 0.1298      R-Sq = ______         R-Sq(adj) = ______

Analysis of Variance

SOURCE            DF          SS          MS        F
Regression      ____     1.76209        ____     ____
Residual Error  ____     _______        ____
Total              9     1.88000
```

a. 이 결과의 빈 칸에 들어갈 값을 계산하시오.

b. F 검정을 이용하여 $\alpha = 0.05$에서 유의한 관계가 존재하는지를 확인하시오

c. t 검정을 이용하여 $\alpha = 0.05$에서 H_0: $\beta_1 = 0$과 H_0: $\beta_2 = 0$을 테스트하시오.

d. 추정회귀식의 적합도가 우수한가? 그 이유를 설명하시오.

53. **직무 만족도 분석.** 연습문제 50번에서 Electronics Associates 인사부장은 다음과 같이 종업원의 직무만족도와 근속기간 및 임금의 관계를 나타내는 추정회귀식을 개발하였다.

$$\hat{y} = 14.41 - 8.69x_1 + 13.52x_2$$

여기에서

x_1 = 근속기간(연)
x_2 = 임금(달러)
y = 직무 만족도 점수(점수가 높을수록 만족도가 높음)

다음은 관련 컴퓨터 분석결과의 일부이다.

The regression equation is
Y = 14.4 − 8.69 XI + 13.52 X2

Predictor	Coef	SE Coef	T
Constant	14.448	8.191	1.76
X1	______	1.555	______
X2	13.517	2.085	______

S = 3.773   R-Sq = ________%   R-Sq(adj) = ________%

Analysis of Variance

SOURCE	DF	SS	MS	F
Regression	2	______	______	______
Residual Error	______	71.17	______	
Total	7	720.0		

a. 이 결과의 빈 칸에 들어갈 값을 계산하시오.

b. F값을 계산하여 유의수준 0.05에서 유의한 관계가 존재하는지를 확인하시오.

c. 이 자료에 대한 추정회귀식의 적합도가 우수한가? 그 이유를 설명하시오.

d. t 검정을 사용하여 $\alpha = 0.05$에서 H_0: $\beta_1 = 0$과 H_0: $\beta_2 = 0$을 테스트하시오.

54. 반복구매 분석. 타이어 및 휠 온라인 판매업체인 미국 Tire Rack은 소비자에게 그들의 차량, 운전 스타일, 운전 조건에 적합한 제품을 공급하기 위한 광범위한 테스트를 실시하고 있다. 또한 Tire Rack은 운전자가 장기간의 타이어 사용 경험을 공유함으로써 서로에게 도움을 줄 수 있는 독립적인 소비자 조사를 진행하고 있다. 다음의 자료는 18개의 최고 성능 타이어에 대한 조사결과(10점 만점 척도)를 보여준다. Steering 변수는 타이어의 조정장치 반응을 평가하고 Tread Wear는 운전자의 기대에 맞는 기어 장치의 신속성, 그리고 Buy Again은 운전자의 전반적인 만족도 및 동일한 타이어를 재구매할 의향을 평가한다.

DATA *file* **TireRack**

타이어	Steering	Tread Wear	Buy Again
Goodyear Assurance TripleTred	8.9	8.5	8.1
Michelin HydroEdge	8.9	9.0	8.3
Michelin Harmony	8.3	8.8	8.2
Dunlop SP 60	8.2	8.5	7.9
Goodyear Assurance ComforTred	7.9	7.7	7.1
Yokohama Y372	8.4	8.2	8.9
Yokohama Aegis LS4	7.9	7.0	7.1
Kumho Power Star 758	7.9	7.9	8.3
Goodyear Assurance	7.6	5.8	4.5
Hankook H406	7.8	6.8	6.2

계속

타이어	Steering	Tread Wear	Buy Again
Michelin Energy LX4	7.4	5.7	4.8
Michelin MX4	7.0	6.5	5.3
Michelin Symmetry	6.9	5.7	4.2
Kumho 722	7.2	6.6	5.0
Dunlop SP 40 A/S	6.2	4.2	3.4
Bridgestone Insignia SE200	5.7	5.5	3.6
Goodyear Integrity	5.7	5.4	2.9
Dunlop SP20 FE	5.7	5.0	3.3

a. Steering 점수가 주어졌을 때 Buy Again을 추정하는데 활용할 수 있는 추정회귀식을 도출하시오.

b. (a)에서 도출한 추정회귀식의 적합도가 우수한가? 설명하시오.

c. Steering 점수 및 Tread Wear 점수가 주어졌을 때 Buy Again을 추정하는데 활용할 수 있는 추정회귀식을 도출하시오.

d. 추가한 독립변수 Tread Wear가 유의한지 여부를 $\alpha = 0.05$에서 검정하시오.

DATA *file* ZooSpend

55. 동물원 방문객 수. Cincinnati 동물원 및 식물원은 2017년 187만 명의 방문자 수를 기록하였다(Cincinnati Business Courier 웹사이트). 동물원이나 박물관 같은 비영리 기관은 고객 경험을 개선하기 위해 데이터를 더욱 정교하게 활용하고 있다. 예상 수익을 더 잘 예측하게 하는 분석 방법을 사용하여 비영리 기관은 운영관리를 개선할 수 있게 된다.

ZooSpend 파일에는 동물원 방문에 대한 표본 데이터가 포함되어 있다. 이 파일에는 가족이 동물원을 방문한 125회 방문에 대해 다음 자료를 가지고 있다. 이는 지출 금액, 가족 규모, 동물원에서 가족 거주지까지의 거리(게이트 직원이 동물원에 입장하는 각 가족의 우편번호를 요청함), 가족이 동물원 멤버십을 가지고 있는지 여부(1 = 예, 0 = 아니오) 등의 자료이다.

a. 가족 규모, 동물원 멤버십 여부, 동물원에서 거주지까지의 거리가 주어졌을 때, 한 가족이 지출하는 금액을 예측하는 추정회귀방정식을 도출하시오.

b. 동물원 멤버십 독립변수의 유의성을 0.05 수준에서 검정하시오.

c. (b)에서 테스트한 추정치의 부호에 대해 설명하시오.

d. 0.05 수준에서 모델의 전반적 유의성을 검정하시오.

e. 동물원에서 125마일 떨어진 곳에 거주하며 동물원 멤버십이 없는 5인 가족이 동물원 방문 시 지출하는 금액을 추정하시오.

56. 뮤추얼펀드 수익률. Morningstar Funds 500의 일부인 45개 뮤추얼펀드에 대한 정보를 가지고 있는 일부 데이터가 아래 제시되어 있다. 모든 자료는 MutualFunds 파일에서

확인할 수 있다. 데이터 세트는 다음의 다섯 개 변수를 포함한다.

펀드 유형 : 펀드의 유형, DE(국내 주식), IE(해외 주식), FI(채권)
순자산가치($) : 2007년 12월 31일 종가
5년 평균수익률(%) : 지난 5년 동안 펀드의 연간 평균수익률
비용지급 비율(%) : 회계연도별 펀드 비용 차감비율
Morningstar 등급 : 각 펀드에 대한 위험조정 평가등급; 최저 1-star, 최고 5-star

DATA file MutualFunds

펀드명	펀드 유형	순자산가치 (달러)	5년 평균 수익률(%)	비용지급 비율(%)	Morningstar 등급
Amer Cent Inc & Growth Inv	DE	28.88	12.39	0.67	2-Star
American Century Intl. Disc	IE	14.37	30.53	1.41	3-Star
American Century Tax-Free Bond	FI	10.73	3.34	0.49	4-Star
American Century Ultra	DE	24.94	10.88	0.99	3-Star
Ariel	DE	46.39	11.32	1.03	2-Star
Artisan Intl Val	IE	25.52	24.95	1.23	3-Star
Artisan Small Cap	DE	16.92	15.67	1.18	3-Star
Baron Asset	DE	50.67	16.77	1.31	5-Star
Brandywine	DE	36.58	18.14	1.08	4-Star
.	.	.	.	.	.
.	.	.	.	.	.
.	.	.	.	.	.

a. 펀드 유형이 주어졌을 때 5년 평균수익률을 예측하는 데 활용할 수 있는 추정회귀 방정식을 도출하시오.

b. (a)에서 도출한 추정회귀식의 적합도가 우수한가? 그 이유를 설명하시오.

c. 펀드 유형, 순자산가치, 비용지급 비율이 주어졌을 때 5년 평균수익률을 예측하는 데 활용할 수 있는 추정회귀식을 도출하시오. 유의수준 0.05에서 유의적 관계를 검정하시오. 추정회귀식에서 어떤 변수가 제거되어야 한다고 생각하는가? 설명하시오.

d. Morningstar 등급은 범주형 변수이다. 자료에는 2-star부터 5-star까지 4개의 등급을 가진 펀드만 나와 있으므로, 다음과 같은 더미변수를 사용해보라.

3StarRank = 3 Star 펀드인 경우 1, 그렇지 않으면 0
4StarRank = 4 Star 펀드인 경우 1, 그렇지 않으면 0
5StarRank = 5 Star 펀드인 경우 1, 그렇지 않으면 0

펀드 유형, 비용지급 비율, Morningstar 등급이 주어졌을 때 5년 평균수익률을 예측하는 데 활용할 수 있는 추정회귀식을 도출하시오. $\alpha = 0.05$에서 유의하지 않은 독립변수를 제거하시오.

e. (d)에서 도출한 추정회귀방정식을 사용하여 비용지급 비율이 1.05%이고 Morningstar 등급이 3-star인 국내주식 펀드의 5년 평균수익률을 예측하시오.

DATA*file* GiftCards

57. **기프트 카드 판매.** 2017년 연휴 시즌에 거의 59%의 소비자가 기프트 카드를 구매할 계획이었다. National Retail Federation에 따르면, 밀레니얼 세대는 기프트 카드 구매를 좋아한다(Dayton Daily News 웹사이트). 파일 GiftCards에 있는 표본 데이터를 고려하라. 600명의 밀레니얼 세대에 대한 표본 데이터가 다음과 같이 주어졌다: 지난해에 그들이 기프트 카드에 지출했다고 보고한 금액, 연간 소득, 결혼 여부(1 = 예, 0 = 아니오), 그리고 남성 여부(1 = 예, 0 = 아니오).

a. 연간 소득, 결혼 여부 및 성별이 주어졌을 때, 기프트 카드에 대한 연간 지출을 예측하는 추정회귀방정식을 도출하시오.

b. 0.05 수준에서 전반적 유의성을 검정하시오.

c. 0.05 유의수준에서 개별 독립변수들의 유의성을 검정하시오.

DATA*file* MoneyBallRuns

58. **Moneyball.** 영화 Moneyball에서 묘사된 대로, 메이저리그 야구팀 오클랜드 A는 선수 선발에서 그들에게 유리하도록 분석을 활용했다. 다중회귀분석과 같은 기술을 사용하여 다른 팀에서 간과한 우수한 선수를 발견할 수 있었다. 이것은 선수 선발에서 전통적으로 고려되지 않았던 중요한 성공 요소를 찾음으로써 이루어졌다. 파일 MoneyBallRuns에는 각 메이저 리그 팀에 대한 4년 동안의 데이터, 총 120개의 데이터 포인트가 포함되어 있다(baseball-reference.com).

- 득점(RS) – 해당 연도에 팀이 기록한 총 득점
- 타율(BA) – 해당 연도에 팀의 타수에 대한 안타 비율
- 출루율(OBP) – 타자가 베이스에 도달한 타석의 비율
- 장타율(SLG) – 타자가 타석당 기록한 총 베이스 수

a. RS 대 BA, RS 대 OBP, 그리고 RS 대 SLG에 대한 세 가지 산점도를 작성하시오. 세 가지 관계 각각에 대해 설명하시오.

b. RS를 종속변수로 하고 BA, OBP 및 SLG를 독립변수로 하는 다중회귀방정식을 도출하시오. 이 방정식이 데이터에 얼마나 적합한가?

c. (a)에서 만든 산점도가 주어졌을 때, 추정계수의 부호에 대해 설명하시오. 독립변수들 간의 쌍별 상관관계를 계산하여 다중공선성을 확인하시오. 어떤 변수들이 높은 상관관계를 가지는 것으로 보이는가?

d. RS를 종속변수로 하고 OBP와 SLG를 독립변수로 하는 다중회귀방정식을 추정하시오. 이 방정식은 데이터에 얼마나 적합한가?

e. (b) 또는 (d)에서 도출한 방정식 중 어떤 것을 추천하겠는가? 설명하시오.

59. **Moneyball(재검토). 잔차 분석.** 문제 58 및 (d)에서 RS를 종속변수로 하고 OBS와 SLG를 독립변수로 사용한 추정방정식을 참고하시오.

a. 유의수준 0.05에서 이 모형이 유의하게 나타나는가?

b. 종속변수의 예측값을 가로축에, 표준화 잔차를 세로축에 표시한 잔차 그림을 작성하시오. 이 잔차 그림이 주어졌을 때, 오차항이 무작위이며 분산이 일정하다는 가정이 합리적으로 보이는가?

60. **아이오와 주택 가격.** 부동산 중개인은 주택의 다양한 특성이 판매가격에 어떤 영향을 미칠지에 대해 추측한다. IowaHouses 파일에는 아이오와 주에서의 주택 판매 표본 1,198건이 포함되어 있다(출처: Journal of Statistics Education). 판매된 각 주택에 대해 다음과 같은 데이터가 제공된다.

- LotArea = 평방 피트 단위의 대지 크기
- CentralAir = 1은 중앙 에어컨이 있음, 0은 중앙 에어컨이 없음
- GrLivArea = 평방 피트 단위의 윗층(지상) 거주 면적
- FullBath = 지상에 있는 큰 욕실
- HalfBath = 지상에 있는 보조 욕실
- BedroomAbvGr = 지상에 있는 침실
- GarageCars = 차량 수용능력 기준 차고 크기
- Age = 판매 당시 주택 연식(년)
- SalePrice = 주택 판매가격

a. SalePrice를 종속변수로, 나머지 8개의 변수를 독립변수로 하는 다중회귀방정식을 도출하시오. 이 방정식은 데이터에 얼마나 적합한가?

b. 추정된 계수 부호 중 직관적이지 않는 것이 있는가? 각 독립변수쌍 간의 상관 관계를 계산하시오. 다중공선성의 증거가 있는가?

c. SalePrice를 종속변수로, LotArea, CentralAir, GrLivArea, GarageCars 및 Age를 독립변수로 하는 다중회귀방정식을 추정하시오. 이 방정식은 데이터에 얼마나 적합한가?

d. (a) 또는 (c)에서 도출된 방정식 중 어떤 것을 추천하겠는가? 설명하시오.

DATA*file* IowaHouses

61. **아이오와 주택 가격 (재검토). 잔차 분석.** 문제 60번 및 (c)에서 SalePrice를 종속변수로 하고 LotArea, CentralAir, GrLivArea, GarageCars 및 Age를 독립변수로 하는 추정방정식을 참조하시오.

a. 유의수준 0.05에서 이 모형은 유의하게 나타나는가?

b. 종속변수의 예측값을 가로축에, 표준화 잔차를 세로축에 표시한 잔차 그림을 작성하시오. 이 잔차 그림이 주어졌을 때, 오차항이 무작위이며 분산이 일정하다는 가정이 합리적으로 보이는가?

사례연구 1: Consumer Research, Inc.

Consumer Research, Inc는 다양한 기업들을 위한 소비자 태도 및 행동 연구를 수행하는 독립기관이다. 한 기업이 신용카드 사용자의 구매액을 예측하는 데 활용할 수 있는 소비자특성을 조사해 달라고 요청하였다. 50명의 소비자표본에 대한 연소득, 가족규모, 연간 신용카드 사용액에 대한 자료를 수집하였다. 다음 자료의 Consumer 파일에 있다.

DATA*file* Consumer

소득 (천 달러)	가족 규모	신용카드 사용액(달러)	소득 (천 달러)	가족 규모	신용카드 사용액(달러)
54	3	4,016	54	6	5,573
30	2	3,159	30	1	2,583
32	4	5,100	48	2	3,866
50	5	4,742	34	5	3,586
31	2	1,864	67	4	5,037
55	2	4,070	50	2	3,605
37	1	2,731	67	5	5,345
40	2	3,348	55	6	5,370
66	4	4,764	52	2	3,890
51	3	4,110	62	3	4,705
25	3	4,208	64	2	4,157
48	4	4,219	22	3	3,579
27	1	2,477	29	4	3,890
33	2	2,514	39	2	2,972
65	3	4,214	35	1	3,121
63	4	4,965	39	4	4,183
42	6	4,412	54	3	3,730
21	2	2,448	23	6	4,127
44	1	2,995	27	2	2,921
37	5	4,171	26	7	4,603
62	6	5,678	61	2	4,273
21	3	3,623	30	2	3,067
55	7	5,301	22	4	3,074
42	2	3,020	46	5	4,820
41	7	4,828	66	4	5,149

경영보고서 작성

1. 기술통계량 방법을 활용하여 자료를 요약하고, 그 의미를 설명하시오.
2. 연소득을 독립변수로 활용한 추정회귀식과 가족규모를 독립변수로 활용한 추정회귀식을 도출하시오. 어떤 변수가 연간 신용카드 사용액을 보다 정확하게 예측하는가? 분석결과를 설명하시오.

3. 연소득과 가족규모를 독립변수로 활용된 추정회귀식을 도출하고, 그 의미를 설명하시오.
4. 연소득이 40,000달러인 3인 가족의 연간 신용카드 사용액을 예측하시오.
5. 모형에 다른 독립변수가 추가될 필요가 있는지 논의하시오. 어떤 변수가 추가되는 것이 좋을까?

사례연구 2: NASCAR 드라이버의 우승 예측

Matt Kenseth는 2012년 NASCAR 시즌에서 가장 중요한 레이스인 Daytona 500에서 우승했다. Matt의 우승은 놀라운 것이 아니었다. 왜냐하면 2011년 그는 2,330포인트로 Tony Stewart(2,403포인트), Carl Edwards(2,403포인트), Kevin Harvick(2,345포인트) 뒤 4위로 시즌을 마무리하였기 때문이다. 2011년에 Matt는 3번의 Poles 획득(예선에서 가장 빠른 드라이버), 3번의 레이스 우승, 상위 5명의 드라이버 12회, 상위 10명의 드라이버 20회로 6,183,580달러를 벌었다. NASCAR의 2011년 포인트 시스템은 첫 번째로 끝난 운전자에게 43포인트, 두 번째로 끝난 운전자에게 42포인트, 이와 같은 식으로 할당을 하여 43위를 차지한 드라이버에게 1포인트를 할당하였다. 또한 어떤 운전자라도 라운드를 주도하면 1 보너스 포인트를 받았고, 가장 많은 라운드를 주도한 운전자는 추가 보너스 포인트를 받았으며, 레이스 우승자는 3 보너스 포인트를 받았다. 그러나 어떤 레이스에서도 드라이버가 얻을 수 있는 최대 포인트는 48포인트였다. 다음 표는 2011년 시즌에 대한 상위 35명 드라이버의 데이터를 보여준다(NASCAR 웹사이트).

DATA *file* NASCAR

드라이버	포인트	Poles	Wins	Top 5	Top 10	Winnings($)
Tony Stewart	2,403	1	5	9	19	6,529,870
Carl Edwards	2,403	3	1	19	26	8,485,990
Kevin Harvick	2,345	0	4	9	19	6,197,140
Matt Kenseth	2,330	3	3	12	20	6,183,580
Brad Keselowski	2,319	1	3	10	14	5,087,740
Jimmie Johnson	2,304	0	2	14	21	6,296,360
Dale Earnhardt Jr.	2,290	1	0	4	12	4,163,690
Jeff Gordon	2,287	1	3	13	18	5,912,830
Denny Hamlin	2,284	0	1	5	14	5,401,190
Ryan Newman	2,284	3	1	9	17	5,303,020
Kurt Busch	2,262	3	2	8	16	5,936,470
Kyle Busch	2,246	1	4	14	18	6,161,020
Clint Bowyer	1,047	0	1	4	16	5,633,950
Kasey Kahne	1,041	2	1	8	15	4,775,160
A. J. Allmendinger	1,013	0	0	1	10	4,825,560
Greg Biffle	997	3	0	3	10	4,318,050

계속

드라이버	포인트	Poles	Wins	Top 5	Top 10	Winnings($)
Paul Menard	947	0	1	4	8	3,853,690
Martin Truex Jr.	937	1	0	3	12	3,955,560
Marcos Ambrose	936	0	1	5	12	4,750,390
Jeff Burton	935	0	0	2	5	3,807,780
Juan Montoya	932	2	0	2	8	5,020,780
Mark Martin	930	2	0	2	10	3,830,910
David Ragan	906	2	1	4	8	4,203,660
Joey Logano	902	2	0	4	6	3,856,010
Brian Vickers	846	0	0	3	7	4,301,880
Regan Smith	820	0	1	2	5	4,579,860
Jamie McMurray	795	1	0	2	4	4,794,770
David Reutimann	757	1	0	1	3	4,374,770
Bobby Labonte	670	0	0	1	2	4,505,650
David Gilliland	572	0	0	1	2	3,878,390
Casey Mears	541	0	0	0	0	2,838,320
Dave Blaney	508	0	0	1	1	3,229,210
Andy Lally	398	0	0	0	0	2,868,220
Robby Gordon	268	0	0	0	0	2,271,890
J. J. Yeley	192	0	0	0	0	2,559,500

경영보고서 작성

1. 획득한 Poles 수(Poles), 우승 횟수(Wins), 상위 5위까지 피니시 횟수(Top 5), 상위 10위까지 피니시 횟수(Top 10) 중 단일 변수를 사용하여 Winnings($)을 예측하려고 한다. 이 네 가지 변수 중 어떤 단일 변수가 winnings을 가장 잘 예측하는가?
2. 획득한 Poles 수(Poles), 우승 횟수(Wins), 상위 5위까지 피니시 횟수(Top 5), 상위 10위까지 피니시 횟수(Top 10)가 주어졌을 때, Winnings($)를 예측하는 데 사용할 수 있는 추정회귀방정식을 도출하시오. 각 변수의 개별적 유의성을 테스트하고 결과와 결론을 논하시오.
3. 두 개의 새로운 독립변수를 생성하십시오: Top 2-5 및 Top 6-10. Top 2-5는 운전자가 두 번째에서 다섯 번째로 피니시한 횟수를 나타내고 Top 6-10은 운전자가 여섯 번째에서 열 번째로 피니시한 횟수를 나타낸다. Poles, Wins, Top 2-5 및 Top 6-10을 사용하여 Winnings($)를 예측하는 데 사용할 수 있는 추정회귀방정식을 도출하시오. 각 변수의 개별적인 유의성을 테스트하고 결과와 결론을 논하시오.
4. 당신의 분석 결과를 기반으로 Winnings($)를 예측하기 위해 어떤 추정회귀방정식을 권하겠는가? 이 방정식의 추정회귀계수에 대해 해석하시오.

사례연구 3: 최고의 자동차 가치 찾기

어떤 자동차를 살지 결정할 때, 진정한 가치는 초기 구매비용에 의해 결정되는 것이 아니다. 대신, 신뢰할 수 있고 소유 비용이 많이 들지 않는 자동차가 종종 최고의 가치를 나타낸다. 그러나 차가 아무리 신뢰할 수 있고, 소유 비용이 적더라도, 성능 역시 우수해야 한다.

가치를 측정하기 위해 Consumer Reports는 가치 점수라는 통계치를 개발했다. 가치 점수는 5년 소유자 비용, 전반적인 도로 테스트 점수 및 예상 신뢰도 등급을 기반으로 한다. 5년 소유자 비용은 감가상각, 연료, 유지 보수 및 수리비 등을 포함하여, 자동차 소유 후 처음 5년간 발생하는 비용을 기준으로 한다. 1년에 12,000마일의 전국 평균을 사용하여, 주행 마일당 평균 비용이 5년 소유자 비용의 측정값으로 사용된다. 도로 테스트 점수는 50번 이상의 테스트 및 평가 결과이며, 100점 만점을 기준으로 점수가 높을수록 성능, 편안함, 편리성 및 연비가 더 우수함을 나타낸다. Consumer Reports에서 수행한 테스트 중 도로 테스트 점수 최고점은 Lexus LS 460L이 받은 99점이었다. 예상 신뢰도 등급(1 = 미흡, 2 = 보통, 3 = 양호, 4 = 매우 양호, 5 = 우수)은 Consumer Reports의 연간 자동차 설문조사 데이터에 기반한다.

DATA*file* CarValues

가치 점수가 1.0인 자동차는 "평균 가치" 자동차로 간주된다. 가치 점수가 2.0인 차는 가치 점수 1.0인 차보다 2배 좋은 가치로 간주되고, 가치 점수가 0.5인 차는 평균 가치의 절반 가치로 간주되는 식이다. CarValues 파일에는 테스트 차량의 가격($)을 포함하여 세 가지 크기의 자동차(13대의 소형 세단, 20대의 패밀리 세단, 21대의 고급 세단)에 대한 데이터가 포함되어 있다(Consumer Reports 웹사이트). 3개 값(소형 세단, 패밀리 세단 및 고급 세단)의 범주형 변수인 차량 크기 효과를 통합하기 위해, 다음과 같은 더미 변수를 사용한다.

Family-Sedan = 패밀리 세단인 경우 1, 그렇지 않은 경우 0

Upscale-Sedan = 고급 세단인 경우 1, 그렇지 않은 경우 0

경영보고서 작성

1. Cost/Mile을 종속변수로 하고, Family-Sedan 및 Upscale-Sedan을 독립변수로 하는 추정회귀방정식을 도출하시오. 도출 결과에 대해 논의하시오.
2. 가치 점수(Value Score)를 종속변수로 하고 Cost/Mile, Road-Test Score, Predicted Reliability, Family-Sedan 및 Upscale-Sedan을 독립변수로 하는 추정회귀방정식을 도출하시오.
3. 유의수준 0.05을 사용하여 문제 2번에서 도출한 추정회귀방정식에서 유의하지 않은 독립변수를 삭제하시오. 유의하지 않은 독립변수를 삭제한 후, 새로운 추정회

귀방정식을 도출하시오.

4. “더 작은 자동차가 더 큰 자동차보다 더 높은 가치를 제공한다”고 주장하는 사람이 있다고 가정하자. 이 경우 데이터에서 소형 세단(Small Sedans)이 가장 작은 유형의 자동차를 나타내며, 고급 세단(Upscale Sedans)이 가장 큰 유형의 자동차를 나타낸다. 당신의 분석은 이 주장을 지지하는가?

5. 도로 테스트 점수(Road-Test Score) 값이 주어진 경우, 회귀분석을 사용하여 가치점수를 예측할 수 있는 추정회귀방정식을 도출하시오.

6. 예상 신뢰도 등급(Predicted Reliability) 값이 주어진 경우, 회귀분석을 사용하여 가치 점수를 예측할 수 있는 추정회귀방정식을 도출하시오.

7. 당신의 분석에서 어떤 결론을 내릴 수 있는가?

Chapter 15 부록

Excel을 사용한 다중회귀분석

이 부록에서는 Excel의 회귀 도구를 사용하여 Butler Trucking 문제의 추정다중회귀 방정식을 개발하는 방법을 설명한다. 관련된 작업을 설명하는 그림 Excel 15.1을 참조하라. 먼저 워크시트의 셀 A1:D1에 레이블로 Assignment, Miles, Deliveries 및 Time을 입력하고, 표본 데이터는 셀 B2:D11에 입력한다. 셀 A2:A11에 있는 숫자 1에서 10은 각 관측치를 식별한다.

다음 단계는 다중 회귀분석을 위해 회귀도구를 사용하는 방법을 설명한다.

DATA *file* **Butler**

단계 1. 리본에서 Data 탭을 클릭한다.

단계 2. Analyze 그룹에서 Data Analysis를 클릭하라.

단계 3. Analysis Tools 목록에서 Regression을 선택한다. OK를 클릭한다.

단계 4. 회귀대화상자가 나타나면:

Input Y Range: 상자에 D1:D11 입력한다.

Input X Range: 상자에 B1:C11 입력한다.

Labels에 대한 체크 상자를 선택한다.

Confidence Level에 대한 체크 상자를 선택하고 상자에 99를 입력한다.

Output Range:를 선택하고 상자에 A13을 입력한다.

OK를 클릭한다.

그림 Excel 15.1의 Excel 출력결과에서 독립변수 x_1에 대한 라벨은 Miles이다(셀 A30 참조). 또한 독립변수 x_2에 대한 라벨은 Deliveries이다(셀 A31 참조). 추정회귀방정식은 다음과 같다.

$$\hat{y} = -0.8687 + 0.0611x_1 + 0.9234x_2$$

Excel의 회귀 도구를 사용하는 다중회귀의 경우 단순선형회귀와 거의 동일하다. 주요 차이점은 다중회귀의 경우 독립변수를 식별하기 위해 더 큰 셀 범위가 필요하다는 점이다.

그림 Excel 15.1 두 개의 독립변수를 가진 Butler Trucking에 대한 Excel 출력 결과

	A	B	C	D
1	Assignment	Miles	Deliveries	Time
2	1	100	4	9.3
3	2	50	3	4.8
4	3	100	4	8.9
5	4	100	2	6.5
6	5	50	2	4.2
7	6	80	2	6.2
8	7	75	3	7.4
9	8	65	4	6
10	9	90	3	7.6
11	10	90	2	6.1
12				
13	SUMMARY OUTPUT			

	Regression Statistics	
16	Multiple R	0.9507
17	R Square	0.9038
18	Adjusted R Square	0.8763
19	Standard Error	0.5731
20	Observations	10

22	ANOVA					
23		*df*	*SS*	*MS*	*F*	*Significance F*
24	Regression	2	21.6006	10.8003	32.8784	0.0003
25	Residual	7	2.2994	0.3285		
26	Total	9	23.9			

28		*Coefficients*	*Standard Error*	*t Stat*	*P-value*	*Lower 95%*	*Upper 95%*	*Lower 99.0%*	*Upper 99.0%*
29	Intercept	-0.8687	0.9515	-0.9129	0.3916	-3.1188	1.3813	-4.1986	2.4612
30	Miles	0.0611	0.0099	6.1824	0.0005	0.0378	0.0845	0.0265	0.0957
31	Deliveries	0.9234	0.2211	4.1763	0.0042	0.4006	1.4463	0.1496	1.6972

부록

Contents

부록 A: 참고 및 인용문헌

일반

Freedman, D., R. Pisani, and R. Purves. *Statistics*, 4th ed. W. W. Norton, 2007.

Hogg R. V., E. A. Tanis, and D. L. Zimmerman. *Probability and Statistical Inference*, 10th ed. Prentice Hall, 2018.

McKean, J. W., R. V. Hogg, and A. T. Craig. *Introduction to Mathematical Statistics*, 8th ed. Prentice Hall, 2019.

Miller, I., and M. Miller. *John E. Freund's Mathematical Statistics*, 8th ed. Pearson Prentice Hall, 2012.

Moore, D. S., G. P. McCabe, and B. Craig. *Introduction to the Practice of Statistics*, 10th ed. Freeman, 2021.

Wackerly, D. D., W. Mendenhall, and R. L. Scheaffer. *Mathematical Statistics with Applications*, 7th ed. Cengage Learning, 2008.

실험설계

Cochran, W. G., and G. M. Cox. *Experimental Designs*, 2nd ed. Wiley, 1992.

Hicks, C. R., and K. V. Turner. *Fundamental Concepts in the Design of Experiments*, 5th ed. Oxford University Press, 1999.

Montgomery, D. C. *Design and Analysis of Experiments*, 10th ed. Wiley, 2019.

Winer, B. J., K. M. Michels, and D. R. Brown. *Statistical Principles in Experimental Design*, 3rd ed. McGraw Hill, 1991.

Wu, C. F. Jeff, and M. Hamada. *Experiments: Planning, Analysis, and Optimization*, 3rd ed. Wiley, 2021.

시계열과 예측

Bowerman, B. L., R. T. O'Connell, and A. Koehler. *Forecasting and Time Series: An Applied Approach*, 4th ed. Thomson Learning, 2004.

Box, G. E. P., G. M. Jenkins, and G. C. Reinsel. *Time Series Analysis: Forecasting and Control*, 5th ed. Wiley, 2015.

Makridakis, S. G., S. C. Wheelwright, and R. J. Hyndman. *Forecasting Methods and Applications*, 3rd ed. Wiley, 1997.

Wilson, J. H., B. Keating, and John Galt Solutions, Inc. *Business Forecasting with Accompanying Excel-Based Forecast X^{TM}*, 6th ed. McGraw Hill/Irwin, 2008.

찾아보기 숫자

U.S. Department of Commerce. *Survey of Current Business.*

U.S. Department of Labor, Bureau of Labor Statistics. *CPI Detailed Report.*

U.S. Department of Labor. *Producer Price Indexes.*

비모수적 방법

Conover, W. J. *Practical Nonparametric Statistics*, 3rd ed. Wiley, 1999.

Corder, G. W., and D. I. Foreman. *Nonparametric Statistics: A Step-by-Step Approach*, 2nd ed. Wiley, 2014.

Gibbons, J. D., and S. Chakraborti. *Nonparametric Statistical Inference*, 6th ed. CRC Press, 2021.

Higgins, J. J. *Introduction to Modern Nonparametric Statistics*. Thomson-Brooks/Cole, 2003.

Hollander, M., D. A. Wolfe, and E. Chicken. *Non-Parametric Statistical Methods*, 3rd ed. Wiley, 2013.

Jureckova, J., P. K. Sen, and J. Picek. *Methodology in Robust and Nonparametric Statistics*, 7th ed. CRC Press, 2012.

확률

Hogg R. V., E. A. Tanis, and D. L. Zimmerman. *Probability and Statistical Inference*, 10th ed. Pearson, 2018.

Ross, S. M. *Introduction to Probability Models*, 12th ed. Academic Press, 2019.

Wackerly, D. D., W. Mendenhall, and R. L. Scheaffer. *Mathematical Statistics with Applications*, 7th ed. Cengage Learning, 2008.

품질관리

DeFeo, J. A., and J. M. Juran, *Juran's Quality Handbook*, 7th ed. McGraw Hill, 2016.

Evans, J. R., and W. M. Lindsay. *Managing for Quality and Performance Excellence,* 11th ed., Cengage, 2020.

Montgomery, D. C. *Introduction to Statistical Quality Control*, 8th ed. Wiley, 2019.

회귀분석

Chatterjee, S., and A. S. Hadi. *Regression Analysis by Example*, 5th ed. Wiley, 2012.

Draper, N. R., and H. Smith. *Applied Regression Analysis*, 3rd ed. Wiley, 1998.

Graybill, F. A., and H. K. Iyer. *Regression Analysis: Concepts and Applications*. Wadsworth, 1994.

Hosmer, D. W., and S. Lemeshow. *Applied Logistic Regression*, 3rd ed. Wiley, 2013.

Kleinbaum, D. G., L. L. Kupper, and K. E. Muller. *Applied Regression Analysis and Other Multivariate Methods*, 4th ed. Cengage Learning, 2007.

Neter, J., W. Wasserman, M. H. Kutner, and C. Nashtsheim. *Applied Linear Statistical Models*, 5th ed. McGraw Hill, 2004.

Mendenhall, M., T. Sincich., and T. R. Dye. *A Second Course in Statistics: Regression Analysis*, 8th ed. Prentice Hall, 2020.

의사결정분석

Clemen, R. T., and T. Reilly. *Making Hard Decisions with Decision Tools*, 3rd ed. Cengage Learning, 2014.

Goodwin, P., and G. Wright. *Decision Analysis for Management Judgment*, 5th ed. Wiley, 2014.

Pratt, J. W., H. Raiffa, and R. Schlaifer. *Introduction to Statistical Decision Theory.* MIT Press, 2008.

표본선정

Cochran, W. G. *Sampling Techniques*, 3rd ed. Wiley, 1977.

Hansen, M. H., W. N. Hurwitz, W. G. Madow, and M. N. Hanson. *Sample Survey Methods and Theory.* Wiley, 1993.

Kish, L. *Survey Sampling.* Wiley, 2008.

Levy, P. S., and S. Lemeshow. *Sampling of Populations: Methods and Applications*, 4th ed. Wiley, 2009.

Scheaffer, R. L., W. Mendenhall, and L. Ott. *Elementary Survey Sampling*, 7th ed. Duxbury Press, 2011.

데이터 시각화

Camm, J. D., J. J. Cochran, M. J. Fry, and J. W. Ohlmann. *Data Visualization: Exploring and Explaining with Data*, 1st ed. Cengage Learning, 2021.

Cleveland, W. S. *Visualizing Data.* Hobart Press, 1993.

Cleveland, W. S. *The Elements of Graphing Data*, 2nd ed. Hobart Press, 1994.

Few, S. *Show Me the Numbers: Designing Tables and Graphs to Enlighten*, 2nd ed. Analytics Press, 2012.

Few, S. *Information Dashboard Design: The Effective Visual Communication of Data*, 2nd ed. O'Reilly Media, 2012.

Few, S. *Now You See It: Simple Visualization Techniques for Quantitative Analysis.* Analytics Press, 2009.

Fry, B. *Visualizing Data: Exploring and Explaining Data with the Processing Environment.* O'Reilly Media, 2008.

Knaflic, C., N. *Storytelling with Data: A Data Visualization Guide for Business Professionals,* Wiley, 2015.

Robbins, N. B. *Creating More Effective Graphs.* Chart House, 2013.

Telea, A. C. *Data Visualization Principles and Practice,* 2nd ed. A.K. Peters Ltd., 2014.

Tufte, E. R. *Envisioning Information.* Graphics Press, 1990.

Tufte, E. R. *The Visual Display of Quantitative Information*, 2nd ed. Graphics Press, 1990.

Tufte, E. R. *Visual Explanations: Images and Quantities, Evidence and Narrative.* Graphics Press, 1997.

Tufte, E. R. *Visual and Statistical Thinking: Displays of Evidence for Making Decisions.* Graphics Press, 2009.

Tufte, E. R. *Beautiful Evidence.* Graphics Press, 2006.

Wong, D. M. *The Wall Street Journal Guide to Information Graphics.* W. W. Norton & Company, 2013.

Young, F. W., P. M. Valero-Mora, and M. Friendly. *Visual Statistics: Seeing Data with Dynamic Interactive Graphics.* Wiley, 2006.

비즈니스 분석학

Camm, J. D., J. J. Cochran, M. J. Fry, J. W. Ohlmann, D. R. Anderson, D. J. Sweeney, and T. A. Williams. *Business Analytics*, 4th ed. Cengage Learning, 2021.

부록 B: 통계표

Table 1 표준정규분포의 누적확률

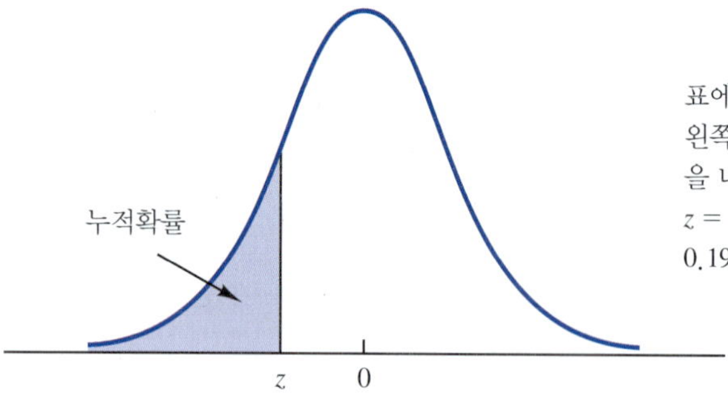

표에 있는 숫자들은 z값 왼쪽의 곡선 아래 면적(확률)을 나타낸다. 예를 들면, $z = -0.85$일 때 누적확률은 0.1977이다.

z	.00	.01	.02	.03	.04	.05	.06	.07	.08	.09
−3.0	.0013	.0013	.0013	.0012	.0012	.0011	.0011	.0011	.0010	.0010
−2.9	.0019	.0018	.0018	.0017	.0016	.0016	.0015	.0015	.0014	.0014
−2.8	.0026	.0025	.0024	.0023	.0023	.0022	.0021	.0021	.0020	.0019
−2.7	.0035	.0034	.0033	.0032	.0031	.0030	.0029	.0028	.0027	.0026
−2.6	.0047	.0045	.0044	.0043	.0041	.0040	.0039	.0038	.0037	.0036
−2.5	.0062	.0060	.0059	.0057	.0055	.0054	.0052	.0051	.0049	.0048
−2.4	.0082	.0080	.0078	.0075	.0073	.0071	.0069	.0068	.0066	.0064
−2.3	.0107	.0104	.0102	.0099	.0096	.0094	.0091	.0089	.0087	.0084
−2.2	.0139	.0136	.0132	.0129	.0125	.0122	.0119	.0116	.0113	.0110
−2.1	.0179	.0174	.0170	.0166	.0162	.0158	.0154	.0150	.0146	.0143
−2.0	.0228	.0222	.0217	.0212	.0207	.0202	.0197	.0192	.0188	.0183
−1.9	.0287	.0281	.0274	.0268	.0262	.0256	.0250	.0244	.0239	.0233
−1.8	.0359	.0351	.0344	.0336	.0329	.0322	.0314	.0307	.0301	.0294
−1.7	.0446	.0436	.0427	.0418	.0409	.0401	.0392	.0384	.0375	.0367
−1.6	.0548	.0537	.0526	.0516	.0505	.0495	.0485	.0475	.0465	.0455
−1.5	.0668	.0655	.0643	.0630	.0618	.0606	.0594	.0582	.0571	.0559
−1.4	.0808	.0793	.0778	.0764	.0749	.0735	.0721	.0708	.0694	.0681
−1.3	.0968	.0951	.0934	.0918	.0901	.0885	.0869	.0853	.0838	.0823
−1.2	.1151	.1131	.1112	.1093	.1075	.1056	.1038	.1020	.1003	.0985
−1.1	.1357	.1335	.1314	.1292	.1271	.1251	.1230	.1210	.1190	.1170
−1.0	.1587	.1562	.1539	.1515	.1492	.1469	.1446	.1423	.1401	.1379
−.9	.1841	.1814	.1788	.1762	.1736	.1711	.1685	.1660	.1635	.1611
−.8	.2119	.2090	.2061	.2033	.2005	.1977	.1949	.1922	.1894	.1867
−.7	.2420	.2389	.2358	.2327	.2296	.2266	.2236	.2206	.2177	.2148
−.6	.2743	.2709	.2676	.2643	.2611	.2578	.2546	.2514	.2483	.2451
−.5	.3085	.3050	.3015	.2981	.2946	.2912	.2877	.2843	.2810	.2776
−.4	.3446	.3409	.3372	.3336	.3300	.3264	.3228	.3192	.3156	.3121
−.3	.3821	.3783	.3745	.3707	.3669	.3632	.3594	.3557	.3520	.3483
−.2	.4207	.4168	.4129	.4090	.4052	.4013	.3974	.3936	.3897	.3859
−.1	.4602	.4562	.4522	.4483	.4443	.4404	.4364	.4325	.4286	.4247
−.0	.5000	.4960	.4920	.4880	.4840	.4801	.4761	.4721	.4681	.4641

Table 1 표준정규분포의 누적확률(계속)

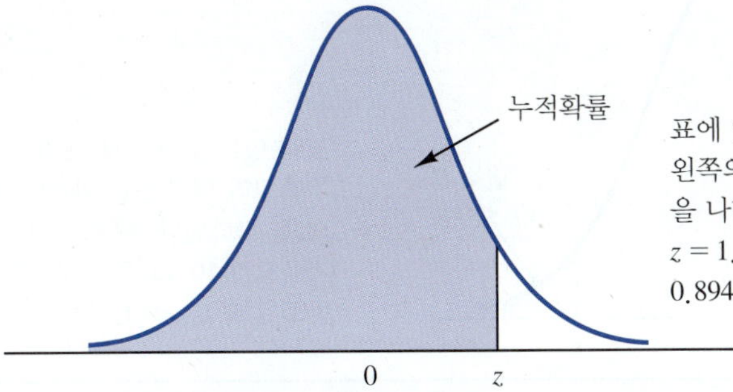

표에 있는 숫자들은 z값 왼쪽의 곡선 아래 면적(확률)을 나타낸다. 예를 들면, $z = 1.25$일 때 누적확률은 0.8944이다.

z	.00	.01	.02	.03	.04	.05	.06	.07	.08
.0	.5000	.5040	.5080	.5120	.5160	.5199	.5239	.5279	.5319
.1	.5398	.5438	.5478	.5517	.5557	.5596	.5636	.5675	.5714
.2	.5793	.5832	.5871	.5910	.5948	.5987	.6026	.6064	.6103
.3	.6179	.6217	.6255	.6293	.6331	.6368	.6406	.6443	.6480
.4	.6554	.6591	.6628	.6664	.6700	.6736	.6772	.6808	.6844
.5	.6915	.6950	.6985	.7019	.7054	.7088	.7123	.7157	.7190
.6	.7257	.7291	.7324	.7357	.7389	.7422	.7454	.7486	.7517
.7	.7580	.7611	.7642	.7673	.7704	.7734	.7764	.7794	.7823
.8	.7881	.7910	.7939	.7967	.7995	.8023	.8051	.8078	.8106
.9	.8159	.8186	.8212	.8238	.8264	.8289	.8315	.8340	.8365
1.0	.8413	.8438	.8461	.8485	.8508	.8531	.8554	.8577	.8599
1.1	.8643	.8665	.8686	.8708	.8729	.8749	.8770	.8790	.8810
1.2	.8849	.8869	.8888	.8907	.8925	.8944	.8962	.8980	.8997
1.3	.9032	.9049	.9066	.9082	.9099	.9115	.9131	.9147	.9162
1.4	.9192	.9207	.9222	.9236	.9251	.9265	.9279	.9292	.9306
1.5	.9332	.9345	.9357	.9370	.9382	.9394	.9406	.9418	.9429
1.6	.9452	.9463	.9474	.9484	.9495	.9505	.9515	.9525	.9535
1.7	.9554	.9564	.9573	.9582	.9591	.9599	.9608	.9616	.9625
1.8	.9641	.9649	.9656	.9664	.9671	.9678	.9686	.9693	.9699
1.9	.9713	.9719	.9726	.9732	.9738	.9744	.9750	.9756	.9761
2.0	.9772	.9778	.9783	.9788	.9793	.9798	.9803	.9808	.9812
2.1	.9821	.9826	.9830	.9834	.9838	.9842	.9846	.9850	.9854
2.2	.9861	.9864	.9868	.9871	.9875	.9878	.9881	.9884	.9887
2.3	.9893	.9896	.9898	.9901	.9904	.9906	.9909	.9911	.9913
2.4	.9918	.9920	.9922	.9925	.9927	.9929	.9931	.9932	.9934
2.5	.9938	.9940	.9941	.9943	.9945	.9946	.9948	.9949	.9951
2.6	.9953	.9955	.9956	.9957	.9959	.9960	.9961	.9962	.9963
2.7	.9965	.9966	.9967	.9968	.9969	.9970	.9971	.9972	.9973
2.8	.9974	.9975	.9976	.9977	.9977	.9978	.9979	.9979	.9980
2.9	.9981	.9982	.9982	.9983	.9984	.9984	.9985	.9985	.9986
3.0	.9987	.9987	.9987	.9988	.9988	.9989	.9989	.9989	.9990

Table 2 t 분포

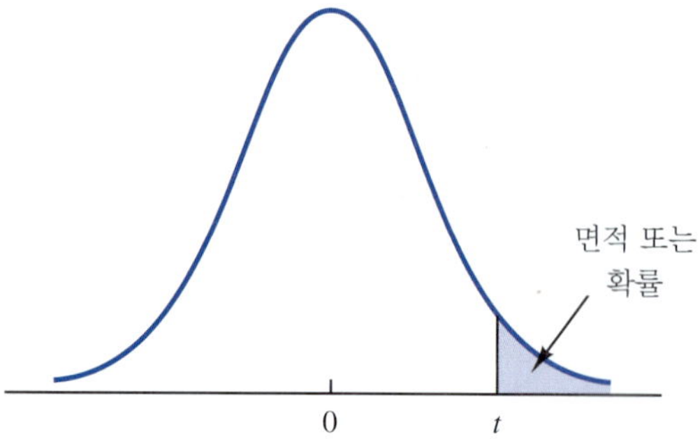

표에 있는 숫자는 t분포의 우측꼬리 면적 또는 확률에 대한 t값을 나타낸다. 예를 들면, 자유도가 10이고 우측꼬리의 면적이 0.05일 때 $t_{0.05} = 1.812$이다.

자유도	우측꼬리 면적					
	.20	.10	.05	.025	.01	.005
1	1.376	3.078	6.314	12.706	31.821	63.656
2	1.061	1.886	2.920	4.303	6.965	9.925
3	.978	1.638	2.353	3.182	4.541	5.841
4	.941	1.533	2.132	2.776	3.747	4.604
5	.920	1.476	2.015	2.571	3.365	4.032
6	.906	1.440	1.943	2.447	3.143	3.707
7	.896	1.415	1.895	2.365	2.998	3.499
8	.889	1.397	1.860	2.306	2.896	3.355
9	.883	1.383	1.833	2.262	2.821	3.250
10	.879	1.372	1.812	2.228	2.764	3.169
11	.876	1.363	1.796	2.201	2.718	3.106
12	.873	1.356	1.782	2.179	2.681	3.055
13	.870	1.350	1.771	2.160	2.650	3.012
14	.868	1.345	1.761	2.145	2.624	2.977
15	.866	1.341	1.753	2.131	2.602	2.947
16	.865	1.337	1.746	2.120	2.583	2.921
17	.863	1.333	1.740	2.110	2.567	2.898
18	.862	1.330	1.734	2.101	2.552	2.878
19	.861	1.328	1.729	2.093	2.539	2.861
20	.860	1.325	1.725	2.086	2.528	2.845
21	.859	1.323	1.721	2.080	2.518	2.831
22	.858	1.321	1.717	2.074	2.508	2.819
23	.858	1.319	1.714	2.069	2.500	2.807
24	.857	1.318	1.711	2.064	2.492	2.797
25	.856	1.316	1.708	2.060	2.485	2.787
26	.856	1.315	1.706	2.056	2.479	2.779
27	.855	1.314	1.703	2.052	2.473	2.771
28	.855	1.313	1.701	2.048	2.467	2.763
29	.854	1.311	1.699	2.045	2.462	2.756
30	.854	1.310	1.697	2.042	2.457	2.750
31	.853	1.309	1.696	2.040	2.453	2.744
32	.853	1.309	1.694	2.037	2.449	2.738
33	.853	1.308	1.692	2.035	2.445	2.733
34	.852	1.307	1.691	2.032	2.441	2.728

Table 2 *t* 분포(계속)

자유도	우측꼬리 면적					
	.20	.10	.05	.025	.01	.005
35	.852	1.306	1.690	2.030	2.438	2.724
36	.852	1.306	1.688	2.028	2.434	2.719
37	.851	1.305	1.687	2.026	2.431	2.715
38	.851	1.304	1.686	2.024	2.429	2.712
39	.851	1.304	1.685	2.023	2.426	2.708
40	.851	1.303	1.684	2.021	2.423	2.704
41	.850	1.303	1.683	2.020	2.421	2.701
42	.850	1.302	1.682	2.018	2.418	2.698
43	.850	1.302	1.681	2.017	2.416	2.695
44	.850	1.301	1.680	2.015	2.414	2.692
45	.850	1.301	1.679	2.014	2.412	2.690
46	.850	1.300	1.679	2.013	2.410	2.687
47	.849	1.300	1.678	2.012	2.408	2.685
48	.849	1.299	1.677	2.011	2.407	2.682
49	.849	1.299	1.677	2.010	2.405	2.680
50	.849	1.299	1.676	2.009	2.403	2.678
51	.849	1.298	1.675	2.008	2.402	2.676
52	.849	1.298	1.675	2.007	2.400	2.674
53	.848	1.298	1.674	2.006	2.399	2.672
54	.848	1.297	1.674	2.005	2.397	2.670
55	.848	1.297	1.673	2.004	2.396	2.668
56	.848	1.297	1.673	2.003	2.395	2.667
57	.848	1.297	1.672	2.002	2.394	2.665
58	.848	1.296	1.672	2.002	2.392	2.663
59	.848	1.296	1.671	2.001	2.391	2.662
60	.848	1.296	1.671	2.000	2.390	2.660
61	.848	1.296	1.670	2.000	2.389	2.659
62	.847	1.295	1.670	1.999	2.388	2.657
63	.847	1.295	1.669	1.998	2.387	2.656
64	.847	1.295	1.669	1.998	2.386	2.655
65	.847	1.295	1.669	1.997	2.385	2.654
66	.847	1.295	1.668	1.997	2.384	2.652
67	.847	1.294	1.668	1.996	2.383	2.651
68	.847	1.294	1.668	1.995	2.382	2.650
69	.847	1.294	1.667	1.995	2.382	2.649
70	.847	1.294	1.667	1.994	2.381	2.648
71	.847	1.294	1.667	1.994	2.380	2.647
72	.847	1.293	1.666	1.993	2.379	2.646
73	.847	1.293	1.666	1.993	2.379	2.645
74	.847	1.293	1.666	1.993	2.378	2.644
75	.846	1.293	1.665	1.992	2.377	2.643
76	.846	1.293	1.665	1.992	2.376	2.642
77	.846	1.293	1.665	1.991	2.376	2.641
78	.846	1.292	1.665	1.991	2.375	2.640
79	.846	1.292	1.664	1.990	2.374	2.639

Table 2 *t* 분포(계속)

자유도	우측꼬리 면적					
	.20	.10	.05	.025	.01	.005
80	.846	1.292	1.664	1.990	2.374	2.639
81	.846	1.292	1.664	1.990	2.373	2.638
82	.846	1.292	1.664	1.989	2.373	2.637
83	.846	1.292	1.663	1.989	2.372	2.636
84	.846	1.292	1.663	1.989	2.372	2.636
85	.846	1.292	1.663	1.988	2.371	2.635
86	.846	1.291	1.663	1.988	2.370	2.634
87	.846	1.291	1.663	1.988	2.370	2.634
88	.846	1.291	1.662	1.987	2.369	2.633
89	.846	1.291	1.662	1.987	2.369	2.632
90	.846	1.291	1.662	1.987	2.368	2.632
91	.846	1.291	1.662	1.986	2.368	2.631
92	.846	1.291	1.662	1.986	2.368	2.630
93	.846	1.291	1.661	1.986	2.367	2.630
94	.845	1.291	1.661	1.986	2.367	2.629
95	.845	1.291	1.661	1.985	2.366	2.629
96	.845	1.290	1.661	1.985	2.366	2.628
97	.845	1.290	1.661	1.985	2.365	2.627
98	.845	1.290	1.661	1.984	2.365	2.627
99	.845	1.290	1.660	1.984	2.364	2.626
100	.845	1.290	1.660	1.984	2.364	2.626
∞	.842	1.282	1.645	1.960	2.326	2.576

Table 3 χ^2 **분포**

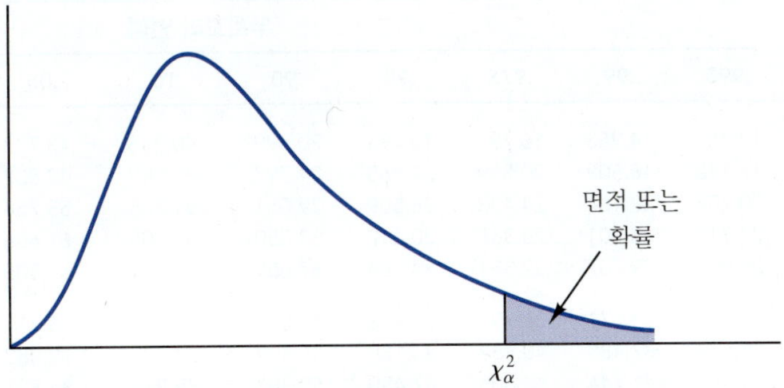

표에 있는 숫자는 χ^2(chi-square)분포의 우측꼬리 면적 또는 확률에 대한 χ^2_α(α는 면적 또는 확률)을 나타낸다. 예를 들면, 자유도가 10이고 우측꼬리의 면적이 0.01일 때 $\chi^2_{0.01} = 23.209$이다.

자유도	우측꼬리 면적								
	.995	.99	.975	.95	.90	.10	.05	.025	.01
1	.000	.000	.001	.004	.016	2.706	3.841	5.024	6.635
2	.010	.020	.051	.103	.211	4.605	5.991	7.378	9.210
3	.072	.115	.216	.352	.584	6.251	7.815	9.348	11.345
4	.207	.297	.484	.711	1.064	7.779	9.488	11.143	13.277
5	.412	.554	.831	1.145	1.610	9.236	11.070	12.832	15.086
6	.676	.872	1.237	1.635	2.204	10.645	12.592	14.449	16.812
7	.989	1.239	1.690	2.167	2.833	12.017	14.067	16.013	18.475
8	1.344	1.647	2.180	2.733	3.490	13.362	15.507	17.535	20.090
9	1.735	2.088	2.700	3.325	4.168	14.684	16.919	19.023	21.666
10	2.156	2.558	3.247	3.940	4.865	15.987	18.307	20.483	23.209
11	2.603	3.053	3.816	4.575	5.578	17.275	19.675	21.920	24.725
12	3.074	3.571	4.404	5.226	6.304	18.549	21.026	23.337	26.217
13	3.565	4.107	5.009	5.892	7.041	19.812	22.362	24.736	27.688
14	4.075	4.660	5.629	6.571	7.790	21.064	23.685	26.119	29.141
15	4.601	5.229	6.262	7.261	8.547	22.307	24.996	27.488	30.578
16	5.142	5.812	6.908	7.962	9.312	23.542	26.296	28.845	32.000
17	5.697	6.408	7.564	8.672	10.085	24.769	27.587	30.191	33.409
18	6.265	7.015	8.231	9.390	10.865	25.989	28.869	31.526	34.805
19	6.844	7.633	8.907	10.117	11.651	27.204	30.144	32.852	36.191
20	7.434	8.260	9.591	10.851	12.443	28.412	31.410	34.170	37.566
21	8.034	8.897	10.283	11.591	13.240	29.615	32.671	35.479	38.932
22	8.643	9.542	10.982	12.338	14.041	30.813	33.924	36.781	40.289
23	9.260	10.196	11.689	13.091	14.848	32.007	35.172	38.076	41.638
24	9.886	10.856	12.401	13.848	15.659	33.196	36.415	39.364	42.980
25	10.520	11.524	13.120	14.611	16.473	34.382	37.652	40.646	44.314
26	11.160	12.198	13.844	15.379	17.292	35.563	38.885	41.923	45.642
27	11.808	12.878	14.573	16.151	18.114	36.741	40.113	43.195	46.963
28	12.461	13.565	15.308	16.928	18.939	37.916	41.337	44.461	48.278
29	13.121	14.256	16.047	17.708	19.768	39.087	42.557	45.722	49.588

Table 3 χ^2 분포(계속)

자유도	우측꼬리 면적									
	.995	.99	.975	.95	.90	.10	.05	.025	.01	.005
30	13.787	14.953	16.791	18.493	20.599	40.256	43.773	46.979	50.892	53.672
35	17.192	18.509	20.569	22.465	24.797	46.059	49.802	53.203	57.342	60.275
40	20.707	22.164	24.433	26.509	29.051	51.805	55.758	59.342	63.691	66.766
45	24.311	25.901	28.366	30.612	33.350	57.505	61.656	65.410	69.957	73.166
50	27.991	29.707	32.357	34.764	37.689	63.167	67.505	71.420	76.154	79.490
55	31.735	33.571	36.398	38.958	42.060	68.796	73.311	77.380	82.292	85.749
60	35.534	37.485	40.482	43.188	46.459	74.397	79.082	83.298	88.379	91.952
65	39.383	41.444	44.603	47.450	50.883	79.973	84.821	89.177	94.422	98.105
70	43.275	45.442	48.758	51.739	55.329	85.527	90.531	95.023	100.425	104.215
75	47.206	49.475	52.942	56.054	59.795	91.061	96.217	100.839	106.393	110.285
80	51.172	53.540	57.153	60.391	64.278	96.578	101.879	106.629	112.329	116.321
85	55.170	57.634	61.389	64.749	68.777	102.079	107.522	112.393	118.236	122.324
90	59.196	61.754	65.647	69.126	73.291	107.565	113.145	118.136	124.116	128.299
95	63.250	65.898	69.925	73.520	77.818	113.038	118.752	123.858	129.973	134.247
100	67.328	70.065	74.222	77.929	82.358	118.498	124.342	129.561	135.807	140.170

Table 4 F 분포

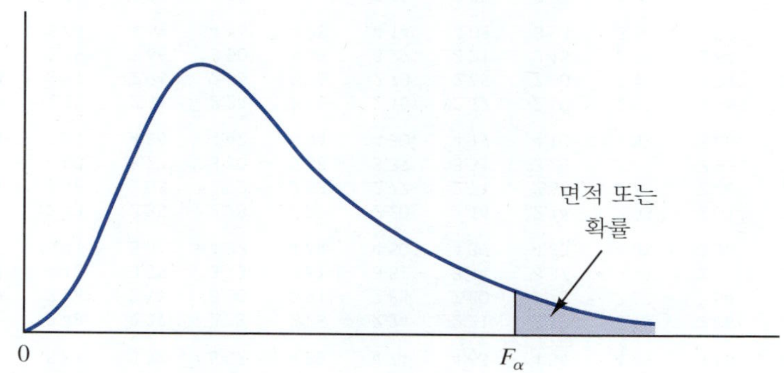

표에 있는 숫자는 F분포의 우측꼬리 면적 또는 확률에 대한 F_α값을 나타낸다. 예를 들면, 분자 자유도가 4이고 분모 자유도가 8이고 우측꼬리 면적이 0.05일 때 $F_{0.05} = 3.84$이다.

분모 자유도	우측꼬리 면적	분자 자유도 1	2	3	4	5	6	7	8	9	10	15	20	25	30	40	60	100	1000
1	.10	39.86	49.50	53.59	55.83	57.24	58.20	58.91	59.44	59.86	60.19	61.22	61.74	62.05	62.26	62.53	62.79	63.01	63.30
	.05	161.45	199.50	215.71	224.58	230.16	233.99	236.77	238.88	240.54	241.88	245.95	248.02	249.26	250.10	251.14	252.20	253.04	254.19
	.025	647.79	799.48	864.15	899.60	921.83	937.11	948.20	956.64	963.28	968.63	984.87	993.08	998.09	1001.40	1005.60	1009.79	1013.16	1017.76
	.01	4052.18	4999.34	5403.53	5624.26	5763.96	5858.95	5928.33	5980.95	6022.40	6055.93	6156.97	6208.66	6239.86	6260.35	6286.43	6312.97	6333.92	6362.80
2	.10	8.53	9.00	9.16	9.24	9.29	9.33	9.35	9.37	9.38	9.39	9.42	9.44	9.45	9.46	9.47	9.47	9.48	9.49
	.05	18.51	19.00	19.16	19.25	19.30	19.33	19.35	19.37	19.38	19.40	19.43	19.45	19.46	19.46	19.47	19.48	19.49	19.49
	.025	38.51	39.00	39.17	39.25	39.30	39.33	39.36	39.37	39.39	39.40	39.43	39.45	39.46	39.46	39.47	39.48	39.49	39.50
	.01	98.50	99.00	99.16	99.25	99.30	99.33	99.36	99.38	99.39	99.40	99.43	99.45	99.46	99.47	99.48	99.48	99.49	99.50
3	.10	5.54	5.46	5.39	5.34	5.31	5.28	5.27	5.25	5.24	5.23	5.20	5.18	5.17	5.17	5.16	5.15	5.14	5.13
	.05	10.13	9.55	9.28	9.12	9.01	8.94	8.89	8.85	8.81	8.79	8.70	8.66	8.63	8.62	8.59	8.57	8.55	8.53
	.025	17.44	16.04	15.44	15.10	14.88	14.73	14.62	14.54	14.47	14.42	14.25	14.17	14.12	14.08	14.04	13.99	13.96	13.91
	.01	34.12	30.82	29.46	28.71	28.24	27.91	27.67	27.49	27.34	27.23	26.87	26.69	26.58	26.50	26.41	26.32	26.24	26.14
4	.10	4.54	4.32	4.19	4.11	4.05	4.01	3.98	3.95	3.94	3.92	3.87	3.84	3.83	3.82	3.80	3.79	3.78	3.76
	.05	7.71	6.94	6.59	6.39	6.26	6.16	6.09	6.04	6.00	5.96	5.86	5.80	5.77	5.75	5.72	5.69	5.66	5.63
	.025	12.22	10.65	9.98	9.60	9.36	9.20	9.07	8.98	8.90	8.84	8.66	8.56	8.50	8.46	8.41	8.36	8.32	8.26
	.01	21.20	18.00	16.69	15.98	15.52	15.21	14.98	14.80	14.66	14.55	14.20	14.02	13.91	13.84	13.75	13.65	13.58	13.47
5	.10	4.06	3.78	3.62	3.52	3.45	3.40	3.37	3.34	3.32	3.30	3.324	3.21	3.19	3.17	3.16	3.14	3.13	3.11
	.05	6.61	5.79	5.41	5.19	5.05	4.95	4.88	4.82	4.77	4.74	4.62	4.56	4.52	4.50	4.46	4.43	4.41	4.37
	.025	10.01	8.43	7.76	7.39	7.15	6.98	6.85	6.76	6.68	6.62	6.43	6.33	6.27	6.23	6.18	6.12	6.08	6.02
	.01	16.26	13.27	12.06	11.39	10.97	10.67	10.46	10.29	10.16	10.05	9.72	9.55	9.45	9.38	9.29	9.20	9.13	9.03

Table 4 F 분포(계속)

분모 자유도	우측꼬리 면적	분자 자유도 1	2	3	4	5	6	7	8	9	10	15	20	25	30	40	60	100	1000
6	.10	3.78	3.46	3.29	3.18	3.11	3.05	3.01	2.98	2.96	2.94	2.87	2.84	2.81	2.80	2.78	2.76	2.75	2.72
	.05	5.99	5.14	4.76	4.53	4.39	4.28	4.21	4.15	4.10	4.06	3.94	3.87	3.83	3.81	3.77	3.74	3.71	3.67
	.025	8.81	7.26	6.60	6.23	5.99	5.82	5.70	5.60	5.52	5.46	5.27	5.17	5.11	5.07	5.01	4.96	4.92	4.86
	.01	13.75	10.92	9.78	9.15	8.75	8.47	8.26	8.10	7.98	7.87	7.56	7.40	7.30	7.23	7.14	7.06	6.99	6.89
7	.10	3.59	3.26	3.07	2.96	2.88	2.83	2.78	2.75	2.72	2.70	2.63	2.59	2.57	2.56	2.54	2.51	2.50	2.47
	.05	5.59	4.74	4.35	4.12	3.97	3.87	3.79	3.73	3.68	3.64	3.51	3.44	3.40	3.38	3.34	3.30	3.27	3.23
	.025	8.07	6.54	5.89	5.52	5.29	5.12	4.99	4.90	4.82	4.76	4.57	4.47	4.40	4.36	4.31	4.25	4.21	4.15
	.01	12.25	9.55	8.45	7.85	7.46	7.19	6.99	6.84	6.72	6.62	6.31	6.16	6.06	5.99	5.91	5.82	5.75	5.66
8	.10	3.46	3.11	2.92	2.81	2.73	2.67	2.62	2.59	2.56	2.54	2.46	2.42	2.40	2.38	2.36	2.34	2.32	2.30
	.05	5.32	4.46	4.07	3.84	3.69	3.58	3.50	3.44	3.39	3.35	3.22	3.15	3.11	3.08	3.04	3.01	2.97	2.93
	.025	7.57	6.06	5.42	5.05	4.82	4.65	4.53	4.43	4.36	4.30	4.10	4.00	3.94	3.89	3.84	3.78	3.74	3.68
	.01	11.26	8.65	7.59	7.01	6.63	6.37	6.18	6.03	5.91	5.81	5.52	5.36	5.26	5.20	5.12	5.03	4.96	4.87
9	.10	3.36	3.01	2.81	2.69	2.61	2.55	2.51	2.47	2.44	2.42	2.34	2.30	2.27	2.25	2.23	2.21	2.19	2.16
	.05	5.12	4.26	3.86	3.63	3.48	3.37	3.29	3.23	3.18	3.14	3.01	2.94	2.89	2.86	2.83	2.79	2.76	2.71
	.025	7.21	5.71	5.08	4.72	4.48	4.32	4.20	4.10	4.03	3.96	3.77	3.67	3.60	3.56	3.51	3.45	3.40	3.34
	.01	10.56	8.02	6.99	6.42	6.06	5.80	5.61	5.47	5.35	5.26	4.96	4.81	4.71	4.65	4.57	4.48	4.41	4.32
10	.10	3.29	2.92	2.73	2.61	2.52	2.46	2.41	2.38	2.35	2.32	2.24	2.20	2.17	2.16	2.13	2.11	2.09	2.06
	.05	4.96	4.10	3.71	3.48	3.33	3.22	3.14	3.07	3.02	2.98	2.85	2.77	2.73	2.70	2.66	2.62	2.59	2.54
	.025	6.94	5.46	4.83	4.47	4.24	4.07	3.95	3.85	3.78	3.72	3.52	3.42	3.35	3.31	3.26	3.20	3.15	3.09
	.01	10.04	7.56	6.55	5.99	5.64	5.39	5.20	5.06	4.94	4.85	4.56	4.41	4.31	4.25	4.17	4.08	4.01	3.92
11	.10	3.23	2.86	2.66	2.54	2.45	2.39	2.34	2.30	2.27	2.25	2.17	2.12	2.10	2.08	2.05	2.03	2.01	1.98
	.05	4.84	3.98	3.59	3.36	3.20	3.09	3.01	2.95	2.90	2.85	2.72	2.65	2.60	2.57	2.53	2.49	2.46	2.41
	.025	6.72	5.26	4.63	4.28	4.04	3.88	3.76	3.66	3.59	3.53	3.33	3.23	3.16	3.12	3.06	3.00	2.96	2.89
	.01	9.65	7.21	6.22	5.67	5.32	5.07	4.89	4.74	4.63	4.54	4.25	4.10	4.01	3.94	3.86	3.78	3.71	3.61
12	.10	3.18	2.81	2.61	2.48	2.39	2.33	2.28	2.24	2.21	2.19	2.10	2.06	2.03	2.01	1.99	1.96	1.94	1.91
	.05	4.75	3.89	3.49	3.26	3.11	3.00	2.91	2.85	2.80	2.75	2.62	2.54	2.50	2.47	2.43	2.38	2.35	2.30
	.025	6.55	5.10	4.47	4.12	3.89	3.73	3.61	3.51	3.44	3.37	3.18	3.07	3.01	2.96	2.91	2.85	2.80	2.73
	.01	9.33	6.93	5.95	5.41	5.06	4.82	4.64	4.50	4.39	4.30	4.01	3.86	3.76	3.70	3.62	3.54	3.47	3.37
13	.10	3.14	2.76	2.56	2.43	2.35	2.28	2.23	2.20	2.16	2.14	2.05	2.01	1.98	1.96	1.93	1.90	1.88	1.85
	.05	4.67	3.81	3.41	3.18	3.03	2.92	2.83	2.77	2.71	2.67	2.53	2.46	2.41	2.38	2.34	2.30	2.26	2.21
	.025	6.41	4.97	4.35	4.00	3.77	3.60	3.48	3.39	3.31	3.25	3.05	2.95	2.88	2.84	2.78	2.72	2.67	2.60
	.01	9.07	6.70	5.74	5.21	4.86	4.62	4.44	4.30	4.19	4.10	3.82	3.66	3.57	3.51	3.43	3.34	3.27	3.18
14	.10	3.10	2.73	2.52	2.39	2.31	2.24	2.19	2.15	2.12	2.10	2.01	1.96	1.93	1.99	1.89	1.86	1.83	1.80
	.05	4.60	3.74	3.34	3.11	2.96	2.85	2.76	2.70	2.65	2.60	2.46	2.39	2.34	2.31	2.27	2.22	2.19	2.14
	.025	6.30	4.86	4.24	3.89	3.66	3.50	3.38	3.29	3.21	3.15	2.95	2.84	2.78	2.73	2.67	2.61	2.56	2.50
	.01	8.86	6.51	5.56	5.04	4.69	4.46	4.28	4.14	4.03	3.94	3.66	3.51	3.41	3.35	3.27	3.18	3.11	3.02
15	.10	3.07	2.70	2.49	2.36	2.27	2.21	2.16	2.12	2.09	2.06	1.97	1.92	1.89	1.87	1.85	1.82	1.79	1.76
	.05	4.54	3.68	3.29	3.06	2.90	2.79	2.71	2.64	2.59	2.54	2.40	2.33	2.28	2.25	2.20	2.16	2.12	2.07
	.025	6.20	4.77	4.15	3.80	3.58	3.41	3.29	3.20	3.12	3.06	2.86	2.76	2.69	2.64	2.59	2.52	2.47	2.40
	.01	8.68	6.36	5.42	4.89	4.56	4.32	4.14	4.00	3.89	3.80	3.52	3.37	3.28	3.21	3.13	3.05	2.98	2.88

분모 자유도	우측꼬리 면적	분자 자유도 1	2	3	4	5	6	7	8	9	10	15	20	25	30	40	60	100	1000
16	.10	3.05	2.67	2.46	2.33	2.24	2.18	2.13	2.09	2.06	2.03	1.94	1.89	1.86	1.84	1.81	1.78	1.76	1.72
	.05	4.49	3.63	3.24	3.01	2.85	2.74	2.66	2.59	2.54	2.49	2.35	2.28	2.23	2.19	2.15	2.11	2.07	2.02
	.025	6.12	4.69	4.08	3.73	3.50	3.34	3.22	3.12	3.05	2.99	2.79	2.68	2.61	2.57	2.51	2.45	2.40	2.32
	.01	8.53	6.23	5.29	4.77	4.44	4.20	4.03	3.89	3.78	3.69	3.41	3.26	3.16	3.10	3.02	2.93	2.86	2.76
17	.10	3.03	2.64	2.44	2.31	2.22	2.15	2.10	2.06	2.03	2.00	1.91	1.86	1.83	1.81	1.78	1.75	1.73	1.69
	.05	4.45	3.59	3.20	2.96	2.81	2.70	2.61	2.55	2.49	2.45	2.31	2.23	2.18	2.15	2.10	2.06	2.02	1.97
	.025	6.04	4.62	4.01	3.66	3.44	3.28	3.16	3.06	2.98	2.92	2.72	2.62	2.55	2.50	2.44	2.38	2.33	2.26
	.01	8.40	6.11	5.19	4.67	4.34	4.10	3.93	3.79	3.68	3.59	3.31	3.16	3.07	3.00	2.92	2.83	2.76	2.66
18	.10	3.01	2.62	2.42	2.29	2.20	2.13	2.08	2.04	2.00	1.98	1.89	1.84	1.80	1.78	1.75	1.72	1.70	1.66
	.05	4.41	3.55	3.16	2.93	2.77	2.66	2.58	2.51	2.46	2.41	2.27	2.19	2.14	2.11	2.06	2.02	1.98	1.92
	.025	5.98	4.56	3.95	3.61	3.38	3.22	3.10	3.01	2.93	2.87	2.67	2.56	2.49	2.44	2.38	2.32	2.27	2.20
	.01	8.29	6.01	5.09	4.58	4.25	4.01	3.84	3.71	3.60	3.51	3.23	3.08	2.98	2.92	2.84	2.75	2.68	2.58
19	.10	2.99	2.61	2.40	2.27	2.18	2.11	2.06	2.02	1.98	1.96	1.86	1.81	1.78	1.76	1.73	1.70	1.67	1.64
	.05	4.38	3.52	3.13	2.90	2.74	2.63	2.54	2.48	2.42	2.38	2.23	2.16	2.11	2.07	2.03	1.98	1.94	1.88
	.025	5.92	4.51	3.90	3.56	3.33	3.17	3.05	2.96	2.88	2.82	2.62	2.51	2.44	2.39	2.33	2.27	2.22	2.14
	.01	8.18	5.93	5.01	4.50	4.17	3.94	3.77	3.63	3.52	3.43	3.15	3.00	2.91	2.84	2.76	2.67	2.60	2.50
20	.10	2.97	2.59	2.38	2.25	2.16	2.09	2.04	2.00	1.96	1.94	1.84	1.79	1.76	1.74	1.71	1.68	1.65	1.61
	.05	4.35	3.49	3.10	2.87	2.71	2.60	2.51	2.45	2.39	2.35	2.20	2.12	2.07	2.04	1.99	1.95	1.91	1.85
	.025	5.87	4.46	3.86	3.51	3.29	3.13	3.01	2.91	2.84	2.77	2.57	2.46	2.40	2.35	2.29	2.22	2.17	2.09
	.01	8.10	5.85	4.94	4.43	4.10	3.87	3.70	3.56	3.46	3.37	3.09	2.94	2.84	2.78	2.69	2.61	2.54	2.43
21	.10	2.96	2.57	2.36	2.23	2.14	2.08	2.02	1.98	1.95	1.92	1.83	1.78	1.74	1.72	1.69	1.66	1.63	1.59
	.05	4.32	3.47	3.07	2.84	2.68	2.57	2.49	2.42	2.37	2.32	2.18	2.10	2.05	2.01	1.96	1.92	1.88	1.82
	.025	5.83	4.42	3.82	3.48	3.25	3.09	2.97	2.87	2.80	2.73	2.53	2.42	2.36	2.31	2.25	2.18	2.13	2.05
	.01	8.02	5.78	4.87	4.37	4.04	3.81	3.64	3.51	3.40	3.31	3.03	2.88	2.79	2.72	2.64	2.55	2.48	2.37
22	.10	2.95	2.56	2.35	2.22	2.13	2.06	2.01	1.97	1.93	1.90	1.81	1.76	1.73	1.70	1.67	1.64	1.61	1.57
	.05	4.30	3.44	3.05	2.82	2.66	2.55	2.46	2.40	2.34	2.30	2.15	2.07	2.02	1.98	1.94	1.89	1.85	1.79
	.025	5.79	4.38	3.78	3.44	3.22	3.05	2.93	2.84	2.76	2.70	2.50	2.39	2.32	2.27	2.21	2.14	2.09	2.01
	.01	7.95	5.72	4.82	4.31	3.99	3.76	3.59	3.45	3.35	3.26	2.98	2.83	2.73	2.67	2.58	2.50	2.42	2.32
23	.10	2.94	2.55	2.34	2.21	2.11	2.05	1.99	1.95	1.92	1.89	1.80	1.74	1.71	1.69	1.66	1.62	1.59	1.55
	.05	4.28	3.42	3.03	2.80	2.64	2.53	2.44	2.37	2.32	2.27	2.13	2.05	2.00	1.96	1.91	1.86	1.82	1.76
	.025	5.75	4.35	3.75	3.41	3.18	3.02	2.90	2.81	2.73	2.67	2.47	2.36	2.29	2.24	2.18	2.11	2.06	1.98
	.01	7.88	5.66	4.76	4.26	3.94	3.71	3.54	3.41	3.30	3.21	2.93	2.78	2.69	2.62	2.54	2.45	2.37	2.27
24	.10	2.93	2.54	2.33	2.19	2.10	2.04	1.98	1.94	1.91	1.88	1.78	1.73	1.70	1.67	1.64	1.61	1.58	1.54
	.05	4.26	3.40	3.01	2.78	2.62	2.51	2.42	2.36	2.30	2.25	2.11	2.03	1.97	1.94	1.89	1.84	1.80	1.74
	.025	5.72	4.32	3.72	3.38	3.15	2.99	2.87	2.78	2.70	2.64	2.44	2.33	2.26	2.21	2.15	2.08	2.02	1.94
	.01	7.82	5.61	4.72	4.22	3.90	3.67	3.50	3.36	3.26	3.17	2.89	2.74	2.64	2.58	2.49	2.40	2.33	2.22
25	.10	2.92	2.53	2.32	2.18	2.09	2.02	1.97	1.93	1.89	1.87	1.77	1.72	1.68	1.66	1.63	1.59	1.56	1.52
	.05	4.24	3.39	2.99	2.76	2.60	2.49	2.40	2.34	2.28	2.24	2.09	2.01	1.96	1.92	1.87	1.82	1.78	1.72
	.025	5.69	4.29	3.69	3.35	3.13	2.97	2.85	2.75	2.68	2.61	2.41	2.30	2.23	2.18	2.12	2.05	2.00	1.91
	.01	7.77	5.57	4.68	4.18	3.85	3.63	3.46	3.32	3.22	3.13	2.85	2.70	2.60	2.54	2.45	2.36	2.29	2.18

Table 4 F 분포(계속)

분모 자유도	우측꼬리 면적	분자 자유도 1	2	3	4	5	6	7	8	9	10	15	20	25	30	40	60	100	1000
26	.10	2.91	2.52	2.31	2.17	2.08	2.01	1.96	1.92	1.88	1.86	1.76	1.71	1.67	1.65	1.61	1.58	1.55	1.51
	.05	4.23	3.37	2.98	2.74	2.59	2.47	2.39	2.32	2.27	2.22	2.07	1.99	1.94	1.90	1.85	1.80	1.76	1.70
	.025	5.66	4.27	3.67	3.33	3.10	2.94	2.82	2.73	2.65	2.59	2.39	2.28	2.21	2.16	2.09	2.03	1.97	1.89
	.01	7.72	5.53	4.64	4.14	3.82	3.59	3.42	3.29	3.18	3.09	2.81	2.66	2.57	2.50	2.42	2.33	2.25	2.14
27	.10	2.90	2.51	2.30	2.17	2.07	2.00	1.95	1.91	1.87	1.85	1.75	1.70	1.66	1.64	1.60	1.57	1.54	1.50
	.05	4.21	3.35	2.96	2.73	2.57	2.46	2.37	2.31	2.25	2.20	2.06	1.97	1.92	1.88	1.84	1.79	1.74	1.68
	.025	5.63	4.24	3.65	3.31	3.08	2.92	2.80	2.71	2.63	2.57	2.36	2.25	2.18	2.13	2.07	2.00	1.94	1.86
	.01	7.68	5.49	4.60	4.11	3.78	3.56	3.39	3.26	3.15	3.06	2.78	2.63	2.54	2.47	2.38	2.29	2.22	2.11
28	.10	2.89	2.50	2.29	2.16	2.06	2.00	1.94	1.90	1.87	1.84	1.74	1.69	1.65	1.63	1.59	1.56	1.53	1.48
	.05	4.20	3.34	2.95	2.71	2.56	2.45	2.36	2.29	2.24	2.19	2.04	1.96	1.91	1.87	1.82	1.77	1.73	1.66
	.025	5.61	4.22	3.63	3.29	3.06	2.90	2.78	2.69	2.61	2.55	2.34	2.23	2.16	2.11	2.05	1.98	1.92	1.84
	.01	7.64	5.45	4.57	4.07	3.75	3.53	3.36	3.23	3.12	3.03	2.75	2.60	2.51	2.44	2.35	2.26	2.19	2.08
29	.10	2.89	2.50	2.28	2.15	2.06	1.99	1.93	1.89	1.86	1.83	1.73	1.68	1.64	1.62	1.58	1.55	1.52	1.47
	.05	4.18	3.33	2.93	2.70	2.55	2.43	2.35	2.28	2.22	2.18	2.03	1.94	1.89	1.85	1.81	1.75	1.71	1.65
	.025	5.59	4.20	3.61	3.27	3.04	2.88	2.76	2.67	2.59	2.53	2.32	2.21	2.14	2.09	2.03	1.96	1.90	1.82
	.01	7.60	5.42	4.54	4.04	3.73	3.50	3.33	3.20	3.09	3.00	2.73	2.57	2.48	2.41	2.33	2.23	2.16	2.05
30	.10	2.88	2.49	2.28	2.14	2.05	1.98	1.93	1.88	1.85	1.82	1.72	1.67	1.63	1.61	1.57	1.54	1.51	1.46
	.05	4.17	3.32	2.92	2.69	2.53	2.42	2.33	2.27	2.21	2.16	2.01	1.93	1.88	1.84	1.79	1.74	1.70	1.63
	.025	5.57	4.18	3.59	3.25	3.03	2.87	2.75	2.65	2.57	2.51	2.31	2.20	2.12	2.07	2.01	1.94	1.88	1.80
	.01	7.56	5.39	4.51	4.02	3.70	3.47	3.30	3.17	3.07	2.98	2.70	2.55	2.45	2.39	2.30	2.21	2.13	2.02
40	.10	2.84	2.44	2.23	2.09	2.00	1.93	1.87	1.83	1.79	1.76	1.66	1.61	1.57	1.54	1.51	1.47	1.43	1.38
	.05	4.08	3.23	2.84	2.61	2.45	2.34	2.25	2.18	2.12	2.08	1.92	1.84	1.78	1.74	1.69	1.64	1.59	1.52
	.025	5.42	4.05	3.46	3.13	2.90	2.74	2.62	2.53	2.45	2.39	2.18	2.07	1.99	1.94	1.88	1.80	1.74	1.65
	.01	7.31	5.18	4.31	3.83	3.51	3.29	3.12	2.99	2.89	2.80	2.52	2.37	2.27	2.20	2.11	2.02	1.94	1.82
60	.10	2.79	2.39	2.18	2.04	1.95	1.87	1.82	1.77	1.74	1.71	1.60	1.54	1.50	1.48	1.44	1.40	1.36	1.30
	.05	4.00	3.15	2.76	2.53	2.37	2.25	2.17	2.10	2.04	1.99	1.84	1.75	1.69	1.65	1.59	1.53	1.48	1.40
	.025	5.29	3.93	3.34	3.01	2.79	2.63	2.51	2.41	2.33	2.27	2.06	1.94	1.87	1.82	1.74	1.67	1.60	1.49
	.01	7.08	4.98	4.13	3.65	3.34	3.12	2.95	2.82	2.72	2.63	2.35	2.20	2.10	2.03	1.94	1.84	1.75	1.62
100	.10	2.76	2.36	2.14	2.00	1.91	1.83	1.78	1.73	1.69	1.66	1.56	1.49	1.45	1.42	1.38	1.34	1.29	1.22
	.05	3.94	3.09	2.70	2.46	2.31	2.19	2.10	2.03	1.97	1.93	1.77	1.68	1.62	1.57	1.52	1.45	1.39	1.30
	.025	5.18	3.83	3.25	2.92	2.70	2.54	2.42	2.32	2.24	2.18	1.97	1.85	1.77	1.71	1.64	1.56	1.48	1.36
	.01	6.90	4.82	3.98	3.51	3.21	2.99	2.82	2.69	2.59	2.50	2.22	2.07	1.97	1.89	1.80	1.69	1.60	1.45
1000	.10	2.71	2.31	2.09	1.95	1.85	1.78	1.72	1.68	1.64	1.61	1.49	1.43	1.38	1.35	1.30	1.25	1.20	1.08
	.05	3.85	3.00	2.61	2.38	2.22	2.11	2.02	1.95	1.89	1.84	1.68	1.58	1.52	1.47	1.41	1.33	1.26	1.11
	.025	5.04	3.70	3.13	2.80	2.58	2.42	2.30	2.20	2.13	2.06	1.85	1.72	1.64	1.58	1.50	1.41	1.32	1.13
	.01	6.66	4.63	3.80	3.34	3.04	2.82	2.66	2.53	2.43	2.34	2.06	1.90	1.79	1.72	1.61	1.50	1.38	1.16

Table 5 이항확률

표에 있는 숫자는 n회의 이항실험에서 x성공횟수의 확률(p는 1회 실험에서 성공의 확률)을 나타낸다. 예를 들면, 6회 실험에서 $p = 0.05$일 때, 두 번 성공할 확률은 0.0305이다

		p								
n	*x*	.01	.02	.03	.04	.05	.06	.07	.08	.09
2	0	.9801	.9604	.9409	.9216	.9025	.8836	.8649	.8464	.8281
	1	.0198	.0392	.0582	.0768	.0950	.1128	.1302	.1472	.1638
	2	.0001	.0004	.0009	.0016	.0025	.0036	.0049	.0064	.0081
3	0	.9703	.9412	.9127	.8847	.8574	.8306	.8044	.7787	.7536
	1	.0294	.0576	.0847	.1106	.1354	.1590	.1816	.2031	.2236
	2	.0003	.0012	.0026	.0046	.0071	.0102	.0137	.0177	.0221
	3	.0000	.0000	.0000	.0001	.0001	.0002	.0003	.0005	.0007
4	0	.9606	.9224	.8853	.8493	.8145	.7807	.7481	.7164	.6857
	1	.0388	.0753	.1095	.1416	.1715	.1993	.2252	.2492	.2713
	2	.0006	.0023	.0051	.0088	.0135	.0191	.0254	.0325	.0402
	3	.0000	.0000	.0001	.0002	.0005	.0008	.0013	.0019	.0027
	4	.0000	.0000	.0000	.0000	.0000	.0000	.0000	.0000	.0001
5	0	.9510	.9039	.8587	.8154	.7738	.7339	.6957	.6591	.6240
	1	.0480	.0922	.1328	.1699	.2036	.2342	.2618	.2866	.3086
	2	.0010	.0038	.0082	.0142	.0214	.0299	.0394	.0498	.0610
	3	.0000	.0001	.0003	.0006	.0011	.0019	.0030	.0043	.0060
	4	.0000	.0000	.0000	.0000	.0000	.0001	.0001	.0002	.0003
	5	.0000	.0000	.0000	.0000	.0000	.0000	.0000	.0000	.0000
6	0	.9415	.8858	.8330	.7828	.7351	.6899	.6470	.6064	.5679
	1	.0571	.1085	.1546	.1957	.2321	.2642	.2922	.3164	.3370
	2	.0014	.0055	.0120	.0204	.0305	.0422	.0550	.0688	.0833
	3	.0000	.0002	.0005	.0011	.0021	.0036	.0055	.0080	.0110
	4	.0000	.0000	.0000	.0000	.0001	.0002	.0003	.0005	.0008
	5	.0000	.0000	.0000	.0000	.0000	.0000	.0000	.0000	.0000
	6	.0000	.0000	.0000	.0000	.0000	.0000	.0000	.0000	.0000
7	0	.9321	.8681	.8080	.7514	.6983	.6485	.6017	.5578	.5168
	1	.0659	.1240	.1749	.2192	.2573	.2897	.3170	.3396	.3578
	2	.0020	.0076	.0162	.0274	.0406	.0555	.0716	.0886	.1061
	3	.0000	.0003	.0008	.0019	.0036	.0059	.0090	.0128	.0175
	4	.0000	.0000	.0000	.0001	.0002	.0004	.0007	.0011	.0017
	5	.0000	.0000	.0000	.0000	.0000	.0000	.0000	.0001	.0001
	6	.0000	.0000	.0000	.0000	.0000	.0000	.0000	.0000	.0000
	7	.0000	.0000	.0000	.0000	.0000	.0000	.0000	.0000	.0000
8	0	.9227	.8508	.7837	.7214	.6634	.6096	.5596	.5132	.4703
	1	.0746	.1389	.1939	.2405	.2793	.3113	.3370	.3570	.3721
	2	.0026	.0099	.0210	.0351	.0515	.0695	.0888	.1087	.1288
	3	.0001	.0004	.0013	.0029	.0054	.0089	.0134	.0189	.0255
	4	.0000	.0000	.0001	.0002	.0004	.0007	.0013	.0021	.0031
	5	.0000	.0000	.0000	.0000	.0000	.0000	.0001	.0001	.0002
	6	.0000	.0000	.0000	.0000	.0000	.0000	.0000	.0000	.0000
	7	.0000	.0000	.0000	.0000	.0000	.0000	.0000	.0000	.0000
	8	.0000	.0000	.0000	.0000	.0000	.0000	.0000	.0000	.0000

Table 5 이항확률(계속)

		p								
n	*x*	.01	.02	.03	.04	.05	.06	.07	.08	.09
9	0	.9135	.8337	.7602	.6925	.6302	.5730	.5204	.4722	.4279
	1	.0830	.1531	.2116	.2597	.2985	.3292	.3525	.3695	.3809
	2	.0034	.0125	.0262	.0433	.0629	.0840	.1061	.1285	.1507
	3	.0001	.0006	.0019	.0042	.0077	.0125	.0186	.0261	.0348
	4	.0000	.0000	.0001	.0003	.0006	.0012	.0021	.0034	.0052
	5	.0000	.0000	.0000	.0000	.0000	.0001	.0002	.0003	.0005
	6	.0000	.0000	.0000	.0000	.0000	.0000	.0000	.0000	.0000
	7	.0000	.0000	.0000	.0000	.0000	.0000	.0000	.0000	.0000
	8	.0000	.0000	.0000	.0000	.0000	.0000	.0000	.0000	.0000
	9	.0000	.0000	.0000	.0000	.0000	.0000	.0000	.0000	.0000
10	0	.9044	.8171	.7374	.6648	.5987	.5386	.4840	.4344	.3894
	1	.0914	.1667	.2281	.2770	.3151	.3438	.3643	.3777	.3851
	2	.0042	.0153	.0317	.0519	.0746	.0988	.1234	.1478	.1714
	3	.0001	.0008	.0026	.0058	.0105	.0168	.0248	.0343	.0452
	4	.0000	.0000	.0001	.0004	.0010	.0019	.0033	.0052	.0078
	5	.0000	.0000	.0000	.0000	.0001	.0001	.0003	.0005	.0009
	6	.0000	.0000	.0000	.0000	.0000	.0000	.0000	.0000	.0001
	7	.0000	.0000	.0000	.0000	.0000	.0000	.0000	.0000	.0000
	8	.0000	.0000	.0000	.0000	.0000	.0000	.0000	.0000	.0000
	9	.0000	.0000	.0000	.0000	.0000	.0000	.0000	.0000	.0000
	10	.0000	.0000	.0000	.0000	.0000	.0000	.0000	.0000	.0000
12	0	.8864	.7847	.6938	.6127	.5404	.4759	.4186	.3677	.3225
	1	.1074	.1922	.2575	.3064	.3413	.3645	.3781	.3837	.3827
	2	.0060	.0216	.0438	.0702	.0988	.1280	.1565	.1835	.2082
	3	.0002	.0015	.0045	.0098	.0173	.0272	.0393	.0532	.0686
	4	.0000	.0001	.0003	.0009	.0021	.0039	.0067	.0104	.0153
	5	.0000	.0000	.0000	.0001	.0002	.0004	.0008	.0014	.0024
	6	.0000	.0000	.0000	.0000	.0000	.0000	.0001	.0001	.0003
	7	.0000	.0000	.0000	.0000	.0000	.0000	.0000	.0000	.0000
	8	.0000	.0000	.0000	.0000	.0000	.0000	.0000	.0000	.0000
	9	.0000	.0000	.0000	.0000	.0000	.0000	.0000	.0000	.0000
	10	.0000	.0000	.0000	.0000	.0000	.0000	.0000	.0000	.0000
	11	.0000	.0000	.0000	.0000	.0000	.0000	.0000	.0000	.0000
	12	.0000	.0000	.0000	.0000	.0000	.0000	.0000	.0000	.0000
15	0	.8601	.7386	.6333	.5421	.4633	.3953	.3367	.2863	.2430
	1	.1303	.2261	.2938	.3388	.3658	.3785	.3801	.3734	.3605
	2	.0092	.0323	.0636	.0988	.1348	.1691	.2003	.2273	.2496
	3	.0004	.0029	.0085	.0178	.0307	.0468	.0653	.0857	.1070
	4	.0000	.0002	.0008	.0022	.0049	.0090	.0148	.0223	.0317
	5	.0000	.0000	.0001	.0002	.0006	.0013	.0024	.0043	.0069
	6	.0000	.0000	.0000	.0000	.0000	.0001	.0003	.0006	.0011
	7	.0000	.0000	.0000	.0000	.0000	.0000	.0000	.0001	.0001
	8	.0000	.0000	.0000	.0000	.0000	.0000	.0000	.0000	.0000
	9	.0000	.0000	.0000	.0000	.0000	.0000	.0000	.0000	.0000
	10	.0000	.0000	.0000	.0000	.0000	.0000	.0000	.0000	.0000
	11	.0000	.0000	.0000	.0000	.0000	.0000	.0000	.0000	.0000
	12	.0000	.0000	.0000	.0000	.0000	.0000	.0000	.0000	.0000
	13	.0000	.0000	.0000	.0000	.0000	.0000	.0000	.0000	.0000
	14	.0000	.0000	.0000	.0000	.0000	.0000	.0000	.0000	.0000
	15	.0000	.0000	.0000	.0000	.0000	.0000	.0000	.0000	.0000

Table 5 이항확률(계속)

n	x	p = .01	.02	.03	.04	.05	.06	.07	.08	.09
18	0	.8345	.6951	.5780	.4796	.3972	.3283	.2708	.2229	.1831
	1	.1517	.2554	.3217	.3597	.3763	.3772	.3669	.3489	.3260
	2	.0130	.0443	.0846	.1274	.1683	.2047	.2348	.2579	.2741
	3	.0007	.0048	.0140	.0283	.0473	.0697	.0942	.1196	.1446
	4	.0000	.0004	.0016	.0044	.0093	.0167	.0266	.0390	.0536
	5	.0000	.0000	.0001	.0005	.0014	.0030	.0056	.0095	.0148
	6	.0000	.0000	.0000	.0000	.0002	.0004	.0009	.0018	.0032
	7	.0000	.0000	.0000	.0000	.0000	.0000	.0001	.0003	.0005
	8	.0000	.0000	.0000	.0000	.0000	.0000	.0000	.0000	.0001
	9	.0000	.0000	.0000	.0000	.0000	.0000	.0000	.0000	.0000
	10	.0000	.0000	.0000	.0000	.0000	.0000	.0000	.0000	.0000
	11	.0000	.0000	.0000	.0000	.0000	.0000	.0000	.0000	.0000
	12	.0000	.0000	.0000	.0000	.0000	.0000	.0000	.0000	.0000
	13	.0000	.0000	.0000	.0000	.0000	.0000	.0000	.0000	.0000
	14	.0000	.0000	.0000	.0000	.0000	.0000	.0000	.0000	.0000
	15	.0000	.0000	.0000	.0000	.0000	.0000	.0000	.0000	.0000
	16	.0000	.0000	.0000	.0000	.0000	.0000	.0000	.0000	.0000
	17	.0000	.0000	.0000	.0000	.0000	.0000	.0000	.0000	.0000
	18	.0000	.0000	.0000	.0000	.0000	.0000	.0000	.0000	.0000
20	0	.8179	.6676	.5438	.4420	.3585	.2901	.2342	.1887	.1516
	1	.1652	.2725	.3364	.3683	.3774	.3703	.3526	.3282	.3000
	2	.0159	.0528	.0988	.1458	.1887	.2246	.2521	.2711	.2818
	3	.0010	.0065	.0183	.0364	.0596	.0860	.1139	.1414	.1672
	4	.0000	.0006	.0024	.0065	.0133	.0233	.0364	.0523	.0703
	5	.0000	.0000	.0002	.0009	.0022	.0048	.0088	.0145	.0222
	6	.0000	.0000	.0000	.0001	.0003	.0008	.0017	.0032	.0055
	7	.0000	.0000	.0000	.0000	.0000	.0001	.0002	.0005	.0011
	8	.0000	.0000	.0000	.0000	.0000	.0000	.0000	.0001	.0002
	9	.0000	.0000	.0000	.0000	.0000	.0000	.0000	.0000	.0000
	10	.0000	.0000	.0000	.0000	.0000	.0000	.0000	.0000	.0000
	11	.0000	.0000	.0000	.0000	.0000	.0000	.0000	.0000	.0000
	12	.0000	.0000	.0000	.0000	.0000	.0000	.0000	.0000	.0000
	13	.0000	.0000	.0000	.0000	.0000	.0000	.0000	.0000	.0000
	14	.0000	.0000	.0000	.0000	.0000	.0000	.0000	.0000	.0000
	15	.0000	.0000	.0000	.0000	.0000	.0000	.0000	.0000	.0000
	16	.0000	.0000	.0000	.0000	.0000	.0000	.0000	.0000	.0000
	17	.0000	.0000	.0000	.0000	.0000	.0000	.0000	.0000	.0000
	18	.0000	.0000	.0000	.0000	.0000	.0000	.0000	.0000	.0000
	19	.0000	.0000	.0000	.0000	.0000	.0000	.0000	.0000	.0000
	20	.0000	.0000	.0000	.0000	.0000	.0000	.0000	.0000	.0000

Table 5 이항확률(계속)

n	x	p .10	.15	.20	.25	.30	.35	.40	.45	.50
2	0	.8100	.7225	.6400	.5625	.4900	.4225	.3600	.3025	.2500
	1	.1800	.2550	.3200	.3750	.4200	.4550	.4800	.4950	.5000
	2	.0100	.0225	.0400	.0625	.0900	.1225	.1600	.2025	.2500
3	0	.7290	.6141	.5120	.4219	.3430	.2746	.2160	.1664	.1250
	1	.2430	.3251	.3840	.4219	.4410	.4436	.4320	.4084	.3750
	2	.0270	.0574	.0960	.1406	.1890	.2389	.2880	.3341	.3750
	3	.0010	.0034	.0080	.0156	.0270	.0429	.0640	.0911	.1250
4	0	.6561	.5220	.4096	.3164	.2401	.1785	.1296	.0915	.0625
	1	.2916	.3685	.4096	.4219	.4116	.3845	.3456	.2995	.2500
	2	.0486	.0975	.1536	.2109	.2646	.3105	.3456	.3675	.3750
	3	.0036	.0115	.0256	.0469	.0756	.1115	.1536	.2005	.2500
	4	.0001	.0005	.0016	.0039	.0081	.0150	.0256	.0410	.0625
5	0	.5905	.4437	.3277	.2373	.1681	.1160	.0778	.0503	.0312
	1	.3280	.3915	.4096	.3955	.3602	.3124	.2592	.2059	.1562
	2	.0729	.1382	.2048	.2637	.3087	.3364	.3456	.3369	.3125
	3	.0081	.0244	.0512	.0879	.1323	.1811	.2304	.2757	.3125
	4	.0004	.0022	.0064	.0146	.0284	.0488	.0768	.1128	.1562
	5	.0000	.0001	.0003	.0010	.0024	.0053	.0102	.0185	.0312
6	0	.5314	.3771	.2621	.1780	.1176	.0754	.0467	.0277	.0156
	1	.3543	.3993	.3932	.3560	.3025	.2437	.1866	.1359	.0938
	2	.0984	.1762	.2458	.2966	.3241	.3280	.3110	.2780	.2344
	3	.0146	.0415	.0819	.1318	.1852	.2355	.2765	.3032	.3125
	4	.0012	.0055	.0154	.0330	.0595	.0951	.1382	.1861	.2344
	5	.0001	.0004	.0015	.0044	.0102	.0205	.0369	.0609	.0938
	6	.0000	.0000	.0001	.0002	.0007	.0018	.0041	.0083	.0156
7	0	.4783	.3206	.2097	.1335	.0824	.0490	.0280	.0152	.0078
	1	.3720	.3960	.3670	.3115	.2471	.1848	.1306	.0872	.0547
	2	.1240	.2097	.2753	.3115	.3177	.2985	.2613	.2140	.1641
	3	.0230	.0617	.1147	.1730	.2269	.2679	.2903	.2918	.2734
	4	.0026	.0109	.0287	.0577	.0972	.1442	.1935	.2388	.2734
	5	.0002	.0012	.0043	.0115	.0250	.0466	.0774	.1172	.1641
	6	.0000	.0001	.0004	.0013	.0036	.0084	.0172	.0320	.0547
	7	.0000	.0000	.0000	.0001	.0002	.0006	.0016	.0037	.0078
8	0	.4305	.2725	.1678	.1001	.0576	.0319	.0168	.0084	.0039
	1	.3826	.3847	.3355	.2670	.1977	.1373	.0896	.0548	.0312
	2	.1488	.2376	.2936	.3115	.2965	.2587	.2090	.1569	.1094
	3	.0331	.0839	.1468	.2076	.2541	.2786	.2787	.2568	.2188
	4	.0046	.0185	.0459	.0865	.1361	.1875	.2322	.2627	.2734
	5	.0004	.0026	.0092	.0231	.0467	.0808	.1239	.1719	.2188
	6	.0000	.0002	.0011	.0038	.0100	.0217	.0413	.0703	.1094
	7	.0000	.0000	.0001	.0004	.0012	.0033	.0079	.0164	.0313
	8	.0000	.0000	.0000	.0000	.0001	.0002	.0007	.0017	.0039

Table 5 이항확률(계속)

		p								
n	*x*	.10	.15	.20	.25	.30	.35	.40	.45	.50
9	0	.3874	.2316	.1342	.0751	.0404	.0207	.0101	.0046	.0020
	1	.3874	.3679	.3020	.2253	.1556	.1004	.0605	.0339	.0176
	2	.1722	.2597	.3020	.3003	.2668	.2162	.1612	.1110	.0703
	3	.0446	.1069	.1762	.2336	.2668	.2716	.2508	.2119	.1641
	4	.0074	.0283	.0661	.1168	.1715	.2194	.2508	.2600	.2461
	5	.0008	.0050	.0165	.0389	.0735	.1181	.1672	.2128	.2461
	6	.0001	.0006	.0028	.0087	.0210	.0424	.0743	.1160	.1641
	7	.0000	.0000	.0003	.0012	.0039	.0098	.0212	.0407	.0703
	8	.0000	.0000	.0000	.0001	.0004	.0013	.0035	.0083	.0176
	9	.0000	.0000	.0000	.0000	.0000	.0001	.0003	.0008	.0020
10	0	.3487	.1969	.1074	.0563	.0282	.0135	.0060	.0025	.0010
	1	.3874	.3474	.2684	.1877	.1211	.0725	.0403	.0207	.0098
	2	.1937	.2759	.3020	.2816	.2335	.1757	.1209	.0763	.0439
	3	.0574	.1298	.2013	.2503	.2668	.2522	.2150	.1665	.1172
	4	.0112	.0401	.0881	.1460	.2001	.2377	.2508	.2384	.2051
	5	.0015	.0085	.0264	.0584	.1029	.1536	.2007	.2340	.2461
	6	.0001	.0012	.0055	.0162	.0368	.0689	.1115	.1596	.2051
	7	.0000	.0001	.0008	.0031	.0090	.0212	.0425	.0746	.1172
	8	.0000	.0000	.0001	.0004	.0014	.0043	.0106	.0229	.0439
	9	.0000	.0000	.0000	.0000	.0001	.0005	.0016	.0042	.0098
	10	.0000	.0000	.0000	.0000	.0000	.0000	.0001	.0003	.0010
12	0	.2824	.1422	.0687	.0317	.0138	.0057	.0022	.0008	.0002
	1	.3766	.3012	.2062	.1267	.0712	.0368	.0174	.0075	.0029
	2	.2301	.2924	.2835	.2323	.1678	.1088	.0639	.0339	.0161
	3	.0853	.1720	.2362	.2581	.2397	.1954	.1419	.0923	.0537
	4	.0213	.0683	.1329	.1936	.2311	.2367	.2128	.1700	.1208
	5	.0038	.0193	.0532	.1032	.1585	.2039	.2270	.2225	.1934
	6	.0005	.0040	.0155	.0401	.0792	.1281	.1766	.2124	.2256
	7	.0000	.0006	.0033	.0115	.0291	.0591	.1009	.1489	.1934
	8	.0000	.0001	.0005	.0024	.0078	.0199	.0420	.0762	.1208
	9	.0000	.0000	.0001	.0004	.0015	.0048	.0125	.0277	.0537
	10	.0000	.0000	.0000	.0000	.0002	.0008	.0025	.0068	.0161
	11	.0000	.0000	.0000	.0000	.0000	.0001	.0003	.0010	.0029
	12	.0000	.0000	.0000	.0000	.0000	.0000	.0000	.0001	.0002
15	0	.2059	.0874	.0352	.0134	.0047	.0016	.0005	.0001	.0000
	1	.3432	.2312	.1319	.0668	.0305	.0126	.0047	.0016	.0005
	2	.2669	.2856	.2309	.1559	.0916	.0476	.0219	.0090	.0032
	3	.1285	.2184	.2501	.2252	.1700	.1110	.0634	.0318	.0139
	4	.0428	.1156	.1876	.2252	.2186	.1792	.1268	.0780	.0417
	5	.0105	.0449	.1032	.1651	.2061	.2123	.1859	.1404	.0916
	6	.0019	.0132	.0430	.0917	.1472	.1906	.2066	.1914	.1527
	7	.0003	.0030	.0138	.0393	.0811	.1319	.1771	.2013	.1964
	8	.0000	.0005	.0035	.0131	.0348	.0710	.1181	.1647	.1964
	9	.0000	.0001	.0007	.0034	.0016	.0298	.0612	.1048	.1527
	10	.0000	.0000	.0001	.0007	.0030	.0096	.0245	.0515	.0916
	11	.0000	.0000	.0000	.0001	.0006	.0024	.0074	.0191	.0417
	12	.0000	.0000	.0000	.0000	.0001	.0004	.0016	.0052	.0139
	13	.0000	.0000	.0000	.0000	.0000	.0001	.0003	.0010	.0032
	14	.0000	.0000	.0000	.0000	.0000	.0000	.0000	.0001	.0005
	15	.0000	.0000	.0000	.0000	.0000	.0000	.0000	.0000	.0000

Table 5 이항확률(계속)

n	x	p .10	.15	.20	.25	.30	.35	.40	.45	.50
18	0	.1501	.0536	.0180	.0056	.0016	.0004	.0001	.0000	.0000
	1	.3002	.1704	.0811	.0338	.0126	.0042	.0012	.0003	.0001
	2	.2835	.2556	.1723	.0958	.0458	.0190	.0069	.0022	.0006
	3	.1680	.2406	.2297	.1704	.1046	.0547	.0246	.0095	.0031
	4	.0700	.1592	.2153	.2130	.1681	.1104	.0614	.0291	.0117
	5	.0218	.0787	.1507	.1988	.2017	.1664	.1146	.0666	.0327
	6	.0052	.0301	.0816	.1436	.1873	.1941	.1655	.1181	.0708
	7	.0010	.0091	.0350	.0820	.1376	.1792	.1892	.1657	.1214
	8	.0002	.0022	.0120	.0376	.0811	.1327	.1734	.1864	.1669
	9	.0000	.0004	.0033	.0139	.0386	.0794	.1284	.1694	.1855
	10	.0000	.0001	.0008	.0042	.0149	.0385	.0771	.1248	.1669
	11	.0000	.0000	.0001	.0010	.0046	.0151	.0374	.0742	.1214
	12	.0000	.0000	.0000	.0002	.0012	.0047	.0145	.0354	.0708
	13	.0000	.0000	.0000	.0000	.0002	.0012	.0045	.0134	.0327
	14	.0000	.0000	.0000	.0000	.0000	.0002	.0011	.0039	.0117
	15	.0000	.0000	.0000	.0000	.0000	.0000	.0002	.0009	.0031
	16	.0000	.0000	.0000	.0000	.0000	.0000	.0000	.0001	.0006
	17	.0000	.0000	.0000	.0000	.0000	.0000	.0000	.0000	.0001
	18	.0000	.0000	.0000	.0000	.0000	.0000	.0000	.0000	.0000
20	0	.1216	.0388	.0115	.0032	.0008	.0002	.0000	.0000	.0000
	1	.2702	.1368	.0576	.0211	.0068	.0020	.0005	.0001	.0000
	2	.2852	.2293	.1369	.0669	.0278	.0100	.0031	.0008	.0002
	3	.1901	.2428	.2054	.1339	.0716	.0323	.0123	.0040	.0011
	4	.0898	.1821	.2182	.1897	.1304	.0738	.0350	.0139	.0046
	5	.0319	.1028	.1746	.2023	.1789	.1272	.0746	.0365	.0148
	6	.0089	.0454	.1091	.1686	.1916	.1712	.1244	.0746	.0370
	7	.0020	.0160	.0545	.1124	.1643	.1844	.1659	.1221	.0739
	8	.0004	.0046	.0222	.0609	.1144	.1614	.1797	.1623	.1201
	9	.0001	.0011	.0074	.0271	.0654	.1158	.1597	.1771	.1602
	10	.0000	.0002	.0020	.0099	.0308	.0686	.1171	.1593	.1762
	11	.0000	.0000	.0005	.0030	.0120	.0336	.0710	.1185	.1602
	12	.0000	.0000	.0001	.0008	.0039	.0136	.0355	.0727	.1201
	13	.0000	.0000	.0000	.0002	.0010	.0045	.0146	.0366	.0739
	14	.0000	.0000	.0000	.0000	.0002	.0012	.0049	.0150	.0370
	15	.0000	.0000	.0000	.0000	.0000	.0003	.0013	.0049	.0148
	16	.0000	.0000	.0000	.0000	.0000	.0000	.0003	.0013	.0046
	17	.0000	.0000	.0000	.0000	.0000	.0000	.0000	.0002	.0011
	18	.0000	.0000	.0000	.0000	.0000	.0000	.0000	.0000	.0002
	19	.0000	.0000	.0000	.0000	.0000	.0000	.0000	.0000	.0000
	20	.0000	.0000	.0000	.0000	.0000	.0000	.0000	.0000	.0000

Table 5 이항확률(계속)

n	x	p .55	.60	.65	.70	.75	.80	.85	.90	.95
2	0	.2025	.1600	.1225	.0900	.0625	.0400	.0225	.0100	.0025
	1	.4950	.4800	.4550	.4200	.3750	.3200	.2550	.1800	.0950
	2	.3025	.3600	.4225	.4900	.5625	.6400	.7225	.8100	.9025
3	0	.0911	.0640	.0429	.0270	.0156	.0080	.0034	.0010	.0001
	1	.3341	.2880	.2389	.1890	.1406	.0960	.0574	.0270	.0071
	2	.4084	.4320	.4436	.4410	.4219	.3840	.3251	.2430	.1354
	3	.1664	.2160	.2746	.3430	.4219	.5120	.6141	.7290	.8574
4	0	.0410	.0256	.0150	.0081	.0039	.0016	.0005	.0001	.0000
	1	.2005	.1536	.1115	.0756	.0469	.0256	.0115	.0036	.0005
	2	.3675	.3456	.3105	.2646	.2109	.1536	.0975	.0486	.0135
	3	.2995	.3456	.3845	.4116	.4219	.4096	.3685	.2916	.1715
	4	.0915	.1296	.1785	.2401	.3164	.4096	.5220	.6561	.8145
5	0	.0185	.0102	.0053	.0024	.0010	.0003	.0001	.0000	.0000
	1	.1128	.0768	.0488	.0284	.0146	.0064	.0022	.0005	.0000
	2	.2757	.2304	.1811	.1323	.0879	.0512	.0244	.0081	.0011
	3	.3369	.3456	.3364	.3087	.2637	.2048	.1382	.0729	.0214
	4	.2059	.2592	.3124	.3601	.3955	.4096	.3915	.3281	.2036
	5	.0503	.0778	.1160	.1681	.2373	.3277	.4437	.5905	.7738
6	0	.0083	.0041	.0018	.0007	.0002	.0001	.0000	.0000	.0000
	1	.0609	.0369	.0205	.0102	.0044	.0015	.0004	.0001	.0000
	2	.1861	.1382	.0951	.0595	.0330	.0154	.0055	.0012	.0001
	3	.3032	.2765	.2355	.1852	.1318	.0819	.0415	.0146	.0021
	4	.2780	.3110	.3280	.3241	.2966	.2458	.1762	.0984	.0305
	5	.1359	.1866	.2437	.3025	.3560	.3932	.3993	.3543	.2321
	6	.0277	.0467	.0754	.1176	.1780	.2621	.3771	.5314	.7351
7	0	.0037	.0016	.0006	.0002	.0001	.0000	.0000	.0000	.0000
	1	.0320	.0172	.0084	.0036	.0013	.0004	.0001	.0000	.0000
	2	.1172	.0774	.0466	.0250	.0115	.0043	.0012	.0002	.0000
	3	.2388	.1935	.1442	.0972	.0577	.0287	.0109	.0026	.0002
	4	.2918	.2903	.2679	.2269	.1730	.1147	.0617	.0230	.0036
	5	.2140	.2613	.2985	.3177	.3115	.2753	.2097	.1240	.0406
	6	.0872	.1306	.1848	.2471	.3115	.3670	.3960	.3720	.2573
	7	.0152	.0280	.0490	.0824	.1335	.2097	.3206	.4783	.6983
8	0	.0017	.0007	.0002	.0001	.0000	.0000	.0000	.0000	.0000
	1	.0164	.0079	.0033	.0012	.0004	.0001	.0000	.0000	.0000
	2	.0703	.0413	.0217	.0100	.0038	.0011	.0002	.0000	.0000
	3	.1719	.1239	.0808	.0467	.0231	.0092	.0026	.0004	.0000
	4	.2627	.2322	.1875	.1361	.0865	.0459	.0185	.0046	.0004
	5	.2568	.2787	.2786	.2541	.2076	.1468	.0839	.0331	.0054
	6	.1569	.2090	.2587	.2965	.3115	.2936	.2376	.1488	.0515
	7	.0548	.0896	.1373	.1977	.2670	.3355	.3847	.3826	.2793
	8	.0084	.0168	.0319	.0576	.1001	.1678	.2725	.4305	.6634

Table 5 이항확률(계속)

n	x	p = .55	.60	.65	.70	.75	.80	.85	.90	.95
9	0	.0008	.0003	.0001	.0000	.0000	.0000	.0000	.0000	.0000
	1	.0083	.0035	.0013	.0004	.0001	.0000	.0000	.0000	.0000
	2	.0407	.0212	.0098	.0039	.0012	.0003	.0000	.0000	.0000
	3	.1160	.0743	.0424	.0210	.0087	.0028	.0006	.0001	.0000
	4	.2128	.1672	.1181	.0735	.0389	.0165	.0050	.0008	.0000
	5	.2600	.2508	.2194	.1715	.1168	.0661	.0283	.0074	.0006
	6	.2119	.2508	.2716	.2668	.2336	.1762	.1069	.0446	.0077
	7	.1110	.1612	.2162	.2668	.3003	.3020	.2597	.1722	.0629
	8	.0339	.0605	.1004	.1556	.2253	.3020	.3679	.3874	.2985
	9	.0046	.0101	.0207	.0404	.0751	.1342	.2316	.3874	.6302
10	0	.0003	.0001	.0000	.0000	.0000	.0000	.0000	.0000	.0000
	1	.0042	.0016	.0005	.0001	.0000	.0000	.0000	.0000	.0000
	2	.0229	.0106	.0043	.0014	.0004	.0001	.0000	.0000	.0000
	3	.0746	.0425	.0212	.0090	.0031	.0008	.0001	.0000	.0000
	4	.1596	.1115	.0689	.0368	.0162	.0055	.0012	.0001	.0000
	5	.2340	.2007	.1536	.1029	.0584	.0264	.0085	.0015	.0001
	6	.2384	.2508	.2377	.2001	.1460	.0881	.0401	.0112	.0010
	7	.1665	.2150	.2522	.2668	.2503	.2013	.1298	.0574	.0105
	8	.0763	.1209	.1757	.2335	.2816	.3020	.2759	.1937	.0746
	9	.0207	.0403	.0725	.1211	.1877	.2684	.3474	.3874	.3151
	10	.0025	.0060	.0135	.0282	.0563	.1074	.1969	.3487	.5987
12	0	.0001	.0000	.0000	.0000	.0000	.0000	.0000	.0000	.0000
	1	.0010	.0003	.0001	.0000	.0000	.0000	.0000	.0000	.0000
	2	.0068	.0025	.0008	.0002	.0000	.0000	.0000	.0000	.0000
	3	.0277	.0125	.0048	.0015	.0004	.0001	.0000	.0000	.0000
	4	.0762	.0420	.0199	.0078	.0024	.0005	.0001	.0000	.0000
	5	.1489	.1009	.0591	.0291	.0115	.0033	.0006	.0000	.0000
	6	.2124	.1766	.1281	.0792	.0401	.0155	.0040	.0005	.0000
	7	.2225	.2270	.2039	.1585	.1032	.0532	.0193	.0038	.0002
	8	.1700	.2128	.2367	.2311	.1936	.1329	.0683	.0213	.0021
	9	.0923	.1419	.1954	.2397	.2581	.2362	.1720	.0852	.0173
	10	.0339	.0639	.1088	.1678	.2323	.2835	.2924	.2301	.0988
	11	.0075	.0174	.0368	.0712	.1267	.2062	.3012	.3766	.3413
	12	.0008	.0022	.0057	.0138	.0317	.0687	.1422	.2824	.5404
15	0	.0000	.0000	.0000	.0000	.0000	.0000	.0000	.0000	.0000
	1	.0001	.0000	.0000	.0000	.0000	.0000	.0000	.0000	.0000
	2	.0010	.0003	.0001	.0000	.0000	.0000	.0000	.0000	.0000
	3	.0052	.0016	.0004	.0001	.0000	.0000	.0000	.0000	.0000
	4	.0191	.0074	.0024	.0006	.0001	.0000	.0000	.0000	.0000
	5	.0515	.0245	.0096	.0030	.0007	.0001	.0000	.0000	.0000
	6	.1048	.0612	.0298	.0116	.0034	.0007	.0001	.0000	.0000
	7	.1647	.1181	.0710	.0348	.0131	.0035	.0005	.0000	.0000
	8	.2013	.1771	.1319	.0811	.0393	.0138	.0030	.0003	.0000
	9	.1914	.2066	.1906	.1472	.0917	.0430	.0132	.0019	.0000
	10	.1404	.1859	.2123	.2061	.1651	.1032	.0449	.0105	.0006
	11	.0780	.1268	.1792	.2186	.2252	.1876	.1156	.0428	.0049
	12	.0318	.0634	.1110	.1700	.2252	.2501	.2184	.1285	.0307
	13	.0090	.0219	.0476	.0916	.1559	.2309	.2856	.2669	.1348
	14	.0016	.0047	.0126	.0305	.0668	.1319	.2312	.3432	.3658
	15	.0001	.0005	.0016	.0047	.0134	.0352	.0874	.2059	.4633

Table 5 이항확률(계속)

n	x	p=.55	.60	.65	.70	.75	.80	.85	.90	.95
18	0	.0000	.0000	.0000	.0000	.0000	.0000	.0000	.0000	.0000
	1	.0000	.0000	.0000	.0000	.0000	.0000	.0000	.0000	.0000
	2	.0001	.0000	.0000	.0000	.0000	.0000	.0000	.0000	.0000
	3	.0009	.0002	.0000	.0000	.0000	.0000	.0000	.0000	.0000
	4	.0039	.0011	.0002	.0000	.0000	.0000	.0000	.0000	.0000
	5	.0134	.0045	.0012	.0002	.0000	.0000	.0000	.0000	.0000
	6	.0354	.0145	.0047	.0012	.0002	.0000	.0000	.0000	.0000
	7	.0742	.0374	.0151	.0046	.0010	.0001	.0000	.0000	.0000
	8	.1248	.0771	.0385	.0149	.0042	.0008	.0001	.0000	.0000
	9	.1694	.1284	.0794	.0386	.0139	.0033	.0004	.0000	.0000
	10	.1864	.1734	.1327	.0811	.0376	.0120	.0022	.0002	.0000
	11	.1657	.1892	.1792	.1376	.0820	.0350	.0091	.0010	.0000
	12	.1181	.1655	.1941	.1873	.1436	.0816	.0301	.0052	.0002
	13	.0666	.1146	.1664	.2017	.1988	.1507	.0787	.0218	.0014
	14	.0291	.0614	.1104	.1681	.2130	.2153	.1592	.0700	.0093
	15	.0095	.0246	.0547	.1046	.1704	.2297	.2406	.1680	.0473
	16	.0022	.0069	.0190	.0458	.0958	.1723	.2556	.2835	.1683
	17	.0003	.0012	.0042	.0126	.0338	.0811	.1704	.3002	.3763
	18	.0000	.0001	.0004	.0016	.0056	.0180	.0536	.1501	.3972
20	0	.0000	.0000	.0000	.0000	.0000	.0000	.0000	.0000	.0000
	1	.0000	.0000	.0000	.0000	.0000	.0000	.0000	.0000	.0000
	2	.0000	.0000	.0000	.0000	.0000	.0000	.0000	.0000	.0000
	3	.0002	.0000	.0000	.0000	.0000	.0000	.0000	.0000	.0000
	4	.0013	.0003	.0000	.0000	.0000	.0000	.0000	.0000	.0000
	5	.0049	.0013	.0003	.0000	.0000	.0000	.0000	.0000	.0000
	6	.0150	.0049	.0012	.0002	.0000	.0000	.0000	.0000	.0000
	7	.0366	.0146	.0045	.0010	.0002	.0000	.0000	.0000	.0000
	8	.0727	.0355	.0136	.0039	.0008	.0001	.0000	.0000	.0000
	9	.1185	.0710	.0336	.0120	.0030	.0005	.0000	.0000	.0000
	10	.1593	.1171	.0686	.0308	.0099	.0020	.0002	.0000	.0000
	11	.1771	.1597	.1158	.0654	.0271	.0074	.0011	.0001	.0000
	12	.1623	.1797	.1614	.1144	.0609	.0222	.0046	.0004	.0000
	13	.1221	.1659	.1844	.1643	.1124	.0545	.0160	.0020	.0000
	14	.0746	.1244	.1712	.1916	.1686	.1091	.0454	.0089	.0003
	15	.0365	.0746	.1272	.1789	.2023	.1746	.1028	.0319	.0022
	16	.0139	.0350	.0738	.1304	.1897	.2182	.1821	.0898	.0133
	17	.0040	.0123	.0323	.0716	.1339	.2054	.2428	.1901	.0596
	18	.0008	.0031	.0100	.0278	.0669	.1369	.2293	.2852	.1887
	19	.0001	.0005	.0020	.0068	.0211	.0576	.1368	.2702	.3774
	20	.0000	.0000	.0002	.0008	.0032	.0115	.0388	.1216	.3585

Table 6 $e^{-\mu}$값

μ	$e^{-\mu}$	μ	$e^{-\mu}$	μ	$e^{-\mu}$
.00	1.0000	2.00	.1353	4.00	.0183
.05	.9512	2.05	.1287	4.05	.0174
.10	.9048	2.10	.1225	4.10	.0166
.15	.8607	2.15	.1165	4.15	.0158
.20	.8187	2.20	.1108	4.20	.0150
.25	.7788	2.25	.1054	4.25	.0143
.30	.7408	2.30	.1003	4.30	.0136
.35	.7047	2.35	.0954	4.35	.0129
.40	.6703	2.40	.0907	4.40	.0123
.45	.6376	2.45	.0863	4.45	.0117
.50	.6065	2.50	.0821	4.50	.0111
.55	.5769	2.55	.0781	4.55	.0106
.60	.5488	2.60	.0743	4.60	.0101
.65	.5220	2.65	.0707	4.65	.0096
.70	.4966	2.70	.0672	4.70	.0091
.75	.4724	2.75	.0639	4.75	.0087
.80	.4493	2.80	.0608	4.80	.0082
.85	.4274	2.85	.0578	4.85	.0078
.90	.4066	2.90	.0550	4.90	.0074
.95	.3867	2.95	.0523	4.95	.0071
1.00	.3679	3.00	.0498	5.00	.0067
1.05	.3499	3.05	.0474	6.00	.0025
1.10	.3329	3.10	.0450	7.00	.0009
1.15	.3166	3.15	.0429	8.00	.000335
1.20	.3012	3.20	.0408	9.00	.000123
				10.00	.000045
1.25	.2865	3.25	.0388		
1.30	.2725	3.30	.0369		
1.35	.2592	3.35	.0351		
1.40	.2466	3.40	.0334		
1.45	.2346	3.45	.0317		
1.50	.2231	3.50	.0302		
1.55	.2122	3.55	.0287		
1.60	.2019	3.60	.0273		
1.65	.1920	3.65	.0260		
1.70	.1827	3.70	.0247		
1.75	.1738	3.75	.0235		
1.80	.1653	3.80	.0224		
1.85	.1572	3.85	.0213		
1.90	.1496	3.90	.0202		
1.95	.1423	3.95	.0193		

Table 7 포아송(POISSON)확률

표에 있는 숫자는 평균 μ를 가진 포아송 분포에서 x회 발생할 확률을 나타낸다. 예를 들면 $\mu = 2.5$일 때 4회 발생할 확률은 0.1336이다.

	μ									
x	0.1	0.2	0.3	0.4	0.5	0.6	0.7	0.8	0.9	1.0
0	.9048	.8187	.7408	.6703	.6065	.5488	.4966	.4493	.4066	.3679
1	.0905	.1637	.2222	.2681	.3033	.3293	.3476	.3595	.3659	.3679
2	.0045	.0164	.0333	.0536	.0758	.0988	.1217	.1438	.1647	.1839
3	.0002	.0011	.0033	.0072	.0126	.0198	.0284	.0383	.0494	.0613
4	.0000	.0001	.0002	.0007	.0016	.0030	.0050	.0077	.0111	.0153
5	.0000	.0000	.0000	.0001	.0002	.0004	.0007	.0012	.0020	.0031
6	.0000	.0000	.0000	.0000	.0000	.0000	.0001	.0002	.0003	.0005
7	.0000	.0000	.0000	.0000	.0000	.0000	.0000	.0000	.0000	.0001

	μ									
x	1.1	1.2	1.3	1.4	1.5	1.6	1.7	1.8	1.9	2.0
0	.3329	.3012	.2725	.2466	.2231	.2019	.1827	.1653	.1496	.1353
1	.3662	.3614	.3543	.3452	.3347	.3230	.3106	.2975	.2842	.2707
2	.2014	.2169	.2303	.2417	.2510	.2584	.2640	.2678	.2700	.2707
3	.0738	.0867	.0998	.1128	.1255	.1378	.1496	.1607	.1710	.1804
4	.0203	.0260	.0324	.0395	.0471	.0551	.0636	.0723	.0812	.0902
5	.0045	.0062	.0084	.0111	.0141	.0176	.0216	.0260	.0309	.0361
6	.0008	.0012	.0018	.0026	.0035	.0047	.0061	.0078	.0098	.0120
7	.0001	.0002	.0003	.0005	.0008	.0011	.0015	.0020	.0027	.0034
8	.0000	.0000	.0001	.0001	.0001	.0002	.0003	.0005	.0006	.0009
9	.0000	.0000	.0000	.0000	.0000	.0000	.0001	.0001	.0001	.0002

	μ									
x	2.1	2.2	2.3	2.4	2.5	2.6	2.7	2.8	2.9	3.0
0	.1225	.1108	.1003	.0907	.0821	.0743	.0672	.0608	.0550	.0498
1	.2572	.2438	.2306	.2177	.2052	.1931	.1815	.1703	.1596	.1494
2	.2700	.2681	.2652	.2613	.2565	.2510	.2450	.2384	.2314	.2240
3	.1890	.1966	.2033	.2090	.2138	.2176	.2205	.2225	.2237	.2240
4	.0992	.1082	.1169	.1254	.1336	.1414	.1488	.1557	.1622	.1680
5	.0417	.0476	.0538	.0602	.0668	.0735	.0804	.0872	.0940	.1008
6	.0146	.0174	.0206	.0241	.0278	.0319	.0362	.0407	.0455	.0504
7	.0044	.0055	.0068	.0083	.0099	.0118	.0139	.0163	.0188	.0216
8	.0011	.0015	.0019	.0025	.0031	.0038	.0047	.0057	.0068	.0081
9	.0003	.0004	.0005	.0007	.0009	.0011	.0014	.0018	.0022	.0027
10	.0001	.0001	.0001	.0002	.0002	.0003	.0004	.0005	.0006	.0008
11	.0000	.0000	.0000	.0000	.0000	.0001	.0001	.0001	.0002	.0002
12	.0000	.0000	.0000	.0000	.0000	.0000	.0000	.0000	.0000	.0001

Table 7 포아송(POISSON)확률(계속)

	μ									
x	3.1	3.2	3.3	3.4	3.5	3.6	3.7	3.8	3.9	4.0
0	.0450	.0408	.0369	.0344	.0302	.0273	.0247	.0224	.0202	.0183
1	.1397	.1304	.1217	.1135	.1057	.0984	.0915	.0850	.0789	.0733
2	.2165	.2087	.2008	.1929	.1850	.1771	.1692	.1615	.1539	.1465
3	.2237	.2226	.2209	.2186	.2158	.2125	.2087	.2046	.2001	.1954
4	.1734	.1781	.1823	.1858	.1888	.1912	.1931	.1944	.1951	.1954
5	.1075	.1140	.1203	.1264	.1322	.1377	.1429	.1477	.1522	.1563
6	.0555	.0608	.0662	.0716	.0771	.0826	.0881	.0936	.0989	.1042
7	.0246	.0278	.0312	.0348	.0385	.0425	.0466	.0508	.0551	.0595
8	.0095	.0111	.0129	.0148	.0169	.0191	.0215	.0241	.0269	.0298
9	.0033	.0040	.0047	.0056	.0066	.0076	.0089	.0102	.0116	.0132
10	.0010	.0013	.0016	.0019	.0023	.0028	.0033	.0039	.0045	.0053
11	.0003	.0004	.0005	.0006	.0007	.0009	.0011	.0013	.0016	.0019
12	.0001	.0001	.0001	.0002	.0002	.0003	.0003	.0004	.0005	.0006
13	.0000	.0000	.0000	.0000	.0001	.0001	.0001	.0001	.0002	.0002
14	.0000	.0000	.0000	.0000	.0000	.0000	.0000	.0000	.0000	.0001

	μ									
x	4.1	4.2	4.3	4.4	4.5	4.6	4.7	4.8	4.9	5.0
0	.0166	.0150	.0136	.0123	.0111	.0101	.0091	.0082	.0074	.0067
1	.0679	.0630	.0583	.0540	.0500	.0462	.0427	.0395	.0365	.0337
2	.1393	.1323	.1254	.1188	.1125	.1063	.1005	.0948	.0894	.0842
3	.1904	.1852	.1798	.1743	.1687	.1631	.1574	.1517	.1460	.1404
4	.1951	.1944	.1933	.1917	.1898	.1875	.1849	.1820	.1789	.1755
5	.1600	.1633	.1662	.1687	.1708	.1725	.1738	.1747	.1753	.1755
6	.1093	.1143	.1191	.1237	.1281	.1323	.1362	.1398	.1432	.1462
7	.0640	.0686	.0732	.0778	.0824	.0869	.0914	.0959	.1002	.1044
8	.0328	.0360	.0393	.0428	.0463	.0500	.0537	.0575	.0614	.0653
9	.0150	.0168	.0188	.0209	.0232	.0255	.0280	.0307	.0334	.0363
10	.0061	.0071	.0081	.0092	.0104	.0118	.0132	.0147	.0164	.0181
11	.0023	.0027	.0032	.0037	.0043	.0049	.0056	.0064	.0073	.0082
12	.0008	.0009	.0011	.0014	.0016	.0019	.0022	.0026	.0030	.0034
13	.0002	.0003	.0004	.0005	.0006	.0007	.0008	.0009	.0011	.0013
14	.0001	.0001	.0001	.0001	.0002	.0002	.0003	.0003	.0004	.0005
15	.0000	.0000	.0000	.0000	.0001	.0001	.0001	.0001	.0001	.0002

	μ									
x	5.1	5.2	5.3	5.4	5.5	5.6	5.7	5.8	5.9	6.0
0	.0061	.0055	.0050	.0045	.0041	.0037	.0033	.0030	.0027	.0025
1	.0311	.0287	.0265	.0244	.0225	.0207	.0191	.0176	.0162	.0149
2	.0793	.0746	.0701	.0659	.0618	.0580	.0544	.0509	.0477	.0446
3	.1348	.1293	.1239	.1185	.1133	.1082	.1033	.0985	.0938	.0892
4	.1719	.1681	.1641	.1600	.1558	.1515	.1472	.1428	.1383	.1339

Table 7 포아송(POISSON)확률(계속)

	μ									
x	5.1	5.2	5.3	5.4	5.5	5.6	5.7	5.8	5.9	6.0
5	.1753	.1748	.1740	.1728	.1714	.1697	.1678	.1656	.1632	.1606
6	.1490	.1515	.1537	.1555	.1571	.1587	.1594	.1601	.1605	.1606
7	.1086	.1125	.1163	.1200	.1234	.1267	.1298	.1326	.1353	.1377
8	.0692	.0731	.0771	.0810	.0849	.0887	.0925	.0962	.0998	.1033
9	.0392	.0423	.0454	.0486	.0519	.0552	.0586	.0620	.0654	.0688
10	.0200	.0220	.0241	.0262	.0285	.0309	.0334	.0359	.0386	.0413
11	.0093	.0104	.0116	.0129	.0143	.0157	.0173	.0190	.0207	.0225
12	.0039	.0045	.0051	.0058	.0065	.0073	.0082	.0092	.0102	.0113
13	.0015	.0018	.0021	.0024	.0028	.0032	.0036	.0041	.0046	.0052
14	.0006	.0007	.0008	.0009	.0011	.0013	.0015	.0017	.0019	.0022
15	.0002	.0002	.0003	.0003	.0004	.0005	.0006	.0007	.0008	.0009
16	.0001	.0001	.0001	.0001	.0001	.0002	.0002	.0002	.0003	.0003
17	.0000	.0000	.0000	.0000	.0000	.0001	.0001	.0001	.0001	.0001

	μ									
x	6.1	6.2	6.3	6.4	6.5	6.6	6.7	6.8	6.9	7.0
0	.0022	.0020	.0018	.0017	.0015	.0014	.0012	.0011	.0010	.0009
1	.0137	.0126	.0116	.0106	.0098	.0090	.0082	.0076	.0070	.0064
2	.0417	.0390	.0364	.0340	.0318	.0296	.0276	.0258	.0240	.0223
3	.0848	.0806	.0765	.0726	.0688	.0652	.0617	.0584	.0552	.0521
4	.1294	.1249	.1205	.1162	.1118	.1076	.1034	.0992	.0952	.0912
5	.1579	.1549	.1519	.1487	.1454	.1420	.1385	.1349	.1314	.1277
6	.1605	.1601	.1595	.1586	.1575	.1562	.1546	.1529	.1511	.1490
7	.1399	.1418	.1435	.1450	.1462	.1472	.1480	.1486	.1489	.1490
8	.1066	.1099	.1130	.1160	.1188	.1215	.1240	.1263	.1284	.1304
9	.0723	.0757	.0791	.0825	.0858	.0891	.0923	.0954	.0985	.1014
10	.0441	.0469	.0498	.0528	.0558	.0588	.0618	.0649	.0679	.0710
11	.0245	.0265	.0285	.0307	.0330	.0353	.0377	.0401	.0426	.0452
12	.0124	.0137	.0150	.0164	.0179	.0194	.0210	.0227	.0245	.0264
13	.0058	.0065	.0073	.0081	.0089	.0098	.0108	.0119	.0130	.0142
14	.0025	.0029	.0033	.0037	.0041	.0046	.0052	.0058	.0064	.0071
15	.0010	.0012	.0014	.0016	.0018	.0020	.0023	.0026	.0029	.0033
16	.0004	.0005	.0005	.0006	.0007	.0008	.0010	.0011	.0013	.0014
17	.0001	.0002	.0002	.0002	.0003	.0003	.0004	.0004	.0005	.0006
18	.0000	.0001	.0001	.0001	.0001	.0001	.0001	.0002	.0002	.0002
19	.0000	.0000	.0000	.0000	.0000	.0000	.0000	.0001	.0001	.0001

	μ									
x	7.1	7.2	7.3	7.4	7.5	7.6	7.7	7.8	7.9	8.0
0	.0008	.0007	.0007	.0006	.0006	.0005	.0005	.0004	.0004	.0003
1	.0059	.0054	.0049	.0045	.0041	.0038	.0035	.0032	.0029	.0027
2	.0208	.0194	.0180	.0167	.0156	.0145	.0134	.0125	.0116	.0107
3	.0492	.0464	.0438	.0413	.0389	.0366	.0345	.0324	.0305	.0286
4	.0874	.0836	.0799	.0764	.0729	.0696	.0663	.0632	.0602	.0573

Table 7 포아송(POISSON)확률(계속)

	μ									
x	7.1	7.2	7.3	7.4	7.5	7.6	7.7	7.8	7.9	8.0
5	.1241	.1204	.1167	.1130	.1094	.1057	.1021	.0986	.0951	.0916
6	.1468	.1445	.1420	.1394	.1367	.1339	.1311	.1282	.1252	.1221
7	.1489	.1486	.1481	.1474	.1465	.1454	.1442	.1428	.1413	.1396
8	.1321	.1337	.1351	.1363	.1373	.1382	.1388	.1392	.1395	.1396
9	.1042	.1070	.1096	.1121	.1144	.1167	.1187	.1207	.1224	.1241
10	.0740	.0770	.0800	.0829	.0858	.0887	.0914	.0941	.0967	.0993
11	.0478	.0504	.0531	.0558	.0585	.0613	.0640	.0667	.0695	.0722
12	.0283	.0303	.0323	.0344	.0366	.0388	.0411	.0434	.0457	.0481
13	.0154	.0168	.0181	.0196	.0211	.0227	.0243	.0260	.0278	.0296
14	.0078	.0086	.0095	.0104	.0113	.0123	.0134	.0145	.0157	.0169
15	.0037	.0041	.0046	.0051	.0057	.0062	.0069	.0075	.0083	.0090
16	.0016	.0019	.0021	.0024	.0026	.0030	.0033	.0037	.0041	.0045
17	.0007	.0008	.0009	.0010	.0012	.0013	.0015	.0017	.0019	.0021
18	.0003	.0003	.0004	.0004	.0005	.0006	.0006	.0007	.0008	.0009
19	.0001	.0001	.0001	.0002	.0002	.0002	.0003	.0003	.0003	.0004
20	.0000	.0000	.0001	.0001	.0001	.0001	.0001	.0001	.0001	.0002
21	.0000	.0000	.0000	.0000	.0000	.0000	.0000	.0000	.0001	.0001

	μ									
x	8.1	8.2	8.3	8.4	8.5	8.6	8.7	8.8	8.9	9.0
0	.0003	.0003	.0002	.0002	.0002	.0002	.0002	.0002	.0001	.0001
1	.0025	.0023	.0021	.0019	.0017	.0016	.0014	.0013	.0012	.0011
2	.0100	.0092	.0086	.0079	.0074	.0068	.0063	.0058	.0054	.0050
3	.0269	.0252	.0237	.0222	.0208	.0195	.0183	.0171	.0160	.0150
4	.0544	.0517	.0491	.0466	.0443	.0420	.0398	.0377	.0357	.0337
5	.0882	.0849	.0816	.0784	.0752	.0722	.0692	.0663	.0635	.0607
6	.1191	.1160	.1128	.1097	.1066	.1034	.1003	.0972	.0941	.0911
7	.1378	.1358	.1338	.1317	.1294	.1271	.1247	.1222	.1197	.1171
8	.1395	.1392	.1388	.1382	.1375	.1366	.1356	.1344	.1332	.1318
9	.1256	.1269	.1280	.1290	.1299	.1306	.1311	.1315	.1317	.1318
10	.1017	.1040	.1063	.1084	.1104	.1123	.1140	.1157	.1172	.1186
11	.0749	.0776	.0802	.0828	.0853	.0878	.0902	.0925	.0948	.0970
12	.0505	.0530	.0555	.0579	.0604	.0629	.0654	.0679	.0703	.0728
13	.0315	.0334	.0354	.0374	.0395	.0416	.0438	.0459	.0481	.0504
14	.0182	.0196	.0210	.0225	.0240	.0256	.0272	.0289	.0306	.0324
15	.0098	.0107	.0116	.0126	.0136	.0147	.0158	.0169	.0182	.1094
16	.0050	.0055	.0060	.0066	.0072	.0079	.0086	.0093	.0101	.0109
17	.0024	.0026	.0029	.0033	.0036	.0040	.0044	.0048	.0053	.0058
18	.0011	.0012	.0014	.0015	.0017	.0019	.0021	.0024	.0026	.0029
19	.0005	.0005	.0006	.0007	.0008	.0009	.0010	.0011	.0012	.0014
20	.0002	.0002	.0002	.0003	.0003	.0004	.0004	.0005	.0005	.0006
21	.0001	.0001	.0001	.0001	.0001	.0002	.0002	.0002	.0002	.0003
22	.0000	.0000	.0000	.0000	.0001	.0001	.0001	.0001	.0001	.0001

Table 7 포아송(POISSON)확률(계속)

	μ									
x	9.1	9.2	9.3	9.4	9.5	9.6	9.7	9.8	9.9	10
0	.0001	.0001	.0001	.0001	.0001	.0001	.0001	.0001	.0001	.0000
1	.0010	.0009	.0009	.0008	.0007	.0007	.0006	.0005	.0005	.0005
2	.0046	.0043	.0040	.0037	.0034	.0031	.0029	.0027	.0025	.0023
3	.0140	.0131	.0123	.0115	.0107	.0100	.0093	.0087	.0081	.0076
4	.0319	.0302	.0285	.0269	.0254	.0240	.0226	.0213	.0201	.0189
5	.0581	.0555	.0530	.0506	.0483	.0460	.0439	.0418	.0398	.0378
6	.0881	.0851	.0822	.0793	.0764	.0736	.0709	.0682	.0656	.0631
7	.1145	.1118	.1091	.1064	.1037	.1010	.0982	.0955	.0928	.0901
8	.1302	.1286	.1269	.1251	.1232	.1212	.1191	.1170	.1148	.1126
9	.1317	.1315	.1311	.1306	.1300	.1293	.1284	.1274	.1263	.1251
10	.1198	.1210	.1219	.1228	.1235	.1241	.1245	.1249	.1250	.1251
11	.0991	.1012	.1031	.1049	.1067	.1083	.1098	.1112	.1125	.1137
12	.0752	.0776	.0799	.0822	.0844	.0866	.0888	.0908	.0928	.0948
13	.0526	.0549	.0572	.0594	.0617	.0640	.0662	.0685	.0707	.0729
14	.0342	.0361	.0380	.0399	.0419	.0439	.0459	.0479	.0500	.0521
15	.0208	.0221	.0235	.0250	.0265	.0281	.0297	.0313	.0330	.0347
16	.0118	.0127	.0137	.0147	.0157	.0168	.0180	.0192	.0204	.0217
17	.0063	.0069	.0075	.0081	.0088	.0095	.0103	.0111	.0119	.0128
18	.0032	.0035	.0039	.0042	.0046	.0051	.0055	.0060	.0065	.0071
19	.0015	.0017	.0019	.0021	.0023	.0026	.0028	.0031	.0034	.0037
20	.0007	.0008	.0009	.0010	.0011	.0012	.0014	.0015	.0017	.0019
21	.0003	.0003	.0004	.0004	.0005	.0006	.0006	.0007	.0008	.0009
22	.0001	.0001	.0002	.0002	.0002	.0002	.0003	.0003	.0004	.0004
23	.0000	.0001	.0001	.0001	.0001	.0001	.0001	.0001	.0002	.0002
24	.0000	.0000	.0000	.0000	.0000	.0000	.0000	.0001	.0001	.0001

	μ									
x	11	12	13	14	15	16	17	18	19	20
0	.0000	.0000	.0000	.0000	.0000	.0000	.0000	.0000	.0000	.0000
1	.0002	.0001	.0000	.0000	.0000	.0000	.0000	.0000	.0000	.0000
2	.0010	.0004	.0002	.0001	.0000	.0000	.0000	.0000	.0000	.0000
3	.0037	.0018	.0008	.0004	.0002	.0001	.0000	.0000	.0000	.0000
4	.0102	.0053	.0027	.0013	.0006	.0003	.0001	.0001	.0000	.0000
5	.0224	.0127	.0070	.0037	.0019	.0010	.0005	.0002	.0001	.0001
6	.0411	.0255	.0152	.0087	.0048	.0026	.0014	.0007	.0004	.0002
7	.0646	.0437	.0281	.0174	.0104	.0060	.0034	.0018	.0010	.0005
8	.0888	.0655	.0457	.0304	.0194	.0120	.0072	.0042	.0024	.0013
9	.1085	.0874	.0661	.0473	.0324	.0213	.0135	.0083	.0050	.0029
10	.1194	.1048	.0859	.0663	.0486	.0341	.0230	.0150	.0095	.0058
11	.1194	.1144	.1015	.0844	.0663	.0496	.0355	.0245	.0164	.0106
12	.1094	.1144	.1099	.0984	.0829	.0661	.0504	.0368	.0259	.0176
13	.0926	.1056	.1099	.1060	.0956	.0814	.0658	.0509	.0378	.0271
14	.0728	.0905	.1021	.1060	.1024	.0930	.0800	.0655	.0514	.0387

Table 7 포아송(POISSON)확률(계속)

	μ									
x	11	12	13	14	15	16	17	18	19	20
15	.0534	.0724	.0885	.0989	.1024	.0992	.0906	.0786	.0650	.0516
16	.0367	.0543	.0719	.0866	.0960	.0992	.0963	.0884	.0772	.0646
17	.0237	.0383	.0550	.0713	.0847	.0934	.0963	.0936	.0863	.0760
18	.0145	.0256	.0397	.0554	.0706	.0830	.0909	.0936	.0911	.0844
19	.0084	.0161	.0272	.0409	.0557	.0699	.0814	.0887	.0911	.0888
20	.0046	.0097	.0177	.0286	.0418	.0559	.0692	.0798	.0866	.0888
21	.0024	.0055	.0109	.0191	.0299	.0426	.0560	.0684	.0783	.0846
22	.0012	.0030	.0065	.0121	.0204	.0310	.0433	.0560	.0676	.0769
23	.0006	.0016	.0037	.0074	.0133	.0216	.0320	.0438	.0559	.0669
24	.0003	.0008	.0020	.0043	.0083	.0144	.0226	.0328	.0442	.0557
25	.0001	.0004	.0010	.0024	.0050	.0092	.0154	.0237	.0336	.0446
26	.0000	.0002	.0005	.0013	.0029	.0057	.0101	.0164	.0246	.0343
27	.0000	.0001	.0002	.0007	.0016	.0034	.0063	.0109	.0173	.0254
28	.0000	.0000	.0001	.0003	.0009	.0019	.0038	.0070	.0117	.0181
29	.0000	.0000	.0001	.0002	.0004	.0011	.0023	.0044	.0077	.0125
30	.0000	.0000	.0000	.0001	.0002	.0006	.0013	.0026	.0049	.0083
31	.0000	.0000	.0000	.0000	.0001	.0003	.0007	.0015	.0030	.0054
32	.0000	.0000	.0000	.0000	.0001	.0001	.0004	.0009	.0018	.0034
33	.0000	.0000	.0000	.0000	.0000	.0001	.0002	.0005	.0010	.0020
34	.0000	.0000	.0000	.0000	.0000	.0000	.0001	.0002	.0006	.0012
35	.0000	.0000	.0000	.0000	.0000	.0000	.0000	.0001	.0003	.0007
36	.0000	.0000	.0000	.0000	.0000	.0000	.0000	.0001	.0002	.0004
37	.0000	.0000	.0000	.0000	.0000	.0000	.0000	.0000	.0001	.0002
38	.0000	.0000	.0000	.0000	.0000	.0000	.0000	.0000	.0000	.0001
39	.0000	.0000	.0000	.0000	.0000	.0000	.0000	.0000	.0000	.0001

부록 C: 합산표기

합산(Summations)

정의

$$\sum_{i=1}^{n} x_i = x_1 + x_2 + \cdots + x_n \tag{C.1}$$

예 $x_1 = 5,\ x_2 = 8,\ x_3 = 14$ 일 때:

$$\begin{aligned}\sum_{i=1}^{3} x_i &= x_1 + x_2 + x_3 \\ &= 5 + 8 + 14 \\ &= 27\end{aligned}$$

결과 1

상수 c에 대하여:

$$\sum_{i=1}^{n} c = \underbrace{(c + c + \cdots + c)}_{n \text{ times}} = nc \tag{C.2}$$

예 $c = 5,\ n = 10$ 일 때:

$$\sum_{i=1}^{10} 5 = 10(5) = 50$$

예 $c = \bar{x}$ 일 때:

$$\sum_{i=1}^{n} \bar{x} = n\bar{x}$$

결과 2

$$\begin{aligned}\sum_{i=1}^{n} cx_i &= cx_1 + cx_2 + \cdots + cx_n \\ &= c(x_1 + x_2 + \cdots + x_n) = c\sum_{i=1}^{n} x_i\end{aligned} \tag{C.3}$$

예 $x_1 = 5,\ x_2 = 8,\ x_3 = 14,\ c = 2$ 일 때:

$$\sum_{i=1}^{3} 2x_i = 2\sum_{i=1}^{3} x_i = 2(27) = 54 \tag{C.1}$$

결과 3

$$\sum_{i=1}^{n} (ax_i + by_i) = a\sum_{i=1}^{n} x_i + b\sum_{i=1}^{n} y_i \tag{C.4}$$

예 $x_1 = 5,\ x_2 = 8,\ x_3 = 14,\ a = 2,\ y_1 = 7,\ y_2 = 3,\ y_3 = 8,\ b = 4$ 일 때:

$$\begin{aligned}\sum_{i=1}^{3}(2x_i + 4y_i) &= 2\sum_{i=1}^{3}x_i + 4\sum_{i=1}^{3}y_i \\ &= 2(27) + 4(18) \\ &= 54 + 72 \\ &= 126\end{aligned}$$

2중 합산(Double Summations)

변수 x_{ij}를 포함하는 다음 자료를 살펴보자. i는 행의 위치를, j는 열의 위치를 나타내는 아래첨자이다.

		열		
		1	**2**	**3**
행	**1**	$x_{11} = 10$	$x_{12} = 8$	$x_{13} = 6$
	2	$x_{21} = 7$	$x_{22} = 4$	$x_{23} = 12$

정의

$$\sum_{i=1}^{n}\sum_{j=1}^{m}x_{ij} = (x_{11} + x_{12} + \cdots + x_{1m}) + (x_{21} + x_{22} + \cdots + x_{2m}) + (x_{31} + x_{32} + \cdots + x_{3m}) + \cdots + (x_{n1} + x_{n2} + \cdots + x_{nm}) \qquad \text{(C.5)}$$

예:

$$\begin{aligned}\sum_{i=1}^{2}\sum_{j=1}^{3}x_{ij} &= x_{11} + x_{12} + x_{13} + x_{21} + x_{22} + x_{23} \\ &= 10 + 8 + 6 + 7 + 4 + 12 \\ &= 47\end{aligned}$$

정의

$$\sum_{i=1}^{n}x_{ij} = x_{1j} + x_{2j} + \cdots + x_{nj} \qquad \text{(C.6)}$$

예:

$$\begin{aligned}\sum_{i=1}^{2}x_{i2} &= x_{12} + x_{22} \\ &= 8 + 4 \\ &= 12\end{aligned}$$

약식 표기(Shorthand Notation)

아래첨자의 모든 값을 합산하는 경우에 다음 약식 표기를 가끔 사용한다.

$$\sum_{i=1}^{n}x_i = \sum x_i \qquad \text{(C.7)}$$

$$\sum_{i=1}^{n}\sum_{j=1}^{m}x_{ij} = \sum\sum x_{ij} \qquad \text{(C.8)}$$

$$\sum_{i=1}^{n}x_{ij} = \sum_{i}x_{ij} \qquad \text{(C.9)}$$

부록 D: Microsoft Excel 및 통계 분석 도구

Microsoft Excel은 데이터를 구성 및 분석하고, 복잡한 계산을 수행하고, 다양한 그래픽 디스플레이를 만드는 데 사용할 수 있는 스프레드시트 프로그램이다. 기본적으로 독자가 셀 선택, 수식 입력, 복사 등과 같은 기본적 Excel 작업에 익숙하다고 가정하지만 본 교재에서는 독자가 Excel이나 통계 분석을 위한 Excel 사용에 익숙하다고 가정하지 않는다.

이 부록의 목적은 두 가지이다. 먼저 Excel의 개요를 제공하고 Excel 통합 문서 및 워크시트 작업에 필요한 기본 작업에 대해 논의한다. 둘째, Excel을 사용하여 통계 분석을 수행하는 데 사용할 수 있는 도구에 대한 개요를 제공한다. 교재에서는 사용자가 다음을 수행할 수 있는 Excel 함수와 수식이 포함된다. 보다 포괄적 분석 도구를 제공하는 자체 분석 및 추가 기능을 수행한다.

기본 Excel 시스템에 포함된 Excel의 데이터 분석 추가 기능은 통계 분석을 수행하는 데 유용한 도구이다. 부록의 마지막 섹션에서는 다음에 대한 지침을 제공한다. 데이터 분석 추가 기능을 설치한다.

Microsoft Excel 개요

통계 분석을 위해 Excel을 사용하는 경우 데이터는 통합 문서에 표시되며, 각 통합 문서에는 차트를 포함하여 어떤 결과분석뿐만 아니라 원본 데이터가 포함된 일련의 워크시트를 담고 있다. 그림 D.1은 엑셀이 열려있을 때 각각 생성된 빈 통합 문서의 레이아웃을 보여준다. 통합 문서의 이름은 Book1이고 Sheet1이라는 워크시트 하나를 포함하고 있다. Excel에서는 워크시트 탭의 이름을 굵게 설정하여 현재 표시된 워크시트(Sheet1)를 강조 표시한다. 처음에는 A1 셀이 선택되어 있다.

통합 문서 상단에 있는 넓은 막대를 리본이라고 한다. 리본 상단에 있는 탭을 사용하면 관련 명령 그룹에 빠르게 접근할 수 있다. 그림 D.1의 통합 문서에는 9개의 탭이 표시된다. 파일; 홈; 삽입; 페이지 레이아웃; 수식; 데이터; 리뷰; 뷰; 그리고 도움. 각 탭에는 일련의 관련 명령 그룹이 포함되어 있다. Excel을 열면 홈 탭이 선택된다. 그림 D.2는 홈 탭을 선택할 때 사용할 수 있는 그룹을 표시한다. 홈 탭에는 실행 취소; 클립보드; 폰트; 얼라인먼트; 숫자; 스타일; 셀; 편집; 분석; 그리고 민감도 등 10개의 그룹이 있다. 명령은 각 그룹 내에 배열된다. 예를 들어 선택한 텍스트를 볼드체로 변경하려면 홈 탭을 클릭하고 글꼴 그룹에서 볼드체 버튼을 클릭하라.

그림 D.3은 빠른 실행 도구 모음과 수식 입력줄의 위치를 보여준다. 빠른 액세스 도구 모음을 사용하면 통합 문서 옵션에 빠르게 액세스할 수 있다. 빠른 액세스 도구 모음

그림 D.1 Excel을 열면 빈 통합 문서가 생성됨

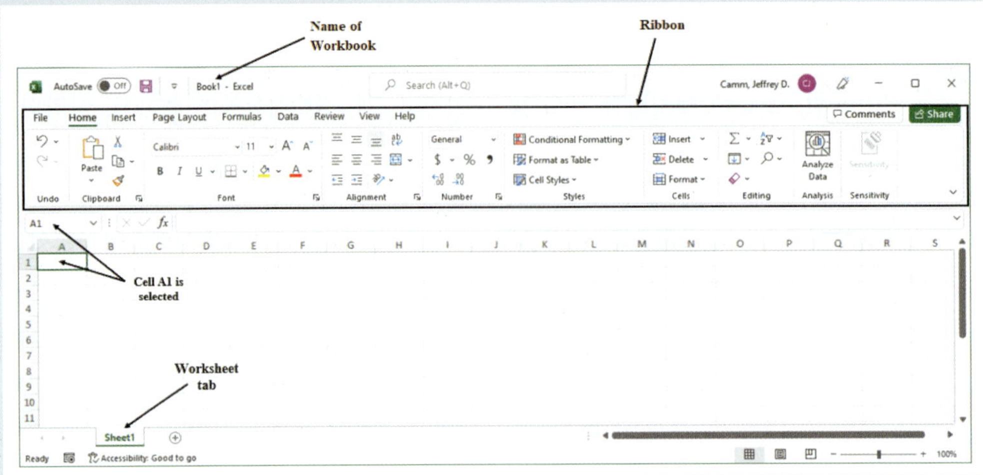

에 기능을 추가하거나 제거하려면 빠른 액세스 도구 모음 끝에 있는 빠른 액세스 도구 모음 사용자 지정 버튼을 클릭하라.

수식 입력 줄(그림 D.3 참조)에는 이름 상자, 함수 삽입 버튼 f_x 및 수식 상자가 포함되어 있다. 그림 D.3에서는 셀 A1이 선택되었기 때문에 이름 상자에 "A1"이 나타난다. 마우스를 사용하여 커서를 다른 셀로 이동하고 클릭하거나 이름 상자에 새 셀 위치를 입력하여 워크시트의 다른 셀을 선택할 수 있다. 수식 상자는 현재 선택한 셀의 수식을 표시하는 데 사용된다. 예를 들어 셀 A3에 =A1+A2를 입력하면 셀 A3을 선택할 때마다

그림 D.2 홈 탭의 일부

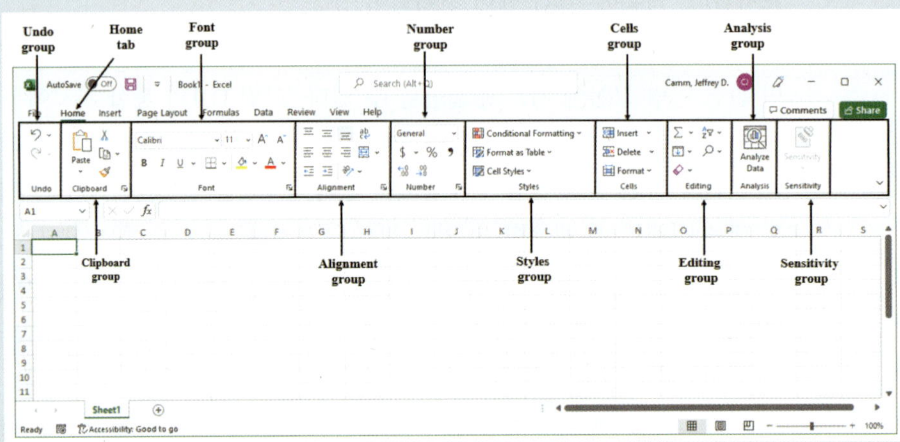

그림 D.3 Excel 빠른 액세스 도구 모음 및 수식 입력 줄

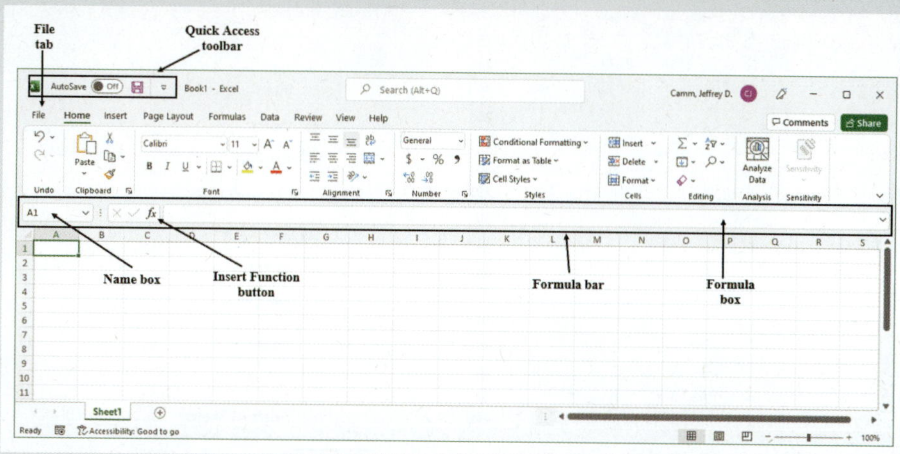

수식 =A1+A2가 수식 상자에 표시된다. 이 기능을 사용하면 특정 셀의 수식을 매우 쉽게 보고 편집할 수 있다. 함수 삽입 버튼을 사용하면 Excel에서 사용할 수 있는 모든 기능에 빠르게 액세스할 수 있다. 후반에서 어떻게 특정 기능을 찾고 특정함수를 활용하는지 설명할 것이다.

기본 통합 문서 작업

그림 D.4는 worksheet 탭을 마우스 오른쪽 버튼으로 클릭한 후 수행할 수 있는 worksheet 옵션을 보여준다. 예를 들어 현재 worksheet의 이름을 "Sheet1"에서 "Data"로 변경하려면 "Sheet1"이라는 worksheet 탭을 마우스 오른쪽 버튼으로 클릭하고 이름 바꾸기 옵션을 선택한다. 현재 worksheet 이름(Sheet1)이 강조 표시된다. 그런 다음 새 이름(Data)을 입력하고 Enter 키를 눌러 worksheet의 이름을 바꾸면 된다.

Sheet1"의 복사본을 만들고 싶다고 가정해 보자. "Sheet1"이라는 탭을 마우스 오른쪽 버튼으로 클릭한 후 이동(Move) 또는 복사(Copy) 옵션을 선택한다. 이동 또는 복사 대화 상자가 나타나면 복사본 만들기를 선택하고 확인을 클릭한다. 복사된 워크시트의 이름은 "Sheet1 (2)"로 표시된다. 원한다면 이름을 바꿀 수 있다.

통합 문서에 새 worksheet를 추가하려면 worksheet 탭을 마우스 오른쪽 버튼으로 클릭하고 삽입(Insert) 옵션을 선택한다. 삽입(Insert) 대화 상자가 나타나면 worksheet를 선택하고 확인(OK)을 클릭한다. 추가되는 빈 worksheet가 통합 문서에 나타날 것이다. 표시된 마지막 worksheet 탭 오른쪽에 나타나는 New sheet 버튼을 클릭하여 새 worksheet를 삽입할 수 있다. Worksheet 탭을 마우스 오른쪽 버튼으로 클릭하고 삭제(Delete)를 선

그림 D.4 워크시트 탭에서 마우스 오른쪽 버튼 클릭 후 얻은 워크시트 옵션

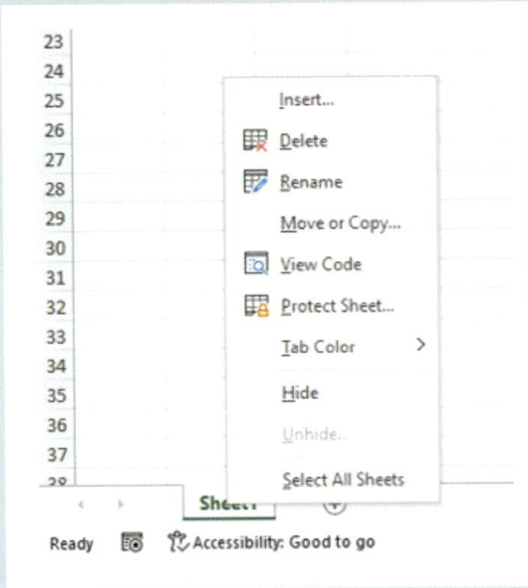

택하면 worksheet를 삭제할 수 있다. 복제(Duplicate) 옵션을 사용하여 현재 통합 문서에 worksheet를 복사할 수 있다.

파일 생성, 저장, 열기

Worksheet에 데이터를 수동으로 입력하거나 이미 데이터가 포함된 다른 통합 문서를 열어 Excel Online worksheet에 데이터를 입력할 수 있다. 파일을 수동으로 입력하고 저장하고 여는 방법을 설명하기 위해 Chapter 2의 50개의 청량음료 구매 표본 데이터를 사용해 보자. 원본 데이터는 표 D.1에 나와 있다.

새 통합 문서의 Sheet1에 청량음료 50개 구매 표본 데이터를 입력한다고 가정해 보자. 먼저 셀 A1에 "브랜드 구매"라는 레이블(label)을 입력한다. 그런 다음 50개의 청량음료 구매에 대한 데이터를 셀 A2:A51에 입력한다. 이 worksheet에 데이터가 포함되어 있다는 점을 상기시키기 위해 앞에서 설명한 절차를 사용하여 worksheet 이름을 "Sheet1"에서 "Data"로 변경하겠다. 그림 D.5는 우리가 방금 전개한 데이터 worksheet를 보여준다.

이러한 데이터를 분석하기 전에 먼저 파일을 저장하는 것이 좋다. 이렇게 하면 Excel이 닫히는 상황이 발생하는 경우 데이터를 다시 입력할 필요가 없다. 파일 이름 Soft-Drink를 사용하여 파일을 Excel 통합 문서로 저장하려면 다음 단계를 수행한다.

단계 1: 파일 탭을 클릭

단계 2: 옵션 목록에서 저장을 클릭

표 D.1 구매한 50개 청량음료 표본자료

Coca-Cola	Sprite	Pepsi
Diet Coke	Coca-Cola	Coca-Cola
Pepsi	Diet Coke	Coca-Cola
Diet Coke	Coca-Cola	Coca-Cola
Coca-Cola	Diet Coke	Pepsi
Coca-Cola	Coca-Cola	Dr. Pepper
Dr. Pepper	Sprite	Coca-Cola
Diet Coke	Pepsi	Diet Coke
Pepsi	Coca-Cola	Pepsi
Pepsi	Coca-Cola	Pepsi
Coca-Cola	Coca-Cola	Pepsi
Dr. Pepper	Pepsi	Pepsi
Sprite	Coca-Cola	Coca-Cola
Coca-Cola	Sprite	Dr. Pepper
Diet Coke	Dr. Pepper	Pepsi
Coca-Cola	Pepsi	Sprite
Coca-Cola	Diet Coke	

단계 3: Window에서 저장이 나타나면:

본 PC를 선택

Browse를 선택

파일을 저장하고 싶은 위치를 선택

파일 이름상자에 파일 이름 SoftDrink를 입력

저장을 클릭.

통합 문서가 저장되면 계속해서 데이터를 사용하여 적절한 통계 분석 유형을 수행할 수 있다.

파일 작업이 끝나면 파일 탭을 클릭한 다음 옵션 목록에서 닫기를 클릭하면 된다.

다른 시점에서 SoftDrink 분석 파일에 접근하려면 Excel을 시작한 후 다음 단계를 수행하여 파일을 열 수 있다.

단계 1: 파일 탭을 클릭

단계 2: 열기를 클릭

단계 3: Window에서 열기가 나타나면:

본 PC를 선택

Browse를 선택

파일을 저장한 위치를 선택

그림 D.5 청량음료 자료가 포함된 워크시트

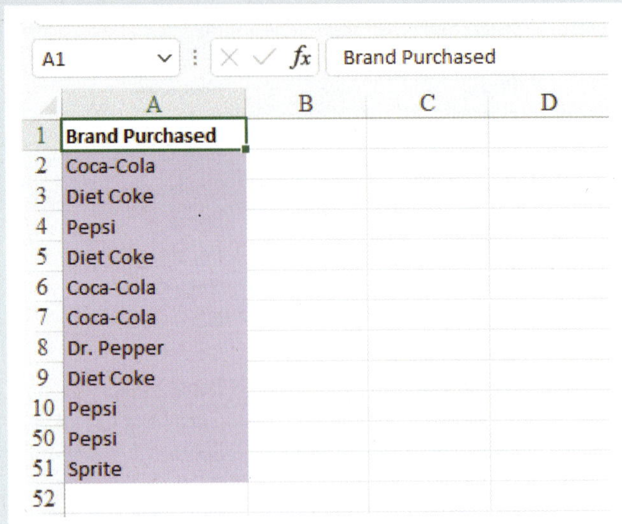

파일 이름상자에 파일 이름 SoftDrink를 입력
열기를 클릭.

통합 문서를 저장하거나 열기 위해 제시한 절차는 파일 탭을 클릭하여 저장 및 열기 명령에 접근하는 것으로 시작된다. 한동안 Excel을 사용해 본 후에는 이러한 명령을 빠른 실행 도구 모음에 추가하는 것이 더 편리하다는 것을 알게 될 것이다.

Excel 기능 사용

Excel Online은 Excel 데스크톱 버전에서 제공되는 데이터 관리 및 통계 분석을 위한 많은 기능을 제공하지만 모든 기능을 제공하는 것은 아니다. 어떤 엑셀 오피스 기능이 필요한지, 어떻게 사용하는지만 알면 해당 기능을 해당 워크시트 셀에 입력하기만 하면 된다.

그러나 작업을 수행하는 데 사용할 수 있는 기능이 없거나 특정 기능을 사용하는 방법이 불분명한 경우 엑셀 온라인에서 지원을 제공한다. 설명을 위해 이전 하위 섹션에서 만든 SoftDrinkAnalysis 워크북을 사용한다.

올바른 Excel Online 기능 찾기

Excel Online에서 사용 가능한 함수를 확인하려면 함수를 삽입할 셀을 선택: 셀 D2를 선택했다. 리본에서 수식 탭을 클릭한 다음 함수 라이브러리 그룹에서 함수 삽입 버튼을 클릭한다. 또는 수식 입력줄에 있는 버튼을 클릭하라. 어느 접근 방식이든 그림 D.6에 표시된 함수 삽입 대화 상자를 제공한다.

함수 삽입 대화 상자 상단에 있는 함수 검색 상자를 사용하면 수행하려는 작업에 대한 간단한 설명을 입력할 수 있다. 입력 후 이동을 클릭하면 Excel에서 작업을 수행할 수 있는 함수를 함수 선택 상자에서 검색하여 표시한다. 그러나 많은 상황에서는 사용 가능한 기능을 확인하기 위해 전체 기능 범주를 탐색하고 싶을 수도 있다. 이 작업의 경우 또는 범주 선택 상자가 도움이 된다. 여기에는 Excel에서 제공하는 여러 기능 범주의 drop-down 목록이 포함되어 있다. 그림 D.6은 통계 범주를 선택했음을 보여준다.

결과적으로 Excel의 통계 함수는 함수 선택 상자에 알파벳 순서로 표시된다. AVEDEV 함수가 먼저 나열되고 그 뒤에 AVERAGE 함수 등이 표시된다. AVEDEV 기능은 그림 D.6에서 강조 표시되어 있으며 이는 현재 선택된 기능임을 나타낸다. 함수에 대한 적절한 구문과 함수에 대한 간략한 설명이 함수 선택 상자 아래에 나타난다. 기능 선택 상자에서 목록을 스크롤하여 사용 가능한 각 통계 기능에 대한 구문과 간략한 설명을 파악할 수 있다. 예를 들어 더 아래로 스크롤하여 그림 D.7과 같이 COUNTIF 함수를 선택한다.

이제 COUNTIF가 강조 표시되고 함수 선택 상자 바로 아래에 COUNTIF 함수가 두 개의 입력값, 범위 그리고 기준을 포함하고 있음을 나타내는 COUNTIF(범위, 기준)을 확인할 수 있다. 추가로 COUNTIF 함수에 대한 설명이 "주어진 조건을 만족하는 범위 내

그림 D.6 함수 삽입 대화 상자

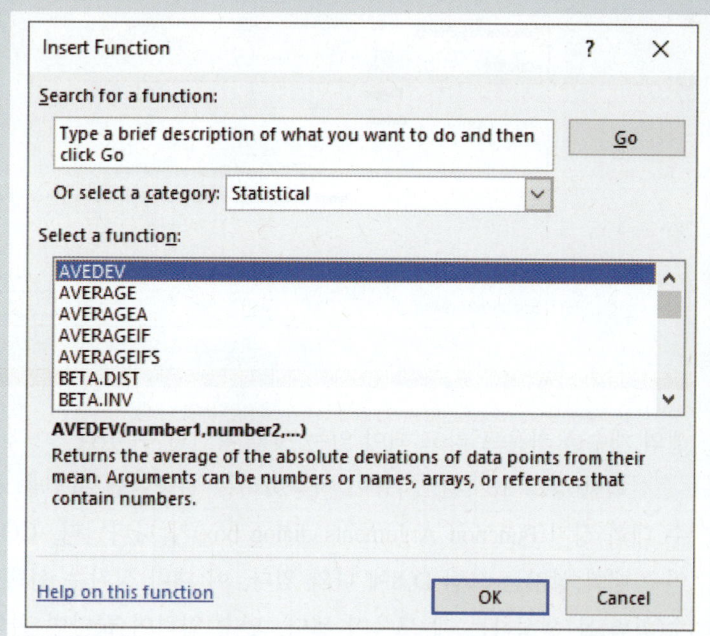

그림 D.7 삽입기능 대화상자에서 COUNTIF 함수에 대한 기술

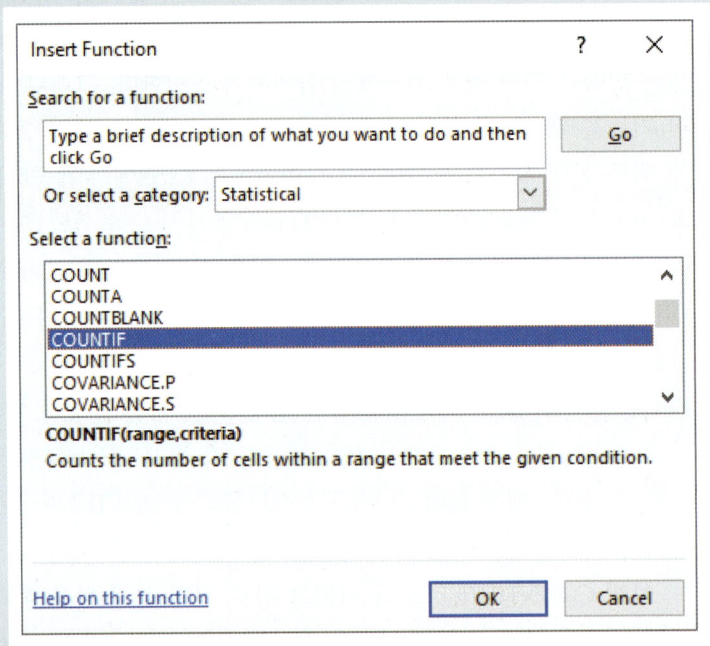

그림 D.8 COUNTIF 함수에 대한 함수 인자 대화상자

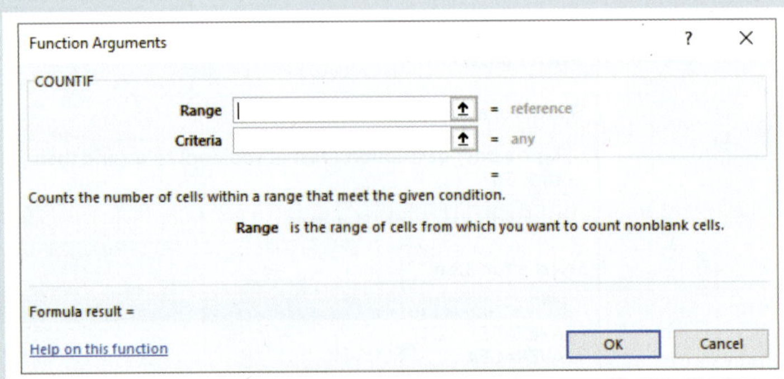

셀의 개수를 카운트"라고 되어 있는 것을 확인할 수 있다.

선택한(강조 표시된) 기능이 사용하려는 기능이면 확인을 클릭한다. 그러면 함수 인수 대화 상자(Function Arguments dialog box)가 나타난다. COUNTIF 함수에 대한 함수 인수 대화 상자는 그림 D.8에 나와 있다. 이 대화 상자는 선택한 함수에 대한 적절한 인수(입력)를 생성하는 데 도움이 된다. 인수 입력이 끝나면 확인을 클릭한다. 그런 다음 Excel은 함수를 워크시트 셀에 삽입한다.

Excel의 추가 기능

Excel의 데이터 분석 추가 기능

기본 Excel 패키지에 포함된 Excel의 데이터 분석 추가 기능은 통계 분석을 수행하는 데 유용한 도구이다. Data Analysis 추가 기능을 사용하려면 이를 먼저 설치해야 한다.

리본에서 데이터 탭을 클릭하여 데이터 분석 추가 기능이 이미 설치되어 있는지 확인할 수 있다. 분석 그룹에 데이터 분석 명령이 표시된다. 분석 그룹이 없거나 데이터 분석 명령이 분석 그룹에 나타나지 않는 경우 데이터 분석 추가 기능을 설치해야 한다. Data Analysis 추가 기능을 설치하는 데 필요한 단계는 다음과 같다.

단계 1: 파일 탭을 클릭

단계 2: 옵션을 클릭

단계 3: Excel 옵션 대화 상자가 나타나면 다음을 수행
옵션 목록(오른쪽 창)에서 추가 기능(Add-Ins)을 선택
관리 상자에서 Excel 추가 기능(Excel Add-Ins)을 선택
이동을 클릭

단계 4: 추가 기능 대화 상자가 나타나면:
분석 도구(Analysis ToolPak) 선택
확인을 클릭

부록 E: Excel을 사용하여 p값 계산

여기에서는 가설검정에 사용되는 z, t, χ^2 및 F 통계량에 대한 p값을 계산하기 위해 Excel을 어떻게 활용하는지 기술한다. 교재에서 설명한 것처럼 표(table)를 활용하면 t, χ^2 및 F 통계에 대한 대략적인 p값만 얻을 수 있다. 이 부록은 수작업이나 다른 방법으로 검정통계량을 계산하고 컴퓨터 소프트웨어를 사용하여 정확한 p값을 계산하려는 이에게 도움이 된다.

Excel을 사용하여 p값 계산

DATA *file* p-Value

Excel 함수와 공식을 사용하여 z, t, χ^2 및 F 검정통계와 관련된 p값을 계산할 수 있다. 이러한 p값을 계산하는 데 사용할 -값이라는 템플릿을 데이터 파일에 제공한다. 템플릿을 사용하면 적절한 자유도와 테스트 통계량만 입력하면 된다. 템플릿 사용 방법을 설명하는 그림 E.1을 참조하라. Excel 함수와 수식에 관심이 있는 사용자는 템플릿에서 해당 셀을 클릭하기만 하면 된다.

z 검정통계 섹션 9.3의 Hilltop Coffee 단측 가설검정(lower tail)을 예시로 사용한다. 검정통계량은 $z = -2.67$이다. 이 가설검정에 p값 템플릿을 사용하려면 간단히 셀 B6에 -2.67을 입력하면 된다(그림 E.1 참조). 그러면 세 가지 유형의 가설검정 모두에 대한 p값 $= 0.0038$이 표시된다. Hilltop Coffee의 경우 셀 B9에서 단측(lower tail) 검정 p값 $=$ 0.0038을 사용할 수 있다. 단측(upper tail) 검정의 경우 셀 B10의 p값을 사용하고 양측(two-tailed) 검정의 경우 셀 B11의 p값을 사용한다.

t 검정통계량 섹션 9.4의 히드로공항 예시를 활용한다. 검정통계량의 값은 59 자유도에서 $t = 1.84$이다. 가설검정에 p값 템플릿을 사용하려면 셀 E6에 1.84를 입력하고 셀 E7에 59를 입력한다(그림 E.1 참조). 이후 가설검정의 세 가지 유형에 해당하는 p값이 모두 표시된다. 히드로공항 예에는 단측(upper tail) 검정이 포함되므로, 가설검정을 위해 셀 E10에 제공된 단측(upper tail) 검정 p값 $= 0.0354$를 사용한다.

χ^2 검정통계 섹션 11.1의 St. Louis Metro Bus 예시를 활용한다. 검정통계량의 값은 자유도가 23인 $\chi^2 = 28.18$이다. 가설검정에 p값 템플릿을 사용하려면 B18 셀에 28.18을 입력하고 B19 셀에 23을 입력한다(그림 E.1 참조). 이후 가설검정의 세 가지 유형에 해당하는 p값이 모두 표시된다. 세인트루이스 메트로 버스 예에는 단측(upper tail) 검정이 포함되므로, 가설검정을 위해 셀 B23에 제공된 단측(upper tail) 검정 p값 $= 0.2091$을 사용한다.

F 검정통계량 섹션 11.2의 Dullus County Schools 예를 다음과 같이 사용한다. 검정통계량은 분자 자유도가 25이고 분모 자유도가 15인 $F = 2.40$이다. 가설검정에 p값 템플

릿을 사용하려면 셀 E18에 2.40을 입력하고, 셀 E19에 25를 입력하고, 셀 E20에 15를 입력한다(그림 E.1 참조). 이후 가설검정의 세 가지 유형에 해당하는 p값이 모두 표시된다. Dullus County Schools 예에는 양측(two-tailed) 검정이 포함되므로 가설검정을 위해 셀 E24에 제공된 양측 p값 = 0.0812를 사용한다.

그림 E.1 p값 계산을 위한 Excel 워크시트

	A	B	C	D	E	F
1	**Computing *p*-Values**					
2						
3						
4	**Using the Test Statistic *z***			**Using the Test Statistic *t***		
5						
6	**Enter *z* -->**	-2.67		**Enter *t* -->**	1.84	
7				***df* -->**	59	
8						
9	***p*-value (Lower Tail)**	0.0038		***p*-value (Lower Tail)**	0.9646	
10	***p*-value (Upper Tail)**	0.9962		***p*-value (Upper Tail)**	0.0354	
11	***p*-value (Two Tail)**	0.0076		***p*-value (Two Tail)**	0.0708	
12						
13						
14						
15						
16	**Using the Test Statistic Chi Square**			**Using the Test Statistic *F***		
17						
18	**Enter Chi Square -->**	28.18		**Enter *F* -->**	2.40	
19	***df* -->**	23		**Numerator *df* -->**	25	
20				**Denominator *df* -->**	15	
21						
22	***p*-value (Lower Tail)**	0.7909		***p*-value (Lower Tail)**	0.9594	
23	***p*-value (Upper Tail)**	0.2091		***p*-value (Upper Tail)**	0.0406	
24	***p*-value (Two Tail)**	0.4181		***p*-value (Two Tail)**	0.0812	
25						

부록 F: Microsoft Excel 온라인 및 통계 분석 도구

Microsoft Excel Online은 데이터를 구성 및 분석하고, 복잡한 계산을 수행하고, 다양한 그래픽 디스플레이를 만드는 데 사용할 수 있는 스프레드시트 프로그램이다. Microsoft Excel Online을 사용하면 웹 브라우저를 사용하여 OneDrive 또는 Dropbox에 저장된 통합 문서를 만들고, 편집(edit)하고, 보고(view), 공유(share)할 수 있다. 기본적으로 독자가 셀 선택, 수식 입력, 복사 등 Excel의 기본 작업에 익숙하지만 Excel Online이나 통계 분석을 위한 Excel 사용에 능숙하다고 가정하지는 않는다. 본 부록의 목적은 Excel Online에 대해 간략한 개요를 제공하고 이를 데스크톱 버전의 Excel과 대조하는 것이다. Excel Online은 여러 측면에서 데스크톱과 매우 유사하다.

Excel이지만 데스크톱 Excel 사용에 익숙한 사용자에게는 몇 가지 중요한 차이점도 있다. 예를 들어, 데스크톱 버전의 Excel에 포함되어 통계 분석을 수행하는 데 유용한 도구인 Excel의 데이터 분석 추가 기능은 Excel Online에서 사용할 수 없다. 통계 분석에 유용한 일부 추가 기능은 Office 스토어를 통해 제공된다. Excel Online에 사용할 수 있는 추가 기능 목록을 찾으려면 삽입 탭을 클릭하고 추가 기능 그룹에서 Office 추가 기능을 선택한 다음 Office 추가 기능 상자에서 Office 스토어를 클릭하면 된다.

Microsoft Excel Online 개요

통계 분석을 위해 Excel Online을 사용하면 데이터가 통합 문서에 표시된다. 각 통합 문서에는 일반적으로 원본 데이터와 차트를 포함한 모든 결과 분석이 포함된 일련의 워크시트가 포함되어 있다. 그림 F.1은 Excel Online에서 열 수 있는 빈 통합 문서의 레이아웃을 보여준다. 통합 문서의 이름은 Book 1이고 Sheet1이라는 워크시트 하나가 포함되어 있다. Excel Online은 현재 표시된 워크시트(Sheet1) 탭의 이름을 굵게 설정하여 강조 표시한다. 처음에는 A1 셀이 선택되어 있음을 주목하자.

통합 문서 상단에 있는 넓은 막대를 리본이라고 한다. 리본 상단에 있는 탭을 사용하면 관련 명령 그룹에 빠르게 액세스할 수 있다. 그림 F.1의 통합 문서에는 파일(File), 홈(Home), 삽입(Insert), 데이터(Data), 검토(Review) 그리고 보기(View) 등 6개의 탭이 표시된다. 각 탭에는 일련의 관련 명령 그룹이 포함되어 있다. Excel Online을 열면 홈 탭이 선택된다. 그림 F.2는 홈 탭을 선택할 때 사용할 수 있는 그룹을 보여준다. 홈 탭에는 실행 취소(Undo), 클립보드(Clipboard), 폰트(Font), 조정(Alignment), 숫자(Number), 테이블(Tables), 셀(Cells), 그리고 편집(Editing) 등 8개의 그룹이 있다. 명령은 각 그룹 내에 배열된다. 예를 들어 선택한 텍스트를 볼드체로 변경하려면 홈 탭을 클릭하고 글꼴 그룹

그림 F.1 Excel Online으로 만든 빈 통합 문서

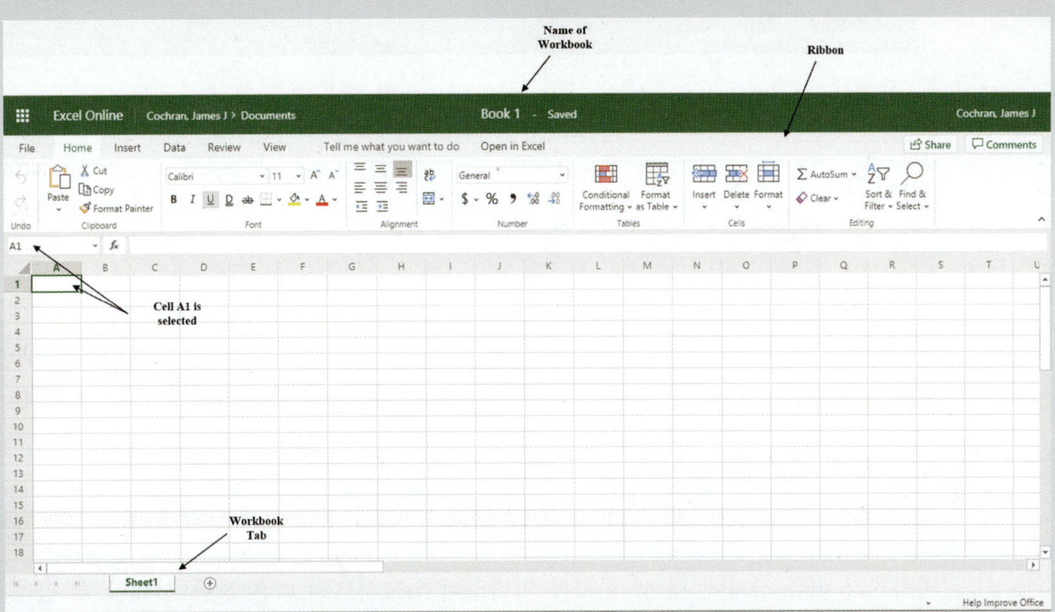

그림 F.2 홈 탭의 일부

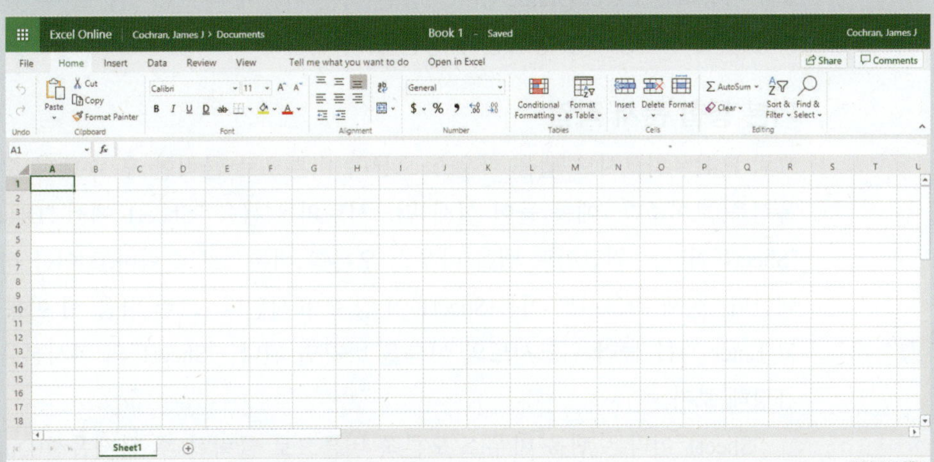

에서 볼드체 버튼을 클릭한다.

그림 F.3을 참조하여 공식표시줄(Formula Bar)에는 이름 상자(Name box), 함수 삽입 버튼 *fx* 및 공식상자(Formula box)가 포함되어 있다. 그림 F.3에서는 셀 A1이 선택되었기 때문에 이름 상자에 "A1"이 나타난다. 마우스를 사용하여 커서를 다른 셀로 이동하고 클

그림 F.3 Excel 온라인 수식 입력줄

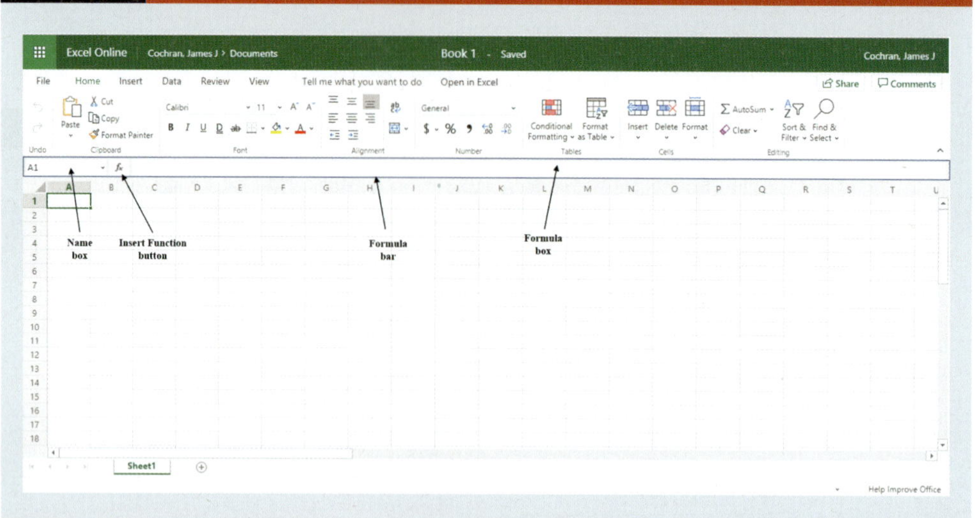

릭하거나 이름 상자에 새 셀 위치를 입력하여 워크시트의 다른 셀을 선택할 수 있다. 공식상자는 현재 선택한 셀에 수식을 표시하는 데 사용된다. 예를 들어 셀 A3 = A1 + A2를 입력하면 셀 A3을 선택할 때마다 수식 = A1 + A2가 수식 상자에 표시된다. 이 기능을 사용하면 수식을 매우 쉽게 보고 특정 셀에서 공식을 편집할 수 있다. 기능 삽입 버튼 *fx*를 사용하면 Excel Online에서 가능한 모든 기능에 빠르게 접근할 수 있다. 나중에 특정 기능을 찾고 사용하는 방법을 설명할 것이다.

기본 통합 문서 작업

그림 F.4는 워크시트 탭을 마우스 오른쪽 버튼으로 클릭한 후 수행할 수 있는 워크시트 옵션을 보여준다. 예를 들어 현재 워크시트의 이름을 "Sheet1"에서 "Data"로 변경하려면 "Sheet1"이라는 워크시트 탭을 마우스 오른쪽 버튼으로 클릭하고 이름 바꾸기 옵션을 선택한다. 현재 워크시트 이름(Sheet1)이 강조 표시된다. 그런 다음 새 이름(Data)을 입력하고 Enter 키를 눌러 워크시트의 이름을 바꾸면 된다. "Sheet1"의 복사본을 만들고 싶다고 가정해 보자.

"Sheet1"이라는 탭을 마우스 오른쪽 버튼으로 클릭한 후 복제옵션(Duplicate option)을 선택한다. 복사된 워크시트의 이름은 "Sheet1 (2)"로 표시된다. 원하는 경우 이름을 바꿀 수 있다.

통합 문서에 새 워크시트를 추가하려면 워크시트 탭을 마우스 오른쪽 버튼으로 클릭하고 삽입 옵션을 선택하고 삽입 대화 상자가 나타나면 워크시트를 선택하고 확인(OK)을 클릭한다. 통합 문서에 추가 빈 워크시트가 나타난다. 표시된 마지막 워크시트 탭 오른쪽에 나타나는 새 시트 버튼을 클릭하여 새 워크시트를 삽입할 수도 있다. 워크시트 탭

그림 F.4 워크시트 탭에서 마우스 오른쪽 버튼 클릭 후 얻은 워크시트 옵션

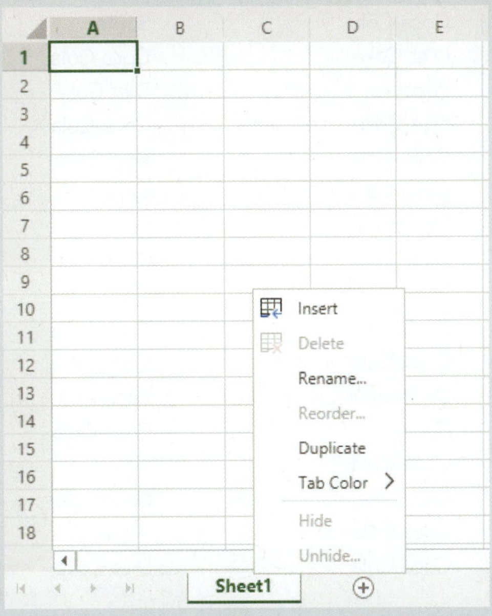

을 마우스 오른쪽 버튼으로 클릭하고 삭제(Delete)를 선택하여 워크시트를 삭제할 수도 있다. 중복옵션(Duplicate option)을 사용하여 워크시트를 현재 통합 문서에 복사할 수도 있다.

파일 생성, 저장, 열기 및 업로드

워크시트에 데이터를 수동으로 입력하거나 이미 데이터가 포함된 다른 통합 문서를 열어 Excel Online 워크시트에 데이터를 입력할 수 있다. 50개의 청량음료 구매 샘플 데이터가 포함된 chapter 2의 사례를 사용하여 파일을 수동으로 입력, 저장하고 여는 방법을 설명하기 로 한다. 원본 데이터는 표 F.1에서 참조할 수 있다.

새 통합 문서의 Sheet1에 청량음료 50개 구매 샘플 데이터를 입력한다고 가정해 보자. 먼저 셀 A1에 "브랜드 구매"라는 레이블을 입력하고 50개의 청량음료 구매에 대한 데이터를 셀 A2:A51에 입력한다. 워크시트에 데이터가 포함되어 있다는 점을 상기시키기 위해 앞에서 설명한 절차를 사용하여 워크시트 이름을 "Sheet1"에서 "Data"로 변경하자. 그림 F.5는 방금 생성한 데이터 워크시트를 보여준다.

Excel Online에는 저장 버튼이 없다. Excel Online 스프레드시트에 대한 모든 변경 사항은 OneDrive의 기존 파일에 자동으로 저장된다. 그러나 Excel Online에서 기본적으로 할당한 이름보다 더 기술(descriptive)적인 이름을 파일에 지정할 수 있다. OneDrive에서 Excel Online 파일의 이름을 변경하려면 다음 단계를 수행한다.

표 F.1 구매한 50개 청량음료 표본자료

DATA*file* **SoftDrink**

Coca-Cola	Sprite	Pepsi
Diet Coke	Coca-Cola	Coca-Cola
Pepsi	Diet Coke	Coca-Cola
Diet Coke	Coca-Cola	Coca-Cola
Coca-Cola	Diet Coke	Pepsi
Coca-Cola	Coca-Cola	Dr. Pepper
Dr. Pepper	Sprite	Coca-Cola
Diet Coke	Pepsi	Diet Coke
Pepsi	Coca-Cola	Pepsi
Pepsi	Coca-Cola	Pepsi
Coca-Cola	Coca-Cola	Pepsi
Dr. Pepper	Pepsi	Pepsi
Sprite	Coca-Cola	Coca-Cola
Coca-Cola	Sprite	Dr. Pepper
Diet Coke	Dr. Pepper	Pepsi
Coca-Cola	Pepsi	Sprite
Coca-Cola	Diet Coke	

그림 F.5 청량음료 자료가 포함된 워크시트

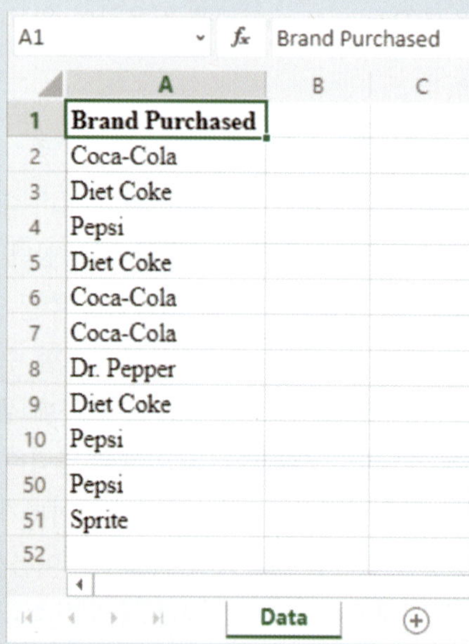

단계 1: 파일 탭을 클릭

단계 2: 옵션 목록에서 다른 이름으로 저장을 클릭

단계 3: 다른 이름으로 저장 창이 나타나면:

이름 바꾸기(Rename)를 선택

이름 바꾸기 상자에 파일 이름 SoftDrink를 입력하고 확인을 클릭

현재 Excel Online 파일은 이제 SoftDrink라는 파일 이름으로 OneDrive에 저장된다.

더불어 Excel 파일의 복사본을 컴퓨터 하드 드라이브에 저장하고 싶을 수도 있다.

Excel Online의 복사본 다운로드 명령은 Excel Online 파일을 컴퓨터의 하드 드라이브에 Excel 2016 통합 문서로 저장하도록 설계되었다. Excel Online 파일을 파일 이름 SoftDrink를 사용하여 Excel 통합 문서로 컴퓨터의 하드 드라이브에 저장하려면 다음 단계를 수행한다.

단계 1: 파일 탭을 클릭

단계 2: 옵션 목록에서 다른 이름으로 저장을 클릭

단계 3: 다른 이름으로 저장 창이 나타나면 사본 다운로드를 선택

기존 파일의 복사본을 만들 수도 있다. 예를 들어 청량음료 데이터와 결과 통계 분석을 SoftDrinkAnalytic이라는 새 파일에 저장한다고 가정해 보자. 아래 단계는 SoftDrink Excel의 복사본을 어떻게 생성하는지를 설명한다. OneDrive의 온라인 통합 문서 및 분석은 새 파일 이름이 SoftDrinkAnalytic인 새 Excel 온라인 파일이다.

단계 1: 파일 탭을 클릭

단계 2: 다른 이름으로 저장을 클릭

단계 3: 다른 이름으로 저장 창이 나타나면:

이름: 상자에 파일 이름 SoftDrinkAnalytic을 입력하고 저장을 클릭

통합 문서가 OneDrive에 저장되면 계속해서 데이터를 사용하여 어떤 유형의 통계 분석이든 수행할 수 있다. 그러면 Excel Online에서 선택한 파일이 브라우저의 새 탭에 열린다.

Excel Online의 중요한 기능 중 하나는 여러 사용자가 동시에 워크시트를 열고, 보고, 편집할 수 있다는 것이다. 이것을 공동 작성(coauthoring)이라고 한다. 나와 다른 사용자가 공동 작성하면 서로의 변경 사항을 빠르게 확인할 수 있으며 이는 실시간 공동 작업을 지원한다. 한 명 이상의 다른 사람과 함께 워크시트를 공동 작성하기 위해 컴퓨터에서 OneDrive로 Excel 파일을 업로드할 수 있다. 기존 Excel 파일을 OneDrive에 업로드하려면 OneDrive 계정에 로그인하고 OneDrive에 업로드하려는 Excel 파일을 열고 다음 단계를 수행한다.

단계 1: 파일 탭을 클릭

단계 2: 옵션 목록에서 다른 이름으로 저장을 클릭

단계 3: 다른 이름으로 저장 창이 나타나면:

OneDrive - 개인 선택

파일을 업로드할 OneDrive 위치를 선택하고 저장을 클릭

현재 Excel 파일이 OneDrive에 저장되어 여러 사용자가 동시에 열고 편집할 수 있다. Excel Online은 실시간 공동 작업을 지원하지만 여러 사용자가 동시에 Excel Online 파일을 열면 워크시트를 편집할 수 있는 방식이 변경된다. 여러 사용자가 동시에 통합 문서를 여는 경우 다른 사용자가 변경하는 즉시 한 사용자의 브라우저 창에서 실행 취소 및 다시 실행 명령을 사용할 수 없다. 실수로 원본 파일의 중요한 기능이 손실되는 것을 방지하기 위해 여러 사용자가 동시에 파일을 열고 편집하기 전에 Excel Online 파일의 백업 복사본을 저장할 것을 권고한다.

Excel 함수 활용

Excel Online은 데이터 관리 및 통계 분석을 위한 모든 기능을 제공하지는 않지만 데스크톱 버전의 Excel에서 많은 기능을 제공한다. 어떤 Excel Office 기능이 필요한지, 어떻게 사용하는지 알고 있다면 적절한 워크시트 셀에 해당 기능을 입력하기만 하면 된다. 작업을 수행하는 데 어떤 기능을 사용할 수 있는지 확실하지 않거나 특정 기능을 사용하는 방법을 잘 모른다면 Excel Online에서 도움을 받을 수 있다.

설명을 위해 이전 하위 섹션에서 만든 SoftDrinkAnalytic 통합 문서를 사용할 것이다.

올바른 Excel Online 기능 찾기

Excel Online에서 사용할 수 있는 함수를 식별하려면 함수를 삽입하려는 셀을 선택한다. D2 셀을 선택해보자. 그림 F.6에 표시된 함수 삽입 대화 상자에 접근하려면 수식 입력줄의 버튼을 클릭하자.

기능 선택 상자(Pick a function: box)에서 옵션을 스크롤, 기능을 탐색하여 작업을 수행할 수 있는 사용 가능한 기능을 찾을 수 있다. 물론 많은 상황에서 우리는 어떤 기능을 사용할지 확인하기 위해 전체 기능 범주를 탐색할 수도 있다. 이러한 작업의 경우 카테고리 선택 상자가 도움이 된다. 여기에는 Excel Online에서 제공하는 여러 범주의 기능이 포함된 드롭다운 목록이 포함되어 있다. 그림 F.6은 통계 범주를 선택했음을 보여주고 있다. 결과적으로 이 범주에 있는 Excel Online의 통계 함수는 함수 선택 상자(Pick a function: box)에 알파벳 순서로 표시된다. AVEDEV 함수가 먼저 나열되고 그 뒤에 AVERAGE 함수 등이 표시되고 있음을 볼 수 있다.

AVEDEV 기능은 그림 F.6에서 강조 표시되어 있으며 이는 현재 선택된 기능임을 나

그림 F.6 삽입기능 대화상자

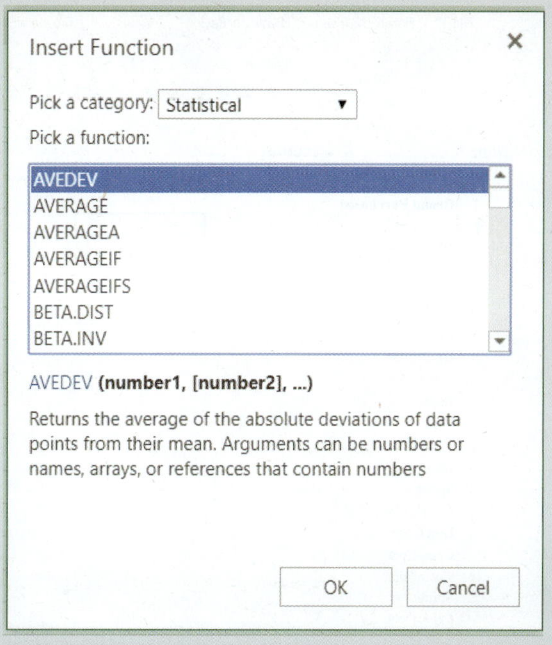

그림 F.7 삽입기능 대화상자에서 COUNTIF 함수에 대한 기술

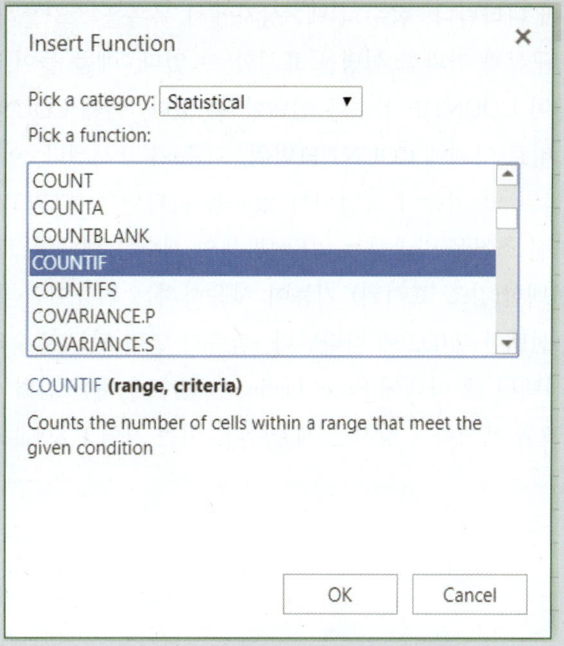

그림 F.8 청량음료 분석 Excel Online 파일의 셀 D2에 있는 COUNTIF 함수

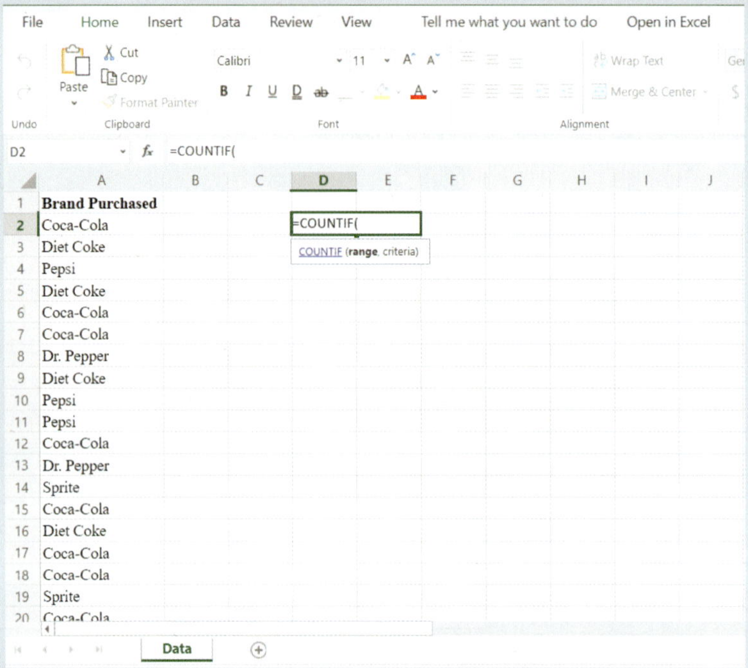

타낸다. 함수에 대한 적절한 구문과 간략한 설명은 함수 선택 상자(Pick a function: box) 아래에 나타난다. 함수 선택: 상자에서 목록을 스크롤하여 사용 가능한 각 통계 함수에 대한 구문과 간략한 설명을 표시할 수 있다. 예를 들어, 더 아래로 스크롤하면 그림 F.7과 같이 COUNTIF 함수를 선택할 수 있다. 이제 COUNTIF가 강조 표시되고 함수 선택 상자 바로 아래에 COUNTIF(범위, 기준)가 표시된다. 이는 COUNTIF 함수에 두 개의 입력, 범위 및 기준이 포함되어 있음을 나타낸다. 그리고 COUNTIF 함수에 대한 설명이 "주어진 조건을 만족하는 범위 내 셀의 개수를 센다"라고 되어 있는 것을 알 수 있다.

선택한(강조 표시된) 기능이 사용하려는 기능이면 확인을 클릭한다. 그러면 함수가 원래 선택한 셀(D2)에 나타난다. 함수가 열려 있고 함수의 입력을 입력할 준비가 되어 있다. 선택된 셀 아래에 Excel Online은 함수에 대한 입력 이름과 간략한 설명에 대한 하이퍼링크를 표시하는 상자를 제공한다. 이는 그림 F.8에 나와 있다.

찾아보기

ㄱ

ㄴ

ㄷ

ㄹ

ㅁ

ㅎ

기타